공무원 교육 1위* 해커스공무원

국립외교원 합격의 든든한 멘토!

국제정치학
이상구

여러분의 합격을 응원하는 해커스공무원의 특별 혜택

FREE 공무원 국제정치학 특강

해커스공무원(gosi.Hackers.com) 접속 후 로그인 ▶ 상단의 [무료강좌] 클릭 ▶ 좌측의 [교재 무료특강] 클릭

해커스공무원 온라인 단과강의 20% 할인쿠폰

A3FD84934F9BA2DB

해커스공무원(gosi.Hackers.com) 접속 후 로그인 ▶ 상단의 [나의 강의실] 클릭 ▶
좌측의 [쿠폰등록] 클릭 ▶ 위 쿠폰번호 입력 후 이용

* 등록 후 7일간 사용 가능(ID당 1회에 한해 등록 가능)

* [공무원 교육 1위 해커스공무원] 한경비즈니스 2024 한국품질만족도 교육(온·오프라인 공무원학원) 1위

해커스공무원　　　　　　　　　　　　　gosi.Hackers.com

해커스
이상구
5급 국제정치학

Ⅲ 이슈

이상구

약력
서울대학교 대학원 졸업
성균관대학교 졸업

현 | 해커스공무원 국제법·국제정치학 강의
현 | 해커스 국립외교원 대비 국제법·국제정치학 강의
현 | 해커스 변호사시험 대비 국제법 강의
전 | 베리타스법학원(5급) 국제법·국제정치학 강의
전 | 합격의 법학원(5급) 국제법·국제정치학 강의

주요 저서
해커스 이상구 5급 국제정치학 Ⅰ 이론
해커스 이상구 5급 국제정치학 Ⅱ 외교사편
해커스 이상구 5급 국제정치학 Ⅲ 이슈
해커스공무원 패권 국제정치학 기본서 사상 및 이론
해커스공무원 패권 국제정치학 기본서 외교사
해커스공무원 패권 국제정치학 기본서 이슈
해커스공무원 패권 국제정치학 핵심요약집
해커스공무원 패권 국제정치학 단원별 핵심지문 OX
해커스공무원 패권 국제정치학 기출+적중문제집
해커스공무원 패권 국제정치학 실전동형모의고사
해커스 이상구 5급 국제법 Ⅰ 일반국제법편
해커스 이상구 5급 국제법 Ⅱ 국제경제법편
해커스 이상구 5급 국제법 Ⅲ 판례편
해커스공무원 패권 국제법 기본서 일반국제법
해커스공무원 패권 국제법 기본서 국제경제법
해커스공무원 패권 국제법 조약집
해커스공무원 패권 국제법 판례집
해커스공무원 패권 국제법 핵심요약집
해커스공무원 패권 국제법 단원별 핵심지문 OX
해커스공무원 패권 국제법 단원별 기출문제집
해커스공무원 패권 국제법 단원별 적중 1000제
해커스공무원 패권 국제법 실전동형모의고사
해커스공무원 패권 국제법개론 실전동형모의고사

국립외교원, 5급 공채 합격!
해커스가 함께 하겠습니다.

국제정치학 시험은 저자의 입장에서 볼 때 크게 이론과 지식 및 분석과 적용에 대한 문제로 대별될 수 있습니다. 사회과학방법론적 차원에서 보면 분석틀, 분석대상, 분석 및 적용에 각각 해당되는 것입니다. 세 부분은 유기적으로 연계되어 있기 때문에 시험 대비를 위해서는 세 부분 모두 빠짐없이 학습해야 할 것입니다. 이러한 관점에서 세 가지 측면을 주의하면서 본 교재를 학습하시기 바랍니다.

첫째, 관련지식을 습득하여야 합니다. 전제가 되는 사건의 세부적인 내용들을 정확하고 면밀하게 알고 있을수록 보다 명쾌하고 분석적인 답안을 작성할 수 있을 것입니다.

둘째, 각 사건들의 원인에 집중하여 '왜'에 대한 질문이 계속되어야 합니다. 국제정치학은 사회과학으로서 분석대상에 대해 접근할 때 원인을 분석하는 것이 가장 중요합니다.

셋째, 분석된 원인에 기초한 처방에 대해 깊이 고민하면서 관련주제들을 학습하여야 합니다. 대외정책이란 주로 처방을 중심으로 움직이는 분야이기 때문입니다. 시험과 관련해서는 특히 학제 간 통합논술 과목에서 처방적 질문들이 주로 출제될 것으로 예상됩니다. 따라서, 이를 대비하는 차원에서도 처방에 대해 계속 사유해야 할 것입니다.

「해커스 이상구 5급 국제정치학 Ⅲ 이슈」는 최근 국제정세와 관련하여 반드시 학습해야 할 내용들을 담았으며, 구성은 다음과 같습니다.

제1편에서는 미국, 중국, 일본, 러시아 등 강대국 외교정책의 구체적인 내용과 강대국 간 상호관계의 쟁점과 전망을 정리하였습니다. 이른바 G2시대의 도래를 감안하여 특히 미국과 중국의 대외정책에 대해 여러 지면을 할애하여 핵심 논점을 다루었습니다.

제2편에서는 UN, WTO, NATO, OECD, APEC, ASEAN 등 주요 국제기구 및 제도들과 함께 환경과 인권 등 주요 분야에서 활동하는 핵심적인 비정부 간 국제기구(INGO)들을 정리하였습니다.

제3편에서는 대체로 모든 국가들에게 파급효과가 미치는 국제이슈로서, 정치군사안보이슈와 국제정치경제이슈로 구별하였습니다. 전자는 냉전체제, 탈냉전체제, 21세기 세계질서 등 국제체제에 관한 이슈와 대량살상무기 및 테러리즘 등의 주요 국제안보이슈를 정리하였습니다. 후자는 세계화와 정보화 등의 국제정치경제환경이슈와 국제무역질서나 G20 등 국제경제질서에 대한 이슈를 정리하였으며, 최근 중요한 문제로 부상하고 있는 국제환경문제도 분석하였습니다.

제4편에서는 각 지역 내 국가들에게 영향을 주는 지역이슈로서, 동아시아 및 여타 지역의 세부 이슈들로 정리하였습니다.

제5편에서는 한반도의 국제정치에 대한 이슈로서, 한국의 대외전략과 대북전략 및 남북한관계론을 중심으로 정리하였습니다.

끝으로, 국립외교원을 준비하시는 모든 학생들에게 「해커스 이상구 5급 국제정치학」 시리즈가 든든한 디딤돌이 되기를 소망하며, 합격을 기원합니다.

이상구

목차

제1편 강대국 외교정책

제1장 미국 외교정책

제1절	미국의 외교이념	10
제2절	냉전기 미국 행정부의 주요 대외 정책	19
제3절	탈냉전기 미국의 행정부별 주요 대외정책의 흐름	24
제4절	9·11테러 이후 미국의 안보전략	44
제5절	대량살상무기 대응전략	52
제6절	이란 핵문제에 대한 미국의 대응전략	60
제7절	미사일방어전략(MD)	63
제8절	확산방지구상(PSI)	77
제9절	오바마 행정부의 신국방전략	86
제10절	오바마 행정부의 TPP 추진	89
제11절	미중경쟁과 미국의 군사전략 변화	91
제12절	QUAD체제	96
제13절	바이든 행정부의 대중국정책	107
제14절	인도-태평양 경제 프레임워크(IPEF)	115
제15절	CHIP4	120
제16절	21세기 미중관계	125

제2장 중국 외교정책

제1절	총설	137
제2절	중국 정부 수립 이후 주요 대외정책	148
제3절	시진핑시기 대외정책	158
제4절	중국의 주요 국제관계	172
제5절	중국-대만관계(양안관계)	180
제6절	중국의 대ASEAN 외교	185
제7절	중국의 중동전략	189
제8절	베이징 컨센서스	194
제9절	일대일로(一帶一路)전략과 AIIB 창설	198
제10절	신안보관	203
제11절	BRICS	206
제12절	상하이 협력기구(Shanghai Cooperation Organization, SCO)	213
제13절	중국의 부상과 국제질서	219

제3장 일본 외교정책

제1절	총설	236
제2절	미국-일본관계	251
제3절	일본의 집단적 자위권 문제	255

제4장 러시아 외교정책

제1절	총론	258
제2절	러시아의 재부상 이후 대외정책	262
제3절	구소련의 붕괴요인	268
제4절	푸틴의 종신 집권체제 확립과 러시아의 대외전략	276
제5절	러시아-우크라이나 전쟁	280

제2편 국제기구

제1장 국제기구 총설
제1절	국제기구의 정의	296
제2절	국제기구에 대한 이론적 접근	296

제2장 국제연합(UN)
제1절	UN 개혁의 쟁점과 과제	298
제2절	UNPKO	309

제3장 지역기구
제1절	북대서양조약기구(NATO)	318
제2절	ASEAN	327
제3절	미국 및 중국의 동남아전략과 ASEAN의 선택	331
제4절	아시아태평양경제협력체(APEC)	334
제5절	경제협력개발기구(OECD)	340

제4장 비정부 간 국제기구
제1절	총설	348
제2절	환경 분야	352
제3절	인권 분야	357

제3편 국제체제 및 국제이슈

제1장 국제체제의 전개 과정
제1절	냉전체제	364
제2절	탈냉전체제	372
제3절	21세기 국제체제	382

제2장 국제안보
제1절	대량살상무기 확산 문제	386
제2절	핵확산	391
제3절	핵확산통제체제	399
제4절	핵군축	411
제5절	국제테러리즘	416
제6절	우크라이나 사태	430
제7절	국제보건안보	437

제3장 국제정치경제
제1절	세계화(Globalization)	445
제2절	정보화	453
제3절	국제무역질서	463
제4절	도하개발아젠다협상(DDA)	469
제5절	국제통화질서	471
제6절	지역무역협정(RTA)	501
제7절	G20정상회의	512
제8절	국제환경 문제	517
제9절	기후변화(지구온난화) 문제	521
제10절	공적개발원조	534

목차

제4편 지역이슈

제1장 동아시아지역
- 제1절 북핵문제 — 548
- 제2절 6자회담 — 568
- 제3절 동아시아 해군 군비경쟁 — 577
- 제4절 미중경쟁시대 동북아 안보 — 580
- 제5절 동북아시아 다자안보 — 584
- 제6절 동아시아지역주의 — 599
- 제7절 ASEAN+3(APT) — 608

제2장 동아시아국제관계
- 제1절 북미관계 — 618
- 제2절 북중관계 — 622
- 제3절 북일관계 — 628

제3장 동아시아 영토분쟁
- 제1절 독도 — 637
- 제2절 센카쿠열도(조어대열도) — 641
- 제3절 북방4도 — 644
- 제4절 남사군도 — 648

제4장 유럽지역
- 제1절 유럽연합 — 654
- 제2절 EU 외교안보정책 — 664
- 제3절 중동 외교정책 — 670
- 제4절 이스라엘-팔레스타인 분쟁 — 674

제5편 한반도이슈

제1장 한국의 대외정책

제1절	우리나라의 공공외교	690
제2절	안보전략	694
제3절	중국의 부상과 한국의 안보	700
제4절	한미동맹	702
제5절	주한미군의 전략적 유연성	710
제6절	전시작전통제권 전환	713
제7절	FTA 전략	717
제8절	우리나라 공적개발원조	721
제9절	우리나라의 중견국 외교	731

제2장 우리나라 주변국과의 상호관계

제1절	한중관계	745
제2절	한일관계	751
제3절	한러관계	758

제3장 대북정책

제1절	건국 이후 대북정책의 전개과정	760
제2절	대북 포용정책	785
제3절	동북아시아 균형자론	788

제4장 남북한관계 현안

제1절	남북통합	794
제2절	한반도 평화체제	802

해커스공무원 학원·인강
gosi.Hackers.com

제1편
강대국 외교정책

제1장 미국 외교정책
제2장 중국 외교정책
제3장 일본 외교정책
제4장 러시아 외교정책

제1장 미국 외교정책

제1절 미국의 외교이념

I 서론

외교이념이란 국가의 외교정책의 방향을 설정하는 기본 가치를 의미한다. 외교이념은 대외정책의 방향을 제시해 주고 대외정책의 일관성을 가져다주는 중요한 요소라고 할 수 있다. 미국 건국 이래 미국은 외교이념에 따라 대외정책을 전개해 온 측면이 강하기 때문에 이를 파악함으로써 미국 대외정책의 방향을 예측하는 데 도움을 받을 수 있을 것이다. 미국의 외교이념을 다양한 측면에서 정리한다.

II 미국 예외주의(American Exceptionalism)

1. 미국 예외주의의 의미

미국 외교전략에 지속적으로 영향을 주고 있는 요인이 이른바 '미국 예외주의(American Exceptionalism)'이다. 미국 예외주의는 미국이라는 나라는 다른 나라와 구별된다는 우월의식이나 선민의식 또는 차별의식을 말한다.

2. 미국 예외주의의 형성 배경

예외주의 의식의 형성에는 종교적, 정치적, 지정학적 요인이 영향을 주었다. 첫째, 종교적 측면에서는 청교도들은 신이 자신들을 특별한 숙명(manifest destiny)을 가진 자들로 선택해서 미국을 건국하게 했다고 생각하는 것으로부터 예외주의 의식을 형성하게 되었다. 둘째, 정치적 측면에서는 유럽의 부패한 절대왕정과 달리 타국에 모범이 되는 정치체제를 창안해 내었다는 자부심이 예외주의 의식에 영향을 주었다. 셋째, 지리적(지정학적) 조건으로서, 풍부한 자원과 외부침략으로부터 안전한 위치 역시 자신들이 특별한 존재라는 의식을 갖게 해 주었다.

III 국제주의와 고립주의

1. 국제주의(Internationalism)

(1) 개념

국제주의는 국가가 국제 문제에 적극적으로 개입하고, 국제 협력과 다자주의를 통해 글로벌 안보, 경제, 인권 등의 문제를 해결하려는 접근법을 말한다. 국제주는 국가 간 협력과 상호 의존을 중시하며, 이를 통해 평화와 번영을 도모하려고 한다.

(2) 역사적 배경

국제주의는 19세기 후반부터 20세기 초반까지 유럽과 미국에서 발전하기 시작했으며, 특히 제1차 세계대전 이후 그 중요성이 커졌다. 미국에서는 우드로 윌슨 대통령이 국제주의를 대표하는 인물로, 그는 제1차 세계대전 이후 국제연맹(League of Nations)을 제안하면서 국제 협력과 평화 유지를 위한 국제 기구의 필요성을 강조했다. 제2차 세계대전 이후 미국은 국제주의적 접근을 채택하여 유엔(UN), 북대서양조약기구(NATO), 세계무역기구(WTO)와 같은 국제기구 설립을 주도했다.

(3) 특징

첫째, 국제주의는 유엔과 같은 국제기구와 다자주의적 협력을 통해 국제 문제를 해결하려는 경향을 보인다. 이를 통해 국가 간의 갈등을 평화적으로 해결하고, 전쟁을 방지하려고 한다. 둘째, 국제주의자들은 국제법과 규범을 중시하며, 이를 준수함으로써 국제 평화와 안정을 유지할 수 있다고 믿는다. 셋째, 자유무역과 경제 협력을 통해 국가 간의 경제적 상호 의존성을 강화하여, 분쟁 가능성을 줄이고 상호 번영을 도모하려 한다. 넷째, 국제주의는 인권 보호와 민주주의 확산을 중요한 목표로 삼으며, 이를 위해 인도적 개입이나 민주적 제도 확립을 지원한다.

(4) 장점

국제주의는 국가 간의 협력을 촉진하고, 글로벌 차원의 문제(예 기후 변화, 테러리즘, 전염병) 해결을 위한 협력을 강화한다. 국제주의는 또한 전쟁의 위험을 줄이고, 국제적 규범과 법을 통해 국제 질서를 유지하는 데 기여한다.

(5) 단점

국제주의적 접근은 자국의 주권이 일부 제한될 수 있으며, 국제적 개입이 오히려 다른 국가의 내정에 간섭으로 인식될 위험이 있다. 또한, 국제 협력에 대한 과도한 의존은 자국의 이익을 침해할 수 있다.

(6) 주요 사례

첫재, 미국의 우드로 윌슨 대통령이 주도한 국제연맹 설립, 제2차 세계대전 이후의 유엔 설립, 북대서양조약기구(NATO) 창설 등이 국제주의적 접근의 대표적 사례이다. 둘째 세계무역기구(WTO), 파리기후협정, 국제형사재판소(ICC) 등은 국제주의의 맥락에서 설립되었으며, 국제 협력의 중요성을 반영한다.

2. 고립주의(Isolationism)

(1) 개념

고립주의란 한 국가가 외국과의 정치적, 군사적 동맹이나 분쟁에 개입하지 않고, 자국의 문제에 집중하며, 외교적으로 독립적인 정책을 유지하려는 접근법을 말한다. 고립주의는 대개 외국과의 불필요한 개입을 피하고, 자국의 안보와 번영을 내부적으로 유지하는 데 초점을 맞춘다.

(2) 역사적 배경

고립주의는 특히 미국의 외교 정책에서 중요한 전통으로 자리 잡았다. 미국의 초대 대통령 조지 워싱턴은 고별사에서 외국과의 '영구적인 동맹'을 피하라고 권고했으며, 이로 인해 미국은 19세기와 20세기 초반까지 대체로 고립주의적 외교 정책을 유지했다. 제1차 세계대전 이후, 많은 미국인들이 유럽의 문제에 개입한 결과로 전쟁에 참여하게 된 것을 후회하면서, 미국은 다시 고립주의적 경향을 강화했다. 그러나 진주만 공격(1941) 이후, 미국은 고립주의를 포기하고 국제주의적 외교 정책을 채택하게 되었다.

(3) 주요 특징

첫째, 고립주의는 외국과의 군사적, 정치적 동맹을 피하고, 전쟁이나 국제적 분쟁에 대한 개입을 최소화하려는 경향을 보인다. 둘째, 고립주의자들은 국가의 자원을 외국의 문제에 낭비하기보다는, 국내 경제 발전과 사회적 문제 해결에 집중해야 한다고 믿는다. 셋째, 고립주의는 외국의 정치적, 군사적 영향으로부터 자국의 주권과 독립을 보호하는 것을 중시한다.

(4) 장점

고립주의는 외국 분쟁에 불필요하게 개입하지 않음으로써, 자국의 인명과 자원을 보호할 수 있다. 또한, 자국 내의 정치적 안정과 경제적 번영에 집중할 수 있는 기회를 제공한다.

(5) 단점

고립주의는 국제사회에서의 고립을 초래할 수 있으며, 국제적 협력의 부족으로 인해 글로벌 문제 해결에 기여하지 못할 수 있다. 또한 경제적, 군사적 위협에 대한 대비가 부족할 수 있다.

(6) 주요 사례

첫째, 미국은 먼로 독트린을 통해 유럽과의 정치적, 군사적 개입을 거부하고, 서반구에서의 독립을 강조하는 정책을 펼쳤다. 둘째, 제1차 세계대전 이후 미국은 국제연맹 가입을 거부하고, 1930년대까지 고립주의적 정책을 유지했다. 이러한 정책은 제2차 세계대전 발발 직전까지 지속되었다.

Ⅳ Walter Mead의 분류

월터 러셀 미드(Walter Russell Mead)는 그의 저서 Special Providence: American Foreign Policy and How It Changed the World에서 미국 외교 정책의 전통을 네 가지 이념적 접근으로 분류하였다.

1. 해밀턴주의(Hamiltonianism)

해밀턴주의는 미국의 경제적 이익을 중심으로 한 외교 정책 접근을 지향하며, 강력한 중앙 정부와 상업적 이익을 통해 국가의 부와 힘을 강화하는 것을 목표로 한다. 해밀턴주의는 미국의 경제적 번영을 위해 강력한 해군력과 상업적 외교 정책을 지지하며, 글로벌 경제에서 미국의 경제적 지위를 강화하고, 국제무역과 금융의 안정성을 유지하기 위한 노력을 강조한다. 이 전통은 정부와 대기업 간의 협력을 통해 국가 경제를 발전시키고, 이를 외교 정책의 중요한 수단으로 삼는다. 해밀턴주의자들은 국제 질서가 경제적 힘을 중심으로 형성된다고 본다. 대표적 인물로는 알렉산더 해밀턴이 있는데, 그는 미국 헌법의 중요 설계자로서, 연방 정부의 강력한 역할을 지지한 정치인이다.

2. 제퍼슨주의(Jeffersonianism)

제퍼슨주의는 미국의 민주주의와 자유를 보호하기 위해 외국과의 개입을 최소화하고, 국내 문제에 집중하려는 접근법이다. 제퍼슨주의자들은 외교 정책의 최우선 목표는 미국 내 민주주의를 보호하는 것이라고 믿는다. 이들은 외국과의 복잡한 동맹과 분쟁에 개입하는 것을 경계하며, 군사적 개입보다는 외교와 대화를 선호한다. 또한, 제퍼슨주의는 외국과의 정치적, 군사적 개입을 줄이고, 자국 내의 민주주의와 시민적 자유를 지키는 데 중점을 둔다.

3. 잭슨주의(Jacksonianism)

잭슨주의는 미국의 안보와 주권을 보호하기 위해 강력하고 단호한 군사적 대응을 지지하며, 외교보다는 군사적 힘을 중시하는 전통이다. 잭슨주의자들은 미국의 안보와 국가 주권을 위해 필요하다면 군사력을 사용해야 한다고 믿는다. 이들은 미국의 명예와 자주성을 중시하며, 공격적 군사 전략을 채택할 수 있다. 이 전통은 미국의 일반 시민의 감정과 애국심을 강조하며, 미국의 군사적 승리와 명예를 중시한다. 앤드류 잭슨은 미국의 제7대 대통령으로, 민중주의와 강력한 군사적 대응을 지지한 인물이다. 잭슨주의는 그의 철학을 바탕으로 한 적극적이고 강경한 외교 정책을 반영한 것이다.

4. 윌슨주의(Wilsonianism)

윌슨주의는 국제사회에서 미국의 도덕적 리더십을 강조하며, 민주주의, 인권, 국제법을 확산시키기 위한 적극적 개입을 지지하는 전통이다. 윌슨주의자들은 미국이 국제사회에서 도덕적 리더십을 발휘해야 하며, 전쟁과 갈등을 방지하기 위해 국제기구와 다자 협력을 중시해야 한다고 믿는다. 윌슨주의는 미국의 외교 정책이 자유민주주의와 인권 보호를 촉진하는 데 중점을 두어야 한다고 주장한다. 이를 위해 국제기구 설립과 국제법 준수를 강조한다. 또한, 윌슨주의자들은 필요하다면 군사적, 외교적 개입을 통해 국제사회에서 민주주의와 인권을 지켜야 한다고 본다. 이는 제1차 세계대전 이후 국제연맹(League of Nations)의 설립으로 이어졌다.

V 신보수주의

1. 의의

9·11테러를 기점으로 부시 행정부의 외교전략에 본격적으로 투영되기 시작했던 신보수주의 외교이념은 2003년 이라크 전쟁에서 정점을 이루었으나, 미국 내외의 신랄한

비판을 받으며, 부시 행정부의 퇴조와 함께 미국 대외정책의 일선에서 물러나게 되었다. 초강대국인 미국의 외교이념과 전략으로서의 신보수주의는 세계질서 전반에 영향을 주는 핵심독립변수였으며, 미국이 적극 개입하고 있는 동북아시아 질서 그리고 한미동맹과 북핵문제를 통해 연계되어 있는 한반도질서에도 핵심변수로 작동하였다.

2. 주요 사상

신보수주의자들의 사상은 도덕적 우월주의, 필요악으로서의 전쟁과 적극적 개입주의, 공격적 현실주의에 기반하고 있다. 첫째, 신보수주의자들은 미국 예외주의에 기초한 도덕적 우월주의를 주장한다. 이들은 유럽과 달리 미국은 귀족제와 신분제의 전통을 가지지 않은 덕분에 '자유'를 바탕으로 한 문명의 꽃을 피웠으므로, 이러한 미국적 가치를 보수하고 전세계에 전파해야 한다고 본다. 둘째, 신보수주의자들은 문명화를 위해 전쟁은 필요악이라고 보며, 악을 제압하고 선을 구현하기 위한 전쟁이 반드시 비도덕적이라고는 보지 않는다. 또한, 같은 맥락에서 미국적 가치, 특히 민주주의와 시장경제를 확산시키기 위한 적극적 개입을 주장하며, 그 과정에서 독재국가의 국가주권이 개입에 대한 장애가 되어서는 안 된다고 본다. 셋째, 국제정치에 대한 존재론에 있어서 홉스적 비관론을 수용하는 신보수주의자들은 '힘을 통한 평화'(peace through strength)를 주장하는 공세적 현실주의를 추구한다. 나아가, 이들은 동맹의 중요성을 강조하면서도 미국을 방어하기 위해서는 동맹국들의 반대가 있더라도 미국의 단독적 군사행동을 불사해야 한다는 일방주의적 공세성을 보이고 있다.

3. 신보수주의와 전통적 보수주의 비교

비교 기준	신보수주의	전통적 보수주의
가치개입 여부	국제정치를 선과 악의 대립구조로 파악	국제정치에 가치개입 배제
국가관	작지만 '강한' 정부	작은 정부
동맹관	동맹이익보다 국가이익 우선	동맹이익 강조
개입범위	자유의 확산을 위한 개입	미국의 국가이익을 위한 개입
채택 정부	9·11테러 이후 부시 행정부	조지 H. W. 부시, 9·11테러 이전 조지 W. 부시

4. 신보수주의의 목표

신보수주의전략의 궁극적 목표는 미국적 평화(Pax Americana), 즉 미국 중심의 단극적 세계를 공고히 하는 것이며, 이는 곧 미국의 원칙과 이익에 맞는 국제안보질서를 창출하는 것이다. 신보수주의자들은 미국의 군사력 우위를 지속적으로 유지하고 개선해 나감으로써 미국의 패권에 도전할 수 있는 경쟁국의 등장을 저지하고자 한다. 21세기 미국의 패권을 위협할 수 있는 가장 가능성이 높은 국가로 중국을 지목하고, 동남아에 대한 전진배치전략을 통해 중국의 팽창을 억제하고, 중국의 정권교체를 도모해야 한다고 본다.

5. 신보수주의의 주요 전략

첫째, 패권안정전략. 신보수주의 전략의 핵심은 세계질서유지라는 책무를 미국이 떠맡음으로써 명실공히 미국의 패권에 기반한 국제체제의 안정, 즉 '패권안정'을 이룩해 나가는 것이다. 미국이 세계 보안관 역할을 감당해야 한다고 보는 것이다. 패권안정을 위해서는 여러 개의(multiple) 동시적(simultaneous) 권역전쟁(theatre war)에서 결정적으로 승리할 수 있는 능력을 키워나가야 한다고 본다. 둘째, WMD 반확산전략 및 핵전략 우위 유지. 미국적 패권체제에 도전을 가할 수 있는 불량국가나 테러집단의 WMD 획득을 저지하기 위해 적극적인 반확산(counter-proliferation)전략을 통해 위협이 가해지기 전에 위협요인을 제거하고자 한다. 신보수주의자들은 다자간 비확산(non-proliferation)체제를 강화하거나, 다자간 군비통제를 위해 노력하는 것은 패권유지전략에 효율적이지 못하다고 본다. 셋째, 민주평화전략. 신보수주의자들은 민주평화론(Democratic Peace Theory)을 수용하여, '민주평화지대(zones of democratic peace)'를 보존하고 확대해 나가는 전략을 채택한다.

VI 공화당과 민주당의 노선 차이

1. 외교 정책 접근

(1) 공화당

공화당은 전통적으로 강력한 군사력과 국방력을 바탕으로 한 대외 정책을 선호한다. 미국의 국익을 보호하기 위해 필요시 군사적 개입도 마다하지 않는 경향이 있다. 강력한 국방력과 억지력을 통해 적대국가와 경쟁국에 대한 위협을 억제하려 한다. 또한, 공화당은 다자주의보다는 일방주의적 접근을 선호하는 경향이 있다. 이는 미국의 주권과 독립적 결정을 강조하며, 국제기구나 동맹국에 의존하지 않고 자국의 이익에 따라 독자적인 결정을 내리는 것을 지지한다. 트럼프 행정부의 "미국 우선주의(America First)" 정책이 그 대표적인 예다.

(2) 민주당

민주당은 국제 문제 해결에서 다자주의와 외교적 협력을 중시한다. 민주당은 유엔(UN), 북대서양조약기구(NATO) 등 국제기구를 통한 협력과 다자간 협상을 선호하며, 동맹과 파트너십을 강화해 국제적인 도전에 대응하려고 한다. 또한, 민주당은 갈등 상황에서 군사적 개입보다는 외교적 협상과 대화를 통한 문제 해결을 선호한다. 민주당은 국제법과 규범을 존중하고 이를 기반으로 한 국제질서 유지를 지지한다.

2. 국방 정책

(1) 공화당

공화당은 국방비 지출을 확대하고, 강력한 군사력을 유지해야 한다고 믿는다. 이는 국가 안보와 글로벌 억지력 유지에 필수적이라고 본다. 공화당은 종종 국방 예산 증액, 신무기 체계 도입, 군사 기지 확충 등의 정책을 지지한다. 또한, 공화당은 필요시 군사적 개입을 통해 미국의 이익을 보호해야 한다고 주장한다. 이라크 전쟁(2003)과 같은 사례는 공화당의 강경한 군사 개입 정책의 예시이다.

(2) 민주당

첫째, 민주당은 군사력을 강화하는 데 있어 효율성과 필요성을 강조하며, 불필요한 군사 개입을 자제하는 경향이 있다. 민주당은 군사 예산의 합리적 사용과 국방 전략의 조정에 중점을 둔다. 둘째, 민주당은 주로 인도주의적 목적이나 국제적 합의에 따른 제한적 군사 개입을 지지하며, 예를 들어 인권 보호와 대량학살 방지와 같은 경우에만 군사력을 사용하려 한다.

3. 경제 및 무역 정책

(1) 공화당

첫째, 보호무역주의와 미국 경제 보호. 공화당은 자국 산업 보호와 경제적 이익을 위해 보호무역주의적 접근을 선호하는 경향이 있다. 이는 미국 노동자와 제조업을 보호하기 위해 관세 부과, 무역 협정 재협상 등의 정책을 통해 나타난다. 트럼프 행정부는 TPP(환태평양경제동반자협정) 탈퇴, 중국과의 무역전쟁 등을 통해 이를 실천했다. 둘째, 규제 완화와 자유시장 경제. 공화당은 정부의 경제 개입을 최소화하고, 자유시장 경제를 통해 경제 성장을 촉진해야 한다고 믿는다. 이는 규제 완화와 세금 감면 정책으로 나타난다.

(2) 민주당

첫째, 자유무역과 다자간 무역 협정지지. 민주당은 자유무역과 다자간 무역 협정을 통해 글로벌 경제 협력을 강화하고, 미국의 경제적 이익을 증진시키려 한다. 민주당은 무역 정책에서 인권, 환경, 노동 조건을 고려한 '공정무역(fair trade)'을 강조한다. 둘째, 사회적 안전망 강화와 규제. 민주당은 경제 성장과 더불어 사회적 안전망과 노동자 권리 보호를 중요시하며, 무역 정책에서도 이러한 가치들을 반영하려 한다. 민주당은 불공정 무역 관행을 비판하고, 규제를 통해 미국 노동자와 소비자를 보호하려는 입장을 지닌다.

4. 인권 및 민주주의

(1) 공화당

첫째, 공화당은 인권 문제를 중요시하지만, 국가 이익을 최우선으로 고려하는 경향이 있다. 따라서 인권 문제에 대해 선택적으로 접근하며, 동맹국에 대해서는 인권 문제에 덜 민감한 모습을 보이기도 한다. 둘째, 공화당은 민주주의 전파보다는 안보와 경제적 이익을 우선시한다. 따라서 일부 권위주의 국가와의 협력을 통해 미국의 전략적 이익을 극대화하려 한다.

(2) 민주당

첫째, 민주당은 인권 보호와 민주주의 확산을 대외 정책의 핵심 요소로 삼는다. 민주당은 인권 문제에 있어 보다 일관된 입장을 유지하며, 독재 정권과의 관계에서는 인권 문제를 강하게 제기한다. 둘째, 민주당은 인도적 지원과 개발 원조를 통해 민주주의와 인권을 증진시키고자 한다. 민주당은 또한 국제적 기준에 맞춰 인권을 보호하고 민주주의를 전파하려는 정책을 지지한다.

5. 기후변화 및 환경 정책

(1) 공화당

첫째, 공화당은 기후변화에 대해 회의적 입장을 보이는 경우가 많으며, 기후변화 정책이 경제 성장을 저해한다고 보는 경향이 있다. 이는 화석 연료 산업 보호와 규제 완화로 나타난다. 둘째, 공화당은 파리기후협정과 같은 국제적 합의에서 자주 탈퇴하거나 수정하려고 하며, 미국의 경제적 이익과 주권을 우선시한다.

(2) 민주당

첫째, 민주당은 기후변화를 심각한 글로벌 위기로 인식하며, 이에 대한 적극적 대응을 지지한다. 민주당은 파리기후협정에 재가입하고, 재생에너지 투자와 탄소 배출 감소 목표를 설정하는 등의 정책을 추진한다. 둘째, 민주당은 국제 협력을 통한 기후변화 문제 해결을 강조하며, 국제 기구와 다자간 협의를 통해 글로벌 기후 행동을 촉진하려 한다.

Ⅶ 탈냉전기 미국 대외정책 기조

1. 클린턴 행정부 – 자유주의적 국제주의

미국의 전통적 외교이념은 탈냉전기 미국 외교전략에도 여전히 투영되고 있다. 탈냉전 초기 집권한 민주당의 클린턴 행정부는 자유주의적 국제주의 성향을 보여주었다. 즉, 미국적 가치를 확산시킬 수 있는 기회를 잘 활용하여 자국중심 국제질서를 형성해 나가되, 그 수단에 있어서는 일방주의보다는 국제기구를 통한 다자협력을 강조하였다. 다만, 클린턴 재선 이후 2기 행정부는 UN을 통한 강대국 간 협력보다는 동맹국과의 협력에 기초한 공세적 개입을 강화하기도 하였다. NATO의 코소보공습이 대표적인 사례이다. 이른바 '인도적 개입'이라는 형태를 띤 코소보공습은 중국, 러시아 등 기존 강대국들로부터 주권평등원칙 위반이라는 거센 비판을 받게 되었다.

2. 부시 행정부 1기 – 현실주의적 국제주의

2001년 집권에 성공한 공화당의 부시 행정부는 민주당의 차별성을 내세워 국제문제에 대한 선별적 개입을 옹호하되, UN을 통한 개입보다는 동맹과의 협력을 강조하였다. 클린턴 2기의 공세적 자유주의적 국제주의와는 '개입범위'에 있어서의 차이가 보다 근본적인 차이였다. 한편, 2001년 9·11테러는 부시 행정부가 기존의 신보수주의자들의 전략을 전격적으로 대외전략에 투영하는 계기를 만들어 주었다. 부시 행정부는 불량국가 및 테러세력들에 대한 선제 핵공격을 천명하고, 이라크와 아프가니스탄의 정권교체를 시도하였다. 9·11 이전의 외교이념이 '방어적' 현실주의적 국제주의라면, 9·11 이후는 '공세적' 현실주의적 국제주의 노선이라고 본다.

3. 부시 행정부 2기 – 실용적 보수주의

2005년 재집권에 성공한 부시 행정부 2기 노선은 9·11 이후 노선에서 약간 벗어난 형태를 띠고 전개되었다. 이른바 '실용적 보수주의' 노선인바, 신보수주의 노선하에서 집행된 정권교체 전략이나 북핵문제에 대한 공세적 대응, 대중국 봉쇄노선, MD전략 등이 전세계적인 질서 혼란과 반미감정을 촉발하였다는 반성에 기초한 것이었다. '실용적 보수주의' 노선은 신보수주의적 '근본주의'(fundamentalism)에서 벗어나 국제문제에 선택적으로 개입하고 '외교를 통한 평화'라는 실용주의를 강조한다. 이는 곧 '동맹', '세력균형' 등과 같은 전통적 보수주의 요소를 중심축으로 하면서 '자유의 확산'과 '다자제도' 등 진보적 요소를 결합한 것이다. 실용적 보수주의 노선은 기존의 '정권교체'(regime change)와 같은 공세적 접근보다는 '변환외교'(transformational diplomacy)와 같은 다자적 접근과 외교적 접근을 강조하였다.

4. 오바마 행정부 – 실용주의

오바마 행정부는 민주당 정부로서 대체로 민주당의 전통인 자유주의적 국제주의 노선을 추구하고 있다. 테러리즘, 핵무기 확산, 신자유주의 질서와 국제금융시스템 불안 등의 주요 문제에 적극적으로 개입하되, 이전 부시 행정부와 달리 다자레짐을 적극적으로 활용하는 한편, 강대국 간 협조체제 구축을 강화해 나가고 있다. 그러나 오바마 행정부는 '스마트파워'를 추구하는 전략을 제시함으로서 경성권력의 한 축인 군사력에 대한 의존정책을 완전히 포기한 것은 아니다. 따라서 대외전략 목표 달성수단으로서 일방주의, 쌍무주의, 다자주의를 사안별로 추구한다는 점에서 오바마 행정부의 대외전략 이념을 '실용주의'로 명명할 수 있다.

5. 트럼프 행정부

트럼프 행정부가 출범 당시 표방한 것은 '미국 제일주의(America First)'였다. 미국의 국가이익, 특히 경제적 이익 추구를 첫 번째 가치로 표방한 것이다. 미드(W. Mead)의 분류로는 해밀턴주의에 가깝다고 볼 수 있다.

6. 바이든 행정부

바이든 행정부는 자유주의적 국제주의를 대외정책 기조로 제시했다. 다만, 자유주의적 국제주의 질서를 위한 효과적인 수단이 미국의 동맹체제를 유지 및 강화하는 것이라고 보는 점에서 오바마정부가 추구했던 실용주의 기조를 유지하고 있다고 평가된다.

VIII 결론

미국의 대외정책은 시기에 따라 정파에 따라 다소 다른 이념을 투영해 왔으나 미국적 가치를 대외정책에 반영한다는 기조는 대체로 유지되어 왔다고 볼 수 있다. 그러나 미국의 외교이념도 결국 미국의 이익을 강하게 반영하고 있고, 미국의 국가 규모를 고려할 때 그러한 대외정책이 국제질서에 상당한 파급효과를 가져왔다고 볼 수 있다. 21세기 현재 미국의 외교이념은 다시 한번 국제주의와 고립주의 갈림길에 서 있는 것으로 보이며, 그에 따라 세계질서와 안보는 다시 한번 요동칠 것으로 전망할 수 있다.

제2절 냉전기 미국 행정부의 주요 대외 정책

I 트루먼 행정부(1945년 4월 12일 ~ 1953년 1월 20일)

1. 트루먼 독트린

1947년 3월 트루먼 대통령은 미 의회에 그리스와 터키에 대한 경제·군사지원을 요청하였다. 공산 반란에 처한 그리스를 지원하고, 소련의 압박에 놓인 터키를 도우려는 것이 목적이었다. 이를 트루먼 독트린이라고 하며 대소련 봉쇄정책 선언으로 평가되고 있다.

2. 마셜 플랜

마셜 장관은 1947년 6월 "유럽이 재난을 피할 수 있도록 돕겠다"는 입장을 표명하였는데, 이를 유럽부흥계획 또는 마셜 플랜이라고 한다. 마셜 플랜은 UN 등 국제기구가 아니라 미국이 직접적인 지원을 표방한 것이었다. 마셜 플랜에 대응하여 소련의 스탈린은 코민포름을 1947년 9월에 창설하였다.

3. 북대서양조약기구(NATO) 창설

미국은 건국 이후 유지되어 온 고립정책 기조를 폐기하고 국제주의 노선으로 전환하였다. 1948년 6월 소련은 베를린 봉쇄를 감행하여 동서 간 긴장이 절정에 달하였다. 미국은 소련의 위협에 대한 대응으로 북대서양조약기구(NATO)를 창설하여 유럽국가들과 방어동맹을 형성하였다.

4. NSC-68

소련 군사력에 대한 재평가가 담긴 보고서이다. 서유럽국가들이 미국에 대한 신뢰를 갖지 못하고 소련의 압력에 타협하는 상황을 우려하는 내용이 담겨 있다. 미국이 위기에 처했음을 강조하며, 국방예산 증액 필요성을 건의하기도 하였다.

5. 대한국정책

한국전쟁 발발 전 미국은 적어도 3년간 한국에서 군사적 개입을 최소화한다는 정책을 가지고 있었다. 이에 따라 남한에 주둔하던 잔여 미군은 1949년 6월 철수를 완료하였다. 미군은 한국에 무기와 훈련을 지원했으나, 한국 정부의 수차례 요청에도 불구하고 안보 보장을 해주지는 않았다. 1950년 1월 12일 애치슨 장관은 미국의 방어라인(security perimeter)에서 한국이 제외되어 있다고 발표하였다. 한편, 한국전쟁이 발발하자 개전 6일째, 트루먼은 주일미군의 한반도 전투 참여를 명령하였다. 트루먼은 의회와의 협의를 통해 의회의 강력한 지지를 확인하기도 하였다. 전쟁과정에서 맥아더 사령관은 한국전쟁 승리가 전체 상황을 완전히 전환시킬 것이라며, 한반도 통일이 필요하다는 입장이었으나 트루먼 대통령은 휴전협상을 지시하였고, 1951년 7월 한국전쟁 정전협상이 개시되어 1953년 7월 타결되었다.

II 아이젠하워 행정부(1953년 1월 20일 ~ 1961년 1월 20일)

1. 대한국정책
아이젠하워는 한국전쟁에서 휴전협상이 진행되던 중 대통령에 당선되었다. 아이젠하워의 기본적인 정책은 휴전을 타결짓는 것이었고, 1953년 7월 휴전협정이 성립되었다.

2. 대만정책
중국을 장악한 모택동이 국공내전에서 완전한 승리를 위해 1954년 대만을 침공하자, 장개석 정부를 지지했던 미국은 중국에 전술핵무기 사용을 위협하기도 하였다. 그러나, 영국과 프랑스 등 유럽 우방국들이 반대하여 실행하지는 않았다. 1955년 4월 중공군은 대만 2개 섬에 대한 포격을 중지하였다.

3. 수에즈 위기
1956년 발생한 수에즈 위기 사태는 미국과 유럽 우방국 간 이견을 노출한 핵심 사안이었다. 이집트 대통령 낫세르가 수에즈운하를 국유화하자 영국과 프랑스가 이집트를 침공하여 이른바 수에즈 위기가 발생했다. 미국은 중동국가들이 반미 친소화되어 중동 에너지 장악에 위기가 닥칠 것을 우려하여 영국과 프랑스를 지원하지 않았다.

III 케네디 행정부(1961년 1월 20일 ~ 1963년 11월 22일)

1. 쿠바 미사일 위기
쿠바 미사일 위기는 1962년 10월 발발한 미국과 소련 간 전면전 위기를 말한다. 쿠바가 소련으로부터 핵무기를 도입하는 과정이 미국에 발각되어 소련 군함과 미국 군함이 해상대치하였다. 위기는 케네디와 후르쇼프 간 합의를 통해 해결되었다. 미국은 쿠바를 침공하지 않을 것과 터키 미사일 기지 철거를 약속한 반면, 소련은 쿠바에 핵무기를 반입하지 않을 것을 약속하였다.

2. 베트남전쟁
케네디 행정부는 베트남전쟁이 발발하자 미국 행정부 중에서는 최초로 군대를 파병하였다. 미국은 1973년 북베트남과 평화협정을 체결하기까지 지속적으로 개입하였으나, 남베트남의 공산화를 막지는 못하였다.

3. 미국 – 프랑스 관계 악화
케네디 재임시절 유럽국가들 중에서는 특히 프랑스와의 관계가 상당히 악화되었다. 프랑스는 특히 미국이 영국과 달리 자국에게는 핵기술을 공유하지 않은 것에 대한 불만이 컸고 결국 독자적으로 핵무기를 개발하게 되었다. 프랑스 드골 대통령은 1965년 NATO본부를 프랑스에서 철수하도록 미국에 요구하며 미 – 불 간 신경전이 극대화되기도 하였다.

Ⅳ 존슨 행정부(1963년 11월 22일 ~ 1969년 1월 20일)

1. 위대한 사회 건설

케네디 대통령 암살로 대통령직을 승계한 존슨 대통령은 대내적으로 '위대한 사회'를 주장하는 한편 외교정책에서는 자제, 화해, 긴축정책을 주장하며, 세계에서 미국의 역할을 제한해야 한다고 주장하였다.

2. 베트남전쟁

존슨 대통령은 베트남의 디엠 정권 전복 이후 맥나마라 국방장관에게 1963년 12월 남부 베트남 현장시찰 준비를 지시하였다. 존슨 취임 초 베트남에서의 미국의 정책은 평화의 회복이었는데, 주민 거주지역의 안전을 강화하여 주민들의 지지를 확보하고 베트콩을 약화시키려는 것이었다. 그러나 1964년 8월 통킹만 사건이 발생하자, 존슨은 북부 베트남에 대한 보복폭격을 명령하고, 동남아에서의 공산세력 공격을 저지하기 위한 미 의회 결의안을 확보하였다. 1965년 7월 북베트남군의 대규모 남베트남 공격 이후 존슨이 베트남전쟁 정책 재검토회의를 개최하고, 정책의 대전환을 천명하면서 베트남전쟁에 전격 개입하였다.

Ⅴ 닉슨 행정부(1969년 1월 20일 ~ 1974년 8월 9일)

1. 닉슨 독트린

닉슨은 1969년 동맹국은 자기방어를 위해 군대를 제공해야 하며, 미국은 무기와 핵우산을 제공할 수 있으나 미군의 전투를 기대해서는 안 된다는 닉슨 독트린을 발표하였다. 베트남전쟁 철수, 아시아 방위의 아시아화, 한국 방위의 한국화 등을 표방한 것이었다.

2. 미중화해

닉슨은 키신저의 방중을 계기로 하여 1972년 2월 상하이 공동성명을 발표하고 중국과 관계를 개선하였다. 상하이 공동성명에서 미국은 중국이 강력하게 요구한 '하나의 중국원칙'에 동의하였고, 중국은 소련 봉쇄에 미국과 협력하기로 하였다.

3. 욤키푸르 전쟁(1973년 10월)

닉슨 재임시 제4차 중동전쟁이라고도 하는 욤키푸르 전쟁이 발발했다. 이집트 등에 기습공격을 당한 이스라엘의 운명이 풍전등화와도 같았으나, 미국은 이스라엘을 원조하기로 결정했다. 미국의 지원으로 이스라엘이 승리를 거두었으며, 이후 미국 - 이스라엘 관계는 기존의 모호한 관계에서 탈피하고 강력한 준동맹관계로 발전하게 되었다.

4. 신경제정책선언(1971년)

베트남전쟁의 전비 증가, 독일과 일본의 상대적 부상 등으로 미국 경제가 약화되고 달러의 가치가 하락하면서 이른바 '트리핀 딜레마'가 현실화되었다. 당시 브레튼우즈체제에서는 미국 달러가 금 1온스당 35달러로 고정되어 있어서 미국의 부담이 커지는 상황이었다. 이를 타개하기 위해 닉슨 대통령은 이른바 '신경제정책선언'을 하여 달러화의 금태환을 정지시켰다. 이로써 브레튼우즈체제는 막을 내리게 되었다.

Ⅵ 포드 행정부(1974년 8월 9일 ~ 1977년 1월 20일)

1. 유럽안보협력회의(1975년)

유럽안보협력회의는 유럽의 다자안보제도이다. 포드와 브레즈네프는 경제력의 약화, 상호확증파괴체제의 확립 등을 배경으로 하여 다자안보에 합의하게 되었다. 다자안보에 합의한 헬싱키의정서가 1975년 채택되었다.

2. 베트남전쟁

1973년 1월 서명된 파리평화협정 이후 북베트남은 지속적으로 남베트남에서의 군사력을 증강하였다. 1975년 1월 북베트남은 대공세를 통해 남베트남을 패퇴시키고 남베트남의 공산화를 완성하였다. 포드 행정부는 적극적인 개입을 의도하였으나, 베트남 개입 축소를 추구하였던 의회의 반대로 무산되었다.

Ⅶ 카터 행정부(1977년 1월 20일 ~ 1981년 1월 20일)

1. 정책기조

1976년 대통령에 당선된 카터는 소련과의 데탕트정책을 승계하였다. 카터는 냉전에 덜 몰입하며, 미소 초강대국체제에 덜 집착하고, 인권 문제를 중시하였다.

2. 대소련정책

카터는 1977년 벤스 국무장관을 모스크바에 보내 전략핵무기 25% 감축을 제의하였다. 카터는 다양한 시도를 통해 소련체제를 흔들었다. 아프리카 로디지아(짐바브웨) 문제, 베긴과 사다트 간의 1978년 캠프데이비드협정, 파나마운하협정, 소련의 인권운동가들에 대한 관심과 지원, 폴란드 노조와 아프가니스탄 자유투쟁 지원 노력 등이 주요 사례들이다. 1979년 소련이 아프가니스탄을 침공하자 소련과 합의했던 전략무기제한협정(SALT Ⅱ)의 비준절차를 중단하는 등 강경책을 구사하기도 하였다.

3. 카터 독트린

1979년 소련의 아프가니스탄 침공 이후 카터가 발표한 중동정책선언을 카터 독트린이라고 한다. 1980년 미 의회 연두교서에서 카터는 중동에 대한 미국의 영향력 강화를 위해 의회가 이를 승인하고 재정을 지원해 줄 것을 요청하였다.

4. 이란 인질구출 작전 실패

1979년 호메이니에 의한 이란 이슬람혁명 성공 이후 호메이니를 지지하는 이란 대학생들이 미국 대사관에 난입하여 미국 외교관 등을 인질로 잡은 사건이 발생하였다. 미국은 이를 국제사법재판소(ICJ)에 제소하는 한편, 재판 도중 인질 구출작전을 실시했으나 성공하지 못하였다. 레이건 집권 이후 이란과 협상을 통해 해결되었다.

Ⅷ 레이건 행정부(1981년 1월 20일 ~ 1989년 1월 20일)

1. 대소련관계

레이건 행정부는 집권 초기 소련을 '악의 제국'으로 규정하고 전략방어구상(SDI)을 추진하는 등 강경책을 구사하였다. SDI는 소련 탄도탄미사일 방어를 통해 소련의 핵무기를 무력화시키는 정책을 말한다.

2. 레이건 독트린

1980년 초 CIA 부국장에 임명된 게이츠는 제3세계 국가에서 소련이 철수하고 협상행태를 바꿀 때까지 소련을 괴롭힐 것이라고 말했다. 언론은 게이츠 부국장의 발언을 미국의 제3세계 정책인 레이건 독트린이라고 명명하였다. 레이건 독트린은 냉전에 대한 최대의 정책적 접근으로 평가된다. 즉, 소련에 의한 제3세계의 공산화를 막는 것에서 나아가 이미 친소 공산화된 국가들을 적극적으로 민주화시키는 전략이었다.

3. 이란 – 콘트라 사건

이란 – 콘트라 사건(Iran-Contra affair)은 1987년 미국 CIA가 스스로 적성 국가라 부르던 이란에 대해 무기를 불법적으로 판매하고 그 이익으로 니카라과의 산디니스타 정부에 대한 반군인 콘트라 반군을 지원한 정치 스캔들이다. 이란 – 콘트라 스캔들은 전혀 연관이 없어 보이는 두 사건이 연결되어 있다. 하나는 이란에 대한 무기의 판매 사건이고 다른 하나는 콘트라 반군에 대한 지원이다. 니카라과의 콘트라 반군에 대한 지원은 볼랜드 수정법안에 의해 불법으로 규정되어 있었다. 이란 – 콘트라 스캔들은 미국이 헤즈볼라에 의해 납치된 인질의 석방 대가로 이란에 무기를 공급하였다고 한 레바논 신문이 보도하면서 알려지기 시작하였다.

4. 중거리협전력협정(INF협정) 체결

레이건은 소련 고르바초프와 INF협정을 체결하였다. 미국과 소련은 협정 발효 후 3년 이내에 중단거리 핵미사일을 전량폐기하기로 합의하였다. 그러나 최근 트럼프 행정부는 러시아의 위반을 이유로 동 협정을 폐기하였다.

제3절 탈냉전기 미국의 행정부별 주요 대외정책의 흐름

I 부시 행정부(1989년 ~ 1992년)

1. 몰타선언(1989년 12월)

1989년 12월 부시(George H. Bush) 미국 대통령과 고르바초프 소련 대통령은 지중해 몰타에서 열린 정상회담에서 미국과 소련은 더 이상 적대국이 아니면 냉전이 종식되었음을 선언하였다. 이 회담은 비록 여러 현안에 대해 원칙적인 의견을 교환하였을 뿐 구체적인 협의는 다음으로 미루었으나, 대결에서 협력으로 가는 새로운 세계사의 흐름을 재확인하고 새 시대 국제질서의 방향을 제시한 회담으로 평가된다.

2. 걸프전쟁(1990년 8월 2일)

이라크의 쿠웨이트 침탈(侵奪)이 계기가 되어 1991년 1월 17일 ~ 2월 28일, 미국·영국·프랑스 등 34개 다국적군이 이라크를 상대로 이라크·쿠웨이트를 무대로 전개된 전쟁이다. 쿠웨이트가 원유시장에 물량을 과잉공급하여 유가를 하락시킴으로써 이라크 경제를 파탄에 몰아넣었다고 비난한 바 있는 이라크 대통령 사담 후세인은, 1990년 8월 2일 쿠웨이트를 전격 침공, 점령하고 쿠웨이트를 이라크의 19번째 속주(屬州)로 삼아 통치권을 행사하였다. 이에 대해 미국을 중심으로 한 서방 각국은 8월 2일부터 12개에 이르는 대이라크 UN결의안을 통과시키고 이를 통해 이라크를 침략자로 규정하고 이라크군의 즉각적인 쿠웨이트 철수와 쿠웨이트 왕정복고, 대이라크 무역제재 등의 강력한 이라크 응징을 결의하였다. UN안전보장이사회는 1991년 1월 15일까지 쿠웨이트에서 철군하지 않을 경우 이라크에의 무력사용을 승인하는 결의안을 통과시켰고, 이를 전후하여 미국이 대이라크전에 대비한 다국적군의 결성을 주도함으로써 43만 명의 미군을 포함한 34개국의 다국적군 68만 명이 페르시아만 일대에 집결하였다. 미국은 이라크의 철수시한 이틀 뒤인 1991년 1월 17일 대공습을 단행하여 이로부터 1개월간 10만여 회에 걸친 공중폭격을 감행, 이라크의 주요 시설을 거의 파괴하였으며, 2월 24일에는 전면 지상작전을 전개, 쿠웨이트로부터 이라크군을 축출한 뒤 지상전 개시 100시간 만인 2월 28일 전쟁 종식을 선언하였다.

3. 북미자유무역협정(NAFTA) 체결

NAFTA는 미국, 캐나다, 멕시코 3국이 1992년 8월에 합의한 협정으로 1994년 1월 발효하였다. 북미에서는 이미 미국 - 캐나다 자유무역협정이 1989년에 발효되었으나 한편으로 GATT 교섭의 정체, 다른 한편으로 EU통합의 진전이나 아시아 경제의 약진에 위기감을 느낀 부시 대통령은 1990년 6월 미주 전역을 커버하는 경제통합을 제안하였다. 부시 정권의 의도는 누적 채무 위기라는 역경 속에서 미국 시장과의 결합을 통해 활로를 개척하려는 멕시코 정부의 의도와 일치되어 우선 NAFTA를 향한 교섭이 시작되었다. NAFTA는 무역의 자유화를 기초로 하면서도 투자규칙, 지적재산권 등 보다 폭넓은 범위를 커버하였다.

4. 소말리아 개입

미국은 인도적 이유에서 다국적군의 조직과 개입을 주도하여 소말리아에 개입하였다. 1992년 12월 부시 대통령은 인도적 이유에서 2만 명의 군대를 파견하였다. 미국의 개입 목적은 군벌로부터 지원 식량의 공급을 보호하고 소말리아 주민들에 식량 배급 수단을 확보하는 것이었다. 안전보장이사회는 결의안 733을 통해 소말리아 군벌들에게 국내전투를 중지하고 구호물자의 배급에 협조할 것을 요구하였다. 그러나 군벌들이 지원 물자를 계속 약탈하자 안전보장이사회는 결의 794(1992.12)를 통해 구호물자의 보호를 위해 군사력 사용을 허용하였다. 미국은 병력 2만 명을 파병하고 UN군인 UNITAF를 지휘하였다. 그러나 미군에 대한 공격과 미군 살해로 소말리아의 안정과 질서 구축이 어려워지자 미군을 철수하였다.

II 클린턴 제1기 행정부(1993년 ~ 1996년)

1. 대외정책 기조 - 개입(Engagement)과 확산(Enlargement)

클린턴 행정부는 탈냉전을 맞아 외교정책기조로 개입과 확산정책을 제시하였다. 개입정책은 확산정책을 위해 미국과 이미 동맹관계를 맺고 있는 국가나 지역에 대해 기존의 동맹관계를 재확인 및 강화하며 미국과 비우호적인 국가에 대해서는 변화를 유도하기 위해 개입하겠다는 것을 말한다. 확산정책은 미국이 중요하다고 생각하는 정치, 경제, 문화적 가치를 전세계에 전파하고자 하는 정책개념으로서 민주주의 및 자유무역주의를 범세계적으로 확산시키려는 정책이다. 개입과 확산정책의 목표는 세 가지이다. 첫째, 강력한 군사력으로 미국 안보유지를 위한 군사력의 확대이다. 둘째, 외국시장 개방과 미국 경제의 활성화이다. 셋째, 민주주의의 세계적 확산이다. 탈냉전기 확대전략은 미국의 기본적인 안보이익이 민주주의와 시장개혁의 확대 및 강화에 달려 있다는 인식에서 나온 것이다.

2. 동아시아정책

1995년 2월 미 국방부는 "미국의 동아시아 및 태평양지역 전략" 일명 "동아시아 전략보고서(EASR: East Asia Security Riview)"를 발표하여 개입과 확대전략을 수립하였다. 클린턴 행정부의 동아시아 안보전략 목표는 일본과 중국과 같은 패권세력 등장 방지, 아시아지역 안정, 무역을 통한 경제적 이익의 추구를 통한 아시아지역의 평화유지에 있었다. 이를 위해 클린턴 행정부는 동아시아 – 태평양지역에 개입과 확장을 통한 리더십전략을 선택하였다. 세부전략으로는 먼저 아시아지역에서의 기존 동맹관계를 유지한다. 그리고 아시아에 주둔 중인 10만 명의 미군을 계속해서 주둔하기로 하였다. 또한 미일동맹 및 한미동맹과 더불어 역내 다자간 안보체제 구축에도 노력하기로 하였다. 그러나 다자안보체제는 동맹전략에 부차적인 전략으로 인식하였다.

3. 동시승리전략(Win - Win Strategy)

클린턴 행정부는 미국이 두 개의 지역전쟁에서 동시에 승리한다는 "동시승리전략"을 제시하였다. 지역전쟁의 위협이 가장 큰 지역으로 클린턴 행정부는 중동과 한반도를 들었다.

4. 중국정책

클린턴 행정부는 동아시아지역에서 리더십을 확보하고 세계질서를 유지하며 경제적 이익을 극대화하기 위해서는 중국과의 원만한 관계를 유지할 필요가 있다는 것을 인식하고 중국정책 방향을 '포괄적 개입(Comprehensive Engagement)'으로 규정하였다. 이 정책은 점차 강해지는 중국의 힘을 인정하고 중국 당국이 현재의 국제 공동체 내에서 통용되고 있는 규범을 준수하는 것을 촉진시키기 위해 중국에 개입하는 것을 말한다. 클린턴 행정부는 1995년 6월 이등휘 대만총통의 미국 방문을 허용함으로써 중국과 마찰을 빚기도 하였다. 또한 중국이 1996년 3월 대만 북부해협에서 미사일 훈련 실시 등 초강경책을 펴자 미국은 대만을 보호할 명분으로 대만해협 근해에 두 척의 항공모함을 파견하여 견제하기도 하였다.

5. 대북정책

클린턴 행정부는 한반도에서 남북한 간 정치적·이념적·군사적 대립이 지속되고 있다는 현실을 직시하면서 대북 봉쇄정책을 추진하였으나 1994년 10월 21일 '제네바합의' 채택 이후 정책변화를 시도하였다. 대북 억지력을 강화하면서도 북한에서 발생할 수 있는 비상사태의 파장을 최소화하기 위해 적극적인 개입정책을 추진하였다. 정치 측면에서는 북한과의 다양한 접촉을 통해 연락사무소 개설과 실종 미군 유해송환 등 주요 현안들을 풀어나갔다. 북한을 '부랑아 국가' 명단에서 삭제하는 한편 '여행 경고국'에서 제외하였다. 군사 측면에서 미국은 북한의 기존 핵발전 시설 가동중지에 주력하면서 제네바합의에 따라 북한에 중유를 공급하였다. 경제 측면에서는 북한에 대해 부분적으로 경제제재를 완화하였다. 또한 흉작 및 대수해로 심각한 식량난에 빠진 북한을 지원하기 위해 정부 및 비정부 차원의 식량지원에 나서기도 하였으며, 민간 차원의 대북 구호지원이 확대될 수 있도록 '대북 인도적 지원 규제'를 해제하였다.

Ⅲ 클린턴 제2기 행정부(1997년 ~ 2000년)

1. 미일 안보체제 강화

클린턴 행정부는 동아시아 개입정책 강화의 일환으로 일본과의 동맹관계 강화를 추진하여 1997년 '미일 방위협력지침'(신가이드라인)을 채택하였다. '신가이드라인'은 1978년 10월에 합의된 '구가이드라인'을 수정한 것이었다. 신가이드라인은 평시협력, 일본에 대한 무력 공격시 협력, 일본 주변 유사시 협력의 세 항목으로 규정되었다. 핵심은 주변사태시의 협력이었다. 주변지역의 개념을 지리적 개념이 아닌 사태의 성질에 착안하여 자국의 안전에 직접적인 영향을 미치는 지역으로 규정하였다. 이는 아태지역의 안정을 위해 주일미군이 주도하는 군사행동에 일본이 전면적으로 협력하는 것을 상정한 것이다. 즉, 일본의 방위정책을 '전수방위(專守防衛)'에서 지역분쟁에 개입하는 외부적 개입으로의 전환을 의미한다. 일본 주변지역 유사시 구가이드라인에서는 일본이 단순히 미국에게 기지제공 및 일본 영내에서의 편의제공에 머물렀으나, 신가이드라인에 따르면 일본의 협력은 기지제공은 물론 자위대가 직접 참가하는 병참지원, 기뢰제거, 임검, 감시, 경계, 비전투원 피난 등으로 확대되었다.

2. 중국정책

미국은 수년간 고속 성장률을 보이고 있는 중국의 경제발전에 주목하고, 핵보유국인 동시에 지역군사강국이며 UN상임이사국의 위치를 차지하고 있는 중국이 아시아의 안보에서 차지하는 비중이 높아지고 있는 만큼 중국이 국내정치적으로 안정을 유지하고 아시아 국가들과 우호관계를 지속하는 것이 아태지역의 평화와 번영에 필수적이라고 보았다. 그러나 클린턴 행정부는 탈냉전기 미중관계의 전략적 비전을 설정하지 못한 채 집권 초기부터 중국에 대한 최혜국대우 문제를 인권 문제와 연계시킴으로써 중국으로부터 강한 반발을 초래하기도 하였다.

3. 한국정책

미국은 한미 간의 안보동맹관계가 지난 40여 년간 그러했던 것처럼 한반도와 동북아시아의 안정에 중심적 역할을 한다고 보고 있다. 냉전의 종식에도 불구하고 한미동맹관계가 유지될 수 있는가 하는 문제는 한미 양국의 전략적 이익이 얼마나 일치하느냐에 달려 있다고 볼 수 있다. 한국은 인접 국가들과의 숙명적인 힘의 불균형 문제를 해결하기 위해 두 가지 필요조건을 충족시켜야 한다. 첫째는 그 어떤 주변국의 침략행위에 대해서도 그러한 행동의 손익계산이 불합리하게 되도록 보장할 수 있는 수준의 자신의 군사력이 필요하고, 둘째는 주변국들 간에 안정된 세력균형이 유지되도록 하는 것이다. 따라서 동북아시아지역에 '지역패권국'이 등장하는 것을 막아야 한다.

4. 동아시아정책

미국의 동아시아정책은 동맹국들과의 전통적인 쌍무관계를 유지하면서 다자적 안보협력을 위한 노력을 병행하는 것이었다. 이는 기존의 한미, 미일 간의 안보동맹관계에 따른 전진 방위 전략의 유지를 전제로 이를 보완하는 다자간 안보대화에 적극 참여하는 것을 의미하였다. ARF를 통해 동아시아 안보문제에 대한 미국의 영향력을 증대시키고, APEC을 통해 동아시아 성장의 과실을 향유해 나간다는 것이 미국의 전략이었다. APEC과 관련해서 1994년 보고르 정상회담은 2020년까지 아태지역에서 자유롭고 개방된 무역과 투자지대를 건설한다는 목표를 채택하였는데, 선진국은 2010년까지 개도국들은 2020년까지 시장을 완전히 개방하도록 시장개방 일정을 완성하는 데 성공하였다.

5. 코소보공습(1999년)

클린턴 2기 행정부는 UN안전보장이사회의 위임 없이 코소보사태에 대해 NATO군을 주도하여 무력개입을 단행하였다. 1989년 세르비아 정부가 코소보의 자치권을 거부하고 코소보지역 인구의 90%가 사용하는 알바니아어를 공용어에서 공식 폐지함으로써 위기가 시작되었다. UN안전보장이사회는 세르비아 정부의 폭력 수단 이용을 비난하고 코소보 자치회복을 결의하였으나 세르비아 측은 이를 무시하고 코소보인들에 대한 학살과 강제 이주조치를 취하였다. UN안전보장이사회는 세르비아에 대한 군사조치를 취하고자 하였으나 러시아와 중국의 반대로 무산되었다. 그러자 미국은 NATO를 통해 세르비아에 대한 공습을 단행하였다. 이후 세르비아가 러시아가 중재한 휴전에 동의함으로써 분쟁은 종식되었다.

Ⅳ 부시(George W. Bush) 제1기 행정부(2001년 ~ 2004년)

1. 기조 – 미국 중심의 패권체제 공고화 및 관리

탈냉전기 미국 대외전략의 전반적 기조는 '패권안정'으로 평가된다. 즉, 미국이 패권 또는 제국적 위상을 갖고 있는가를 떠나서, 미국은 패권안정전략 내지는 제국건설전략을 탈냉전기에 지속적으로 구사해 오고 있다. 김성한 교수는 클린턴 행정기에는 패권안정체제를 구축하고 공고화 하는 것이 세부노선이었다면, 부시 행정부는 이를 관리하는 것이 세부적 방향이었다고 평가한다. 패권전략은 미국이 압도적 힘을 유지하고, 이를 통해 자국 중심의 질서를 유지하는 것이 핵심이다.

2. 안보전략 및 수단

(1) 안보전략

① **패권안정전략**: 중국, 불량국가, 테러세력이라는 21세기 새로운 위협에 대응하여 부시 행정부는 전반적으로 패권안정전략을 구사하였다. 이를 위해 여러 개의 동시적 권역전쟁에서 결정적으로 승리할 수 있는 능력을 키워나가야 한다고 판단하였다.

② **WMD 반확산전략 및 핵 우위 유지**: 대량살상무기 대응에 있어서 다자적 접근인 비확산전략(non-proliferation)보다는 보다 공세적이고 선제적인 반확산전략(counter-proliferation)을 구사하였다. 또한, 핵 우위를 유지하여 불량국가나 테러집단으로부터의 핵 위협에 대응하는 것이 현실적이라고 판단하였다.

③ **민주평화지대 확대 전략**: 부시 행정부는 민주평화가설을 정책에 반영하여 독재정권을 제거함으로써 민주정체를 확산시키는 전략을 구사하였다. 이러한 전략은 미국의 동맹국을 확대하는 한편, 각 지역에서 미국의 영향력을 강화함으로써 중국의 영향력 강화를 차단하고자 한 것이었다.

(2) 수단

① **군사력 증강**: 전세계적 패권체제를 구축하기 위해서는 군사력을 증강하는 것이 필수적이다. 미국은 RMA 가속화에 따라 미군 병력구조를 지상군보다 해공군 위주로 재편하고자 하였다. 또한, 전세계에 주둔하고 있는 미군을 이른바 '불안정의 호'(Arc of Instability) 지역으로 재배치하였다. 미군 재배치의 명분으로 테러세력에 대한 제3단계 테러전을 내세웠으나, 중국에 대한 봉쇄정책의 일환으로 추진되고 있다는 평가를 받았다.

② **선제공격 및 MD시스템 구축**: 부시 행정부는 기존의 핵억지 전략을 폐기하고 선제공격 독트린을 선포하고 및 MD시스템을 구축하였다. MD를 통해 자국 및 동맹국에 대한 대량살상무기 공격을 제압하겠다는 의지를 표명하였으나, 실제로는 핵패권의 일환으로 해석되었다. 한편, 미국에 위협이 되는 불량국가들을 선제공격하여 정권을 교체하였다.

③ **동맹강화**: 패권안정을 위한 미국의 국력의 증가는 자국의 국력증강을 통해서뿐만 아니라, 기존 동맹국과의 관계 강화를 통해서도 가능하다. 부시 행정부는 비스마르크시대의 동맹전략을 모방하여 자국을 중심에 두고, 기존 동맹국들을

바퀴살로 연결시키는 이른바 '차륜동맹정책'(Hub-and-Spoke Alliance)을 구사하였다. 신보수주의자들은 동맹이익보다 국가이익을 우선할 수 있다는 신념을 갖고 동맹국의 반대에도 불구하고 이라크에 대한 정권교체를 시도하였으나, 제2기 행정부 들어서는 동맹과의 협력을 보다 강조하였다.

3. 아프가니스탄전쟁(2001년 10월 7일)

2001년 9월 11일 테러 사건이 발생하자 미국 정부는 이를 '알 카에다'의 소행으로 단정하고, 아프가니스탄을 사실상 지배하고 있었던 탈레반에게 빈 라덴 등을 넘겨줄 것을 요구하였으나 탈레반이 이를 거절하자 영국과 함께 10월 7일 탈레반 및 알 카에다에 대한 군사공격을 개시하였다. 미국의 공격을 2001년 11월 탈레반 정권은 붕괴하였다. 이후 아프가니스탄에서는 하미드 카르자이를 수반으로 하는 신정권이 출범하였다. UN은 2001년 12월 국제치안지원부대(ISAF)를 설치하여 아프가니스탄 안정을 지원하였다.

4. 이라크전쟁(2003년 3월 20일)

부시 정권은 이라크에 의한 위협을 문제시해왔으며 9·11테러 이후 후세인 체제의 전환을 요구하며 군사적인 위협을 가하였다. 2002년 11월 UN안전보장이사회는 결의 1441호를 채택하여 이라크가 무조건적인 사찰을 받아들일 것을 요구하였고 이라크는 이를 수락하였다. 그러나 미국은 후세인이 사찰에 비협조적임을 이유로 2003년 3월 17일 최후통첩을 하였고, 2003년 3월 20일 미군과 영국군은 '이라크의 자유' 작전으로 명명된 대 이라크 공격을 개시하였다. 4월 9일 바그다드가 함락되고 후세인 체제는 붕괴되었다. 부시 대통령은 5월 2일 종전을 선언하였다. 전쟁에 참가하거나 지지를 표명한 나라는 일본을 포함하여 총 44개국이었다. 미국은 참전한 국가들을 '의지의 연합'(Coalition of the willing)이라고 명명하였다. UN 안전보장이사회는 2004년 6월 2004년 말 이라크 잠정정권에 대한 주권 이양, 2005년 1월 말까지 과도정부 수립, 동년 말까지 신헌법에 기초한 정식 정권의 발족 등을 담은 결의안을 채택하였다.

5. 대북정책과 6자회담(2003년 8월)

부시 행정부는 클린턴 행정부의 북핵 합의의 문제점을 지적하고, 북한의 핵 개발 지속을 의심하였다. 9·11테러 이후 이러한 의구심은 보다 강화되고 급기야 2002년 1월 29일 연설에서 북한을 '악의 축'(axis of evil)으로 지목하여 북미관계는 급격히 악화되기 시작하였다. 미국은 경수로 제공, 중유 공급 등의 약속을 파기하였다. 미국이 중유 공급을 중단하자 북한은 이에 대해 핵 개발 재시도를 천명하고 IAEA에 핵시설 봉인해제 및 감시카메라 철거를 요구하고, 2002년 12월 27일 IAEA 감시단을 추방하였다. 2003년 1월 10일에는 NPT 탈퇴를 선언하였다. 그러나 미국의 이라크전쟁 결정은 북한에 대한 중대한 위협으로 대두되었고 북한은 다음 타깃이 될 수 있다는 불안감 속에서 북미 양자회담을 제안하였다. 그러나 미국은 북한 핵문제를 주변국과 다자간 협의 등 외교적 해결을 모색하겠다고 주장하면서 북한의 제안에 응하지 않았다. 북한은 핵문제를 북미 적대관계의 산물로 보고 북미 간 직접협상을 통해 불가침조약 체결을 원했으나, 미국은 북핵문제를 세계적 핵확산 방지 차원에서 보고, 미국뿐만 아니라 한반도 주변국가들이 참여해서 해법을 찾아야 한다고 맞섰다. 이라크전쟁이 미국 측 승리로 종결될 가능성이 높아지자, 북한은 6자회담을 전격 수용하기에 이르렀다. 여기에는 중국의 설득도 영향을 주었다. 제1차 6자회담은 8월 27일에 개최되었다.

6. 대러시아 정책

2001년 12월 부시 행정부는 일방적으로 탄도탄요격미사일체계제한에 관한 조약(ABM Treaty) 탈퇴를 선언하였다. 그리고 부시 행정부는 러시아와 2002년 5월 '새로운 전략적 관계' 구축 및 양국이 보유한 전략핵탄두를 감축하는 전략공격무기감축조약(SORT)에 합의하였다. 그러나 이후 이라크 문제에 몰입하게 되면서, 2002년 5월을 정점으로 미러관계는 표류하기 시작하였다. 2 + 2로 일컬어지는 전략적 안보 협의도 유명무실화되었다. 또한, 2003년 구소연방 국가인 조지아에서의 장미혁명, 우크라이나에서의 오렌지혁명 등 색깔혁명, NATO 확대, 이란 핵문제 및 MD계획 등으로 갈등이 심화되었다.

Ⅴ 부시 제2기 행정부(2005년 ~ 2008년)

1. 대외정책 기조

부시 대통령은 재선 이후 미국을 안전하게 보호하기 위해 자유와 민주주의를 전세계적으로 확산시켜야 한다는 신념을 강조하였다. 부시는 자유의 확산을 위한 전세계적 민주주의 성장은 결과적으로 미국에 대한 위협 축소로 이어질 것이라고 주장하며 '자유의 확산'을 제2기 행정부의 대외정책 기조로서 천명하였다. 그러나 미국의 정부체제를 다른 나라에 강요하지는 않을 것임을 제시하였다.

2. 변환외교(Transformational Diplomacy)

부시 제2기 행정부는 제1기 행정부에서 사용한 반테러와 반확산의 정책기조를 유지하되 테러 및 확산과 직접적으로 연결되는 비민주 정권의 '행태'(behavior)를 바꿔나가는 '변환외교'를 제시하였다. 변환외교는 민주평화론에 기초를 둔 외교전략이었다. 인간의 기본권 보장과 증진을 목표로 한 변환외교는 안보문제와 도전을 국가나 체제 차원이 아닌 인간안보적 차원에서 문제를 규정하고 접근하면서 국가주권 침해라는 비판을 최소화하고자 한 것이다. 변환외교를 위한 5대 과제가 제시되었다. 첫째, 외교적 수요에 부합하도록 외교태세를 조정, 둘째 각 지역별 거점국가와의 협력관계 증진을 통해 동반자 관계를 형성 및 강화, 셋째 민간외교 등의 활동을 통해 외교태세를 현지화, 넷째 재건, 안정화 등 새로운 임무수행을 위한 유관기관과의 협력관계 강화 및 통합 접근 추구, 다섯째 외교관의 전문성 제고 등이다.

3. 이라크 안정화정책

이라크전쟁은 2003년 3월 20일 발발해 그해 5월 1일 부시 대통령의 전투 종료 선언으로 사실상 막을 내리는 듯하였으나, 이라크 주둔 미군은 저항세력을 상대로 치열한 전투를 벌이고 있었다. 미국 내에서는 '조기철군론'이 제기되었으나 부시 대통령은 이라크전의 '승리'를 장담하며 조기철군론을 거부하였다. 이라크로부터의 완전한 철수는 오바마 행정부에 들어서 완료되었다.

4. 대북정책

부시 제2기 행정부의 대북정책은 제1기의 강경책 일변도에서 벗어나 북핵문제 해결을 위한 외교적 해법을 우선하는 방향으로 전환되었다. 부시 행정부 내 강경파와 협상파 간 정책적 갈등이 지속되는 가운데 주요 강경파들이 퇴진함에 따라 정책결정의 주도권이 국무부 내의 협상파로 이동한 것이 주요인이었다. 제2기 부시 행정부는 2005년 9·19공동성명, 2007년 2·13합의 등을 도출하였다. 그러나 미국은 9·19공동성명 이후 북한의 달러화 위조혐의를 근거로 북한이 위폐를 거래한 것으로 추정되는 마카오의 방코델타아시아(BDA) 은행 등 국제금융기관에 대한 제재에 나서기도 하는 등 정책의 일관성을 상실하기도 하였다. 2·13합의 이후 미국은 합의에 따라 북한을 '테러지원국' 명단에서 삭제하는 등 합의 이행조치를 취하기도 하였으나, 이후 다시 교착 국면에 빠져들게 되었다.

5. 경제위기 발발과 G20정상회의의 개최

부시 제2기 행정부 말기인 2008년 후반 '서브프라임 모기지론 사태'에서 발단이 된 미국의 금융위기가 발발하였다. 미국의 금융위기가 전세계적 차원에서의 경제위기로 확산되고 있는 가운데, 2008년 11월 15일 미국 워싱턴에서 세계 주요 경제국 정상들이 참석한 '금융 시장 및 세계 경제에 관한 정상회의'(Summit on Financial Markets and the World Economy: G20정상회의)가 개최되었다. 프랑스 사르코지 대통령의 제안에 이어 미국 부시 대통령의 초청으로 개최된 G20정상회의는 신자유주의질서 확산에 따른 위기의 발생, 미국발 경제위기의 확산에 대한 우려, 경제위기를 해결하고 예방하기 위한 기존 거버넌스체제의 한계 등이 그 배경이라고 볼 수 있다. G20이란 G8과 선발개도국을 합쳐서 부르는 명칭이다. 선발개도국에는 중국, 인도, 브라질, 멕시코, 남아프리카공화국, 한국, 호주, 인도네시아, 사우디아라비아, 터키, 아르헨티나가 포함된다. G20정상회의는 G20재무장관회의에서 출발하였다. G20재무장관회의는 1999년 12월 베를린에서 제1차 회의가 개최되었다.

Ⅵ 오바마 제1기 행정부(2009년 ~ 2012년)

1. 대외정책 성향

2009년 출범한 오바마 제1기 행정부의 대외정책 성향은, 첫째 균형전략을 추구하는 것이었다. 즉, 전통적인 민주당의 국제주의적 자유주의를 바탕으로 하되 현실주의와의 균형적 성향을 띄는 것이 오바마 외교정책의 성향이다. 둘째, 스마트파워 중심의 협력외교를 강조하여 정책 이행수단에서도 균형전략을 강조하였다. 인도주의를 위한 공동의 안보를 강조하면서 지속적, 직접적 그리고 적극적 외교(sustained, direct and aggressive diplomacy)를 강조하는 협력외교를 중시하여 국제사회의 협조를 얻고자 하였다. 이러한 정책의 시행은 경성권력(hard power)을 기반으로 하되 비전통적인 연성권력을 강조하는 스마트파워를 활용하고자 하였다.

2. 세계정책

오바마 제1기 행정부는 세계정책 기조로서 미국 중심의 패권질서를 계속해서 유지해 나가는 것을 제시하였다. 이를 위해 패권적 질서를 위협하는 세력에 대해서는 포용과 봉쇄의 이중정책(Congagement)을 구사해야 한다고 보았다. 오바마 행정부는 미국적 패권질서를 지속하기 위해, 중국을 비롯한 강대국들과 협력적 질서를 유지해 나가는 한편, 전세계에 주둔 중인 미군을 지속적으로 유지하여 패권에 대한 국가 또는 비국가적 도전세력에 대응하고자 하였다. 또한, 국내경제질서 안정을 바탕으로 지속적인 자유무역질서를 유지·확대해 나가고자 하였다. 유럽, 일본, 한국 등과의 동맹관계 역시 지속적으로 강화해 나가는 것을 주요 전략으로 설정하였다.

3. 동아시아정책

오바마 제1기 행정부는 동아시아에서 '균형의 힘'(power of balance)을 추구하였다. 아시아는 역내 협력 강화(integration), 창의적인 기술 개발과 높은 투자활동 등을 특징으로 하며, 안보불안감, 테러와 환경 문제로 인한 불안정 그리고 국가들 간 불균형이 나타나고 있다고 보았다. 여기에서 미국의 영향력을 지속하기 위해서는 새로이 부상하는 강대국들과의 조화와 균형을 추구하는 균형의 힘이 요구되며 새로운 세력들의 부상을 인정하고 책임 있는 역할을 하도록 유도하는 것이 필요하다고 하였다.

4. 대중국정책

오바마 행정부는 중국에 대한 균형된 정책을 천명하였다. 중국을 국제체제에 편입시켜서 공동의 정치, 경제, 환경 그리고 안보목표에 기반한 협력 관계를 구축하려 하면서도 중국의 군사적 근대화에 대해 경계하고, 양안문제의 평화적 해결을 모색하며 중국이 국제 체제의 의무를 다하도록 촉구하였다. 중국에 대한 견제의 일환으로 동아태 지역에서 최상의 군사력을 유지하고 동맹관계를 강화하였다. 동시에 한반도 비핵화와 에너지 안보 문제 등에 있어서 협조를 강화하며, 하나의 중국정책을 지지하였다.

5. 대일본정책

기본적으로 미일동맹이 미국의 대아시아 정책의 초석임을 인지하고, 기후변화 및 기근과 같은 문제 해결을 위해 일본과 협조하겠다는 것이 동북아시아지역정책의 기본 입장이다. 2006년 미일 안보협의위원회에서 합의한 주일미군 재배치 로드맵에 따라 오키나와 주둔 미국 해병대의 괌 이전협정 이행을 추진하였다.

6. 대한국정책

한미관계 발전을 위해 '한미동맹 미래 비전'의 구축작업을 진행하였다. 한국과 미국은 정상선언을 통해 한미동맹을 포괄적·호혜적·역동적 동맹으로 발전시키기로 합의하였다. 한국 주도 미국 지원이라는 개념하의 전시작전권 이양 작업은 진행하되, 남북관계 경색을 고려하여 2015년 12월로 전환 일정을 변경하였다. 미국은 북한의 통미봉남 정책을 우려하여 한미 관계를 미북 관계 발전에 우위에 두는 전략을 유지하고 있다. 한미 FTA의 경우 오바마 행정부는 공정무역을 위해 한국의 자동차 시장 개방 확대를 요구하며 재협상을 하였으며, 재협상을 타결하고 2012년 발효되었다.

7. 대러시아정책

오바마 대통령 취임 이후 전·현직 고위관료의 직접적인 양자 접촉을 통해 관계 개선 및 향후 협력에 대한 논의가 전개되었다. 2009년 2월 뮌헨에서의 국제안보회의에서 세르게이 이바노프 부총리가 미국이 MD계획을 재검토하면 러시아가 폴란드 국경에 미사일을 배치하지 않겠다고 밝힌 것이나, 바이든 미국 부통령이 지금은 리셋 버튼을 눌러 함께 협력할 수 있는 많은 분야를 다시 논의할 때라고 언급한 것이 그 예이다.

8. 북핵문제

오바마 제1기 행정부의 북핵정책 기조는 다음과 같다. 첫째, 완전하고 검증 가능한 비핵화 원칙을 고수하며 북한의 핵보유국 지위의 기정사실화에 강력하게 반대한다. 둘째, 플루토늄 핵개발 위협의 우선적 해결을 모색한다. 셋째, 북한이 핵무기 프로그램을 완전하고 검증 가능한 방식으로 중단한다면, 미국은 양국 관계를 정상화하고 한반도 휴전협정을 항구적인 평화 협정으로 대체하고 에너지 지원을 비롯하여 북한 주민들이 필요로 하는 경제적, 인도적 지원을 제공할 의사가 있다. 넷째, 6자회담을 기본 틀로 하되, 과감하고 원칙이 있으며, 직접적인 고위급 외교(aggressive, principle and direct high-level diplomacy)를 전개할 의사가 있다. 다섯째, 중국을 전략적 협력국가로 인식하고, 일본을 아시아-태평양지역의 가장 중요한 동맹으로 인식하며, 한미동맹을 미래지향적인 전략동맹으로 발전시키려 하고 있어, 다자적인 접근에서 북핵문제에 대해 책임과 역할을 분담한다. 오바마 행정부는 이후 '전략적 인내'(strategic patience)를 대북정책 기조 전면에 내세우고 북핵문제의 실효적인 해결을 추진하였다. 이에 대해 북한은 2009년 5월 25일 제2차 핵실험을 실시하는 등 위협적인 정책으로 대응하였다. 북한과의 형식적인 대화를 거부한 오바마 행정부는 2012년 2월 북한과 회담을 갖고 2·29합의를 도출하기도 하였다.

9. 핵안보정상회의

오바마 행정부는 핵안보정상회의 개최를 제안하고 2010년부터 2년마다 핵안보정상회의를 개최하였다. 핵안보정상회의는 핵안보 문제를 집중적으로 논의하는 정상 간 협의체로서 글로벌안보거버넌스의 하나라고 볼 수 있다. '핵안보'(Nuclear Security)란 핵 및 방사능 물질 혹은 그 시설과 관련된 도난, 파괴, 부당한 접근, 불법 이전 등을 방지, 탐색하거나 이에 대응하는 것을 말한다. 오바마 대통령은 2009년 프라하 선언에서 핵테러를 국제안보에 대한 최대 위협으로 규정하면서 핵물질을 안전하게 보호하기 위한 국제적인 노력을 전개할 계획임을 밝히고, 이러한 노력을 포함하여 궁극적인 "핵 없는 세상" 구현을 제안했다. 이에 핵문제와 관련한 최대 규모의 국제회의로 2010년 4월 워싱턴에서 제1차 핵안보정상회의가 개최되었고, 미국과 중국 등 핵 보유 5개국과 NPT 비회원국인 인도, 파키스탄, 이스라엘 등을 포함한 47개국과 3개 국제 및 지역 기구(UN, EU, IAEA)가 참가해 비국가행위자에 의한 핵물질 악용 예방을 통한 핵안보 강화 방안을 주제로 논의를 펼쳤다. 이후 2012년 한국, 2014년 네덜란드에서 개최되었으며, 2016년 미국에서 개최되고 공식 종료되었다.

10. 핵정책

2010년 오바마 행정부는 핵태세검토보고서(NPR)를 제시했다. NPR은 오바마 대통령의 핵전략을 구체화한 것으로서 '핵무기 없는 세계'에서 어떻게 평화와 안보를 구현할 것인가에 대한 내용이 담겨져 있으며 주요 내용은 다음과 같다. 첫째, 미국의 핵정책 목표를 '핵확산과 핵테러리즘 방지'라고 규정하였다. 이를 위해 NPT체제 강화를 언급하고, 구체적인 방안을 제시하였다. 향후 5～10년에 걸쳐 핵폐기를 추진하며, 북한과 이란의 핵의욕을 좌절시키고, IAEA 안전보장조치를 강화한다. 둘째, NPR은 핵무기 이외의 공격을 억지하기 위한 핵무기의 역할을 감소시킬 것을 주장하고 있다. 미국은 NPT 회원국이면서 비확산의 의무를 준수하는 국가들에 대해서는 핵무기를 사용하지 않는다는 '소극적 안전보장'을 천명하였다. 이는 반대로 핵무기를 소유하고 핵비확산의 의무를 준수하지 않는 국가들에 대해서는 그들이 재래식 또는 생화학 무기로 미국과 동맹국들을 공격하더라도 미국은 이들을 억지하기 위해 핵무기를 사용할 것을 단언하고 있다. 이는 곧 핵무기 선제 불사용(No First Use)원칙이 채택되지 않았음을 의미한다. 셋째, NPR은 신전략무기감축협정(New START)에 따라 전략핵탄두수를 1,550개, 전략핵운반체계의 수를 700개로 감축할 것을 규정하였다. 넷째, 부시 행정부의 새로운 3개 축(New Triad) 대신 기존의 3요소(Triad), 즉 ICBM, SLBM, 전략폭격기로 유지하게 되었다. 다섯째, 핵테러리즘과 핵확산을 주요 위협으로 언급하고, 핵비확산의무를 어기고 있는 국가로 북한과 이란을 들고 있다. 여섯째, 기존의 핵국가인 러시아 및 중국과 전략적 안정을 모색할 것을 주장하고, 특히 중국의 군사력 현대화와 이에 대한 투명성 부족을 향후 중국의 전략적 의도에 대한 우려사항으로 제시하였다.

11. 국방정책

오바마 행정부는 2012년 1월 5일 '미국의 세계적 지도력 유지: 21세기 국방우선순위'라는 제목으로 미국의 '신국방전략'지침을 제시하였다. 신국방전략의 핵심은 미국이 경제력 약화에 따른 국방예산 충족의 한계에 부딪쳐 그동안 유지해 왔던 '두 개 전장에서의 승리'전략을 현실적으로 축소하여 '한 개 전장에서 승리, 다른 한 개 전장의 억제'로 전환한 것에 있다. 신국방전략은 미국이 지난 10년간 약 18만여 명의 미군을 동원하여 참전한 이라크와 아프가니스탄전쟁에서 4,560여 명의 전사자와 36,300명의 부상자 희생을 치른 뒤 얻은 교훈을 반영하여 두 개의 전쟁을 마무리하며, 아시아에서 부상한 새로운 위협에 대비하는 것이다. 또한, 유럽지역의 안보위협 축소에 따라 이 지역 안보를 NATO에 일임하고, 새로이 부상하는 중국의 군사력 위협에 미국의 국방력을 집중하고 동맹국과 협동대응하기 위한 것에 근본적 목적이 있다.

Ⅶ 오바마 제2기 행정부(2013년 ~ 2016년)

1. 동아시아 정책

오바마 제2기 행정부 대외정책의 가장 중요한 과제는 불확실한 대외·대내적 환경 속에서 미국의 리더십을 재건하는 것이며, 이의 핵심은 아시아로의 전략적 재균형정책이다. 아시아 재균형정책 또는 재개입정책이란 동아시아에서 영향력을 강화하고 있는 중국을 견제하기 위해 미국의 영향력을 강화하는 정책을 의미한다. 동맹강화, TPP 타결 등을 세부적인 내용으로 한다.

2. 대중국정책

대중국정책에 있어 오바마 제2기 행정부는 무역 및 외교를 통한 포용정책과 더불어 하드파워 우위를 통한 압박정책의 균형을 유지하고자 한다. 미국은 한편으로 평화적인 중국 부상을 찬성하는 입장이며 중국과의 협력을 지속적으로 추진할 것이지만, 동시에 중국이 국제적 기준과 규범을 준수할 것을 요구하고 있다. 즉, 미국은 한반도 긴장 완화, 이란 핵확산방지, 기후변화, 무역증가 등 다양한 이슈에 있어서 중국과의 파트너십을 구축할 것이지만 위안화 평가절하 문제, 수출보조금 문제, 지적재산권, 노동자권익, 인권 등에 있어서는 국제적 규범을 준수할 것을 중국에 요구하는 것이다. 오바마 1기 초 대중정책은 2009년 미중전략경제대화를 창설하는 등 협력을 지향하였으나 이후 중국의 공격적 노선으로 인해 대중 강경책으로 변화하기 시작하였다. 미국은 아시아 중시를 위해 해군력의 60%를 이 지역에 집중하겠다고 발표하였으며 또한 2012년 9월 대만에 58억 달러 상당의 무기를 판매하였다고 발표하였다. 이에 대해 중국은 군사력 증강으로 대응하였다. 미국의 아시아 정책이 경제적 개입보다는 군사적 균형에 집중할 경우, 그리고 군사적 배치가 특히 중국의 핵심이익에 저촉된다고 인식될 경우에 중국은 보다 강경한 대미전략을 추구할 것이다.

3. 대북정책

미국은 북한 핵의 완전하고 검증가능하며 불가역적인 폐기(CVID: Complete, Verifiable, Irreversible Dismantlement)를 정책목표로 추진하고 있으며 이를 위해 Two-Track 방식을 유지한다. 즉, 북한이 핵 폐기의 진정성을 보인다면 대화를 재개하고 북한이 요구하는 경제원조, 관계 정상화 등의 사안을 수용하겠지만 그렇지 않다면 제재로 일관하고자 한다. 오바마 행정부는 북한과의 대화를 통해 북핵 폐기를 추진했으나 북한의 비핵화에 대한 진정성을 확인하지 못하였으며 현재 대북제재를 통한 강경책을 구사하고 있다.

4. 한미동맹

오바마 행정부의 아시아 재균형정책으로 인해 한미관계의 비중이 높아졌으며, 중국 부상에 대한 견제, 한반도에서의 중국 영향력 감소 등을 그 목적으로 한다. 미국은 2016년 한국에 미사일방어체제(THAAD)를 구축하기로 한국 정부와 합의하고 현재 추진 중에 있다.

5. 이란 핵협상 타결

오바마 행정부는 2015년 7월 이란핵협상을 최종 타결지었다. P5+1과 이란은 협상을 통해 이란의 우라늄 농축을 무기화가 불가능한 수준으로 농도를 낮추는 한편, 미국을 비롯한 다른 국가들은 대이란 제재를 해제하는 것을 골자로 한다. 협상 타결은 미국의 대이란 제재가 성공을 거둔 가운데 유럽연합의 중재, 이란에서의 온건파 정부 수립 등이 결합된 산물이었다.

6. 기후변화협상 타결

중국과 함께 더반플랫폼협상(2011년)을 주도한 오바마 행정부는 2015년 12월 동 협상을 타결짓고 파리협약을 체결하였다. 파리협약은 미국의 요구대로 선진국만의 법적 감축 및 기술과 재정지원을 요구하였던 기존 교토의정서체제에서 탈피하여 '자발적 감축'에 기반하고 있다. 즉, 스스로 온실가스 감축 목표치를 설정하고 이를 자발적으로 이행하는 체제이다. 오바마 행정부는 공화당이 장악하고 있는 상원의 비준동의를 비켜가기 위해 법적 구속력이 없는 의무를 중심으로 한 동 협약을 주도하였다.

VIII 트럼프 행정부

1. 대(對)중국 외교

트럼프 행정부의 대중국 외교는 힘을 통한 평화 외교와 경제 외교 추진으로 요약되었다. 힘을 통한 평화 외교는 아시아 지역 동맹국들과의 관계를 강화하고, 해군력 증강을 통해 중국의 부상에 대응한다는 것이다. 대중 무역에서는 고율의 관세 부과와 환율 정책을 통해 천문학적인 대중 무역적자를 줄여 공정무역을 실현하겠다는 것인바, 현재 미국의 무역적자 총액은 연간 약 5천억 달러 수준인데, 이 가운데 대중국 무역적자 규모가 3,470억 달러에 달한다. 중국 통신 업체인 ZTE 그룹은 미국의 대(對)이란 제재를 위반하고 미국 연방정부의 조사를 방해한 점을 인정하여 8억 9천 2백만 달러의 벌금을 물기로 미국과 합의하였다. 한편, 2~3년 후 애플과 삼성을 제치고 미국 스마트폰 시장 점유율 1위를 목표로 하고 있는 '화웨이'는 중국 정부 영향력 하에 있는 국영기업이다. 미국은 국가 안보를 이유로 화웨이 생산 텔레콤 인프라 장비의 미국 내 사용을 금하였다.

2. 남중국해 문제

미국에 있어서 남중국해의 자유항행 원칙 고수는 경제적 목적뿐 아니라 군사 전략적으로도 매우 중요하나, 그럼에도 불구하고 남중국해 문제를 둘러싸고 중국과 직접적인 군사적 대결은 가급적 피하려 할 것으로 평가된다. 미국은 호주 북서 지역에 2,500명의 해병대를 순환 배치하고, 싱가포르 인근에 연안 전투함들을 배치했다. 필리핀과는 수빅 만 해군기지, 클라크 공군기지 등 필리핀 내 5개 군사기지 재사용 문제를 마무리했다. 베트남과는 캄란만 기지 사용 문제와 대(對)베트남 무기 금수 문제를 상호 주고받음으로써, 2016년 말부터는 미 해군 함정의 캄란만 기지 기항(寄港)이 가능해졌다. 미국과 중국의 주장이 너무 달라서 남중국해에서 타협 가능성은 적어 보이지만, 양국은 결국 위기관리 시스템과 타협적 방안을 찾아낼 수 있을 것이며, 이러한 타협 방안을 찾아낼 때까지 문제 해결을 위한 기본적 아이디어는 현상유지이다.

3. 대만 문제

트럼프 행정부는 대만 문제와 관련해서 '하나의 중국' 원칙을 인정하면서도 대만과의 군사교류 강화, 고위급 인사 교류 증진 등 다양한 방식을 통해 미국·대만 관계 증진을 위해 노력하였다. 다만, 북핵 문제 해결을 위해서는 중국의 협조가 긴요한 만큼, 대만에서 문제를 야기하는 식의 대응은 자제하였다.

4. 미·일관계

트럼프 행정부의 대(對)일본 정책은 미·일 안보와 미·일 경제관계로 나누어 볼 수 있는데, 미·일 안보관계를 강화한다는 것이고, 경제·통상 분야에서 미·일관계는 공정 무역과 환율 등 금융정책을 통해 미·일 무역적자를 해소해 나간다는 것이었다. 미국은 경제 분야에서 일본이 미국 내 일자리 창출과 대미 무역흑자를 줄이기 위해 역할을 해주기를 기대하였다. 트럼프 행정부는 오바마 행정부와 마찬가지로 일본이 중국과 영토 분쟁을 겪고 있는 동중국해의 영유권에 대한 입장은 유보하면서도 센카쿠 열도(尖閣列島) 및 댜오위다오(釣魚島)에 대한 일본의 입장을 지지하였다.

5. ISIS 퇴치 문제

이라크와 시리아에서 준동하고 있는 ISIS 세력을 격퇴하고, 이란 세력의 확장을 막기 위해 트럼프 행정부는 사우디아라비아, 이집트 등 중동 지역 전통 우방들과의 관계를 강화하고자 하였다. 2011년 오랜 기간 미국의 전통 우방이었던 호스니 무바라크(Hosni Mubarak) 전 이집트 대통령의 전복을 미국 오바마 행정부가 지지하는 것을 목도(目睹)한 중동 지역의 미국 우방들은 놀라움을 금치 못했다. 2013년 8월 시리아 아사드 정권이 화학무기를 사용하여 민간인 1,300여 명이 희생된 데 대해 오바마 대통령이 아무런 조치를 취하지 않은 것은 미국 오바마 행정부 대외정책의 국제적 신뢰성에 심각한 문제를 초래했다. 마이크 폼페오(Mike Pompeo) CIA 국장이 사우디아라비아 수도 리야드를 방문한 것은 미국의 사우디아라비아와의 관계 개선 노력의 일환이었다.

6. 시리아 문제

트럼프 행정부는 시리아 문제를 해결하기 위해 러시아, 터키 등과의 협조를 통해 시리아에 안전지대를 만들어 시리아 난민들을 수용하고, 궁극적으로 시리아를 아사드 통치지역, 수니 거주지역, 쿠르드지역으로 삼분(三分)하여 시리아를 연방 국가로 만드는 방식으로 해결하겠다는 계획을 수립하였으나 실행되지 않았다.

7. 이란 핵 문제

트럼프행정부는 오바마 행정부가 2015년 체결한 '이란 핵 합의'에 대해 실패를 선언하고, 트럼프 행정부에서 재검토를 거쳐 최종적으로 탈퇴를 결정하였다. 트럼프행정부는 이란과의 핵 합의인 '포괄적 공동 행동계획'(JCPOA: Joint Comprehensive Plan of Action)에 대해 비핵화된 이란이라는 목표를 달성하는 데 실패하고 단지 이란의 (핵 보유)목표를 지연시킬 뿐이라고 비판하였다.

8. 대(對)러시아 외교

트럼프 행정부는 러시아 관계를 개선하기 위해 노력하였으나 특별한 진전은 이뤄지지 않았다. 미·러관계를 저해하는 요인들은 러시아 칼리닌그라드에 핵무기 장착이 가능한 미사일 배치, 러시아·이란 및 러시아·시리아 간 협력 관계, 러시아의 사이버 공간에서의 공세적 활동, 우크라이나에 대한 러시아의 군사적 개입, 2016년 미 대선에 러시아가 개입했다는 미국 정보기관들의 일치된 의견에 대해 미국 의회와 FBI 등 미국 정보기관들이 조사 중인 것 등이었다. 반면, 미·러관계의 협력 요인은 국제 테러에 대한 대처 정도였다.

9. 파리협약 탈퇴

트럼프 대통령은 2015년 타결되고 2016년 11월 4일 발효된 파리협약의 탈퇴를 선언하였다. 트럼프 대통령은 미국 노동자들의 일자리 보호, 석탄산업 등 전통 에너지 산업에 대한 '불공정하고 과도한' 제약 및 개도국에 대한 재정지원 부담 등 주로 경제적 근거들을 파리협약 탈퇴의 이유로 제시하였다. 트럼프 대통령은 파리협약 탈퇴 선언과 동시에 미국의 NDC(2025년까지 온실가스 배출을 26~28% 감축) 이행을 즉각 중단하고, 오바마 전임 대통령이 약속한 녹색기후기금(GCF)에 대한 지원액 30억 달러 중, 20억 달러의 잔여액 공여도 중단할 것임을 천명하였다.

10. TPP 탈퇴

트럼프 대통령이 2017년 1월 23일 취임 이틀 후 미국의 환태평양 경제 동반자 협정(TPP: Trans-Pacific Strategic Economic Partnership) 탈퇴를 내용으로 한 대통령 행정명령에 서명함으로써, 2008년 이후 미국이 아태지역 경제통합의 최우선 의제로 추진해 온 아태지역 12개국 다자간 자유무역협정(FTA: Free Trade Agreement)인 TPP협정이 공식적으로 폐기되었다. 미국이 탈퇴함으로써 TPP 전체 회원국 GDP의 85% 이상을 대표하는 최소 6개국 이상이 TPP를 비준해야만 하는 발효조건 충족이 불가능해졌으므로, 미국을 제외하고는 발효될 수 없게 되었다. 미국의 TPP 탈퇴 이후 관망하는 자세를 보이던 일본은 미국을 제외하고 기존 협정문의 수정을 최소화하면서 TPP를 재추진하겠다는 입장을 표명하였다. 미국의 TPP 탈퇴로 인해 미국과 역내 경제통합의 구도를 둘러싸고 경쟁관계에 있는 중국의 전략적 운신의 폭이 확대되고, 중국이 지지하는 아세안 주도의 RCEP의 전략적 가치가 상승하였으나, 향후 역내 통합과정에서 중국의 주도권이 강화되거나 RCEP이 향후 역내 경제통합의 핵심 플랫폼으로서의 위상이 강화될 가능성은 낮다고 평가된다.

11. 인도 - 태평양 구상

트럼프 대통령은 취임 10개월만인 2017년 11월 아시아 순방 중에 미국의 새로운 외교·안보 전략으로 '인도 - 태평양 구상'(Indo-Pacific Initiative)을 제시하였다. 태평양으로부터 인도양까지의 영역을 자유롭고 개방되게 유지하기 위해(FOIP: Free and Open Indo-Pacific) 해당 지역 국가들과 포괄적이고도 다층적인 협력을 구축하는 정책이다. 버락 오바마(Barack Obama) 행정부의 '아시아 재균형'(Pivot to Asia) 정책을 대체하고 새로운 파트너 국가와 전략 수단의 실행을 추진하고 있다. 2010년을 전후하여 아시아 지역주의의 새로운 지리적 개념으로 '인도 - 태평양'을 채택한 국가들, 예를 들어서 일본·인도·호주는 미국 주도의 '인도 - 태평양 구상'에서 주요한 파트너로 자리 잡게 되었다. 이들을 '쿼드(QUAD) 국가'라고 한다. 인도 - 태평양 구상에 따라 미국태평양사령부(USPACOM: United States Pacific Command)를 미국인도태평양사령부(USINDOPACOM: United States Indo-Pacific Command)로 명칭을 변경했다. 미국의 '인도 - 태평양 구상'은 인도를 중심적인 행위자로 규정했다. 인도의 증대하는 비중 때문에 아시아 – 태평양 외교에서, 특히 지역 경제 성장과 발전에 유리한 해양 환경을 유지하는 데에서 인도의 중요성이 인정된 것이다. 인도의 경우, 미국의 '인도 – 태평양 구상'에 대한 지지는, 자국의 중국 견제 전략을 보완하고 동아시아 지역 국가들과의 경제·안보 관계를 맺어주는 '동방정책'(East Policy) 강화의 기회가 될 것으로 평가되고 있다.

12. 홍콩인권법(2019년)

트럼프 미국 대통령이 홍콩에서 벌어진 민주화 시위를 지지하는 홍콩 인권·민주주의 법안에 서명했다. 홍콩인권법은 홍콩에서 사람을 고문하거나 임의 구금하거나 중대한 인권 침해를 저지른 자에 대해 미국이 제재를 가할 수 있도록 하였다. 또한, 해당자의 미국 내 자산을 동결하고, 미국 입국과 비자 발급을 거부한다. 국무부는 홍콩이 중국으로부터 '충분한 자율권'을 계속해서 인정받고 있는지를 조사해 연례 보고서를 작성해 의회에 제출해야 한다. 연례보고서에 따라 충분히 자율적인 상태라고 판단되는 경우에만 홍콩에 대한 특별 경제적 지위를 계속 인정하고, 홍콩은 미국이 부여하는 무역 관련 특수 지위를 누린다. 미국이 중국산 상품에 관세를 부과하더라도 예외를 인정받아 홍콩산 제품은 부과 대상에서 제외되고 있다.

> **참고 홍콩정책법(1992)**
>
> 미국은 1992년 체결된 '홍콩정책법'(혹은 '홍콩관계법'; US-Hong Kong Policy Act)에 따라 무역, 사업, 여행과 기술이전 등 중국보다 홍콩에 더 많은 완화 및 특혜 정책을 구사하고 있다. 미국 의회는 영국이 홍콩을 중국에 반환하기로 한 1984년 중영공동선언을 인정하며, 동 선언이 완전히 이행될 것을 기대한다고 규정하였다. 홍콩법은 미국 – 홍콩 관계에 있어 문화교육교류, 교통, 상업, 다자기구 및 국제규정과 무역 등에 관한 특례를 규정하였다. 홍콩법은 1992년 의회를 통과한 후, 1997년 영국이 중국에 홍콩을 반환함과 동시에 시행되었다. 홍콩법은 홍콩의 번영과 자치, 삶의 방식을 증진하는 것을 목적으로 한다. 미국은 매년 1회 '홍콩법 보고서'를 발간하고 있다.

IX 바이든 행정부

1. 바이든의 대외정책 기조 – 미국의 리더십 회복

바이든 행정부는 자유주의적 국제주의(Liberal Internationalism) 기조로 미국을 돌려놓는 것을 추진하였다. 제2차 세계대전 이후 미국은 '자유주의 국제질서(liberal international order)'를 유지하고 패권을 강화해 왔다. 자유무역질서, 자유민주주의 가치, 글로벌 동맹체제 등은 미국의 패권을 위한 중요한 수단들이었다. 바이든은 이와 같은 전후 미국 중심의 국제질서를 재건하겠다는 것이다. 자유주의 국제질서를 지키기 위해 신속히 행동해야 함을 천명하였다. 자유주의 국제질서를 방어하고 유지하기 위한 가장 좋은 방법은 미국의 동맹체제를 유지 및 강화하는 것이다. 미국이 전 세계 GDP의 42%를 차지하던 냉전시대와 달리 현재 미국은 25%를 차지하고 있고, 중국은 15%를 차지하고 있다. 자유주의 국제질서를 유지하고 미국의 패권을 강화하기 위해서는 미국의 일방주의 정책이 아닌 동맹국들과의 협력이 필수적이다. 글로벌 동맹체제는 바이든 외교정책의 핵심이며, 이는 코로나19 바이러스, 중국 이슈, 기후 변화 등

대부분의 글로벌 이슈를 다루는 데에 적용될 것이다. 민주주의 가치를 중심으로, 동맹을 강화하고 국제협력을 이끌어서 리더십을 되찾겠다는 것이 핵심이다. 외교정책 최우선 순위 아젠다는 자유세계와 단합하여 부상하는 독재 정권에 대항하고 미국의 기후 변화에 대한 리더십을 분명히 하며 동맹관계를 재건하는 것이다. 민주주의를 강화하고 민주주의 연대(coalition of democracies)를 강화하고자 한다. 바이든 행정부는 임기 첫해 글로벌 민주주의 정상회의(Summit for Democracy)를 개최하였다. 향후 중국과의 경쟁에서 승리하기 위해서는 민주주의 국가들의 경제적 힘을 결속시켜야 한다는 입장을 취하고 있다.

2. 국제연대의 복원

바이든 행정부가 보여준 트럼프 행정부와의 가장 큰 차별성은 국제연대(Network) 복원이다. 바이든 행정부는 출범 직후부터 트럼프 행정부 시기에 손상된 국제기구들과 다른 국가들과 관계 회복에 나섰다. 바이든 행정부는 트럼프 행정부가 탈퇴를 결정하였던 파리기후협약에 복귀하고, 4월 22일 지구의 날을 맞아 40여 개국의 정상을 초청하여 온라인 기후정상회의를 주최하였다. 또한 존 케리 기후특사도 중국을 방문하여 두 나라의 협력방안에 대해 논의하였다. 또 다른 사례로 감염병 관련 국제공조 노력을 들 수 있다. 바이든 행정부는 코로나19 백신을 세계에 평등하게 공급하기 위해 세워진 국제기구인 COVAX에 미화 20억 달러를 지원하기로 결정하였고 이후에 추가로 20억 달러를 더 지원할 계획이라고 밝혔다. 아울러 감염병과 마찬가지로 인류 공통의 당면 과제인 인구문제 해결을 위해 2017년 트럼프 행정부가 중단하였던 미국의 UN인구기금(UNFPA)에 대한 재정 지원과 정책 지원을 재개하기로 결정하였다.

3. 외교와 협상의 복원

바이든 행정부는 외교와 협상의 복원을 추진하고 있다. 트럼프 행정부는 '중거리핵전력 조약(INF)'을 파기하고 핵통제 조약인 '신전략무기감축협정(New START)'마저 파기할 뜻을 비추었다. 그러나 바이든 행정부는 '신전략무기감축협정'을 2026년 2월 5일까지 5년간 연장하는 데에 러시아와 합의하였다. 또한, 트럼프 행정부 시기 미국이 탈퇴한 '이란 핵합의(포괄적공동행동계획, JCPOA)' 복원을 위한 협상도 시작하였다.

4. 국제분쟁 해결 노력

바이든 행정부는 외교와 협상을 통해 국제분쟁을 해결하는 노력도 시작하였다. 국무부는 예멘 내전 종식을 위해 팀 린더킹(Tim Linderking)을 예멘 특사로 임명하는 한편, 예멘에서 사우디아라비아에 대한 지원을 중단하겠다고 밝혔다. 또 예멘에 대한 인도주의적 지원을 위한 채널을 재가동하며 평화협정 체결을 위해 국제사회가 노력할 것을 주장하였다. 이스라엘 - 팔레스타인문제에 대해서도 팔레스타인에 2억 3,500만 달러 지원 계획을 내놓으며 트럼프 행정부 시기의 친이스라엘 정책에서 벗어나 이스라엘과 팔레스타인 간의 균형을 회복하려 시도하고 있다.

5. 우선주의(Firstism)의 계승

바이든 행정부의 대외정책에서 트럼프 행정부의 '우선주의(Firstism)'를 계승하였다. 트럼프 대통령이 '미국 우선주의'의 가치를 내걸었다면 바이든 대통령은 '미국 중산층

우선주의'의 기치를 내걸었다. 바이든 대통령은 2020년 선거기간 중 외교 전문지 포린어페어스에 기고한 글에서 3대 대외정책 기조를 밝혔는데, 그중 하나가 미국의 중산층을 위한 외교정책이었다. 블링컨 장관은 과거 민주당 정권이 국내에 대한 영향을 고려하지 않고 자유무역을 추진해온 것에 대해 반성한다며 미국 노동자들의 이익과 일자리를 위해 싸우겠다는 방침을 수 차례 천명하였다. 특히 바이든 행정부는 미국 내 일자리의 질과 양을 향상시키고, 중산층의 성장에 기여하며, 경제적 소외계층을 위한 방향의 무역정책을 펼치겠다고 주장하고 있다.

6. 자국중심주의

바이든 행정부는 자국중심의 외교를 보여주고 있다. 예를 들면, 오바마 행정부가 중단시켰으나 트럼프 행정부가 되살린 캐나다와 미국의 Keystone XL 파이프라인 사업을 바이든 행정부가 다시 중단시켰다. 그런데 상대국인 캐나다와 사전 상의 없이 독단적인 결정을 내려 미국 내에서도 일방적 외교행태에 대한 비판이 일고 있다. 또 탈원전을 선언한 독일 정부가 자국의 안정적인 에너지 공급을 위해 러시아와 추진 중인 NordStreame Ⅱ 파이프라인 사업에 대해 일방적으로 중단을 강요하고 있다. 바이든 행정부는 이 사업에 참여하는 기업들에 대해 제재를 가하겠다는 트럼프 행정부의 입장을 계승한 것인데, 미국 내에서는 유럽 국가들에게 러시아산 천연가스보다 값이 비싼 미국산 천연가스를 구매하도록 유도하기 위한 것으로 평가된다.

7. 바이든 행정부의 국가안보 및 외교전략과 동아시아전략

바이든 행정부의 대외전략은 자국 제일주의보다 국제협력, 일방주의보다 다자주의, 자조보다 공조, 일국안보 강화보다 동맹을 강조한다. 중국 때리기는 체제와 인권, 대만, 기술 경쟁 등으로 더욱 확대·강화되고 있고, 동맹과의 협력 강화 주장도 한국을 중국 견제 연대에 동참시키려는 양상을 보이고 있어 새로운 도전과제가 되고 있다.

8. 대북정책

대북정책은 북한 인권상황을 주요 문제로 지적해 왔고, 대북정책 검토 결과 '완전한 비핵화'를 목표로 정하고 대화의 문은 열어 놓고 있지만 Bottom up 방식이며, 단계적 접근을 할 것이지만 북한의 완전한 비핵화까지 제재를 계속 유지할 것 정도만 분명히 하고 있다. 싱가포르 정상회담 합의 준수의사는 백악관 관계자의 비공식 인터뷰에서만 밝힌 바 있다.

9. 대중정책

바이든 행정부는 트럼프 행정부의 강경한 대중정책 기조를 유지하고 있다. 미국 민주당 및 공화당 모두 중국을 정치적으로 인권을 유린하는 독재·전체주의 국가, 경제적으로는 불공정 행위를 일관하며 불법적으로 미국의 기술을 탈취하는 국가로 인식하고 있다. 바이든 행정부 대중정책의 핵심은 동맹의 활용과 가치 중시로 요약할 수 있다. 미국 전략의 핵심은 '동맹들과 함께' 중국의 불공정한 관행을 막는 것과 미중관계를 포함해서 가치를 미국 외교의 중심으로 되돌려놓는 것이다. 향후 미국·중국 간 대립은 인권문제, 공급망 재편, 첨단기술을 중심으로 벌어질 것으로 전망되고 있다.

> **참고** 미중 경쟁에 대한 네 가지 관점
>
> 첫 번째는 이익갈등(conflict of interest)이다. 트럼프 대통령은 임기 시작 이후 미국 우선주의를 외치면서 대중국 무역적자를 줄이는 데 집중하였다. 2018년 시작된 무역관세 역시 이러한 대중국 무역이익을 늘리기 위함이었으며, 이를 위해 미중무역합의까지 도출하였다.
> 두 번째는 체제 내 경쟁(In-systemic competition)이다. 이는 오바마 대통령 시기까지의 전통적인 미중관계를 설명하는 것인데, 미국중심의 자유주의 국제질서(Liberal international order) 안으로 중국을 통합하여 중국을 변화시키겠다는 미국의 대중정책이 반영되는 대결이다. 즉, 미중 양국 간에는 경제적 상호의존성이 강하게 형성되어 있으며, 따라서 미중 간 디커플링은 불가능하다는 관점이다. 따라서, 미국중심의 국제체제 내에서의 미중 간 경쟁일 수밖에 없다는 입장이다.
> 세 번째는 트럼프 시대의 미중 경쟁인데, 미중 경쟁을 체제 경쟁(systemic competition), 이념 경쟁(ideological competition)으로 몰아 가고 있다. 미소 간의 신냉전을 연상시키는 것으로, 중국을 마르크스레닌주의 체제로 규정한다. 라이트하우저(Lighthizer, USTR 대표)는 중국과 경쟁하기 위해서 폭넓은 디커플링(broad decoupling)을 취해야 한다는 입장이다.
> 네 번째는 미중 간 전략 경쟁(strategic competition)이다. 이는 바이든의 대중정책을 의미하는 것인데, 중국에 대한 미국의 전략적 우위를 점해나가겠다는 것이다. 이를 위해 중국과 경쟁하고 중국을 압박하고 동시에 중국과 협력할 부분은 협력하겠다는 것이다. 미국이 우위를 점하는 산업에서는 디커플링을 하는 부분적 디커플링(partical decoupling)을 추진하고 있다. 중국을 경쟁자(competitor)이자 동시에 협력자로 간주할 것이다.

10. 쿼드 정상회의

바이든 행정부는 쿼드 정상회의를 개최하였다. 미국·일본·인도·호주 4개국은 정상회의를 가지고 인도·태평양의 안보 증진과 위협 대응하기 위한 협력을 다짐하였다. 중국과 러시아에 대한 압박과 견제는 트럼프 행정부도 적극 추진하였다. 그러나 트럼프 행정부는 연대를 통한 압박보다는 미국의 재량권을 활용한 압박을 시행하였다는 점에서 두 행정부의 차이가 있다.

11. 민주주의 정상회의

바이든 대통령이 후보 시절부터 오바마 행정부의 핵안보정상회의를 모델로 삼아 추진하겠다고 밝힌 민주주의 정상회의는 권위주의체제 국가들에 대해 압력을 가하기 위한 연대라고 할 수 있다. 트럼프 행정부가 탈퇴를 결정하였던 UN인권이사회에의 복귀도 이러한 형태의 연대정책으로 볼 수 있다. 블링컨 장관은 바이든 행정부가 미국을 다시 민주주의, 인권, 평등을 강조하는 외교정책을 펼칠 것이라며, 먼저 UN인권이사회에 옵저버로 참여하고 이후 정식회원의 지위를 회복할 계획임을 밝혔다. 그는 인권이사회가 의제, 구성, 초점 등에 결함이 있는 조직이지만 미국의 부재로 인한 지도력 공백으로 권위주의 국가들에게 유리해졌으며, 인권이사회가 제대로 작동하도록 만들어 인권 최악의 국가들을 조명하고 부당함과 압제에 맞서는 이들을 위한 중요한 토론의 장으로 만들 것이라는 뜻을 비추었다.

12. 중동 및 중남미 정책

바이든 행정부는 중남미와 중동에서는 발을 빼는 대신 중국문제에는 역량을 최대한 집중하는 '탈중입중'(脫中入中) 정책을 제시하였다. 트럼프 행정부 당시 미국은 베네수엘라 대통령 니콜라스 마두로를 친미성향의 후안 과이도 국회의장으로 교체하기 위해 다방면으로 압력을 가했다. 반면, 바이든 행정부는 공세적 조치를 취하는 데에는 신중한 입장을 보이고 있다. 현재 베네수엘라에 가해진 제재를 유지하고 미국 내에 거주 중인 베네수엘라인들에 대한 임시 보호조치를 명하는 등 소극적인 조치만을 취하고 있다. 한편, 중동지역에 대한 바이든 행정부의 미국 개입 축소정책으로는 아프가니스탄 주둔 미군 철군을 들 수 있다. 아프가니스탄 주둔 미군 철군 결정은 트럼프 행정부에서 내려진 것으로서 바이든 행정부는 철군 시한을 확정지으며 UN에 뒷일을 떠넘기고 빠져나오기로 결정하였다.

13. 세계보건기구 탈퇴 통보 철회

바이든 대통령의 취임일(2021.1.20.)에 미국 정부가 세계보건기구(World Health Organization) 탈퇴 통보를 철회하였다. 미국은 2020년 7월 WHO 탈퇴 입장을 표명하여, 1년 후인 2021년 7월에 탈퇴 효력이 발효될 예정이었으나, 바이든 대통령의 탈퇴 입장 철회에 따라 WHO 회원국으로서 자격을 유지하게 되었다.

14. 아프가니스탄 철군

2001년 9·11테러가 발생하면서 미국은 테러 근거지를 발본색원한다는 명분으로 아프가니스탄을 침공해 친미정권을 수립하였다. 미국이 아프가니스탄을 점령한 이후 이 지역에서 주력한 정책은 '연합정부'의 구축, 탈레반을 비롯한 반군세력의 진압, 카불 정권의 지방행정능력 강화, 아프가니스탄군의 양성 등이었지만, 이러한 정책목표들은 아프가니스탄의 부패문화, 탈레반 그림자 정부의 엄존, 전통적인 강력한 지방 토호와 군벌 세력의 존재 등으로 사실상 성공하지 못하였다. 점령 미군의 목표가 탈레반 소탕과 알카에다 축출에서 국가 건설(nation-building)로 바뀌면서 미국은 군사적으로 감당하기 어려운 지역에서, 서구적 기준의 정치윤리가 확립된 민주국가를 수립하고자 하였다. 이러한 목표가 사실상 불가능한 것임을 인지한 미국은 마침내 철군을 추진하였다. 미국은 2018년 하반기부터 탈레반과 접촉해 평화합의를 모색하였다. 트럼프 대통령은 아프가니스탄전쟁을 '끝없는 전쟁'이라고 비판하면서 철군을 공약하였고, 이를 실행에 옮기기 시작하였다. 그 성과가 2020년 2월 29일 미국과 탈레반 사이에 성사된 '도하합의'이다. 양측이 서명한 도하합의에 따르면 탈레반은 아프가니스탄에서 극단주의 무장조직이 미국과 동맹국을 공격하는 활동무대가 되지 않도록 하겠다고 약속하였다. 미국은 그 대가로 아프가니스탄에 파병된 미군과 NATO의 국제동맹군을 14개월 안에 모두 철군하기로 하였다. 이러한 합의에 따라 미국은 2021년 5월부터 아프가니스탄 철수를 시작하였다. 미국은 지난 20년 동안 2조 달러(2천조 원)에 가까운 예산을 투입하고 2천 명 이상의 전사자를 냈음에도 불구하고 이슬람 테러세력 척결과 아프가니스탄 국가 재건이라는 목적을 달성하지 못한 채 물러나게 된 것이다. 이로써 아프가니스탄은 '제국의 무덤(graveyard of empires)'이라는 명성을 재확인하게 되었다. 미군이 사실상 철수를 시작한 2021년 8월 탈레반은 본격적인 군사작전을 시작하였고, 보름도 채 지나지 않은 8월 15일 카불을 접수하는 데 성공하였다.

제4절 9·11테러 이후 미국의 안보전략

I 9·11테러의 부시 행정부 대외전략적 함의

1. 위협의 명확화

위협의 존재는 안보정책의 준거틀이 된다. 냉전기 미국의 위협은 소련으로서 명확하게 존재하였으나, 공산진영의 붕괴로 위협이 소멸하였다. 미국은 전통적인 위협의 대상이 소멸되자 탈냉전 초기 다양한 위협들을 설정하였다. 미국 내 범죄, 중동, 북한 등이 그것이다. 그러나 위협의 실체가 분명하게 드러나지는 않았다. 그러나, 9·11테러는 미국의 안보위협세력의 실체를 분명하게 드러내 주었는바, 그것은 바로 테러세력이었다. 테러세력과 함께 이들을 지원하는 소위 불량국가(rogue states) 및 대량살상무기(WMD: Weapons of Mass Destruction)가 위협으로 인식되었다. 새로운 위협의 실체와 성격은 미국의 군사안보전략을 전면 수정하게 하였다.

2. 미국 본토에 대한 공격

9·11테러가 미국안보전략에 주는 함의 중 하나는 9·11테러가 미국의 본토에 대한 공격을 가하였다는 점과 관련된다. 건국 이래 미국은 천혜의 지정학적 조건, 즉 타 대륙으로부터 원거리에 위치함으로써 본토위협으로부터는 비교적 자유로울 수 있었다. 이로써 미국은 자유롭게 고립주의와 국제주의를 선택할 수 있었다. 그러나 9·11테러는 이제 더 이상 미국의 본토가 외부위협으로부터 자유롭지 못하다는 사실을 인식하게 하였고, 미국은 포괄적으로 본토를 방어하기 위한 새로운 전략을 모색해야 했다.

3. 억지전략의 한계

냉전기 미국은 소련 및 공산권의 위협에 대해 봉쇄(containment)와 억지(deterrence) 전략으로 대응해 왔으며, 탈냉전기에도 여전히 유지되었다. 9·11테러는 특히 억지전략의 한계를 일깨워주었다. 억지전략은 억지대상의 합리성을 전제로 공격시 보복을 받아 도발의 목적을 달성하지 못함을 인식시킴으로써 최초 도발을 단념시키는 전략이다. 그러나 9·11테러세력은 합리적이지도 않았고, 대량 보복의 위협에 굴복하여 도발을 단념할 것으로 예상되는 세력도 아니었다.

II 군사안보전략 기조와 목표

1. 기조

미국은 전 지구적이며, 비정규전이고, 저강도의 폭력을 사용하며, 장기적이고, 전평시가 불분명한 국제테러를 격멸하는 것을 안보전략의 목표로 설정하였다. 특히, 테러리즘, 불량국가, 대량살상무기가 결합하는 것을 최대 위협으로 보고, 선제공격도 불사하는 적극적 방법으로 위협에 대응하고자 하였다.

2. 목표

냉전시대 미국 군사전략 목표는 '억지'와 '방어'였다. 억지는 주로 전략핵으로 수행하였고, 방어는 재래식 전력으로 수행하였다. 1990년대 들어서는 '안정증진과 격멸'이었다. 그러나 9·11테러 이후 미국의 새로운 군사전략 목표는 '억지'와 '격멸'로 변경되었다. '억지'는 미국에 대한 위협과 강압을 포기시키는 것이다. 미국은 복잡하고 불확실성이 증가되는 새로운 전략 환경에서 보다 다양한 대안을 개발하여 억지를 달성하고자 한다. 핵태세검토보고서에서는 억지가 전략핵의 억지력에 전적으로 의존하던 것을 방어능력, 즉 미사일 방어와 재래식 장거리 타격 무기로 확대하고, 기반시설까지 포함하는 포괄적인 억지로 바꾸었다. 한편 억지 실패시 어떤 적이라도 격멸한다는 것이 미국 군사전략의 궁극적 목표이다.

Ⅲ 군사변환

1. 서설

미국은 21세기 안보환경의 변화에 부응하고 새롭게 가용해진 첨단기술을 활용하여 군사전략의 근본적 변화를 모색하고 있으며, 미 군사전략 변화의 핵심은 군사변환이라 할 수 있다. 군사변환은 탈냉전 이후 변화하는 국제안보현실에 부응하여 미국 군대의 체질을 바꾸는 과정으로서 두 가지 의미를 지닌다.

첫째는 첨단 과학 기술을 응용하여 산업사회 군사력을 정보화시대 군사력으로 전환하는 것으로, 첨단 지휘자동화체제인 C4ISR, 원거리 정밀타격, 네트워크 유연성, 파괴력 향상 등의 구현에 중점을 둔다.

둘째는 냉전기 군사태세를 탈냉전기 군사태세로 전환하는 것으로, 탈냉전기의 새로운 위협 요인인 테러와 대량살상무기 확산 등에 대처하여 미군의 군사태세를 바꾸되, 전진배치 위주의 고정된 군사력 운용에서 기동 위주로 전환하며 그 일환으로 동맹국관계와 해외주둔정책을 변화시킨다.

2. 주요 내용

(1) 재래식 전력 변혁

재래식 전력의 개편 추진 방향을 보면, 지상군은 경량화하고 더 치명적이며 장거리 정밀공격 능력을 운용할 수 있도록 네트워크화하는 것이다. 해군과 상륙전력은 접근 거부 환경에서도 미군의 접근을 보장하게 한다. 공군과 우주전력은 이동 목표물을 광범위한 지역에 걸쳐 소재를 파악하고 추적하며, 경고 없이 장거리에서 신속하게 이들 목표물을 타격할 수 있게 만드는 것이다.

(2) 핵전략군의 재편성

9·11테러 이후 주요 위협이 주 전투보다는 3T(Terrorism, Tyrant, Technology)의 소규모 지역분쟁으로 예측됨에 따라 2차 핵 태세 검토보고서는 기습과 불확실성에 기반을 둔 테러 등 소규모 우발 사태에 대한 억제에 주안점을 두었다. 이에 따라 미국의 새로운 핵전략은 전통적인 ICBM, SLBM, 전략핵폭격기로 구성되는

삼각 축에 재래식 전력을 추가하여 1개 축, 미사일 방어 전력이 1개 축, 이를 뒷받침하는 하부구조를 또 다른 1개 축으로 추가하여 새로운 삼각 축을 형성하는 것으로 재편된다.

(3) 우주와 정보 및 첩보 영역에 대한 투자

우주공간은 전쟁을 5차원으로 확대시켰다. 미국은 새로운 전장에서 주도권을 유지하여 경쟁국을 단념시킨다는 전략목표를 설정하였다. 이에 따라 우주·정보·첩보(SSI: Space Information and Intelligence)능력을 군사력 변혁의 6대 작전목표의 하나로 하여 미래위협에 대비하려 하고 있다.

(4) 네트워크중심전쟁(NCW: Network-centric Warfare)

네트워크중심전쟁은 전지구를 엮는 통신 네트워크를 구축하여 여하한 플랫폼이라도(전함, 비행기, 육상전투차량, 혹은 말단 보병에 이르기까지)언제든지 네트워크에 로그인하여 데이터의 업로드와 다운로드를 자유로이 구사하게 한다는 개념이다. 이러한 네트워크가 구축되면 무기체계들이 전장 공간 내 어느 곳에 위치하든 네트워크상에 존재하기만 하면 신속하게 효과 위주의 집중공격에 참가할 수 있을 뿐만 아니라 이동과 수송 소요도 대폭 줄일 수 있으며 전투참여 요원들이 공통으로 보유하는 지식이 많아진다는 장점이 있다. 정보화시대의 전쟁은 특히 네트워크를 중심으로 이루어지고 네트워크를 잘 활용하는 측에 유리한 특징을 지니고 있다.

(5) 신속결전작전(RDO: Rapid Decisive Operations)

최근 미국 군사교리는 신속결전작전의 중요성을 강조한다. 신속결전작전에서는 입체성, 통합성, 정확성, 기민성 등이 강조되며, 미래전의 양상은 순차적이 아닌 동시병렬적 공지합동작전으로 치러지게 된다. 신속결전작전은 지식, 지휘통제, 효과기반작전(EBO: Effect-Based Operations)을 결합하여 원하는 정치·군사적 결과를 얻기 위한 것이다. 신속결전작전에 의해 미국과 동맹국들은 네트워크로 연결되어 적이 저항할 수 없는 방향과 차원에 걸쳐 비대칭적 공세를 펼쳐 작전의 조건과 템포를 주도하게 된다.

Ⅳ 군사력 재배치

1. 의의

미국은 21세기 새로운 안보환경에 적응하기 위해 군사변환과 같은 하드웨어적 측면에서의 변환뿐만 아니라 소프트웨어적 측면에서 해외주둔미군의 재배치를 추진하고 있다. 냉전기 및 1990년대까지 미국은 적과 대치한 최전선에 대규모 병력을 주둔시켜 적을 억지하고 동맹국 방어의 의지를 과시하며 적대행위 발생시 현장에서 즉시 대응하는 전략을 유지해 왔다. 그러나, 21세기 미군은 다양한 불확실성에 대처해야 하므로 변화하는 상황에 대응하여 신속한 전개가 가능해야 한다. 새로운 글로벌 방위태세의 핵심은 반테러전쟁과 미래의 위협에 보다 효율적이고 유연하게 대처하기 위해 미군을 필요한 곳에, 그리고 미군의 주둔에 우호적인 곳에 주둔시킨다는 것이다. 군사력 재배치는 GPR(Global Defense Posture Review)에 따라 진행되고 있다.

2. 배경

(1) 반테러전쟁의 수행

해외주둔 미군 재조정의 직접적인 이유는 반테러전쟁을 수행하기 위한 것이다. 미국은 WMD를 이용한 테러 가능성을 차단하는 것을 가장 중요한 과제로 설정하고 있다. 부시 행정부는 '테러시대'에 맞는 미군 병력구조, 즉 테러 발생 및 WMD 확산 확률이 높은 국가나 지역(중동, 동아프리카, 중앙아시아, 동남아시아 등)에 가까운 곳으로 미군 기지들이 위치할 수 있도록 해외주둔 미군 재편을 추진하였다.

(2) 중동 및 중앙아시아의 전략적 중요성 증대

9·11테러 이후 반테러전쟁을 전개하면서 중동과 중앙아시아의 전략적 중요성이 높아졌다. 중동지역의 경우 이라크의 안정화와 중동 내 테러네트워크 분쇄를 위해 병력구조 재편이 필요한 지역이다. 중앙아시아 역시 반테러전쟁 과정에서 미국을 직·간접적으로 지원하는 전초기지로 등장하였고, 미군이 이 지역에 주둔하게 되었다. 미국은 중앙아시아지역에 주둔함으로써 이들 국가들에서 이슬람근본세력이 강화되는 것을 억제하고자 한다.

(3) 동아시아전략 조정

단기적으로는 동남아시아 지역의 테러세력 확산을 저지하고, 중장기적으로는 중국의 변화 가능성에 대비해야 하는 미국으로서는 이에 따른 주둔 미군의 병력구조 재조정이 필요하다. 미국은 동남아에서 테러 대응체제를 확립하고자 하는 한편, 미일동맹관계를 강화하고 한미동맹을 재조정해 나가고 있다.

(4) 전쟁 패러다임의 변화

전쟁개념이 재래식 작전(conventional operation)으로부터 '신속결전'(rapid decisive operation)으로 변화하여 이에 상응하는 병력구조의 재편이 요구되고 있다. 즉, 해·공군력을 강화하는 한편, 지상군을 정예화하는 것이다. 미국이 행하는 전쟁은 최첨단 '네트워크 전쟁'으로 변화하고 있다.

3. 내용

(1) 해외주둔 미군기지 분화

① 전력투사근거지(PPH: Power Projection Hub): 미국 본토, 괌, 일본, 영국 등 병참·훈련의 근거지로서 전시 및 유사시 비축 물자와 대규모 병력이 상주하는 기지이다.

② 주요작전기지(MOB: Main Operation Base): 주요작전기지는 일정 병력이 상시 주둔하고, 초현대식 지휘 및 통신 체제를 갖추며 해외 주둔 미군의 훈련과 타국의 안보협력을 지원한다. 한국이나 독일 등이 여기에 해당된다.

③ 전진작전기지(FOB: Forward Operation Base): 전진작전기지는 소규모 병력이 순환근무하는 지역이다. 폴란드, 루마니아 등이 이에 해당한다.

④ 안보협력대상지역(CSL: Cooperative Security Location): 안보협력대상지역은 상주병력이 거의 없고 유사시 증원을 위해 소규모 훈련장 등을 운용하는 지역이다. 카자흐스탄, 아제르바이잔, 사우디아라비아, 오만, 지부티, 케냐, 말리 등이 후보지역들이다.

(2) '불안정의 호'지역으로의 병력 순환·재배치

미국은 북한, 남아시아, 중앙아시아, 중동, 코카서스 산맥, 동아프리카, 카리브 해 등 경제적으로 궁핍하고 테러의 온상이 되어 있거나, 될 가능성이 큰 지역을 '불안정의 호'(arc of instability)로 분류하고, 이 지역에서의 분쟁 및 테러위협에 대처할 수 있는 미군병력 재배치를 서두르고 있다.

(3) 병력의 경량화·신속화

미국은 현대전이 더 이상 대규모 병력에 의해 수행되는 것이 아니라 첨단전자장비와 공지(空地) 전투력의 융합, 다양한 정보 수집원, 심리전, 그리고 동시 은밀작전 등에 의해 승패가 결정된다는 결론에 도달하고 미군을 보다 가볍고 빠르게 만드는 것을 전세계 미군 재배치의 기본목표로 삼고 있다.

Ⅴ 핵전략 – 핵태세 검토보고서(NPR)를 중심으로

1. NPR의 배경

미국 국방부는 9·11테러 이후 미국 의회의 요청에 의해 미국의 핵무기 정책 방향에 관한 검토보고서 제출을 요청받고 2002년 9월 1일 핵태세검토보고서를 제출하였다. 동 보고서는 21세기 새로운 국제환경에 대응하기 위한 포괄적인 전략태세에 관한 청사진을 제시하고자 하는 의도를 담았다.

2. NPR의 주요 내용

(1) 능력기반접근법(capabilities-based approach)

NPR은 불특정 적에 의한 예기치 못한 위협에 대처하기 위해 종래의 강대국 위주의 억지전략을 보강한 새로운 전략 구축의 필요성을 역설하고, 소극적인 방어시스템으로 억지(deterrence)가 어렵기 때문에 사전에 위협을 제거하는 방향으로 전략을 수정할 것을 제안하였다. 능력기반접근법이란 '위협'(threat)에 대응하는 군사전략(threat-based approach)과 구별되는 개념으로서 장차 위협을 가할 수 있는 '능력'(capability)에 대응하는 전략을 의미한다.

(2) 신 삼중점(New Triad)체제 구축

기존의 삼중점(Triad)시스템은 ICBM, SLBM, 전략폭격기 등 핵무기로만 구성되어 있었으나 신 삼중점체제는 이를 흡수하여 포괄적인 전략태세를 구축한다. 신 삼중점체제의 구성은 핵 및 비핵무기를 조합한 공격적 타격시스템 구축, 미사일방어(MD)를 중심으로 한 포괄적 방어체계 구축, 새로운 위협에 적시에 대처할 수 있도록 방어 인프라 강화 등이다.

(3) 선제핵공격

NPR은 유사시 핵무기 사용 대상국으로 핵보유국인 러시아와 중국 외에도 부시 대통령이 '악의 축'(axis of evil)으로 규정한 바 있는 북한·이라크·이란·리비아·시리아의 7개국을 지목했다. NPR은 미국이 실제로 핵무기를 사용할 수 있는 개연적 상황을 폭넓게 상정하고 있다. 선제핵공격이 가해질 수 있는 상황은 첫째, 재래식 무기로는 파괴할 수 없는 지하 군사시설 등에 대한 공격과 둘째, 상대방의 핵 및 생화학 무기 불포기에 대한 보복, 셋째, 미국의 안보에 심각한 위협을 줄 만한 군사계획이나 군사작전을 실행하는 대상에 대한 방어조치 등을 포함한다.

3. NPR에 나타난 미 핵전력 변화

(1) 핵무기 일부 감축

실전배치핵무기 탄두수를 현재의 2/3 수준까지 단계적으로 감축한다. 2007년까지 3,800기 보유 수준으로 감축하고, 이후 2012년까지의 구체적인 감축계획은 추후에 논의하기로 하였다.

(2) 주요 기존 핵전력 유지

기 배치된 주요 핵전력(SLBM, ICBM, B-52 폭격기 등)을 최소한 2012년까지 유지하기로 하였다. 또한, 미 에너지부가 규정한 핵실험준비상태(test readiness) 기간을 단축하기로 하였다. 현재는 2 ~ 3년으로 되어 있으나, 이를 단축하여 향후 신속한 전력보강태세를 강구한다.

(3) 신형 핵무기 개발

미국은 아프가니스탄전쟁을 치르는 과정에서 재래식 무기로 지하 시설물을 파괴하는 데 한계를 느꼈기 때문에 소형 핵무기 개발의 필요성을 절감하였다. 따라서 기존의 보복용 대량파괴 핵억지능력에 더하여 재래식 정밀타격 수단이 결합된 특수 소형 핵무기를 구비함으로써 위협세력에 대해 실질적인 억지력을 확보하고자 한다.

4. 평가

(1) 핵선제 불사용 보장(NSA) 위배 여부

미국은 수 차례 NSA(Negative Security Assurance)를 공약해 왔으므로 NPR에 나타난 선제핵공격 전략이 이에 배치된다는 주장이 있다. 그러나, 현재 미국 핵정책의 핵심은 우선 외부로부터의 모든 가능한 도발을 억지(deter)하고, 문제가 되는 상대를 설득(dissuade)하며, 마지막에 모든 평화적 수단을 동원하고도 남은 해결책이 없을 경우 제거(defeat)하겠다는 것이 요지이므로 NPR이 일방적인 NSA 파기라고 단정하기에는 무리가 있다. NPR의 전략적 의도는 핵전쟁을 도모하겠다는 것이 아니라 미국의 의도와 능력을 강력하게 표출함으로써 억지력을 강화하는 데 있으므로 NPR이 미국 대외전략 기조의 혁명적 변화를 도모하고 있다기보다는 억지(deterrence)의 새로운 유형으로 보는 것이 타당하다.

(2) NPT 의무 위반 여부

2000년 NPT 평가회의시 핵보유국들은 전술핵무기의 감축을 약속하였다. 한편, NPT 당사국들은 수평적·수직적 핵확산금지의무가 있다. 그러나 미국은 NPT체제만으로는 더 이상 핵확산을 방지할 수 없다고 판단하고 보다 적극적인 대비책을 모색하고 있다. 미국의 핵태세가 상호확증파괴(MAD)원칙에서 일방적 파괴원칙(UAD: Unilateral Assured Destruction)으로 변화하고 있으므로 핵 억지 기반이 흔들리고 NPT체제가 와해될 수도 있다.

Ⅵ 9·11테러와 선제공격 독트린

1. 의의

9·11테러 이후 미국은 부시 독트린이라고도 하는 선제공격 독트린(preemptive attack doctrine)을 제시하고, 아프가니스탄전쟁과 이라크전쟁에 직접 적용하였다. 9·11테러 이전의 미국 국가안보전략은 국가를 상대로 하는 예방적 억지전략을 중심으로 전개되어 왔으나, 9·11테러는 미국 및 그 국민에 대한 위협이 가시적이지 않고 예측 가능하지 않으면서도 대규모 피해를 가져올 수 있다는 사실을 인식하게 하여 선제공격전략을 채택하게 하였다.

2. 개념 및 비교개념

선제공격은 적의 공격이 임박한 경우(imminent) 기습공격을 통해 도발을 저지하는 것을 말한다. 즉, 적의 공격이 '임박하다'는 거부할 수 없는 증거나 예상에 근거해서 시작하는 공격이나 급습작전을 의미한다. 이에 비해 '예방공격'(preventive attack)은 적의 침공위협이 임박하지는 않지만 '불가피'하고, 대응을 지체하는 경우 심대한 위협을 당하게 될 것이라는 신념에 입각해서 시작하는 공격이나 기습작전을 의미한다.

3. 역사적 맥락

'선행방위'(anticipatory defense)는 미국의 전략사상에서 새로운 것은 아니다. 미국 본토가 외부로부터 공격을 당한 이후부터 미국은 선제공격이 본토방위에서 중요한 전략이라는 사실을 인식하게 되었다. 1814년 8월 24일 영국군의 워싱턴 공격은 미국에 대한 외부로부터의 최초 기습공격이었고, 미국인들은 기습공격에 맞서 공세를 통한 '책임영역의 확장'이 안보의 방법임을 인식하기 시작하였다. 당시 존 퀸시 애덤스(John Quincy Adams)는 '선제공격'을 미국 안보의 새로운 접근법으로 제시하였다. 당시 애덤스는 미국적 힘의 확장을 통해 안보전략을 추진하는 방법이 선제라고 생각했다. 애덤스 이후 미국의 영토 팽창사에서는 선제의 교리가 사상적 기초를 형성하였다. 잭슨 대통령의 스페인령 플로리다 침공(1818년)은 애덤스가 제시한 선제공격의 한 예이고, 19세기 동안 미국이 인디언 등 국내의 이질적 요소나 저항세력의 소탕도 향후의 내전을 예방하기 위한 선제조치의 일환이었다.

4. 미국의 국가안보전략과 선제공격 독트린

미국 행정부는 1986년 골드워터·니콜스법에 따라 국가안보전략보고서를 2년마다 의회에 제출하게 되어 있다. 부시 행정부는 9·11테러로 제출을 연기해 오다 2002년 9월 20일에 발표하였다. NSS는 테러 및 WMD 위협제거를 국가안보정책의 최우선 목표로 설정하고, 필요시 단독행동 및 선제공격(preemptive strike) 불사, 그리고 이를 위한 반테러 국제연대 및 동맹강화의 필요성을 역설하는 공세적인 안보전략을 제시하여 '미국적 국제주의'(American internationalism)를 보다 강화해 나갈 의지를 천명하였다.

구체적인 내용을 보면, 첫째 NSS는 우선 미 안보전략의 최우선 순위를 테러 척결에 두고, 미국 및 우방국에 대한 공격을 사전에 방지하기 위한 군사력의 유지, 동맹 강화, 국가안보기구 개혁 등을 강조하였다. 러시아나 중국과 대테러 연대를 강화해 나갈 것임을 천명하고, NATO, 호주, 일본, 한국 등 기존 동맹관계를 강화할 것임을 밝혔다. 특히 아시아지역에서 호주와의 동맹강화, 한미동맹이나 한일동맹의 지역동맹화(regional alliance)를 강조하였다. 즉, 장기적 관점에서 동맹국들이 지역안정에 기여하도록 추진할 것이라고 밝혔다.

둘째, NSS는 이라크와 북한 등 소위 불량국가(rogue states)에 의한 WMD 개발 및 공격 가능성에 대비하고, 이들 불량국가가 후원하는 테러집단에 의한 WMD 위협 방지 필요성을 역설하였다. 불량국가 및 테러집단의 WMD 획득을 저지하기 위해 기존의 다자간 비확산(non-proliferation) 체제 강화, 적극적인 반확산(counter-proliferation) 노력을 통해 위협이 가해지기 전에 위협요인을 제거, WMD 피해 발생시 효과적인 사후대응관리(consequence management) 등을 포함하는 포괄적인 대 WMD전략을 추구한다.

셋째, NSS는 냉전시대의 억지(deterrence) 및 봉쇄(containment) 전략과 같은 피동적 방법으로는 새로운 안보위협에 대처할 수 없으므로 선제공격(preemptive strike)의 불가피성을 역설하였다. 이는 합리성(rationality)을 부인하는 테러집단이나 합리성을 보장할 수 없는 실패한 국가(failed state)에 대해서는 기존의 억지전략이 통용되지 않는다는 정세인식에 기초한 것이다.

넷째, NSS는 미국이 외국과의 경제활동을 통해 생산성 향상과 지속적인 경제성장을 도모해 나가야 하고, 빈곤국들에게 발전의 기회를 제공하기 위한 대외원조도 지속해 나가야 한다고 지적하였다. 빈곤국가들을 경제적으로 '강화'(empowerment)하는 것이 테러리즘의 토양을 제거할 수 있다는 인식에 바탕을 둔 것이다.

5. 적용 – 아프가니스탄 및 이라크 침공

부시 행정부의 선제공격 독트린은 2001년 10~12월의 아프가니스탄 침공과 2003년 3월의 이라크 침공에 적용되었다. 아프가니스탄 침공은 9·11테러의 주모자인 빈 라덴과 그의 조직인 알 카에다가 숨어 있었고 아프가니스탄의 탈레반 정권이 이들에게 안전을 제공하고 지원을 하고 있었기 때문에 대테러전쟁의 명분이 있었고, UN안전보장이사회도 군사작전을 승인하는 결의를 통과시켰기 때문에 미국의 침공이 정당화될 수 있었다. 그러나, 이라크 침공은 안전보장이사회의 승인 없이 침공했기 때문에 정당성에 대한 비판을 받았다. 이라크 침공은 위협의 임박성 측면에서 보면, 선제공격이라기보다는 위협의 불가피성을 중시한 예방전쟁으로 평가할 수 있다.

제5절 대량살상무기 대응전략

I 의의

탈냉전 이후 미국은 자국중심의 국제질서 형성을 위해 노력하는 한편, 대량살상무기의 확산이 자국에 대한 중대한 위협이 될 것임을 인식하고 이에 대해 대응책을 모색해 왔다. 그러나, 9·11테러가 발생하기 전까지는 위협이 명확하지 않았기 때문에 대응책을 강구하는 것에도 적극성을 띠지는 못했다. 9·11테러는 미국의 안보에 대한 위협을 명확하게 확인시켜 주었고, 9·11테러 이후 미국은 반테러·반WMD 확산을 국가안보전략으로 설정하고 다차원적 수단을 모색하고 시행중에 있다. 테러와 WMD의 확산은 비단 미국만의 문제가 아니라 모든 국가와 모든 국민의 중대한 안보사안임은 틀림없다.

II WMD의 확산과 미국의 안보

1. WMD의 정의와 범위

대량살상(파괴)무기(WMD: Weapons of Mass Destruction)는 일반적으로 인명살상 및 파괴의 방법과 규모 등에 있어 재래식 무기와 확연히 구별되는 핵·생물·화학무기를 포함한 3대 무기체계를 말한다. 9·11테러 이후에는 탄도미사일(ballistic missile), 대량살상을 초래하는 공격방식도 WMD의 범주에 포함시키고 있다. 미국 연방수사국(FBI)은 피해규모 및 결과를 기준으로 WMD를 정의할 것을 제시하기도 하였다.

2. WMD 확산 실태

냉전 종식 이후 세계의 WMD 전체적인 보유량은 감소되었으나 질적인 성능 개선과 함께 세계 전지역으로 확산추세를 보이고 있다. 특히 중동, 서남아, 동북아시아지역 국가들에게 확산되고 있다. WMD 확산과 함께 발사·운반수단이 되는 미사일의 개발, 특히 중거리 미사일 개발이 가속화되고 있다. 또한, 국가뿐 아니라 테러세력에게도 확산위험이 높아지고 있다.

3. 미국의 안보에 대한 영향

현재 WMD 반확산·비확산에 가장 적극적인 국가는 미국이다. WMD 확산은 미국의 안보에 두 가지 함의를 갖는다. 첫째, 9·11테러에서 보듯이 미국의 국가안보 및 미국민의 인간안보(human security)를 직접적으로 위협한다. 냉전에서 승리한 이후 전세계 유일 초강대국으로 부상한 미국은 테러세력들의 집중적인 표적이 되고 있다. 둘째, WMD 확산은 미국 중심 패권질서의 유지 측면에서도 부정적이다. 반미성향의 중소국들이 핵을 보유하게 되는 경우 미국이 재량적으로 군사력을 투입하여 중소국들을 통제하기가 상대적으로 어려워지기 때문이다. 결국, 미국의 WMD 대응전략은 테러위협에 대한 대응과 함께 패권질서 유지의도도 같이 담고 있다고 평가할 수 있다.

Ⅲ 부시 행정부(G. W. Bush)의 WMD 확산 대응전략의 구도와 특징

1. 기본구도

(1) 서설

핵을 비롯한 대량살상무기에 대한 미국의 대응전략과 주요 정책적 입장은 2002년 발표된 'National Security Strategy of the Unites States of America (2002.9)'와 'National Strategy to Combat Weapons of Mass Destruction (2002.12)'에 기초하고 있다. 이에 따르면 대응전략은 크게 대(반)확산전략 (counterproliferation), 비확산전략(non-proliferation) 및 사후관리(consequence management)로 구성되어 있다.

(2) 비확산전략

대량살상무기 '확산'에 대처하기 위한 전략을 비확산전략이라고 한다. 비확산전략에는 적극적인 비확산 외교활동, 다자체제의 강화 및 보완, 넌 루거(Nunn-Lugar)법안과 같은 위협감축협력(Threat Reduction Cooperation), 핵물질 통제 강화, 미국의 수출통제 등이 포함된다.

(3) 반확산전략

반확산전략은 대량살상무기 '사용'에 대응하기 위한 전략으로서 대량살상무기 관련 기술·물질의 이전 차단(interdiction), 선제공격(preemptive strike), 미사일 방어(MD) 등을 포함하고 있다.

(4) 사후관리방안

사후관리는 주로 미국 내에서 대량살상무기 사용시에 대처할 수 있는 방안과 관련된 것으로 유관기관 간 협력을 통한 효과적 대응방안·능력·체제 구축 등을 말한다.

2. 특징

(1) WMD 실제 사용에 대응

과거 미국의 대응전략은 대량살상무기를 개발·보유는 할 수 있어도 공멸의 가능성으로 인해 실질적 사용은 어려울 것이라는 소위 '사용의 모순성(usability paradox)'과 '공포의 균형(balance of threat)'에 기초하였다. 그러나 9·11테러 이후 미국 정부는 대량살상무기가 단순한 억제나 시위 등과 같은 정치·외교적 목적을 위한 군사자산이 아니라 실제로 사용되어질 수 있고, 이에 적극 대응하지 않을 경우 사용 가능성이 증가할 것이라는 인식에 기초하여 접근하고 있다.

(2) 비국가행위자에 의한 확산에 대응

과학기술의 발달과 이에 대한 접근의 용이성이 증가함에 따라 국가뿐 아니라 테러세력 등 비국가행위자(non-state actor)에 의한 확산 가능성이 증가하고 있다. 이에 따라 미국은 국가에 의한 확산에 대응하는 것과 병행하여 비정부 단체나 테러리스트와 같은 개인에 의한 확산 가능성 차단을 중요한 임무로 설정하고 있다. 미국은 2003년 9월 UN 총회에서 이를 역설하였고 안전보장이사회는 결의 1540

호를 통해 비정부 행위자에 의한 확산을 국제평화와 안전에 중대한 위협으로 간주하고 이를 차단하기 위한 조치를 도입하도록 하였다.

(3) 적극적 예방중심 대응

9 · 11테러 이후 테러가능성과 위험성이 부각되면서 기존의 소극적이고 현상유지적 접근을 탈피하여 적극적인 예방접근을 추구하기 시작하였다. 특히 원자력 관련 기술이나 시설, 물질 이전과 관련된 핵공급그룹(NSG: Nuclear Supplier Group)이나 쟁거위원회 등과 같은 공급자 간 합의의 준수와 강화는 물론 핵물질에 대한 통제 강화조치 도입 등을 통해 핵무기에 이용될 수 있는 물질의 생산과 이전에 대한 통제를 강화함으로써 확산 가능성을 차단한다는 예방적 접근을 강조하고 있다. 미국은 '전면전 이외의 군사작전(OOTW: Operations Other Than War)'에서 반확산정책을 그 중심에 위치시켰다.

(4) 군사적 대응수단 강조

미국은 9 · 11테러 이전에도 비핵국가에 대해 핵무기를 사용하지 않겠다는 '소극적 안전보장(NSA: Negative Security Assurance)'을 법적 장치로 도입하는 데는 미온적인 입장을 견지해 왔다. 그러나, 9 · 11테러 이후에는 보다 적극적으로 예방적 선제공격을 강조하는 군사적 대응전략을 개발하는 한편, 핵무기를 포함한 대응능력과 체제 확보를 추구하고 있다.

(5) 비확산 · 반확산의 균형 접근

부시 1기 행정부는 대량살상무기 대응과 관련 반확산 분야를 강조하고 이를 실현하기 위한 방안과 능력을 확보하는 것에 중점을 두었으나, 2기 행정부 출범 후 반확산정책과 병행하여 현존하는 비확산 체제의 문제점을 해결 · 보완하고 통제체제 강화를 위한 노력을 추구하였다.

Ⅳ 오바마 행정부의 WMD 대응 전략:핵무기를 중심으로

1. 기조

오바마 대통령은 2009년 4월 5일 프라하선언을 통해 오바마 행정부의 핵정책 방향을 제시하였다. 프라하선언에서는 '핵없는 세계'(Nuclear Free World) 추진을 명확히 하고 국제기구 및 국제협력을 통해 이를 추진해 나갈 것임을 선언하였다. 이를 위해 완전한 핵군축을 위해 러시아 등과 협력해 나갈 것, CTBT 등의 조속한 발효를 위해 노력할 것, NPT체제의 강화, PSI의 제도화 등의 구체적 방법을 제시하였다.

2. 핵안보정상회의

(1) 제1차 핵안보정상회의(2010년 4월 12 ~ 13일)

2010년 4월 12일 워싱턴에서 개최된 제1차 핵안보정상회의는 오바마의 제안에 의해 개최되었으며, 전세계 47개국 정상들과 UN, EU, IAEA 등 국제기구가 참석하였다. '핵안보'(Nuclear Security)란 핵 및 방사능 물질 혹은 그 시설과 관련된 도난, 파괴, 부당한 접근, 불법 이전 등을 방지, 탐색하거나 이에 대응하는 것을 말한다. 핵안보정상회의는 9·11테러 이후 현실화되고 있는 핵테러 가능성에 대한 국제사회의 관심을 효과적으로 촉구하는 계기가 되었다.

① 참가국들은 자발적으로 핵물질의 안전 관리 및 폐기를 약속하였다. 특히 우크라이나는 107kg의 고농축우라늄과 56kg의 폐연료를 2012년까지 러시아로 이전하기로 합의하였다.

② 미국과 러시아는 68t의 무기용 플루토늄 제거에 합의하였다. 또한 미국은 자국 핵시설의 안정 강화와 글로벌 위협감축구상(GTRI) 예산 확충을 약속하고, 러시아는 자국 내 마지막 무기급 플루토늄 원자로의 폐쇄를 약속하였다.

③ 핵안보정상회의의 연속성을 위해 2년마다 한 번씩 회의를 개최하기로 하고, 2012년 정상회의는 한국에서 개최하기로 하였다.

(2) 제2차 핵안보정상회의(2012년 3월 26~27일)

제2차 핵안보정상회의는 이틀간 53개 초청국, 4개 국제기구에서 모두 58명의 리더들이 참석한 가운데 서울 COEX에서 개최되었다. 주요 내용을 요약해 보면 다음과 같다. 첫째, '서울 코뮤니케'를 채택하였다. 여기에는 세계 핵안보구조의 조정과 통합, IAEA 역할 강화, 고농축우라늄과 분리플루토늄의 안전한 관리와 이용 최소화, 방사능물질의 안전한 관리, 핵안보와 원자력안전의 통합접근, 운송보안 강화, 불법핵거래 방지, 핵감식 기술 발전과 협력, 핵안보문화와 역량 강화, 민감정보 보안 강화, 국제협력 확대 등의 합의사항을 담고 있다. 둘째, 개정 핵물질방호조약을 2014년까지 발효하도록 합의하였다. 셋째, 아르헨티나, 호주, 체코 등이 고농축우라늄을 완전히 포기하여 '고농축우라늄 – 프리'국가가 되었다. 넷째, 한국은 고농축우라늄 핵연료를 저농축용으로 대체하는 데 필요한 고밀도 저농축우라늄 핵연료 제조기술을 다자공동사업에 제공하기로 공약하였다. 다섯째, 한국의 주도적 역할로 방사성안보, 핵안보와 원자력안전의 통합접근 2개 의제가 새로운 의제로 채택되었다. 이들 의제는 워싱턴정상회의에서는 미국의 반대로 의제가 되지 못했던 것들이다. 여섯째, 핵안보정상회의와 병행하여 전문가 심포지엄과 산업계 회의가 각각 개최되어 핵안보를 위한 국가 – 전문가그룹 – 산업계 간 파트너십이 구축되었다. 일곱째, 다음 핵안보정상회의는 2014년 네덜란드에서 개최하기로 하였다. 여덟째, 북한 문제가 정상회의의 주요 의제는 아니었으나, 북한의 '광명성 3호' 발사 위협에 대해 정상회의 안팎에서 북한에 대한 성토가 이어졌다.

(3) 제3차 핵안보정상회의(2014년 3월 24~25일)

① 의의: 이틀간 53개국과 4개 국제기구 대표가 참석한 가운데 개최된 2014 헤이그 핵안보정상회의가 "헤이그 코뮤니케"를 채택하며 막을 내렸다. 헤이그 핵안보정상회의에서는 2010년 워싱턴 정상회의 및 2012년 서울 정상회의에서 약속된 실천조치의 이행성과를 확인하고, 핵안보정상회의의 미래 및 향후 과제에 대해서도 심도 있는 토의를 가졌다. 3차 회의에서는 2년 전 서울선언을 계승해 핵과 방사능 테러로부터 자유로운 세상을 건설하는 것을 목표로 국제사회의 역량을 결집하기로 합의했다. 또 국제 핵 안보 체제 강화라는 공동목표 달성을 위해서는 지속적인 노력이 필요하며, 평화적인 목적으로 원자력을 개발·이용하는 권리도 보장돼야 한다는 점도 재확인했다. 헤이그 정상선언에는 핵 군축, 핵비확산 및 원자력의 평화적 이용 등 핵심과제와 분야별 실행조치들이 담겼다.

② 주요 실행조치: ㉠ 아직 핵물질 방호협약과 핵 테러억제협약에 비준하지 않은 국가들이 이를 비준할 것 촉구, ㉡ 고농축우라늄(HEU)과 재처리를 통해 추출된 플루토늄 등 핵무기 개발에 전용될 수 있는 핵물질의 보유량을 최소화할 것을 각국에 권고, ㉢ 핵 테러 위협에 대한 대응력을 강화하기 위해 핵·방사능물질 불법거래 차단 및 감식 능력 강화, ㉣ 악의적 목적으로 핵물질을 획득하고, 핵물질을 사용하는 데 필요한 정보, 기술 및 전문성을 인터넷 등을 통해 획득하지 못하도록 사이버 보안 강화, ㉤ 국제원자력 기구에 정치적, 기술적, 재정적 지원 증대 장려 등이다.

③ 고농축 우라늄 폐기 선언: 일본, 이탈리아, 벨기에 등이 자국 내 고농축 우라늄(HEU)에 대한 제거 성과나 폐기 계획을 발표했다. 또 정상선언에는 포함되지 않았지만 한국과 미국, 네덜란드 등 35개국은 핵물질이 테러 세력에게 넘어가지 않도록 국제 기준에 부합하는 국가별 법제화를 추진하고, 이를 국제법으로 확립하기 위한 협력체계도 가동하기로 했다.

④ 북핵문제: 북핵문제는 제3차 핵안보정상회의에서 의제로 다뤄진 것은 아니나, 박근혜 대통령이 개막식 기조연설과 핵안보정상회의를 전후로 열린 한·중 수뇌회담, 미·중 수뇌회담, 한·미·일 수뇌회담을 통해 북한의 핵무기 보유를 용납할 수 없고 비핵화를 실시해야 한다는 기본 원칙을 확인했다.

⑤ 핵안보 강화를 위한 4개 항: 우리나라는 ㉠ 핵안보 - 핵군축 - 핵비확산 간 시너지를 갖는 통합적 접근, ㉡ 핵안보지역 협의체 모색, ㉢ 국가 간 핵안보 역량 격차 해소를 위한 국제협력 강화, ㉣ 원전시설 사이버 테러에 대한 대응책 강구 등을 제안하였다.

⑥ 우리나라 신규 공약 사항: ㉠ 핵테러억제협약 및 개정 핵물질방호협약 비준, ㉡ 안전보장이사회결의 1540호 채택 10주년 기념 안전보장이사회 고위급 토의 개최, ㉢ 원전시설에 대한 사이버테러 위협 대응 주도, ㉣ 공동성과물 확대·발전에 기여 등이다.

⑦ 차기 개최국: 정상회의에 참가한 정상들은 워싱턴, 서울, 헤이그 정상회의에서의 모멘텀을 이어서 한층 더 심화된 핵안보 관련 국제협력방안을 논의하고, 핵안보정상회의의 미래를 논의하기 위하여 2016년 워싱턴에서 제4차 정상회의를 개최하기로 합의하였다.

3. New-START

미국과 러시아는 2010년 4월 8일 New-START를 체결하기로 합의하였다. 이는 START I이 2009년 12월 종료됨에 따라 후속조약으로 체결된 것으로서, 조약 발효 후 7년 이내에 배치 전략핵탄두를 1550개로, 전략발사체를 각각 800기로 감축하기로 하였다.

4. 2010년 NPR

오바마 행정부는 2010년 4월 6일 NPR보고서를 발표하였다. 동 보고서에서는 여전히 핵억제력을 중시하고 있으나 이전 보고서와 비교하여 핵무기 의존도 감소, 비확산

의무 준수 국가에 대한 핵무기 비사용원칙 등이 강조되고 있으며, 비확산 및 핵테러리즘 차단의지가 강화되었다.

> **참고** 2010년 미국의 핵태세검토보고서(NPR)의 주요 내용
>
> 미국 국방부는 1994년, 2002년에 이어 2010년 핵태세검토보고서를 발행하였다. 이번 NPR은 오바마 대통령의 핵전략을 구체화한 것으로서 '핵무기 없는 세계'에서 어떻게 평화와 안보를 구현할 것인가에 대한 내용이 담겨져 있으며, 핵무기가 존재하는 동안 미국의 핵억지 전략이 어떻게 형성되어야 하는가를 담고 있다. 주요 내용은 다음과 같다.
> - 미국의 핵정책 목표를 "핵확산과 핵테러리즘 방지"라고 규정하였다. 이를 위해 NPT체제 강화를 언급하고, 구체적인 방안을 제시하였다. 향후 5~10년에 걸쳐 핵폐기를 추진하며, 북한과 이란의 핵의욕을 좌절시키고, IAEA 안전보장조치를 강화한다. 그 밖에 CTBT 비준과 New START 조인 등을 규정하였다.
> - NPR은 핵무기 이외의 공격을 억지하기 위한 핵무기의 역할을 감소시킬 것을 주장하고 있다. 미국은 NPT회원국이면서 비확산의 의무를 준수하는 국가들에 대해서는 핵무기를 사용하지 않는다는 '소극적 안전보장'을 천명하였다. 이는 반대로 핵무기를 소유하고 핵비확산의 의무를 준수하지 않는 국가들에 대해서는 그들이 재래식 또는 생화학 무기로 미국과 동맹국들을 공격하더라도 미국은 이들을 억지하기 위해 핵무기를 사용할 것을 단언하고 있다. 이는 곧 핵무기 선제 불사용원칙(No First Use)이 채택되지 않았음을 의미한다.
> - NPR은 신전략무기감축협정(New START)에 따라 전략핵탄두수를 1550개, 전략핵운반체계의 수를 700개로 감축할 것을 규정하였다.
> - 부시 행정부의 새로운 3개축(New Triad) 대신 기존의 3요소(Triad), 즉 ICBM, SLBM, 전략폭격기로 유지하게 되었다.
> - 미국 핵전략의 목표를 핵확산과 핵테러리즘 방지, 미국 핵무기의 역할 감소, 핵감축 차원에서의 전략적 억지와 안정유지, 미국 동맹국에 대한 지역적 억지와 보장 강화, 안전하고 안심할 수 있으며 효율적인 핵보유고 유지 등 5개로 설정하였다.
> - 핵테러리즘과 핵확산을 주요 위협으로 언급하고, 핵비확산 의무를 어기고 있는 국가로 북한과 이란을 들고 있다.
> - 기존의 핵국가인 러시아 및 중국과 전략적 안정을 모색할 것을 주장하고, 특히 중국의 군사력 현대화와 이에 대한 투명성 부족을 향후 중국의 전략적 의도에 대한 우려사항으로 제시하였다.

V 주요 정책

1. MD

미사일방어체제는 탄도미사일 확산에 대처하기 위해 미국주도로 추진되고 있는 계획으로 크게 전역미사일 방어체제(Theater Missile Defense, TMD)와 국가미사일 방어체제(National Missile Defense, NMD)로 나뉜다. TMD는 사정거리 80km~3,000km 정도의 전역탄도미사일(Theater Ballistic Missile, TBM)을 우주와 해상, 그리고 지상의 미사일방어수단을 이용하여 요격·파괴하는 방어체제이다. NMD는 미국 본토를 겨냥한 대륙간탄도미사일을 우주, 해상, 지상의 요격방어체제를 통해 파괴하는 방어체제이다. 조지 W. 부시 행정부 등장 이후 이 두 개념은 미사일방어(Missile Defense)로 단일화되었다.

2. PSI

확산방지구상(PSI: Proliferation Security Initiative)은 핵무기 등 대량살상무기와 관련장비의 확산 방지를 위해 2003년 5월 부시 대통령에 의해 발표된 전략이다. PSI는 가상 적대세력의 치명적 무기사용을 미리 막기 위해 이들의 무기 거래를 사전에 차단해야 한다는 예방 행동을 그 주요 원칙으로 삼는 한편, 자발적 동의가 아닌 강제적 시행을 통해 그 원칙을 달성한다는 점에서 일방주의적 성격을 띤다.

3. 선제공격

9 · 11테러 이후 미국은 부시 독트린이라고 하는 선제공격 독트린(preemptive attack doctrine)을 제시하고, 아프가니스탄전쟁과 이라크전쟁에 직접 적용하였다. 9 · 11테러 이전의 미국 국가안보전략은 국가를 상대로 하는 예방적 억지전략을 중심으로 전개되었으나, 9 · 11테러로 미국 및 그 국민에 대한 위협이 가시적이지 않고 예측 가능하지 않으면서도 대규모 피해를 가져올 수 있다는 사실을 인식하여 선제공격전략을 채택하게 하였다.

Ⅵ 대량살상무기 확산에 대한 미국의 개입 사례

1. 우크라이나

구소련으로부터 핵무기를 물려받은 우크라이나는 핵 포기의 대가로 국제법적으로 구속력 있는 안전보장과 경제지원을 받는 내용의 '비망록'에 미국, 영국, 프랑스, 러시아와 공동으로 서명함으로써 핵폐기절차를 완료하였다. 우크라이나는 미국과 구소련이 1991년 합의한 전략무기감축협정(START I)에 따라 카자흐스탄, 벨로루시와 함께 전술핵무기를 러시아로 이관하고 비핵국가로서 NPT에 가입하는 절차를 진행하였다. 러시아는 우크라이나에 HEU(고농축우라늄)를 저농축 핵연료봉으로 보상하고, 우크라이나에 대한 기술 및 재정지원을 확대하였다. 미국도 'Nunn-lugar 프로그램'을 입법하여 우크라이나에 대한 핵 포기와 지원을 법적으로 보장하였다.

2. 이라크

이라크는 국제여론과 국제기구의 반대에도 불구하고 미국이 영국을 비롯한 동맹국들과 함께 군사적 · 일방적 방식으로 대량살상무기 확산에 대응한 사례이다. 미국은 대량살상무기를 보유한 이라크는 미국에 대한 안보위협이 될 뿐만 아니라 중동지역의 전략적 균형을 파괴할 것이라고 보고 군사력을 사용하였다. 그러나 주요 명분으로 삼았던 대량살상무기가 발견되지 않으면서 미국의 이미지는 크게 실추되었다. 이라크 사례는 군사적 · 일방주의적 방식에 의한 대량살상무기 대응은 성공하기 어렵고 국제여론과 국제기구의 지지가 필요하다는 것을 보여준다.

3. 리비아

(1) 리비아의 핵개발과 미국의 경제제재조치

리비아는 미국으로부터 테러지원 및 대량살상무기 개발 혐의를 지속적으로 받아

왔으며, 이라크, 이란, 북한 등과 함께 테러지원국가로 규정되고 미국 및 UN으로부터 경제제재를 받았다. 이로 인해 리비아는 재정부족과 경제침체 등 장기간의 마이너스 성장과 경제적 불안을 경험해 왔다. 미국은 '국제비상경제권한법', '이란·리비아 제재법'에 따라 리비아에 대한 상품교역은 물론 재정 및 금융거래의 중단, 해외자산 동결, 석유부문 투자진출 제한 등 포괄적인 제재조치를 단행하였다. '이란·리비아 제재법'은 석유산업에 대한 투자를 제한함으로써 석유산업 외에는 별다른 산업기반이 없는 리비아경제에 치명적인 영향을 미쳤다.

(2) WMD 개발 포기 배경

리비아 카다피 정권의 대량살상무기 개발 포기 배경에는 핵무기 개발의 부진과 정권유지를 위협하는 대내외적 상황들이 자리 잡고 있었다. 리비아는 UN과 미국의 경제제재로 핵무기 개발에 소요되는 자금과 장비를 조달하는 데 어려움을 겪었을 뿐 아니라, 국제적으로 고립되었다. 심각한 경제난은 카다피 정권에 대한 국민들의 반감을 높이고 저항세력의 결집을 강화시켰으며 카다피 정권에 대한 내부적 위협이 되었다. 또한, 미국의 이라크 침공은 카다피 정권에 미국의 군사공격 위협을 가중시켰고 이로써 강경 반미노선을 포기하게 되었다.

(3) 핵폐기 과정

2003년 12월 19일 리비아는 핵무기를 비롯한 모든 대량살상무기와 장거리미사일 프로그램의 폐기와 함께 이의 이행을 감시하기 위한 국제기구의 즉각적이고 포괄적인 사찰을 허용하겠다는 결정을 발표하였다. 리비아의 대량살상무기 폐기는 크게 3단계로 구분되어 진행되었고 선(先)이행 후(後)보상을 강조해 온 미국은 단계별로 수준에 맞는 보상을 제공하였다. 미국은 리비아의 2단계 폐기 조치 완료 및 3단계 이행의 보상으로 양자 간 외교관계 복원 및 경제제재 해제조치를 취하였다. 2006년 5월 리비아를 테러지원국 명단에서 삭제, 연락사무소를 대사관으로 승격, 평화적 핵에너지 개발을 위해 저농축우라늄(LEU)을 제공, 경제제재 해제 등을 단행하였다.

4. 북한

냉전체제 해체 이후 중국과 러시아 등 우방을 상실한 북한은 정권안보 차원에서 핵무기를 개발해 왔으며, 두 차례의 위기를 촉발시켰다. 1990년대 초반 IAEA 사찰 거부와 NPT 탈퇴로 고조된 제1차 위기에서 클린턴 행정부는 북한의 핵개발을 동결하는 대신 대체에너지공급 등의 보상조치를 취하였다. 2002년에는 고농축우라늄 핵개발 의혹이 불거져 제2차 북핵위기가 조성되었고, 2003년부터 미국, 북한, 한국, 러시아, 중국, 일본이 포함된 6자회담이 시작되어 난항을 거듭한 끝에 2005년 9·19공동성명과 2007년 2·13초기이행조치 합의를 기점으로 타결국면을 맞았으나, 오바마 행정부 들어서 다시 교착상태를 맞았다. 현재까지 북한 핵문제는 해결되지 않았다.

제6절 이란 핵문제에 대한 미국의 대응전략

I 이란의 핵개발

1. 발단

북핵문제가 어느 정도 해결 국면에 접어든 반면, 이란 핵문제는 미국이 이란 핵개발 중단을 요구한 가운데, 이란이 평화적 핵이용권에 기초하여 핵개발 지속을 천명함으로써 양국 간 위기가 고조되고 있다. 이란 핵개발은 미국, 독일, 프랑스 등의 지원하에 시작되었다가 1979년 이슬람혁명과 1980년 이라크전쟁으로 전면중단되었다. 1990년대 초 들어 이란은 러시아, 중국, 파키스탄의 협력과 지원으로 핵개발에 본격적으로 착수하였다. 2002년 8월 이란 반정부 단체인 국민저항위원회(NCRI)에 의해 이란 핵무기 개발이 폭로된 이래 지속적으로 국제문제가 되고 있다.

2. 이란 핵개발과 중동질서

이란이 핵무기를 개발하고 이란이 러시아의 지원으로 개발한 사정거리 1000마일이 넘는 '시하브-3(Shihab-3)' 미사일과 결합되는 경우 이스라엘뿐 아니라 유럽국가들도 이란 핵미사일의 사정권 내에 들어가게 된다. 핵무장한 이란이 시아파가 다수인 이라크와 시리아의 국내정치에 개입하고, 이스라엘의 존재를 부정하는 하마스와 헤즈볼라 등의 단체들에게 핵을 확산할 가능성도 있다. 이 경우 이라크 안정화 및 미국의 중동 평화 구상 실현이 난항을 겪을 수 있다. 또한, 이란의 핵보유는 사우디아라비아, 이집트, 터키 등의 핵무장을 부추겨 국제 핵비확산체제에 커다란 타격을 줄 것이다.

II 강대국들의 입장

1. EU 3개국(독일, 영국, 프랑스)

이란 핵문제가 대두된 이래 영국, 프랑스, 독일은 EU를 대표하여 대결이나 강박이 아닌 대화와 협상을 통해 해결하려는 자세를 보였다. 2004년 11월에는 이란의 연구활동을 포함하여 모든 핵개발활동 동결 합의를 끌어내기도 하였다. 그러나 2004년 6월 아흐마디네자드 대통령이 당선된 이후 핵시설 동결 해제 움직임을 보이자 EU 3개국은 미국과의 공조하에 이란 핵문제의 안전보장이사회 회부방안을 추진하기도 하였다.

2. 러시아

러시아는 미국의 반확산·비확산전략에 동조하면서도 이란과 원자력발전소 건립을 포함하여 다차원적 협력관계를 유지하고 있다. 현재 러시아의 기술 지원으로 부세르(Bushehr) 원자력발전소를 건립하고 있다. 한편, 이란은 중동지역에서 미국의 세력확장을 견제할 수 있는 중심국가로서의 유용성이 있고 카스피 해 자원 개발을 위해 투자 진출중인 영·미국계 기업을 견제하고 걸프 해 주변 산유국의 수출 수송로인 호르무즈 해협을 통제할 수 있는 지정학적 위치에 있다. 이에 따라 러시아는 이란과 협력강화를 위해 이란 핵문제의 안전보장이사회 회부에는 다소 유보적 태도를 보여주고 있다.

3. 중국

중국은 1980년대부터 미사일 수출 등 이란과 군사협력 관계를 강화하여 왔고, 지속적인 경제성장을 위한 안정적 에너지 확보에 외교정책의 최우선순위를 부여하고 있다. 이란은 중국의 전략적 파트너로서 에너지 안보 증진 차원에서 이란과의 협력관계 유지가 절실하게 필요하나, 러시아와 마찬가지로 지속적 경제성장이 가능한 대외여건 조성이 필요한 중국으로서도 미국 등 서방세계와의 원만한 관계를 훼손하면서 이란의 행동을 일방적으로 두둔하는 것에 대한 부담이 있다.

Ⅲ 이란 핵 협상 타결 과정

1. 제네바합의

(1) 배경

이란핵문제로 이란과 서방 국가들 사이에 위기가 고조되어 오다가 2013년 11월 24일 제네바에서 열린 'P5+1'과 이란 간 핵협상에서 극적으로 공동행동계획(Joint Plan of Action)이 채택되었다. 이란 핵개발에 대해 UN 안전보장이사회의 제재가 지속되었고, 여기에 미국과 유럽연합이 제재를 강화하면서 이란 경제는 심각한 수준의 압박을 받아왔다. 그러나 이란 새 지도자로 온건파인 하산 로하니(Hassan Rouhani)가 당선되면서 미국과 고위급 회담을 가지면서 합의의 분위기가 형성되었다.

(2) 합의의 내용

이란 핵문제 해결을 위해 초기 6개월간 상호 이행할 사항을 합의문에 담고 있다. 이란의 의무로는 현재 보유 중인 우라늄을 희석하고, 6개월간 여하한 추가 농축을 중단하며, 추가 농축시설 건설도 중단하고, IAEA 사찰 감독관의 상시적 접근을 허용하는 것 등이다. 이에 대해 P5+1는 제한적이고, 일시적이며, 가역적인(reversible) 제재 경감조치를 설정하였다. 즉, 초기 단계 기간 신규 제재 부과를 중단하고, 귀금속, 자동차, 유화 분야의 특정 제재를 중단하며, 이란 항공기 정비 관련 지원을 시작하고, 이란 원유 판매를 현 감축 수준에서 유지하고, 추가 축소 조치를 정지해야 한다. 본 초기 단계 관련 공동행동계획은 본 문서 채택 이후 1년 이내에 협상을 타결하여 본격적인 이행에 들어가도록 목표 시한을 설정하였으며, 이 과정에서 투명성 조치 및 감시 이행 결과의 포괄적 해결책이 성공적으로 안착할 경우 이란 핵프로그램은 NPT 상의 여타 비핵보유국의 핵프로그램과 동일하게 평가·인정할 것임을 명시하였다.

2. 이란 핵문제와 로잔합의(2015년 4월 2일) 및 비엔나합의(2015년 7월 14일)

P5+1과 이란은 2015년 4월 2일 로잔에서 잠정합의문을 도출한 다음, 2015년 7월 14일 최종합의문을 채택하였다. 최종합의문의 공식 명칭은 '포괄적 공동행동계획'(JCPoA: Joint Comprehensive Plan of Action)이며 주요 내용은 다음과 같다.

첫째, 이란의 우라늄 농축을 허용하되 15년간 저농축 수준을 유지하고, 전체 농축 우라늄 보유규모를 현 10,000kg에서 300kg으로 제한하여 핵무기화를 방지하는 수준에서 규제한다. 둘째, 나탄즈 농축시설을 5,060기로 대폭 감축하고, 연구개발용 1,044기만 포르도(Pordo)에 허용한다. 셋째, 아라크 중수로는 무기급 플루토늄 생산을 방지하도록 재설계하고, 중수로의 사용 후 핵연료는 처분 또는 해외이전하며, 15년 간 추가 중수로 건설을 금지한다. 넷째, 공개된 모든 핵시설들에 대한 사찰 활동을 허용하며, 공개되지 않은 시설 또한 핵활동이 있는 것으로 의심되는 장소에 IAEA 회원국들로 구성되는 위원회에서 검토한 후 사찰할 수 있다. 다섯째, 협상안은 7월 20일 안전보장이사회 결의 이후 90일 내에 발효한다. IAEA의 핵사찰 종합 보고 이후 이상 없으면 핵 관련 제재를 일괄 해제한다. 10년간 포괄적 공동행동계획의 모든 조건을 이란이 준수한 경우 미국의 비확산 제재가 완전히 폐기되어 이란은 국제사회의 완전한 정상국가로 자리매김된다.

Ⅳ 트럼프 행정부의 합의 파기

1. JCPoA 파기 및 제재 복원

트럼프 대통령은 2018년 5월 후보 시절부터 공약했던 JCPoA 폐기를 단행하고 제재를 즉각 복원하였다. 미국 공화당의 주류는 여전히 이란의 핵개발 가능성 및 역내 도발 의지에 대한 의심을 놓고 있지 않으며, 이러한 반이란 기조가 트럼프 행정부에도 그대로 이어져 JCPoA에 대한 전면 재검토(또는 파기) 언급이 지속되어 왔다.

2. 폐기 관련 근거 및 쟁점

2017년 10월 13일 이란 핵합의 검토법(INARA)에 따라 트럼프 대통령이 이란의 핵합의 준수에 대해 '불인증(decertification)'을 선언했다. 트럼프 대통령은 이란의 탄도미사일 프로그램 제재, 이란 내 모든 군사시설에 대한 조사, 일정 시간 후 효력이 소멸되는 '일몰 규정' 삭제 등 이란의 핵개발 방지 영구화 개정을 요구했다.

Ⅴ 바이든 행정부의 이란 핵 대응 전략

1. 정책 목표

바이든 행정부는 중동 정책 실현을 위해 ① 일관성의 회복(Returning to a sense of coherence), ② 외교 강화(Elevating diplomacy), ③ 파트너십의 회복과 재편(Restoring and reimagining partnership)을 정책 기조로 설정하였다.

2. 조건부 복귀 가능성

바이든 대통령은 이란 문제에 있어서 전임 오바마 대통령의 노선과 대동소이할 것으로 예상되어 JCPOA에 복귀할 것으로 예상되었다. 그러나, 이란 핵무기 보유 불용 원칙 천명, 워싱턴 내 JCPoA에 대한 부정적 입장 수용, 이스라엘 문제 및 중동 지역 내

이란의 공세적 영향력과 존재감에 대한 부담 등이 장애물이었고 결국 2024년 하반기까지도 복귀는 실현되지 않았다.

제7절 미사일방어전략(MD)

Ⅰ 서론

레이건 행정부 시절부터 지속적으로 추진되어 온 미사일방어계획은 9·11테러를 분기점으로 하여 급속하게 진전되었고, 오바마 행정부에 들어와서도 약간의 수정을 거치긴 하였으나 핵심 군사전략으로서 지속되고 있다. 이에 따라 21세기 강대국 국제정치에 있어서 미사일방어 문제는 상당히 강력한 분쟁사안으로 대두될 것으로 전망된다. 미사일방어는 냉전기 '공포의 균형'(Balance of Terror)을 근본적으로 파괴함으로써 강대국 간 군비경쟁을 본격화시킬 가능성이 있다. 또한, 미중관계의 핵심쟁점의 하나인 대만 문제에 있어서 대만의 미사일방어체제 포함 여부를 둘러싸고 미중 간 심각한 갈등이 발생할 수 있다. 미사일방어는 국제질서, 동북아시아 질서뿐만 아니라, 한미관계에도 근본적인 영향을 줄 수 있는 사안인 만큼 그 파급효과에 대한 면밀한 대응책이 모색되어야 할 것이다.

Ⅱ 배경

1. 미국의 패권전략

미국은 명분상 테러세력이나 불량국가(rogue states)로부터의 핵미사일 공격으로부터 미국과 그 동맹국을 보호하기 위해 미사일방어체제를 구축하고 있다고 주장하나, 그 심층동인은 미국의 패권전략과 맞물려 있다고 볼 수 있다. 만약 미국이 이미 가지고 있던 창인 미사일에 튼튼한 방패라 할 수 있는 MD체제를 자국과 동맹국들에게 동시에 갖추게 한다면 결국 21세기에도 미국이 창과 방패를 동시에 겸비한 무적의 초강대국으로 군림할 수 있다고 판단하고 있다. 따라서 천문학적 국방예산이 소요됨에도 불구하고 본 계획을 추진함으로써 계속적으로 패권국가로 남으려고 하는 것이다.

2. 9·11테러와 억지전략의 한계

미사일방어체제 구축은 부시 행정부 들어서 본격화 되었는데, 여기에는 9·11테러라는 중대한 변수가 작용하였다. 탈냉전기에도 미국의 기본적 핵전략은 '억지'에 기초하고 있었으나, 9·11테러는 억지의 가정, 즉 '행위자의 합리성'을 근본적으로 부인하는 것이었다. 따라서 억지이론에 기초하여 미국의 본토를 타행위자의 공격으로부터 방어하는 것이 어렵게 되었으므로, 보다 확실한 본토 방어를 위해 미사일방어망을 구축하고 있는 것이다.

3. 탈냉전과 대량살상무기의 확산

미국이 미사일방어망 구축에 박차를 가하게 된 계기 중 하나는 냉전체제 해체 이후 오히려 대량살상무기가 지속적으로 확산되고 있는 현상과 관련된다. 대량살상무기 확산 문제가 냉전시에도 중요한 위협이었으나 각종 비대칭적 무기체계의 보편화 현상은 탈냉전 이후에 보다 본격적으로 대두되어 왔다. 현상타파국가(anti-status quo state), 실패국가(failed state), 그리고 불량국가(rogue state)들이 비대칭적 무기를 선호하는 이유는 제한된 자원으로 군사력을 극대화할 수 있기 때문이다. 과학기술의 보편화와 더불어 이들 국가 또는 집단들은 비대칭적 무기들을 1990년대 이후 국제적인 무기 수출 네트워크 등을 통해 비교적 쉽게 보유할 수 있게 되었다.

4. 중국의 부상과 위협

미국은 부상하는 중국의 미사일 위협에 대응하는 차원에서 미사일방어체제를 구축하고 있다고 주장한다. 미국의 국가정보위원회(National Intelligence Council) 분석에 따르면, 중국은 미국에 위협을 줄 수 있는 장거리 전략미사일을 보유하고 있다. 이러한 중국의 잠재적 위협을 이유로 미국은 MD 개발을 적극적으로 추진하고 있다.

5. 미국 국내정치

미국 국내정치적으로 MD 찬성론과 MD 반대론의 대립이 있었으나, 레이건 이래 미사일방어의 개념이 제시된 이후 지속적으로 개념의 발전과정을 거치면서 MD에 대한 합의가 도출되었다. MD 찬성론자들은 대체로 공화당 성향을 가진 자들로서 국가 안보에 취약성이 발견된 이상 국가가 동원할 수 있는 모든 역량을 최대한 활용하여 대처해야 한다고 주장하면서 MD체제 구축을 적극적으로 주장하였다. 반면, 민주당 성향을 가진 MD 반대론자들은 MD에 대한 기술적 신뢰가 매우 낮으며, MD가 실전배치되더라도 약점이 쉽게 발견되어 막대한 예산을 낭비하게 될 것이라고 주장한다. 또한 그 구축과정에서 군비경쟁이 치열해지고 국가 간 관계도 악화되기 때문에 미국의 안보증진에 오히려 역행할 것이라고 본다. 그러나, 9·11테러는 MD 반대론자들의 입지를 축소시켰고, 공화당의 부시 행정부는 여론의 지지에 기초하여 MD체제를 본격적으로 구축하기 시작하였다.

Ⅲ 역사

1. 레이건의 전략방위 구상

레이건 대통령의 SDI는 미사일방어 개념을 최초로 체계화 및 정형화한 개념이다. SDI는 발사 및 상승단계(boost phase)에서부터 중간비행단계(midcourse phase), 그리고 대기권에 진입한 이후 종결단계(re-entry/terminal phase)에 맞추어 요격 개념을 구체화하였기 때문이다. 레이건은 1984년 4월 전략방어구상기구(Strategic Defense Initiative Organization, SDIO)를 설치하였고, SDIO는 소련 미사일이 겨냥할 가능성이 있는 미국의 3,500여개 표적을 방어할 다층적 우주배치 시스템(multi-layer, space-based system)을 제안하였다. SDI는 레이건 2기 들어 기술적 한계에 대한 인식 및 소련과의 관계 개선으로 1987년 포기하였다.

2. 조지 H.부시의 GPALS(Global Protection Against Limited Strikes)

냉전체제가 해체된 이후 미국은 특정 국가로부터의 대량의 탄도미사일 위협보다는 여러 도전국가들로부터 소규모의 탄도미사일 위협이 있을 것이라는 위협인식을 새롭게 갖게 되었고, 이에 따라 조지 H. 부시는 '제한공격대비지구방어계획'(GPALS)을 구상하게 되었다. GPALS는 기술적 문제와 재원 문제 등으로 난항을 겪었으나, 비대칭위협인식이 강화됨에 따라 MD체제는 포기될 수 없는 것으로 간주되었다.

3. 클린턴의 제한적 미사일 방어 개념

클린턴 행정부는 초기에 NMD보다는 TMD 구축에 우선순위를 두었다. 미국 본토를 공격할 국가는 당장 존재하지 않기 때문에 해외에 전진 배치된 기지와 동맹국을 보호하는 TMD가 보다 중요하다고 본 것이다. 그러나, 국내정치적으로 다수당인 공화당의 지속적인 NMD 요구 및 1998년 북한의 대포동 미사일 발사를 계기로 우선순위를 NMD 구축으로 변경하게 되었다. 미국은 1999년 7월 '국가미사일방어법'을 제정하고 기술적 문제가 해결되는 대로 NMD를 조기 배치하기로 결정하였다. 이 결정에 앞서 클린턴은 NMD 배치 결정기준으로 위협, 비용, NMD의 기술적 타당성, ABM조약 위반 가능성을 제시하였다. 클린턴은 ABM조약의 전면적 폐기에는 부정적인 태도를 보여 주었다. NMD 실험의 여러 차례 실패 끝에 클린턴은 2000년 9월 1일 기술적 미비, NMD 배치를 허용할 ABM조약 수정에 대한 러시아의 반대와 동맹국, 특히 조기경보레이더를 배치할 국가들의 비협조적 태도 등을 들어 NMD 배치의 개시를 허용하지 않겠다고 선언하였다. 이후 NMD 배치 여부에 대한 결정을 차기 행정부로 넘긴다고 발표하였다.

◯ MD 추진의 역사

구분	시기	무기체계	방어개념
방어계획 태동	1944 ~ 1983	NIKE Zeus Sentinel	핵으로 무장된 요격 미사일로 요격
SDI	1984 ~ 1990	우주설치 요격체계(SBI) 지상설치 요격체계(GBI)	300여 개의 요격위성으로 완전방어
GPALS	1990 ~ 2000	NMD TMD	SDI의 축소개념/ 비핵무기체계로 요격 제한공격에 대한 방어
MD	2001 ~ 현재	NMD와 TMD 체계 통합	비핵무기체계로 요격 제한공격에 대한 방어

IV 9·11테러 이후 미국의 MD전략 전개 과정

1. 부시 행정부의 MD체계와 본토방어

(1) 안보환경과 위협인식

부시 행정부는 9·11테러 이후 기존의 독트린이나 정책이 국가안보에 더 이상 유효하지 않음을 깨닫고, 미국민과 미국 본토의 안보를 보장할 수 있는 안보전략을 근본적으로 재검토했다.

부시 행정부는 미사일 위협의 확산으로 안보가 위태로워질 수 있다고 보고, 이미 제정된 국가미사일방어법에 기반해 MD체계의 실천배치를 추진했다. 또한 ABM 조약은 미국의 행동의 자유를 제약할 수 있기 때문에 파기하는 쪽을 선택한다. 예를 들어 부시 대통령은 2001년 5월 1일 미 국방대학교 연설에서 "오늘날 세계의 다른 위협들에 대응하기 위해 MD를 구축할 수 있는 새로운 프레임이 필요하다."고 언급하면서 ABM조약의 탈퇴를 공식적으로 시사했다(Bush 2001). 그는 또 미국이 ABM조약을 30여 년간 지켜왔지만 결국 현재의 위협에 대응을 가로막는 제약이 되고 말았고, 국가안보뿐만 아니라 동맹 및 우호국의 안보를 강화할 수 있는 기술 추구도 가로막고 있다고 지적했다. 그는 도널드 럼스펠드(Donald Rumsfeld) 당시 국방장관에게 미국 본토, 해외주둔 미군, 동맹 및 우방국 보호를 위해 가용할 수 있는 MD기술과 자산을 모두 검토하도록 명령했다고 밝혔다. 이를 통해 미국이 ABM조약 탈퇴와 MD체계 구축을 근본적으로 검토하고 있음이 드러났다. 이후에 9·11테러가 발생하면서 정책이 전환되는 결정적 분기점으로 작용했다. ABM조약이 체결되었던 시기에는 소련이라는 명백한 위협이 존재했다. 그러나 오늘날의 국제환경은 달랐다. 2001년 12월 부시 대통령은 '미국인을 보호하는 것이 최고사령관으로서 최우선 순위'이기 때문에 "효과적인 방어기제를 개발할 수 없도록 만드는 (ABM)조약을 계속 준수할 수 없다."라고 밝히면서 러시아에 사전에 통보한대로 조약을 탈퇴한다고 발표했다. 부시 대통령은 2002년 12월 '대통령지침(NSPD) 23'을 공표하고, '국가 탄도미사일방어 정책'이라는 부제하에 MD체계의 개발과 배치를 현실화했다. 이를 통해 MD체계의 궁극적인 형태(architecture)는 고정하지 않고 현재 기술적으로 가능한 범위에서 초기적 배치를 실시하겠다는 것이었다. 이후 점진적으로 변화하는 상황과 기술발전 정도에 따라 MD체계를 진화시키겠다는 점을 강조했다.

NSPD-23에 따르면 부시 행정부가 추진하는 MD체계는 두 가지 특징을 지닌다. 첫째, MD체계의 대상 범위가 확대된다. 즉, 미국이 개발하고 배치하는 MD체계는 단순히 미국 본토와 해외 주둔 미군을 보호하는 데 그치는 것이 아니라, 그 대상에 동맹과 우방국이 포함된다. 더불어 미국은 동맹 및 우방국과 함께 MD체계에 관련된 방산협력을 진행하면서 협력의 수준을 높이는 목적도 달성할 수 있게 된다. 둘째, MD체계의 대응범위의 통합이다. 이전까지는 ABM조약에 기반해서 MD를 인위적으로 '국가'(national)와 '전역'(theater)의 범위로 구분했다. 그러나 방어 대상이 확대되면서 더 이상 이러한 구분은 무의미하게 되었다. 부시 행정부는 국가와 전역의 구분을 없애고 통합된 형태로서 MD체계를 추진하게 된다. 제도적인 측면에서도 변화가 일어났다. 탈냉전 이후 미국의 MD 관련 정책은 탄도미사일방어기구(BMDO)가 담당해왔다. 럼스펠드 국방장관은 BMDO를 미사일방어국(MDA)으로 재편하고, BMD를 하나의 체계로 통합하도록 지시한다. MDA 국장은 국방차관에게 직접 보고할 수 있는 기관으로 격상되었고, MD체계와 관련된 의사결정을 신속히 진행할 수 있는 제도적 기반을 갖추게 되었다. 그 결과 부시 대통령의 ABM조약 탈퇴가 유효화되는 2002년 6월부터 MDA의 임무는 MD체계의 구성요소를 실전배치하고, 다층방어체계 구축을 위한 개발·배치를 전담하는 것이 되었다.

(2) MD체계의 초기적 구축

부시 행정부는 2002년 회계연도를 기준으로 MD체계의 실전배치를 위한 MDA 예산 83억 달러를 요청하였다. 2001년 회계연도에 45억 달러를 요청했던 것과 비교하면 급격하게 상승했음을 알 수 있다. 예산은 주로 발사시험, 방어 자산의 개발·시험 등 기술적으로 다층적 MD체계를 구축하는 데 중점을 두고 집행되었다. 부시 대통령이 MD체계의 실전배치를 결정했다고는 하나 당장 완벽한 MD체계 배치가 가능할 정도의 기술적 수준이 아니었다. 그렇기 때문에 초기적 배치를 통한 제한적 방어 운용을 목표로 하였다. 마찬가지로 미국의 MD체계 구축은 지역방어 수준에서도 초보적인 시도가 중심이 되었다. 따라서 낮은 수준의 협력을 통해 MD 협력의 가능성을 타진해보는 시도가 이루어졌다. 아시아태평양지역의 경우 미국은 일본과의 MD 협력을 구체화했다. 일본은 1998년 북한의 대포동 1호 시험 발사에 따라 북한 미사일위협에 대한 우려와 경계를 높이고 있었다. 1999년에는 미국과의 공동기술연구를 위한 양해각서를 체결하고, 해상배치형 MD체계를 공동개발하고자 했다. 유럽의 경우 9·11테러를 계기로 MD 논의가 진행되었으며, 미국의 MD체계를 활용하여 NATO 회원국을 보호할 수 있는 새로운 접근법을 모색했다. 예컨대 NATO는 이란 등 단·중거리 미사일위협으로부터 해외 주둔 미군과 NATO 회원국을 보호한다는 명분하에 2단계로 구성되는 '능동적 다층 전역 탄도미사일방어'(Active Layered Theater Ballistic Missile Defense)를 추진했다. 동시에 각각의 NATO 회원국에 레이더체계와 요격미사일체계를 배치하고자 했다.

(3) 전략적 함의

부시 행정부는 국가안보를 저해할 수 있는 변화된 위협에 대응하는 데 있어 억제에만 의존할 수 없다고 판단했다. 특히, MD체계와 같은 적극적 방어태세를 갖춰서 불량국가와 테러집단 등으로부터 어떠한 형태의 도발이나 공격을 거부할 수 있는 방안을 모색하고자 했다. 따라서 '가능한 신속하게' 초기적 배치를 통해 제한적으로 운용하면서 점진적으로 MD체계를 완성시켜나가고자 했다. 한편 이러한 과정에서 ABM조약 탈퇴가 불가피해졌고, 이는 미·러관계의 대립을 추동하는 요인이 되었다. 부시 대통령의 언급대로 MD라는 것이 순수한 방어 목적으로 체계화되는 것이라 할지라도, 이는 주변국 또는 경쟁국에 군비경쟁을 가속화시키는 개연성으로 작용할 수 있는 것이었다. 탄도미사일이 창이고 이를 방어하는 방패로서 MD를 구축한다고 한다면, 상대는 기술적 여건이 갖춰지는 정도에 따라 그러한 MD체계를 무력화시킬 수 있는 새로운 창을 개발할 것이기 때문이다.

2. 오바마 행정부의 MD체계와 지역방어

(1) 안보환경과 위협인식

오바마 행정부는 집권 초기에 일방주의적이며 공세적인 안보전략으로 비판받아온 부시 행정부와의 차별화를 꾀했다. 아프가니스탄과 이라크에 파견된 지상군을 철수시켜 대테러전을 종결시키고, 국방정책의 방향도 전환해서 미래 안보위협에 대응하고자 했다. 또한 2008년 세계금융위기의 여파까지 더해졌던 오바마 행정부는 대외개입전략을 전폭적으로 축소하려는 움직임을 보였다. 그러나 이러한 정책변환이 국제무대에서의 미국의 지도적인 지위를 포기하는 것은 아니었다. 오히려 현재까지 진행되어온 장기적이며 불확실한 전쟁에서 승리하면서 동시에 미래 안보 위협에 대응할 수 있는 '균형 있는 전략'(balanced strategy)을 추구할 것임을 확실히 했다(Gates 2009). 그러한 전략의 일환으로 오바마 행정부는 핵비확산(nuclear non proliferation)을 강조하고, 핵물질과 핵무기를 국제적 규범으로 통제할 수 있도록 '핵무기 없는 세계'(a world without nuclear weapons)를 추진하고자 했다. 동시에 대테러 전쟁에 대한 관심은 대폭 축소됐다. 그러나 오바마 행정부에서도 MD체계가 갖는 전략적 목적은 변함이 없었다. 즉, 불량국가로부터의 미사일위협에 대응할 수 있는 탐지 – 추적 – 파괴의 MD체계를 통해 갖추어 위협을 사전에 억제할 수 있는 군사적 역량을 강화하는 것이 미국의 안보적 고려의 근본적 부분이라는 점은 숨길 수 없었다. 이러한 점에 비추어 볼 때 오바마 행정부는 부시 행정부의 연속이라고 볼 수 있다. 단, 오바마 행정부에 들어 크게 두 가지 부분이 쇄신되면서 차별성을 보였다. 첫째, 불량국가의 단·중거리 미사일위협에 대응하는 지역 차원의 대응을 강화하겠다는 점이다. 오바마 행정부는 북한과 이란의 미사일기술 확보에 따른 위협대응을 중요한 과제로 삼았다. 미국 MD체계 배치의 일차적 목표는 북한과 이란의 대륙간 탄도미사일 개발 계획을 단념시키는 데 있으며, 만약 개발을 했을 경우 이러한 미사일이 공격용으로 사용이 불가능하도록 억제하기 위함이라고 밝혔다. 이러한 제한된 탄도미사일 공격으로부터 미국 본토를 방어할 뿐만 아니라, 해외주둔 미군과 동맹 및 파트너국가가 직면하는 지역위협에 대응하기 위해서, MD체계를 견고하고 다층적으로 구축해야 할 필요성을 강조했다. 때문에 오바마 행정부는 동맹 및 우방국과의 협력 수준을 높이고 지역 방어를 위한 MD체계를 배치하고자 했다. 이는 북한 위협과 이란 위협의 수준에 맞게 차별적으로 대응하는 지역별 맞춤형(regionally tailored) 방식으로 추진되었다.

둘째, 전세계적인 협력에 기반한 MD체계를 발전시키겠다는 점이다. 오바마 행정부는 러시아와 중국이 미국 본토를 공격할 수 있는 핵탄두 탑재 중·장거리 미사일을 보유하고 있음에도, 두 국가가 미국에 위협이 될 가능성은 크지 않기 때문에 이들을 겨냥한 것이 아님을 강조했다. 또한 미국은 러시아와 전략무기감축협정을 대신하는 '새로운 전략핵무기감축협정'(New START) 협상을 시작하면서 미·러 간 전략적 협력을 추진했다. 이러한 결정을 통해 오바마 행정부는 러시아의 안보 우려를 불식시키고 협력을 강조하는 모습을 보이고자 했다.

(2) MD체계의 지속적 추진

오바마 행정부는 부시 행정부의 MD체계 배치를 부분적으로 수정하면서도, 배치방식이나 배치범위를 변경하면서 지속적으로 추진하는 방향을 제시했다. 첫째, MD체계의 배치와 실험을 동시에 실시하는 부시 행정부의 MD체계 배치방식을 변화시켰다. 예를 들어, 미사일방어 자산을 실제 배치하기 전에 유효성과 신뢰성을 입증하는 시험을 실시하는 'fly before you buy' 원칙을 설정했다. 입증되지 않거나 미성숙한 기술은 배치 후 사용하지 않도록 사전에 기술적 측면과 비용 대비 효과성을 검토하도록 했다. 둘째, MD체계의 초점(focus)을 이동시켰다. 미국의 국방 예산은 대테러 전쟁의 여파로 21세기에 들어 크게 증가했다. 그러나 지속되는 재정적자와 2008 세계금융위기의 충격으로 경제적 부담을 줄여야만 하는 상황이 지속되면서, 국방예산에 제한해 '자동삭감'(sequester) 조치를 적용하였다.

오바마 행정부의 상황인식은 다른 방향을 향해 있었다. 오히려 미국 본토에 대한 긴급한 안보위협이 부재하기 때문에 부시 행정부가 결정했던 GBI 배치계획의 규모를 삭감하거나, 공중발사 레이저 등 추진단계에서 사용할 수 있는 기술 개발을 취소했다. 그 결과 오바마 행정부는 배치를 서두르지 않는다는 기본원칙을 따르면서, 기술적 문제와 효용성 문제를 극복할 수 있는 MD체계에 투자하고자 했다. 한편, 오바마 행정부는 공동으로 MD체계를 구축하고자 하는 유럽, 이스라엘, 일본, 호주 등과 협력을 강화하고, 독자적인 방어체계 구축을 추진하는 한국 등과 협력을 확장하고자 했다.

(3) 전략적 함의

오바마 행정부는 북한, 이란으로부터의 점증하는 미사일위협에 대응할 수 있는 MD체계를 갖추기 위해 유럽 PPA 등과 같은 지역 맞춤형 MD를 제시했었다. 그러나 2013년 북한의 핵실험으로 미국 본토에 대한 방어에 다시 집중할 수밖에 없었으며, 동유럽까지 미국의 MD체계를 배치하면서 러시아로부터 무시할 수 없는 반발을 사기도 했다. 이러한 과정에서 오바마 행정부는 부시 행정부의 MD체계 추진을 부분적으로는 수정하면서도 큰 틀에서는 계승하는 형태를 보였다. 한편 유럽과 아태지역에서 미국의 MD체계 배치가 구체화되면서 러시아와 중국의 우려와 경계를 자극했다. 유럽 PAA가 단계별로 진전될수록 러시아는 새로운 창을 갖지 못하게 되면 전략적 안정성의 기반이 흔들릴 수 있다고 우려했다. 이에 미국의 MD체계에 타격을 가할 수 있는 최신의 다탄두각개유도 기술(Multiple Independently-targetableReentry Vehicle)을 구현하거나 능력을 강화하는 등 공격미사일 능력 및 MD를 발전시키는 행동을 시작했다. 아태지역에서는 미국의 쌍무적 동맹을 MD체계를 통해 네트워크화하는 통합적 접근을 제시했지만, 이는 중국의 반발을 불러왔다. BMDR에서 지역 방어를 위한 '중요한 파트너국가'로 한국을 명시하면서 오바마 행정부는 한국과의 MD 협력도 추진하고자 했다. 이를 통해 한미동맹과 미일동맹을 MD로 연계하여 북한 미사일위협에 대응할 수 있는 한미일 협력으로 발전시키고자 했다.

3. 트럼프 행정부의 MD체계와 강대국 경쟁

(1) 안보환경과 위협인식

미국 우선주의(America First) 슬로건을 내걸고 등장한 트럼프 행정부는 미국이 주도해온 자유주의 국제질서의 중요성과 동맹의 가치를 강조한 오바마 행정부의 안보전략을 전면적으로 재설정하고자 했다. 트럼프 대통령은 당선 전 공약을 설명하는 자리에서 미국의 희생을 전제로 이루어지는 군사 개입은 축소하고, 동맹을 포함한 어떤 국가와도 미국의 국익을 일관되게 추구할 수 있는 관계를 유지하겠다고 공언했다. 트럼프 행정부는 국제관계를 경쟁의 질서로 인식하는 현실주의적 세계관을 고스란히 드러내면서, 탈냉전 이후 미국의 대외정책을 근본적으로 재검토하고자 했다. 특히 '원칙에 입각한 현실주의'(principled realism)라는 전략적 기조를 내세우고, 정치·경제·군사적 경쟁에서의 승리만이 미국의 국가이익과 안보를 보존할 수 있다고 보았다. 협력보다는 경쟁에 방점을 찍는 트럼프 행정부는 러시아와 중국을 군사적 경쟁자(competitor)로 인식하고, 그들과의 장기적이며 전략적 경쟁에 대응할 수 있는 군사우위를 확보하겠다는 정책방향을 명확히 했다. 경쟁국의 도전은 미국의 MD체계를 위협하는 새로운 능력 획득으로 이어지는데, 특히 미국의 핵심 기반시설과 지휘통제체제를 위협하는 첨단 무기와 능력을 개발하고 있다고 본다. 그러므로 트럼프 행정부는 이러한 위협에 대응 가능하도록 발사 전 단계에서 미사일위협을 제거할 수 있는 기술적 방안을 마련한다고 밝혔다. 마찬가지로 북한과 이란이 핵 및 생화학무기를 사용하는 미사일을 개발하고 있기 때문에 이에 대응할 수 있는 다층 MD체계를 배치할 것을 강조하고 있다. 전역 미사일위협과 북한의 탄도미사일위협에 대응할 수 있는 다층 방어와 파괴 능력에 집중적으로 투자가 이루어질 것으로 보고 있다.

한편, 핵정책에서도 트럼프 행정부는 핵억제와 대응에 방점을 두는 정책방향을 제안했다. 또한 사활적 이익이 침해되는 상황까지 기다리지 않고 기반시설, 지휘통제체제 공격 등과 같은 극단적(extreme) 상황에서 핵을 사용할 수 있다는 가능성을 열어둠으로써 핵억제에 의존하는 경향을 보였다. 물론 '핵태세검토보고서(NPR)'를 통해 MD체계의 중요성을 언급했다는 점에서 부시 행정부부터 추진해온 MD체계를 부분적 쇄신을 통해 확장하고자 하는 의도를 읽을 수 있다. 예컨대 NPR(2018)을 통해 트럼프 행정부는 첫째, 미국이 해외파병 미군, 동맹 및 파트너 국가에 대한 지역 방어를 강화하기 위해 핵전력을 활용한 확장억제를 지속 제공할 것이며, 둘째, 만약 억제가 실패하여 역내 무력충돌이 일어나는 경우 피해를 최소화하고 공동으로 대응이 가능한 통합적 MD체계의 역할을 강조했다.

(2) MD체계의 확장

트럼프 행정부의 '미사일방어보고서'(Missile Defense Review, 이하 MDR)가 2019년 1월 18일에 발표되었다. MDR은 오바마 행정부의 BMDR을 9년 만에 개정한 문서로 현재 MD체계 구축 현황을 점검하고 정책방향을 제시하는 목적으로 작성되었다. 트럼프 행정부가 추진하는 MD체계는 위협 대상에 북한, 이란과 함께 중국, 러시아를 다시 포함하면서, 미사일위협의 유형을 기존의 탄도미사일에서 순항미사일, 극초음속 비행체 등 새로운 유형까지 확대해서 적용할 것이기 때문이다. 불과 9년 전에 BMDR이 발표되었던 상황과 오늘날의 국제환경은 다르다는 평가에서 이루어진 것이다. 특히 미국과 중국, 미국과 러시아 간의 전략적 관계의 현실을 제대로 반영하기 위해서는 다양한 미사일위협에 종합적이며 다층적으로 접근할 필요가 있다는 점을 강조하고 있다. 이러한 측면에서 본다면 트럼프 행정부는 변화하는 상황과 위협의 수준을 반영하여, 오바마 행정부의 MD체계를 확장시켜서 발전시키고자 하는 의도를 엿볼 수 있다. 트럼프 행정부는 우선 순항미사일, 극초음속 비행체 등의 고성능 미사일에 대응할 수 있는 방어능력을 구축하고자 한다. 중국, 러시아 등의 수정주의 국가들이 미국과 NATO, 그리고 아시아 동맹국을 위협하는 미사일 능력을 지속적으로 발전시키고 있기 때문이다.

MDR은 종합적·다층적 접근에 주목하면서 중간단계와 종말단계에서 구현하는 다층 방어를 발사 전 단계와 상승단계까지 포함시켜 전 단계를 아우르는 방어를 현실화시키고자 한다. 첫째, 중간단계의 요격체계를 강화하고자 한다. GBI를 44기에서 64기로 늘리는 계획을 재확인했으며, SM-3 Block IIA를 갖춘 이지스 함정을 현재 38척에서 2023년에 60척으로 확대할 계획이다. 둘째, 미사일 비행 초기단계의 요격방안을 모색하고자 한다. 고성능 미사일이 지속적으로 발전하는 상황에서 기존의 방식을 뛰어 넘는 새로운 기술과 개념이 요구되고 있다. 무인기로 탐지 능력을 높이거나, 레이저 무기로 파괴 능력을 제고하는 등 상승단계의 요격 체계를 마련하고자 한다. 셋째, 다양한 미사일의 탐지와 추적을 위해 우주기반 센서를 활용하고자 한다. 1980년대의 '스타워즈'를 떠올리는 계획일 수도 있으나, 광범위한 탐지를 위해 우주 공간의 활용을 본격적으로 검토하고 있다. 지역적 차원에 있어서는 미사일위협이 확대되지 않도록 억제하면서, 기존의 MD체계 배치 계획을 완료하는 데 집중한다고 밝혔다. 인도태평양 지역에서는 한국, 일본, 호주 등과의 쌍무적 협력관계 속에서 미국 MD체계와의 상호운용성을 제고하는 방안을 추진한다는 것이다. 유럽에서는 PAA 3단계의 완전 배치를 지원하면서 단, 중거리뿐만 아니라 중장거리 미사일위협에도 대응 가능하도록 이지스 무기체계 향상 및 SM-3 Block IIA 미사일 사용 시험을 예정하고 있다.

(3) 전략적 함의

트럼프 행정부는 오바마 행정부의 MD체계를 확장하는 형태로 발전시켰다. '경쟁하고 억제하며 승리하기 위한' 미국의 국방전략의 필수적인 요소로 MD체계를 자리매김 시켰다. 중요한 점은 2017년 12월부터 차례로 발표한 NSS, NDS, NPR에서 드러났듯이 중국과 러시아를 수정주의 국가이며 군사적 경쟁자로 간주하고 있다는 점이다. 미사일위협의 유형도 탄도미사일, 순항미사일, 무인기, 극초음속 비행체 등 다양해졌기 때문에 불확실성에 대비한 능력 강화가 중요하다. 따라서 트럼프 행정부는 러시아, 중국 등 강대국 경쟁의 결과로 발생할 새로운 위협에 능동적으로 대응하기 위해, 현재의 MD체계를 개선하고 기술적 능력에 맞춰 새로운 방어체계를 개발하고자 하였다는 것을 알 수 있다. 물론 트럼프 행정부는 NSS를 통해 미국의 MD체계를 향상시키는 것이 반드시 중국과 러시아와의 전략적 안정성을 약화시킨다거나, 오랜 기간의 전략적인 관계를 훼손시킬 의도가 아니라는 점을 강조했다. MDR은 북한에 대한 위협인식을 '상당한(extraordinary)'으로 표현하면서 외교를 통한 평화적 해결을 위해 노력하고 있다고 언급했다. 이를 통해 북미간 협상에서 북한의 탄도미사일 개발과 관련한 사항이 핵심적으로 다루어지고 있다는 점을 유추할 수 있다. 만약 북한의 미사일 위협을 해소할 수 있는 만족할 만한 성과가 나오지 않는다면 트럼프 행정부의 MD체계 배치에 영향을 미칠 개연성이 크다. 그렇게 된다면 북한의 미사일위협에 적극적으로 대응하는 방향으로 선회하지 않을 수 없게 될 것이다.

V 주요국의 반응

1. 중국

(1) NMD 반대

중국은 NMD 및 TMD 모두에 대해 강력하게 반대하는 입장을 표명하고 있다. 중국이 NMD에 반대하는 이유는, 첫째 미국의 NMD 실시는 전지구적인 차원의 전략적 균형과 안정을 파괴할 우려가 높기 때문이다. 둘째, 미국의 NMD 연구 개발은 국제적인 군비통제와 군축의 진전을 가로막아 군비경쟁을 유발할 수 있기 때문이다. 셋째, 미국의 NMD계획은 국제적인 핵확산 금지를 위한 건설적인 노력에도 치명적인 장애를 유발한다. 넷째, 이 계획의 실시는 국제관계에 있어서 군사적 요인의 비중을 높여 국제평화와 안전유지를 저해한다. 다섯째, NMD는 직접적으로 아태지역의 평화와 안전에 전혀 도움을 주지 못한다.

(2) TMD 반대

중국은 TMD에 대해 보다 완강한 반대입장을 천명하고 있다. 중국 측은 TMD가 동북아시아지역의 안정과 균형을 깰 수 있는 시도이며, 특히 자국의 영토 일부분인 대만에 무기를 판매해 '하나의 중국' 정책에 쐐기를 박으려는 대중국 위협책으로서 상당히 위험스런 구상이라고 분석하고 있다. 중국은 대만이 TMD체제에 편입되는 것에 강력히 반대하는 입장을 천명하고 있다. 중국의 영토주권을 침해하는 것으로 간주하기 때문이다. 한편, 일본이 TMD를 추진하는 것은 일본의 군사대국화를 촉진시켜 중국을 견제하게 될 것으로 판단하고 있다.

(3) 중국의 대응

① 수세적 억지전략

㉠ 핵전력 강화를 통한 '최소한 억지'(minimum deterrence)전략: 미국의 MD전략에 대해 우선 중국은 수세적 억지전략을 강화하는 데 주력하고 있다. '최소한 억지'전략이란 중국 측의 제2차 보복 능력에 대한 모호성을 증가시켜 적국의 제1차 공격을 단념시키는 것을 말한다. 현재 중국은 약 400기 정도의 전략, 전술 핵무기를 보유하고 있으나, 20여기만이 ICBM용 핵탄두이며, ICBM 역시 20기 정도를 보유하고 있다. 그나마 액체형 추진로켓으로서 폭발위험성이 매우 높다. 따라서 중국은 우선 고체형 연료를 사용하는 장거리 미사일 개발을 서두르고 있다.

㉡ '확증적 최소 핵억지(assured minimum deterrence)전략: 중국은 최소한의 억지전략에서 한발 더 나아가, 미국의 NMD에 맞설 수 있는 소형의 최신 첨단무기 개발을 병행하고 있다. 예컨대, 중국은 미국의 미사일 방어망을 무력화시키기 위해 '중거리 미사일 위에 장착한 복수의 가상탄두 공중침투실험'을 실시하기도 하였다. 또한, 이동식 발사 ICBM과 SLBM에 '복수재돌입탄두'(multiple re-entry vehicles: MRVs) 혹은 '복수개별유도탄두'(multiple independently targetable re-entry vehicles: MIRVs)를 탑재하는 기술을 개발하고 있다. 중국의 이러한 '소형이지만 첨단' 무기의 개발과 배치는 한층 더 전력의 투명성이 제고되어 점차 '최소한의 억지'단계에서 '확증적 최소억지'단계로 접어들게 할 것으로 전망된다.

② 공세적 강경대응과 실용적 온건대응의 병행

㉠ 중국 내 현실주의와 이상주의 논쟁 – 장루이쫭 대 스인홍: 미국의 MD에 대해 중국 내에서는 장루이쫭과 스인홍으로 대표되는 현실주의와 이상주의 논쟁이 강하게 일었다. 장루이쫭의 견해는 국제체제의 무정부성과 자력구제 체제적 속성을 인정하고, 미국의 MD에 대응할 수 있는 강력한 제2차 보복 공격능력을 확충해야 한다는 것이다. 이를 위해 ICBM의 수량을 확충, 첨단의 투척시스템 구축, '복수개별유도탄두'(MIRVs)를 개발할 것을 주장하였

다. 반면, 스인홍은 미국의 공격에 대해 중국이 제2차 반격능력을 갖추는 것에 반대한다. 그는 중미 간의 정치, 군사영역에서 안보딜레마의 순환으로부터 탈피해야 하며, 미국이 중국에 대해 핵전쟁을 감행할지도 모른다는 '최악의 시나리오'를 전제로 한 국가대전략은 허용될 수 없다고 본다. 스인홍은 미국의 패권을 승인하고 중국이 지역강국으로 편입되는 것이 국익에 도움이 된다고 본다. 안정적 중미관계의 발전을 바라는 스인홍의 관점은 대체로 중국 경제계와 정치지도부에서 지지를 얻고 있다.

ⓒ 강경책과 온건책의 병행: 스인홍과 장루이짱의 논쟁은 중국의 대미관계의 이중성과 딜레마를 보여주고 있으며, 중국 정부는 현실주의와 실용주의 또는 강경책과 온건책을 병행하고 있다. 즉, 중국 정부는 미국과 일종의 '치우통춘이'(求同存異)적 자세로 '모호전략'이라고 하는 '타오꽝양휘'전략을 취하면서 한편으로 안보상의 국방 현대화를 이룩하고 다른 한편으로 안정적 중미관계를 기반으로 정치안정과 경제발전을 달성하고자 한다. 이러한 태도가 '중국위협론'을 불식시키면서 국방현대화와 국방실력을 증강시키는 데 유리하다고 판단하고 있다.

③ 러시아와 반MD 공동대응 강화: 중국은 러시아와 반MD에 이해관계를 같이하고 공동대응을 강화해 나가고 있다. 특히, 양국은 2001년 7월 '중러 선린우호협력조약'을 체결하였다. 양국은 공동성명에서 미국의 패권주의적 독주를 견제하기 위해 미국의 MD정책 반대, 미국의 일방적 ABM조약 파기에 반대, TMD체제의 대만 내 구축 반대 등을 명확히 하였고, 유사시 안보위협에 공동대응하기로 하였다.

2. 일본

일본은 미국과 공조체제를 구축하고 자국 내에 TMD 기지를 건설하는 한편, 미국과 적극적으로 기술협력을 전개하고 있다. 일본이 미사일 방어에 적극적인 태도를 취하는 것은 다음과 같이 분석할 수 있다. 첫째, 대량살상무기와 미사일 확산이 이루어지고 있는 현 상황에서 탄도미사일방어는 일본방위정책의 중요한 과제이고, 탄도미사일방어는 순수한 방어체계이기 때문에 일본의 전수방위원칙에 부합되기 때문이다. 둘째, 미국과의 협력체제를 강화함으로써 미일안보체제의 신뢰성을 향상시키고 일본의 방위기술 수준을 높일 수 있다. 셋째, 일본의 자체적인 군사력의 향상 및 군사대국화를 이룰 수 있는 기회이기 때문이다.

3. 러시아

러시아는 중국과 함께 미국의 MD에 가장 적극적으로 반대하는 국가이다. 러시아는 미국이 불량국가로부터의 핵미사일 공격가능성을 명분으로 MD체제를 구축하고 있으나, 실질적으로는 자국의 핵무기를 무력화시키고 미국 중심 패권질서를 영속화하기 위한 전략으로 이해하고 있다. 이러한 인식에 기초하여 러시아는 중국과 반 MD연대를 강화하는 한편, 미국의 미사일 방어망을 무력화할 수 있는 새로운 미사일 개발에 박차를 가하고 있다. 러시아는 특히 ICBM과 SLBM 등 미사일 분야의 첨단화에 주력하고 있다. 최근 러시아는 토폴미사일을 개량한 RS-24 개발에 성공하였다. RS-24

는 MIRV 방식을 도입한 미사일로 러시아의 자체 위성항법시스템인 '글로나스'를 이용해 타격의 정확도를 높이고 발사된 뒤에도 미사일의 궤도와 방향을 자유자재로 변경해 미국의 요격 미사일을 피할 수 있는 것으로 알려져 있다.

4. 북한

미국은 중장거리 미사일과 핵무기를 개발하고 있는 북한을 미국 주도의 안보질서를 심각하게 위협할 수 있는 세력으로 간주하고 있다. 미국은 2006년 9월 요격실험의 목표를 북한의 대포동 2호 미사일로 설정함으로써 북한을 심각한 위협으로 여기고 있다는 사실을 보여주었다. 북한은 미국의 선제공격의 대상이 자신임을 인식하고 미사일과 핵실험을 강행함으로써 미국과의 긴장을 점차 고조시켜 갔으나, 6자회담을 통해 핵폐기와 미국으로부터의 안전보장 등의 상호 교환을 추진하고 있다. 이는 부분적으로 미국이 미사일 방어를 강력한 의지를 가지고 구축해 가고 있으며, 실험성공과 실전배치 단계에 들어가고 있는 것과 관련이 있다. 미국의 미사일방어의 효율성이 커질수록 미국은 북한의 미사일공격을 효과적으로 방어할 수 있게 되는 반면, 북한체제의 전복이나 김정일 정권의 교체 등과 같은 개입의 결의를 높일 수 있게 된다. 그러나, 북한은 핵미사일로 도발을 감행하더라도 미사일방어체제에 의해 공중 요격됨으로써 군사적 목표 달성에 실패할 뿐 아니라 미국의 군사적 보복을 초래하여 평양 정권의 붕괴를 초래할 수 있다. 결국 미사일방어의 효율성이 높아질수록 북한의 대미 도발을 억제하고 북한의 타협을 유도할 수 있을 것이다.

5. 대만

미국은 중국의 반발에도 불구하고 대만에 TMD체제를 구축하겠다는 계획을 포기하지 않고 있다. 대만은 미국의 TMD에 참여하되, 몇 가지 정치적 고려를 하고 있다. 첫째, 국민들에게 MD시스템 구축의 필요성을 납득시키고 확신시키는 것. 둘째, 미국과의 적극적인 관계의 유지, 셋째, 탄도미사일 방어시스템에 대한 중국의 잠재적 반응을 최소화하는 것. 이에 따라 대만은 미국과의 군사협력에 있어서 공개적 지지보다는 '조용한 파트너'(quiet partner) 관계를 보다 선호하고 있고, 미국 주도하의 TMD 구축을 최대한 지연하고자 한다.

VI 국제정치적 영향

1. 국제체제 - 패권체제의 공고화?

미국의 MD체제 구축의 근본적인 동인은 자국 중심의 군사적 패권질서를 지속시키는 것이라고 평가할 수 있다. 미국이 MD체제 구축에 성공하여 강대국으로부터 미국에 대한 공격을 방어해낼 수 있는 경우 미국은 보다 안전하게 자국이 의도하는 질서를 구축해 나갈 수 있을 것이다. 즉, 미국 중심 패권체제가 더욱 공고화되는 것이다. 그러나, MD체제 구축은 기존의 강대국 간 핵억지 시스템을 무력화시킴으로써 핵군비경쟁을 초래할 것이며, MD체제를 무력화할 수 있는 새로운 미사일 기술을 개발할 수 있다. 이 경우 미국의 의도와 달리 미국의 패권체제가 약화 또는 붕괴되고 균형체제가 만들어질 가능성도 배제할 수 없다.

2. 국제관계

(1) 미중관계

미중관계는 MD와 관련하여 두 가지 측면에서 잠재적 갈등 요소를 지니고 있다. 첫째, 미국의 MD는 중국이 지니고 있는 최소한의 핵 억지력을 파괴할 수 있다. 미국이 중국을 잠재적 위협으로 설정하고 선제핵공격의 대상국에 포함시켜 놓고 있는 상황에서 중국의 핵 억지력의 무력화는 중국의 안보를 위태롭게 만들 수 있다. 둘째, 대만이 TMD에 포함되는 경우 중국은 이를 영토주권 침해와 대만의 독립을 영속화 시키는 것으로 보고, 대미 편승노선을 수정할 수 있다. 현재, 중국은 도광양회 노선을 지속하고 있고 앞으로도 상당기간 이를 유지할 것으로 전망할 때 미국의 MD전략으로 미중관계가 급격하게 악화될 가능성은 없다. 그러나, 중국이 지속적으로 부상하면서 군사력의 현대화에 성공하고, 미국은 MD기술을 완성하여 대만에 TMD를 실전배치시키는 경우 미중관계는 급격하게 변화될 가능성이 있다.

(2) 미러관계

러시아는 탈냉전 이후 미국에 대한 편승전략을 지속적으로 구사해 오고 있으나, 푸틴 집권 이후 양자관계에 미묘한 변화가 감지되고 있다. 특히, 미국이 동유럽국가들을 NATO에 포함시키는 한편, 폴란드에 TMD기지 설치를 추진함에 따라 러시아는 미국이 자국에 대한 포위전략과 봉쇄전략을 다시 구사하고 있는 것으로 해석하고 있다. 미사일방어는 미러 간 군비경쟁을 재점화함으로써 21세기 양자관계를 악화시킬 잠재력이 강한 것으로 평가할 수 있다.

(3) 미일관계

미사일방어는 21세기 미일관계를 더욱 공고하게 만들어 주는 요인이 될 것이다. 미국의 미사일방어가 궁극적으로는 중국과 러시아 등 미국에 도전할 수 있는 강대국들을 대상으로 하고 있다는 점에서 동아시아 지역 군사패권을 추구하고 있는 일본의 이해관계에 합치되기 때문이다. 미국은 일본을 MD체제에 편입시키기 위해 필요한 군사기술을 지원하는 한편, 군사력 및 군사력의 운용에 있어서 일체화를 꾀하고 있으며, 일본의 군사적 정상국가화를 적극적으로 지원하고 있다.

3. 국제질서

(1) 비확산레짐 약화

미국의 MD체제 구축은 냉전기 구축해 온 비확산 레짐을 전반적으로 약화시킬 위험이 있다. 냉전기 동안 강대국들은 상호 핵억지가 구축된 상황에서 무모한 핵군비경쟁을 통제하기 위해 핵무기 통제 및 확산 방지를 위한 양자 또는 다자조약을 체결해 왔다. NPT, CTBT, PTBT, SALT, START, MTCR 등이 그것이다. 그러나, MD는 상호 핵억지를 파괴하기 때문에, 타국들은 안보를 위해 더욱 정교한 핵무기나 미사일 개발에 몰두할 수밖에 없을 것이므로 그러한 비확산레짐은 약화될 수밖에 없는 것이다.

(2) 무정부적 속성 강화와 국제질서 불안정

강대국들이 핵군비경쟁에 몰두하게 되는 경우 국가들 간 안보딜레마(security

dilemma)가 필연적으로 발생하게 되고, 이는 국제체제의 무정부적 속성 내지는 홉스적 자연상태가 다시 강화되는 것을 의미한다. 구성주의자들의 분석에 의하면 국제체제가 본래적으로 홉스적 자연상태라기보다는 국가들이 그렇게 인식하고 행동함으로써 만들어진 것이다. 탈냉전기 강대국 상호관계가 협력지향성을 띠면서 국제체제의 홉스적 무정부성이 상당부분 약화되었다고 평가되었으나, 조지 W. 부시 행정부 들어 본격화된 MD 추구로 군비경쟁과 안보딜레마가 발생하여 홉스적 자연상태적 속성이 다시 강화되고 있다. 이는 21세기 국제질서가 안정보다는 불안정한 상태로 유지될 것임을 의미한다.

Ⅶ 한국의 안보전략적 함의

1. MD와 한국의 안보

(1) 북한의 미사일에 대한 방어가능성

한국은 현재 MD체제에 대한 명확한 입장을 밝히고 있지 않다. 한국이 MD에 참여함에 있어서 가장 근본적인 고려요소는 MD가 북한의 미사일공격에 효과적인 방어수단이 되는가이다. MD 구축으로 인하여 군사와 과학기술의 향상이나 군 전력의 원활한 운용에 도움이 되는 측면도 있으나, 미국의 MD로 북한의 미사일공격을 효과적으로 대응할 수 있는지는 불투명하다. 오히려 미사일방어에 주력하기 보다는 북한의 탄도미사일을 무력화하기 위한 공격작전부분에 투자하는 것이 더 효과적이라는 것이 일반적인 분석이다.

(2) 미국의 적대국가의 공격대상화

만약 MD 시설이 한반도에 구축되면 미국의 적대국가로부터 1차 공격대상이 될 수 있다. 미국의 MD 체계를 파괴하기 위해서는 전초기지를 먼저 공격할 수 밖에 없는 것이기 때문이다. 이 경우 한국은 갈등의 당사자가 아니면서 피해를 입거나 분쟁에 개입될 여지가 높다.

2. MD와 한국의 동북아시아전략

MD 구축이 한국의 대외관계에 미치는 영향도 무시할 수 없는 요소이다. 무엇보다 MD에 명확한 반대의사를 표명하고 있는 북한과 중국의 반발이 충분히 예상되는데 이는 동북아시아와 한반도의 평화정착을 추구하는 한국의 입장에 역행하는 결과로 이어질 수도 있다. MD로 인해서 이미 중국과 러시아, 그리고 북한과의 삼각관계가 복원되고 있는 현상이 나타나는 점을 감안하면 미국과의 MD 협력이나 참여는 한국과 이들 국가와의 관계가 경직되고 한반도의 긴장을 고조시키는 역효과를 낼 수 있다.

3. MD와 한국의 자주국방

한국의 입장에서 MD 구축은 또 다른 국방자주권의 약화라는 면도 무시할 수가 없다. MD에의 참여는 종국적으로 미국의 레이더 시설 및 요격 미사일의 한반도 배치가 불가피하게 이루어지는데 이는 주한미군의 지속적인 주둔과 함께 한국의 독자적인 국방정책의 수립을 어렵게 만드는 요인으로 남을 수 있다.

Ⅷ 결론 – 한국 및 동아시아 안보에 대한 함의

미국 MD체계의 변화와 연속성이 한국과 동아시아 안보에 갖는 함의는 크게 두 가지이다.

첫째, 미국의 MD체계는 앞으로도 '통합'(integration)을 강조할 것이다. 이는 다양한 위협에 대응하도록 공세와 방어를 통합하고, 본토 방어와 지역 방어를 통합하며, 동맹국과 상호운용성을 높일 수 있도록 방어체계를 통합하고자 할 것이다. 통합은 미국 본토를 방어할 수 있는 능력 향상과 더불어, 중국과 러시아의 전략무기에 대응하는 억제력 강화를 동시에 추구할 수 있는 방식이다. 만약 트럼프 행정부가 지나치게 중국과 러시아의 고성능 미사일위협을 강조하면서 MD체계의 통합을 추진하고자 한다면, 이는 상대의 안보딜레마를 자극해서 군비경쟁을 가속화시킬 개연성을 높일 수 있다. 그 결과 남북관계의 신뢰구축을 위해 군사적 긴장 완화를 추진하고 있는 현 시점에서, 지역 내 안보불안을 심화시키는 부정적 요인으로 작용할 수 있다. 이러한 시점에서 한국은 미국으로부터 MD체계의 상호운용성을 제고하도록 요청받을 경우에 어떠한 정책적 대안이 있는지 검토할 필요가 있다. 특히, 미중관계의 갈등적인 측면에는 주의를 기울이면서도, 한미 양국의 공동 이익을 증진시킬 수 있는 방향으로 세밀한 노력이 요구될 것이다.

둘째, 미국이 어떠한 미사일위협에도 대응 가능한 MD체계를 구축해나가는 상황에서, 한국 또한 '한국형 미사일방어'에 대한 장기적 전략의 수립이 중요하다고 할 수 있다. 미국 MD체계가 제시하는 새로운 기술이나 개념을 일방적으로 수용하거나, 단기적 정책에만 집중하는 것은 바람직하지 않다. 이를 위해서는 '위협 인식'이 중요할 것이다. 한국의 국가이익과 안보에 미사일위협이 어떠한 영향을 미치는지 면밀하게 살피는 것과 동시에, 어떠한 방식으로 위협을 억제하고 대응할 것인지 구체적인 전략을 마련할 수 있는 장기적인 노력이 필요할 것이다.

제8절 확산방지구상(PSI)

Ⅰ 서설

'확산방지구상'(PSI: Proliferation Security Initiative)은 2003년 유럽을 순방 중이던 부시 대통령이 대량살상무기와의 전쟁을 승리로 이끌기 위해서 발표한 새로운 정책적 구상을 말한다. PSI가 발표된 이래 참가국이 지속적으로 확대되고 해상나포훈련 등 관련 훈련을 지속적으로 전개해 오고 있다. WMD 반(反)확산전략(counter-proliferation strategy)의 하나로 추진되고 있는 PSI는 미국의 대량살상무기 대응의 주요 전략수단으로 부상하고 있다.

Ⅱ 배경

1. 탈냉전 이후 WMD 확산

냉전의 종식과 소련의 와해 그리고 이와 동시에 진행된 지구화의 물결은 기술과 정보의 확산 및 공유를 초래했으며, 이 과정에서 WMD 관련 기술과 물질도 합법적·비합법적으로 확산되었다. 탈냉전시대 WMD 확산의 주요 특징은 특히 핵무기와 핵물질의 확산현상이 두드러지게 나타나고 있다는 점이다. 1998년 인도와 파키스탄이 핵실험에 성공해서 핵보유국이 되었고, 2006년 10월에는 북한이 부분적으로 핵실험에 성공하여 핵보유국 반열에 올라섰다. 한편, 냉전 종식 직후부터 동구권 지역을 중심으로 핵물질과 방사능물질의 불법유출과 밀거래 사건이 적발되기 시작하였다. PSI는 지속적으로 확산되고 있는 WMD에 대한 보다 적극적인 대응책으로서 제시된 것이다.

2. 9·11테러

9·11테러는 피해범위, 형태 및 조장하는 공포의 측면에서 과거의 소규모 테러행위와 비교할 수 없는 사건이었고 강력한 이념이나 종교적 신념으로 무장한 적대세력이 세계 도처에서 9·11테러와 유사한 테러를 가할 가능성이 있다는 경종을 울려준 사건이었다. 또한, 9·11테러는 테러행위자들이 대량살상무기를 사용할 경우 세계적 차원의 재앙이 발생할 수 있다는 우려가 설득력을 갖게 해 주었다. 테러와 대량살상무기의 결합가능성이 중요한 국제안보현안으로 대두되었고, 미국은 보다 적극적이고 공세적인 대량살상무기 확산 방지 전략을 구상하게 되었다. PSI는 이러한 맥락에서 제시된 것이다.

3. 미국의 국가안보전략 변화

9·11테러 이후 미국의 국가안보전략은 근본적인 변화를 보여주었다. 과거 미국은 합리적인 국가세력에 대한 '억지'(deterrence)를 통해 안보를 달성하는 것을 근간으로 삼아왔다. 그러나 테러세력은 자살폭탄테러를 가하는 비합리적 세력으로서 억지가 가능하지 않은 세력이다. 따라서 이들이 핵무기를 갖는 것 자체를 막을 필요가 있다. 따라서 미국은 기존의 '위협기반접근법'(threat-based approach)을 폐기하고 '능력기반접근법'(capability-based approach)을 새롭게 채택하였다. PSI는 능력기반접근법에 기초하여 테러세력이나 테러지원국들이 대량살상무기 제조 물질이나 기술 자체를 획득하는 것을 방지하고자 한다.

4. 기존 수출통제 체제의 한계

미국 등 국제사회는 대량살상무기 등 전략물자에 대한 수출통제를 그동안 주도적으로 실시해 왔다. 1949년 출범한 대공산권 수출통제위원회(CoCom)는 미국과 NATO동맹국이 주축이 되어 군사물자와 군사용도로 전환이 가능한 민수품에 대한 광범위한 공산권 수출을 통제하였다. CoCom은 1994년 해체되고 바세나르협약(WA: Wassenaar Arrangement)으로 대체되었다. 이밖에도 NPT, NSG, MTCR 등이 있다. 그러나 이러한 통제체제들은 이에 가입하지 않고 있는 국가나 조직들의 합법적인 거래를 방지하는 데는 한계가 있다. PSI는 이러한 수출통제체제를 회피하거나 합법적으로 무시하고 국제적으로 대량살상무기와 관련물질을 거래하는 것을 물리적으로 차단하고자 한다.

> **참고** 서산호 사건(2002년 12월)
>
> PSI 출범의 보다 직접적인 계기를 마련해 준 것은 서산호 사건이다. 서산호는 북한선적의 선박으로서 시멘트, 스커드 미사일, 고성능 재래식 탄두, 미확인 화학물질 등을 싣고 예멘으로 항행하던 선박이었다. 미국은 스페인에게 동 선박의 검색을 요청하였고, 스페인은 이에 응하여 공해상에서 동 선박에 대한 정선명령과 검색을 개시하였다. 이에 대해 예멘은 강력하게 항의하였고, 결국 스페인 군함은 동 선박의 예멘행을 허용하였다. 예멘은 북한과의 합법적 거래라고 주장하였다. 서산호 사건을 계기로 부시 행정부는 보다 강력한 반확산정책을 구상하고, PSI를 출범시키게 되었다.

Ⅲ 주요 내용

1. 의의

PSI는 WMD, 운반체제, WMD 관련 물질의 확산이 야기하는 새로운 안보적 도전과 위협을 억제하고 예방하기 위한 행동방안이다. 미국은 PSI가 하나의 조직이 아닌 행동을 위한 국제레짐임을 강조하고 있다.

2. 목표

WMD의 확산을 방지한다는 기본 방향하에 PSI는 두 가지 구체적인 목표를 갖고 있다. 첫째, 불량국가와 테러집단 등 개별 대상에 초점을 맞추고 이들이 WMD에 접근할 가능성을 차단하는 것이다. 이는 단순히 WMD가 불량국가와 테러집단으로 전파되는 것을 예방하는 데 그 목표가 있는 것이 아니라 이들 무기와 관련 프로그램을 '폐기'(eliminate)하고 WMD 프로그램이 존재하지 않던 원래 상태로 '원상회복'(roll back) 시키는 것이라 할 수 있다.

둘째, 국제적인 WMD 밀거래 네트워크를 완전히 차단하고 봉쇄하는 것이다. PSI는 WMD 확산을 야기하는 특정 국가에만 국한하지 않고 관심영역을 확대해서 WMD를 공급하는 공급자와 이를 획득하려는 수급자 사이의 국제적 밀거래 루트와 네트워크를 차단하는 데 주력하는 것이다.

3. 차단원칙

첫째, 확산의 우려가 있는 국가나 단체들 간에 WMD, 운반체계, 관련물질의 이전 및 수송을 차단하기 위해 효과적인 조치를 강구한다. 둘째, 확산이 의심되는 활동에 대해 관련정보를 신속히 교환하도록 체제를 정비하고, 비밀정보를 보호하며, 차단작전을 위해 적절한 자원과 능력을 제공하고 협력을 최대화한다. 셋째, 이러한 목적을 달성하기 위해 필요한 자국의 법적 장치를 강화하고, 이를 지원하기에 적절한 방식으로 국제법과 국제체제를 강화할 수 있도록 한다. 넷째, 국제법 및 국제체제와 일치하고 국내법이 허용하는 범위에서 WMD, 운반체계, 관련물질의 수송에 대한 차단노력을 지원하는 특정 행동을 취한다.

4. 차단작전을 위한 구체적인 행동 지침

① 확산의 우려가 있는 어떠한 화물에 대해서도 운송을 지원하거나 직접 운송하지 않으며, 자국의 사법권이 미치는 영역 내에 있는 개인도 이를 허용하지 않는다. ② 자국의 내해, 영해, 공해에서 확산의 우려가 있는 화물을 운송하는 것으로 타당한 의심이 있는 어떠한 선박에 대해 승선 및 검색을 실시하고, 이러한 화물이 적발될 경우 압수한다. ③ 대량살상무기 수출이 의심되는 자국 국적 선박에 대해 타국이 검문, 검색하고 WMD 관련 물질이 적발될 경우 이를 압수하고자 요청받을 경우 이를 허용하는 것을 적극 고려한다. ④ 대량살상무기 거래가 의심되는 화물을 운송하는 선박을 내해, 영해, 접속수역에서 정선 및 검색하고 이러한 화물을 압수하기 위한 적절한 행동을 취하는 한편, 자국의 항구, 내해, 영해를 출입항하는 의심 선박들에 대해 검문, 검색, 압수할 수 있는 강제조건을 명시한다. ⑤ 자국의 판단이나 타국의 요청이 있을 경우 자국의 영공을 통과하는 의심 항공기에 대해 검색을 위해 착륙을 요구하고 이러한 화물을 압수하며, 의심 항공기가 자국의 영공을 통과하는 것을 사전에 거부한다. ⑥ 자국의 항구, 비행장, 또는 기타 시설이 대량살상무기 화물 운송의 중간기점으로 이용될 경우 이들 선박, 항공기, 운송 관련 수단을 검색하고 관련 물품으로 확인된 화물을 압수한다.

Ⅳ 특징

1. 맞춤형 봉쇄

PSI는 2002년 말 부시 행정부가 제시한 대북 맞춤형 봉쇄의 한 수단이라고 할 수 있다. 봉쇄정책이란 제2차 세계대전 이후 냉전기에 미국이 소련의 세력 팽창을 저지하기 위해 채택한 외교안보정책으로서 탈냉전기에도 기본적으로 유지되었다. 다만, 탈냉전기 봉쇄정책은 모든 국가에 일괄적으로 적용할 수 있는 '표준형 봉쇄'(One-Size-Fits-All Containment)는 현실적이지 못하기 때문에 이른바 '맞춤형 봉쇄'(Tailored Containment)의 모습을 띠고 있다. 맞춤형 봉쇄란 문제를 야기하는 개별 국가의 특성과 현실에 맞게 봉쇄정책의 내용과 수단을 조절하는 것을 말한다. 맞춤형 봉쇄의 기본 취지는 제재위협, 미사일을 선적한 북한 선박에 대한 나포, 경제협력 축소 등을 통해서 북한을 고립시킴으로써 핵을 포기시키겠다는 것이다. 요컨대 PSI는 WMD 확산을 저지한다는 분명한 목표를 갖고 북한을 포함한 불량국가와 테러집단을 대상으로 그때그때의 상황에 따라서 적절한 대응수단을 강구하는 맞춤형 봉쇄의 실천수단이다.

2. 강압외교

'강압외교'(Coercive Diplomacy)는 무력을 동원해서 상대방이 바람직한 방향으로 행동하도록 상대방의 인식에 영향을 미치는 외교수단을 말한다. 강압외교의 목표는 상대방을 장악하거나 협박하는 것이 아니라 설득하는 것이다. 강압외교는 군사적인 능력을 과시함으로써 효력을 가지게 되는데, 군사력을 사용할 의지와 능력이 확고할수록 강압외교의 신뢰도가 높아진다. 그러나 강압외교는 기본적으로 군사전략이 아니라 외교전략이며 군사력의 사용이 아니라 군사력의 사용위협에 의존하는 전략이다. 강압외교는 '억지'(deterrence)와 구별되는바, 억지는 상대방으로 하여금 특정한 행동을 하지 못하도록 단념시키는 데 초점을 맞추고 있는 반면, 강압외교는 이미 벌어진 행위에 대한 대응으로서 이러한 행위가 더 이상 발생하지 못하도록 하는 데 주안점을 둔다. 예컨대, PSI는 오랫동안 미사일을 국제사회에 확산시켜온 북한에 대응해서 미사일을 포함한 WMD 확산을 막기 위해 사용되는 강압외교의 수단이다.

3. 공세적 억지(Aggressive Deterrence)

PSI는 9·11테러 이전의 '방어적 억지'와 구별되는 공세적 억지를 위한 수단적 성격을 갖는다. 미국은 선제공격이나 예방공격 대신 '억지'를 9·11테러 이전까지 안보전략의 핵심개념으로 유지해 왔다. 억지전략은 강력한 무력으로 상대의 침략을 억지하되 억지가 실패하면, 즉 상대가 억지선을 무너뜨리고 먼저 공격을 해오면, 그에 대응해서 상대방의 침략을 격퇴시킨다는 전략이다. 그러나 9·11테러 이후 미국의 안보전략은 공세적 억지로 변경되었는바 공세적 억지란 위협이 가시화되기 전에 위협을 제거함으로써 공격을 단념시키는 전략이다. 공세적 억지는 '선제적 억지(preemptive deterrence)'와 '예방적 억지(preventive deterrence)'로 구분될 수 있다. 이 구분은 위협이 시간적으로 임박한 정도에 관한 것이다. 선제적 억지가 예방적 억지보다 시간적으로 가까운 위협에 대응하는 것이다. 따라서 PSI가 완성된 WMD를 차단하는 경우에는 선제적 억지전략의 수단으로서 또한 WMD 관련 부품과 장비를 차단하는 경우에는 예방적 억지전략의 수단으로서 기능한다고 볼 수 있다.

4. 반확산전략

미국은 WMD 확산에 관한 정책을 비확산전략(non-proliferation), 반확산전략(counter-proliferation) 및 사후관리책으로 구분하여 전개하고 있다. 비확산전략이 비확산레짐을 재정비하여 대응하는 것인 반면, 반확산전략은 '사용'에 초점을 맞춰서 확산에 보다 직접적으로 대응하는 것이다. 이러한 구분에서 볼 때 PSI는 MD, 선제공격(preemptive strike)과 함께 반확산전략의 핵심구성요소이다.

5. 자발적 참여와 행동중심

PSI는 상설기구(organization)가 아니라 대량살상무기 및 관련장비의 확산 방지를 지지하는 국가들의 '자발적 참여의사에 기초한 연합체(coalition of willingness)'이다. PSI는 국제조약이 아니다. 단지 PSI의 취지와 목표에 공감하고 활동에 참여하겠다는 의사표시만 하면 참여가 가능하다. 또한 참여수준과 형태에 있어서도 각국이 처한 환경과 입장을 고려하여 다양한 형태의 참여가 가능하다. 활동범위는 참여 국가 간 관련 정보교환 등을 포함하고 있으나 활동 내용의 핵심은 필요시 의혹 화물적재 선박에 대한 차단을 시행하는 실제적 행동(activity)에 두어져 있다.

Ⅴ 추진 현황

1. 각국의 PSI 참여 동향

아시아·태평양지역	한국, 아프가니스탄, 호주, 브루나이, 캄보디아, 피지, 일본, 마셜군도, 몽골, 뉴질랜드, 파푸아뉴기니, 필리핀, 싱가포르, 스리랑카, 사모아, 바누아투
아프리카·중동지역	앙골라, 바레인, 지부티, 이라크, 이스라엘, 요르단, 리비아, 오만, 카타르, 튀니지, 아랍에미레이트, 쿠웨이트, 예멘, 라이베리아, 모로코, 사우디아라비아
유럽·구소련지역	알바니아, 안도라, 오스트리아, 아르메니아, 아제르바이잔, 벨라루스, 벨기에, 보스니아, 불가리아, 크로아티아, 사이프러스, 체크, 덴마크, 에스토니아, 핀란드, 프랑스, 그루지야, 독일, 그리스, 교황청, 헝가리, 아이슬란드, 아일랜드, 이탈리아, 카자흐스탄, 키르기스스탄, 라트비아, 리히텐슈타인, 리투아니아, 룩셈부르크, 마케도니아, 몰타, 몰도바, 몬테네그로, 네덜란드, 노르웨이, 폴란드, 포르투갈, 루마니아, 러시아, 산마리노, 세르비아, 슬로바키아, 슬로베니아, 스페인, 스웨덴, 스위스, 타지키스탄, 터키, 투르크메니스탄, 우크라이나, 영국, 우즈베키스탄
미주지역	아르헨티나, 바하마, 벨리즈, 캐나다, 칠레, 엘살바도르, 온두라스, 파나마, 파라과이, 미국
주요 불참국	중국, 인도, 파키스탄, 브라질

2. PSI 운영 현황

(1) 운영방식

PSI는 국제기구와 달리 공식적인 사무국이 없고 21개 주요 회원국들로 구성된 운영전문가그룹(OEG: operational expert groups)회의를 통해 운영되고 있다. OEG회의는 모든 OEG 회원국들이 참여하는 전체 OEG회의와 지역별 OEG회의로 구성되며, 전체 OEG회의의 경우 최근 연 1회 개최되는 추세이다. 현재 아·태지역 OEG회의에는 한국, 미국, 일본, 호주, 뉴질랜드, 캐나다, 싱가포르 등이 참여 중이다.

(2) 최근 추진 동향

최근 PSI활동은 기존의 '물리적 차단'에서 PSI 회원국들 간 확산 관련 '정책 및 정보공유 및 협조'를 중심으로 변화 및 발전하는 추세다. 이는 물리적 차단에서 오는 법적·정치외교적 민감성을 최소화하고자 하는 취지로 평가된다. 또한 회원국들은 점차 차단활동 자체보다는 '차단 전·후의 조치'에 주목하고 있다. 동 조치에는 확산정보 검증 절차, 수출 불허, 환적 중단, 선박 회항시 관련 기업의 손해배상 요구에 대한 대응, 방사능 물질 등 고위험 물질 처리, 이중용도 물자의 불법수출 관련 형사처벌 및 사법공조, 적발물자의 최종처리 등이 있다.

3. 양자 간 승선협정체결

미국은 공해상에서 차단작전이 국제법을 위반할 수 있음을 인식하고, 국제법적 보완 작업을 주도하였다. 첫째, 주요 편의치적국가들과 승선협정을 체결하였다. 즉, 라이베리아, 파나마, 사이프러스 등 11개국과 승선협정을 체결하여 동 국적의 선박에 대해서는 공해상이라 하더라도 일정한 절차에 따라 승선 및 검색이 가능하도록 하였다. 둘째, 국제해사기구(IMO)에서 해상불법행위억제협약(SUA)이 개정되었다(현재 미발효). 동 협약 역시 협약상 절차에 따라 공해에서 승선 및 검색을 실시하도록 한다. 셋째, 안전보장이사회 결의 제1718호(2006.10)는 모든 회원국들에 대해 북한행 또는 북한발 화물에 대한 검색을 포함한 협력적 조치를 취할 것을 요청하였다.

4. 차단훈련 실시

미국과 PSI 참여국들은 PSI훈련을 통해 PSI 이행능력을 강화하고, 정보공유를 추진하고 있다. 2004년 10월에는 일본에서 아시아 최초 PSI훈련이 실시되었고 러시아가 참관단을 파견하였다. 이러한 훈련은 참여국들의 해상차단능력과 정보공유능력을 향상시킬 뿐만 아니라 핵확산 국가에 억제 효과를 가질 수 있다고 평가된다.

5. 차단작전

2003년 10월 미국과 동맹국들은 말레이시아에서 리비아로 우라늄 원심분리기 농축장비의 부품을 독일 선적 BBC China호가 운송하는 것을 국제협력에 의해 성공적으로 차단하였다. 이 작전은 2003년 12월 리비아가 국제적 압력하에서 WMD와 장거리 미사일 계획을 모두 폐기하는 선언을 하도록 하는 데 결정적인 역할을 하였다. 일본은 2003년 6월 북한을 운항하는 선박에 대한 정책을 변경하여 선박에 대한 안전검색을 강화하였고 이후 북한은 즉각 일본에 대한 선박 운항을 중단하기도 하였다.

6. 안전보장이사회결의 제1540호

미국은 2004년 4월 UN안전보장이사회 결의 제1540호가 통과되도록 주도하여 각국이 WMD 및 WMD 관련 물질의 생산, 활용, 저장, 운송에 대한 국내통제를 실효성 있게 강요하며, 이러한 물품에 대한 수출 및 거래에 대한 통제방법을 발전시킬 것을 요구하였다. 이 결의는 구속력이 없고 차단작전을 언급하고 있지도 않으나, PSI가 법적 정당성을 어느 정도 갖도록 하고, WMD 확산 방지를 위한 국제적 노력을 합법화하였으며, WMD 확산과 관련하여 각국의 공급망(supply chain) 전반에 대한 통제를 요구한다는 점에서 중요한 의미를 갖는다.

7. CSI의 확대

미국은 2002년 1월 대테러전의 일환으로 PSI와 병행하여 컨테이너 안보구상(CSI: Container Security Initiative)을 추진하고 확대하여 해상교역으로부터의 테러위협을 감소시키고자 하고 있다. CSI는 미국 항구로 출발하는 대부분의 주요 지정된 외국 컨테이너 선적항에 조사관을 파견하여 컨테이너를 선별적으로 조사하여 위험을 사전에 제거하고자 하는 구상을 말한다.

8. G8국가와 전지구적 동반자 관계 형성

미국은 WMD와 관련물질의 확산을 막기 위한 G8국가 간 전지구적 동반자 관계(Global Partnership against WMD)를 추구하고 있다. 전지구적 동반자 관계는 PSI 추구와 병행하여 WMD 확산을 방지하기 위한 제도적 장치와 재정적 지원을 제공할 수 있도록 한다. 2002년 6월 카나나스키스(Kananaskis) G8정상회담에서 부시 대통령에 의해 제안되었고, G8국가들은 향후 10년간 구소련 국가들의 비확산, 군축, 대테러전, 핵 안전프로젝트를 지원하기 위해 200억 달러를 모금할 것에 합의하였다. 한국은 2004년에 이 프로젝트에 합류하였다.

Ⅵ PSI와 북한

1. 서설

PSI가 특정 국가를 적용대상으로 구체적으로 명시하고 있지는 않지만 PSI의 기본취지와 지향하는 목표를 감안할 때, 북한이 PSI의 주요 대상국이라는 점에는 이론의 여지가 없다. 현재 본격적인 차단조처가 시행되지는 않고 있으나, 6자회담을 통한 북핵문제 해결이 다시 교착상태에 빠지는 경우 적극적으로 적용될 가능성도 있다.

2. PSI의 대북 이행 가능성

미국의 대북 PSI 이행에 있어서 난점은 중국 등 핵심 관련 국가들이 반대입장을 표명하고 있고, 북한의 호전적 태도로 인해서 한반도의 불안정을 야기할 가능성이 높기 때문이다. 그러나, 만약 북핵문제가 협상에 의해 원활하게 해결되지 않을 경우 대북 PSI가 이행될 가능성은 낮지 않다. 미국은 그동안 북핵문제가 중요한 국제적 안보위협임을 지속적으로 강조하고 군사적 선택을 배제하지 않을 것임을 천명해 왔다. 북한은 파키스탄과 이란 등에 미사일을 수출해 왔으며, 경제적 어려움으로 인해 핵기술 및 핵물질을 수출할 가능성이 매우 높다. 북한의 핵무장은 한국과 일본의 핵무장을 야기할 뿐 아니라 전세계적 핵확산의 단초가 될 수 있는 중요한 안보적 도전요인으로 인식되고 있다.

3. PSI 이행시 북한에 대한 영향

(1) 외화 획득에 대한 타격

대북 PSI가 이행된다면 북한은 미사일 등 무기의 수출뿐만 아니라 불법 마약 및 위폐의 거래가 차단됨으로써 주요한 외화 획득수단을 상실하게 될 것이다. 대북 PSI는 WMD 관련 물질뿐만 아니라 미국이 위협으로 인식하는 국제적 범죄행위도 동시에 표적으로 삼을 가능성이 높다. 북한의 무기수출규모는 연간 약 4억 ~ 5억 달러로 추정되며, 매년 마약과 위폐를 통해서도 3억 ~ 5억 달러 정도를 벌어들이고 있고, 남북교역을 통해서는 매년 1억 6,000만 달러 내외를 얻고 있다. PSI가 이행되는 경우 북한의 전체 외화 수입액의 약 50%에 해당하는 9억 ~ 11억 달러의 획득이 어려워져 북한 경제와 정권유지에 심각한 어려움을 야기할 것이다.

(2) 경제난의 가중

현재 UN헌장 제7장에 따른 안전보장이사회 결의의 효력이 유지되고 있으므로 협상을 통해 해결이 불가능해지면 안전보장이사회 결의에 따른 대북 경제제재가 더욱 적극적으로 전개될 가능성이 있다. 이 경우 한국도 동참할 수밖에 없을 것이므로 남한으로부터의 얻는 이득이 중단되어 북한의 경제난이 가중될 수 있다. 현재 북한은 한국으로부터 약 1억 6,000만 달러의 무역흑자를 얻고 있고 인도적 지원금도 연평균 1억 7,000만 달러에 달한다.

(3) 군수산업의 위축

PSI는 일본이 북한과의 교역을 전면적으로 제한토록 하므로 일본에 주로 의존하고 있는 군사장비의 개발 및 생산을 위한 물품들을 도입하지 못하게 되고, 결과적으로 군수산업이 크게 위축될 것이다. 이미 일본은 관세, 이민, 전염병, 안전규정 등을 위반했는지 여부 등 북한과의 페리선 운항에 관한 새로운 규제를 마련하고 북한으로부터 입항하는 모든 선박을 검문·검색하는 등의 조치를 취하고 있다. PSI가 이행될 경우 이러한 규제조치가 한층 강화되고 군수물자 전체로 범위가 대폭 확대될 수 있을 것이다.

(4) 북한 군부의 응집과 분열

PSI가 대북 경제제재 차원에서 북한 선박에 대한 검문·검색을 강화하고 한반도 근해에서 해상훈련을 하는 등 경제·군사적 압박이 강화되면, 북한 군부에 위기감을 불러일으켜 초기에는 군부의 응집력이 강화될 가능성이 크다. 그러나 PSI가 지속되고 중국이나 러시아가 여기에 가담하는 경우 군부는 강경파와 온건파로 분열될 가능성이 있다.

4. 북한의 정치·군사적 예상 반응

(1) 한반도 군사적 긴장 조성

북한은 PSI가 이행되거나 이행될 가능성이 있을 경우 한반도에 군사적 긴장을 조성하는 등 한국을 인질로 한 전통적인 공세전략을 강화하고 이를 효과적으로 활용할 것이다. 해상차단작전이 현실화되고 미국을 비롯한 PSI 참가국들이 북한 해역을 봉쇄할 경우 고도의 경계태세에 돌입하고 자위적 차원에서 전쟁도 불사할 것임을 강력히 경고할 것이다. 또한 실제로 군사력을 동원하여 NLL 도발을 획책하는 등 한반도에서 긴장과 위기를 조성할 가능성이 크다.

(2) 대미 강경정책 고수 및 국제적 여론 조성

북한은 미국이 PSI를 추진할 경우 이에 대해 강력히 반발하고 가능한 위협적 방책들을 강구할 것이다. 대내적으로는 각종 대규모 군중집회를 통해 반미투쟁을 더욱 부추기고 주민을 결속시키며, 대외적으로는 반미세력과의 연대를 강화하여 미국에 대응하고자 할 것이다. 북한이 미국에 자체적으로 대응할 수 있는 수단은 매우 제한되어 있으나, 그럼에도 불구하고 핵무기를 포함한 WMD를 이용하여 장기적인 강경투쟁을 지속하고 제로섬 게임식 생존투쟁을 전개하여 PSI의 효과를 무력화하고자 할 것이다.

(3) 주요 관련 국가의 PSI 동참 저지

북한은 주요 교역국이며 안보 이해 당사국인 중국과 한국이 PSI에 참여하는 것을 저지하기 위해 적극적인 방안을 강구할 것이다. PSI 추진은 북한 대외교역액의 약 절반을 차지하는 한국과 중국의 동참이 없으면 실효를 거두기가 어렵다. 이를 잘 알고 있는 북한으로서는 한국에 대해서는 전쟁도발을 위협하여 동참하지 못하도록 압력을 행사할 가능성이 높다. 중국에 대해서는 미중관계를 역이용하여 경제제재 동참을 저지하고자 할 것이다.

(4) WMD 등 전략적 비대칭능력 증강

PSI를 이행할 경우 북한은 자신의 유일한 카드인 전략무기 능력을 우선적으로 증강하여 생존 및 협상 수단을 강화하고자 할 것이다. PSI 이행으로 전략물자와 기술 획득이 어려워지기 때문에 독자적인 연구개발 능력을 한층 강화하고자 할 것이다.

제9절 오바마 행정부의 신국방전략

Ⅰ 신국방전략 발표 배경

미국 오바마 행정부는 2012년 신국방전략을 발표하였다. 미국의 신국방전략 발표 배경은 전략적, 경제적, 정치적, 군사적인 이유가 혼재되어 있다. 전략적 이유는 미국이 10년간의 테러와의 전쟁을 끝내면서 새로운 전략 수립이 필요했기 때문이다. 미국은 더 광범위한 위협과 기회에 초점을 맞출 필요가 있었다. 향후 미국의 군사 전략은 중국에 초점이 맞춰져 있다. 즉, 중국에 대한 군사적 우세를 유지하기 위해 군사 중심의 헤징전략을 구사해 나가겠다는 것이다. 국방전략지침서의 주제는 '미국의 글로벌 리더십 유지'였다. 미국은 군사 중심의 대중 헤징전략을 본격적으로 추진해 나갈 필요가 있었기 때문에 전략적 차원에서 신국방전략을 발표했던 것이다. 신국방전략을 발표한 경제적, 정치적 이유는 국방비의 추가 감축을 저지하기 위한 것이었다. 군사적 이유는 군사력 규모의 축소, 순환군 개념의 도입, 혼성군 편성 등 때문이었다.

Ⅱ 신국방전략의 주요내용

1. 선택과 집중

신국방전략의 핵심은 선택과 집중으로 요약된다. 미 국방부는 국방비 및 군사력의 감축을 현실로 받아들이되 '선택과 집중'을 통해 글로벌 리더십 유지를 보장하겠다는 것이다. 미 국방부가 선택한 것은 향후 10년 동안 국방비 감축, 지상군 감축, Win-Win 전략의 수정이다. 냉전이 끝나고 걸프전이 종료되었을 당시 미국의 현역 군사력은 213만 명이었으나 1993년에는 145만 명으로 감축되었고 이 수준은 9·11테러 당시까지 거의 그대로 유지되었다. 20년 전에는 본토 미군과 전세계에 주둔하고 있는 미군을 감축하고 지상군과 해·공군 모두를 대상으로 감축했는 데 반해 이번에는 지상군만을 대상으로 감축하되 아태지역의 미군은 감축하지 않겠다는 점에서 차이가 있다.

2. Win-Win전략 수정

탈냉전이 되면서 미국은 중동지역에서의 국지전과 한반도를 상정한 국지전에서 승리하겠다는 Win-Win전략을 수립한 이후 다소의 개념변화는 있었으나 큰 그림은 거의 그대로 유지해왔다. 그러나 신국방전략은 중동과 한반도를 상정한 Win-Win전략을 폐기하는 대신 한 지역에서의 완전한 승리와 다른 지역에서의 상대방에 대한 승리 거부, 즉 Win-plus전략을 선택하였다. 이 전략의 핵심은 미국이 냉전시대나 9·11테러 직후처럼 대규모의 지상전을 필요로 하는 합동군을 만들지 않겠다는 것이다. 따라서 미국이 미래에 전쟁에서 지상군보다는 해,공군력 위주의 전쟁을 수행하겠다는 의지에 방점이 찍혀있다. 신국방전략의 집중 대상 지역은 아태지역이고 집중 대상 국가는 지역 강대국인 중국이다. 중국에 대한 인식은 희망적인 사고에서 객관적인 통계와 전망을 근거로 수정되었다. 2020년을 전후하여 중국의 GDP가 미국의 GDP를 능가하리라는 전망, 멀지 않은 시기에 중국의 국방비가 미국의 국방비를 추월할 것이라는 전망은 이제 상식이다. 중국의 부상은 현실로 나타나고 있으며 '중국이 미국을 넘어서는 날'에 대한 전망도 다양하게 등장하고 있다. 신국방전략은 중국에 대한 미국의 새로운 인식을 바탕으로 하고 있다. 패권적 리더십을 발휘할 때에는 동아태 지역이 경제적 부분에서 중요했던 반면, 지구적 리더십이 도전받고 있는 오늘날에는 군사적 차원에서의 중요성이 더 부각되었다.

Ⅲ 중국의 A2/AD와 미국의 OA

1. 중국의 A2/AD

중국은 미국의 관심이 테러와의 전쟁에 쏠려 있는 동안 성장하는 부를 바탕으로 적극방어(Active Defense)전략을 구사하기 시작했다. 중국의 해양전략은 1980년대 중반까지는 연안 방어전략이었으나 그 이후로는 근해 적극방어전략으로 바뀌었다. 중국은 태평양으로의 진출과 함께 인도양으로도 진출하기 시작했다. 2000년대 들어 중국은 많은 투자와 지원을 통하여 인도양을 연한 국가들을 집중적으로 공략했다. 중국은 자원 수송의 거점과 상업용 항구를 개발하는 것이 최초의 목적이었으나 차후에는 이를 군사적으로 사용하려 할 것으로 전망되고 있다. 미국은 중국의 근해 방어전략이나 진주목걸이전략을 반접근 및 접근거부(A2/AD)전략으로 명명하고 이에 대한 대응전략을 구사하기 시작했다. A2란 "장거리에서 적이 작전지역으로의 접근을 예방하기 위한 행동이나 능력"을 의미하며, AD란 "비교적 단거리에서 작전지역 내에서의 적의 행동의 자유를 제약하는 행동이나 능력"을 말한다.

2. 미국의 작전적 접근(OA: Operational Access)

오바마 대통령은 '미국은 21세기에 아태지역에 온 힘을 쏟을 것'이라고 선언함으로써 아태지역에 본격적으로 개입할 것임을 예고했다. 중국의 적극방어전략에 대응하기 위한 미국의 안보전략은 공식적 동맹 국가들과의 역사적 동맹을 공고히 함과 동시에 역내 국가들과의 연대를 강화하는 전략, 즉 '허브앤스포크 전략'(hub and spoke strategy)이다. 여기서의 허브란 미국만을 의미하는 것이 아니라 미국을 포함한 역사적 동맹을 의미하며 스포크란 동맹 이외의 동아태 국가군을 의미한다. 중국의 군사적 전략에 대응하기 위한 미국의 군사적 차원에서의 전략은 작전적 접근전략이다. 이는 A2/AD환경하에서도 '임무 달성을 위해 충분한 행동의 자유를 가지고 작전지역에 군사력을 투사하는 능력'을 의미한다. 중국의 A2/AD에 대해 미국이 OA전략을 추진하겠다는 것이 신국방전략의 핵심이다. 감축되는 지상군과 계획 대비 줄어드는 국방비라는 악조건 속에서도 미국은 아태지역에 집중하고 중국을 견제하겠다는 뚜렷한 전략목표를 가지고 유사시 OA가 원활히 추진될 수 있도록 하기 위한 각종 조치들을 행동으로 옮기고 있는 것이다.

Ⅳ 한국 안보에 미치는 함의

1. 한국 안보에 대한 파급효과

클린턴 국무장관의 '미국의 태평양 세기'와 오바마 대통령의 아태중심 전략은 과거 아시아로부터 철수하겠다는 닉슨 독트린의 반대 개념에 가깝다. 2010년 동중국해, 남중국해, 그리고 서해에서 중국의 공세적인 행위를 목도한 아시아 국가들은 미국에 지원을 요청하고 있다. 오바마 독트린은 중국을 견제하기 위한 것이다. 군사 안보만을 생각한다면 미국의 아태중심전략은 한국 안보를 오히려 더 강화해 줄 수 있다. 그러나 중국의 A2/AD전략과 미국의 OA전략이 한국 안보에 부정적인 영향을 미칠 수도 있다. 미국이 OA에 필요한 우호적인 환경을 조성해 가는 과정에서 미국과 중국은 물론 중국과 한국, 미국과 한국, 그리고 한국 정부와 국민들 사이에서 갈등이 일어날 수 있기 때문이다. 미국과의 군사·경제동맹도 강화해야 하고 중국과도 전략적 동반자 관계를 발전시켜야 하는 전략적 환경 속에서 한국의 입장이 곤혹스러운 처지에 빠질 수 있다.

2. 제2의 GPR 및 전략적 유연성 확대 가능성

2003년 11월 럼스펠드 전 국방장관은 해외주둔미군재배치전략(GPR: Global Defense Posture Review)을 추진했다. 다양한 위협에 신속하게 대응하기 위해 미국 해외기지를 조정하여 미군을 재배치하겠다는 것이 골자이다. 이 계획에 따라 전세계 미군기지의 재조정과 미군 감축이 이루어 졌으며, 주한미군도 감축되고, 기지도 이전하도록 계획되었다. 신국방전략으로 인해 제2의 GPR 가능성도 있다. 세계적 차원에서 기지 재조정과 병력 감축이 불가피할 것이다.
전략적 유연성(strategy flexibility) 문제는 GPR과 긴밀히 연계되어 있다. 기지 재조정을 하는 것 자체가 다양한 위협에 신속하게 대응하기 위해 군사력의 출입을 자유롭게 하는 것이기 때문이다. 2006년 한국은 주한미군의 전략적 유연성에 합의했다. 전략적 유연성은 한미 간의 합의 이전에도 이미 시행되기 시작했다. 앞으로는 전략적 유연성이 더욱 빈번하게 이루어질 것이다.

3. 한반도 유사시 미 지상군 투입 제한

페네타 국방장관은 "미국은 한국과 호르무즈해협의 동시 위협에 대처할 수 있는 능력을 가지고 있다."고 했지만 미국은 이라크나 아프가니스탄처럼 대규모 안정화 작전은 수행하지 않겠다는 점도 동시에 밝혔다. 이는 미국이 전쟁에 개입하지 않겠다는 뜻이 아니라 미 지상군보다는 해·공군력 위주로 전쟁에 개입하겠다는 것을 의미하는 것이다. 미국의 W+전략과 대규모 지상군 투입 회피 의지, 그리고 줄어드는 한국의 육군은 한국의 작전계획 전체의 수정을 요구하고 있다.

Ⅴ 한국의 대응전략

미국의 신국방전략은 쇠퇴하고 있는 미국의 국력과 부상하고 있는 중국의 국력을 직시하면서도 21세기 나머지 세월동안 지구적 리더십을 유지하겠다는 의지를 표출한 것이라 할 수 있다. 이는 태평양 시대에 태평양 국가로서 아태지역을 중시하겠다는 미국의 국가전략을 뒷받침하기 위해 군사적으로 중국의 A2/AD에 대응하겠다는 것을 골자로 하고 있다. 즉, 외교·경제·군사적 차원의 국력을 동원하여 허브앤스포크 전략을 통해 OA를 확보해 나가겠다는 것이다.

미국의 신국방전략은 북한의 위협을 억제하고 유사시 격퇴할 수 있는 능력을 보강하다는 차원에서 한국 안보에 보탬이 될 것이다. 그러나 미국과 중국이 협력보다는 경쟁관계로 발전하는 것은 한국의 전략적 선택을 곤란하게 만들 수도 있다. 따라서 미국과의 전략적 동맹 못지않게 중국과도 한중 FTA 체결, 한중 EEZ경계획정 등을 추진하면서 한중 외무장관 회담, 2011년부터 시작된 한중 국방전략대화의 연례화, 한국의 독자적 MD체계 구축 등 대중 협력을 강화하는 연미화중전략을 추구해 나가야 할 것이다. 또한 인도 및 동아시아 국가들과의 군사외교도 강화해 나가야 한다.

제10절 오바마 행정부의 TPP 추진

Ⅰ 의의

오바마 행정부는 환태평양 파트너십(Trans-Pacific Partnership) 협상 참여를 통해 아태지역 7개 국가와 선택적 다자무역자유화 추진을 결정하고, 이를 기반으로 아태지역시장에 대한 미국의 연계를 강화하여, 향후 TPP를 이 지역의 포괄적인 자유무역지대로 확대·발전시키겠다는 신통상정책을 추진하였다. TPP에 참여하고 있는 국가들의 경제규모가 크지 않음에도 불구하고 오바마 행정부가 이를 적극적으로 추진하였던 배경에 관심이 집중되고 있다. 근본적으로 미국의 대동아시아 정책기조의 변화이자, 미국의 대중국정책의 구체화라는 점에서 상당히 중요한 전략으로 평가되었다.

Ⅱ TPP

1. 의의

TPP는 2002년 10월 싱가포르, 뉴질랜드, 칠레 3국이 멕시코 APEC 정상회의를 계기로 3국 간 자유무역지대 창설을 위한 협상에 합의함으로써 시작되었다. 2005년 4월 브루나이가 협상에 참여하였다. 협상은 2005년 제주 APEC 통상장관회의를 계기로 협상이 타결되어, 2006년 4국 간 자유무역협정이 발효되었다.

2. 내용

TPP의 목적은 아태지역의 무역자유화에 기여할 수 있는 높은 수준의 FTA를 형성하고, 회원국 상호간 상업적 연계의 틀을 강화하는 친기업적 FTA를 추진하는 것이다. TPP 협정문은 포괄적이고 높은 수준의 FTA로서 주요 품목에 대한 관세를 폐지하기로 합의하는 한편, SPS, TBT, 경쟁정책, 지적재산권, 정부조달, 분쟁해결 등에 관한 내용을 규정하고 있다. TPP는 개방조약으로서 신규회원국의 가입을 인정하고 있다.

3. 최근 동향

미국을 비롯한 호주, 페루, 베트남 등이 TPP 참여의사를 표명하여 가입협상을 진행하였다. 미국은 2008년 하반기 부시 대통령이 참여의사를 표명하였으며, 오바마 행정부 들어 미국 무역대표부(USTR)는 2009년 12월 이를 의회에 공식 통보하고, 2010년 3월 제1차 협상회의에 참가하였다. 마침내 2015년 10월 협상이 타결되었으나, 트럼프 행정부는 2018년 1월 탈퇴를 천명하였다. 이후 일본 주도로 CPTPP가 타결되고 현재 발효 중이다.

Ⅲ 미국의 TPP 참여 추진 배경

1. 통상전략

미국이 TPP에 참여하고자 하는 이유는 글로벌 경제위기 이후 경기침체와 실업률 상승으로 어려움을 겪고 있는 미국 경제를 살리기 위해 오바마 행정부가 새롭게 제시한 수출증대방안의 일환으로 추진되었다. 미국은 아태지역국가들 사이에 폭발적으로 증가하고 있는 FTA협정에 단지 부분적으로만 참여함으로써 아태지역 시장에서의 자국의 수출 점유율이 지난 10년간 감소해 왔다는 인식을 갖고 있다. 이러한 인식에 기초하여 오바마 행정부는 TPP를 포괄적 FTA로 확대하여 아태지역 핵심국가를 포괄하는 자유무역지대로 확대·발전시켜나가겠다는 구상을 하게 되었다.

2. 중국 견제

동아시아 및 아태지역의 경제통합 모델은 그동안 미국이 추진해 왔던 APEC 중심의 아태지역을 아우르는 환태평양 경제통합(Asia Pacifism), 중국이 미국이 참여하지 않는 형태의 ASEAN+3를 중심으로 추진해 온 동아시아국가들만의 경제통합(East Asianism), 일본이 중국을 견제하면서도 호주, 인도, 뉴질랜드 등 아시아지역의 민주시장경제국가들을 포함시키는 ASEAN+6 중심의 동아시아 정상회의(EAS)를 모태로 한 범아시아 경제통합(Pan Asianism) 등으로 구분할 수 있다. 지난 10년간 ASEAN+3 중심의 경제협력이 발전을 이룬 가운데, APEC 중심의 경제협력은 답보상태에 빠져있다. 또한 중국이 아시아국가들과 FTA 체결을 통해 무역량과 무역액을 급격하게 증가시키고 있다. 이러한 상황에서 미국의 TPP를 중심으로 한 새로운 아태지역 경제통합 전략은 전방위적으로 확대되고 있는 중국의 아시아지역에서의 영향력을 차단하고, 아시아지역과의 경제적 연계를 강화하려는 미국의 대아시아정책의 일환이다.

3. 높은 수준의 아태지역 FTA 체결을 위한 교두보 확보

미국이 TPP에 참가하여 무역자유화를 확대하는 것은 단기적으로 미국에 큰 이익이 되지는 않는다. TPP 참가국인 칠레와 싱가포르와는 이미 FTA를 체결하고 있고, 베트남과 브루나이 등과는 교역규모 자체가 크지 않기 때문이다. 그럼에도 불구하고 미국이 TPP 조기 참가를 추구하는 것은 TPP를 기반으로 하여 향후 보다 경제적 규모가 큰 국가들을 가입시켜 포괄적이고 확대된 자유화를 추진할 수 있다고 보기 때문이다. 즉, 미국의 관점에서 보면 TPP에 참여해 다자무역자유협정을 체결하는 것은 최소한의 비용으로 아태지역을 포괄하는 FTA를 자국이 원하는 수준으로 유도하여 체결할 수 있는 방안이며, 이를 바탕으로 추후 상대적으로 시장규모가 큰 국가들을 추가 가입시킴으로써 무역 개방과 시장 확대를 도모할 수 있는 것이다.

제11절 미중경쟁과 미국의 군사전략 변화

I 문제 제기

미중은 본격적인 경쟁에 돌입하기 시작하면서 군사 분야에서 경쟁의 성격도 최근 근본적으로 변화하기 시작하였다. 이러한 변화의 주요 원인은 세력균형의 변화이고, 따라서 미중 경쟁의 증대는 불가역적인 추세가 되고 있다. 특히, 반접근/지역거부(A2/AD)전략에 기초한 중국의 군사력 증강은 미국과의 군사력 격차를 줄였고 서태평양에서 미군의 작전의 자유를 상당히 심각하게 제약하기 시작하였다. 미국은 이제 중국을 '준경쟁자(near-peer competitor)'로 인식하고 힘의 우위를 유지하기 위해 공세적으로 대중 견제를 강화하기 시작하였다. 미국은 2018년부터 대테러 전쟁 수행을 위한 군사전략에서 주요 중국을 억제하고 필요시 강대국 전쟁을 수행하기 위한 군사전략으로 분명하게 전환하였다. 이에 따라, 미 국방부는 합동 전 영역 작전(IADO)개념을 발전시키고 미래전력 개발에 집중하면서 군사력 우위를 극대화하기 위한 노력을 배가하였다. 미국의 군사전략 전환과 이에 따른 작전개념, 전력 개발, 군사태세 등의 변화는 향후 미중 군사력 균형과 미중관계에 중대한 영향을 미칠 것이다. 또한 이러한 변화를 정확하게 평가하고 예측하는 것은 한국의 안보에 직결된다.

Ⅱ 미중 군사력 균형의 변화

1. 중국의 군사적 부상

중국의 국력 강화는 중대한 세력균형의 변화를 가져온다. 특히, 중국의 A2/AD 전력 강화는 미국이 과거보다 훨씬 더 경쟁적인 군사적 환경에 처하게 하며 이러한 변화는 미국의 군사전략을 변화시키는 근본적인 원인이 된다. 미국과 중국의 경제 규모 격차는 1990년 15 : 1에서 2013년 1.8 : 1로 축소되었다. 증대된 경제력을 기초로 중국은 1990년대 후반부터 비대칭적인 전력을 증강해 미국의 군사력 투사 능력을 약화시키는 A2/AD 전략에 기초한 군사력 현대화를 추진하면서 거의 매년 국방비를 10% 이상 증가시켜 왔다. 2010년대 들어서면서 중국의 군사력은 정밀유도 미사일들이다. 한편, 미국은 정보기술 분야에서의 우위를 기초로 1990년대까지 정밀유도 무기 체제를 거의 독점하면서 압도적인 군사력 우위를 유지하였고, 이에 반해 중국은 1990년대 후반 이후 정밀유도 미사일 개발에 초점을 맞추고 정밀타격 체제(precision strike regime)에서 미국의 독점적 지위를 점차 잠식해 왔다. 현재 중국은 1,300기 이상의 정밀유도 미사일들을 보유하고 있다. 중국은 개전 초기에 중국 주변의 미군 기지들에 대해 상당히 심각한 피해를 입힐 수 있는 능력이 있는 것으로 평가된다. 특히, 중국이 발전시켜 온 대공방어체계 및 현대화된 공군력과 결합되어, 공군 기지들에 대한 정밀타격 능력은 개전 초기 미군의 제공권을 상당 정도 약화시킬 수 있는 것으로 평가된다. 군사력 투사를 위해 해외 기지에 의존하는 미군은 이제 상당히 강력한 정밀타격 능력을 가진 중국을 상대로 기지들을 방어하고 지상군 및 공군을 운용해야 하는 경쟁적인 환경에 처해 있다.

2. 중국의 적극적 근해 방어 전략

중국은 1990년대부터 적극적 근해 방어 전략에 기초해 본격적으로 해군력 현대화를 추진해 왔고, 2010년대 들어와 이러한 노력이 결실을 맺기 시작하였다. 현재 중국은 300척 이상의 대형 수상함 및 잠수함을 보유하고 있고, 특히 중국은 킬로(kilo)급 공격용 잠수함 도입 이후 상당히 조용한 송(Song)급 및 유안(Yuan)급 공격용 잠수함을 개발하였다. 이들 공격용 디젤 잠수함들은 미국에게 해양에서의 가장 심각한 위협이 되고 있다. 중국은 2010년대부터 축적된 기술을 바탕으로 상당히 효과적인 방어체계, 장거리공격 능력, 통합 전투체계를 갖춘 루양(Luyang)Ⅲ급 구축함, 장카이(Jiangkai)Ⅱ급 호위함 등 현대적인 다기능 대형 전함들을 대량생산해 왔다. 중국 해군은 이제 동중국해와 남중국해 등 중국 근해에서 미국의 지배적 지위를 위협하기 시작했다.

3. 중국의 장거리 투사 능력 발전

중국 해군은 최근 원해에서 작전할 수 있는 장거리 투사 능력을 발전시키고 있으며 최근에는 일종의 게임 체인저(game changer)로서 적의 전함을 타격할 수 있는 DF-21D와 DF-26 대함 탄도미사일을 개발하였다.

4. 중국의 비대칭무기 및 사이버 공격 능력 발전

중국은 미국의 최대 강점이면서 약점인 전장 네트워크를 무력화하기 위해 비대칭적인 대위성 무기 및 사이버 공격 능력을 발전시켜 왔다.

5. 전반적 평가

중국의 A2/AD 능력의 증강에도 불구하고 서태평양에서의 미국의 군사적 우위는 유지되고 있다. 미국이 유지하고 있는 제해권의 핵심은 항공모함 전단이다. 항공모함과 호위함들은 항공기와 미사일 그리고 잠수함 공격에 대한 강력한 방어력과 전자적 능력을 갖고 있고, 항공모함에서 출격한 F-35 전투기들은 1,500km 작전 반경에서 어떠한 수상함에 대해서도 선제적으로 공격할 수 있는 능력을 갖고 있다. 미국이 가지고 있는 또 하나의 핵심적 해상 전력은 조용한 공격용 핵잠수함들이다. 중국이 대단히 제한된 대잠수작전 능력을 가지고 있는 상황에서 중국 근해와 원해에서 조용히 운항하는 미국의 핵잠수함들은 중국의 해상 전함들과 잠수함들에게 가장 치명적인 위협이 될 것이다. 그럼에도 불구하고, 미국 지도부는 중국의 A2/AD 능력 증강으로 인해 미국의 압도적 군사적 우위가 실질적으로 약화되어 이제 과거와는 다른 경쟁적인 전장 환경이 존재한다는 위기의식을 공유한다. 세력균형 변화에 대한 이러한 인식에 기초해, 미국 지도부는 2018년부터 중국에 대한 압도적 우위(overmatch)의 유지를 목표로 한 군사전략의 혁신과 전력 증강을 추진하기 시작하였다.

III 미국의 군사전략 전환

1. 강대국 전쟁 중심의 군사전략

미국은 2018년 대테러 전쟁 중심의 군사 전략에서 중국과 러시아를 상대로 한 강대국 전쟁을 중심으로 한 군사전략으로 분명하게 전환하였다. 2017년 '국가안보전략(National Security Strategy)' 보고서는 중국과 러시아를 자유주의적 국제질서에 도전하는 수정주의적 국가로 정의하였다. 2018년 '국가국방전략(National Defense Strategy)' 보고서 역시 중국과 러시아를 가장 큰 위협이 되는 '준 경쟁자(near-peer competitor)'로 평가하고, 이들에 대한 대응에 군사전략의 가장 높은 우선순위를 부여하였다. 미군 군사전략의 가장 큰 변화는 냉전 종식 후 오랜 기간 유지해 온 2개 지역전쟁 개념(construct)을 중국 또는 러시아를 적으로 상정한 1개 강대국 전쟁 개념으로 전환한 것이다. 한편 북한과 이란의 군사전략상의 우선순위는 하락하였다.

2. 새로운 작전개념의 개발

미국은 새로운 군사전력에 따라 중국을 상대로 대규모 전쟁을 수행하는 경우 적용될 합동 전 영역 작전 개념(JADO)을 개발하고 있다. JADO는 지상, 공중, 해양, 우주, 사이버 등 작전 영역들 간의 경계를 제거하고 영역을 넘나드는 전력들의 합동작전 시너지를 극대화하기 위한 작전 개념이다. JADO는 공지전투(Air-Land Battle)에서 수행된 영역들 간 지원의 개념을 넘어선 고도의 통합작전을 구상하며 JADO의 개발은 작은 지역 국가나 테러 집단이 아닌 현대화된 강력한 군사력을 보유한 중국과 러시아를 상대로 전쟁을 수행하기 위해 미군이 가진 장점을 극대화하려는 노력의 일환이다. JADO는 전 영역의 센서(sensor)들과 공격 무기(shooter)들을 포괄적으로 연결한 자동화된 지휘통제체계인 합동 전 영역 지휘통제(JADC2)체계의 구축을 전제로 한다. JADO의 기본 개념은 전 영역의 전력들이 통합되고 자동화된 지휘통제체계에 기초해 빠르게 정보를 획득하면서 적 표적에 접근해 최적의 공격 무기체계를 선택해 공격하고, 상대가 대응하기 위한 결정을 내리기 전에 다시 신속한 기동작전을 수행하는 것이다. 전영역을 통합한 신속한 기동 작전을 통해 적의 표적 선정(targeting)을 혼란에 빠뜨리고, 복수의 예측하기 힘든 공격을 통해 적을 복잡한 딜레마에 빠지게 만드는 효과를 기대한다. 또한 JADO의 틀 속에서, 미 해군은 분산 해양작전(Distributed Maritime Operations) 개념을 발전시키고 있고 해군의 새로운 작전개념은 과거의 대형 전단 위주의 작전에서 보다 분산된 기동 작전으로의 변화를 추구하고 있다. 미 육군은 JADO의 모태가 된 다영역 작전(MDO)개념을 발전시켜 왔으며 해병대 역시 새로운 원정 전진기지 작전(Expeditionary Advanced Base Operations)개념을 발전시키고 있다.

3. 미래전력 개발

강대국과의 전쟁에 초점을 맞춘 군사전략을 채택한 미국은 현대적인 군사능력을 보유한 중국 및 러시아에 대해 질적 우위를 갖는 미래전력 개발에 강력한 우선순위를 부여하기 시작하였다. 트럼프 행정부의 2021년 국방 예산안은 1,066억 달러에 달하는 역대 최대의 연구개발 및 시험·평가비를 포함하였으며 미국은 AI 등 첨단기술을 활용한 혁명적인 무기체계의 개발을 통한 전쟁 패러다임의 전환과 장기적은 군사력 우위를 추구하였고, 바이든 행정부 역시 자동화된 무기체계 개발을 가속화하는 등 혁신적인 미래전력 개발에 강력한 우선순위를 부여하였다. 최근 미국은 아시아 전장에서 중국과의 경쟁에서 결정적인 역할을 할 해군력 증강에 높은 우선순위를 부여하고 본격적으로 투자하기 시작하였다. 트럼프 행정부는 2020년 분산 해양작전을 수행하기 위해 2045년까지 미 해군의 주요 전함 수를 500척 이상으로 증대시키는 해군력 증강계획인 Battle Force 2045를 발표하였다. 우선 2026년까지 82척의 새로운 전함을 증강할 계획을 밝혔으며 바이든 행정부는 전함 수와 적절한 구성에 대해 검토하고 있지만, 분산 해양작전과 이를 위한 더 많은 소형 전함 및 무인 함정의 필요성에 동의하였다. 그리고 개요가 제출된 2022년 국방예산안도 해군력 증강에 가장 높은 투자의 우선순위를 부여하였다. 미국은 또한 공격 능력의 우위를 강화하기 위한 투자를 본격화하였다. 특히, 미국은 A2/AD 환경과 중국 미사일들의 사거리 증가에 대응해 장거리 타격능력의 강화를 강조하고 있다. 한편, 미국은 미사일방어에 있어 독점적 지위를 유지하고 있지만, 레이저 무기와 레일건 등의 개발을 통해 방어능력의 강화를 추구하고 있다.

Ⅳ 미중관계 전망

1. 중단기 전망

세력균형의 변화 속에 미중의 전략적·경제적 경쟁 증대 추세는 지속될 것으로 전망된다. 증대되는 경쟁에도 불구하고, 향후 최소한 10년간 미국의 강한 힘의 우위가 존재하는 상황에서 중국이 급격한 군비증강을 통해 미국에 직접적인 군사적 도전을 시도할 가능성은 대단히 낮다. 미국 역시 힘의 우위를 기초로 일정한 포용을 통해 현상을 유지하는 전략을 버리고 중국에 대한 봉쇄를 추진해 중국을 본격적인 군비증강으로 몰아가는 것을 오히려 또 다른 강대국의 등장을 가속화하고 군사적 충돌의 위험을 증대시킬 것이다. 하지만 압도적인 군사력으로 중국을 에워싸고 있는 미국은 중국에게 가장 큰 안보 위협이며, 장기적으로 중국은 안보 강화를 위해 자신의 세력권을 확장하면서 미국을 서태평양에서 배제하는 전략을 추구할 것으로 예측된다. 상당 기간, 중국은 미국의 군사력 투사능력을 제약하고 약화시키려는 A2/AD 전략을 통해 미국의 지위를 약화시키고 동맹을 이완시키려 시도할 것이다.

2. 장기 전망

2030년대 후반 이후 중국은 미국에 본격적인 군사적 도전을 시도할 개연성이 높다. 중국은 2030년대 후반 경제규모에 있어 미국을 능가할 가능성이 있으며, 군사력 현대화의 결과로 2030년대 중반까지 실질적인 군사력 투사능력과 현대화된 전장 네트워크를 발전시키고 미국에 도전할 상당한 준비를 갖출 가능성이 높다. 특히, 조용한 핵잠수함과 방어력을 가진 항모전단 그리고 현대화된 전장 네트워크에 기초한 대함 탄도미사일의 위협은 미국의 대양 지배를 상당히 심각하게 위협하기 시작할 것으로 예상된다. 중국은 국력 강화에 따른 자신감을 바탕으로 자신을 포위하고 있는 미국으로부터 오는 안보위협을 줄이기 위해 기존의 A2/AD 능력 증강에서 한발 더 나아가 주변지역을 통제하고자 할 가능성이 크다. 이를 위해 축적된 경제·기술력과 운용능력을 기반으로 2030년대 후반 이후 일정 시점에 다수의 항공모함 전력을 개발하면서 미국에 군사적으로 도전할 가능성이 있다. 중국이 지역패권을 추구하는 경우, 아시아에서 패권국가 등장을 저지하는 데 사활적 이해를 갖고 있는 미국은 강한 대중 견제정책을 추진할 것으로 전망된다. 따라서 장기적으로 미중 간 높은 수준의 안보 경쟁이 벌어질 가능성이 높다. 이에 미국은 기존의 압도적 군사적 우위를 유지하기 위해 더 빠르게 전략을 혁신하고 미래 무기에 투자하고 있고, 기술집약적인 해·공군력에 있어서 중국이 대단히 복합적인 첨단 군사기술에 기초한 미국의 우위를 모방을 통해 극복하는 것은 오랜 시간을 요하는 도전이 될 것이다. 한편, 대륙국가인 중국의 강대국화로 인한 역내 국가들의 미국과의 안보협력과 반중연대는 점차 강화될 것으로 전망된다. 따라서 높은 수준의 안보 경쟁에도 불구하고 미국의 군사력 우위와 주요 역내 국가들의 반중동맹이 세력균형을 유지하고 중국을 자제시키면서 전반적인 지역체제의 안정성을 유지할 것으로 전망된다.

세력균형의 변화로 인한 경쟁 증대의 양상에도 불구하고, 미국은 군사력 우위를 기초로 오랜기간 역외균형자 역할을 지속할 것이고, 이는 아시아 지역체제의 전반적인 안정을 유지하는 가장 큰 요인이 될 것이다.

V 한국 안보 전략적 함의

1. 세력균형과 한미동맹

한국의 근본적인 전략적 이익은 한반도와 주변지역에서 팽창주의적 세력을 억제할 수 있는 세력균형을 유지하는 것이다. 중국의 부상과 세력균형의 변화는 한반도를 둘러싼 전략 환경에 중대한 변화를 가져오고 있다. 현재 한국과 중국은 우호적인 관계를 유지하고 있지만, 지리적으로 근접한 거대한 대륙국가인 중국의 강대국으로의 부상은 미래에 한국에게 가장 큰 잠재적 안보위협이 될 것이다. 한국은 중국과의 협력을 위주로 한 정책을 추진하면서 동시에 중국의 위협이 증대되었을 때를 대비할 필요가 있다. 또한 세력균형을 유지하면서 중국을 견제할 역외균형자인 미국과의 동맹은 미래의 불확실성에 대한 대비의 핵심이다. 현 상황에서 한국은 미중 사이에서 적대적인 전략적 선택을 할 필요는 없다. 하지만 한국은 한미동맹에 분명한 전략적 우선순위를 부여해야 한다. 미래에 한반도 주변 해역에서 한국과 중국의 국지적인 군사충돌이 일어나는 경우, 미국은 동맹국으로서 배후에서 확전을 억제하는 데 결정적인 역할을 할 수 있다. 그리고 국지전이 한반도로 확전되는 경우, 한국을 실질적으로 지원할 수 있는 유일한 강대국이다.

2. 미래전력 개발

중국의 군사력 증강 속도를 고려할 때, 한국은 미래에 중국을 억제하고 군사 충돌시 대응할 수 있는 미래전력을 개발하기 위한 본격적인 투자를 시작해야 한다. 체계적인 작전 개념에 기초한 전력 건설이 이루어져야 하며, 고강도 군사 충돌시, 한국은 다영역(Multi-domain) 합동 작전을 통해 분쟁 초기에 단시간에 결정적인 타격을 가해 상대를 거부하는 작전을 수행해야 한다. 또한 미국이 작전개념의 혁신과 첨단 미래전력 개발에 박차를 가하는 상황에서, 한국 역시 합동작전의 효율성을 높이고 동맹으로서의 가치를 유지하기 위해서는 군사적 혁신이 필요하다.

3. 미국 군사혁신의 위험요인 평가

미국의 군사전략 변화에 따른 작전개념, 군 구조, 전력 개발, 군사 태세의 변화가 한국의 안보에 어떤 영향을 미칠지에 대한 면밀한 평가가 필요하다. 미국의 통합작전능력 강화와 첨단전력 개발은 미국의 대중 견제능력을 강화해 지역 안정 유지에 기여할 것이다. 동시에, 아직 구체적인 내용이 다 드러나지 않았지만, 중국에 초점이 맞춰진 미국의 군사전략은 향후 한국의 안보에 새로운 위험요인을 만들어 낼 가능성이 존재한다. 중국에 대한 억제 및 전쟁 수행에 초점이 맞추어질 미국의 군사전략과 전력 구조의 변화가 미국의 한반도 개입능력에 어떤 영향을 미칠지를 관찰해야 한다. 특히, 육군과 해병대의 작전개념, 역할, 전력 구조의 변화가 한반도 유사시 투입될 미 지상군의 규모, 역할, 화력 등에 어떤 영향을 미칠지를 평가하고 대비해야 한다. 미국의 군사혁신능력과 한국의 군사혁신능력 사이에 긴장이 존재하며, 한국의 군사혁신이 현격하게 뒤처진다면, 한국의 지리적 취약성과 결합되어 미국이 동맹을 방기할 위험이 높아질 것이다. 따라서 중국을 염두에 둔 미국 군사태세의 유연성 강화 노력은 장기적으로 주한미군 감축의 동기가 될 수 있을 것이다.

제12절 QUAD체제

Ⅰ 서설

QUAD체제는 미국, 일본, 인도, 호주 네 나라가 안보, 경제, 기술 협력을 강화하기 위해 결성한 비공식적인 안보 협의체이다. 이 네 나라의 협력은 인도-태평양 지역의 자유롭고 개방적인 질서를 유지하고, 중국의 영향력 확산을 견제하는 것을 목적으로 한다. QUAD는 주기적인 회의와 공동 군사 훈련을 통해 각국의 안보와 경제적 이해관계를 조율하고 있다.

II QUAD체제의 발전 과정

1. 의의

QUAD체제는 인도양 쓰나미 재해가 발생한 2004년, 재난 구호 활동을 계기로 처음 형성되었다. 당시 미국, 일본, 인도, 호주가 재해 구호를 위해 협력하며 처음 연대감을 갖게 되었고, 이 경험은 이후 네 나라 간의 안보 협력 구상으로 이어졌다. 하지만 QUAD가 공식적으로 안보 협의체로 자리 잡기까지는 몇 가지 중요한 단계를 거쳐야 했다.

2. 초기 형성과 중단

2007년, 일본의 아베 신조 총리가 처음으로 '자유롭고 개방된 인도-태평양' 구상을 제시하면서 QUAD 협력 체제의 필요성을 강조했다. 이 구상 아래 미국, 일본, 인도, 호주는 처음으로 공식 회담을 열고 안보 협력의 가능성을 논의했다. 그러나 당시 QUAD의 활성화는 지속되지 못했다. 중국이 이 협의체를 자신을 견제하기 위한 연합으로 보고 강하게 반발했기 때문에, 특히 호주 내부에서는 QUAD 참여에 대한 신중론이 제기되었다. 결국 2008년, 호주가 중국과의 경제 관계를 고려해 QUAD에서 탈퇴하면서 체제는 일시적으로 중단되었다.

3. 재개와 발전

중국의 영향력이 인도-태평양 지역에서 빠르게 확산되자, 네 나라는 다시 안보 협력의 필요성을 인식하게 되었다. 2017년, 동남아시아국가연합(ASEAN) 정상 회의에서 미국, 일본, 인도, 호주가 다시 모여 QUAD 협의체를 재출범시켰다. 이후 QUAD는 주기적인 회담을 열며 안보, 경제, 기술 협력을 논의하기 시작했다. 이때부터 QUAD는 인도-태평양의 항행의 자유, 해상 안보, 인프라 구축 등의 다양한 분야에서 협력하기 시작했다.

III QUAD체제에 대한 미국의 입장

1. 미국의 입장: 글로벌 패권과 동맹 강화

미국은 인도-태평양 지역을 전략적 중요 지역으로 보고 있으며, 이 지역에서 강력한 존재감을 유지하는 것을 중요하게 생각한다. 특히, 중국이 남중국해에서 인공섬을 건설하고 군사 기지를 설치하는 등 군사적 확장을 시도하면서 미국의 기존 질서를 위협하고 있다. 미국은 자국의 경제적, 군사적 영향력을 보존하고, 동맹국들과의 협력을 통해 중국을 견제하고자 한다. QUAD는 미국이 인도-태평양 지역에서 파트너십을 강화하고, 자신의 패권을 보호하는 중요한 수단으로 자리 잡았다. 또한, 미국은 QUAD

를 통해 인도-태평양에서의 다자간 협력을 강화함으로써 중국이 이 지역에서 경제적, 군사적으로 단독 영향력을 미치는 것을 방지하려 한다. 이는 미국의 인도-태평양 전략, 특히 '자유롭고 개방된 인도-태평양(Freedom and Open Indo-Pacific)' 정책의 핵심 부분이기도 하다.

2. 트럼프 행정부의 입장: 강경한 대중국 견제와 QUAD의 군사적 협력 강화

트럼프 행정부는 QUAD를 강력한 대중국 견제 수단으로 활용하려 했으며, 이를 통해 인도-태평양에서의 군사적, 안보적 협력을 강조했다. 트럼프 행정부는 QUAD를 통해 미국의 인도-태평양 전략을 강화하고, QUAD를 '아시아의 나토'와 같은 군사적 성격을 띤 연합체로 발전시키는 데 초점을 맞췄다. 트럼프 행정부는 중국을 미국의 주요 경쟁자이자 안보 위협으로 간주했고, QUAD를 통해 이를 적극적으로 억제하고자 했다. 특히 남중국해에서의 중국의 군사적 확장에 대응해 QUAD 회원국 간의 군사 협력을 강화하고, QUAD를 통한 해상 안보와 항행의 자유를 보장하려고 했다. 트럼프 행정부는 QUAD를 통해 인도-태평양 지역에서 중국의 영향력을 제한하고, 동맹국들과의 안보적 협력을 강화하는 전략을 구사했다. 트럼프 행정부는 QUAD가 단순한 외교적 협의체가 아니라, 군사적 협력체로서 역할을 할 수 있도록 노력했다. 예를 들어, 말라바르 훈련에 미국, 일본, 인도, 호주 네 나라의 해군이 함께 참여하도록 하여 QUAD의 군사적 성격을 강화했다. 이는 미국이 QUAD를 안보 동맹으로서 활용하고자 했음을 보여주는 사례로, 인도-태평양 지역에서 미국의 군사적 지배력을 높이려는 전략의 일환이었다.

3. 바이든 행정부의 입장: 포괄적 협력 확대와 다자외교 강조

바이든 행정부 역시 QUAD를 매우 중요한 외교 및 안보 체제로 보고 있지만, 접근 방식은 트럼프 행정부와 다소 차이가 있다. 바이든 행정부는 QUAD를 통해 중국을 견제하는 목표를 유지하면서도, 군사적 협력에 국한하지 않고 경제, 기술, 보건 등 다양한 분야에서 협력을 강화하고 있다. 또한, 바이든 행정부는 다자외교와 동맹 복원을 중시하며 QUAD의 협력 방식을 보다 포괄적이고 유연하게 바꾸었다. 바이든 행정부는 다자외교와 동맹을 강화하는 외교 정책 기조를 채택하고 있으며, QUAD는 이러한 기조를 반영하는 중요한 틀이 되었다. 바이든 행정부는 단순히 군사적 협력에 집중하기보다, QUAD가 인도-태평양의 평화와 번영을 위한 포괄적 협력 체제로 작동하도록 하고 있다. 이는 QUAD가 경제, 기술, 기후 변화, 보건 문제 등 다양한 글로벌 과제를 해결하기 위한 중요한 다자 협력체가 되도록 하는 접근이다. 또한 바이든 행정부는 QUAD를 통해 경제적·기술적 협력을 강화하여, 인도-태평양 지역에서 중국과의 경쟁에서 우위를 점하고자 한다. 예를 들어, 반도체 공급망 강화, 5G 네트워크, 인공지능 및 첨단 기술 개발에서 QUAD가 협력하도록 하고 있다. 이는 중국의 기술적 영향력 확대를 억제하고, 민주적이고 개방적인 기술 환경을 조성하려는 목표를 반영한다. 바이든 행정부는 이를 통해 QUAD가 기술 경쟁에서 중요한 역할을 하도록 유도하고 있다.

4. 트럼프와 바이든 행정부의 주요 차이점

첫째, 트럼프 행정부는 주로 군사적 접근을 통해 QUAD를 대중국 견제의 강력한 안보 협력체로 활용하고자 했다면, 바이든 행정부는 군사적 협력을 유지하면서도 다양한 분야에서의 포괄적 협력을 강화하는 접근을 택했다. 바이든 행정부는 경제적, 기술적, 보건, 기후 변화 등 여러 문제를 다루면서 QUAD를 다방면에서 협력할 수 있는 체제로 발전시키고 있다. 둘째, 트럼프 행정부는 QUAD가 중국 견제라는 목표를 노골적으로 드러냈으며, 이에 따라 QUAD의 군사적 협력을 과시하는 방식으로 대응했다. 반면, 바이든 행정부는 QUAD의 대중국 성격을 직접적으로 강조하기보다는, '자유롭고 개방된 인도-태평양'을 위한 포괄적 협력체로 QUAD를 규정하며 다자외교와 동맹 강화 측면에서 강조하고 있다. 셋째, 바이든 행정부는 QUAD 외에도 아시아-태평양의 다자 기구들과의 협력 강화에 힘쓰고 있다. 이를 통해 인도-태평양 지역에서 미국의 영향력을 다자주의를 통해 강화하려는 전략을 펼치고 있다.

Ⅳ QUAD체제 참가국의 입장

1. 일본의 입장: 안보 우려와 지역 리더십

일본은 지리적으로 중국과 가까워 군사적 위협을 직접적으로 느끼고 있으며, 특히 센카쿠 열도와 같은 영토 분쟁을 겪고 있다. 중국의 해양 진출과 군사적 확장은 일본의 국가 안보에 직접적인 위협이 되고 있다. 일본은 이러한 위협을 줄이고, 자국의 국방을 강화하기 위해 미국 및 다른 국가들과의 협력이 필수적이라고 판단했다. 한편, 일본은 QUAD체제를 통해 안보 문제를 해결할 뿐만 아니라, 인도-태평양 지역에서 리더십을 발휘하고자 하는 의지도 있다. 일본은 지역 내에서 경제적 강국이자 외교적 영향력을 가진 국가로서, 인도-태평양의 자유롭고 개방된 질서를 유지하려는 목표를 가지고 있다. 이를 위해 QUAD에서 핵심적인 역할을 수행함으로써 동아시아와 인도-태평양 지역의 안정과 번영을 추구하고 있다.

2. 인도의 입장: 중국과의 경쟁과 지역 안정

인도는 QUAD에 참여함으로써 중국과의 경쟁 구도에서 전략적 우위를 확보하려 하고 있다. 인도는 지리적으로 중국과 국경을 맞대고 있으며, 이로 인해 국경 분쟁이 잦다. 특히 인도와 중국은 히말라야 산맥을 경계로 종종 충돌을 겪어왔고, 이는 인도에게 큰 안보 위협으로 다가왔다. 인도는 QUAD 협력을 통해 중국을 견제하고, 인도양과 남아시아에서 자신의 전략적 이익을 보호하고자 한다. 또한, 인도는 QUAD를 통해 아시아 태평양 국가들과의 경제 협력을 강화하여 자국의 경제 발전을 촉진하고, 자국을 인도-태평양 지역의 강력한 국가로 자리매김하려 한다. 인도는 미국, 일본, 호주와의 협력을 통해 중국을 견제하는 동시에, 경제적·기술적 협력을 통해 자국의 경제적 성장을 도모할 수 있다는 점에서도 QUAD를 유용하게 보고 있다.

3. 호주의 입장: 경제적·안보적 우려

호주는 중국과의 경제적 관계가 깊은 반면, 중국의 공격적인 외교와 경제 압박을 경험하며 안보적인 불안감을 느껴왔다. 호주는 자국의 주요 무역 상대국인 중국의 영향력 확대를 경계하면서, 경제적 의존성을 줄이고자 QUAD 협력체에 참여하게 되었다. 호주는 미국과의 전통적인 동맹 관계를 강화하며 인도-태평양 지역의 안정성을 높이는 데 기여하고자 한다. 또한, 호주는 인도-태평양 지역에서 해상 안보와 자유로운 항행을 중요하게 여긴다. 호주는 QUAD를 통해 자국의 해상 교통로를 보호하고, 중국이 이 지역에서 해양 패권을 확립하는 것을 방지하고자 한다. 특히 호주는 미국, 일본, 인도와의 협력을 통해 해상 안보를 강화하고, 국제적 영향력을 확대하고자 한다.

V QUAD체제의 목표

1. 자유롭고 개방된 인도-태평양 유지

QUAD의 핵심 목표는 인도-태평양 지역에서 자유로운 항행과 개방성을 보장하는 것이다. 이는 국제법에 따른 항해의 자유와 영토적 주권을 존중하는 원칙에 기반을 두고 있다. 특히, 남중국해와 동중국해에서의 항행의 자유를 보장하는 것은 중국의 해양 군사력 확대에 대응하기 위한 중요한 과제이다. QUAD는 이를 통해 인도-태평양이 특정 국가에 의해 지배되거나 폐쇄적인 질서로 변화하는 것을 방지하고, 자유롭고 안정적인 무역로를 유지하려고 한다.

2. 안보 협력 강화 및 역내 안정 유지

QUAD는 안보 협력을 통해 인도-태평양 지역의 안정성을 강화하는 것을 목표로 한다. 네 나라는 주기적인 군사 훈련을 통해 상호 작전 능력을 향상시키며, 각국의 국방력을 강화하는 데 기여하고 있다. 예를 들어, '말라바르 훈련'은 네 나라의 해군이 함께 참여하는 합동 훈련으로, 이를 통해 해상 안보를 강화하고 공동 대응력을 증진시키고 있다. 이러한 안보 협력은 중국의 군사적 팽창과 기타 잠재적 위협에 대한 집단적 대응력을 높이기 위한 것이다.

3. 경제적 협력과 지속 가능한 개발 촉진

QUAD는 경제 협력을 통해 역내 지속 가능한 개발을 촉진하는 것을 목표로 하고 있다. 네 나라는 인도-태평양 지역에서 인프라 프로젝트, 무역 및 투자, 공급망 안전성 강화 등에 협력하고 있다. 이는 중국이 주도하는 '일대일로' 정책에 대항하여, 독립적이고 투명한 경제적 개발 모델을 제공하기 위한 것이다. QUAD는 신뢰할 수 있는 경제 파트너십을 통해 이 지역에서의 경제적 안정성을 높이고, 각국의 경제적 번영을 추구하고 있다.

4. 기술 및 사이버 안보 협력

QUAD는 기술 협력 및 사이버 안보 분야에서도 협력을 강화하고 있다. 5G 네트워크, 인공지능, 반도체 기술 등 다양한 첨단 기술 분야에서 협력하여 역내 국가들이 첨단 기술에서 자립할 수 있도록 돕고 있다. 이와 함께 사이버 안보 협력을 통해 사이버 위협에 대한 대응력을 강화하고, 각국의 기술 인프라를 보호하기 위한 조치를 취하고 있다. 이는 중국의 기술적 우위를 견제하고, 민주적이고 개방적인 기술 환경을 조성하려는 목표와 연결되어 있다.

VI QUAD체제 협력 사례

1. 말라바르 군사훈련

말라바르 훈련은 QUAD 국가들 간의 가장 대표적인 군사 협력 사례로, 당초 인도와 미국이 함께 시작한 해상 군사훈련이었는데, 2020년부터 일본과 호주도 참여하면서 QUAD 국가들이 모두 참여하는 형태로 발전했다. 말라바르 훈련은 남중국해와 인도양에서 항행의 자유를 보장하고, 해상 안보를 강화하기 위한 목적으로 이루어진다. 훈련은 대잠수함전, 대공전, 수색 및 구조 훈련 등 다양한 훈련을 포함하며, 이를 통해 네 나라의 해군 간 상호작전 능력을 강화하고 있다. 이 훈련은 중국의 해양 확장에 대한 대응책으로서 상징적인 의미를 가지며, QUAD 국가들 간의 군사적 연대를 보여주는 중요한 사례이다.

2. 공급망 회복력 강화 이니셔티브(Supply Chain Resilience Initiative, SCRI)

QUAD는 팬데믹과 글로벌 공급망 위기를 계기로, 중국 의존도를 줄이고 안정적인 공급망을 구축하기 위한 '공급망 회복력 강화 이니셔티브'를 시작했다. 특히 반도체, 배터리, 희귀 금속과 같은 전략적으로 중요한 물자에 대해 각국이 상호 협력하여 공급망을 강화하고, 위험을 분산시키는 목표를 갖고 있다. 이 이니셔티브는 인도-태평양 지역의 경제적 안정성을 강화하며, 각국이 중국 의존도를 줄이고 자립적인 공급망을 구축하도록 지원한다. 특히, QUAD 국가들은 신뢰할 수 있는 공급망을 구축함으로써, 반도체나 기타 첨단 기술 산업의 공급 불안을 해소하고, 경제적 안정성을 높이고자 한다.

3. 사이버 안보 및 첨단 기술 협력

QUAD는 사이버 안보와 첨단 기술 분야에서도 협력을 강화하고 있다. 사이버 보안에 대한 협력을 통해 각국이 공동으로 사이버 위협에 대응할 수 있도록 하고, 5G 네트워크, 인공지능(AI), 퀀텀 컴퓨팅 등의 분야에서도 협력을 추진 중이다. 이를 통해 QUAD는 중국의 기술적 영향력 확대에 대응하고, 인도-태평양 지역에서 민주적이고 개방적인 기술 환경을 조성하고자 한다. QUAD는 'QUAD 사이버 안보 워킹 그룹'을 통해 사이버 위협 정보를 공유하고, 각국의 사이버 방어 능력을 강화하기 위한 훈련과 워크숍을 진행하고 있다. 또한 5G 기술 개발 및 공급망 안전성을 높이기 위한 협력도 추진하고 있다. 이는 기술적 협력의 일환으로, QUAD 국가들이 중국의 기술적 우위를 억제하고, 기술적 자립을 추구하는 사례로 볼 수 있다.

4. 해양 안보와 재난 구호 협력

QUAD는 해양 안보와 인도주의적 지원을 통해 지역 안정을 도모하고 있다. 예를 들어, 해양 쓰레기 문제 해결과 해양 생태계 보전을 위한 연구 협력 등을 통해 인도-태평양의 해양 환경을 보호하고자 한다. 또한, 자연재해가 빈번한 인도-태평양 지역에서 각국의 재난 대응 능력을 강화하기 위해 훈련과 인도적 지원 프로그램도 추진하고 있다. 특히, 태풍이나 쓰나미 등 대규모 재난 발생 시 QUAD 국가들은 인도적 지원과 구호 물품을 신속하게 제공할 수 있는 체계를 구축했다. 이는 자연재해 발생 시 긴급 대응을 통해 피해를 최소화하고, 인도주의적 문제 해결을 위한 협력 사례로 자리 잡았다.

Ⅶ QUAD체제에 대한 중국의 입장

1. 외교적 압박과 비난

중국은 QUAD를 "아시아의 나토"라 지칭하며 강하게 비판하고 있다. QUAD가 인도-태평양 지역에서 중국을 포위하고 억제하려는 전략적 의도를 가진다고 주장하면서, QUAD체제가 냉전 시대의 사고를 반영하며 지역 불안정을 초래할 가능성이 있다고 경고한다. 이러한 외교적 비난을 통해 중국은 QUAD가 특정 국가를 배제하거나 대립구도를 강화하는 조직이라는 인식을 확산시키려 한다. 이를 통해 인도-태평양 지역의 다른 국가들이 QUAD에 대해 거리를 두거나 참여를 망설이게 하려는 것이다. 중국은 특히 QUAD 참여국들에 대해 외교적 경고를 통해 압박을 가하기도 한다. 이를테면, 호주가 QUAD와의 협력을 강화할 때마다 중국은 호주와의 외교적, 경제적 관계를 냉각시키며 경고의 메시지를 보냈다. 이를 통해 중국은 QUAD 참여국들이 과도하게 중국을 견제하려는 행보를 보일 경우, 외교적 대가가 따를 수 있음을 암시하고 있다.

2. 경제적 영향력 확대와 경제 압박

중국은 인도-태평양 지역에서 경제적 영향력을 확대하는 전략을 통해 QUAD의 영향력을 제한하려 한다. 중국은 이미 인도-태평양 지역 여러 국가와 긴밀한 경제 관계를 유지하고 있으며, "일대일로(一帶一路, Belt and Road Initiative, BRI)"정책을 통해 이 지역에서의 경제적 지배력을 강화하고 있다. BRI는 인프라 개발, 투자 및 대출을 통해 중국과의 경제적 의존도를 높이는 정책으로, 이를 통해 중국은 인도-태평양 국가들이 QUAD와의 협력을 꺼리도록 유도하려고 한다. 또한, 중국은 QUAD 참여국들에 대한 경제적 압박을 가함으로써 대응하기도 한다. 예를 들어, 호주가 QUAD 활동을 강화하자 중국은 호주산 와인, 소고기, 석탄 등의 수입을 제한하는 등 경제적 제재를 가하며 경제적 타격을 주려 했다. 이를 통해 중국은 QUAD 참여국들이 경제적으로 중국에 의존하지 않으면 어려움을 겪을 수 있음을 시사하며, QUAD 참여에 대한 부담을 주려 하고 있다.

3. 군사력 증강 및 군사적 시위

중국은 QUAD의 군사적 견제를 완화하기 위해 자국의 군사력을 증강하고, 인도-태평양 지역에서 군사적 존재감을 강화하고 있다. 남중국해와 동중국해에 군사 기지를 구축하고, 인공섬을 통해 전략적 요충지를 확보하며 군사력을 배치하는 방식으로 이 지역에서의 영향력을 확대하고 있다. 특히 남중국해에서는 항공모함, 군용기, 미사일 등을 배치하여 미국 및 QUAD 국가들의 군사적 접근을 차단하고, 자국의 영토적 주장을 강화하고 있다. 중국은 주기적으로 남중국해와 대만 해협에서 군사 훈련을 실시하며, 이를 통해 QUAD 국가들에게 군사적 경고의 메시지를 보내기도 한다. 이로써 QUAD 국가들이 이 지역에서 군사적 활동을 자제하도록 압박하고, 자국의 군사력을 과시하여 QUAD의 억제력을 약화하려는 의도를 보인다. 특히, QUAD의 일원 중 하나인 인도와는 국경 분쟁이 빈번하게 일어나고 있으며, 중국은 이러한 분쟁 지역에 군사력을 증강시켜 인도에 압박을 가하고 있다.

4. 다자 외교와 지역 내 연대 강화

중국은 동남아시아국가연합(ASEAN), 상하이협력기구(SCO), 브릭스(BRICS) 등 다양한 다자 외교 채널을 활용해 자국의 영향력을 확대하고, QUAD의 영향력을 제한하려고 한다. 특히, ASEAN 국가들과의 협력을 강화하며, ASEAN 중심의 인도-태평양 협력 모델을 지지하고 있다. 이를 통해 QUAD가 주도하는 인도-태평양 질서가 아니라, 중국의 주도권을 인정하는 대안적 지역 질서를 제안하는 것이다.

ASEAN과의 협력에서 중국은 특히 경제적 지원과 인프라 투자 약속을 통해 ASEAN 국가들이 QUAD에 대한 거리를 유지하도록 유도하고 있다. 이를 통해 QUAD의 영향력이 ASEAN 국가들로 확산되는 것을 방지하고, ASEAN 국가들과의 연대를 통해 중국 중심의 질서를 강화하려 한다.

5. "포용적 인도-태평양" 구상 제안

QUAD가 "자유롭고 개방된 인도-태평양"을 표방하는 것과 달리, 중국은 "포용적 인도-태평양"이라는 개념을 제시하고 있다. 중국은 QUAD가 지역의 불안정을 초래할 수 있으며, 특정 국가를 배제하고 대립 구도를 조성하는 위험이 있다고 주장한다. 이에 반해, 중국은 인도-태평양이 모든 국가의 참여와 협력을 통해 번영할 수 있는 "포용적" 질서가 되어야 한다고 강조한다. 이를 통해 QUAD가 배타적이고 대립적인 연합체라는 인식을 심어주고, 자국의 협력 모델이 보다 안정적이고 포용적인 대안임을 주장한다.

Ⅷ QUAD체제가 국제질서에 미칠 영향

1. 미중관계의 긴장 고조

QUAD체제는 중국을 견제하려는 미국과 동맹국들의 전략적 대응으로 작용하면서, 미중관계의 긴장을 고조시키고 있다. 미국은 QUAD를 통해 중국의 군사적, 경제적 확장을 제한하고자 하며, 이는 중국이 자국의 국익에 대한 위협으로 간주하고 반발하는 원인이 되고 있다. 특히, QUAD의 군사적 협력 강화는 중국에 대한 안보적 압박으로 작용하고 있다. 남중국해와 동중국해에서 QUAD 국가들이 항행의 자유를 강조하며 군사적 존재를 확대할 경우, 중국은 이에 대응해 군사력을 강화하고, 분쟁 가능성이 높아질 수 있다. 이러한 군사적 긴장은 양국 간 무력 충돌의 가능성을 높이고, 미중관계의 갈등을 장기화시킬 위험을 내포하고 있다.

2. 인도-태평양 지역의 다자 협력 구도 변화

QUAD는 인도-태평양 지역에서 미국 주도의 새로운 다자 협력 구도로 자리 잡고 있다. 이는 중국이 주도하던 일대일로(一帶一路, Belt and Road Initiative, BRI)와 경쟁하는 대안적 협력 모델을 제공하며, 이 지역 국가들이 중국과 QUAD 사이에서 균형을 모색하도록 만들고 있다. 중국은 일대일로를 통해 인도-태평양 국가들과 경제적 연계를 강화해 왔으나, QUAD는 이를 견제하기 위해 자금 지원, 인프라 개발, 경제 협력 등을 통해 이 지역에서의 영향력을 확대하려 한다. 특히, QUAD가 인도-태평양 지역에 안정적이고 신뢰할 수 있는 공급망을 제공하게 되면, 일부 국가들은 중국 중심의 경제적 종속을 줄이고 QUAD와의 경제 협력 강화를 선택할 수 있다. 이는 인도-태평양 지역에서 중국의 경제적 영향력을 감소시키고, 다자 협력 구도가 미국과 QUAD 중심으로 재편되는 결과를 가져올 수 있다.

3. 신냉전 구도 형성 가능성

QUAD의 부상은 국제사회에서 미국과 중국 간의 신냉전 구도가 형성될 가능성을 높인다. 과거 냉전 시기처럼, 미중 간 경쟁이 군사적, 경제적, 이념적 대립으로 심화될 수 있으며, 국가들이 미국과 중국 중 하나의 진영에 속하게 되는 양극화된 구도로 발전할 가능성이 있다. QUAD는 미국의 민주주의 진영 강화의 일환으로 볼 수 있으며, 미국은 이를 통해 자유롭고 개방된 질서를 지지하는 국가들과의 연대를 강화하려고 한다. 중국 역시 러시아와의 협력을 강화하고, 상하이협력기구(SCO)와 같은 조직을 활용해 다자 협력을 확대하면서, 미국 중심의 국제 질서에 맞서려 하고 있다. 이는 신냉전 구도가 인도-태평양 지역에서 심화되면서 미국과 중국이 각각 동맹국과 협력국을 중심으로 서로를 견제하는 구도로 발전할 가능성을 시사한다.

4. 경제 블록화 가속화

QUAD체제는 글로벌 공급망과 경제 협력 체제를 재편하고, 경제 블록화를 가속화할 가능성이 있다. QUAD는 공급망 회복력 강화 이니셔티브(SCRI)를 통해 반도체, 희토류 등 전략 물자에 대한 안정적 공급망을 구축하고, 중국 의존도를 줄이려 하고 있다. 이는 글로벌 공급망이 경제적·정치적 이유로 분리되면서, 미국을 중심으로 한 경제 블록과 중국을 중심으로 한 경제 블록이 나뉘는 결과를 초래할 수 있다.

5. 국제 규범과 민주주의 가치 확산

QUAD는 중국과의 경쟁에서 민주주의와 인권, 법치주의 등 국제 규범과 가치를 강조하고 있으며, 이를 통해 국제사회에 민주주의 가치를 확산하고자 한다. QUAD는 자유롭고 개방된 인도-태평양을 지지하는 동시에, 이러한 가치를 공유하는 국가들 간의 연대를 강화하고 있다. 이로 인해 QUAD는 민주주의 가치를 국제 질서의 주요 규범으로 내세우는 역할을 할 가능성이 높다. 이는 권위주의 체제를 기반으로 하는 중국과의 이념적 갈등을 초래할 수 있으며, 인권 문제 등에서의 국제적 압력을 높이는 결과를 가져올 수 있다. 예를 들어, QUAD는 각국에서 인권 침해와 관련한 문제에 대해 목소리를 높이고, 민주주의를 촉진하려는 움직임을 강화하고 있다.

6. 글로벌 거버넌스에 대한 영향

QUAD는 보건, 기후, 기술, 인프라 개발 등 다양한 분야에서 협력하며 글로벌 거버넌스의 새로운 틀을 제시하고 있다. 이는 기존의 다자 기구들, 예를 들어 유엔, 세계보건기구(WHO), 국제통화기금(IMF) 등에서의 영향력을 확대하는 대신, QUAD를 통해 미국과 동맹국들이 독자적으로 협력하는 모델로 작용할 수 있다. 이로 인해, 글로벌 거버넌스에서 미국과 중국의 협력이 축소되고, 양국이 각자의 협력체를 기반으로 영향력을 확대하는 경향이 나타날 수 있다.

Ⅸ QUAD체제 형성에 대한 이론적 접근

1. 신현실주의 관점에서의 QUAD체제 형성

신현실주의(Neorealism)는 국제 관계를 국가 간 권력 경쟁과 안보 딜레마를 중심으로 설명하는 이론이다. 신현실주의에 따르면, 국제 체제는 무정부적(즉, 중앙 권위가 부재한) 구조를 가지고 있으며, 각국은 생존을 위해 힘의 균형을 유지하고 자국의 안보를 보장하려고 한다. QUAD의 형성은 이러한 신현실주의적 관점에서 이해할 수 있다. 신현실주의에 따르면, QUAD는 중국의 급속한 군사적, 경제적 성장을 견제하기 위한 권력 균형의 산물이다. 중국이 인도-태평양 지역에서 영향력을 확대하면서 군사력을 증강하고 남중국해와 동중국해에서 영토적 주장을 강화하는 것은, 미국과 동맹국들(일본, 인도, 호주)에게 위협으로 작용하고 있다. QUAD는 이 지역에서 중국의 부상을 견제하고, 역내 국가들 간 권력 균형을 유지하기 위해 형성된 집단적 대응이라고 볼 수 있다.

2. 신자유제도주의 관점에서의 QUAD체제 형성

신자유제도주의(Neoliberal Institutionalism)는 국제 체제 내에서의 협력을 강조하며, 국제 기구와 규범이 국가 간 협력을 촉진하고 안보 문제를 해결할 수 있다고 본다. QUAD체제는 이러한 신자유제도주의적 시각에서 협력과 제도화를 통한 국제 질서의 안정화 시도로 이해될 수 있다. 신자유제도주의는 국제사회가 무정부적일지라도 국가들이 상호 의존과 제도를 통해 협력할 수 있다고 주장한다. QUAD는 인도-태평양 지역에서의 협력과 문제 해결을 위해 결속된 다자간 협력체로서, 안보뿐만 아니라 경제, 보건, 기술, 기후 문제 등에 걸쳐 다양한 협력을 제도화하는 방향으로 나아가고 있다. 이는 각국이 제도적 틀 내에서 안보뿐만 아니라 경제적·환경적 안정성을 추구하는 방식으로 해석된다. 신자유제도주의는 다자간 협력이 국제 체제에서의 갈등을 줄이고, 평화와 안정에 기여한다고 본다. QUAD는 경제적 협력과 기술 협력을 통해 인도-태평양 지역의 안정과 번영을 추구하고 있으며, 이를 통해 중국의 영향력을 견제하면서도 갈등을 줄이는 방향으로 나아가고 있다. QUAD의 경제 및 기술 협력은 지역 내에서 신뢰를 구축하고, 분쟁을 예방하는 장기적 효과를 기대하는 신자유제도주의적 접근으로 설명될 수 있다.

3. 구성주의 관점에서의 QUAD체제 형성

구성주의(Constructivism)는 국제 관계를 객관적인 힘이나 이익이 아니라, 국가 간의 상호작용에서 형성되는 정체성과 규범을 통해 이해한다. 구성주의는 QUAD체제를 각국이 공유하는 정체성과 가치, 그리고 규범의 산물로 본다. 구성주의적 시각에서 QUAD는 민주주의, 법치주의, 인권 존중 등의 가치를 공유하는 국가들이 결속한 협력체로 이해된다. 미국, 일본, 인도, 호주는 모두 민주주의와 자유 시장 경제 체제를 지향하는 국가로, 인도-태평양 지역에서 이러한 가치를 보호하고 확산하려는 공통의 목표를 가지고 있다. 이는 QUAD가 단순한 권력 균형이 아니라, 민주주의와 자유의 가치를 유지하려는 정체성의 표현으로 해석된다.

Ⅹ QUAD체제에 대한 한국의 대응 전략

1. 신중한 접근과 균형 외교

한국은 QUAD 가입 여부에 대해 공식적인 입장을 명확히 밝히지 않고 신중한 접근을 취하고 있다. QUAD는 중국 견제 성격이 강한 협력체로 인식되고 있어, QUAD에 적극적으로 참여하는 것이 중국과의 관계에 부정적인 영향을 미칠 수 있다는 우려가 있기 때문이다. 한국은 경제적으로 중국에 상당히 의존하고 있으며, 중국은 한국의 최대 무역 파트너 중 하나이기 때문에, QUAD 참여가 한중관계에 미칠 파급 효과를 고려할 수밖에 없다. 이 때문에 한국은 QUAD에 직접적으로 참여하기보다는, 필요한 분야에서 선택적으로 협력하는 방식으로 접근하고 있다. 예를 들어, QUAD의 공급망 강화, 코로나19 백신 협력, 기후 변화 대응 등의 이슈에 대해서는 협력 가능성을 열어두면서, 군사적 협력이나 중국 견제와 직접적으로 관련된 사안에는 거리를 두고 있다. 이를 통해 한국은 QUAD와의 협력에서 실리적 이익을 도모하면서도 중국과의 경제적 관계를 고려하는 균형 외교를 유지하고 있다.

2. 쿼드 플러스(QUAD+) 논의와 한국의 참여 가능성

QUAD는 미국, 일본, 인도, 호주 4개국을 중심으로 결성된 협의체이지만, 특정 분야에서 다양한 국가들과의 협력을 모색하고 있으며, 이를 "쿼드 플러스(QUAD+)"라고 부르기도 한다. 쿼드 플러스는 주요 쟁점에 대한 비회원국들의 선택적 참여를 허용하며, 한국도 몇몇 분야에서 쿼드 플러스의 협력 논의에 참여할 가능성을 열어두고 있다. 한국은 코로나19 대응이나 기후 변화, 공급망 안정성 강화와 같은 글로벌 과제에 대해 QUAD와 협력할 수 있는 여지가 있다. 예를 들어, QUAD가 추진하는 반도체 공급망 회복력 강화 이니셔티브나, 기후 변화 대응 협력 등에 참여함으로써 자국의 경제적 이익을 증진하고, 글로벌 과제 해결에 기여할 수 있다. 그러나 군사적 협력이나 중국을 견제하는 직접적인 안보 협력에는 참여하지 않음으로써, 민감한 외교적 균형을 유지하려 하고 있다.

3. 중국과의 관계 유지 및 경제적 고려

한국은 경제적 측면에서 중국과 긴밀한 관계를 유지하고 있으며, 이는 QUAD에 대한 한국의 신중한 태도의 배경이 되고 있다. 한국의 수출의 상당 부분이 중국으로 향하고 있으며, 중국과의 경제적 협력은 한국 경제에 중요한 요소로 작용한다. 따라서 한국이 QUAD에 참여하여 중국을 견제하는 모습을 보이는 것은 중국과의 경제 관계에 부정적인 영향을 미칠 수 있다는 우려가 있다. 2016년 고고도미사일방어체계(THAAD) 배치 당시, 중국이 한국에 경제적 보복 조치를 취했던 경험이 한국 정부의 대중국 외교에 중요한 교훈으로 남아 있다. 이러한 배경 때문에 한국은 QUAD에 대한 참여 여부를 결정하는 데 있어 중국의 반발 가능성을 고려하고 있으며, 한미 동맹과 한중관계를 동시에 유지하려는 복합적인 접근을 취하고 있다.

4. 인도-태평양 전략에 대한 협력 의사 표명

한국은 미국의 인도-태평양 전략을 완전히 수용하지는 않지만, "한반도와 인도-태평양의 평화와 번영"이라는 목표 아래 미국과 협력하고 있다. 한국은 2021년, 한국판 인도-태평양 전략 구상인 "한-아세안 협력 이니셔티브"를 발표하였고, 이는 동남아시아 국가들과의 협력을 강화하고, 이 지역에서의 평화와 번영을 도모하는 내용을 포함하고 있다. 한국의 인도-태평양 전략 구상은 미국의 인도-태평양 전략과 일정 부분 목표를 공유하지만, 중국을 직접적으로 견제하는 데 중점을 두기보다는 한국의 경제적 이익과 평화 유지를 우선시하는 방향으로 설계되어 있다. 한국은 인도-태평양 지역에서 자유롭고 개방된 국제 질서의 중요성을 인정하면서도, QUAD의 군사적 성격이 강조되는 방향보다는 경제 협력과 포괄적인 지역 안정에 초점을 맞추고 있다.

5. 다자 협력 및 글로벌 거버넌스에서의 역할 강화

한국은 QUAD와의 직접적인 군사적 동맹보다는 글로벌 차원에서의 다자 협력과 거버넌스 강화에 초점을 맞추고 있다. 한국은 기후 변화, 보건 안보, 기술 협력과 같은 글로벌 이슈에 대해 QUAD 국가들과 협력할 수 있는 영역이 많다고 보고 있으며, 이러한 협력은 한미 동맹과 글로벌 거버넌스의 기여라는 측면에서도 의미가 있다. 또한 한국은 QUAD에 비슷한 성격의 다자 협력체인 주요 7개국(G7) 정상 회담, 주요 20개국(G20) 회의 등에서도 활발히 활동하며 국제 문제에 기여하고 있다. 한국은 이러한 다자 협력체에서의 역할 강화를 통해 QUAD와도 상호 협력을 강화하면서, QUAD 참여 여부를 확실히 결정하지 않고 다양한 다자 협력체를 통해 국제사회에서 기여할 수 있는 여지를 확보하려 하고 있다.

제13절 바이든 행정부의 대중국정책

I 바이든 행정부의 대중국 정책 기조와 목표

1. 대중국 정책 기조

바이든 행정부의 대중국 정책 기조는 "전략적 경쟁과 제한적 협력"으로 요약된다. 트럼프 행정부가 대중국 강경 정책을 일방적으로 추진했다면, 바이든 행정부는 다자주의와 동맹 강화를 통해 동맹국들과의 협력을 바탕으로 중국을 견제하는 다층적 접근을 택하고 있다. 바이든 행정부는 중국을 미국의 패권에 대한 가장 큰 도전으로 인식하며, 안보, 경제, 기술, 규범적 측면에서 중국의 팽창을 견제하려 한다. 특히, 인도-태평양 지역에서 동맹 및 협력체와의 연대를 통해 중국의 영향력을 억제하고 있다. 바이든 행정부는 동맹과 파트너 국가와의 협력을 통해 중국을 견제하는 다자주의적 접근을 중시한다. 쿼드(QUAD)와 같은 다자 협력체를 통해 인도-태평양에서의 안보 협력을 강화하며, 유럽연합(EU)과도 전략적 협력을 추진하고 있다. 한편, 바이든 행정부는 기후변화, 팬데믹 대응 등 글로벌 과제에서는 중국과 협력할 여지를 남겨 두고 있다. 이는 필수적인 글로벌 문제에서는 협력하되, 전략적 경쟁이 필요한 분야에서는 강경한 자세를 유지하는 전략적 유연성을 반영한다.

2. 대중국 정책 목표

(1) 인도-태평양 지역에서의 자유롭고 개방된 질서 유지

바이든 행정부는 인도-태평양 지역에서 자유롭고 개방된 국제 질서를 유지하고, 중국의 독점적 패권 확장을 견제하려고 한다. 이를 통해 미국의 안보와 경제적 이해관계를 보호하고자 한다.

(2) 민주주의와 규범에 기반한 국제 질서 수호

바이든 행정부는 민주주의와 인권 보호, 규범에 기반한 국제 질서를 수호하려고 한다. 이는 중국의 권위주의적 체제와 대조되는 가치를 강조하는 것으로, 국제사회에서 민주적 가치를 지키려는 목표를 반영한다.

(3) 미국의 경제적·기술적 우위 확보

바이든 행정부는 기술 경쟁에서 중국의 도전을 효과적으로 대응하고, 경제적 경쟁력을 유지하며, 공급망의 안정성을 보장하려고 한다. 이를 통해 미국 경제의 독립성과 경쟁력을 강화하고, 중국에 대한 의존도를 줄이고자 한다.

II 바이든 행정부의 대중국 정책 결정 요인

1. 개인 차원: 지도자 및 정책 결정자의 역할

(1) 바이든 대통령의 가치 중심 외교관

바이든 대통령은 오랜 외교 경력을 통해 다자주의와 동맹을 중시하는 전통적 외교관으로서, 민주주의와 인권을 외교 정책의 중심에 두고 있다. 바이든 대통령은 민주주의와 인권을 중요한 외교적 가치로 인식하며, 이를 통해 권위주의 국가와의 경쟁에서 미국의 도덕적 우위를 강화하고자 한다. 이러한 바이든의 외교관은 중국의 인권 문제와 관련된 강경한 입장, 민주주의 국가들과의 연대 강화 등의 정책으로 이어진다.

(2) 정책 결정자들의 대중국 인식

제이크 설리번 국가안보보좌관과 안토니 블링컨 국무장관 등 바이든 행정부의 고위 외교·안보 인사들은 중국을 미국의 가장 큰 경쟁자로 인식하고 있다. 이들은 대중국 정책에서 인권과 가치 외교를 강조하는 동시에, 중국을 견제하기 위해 군사, 경제, 기술적 압박을 병행할 필요성을 강조한다. 이들의 이러한 인식은 대중국 견제와 동맹국과의 협력 강화라는 구체적 정책으로 구현된다.

(3) 정책 결정자들의 다자주의 중시 성향

바이든 대통령과 그의 외교팀은 동맹 및 다자 협력의 중요성을 인식하고 있으며, 이를 통해 다자주의적 접근을 강화하려고 한다. 이는 쿼드(QUAD)와 같은 다자 협의체의 활성화, 유럽연합(EU) 및 나토(NATO)와의 협력을 통해 대중국 견제를 다자 차원에서 추진하는 정책으로 나타난다.

2. 국가 차원: 미국의 국내 정치, 경제 및 군사적 요인

(1) 정치적 압력과 의회 내 대중국 강경론

미국 의회는 초당적으로 대중국 견제를 지지하고 있으며, 이는 바이든 행정부가 중국에 대해 강경한 정책을 유지해야 할 국내적 압력으로 작용한다. 중국의 경제적 팽창과 기술적 경쟁에 대한 불안감은 의회에서 초당적 지지를 받고 있으며, 특히 민주·공화 양당 모두가 중국의 군사적, 인권적 문제에 대한 강경한 대응을 요구하고 있다. 이는 바이든 행정부가 대중국 강경 정책을 지속적으로 추진하는 원동력이 된다.

(2) 경제적 이해관계와 공급망 안정성

미국은 중국과의 무역 관계에서 경제적 의존도를 줄이기 위해 공급망을 재편하고, 국내 첨단 산업을 육성하려 한다. 팬데믹과 미중 무역 갈등을 계기로, 미국은 반도체, 배터리, 희귀 금속과 같은 핵심 자원에 대해 중국 의존도를 줄이고 자국 내 생산을 강화하려고 한다. 이는 바이든 행정부가 첨단 산업에 대한 투자를 강화하고, 동맹국과의 경제 협력을 통해 중국과의 경제적 경쟁에서 우위를 점하려는 정책을 추진하게 하는 주요 요인이다.

(3) 미국 내 여론의 변화

미국 내에서 중국에 대한 부정적인 여론이 강화되고 있으며, 이는 바이든 행정부가 대중국 정책에서 강경한 입장을 유지하는 요인이 된다. 최근 여론 조사에 따르면 미국 국민들 사이에서 중국을 국가 안보와 경제적 위협으로 인식하는 경향이 커지고 있으며, 이는 바이든 행정부가 대중국 정책에서 다소 강경한 입장을 취하게 하는 배경이 되고 있다.

3. 국제체제 차원: 미중 경쟁과 국제 질서 변화

중국은 경제, 군사, 기술적으로 급성장하며 미국과의 격차를 줄이고 있으며, 이를 통해 국제 체제에서 미국의 패권에 도전하고 있다. 바이든 행정부는 이러한 상황을 새로운 냉전 구도로 인식하고 있으며, 인도-태평양 지역에서 중국의 영향력을 억제하고 미국의 전략적 입지를 강화하는 정책을 추진하고 있다. 이는 쿼드 협력 강화, 나토와의 협력 확대, 인도-태평양 지역에서의 군사적 개입 강화 등의 정책으로 이어진다.

Ⅲ 바이든 행정부의 대중국 정책 사례

1. 쿼드(QUAD) 협력 강화

바이든 행정부는 일본, 인도, 호주와 함께 인도-태평양 지역에서 중국을 견제하기 위해 쿼드(QUAD) 협력을 강화했다. 2021년에는 첫 쿼드 정상회담을 개최하고, 군사적 협력뿐만 아니라 백신 공급, 기후변화 대응, 첨단 기술 협력 등 다양한 분야에서 협력 계획을 발표했다. 이러한 쿼드 협력 강화는 중국의 영향력 확대를 억제하고 인도-태평양에서 자유롭고 개방된 질서를 유지하기 위한 주요한 대중국 전략의 일환으로 볼 수 있다.

2. 공급망 회복력 강화 이니셔티브

바이든 행정부는 공급망 회복력 강화 이니셔티브(Supply Chain Resilience Initiative, SCRI)를 통해 중국에 대한 경제적 의존도를 줄이고, 반도체와 희귀 금속 등 핵심 자원의 안정적 공급망을 확보하기 위한 노력을 기울이고 있다. 팬데믹 이후 글로벌 공급망 불안이 심화되자, 미국은 반도체 및 첨단 기술 분야에서 자국 및 동맹국 중심의 공급망을 구축하려는 정책을 추진하고 있다. 이는 중국에 대한 경제적 의존도를 낮추고, 미국의 경제적·전략적 자율성을 확보하려는 전략의 일환이다.

3. 반도체 및 첨단 기술 경쟁 강화

바이든 행정부는 중국과의 첨단 기술 경쟁에서 우위를 점하기 위해 반도체, 5G, 인공지능(AI) 등 핵심 기술 분야에 대한 연구개발 투자를 강화하고 있다. 예를 들어, 2022년 반도체 지원법(Chips Act)을 통과시켜 미국 내 반도체 산업을 지원하고, 반도체 자급률을 높이기 위한 투자를 확대했다. 이러한 정책은 중국과의 기술 경쟁에서 미국의 주도권을 유지하려는 목표를 반영하고 있다. 또한, 미국은 5G 네트워크와 같은 통신 기술에서 중국산 장비 사용을 제한하고 있으며, 동맹국들에게도 중국산 장비 사용을 배제하도록 권장하고 있다. 이를 통해 미국은 통신망 보안을 강화하고, 중국의 기술적 영향력을 억제하려 하고 있다.

4. 신장 위구르 인권 제재와 홍콩 문제 대응

바이든 행정부는 중국의 인권 문제에 대해 강경한 입장을 취하고 있다. 예를 들어, 신장 위구르 지역의 인권 탄압과 관련하여 위구르 강제노동 방지법(Uyghur Forced Labor Prevention Act)을 통과시켜, 중국 신장 지역에서 강제 노동을 통해 생산된 제품의 수입을 금지했다. 이와 함께, 신장 위구르 지역에서 인권 탄압에 연루된 중국 관리들과 기업들에 대해 제재를 가하기도 했다. 홍콩의 민주화 운동 탄압과 관련해서도 미국은 홍콩의 정치적 자유와 인권을 지지하는 입장을 표명하며, 홍콩 자치권을 침해한 중국 관리들을 대상으로 비자 제재를 시행했다. 이러한 인권 관련 제재는 바이든 행정부가 대중국 정책에서 인권과 민주주의 가치를 중시하는 것을 보여준다.

5. 남중국해에서의 항행의 자유 작전(FONOPs) 강화

바이든 행정부는 남중국해에서의 항행의 자유 작전(Freedom of Navigation Operations, FONOPs)을 통해 중국의 해양 영유권 주장에 맞서고 있다. 남중국해는 중국이 영유권을 주장하며 군사적 확장을 시도하는 지역으로, 미국은 이를 국제법에 반하는 행위로 보고 있다. 바이든 행정부는 미국 해군 함정과 항공기를 남중국해에 파견하여 항행의 자유를 보장하고 있으며, 이를 통해 중국의 해양 패권 확장을 억제하고 있다.

6. 민주주의 정상회의와 가치 연대 강화

바이든 행정부는 전 세계 민주주의 국가들과의 연대를 강화하고, 권위주의 국가에 대한 대응을 위해 민주주의 정상회의(Summit for Democracy)를 개최했다. 이 정상회의에서는 민주주의 가치 수호와 인권 보호를 강조하며, 중국의 권위주의적 체제와 대비되는 민주적 가치를 옹호하는 국제 연대를 형성하고자 했다. 이를 통해 미국은 민주주의 국가들과의 가치를 공유하며, 중국의 권위주의적 체제와의 경쟁 구도를 강화하고 있다.

7. 기후변화 대응에서의 선택적 협력

바이든 행정부는 기후변화 대응과 같은 글로벌 이슈에서는 중국과 협력할 여지를 남겨두고 있다. 예를 들어, 2021년 COP26 기후변화 회의에서 미국과 중국은 공동 선언을 통해 기후변화 대응에 협력할 것을 약속했다. 이는 미중 간의 전략적 경쟁에도 불구하고, 글로벌 기후 문제와 같은 필수적인 과제에서는 협력의 가능성을 모색하려는 바이든 행정부의 유연성을 보여주는 사례이다.

8. 중국 기업에 대한 기술 및 정보 제한 강화

바이든 행정부는 국가 안보와 관련된 중국 기업에 대해 엄격한 규제를 시행하고 있다. 예를 들어, 화웨이와 같은 중국 통신 장비 제조업체에 대한 기술 및 정보 접근을 제한하고 있으며, 틱톡(TikTok)과 같은 중국 소셜 미디어 기업에 대해서도 데이터 보안 문제를 이유로 제재와 규제를 강화하고 있다. 이러한 제한 조치는 중국 기업들이 미국의 첨단 기술에 접근하지 못하게 함으로써, 기술 탈취와 국가 안보 위협을 방지하려는 목적을 가지고 있다.

9. 한미일 3자 안보 협력 강화

바이든 행정부는 중국 견제와 동북아시아 안보 강화를 위해 한미일 3자 협력을 강조하고 있다. 2023년, 바이든 대통령은 한미일 정상회담을 통해 북한과 중국에 대한 공동 대응 방안을 논의하고, 사이버 보안 및 군사 협력 강화를 약속했다. 이를 통해 바이든 행정부는 동북아시아에서 중국의 영향력을 억제하고, 한국과 일본을 동맹으로 결속시켜 안보 공조를 강화하고 있다.

Ⅳ 바이든의 대중국정책에 대한 중국의 대응 전략

1. 외교적 대응: 다자 외교 및 주변국 연대 강화

(1) 주변국과의 경제 협력 강화

중국은 동남아시아국가연합(ASEAN)과의 경제적·외교적 협력을 확대하고, 역내 포괄적 경제동반자협정(RCEP)과 같은 경제 협정을 통해 아시아 지역에서 영향력을 확대하고 있다. 이를 통해 인도-태평양 지역에서 미국의 영향력 확대를 견제하며, 경제적 의존도를 높여 미국 주도의 동맹 체제를 약화시키려 한다.

(2) 일대일로(一帶一路) 프로젝트 확대

중국은 일대일로(Belt and Road Initiative, BRI) 프로젝트를 통해 중동, 아프리카, 라틴 아메리카 등의 개발도상국과의 협력을 강화하고 있다. 이를 통해 국제사회에서 자국의 지지 기반을 확대하며, 미국의 압박을 견제하려고 한다. 또한, 이를 통해 경제적 영향력뿐만 아니라 정치적 지지를 확보하고, 미국이 자국을 포위하는 것을 막으려는 전략을 구사하고 있다.

(3) 상하이협력기구(SCO) 및 브릭스(BRICS) 협력 강화

중국은 상하이협력기구(SCO), 브릭스(BRICS)와 같은 비서구권 협력체에서 주도적인 역할을 맡아, 미국의 일방적 영향력에 맞서기 위한 다자 협력을 강화하고 있다. 이를 통해 중국은 자국 중심의 협력 구조를 구축하고, 미국의 글로벌 질서 주도권에 대응하려고 한다.

2. 경제적 대응: 경제 자립과 기술 자립 강화

(1) '쌍순환' 전략

중국은 외부 충격에 대응하기 위해 내수 중심의 경제 성장 전략인 '쌍순환(dual circulation)'을 추진하고 있다. 쌍순환 전략은 국내 시장을 중심으로 한 경제 자립을 강화하면서도, 글로벌 시장에서의 경쟁력을 유지하는 것을 목표로 한다. 이를 통해 미국이 주도하는 글로벌 경제 네트워크에 대한 의존도를 줄이고, 자국 중심의 안정적 경제 구조를 구축하려는 것이다.

(2) 핵심 기술 개발과 자립

미국의 첨단 기술 제재에 대응하여, 중국은 반도체, 5G, 인공지능(AI) 등 핵심 기술 분야에서 자국의 기술 자립을 추구하고 있다. 중국 정부는 자국 기술 기업에 대한 지원을 강화하고 있으며, 미국이 반도체 공급망을 제한하자, 자체적으로 반도체 기술을 발전시키고 있다. 이를 통해 기술적 독립성을 확보하고, 미국의 기술 제재에 대한 대응력을 강화하려고 한다.

(3) 위안화 국제화와 디지털 화폐 도입

중국은 미국 달러의 경제적 영향력을 줄이기 위해 위안화 국제화와 디지털 화폐(CBDC) 도입을 적극 추진하고 있다. 이를 통해 무역과 금융에서 미국 달러 의존도를 줄이고, 자국의 금융 독립성을 강화하며, 미국의 경제적 압박을 완화하려고 한다.

3. 군사적 대응: 인도-태평양 지역에서의 군사력 증강

(1) 남중국해와 동중국해에서의 군사적 존재 확대

중국은 남중국해와 동중국해에서 군사적 영향력을 확대하며, 항공모함, 잠수함, 미사일 등 군사 장비를 배치하고 있다. 또한, 인공섬을 통해 군사 기지를 구축하고 있으며, 이를 통해 남중국해에서 자국의 영유권 주장을 강화하고 있다. 이는 미국과 동맹국들의 군사적 압박에 대한 대응이자, 자국의 안보 이익을 보호하려는 전략적 조치이다.

(2) 대만에 대한 군사적 압박

미국이 대만에 대한 지원을 강화함에 따라, 중국은 대만 해협에서 군사 훈련을 실시하고, 대만에 대한 압박을 높이고 있다. 이는 대만을 자국의 영토로 간주하는 중국의 입장을 명확히 하고, 미국과 대만 간의 협력을 억제하려는 의도를 반영한다. 중국은 이를 통해 대만 문제에서 미국의 개입을 경고하고, 자국의 주권을 수호하려는 강경한 메시지를 전달하고 있다.

(3) 국방 예산 증대와 군사 현대화

중국은 국방 예산을 꾸준히 증가시키며, 자국의 군사력을 현대화하고 있다. 항공, 해양, 우주 분야의 군사 기술을 개발하고 있으며, 미중 간 군사적 긴장이 고조되는 상황에서 군사적 자립을 강화하려고 한다.

4. 정보전 및 여론전 강화

(1) 국내외 언론 통제와 여론 조작

중국은 자국 내 언론을 통해 바이든 행정부의 대중국 정책을 "중국을 억제하려는 강압적 전략"으로 규정하고, 자국민의 애국심을 고취하며 국내 여론을 조작하고 있다. 또한, 글로벌 소셜 미디어와 국제 언론을 통해 미국의 정책을 비판하고, 미국의 대중국 정책을 국제사회에서 부정적으로 인식시키려고 한다.

(2) 미국 비판과 "포용적 세계질서" 제안

중국은 바이든 행정부의 대중국 정책을 미국의 패권주의로 규정하며, 자국이 지지하는 "포용적 세계 질서"를 제안하고 있다. 이는 미국과 달리 중국이 특정 국가를 배제하지 않고 협력과 연대를 추구한다는 이미지를 만들려는 시도다. 이를 통해 국제사회에서 중국에 대한 긍정적 인식을 확산하고, 미국의 패권주의와 대비되는 이미지를 부각하려고 한다.

5. 국제 규범 및 무역 체제에서의 적극적 역할

(1) 세계무역기구(WTO)와 국제 협의체에서의 주도권 확보

중국은 WTO와 같은 다자 협의체에서 자국의 입장을 강하게 주장하며, 미국의 보호주의적 무역 정책을 비판하고 있다. 이를 통해 국제 무역에서 규범을 준수하는 역할을 강조하며, 무역 분야에서의 자국 주도권을 강화하려고 한다.

(2) 환경 및 기후변화 대응 강화

중국은 기후변화 문제에서 자국의 책임 있는 역할을 강조하며, 신뢰를 확보하고 있다. 바이든 행정부가 기후변화 대응을 위해 중국과 협력할 의사를 밝히자, 중국도 이를 통해 국제사회에서의 신뢰를 강화하고자 한다. 또한, 이를 통해 미국의 대중국 연합을 완화하고, 글로벌 문제 해결에 있어 책임 있는 국가로서의 이미지를 구축하고 있다.

Ⅴ 우리나라의 대응 방향

1. 균형 외교와 선택적 협력

(1) 안보에서는 미국과의 동맹 강화

한국은 전통적 동맹국인 미국과의 안보 협력을 강화하면서도, 군사·안보 분야에서 한미동맹의 틀 내에서 미국과 긴밀히 협력하고 있다. 예를 들어, 한미일 3국 안보 협력과 같은 미국 주도의 안보 체제에 적극 참여하여 북한 위협에 대응하면서도, 중국을 직접적으로 자극하는 행동은 자제하고 있다.

(2) 경제·환경 분야에서는 중국과 협력

한국은 경제와 환경, 보건 문제와 같은 글로벌 이슈에서는 중국과 협력하는 방향을 유지하고 있다. 한국은 중국과 경제적으로 밀접한 관계를 가지고 있으며, 한중 관계는 수출, 투자, 공급망 안정성 측면에서 매우 중요하다. 따라서 한국은 경제 및 기후변화와 같은 특정 이슈에서는 중국과 협력하며, 미중 갈등 상황에서도 중국과의 경제적 관계를 유지하는 전략을 취하고 있다.

2. 경제적 자립과 공급망 안정성 강화

(1) 핵심 기술 분야에서 자립성 강화

반도체, 배터리, 희귀 금속과 같은 핵심 산업에서 한국은 미국을 포함한 다자간 협력체와 협력하여 자국 내 생산 역량을 강화하고 있다. 이를 통해 특정 국가에 대한 의존도를 줄이고, 미중 갈등이 경제에 미칠 영향을 최소화하려는 전략이다.

(2) 공급망 다변화와 안정성 강화

한국은 미중 갈등 상황에서도 안정적인 공급망을 유지하기 위해 다양한 국가와의 경제 협력을 모색하고 있으며, 미국과의 공급망 협력에도 적극 참여하고 있다. 예를 들어, 한국은 미국과 함께 반도체, 배터리 등 첨단 기술 분야에서 공급망 강화 협력을 확대하며, 미국 주도의 인도-태평양 경제 프레임워크(IPEF)에도 참여하고 있다.

3. 다자주의와 중견국 외교 강화

(1) 다자 협력 강화

한국은 미국과 중국의 갈등이 심화되는 상황에서 경제와 안보 이슈를 해결하기 위해 다자 협력의 중요성을 강조하고 있다. 한국은 IPEF, 아시아태평양경제협력체(APEC), 역내 포괄적 경제동반자협정(RCEP) 등 다양한 다자 협의체에 참여하며, 미국과 중국 사이에서 독자적 외교 공간을 넓히고 있다.

(2) 중견국 외교

한국은 미중 간 경쟁이 심화되는 상황에서 동남아시아 국가들과의 협력을 강화하고, 개발도상국을 지원하는 등 중견국 외교를 통해 자국의 외교적 입지를 높이려 한다. 이를 통해 한국은 양대 강국 사이에서 독립적 입장을 유지하면서, 국제사회에서 자국의 역할을 확대하려는 방향을 추구하고 있다.

4. 한미동맹 강화 및 한중관계 관리

(1) 한미동맹 강화

한국은 한미동맹을 기반으로 안보를 강화하고, 북한 위협에 대응하는 한편, 한미 간 경제 및 기술 협력을 확대하고 있다. 예를 들어, 한미정상회담에서 반도체, 배터리, 인공지능, 첨단 기술 분야에서의 협력을 강화하기로 합의하며, 미국과의 전략적 협력을 강화하고 있다. 이를 통해 한국은 안보와 경제 모두에서 미국과 협력하면서, 동맹을 공고히 하고 있다.

(2) 한중관계 안정적 유지

한국은 중국이 자국 경제에서 중요한 역할을 하고 있음을 고려하여, 한중관계를 안정적으로 유지하려는 방향을 추구하고 있다. 중국과의 경제적 협력은 한국의 수출과 공급망 안정성에 매우 중요하므로, 한국은 군사적 문제에서 신중한 입장을 유지하며, 경제적 협력을 지속해 나가고 있다. 예를 들어, 한국은 중국과의 문화, 관광, 경제 교류를 유지하고, 중국이 반발할 수 있는 민감한 이슈에서는 중립적 입장을 유지하며 한중관계를 조율하고 있다.

제14절 인도-태평양 경제 프레임워크(IPEF)

Ⅰ 서설

IPEF(Indo-Pacific Economic Framework for Prosperity, 인도-태평양 경제 프레임워크)는 미국이 주도하는 경제 협력 구상으로, 인도-태평양 지역의 경제적 안보와 번영을 촉진하기 위해 2022년 5월 발표되었다. IPEF는 전통적인 자유무역협정(FTA)과는 다르게, 무역 자유화와 관세 인하보다는 디지털 경제, 공급망 복원성, 청정 에너지, 인프라, 부패 방지 등과 같은 새로운 경제 협력 영역에 중점을 두고 있다. 현재 미국을 포함하여 일본, 한국, 호주, 인도, 뉴질랜드, 인도네시아, 싱가포르, 태국, 베트남, 말레이시아 등 인도-태평양 지역의 14개 국가가 초기 회원국으로 참여하고 있다.

Ⅱ IPEF의 네 가지 핵심축(pillar)

IPEF(Indo-Pacific Economic Framework for Prosperity, 인도-태평양 경제 프레임워크)는 네 가지 핵심 축(pillar)으로 구성되어 있다. 각 축은 디지털 경제, 공급망 복원성, 청정 에너지, 반부패 등 다양한 경제 협력 분야를 다루고 있다.

1. 공정하고 회복력 있는 무역(Fair and Resilient Trade)

공정하고 회복력 있는 무역축은 디지털 경제, 노동 기준, 환경 보호, 경쟁 정책 등과 관련된 새로운 무역 규범을 설정하고, 공정하고 지속 가능한 무역을 촉진하는 것을 목표로 한다. 주요 내용으로는, 첫째 디지털 무역 규범과 관련하여 데이터의 자유로운 흐름을 촉진하고 디지털 경제를 강화하기 위해 데이터 보호, 개인정보 보호, 사이버 보안, AI 윤리 기준 등을 설정한다. 둘째, 노동 및 환경 기준과 관련하여 노동자 권리와 환경 보호를 위한 높은 기준을 설정하여 지속 가능한 발전을 추구한다. 또한, 투명하고 예측 가능한 무역 환경을 조성하고, 관료주의와 무역 장벽을 줄이기 위한 조치를 강화한다.

2. 공급망 회복력(Supply Chain Resilience)

공급망 회복력 축은 중요 산업의 공급망 복원성과 안정성을 강화하는 것을 목표로 한다. COVID-19 팬데믹과 같은 글로벌 위기에서 드러난 공급망의 취약성을 개선하고, 전략적 자원과 제품의 공급망을 다변화하고 강화하는 데 중점을 둔다. 세부적으로는, 첫째 반도체, 배터리, 의료용품 등 전략적으로 중요한 품목의 안정적 공급망을 구축한다. 둘째, 공급망의 취약점과 리스크를 평가하고, 이를 해결하기 위한 공동 대응 방안을 모색한다. 셋째, 공급망 교란에 대한 비상 대응 계획을 수립하고, 위기 상황에서의 협력 방안을 마련한다.

3. 청정 경제(Clean Economy)

청정경제 축은 기후 변화 대응과 지속 가능한 발전을 위한 청정 에너지 및 탈탄소화, 인프라 개발을 목표로 한다. 인도-태평양 지역의 에너지 전환과 환경 보호를 위해 공동 노력을 강화하는 데 중점을 둔다. 세부적으로는, 첫째 태양광, 풍력, 수소 에너지 등 청정 에너지 기술 개발과 보급을 촉진한다. 둘째, 탄소 배출을 줄이기 위한 정책과 기술적 협력을 강화하고, 저탄소 기술 개발을 장려한다. 셋째, 지속 가능한 에너지와 교통 인프라 구축을 위한 협력 프로젝트를 추진하여 지역의 기후 변화 대응력을 강화한다.

4. 세금 및 반부패(Tax and Anti-Corruption)

세금 및 반부패 축은 공정한 세제와 반부패 규제를 통해 투명한 경제 활동을 보장하고, 불법 금융 흐름을 차단하며, 국제적 탈세와 같은 문제에 공동 대응하는 것을 목표로 한다. 세부적으로는, 첫째 디지털 경제에서의 조세 문제와 관련하여 국제적 협력과 조정을 강화하고, 조세 투명성을 높이기 위한 조치를 추진한다. 둘째, 부패 방지를 위한 법적 규제를 강화하고, 부패 방지와 관련된 국제 기준을 강화하여 경제 활동의 투명성과 신뢰성을 높인다. 셋째, 자금세탁 방지와 테러 자금 조달 차단을 위한 국제적 협력을 강화하여 금융 체계의 투명성을 높인다.

Ⅲ 미국의 IPEF 추진 배경

1. 중국의 영향력 견제

미국이 IPF를 추진하는 근본적 배경은 중국의 영향력 견제라고 할 수 있다. 중국은 지난 수십 년 동안 인도-태평양 지역에서 경제적 영향력을 확대해 왔으며, 특히 일대일로(One Belt, One Road) 구상과 같은 대규모 인프라 투자와 경제 협력을 통해 영향력을 강화하였다. 미국은 이러한 중국의 영향력이 자국의 이익과 국제 경제 질서에 잠재적 위협이 될 수 있다고 판단하고 있다. IPEF는 중국에 대한 경제적 견제 수단으로 활용되어, 중국이 아닌 다른 국가들과의 경제적 협력과 통합을 촉진하고자 하는 미국의 전략적 구상이다.

2. 경제적 규범과 기준 설정

미국은 인도-태평양 지역에서 경제적 규범과 기준을 설정하는 데 주도적인 역할을 하고자 한다. IPEF는 디지털 무역, 공급망 복원성, 청정 에너지, 반부패와 같은 분야에서 새로운 규범을 정립하고 이를 인도-태평양 지역의 국가들이 따르도록 함으로써, 미국 주도의 경제 질서를 형성하고자 한다. 이는 중국이 아닌 미국의 경제 모델과 기준이 지역에서 우위를 점하도록 하려는 의도이다.

3. 전통적 FTA 대안으로서의 접근

전통적인 자유무역협정(FTA)은 미국 국내 정치에서 논쟁의 여지가 많고, 특히 노동자 보호와 환경 보호를 우려하는 입장에서 비판을 받아왔다. 미국은 기존의 FTA 대신 보다 유연한 형태의 경제 협력을 통해 자국의 경제적, 정치적 부담을 줄이고자 한다. IPEF는 법적 구속력이 없는 협정으로, 각국이 자율적으로 선택하여 참여할 수 있는 방식이므로 미국에게 더 많은 협상 유연성을 제공한다.

4. 공급망 강화 및 경제 안보

코로나19 팬데믹과 같은 글로벌 위기 상황은 전 세계 공급망의 취약성을 드러냈다. 미국은 이러한 경험을 바탕으로, IPEF를 통해 중요한 산업(반도체, 배터리, 의약품 등)의 공급망 복원성과 안전성을 강화하려고 한다. 미국은 중국에 의존하지 않고도 중요한 경제적 자원을 안정적으로 공급받을 수 있는 구조를 만드는 것을 목표로 하고 있다.

5. 동맹 및 파트너십 강화

IPEF는 미국의 인도-태평양 전략의 일부로, 이 지역의 동맹국 및 파트너국들과의 경제적 협력을 강화하는 것을 목표로 한다. 이를 통해 미국은 정치적, 경제적 동맹 네트워크를 강화하고, 지역 내에서의 리더십을 유지하려고 한다. 이는 미국의 외교 정책에서 중요한 부분이며, 경제적 연대를 통해 안보와 군사 협력도 더욱 공고히 할 수 있을 것으로 기대하고 있다.

6. 지속 가능한 발전과 기후변화 대응

IPEF는 청정 에너지와 탈탄소화 및 인프라 개발을 주요 의제로 삼고 있다. 이는 기후변화 대응과 지속 가능한 발전 목표를 달성하기 위한 국제적 협력의 필요성을 인식한 것으로, 미국은 이러한 분야에서의 리더십을 통해 국제사회의 지지를 얻고, 관련 기술과 산업에서 우위를 점하고자 한다.

Ⅳ 한국의 IPEF 참여 이유

1. 경제적 이익과 글로벌 공급망 안정화

한국은 수출 주도형 경제 구조를 가지고 있으며, 글로벌 공급망의 안정성은 한국 경제에 매우 중요하다. IPEF의 주요 목표 중 하나는 공급망의 복원성과 안정성을 강화하는 것이다. 한국은 IPEF에 참여함으로써 반도체, 배터리, 의약품과 같은 주요 산업 분야에서의 공급망 협력을 강화하고, 공급망 혼란에 대비할 수 있는 기회를 얻고자 한다. 이를 통해 한국 기업들이 글로벌 시장에서 안정적으로 경쟁력을 유지할 수 있도록 도울 수 있다.

2. 미국과의 경제 협력 강화

미국은 한국의 주요 교역 상대국이자 동맹국으로, 한국 경제와 안보에 중요한 파트너이다. IPEF에 참여함으로써 한국은 미국과의 경제 협력을 더욱 공고히 하고, 양국 간의 경제적 이해관계를 확대할 수 있는 기회를 확보하고자 한다. 특히 디지털 경제, 청정 에너지, 인프라 개발 등 새로운 경제 분야에서의 협력 강화는 한국의 신성장동력 창출에 기여할 수 있다.

3. 대외 경제 정책의 다변화

IPEF 참여는 한국의 대외 경제 정책 다변화 전략과도 맞닿아 있다. 한국은 주요 교역국과의 경제 협력을 강화하는 동시에, 새로운 형태의 다자간 경제 협력체에 참여함으로써 대외 경제 정책의 유연성을 높이고자 한다. 이는 중국에 대한 의존도를 줄이고, 다양한 국가와의 경제적 관계를 확장함으로써 한국 경제의 안정성과 경쟁력을 제고하는 데 도움이 된다.

4. 중국과의 균형 외교 전략

한국은 미국과의 강한 동맹을 유지하면서도, 중국과의 경제적 관계 또한 매우 중요하다. 한국의 경제 구조상 중국과의 교역은 큰 비중을 차지하고 있기 때문에, 한국은 IPEF 참여를 통해 미국과의 협력을 강화하면서도 중국과의 경제 관계를 고려하는 균형 외교를 추구하고 있다. 이는 한국이 한미 동맹을 강화하는 동시에, 중국과의 경제적 협력도 지속할 수 있는 기반을 마련하려는 전략이다.

5. 국제 규범 설정에 참여

IPEF는 디지털 무역, 반부패, 청정 에너지와 같은 새로운 경제 분야에서 국제 규범을 설정하는 것을 목표로 한다. 한국은 이러한 국제 규범 설정 과정에 적극적으로 참여함으로써, 자국의 이익을 반영하고, 국제 경제 질서에 대한 발언권을 강화하고자 한다. 특히, 디지털 경제와 청정 에너지 분야는 한국이 강점을 가지고 있는 산업으로, IPEF 참여는 이러한 분야에서 한국의 리더십을 강화하는 기회가 될 수 있다.

6. 신흥 경제 협력의 선제적 대응

한국은 글로벌 경제에서의 신흥 협력 구조 변화에 빠르게 대응할 필요가 있다. IPEF 참여는 이러한 변화에 선제적으로 대응하고, 신흥 경제 협력 체제에 대한 준비를 갖추기 위한 전략적 선택이다. 이는 한국이 경제적 불확실성에 대비하고, 다양한 국제 경제 협력의 틀에서 기회를 선점하려는 의도와도 일치한다.

Ⅴ IPEF에 한국 참여의 문제점

1. 중국과의 외교적 마찰 가능성

한국의 최대 무역 파트너 중 하나인 중국은 IPEF를 미국이 주도하는 경제적 견제 전략으로 인식하고 있다. 한국이 IPEF에 적극 참여할 경우, 중국은 이를 자신의 경제적·전략적 이익에 대한 위협으로 간주할 가능성이 있다. 이는 한국과 중국 간의 경제적·외교적 관계에 긴장을 초래할 수 있으며, 중국이 한국에 대해 경제적 보복 조치를 취할 가능성도 배제할 수 없다. 예를 들어, 중국은 과거 사드(THAAD) 배치 문제로 한국에 대해 경제적 제재를 가한 바 있다.

2. 제한적인 경제적 이익

IPEF는 전통적인 자유무역협정(FTA)과는 달리, 관세 인하나 시장 접근 확대를 주요 목표로 하지 않는다. 대신 디지털 경제, 공급망, 청정 에너지, 반부패 등과 같은 비전통적 경제 협력 분야에 중점을 두고 있다. 따라서 한국 기업들이 당장 체감할 수 있는 경제적 이익이 상대적으로 제한적일 수 있다. 특히, 관세 혜택이나 직접적인 시장 개방 효과를 기대하는 기업들에게는 IPEF의 경제적 효용이 낮게 평가될 수 있다.

3. 다자 협력의 비구속적 특성으로 인한 실효성 문제

IPEF는 법적 구속력이 없는 선택적 협력 형태로, 회원국들이 각자의 상황에 맞춰 자율적으로 참여할 수 있다. 이러한 비구속적 특성으로 인해 실제 협력이 기대한 만큼의 실효성을 거두지 못할 가능성도 존재한다. 특히, 국가 간 이해관계가 다를 경우, IPEF가 명확한 규범 설정이나 구체적인 경제적 성과를 도출하는 데 어려움을 겪을 수 있다.

4. 국내 경제 정책과의 충돌 가능성

IPEF는 디지털 경제, 노동 기준, 환경 보호 등 다양한 규범을 설정하는 것을 목표로 하고 있다. 그러나 이러한 새로운 규범이 한국의 기존 경제 정책 및 규제와 충돌할 가능성이 있다. 예를 들어, 노동 기준 강화나 환경 보호 규제는 일부 산업에 부담이 될 수 있으며, 국내 기업들의 반발을 불러일으킬 수 있다. 또한, 디지털 경제 분야에서의 규제 조정이 필요할 경우, 국내 이해관계자들 간의 조율이 필요할 것이다.

5. 한국 내 정치적 논란 가능성

IPEF 참여가 한국 내 정치적 논란을 야기할 가능성도 있다. 일부 정치 세력이나 이해관계자들은 IPEF 참여가 한국의 경제적 자율성을 침해하거나, 중국과의 관계를 불필요하게 악화시킬 수 있다고 주장할 수 있다. 이러한 논란은 국내 정치적 갈등으로 확대될 수 있으며, IPEF와 관련된 정책 추진에 있어서 어려움을 초래할 수 있다.

6. 지역 내 타국과의 이해관계 조정 문제

IPEF에는 한국을 포함해 미국, 일본, 호주, 인도 등 여러 나라가 참여하고 있으며, 각국의 경제적, 전략적 이해관계가 상이하다. 따라서 한국은 IPEF 내에서 다른 참여국들과의 협력 과정에서 이해관계를 조정해야 하는 부담을 안고 있다. 이는 협력의 구체적 내용이나 규범 설정 과정에서 한국의 입장이 충분히 반영되지 않을 위험도 포함한다.

7. 미국의 정책 변화 가능성

IPEF는 미국 주도로 형성된 경제 협력체이기 때문에, 미국의 정치적 상황 변화에 따라 정책의 연속성이 보장되지 않을 수 있다. 예를 들어, 미국의 행정부가 바뀌거나 정책 방향이 달라질 경우, IPEF의 운영 원칙이나 우선순위가 변화할 수 있으며, 이에 따라 한국이 기대했던 경제적, 전략적 이익도 변화할 가능성이 있다.

제15절 CHIP4

Ⅰ 서론

CHIP4(칩4 동맹)는 미국이 주도하고 한국, 일본, 대만이 참여하는 반도체 공급망 협력체로, 반도체 산업에서 안정적인 공급망을 확보하고 기술 협력을 도모하는 것을 목적으로 한다. 이 동맹은 미국과 동아시아 주요 반도체 생산국 간의 협력을 강화하여 중국의 반도체 산업에 대한 의존도를 줄이고, 반도체 생산과 공급에서 전략적 경쟁 우위를 확보하는 데 중점을 둔다. 2021년 바이든 집권 이후 미국은 반도체 공급망의 안정성을 강화하고 중국의 기술 부상을 견제하기 위해 반도체 공급망에서 주요한 위치를 차지하는 한국, 일본, 대만과 협력 체제를 구축하는 방안을 제안했다.

Ⅱ 반도체의 개념 및 반도체의 중요성

1. 반도체의 개념

반도체는 전기 전도성이 도체와 절연체의 중간에 있는 물질로, 주로 실리콘(Si), 게르마늄(Ge), 갈륨 아르세나이드(GaAs) 등의 재료로 만들어진다. 반도체는 전자기기의 핵심 부품으로, 전기 신호를 제어하고 증폭하는 역할을 한다. 이러한 특성 덕분에 컴퓨터, 스마트폰, 가전제품, 자동차, 의료기기, 군사 장비 등 다양한 전자기기에 널리 사용된다.

2. 반도체의 중요성

(1) 디지털 기술의 핵심 구성 요소

반도체는 컴퓨터 프로세서, 메모리 칩, 그래픽 카드, 센서 등 디지털 기기와 전자제품의 모든 주요 구성 요소에 필수적이다. 특히, 현대의 CPU와 GPU는 수십억 개의 트랜지스터가 집적된 반도체 소자로, 컴퓨팅 성능과 전력 효율을 결정한다. 이러한 반도체 칩들이 없으면 스마트폰, 컴퓨터, 서버 등 현대 사회의 거의 모든 디지털 기기가 작동하지 않는다.

(2) 산업과 경제의 핵심 요소

반도체는 글로벌 경제의 핵심 산업 중 하나로, 자동차, 항공, 의료, 에너지, 금융 등 거의 모든 산업 분야에 걸쳐 활용된다. 특히, 인공지능(AI), 사물인터넷(IoT), 자율주행차, 5G 통신 등의 첨단 기술은 고성능 반도체 칩 없이는 실현될 수 없다. 반도체 산업은 국가 경제 성장에 중요한 역할을 하며, 수출과 기술 혁신의 중요한 원동력이다.

(3) 국가 안보와 전략적 중요성

반도체는 군사 및 방위 시스템의 핵심 구성 요소로, 미사일, 레이더, 사이버 보안 시스템, 첨단 무기 시스템에 필수적이다. 이러한 이유로, 반도체는 단순한 상업적 제품을 넘어 국가 안보와 전략적 자산으로 간주된다. 미국, 중국, 한국, 일본, 대만 등 주요 국가들은 반도체 산업에서의 자급자족과 기술적 우위를 확보하기 위해 막대한 투자와 정책적 지원을 아끼지 않고 있다.

(4) 글로벌 공급망과 경제적 민감성

반도체 제조는 복잡한 글로벌 공급망을 통해 이루어지며, 특정 국가나 기업에 대한 높은 의존성이 존재한다. 예를 들어, 대만의 TSMC는 전 세계에서 가장 큰 파운드리 업체로, 전 세계 반도체 위탁 생산의 50% 이상을 차지하고 있다. 이러한 공급망의 집중화는 특정 지역에서의 자연재해, 지정학적 갈등, 팬데믹 등 외부 요인에 매우 민감하게 작용한다. 최근 반도체 공급망의 불안정성(예 코로나19 팬데믹과 미중 갈등)으로 인해 자동차, 전자 제품 등 다양한 산업에서 공급 부족 사태가 발생하여 경제적 손실을 초래했다. 이는 반도체의 안정적 공급이 현대 경제의 핵심 과제가 되었음을 보여준다.

(5) 첨단 기술 경쟁과 패권 다툼

반도체는 인공지능(AI), 양자 컴퓨팅, 6G 네트워크 등 미래 기술 개발의 핵심 기반이 된다. 따라서 반도체 기술의 선도는 국가 간 첨단 기술 경쟁과 패권 다툼의 중심에 있다. 미국과 중국은 반도체 산업에서 기술적 우위를 차지하기 위해 막대한 투자와 연구개발(R&D)을 진행 중이며, 이에 따라 각국은 반도체 기술 및 생산 능력을 확보하기 위해 전략적 동맹(예 CHIP4)을 형성하고 있다.

Ⅲ 반도체가 미중관계에서 쟁점이 되는 이유

1. 첨단 기술 패권 경쟁의 중심

반도체는 인공지능(AI), 5G, 클라우드 컴퓨팅, 양자 컴퓨팅 등 첨단 기술과 혁신의 근간이 되는 기술이다. 미국과 중국은 이러한 기술의 글로벌 리더십을 놓고 경쟁하고 있으며, 반도체 기술에서의 우위가 곧 미래 기술 경쟁에서의 우위로 이어질 수 있다. 미국은 반도체 설계와 장비에서 세계적인 경쟁력을 가지고 있으며, 중국의 반도체 산업 성장을 견제함으로써 첨단 기술 분야에서 우위를 유지하려고 한다. 반면, 중국은 반도체 자급자족을 목표로 첨단 반도체 기술 개발과 생산 능력을 강화하고 있다.

2. 국가 안보와 전략적 중요성

반도체는 군사 장비, 첨단 무기 시스템, 사이버 보안 등에 필수적인 구성 요소로, 국가 안보와 직결된다. 미국은 중국이 첨단 반도체를 통해 군사적 역량을 강화하는 것을 우려하고 있다. 이러한 이유로 미국은 중국 기업이 첨단 반도체를 획득하거나 개발하는 것을 막기 위해 강력한 수출 통제와 제재를 도입하고 있다. 예를 들어, 중국의 화웨이, SMIC 같은 기업들은 미국의 반도체 기술과 장비 접근이 제한되어 있다.

3. 글로벌 반도체 공급망 통제

반도체는 매우 복잡하고 다층적인 글로벌 공급망을 통해 생산된다. 설계는 미국의 기업이, 생산은 대만(TSMC)과 한국(삼성전자)이, 장비는 일본과 네덜란드 등이 중요한 역할을 한다. 반면, 중국은 반도체 산업의 대부분을 해외에 의존하고 있다. 미국은 이러한 글로벌 공급망의 주요 국가들과 협력(예 CHIP4)을 통해 중국의 반도체 접근을 제한하려 하고 있다. 미국의 목표는 중국이 첨단 반도체 기술을 확보하지 못하게 함으로써 전략적 우위를 유지하는 것이다.

4. 중국의 반도체 자립 노력과 미국의 견제

중국은 '중국제조 2025' 전략을 통해 반도체 자급자족을 목표로 하고 있다. 이를 위해 중국은 대규모 투자와 인재 양성, 기술 개발에 집중하고 있으며, SMIC와 같은 자국 기업의 성장에 힘쓰고 있다. 이에 대응하여 미국은 중국이 반도체 생산 장비, 설계 소프트웨어, 첨단 기술을 확보하지 못하게 다양한 제재 조치를 시행하고 있으며, 동맹국들과 협력해 반도체 공급망을 재편하고 있다.

5. 기술 및 경제적 제재

미국은 중국의 기술 발전을 저지하기 위해 무역 제재와 기술 수출 통제를 강화하고 있다. 2020년부터 미국은 중국의 반도체 기업들을 제재 리스트에 올리며, 첨단 반도체 제조 장비와 기술이 중국으로 수출되지 않도록 조치하고 있다. 또한, 중국이 미국 기술에 대한 접근을 제한하는 조치로 인해 중국의 반도체 산업 발전이 지연되고 있으며, 이는 중국의 기술 자립을 더욱 어렵게 만들고 있다.

6. 미래 기술 지배력의 쟁점

반도체는 미래의 AI, 로봇 공학, 자율주행차, 바이오 기술 등 다양한 혁신 기술의 기반을 제공한다. 이러한 첨단 산업에서의 우위는 경제적 번영뿐만 아니라 국가 간 패권 경쟁에서의 지배력을 의미한다. 미국과 중국은 이 점에서 기술 지배력을 놓고 치열한 경쟁을 벌이고 있으며, 반도체는 이러한 경쟁의 최전선에 있다.

Ⅳ CHIP4의 주요 내용

1. 배경

(1) 반도체 공급망 안정화

코로나19 팬데믹과 미중 기술 갈등으로 인해 반도체 공급망의 취약성이 부각되면서, 미국과 동맹국들이 반도체 공급망을 재편성하고 안정성을 강화하는 데 관심을 가지게 되었다. CHIP4는 이러한 필요성에서 출발하여 각국의 반도체 산업 경쟁력을 강화하고 기술 협력을 촉진하는 플랫폼을 제공한다.

(2) 중국에 대한 대응

CHIP4는 사실상 중국의 반도체 산업 부상에 대응하기 위한 조치로 간주된다. 미국은 중국의 반도체 굴기를 견제하고, 반도체 기술에서의 전략적 우위를 유지하기 위해 동아시아의 주요 반도체 생산국과의 협력을 강화하고자 한다.

(3) 반도체 산업의 글로벌 리더십 유지

미국과 동맹국들은 첨단 반도체 기술 개발, 생산 능력 강화, 공급망 다변화 등을 통해 반도체 산업의 글로벌 리더십을 유지하려 한다. 이는 5G, AI, 클라우드 컴퓨팅 등 미래 기술의 핵심이 되는 반도체의 중요성을 인식하고 있기 때문이다.

2. CHIP4의 주요 참여국

(1) 미국

첨단 반도체 기술과 연구개발(R&D) 분야에서의 리더십을 바탕으로, 기술 표준 설정과 반도체 장비 공급에서 핵심적인 역할을 한다. 또한, 반도체 설계 분야에서도 중요한 위치를 차지하고 있다.

(2) 한국

메모리 반도체 생산에서 글로벌 1위의 위치를 차지하고 있으며, 삼성전자와 SK하이닉스가 주요 플레이어로 활동하고 있다. 한국은 또한 파운드리(반도체 위탁 생산) 산업에서도 점차적인 성장을 보여주고 있다.

(3) 일본

반도체 제조 장비와 소재 분야에서 세계적인 경쟁력을 가지고 있으며, 반도체 생산에 필수적인 화학 물질과 장비의 주요 공급국으로 활동하고 있다.

(4) 대만

세계 최대의 파운드리 업체인 TSMC가 위치한 대만은 전 세계 반도체 위탁 생산의 50% 이상을 차지하고 있다. 첨단 공정에서의 기술력과 생산 능력을 통해 중요한 역할을 수행하고 있다.

Ⅴ CHIP4의 과제와 한계

1. 참여국 간의 이해관계 조정

한국, 일본, 대만은 각국의 반도체 산업에 대한 이해관계가 다르며, 미국의 대중국 견제 전략에 대한 입장도 상이하다. 이러한 국가 간 이해관계 조정이 CHIP4의 성공적인 운영에 중요한 요소가 될 것이다.

2. 중국과의 경제 관계

한국과 대만은 중국과의 경제적 관계가 깊다. 특히, 한국의 반도체 기업들은 중국 시장에서 상당한 수익을 내고 있어, 미국의 대중국 제재에 대한 부담을 느낄 수 있다. 이는 CHIP4 협력의 지속 가능성에 영향을 줄 수 있는 요소이다.

3. 기술 협력과 보호주의

각국의 반도체 산업 보호주의와 기술 보호 문제가 협력의 장애물이 될 수 있다. 미국은 자국의 첨단 기술을 보호하고자 하는 입장이 강하며, 다른 참여국들도 각자의 기술 보호를 우선시할 가능성이 크다.

4. 중국의 반발

CHIP4는 중국의 강한 반발을 불러일으킬 수 있다. 중국은 반도체 공급망에서 배제되는 것을 우려하며, 이에 대한 대응 조치를 강화할 가능성이 있다. 이는 CHIP4 참여국들에 대한 경제적 보복이나 정치적 압박으로 나타날 수 있다.

Ⅵ 결론

현재까지 CHIP4 동맹은 초기 논의 단계에 있으며, 구체적인 협력 방안과 의제가 마련되지 않았다. 각국은 반도체 공급망 재편과 기술 협력 강화의 필요성은 인식하고 있으나, 참여국 간의 이해관계 조정과 중국과의 관계 등 복잡한 외교적 문제를 해결해야 한다. 향후 CHIP4 동맹이 어떤 형태로 구체화될지는 아직 불확실하지만, 참여국들은 반도체 산업에서의 기술 협력과 공급망 안정화에 대한 필요성은 공감하고 있다. 특히, 글로벌 반도체 공급망의 안정성을 강화하고, 첨단 기술 분야에서의 경쟁력을 유지하기 위한 전략적 협력 방안이 계속해서 논의될 것이다.

제16절 21세기 미중관계

I 서론

중국의 부상으로 미국과 중국 간 세력전이 가능성이 높아지면서 양국간 구조적 긴장관계가 형성되고 있다. 미국은 기존의 정책을 변경하여 중국에 대한 포괄적이고 중층적 봉쇄에 돌입하고 있다. 이에 맞서 중국 역시 신형대국외교를 표방하며 반미국가들을 중심으로 반미연대 강화에 들어서고 있다. 21세기 미중간 세력전이 및 세력전이 전쟁이 세계질서에 초미의 관심사로 부상하고 있다. 이와 관련하여 다양한 논점들을 정리한다.

II 양국의 주요 지표 비교

1. 경제적 측면

미국의 GDP는 2023년 기준 약 26조 달러로 세계 1위이다. 그러나 중국의 GDP는 약 19조 달러로 미국을 빠르게 따라잡고 있다. 경제성장률을 보면, 중국의 2023년 GDP 성장률은 약 5%, 미국은 2%로 예측되어 상대적으로 중국이 더 빠르게 성장하고 있다. 세계 무역에서의 점유율을 보면, 미국의 세계 무역 점유율은 1990년대에 약 15%였으나, 2023년에는 약 10%로 감소했다. 반면, 중국은 2023년 세계 무역 점유율이 약 14%로 증가했다.

2. 군사적 측면

군사 예산을 보면 2023년 기준 미국의 군사 예산은 약 8,170억 달러로 세계에서 가장 많다. 이는 전 세계 군사비 지출의 약 39%에 해당한다. 반면, 중국은 약 2,900억 달러로 세계 2위이지만, 빠르게 증가하고 있다.

3. 기술 혁신과 소프트 파워

연구 개발(R&D) 지출을 보면, 미국의 2023년 R&D 지출은 약 7,000억 달러로 세계 최대이다. 중국은 4,300억 달러로 2위를 차지하고 있으며, 매년 약 10% 이상 성장하고 있다. 특허 출원 수는 2023년 기준 미국은 약 60만 건의 특허를 보유하고 있는 반면, 중국은 약 140만 건으로 세계 1위를 기록하고 있다.

III 주요 쟁점에 대한 입장

1. 무역과 경제 정책

(1) 미국

미국은 중국과의 무역에서 "불공정한 거래 관행"을 지속적으로 비판하고 있다. 특히 지식 재산권 침해, 기술 이전 강요, 정부 보조금 등을 문제 삼으며, 이러한 문제를 해결하기 위해 관세 부과와 같은 강경한 무역 정책을 추진했다. 오바마는 중국의 경제적 영향력을 억제하고자 환태평양경제동반자협정(TPP)과 같은 다자간 무역 협정을 통해 동맹국과의 경제 협력을 강화하려 하였다. 트럼프는 '미국 우선주의'를 강조하며, 중국과의 무역 불균형을 해소하고, 미국 기업의 권리를 보호하는 데 중점을 두었다. 바이든 행정부는 기술봉쇄를 추진하고 있다.

(2) 중국

중국은 "자유무역 수호자"로서의 이미지를 구축하려 노력하고 있으며, 미국의 일방적 관세 부과와 보호주의적 정책을 비판하였다. 중국은 다자간 무역 체제를 지지하며, 세계무역기구(WTO) 개혁을 통해 공정한 무역 환경을 만들자고 주장하고 있다. 중국은 또한 '일대일로(Belt and Road Initiative)'를 통해 아시아, 아프리카, 유럽 등지에서 경제적 영향력을 확장하고, 자국 중심의 경제 네트워크를 구축하려 한다. 이를 통해 미국의 경제적 패권에 도전하고자 한다.

2. 남중국해 및 동중국해 문제

(1) 미국

미국은 남중국해 및 동중국해에서의 중국의 영유권 주장과 군사화를 강력히 반대하며, "항행의 자유 작전(Freedom of Navigation Operations)"을 통해 중국의 확장을 견제하고 있다. 미국은 이 지역에서의 긴장 완화를 위해 동맹국들과 협력하여 인도-태평양 전략을 강화하고 있다. 미국은 중국의 군사 활동이 지역의 안보와 국제법에 위배된다고 주장하며, 동남아시아 국가들이 자주적 영토 권리를 행사할 수 있도록 지원하고 있다.

(2) 중국

중국은 남중국해 대부분의 지역에 대한 역사적 권리를 주장하며, "구단선(九段線)"을 근거로 영유권을 주장하고 있다. 중국은 남중국해의 인공섬 건설과 군사기지화가 자국의 주권적 권리라는 입장을 고수하고 있다. 중국은 미국의 개입을 "외부 세력의 간섭"으로 간주하며, 문제 해결을 위해 직접적인 양자 협상을 선호한다. 또한, 중국은 남중국해에서의 미국의 군사 작전을 도발적인 행위로 간주하고 비판하고 있다.

3. 대만 문제

(1) 미국

미국은 "하나의 중국" 정책을 인정하면서도, 대만과의 비공식적 관계를 유지하고 대만에 대한 방어적 무기 판매를 통해 안보를 지원하고 있다. 미국은 대만해협에서의 현상 유지와 평화적 해결을 지지하며, 중국의 강압적 행위를 반대한다. 미국은 대만이 민주주의와 시장 경제의 모델로서 존재한다고 주장하며, 중국의 군사적 압력에 맞서 대만의 자주권과 방어력을 강화하려고 한다.

(2) 중국

중국은 대만을 자국의 "하나의 중국" 원칙에 따라 분리할 수 없는 일부분으로 간주하고 있으며, 대만의 독립을 절대적으로 반대한다. 중국은 필요시 무력 사용을 통해 대만을 통일할 수 있다는 입장을 고수하고 있다. 중국은 미국의 대만 무기 판매와 고위급 교류를 내정 간섭으로 간주하며, 미국이 대만 문제에 개입하지 말 것을 지속적으로 요구하고 있다.

4. 기술 패권과 사이버

(1) 미국

미국은 중국의 기술 패권 도전을 국가 안보 위협으로 간주하며, 화웨이(Huawei)와 같은 중국의 주요 기술 기업을 제재하고, 5G 네트워크에서 배제하는 정책을 추진하고 있다. 또한, 미국은 중국의 사이버 공격과 산업 스파이 활동을 문제 삼고 있다. 미국은 자국의 기술 우위를 유지하기 위해 동맹국과의 기술 협력 및 규제 강화를 추진하며, 반도체와 같은 핵심 기술 산업에서 중국의 접근을 차단하고 있다.

(2) 중국

중국은 미국의 기술 제재를 "기술 봉쇄"로 간주하고, 자국의 기술 자립을 강화하기 위한 노력을 기울이고 있다. 중국은 "중국제조 2025"와 같은 정책을 통해 첨단 기술 개발을 촉진하고, 자체 기술 혁신 역량을 확대하려고 한다. 중국은 사이버 보안 문제에 대해 미국의 비난을 일방적이라고 주장하며, 사이버 공간에서의 규범을 재정립할 것을 요구하고 있다.

5. 인권 문제

(1) 미국

미국은 신장 위구르 자치구, 티베트, 홍콩 등지에서의 중국의 인권 탄압을 강하게 비판하고 있다. 미국은 중국의 소수 민족에 대한 강제 수용소, 종교적 박해, 홍콩의 자유 억압 등을 문제 삼고, 이에 대한 제재와 비판을 강화하고 있다.

(2) 중국

중국은 미국의 인권 비판을 "내정 간섭"으로 간주하며, 강력히 반발하고 있다. 중국은 신장과 티베트의 인권 문제에 대해 "반테러리즘"과 "사회 안정"을 위한 정당한 조치라고 주장하고 있다. 중국은 또한 미국의 인권 문제를 거론하며, 자국의 주권적 권리를 강조하고, "중국식 인권"이라는 개념을 제시하며 서구의 인권 기준을 거부하고 있다.

6. 기후 변화 및 환경 문제

(1) 미국

미국은 기후 변화에 대해 글로벌 리더십을 복원하려 노력하고 있으며, 파리 협정 복귀와 탄소 중립 목표를 설정하여 기후 변화 문제 해결을 위한 국제 협력을 강화하고 있다. 미국은 중국이 세계 최대의 온실가스 배출국으로서 더 큰 책임을 지고 기후 변화 문제에 적극적으로 대응할 것을 요구하고 있다.

(2) 중국

중국은 자국의 경제 발전 단계를 고려하여 "공평한 기후 책임"을 주장하고 있다. 중국은 2060년까지 탄소 중립을 달성하겠다는 목표를 세웠지만, 선진국이 더 큰 역사적 책임을 져야 한다고 강조한다. 중국은 국제사회와의 협력을 통해 기후 문제를 해결하겠다고 약속하면서도, 경제 성장과 환경 보호를 균형 있게 발전시키려는 입장을 고수하고 있다.

Ⅳ 21세기 미국과 중국의 충돌 가능성

1. 충돌 가능성을 긍정하는 입장

(1) 존 미어샤이머(John Mearsheimer): 공격적 현실주의

미어샤이머는 그의 공격적 현실주의 이론을 통해 미중관계를 비관적으로 전망한다. 그는 중국의 부상을 미국의 패권에 대한 위협으로 보고 있으며, 강대국들은 결국 상대방을 제압하고 패권을 유지하기 위해 충돌할 수밖에 없다고 주장한다. 〈The Tragedy of Great Power Politics〉에서 그는 중국이 경제력과 군사력을 확장하면서, 미국이 이를 억제하려는 강경한 정책을 사용할 것이라고 예측한다. 미어샤이머는 미국과 중국이 아시아-태평양 지역에서 영향력과 패권을 놓고 갈등할 가능성이 크다고 본다.

(2) 로버트 길핀(Robert Gilpin): 패권전쟁론

길핀은 패권국과 도전국 간의 힘의 변화가 전쟁으로 이어질 수 있다고 주장한다. 그의 패권 전쟁론에 따르면, 기존 패권국(미국)이 쇠퇴하고, 도전국(중국)이 부상할 때, 전쟁 가능성이 커진다고 본다. 〈War and Change in World Politics〉에서 길핀은 힘의 전이 과정에서 전쟁이 발생할 가능성이 높아진다고 설명하며, 미중관계가 이러한 전형적인 패권 경쟁의 사례로 볼 수 있다고 지적한다. 특히 미국의 기술우위가 중국에 의해 점차 약화되면서 결국 충돌로 이어질 것이며, 이러한 충돌은 회피할 수 없다고 하였다.

(3) 그레이엄 앨리슨(Graham Allison): 투키디데스 함정

앨리슨은 패권국과 도전국 간의 충돌이 필연적일 수 있다고 주장하는 투키디데스 함정 개념을 미중관계에 적용하여 설명한다. 그는 기존 패권국(미국)과 부상하는 강대국(중국) 간의 경쟁이 역사적으로 전쟁을 초래한 경우가 많다는 점을 지적하였다. 〈Destined for War: Can America and China Escape Thucydides's Trap?〉에서 그는 미국과 중국이 투키디데스 함정을 피하기 위해서는 전략적 타협과 협력이 필요하다고 강조하였다.

(4) 새뮤얼 헌팅턴(Samuel Huntington): 문명충돌론

헌팅턴은 미중관계를 서구 문명과 비서구 문명 간의 충돌로 해석할 수 있다고 주장한다. 그는 미국과 중국이 서로 다른 문명적 배경과 정치 체제를 가지고 있어, 갈등이 필연적이라고 본다. 〈The Clash of Civilizations and the Remaking of World Order〉에서 헌팅턴은 서구와 중국 간의 이념적, 문화적 차이가 갈등의 근본 원인이 될 수 있다고 지적하였다.

(5) 조지 모델스키(George Modelski): 장주기이론

모델스키는 국제 체제가 세계 패권 주기를 통해 장기적으로 변화한다고 주장한다. 그는 세계 패권국이 약 100년 주기로 부상하고 쇠퇴한다고 보며, 이 과정에서 새로운 도전국이 패권에 도전하게 된다고 설명한다. 모델스키에 따르면, 미국은 20세기 중반 이후부터 세계 패권국으로 부상했으며, 현재는 쇠퇴 단계에 진입하고 있을 가능성이 크다. 이에 따라 중국과 같은 도전국이 부상하고 있으며, 이는 국제 체제의 새로운 변화를 예고한다고 볼 수 있다. 모델스키는 패권 전이 과정에서 주로 무역과 기술 혁신, 해양 지배력과 같은 요인이 중요하게 작용한다고 설명한다. 미국과 중국 간의 갈등은 이러한 패권 전이 과정에서 필연적으로 발생할 수 있다고 본다.

(6) A. F. K. 오르간스키(A. F. K. Organski): 세력전이론

오르간스키의 세력 전이 이론은 국제 체제의 안정이 기존 패권국과 도전국 간의 힘의 균형에 따라 달라진다고 주장한다. 그는 부상하는 도전국이 기존 패권국의 힘과 비슷해질 때 전쟁 가능성이 가장 높다고 본다. 오르간스키는 미국과 중국의 관계를 전형적인 패권국과 도전국의 관계로 설명하며, 중국이 경제적, 군사적으로 부상함에 따라 미국과의 힘의 균형이 바뀌고 있다고 분석한다. 중국이 기존의 미국 주도 국제 질서에 불만족하고 이를 변경하려 한다면, 미국과 중국 간의 충돌 가능성이 높아질 수 있다고 본다.

2. 충돌 가능성을 부정하는 입장

(1) 조지프 나이(Joseph Nye): 소프트 파워 이론

나이는 소프트 파워와 경제적 상호 의존을 강조하며, 미국과 중국 간의 충돌 가능성을 낮게 평가한다. 그는 군사력보다는 외교적, 문화적, 경제적 힘을 통해 갈등을 관리할 수 있다고 주장한다. 〈The Future of Power〉에서 나이는 미중 양국이 군사적 충돌보다는 경제적 협력과 상호 의존성을 강화하여 갈등을 피할 수 있다고 주장한다.

(2) 존 아이켄베리(G. John Ikenberry): 자유주의 국제 질서

① 자유주의 국제 질서(Liberal International Order) 수호: 아이켄베리는 미국 주도의 자유주의 국제 질서가 여전히 강력한 생명력을 가지고 있다고 주장한다. 그는 자유주의 국제 질서가 개방적이고 규칙에 기반한 협력 체제이며, 이를 통해 국제적 협력을 촉진하고 안정성을 유지할 수 있다고 본다. 이 질서는 단순히 미국의 패권에 의존하는 것이 아니라, 다자주의, 개방된 시장, 법치주의, 민주주의와 같은 보편적 가치를 기반으로 구축되어 있다고 강조한다.

② 중국의 부상과 국제 질서 편입: 아이켄베리는 중국이 부상하면서도 기존의 자유주의 국제 질서에 도전하기보다는 그 질서에 통합될 가능성이 있다고 주장한다. 그는 중국이 경제적 발전과 국제적 지위를 얻기 위해 자유주의 국제 질서의 틀 내에서 이익을 누려왔다고 지적한다. 중국이 현 국제 질서에 완전히 만족하지는 않더라도, 이 질서의 규범과 제도 속에서 자신의 이익을 극대화하려

고 할 것이며, 이는 오히려 중국의 급진적인 도전보다는 협력적 행보를 유도할 수 있다고 본다.

③ **포용적 질서와 동맹 강화**: 아이켄베리는 미국이 중국의 부상에 대응하기 위해 고립주의적 또는 봉쇄 정책을 펴기보다는, 동맹국 및 파트너들과 협력하여 포용적이고 다자주의적인 질서를 유지하고 강화해야 한다고 주장한다. 특히, 미국과 유럽, 아시아 동맹국들과의 협력을 통해 개방적 경제, 안보 협력, 기술 표준 및 규범 수립 등을 주도해야 한다고 강조한다. 이를 통해 중국이 규칙을 따르도록 유도하고, 중국과의 경쟁을 안정적으로 관리할 수 있다고 본다.

④ **경쟁 속 협력의 필요성**: 아이켄베리는 미중관계가 경쟁적이긴 하지만, 동시에 상호 협력의 필요성도 존재한다고 본다. 기후 변화, 글로벌 보건 위기, 핵 확산 방지 등 초국가적 이슈에서는 미국과 중국이 협력할 수 있는 여지가 충분하다고 강조한다. 따라서 미국은 중국과의 경쟁을 피할 수는 없지만, 자유주의 국제 질서의 규칙과 제도를 활용해 갈등을 관리하고 협력을 촉진하는 방향으로 나아가야 한다고 주장한다.

⑤ **힘의 전이보다는 제도적 접근**: 아이켄베리는 미중관계를 단순한 패권 전이의 관점으로 보는 것을 반대하며, 자유주의적 제도와 규범의 강화가 더 나은 전략이라고 주장한다. 중국의 부상은 불가피하지만, 미국이 자유주의 국제 질서의 규범과 제도를 강화하고 이를 통해 중국을 통합할 수 있다면, 평화적 공존이 가능하다고 본다.

(3) 헨리 키신저(Henry Kissinger): 실용적 현실주의(Pragmatic Realism)

키신저는 미중관계를 관리 가능한 갈등과 협력의 혼합으로 바라본다. 그는 전략적 대화와 상호 이해를 통해 충돌을 방지할 수 있다고 주장한다. 〈On China〉에서, 키신저는 미중 양국이 상호존중과 전략적 이해를 바탕으로 평화적 공존을 도모해야 한다고 강조하였다.

(4) 브루스 러셋(Bruce Russett): 민주평화론

러셋은 민주 평화론을 바탕으로 국제 체제에서 민주주의 국가들 간의 전쟁 가능성이 낮다는 점을 강조한다. 그는 또한 제도주의적 접근을 통해 국제 기구와 규범이 갈등을 예방하는 역할을 할 수 있다고 주장한다. 러셋은 미국과 중국의 관계가 긴장 상태에 있지만, 상호 경제적 상호의존성과 국제 기구를 통한 협력 강화가 갈등을 예방할 수 있다고 본다. 그는 민주 평화론의 관점에서, 민주주의 국가들 간의 평화적 관계를 강조하고 있으며, 중국이 정치적 개방성을 높이고 국제 규범에 더 적극적으로 참여할 경우, 충돌 가능성이 낮아질 수 있다고 주장한다. 또한, 그는 국제기구의 역할이 중요하다고 보며, 국제 무대에서 다자주의적 접근을 통해 미국과 중국이 갈등을 조정하고 협력을 도모할 수 있다고 주장한다. 결론적으로, 러셋은 미중 간의 충돌 가능성을 낮게 평가하며, 경제적 상호 의존성, 국제기구의 역할, 그리고 중국의 점진적인 정치적 개방 가능성이 미중 간의 평화적 공존을 가능하게 할 수 있다고 본다.

(5) 케네스 월츠(Kenneth Waltz): 신현실주의

월츠는 미중관계를 국제 체제의 무정부성과 세력 균형 관점에서 바라보며, 양극체제가 국제적 안정에 더 기여한다고 본다. 그는 미국과 중국이 서로를 견제하면서 전쟁을 피할 가능성이 높다고 평가한다. ⟨Theory of International Politics⟩에서 월츠는 미국과 중국이 세력 균형을 유지하며 경쟁하되, 전면전보다는 제한적 갈등을 관리할 가능성이 높다고 주장한다. 요컨대, 미국과 중국은 경쟁적 공존을 통해 전쟁을 피할 수 있으며, 균형을 유지하는 것이 국제 체제의 안정에 중요하다고 한다.

Ⅴ 양자 관계 안정화 전략

1. 존 미어샤이머(John Mearsheimer): 공격적 현실주의(Offensive Realism)

미어샤이머의 공격적 현실주의는 강대국 간의 경쟁이 필연적이기 때문에, 미중 간의 전쟁 가능성을 피하기 어렵다고 본다. 그러나 전쟁을 방지하기 위한 방법으로 몇 가지 방안을 제시하는데, 그중 하나가 미국은 아시아-태평양 지역에서 중국의 부상을 억제하기 위해 동맹국과의 군사적 협력을 강화하고, 힘의 균형을 유지해야 한다는 것이다. 이를 통해 중국이 지역 패권을 추구하지 못하도록 억제할 수 있다.

2. 그레이엄 앨리슨(Graham Allison): 투키디데스 함정(Thucydides's Trap)

앨리슨은 투키디데스 함정을 피하기 위해 전략적 대화와 협력이 필요하다고 주장한다. 미국과 중국은 서로의 핵심 이익을 인정하고, 갈등이 심화되기 전에 협상과 타협을 통해 문제를 해결해야 한다. 상호 오해와 오판을 방지하기 위해 정기적인 고위급 회담과 외교적 소통을 강화해야 한다. 또한, 미중 간의 군사적 긴장을 완화하기 위해 위기 관리 체계를 마련하고, 군사적 충돌을 피하기 위한 핫라인 구축, 위기 시나리오 연습 등을 통해 오판을 방지해야 한다.

3. 로버트 길핀(Robert Gilpin): 패권 전쟁론(Hegemonic War Theory)

길핀의 패권 전쟁론에 따르면, 힘의 전이 과정에서 전쟁 가능성이 커지기 때문에, 전쟁을 방지하기 위해서는 다음과 같은 방법이 필요하다. 첫째, 미국과 중국은 서로의 힘의 전이 과정을 조정하고 관리할 수 있는 메커니즘을 구축해야 한다. 이는 군비 통제 협상, 경제 협력 확대, 상호 신뢰 구축 조치 등을 통해 가능하다. 둘째, 양국은 다자간 기구를 활용하여 국제 협력을 강화하고, 서로의 이익을 보호하는 방법을 모색해야 한다. 이를 통해 갈등을 제도적으로 해결하고 전쟁 가능성을 줄일 수 있다. 다만, 길핀은 이러한 제도적 접근의 효용성을 높이 평가하지는 않는다.

4. 조지프 나이(Joseph Nye): 상호 의존론

나이는 소프트 파워와 경제적 상호 의존성을 통해 전쟁을 피할 수 있다고 주장한다. 미중 양국은 경제적 상호 의존을 심화시키고, 상호간의 경제적 이익을 증대시키는 방향으로 정책을 조정해야 한다. 경제적 연계를 통해 전쟁의 비용을 높이고, 평화적 해결을 유도할 수 있다. 또한, 미국은 중국과의 문화적, 학술적 교류를 강화하고, 민주주의와 인권 등 소프트 파워를 통해 중국을 자유주의 국제 질서에 통합하려는 노력을 지속해야 한다.

5. 존 아이켄베리(G. John Ikenberry): 자유주의 국제 질서(Liberal International Order)

아이켄베리는 규칙과 제도를 통한 국제 질서의 강화가 전쟁을 방지할 수 있는 주요한 방법이라고 주장한다. 미국은 동맹국과 협력하여 자유주의 국제 질서를 강화하고, 중국을 그 틀 안으로 통합하려는 노력을 지속해야 한다. 이는 WTO, UN, IMF와 같은 국제 기구에서 중국의 참여를 장려하고, 규칙에 기반한 질서를 지지하도록 하는 방안을 포함한다. 또한, 미국은 아시아와 유럽 동맹국들과 협력하여 다자주의적 접근을 통해 중국의 도전에 대응할 수 있는 공동 전략을 수립해야 한다. 이를 통해 중국이 국제 규범을 따르도록 유도할 수 있다.

6. 브루스 러셋(Bruce Russett): 민주평화론

러셋은 민주주의 확산과 국제 기구를 통한 협력이 전쟁을 방지할 수 있다고 주장한다. 미국은 중국이 민주주의와 인권을 증진할 수 있도록 외교적, 경제적 인센티브를 제공하고, 개혁을 장려해야 한다. 이는 미중 간의 갈등을 줄이고, 협력의 가능성을 높일 수 있다. 또한, 미중 간의 갈등을 다루기 위해 UN, G20, 아시아태평양경제협력체(APEC) 등 다자기구에서의 협력을 강화해야 한다. 이러한 기구는 갈등 조정과 위기 관리를 위한 중요한 플랫폼이 될 수 있다.

7. 헨리 키신저(Henry Kissinger): 실용적 현실주의(Pragmatic Realism)

키신저는 실용적 접근을 통해 미중 간의 갈등을 관리할 수 있다고 주장한다. 미국과 중국은 상호간의 전략적 소통을 강화하고, 서로의 안보 우려를 직접적으로 해결할 수 있는 고위급 대화를 지속해야 한다. 또한, 양국은 서로의 정치적, 경제적 시스템을 이해하고 존중하는 방향으로 외교적 노력을 기울여야 하며, 상호 불신을 줄이기 위한 신뢰 구축 조치를 취해야 한다.

Ⅵ 미중관계에 따른 한국의 대응 전략

1. 미국과 중국이 협력 관계를 보일 때

(1) 다자주의 외교와 중재자 역할 강화

미국과 중국이 협력적인 분위기를 보일 때, 대한민국은 양국 간의 협력적 관계를 지속적으로 지원하며, 다양한 다자적 협력 기구에서 적극적인 역할을 수행해야 한다. 이를 통해 대한민국은 양국 간 협력의 수혜를 극대화할 수 있다. 예를 들어, 한국은 동아시아 정상회의(EAS), 아시아태평양경제협력체(APEC), 아세안+3 등 다양한 다자적 협력체에서 중재자 역할을 하며, 한반도와 동북아시아의 평화와 안정을 촉진할 수 있다.

(2) 경제적 협력 증대와 상호 의존 강화

양국 간 협력이 강화될 때, 한국은 미국과 중국과의 경제적 관계를 동시에 확대하고 강화할 수 있는 기회를 가질 수 있다. 예를 들어, 미국과의 첨단 기술 협력 강화와 중국과의 무역 및 투자 협력 확대가 가능하다. 이를 통해 한국은 글로벌 공급망에서의 핵심적 역할을 강화하고, 경제적 안보를 증대시킬 수 있다.

(3) 안보 협력 다변화

미국과 중국 간 협력이 강화되면, 한국은 동북아시아에서 안보 협력을 다변화할 수 있는 기회를 가질 수 있다. 예를 들어, 한미동맹을 유지하면서도 중국과의 안보 대화와 군사적 소통 채널을 활성화하여 지역적 안정에 기여할 수 있다.

2. 미국과 중국이 갈등 관계를 보일 때

(1) 안보와 경제의 균형 유지

한국은 미국과의 안보 동맹을 강화하면서도, 중국과의 경제적 관계를 유지하기 위한 균형 잡힌 접근이 필요하다. 미국과의 안보 협력을 강화하면서도, 중국의 경제적 보복을 최소화하기 위한 방안을 모색해야 한다. 예를 들어, 사드(THAAD) 문제와 같은 안보적 문제에서 미국과의 협력을 유지하되, 중국과의 외교적 소통을 통해 경제적 보복을 예방하려는 노력이 필요하다.

(2) 다자주의를 통한 갈등 완화 노력

한국은 미국과 중국 간 갈등 상황에서 다자주의적 외교를 통해 양국 간 갈등을 완화하는 데 기여할 수 있다. 국제기구와 지역 협력체를 활용하여 갈등 해결의 장을 마련하고, 중재자 역할을 수행할 수 있다. 예를 들어, 한국은 유엔, G20, ASEAN+3 등 국제 무대에서 미국과 중국 간의 협력을 촉진하는 외교적 노력을 지속할 수 있다.

(3) 위기 관리와 신뢰 구축

한국은 미국과 중국 모두와의 긴밀한 외교적 소통 채널을 유지하고, 위기 상황에서 신뢰를 구축하는 노력을 해야 한다. 이를 통해 갈등이 심화되는 것을 방지하고, 한국의 외교적 입지를 강화할 수 있다. 또한, 미국과 중국의 갈등이 한반도에 미치는 영향을 최소화하기 위한 대비책을 마련하고, 국익을 지키기 위한 독립적인 전략을 개발할 필요가 있다.

3. 미국과 중국이 경쟁 관계를 보일 때

(1) 경제 다변화와 공급망 재편

미국과 중국의 경쟁이 심화될 경우, 한국은 경제적 의존도를 줄이고, 대외 경제 관계를 다변화하는 노력이 필요하다. 특히, 첨단 기술 분야에서 미국과의 협력을 강화하면서도, 중국과의 경제적 관계를 유지할 수 있는 균형을 찾아야 한다. 한국은 글로벌 공급망의 재편에 대비하여, 자국 산업의 경쟁력을 강화하고, 신흥 시장으로의 진출을 확대할 필요가 있다. 이를 통해 경제적 리스크를 분산시키고, 안보와 경제의 균형을 맞출 수 있다.

(2) 안보 협력과 자주적 국방 강화

미국과 중국의 군사적 경쟁이 심화되는 상황에서, 한국은 미국과의 안보 동맹을 유지하며, 자주 국방 능력을 강화해야 한다. 이를 통해 미국의 안보 공약에 의존하지 않고, 독자적인 방위 능력을 갖추는 방향으로 나아갈 필요가 있다. 동시에 중국과의 군사적 소통 채널을 강화하고, 군사적 충돌을 예방하기 위한 협력적 노력을 지속해야 한다.

(3) 중립적 외교 전략과 중재자 역할

한국은 미국과 중국 간의 경쟁 상황에서 중립적이고 독립적인 외교 전략을 유지해야 한다. 이는 양국 사이에서 중재자 역할을 수행하며, 양측과의 협력 관계를 동시에 유지하는 방향으로 나아가는 것이다. 이를 위해 한국은 양국의 이익을 고려한 포괄적 외교 정책을 수립하고, 자국의 국익을 극대화할 수 있는 실용적인 접근을 취해야 한다.

Ⅶ 결론

미중 간 세력전이는 상당히 높은 확률로 이뤄질 것으로 보인다. 그러나 세력전이 전쟁 여부에 대해서는 학자들의 견해도 갈리고 있다. 21세기 오늘에도 러시아와 우크라이나, 이스라엘과 하마스는 전쟁을 이어가고 있다. 21세기에도 중국과 대만의 충돌, 남북 간 충돌, 중국과 일본의 충돌, 나아가 미국과 중국의 충돌이 상상 외의 사건으로 보기는 어려울 것이다. 문제는 이러한 충돌을 막을 수 있는 효과적인 수단이 있는지 확실하지 않다는 것이다. 모델스키의 견해대로 인류는 약 100여 년을 주기로 세계전쟁을 겪어왔음을 기억하고 보다 적극적인 전쟁 회피 전략을 모색해야 할 때이다.

기출 및 예상문제

1. 19세기 후반부터 진행된 독일의 부상이 두 차례 세계대전으로 귀결되었다. 반면, 20세기 중반 소련의 부상은 강대국 간 세계대전으로 이어지지는 않았다. 20세기 중후반 국제사회는 미국과 소련을 중심으로 한 냉전을 겪기는 했지만 '긴 평화(long peace)'를 유지했다. 다음 물음에 답하시오. (총 40점) [2020 국립외교원]
   (1) 두 신흥강대국의 부상 사례가 신현실주의의 전쟁 예측에 부합하는 정도를 논하시오. (16점)
   (2) 두 신흥강대국의 부상 사례가 상이한 결과로 이어진 현상을 군사동맹(alliance)의 신뢰성(credibility)에 영향을 미치는 요인 두 가지를 중심으로 논하시오. 또한 그 논거로 제1차 세계대전과 냉전 시기의 동맹 사례를 제시하고 그 차이를 비교 서술하시오. (24점)

2. 미국은 트럼프(Donald Trump) 대통령 취임 이후 이른바 '미국 우선주의'를 대외정책의 기조로 내세우는 가운데, 최근 미국과 중국 사이에서는 무역 분쟁이 치열하게 전개되는 등 양국 관계의 갈등 양상이 점점 심화되고 있다. 다음 물음에 답하시오. (총 40점) [2019 국립외교원]
   (1) 트럼프 행정부의 '미국 우선주의' 대외정책 내용을 서술하고, '패권안정 이론'을 통해 이를 설명하시오. (20점)
   (2) 현재의 미중관계를 '세력전이 이론'으로 설명할 경우 제기될 수 있는 비판에 대해 서술하시오. (20점)

3. 미국과 중국이 향후 협력관계를 유지할 것인가 아니면 갈등관계로 갈 것인가에 대해 다양한 견해가 대두되고 있다. 그런데 미국은 자국안보의 심각한 위협요인으로 '중국위협론'을 제기하고 있다. 2006 행시

   (1) '중국위협론'의 근거를 두 가지 제시하고, 각각의 타당성을 평가하시오.
   (2) 동북아시아에서 미국과 중국의 패권경쟁이 한국의 '협력적 자주국방'정책에 미칠 영향을 논하시오.

4. 미국 외교정책과 관련하여 다음 물음에 답하시오. 2001 외시

   (1) 미국 외교에 있어서 고립정책과 개입정책 사이의 추이를 논하시오.
   (2) 미국의 팽창정책의 조건을 설명하시오.
   (3) 최근 부시 행정부가 추진하고 있는 "힘의 우위에 입각한 초강대국 건설"을 평가하시오.

5. 2008년 미국발 세계 금융위기는 국제정치경제 질서에서 미국 패권에 대한 다양한 논쟁을 야기했다. 주요 쟁점 중의 하나는 국제 기축통화로서 달러 지위의 지속 여부이다. 이와 관련하여 다음 물음에 답하시오. 2013 5급공채(외교직)

   (1) 세계 금융위기 이후 미국 패권의 쇠퇴에 대한 논쟁을 평가하시오.
   (2) 달러 지위에 대하여 달러 패권 시대의 종식과 달러 지위의 지속을 주장하는 상반된 두 입장이 있다. 달러 지위의 지속을 주장하는 입장을 브레튼우즈체제와 비교하여 설명하시오.

6. 중국의 부상으로 미국과 중국이 상호 협력과 경쟁을 지속하는 G2시대가 도래하고 있다. 미국과 중국 간의 갈등 및 협력 가능성과 관련하여 다음 질문에 답하시오. 2012 5급공채(외교직)

   (1) 세력전이(power transition)이론의 관점에서 미국과 중국 간의 갈등 가능성에 대해 설명하고, 양국 간 평화적 세력전이가 발생하기 위한 조건을 제시하시오.
   (2) 세력균형(balance of power)이론과 민주평화(democratic peace)이론의 관점에서 미국과 중국 간 협력적 공존을 위한 방안을 도출하고, 그 대안적 이론을 활용하여 새로운 방안을 제시하시오.

7. '확산방지구상'(PSI: Proliferation Security Initiative)은 대량살상무기의 확산을 방지하기 위한 국제사회의 여러 조치 가운데 하나이다. 다음 질문에 답하시오. 2011 5급공채(외교직)

   (1) PSI가 대량살상무기의 확산방지에 효과적인지 여부를 논하시오.
   (2) 한국의 PSI 참여가 남북관계에 미치는 영향과 한중관계에 미치는 영향을 각각 논하시오.

8. 제2차 세계대전 이후 얄타체제의 붕괴와 함께 유럽에서는 미국과 소련 사이의 냉전체제가 형성되었다. 미국과 소련이 취한 구체적인 외교정책 사례들과 그 사례들의 배경을 설명하고 유럽냉전체제가 형성되는 역사적 과정을 논하시오. 2009 외시

9. 동맹은 국가 간에 체결하는 가장 대표적인 외교관계의 하나로서, 기본적으로 상호 안보 제공을 목적으로 한 국제적 약속이다. 동맹은 다양한 조건하에서 생겨나는데, 동맹을 체결하는 국가들이 가장 중요하게 생각하는 판단의 근거는 각기 상이한 것으로 알려져 있다. [2008 외시]

    (1) 동맹은 주로 어떠한 조건하에서 발생하는지 설명하시오.
    (2) 동맹의 체결로 참여 국가가 감수해야 하는 손실로는 어떤 것이 있을 수 있는지 설명하시오.
    (3) 이상의 논의를 바탕으로 2000년대 이후 진행되고 있는 한미동맹의 변화 양상을 평가하시오.

10. 오바마 정부의 대외전략에 관한 다음 물음에 답하시오.

    (1) 탈냉전기 미국 대외정책 전개에 대해 국제주의와 고립주의, 현실주의와 자유주의 분석틀을 원용하여 설명하고 오바마 행정부의 대외정책 정향(orientation)에 대해 전망하시오.
    (2) 오바마 행정부 직전 부시 행정부의 대중국전략과의 변화와 지속의 관점에서 오바마 행정부의 대중국 전략에 대해 설명하고, 변화요인에 대해 분석하시오.
    (3) 북한 핵문제에 대한 오바마 행정부의 전략을 전망하고 한국의 대응방향에 대해 논의하시오.

11. 미국 건국 이래 미국의 대외정책을 지배했던 외교이념은 '미국 예외주의'(American Exceptionalism)이다. 미국 예외주의는 미국의 국력이나 국제정세에 따라서 고립주의(Isolationism)나 국제주의(Internationalism)로 상반된 양상을 보여주기도 하였다. 또한 정권을 잡은 당파의 성향에 따라 이상주의(Idealism)나 현실주의(Realism)의 성향을 띠기도 하였다. 미국 예외주의와 관련하여 다음 물음에 답하시오.

    (1) 미국 예외주의의 개념 및 그 형성배경에 대해 설명하시오.
    (2) 미국 예외주의는 실제 외교전략에 있어서는 현실주의, 자유주의, 고립주의, 국제주의 등 다양한 세부노선과 연계되어 추진되었다. 예외주의와 각 이념의 상관성을 국제정세, 미국의 상대적 힘, 국내여론 등 다양한 변수를 고려하면서 논의하시오.
    (3) 19세기 이래 최근까지 미국 외교사의 몇 가지 주요 사례를 언급하고, 미국 예외주의 관점에서 평가하시오.

12. 국제관계에서 불확실성이 오인과 오판을 유발하여 전쟁으로 이어지는 경우가 있다. 현재 중국의 급속한 부상으로 미중관계의 불확실성이 고조되는 가운데, 양국 관계가 더욱 불안정해질 것이라는 예측과 양국 간 공존 또는 협조가 이루어질 것이라는 예측이 병립한다. 다음 물음에 답하시오. (총 40점) [2021 국립외교원]

    (1) 중국의 국력이 성장하여 미국의 국력을 넘어선다고 가정할 때, 미국이 현저히 우위인 시기, 양국의 격차가 줄어든 시기, 중국이 미국을 현저히 능가한 시기로 구분하고, 각 시기별 미중관계에서 불확실성의 정도를 비교하시오. (10점)
    (2) 각 시기별 미중관계에서 불확실성의 정도가 미중갈등에 미치는 영향에 대해 세력균형론과 세력전이론의 입장을 비교하시오. (20점)
    (3) 슈웰러(Randall L. Schweller)의 이익균형론 입장에서 미중관계의 불안정성에 영향을 미치는 요인 2가지를 언급하고, 각 요인에 기반하여 미중관계의 미래를 예측하시오. (10점)

제2장 중국 외교정책

제1절 총설

I 중국 외교정책 환경

1. 국내적 환경

(1) 지도자 개인 변수

첫째, 현대 중국 공산당지도자들의 국제정세와 외교정책 인식을 형성했던 주요 기반은 마르크스-레닌-마오쩌둥 사상이었다. 마오쩌둥 시대 외교정책결정자들이 국제정치체제를 보는 시각은 세계를 3대 진영(자본주의 진영-사회주의 진영-제3세계)으로 구분하는 3개 세계론이었고, 1960년대 사회주의 진영 내 중소분쟁의 이면에는 마오쩌둥의 공산혁명에 대한 사상이 배경으로 작용하기도 하였다.

둘째, 1978년 이후 덩샤오핑의 개혁개방정책은 혁명 1,2세대와는 다른 성격의 엘리트 그룹을 형성했고 현재 중국의 외교정책은 장쩌민과 주룽지로 대표되는 제3세대를 거쳐 후진타오와 원자바오의 제4세대 그리고 시진핑의 제5세대 엘리트들이 주도하고 있다.

셋째, 2002년 제16기 중국공산당 전국대표대회와 2003년 제10기 전국인민대표대회를 통해서 등장한 중국 제4세대와 제5세대 엘리트 그룹의 외교정책에 대한 인식은 이전 세대와는 상대적인 의미에서 보다 개방적이고 실용적인 성격을 갖는다.

넷째, 제4,5세대 엘리트들의 특징은 다음과 같다. ① 실용적이다. 이들은 급진적인 대중운동과 이데올로기에 대해 비판적 생각을 갖고 있다. ② 탁월한 정치적 능력을 갖고 있다. 이들은 정치과정을 공유하고, 협상하며, 자문하는 일련의 합의구축 과정에 순응적이다. ③ 특정 정파가 정치권력을 독점할 수 없는 집단지도체제는 권력의 분산과 협의의 통치를 통해 중국 정치과정의 제도화와 엘리트 민주주의를 더욱 촉진시킬 것이다.

다섯째, 제4,5세대 엘리트들의 외교정책 인식은 다음과 같다. ① 중국은 국제사회에 편입하여 국제체제에 순응하는 국가임을 지속적으로 표명하고 있다. ② 미중관계는 중국외교전략의 핵심적인 과제이기에 우호적인 미중관계를 유지하는 것이 중국의 가장 중요한 전략적 과제이다. 이들은 미중 양국이 공동 이해의 폭을 넓히고 협력을 증대시키는 것이 중요하다고 본다. ③ 영토와 주권문제는 중국의 국내문제라 생각하며, 제3국의 간섭을 배제하고 차단하려고 한다. 특히, 대만문제에서 미국의 개입은 용납할 수 없으며, 평화적인 대만문제 해결이 불가능하다면 무력의 사용 역시 선택할 대안 중 하나라고 본다.

(2) 여론

첫째, 개혁개방 이전에는 소수 엘리트들이 정책결정 여론을 형성했으나, 오늘날에는 정책 결정 엘리트, 전문가집단, 지식인 등이 광범위한 층을 형성하고 외교적 현안에 대한 의사표현을 상대적으로 활발하게 개진하고 있다.

둘째, 핵심 지도자들은 여론의 향배에 주의를 기울인다. 국내정치적 안정을 중시하기 때문이다.

셋째, 국내여론이 대중들에 의해 표출되는 가장 중요한 방식 중의 하나는 민족주의를 통해서이다. 중국 민족주의는 전통적인 중화주의와 결합하여 서구와 일본의 침탈에 대한 치욕을 극복하여 중화문명의 강대국을 재건하려는 열망과 결합되어 있다. 중국의 민족주의 열망은 시진핑이 직접 중국몽이라는 용어를 사용하여 집약하였다.

(3) 성정부(省政府)

첫째, 중국은 22개의 성, 5개의 자치구(내몽고, 신장, 영하회족, 광서장족, 서장티벳트 자치구), 4개의 직할시(북경, 상해, 천진, 중경)로 구성되어 있다. 1978년 개혁 개방정책으로 중국의 각 성들은 중요한 정치적, 경제적 행위자로 부상하였다. 경제활동의 권한을 지방정부로 이전시킨 분권화 정책은 독자적 경제이익을 추구하는 성의 세계경제 참여와 대외관계에서 개입과 역할 확대를 가져오게 하였다.

둘째, 개혁개방기 지방정부의 대외관계 조직과 운용 체계는 1982년 국무원에 의해 확립되었다. 지방의 대외관계는 중국외교정책의 통합적인 부분이며 중앙정부의 노력을 보완해야 한다고 규정되었다. 성정부의 외사판공실은 지방정부의 대외관계를 책임지는 부서로서 재원과 인력을 지방정부로부터 조달받지만 중앙외교부의 기능적 하부단위기도 하여 이중적 리더십이 존재한다.

2. 국제적 환경

(1) 국제체제

첫째, 1949년 중화인민공화국 수립 이후 1950년대 소련에 의존했고, 1960년대 중소분쟁이 발발하자 1970년대 미국과의 관계정상화를 추진했다. 미국과 소련의 경쟁이 격화되었던 쿠바미사일위기와 베트남 전쟁 시기에는 어느 한쪽으로의 경사를 거부하는 고립주의정책을 취했으며, 1980년대에는 양극 사이의 균형을 유지하는 등거리정책을 추진했다.

둘째, 1979년 이후 독립자주외교로 표현된 등거리정책은 덩샤오핑의 국제정치질서에 대한 재평가가 반영되었다. 덩샤오핑은 개혁개방정책을 추진하면서 기존의 국제정치 구조가 중국의 안보에 커다란 위협이 되지는 않는다고 평가하면서 미국과 소련 두 강대국과 제3세계 국가들에게 전방위적인 외교정책을 추진했다.

셋째, 중국은 고르바초프의 개혁정책으로 그동안 관계정상화의 세 가지 장애물이었던 아프가니스탄, 베트남, 국경지역의 군사력 증강 문제가 해결되자 소련과 관계를 개선했다.

넷째, 탈냉전 이후 미국 주도의 단극체제가 형성되자 중국은 미국이 주도하는 국제정치경제 구조 속에서 새로운 지식과 정보를 획득하고 국제기구나 국제레짐에 대한 수용성이 증대되었다. 그러나 다른 한편으로 중국은 미국의 영향권 밖에서 다자외교 또는 주변외교 등의 수단을 통해 자국의 영향력을 대외적으로 확대하려는 노력도 지속적으로 수행하고 있다.

다섯째, 중국은 2000년대 중반 이후 강대국의 지위를 확보함에 따라 국제체제에서 G2의 위상을 갖는 국가로 변모하였다. 2005년 미국무부 졸릭 차관보는 중국과의 전략적 협력을 강조하면서 이해상관자(stakeholder)라는 개념을 제기한 바 있다. 미중은 2006년부터 전략경제대화를 정례화하였다. 2012년 제18기 전당대회를 통해 등장한 시진핑은 정치보고서에서 처음으로 '책임대국'이란 표현을 명기하고 이후 '신형대국관계'라는 표현을 미중관계에서 사용하기 시작했다.

여섯째, 신형대국관계는 미국의 아시아로의 회귀(pivot to Asia)전략에 대한 대응이다. 미국은 EAS에 가담하고 TPP를 통해 대중국 견제를 강화했다. 오바마 2기 행정부는 미국의 지도적 지위를 유지하고 아태지역에서 지역안정자 역할을 지속하면서 기존의 포용과 견제를 결합한 대중전략을 구사하였다. 중국은 이에 대해 미중관계의 안정과 관계발전을 위해 신형대국관계를 제안했다.

일곱째, 다른 한편 신형대국관계는 새로운 미중 간 대국관계를 규정하면서 미국의 재균형 전략에 맞서는 동시에 내용적으로는 중국의 핵심이익의 보전을 요구하는 점에서 향후 공세적 외교정책을 알리는 신호탄이었다.

여덟째, 핵심이익이라는 용어는 2009년 7월 다이빙궈 국무위원이 미중 전략경제대화에서 언급한 이래 주요 문건에서 공식 등장하고 있다. 2011년 화평발전백서에 상세히 언급된 핵심이익은 6가지로서 국가주권, 국가안보, 영토보전, 국가통일, 중국헌법을 통해 확립한 국가정치제도, 사회의 안정과 경제의 지속 가능한 발전 보장이다.

(2) 경제적 상호의존

첫째, 개인적 수준의 접촉은 세계경제에 대한 학습의 기회로 작용하고 있다.

둘째, 중국정부는 다자경제기구가 제시한 국제경제질서에 대한 규범과 원칙을 수용하는 방향으로 정책이 결정되었다.

셋째, 중국의 경제발전전략은 연안지역을 우선적으로 경제특구의 형태로 개방하여 외국 자본과 기술을 유입하는 것이었다. 중국이 세계경제에 편입되면서 수출주도의 발전전략을 택했는데, 경제적 상호의존시대 세계화의 강력한 영향력 때문이었다.

넷째, 1997년 아시아금융위기 시 중국정부의 인민폐 환율 유지 정책은 세계경제에 깊이 통합되고 있는 중국 경제정책을 현실을 보여주었다. 아시아경제위기시 중국은 인민폐 환율을 평가절하하지 않고 유지했는데, 이는 중국이 책임대국 이미지 제고라는 동기도 있었으나, 그보다 인민폐를 평가절하하는 경우 수입물가가 상승하여 국내적으로 인플레이션이 유발되어 가계에 부담이 될 수 있다는 경제적 이유 때문이었다. 이러한 결정은 중국경제가 세계경제에 깊숙이 편입된 사실을 인식한 것이었다.

다섯째, 일대일로 전략은 중국 중서부에서 중앙아시아와 유럽으로 이어지는 육상실크로드(일대)와 중국 남부 해상과 동남아, 인도양, 지중해로 이어지는 해상실크로드(일로)를 구축함으로써 글로벌한 차원의 경제적 네트워크를 구축하고자 하는 것이다. 이는 개혁개방 이후 세계경제권에 편입되어 온 중국이 스스로 자국 중심의 경제적 상호의존을 증대시키려는 노력을 추진하고 있는 것이다.

(3) 국제레짐

첫째, 국제레짐이 중국의 외교정책에 영향을 준 것은 사실이나, 국제레짐이 포괄하는 규범들에 대한 중국의 태도는 학습보다는 적응의 성격을 갖는다. 중국의 레짐에 대한 정책 변화는 규범과 가치에 대한 내면적인 학습을 수반하지 않는 단순히 전술적인 학습의 결과이다.

둘째, 중국의 근대국제질서 편입직후 반식민지 상태로의 전락에 대한 경험은 강력한 주권수호의 인식을 갖게 했고, 인권, 환경, 통신, 국제연합의 평화유지 분야의 국제레짐 참여과정에서 서구의 정신오염 또는 주권 침해에 대응하는 양상을 보이기도 하였다.

셋째, 중국은 국제레짐을 수용하던 종래의 태도에서 적극적 참여를 통해서 국제레짐의 규범을 제정하는 책임과 역할을 수행하는 입장으로 변모시키기도 하였다. AIIB는 중국 주도의 다자간 국제금융기구 창설을 통해 미국이 주도적으로 행사해 온 국제금융질서에서 영향력을 행사하려는 노력이라고 할 수 있다.

Ⅱ 중국 외교정책의 목표와 방향

1. 외교정책 결정 구조와 과정

첫째, 중국의 정치권력구조는 3개의 수직적 체계인 시통(系統), 즉 중국공산당, 정부(국무원), 군(인민해방군)으로 이루어져 있다. 이 체계의 최고 정점에 중국공산당 정치국과 정치국 상무위원회가 있다. 마오쩌둥과 덩샤오핑 같은 최고 권력자를 영도핵심이라고 부른다. 외교문제는 중앙외사영도소조를 통해 정책에 대한 논의와 결정이 이루어진다.

둘째, 외사영도소조는 외교정책을 논의하고 조정하는 비공식 기구이다. 1958년 처음 설립된 이 기구는 당면한 외교문제가 발생했을 때 관련된 다양한 부처들이 참여하여 외교정책을 논의한다. 외사영도소조는 공식적 제도는 아니지만 정책선호와 정책대안을 보고함으로서 정책결정에 중요한 영향을 준다.

셋째, 외교부는 중국의 외교정책결정과정에서 실무적인 일을 담당하며, 정책의 형성과 집행의 가장 중요한 기관이라고 할 수 있다. 외교정책 결정의 전술적 역할을 수행하기도 하는데 중앙의 정책목표를 실현하기 위한 구체적인 정책 해석과 정책 통제를 수행한다.

넷째, 1978년 개혁개방정책의 지속적 추진과 정치권력의 제4세대로의 교체는 외교정책결정과정에서 몇 가지 중요한 변화를 가져왔다. ① 중앙 리더십의 축이 과거 마오쩌둥과 덩샤오핑 같은 한 개인에서 핵심 서클인 집단지도체제로 변화하였다. ② 합의 과정에서 전문적인 관료의 역할이 점차 중요해지고 있다. ③ 이러한 과정에서 외교정책 결정권한이 점차 분산되는데, 중앙의 리더십과 함께 외교부와 대외무역경제협력부의 위상이 강화된 반면, 탈냉전후 대외연락부의 역할이 축소되었다.

2. 중국 외교정책의 전략과 목표

첫째, 중국은 외교정책의 목표를 결정하기 전에 보다 근본적인 2가지 중요한 선행과정이 있다. ① 시대의 성격을 규정하는 것이고, ② 이러한 시대인식에 근거해서 외교정책의 원칙을 정하는 것이다.

둘째, 시대의 성격을 규정하는 관행은 마오쩌둥의 모순론에서 기원을 찾을 수 있다. 혁명과 전쟁이 시대의 성격이라 규정했던 마오쩌둥과는 달리 덩샤오핑은 중국의 개혁개방을 추진하면서 평화와 발전을 시대 주제라 인식했다.

셋째, 외교정책의 원칙은 2가지로 구분된다. ① 대내외적으로 천명된 외교원칙이다. ② 영토의 보존과 주권의 상호존중, 상호불가침, 상호내정불간섭, 평등호혜, 평화공존의 평화공존 5원칙, 패권주의와 강권정치 반대, 제3세계 국가의 단결 등이다.

넷째, 중국 외교정책의 기본방향을 규정하는 대전략이 있다. 마오쩌둥시대의 양대진영론과 3개 세계론, 덩샤오핑의 도광양회, 후진타오의 유소작위가 그러한 예이다.

다섯째, 중국에서는 1990년대 후반부터 지속적인 경제성장과 국제사회의 영향력 확대를 통해 생긴 자신감을 바탕으로 미국을 중심으로 제기된 중국위협론에 대응하기 위해 대전략에 대한 논의가 진행되었다. 이 논의는 책임대국론, 평화부상론, 화해세계, 과학적 발전관으로 제기되었다.

여섯째, 2010년 중국은 일본을 제치고 세계 2위의 경제대국으로 부상하였고, 일본과의 센카쿠 열도 영유권 분쟁에서 희토류의 수출 중단 등 강경한 입장을 표출했다. 이에 따라 기세등등하게 호통치며 상대방을 윽박지른다는 의미의 돌돌핍인이라는 외교정책 기조의 변화가 논의되기도 하였다.

일곱째, 중국 외교정책 목적은 주권과 영토보전, 국가통일, 사회주의체제와 이데올로기 유지이다. 이를 위해 ① 중국의 현대화와 경제발전에 유리한 평화롭고 안정적인 국제환경을 조성하는 것, ② 미국을 중심으로 한 서구세력의 봉쇄정책을 저지하고 국제적 영향력을 확대하는 것, ③ 평화와 발전 시대에 중국의 외교정책이 추구하는 것은 경제발전을 통해 현실문제를 해결하고, 오랜 현대화의 숙원인 중국식 사회주의 건설을 통해 강대국의 위상을 되찾는 것이 외교정책 목표이다.

여덟째, 2002년 공산당 16차 당대회에서 후진타오와 원자바오는 향후 20년을 위대한 중화민족의 중흥을 도모할 수 있는 전략적 기회의 시기로 보고 경제발전을 통해 전면적 소강사회를 건설한다는 국가계획을 제시했다. 2012년 공산당 18차 당대회에서 시진핑은 중국의 꿈이 현실화되고 있음을 강조한 바 있다.

아홉째, 중국은 1990년대 중반 이후 외교정책의 주요 내용을 전략적 동반자 관계 수립을 통한 강대국외교, 선린우호관계 수립을 통한 주변국외교, 국제적 영향력 확대를 목표로 한 다자외교로 구별하여 수행하였다.

Ⅲ 중국의 부상

1. 경제성장

중국은 개혁개방정책을 시행한 이후 기록적인 성장을 보여주고 있다. 1978년 이후 중국 경제는 연평균 9%를 초과하는 높은 성장률을 기록하고 있다. IMF는 현재 구매력지수에 근거하여 평가할 때 중국의 GDP비중은 전세계의 12.58%에 이른다고 평가하였다. 이는 미국에 이어 세계 2위에 해당한다.

2. 군사력 증강

(1) 서설

중국의 부상과 더불어 최근 중국 군사력이 급속히 증강하고 있는 데 대해 강대국들뿐만 아니라 주변국가들의 관심과 우려도 커지고 있다. 2005년 일본 방위백서에서는 중국군 현대화가 방어적인 것이 아니라 공세적인 성향으로 전환하고 있다고 평가하였으며, 미국도 2005년 QDR에서 중국의 군 현대화 및 군사력 증강 추세에 대해 우려하며, 중국을 아시아지역에서 미국과 군사적으로 경쟁할 가능성이 가장 큰 국가로 명시했다. 이에 대해 중국은 '평화적 발전'(peaceful development)이 자국의 기본입장임을 거듭 강조하며 '중국위협론'을 불식시키고자 하고 있다.

(2) 국방예산 증강 현황

2006년 중국의 군비는 아시아에서 최고로 미국과 러시아의 뒤를 잇는 세계 3위의 군비지출국가로 자리매김하였다. 중국은 2006년 국방예산이 302억 달러라고 발표했다. 영국 국제전략연구소(IISS)는 중국의 실제 군사비는 저평가되어 있다고 보고, 2003년 기준으로 중국의 군사비 총지출은 396억 달러로 보고하였다. 이는 구매력평가지수를 적용하면 755억 달러로서 미국에 이어 세계 2위의 군사비 지출국가라고 지적했다. 중국의 국방비는 지난 15년 동안 매년 10% 증가해 오고 있다. 2019년 국방예산은 약 205조 원이었다. 2016년 이후부터는 한 자리수로 증가해 오고 있으며, GDP 대비 2% 정도를 유지하고 있다.

(3) 군사혁신

종합국력의 향상을 목표로 하는 중국의 국가전략의 중요한 부분을 차지하고 있는 것이 인민해방군의 개혁이다. 중국은 광범위한 군 현대화 프로그램을 통해 군 전반의 역량을 강화하고자 한다. 중국군은 군의 구조조정을 통해 첨단기술에 의해 주도되고 있는 현대의 전쟁에 대비할 수 있는 보다 유연하고 질적으로 향상된 군을 육성하고자 한다. 후진타오 주석은 중국 인민해방군이 정보전과 전자전 역량을 향상시켜야 함을 강조했고, 이러한 역량이 전세계적인 군의 변화에 있어 주요 요소라는 점을 지적하였다.

(4) 군사력의 투사

중국의 군사력 증강 및 군 현대화의 핵심은 'power projection capability'(힘의 투사력)의 향상에 있다. 힘의 투사력이란 한 국가가 정치, 경제, 군사 및 정보력 등을 이용하여 자국 이외의 광범위한 지역에 군대를 파견, 주둔시킴으로써 위기에 대처하고, 억지력을 행사하며 지역 안정성에 기여할 수 있는 능력을 의미한다. 중국은 이를 위해 해공군력과 핵전력 증강에 역점을 두고 있다.

① 해군력 강화: 중국의 군사력 증강 및 군사 현대화에 있어서 가장 두드러진 영역이 해군부문이다. 중국은 특히 1996년 대만해협 위기에서 비롯된 미국과의 갈등 이후 해군전력 강화를 본격화하였다. 구체적으로 행동반경 확장, 연안방어 능력 심화, 해상 전투준비능력 강화, 통합전투능력 강화 등을 추진하고 있다. 1980년대 중반부터 2050년까지 3단계로 나눠 추진하고 있으며, 현재 2단계에 들어와 있다. 해군력 강화의 단기적 전략은 독립을 원하는 대만과의 전쟁, 이

를 둘러싼 미국과의 갈등 시나리오에 초점이 맞춰져 있다. 즉, 해상봉쇄를 포함하여 대만에 대한 강압적 전략 사용의 범위를 확대시킬 수 있는 능력을 키우고 미국이 대만을 도와주러 오는 것을 사전에 봉쇄하는 것이다. 장기적으로 중국은 자국의 광범위한 해양전략을 해군력 강화를 통해 뒷받침하고자 한다. 지역 내에서 중국의 군사 리더십을 확고히 하고, 해상 영토 분쟁에서 유리한 위치를 선점하며, 해상 교통로(SLOC)의 안전을 보장하는 것이 보다 장기적인 목표라 할 수 있다.

② 핵전력 강화: 중국은, 특히 미국의 미사일방어체계에 대항하기 위해 다탄두 미사일(MIRV) 개발에 역점을 두고 있는데, 2002년 11월 사정거리 8,000km인 DF-31을 시험 발사하기도 하였다. 중국은 SLBM을 탑재한 핵잠수함도 1척 보유하고 있으며, 핵무기를 운반할 수 있는 폭격기도 상당수 보유하고 있다. 1962년 첫 핵실험에 성공한 중국은 1990년대 초 이후엔 90킬로톤(KT) 이하의 다양한 핵탄두를 실험하여 경량화·다탄두화 등 기술적으로 진보하고 있다. 중국은 주변국의 우려를 의식하여 국방백서에서는 중국 핵무기가 방어용이며, 어떠한 상황에서도 선제공격하지 않을 것임을 분명히 하였다.

3. 우주개발

(1) 배경

우주개발능력은 국방력, 경제력, 과학기술력 등 다양한 측면에서 한 나라의 '총체적 국력'을 상징하는 척도로 인식되고 있다. 중국은 경제부문을 중심으로 하는 '중국의 부상'(China Rising)에 이어 우주개발이라는 첨단기술 분야로까지 부상의 영역을 급격히 확대하고 있다. 중국이 우주개발을 본격적으로 추진하는 것에는 몇 가지 배경이 있다. 첫째, 우주개발 성공은 중국 지도부가 강조하는 '중화민족의 위대한 부흥'을 대내외에 과시할 수 있는 효과적이며 상징적인 수단이다. 둘째, 대내적으로 공산당 통치와 지배세력의 정당성을 강화하고 대외적으로는 국가적 위상을 제고하기 위한 것이다. 셋째, 중국은 1990년대 들어 미국의 패권주의를 자국에 대한 위협으로 인식하고 국제질서의 다극화를 주장해 왔다. 중국은 미국에 의한 일극 지배기반의 원천이 우주를 활용한 군사력과 정보력으로 보고 있으며 이에 대항하기 위해서는 우주개발이 필수적이라고 인식하고 있다.

(2) 목적

중국이 우주개발을 통해 달성하고자 하는 목적은 세 가지이다. 첫째, 폭넓은 경제적 이익 확보를 목적으로 한다. 중국은 통신시장의 폭발적 확대에 대응하는 한편, 유인 우주선 발사 성공을 통해 외국의 중국의 우주항공기술에 대한 신뢰도를 제고하여 상업위성 수출을 확대하고 있다. 둘째, 중국은 우주개발을 통해 국방현대화를 달성하고 군사력을 획기적으로 발전시키고자 한다. 미국에 의한 우주의 독점적 지배가 중국의 안보를 위태롭게 할 수 있다고 보고 미국을 견제하고자 한다. 셋째, 중국은 우주개발을 통해 과학기술 자체의 발전은 물론 장기적으로 우주공간에서 취득할 수 있는 자원과 권리들에 대한 기득권을 확보하려는 목적을 지닌다. 중국은 21세기는 우주공간이 새로운 '전략국경' 확대의 각축장이 될 것으로 인식하고 있다.

Ⅳ 개혁개방정책

1. 중국 공산당 제11기 중앙위원회 제3차 전체회의(11기 3중전회)

동 회의는 등소평이 이른바 중국식 개혁개방정책으로의 '역사적 전환'을 이룬 회의로 평가받고 있다. 동 회의에서 "경제관리 체제와 경영관리 방법에 대한 진지한 개혁에 착수하고, 세계의 선진기술과 선진설비를 될 수 있는 대로 채택한다."라는 것이 강조되어 '개혁'과 '대외개방'의 중요성이 강조되었다.

2. 생산책임제 또는 개별 농가청부제

농촌에서 우선적으로 시행된 개혁정책의 일환으로 추진되었다. 1980년대 활성화되었다. 인민공사체제를 폐지하고 개별 농가에 여러 가지 권한을 이양해 생산한 것의 일정량을 상납하면 그 이외의 것에 대해서는 자유시장에서 판매하게 하는 정책이다.

3. 경제체제 개혁에 관한 결정(1984년, 공산당 12기 3중전회)

동 결정은 도시의 국영기업을 중심으로 한 기업관리의 개혁에 중점을 두었다. 농촌의 생산책임제와 마찬가지로 도시의 기업관리체제를 이전의 계획경제형에서 탈피하여 정부에 상납한 것 이외의 부분을 일정 부분 유보·매각할 수 있게 하여 기업에 많은 재량권을 주는 것을 목표로 하였다. 그 결과 국영기업의 실적이 호전되었다.

4. 경제특구제도 도입

1979년 광둥성의 선전, 주하이, 산두, 아모이 등 네 지역에서 외자를 우선하는 정책을 도입하였고, 1980년에는 이들을 경제특구로 지정하였다. 이들 지역에 해외자본과 외자를 집중하여 개혁의 추진역할을 하게 함과 동시에 다른 지역의 발전모델을 만들겠다는 구상으로 추진되었다. 1984년에는 톈진, 상하이, 다롄, 광저우 등 14개 도시가 외자 도입을 위해 대외적으로 개방되었다.

> **참고 중외합자경영기업법(1979년)**
>
> 1979년 7월 1일의 제5기 전국인민대표대회 제2회 회의에서 채택되어 같은 달 8일 섭검영 전인대 상무위원장 이름으로 공포·실시되었다. 국제경제협력과 기술교류 확대를 위해 외국 기업과의 합작사업을 인정한다고 하는 것으로 '4가지 근대화' 달성을 위해 중국이 본격적으로 외국의 자본·기술을 도입하는 방침으로 전환한 것을 시사한다는 점에서 획기적이라고 알려져 있다. 전문 15조로 되어 있으며 "① 외자 측의 투자나 이윤 등 합법적 권익을 지킨다. ② 외자 측의 출자비율은 25% 이상으로 한다(상한은 없음). ③ 외자 측이 제공하는 기술·설비는 선진기술이어야 한다. ④ 이윤의 국외송금을 인정한다." 등을 주요 내용으로 하고 있다. 중국 측의 합작기업 설립 창구는 중국 국제신탁투자공사. 1983년 9월에는 합작기업 진출의 세부 항목을 정한 '중외합자 경영기업법 실시조례'가 공포되었다. 여기에 따라 합작기업 제품의 중국 국내시장으로의 개방이 비로소 명문화되었다.

5. 남순강화(南巡講話, 1992년)

남순강화는 등소평이 이른바 '사회주의 시장경제'를 공식 도입한 계기가 되었다. 1989년 천안문 사건과 1991년 소련 붕괴로 인해 국제적으로 고립된 중국은 소련의 전철을 밟지 않기 위해서는 경제 발전이 불가결하다고 판단하였다. 남순강화에서 등소평은 계획과 시장이 사회주의와 자본주의를 구분하는 기준이 아니라면서 사회주의를 전제로 한 시장경제의 중요성을 강조하고 '사회주의'라는 것은 '공유제'와 '공산당의 지도'를 견지하는 것이라고 하였다. 1992년 가을 제14차 당대회에서 '사회주의 시장경제'를 분명하게 제시하였다.

V 대외정책 기조 변천사

1. 도광양회(韜光養晦)

빛을 감추고 때를 기다린다는 의미이다. 중국이 경제적·군사적인 실력을 기르면서 때를 기다린다는 의미로 받아들여지고 있다. 1990년대에는 미국 등 강대국에 대항하지 않고 경제성장에 전념하는 '도광양회'에 보다 중점이 주어졌다. 9·11테러 이후에도 강대국 간 관계, 특히 미국과의 관계에서 유지되고 있는 것으로 평가된다.

2. 유소작위(有所作爲)

적극적인 주변국 외교 및 국제사회에 적극적 참여를 의미하는 전략이다. 즉, 도광양회를 넘어서 대외적으로 자신의 목표를 공개적으로 제시하고 또 이를 추구하는 전략으로 이해된다. 구체적으로는 전세계적 차원에서 세계질서의 다극화를 실현하기 위해 다른 강대국들과의 관계를 강화하려고 노력하였다. 동아시아에서 리더십을 발휘하려고 하는 것이나, 북핵문제의 적극적인 중재에 나서는 것도 유소작위하의 전략으로 풀이된다.

3. 책임대국

책임대국론은 1997년 이후부터 본격적으로 등장하였다. 책임대국론은 90년대 중반 대국으로서의 정체성에 대한 논의가 시작되면서 대국으로서의 책임에 대한 화두도 대두되었다. 책임대국론은 탈냉전기의 국제체제의 전환기라는 "호기"를 적극적으로 포착하여 자신의 종합국력에 부합하는 국제적 지위를 모색하는 한편 국내적으로는 민족적 자긍심 고취를 통해서 체제를 유지시키려는 의도를 배경으로 등장한 것이다. 다민족국가인 중국으로서는 체제유지와 국가통합이 상당히 중요한 문제로 간주되고 있으며, 대국의식을 고취시킴으로써 국가통합을 유지하고자 하는 것이다.

4. 화평굴기(和平崛起)

2003년 11월부터 '평화적인 부상'을 의미하는 '화평굴기'론이 새로운 외교정책의 원칙으로 제기되었다. 평화적인 부상론은 과거 서구 열강들이 강대국으로 부상하는 과정에서 기존의 패권국과 대규모의 전쟁과 갈등을 야기시켰던 것과는 달리 중국의 부상은 평화적인 방법으로 달성한다는 의도를 표명한 것이다. 이는 중국위협론에 적극적으로 대응하여 중국의 평화적 의도와 정책을 강조하는 대외정책이론이다. 이를 통해 중국은 자국의 국력에 합당한 지위와 영향력을 확보하고, 국제사회에서 보다 적극적이고 책임 있는 강대국으로서의 이미지를 심으려 한다.

5. 화평발전(和平發展)

화평굴기론에 대한 비판으로 인해 2004년 4월부터 이를 대체하여 사용되는 개념이다. 화평굴기론이 '굴기(崛起)'의 측면을 부각시켜 중국위협론을 연상시키고, 대만 문제에서 군사적 옵션을 배제하는 것처럼 여겨져 잘못된 메시지를 전달할 수도 있다고 비판을 받았다. 용어의 교체일 뿐 화평굴기론과 내용은 같다. 화평굴기론 또는 화평발전론의 기조에서 중국은 동아시아 정상회의(EAS)의 조기 설립 추진, ASEAN과 FTA 등 협력 강화와 일본과의 영향력 경쟁, 상하이협력기구(SCO)와 군사적 협력 강화, 에너지 및 자원외교에서 공세적이고 적극적인 외교 등의 외교적 행보를 보여주었다.

6. 화자위선(和字爲先)

(1) 배경

2006년 들어 후진타오 외교정책이 '화합'을 강조하였는바 몇 가지 배경이 있다. 첫째, 중국의 부상과 함께 '중국위협론'의 담론도 힘을 얻고 있는 상황에서 후진타오의 적극적이고 공세적인 외교정책은 이러한 논의를 강화시켜 중국이 국제적으로 고립될 수도 있다는 위기감이 작동하였다.

둘째, 국제정치와 중국의 위상에 대한 국내적 합의를 반영하고 있다. 국내적 합의란 ① 중미 간의 실력차는 분명히 존재하며 ② 중국의 핵심이익(대만)에 대해서는 단호한 입장을 유지하되, ③ 미국과의 갈등을 강화하는 조치는 회피하고 ④ 국제적 신뢰를 획득하도록 노력하며, ⑤ '발전'이 '부상'보다는 핵심적인 사안이라는 것이다.

셋째, 후진타오 초기의 적극적 외교정책의 결과 일정한 시행착오를 겪었음을 인정한 것이다. EAS의 조기 추진은 성과 없이 인도, 호주, 뉴질랜드의 가입과 중국 견제세력의 확대로 이어졌다. SCO의 강화 역시 미국과의 갈등이 증대하는 요인이 되었다.

넷째, 일본의 신사참배에서 야기된 중일 간 정치적 갈등이 단기간에 해결될 가능성이 희박한 상황에서 중일 간 갈등이 중국의 책임으로 돌려지는 상황을 막고 중국의 외교적 주도권을 유지하고자 하는 시도이다.

(2) 내용

'화자위선'론은 보다 유연하고 현상유지적인 외교정책기조로 볼 수 있다. 2006년 1월 3일 외교부 대변인 류젠차오는 2006년 중국의 대외정책의 원칙은 갈등보다 화합을 최우선시하는 정책(화자위선)을 지향할 것이라고 강조하였다. 그간의 가시적인 공세성을 완화하고 속도조절을 시도할 것이라는 것을 보여준다. 도광양회론과의 차이점은 적극적인 외교행위를 전제하고 있다는 것이다.

7. 신형대국관계(新型大國關係)

2012년 10월 개최된 중국 제18차 공산당 당대회는 시진핑을 지도자로 하는 새로운 지도부를 형성하였다. 당보고서는 대외관계에 있어서 '새로운 강대국관계(新型大國關係)'를 요구하고 있다. 기 개념은 후진타오 시기 말인 2010년 즈음부터 제기되었으며, 시진핑 시대에 중국이 희망하는 새로운 미중관계를 개념화 한 것이다. 이 개념은 2010년 중국의 공세적인 외교가 낳은 결과에 대한 반성을 담고 있고, 향후 시진핑 시기 10년의 외교 방향을 보여주고 있다. 시진핑 시기 외교는 후진타오 시기의 발전도상국이라는 자아정체성에서 벗어나 점차 강대국이란 인식을 바탕으로 대 세계, 지역, 한반도 전략을 재구성 중이다. 강대국 정체성은 후진타오 시기 중국이 개발도상국으로 인식하던 것과는 다르다. 신형대국관계는 기존에 중국이 주장했던 '평화로운 발전론'이나 '조화로운 국가관계'가 강대국들 간의 관계에 보다 구체화된 형태로 제시된 것이다. 경쟁과 대결이 아닌 상호 존중과 협력에 초점을 둔 강대국 신질서론이다. 중국 외교부장 왕이는 2013년 9월 미국을 방문하여 다음과 같이 '새로운 강대국 관계'를 정의하였다. 첫째, 충돌과 대립방지(不衝突, 不對抗), 둘째 상호존중(相互尊重), 셋째 협력공영(協力共榮). 그리고 이를 실현하기 위해 전략적 신뢰증진, 실무협력의 강화, 인문교류 강화, 지역 및 세계적 문제에 대한 협력 강화를 제시하였고, 아시아－태평양 지역에서 먼저 그 기초를 세우도록 하자고 제안하였다. 중국이 의미하는 '새로운 대국관계'론의 핵심적 함의는 국제정치에서 미국의 주도권을 인정하는 전제하에서 비군사적 방식으로 경쟁을 하겠다는 것이다.

8. 신형국제관계론

(1) 의의

신형국제관계론은 시진핑 주석의 외교 전략 중 하나로, 기존의 서구 중심적 국제질서에서 벗어나 모든 국가가 평등하고 협력적인 관계를 형성해야 한다는 철학을 담고 있다. 이 이론의 주된 의미는 상호 존중, 공평 정의, 그리고 협력 상생을 기반으로 한 국제 관계를 새롭게 정립하자는 것이다. 여기에는 각국이 각자의 발전 경로를 존중받고, 내정에 간섭하지 않으며, 일방적인 패권주의를 지양하자는 중국의 의도가 담겨 있다.

(2) 배경

신형국제관계론의 배경에는 중국의 급부상과 이에 따른 서구의 견제가 있다. 중국은 경제와 군사적 영향력을 키우며 전 세계에서 큰 역할을 하게 되었으나, 동시에 미국을 비롯한 서구 국가들과의 갈등과 긴장도 증가했다. 특히 시진핑 주석의 첫 임기 동안 '중국의 꿈'을 통해 중국의 부흥을 강조하면서, 미국과 서구권은 이를 중국의 위협으로 해석했다. 이런 상황에서 시진핑은 중국이 평화적으로 부상하고자 하는 의지를 국제사회에 전달하기 위해 신형국제관계론을 내세웠다. 이는 미국과의 '신형 대국관계'를 주장하면서도, 더 넓게는 중국과 세계 각국의 평등한 협력을 바탕으로 한 새로운 국제 질서를 구축하겠다는 포부를 나타낸다.

(3) 주요 내용

신형국제관계론의 주요 내용은 크게 세 가지로 나뉜다. 첫째, 상호 존중이다. 중국은 각국의 주권과 영토 보전을 존중하고, 내정 불간섭의 원칙을 중시하며, 각국이 독자적인 발전 모델을 선택할 권리를 인정해야 한다고 주장한다. 둘째, 공평과 정의를 강조한다. 이는 국제 문제에서 강대국과 약소국 모두 동등한 발언권을 가져야 하며, 더 이상 특정 국가가 질서를 강요하는 방식이 아니라는 의미를 담고 있다. 셋째, 협력과 상생이다. 각국이 상호 이익을 바탕으로 경제, 문화, 안보 등의 분야에서 협력하여 함께 발전할 수 있는 방향을 모색하는 것이다. 이를 통해 중국은 패권적 외교 대신, 평등하고 공동의 이익을 추구하는 외교 정책을 선호한다는 메시지를 전달하고자 한다.

제2절 중국 정부 수립 이후 주요 대외정책

I 의의

21세기 국제질서 및 동아시아 지역질서 전망에 있어서 중국의 부상과 중국의 대외전략은, 미국의 대외전략에 버금가는 중요한 독립변수 지위를 차지하고 있다. 중국은 냉전기 미국과 소련이라는 전세계적 초강대국의 지배하에서 영향력 있는 변수로서 작동하지는 못하였다. 그러나 등소평의 전격적인 개혁개방정책 실시 이후 급속한 경제성장을 이룩하고 있고, 이에 따라 군사력의 현대화, 나아가 강대국으로서의 위상을 강화하기 위한 외교적 노력을 전개해 나가고 있다. 19세기 세계질서가 영국에 의해, 20세기 세계질서가 미국과 소련에 의해 주도되었다면 21세기 세계질서는 미국과 중국을 중심으로 움직일 가능성이 점차 높아지고 있다.

II 모택동 시기 대외정책

1. 대외정책 방향

(1) 정부 수립 이후

중국은 양대진영론에 기초하여 소련과 손을 잡고 미국에 대항하는 '항미친소'의 입장을 채택했다. 1949년 10월 정부 수립 이후 모택동은 '양대진영론'에 기초하여 '소련일변도'전략을 수립하였다. 양대진영론은 대체로 1950년대 말까지 중국의 안보전략으로 적용되었다. 이후 모택동(마오쩌둥, 毛澤東) 시대 외교정책 결정자들이 국제정치 체제를 바라보는 기본적인 시각은 세계를 자본주의, 사회주의, 제3세계의 3대 진영으로 구분하는 '3개 세계론'이었다.

(2) 6·25전쟁 이후

1954년 저우언라이는 '평화공존5원칙'을 제기하였다. 평화공존5원칙은 ① 상호 주권과 영토 보존의 존중, ② 상호불가침, ③ 상호 내정불간섭, ④ 평등호혜, ⑤ 평화공존이다. 중국의 평화공존은 반제국주의, 반식민지 국제통일전선하에 중국의 영향력을 강화하는 것이었던 반면, 소련의 평화공존론은 제국주의 세력인 미국과의 공존을 주장한 것으로서 차이가 있었다.

(3) 중국식 사회주의 수립기

1950년대 후반 중국의 대외관계는 '중간지대론'에 기초하였다. 중간지대란 사회주의 진영과 자본주의 진영의 대립 사이에 존재하는 광범위한 지대를 지칭하는 것으로서 아시아와 아프리카, 라틴아메리카의 신생 후진국들이 포함된다. 중간지대론은 이 지역의 국가들과 함께 미국을 위시한 제국주의에 반대하는 광범위한 통일전선을 수립하여 반제국, 반식민지의 민족해방투쟁을 전개하는 것이었다.

2. 구체적 정책

(1) 대만정책

모택동은 대만에 대한 무력통일정책을 추진하였다. 1954년 8월 5일 미국의 관심이 중동위기에 집중되어 있는 틈을 이용하여 소련의 군사적 원조를 기대하고 대만에 대한 군사침략을 감행했다. 미국은 대만 국민당 정부를 보호하기 위해 신속한 군사행동을 취한 반면, 소련의 회피적이고 소극적인 태도로 중국의 대만에 대한 무력침공은 좌절되었다.

(2) 6·25전쟁 참전

모택동은 김일성이 통일전쟁을 실행하는 것에 동의하고 미군이 38선을 넘어 개입하면 파병을 하겠다고 약속했다. 전쟁이 발발하고 미국이 참전하자 실제 모택동은 참전했다. 모택동은 미국의 개입이 당장 중국을 목표로 하는 것은 아니더라도 한반도 전부를 미국이 장악하는 것 자체가 중국에 대한 위협이라고 인식했다.

(3) 중소우호동맹조약 체결

1950년 2월 중국과 소련은 자본주의 진영에 맞서기 위해 중소우호동맹을 체결하였다. 소련의 보호 아래 중국의 안전을 도모하고 소련의 지원을 약속 받았다. 중국이 소련과 동맹을 체결한 이유는 내전 후의 혼란을 수습하고 통치기반을 강화하며 한국전쟁 참가로 인한 국제사회의 고립을 방지하기 위한 것이었다. 또한 미국이 필리핀, 한국, 일본과 군사동맹을 체결하고 동남아 국가들과 SEATO(동남아시아조약기구) 창설로 인한 안보위협에 따른 것이다.

(4) 중소분쟁

1950년대 초기 긴밀했던 중소관계는 1953년 스탈린 사망 이후 소련 내부 권력 투쟁에서 흐루쇼프가 승리하면서 악화되기 시작하였다. 1956년 2월 제20차 공산당 대회에서 흐루쇼프는 스탈린이 독재자이며 사회주의 이념을 배신했다는 연설을 했다. 또한 흐루쇼프는 '평화공존론'을 채택하고 '미국 제국주의와의 투쟁'이라는 소련의 공식 이데올로기를 비판하였다. 모택동은 이러한 스탈린 격하운동이나 평화공존론을 받아들일 수 없다고 보고 강하게 반발하였다. 중소분쟁은 1960년대 격화되었다. 중국의 핵 기술 이전 요구에 대해 결국 소련은 미국과의 관계를 고려해 거절했다.

(5) 미국과의 관계 개선

모택동은 소련과의 관계가 악화되고, 문화대혁명이 초래한 정치적 불안정이 고조되자 미국과의 관계 개선을 도모하였다. 미국의 닉슨 행정부 역시 중국과의 관계 개선을 추진하고 있었고, 중국은 이에 신속하게 반응하였다. 중국은 대미관계 개선을 통해 소련의 안보위협에서 벗어나고 국제적 고립을 탈피하는 한편 문화대혁명의 혼란을 극복할 수 있다고 판단하였다. 1971년 3월 닉슨 행정부는 미국인의 중국 여행 자유화 조치를 취했으며, 중국에 대한 무역제재도 완화하였다. 1971년 4월 14일 중국은 미국 탁구대표팀을 초청하여 중국팀과 경기를 가졌다. 미국과 중국은 1972년 상하이 공동성명을 통해 화해를 선언하였다. 중국은 미국과 화해함으로써 대만 대신 UN 안전보장이사회 상임이사국 지위를 차지하게 되었다.

(6) 대약진운동

대약진운동은 공산 혁명 후 중화인민공화국에서 근대적인 공산주의 사회를 만드는 것을 목적으로 1958년부터 1962년 초까지 모택동(毛澤東)의 주도로 시작된 농공업의 대증산 정책이다. 모택동은 '생산성 이론'에 근거해 이 정책을 실시했지만, 농촌의 현실을 무시한 무리한 집단 농장화나 농촌에서의 철강 생산 등을 진행시킨 결과 3,000만 명에 이르는 사상 최악의 아사자를 내고 큰 실패로 끝이 났다. 이 때문에 모택동의 권위는 추락하고 권력 회복을 목적으로 문화대혁명을 일으키게 되었다. 대약진운동에는 권력하방정책(지방분권정책), 철강증산운동, 수리건설운동(댐건설), 인민공사화운동, 참새잡기운동, 농촌교육제도 등이 포함되었다.

(7) 문화대혁명

문화대혁명(文化大革命)은 1966년 5월부터 1976년 12월까지 중화인민공화국에서 벌어졌던 사회상·문화상·정치상 소란으로, 공식 명칭은 무산계급문화대혁명(無産階級文化大革命)이다. 문화대혁명의 형식상 표면에 내세운 구실은 회생하려는 전근대성 문화와 시장정책 문화를 비판하고 더욱 새로운 공산주의 문화를 창출하자는 정치·사회·사상·문화 개혁 운동이었지만, 실질로는 대약진운동이 크게 실패한 탓에 정권 중추에서 잠시 물러난 모택동이 자신의 재부상을 획책하기 위해 프롤레타리아 민중과 학생 폭력 운동을 동원해 시장 회생파를 공격하고 죽이려고 몰아간 모택동파와 등소평파의 권력 투쟁을 겸하였다. 이 운동은 1966년 5월 16일 중국 공산당의 중앙위원회 주석이었던 모택동의 제창으로 시작되었다. 그는 부르주아 계급의 자본주의와 봉건주의, 관료주의 요소가 공산당과 중국 사회 곳곳을 지배하고 있으니 이를 제거해야 한다고 주장하였다. 또한 중국의 청년 학생들과 민중들이 사상과 행동을 규합해 인민민주독재를 더욱 확고히 실현하기 위해 트로츠키주의식의 진일보 투철한 프롤레타리아 '혁명 후의 영구적 계급 투쟁'을 통해 이런 것들을 분쇄시켜야 한다고 하였다. 이는 중국 전역에서 벌어진 홍위병의 움직임으로 구체화되었다. 1969년 모택동은 공식적으로 문혁이 끝났다고 선언하였으나, 사실상 1976년 모택동의 죽음과 사인방의 체포까지 벌어졌던 일련의 여러 혼돈과 변혁을 통틀어 길게 문혁기간이라고 지칭한다.

Ⅲ 등소평 시기 외교전략

1. 평화와 발전(平和與發展)

사회주의 혁명과정에서 나타나는 세계의 주요 모순을 규정한 '모순론'을 바탕으로 전쟁화 혁명을 시대의 주제라 견지한 모택동의 경직적 태도에서 벗어난 것으로, 등소평 이후 제3, 4세대 지도자들 역시 이러한 외교 기조를 이어받아 그들의 전임자들보다 더욱 개방적·포괄적 외교정책을 추진하였다. 등소평은 국제관계를 동서관계와 남북관계로 구분하였다. 동서관계는 동서에 위치한 두 강대국 사이의 관계 유지 문제를 말한다. 남북관계는 선진국과 개발도상국 간의 문제를 말한다. 동서관계에서는 평화가 중요하며, 남북관계에서는 발전이 중요하다.

2. 평화공존5원칙

저우언라이 총리가 인도 등지를 방문하면서 발표하여 공식화되었으며 중국 헌법에 명문화되었다. 영토의 보전 및 주권의 상호 존중, 상호불가침, 내정불간섭, 평등호혜, 평화공존이 평화공존5원칙에 해당한다.

3. 반패권주의

반패권주의는 모택동도 표방하였으나 모택동과 달리 복합적 내용과 다원적인 전략 목표를 설정하는 한편, 이후 독립자주 외교로 이행하는 단초를 제공하였다. 등소평의 반패권주의는 1차적으로 '연미반소'전략을 통해 소련이 중국을 포위하려는 시도로부터 벗어나고, 2차적으로는 미국 역시 아시아·태평양을 비롯한 전지역에서 패권세력으로 행사하지 못하게 함으로써 중국의 발전을 저지할 가능성을 억제하고 국제적 세력균형을 추구하겠다는 전략적 고려에 있다.

4. 도광양회

천안문 사건 이후 서방 선진국들이 봉쇄정책을 강화하자 이들과 정면 대결은 회피하고 중국의 이익과 관련되지 않은 국제문제 역시 개입을 회피하려는 중국 지도부의 고려를 담은 것이다. 도광양회는 등소평이 1989년 외교안보문제 책임자들에게 한 28자 방침에서 비롯되었다. "냉정하게 관찰하고(냉정관찰, 冷静观察), 진지에 굳건히 서며(온주진각, 稳住阵脚), 침착히 대응하고(침착응부, 沉着应付), 재능을 과시하지 말고(선우수졸, 善于守拙), 적당한 때를 기다리며(도광양회, 韬光养晦), 세태에 영합하지 말고 우직한 태도를 견지하고 절대 우두머리가 되면 안 된다(결부당두, 决不当头). 그리고 할 일은 해야 한다(유소작위, 有所作为)."(당초 24자 + 4자 보탬)

도광양회의 핵심은 대내적으로는 경제건설에 매진함으로서 중화를 세계의 중심에 올려놓자는 것이고, 대외적으로는 왕도(王道)를 숭상, 패도(覇道)에 반대하며, 차후 중국이 강대국으로 성장하더라도 결단코 스스로 패권을 칭하지 않겠다는 다짐이다. 특히 대외적 측면에서는 강대국들과 화목한 관계를 유지하되 부화뇌동하지 않고 그들과 함께 번영의 길을 걷자는 실용적 지향을 함축하고 있다.

5. 4개 현대화

4대 현대화는 저우언라이가 창시한 개념이며, 중국의 개혁개방의 상징이자 경제성장의 초석이 된 정책이다. 1978년 등소평에 의해 당시 공식적인 중국 주요 경제 정책이 되었다. 공업의 현대화, 농업의 현대화, 국방의 현대화, 과학기술의 현대화이다.

6. 천안문 사건

1차 천안문 사건은 1976년 4월 5일 저우언라이 수상의 서거를 애도하기 위해 열린 추모행동에서 비롯된 사태를 말하고, 2차 천안문 사건은 1989년 6월 4일 민주화를 요구하며 천안문 광장을 점거하던 학생들을 인민해방군이 실력으로 배제하려다 발생한 사건을 의미한다. 2차 천안문 사건 이후 자오쯔양 총서기 등은 온건한 해결책을 모색하며 독재 견지를 주장하는 등소평 등 강경파와 대립하였다. 2차 천안문 수습 과정에서 장쩌민이 당 총서기로 발탁되었다. 2차 천안문 사태로 보수세력이 당 중앙에서 발언권을 강화하게 되어 개혁개방 노선이 방해를 받기도 하였다.

> **참고** 등소평 시기 중국의 개혁개방정책
>
> 1. **중국 공산당 제11기 중앙위원회 제3차 전체회의(11기 3중전회)**
>   동 회의는 등소평이 이른바 중국식 개혁개방정책으로의 '역사적 전환'을 이룬 회의로 평가받고 있다. 동 회의에서 "경제관리 체제와 경영관리 방법에 대한 진지한 개혁에 착수하고" "세계의 선진기술과 선진설비를 될 수 있는 대로 채택한다"는 것이 강조되어 '개혁'과 '대외개방'의 중요성이 강조되었다.
> 2. **생산책임제 또는 개별농가청부제**
>   농촌에서 우선적으로 시행된 개혁정책의 일환으로 추진되었다. 1980년대에 활성화되었다. 인민공사체제를 폐지하고 개별 농가에 여러 가지 권한을 이양해 생산한 것의 일정량을 상납하면 그 이외의 것에 대해서는 자유 시장에서 판매하게 하는 정책이다.
> 3. **경제체제 개혁에 관한 결정(공산당 12기 3중전회, 1984)**
>   동 결정은 도시의 국영기업을 중심으로 한 기업관리 개혁에 중점을 두었다. 농촌의 생산책임제와 마찬가지로 도시의 기업관리체제를 이전의 계획경제형에서 탈피하여 정부에 상납한 것 이외의 부분을 일정 부분 유보·매각할 수 있게 하여 기업에 많은 재량권을 주는 것을 목표로 하였다. 그 결과 국영기업의 실적이 호전되었다.
> 4. **경제특구제도 도입**
>   1979년 광둥성의 선전, 주하이, 산두, 아모이 등 네 지역에서 외자를 우선하는 정책을 도입하였고, 1980년에는 이들을 경제특구로 지정하였다. 이들 지역에 해외자본과 외자를 집중하여 개혁의 추진역할을 하게 함과 동시에 다른 지역의 발전모델을 만들겠다는 구상으로 추진되었다. 1984년에는 톈진, 상하이, 다롄, 광저우 등 14개 도시가 외자 도입을 위해 대외적으로 개방되었다.
> 5. **남순강화(南巡講話, 1992)**
>   남순강화는 등소평이 이른바 '사회주의시장경제'를 공식 도입한 계기가 되었다. 1989년 천안문 사건과 1991년 소련 붕괴로 국제적으로 고립된 중국은 소련의 전철을 밟지 않기 위해서는 경제발전이 불가결하다고 판단하였다. 남순강화에서 등소평은 계획과 시장이 사회주의와 자본주의를 구분하는 기준이 아니라면서 사회주의를 전제로 한 시장경제의 중요성을 강조하고 '사회주의'라는 것은 '공유제'와 '공산당의 지도'를 견지하는 것이라고 하였다. 1992년 가을 제14차 당대회에서 '사회주의시장경제'를 분명하게 제시하였다.
> 6. **WTO 가입 및 비공유부문의 확대**
>   중국은 개혁의 가속화를 위한 개방전략을 선택하였으며, 그 결과 2001년 12월 WTO에 가입하게 되었다. WTO 가입 이전 중국의 개혁의 중점과제는 국영부문의 축소와 사영경제를 중심으로 한 비공유부문의 확대에 있었다. 1997년 제15차 당대회에서는 공유제를 전제로 하면서도 비공유부문을 사회주의시장경제의 '중요한 구성부분'이라고 자리매김하였다.

Ⅳ 장쩌민 시기 외교전략

1. 다극화

천안문 사건 이후 취해진 서방의 대 중국 경제제재 조치가 완화되면서 장쩌민 지도부는 '국내적 실력 구축을 위한 평화적 국제환경 조성'이라는 중국 외교의 기본 목표를 다시 강조하였다. 이를 위해 정치적 경제적 다변화를 지향한 전방위 외교를 추진하였다. 구체적으로 '제3세계와의 협력 강화', '서방선진국들의 우호 및 경제적 관계 발전', '국제문제의 평화적 해결', '대UN 외교 강화' 등을 제시하였다.

2. 정상외교(Summit Diplomacy)

1990년대 중반 이후 중국은 다양한 강대국들을 상대로 '동반자관계'를 수립하고 러시아, 일본, 미국 등 강대국들과 정상회담을 전개하였다. 중국은 미국 중심의 단극질서로 국제체제가 재구성되는 현상에 반대하면서 다극화를 목표로 삼았다. 정상외교 강화 배경에는 중국 위협론 불식, 국제사회에서 중국의 영향력 강화, 장쩌민의 국내정치적 입지 강화 등이 있었다.

3. 신안보관

장쩌민은 1999년 제네바군축회의에서 과거의 군사동맹을 기본으로 한 구시대적 안보관이 국제안보에 도움이 되지 않고 새로운 국제질서를 구축하는 데에도 불리하다고 하면서 신안전관을 공식화하였다. 신안전관은 '호신(互信), 호리(互利), 평등(平等), 합작(合作)'을 주요 내용으로 한다.

4. 3개 대표론

3개 대표는 중국공산당이 중국의 선진 생산력 발전 요구, 중국의 선진 문화로의 전진 지향, 중국의 광범위한 인민들의 근본 이익을 대표한다는 것을 의미한다. 3개 대표론은 자본주의가 제기한 도전에 대항하며, 대중의 불만을 해소하고 공산당 지도체제의 정당성을 주장하는 한편, 신흥 사회 엘리트 집단인 자본가 계급을 사회주의 체제 안으로 흡수통합하여 이들이 장차 국가에 반대하는 세력으로 등장할 가능성을 미연에 방지하고자 한 것이다.

Ⅴ 후진타오 시기 외교전략

1. 조화사회와 조화세계

조화사회는 기존의 '선부론'이 도시 – 농촌, 연해 – 내륙, 계층 상호간 소득격차를 야기했다고 보고 '공동부유론'으로 전환하면서 나온 전략 기조이다. 조화사회는 중국 발전의 초점을 경제적 성장으로부터 사회적 균형으로 전환시킨다는 것을 말한다. 등소평의 '3단계발전전략(三步走發展戰略)'에서 소강단계를 지나 굴기하는 단계에서 적용되는 전략이다. 조화사회는 '이인위본(以人爲本)', '화이부동(和而不同)', '평화굴기(平和崛起)'로 구체화 되었다. 한편, 조화세계는 후진타오가 2005년 UN연설 등에서 제시한 것으로서 조화사회를 외교적 국제적 측면에서 구현한 것이다. 조화세계 구호는 갈등과 대립을 피하고 대화와 협력의 메카니즘을 강화하며, 문화적인 다양성과 가치의 다원성을 존중하여 초강대국인 미국과 협력하면서도 미국이 세계질서를 자국 중심의 다극체제로 재편하고자 하는 것을 견제하고자 하는 의도를 가진 것이다.

> **참고** 등소평의 '3단계 발전론'
>
> 등소평(鄧小平)이 1987년 밝힌 3단계 중국경제 발전론으로, 溫飽 ⇨ 小康 ⇨ 大同로 나아가는 산바오조우(三步走)를 말한다. 원바오(溫飽)는 기본 의식주를 해결하는 단계를, 샤오캉(小康)은 의식주가 해결된 중등생활이상의 복지사회를, 다퉁(大同)은 말 그대로 태평성대를 뜻한다. 1978년

> 12월 18일 중국공산당 제11기 중앙위원회 제3차 전체회의(11기3중전회)에서 등소평(鄧小平)의 개혁파들은 회의에서 '대규모 대중적 계급투쟁'의 종결을 선언함으로써 계급투쟁이 모든 것에 우선한다는 모택동(毛澤東)시대의 노선과의 결별을 명확히 하고 4개 현대화(농업, 공업, 과학기술, 국방)와 경제발전을 당과 국가가 추구해야 할 새 시대의 총체적 과업으로 규정했다. 등소평은 '4개 현대화'를 이룩하기 위해 경제건설이라는 중심점을 확고히 하였다. 등소평은 당시 △1단계로 300달러의 1인당 국민소득을 20세기 말까지 4배로 끌어올려 원바오(溫飽·의식주가 해결된 기초생활) 수준을 이룩하고 △2단계로 공산당 창건 100주년인 2021년까지 국민소득을 다시 2배로 끌어올려 중진국에 진입하며 △3단계로 건국 100주년인 2049년까지 선진국에 진입한다는 목표를 제시했으며, 100년이 지날 때까지 이러한 체제목표가 바뀌어서는 안된다는 비전을 제시하고 있다. 이러한 개혁·개방 과정의 3단계 발전전략 가운데 첫단계인 원바오(溫飽)단계는 80년대 말 완료했으며, 2002년 11월 열린 제16차 전국대표대회에서 장쩌민(江澤民) 총서기는 '정치보고'를 통해 지속적인 개혁 개방과 사회주의 시장경제 정책 추진으로 중국이 샤오캉(小康·의식주가 해결된 중등생활) 사회에 진입했음을 공식 선언했다.

2. 책임있는 강대국(負責任的大國)

책임있는 강대국은 외교적 대외적 차원의 의미가 강하다. 20세기 후반 이래 실력을 축적한 국가의 자신감을 나타내며 세계무대에서 중국의 국력에 부합하는 '할 일은 해야 한다'는 유소작위(有所作爲)의 외교구호와 직결된다.

3. 유소작위(有所作爲)

'필요한 일에는 적극 참여한다'는 의미를 가진 유소작위는 본래 등소평의 '28자 외교방침'에서 비롯되었으나, 본격적으로 정책적 의미를 부여받으며 외교적 중요성을 띠기 시작한 것은 후진타오 시대이다. '책임있는 강대국'으로 성장한 국제무대에서 적절한 역할을 행사하기 위해 유소작위 구호를 재등장시킨 것이었다.

4. 화평굴기(和平崛起)

화평굴기는 '중국위협론'과 '중국붕괴론' 모두에 효율적으로 대처하기 위해 제시된 것이다. 화평굴기는 2003년 11월 보아오 포럼에서 쩡비지엔(鄭必堅)이 처음으로 공식 제기하고 후진타오와 원자바오가 거듭 사용함으로써 후진타오체제 외교정책의 핵심으로 자리잡게 되었다. 원자바오 총리에 의하면 화평굴기의 핵심은 다섯 가지이다.

① 세계평화의 현상을 이용하여 중국의 발전을 촉진하고 중국의 발전 과정을 통해 세계 평화를 수호한다.
② 화평굴기는 중국 자신의 능력과 독립적인 노력에 바탕을 둔다.
③ 개방 정책을 지속하고 국제 교역을 활발히 하지 않으면 화평굴기는 달성될 수 없다.
④ 화평굴기의 과정은 적어도 몇 세대에 걸쳐 달성될 것이다.
⑤ 화평굴기는 절대로 특정 국가의 희생이나 특정 국가에 대한 위협을 상정하지 않는다.

5. 화평발전(和平發展)

화평굴기 구호가 공식적으로 표방되면서 중국위협론이 오히려 부각되었다. 그러자 '화평발전론'으로 대체되었다. 화평발전론은 국내적 실력 축적의 의미가 강하다. 2004년

4월 보아오 포럼에서 후진타오가 중국의 외교정책을 화평발전으로 규정하였다. 화평발전은 유소작위의 공세적 외교구호보다는 도광양회의 소극적 구호로 한 발 물러선 것이다.

Ⅵ 시진핑 시기 대외정책

1. 대외정책 목표

시진핑의 대외정책은 대내정책을 실현하기 위한 수단이라고 볼 수 있다. 시진핑은 취임과 함께 '중화민족의 위대한 부흥'이라는 '중국의 꿈(中國夢)'을 국가의 비전으로 공식 채택하고 그 실현을 위한 두 개의 백년을 제시했다. 이를 위해 중국은 자신의 특색이 가미된 새로운 형태의 강대국외교를 전개해 나갈 것임을 국내외에 공식 천명했다. 즉, 2050년까지 세계 최강대국의 반열에 안착하겠다는 목표 속에서 미국 등 다른 강대국에 대한 자국의 외교를 가다듬고, 강대국으로서의 자신의 대외적 입장 및 정책을 전개해 나가겠다는 것이다.

2. 네 가지 강대국 이미지

시진핑은 네 가지 강대국 이미지를 제시하였다. 문명강대국이미지, 동방 강대국 이미지, 책임지는 대국 이미지, 사회주의 대국 이미지가 그것이다. 첫째, 문명 강대국 이미지(文明大國刑象)는 중국의 깊고 풍부한 문화, 민족의 다원일체, 다양하며 조화로운 문화를 주로 강조하는 개념이다. 둘째, 동방 강대국 이미지(東方大國刑象)는 중국의 청명한 정치, 발전된 경제, 번영하는 문화, 안정된 사회, 단결된 인민, 아름다운 산하를 강조한 개념이다. 셋째, 책임지는 대국 이미지(負責任大國刑象)는 중국이 평화발전을 견지하고, 공동발전을 촉진하며, 국제사회의 공평정의를 수호하고, 인류를 위해 공헌함을 강조하는 개념이다. 넷째, 사회주의 대국 이미지(社會主義大國刑象)는 중국이 대외적으로 더욱 개방하며, 더욱 친화력을 갖추고, 희망이 충만하고, 에너지가 충만한 것을 강조한 것이다.

3. 친성혜용과 운명공동체론

시진핑은 일대일로전략을 제시하면서 주변국과의 관계에서 親(친), 誠(성), 惠(혜), 容(용)을 강조하였다. 친은 주변국과 더욱 가깝게 지낸다는 것, 성은 성실과 성의를 다해 주변을 대한다는 것, 혜는 중국의 발전과 함께 기회와 그 혜택을 나누자는 것, 용은 중국이 주변국을 더욱 포용하고 나아가겠다는 것이다. 이와 함께 시진핑은 '운명공동체론' 이후에는 '인류운명공동체론'을 제시했다. 운명공동체 담론이 주변국과의 관계에서 적용된 담론이라면, 인류운명공동체론은 주변국뿐만 아니라 전세계 모든 국가를 대상으로 하여 더욱 확대된 담론이다.

4. 일대일로와 AIIB 창설

시진핑은 중국몽의 실현을 위해 일대일로전략을 추진하고 있다. 2018년 시진핑 2기에 들어서 일대일로전략이 심화되고 있다. 중국은 일대일로전략을 단순히 국내경제 부양을 위한 경제정책으로만 보고 있지 않으며, 보다 넓게는 세계경제의 구조적 조정, 기존의 미국과 서구 중심 글로벌 거버넌스 체제의 개혁, 국제사회에 비친 중국 이미지 제고 등과 밀접하게 연관된 것으로 보고 있다. 중국은 일대일로전략을 위해 아시아인프라투자은행(AIIB)를 설립하였다.

5. 중국 제조 2025

'중국 제조 2025'는 2015년 리커창 총리가 전국인민대표대회에서 처음 발표한 정책으로, 제조업 기반 육성과 기술 혁신, 녹색 성장 등을 통해 중국의 경제 모델을 '양적 성장'에서 '질적 성장'으로 바꾸겠다는 중국 정부의 산업 전략이다. 핵심 부품과 자재의 국산화율을 2020년까지 40%로 끌어올리고, 2025년에는 70%까지 달성하면서 10대 핵심산업을 세계 최고 수준으로 끌어올리겠다는 목표다. 차세대 정보기술, 로봇, 항공 우주, 해양 공학, 고속철도, 고효율·신에너지 차량, 친환경 전력, 농업 기기, 신소재, 바이오 등이 중국의 미래를 이끌 10대 핵심산업이다. 섬유, 조립 전자제품 등 저기술 노동집약 제품 위주의 경제를 고기술·고부가가치 중심 경제로 바꾸기 위해 정부가 각종 보조금과 혜택 등을 지원하며 관련산업을 키우고 있다.

6. 홍콩 국가보안법 제정

2020년 5월 중국은 홍콩 『국가보안법』을 제정했다. 국가 안보 수호를 위한 반정부활동의 전면적 금지를 골자로 한다. 중국 중앙정부가 홍콩 내 안보 관련 사안의 책임주체임을 명시했다. 국가안보를 위협하는 국가분열, 정권전복, 테러, 외국과 결탁하는 행위에 대한 처벌을 명시했다. 영국은 국가보안법이 일국양제원칙 위반이자 홍콩 시민에 대한 억압이라고 비판했다. 미국은 홍콩의 특별 무역 지위를 박탈하고, 민·군 이중용도 기술에 대해 수출중단조치를 발효했다. 중국은 홍콩문제는 국내문제이며 내정간섭은 수용할 수 없다고 반박했다. 1997년 영국의 홍콩 반환 과정에서 일국양제(50년간 유지), 항인치항(홍콩인에 의한 홍콩통치), 고도자치(특별행정구 지위 인정)에 합의하였다. 시진핑 집권 이후 중국은 '일국'에, 홍콩사회는 '양제'에 방점을 두면서 대립이 격화되었다.

7. 한반도정책

중국의 한반도정책은 상황에 따라 우선순위가 바뀌기도 했으나, 기본적으로 한반도의 평화와 안정 유지, 한반도 비핵화, 대화를 통한 문제해결이라는 3가지 원칙을 유지해왔다. 시진핑은 이러한 원칙을 유지하면서도, 미중 간 전략경쟁이 심화되면서 약간의 변화를 보여주고 있다. 시진핑은 패권국 미국과의 전략경쟁에 대비하는 한편, 미국의 한반도에서의 영향력을 약화시키기 위해 남북한 모두와의 관계를 유지 및 관리하려는 의도를 보여주고 있다.

8. 시진핑 3기 대외정책 방향

(1) 서설

2022년 10월 개최된 전국대표대회(제20차 당대회)가 개최되었다. 제20차 당대회는 시진핑 국가 주석의 3연임이 결정되고 정치국 상무위원에 시진핑의 최측근 그룹인 '시자쥔(习家军)'이 대거 포진하면서 이른바 '견제받지 않는 권력'을 구축하게 되었다. 이에 따라 시진핑 집권 3기 중국의 대외정책은 확고해진 권력 집중을 통해 일사분란한 정책 결정이 가능해지면서 미국과의 전략 경쟁이 더욱 공세적으로 추진될 가능성이 전망된다. 이하 내용은 시진핑 주석의 당대회 보고를 바탕으로 한 대외정책 방향을 정리한 것이다.

(2) 국가안보시스템의 현대화 추진

시진핑 주석의 당대회 보고에서 가장 두드러진 점은 국가안보시스템과 능력의 현대화를 강조하고 있다는 것이다. 시진핑 주석은 업무 보고를 통해 외부로부터의 압박과 억제는 언제든지 강화될 수 있다고 경고하고 있다. 중국의 발전은 전략적 기회와 위험이 공존하고 불확실하고 예측하기 어려운 요인이 증가하는 시기에 접어들었으며, 다양한 '블랙스완(예측하기 어려운 돌발 요인)'과 '회색 코뿔소(예측할 수 있지만 간과했다가 큰 위기를 맞을 수 있는 요인)' 사건이 언제든지 발생할 수 있다고 강조했다. 이러한 외부 위협에 대한 인식하에 인민, 정치, 경제, 군사, 과학기술, 문화, 사회 및 국제 등을 포괄하는 국내외 안보와 국토 및 국민안보, 전통과 비전통안보, 개별안보와 공동안보 등 전면적이고 총체적인 안보 개념을 나열하면서, 글로벌안보거버넌스의 메커니즘을 완성하고, 국가안보시스템과 능력의 현대화를 통해, 소위 '안보'를 통해 '발전'을 보장하겠다는 의지를 밝혔다.

(3) 미국과의 가치경쟁 본격화

당 대회 이후 중국은 처음으로 '전인류공동가치(全人类共同价值)'를 당장(당헌)에 삽입하여 미국과의 가치경쟁을 본격화할 것임을 보여주고 있다. 평화, 발전, 공평, 정의, 민주, 자유의 '전인류공동가치'는 중국의 세계관과 세계의식을 반영하는 것으로, 당헌에 삽입하여 '당내 모법(党内母法)'의 형태로 중국이 추구하는 국제질서관을 확고히 한 것으로 평가할 수 있다. 이러한 질서관을 통해 중국이 이념 색채를 빼고 지역, 민족, 피부색을 초월해 국제사회가 수용 가능한 보편적인 가치를 제시하면서, 향후 민주, 자유, 인권 등 미국이 주장하는 '규칙 기반의 국제질서(rules-based international order)'나 '도로의 규칙(rules of the road)'과 '가치 경쟁'을 본격화할 것임을 시사하는 것이기도 하다.

(4) 인도-태평양전략과의 본격적인 경쟁

시진핑 주석은 당 대회 보고에서 처음으로 '발전'과 '안보' 글로벌 이니셔티브를 제안함으로써 미국의 인태전략과의 본격적인 경쟁을 시사하고 있다. 글로벌발전이니셔티브(全球发展倡议)는 2021년 9월 시 주석이 제76차 유엔총회 일반토론에서 처음으로 제안했으며, 발전 우선, 인민 중심, 호혜와 포용·혁신 견지, 인류와 자연의 공생 등을 주된 내용으로 하고 있다. 글로벌안보이니셔티브(全球安全倡议)는 2022년 4월 시진핑 주석이 보아오포럼 연차총회에서 처음으로 제안한 것으로, 주권존중과 영토보전, 내정불간섭, 각국의 합리적 안보 우려 존중, 냉전 사고 및 일방주의 반대, 안보불가분원칙(安全不可分离, individual security) 견지 등을 거론한 바 있다. 특히, '안보불가분원칙'은 나토의 동진에 대항해 우크라이나 전쟁을 일으켰다는 러시아의 입장에 대한 암묵적 지지로 이해되면서 논란이 된 바 있다. 중국은 향후 '발전'과 '안보'의 글로벌 이니셔티브를 통해, '일대일로'와 함께 국제사회에 또 다른 중요한 공공재를 제공할 것임을 천명하고 있다.

(5) 대만문제관련 무력사용 불배제 시사

수정된 당장(당헌)에는 정확하고 확고하게 '일국양제' 방침을 전면적으로 견지한다는 내용과 함께, '대만독립'을 결연히 반대하고 억제한다는 문구가 새롭게 삽입되어 중국의 통일 의지와 무력 사용 가능성이 언급되면서 대만문제에 대한 중국의 강경한 대응 입장을 시사하고 있다. 시진핑 주석은 이번 당 대회 업무보고를 통해 "국가 통일, 민족 부흥 역사의 수레바퀴는 앞으로 나아가고 조국의 완전한 통일은 반드시 실현돼야 하며 또 반드시 실현할 수 있다."라고 밝히고 있다. 또한 "평화통일이라는 비전을 위해 최선의 노력을 견지하겠지만 무력사용 포기를 결코 약속하지 않고 필요한 모든 조치를 취할 수 있는 옵션을 가질 것"이며, "이는 외부 세력의 간섭과 극소수 대만 독립 분자 및 분열 활동을 겨냥한 것이지 결코 광범위한 대만 동포를 겨냥한 것은 아니다."라고 강조하기도 했다.

제3절 시진핑시기 대외정책

I 서론

시진핑 주석은 2012년 11월 중국 공산당 총서기로 선출되어 중국의 최고 지도자로 집권을 시작했다. 이후 2013년 3월 국가주석에 취임했고, 2018년에는 주석직의 연임 제한이 폐지되어 현재까지 집권을 이어오고 있다. 시진핑 주석의 3기 출범은 2023년에 이루어졌다. 2022년 10월 제20차 중국 공산당 전국대표대회에서 총서기로 재선출되었으며, 2023년 3월에 국가주석으로도 3연임을 확정했다. 시진핑의 중국은 자국의 경성권력을 강화하는 한편, 이를 바탕으로 연성권력 및 네트워크 권력 강화를 추진하고 있다. 중국의 부상이 세계질서에 어떠한 영향을 미칠지가 초미의 관심사가 되고 있다.

II 대외정책 기조와 목표

1. 기조

시진핑의 대외 정책 방향은 "중국몽" 실현과 "중화민족의 위대한 부흥"을 목표로 하여, 중국이 국제사회에서 더욱 주도적인 역할을 하려는 전략을 중심으로 하고 있다.

2. 목표

(1) 강대국 외교와 다자주의 강화

중국은 자신을 "신흥 강대국"으로 정의하며, 국제 무대에서 미국과 대등한 위치를 점하고자 한다. 이를 위해 다자주의를 강조하며, 국제 기구에서의 영향력을 확대하려 하고 있다.

(2) 일대일로(一帶一路, Belt and Road Initiative) 확장

시진핑은 "일대일로" 구상을 통해 중국의 경제적 영향력을 전 세계로 확장하려 하고 있다. 이 전략은 아시아, 유럽, 아프리카 등지에서의 인프라 투자와 경제 협력을 통해 이루어지며, 개발도상국과의 관계를 강화하고 있다.

(3) 주변 외교와 인접국 관계 강화

중국은 아시아 내 주변 국가들과의 경제적, 정치적 관계를 강화하여 지역 내 안정과 번영을 도모하려 한다. 아세안(ASEAN) 국가들과의 협력 강화, 한반도 비핵화 문제, 인도와의 국경 갈등 해결 시도 등이 여기에 해당된다.

(4) 핵심 이익 보호

시진핑 정부는 남중국해 영유권 문제와 대만 문제 등을 중국의 "핵심 이익"으로 규정하고, 강경한 입장을 유지하고 있다. 남중국해에서의 군사적 존재 강화와 대만에 대한 압박은 중국의 영토 주권과 관련된 주요 외교 정책 방향 중 하나다.

(5) 신형 대국관계와 글로벌 거버넌스 참여

중국은 미국을 비롯한 서방 국가들과의 갈등을 최소화하면서도, 자국의 이익을 지키기 위해 "신형 대국관계"를 주장하고 있다. 또한 기후변화, 글로벌 보건 문제, 경제 협력 등 다양한 글로벌 이슈에서 주도적인 역할을 하려 한다.

(6) 디지털 및 기술 패권 경쟁

중국은 5G, 인공지능(AI), 반도체 등 첨단 기술 분야에서 글로벌 리더십을 확보하려는 전략을 추진하고 있다. 이를 위해 자국 기업의 국제 경쟁력을 강화하고, 기술적 자립도를 높이려 하고 있다.

Ⅲ 중국몽(中国梦, Chinese Dream)

1. 의의

중국몽은 시진핑 주석이 제창한 중국의 국가 비전이자 목표로, "중화민족의 위대한 부흥"을 이루는 것을 핵심으로 하고 있다. 중국몽은 중국의 경제적, 군사적, 문화적 부흥을 통해 2049년까지 중국을 세계적인 강대국으로 도약시키려는 장기적인 국가 전략을 담고 있다. 이 용어는 2012년 시진핑이 중국공산당 총서기에 취임한 직후 처음 사용되었고, 이후 중국 대내외 정책의 기본 방향을 설정하는 중요한 개념이 되었다.

2. 주요 내용

(1) 중화민족의 위대한 부흥

중국몽은 1840년 아편전쟁 이후 '백년 치욕'으로 불리는 시기를 겪은 중국이, 서구 열강의 침략과 식민지 경험을 딛고 다시 세계 강국으로 부상하겠다는 비전을 담고 있다. 이는 경제적, 군사적, 문화적 측면에서 중국의 부흥을 이루겠다는 목표를 제시한다.

(2) 경제적 번영

중국몽은 경제 발전을 통해 모든 중국인이 중류층에 진입할 수 있도록 하고, 2021년까지 전면적 샤오캉 사회(小康社会, 모든 국민이 중산층 수준의 생활을 영위하는 사회)를 건설하겠다는 목표를 세웠다. 이후 2049년까지 중국을 '사회주의 현대화 강국'으로 만들겠다는 계획을 제시하고 있다.

(3) 국가 안보와 군사력 강화

중국은 중국몽 실현을 위해 강력한 군사력을 바탕으로 한 국가 안보를 강조한다. 이는 국방력 현대화와 군사 개혁을 통해 중국의 군사력을 세계적 수준으로 끌어올리겠다는 목표로 이어진다. 특히 남중국해, 대만 문제와 같은 영토 주권 문제에서 중국의 강경한 입장을 뒷받침하는 논리로 사용된다.

(4) 문화적 자부심과 소프트 파워 강화

중국몽은 중국 고유의 문화를 보존하고 이를 국제적으로 전파하여 중국의 소프트 파워를 강화하는 것을 목표로 한다. 이를 통해 중국은 서구 중심의 문화적 영향력에 도전하고, 동양의 문화적 가치를 재조명하려 한다.

(5) 정치적 통합과 안정을 통한 내부 결속 강화

시진핑 정부는 중국몽을 통해 중국 공산당의 지도력과 통치를 정당화하며, 국가적 단결과 사회적 안정을 강조한다. 이를 통해 국내외 도전에 효과적으로 대응할 수 있는 체제를 구축하고, 공산당의 통치를 공고히 하려 한다.

Ⅳ 신형대국관계론

1. 개념

신형대국관계론(新型大国关系, New Type of Major Power Relations)은 시진핑 주석이 제시한 중국의 외교 전략으로, 특히 미국과의 관계에서 갈등을 최소화하고 협력을 증대시키려는 접근을 의미한다. 이 개념은 기존의 강대국 간 경쟁과 충돌을 피하고, 상호 존중과 윈-윈 협력(win-win cooperation)을 바탕으로 새로운 국제 관계를 구축하려는 시도를 반영한다.

2. 배경

(1) 역사적 맥락

신형대국관계론은 2012년 시진핑 주석이 집권한 이후 제기된 개념으로, 미국과 중국 사이의 갈등이 고조되던 시기에 등장했다. 미국이 아시아로의 "피벗(Pivot to Asia)" 전략을 통해 중국을 견제하려는 움직임을 보였던 시기에, 중국은 이러한 갈등을 최소화하고 협력적 관계를 구축하기 위해 신형대국관계론을 제안했다.

(2) 중국의 부상과 글로벌 역할

중국은 급속한 경제 성장과 군사력 증강을 통해 새로운 강대국으로 부상하고 있다. 그러나 중국의 부상은 기존 강대국인 미국과의 마찰을 불러일으킬 가능성이 크기 때문에, 중국은 갈등을 피하면서도 자국의 이익을 지키기 위한 새로운 강대국 관계를 모색하고 있다.

3. 주요 내용

(1) 상호 존중과 내정 불간섭

신형대국관계론의 핵심 원칙 중 하나는 상호 존중과 내정 불간섭이다. 중국은 미국을 포함한 서방 국가들에게 중국의 정치 체제와 주권, 영토 문제에 대해 간섭하지 말 것을 요구한다. 특히 대만 문제, 티베트 문제, 신장 위구르 문제 등 중국의 핵심 이익에 대한 존중을 강조한다.

(2) 갈등과 대립을 피하고 협력을 추구

전통적인 강대국 관계는 보통 패권 경쟁과 군사적 갈등으로 이어졌으나, 신형대국관계론은 이러한 경쟁을 피하고자 한다. 중국은 미국과의 군사적 갈등을 피하고, 경제, 무역, 기후변화, 테러리즘 등 다양한 글로벌 이슈에서 협력을 강조한다.

(3) 윈-윈 협력과 공동 발전

중국은 미국을 비롯한 다른 강대국들과의 상호 이익을 증진시키기 위해 경제적 협력을 강화하고자 한다. 이는 중국의 경제적 부흥과 글로벌 영향력을 확대하는 동시에, 다른 국가들과의 공동 발전을 목표로 한다.

(4) 국제 질서의 다극화와 다자주의 강화

신형대국관계론은 미국 중심의 일극 체제에서 벗어나 다극 체제를 지향하며, 다자주의와 국제 기구를 통해 보다 평등한 국제 질서를 구축하려는 의도를 담고 있다. 이를 통해 중국은 G20, BRICS, 상하이협력기구(SCO) 등 다양한 국제 기구에서의 역할을 강화하고자 한다.

V 일대일로

1. 개념

일대일로(一帶一路, Belt and Road Initiative, BRI)는 2013년 시진핑 주석이 제안한 중국의 대외 경제 및 외교 전략으로, "실크로드 경제벨트"와 "21세기 해상 실크로드"의 약칭이다. 일대일로는 중국과 유라시아 대륙 및 아프리카를 잇는 육상 및 해상 경로를 통해 경제적, 정치적, 문화적 연결을 강화하려는 목적을 갖고 있다. 이를 통해 중국은 전 세계와의 경제적 연계를 확대하고, 국제사회에서의 영향력을 강화하려는 목표를 추구하고 있다.

2. 주요 내용

(1) 실크로드 경제벨트

육상 경로로서, 중국 서부에서 시작해 중앙아시아, 서아시아, 유럽으로 이어지는 경제 벨트를 의미한다. 이는 고대 실크로드를 재현하려는 구상으로 주요 철도, 고속도로, 파이프라인, 전력망 등을 구축해 육로로 연결된 국가들 간의 교역과 물류를 원활하게 만들려는 것이다.

(2) 21세기 해상 실크로드

해상 경로로서, 중국의 동남부 해안에서 시작해 동남아시아, 남아시아, 아프리카 동부, 유럽으로 이어지는 해상 경로를 포함한다. 이 경로를 통해 항구, 물류 시설, 해상 운송 네트워크를 강화하고, 해상 교역로의 효율성을 높이는 것을 목표로 한다.

(3) 인프라 개발과 경제 협력

일대일로의 핵심은 교통, 에너지, 통신 등 인프라 개발을 통해 참여국 간의 경제적 협력을 증진하는 것이다. 이를 위해 중국은 개발도상국과 신흥국에 대한 대규모 투자와 인프라 건설 프로젝트를 진행하고 있다. 이는 철도, 항구, 도로, 공항 등의 건설로 이어진다.

(4) 금융 협력

중국은 아시아인프라투자은행(AIIB), 실크로드펀드 등 다양한 금융 기관을 통해 일대일로 참여국에 자금을 제공하고 있다. 이를 통해 중국은 개발도상국의 경제 성장을 지원하면서도, 자국 기업들의 해외 진출을 돕고, 국제 금융 질서에서의 입지를 넓히려 하고 있다.

(5) 사람 간 교류 강화

경제적 협력뿐만 아니라, 일대일로는 문화, 교육, 관광, 인적 교류 등도 강조하고 있다. 이는 중국의 소프트 파워를 강화하고, 중국 문화와 가치를 전파하려는 전략의 일환이다.

3. 일대일로의 목적과 의도

(1) 경제적 성장과 시장 확대

중국은 일대일로를 통해 자국의 경제 성장을 유지하고, 내수 시장의 한계를 극복하려고 한다. 또한, 중서부 내륙지역의 개발을 촉진하고, 중국 제품의 수출을 늘리며, 새로운 시장을 확보하려는 목적이 있다.

(2) 국제적 영향력 강화

일대일로는 단순한 경제적 협력 이상으로, 중국의 글로벌 영향력을 확대하려는 외교적 전략이다. 중국은 개발도상국과 신흥국에 대한 경제적 지원을 통해 외교적 우호 관계를 강화하고, 이를 통해 국제사회에서의 발언권을 높이려 한다.

(3) 에너지와 자원 확보

중국은 에너지와 자원의 안정적 공급을 확보하기 위해 일대일로 경로를 따라 주요 에너지 생산국과 협력하고 있다. 이를 통해 중국은 자원 수입 경로의 다변화를 추구하고, 에너지 안보를 강화하고자 한다.

(4) 지역 안정과 안전 보장

중국은 일대일로를 통해 주변국과의 경제적 상호 의존성을 높여 지역 안정을 유지하려 하고 있다. 또한, 인프라 투자를 통해 가난과 분쟁을 줄이고, 지역 내 평화와 안정을 도모하려는 목적도 포함된다.

Ⅵ 시진핑의 안보전략

1. 기조

시진핑의 안보전략은 중국의 국내 안정과 국제적 영향력을 강화하기 위해 전방위적으로 설계된 복합적인 접근 방식을 채택하고 있다. 이는 중국몽(中國夢) 실현과 중화민족의 위대한 부흥을 위한 필수 요소로 여겨지며, 중국의 정치적, 경제적, 군사적 안보를 포괄하는 전략적 목표를 설정하고 있다.

2. 주요 내용

(1) 군사력 현대화와 국방 개혁

시진핑은 중국군(PLA)의 현대화를 주요 안보 과제로 설정하고 있다. "강군몽(强軍夢)"이라는 슬로건하에, 중국군의 전투력을 강화하고 정보화 및 기계화를 추진하며, "세계 일류 군대"를 목표로 삼고 있다. 이를 위해 군사 개혁을 통해 지휘 구조를 개편하고, 새로운 군사 기술과 장비를 도입하고 있다. 남중국해와 대만해협에서의 군사 활동 강화, 항공모함과 첨단 무기 시스템 개발 등이 그 예이다.

(2) 국방과 민간의 융합 전략

중국은 "군민융합(軍民融合)" 전략을 통해 군사 기술과 민간 기술의 경계를 허물고, 민간 산업의 발전을 통해 군사력을 강화하려 한다. 이 전략은 특히 인공지능(AI), 사이버 안보, 우주 기술 등 첨단 분야에서 민간 기업의 혁신을 군사력에 통합하는 방식을 포함한다.

(3) 해양 안보와 남중국해 문제

시진핑 정부는 남중국해를 포함한 해양 영토의 주권을 확고히 하고, 이를 통해 "해양 강국(海洋强国)"의 목표를 추구하고 있다. 중국은 남중국해에서 인공섬을 건설하고 군사 기지화하면서 해양 패권을 확립하려는 노력을 계속하고 있다. 이는 "9단선"을 바탕으로 한 영유권 주장과 맞물려 미국을 비롯한 주변국들과의 갈등을 초래하고 있다.

(4) 대만 문제와 통일 전략

시진핑은 대만을 "하나의 중국" 원칙하에 통일해야 할 핵심 과제로 간주하며, 이를 위해 평화적 방법과 군사적 옵션을 동시에 준비하고 있다. "하나의 중국" 원칙을 국제사회에서 공고히 하기 위한 외교적 노력과 대만에 대한 경제적, 군사적 압박이 주요 전략으로 사용되고 있다.

(5) 사이버 안보와 정보전 강화

중국은 사이버 공간에서의 안보를 국가 안보의 핵심 영역으로 간주하며, 사이버 안보 법을 강화하고, 사이버 방어 및 공격 역량을 증대시키고 있다. 이를 통해 외부의 사이버 공격에 대한 방어를 강화하는 한편, 정보전 및 심리전 역량도 동시에 강화하고 있다.

(6) 외교 안보와 다자주의 강화

시진핑의 안보전략은 국제적 차원에서도 중요한 역할을 하고 있다. 중국은 상하이 협력기구(SCO), BRICS, G20 등의 다자 기구에서의 역할을 강화하고, 주변국들과의 외교적 협력을 통해 자국의 안보 이익을 도모하고 있다. 이는 특히 일대일로(一帶一路) 구상과 연계되어 중국의 안보와 경제적 영향력을 함께 확장하는 전략으로 활용되고 있다.

Ⅶ 시진핑의 대미국 전략

1. 목표

시진핑의 대미국 전략은 미중 간의 경쟁과 협력을 조율하면서 중국의 국익을 최대한으로 보호하고 강화하는 것을 목표로 하고 있다. 이 전략은 미국과의 전면적 대결을 피하면서도 중국의 핵심 이익과 글로벌 영향력을 확장하려는 복합적 접근 방식을 채택하고 있다.

2. 주요 내용

(1) 전략적 경쟁과 제한적 협력

시진핑은 미국을 주요 경쟁자로 인식하면서도, 전면적인 갈등을 피하고 제한적인 협력을 유지하려는 전략을 추구하고 있다. 이는 기후변화, 글로벌 보건 문제(예 코로나19), 무역 협상 등 국제 공조가 필요한 분야에서는 미국과 협력하되, 핵심 이익이 걸린 문제(예 대만, 남중국해, 신장 위구르 인권 문제 등)에서는 강경한 입장을 취하는 방식이다.

(2) 신형 대국관계 주장

시진핑은 신형 대국관계(New Type of Major Power Relations)라는 개념을 통해 미국과의 평화적 경쟁을 지향하면서도 중국의 대국으로서의 지위를 인정받고자 한다. 이는 양국이 상호 존중과 내정 불간섭을 바탕으로 갈등을 관리하고, 상호 이익을 증진하는 협력 관계를 구축하려는 시도이다.

(3) 경제적 자립과 무역전쟁 대응

트럼프 행정부 시절 시작된 미중 무역전쟁 이후, 시진핑은 쌍순환 전략(双循环)을 통해 국내 경제 자립을 강화하고, 외부 충격에 대한 회복력을 높이려는 전략을 추진하고 있다. 이는 내수 시장을 활성화하면서도, 해외 무역과 투자에서의 다변화를 도모하는 방식으로 전개된다.

(4) 기술 패권 경쟁 강화

중국은 인공지능(AI), 5G, 반도체 등 첨단 기술 분야에서 미국과의 경쟁을 주요 전략 과제로 설정하고 있다. 이를 위해 "중국제조 2025"와 같은 전략을 통해 기술 자립을 강화하고, 기술 혁신 역량을 증대시키려 하고 있다. 또한, 화웨이, 틱톡 등 중국 기술 기업에 대한 미국의 제재에 맞서 중국은 자국 기업의 보호와 해외 시장 확대를 위한 대응책을 모색하고 있다.

(5) 군사력 현대화와 억제력 강화

시진핑은 중국의 군사력을 현대화하여 미국과의 군사적 균형을 맞추려 하고 있다. 특히 남중국해, 대만해협, 동중국해에서의 군사적 활동을 강화하면서, 미국의 인도-태평양 전략에 대응하고 있다. 이는 중국의 방공식별구역(ADIZ) 확대와 항공모함 전력 증강 등 군사적 억제력을 강화하는 것으로 나타난다.

(6) '일대일로' 전략과 글로벌 영향력 확대

중국은 "일대일로(一帶一路, Belt and Road Initiative)"를 통해 개발도상국과 신흥국에 대한 경제적 지원을 강화하며, 이를 통해 미국의 글로벌 영향력을 견제하려 한다. 이는 아시아, 아프리카, 라틴아메리카 등지에서 미국의 전통적인 동맹국과의 경제적, 외교적 경쟁을 심화시키는 전략이다.

(7) 다자주의와 글로벌 거버넌스 주도

중국은 미국 중심의 기존 국제 질서에 도전하며, 다자주의와 다극화를 강조하는 전략을 펼치고 있다. 이를 통해 중국은 G20, BRICS, 상하이협력기구(SCO) 등 다양한 국제기구에서의 주도권을 강화하고, 글로벌 거버넌스 구조를 재편하려는 의도를 가지고 있다.

Ⅷ 시진핑의 대러시아 전략

1. 기조

시진핑의 대러시아 전략은 중국과 러시아 간의 전략적 협력과 상호 이해를 바탕으로, 양국의 공통된 이익을 극대화하고, 국제 무대에서 서방, 특히 미국에 대한 견제와 균형을 유지하려는 복합적인 접근 방식을 취하고 있다. 시진핑의 대러시아 전략은 정치, 경제, 군사, 에너지, 외교 등 다양한 차원에서 전개되고 있다.

2. 시진핑의 대러시아 전략 주요 내용

(1) 정치적 상호 지지와 전략적 동반자 관계 강화

시진핑과 푸틴은 상호 방문과 회담을 통해 양국의 정치적 연대를 강화하고 있다. 중국과 러시아는 각각의 핵심 이익에 대해 서로 지지하며, 이를 통해 국제사회의 압박에 대응하고 있다. 예를 들어, 중국은 크림반도 합병 문제와 우크라이나 전쟁에서 러시아를 암묵적으로 지지하고 있으며, 러시아는 남중국해와 대만 문제에서 중국의 입장을 지지한다.

(2) 경제 협력과 에너지 파트너십 강화

중국과 러시아는 에너지, 무역, 투자 분야에서 협력을 강화하고 있다. 특히, 에너지 분야에서 러시아는 중국의 주요 천연가스와 석유 공급국으로 자리 잡고 있다. 동부가스관 프로젝트와 "파워 오브 시베리아" 가스관은 양국 간 에너지 협력의 상징적인 사례이다. 또한, 양국은 산업, 농업, 기술 분야에서도 협력을 확대하고 있으며, 이는 서방의 제재에 대응한 경제적 상호 의존도를 높이는 결과를 가져오고 있다.

(3) 군사 협력과 공동 군사훈련

중국과 러시아는 군사 협력을 강화하며, 정기적으로 합동 군사훈련을 실시하고 있다. 양국은 "해상 합동 훈련" 및 "Vostok" 등의 대규모 합동 훈련을 통해 군사적 협력을 심화하고, 전략적 상호 신뢰를 구축하고 있다. 이러한 군사 협력은 아시아 태평양 지역에서 미국과의 군사 균형을 맞추기 위한 전략으로도 해석된다.

(4) 다자주의와 국제 기구에서의 협력

중국과 러시아는 상하이협력기구(SCO), 브릭스(BRICS), G20 등 다양한 국제 기구에서 협력을 강화하고 있다. 이를 통해 양국은 다자주의를 지지하며, 미국 중심의 국제 질서에 도전하고, 글로벌 거버넌스에서의 영향력을 확대하려 한다. 특히, 상하이협력기구를 통해 중앙아시아와 유라시아 지역에서의 안보 협력을 강화하고 있다.

(5) 미국 및 서방 견제

시진핑의 대러 전략은 미국과 서방의 견제를 공동 목표로 하고 있다. 양국은 서방의 인권 문제나 민주주의 모델에 대한 비판에 대응하며, 각각의 정치 체제와 주권을 지키기 위해 협력하고 있다. 특히, 미중 간의 경쟁이 심화됨에 따라 러시아와의 협력은 중국에게 중요한 전략적 자산으로 작용하고 있다.

IX 시진핑의 대북전략

1. 기조

중국의 대북전략은 북한과의 전통적인 동맹 관계를 유지하면서도, 한반도와 동북아시아 지역의 안정과 자국의 전략적 이익을 최대한 보장하려는 복합적인 접근 방식을 취하고 있다. 중국은 북한을 외교적 지렛대로 활용하여 미국과의 경쟁에서 유리한 고지를 점하고, 한반도에서의 급변 사태를 방지하려는 전략적 목표를 가지고 있다.

2. 주요 내용

(1) 북한의 안정 유지와 정권 붕괴 방지

중국은 북한 정권의 안정과 존속을 중요한 전략적 목표로 삼고 있다. 북한 정권이 붕괴할 경우, 난민 문제가 발생하거나 한반도에서의 미국의 군사적 존재가 강화될 가능성이 있다. 이는 중국의 안보에 직접적인 위협으로 작용할 수 있기 때문에, 중국은 북한의 정권 안정과 경제적 생존을 지원하려 한다.

(2) 완충지대로서의 북한 유지

중국은 북한을 자국과 한국, 나아가 주한미군 사이의 완충지대로 인식하고 있다. 따라서 중국은 한반도에서의 긴장 완화를 원하지만, 동시에 북한이 미국과 그 동맹국에 의해 지나치게 압박받는 상황은 피하려고 한다. 이는 미국과의 전략적 경쟁에서 북한을 지렛대로 활용하려는 의도와도 연결된다.

(3) 한반도의 비핵화와 단계적 접근

중국은 한반도의 비핵화를 지지하지만, 이에 대한 접근 방식은 미국과 다르다. 중국은 북한의 단계적 비핵화와 상응 조치를 통한 신뢰 구축을 주장하며, 동시에 미국의 대북 제재 완화를 요구한다. 이를 통해 한반도 문제 해결에 있어 자국의 외교적 영향력을 극대화하려는 전략을 펼치고 있다.

(4) 경제적 지원과 교류를 통한 영향력 확대

중국은 북한에 대한 경제적 지원과 교류를 통해 북한의 경제적 생존을 돕고, 이에 대한 영향력을 유지하려 한다. 북중 무역, 인프라 협력, 관광 등 다양한 경제적 협력을 통해 북한의 의존도를 높이고, 이를 통해 북한이 중국의 전략적 이해와 일치하도록 유도하고 있다.

(5) 북한 핵문제에 대한 중재자 역할

중국은 북한 핵문제 해결 과정에서 중재자 및 조정자 역할을 자처하며, 6자회담과 같은 다자 협상 테이블을 통해 자국의 외교적 입지를 강화하려고 한다. 이를 통해 중국은 북한 문제에서 미국과의 직접적인 충돌을 피하면서도, 국제사회에서의 주도권을 확보하려는 전략을 취하고 있다.

(6) 대북 제재에 대한 유연한 태도

중국은 유엔의 대북 제재 결의안에 공식적으로 동참하면서도, 제재 이행에 있어 유연한 태도를 보인다. 이는 북한에 대한 경제적 압박을 가하면서도, 필요할 경우 제재를 완화하거나 회피할 수 있는 여지를 남겨 두는 전략이다. 이를 통해 중국은 북한이 지나치게 불안정해지거나 중국의 통제에서 벗어나지 않도록 조율하고 있다.

(7) 북러관계 강화에 대한 대응

최근 북한과 러시아 간의 관계 강화 움직임에 대해 중국은 민감하게 반응하고 있다. 중국은 북한이 러시아와 더 밀착하는 것을 원치 않으며, 따라서 북러관계가 강화될 경우 북한과의 협력을 재조정하거나 경제적 지원을 확대하는 등의 대응을 할 수 있다.

X 시진핑의 대한국 전략

1. 기조

시진핑의 대한국 전략은 중국의 대외정책 전반에서 중요한 위치를 차지하며, 한반도의 지정학적 중요성, 경제적 협력, 그리고 미중 경쟁 구도 속에서 한국의 전략적 가치를 고려한 복합적인 접근 방식을 취하고 있다. 시진핑의 대한국 전략은 경제 협력을 강화하면서도, 한반도 평화와 안정을 유지하고, 한국을 미국의 영향력에서 어느 정도 독립된 상태로 유지하려는 목표를 가지고 있다.

2. 주요 내용

(1) 경제적 협력 강화

중국은 한국과의 경제적 협력을 중요한 전략적 목표로 삼고 있다. 한중 양국은 서로의 주요 무역 파트너로서, 특히 반도체, 전자제품, 자동차 부품 등 다양한 분야에서 긴밀한 경제적 연계를 유지하고 있다. 시진핑 정부는 경제 협력을 통해 한국을 경제적으로 중국과 더 밀착시키고, 한국의 경제적 이익을 중국 시장과 연결시켜 한국의 외교적 독립성을 유도하려는 전략을 구사한다.

(2) 한반도 평화와 안정 유지

중국은 한반도에서의 평화와 안정을 매우 중요하게 여기고 있다. 한반도에서의 급변 사태, 예를 들어 북한의 정권 붕괴나 군사적 충돌 등은 중국의 국경 안정을 해칠 수 있으며, 미국의 군사적 개입을 초래할 수 있기 때문이다. 따라서 중국은 한반도에서의 전쟁이나 대규모 충돌을 막고, 평화적 해결을 지지하며, 남북한 간의 대화와 협력을 장려하고 있다.

(3) 사드(THAAD) 문제와 안보 이슈

2016년 한국의 사드(THAAD) 배치 결정 이후, 중국은 이를 강력히 반대하며 한국에 경제적, 외교적 압박을 가했다. 중국은 사드가 중국 본토를 감시할 수 있는 능력을 갖추고 있으며, 이는 중국의 안보에 위협이 된다고 주장했다. 이에 따라 한국에 대한 관광 제한, 문화 콘텐츠 금지(한한령), 특정 기업 제재 등의 조치를 통해 한국에 압박을 가했다. 중국은 한국의 군사적 결정이 미국의 전략적 이익과 일치하는 것을 경계하며, 한국이 중국과 미국 사이에서 균형 잡힌 외교를 취하도록 유도하려 한다.

(4) 미중 경쟁 속 한국의 외교적 균형 유도

시진핑 정부는 한국이 미중 경쟁 구도 속에서 미국 편향적인 외교 노선을 취하는 것을 막고, 보다 중립적이거나 독립적인 입장을 취하도록 유도하려 한다. 이를 위해 중국은 경제적 유인과 외교적 설득을 통해 한국을 전략적으로 포섭하려는 노력을 지속하고 있다. 예를 들어, "하나의 중국" 원칙을 강조하고, 남중국해 문제 등에서 중국의 입장을 지지하도록 한국을 설득하려 한다.

(5) 대북 정책에서의 협력과 갈등 조정

중국은 대북 정책에서 한국과의 협력을 강화하면서도, 북한과의 전통적인 동맹 관계를 유지하려 한다. 중국은 북한 문제에 대한 한국의 입장을 어느 정도 이해하고 있지만, 동시에 북한의 전략적 가치를 유지하는 것이 중요하기 때문에, 남북관계의 진전이 자국의 이익에 부합하는지 신중하게 검토하며 대응하고 있다.

XI 시진핑의 대대만 전략

1. 기조

시진핑의 대(對)대만 전략은 "하나의 중국" 원칙을 바탕으로 대만과의 통일을 궁극적인 목표로 삼고 있으며, 이를 위해 정치, 경제, 군사, 외교적 수단을 동원하는 다각적인 접근 방식을 취하고 있다. 시진핑의 대만 전략은 대만의 독립 시도를 저지하고, 중국 본토와의 경제적, 문화적 연계를 강화하면서, 필요할 경우 무력 사용도 배제하지 않는 강경한 태도를 보이고 있다.

2. 주요 내용

(1) "하나의 중국" 원칙 강조

시진핑은 "하나의 중국" 원칙을 대만 문제의 핵심으로 강조하며, 대만이 중국의 일부분임을 지속적으로 주장하고 있다. 이 원칙을 바탕으로 국제사회에서 대만의 외교적 고립을 유도하고 있으며, 다른 국가들이 대만과 공식적인 외교 관계를 맺지 못하도록 압박하고 있다. 이를 통해 대만의 국제적 공간을 제한하고, 대만을 외교적으로 고립시키려는 전략을 펼치고 있다.

(2) 일국양제

시진핑은 대만에 대해 "일국양제(一国兩制)" 모델을 제안하며, 평화적인 통일을 추구한다고 주장하고 있다. "일국양제"는 한 국가 내에서 서로 다른 체제가 공존하는 것을 의미하며, 이는 홍콩과 마카오에 적용된 것과 유사한 모델이다.

(3) 경제적 통합과 압박 전략

중국은 경제적 수단을 통해 대만과의 통합을 유도하고 있다. 중국은 대만과의 경제 교류와 무역을 확대하는 한편, 대만 기업과 인재를 중국 본토로 유치하는 정책을 추진해왔다. 동시에, 대만이 중국과의 경제적 연계를 끊으려 하거나 독립적 경제 정책을 추진할 경우, 경제적 압박을 가하는 전략도 병행하고 있다. 이러한 경제적 통합과 압박은 대만이 경제적으로 중국에 의존하도록 유도하려는 의도를 가지고 있다.

(4) 군사적 압박과 무력 사용 가능성 시사

시진핑은 대만 통일을 위해 무력을 사용하는 것을 배제하지 않는다는 입장을 분명히 해왔다. 중국은 대만해협에서의 군사 훈련을 강화하고, 대만 주변 해역에서의 군사적 활동을 증대시키는 등 군사적 압박을 가하고 있다. 이는 대만이 독립을 선언하거나 미국과의 군사적 협력을 강화할 경우, 중국이 무력으로 대응할 수 있다는 신호를 보내는 것이다.

(5) 대만 내부 분열 조장과 정치적 영향력 확대

중국은 대만 내에서 친중 성향의 정당이나 인물들을 지원하고, 대만 사회 내부의 분열을 조장하려는 전략을 구사하고 있다. 이를 통해 대만 내부에서의 정치적 불안정을 유도하고, 통일을 지지하는 세력을 키우려는 시도를 하고 있다. 또한, 사이버전과 정보전을 통해 대만의 여론을 조작하거나 분열시키는 활동도 강화하고 있다.

(6) 국제사회에서 대만의 외교적 고립 강화

중국은 대만을 외교적으로 고립시키기 위해, 대만과 외교 관계를 맺고 있는 소규모 국가들을 대상으로 경제적, 외교적 압력을 가해 관계를 단절하도록 유도하고 있다. 이를 통해 대만의 국제적 공간을 줄이고, "하나의 중국" 원칙을 국제사회에서 강화하려는 전략을 취하고 있다.

XII 시진핑의 대ASEAN 전략

1. 기조

시진핑의 대ASEAN(동남아시아국가연합) 전략은 중국의 "주변 외교"의 핵심 축으로, 경제적 협력과 정치적 연대, 안보 협력을 통해 동남아시아 지역에서의 영향력을 확대하고 미국과의 경쟁 구도에서 유리한 위치를 확보하려는 복합적인 접근 방식을 취하고 있다. 시진핑의 대ASEAN 전략은 경제적 상호 의존성을 강화하고, 남중국해 문제에서의 주도권을 확보하며, 중국 중심의 지역 질서를 구축하는 것을 목표로 하고 있다.

2. 주요 내용

(1) 경제적 협력과 일대일로(BRI) 추진

시진핑은 "일대일로" 구상을 통해 ASEAN 국가들과의 경제적 연계를 강화하고 있다. 일대일로는 인프라 개발과 경제 회랑 구축을 통해 중국과 ASEAN 국가들 간의 무역과 투자, 인프라 연계를 증대시키는 것을 목표로 한다. 예를 들어, 중국은 철도, 항만, 고속도로 등 대규모 인프라 프로젝트를 통해 동남아시아 국가들에 대한 경제적 영향력을 확대하고 있으며, 이를 통해 지역 내 경제적 상호 의존성을 높이고 있다.

(2) 자유무역협정과 경제 협력 강화

중국은 ASEAN과의 경제적 연대를 강화하기 위해 자유무역협정(FTA)을 적극적으로 추진하고 있다. 2010년 발효된 중국-ASEAN 자유무역협정(ACFTA)은 양측 간의 무역을 크게 확대시켰으며, 이를 바탕으로 중국은 ASEAN 국가들과의 무역을 강화하고 있다. 또한, 중국은 역내포괄적경제동반자협정(RCEP)을 통해 동남아시아 지역에서의 경제적 영향력을 더욱 공고히 하려 하고 있다.

(3) 남중국해 문제에서의 전략적 접근

중국은 남중국해의 영유권을 주장하면서, 이 지역에서의 해양 패권을 확립하려는 전략을 추진하고 있다. 남중국해는 중국과 ASEAN 국가들 간의 주요 갈등 요소로 작용하고 있으며, 중국은 인공섬 건설과 군사 기지화 등을 통해 남중국해에서의 실효적 지배를 강화하고 있다. 동시에, 중국은 개별 ASEAN 국가들과의 양자 협상을 통해 갈등을 관리하며, ASEAN 차원의 공동 대응을 무력화하려는 전략을 구사하고 있다.

(4) 안보 협력과 군사 교류 강화

중국은 ASEAN과의 안보 협력을 강화하여 지역 내 안정을 유지하려 하고 있다.

이는 특히 테러리즘, 해적, 마약 밀매 등 비전통적 안보 위협에 대한 공동 대응을 통해 이루어지고 있다. 또한, 중국은 ASEAN 국가들과의 군사 교류와 합동 훈련을 통해 안보 협력을 강화하고 있으며, 이를 통해 미국과의 군사적 균형을 맞추려는 전략을 취하고 있다.

(5) ASEAN 중심성 지지와 다자주의 외교

시진핑은 ASEAN의 "중심성(centrality)"을 지지한다고 강조하며, ASEAN 중심의 다자 협력 구조를 통해 자국의 외교적 입지를 강화하려 한다. 이를 통해 중국은 미국 중심의 인도-태평양 전략에 대응하며, ASEAN 국가들이 중국과의 경제적, 정치적 관계를 강화하도록 유도하고 있다. 또한, 중국은 아세안+3(한중일) 협력과 동아시아 정상회의(EAS) 등을 통해 ASEAN과의 다자 협력을 강화하고 있다.

(6) 중국-라오스 철도, 중국-태국 철도 등 인프라 프로젝트

시진핑 정부는 중국과 ASEAN 국가 간의 물류와 교역을 원활히 하기 위해 철도, 도로 등 인프라 프로젝트를 적극적으로 추진하고 있다. 예를 들어, 중국-라오스 철도, 중국-태국 철도 프로젝트는 중국과 동남아시아를 잇는 주요 교통망으로, 이를 통해 중국은 ASEAN 지역에서의 경제적 영향력을 확대하려 하고 있다.

XIII 시진핑의 대일본 전략

1. 기조

시진핑의 대일본 전략은 중국과 일본 사이의 복잡한 역사적 배경, 경제적 상호 의존, 지역 안보 문제를 고려하여 다층적인 접근 방식을 취하고 있다. 중국은 일본과의 경제적 협력 관계를 유지하고 강화하면서도, 역사 문제와 영토 분쟁에서 자국의 이익을 확고히 하려는 입장을 고수하고 있다. 동시에, 미중 경쟁 구도 속에서 일본이 미국과의 동맹에 지나치게 치우치지 않도록 조율하려는 전략을 병행하고 있다.

2. 주요 내용

(1) 경제적 협력 강화와 상호 의존성 증대

중국은 일본과의 경제적 협력을 중요하게 여기며, 두 나라 간의 경제적 상호 의존성을 지속적으로 확대하려 한다. 일본은 중국의 주요 무역 파트너 중 하나로, 특히 첨단 기술, 자동차, 기계 부품 등 다양한 분야에서 긴밀한 협력 관계를 유지하고 있다. 시진핑은 이러한 경제적 협력을 통해 일본을 경제적 파트너로 유지하고, 지역 경제 통합에서의 역할을 강화하려 한다.

(2) 역사 문제와 영토 분쟁에서의 강경 입장

중국은 일본과의 역사 문제(예 난징 대학살, 위안부 문제)와 영토 분쟁(센카쿠 열도/댜오위다오 문제)에서 강경한 입장을 취하고 있다. 시진핑 정부는 일본의 군국주의 부활 가능성에 대해 강하게 비판하며, 역사 왜곡 문제에 대해 일본에 책임 있는 자세를 요구하고 있다. 특히, 센카쿠 열도/댜오위다오 분쟁에서 중국은 해경선과 군함을 동원해 영유권 주장을 강화하고 있다.

(3) 안보 협력 견제와 일본의 군사력 강화 반대

시진핑 정부는 일본의 군사적 역할 강화와 자위대의 활동 범위 확대를 경계하고 있다. 특히, 일본의 방위비 증액과 미국과의 군사 협력 강화는 중국의 안보에 위협이 된다고 판단하고 있다. 중국은 일본의 군사력 강화를 "군국주의 부활"로 간주하며, 이를 견제하기 위한 외교적, 군사적 대응을 강화하고 있다.

(4) 한반도와 동북아시아 안보 문제에서의 협력과 경쟁

중국은 한반도 비핵화와 동북아시아 평화 안보 문제에서 일본과의 협력을 중요하게 여기지만, 동시에 양국 간의 전략적 이해가 충돌하는 지점도 있다. 예를 들어, 중국은 북한에 대한 제재와 대화 병행을 강조하는 반면, 일본은 보다 강경한 제재와 압박을 선호하는 경향이 있다. 이는 양국 간 협력과 경쟁이 교차하는 지점이다.

(5) 미중 경쟁 구도 속에서 일본의 균형 외교 유도

시진핑의 전략은 미중 경쟁 구도 속에서 일본이 지나치게 미국에 치우치지 않도록 조율하려는 것이다. 중국은 일본이 독립적 외교를 추구하고, 경제적 협력을 통해 중국과의 관계를 유지하도록 유도하려 한다. 이를 위해 중국은 고위급 회담과 경제 협력 채널을 통해 일본과의 대화를 강화하고, 양국 관계를 안정적으로 관리하려는 노력을 기울이고 있다.

제4절 중국의 주요 국제관계

I 중국-미국 관계

1. 초기의 대립관계

첫째, 국공내전에서 미국이 장제스 국민당 정부를 지원하여 공산당의 반미감정이 대두되었다. 1949년말 주중 미국 대사관은 장제스정부와 함께 대만으로 철수했다. 둘째, 1950년 중국의 한국전 참전으로 양국관계는 결정적으로 대립관계로 변화되었다. 미국 주도의 UN은 중국을 침략자로 규정하고, 미국은 UN 등 국제무대에서 중국의 활동을 봉쇄하고자 하였다. 셋째, 1950년대 동서 블록화 시대에 따라 중미간 대립관계는 지속되었다.

2. 중미 화해

(1) 상하이 공동성명(1972년 2월)

닉슨 대통령은 1971년 7월 15일 중국 방문 합의사실을 발표하였다. 닉슨의 중국 방문 의사표명은 봉쇄(Containment)를 기조로 해 온 미국의 아시아전략의 대전환이었으며, 비밀리에 추진됨으로써 '닉슨 쇼크'로 불리기도 하였다. 중국 방문에서 '상하이 코뮤니케'에 조인하였다. 동 코뮤니케에서 양국은 하나의 중국원칙, 아시아 태평양지역에서 미중 양국 및 제3국이 패권을 추구하는 것에 반대한다는 원칙을 천명하였다. 또한, 정세 추이에 따라 대만 주둔 미군 철수에 대해서도 합의하였으며, 평화공존원칙에도 합의했다.

(2) 미국의 미중 화해 시도 이유

미국은 첫째, 중소 두 공산국가들이 상호 견제하도록 하는 '이이제이'효과를 기대하였다. 둘째, 미국 경제가 침체된 상황에서 중국은 미래의 거대한 시장으로 인식되었다. 셋째, 중국의 핵확산방지조약(NPT)가입을 기대하였다. 넷째, 중국이 북베트남에 대한 원조를 축소하고 베트남문제 해결에 있어서 중국의 역할을 기대하였다.

(3) 중국의 미중 화해 시도 이유

첫째, 소련과의 관계가 악화됨에 따라 미국을 더 이상 제1의 적으로 여기지 않게 되었다. 소련의 체코슬로바키아 침공 이후 중국인들은 소련의 공격에 대한 두려움을 가지고 있었다. 둘째, 미국과의 화해를 통해 부활하고 있는 일본의 중국에 대한 적대적 움직임을 견제해 줄 것으로 기대하였다. 셋째, 미국과의 교역이 확대되고 타이완(대만)에 대한 미국의 공약이 축소될 것이라고 희망하였다.

3. 미중수교

미국과 중국의 공식수교는 1979년 1월 1일 이루어졌으며, 이는 이보다 앞선 1978년 12월 15일 발표되었다. 78년 12월 발표된 공동성명의 내용은 다음과 같다. 첫째, 양국은 1979년 1월 1일자로 상호 승인 및 외교관계를 수립하기로 하였다. 둘째, 미국은 중화인민공화국이 중국의 유일합법정부라는 점과 대만이 중화인민공화국의 일부라는 중국의 입장을 인정하며 미국은 이러한 테두리 안에서 대만과 문화, 상무 및 기타관계를 계속 유지한다. 셋째, 양국은 패권을 추구하지 않으며 다른 개별국가나 국가그룹의 패권추구 노력에 반대한다. 넷째, 양국은 제3국을 대신하여 협상을 하지 않으며 또한 상호 제3국을 겨냥한 협정을 체결하지 않는다.

4. 대만관계법

미국은 중국과 수교한 이후 중국과의 합의에 따라 대만과 체결하고 있었던 동맹조약을 폐기하고, 동법을 제정하였다. 동법은 1979년 1월 1일 미 의회에서 채택되었고, 79년 4월 서명되었다. 대만관계법은 대만의 합법적인 방위욕구 충족과 대만문제의 평화적 해결이라는 목적으로 제정됐으며, 대만관계법은 유사 시 미국의 자동개입조항과 함께 중국이 대만을 침공하거나 군사적 위협을 가하면 대만에 의무적으로 무기를 판매토록 하고 있다. 이 법은 그 뒤 상호 대표부 설치와 대만에 대한 미제무기 판매, 고위관리 교류 등의 토대가 되었으나, 중국은 이에 대해 '하나의 중국'원칙을 저버린 채 실질적으로 두 개의 중국을 용인한 이중적인 태도라며 비난해 왔다.

5. 1980년대 중미관계

첫째, 소련의 아프간 침공(79년 12월)을 계기로 미국의 중국에 대한 비살상무기 및 군수품 수출 인정 등 군사협력이 강화되었다. 둘째, 1981년 1월 레이건정부 출범 이후 대만에 대한 신무기 공급정책으로 중미관계가 냉각되었다. 셋째, 1982년 8월 17일 중미공동성명(일명 817성명)을 계기로 양국관계 재정립 기반을 구축하고 미국-중국-대만 관계의 현실적 해결의 계기를 마련하였다. 817성명에서 미국은 대만이 중국의 일부라는 점을 인정하고, 미국의 대만에 대한 무기판매는 점진적으로 감소시켜 일정 기간 경과 후 대만에 대한 무기 판매를 중단하기로 하였다. 넷째, 1985년 이래 중국-소련 관계 개선과 중국의 독립자주 외교 노선 강화에 따라 중국-미국 간 전략적 이해관계 일치의 범위가 축소되었다.

6. 천안문사태 이후 중미관계

1989년 6월 천안문사태 이후 양국 간 상호 제재와 보복조치로 양국관계는 급속히 악화되었다. 미국은 대중국 무기 금수, 군 고위인사 교류 동결, 국제금융기관의 대중국 융자 연기 요청 등의 제재조치를 시행했다. 이에 맞서 중국은 미국 해외공보방송(VOA) 특파원 퇴거, 풀브라이트 사업 중단 등의 보복조치를 취하기도 하였다.

7. 1990년대 미중관계

(1) 관계개선 시도

양국은 관계 개선을 시도했다. 미국은 중국의 지나친 고립을 방지하기 위해 실리외교에 기반한 포괄적 포용정책(Comprehensive Engagement Policy)으로 관계회복을 추진했다. 중국도 개혁개방정책의 성공적 추진 및 자국의 국제적 위상 제고를 위해 '16자원칙'에 따라 관계 개선을 시도했다. 16자원칙은 신뢰증진, 문제감소, 협력발전, 대립회피를 말한다.

(2) 대립의 지속

탈냉전 이후 양국관계는 협력을 추구하면서도 중국의 대파키스탄 미사일 수출에 대한 미국의 제재, 미국의 중국 2000년 올림픽 개최 반대, 미국의 중국 WTO가입 제동, 리덩후이 총통 방미(1995.5) 허용, 중국의 대만해협 미사일 발사 훈련(1996.3) 등으로 대립을 지속했다.

(3) 장쩌민의 미국 방문

장쩌민 국가주석이 1997년 10월 천안문 사태 이후 중국 국가원수로는 최초로 미국을 방문하여 경색관계를 청산했다. 방미 기간 중 양국은 21세기를 향한 '건설적이고 전략적 동반자관계(Constructive Strategic Partnership)' 추진을 위해 노력하기로 합의하였다.

(4) 클린턴의 중국 방문

1998년 6월 클린턴 대통령이 중국을 방문하고 핵확산 억제, 아시아 금융위기, 국제안보 문제 등에 있어서 중미간 전략적 대화를 통한 공동협력 의지를 과시하고 지역 및 국제문제 해결에 있어서 양국 간 공조체제의 중요성을 확인하였다.

(5) NATO의 중국 대사관 폭격

1999년 5월 미국을 비롯한 NATO의 유고 주재 중국대사관 폭격으로 양국관계는 급속히 냉각되었으나 1999년 9월 APEC정상회의를 계기로 이루어진 중미정상회담과 1999년 11월 중미간 WTO 가입협상의 타결로 관계복원의 전기를 마련하였다.

8. 2000년대 이후 중미관계

첫째, 9.11테러 이후 중국이 미국 주도 반테러 국제공조 노력에 협력하였다. 둘째, 2005년 8월 제1차 중미전략대화가 개최되었다. 셋째, 2006년 4월 후진타오가 미국을 방문하여 중국의 부상을 인정하고 기회로 받아들일 것을 설득했고, 미국은 중국은 '이해상관자(stakeholder)'로 칭하면서 중국의 가치 및 체제의 전환을 촉구하였다. 넷째, 2009년 1월 오바마정부 출범 후 양국관계를 '적극적이고, 협력적이며, 포괄적인 관계(positive, cooperative and comprehensive relationship)'로 규정했다. 다섯째, 2009년 7월 워싱턴에서 제1차 중미전략경제대화가 개최되었다. 오바마 행정부는 기존의 전략대화와 경제대화를 통합 및 격상하여 중미협력의 포괄화, 체계화 및 대중국 영향력 확대를 추진하였다. 여섯째, 2010년 들어 양자관계는 미국의 대만에 대한 무기 판매 발표, 오바마 대통령의 달라이라마 면담, 무역분쟁 등으로 갈등국면을 겪었다. 일곱째, 2012년 2월 시진핑 부주석이 미국을 방문하여 '신형대국관계'수립 필요성을 제기하였다. 신형대국관계는 중미 간 상호 전략적 의도를 객관적, 이성적으로 대하고, 각자의 이익을 존중하며, 중대한 국제 또는 지역 문제에서의 협력을 강화하는 것을 의미한다.

9. 중미 간 전략적 경쟁구도 심화

첫째, 중국은 중미관계를 가장 중요한 양자관계로 간주하고 있으며, 미국과의 신형대국관계 구축을 위한 외교 노력을 적극 전개하고 있다. 둘째, 양국은 무역분야에서 상호 보복관세를 부과하며 대치를 이어가다 2019년 12월 1단계 합의를 달성하였다. 셋째, 중국이 미국 주도의 국제질서에 대한 도전 세력이라는 미국내 초당적 우려와 미국의 아태재균형정책(오바마)이나 자유롭고 개방된 인도-태평양구상(트럼프)이 중국에 대한 봉쇄용이라는 중국 내 인식 등이 양국관계의 획기적인 발전을 가로막는 근본적인 제약 요인으로 작용하고 있다. 넷째, 2017년 12월 미국 국가안보전략보고서(NSS)에서 미국은 중국을 '전략적 경쟁자(strategic competitor)'로 규정한 이후 양자 간 갈등은 무역, 첨단기술(5G), 군사, 국제규범의 표준(다자주의, 인권 등) 등 전방위적으로 확산되고 있다.

Ⅱ 중국-일본 관계

1. 중일관계 전개 과정

(1) 국교정상화 이전 시기

전후 동북아지역질서의 양상은 사회주의 중화인민공화국의 수립과 친소일변도와 중소동맹조약으로 요약할 수 있는 중소관계와, 일본을 점령하여 대공산권 견제의 전진기지로 만들고자 하는 미일관계가 상호 대립구도를 형성하는 냉전체제하에 놓여 있었다. 이러한 구도하에 샌프란시스코 강화회의를 통한 일본의 대서방 국가 평화조약 체결 및 6·25전쟁을 거치면서, 동북아는 중국·소련·북한의 북방삼각과 미국·일본·한국의 남방삼각이라는 대립구도가 확연하게 자리 잡게 되었고, 이에 따라 냉전시대의 특징을 고스란히 보여주는 지역이 되었다. 이에 따라 중일 양국 관계는 냉전적 질서로 인한 구조적 제약을 받게 되었다. 그러나 이러한 제약 조건은 양국 관계의 표면적인 현상일 뿐, 내면적으로는 이와 반대의 경향성을 띠고 있었다. 즉, 이 시기 중일 양국은 표면적으로 적대적 관계를 형성하였지만, 양측은 경제교류와 대화통로를 유지하면서 협력관계의 수립을 모색하고 있었으며, 실질적으로도 이러한 협력관계가 나타나고 있었다. 이러한 협력은 주로 민간무역의 형태로 진행되었으며 1972년에 양국이 수교관계를 수립하게 되는 바탕으로 작용하였다.

(2) 국교정상화 이후부터 냉전의 종식에 이르는 시기

양국이 수교관계를 수립하게 된 주요한 원인은 미국의 대중정책 조정과 다나카 내각의 등장 이후 대중정책에 변화가 발생한 것이라고 할 수 있다. 그리고 그 이면에는 중소분쟁의 격화와 위협으로부터 벗어나기 위한 중국의 대소견제가 자리하고 있었다. 또한 냉전적 상황에도 불구하고 양국 관계의 우호적 흐름을 형성해 왔던 민간과 야당의 역할, 즉 민간외교 역시 양국 수교에 상당한 영향을 미쳤다. 국교정상화를 수립하게 된 표면적 원인은 중미관계의 개선과 일본 정부의 입장 변화이지만, 내면적으로는 수교 이전부터 형성되어 있었던 민간과 야당의 우호적 교류가 큰 뒷받침이 되었다고 할 수 있다. 1978년에는 중일평화우호조약이 체결되었고, 1980년대 말에 이르기까지 우호협력관계가 형성되고 발전되는 최고의 시기를 보내게 되었다.

(3) 탈냉전시기의 중일관계

협력과 공존을 모색하는 탈냉전기로의 전환은 중일관계에 있어서도 새로운 전환을 가져왔다. 표면적으로는 1992년 일본 천황부부의 방중에서 과거사에 대한 사죄의 입장표명이 이루어졌고, 1994년 호소카와 수상의 방중에서도 과거사문제에 대한 깊은 반성과 사과를 표명하는 등 양국 관계가 상호협력과 공존의 관계를 형성하는 것처럼 보였으나, 내면적으로는 양국 관계에 있어 역사, 대만, 영토, 안보, 경제 등의 영역에서 전면적인 마찰이 발생하기 시작하였다. 대외적 사죄표시와는 다르게 일본 국내적으로는 야스쿠니신사 참배 등 우익인사들의 우경활동이 계속되었고, 1995년 중국이 지하 핵실험을 강행하자 대중 무상원조를 전면 동결한다는 발표를 하기도 하였다. 교과서문제 및 야스쿠니신사 참배, 조어도와 같은 문제들이 민간영역으로 확대되면서 폭력시위가 발생하고, 갈등의 양상이 더욱 증폭되었다. 2004년 12월에는 일본의 내각회의에서 통과된 신방위대강에서 처음으로 중국위협론을 정부의 공식 안보정책 문서에 삽입하였다. 그러나 2000년대 후반 중일관계는 다시 회복되는 추세를 띠었다. 2006년 아베 신조 총리의 '얼음을 깨는 여행(破氷之旅)'과 2007년 4월 원자바오 총리의 '얼음을 녹이는 여행(融氷之旅)'을 거쳐 2007년 12월 후쿠다 야스오 총리의 방중이 '봄맞이 여행(迎春之旅)'이라고 불리는 등 우호협력관계를 위한 호기를 맞이하였다. 2006년 6월 후쿠다는 동남아와 한국 및 중국을 포함한 '동아시아공동체' 구성을 목표로 노력해야 한다는 입장을 표명하였는데 이를 신(新)후쿠다독트린이라고 한다.

(4) 2010년대 중일관계

2010년대 들어 중일관계는 급격히 냉각되었다. 2010년 9월 7일 일본 영해를 침범한 중국 어선과 선원을 일본이 구속한 사건이 발생하여 중국 내 '애국주의' 등 대일여론이 악화되자 중국 정부는 강경대응조치를 취하게 되었다. 중국은 동중국해 자원개발 조약 교섭 연기, 일본 청소년 1천명의 상하이 엑스포 방문 취소, 장관급 이상 교류 중단, 희토류의 대일수출의 사실상 중단 등의 조치를 취했다. 다만, 2011년 3월 일본대지진 발생 시 중국 정부가 일본에 대해 3천만 위안 상당의 인도주의 물자 지원 의사를 표명하고 일본이 이를 수용함으로써 관계 개선의 전기를 모색하기도 하였다.

(5) 시진핑 집권 이후

첫째, 2012년 일본의 조어도 국유화 조치 이후 양국 내 시진핑 주석과 아베 총리가 최고 지도자가 되면서 양자관계는 지속적으로 악화되었다. 중국은 2013년 11월 동중국해에 방공식별구역을 선포했고, 2013년 12월 아베 총리가 야스쿠니 신사를 참배하면서 양국간 긴장이 심화되었다. 둘째, 2018년 10월 아베총리가 중국을 방문했고, 2019년 12월 한중일 정상회의를 계기로 중일 정상회담이 개최되는 등 정상급 교류를 통한 우호적 모멘텀을 이어갔다.

2. 주요 현안

(1) 대만문제

대만문제란 대만을 중국의 일부로 볼 것인가를 놓고 중국과 일본의 시각차가 있고 이로 인해 갈등이 발생할 수 있는 것을 의미한다. 일본과 대만은 1952년 4월 일화평화조약(日華平和條約)을 체결하고 일본은 대만의 국민당 정부를 중국을 대표하는 유일한 합법정부로 인정하였다. 그러나 일본은 1972년 중국과 수교하면서 '하나의 중국원칙'에 동의하였다. 수교 이후에도 이른바 '광화랴오(光華寮)재판 사건'으로 중국과 일본은 대만문제와 관련하여 마찰을 빚기도 하였다. 중국과 일본의 대만문제 관련 갈등이 본격화된 것은 탈냉전기이다. 일본은 대만의 독립을 주장하는 리덩후이 총통의 일본 방문을 허가하기도 하였으며, '주변사태법'과 신가이드라인, 유사법제 등을 통해 대만해협문제에 일본이 개입할 것임을 명확히 하여 중국과 마찰을 빚고 있다.

(2) 역사문제

중국과 일본은 태평양전쟁의 성격, 야스쿠니 신사 참배문제, 난징대학살 등의 역사적 사실에 대한 인식문제를 놓고 첨예한 대립을 보이고 있다. 특히 일본의 우익 인사들에 의해 일본의 침략적 성격이 희석되거나 왜곡되는 것에 대해 중국은 강력하게 반발하고 있다. 1995년 일본 신진당 의원들은 '올바른 역사를 전하는 국회의원 연맹'을 만들었으며, 1996년에는 '새로운 역사교과서를 만드는 모임'이 만들어졌다. 이들은 현재의 역사교과서가 '자학사관'임을 비판하고, 젊은 세대들에게 나라에 대한 긍지를 가질 수 있는 역사교육을 목표로 한다고 주장하였다.

(3) 조어도문제

일본과 중국은 조어도 영유권에 대해 상이한 입장차를 보여주고 있다. 양국은 1972년 국교 정상화, 1978년 평화우호조약 체결과정에서 조어도문제는 '논쟁보류, 공동개발'의 방침에 동의함으로써 갈등이 표면화되지는 않았다. 조어도와 관련하여 중국은 발견에 의한 '고유영토론'을 영유권 주장의 주요 논거로 하고 있다. 또한 1895년 시모노세키조약에 의해 일본에 '강제할양'되었으나 1945년 포츠담회담에 의해 중국에 반환되었다고 주장한다. 반면, 일본은 시모노세키조약 이전에 이미 무주지인 조어도를 선점하였으므로 강제할양된 영토가 아니고, 따라서 반환되어야 하는 영토의 범위에 포함되는 것도 아니라고 주장하고 있다.

Ⅲ 중국-러시아 관계

1. 중국-러시아 관계 발전 과정

(1) 관계 수립

1949년 10월 중국 건국 이후 1953년 3월 스탈린 사망시까지 양국은 긴밀한 우호협력 관계를 유지했다. 1949년 10월 소련은 중국을 승인하였다. 1950년 2월 중소우호동맹상호원조조약을 체결했다.

(2) 갈등

1950년대 중반부터 양국 간 긴장이 조성되었다. 1956년 12월 소련 공산당 20차 전당대회에서 후루시초프는 서방과의 평화공존원칙을 천명했고, 중국 모택동은 이에 대해 비판적 태도를 보였다. 1959년 6월 소련이 원자탄 제조 기술의 중국 제공을 거부하자 양국관계는 결정적으로 악화되었고, 후루시초프는 중국을 '교조주의'로, 중국은 소련을 '수정주의'로 공개 비난했다. 이러한 갈등관계는 1969년 3월 국경선을 문제로 무력충돌(전바오섬, 진보도, 珍寶島 사태)로 이어졌다. 소련과의 이념 갈등이 심화되고, 양국의 정규군이 접전하는 군사분쟁이 발발하면서, 미국과 소련 모두를 위협국으로 상정하는 반제반수(反帝反修)의 입장을 취하였다. 중국 전인대 상무위는 1979년 4월 중소우호동맹상호원조약을 연장하지 않기로 결정했고, 동 조약은 1980년 4월 조약 기한(30년) 만료로 자동 폐기되었다.

(3) 관계 정상화

1982년 이래 양국관계 정상화를 위한 교섭이 시작되었다. 교섭에서 중국은 3대 장애요소 우선 제거를 주장했다. 3대 장애요소는 중소 국경 및 중국-몽골 국경지역에서 소련군 감축, 아프가니스탄 내 소련군 철수, 캄푸챠(현 캄보디아)문제에 있어서 베트남 지원 중지이다. 1985년 고르바초프 등장 이후 양보적 태도를 취하면서 중국과의 관계 개선을 적극 추진했다. 1989년 5월 고르바초프가 중국을 방문하면서 양국관계가 정상화되었다.

(4) 1990년대

첫째, 리펑총리는 중1990년 4월 소련을 방문하고 우호협력 증진을 위한 6개 협정을 체결하였다. 국경병력감축, 과학기술협력, 핵발전소 건설 차관의 중국 공여, 정기적 외교협의 등에 관한 협정이다. 둘째, 1996년 4월 옐친이 중국을 방문하고 '전략적 협력동반자 관계'를 선언했다. 셋째, 1996년 4월 중국과 러시아는 카자흐스탄, 키르기즈스탄, 타지키스탄과 정상회담을 개최하고 'Shanghai Five'(후에 상하이협력기구로 발전)라는 협의체를 출범시켰다.

(5) 2000년대

첫째, 2001년 6월 상하이협력기구(SCO)를 출범시켰다. 둘째, 2001년 7월 장쩌민 주석의 러시아 방문 시 '중러 선린 우호 협력 조약'을 체결했다. 셋째, 2003년 후진타오가 취임했고 첫 순방국으로 러시아를 방문했다. 넷째, 2004년 10월 푸틴의 중국 방문 시 '중러 전략적 동반자 관계'를 발전시켜 나가기로 합의했다. 다섯째, 푸틴 방중 시 '동부국경조약보충협정'을 체결하고 2005년 6월 발효시킴으로써 1969년 3월 무력충돌까지 불러왔던 국경선 문제를 말끔히 해결했다.

(6) 2010년대

첫째, 2011년 6월 후진타오가 러시아를 방문하고 '전면적 전략 협력 동반자 관계'를 수립했다. 이 관계는 현재 양국 간에만 설정되어 있다. 둘째, 2013년 3월 시진핑은 주석에 취임하고 최초 순방국으로 러시아를 방문하고 러시아 천연가스의 중국 공급을 위한 양해각서를 체결했다.

(7) 시진핑 주석 집권 이후 양국 관계

첫째, 2019년 수교 70주년을 맞은 양국은 양국관계를 '신시대전면적협력동반자관계'로 격상하였다. 둘째, 2012년 이래 중러 해상연합훈련을 정례화하고 있다. 셋째, 안보리 상임이사국으로서 이란 핵문제에 있어서 공동보조를 취하고 있다. 넷째, 중국 주도의 일대일로와 러시아 주도의 유라시아경제연합(EAEU)의 연계 및 협력을 강화하고 있다.

2. 주요 이슈

(1) 군사협력

1960년대 국경분쟁으로 국지적 무력충돌까지 겪었던 중국과 러시아는 탈냉전기 국경선을 확정하는 일련의 합의문을 체결하고, 국경지대 무기 및 병력감축 모라토리엄에 서명하며 국경지역을 안정화시켰다. 또한, 양국은 다양한 군사적 신뢰구축안을 마련하고 실행해 왔다. 국방 관련 인사들의 빈번한 상호방문이 이루어지고, 중러 군사기술협력위원회, 중러 대테러 워킹그룹 등 군사부문의 대화와 협상 채널이 수립되었다. 그리고, SCO 주관하에 'Peace Mission'이라는 이름의 합동군사훈련도 실시하고 있다.

(2) 상하이협력기구(SCO)를 통한 다자안보협력

SCO는 원래 중앙아시아에서의 분리주의, 테러, 마약거래, 국제범죄, 이슬람극단주의에 공동으로 대처하기 위해 개최된 '상하이 5개국회의(Shanghai5)'에 기원을 두고 있다. 2001년 회의에서 SCO를 발족하였고, 미국의 아프가니스탄 및 이라크 전쟁 이후 SCO의 성격은 중앙아시아에서 미국의 영향력 확대를 견제하는 것으로 변모하였다.

(3) 에너지협력

옐친 제1기에는 러시아의 에너지 수출시장 확보와 중국의 국내 석유 수요 증가, 천안문 사건 이후 서방 제재에 대한 대응의 필요성으로 인해 에너지협력이 이루어졌다. 그러나 옐친 제2기 중반에 들어 중앙아시아에서 자원 확보경쟁이 시작되고 천연가스 파이프라인 건설에 이견이 생기면서 양국은 석유 수출입에서만 협력이 유지되고 갈등과 경쟁 국면이 시작되었다. 푸틴 제1기에는 러시아의 국가권력 강화와 국부 증대를 위해 에너지자원에 대한 정부의 개입이 강화되면서, 중국과는 동시베리아 송유관 통과구간에 대한 이견이 드러났다. 그러나 2008년 이후 양국의 에너지협력 범위는 석유 분야에서 송전망 사업, 석탄 등으로 확대되는 추세이다.

(4) 북핵에 대한 입장

북핵에 대해 양국 모두 6자회담을 통해 한반도 비핵화를 실현하고자 한다. 러시아는 1990년대 중반 제1차 북핵 위기 때 배제되었던 경험을 교훈 삼아 6자회담에 반드시 참여함으로써 동북아 역내 영향력을 구축하려 하였다. 중국은 북한에 대한 영향력을 바탕으로 '6자회담 의장국' 역할을 맡아 자신의 위상을 유지 또는 확대하려 노력해왔다. 다만, 6자회담은 2008년 이후 유명무실화되었다.

제5절 중국 - 대만관계(양안관계)

I 양안관계 전개과정

1. 서설

1894년 청나라는 청일전쟁 패배 후 1895년 시모노세키조약에 의거해 대만을 일본에 할양했으나, 제2차 세계대전이 끝난 직후인 1946년에 중국으로 다시 반환되었다. 그러다 현재의 양안관계가 본격적으로 시작된 것은 1949년 10월 중화인민공화국의 건국과 함께 장제스가 대만으로 이주하면서부터이다. 이후 양안관계는 크게 세 시기로 나눌 수 있다.

2. 무력충돌시기(1949년 ~ 1978년)

중국은 1949년 반드시 대만을 해방해야 한다는 호소문을 발표했으며, 1954년에 대만의 지배지역인 진먼다오(金門島)에 포격을 가하면서 제1차 대만해협 위기가 발발하였다. 같은 해 12월 미국은 대만과 상호방위조약을 체결해 대만의 안전을 보장하였지만 이듬해 1, 2월에 중국군은 저장성(浙江省) 장산다오(江山島), 옌하이다오(沿海島) 등을 점령하였다. 직후 미국과의 회담을 통해서 대만해협의 위기는 진정되었다. 하지만 1957년 미국이 대만에 핵무기 탑재 미사일을 배치하자 1958년 8월 중국이 진먼다오에 재포격함으로써 제2차 대만해협 위기가 발발하였다. 미국은 제7함대를 이 지역에 파견하였고, 이듬해 1월에 중국이 군사행동을 중단함으로써 더 이상의 확전은 없었다.

3. 평화공세기(1979년 ~ 1998년)

등소평이 등장한 1978년 중국은 대만 문제에 있어서 군사력이 아닌 평화적인 방법으로 해결책을 찾고자 하였다. 1979년 1월 전국인민대표대회가 군사충돌을 지양하며,

통신·통항·통상의 삼통(三通)을 촉구한다고 발표하였다. 대만은 1970년대 후반 미국과 중국이 수교하고 대만과 단교하는 외부적인 변화와 중국의 대만정책의 변화로 이에 어떤 식으로든 대응책을 강구해야 하였다. 비록 대만은 1979년 불접촉, 불담판, 불타협의 삼불(三不)정책의 불변을 강조했지만, 장징궈 총통은 1981년 민족·민권·민생의 삼민주의로 중국을 통일한다는 「삼민주의통일중국안」을 제출하였는데, 이는 기존의 반공수복(反共收復)에서 화평반공(和平反攻)으로의 전환을 의미하였다. 1982년 등소평은 대만정책에 있어서 이정표적인 '일국양제(一國兩制)' 구상을 발표했다. 대만 문제는 국내 문제이며 대만은 중국의 지방 특별행정구로서 기능한다는 것이다. 이후 1984년에는 일국양제를 정식으로 중국의 대만정책으로 채택했다. 이에 대만도 1986년에 계엄을 해제하고 대륙과의 간접무역과 대만 기업의 대대륙 간접투자를 허용하였고, 1988년에는 반공산주의와 삼불정책의 수호를 여전히 재결의하면서도 시대상을 반영해 친척 간 상호방문과 서신교환을 허용하였다. 그리고 1991년에는 공산당과의 내란상태 종식을 선언하였다. 1995년 장쩌민의 8개항 원칙이 발표되었는데, 이는 제3세대 지도부의 대만구상으로서 몇 가지 중요한 의의를 가진다. 하나의 중국 원칙을 견지하면서 정치와는 별개로 경제협력을 가속화하며, 무력사용은 대만 독립의 분리세력에게만 해당하되 대만 인민의 의견을 존중하지만 대만 문제가 무기한 계속될 수는 없다는 내용이었다.

4. 분열갈등기(1999년 ~ 현재)

1997년 홍콩이 중국에 반환된 후 대만의 중국정책은 급격하게 변하였다. 이전에는 여전히 형식적으로나마 통일을 강조하는 모습을 취했지만 이제부터는 본격적으로 분리주의적 성향을 드러내기 시작한 것이다. 리덩후이 총통이 1999년 5월 전중국 영토를 대만, 티베트, 신장, 몽골, 동북 등 7개 지역으로 분할되어야 한다는 7개의 지역론을 발표한데 이어, 7월에는 '대만은 중국과 별개의 국가'라는 양국론을 발표하면서 양안 간 긴장이 고조되었다. 2000년 민진당의 천수이볜이 총통에 당선된 후 양안관계는 본격적인 갈등기로 진입했는데, 2002년 천수이볜 총통은 "대만 해협을 사이에 두고 한 쪽에 한 나라씩 존재한다."는 '일변일국(一邊一國)'론을 제시하였다. 이에 중국은 크게 유화책과 강경책의 두 가지 방향에서 대응하였다. 유화책으로는 2005년 중국인민정치협상회의에서 제시된 「후진타오의 4개항 원칙」이 있는데, 이는 '하나의 중국' 원칙은 결코 흔들리지 않을 것이다; 평화통일 노력을 결코 포기하지 않을 것이다; 대만 인민에 희망을 건다는 방침은 결코 바꾸지 않을 것이다; 대만 독립 분열주의세력과의 타협은 없다는 것이었다. 강경책으로는 상기 회의에서 법리적으로 대만의 독립시 무력사용을 정당화하는 반분열국가법을 통과시킨 것을 들 수 있다. 이에 천수이볜은 2006년 대만이 '정상적이고 완전한 국가'로 거듭날 것임을 공언했고, 2007년에는 "대만은 독립해야 하고, 이름을 바로 잡아야 하며, 신헌법이 필요하고, 발전이 필요할 뿐, 좌우노선의 문제가 없다."는 '4요1무(四要一無)'론을 선언했다.

II 양안관계의 주요 쟁점

1. 중국의 대만 내 반독(反獨)세력과의 연계

대만 내 주요 정당은 대중국 관계 설정을 놓고 크게 두 진영으로 나뉠 수 있는데, 범람진영(泛藍聯盟)과 범녹진영(泛綠聯盟)이다. 범람진영은 국민당과 친민당이 주축이 되고, 범녹진영은 민진당과 우호세력인 대만연맹이 해당된다. 범람진영의 경우 대만은 이제 더 이상 "중국과 통일을 원하지 않지만 그렇다고 독립을 원하는 것은 결코 아니라는(不統不獨)" 입장이다. 이들은 역사적으로 볼 때 대만은 중국의 일부분이라는 시각을 가지고 있다. 그러나 시대상황의 변화로 대만 주민을 대변해야 하기에 '중국우선'이 아닌 '대만우선' 정책을 내세우게는 되었으나 대만의 정치, 경제적 안정을 위협할 수 있는 대만의 독립을 굳이 추진할 필요가 없다고 본다. 이에 범녹진영은 대만은 하나의 주권국가이며, 중국은 법적·역사적으로 대만을 지배하지 않고 있다고 주장한다. 1949년 이래 대만은 사실상의 독립국가이며, 1943년 카이로선언과 1945년 포츠담선언은 대만을 중국 영토로 인정하였지만 효력을 가진 조약이 아니라 의사의 표명에 불과하고, 1951년 일본이 샌프란시스코 평화조약에서 대만을 포기한다고 했지만 중국 혹은 기타 국가가 대만 통치의 법적 승계자라고 표현하지는 않았다고 주장한다. 반면, 중국은 대만을 중국의 주권하 영토로 인식한다. 공산당이 국공내전에서 승리해 중화인민공화국을 건국한 후 마침내 서양이 강탈한 홍콩과 마카오를 귀속시켰으며 이제 마지막으로 대만만 남겨놓고 있다. 카이로선언과 포츠담선언에서 대만은 중국 영토라고 밝히고 있으며, 1951년 샌프란시스코 평화조약 체결에서 일본도 대만의 주권을 포기한다고 선언하였다. 그리고 미국 역시 1978년 수교 이후 베이징이 전중국을 대표한다고 승인하고 있다. 이로 미루어 역사적·국제법적으로 대만은 중국의 분명한 영토이기 때문에 대만은 절대 중국으로부터 분리될 수 없다는 것이다. 중국은 이같은 목표를 달성하기 위해 민간 분야 교류를 강화하고 있으며, 세계적으로 반독촉통(反獨促統)세력을 조직화하고 있다. 그러나 중국에게 있어서 대만에 가장 유용한 지렛대는 경제적 영향력이다. 이미 양안경제는 상호보완적, 불가분의 관계라고 할 수 있다. 지난 20여 년간 양안 간 무역의존도는 계속 증가했는데, 중국의 대만의존도보다는 대만의 대중의존도가 훨씬 높다. 중국은 대만의 제1의 수출국이자 제2의 수입국이 되었다. 현재 중국 진출 대만 기업은 총 5만여 개이며, 대만 기업인 및 가족은 100만 명 이상이다. 중국은 기본적으로 대만 기업들이 중국 경제 발전에 공헌하도록 유도하고 대만 경제의 대중 의존도를 심화시켜 통일을 위한 물질적 기반을 공고히 하고자 한다. 이들 대만 기업이 집권당에 압력을 행사함으로써 반독촉통에 나서주기를 희망하고 있는 것이다. 중국은 이러한 경제적 상호의존관계를 이용해 반독정치세력과 친중경제세력을 연계하여 대만 독립세력의 역량을 직간접적으로 약화시키고자 한다.

2. 대만의 외교적 고립 및 극복 노력

(1) 대만의 고립

대만은 1945년 UN 창립국이지만 1971년 UN에서 탈퇴한 이후 많은 어려움을 겪어오고 있다. 1971년 UN은 중화인민공화국의 UN에서의 일체의 합법적 권리를 회복시키고 대만을 UN 및 UN의 모든 소속 기구로부터 축출하는 것을 내용으로 하는 제2758호 결의안을 통과시켰다. 이에 대만은 동 결의가 대만을 대표하지 않는다고 주장하며 대표단을 철수시켰다. 이후 대만은 UN에서 의석을 상실한 것에 이어 세계은행과 국제통화기금 등에서도 모두 대표권을 상실했다. 그리고 현재까지 대만은 경제발전과 민주화를 거치면서도 국제사회의 정식일원이 되지 못하고 있다.

(2) 대만의 고립탈피 노력

현재 대만은 탄력적인 실용외교를 전개해 고립을 극복하고자 하고 있다. 즉, 대만은 이제 더 이상 국제사회에서 전중국의 대표권을 가지기 위해 중국과 경쟁하지 않는 대신 독자적인 외교공간을 확보하는 데 주력하고 있다.

이를 위해 여러 외교전략을 구사하고 있는데, 그 첫째는 국제협력 발전기금의 명의를 이용한 원조외교이다. 현재 에너지협력, 경제원조 등 방식으로 비수교국가들과의 협력 강화를 추진하고 있으며, 인도주의적 명분으로도 지원을 확대해 대만에 대한 국제사회의 긍정적인 평가를 획득하고자 한다.

둘째, 대만은 민주주의 이미지를 활용해 국제사회의 지지를 이끌어내려 한다. 대만은 이미 여러 차례 평화로운 권력교체를 실현해 왔으며, 대만 정치권의 민주적 소양과 자정 능력을 과시함으로써 서방의 민주주의 국가들로 하여금 중국과 대만을 비교하게 만든다.

셋째, 대만은 정부 및 비정부 차원의 국제기구 가입을 시도하고 있다. 정부 차원에서는 UN에 중화민국(ROC)이 아닌 대만(Taiwan)의 이름으로 가입을 신청하고자 하고 있고, 비정부 차원에서는 2005년 기준으로 2,000개 이상의 민주, 인권, 문화, 교역, 경제협력 분야의 민간국제조직(INGOs)에 가입해 있다.

(3) 중국의 대만 고립전략

중국은 대만을 국제사회에서 고립시키기 위해 대만의 외교공간을 전방위적으로 봉쇄하고자 한다. 첫째, 중국은 대만의 원조외교처럼 경제협력이란 이름하에 제3세계 국가들에 경제원조와 투자를 강화하고 있는데, 이의 대가로 이들 국가들에게 대만과의 국교단절을 요구하고 있다. 한편, 중국은 대만의 국제기구 가입을 원천적으로 봉쇄하고 있다. 중화인민공화국이 유일한 합법정부이기 때문에 대만은 원칙적으로 국제기구에 가입할 수 없다. 그러나 하나의 중국 원칙을 대만이 받아들인다면 일부 국제기구에 가입하는 것에 대해서는 선택적으로 가능하다는 입장이다. 셋째, 중국은 대만과의 통일에 가장 큰 장애요인으로서 대만의 후견국인 미국을 들고 있다. 따라서 중국은 대만과 미국과의 관계를 적극적으로 차단하고자 한다. 현재 미국의 양안정책은 기본적으로 양안 사이의 어떠한 급격한 변화도 반대한다는 현상유지책이다. 하지만 미국은 중국을 유일한 합법정부로 인정할지라도 중국이 대만을 대표한다고 생각하지는 않는다. 두 개의 중국 주장에 반대하지만, 이것이 중국을 일방적으로 지지하는 것을 의미하는 것은 아니다. 미국은 대만 문제는 반드시 평화적인 방식으로 해결되어야 한다는 입장을 견지하고 있기 때문에, 대만과는 비공식 관계를 유지하면서 실질적인 교류를 지속하고 있다. 이에 중국은 미국에 지속적으로 하나의 중국 원칙을 확인하면서, 이와 동시에 이라크 사태, 반테러정책처럼 미국이 필요로 하는 분야에 도움을 적극적으로 제공하는 등 하나의 중국 원칙을 미국의 대만 정책에 효과적으로 반영하기 위해 노력하고 있다.

3. 중국의 군사적 개입능력

현재 대만의 정규군 전력은 양적인 측면에서 중국에 비해 매우 왜소하다. 하지만 대만은 해공군력에 있어서 중국보다 질적으로 우세하다. 나아가 대만은 미국으로부터 안보적 지원을 확보하고 있다. 미국은 대만과 단교하면서도 비공식 군사관계를 유지해 왔고, 대만에 대한 첨단무기 판매도 계속되고 있다. 미국은 일본과 대만을 잇는 미사일방어체제를 구축하는 한편 미사일방어체제의 핵심 무기체계인 PAC-3 미사일을 대만에 판매하고자 한다. 중국은 1979년 이후부터 무력통일에서 평화통일로 전환하였지만 언제나 대만 유사시를 염두에 두고 있다. 그러나 양안의 군사력을 비교해 본다면 육군 전력에서는 중국이 압도적인 병력을 보유하지만 대만 본토에 대한 상륙침공은 매우 제한적이다. 해공군력에서는 중국이 양적으로 압도하나 질적으로 대만이 우위에 있기 때문에, 대만군에 대한 미국의 지원이 없더라도 중국의 일방적인 공격이 쉽지는 않다. 따라서 중국은 첫째, 군현대화를 통해 대대만 군사적 억지력을 제고하고자 한다. 즉, 중국군의 전반적인 군현대화를 통해 군사적 열세에 있는 분야를 보강해 대대만 군사적 억지력을 강화하려 하고 있다. 둘째, 중국은 외부로부터 선진무기와 관련기술을 수입해 질적 군사능력을 제고하려 한다. 특히 러시아로부터 무기와 관련기술을 집중적으로 수입하고 있다. 셋째, 2005년 반분열국가법의 제정에서 보듯이 대만의 독립을 법적으로 차단하고자 한다. 반분열국가법은 대만의 독립 시도시 무력사용을 합법화하는 총 10개 조로 이루어져 있다. 넷째, 대만 유사시를 대비한 즉각적인 군사행동을 위해서 대만의 연해지역과 매우 비슷한 장소에서 실전 상륙훈련 등을 진행하고 있다.

Ⅲ 전망

앞으로의 양안관계는 크게 다음 몇 가지 변수들에 의해 좌우될 수 있다. 첫째, 대만 국내정치의 역동성이다. 향후 대만 독립세력과 반독세력 간에 세력균형이 어떻게 유지되느냐가 양안관계에 큰 영향을 줄 것이다. 둘째, 대만 문제에 대해 중국지도부가 어떻게 대응하느냐도 중요하다. 만약 중국 지도부가 권력이 공고하지 못할 경우 대만 문제를 빌미로 내부 반대파의 비판에 쉽게 노출될 수 있다. 이에 본의 아니게 대만정책에 무리수를 두거나 강경책을 택할 수 있다. 셋째, 미국변수이다. 미국은 전략적 필요성에서 중국과 대만 간 균형에 직간접적으로 영향을 미치려 할 것이다. 중·미관계가 불안정할 때 미국은 언제든지 대만 카드를 대중압박을 위해 사용할 수 있다. 결국 중국과 대만 앞에는 시간만이 남아있다. 시간이 갈수록 대만의 경제적 경쟁력이 약화되고 국제사회에서의 고립뿐만 아니라 미국의 관심마저 약해질 수 있다. 그러나 중국도 약점이 적지 않다. 양안관계를 자국의 의도대로 끌어가기 위해서는 많은 난관을 극복해야 하는데, 그렇지 못하다면 중국은 대만 내부의 정치적 역동성과 미국의 개입 속에 변함없이 대만 문제의 중국·미국·대만 삼각관계에서 벗어나지 못할 것이다. 그리고 그저 '대만 인민의 결정에 계속 기대'할 수밖에 없게 될 것이다.

제6절 중국의 대ASEAN 외교

Ⅰ 서론

21세기 국제정치에서 초미의 관심사는 단연 '중국의 부상'과 이에 따른 국제정치적 영향이라고 할 수 있다. 중국의 부상으로 중국의 적극적인 외교행보가 전개되는 것과 함께 미국의 대중국 봉쇄 및 포위 전략도 구체화 되고 있다. 현재 중국의 책임대국론 또는 유소작위의 외교전략 노선이 가장 명확하게 구체화되어 구현되고 있는 지역은 동남아시아지역이다. 중국은 특히 1997년 동아시아경제위기를 기점으로 이 지역을 친중국화 하기 위한 다양한 외교적 공세를 강화해 나가고 있다. 중국이 ASEAN에 대한 접근을 강화하는 것은 다양한 이익을 추구하는 것이나, 궁극적으로는 미국의 대중국 봉쇄노선에 대응하는 전략으로서의 성격이 강하다. 미국은 반테러전을 기치로 중국의 거부감을 불식시키면서 사실상 중국의 해상수송로를 봉쇄함으로써 중국이 대륙 밖으로 팽창하는 것을 막는 한편, 지속적인 경제성장전략에 타격을 주고자 하고 있다. 한국 역시 ASEAN에 대한 접근을 강화하는 외교적 노력을 지속하고 있으나, 이 지역에 대한 강대국 정치의 양상을 예의주시해야 할 것이다.

Ⅱ 중국의 대ASEAN 전략

1. 1997년 이전 중국의 대ASEAN 정책

(1) 대ASEAN 접근의 필요성

과거 냉전기 중국은 ASEAN 국가들과 적대관계를 유지하였으나 냉전 종식 이후 다차원적 이익을 고려하여 ASEAN 국가들과 관계 개선을 도모하기 시작하였다. 중국은 천안문 사태 이후의 국제적 고립을 탈피하고 경제성장을 위한 시장, 자본, 기술, 경영기법 등을 도입하는 한편, 대만과 ASEAN 관계를 차단해 나가고자 하였다. 한편, 미얀마를 통해 인도양에 대한 해양접근권을 확보해 나가고, 인도차이나지역에서 자국의 영향력을 확대해 나가고자 하였다.

(2) 중국 – ASEAN 관계 정상화

중국은 냉전 종식 이후 인도네시아, 필리핀, 싱가포르, 브루나이, 베트남 등 동남아국가들과 국교를 정상화 하였다. 또한, 동남아시아 국가들과 관계 강화를 위해 ASEAN이 추진하였던 EAEC 구상을 적극적으로 지지하는 한편, ARF에도 참여하기 시작하였다. 다만, 1997년 이전의 중국은 인도차이나 반도 국가들과 관계 강화를 통해 동남아에 접근하는 전략을 구사하였다. 일례로, 중국은 1988년 민주적 선거 결과를 무시하고 군정을 연장한 미얀마 군부 세력을 적극적으로 옹호하고 군사·경제적 지원을 계속하였다.

2. 동아시아 경제위기와 중국의 정책 전환

(1) 배경

동아시아 경제위기 이후 중국의 대ASEAN 정책이 보다 적극적인 태세로 전환되기 시작하였다. 그동안의 지속적인 경제성장으로 자신감을 갖게 된 중국은 동아시아 경제위기 극복 과정에 본격적으로 영향력을 행사하면서 다자주의 및 아세안에 대한 새로운 인식을 갖게 되었다.

(2) 다자주의에 대한 인식 변화

과거 중국은 다자주의를 자국의 주권을 제한하는 외부적 기제로 간주하고 부정적인 태도를 취해 왔다. 특히 다자주의는 미국을 위시한 역외세력들이 중국을 견제하는 수단이라는 인식을 가졌다. 그러나, 1990년대 중반 이후 중국은 동아시아 다자주의가 거부할 수 없는 추세임을 인식하고, 회피하기보다는 적극적으로 참여하여 다자주의 기제들을 자국의 국익 증진과 전략목표 달성에 활용하려는 자세를 갖게 되었다.

(3) 중국의 동아시아 전략과 ASEAN 중시 정책

1990년대 후반 이후 중국은 동아시아지역 특히 동남아시아지역을 전략적으로 재평가하기 시작하였다. 중국이 세계강국으로 도약하기 위해서는 먼저 동아시아를 반드시 장악해야 한다고 간주하고 있다. 또한, 미국의 대중국 포위망 형성 가능성을 경계하는 중국은 상대적으로 동남아지역이 미국과의 연결고리가 약하다고 판단하고, 이 지역을 집중적으로 공략하여 자신의 영향권으로 형성하고자 한다. 중국은 현재 일본이 경제적으로 장악하고 있는 이 지역을 자신의 영향권으로 만듦으로써 동아시아에서 일본과의 패권 경쟁에서 우위에 설 수 있을 것으로 판단하고 있다. 중국은 동남아 국가들을 위협하기 보다는 책임있는 강대국으로서 역내 문제 해결과 다자주의에 적극 참여함으로써 위협을 불식시키고자 노력하고 있다.

3. 1997년 이후 대ASEAN 외교 공세

(1) 경제통상 분야

1997년 이후 중국의 대ASEAN 접근 외교의 핵심 분야는 중국의 경제력에 기초한 경제통상 분야이다. 1997년 경제위기 당시에는 태국과 인도네시아에 45억 달러를 직접 지원하고, 캄보디아, 라오스 등 역내 최빈국들에 대한 대규모 부채탕감을 단행하는 한편, 중국의 위안화 평가절하를 자제함으로써 동남아 국가들의 경제적 타격을 최소화 하였다. 중국은 2000년 ASEAN에 FTA를 전격 제안하고 2001년 향후 10년 이내에 FTA 결성에 합의하였다. 양자 FTA 체결로 2006년 현재 교역액은 1,600억 달러로 급증하였다. 중국은 자국의 적자 폭이 증가함에도 불구하고 아세안에 유리한 FTA를 체결함으로써 이들을 친중국화 하고자 하였다.

(2) 정치안보 분야

정치외교 측면에서 중국은 아세안 국가들과 2003년 '전략적 동반자관계'를 구축하고 역내 각국과 개별적 협력관계 수립에 매진해 오고 있다. 군사안보적 차원에서는 2002년 남중국해 행동지침 선언을 채택하고 남중국해 영유권 분쟁의 평화적 해결을 천명하였다. 또한, 역외국들에 대해 동남아 국가들의 주권과 안전 보장을 요청하고 있는 동남아우호협력조약에 역외국가로서는 최초로 2003년 이 조약에 가입하였다.

(3) 지역협력 분야

중국은 1997년 ASEAN 주도로 출범한 ASEAN+3 협력체제에 적극 동참할 뿐만 아니라 ASEAN의 중심적 역할을 공개적으로 지지함으로써 ASEAN의 후원세력임을 자처하고 있다. 중국이 ASEAN+3에 적극적인 이유는 이 협력체가 미국 중심의 반중 동맹체 형성에 제동을 걸 수 있는 바람직한 지역협력구도라고 인식하고 있기 때문이다.

Ⅲ ASEAN의 대응

1. 동남아시아 국가들의 대중국 위협인식

(1) 역사적 배경

동남아 국가들이 대중국 위협인식을 갖게 된 역사적 배경은 중국이 주변국들에 대해 조공과 책봉체제를 강요했기 때문이다. 또한, 예외적이지만 원나라가 미얀마, 베트남, 인도네시아를 침공함으로써 동남아시아 국가들이 중국을 위협세력으로 인식하게 되었다.

(2) 역내 화교 문제

19세기 말부터 20세기 초반에 대규모로 이루어진 중국인의 동남아시아 이주는 동남아 국가들의 정치와 경제에 심대한 영향을 미치고 있다. 화교들은 현지화를 거부하고 식민세력과 결탁하여 토착민을 경제적으로 착취하였다. 한편, 화교들이 공산세력과 결탁하여 군부 쿠데타를 일으키기도 하였다. 동남아 국가들은 화교들의 대중국 연계 가능성을 우려하고 있다.

(3) 냉전기 대중국 위협인식

오늘날 동남아시아 국가들의 대중국 위협인식의 결정적 계기는 1949년 중국 대륙의 공산화이다. 중국은 동남아 각지의 친공산계 게릴라 운동과 반정부 소수민족 반란세력들을 군사·이념적으로 지원하였다. 동남아국가들이 ASEAN을 결성한 계기도 반공주의를 기치로 중국의 공산혁명 기도에 공동 대응하기 위한 것이었다.

2. ASEAN의 대중국 포용정책

냉전 종식 이후 ASEAN 국가들은 중국에 대한 적대시 정책에서 전환하여 중국을 포용하는 전략을 구사하기 시작하였다. 이는 미국의 필리핀 철수 이후 새롭게 변화된 상황에서 중국을 포용하여 역내 안정을 도모하는 한편, 미국의 인권과 민주주의에 대한 압력에 공동대응하기 위한 것이었다. 대중국 우호적 인식은 1997년 경제위기 상황에서 보여준 중국의 적극적 외교공세로 더욱 강화되었다. ASEAN의 대중국 위협인식이 약화된 것은 사실이나, 대중국 견제 전략도 유지하고 있다. 특히 ASEAN은 인도차이나 반도가 중국의 위성국화 되는 것을 막는 것에 전략적 우선순위를 두고 있다. 현재

ASEAN 국가들의 대중국 전략은 국가별 이해관계에 따라 다양하게 나타나고 있다. 예컨대, 태국과 말레이시아는 중국과의 관계 개선에 적극적인 반면, 인도네시아와 싱가포르는 중국의 부상을 경계하고 있다.

3. ASEAN의 대중국 위험회피 전략

ASEAN은 전통적으로 역외 강대국들 간 세력균형을 모색함으로써 역내 안정을 도모하는 전략을 구사해 왔다. 중국의 ASEAN 접근 강화로 대중국 위협인식이 약화되었으나, 역외국 간 균형전략은 유지되고 있다. ASEAN은 미국, 일본, 한국 등을 끌어들여 중국의 지나친 영향력 강화를 견제하려 하고 있다. ASEAN은 오히려 중국 및 타 강대국들의 아세안에 대한 경쟁적 접근을 ASEAN이 지역협력의 중심축이 되려는 전략의 수단으로 역이용하는 자세를 보여주고 있다. ASEAN은 일본, 한국, 호주, 미국, 인도, EU 등과도 FTA 체결을 추진하고 있다. 또한 EAS에 대한 역외국의 참여를 배제하려는 중국의 입장과 달리 인도, 호주, 뉴질랜드를 신규회원국으로 받아들였다. 이는 일본과 미국의 지원하에 이루어진 조치이다.

Ⅳ 평가 및 전망

1. 미국변수

1990년대 초반 필리핀에서 해공군 기지를 철수한 이래 동남아시아지역에 별다른 관심을 보이지 않고 있던 미국은 9·11테러 및 중국의 ASEAN 접근 강화 외교 전개로 다시 관심을 갖게 되었다. 미국은 이 지역에서 중국의 영향력을 상쇄할 수 있는 다양한 방안들을 전개하고 있다. 첫째, 역내 주요 세력인 인도네시아와 베트남과 양자 차원의 안보협력을 강화하고 있다. 둘째, 중국의 위성국화 되고 있는 캄보디아와도 안보협력 관계를 구축하고 있다. 셋째, 태국, 말레이시아, 필리핀 등과 FTA 체결을 추진하고 있다. 넷째, EAS에 인도, 호주, 뉴질랜드의 참여를 측면 지원하였다.

2. 동아시아 전략 환경의 변화 전망

우선, 중국의 대ASEAN 영향력이 강화되고 있으나, 기존의 미국의 우세한 영향력을 대체하고 있다고는 볼 수 없다. 동남아시아 국가들이 미국의 지속적 개입과 관계 강화를 중요시하고 있기 때문이다. 따라서 중국이 원하는 동남아에 대한 독점적 영향력은 실현 가능성이 없다. 다만, 중국이 기대할 수 있는 것은 미국이 중국을 동아시아의 강대국으로서 일정한 지위와 역할을 인정해 주는 것이다. 둘째, 중일관계에 있어서는 이 지역에서 영향력의 역전 현상이 발생하고 있는 점은 중요한 변화이다. 일본이 국내정치적 이유로 자국 시장을 동남아 국가들에 개방하지 못하고 있는 동안, 중국은 ASEAN과 FTA를 통해 중국이 일본을 제치고 최대 교역국이 되었다. 한편, 일본은 ASEAN+3 협력구도에 대해서도 패배를 인정하고 호주, 인도, 뉴질랜드를 포함한 ASEAN+6 협력구도 강화에 주력하고 있다. 결국, 향후 동아시아에서는 미국의 전략적 우위가 지속되는 가운데, 경제적 영향력 측면에서는 일본에 대한 중국의 우위가 예상된다.

3. 중국 – ASEAN 관계의 불확실성

중국 – ASEAN 경제 관계는 현재 중국의 의도적인 무역적자 유지로 원활하게 유지되고 있으나, 중국의 경쟁력을 고려할 때 중장기적으로는 중국의 무역흑자로 돌아설 가능성이 크다. 따라서, ASEAN이 무역적자에도 불구하고 중국과 안정적인 경제관계를 시도할 것인지는 명확하지 않다. 한편, 미국이 일본, 호주, 인도 등과 함께 대중국 봉쇄라는 전략적 접근을 동남아 국가들에 대해 시도할 가능성이 있고, 이에 따라 중국 역시 안보적 접근을 할 가능성이 있다. 문제는 이러한 중국의 의도에 동남아시아 국가들이 호응하기 어려울 것이라는 점이다. 따라서, 당분간 중국 – ASEAN 관계는 경제 문제를 중심으로 유지될 것으로 전망할 수 있다.

V 결론

중국이 경제적으로 부상하면서 우선적 영향력 확대 대상으로 삼은 곳이 ASEAN이다. 동남아시아지역은 중국의 지역패권뿐 아니라 세계패권을 위해서 우선적으로 장악해야 하는 지역일 뿐만 아니라, 미국의 대중국 봉쇄의 가장 약한 고리로 인식되기 때문이다. 그러나, ASEAN 역시 중국을 자신들의 경제·안보 이익의 수단으로 활용하려는 전략적 고려를 하고 있기 때문에 중국의 다양한 노력에도 불구하고 영향력 확대에는 한계가 있다. 그러한 한계는 중국이 미국의 경제적·군사적 힘을 능가하기까지는 지속될 수밖에 없을 것이다. 한국은 중국의 부상에 대응하기 위해 미국과 동맹관계를 강화하는 한편, 동아시아 공동체 형성 노력도 함께 해야 하는 일견 모순된 전략을 전개해 나가야 하는 입장이다. 이를 양립시키기 위해서는 동아시아지역 협력에 미국을 간접적으로 연계시켜 미국 배제의 우려를 불식시키는 노력이 필요한 것이다.

제7절 중국의 중동전략

I 서론

이란의 호르무즈 해협 봉쇄 및 시리아를 둘러싼 국제 분쟁으로 인해 중동 정세가 악화되고 있다. 이란과 시리아 사태는 미국, 영국, 프랑스를 중심으로 한 서방국가 대 중국과 러시아의 갈등구조, 그리고 수니파 국가들과 시아파 국가들의 대립구도 하에서 국가 간 이해가 충돌하면서 국제 분쟁의 성격을 띤다는 특징을 지닌다. 이러한 상황에서 중국은 현재 미국의 대 이란 추가 제재 및 UN 안전보장이사회의 시리아에 대한 결의안에 반대 의사를 표명하고 있으나 중국의 정책은 이란에 대한 경제 제재 성공 및 시리아 제재의 성공의 주요 원인으로 평가받고 있다.

Ⅱ 중국의 대이란-시리아 정책 결정요인

1. 국제정치적 요인

(1) 의의
중국의 대중동정책에는 미국의 대중동정책이 영향을 주고 있다. 중국은 미국이 이라크에 이어 이란과 시리아에까지 영향력을 행사하는 것을 우려한다. 미국이 이들 국가에까지 영향력을 행사하게 된다면 중국은 자국의 전략에너지인 석유 수급에 어려움을 겪을 뿐 아니라 중동에서 미국을 견제할 수 있는 자산인 이란을 잃게 되어 '관계의 사슬망'이 깨지기 때문이다.

(2) 중동에서 강대국 간 역학관계
과거 1960년대에서 1970년대까지 중동의 국제 권력정치 역학관계는 '미국 - 이란 - 중국 - 파키스탄 대 구소련 - 이라크 - 인도 - 베트남'의 구도였다. 구소련 견제 라인이 존재하였던 것이다. 이러한 구소련 견제라인은 구소련의 중동 석유 통제권을 우려하는 미국과 중국, 인도 - 파키스탄 전쟁에서 파키스탄이 패배하고 방글라데시가 파키스탄으로부터 독립하자 후속 사태를 우려한 주변국 중국과 이란, 그리고 베트남에서의 미군 철수 및 베트남과의 관계 악화로 인해 불안감을 느낀 중국의 이해관계가 중첩되어 이루어졌다. 반면 2010년대에는 '미국, 영국 등 서방국가 - 수니파 아랍국가 - 인도 대 중국 - 러시아 - 이란 및 시아파 집권국가(이라크, 시리아, 레바논, 헤즈볼라)' 대항체제가 형성되어 있다. 이러한 구도는 견제 대상이 구소련에서 미국으로 변화하였다는 점에서 과거의 구도와 차이를 보이며, 따라서 중국과 러시아는 중동 지역 석유 통제권을 확보하고, 동시에 관계 사슬망의 연결고리로서의 시리아 정권 붕괴를 막는 데에 있어 이해를 갖고 있다.

(3) 중동정세에서 이란의 위치
이란이 중동에서 차지하는 정치적·지정학적 중요성을 감안할 때 이란과의 전략적 파트너십 구축은 중국이 중동에서의 영향력을 확보함과 동시에 대미, 대서구국가들에 대한 대항력을 형성하는 데 중요한 전략적 가치를 갖는다. 경제적으로 이란은 세계 3위의 석유 매장량과 세계 2위의 천연가스 매장량을 보유하고 있으며, 정치적으로도 '시아파' 정치세력 라인을 구축하고 있다. 또한 1979년 이란에 혁명정부가 수립된 이후 중국과 이란 양국은 모두 대외정책 기조로서 '반헤게모니' 정책을 공유하고 있다. 이와 더불어 중국의 협조가 있어야 미국의 대응이 효과를 갖는다는 점을 고려하면, 중국이 미·중관계에 걸려있는 중동 내 각종 현안에서 유리한 위치를 점하게 된다.

2. 중동 에너지 자원에 대한 중국의 이해

1990년대 이전에는 중국이 주로 중동 석유의 안보적 의미에 주목했다면, 1990년대 이후에는 안보적 의미에 더해 중국의 경제성장 필요성, 그리고 국내 에너지 국영기업의 이해가 추가되었다. 중국의 원유수입 의존도는 56%이고 이 중 50%를 중동지역에서 수입하고 있는데, 만약 중동의 정치 상황 불안으로 인해 에너지 공급에 차질이 생길 경우 중국 경제에 큰 타격을 주어 결과적으로 국내 사회정치적 불안 문제로 확산될 우려가 존재한다. 중국은 이란의 경우 정치적 이유로 인해 국제석유기업 진출도가 낮다는 점을 인식하고 있으며 따라서 이란 석유 투자 개발권 확보를 증가시키고 '석유권력(oil power)'의 획득을 위해 국제 석유시장에서 공급량에 대한 영향력을 행사하고자 한다. 이러한 맥락하에서 중국의 최근 이란 진출 방식은 단순한 원유 수입을 넘어 원유 개발 투자에 역점을 두는 형태로 이루어지고 있다. 예컨대 중국 국영 에너지 기업들이 이란에 진출함에 따라 중국 국영기업들이 이란의 원유와 천연가스 개발의 주 투자처로 떠오르고 있고, 이란의 기술 및 장비 관련 대중 의존도는 더욱 증가하고 있다. 뿐만 아니라 중국은 '중앙아시아 – 중국 가스 파이프라인'을 이란까지 연결하려는 계획을 세우고 있으며, 이를 통해 장기적으로 이란이 가스전 개발을 할 경우 이란 가스를 육로를 통해 수입한다는 전략을 가지고 있다. 이에 중국은 이러한 중장기적 전망과 전략, 그리고 이해를 가지고 이란과의 관계를 우호적으로 유지하기 위해 현재 일종의 '정치적 투자'를 할 필요성을 고려하고 있는 상황이다.

Ⅲ 중국 외교전략의 특징과 대이란-시리아 정책

1. 중국의 대중동 외교전략의 특징

중국이 중동에서 보여주고 있는 외교전략의 특징은 현실주의에 기반한 탄력적 외교전략 전술이다. 중국은 중동에서 분쟁이 발생할 때 명분과 실리를 동시에 확보하는 이중적 외교정책을 전개한다. 우선 중국은 이란과 시리아 등의 반미 정권을 미국에 대한 견제세력으로 유지시키고, 이들 국가와의 관계 강화를 통해 에너지 자원 및 시장 진출과 같은 경제적 실익을 확보하고자 한다. 예컨대 중국은 중국의 이해가 걸려있는 이란, 시리아 등의 정권 유지에 손상을 입히지 않는 정도의 제한적 UN 제재 결의안에는 찬성하여 국제적 명분과 위신을 유지하면서도 이들 국가 정권의 생존을 위협하는 제재안에는 거부권을 행사함으로써 이들 국가를 지지한바 있다. 또한 미국, 유럽연합, 그리고 일본이 대 이란 제재를 가하면서 이란에서 철수하자, 중국 국영 에너지 기업들은 이러한 정치적 공백을 이용해 이란에 대한 투자를 확대하였다. 중국은 또한 중동에서 이란과 대립하고 있는 이스라엘, 그리고 사우디아라비아를 중심으로 하는 수니파 국가들과의 관계를 지속적으로 강화·유지하고 있다. 중국은 이란의 반대에도 불구하고 이스라엘과도 관계를 지속하고 있으며, 수니파 국가인 사우디아라비아와는 무기 수출을 통해 관계 강화를 구축해오고 있다.

2. 중국의 이란 핵개발 문제 접근 전략

(1) 핵무기 개발 완료 전 단계

중국이 이란 핵개발 문제를 접근하는 데 있어 고려할 수 있는 전략은 이란이 핵무기를 개발하기 전 단계(1단계)와 사실상 핵무기 개발을 완료한 이후 단계(2단계)로 나누어볼 수 있으며 각 단계별 고려사항은 다음과 같다. 우선 중국은 이란이 핵무기를 개발하기 전 단계에는 국제적 긴장을 완화하고 미국 등의 국가들이 중동에 개입하는 것을 저지하는 것을 목표로 삼는다. 이는 이란의 핵무기 개발 단계가 초보적 단계로서 핵무기 개발까지는 많은 시간이 소요될 것임을 가정할 때의 목표이다.

그러나 만약 이란의 핵무장이 가시화될 경우에는 중국은 그에 대한 반대의사를 표명하면서도 미국 등 국제사회에 제재가 아닌 외교적 해결을 천명할 것이다.

(2) 이란 핵개발 완료 이후 단계

만약 이란이 핵무기 개발을 사실상 완료한 경우에도 중국은 자국의 이해관계가 크게 손상되지 않는다고 판단한다. 중동에서의 핵확산 문제는 미국의 반대로 인해 핵확산으로 이어지지 않을 것이라고 판단하며, 이란 정부는 테러집단으로 핵무기가 유출되는 것을 자체적으로 방지하고자 할 것이라고 본다. 또한 중국은 이스라엘의 선제공격 또한 미국의 반대로 쉽지 않을 것이라고 봄으로써 중동에서의 갈등 상황이 극단으로 치닫지는 않을 것이라고 판단한다.

(3) 중국의 전략 전망

따라서 현 단계에서 중국은 이란 핵문제에 대한 외교적 해법 추구를 지속적으로 천명할 것이며, 이란에 대한 제재를 저지하기 위해서는 러시아와의 협력과 이란과의 경제적 교류를 지속할 것이다.

Ⅳ 중국과 이란 - 시리아 관계와 한계

1. 중국의 대시리아 제재 반대 이유

중국이 아랍 연맹 국가들과 국제사회의 시리아 제재에 대해 거부권을 행사하는 이유는 자국과 중동국가 사이의 '관계의 사슬망' 때문이다. 중국은 1990년대 이래로 시리아에 무기를 판매해오고 있으며, 시리아의 교통·통신 및 건설, 농업 등 다방면에서의 경제적 협력을 강화하고 있다. 또한 2008년 중국 화공이 시리아 원유 개발에 주요 참여 기업으로 개발 투자를 진행하고 있다. 즉, 중국은 시리아에 대한 자국의 이해로 인해 시리아와 우호적 관계를 유지하고자 한다.

2. 한계

중국과 이란 그리고 시리아의 관계는, 단기적으로는 공유된 이해에 따라 지속될 수 있으나 국제정치 여건과 상황의 변화에 따라 언제든지 변화할 수 있는 관계이다. 1970년대 중국이 이란과의 관계 개선을 요구한 이유는 중·소분쟁과 소련의 중동 및 아시아에서의 영향력 확장을 견제하기 위해서였으나, 이란이 중국과의 관계 개선 이유는 단순히 소련에 대한 레버리지를 얻기 위함이었다. 마찬가지로 1980년대 이란의 샤왕정이 전복되었을 때 중국과 이란은 미국과의 우호관계에 대해 이해관계의 충돌을 경험한 바 있다.

Ⅴ 향후 중국의 중동정책 전망

1. 중국의 대(對)중동정책 영향요인과 변화

중국에게 있어 에너지 자원 요인과 국내 이익집단의 영향력 요인은 향후 중국의 중동을 포함하는 대외정책에 더욱 중요한 요인으로 작용할 것으로 전망된다. 비록 국내 권력정치라는 요소도 중요한 역할을 담당하겠으나, 중국은 정치경제적 이해를 확보·유지 확장하는 데 보다 많은 이해를 가지고 있다. 따라서 중국은 이러한 이해를 감안할 때 미국, 서방, 러시아, 수니파 아랍 국가들을 망라해 중국의 이해에 반하는 그 어느 한 세력이 영향력을 장악하는 것을 원치 않고 억제하는 정책을 전개할 것으로 보인다.

2. 대중동전략 전망

중국은 이란과 시리아에 대한 지원을 지속할 것으로 보인다. 중국은 미국을 중심으로 한 서방국가들의 경제제재와 이란 핵협상과 관련해 중요한 외교적 레버리지를 획득하고 있는 것으로 평가되며, 중국은 이러한 외교적 레버리지를 이용할 것이다. 따라서 중국은 'P5+1(UN 안전보장이사회 상임 이사국 및 독일)'을 통한 외교적 협상 재개와 이를 통한 긴장 완화와 같은 접근법을 지향할 것으로 보인다.

3. 대미국전략

중국은 이란의 모험주의와 이에 따른 군사적 충돌 발생 그리고 시리아 정권의 지속적인 인권 탄압과 서방국가들의 군사적 개입을 우려하고 있기 때문에 이란 및 시리아 정권에 대한 외교적 노력을 촉구할 것으로 보인다. 1988년 미국과 이란이 군사적으로 충돌할 때 중국은 지속적으로 이란에 대해 신중한 대응과 자중을 요구하였고, 이란 역시 미국과의 전면적 충돌이 가져올 결과에 대해 경계함으로써 교전 중지를 택한 바 있었다. 중국의 입장에서는 중동에서 긴장상태를 넘어서는 상황이 발생하게 된다면 그것이 자국의 이익에 반한다는 고려를 갖고 있을 것이며 따라서 중국은 이란과 시리아 정권에 대해 신중한 대미정책을 요구할 것이다.

4. 이란 – 시리아 관련 무력분쟁이 발생한 경우

중국은 이란 – 시리아 관련 무력분쟁이 발생할 경우 군사적 개입은 하지 않겠지만 다른 대안을 마련할 것이다. 중국은 무력 개입이 국제사회에서 제시될 경우 UN에서 무력개입에 대한 거부권을 행사하겠지만 미·중관계를 고려해 군사적 개입을 하지는 않을 것이다. 그러나 중국은 이란이나 시리아에 대해 무기를 지원함으로써 이란과 시리아의 붕괴를 막으려 할 것이다. 또는 시리아 사태의 평화적 해결을 주선한다는 명목으로 시리아 반정부세력과의 접촉도 동시에 모색할 수 있을 것이다.

Ⅵ 한국의 대응전략

1. 중동 사태 장기화 대비

한국은 중동 사태 장기화에 대비해야 한다. 중국과 미국의 대이란, 대시리아정책은 차이를 보이고 있으며 이러한 정책이 변할 가능성도 크지 않다. 이는 중동 사태가 장기화될 가능성이 높다는 점을 시사한다. 따라서 이란에 석유 총 수입량의 약 10%, 그리고 중동 석유에 80%를 의존하고 있는 한국으로서는 석유의 안정적 대체 공급원 개척과 함께 고유가 상황의 장기화에 대한 대비책을 내와야 할 것이다.

2. 중국의 대한반도 외교정책에 대한 시사점

한국은 또한 중국의 대중동정책에서 대한반도 외교정책의 단면을 파악해야 한다. 중동에서 중국의 이란 핵문제에 대한 접근법은 북한 문제 및 북핵문제에도 그대로 적용되는 것으로 관찰된다. 특히 대이란 문제의 외교적 레버리지를 이용하는 중국을 볼 때, 북핵문제에 대해서도 중국이 외교적 레버리지를 포기하지 않을 것임을 알 수 있다. 따라서 한국은 북핵문제에서 중국의 역할을 과대평가하기보다는 대중 외교력 강화와 동시에 남북 관계, 그리고 북미관계에서 찾는 노력을 보다 강화해야 할 것이다.

3. 한국의 대중동전략 방향

중동에서 벌어지고 있는 수니파와 시아파 국가들 간의 대립과 갈등을 분석해 한국의 대중동 외교를 전략적으로 전개할 필요가 있다. 한국의 에너지 자원 수급과 경제적 이익 극대화를 위해 대중동 외교를 전개함에 있어 수니파 국가와 시아파 국가 모두를 포섭하는 외교정책을 모색해야 한다.

제8절 베이징 컨센서스

I 서론

2008년 9월 미국 리만 브라더스의 파산을 계기로 금융위기가 발생한 이후 미국에 의해 주도되고 있는 신자유주의질서에 대한 의구심이 강하게 일었다. 당시 미국이 위기 회복을 위해 7,870억을 투입하면서 재정적자가 심화되었고, 기축 통화로서의 달러화에 대한 신뢰도가 저하되었으며, 개방과 규제 완화를 권장하는 미국 주도의 (신)자유주의의 정당성을 약화시킨 측면이 있기 때문이다. 반면 이 위기는 중국이 지도적 국가로 부상하는 기회를 제공한 것으로 보인다. 중국은 위기의 영향을 거의 받지 않았으며, 4,800억의 경기 부양책을 실시함으로써 선진국에 대한 수출 감소 충격을 흡수하였으며, G20정상회의에서 기축통화 대체와 국제 금융기구 개혁을 요구하는 등 목소리를 높여가고 있다. 신자유주의질서(워싱턴 컨센서스)에 대한 회의, 중국의 부상, 패권국의 자국 중심 질서 형성 경향 등이 결합되어 '베이징 컨센서스'가 주목을 받고 있다. 역사적으로 국제질서가 패권 국가의 정치·경제적 특성과 과거 정책의 연장선상에서 만들어졌으므로 앞으로 중국에 의해 만들어질 국제질서는 베이징 컨센서스를 반영하게 될 가능성이 있기 때문이다.

II 워싱턴 컨센서스와 그 한계

1. 전후 자유주의 질서의 성립

미국은 1945년 이후 국제질서를 시장경제와 민주주의로 구성된 자유주의로 형성하였다. 이는 대내적으로는 완전고용을 이루고 시장기능을 보완하는 거시경제정책을 펴면서, 국제적으로 환율 안정에 기초한 자유무역을 실시하는 것으로 이를 구체적인 국제법과 제도로 전환시킨 브레튼우즈체제를 통해 환율과 거시경제 조정은 IMF가, 자유무역은 GATT가 담당하는 형태로 시행되었다. 이를 위해 미국은 달러를 기축통화로 제공하고 수입 시장을 개방하였고, 기술 이전과 대외 원조라는 공공재를 제공하였다. 더 나아가 민주주의 체제의 수립을 강조하였다. 미국 주도의 이러한 자유주의 국제질서는 개방성과 유연성이 특징이다. 이러한 질서의 특성은 유럽과 일본, 그리고 후발 산업화 국가들이 경제 발전을 추구하는 데 유리한 환경으로 작용하였다.

2. 1970년대 경제위기와 신자유주의질서의 성립

1970년대 석유파동의 후유증으로 나타난 선진국들의 스테그플레이션과 그 해결 과정에서 공급경제의 논리를 가진 신자유주의가 적용되었으며, 신자유주의 국제질서의 범주 내에서 특별히 개도국들의 경제 위기를 다루기 위한 개혁 패키지로 1989년 존 윌리암슨에 의해 워싱턴 컨센서스가 만들어졌다. 이는 1980년대 초반 남아메리카 국가들의 부채 위기로 시작된 개도국들의 경제위기 해결책으로써 무역 및 투자 자유화, 규제 완화, 민영화 등 10개 정책을 포함했고, 국제통화기금과 세계은행에서 채택되어 1990년대의 각국 개혁에도 적용되었다. 이의 성공적 이행을 위해서는 선정(good governance)이 필요하며, 효과적인 사법부, 행정 체계 및 금융 감독, 중앙은행의 독립, 반부패 감사 및 사회안전망 역시 필요하다.

3. 신자유주의 질서에 대한 평가

비록 신자유주의 국제질서가 탈냉전 시기에 세계화를 심화시키며 국제 체제를 안정적으로 관리한 것은 사실이나 몇 가지 한계가 지적되었다. 첫째, 자원의 효율적 배분과 혁신을 촉진하는 시장의 기능은 그것을 감독할 수 있는 정부와 균형 관계에 있을 때 가장 잘 작동하지만 신자유주의는 과도하게 시장 기능에 의존하였다. 둘째, 세계화에 수반된 빈부격차나 문화적 갈등 등의 정치, 경제, 사회적 문제를 해결하는 데 소홀하였다. 셋째, 워싱턴 컨센서스의 정책들이 경제발전에 필요하나 이행이 쉽지 않다는 점을 고려하여 유연하게 적용하지 못했다는 점과 그에 따라 반미 감정을 확산시키는 원인이 되었다.

Ⅲ 베이징 컨센서스의 주요 내용

1. 의의

베이징 컨센서스는 2004년 조슈아 쿠퍼 라모(Joshua Cooper Ramo)에 의해 창안된 개념으로, 경제발전을 국가의 최고 목표로 설정하고 그것을 달성하는 중국 특유의 경제발전 방식을 설명하려는 시도이다.

2. 핵심내용

베이징 컨센서스는 크게 세 가지 원리를 지닌다. 첫째, 지속적인 혁신과 변화를 통해 경제발전을 달성해야 한다. 둘째, 지속가능성과 평등을 중시한다. 셋째, 안보와 자결권, 특히 패권 국가에 대한 자결권을 가져야 하며, 연성권력과 같은 비대칭적 능력을 개발해야 한다.

3. 배경

이 3가지 원리는 모두 경제발전 과정에서 정부주도, 즉 시장 기능에 대한 정부의 관리로 귀결된다. 중국 정부는 급속한 발전의 핵심을 형성하는 것이 시급하다고 보아 시장경제를 도입하면서도 정부의 시장경제 관리를 통해 체제의 안정을 유지하려고 하고 있다. 이는 구소련과 동유럽 사회주의 국가들이 외부 세력이 주도한 충격요법에 의한 시장경제 도입을 통해 국가 해체에 가까운 부작용을 경험한 것을 교훈으로 삼아 정부가 직접 시장경제를 관리하는 것이 필요함을 인식하게 된 것이다. 또한 이는 패권 견제의 의미도 지니고 있다.

4. 베이징 컨센서스의 성격 – 국가자본주의

베이징 컨센서스 또는 중국의 경제발전 방안은 국가자본주의로 볼 수 있다. 생산 수단의 사유화는 허용하지만, 정부가 시장 기능에 깊게 개입하는 형태로 이뤄지고 있다. 특히, 국가 목표에 중요하다고 여겨지는 특정 산업과 기업은 정부가 직접 관리하고, 이를 위해 권위주의적 지도력을 행사하고, 행정에 대해 기술관료적으로 접근하고 있다. 즉, 정치적 민주화 없이 시장경제가 운영되고 있다. 이러한 발전 경로를 보호하기 위해 베이징 컨센서스로 차별화하고 있으며 외부세력으로부터의 보호를 위해 자결권을 강조한다. 중국은 1953년 발표되어 중국의 대외정책 기조가 된 '평화공존 5원칙'의 연장선에 있는 듯한 주권 존중과 내정 불간섭원칙을 강조하면서 동시에 평화적인 부상으로 주변 국가들에게 위협으로 인식되지 않도록 노력하고 있다.

Ⅳ 베이징 컨센서스의 국제질서적 함의

1. 시장기능 위축 가능성

중국은 경제발전을 최우선 국가목표로 삼고 정부가 이를 주도적으로 개입하여 왔으므로 시장의 기능이 위축되고, 시장의 효율적인 자원 배분 능력을 저하시킬 수 있다.

2. 세계화의 후퇴 가능성

세계화의 후퇴를 수반할 가능성이 있다. 이는 세계화가 시장경제의 확산의 측면을 가진다면, 중국은 시장경제를 관리하는 특성을 가지기 때문이다. 따라서 경제가 지역단위로 분리될 수 있을 것이다.

3. 국제협력 약화 가능성

중국이 대내적으로 보편적인 규범에 근거하여 정부 행위를 제어할 기제를 결여함으로써 국제협력에 부정적인 영향을 줄 수 있다. 중국이 공공재를 제공하기보다 국제질서를 자국의 이익에 부합하도록 이용할 수 있는 위치에 있게 되며, 이에 대해 정부의 국익 추구행위가 통제되기 어려운 정치적 특성을 가지고 있기 때문이다. 이는 공통의 이익을 위한 국제협력과 규범 측면에서 중국의 신뢰도에 부정적인 영향을 주며, 규칙성과 예측성을 낮추는 원인이 될 수 있다.

4. 기존 국제질서와의 충돌 가능성

중국이 추구해 온 패권 견제와 힘의 균형을 통해 초강대국으로 하여금 국제 관계의 준칙을 준수하게 한다는 논리를 가진 다극화는 규칙성과 예측성을 목적으로 하는 국제질서와 양립하지 않을 수 있다. 18세기 유럽의 경우처럼 다극화의 시기에는 오히려 명시적인 국제질서에 합의할 수 없으며, 무질서의 질서가 시현될 수 있기 때문이다. 따라서 다극화된 세계를 지향한다면 무질서 속에 최소한의 질서가 존재하는 양상으로 발전할 수도 있다.

5. 중국의 의도 내부적 모순

새로운 국제질서를 모색하려는 중국의 의지와 주권 존중 및 내정 불간섭에 대한 강조는 근본적으로 모순 관계에 있고, 장기적으로 유지되기 어려울 것이다. 왜냐하면 국제질서의 수립에는 장기적인 이익을 위해 모든 국가들이 필요하다면 부분적이고 일시적으로 주권의 양보를 할 수 있어야 하기 때문이다. 또한, 중국이 새로운 국제질서를 만들고 싶어하면서도 국제질서의 제약으로부터 제외되기를 원한다면 국제적 합의를 이룰 수 없을 것이며, 중국의 의도에 대해서 국가들이 의구심을 가지게 될 것이다.

6. 검토

결론적으로 시장 기능에 대한 정부의 통제와 권위주의적 정치가 결합되어 등장하는 중국의 국제질서는 미국의 국제질서보다 덜 자유주의적일 가능성이 높으며, 베이징 컨센서스가 경제 발전에 관한 정치적 선언에서 포괄적인 국제질서로 진화하려고 하면 할수록 그 구성 원리들의 수정을 요구하는 현실에 직면할 것이다.

V 전망 및 미국의 대응 방향

1. 전망 – 기존 질서 대체 가능성 낮음

신국제질서의 성격은 향후 몇 년간 미국과 중국이 서로를 어떻게 다루는가에 달려 있다고 볼 수 있다. 개방과 통합, 법의 지배를 특징으로 하는 현재의 자유주의 국제질서는 중국의 부상을 수용할 만한 포용성을 갖추고 있다. 이는 중국이 중요하게 생각하는 주권 존중, 영토 보존, 내정 불간섭을 보장하고 있으므로 중국 역시 이를 통해 발전할 수 있으며, 앞으로 평화로운 세력전이가 이뤄질 수도 있다. 중국이 2025년경에 규범 제정자로서 더 큰 영향력을 발휘할 것으로 추측되지만, 국제질서를 주도할 수 있는 능력과 베이징 컨센서스가 가진 내적인 모순 때문에, 중국이 미국을 대체할 수 있을 것인가에 대해서는 의문이 제기되고 있다. 특히, 공공재를 제공할 수 있는가가 관건이다. 따라서, 베이징 컨센서스의 내적 모순을 극복해가는 과정에서 자유주의 국제질서로 수렴하게 될 가능성이 있으며, 민주화 등 향후 10 ~ 20년의 중국 내부 변화와 새로운 국제질서 창설에 따른 이익과 비용을 고려하여 앞으로의 정책이 결정될 것으로 보인다. 중국이 과거에 국제 규범에 따라 외교정책을 점진적으로 변화시킨 경험이 있기 때문에, 베이징 컨센서스가 변화할 가능성도 있다.

2. 미국의 대응방향

현재 국제사회의 법과 제도를 결정짓는 국가인 미국에게도 역시 중국을 국제질서에 동참할 수 있도록 유도하는 것이 중요하며, 이를 위해 국제질서 유지를 선택할 인센티브를 제공해야 한다. 즉, 중국을 책임있는 이해상관자(responsible stakeholder)로 만들면서 중국의 힘을 인정하고, 국제질서의 결점을 보완·유지하는 데 필요한 협력을 얻어 내기 위해, 국제기구에서 중국의 권력에 맞는 지위와 정당성을 인정해줘야 할 것이다. 또한, 현재보다 양국의 관계가 개선될 필요가 있다. 물론 현재 양국의 관계가 협력을 학습하면서 확대해 가는 과정에 있지만, 그 관계를 설정할 지적 기초를 마련함으로써 더욱 발전할 수 있을 것이다.

Ⅵ 한국의 대응전략

신국제질서의 형성은 기본적으로는 미국과 중국의 문제이며, 한국 및 다른 국가들이 개입할 수 있는 여지는 많지 않을 수 있다. 그러나 한국의 국익 보호 차원에서 한국이 제시할 수 있는 아이디어와 동원할 수 있는 외교적 자원 등을 점검할 필요가 있다. 중국의 부상은 동아시아에서 중대한 이해관계를 갖고 있는 강대국들과 동맹, 경제 및 가치 체계를 점검하고, 관계 설정에 필요한 양자 및 다자 차원의 전략을 준비해야 할 필요성을 제기했다. 특히, 중국의 부상이 지역 차원에 머물 경우, 역내 국가들 간에 대립적인 상황이 발생할 가능성이 있음을 유념해야 한다. 더불어 중국의 부상에 따른 세력 전이 및 그에 수반된 국제질서의 변화는 신국제질서를 논하는 장이자 거버넌스 개혁을 통해 수립될 신국제질서를 구현하는 역할을 하게 될 국제기구에 반영될 가능성이 높으므로, 한국의 입장과 유사한 입장을 가진 국가들과의 외교 강화가 필요할 것이다.

제9절 일대일로(一帶一路)전략과 AIIB 창설

Ⅰ 서론

중국은 시진핑 집권 이후 이전의 후진타오 시기와 다른 보다 적극적인 대외전략을 추진하고 있다. 안보에 있어서 '아시아 신 안보관'을 제시하고, 경제에서 신 실크로드 전략과 중국 주도의 은행(NDB, AIIB) 설립을 추진하며, 아태자유무역지대(FTAAP)를 추진하고 있다. 즉, 시진핑 시기의 중국은 국제관계에서 현존 국제정치경제질서의 수용자(rule taker)에서 제정자(rule maker)로 나서고 있는 것이다. 2013년 9월과 10월 중앙아시아와 동남아시아 방문시 시진핑은 각각 육상 신 실크로드(一帶)와 해상 실크로드(一

路) 구축을 제의하였으며, 중국의 일대일로(一帶一路)전략은 아시아에서 유럽까지 이어지는 대 중화경제권을 건설하겠다는 야심찬 전략이다. 일대일로 신 실크로드 전략은 2013년 11월 중국의 공식 국가전략으로 채택되었다. 중국은 일대일로 전략의 금융 플랫폼으로서 2014년 10월 24일 아시아인프라투자은행(AIIB: Asian Infrastructure Investment Bank) 설립을 공식 선언하였다.

II 일대일로전략의 배경

1. 국내정치적 배경

시진핑 집권 후 제시된 '중국몽(中國夢)'의 대외발전전략을 정형화함으로써 정권의 업적과 정당성을 국내에 홍보하고 지지를 유도하며, 대외적으로는 중국의 주변국들에 공동 발전전략을 제시함으로써 관계 강화를 도모하기 위한 것이다.

2. 경제적 배경

경제 성장방식의 질적 전환을 추진하고 있는 중국은 신 성장동력을 시급히 창출해야 하는 문제에 봉착해 있다. 신 실크로드 전략은 신규 투자 수요 창출, 저부가가치 산업 이전, 국내 산업 구조 고도화 등에 유리한 기회를 제공해 줄 수 있다. 신 실크로드 전략이 본격적으로 추진되면 항만, 도로, 철도, 공항 등의 인프라시설 건설 등에 추가 투자 수요를 발생시키면서 국유기업 중심으로 과잉투자되어 온 중국의 유휴생산설비 문제를 해소하면서 경제적 효과를 창출할 수 있다.

3. 국제정치적 배경

장기적으로 중국은 '일대일로'전략 추진을 통해 대중화경제권을 형성하고 경제적 영향력을 바탕으로 정치적 영향력을 확대함으로써, 유라시아 방면에서 21세기 중국 중심의 중화질서 구축을 지향하고 있다. 즉, 주변국들과 경제 제도 및 정책의 공유를 통해 이익공동체를 형성하면서 중국 중심의 지역질서를 구축하고, 동시에 경제권 내에서 미국과 서구 중심의 현존 국제정치경제질서를 대체하는 새로운 질서 형성을 추진하고 있는 것이다.

III 일대일로전략의 추진 정책

1. 단계적 경제권 형성

중국은 일대일로전략을 추진함에 있어서 세 단계를 구상하고 있다.
초기 단계에서는 도로, 철도, 공항, 항구, 석유 및 가스 수송로 등을 구축하고 무역과 투자의 편리성을 확보하는 것이다.
다음 단계는 거점 경제권을 형성하면서 자유무역지대를 구축하고 자유무역협정을 활성화시킴으로써 거점 자유무역지대를 구축하는 것이다.
최종 단계는 거점 자유경제지대를 서로 연결하여 아시아, 중동, 아프리카, 그리고 유럽을 하나의 자유경제지대로 통합하는 것이다.

2. 일대 및 일로의 범위

일대의 경우 육로 방향으로서 중국 서삼각 경제권(시안, 관중 – 텐수이 경제권)과 몽골, 러시아를 잇는 경제회랑을 2014년 상하이협력기구(SCO)에서 제시한 바 있으며, 중동 방면으로는 파키스탄, 이란, 터키까지 포함하는 경제회랑을 구상하고 있다.

한편, 일로 해상 방면의 경우 중국 국내 주장강삼각주 경제권과 북부만 경제권을 동남아시아 방면으로는 말레이반도 끝에 위치한 싱가포르까지 연결하는 회랑과, 서남아시아 방면으로는 미얀마, 방글라데시, 그리고 인도를 포함하는 경제회랑을 구상하고 있다.

3. 인프라 투자를 위한 금융플랫폼으로서 AIIB 창설

중국은 일대일로전략의 금융플랫폼으로서 AIIB 창설을 주도하고 있다. 중국이 AIIB 창설을 추진하고 있는 첫 번째 이유는 신 실크로드 구축에 필요한 막대한 투자재원을 마련하기 위한 것이다. AIIB 창설 추진의 두 번째 이유는 중국이 추진 중인 위안화의 국제화를 촉진시키기 위한 장기 전략의 일환이다. 위안화의 거래 매개 기능이 활성화되면 위안화의 가치 저장 기능이 증가하게 되고, 나아가 위안화가 다른 국가의 회계 단위로 설정됨에 따라 위안화의 위상을 대폭 제고할 수 있을 것이다.

4. 주변국 외교 강화

일대일로전략을 추진하기 위해서는 우선적으로 해당 지역 및 국가들과의 우호적 관계를 형성함으로써 정치·외교·안보 환경을 안정화시키는 것이 필요하다. 시진핑은 주변국과의 외교관계를 강화하기 위해 '친성혜용(親誠惠容)'을 표방하고 있다. 친성혜용이란 주변국들과 친(親)하게 지내고 성(誠)심을 다하며 혜(惠)택을 주고 포용(容)함으로써 관계를 강화하고 우호적 주변부 대외관계를 조성한다는 방침이다.

Ⅳ 일대일로전략에 대한 평가

1. 의미

첫째, 일대일로전략은 중국의 경제가 성장하면서 진행해 온 에너지 자원 수급 안정화, 중국의 국내 경제권과 주변부 지역 경제 통합, 해외 시장 진출 등을 시진핑 시기의 국정과제이자 종합적 미래비전 전략 개념으로 정리한 것이다. 둘째, 일대일로 전략이 AIIB를 금융플랫폼으로 하여 구체적으로 집행될 경우 중국 국내 산업에 긍정적 경제 효과를 창출할 것으로 전망된다. 특히 주된 수혜기업으로 예상되는 중국의 대형 국유기업들은 과잉 투자된 설비를 활용할 수 있는 기회를 얻게 되며, 국내 경제 성장 동력이 떨어지는 상황에서 해외에서 추가적 동력을 얻을 수 있을 것으로 전망된다.

2. 한계

(1) 주요국의 지역주의 구상과 충돌 가능성

첫째, 일대일로에 포함되는 국가들은 각각 자국 중심의 경제발전전략을 이미 수립해 추진 중에 있으며, 중국이 자국의 영향권을 침식해 들어오는 것에 대해서는 경계하고 있는 점을 감안할 때, 중국이 상정하고 있는 이익 공동체 형성은 쉽지 않을 것으로 평가된다. 독일을 중심으로 하는 유럽, 러시아를 주축으로 한 중앙아시아는 지역 산업경제 기반을 구축하여 하나의 경제권을 형성하고 있으므로 무역이나 투자 활성화가 중화경제권에 흡수되는 것을 의미한다고 볼 수 없다. 또한 러시아는 구소련 국가들과 '유라시아연합'을 추진하고 있으며, 화폐 동맹을 통해 역내 단일통화체제를 구축하는 계획을 수립하고 있다. 러시아는 서방에 대항하여 현재 중국과 전략적 이해를 공유하고 있으나, 중국의 경제적·정치적 영향력이 구소련 영역으로 확장되는 것을 경계하고 있으므로 중국이 추진하고 있는 전략의 이익을 취하면서 한편으로는 대응전략을 모색할 가능성도 있다.

(2) 정치적·경제적 난관

동남아·서남아·중앙아시아, 그리고 중동과 아프리카 등은 정치 안보 불안정과 경제적 후진성을 내재하고 있는 지역이다. 동 지역에 속한 저개발 국가들은 국내 정치 불안정, 낮은 수준의 제도화 그리고 사회자본과 인적 자본 등의 문제를 가지고 있는 국가들로서 경제발전을 견인할 수 있는 능력에서 한계를 보이고 있다.

3. AIIB에 대한 미국의 입장

중국의 AIIB 설립에 대해 미국은 현존 금융질서에 대한 중국의 도전으로 본다. 국제금융질서와 금융서비스 산업은 미국이 전세계에 자국의 영향력을 행사하는 핵심 영역이다. 이에 대해 중국이 NDB 창설을 주도하고 AIIB를 설립하는 것은 미국으로서는 민감할 수밖에 없는 사안인 것이다.

Ⅴ 일대일로전략에 대한 국제정치이론적 접근

1. 권력론 관점

(1) 연성 권력(Soft Power)

일대일로는 중국이 문화적, 경제적 매력을 통해 국제적 영향력을 확대하려는 시도로 볼 수 있다. 연성 권력은 군사력이나 강압적 수단이 아닌, 국가의 문화, 가치, 이념 등을 통해 다른 국가의 협력을 이끌어내는 힘을 의미한다. 일대일로의 경제적 개발 프로젝트, 인프라 투자, 문화 교류는 중국을 신뢰할 수 있는 협력 파트너로 포지셔닝하려는 전략의 일환이다. 중국은 일대일로를 통해 참여국들에게 경제적 이익을 제공하며, 중국의 개발 모델과 정책을 긍정적으로 보이게 하려 한다. 이를 통해 중국은 서방 국가들보다 더 매력적인 파트너로 인식되고자 한다.

(2) 경성 권력(Hard Power)

일대일로를 중국의 경제적 영향력을 통해 전략적 목표를 달성하려는 강압적 수단으로 볼 수 있다. 경성 권력은 군사력과 경제적 압력을 통해 다른 국가의 행동을 제한하거나 통제하는 힘을 의미한다. 일대일로를 통해 중국은 참여국들에 자금을 대출하고 인프라를 구축하는 등 경제적 통제력을 높이며, 채무 의존성을 통해 해당 국가들에 대한 지배적 영향력을 확보하려 한다. 예를 들어, 일대일로의 일환으로 제공된 인프라 대출이 부채로 이어지면서, 해당 국가들은 경제적으로 중국에 의존하게 되고, 이는 중국이 군사적 거점이나 전략적 위치를 확보하는 데 유리하게 작용할 수 있다. 이는 중국이 일대일로 참여국의 국내 정책에도 간접적인 영향을 미칠 수 있게 한다.

(3) 네트워크 권력

네트워크 권력이론은 네트워크 구조 내에서 중심에 위치한 허브가 주변 국가나 노드에 더 큰 영향을 미칠 수 있다고 본다. 일대일로는 중국이 아시아, 유럽, 아프리카의 여러 국가를 연결하는 거대한 인프라 네트워크를 구축함으로써 이 지역에서 허브로서의 역할을 확립하려는 것이다. 중국이 이 네트워크의 중심에 위치하면 경제적·정치적 결정에 큰 영향력을 행사할 수 있으며, 참여국들의 의사결정에 간접적으로 영향을 줄 수 있다. 이는 전통적 군사적 방식이 아닌 연결성을 통해 확보된 권력으로 해석된다. 또한, 네트워크 권력이론에서는 네트워크의 중심이 규범과 기술 표준을 설정하는 역할을 할 수 있다고 본다. 중국은 일대일로를 통해 기술, 금융, 인프라와 관련된 표준과 규범을 설정하고, 참여국들이 이를 따르도록 유도할 수 있다. 예를 들어, 일대일로 참여국들이 중국의 기술 인프라에 의존하게 되면, 중국은 디지털 통신이나 물류 시스템 등에서 자국의 기술적 표준을 확산시키고 이를 글로벌 표준으로 만들 가능성을 높일 수 있다. 이는 네트워크 내에서 중국의 규범적 권력을 강화하는 효과를 낳는다. 한편, 일대일로 네트워크는 비참여국에도 간접적인 영향을 미칠 수 있다. 네트워크 권력이론에 따르면, 네트워크가 확장될수록 외부에 있는 국가들도 그 영향력을 느끼게 된다. 일대일로 참여국들의 경제적·정치적 결속이 강화되면서, 참여하지 않은 국가들도 이 네트워크의 영향권을 의식하게 되고, 궁극적으로 중국의 네트워크에 합류하거나 이에 영향을 받게 될 가능성이 있다.

2. 연성 균형론(Soft Balancing)

일대일로는 미국 주도의 국제 질서에 도전하지 않으면서도 중국이 미국과의 세력 균형을 이루기 위한 방법으로 해석될 수 있다. 연성 균형론은 기존 강대국에 대한 도전이 군사적이거나 직접적인 갈등을 수반하지 않고, 경제적 및 외교적 수단을 통해 이뤄진다는 이론이다. 중국은 일대일로를 통해 군사적 대결을 피하면서도 경제적, 외교적 영향력을 확대함으로써 국제사회에서 미국의 패권을 견제하려 한다. 이를 통해 중국은 다자간 협력 네트워크를 형성하고, 미국 주도의 국제 질서를 부분적으로 우회하며 참여국들과의 경제적, 정치적 유대 관계를 강화한다. 이런 전략은 미국과의 직접적 충돌을 피하면서도 서서히 영향력을 늘려가는 방식으로 설명된다.

3. 공격적 현실주의(offensive realism)

공격적 현실주의의 관점에서 일대일로는 중국이 국제 체제에서 경제적, 군사적 우위를 점하며 패권적 위치에 도달하기 위한 수단으로 설명된다. 공격적 현실주의에서는 국가 간 세력 균형의 변화가 갈등을 불러올 수 있다고 보며, 중국은 일대일로를 통해 미국의 패권적 위치를 잠식하고 도전하려 한다고 분석한다. 이를 통해 중국은 자국의 영향력을 점진적으로 강화하며 미국 주도의 국제 질서에 균열을 일으키고, 경제적으로 의존적인 국가들에 대해 정치적, 군사적 영향력을 행사할 수 있는 위치를 확보한다. 미국이 주도하는 자유주의 국제 질서를 부분적으로 우회하고, 자신의 세력을 국제체제에서 점진적으로 확대함으로써 최종적으로는 미국을 대체하는 글로벌 패권국으로 자리매김하려는 것으로 해석된다.

4. 방어적 현실주의

왈츠의 방어적 현실주의 관점에서 일대일로 전략은 중국이 자국의 안전을 강화하고 불확실한 국제 환경에서 안보를 보장받기 위한 수단으로 해석된다. 방어적 현실주의는 국가들이 생존을 목적으로 자국의 힘을 유지하고 안정을 추구하지만, 과도한 힘의 추구는 오히려 다른 국가들의 경계를 불러일으켜 자국의 안보를 위협할 수 있다고 본다. 이 관점에서 일대일로는 중국이 자국의 경제적 기반을 강화하고 주변 국가들과의 관계를 안정시키기 위한 방어적 성격을 띤 전략으로 볼 수 있다.

제10절 신안보관

I 서론

중국은 2014년 5월 이후 '아시아 신안보관' 수립을 강조해 오고 있다. 2014년 5월 아시아 교류 및 신뢰구축 회의(CICA)에서 "아시아 안전은 아시아 국가들이 주도해 해결한다."는 내용의 '아시아 신안보관' 수립을 강조하였다. 중국은 장쩌민 시기인 1997년 4월 처음으로 신안보관을 제시하였으며, 이후 후진타오도 신안보관을 승계해 왔다. 2010년 중국의 GDP 규모가 일본을 제치고 세계 제2위가 되고, 2012년 시진핑 지도부가 등장하면서 국제사회에서 중국의 대외정책에 대한 관심이 높아지는 가운데 2014년 신안보관이 제시되면서 중국의 대외전략 변화 방향이 관심의 초점이 되고 있다.

II 배경

1. 미국의 아시아 재균형정책

중국은 시진핑 지도부 등장에 즈음하여 미국에 신형대국관계를 제안하였다. 상호이해 증진과 전략적 신뢰구축, 상호 핵심 이익과 중대 관심 사안에 대한 존중, 호혜 공영 구조의 심화 노력, 국제 및 전지구적 사안에 대한 부단한 협력 강화 등을 내용으로 하였으며, 미국과의 충돌을 회피하고 지속적인 성장을 이루기 위한 방어적 차원에서 제기한 것이었다. 그러나, 미국은 신형대국관계에 대해 부정적 반응을 보이면서 오히려 아시아 재균형정책을 추진함으로써 중국의 핵심이익을 침해할 수 있는 전략을 구사하고 있다. 중국은 동아시아 해양 영토 분쟁이 격화되는 것의 근본적 원인이 미국의 아시아 재균형정책에 있다고 보고 있다.

2. ISIS 사태 및 우크라이나 사태

ISIS 사태 및 우크라이나 사태는 미국이나 러시아 등 주요 강대국들이 동아시아 문제에 대해 집중할 수 없는 환경을 조성하고 있다. 주요 강대국들이 아시아에 힘을 기울일 수 있는 여력이 없는 상황에서 중국이 아시아에서 자신의 전략을 순조롭게 추진할 수 잇는 공간이 마련된 것이다.

3. 중국의 자아정체성에 대한 인식의 변화

중국은 강대국 정체성과 개도국 정체성 사이에서 정체성의 혼란을 겪고 있었다. 특히 2008년 세계 금융 위기 이후 미국과 서구의 상대적 쇠퇴와 중국의 부상으로 인해 중국은 준비되지 않는 부상을 하게 되었으며, 국제사회에서 어떤 역할을 맡아야 하는가에 대한 정체성의 혼란이 가중되었다. 그러나 시진핑의 신안보관 제시는 중국이 정체성의 혼란을 극복하고 강대국으로서의 정체성을 확립했다는 신호로 볼 수 있다. 세계 패권을 위해서는 우선 지역패권국이 되어야 하고, 이를 위해서는 아시아에서 주도권을 확보해야 한다고 보는 것이다.

4. 시진핑의 개인적 성향

시진핑은 전임자들과 달리 취임 초기부터 권력을 공고화하였으며, 자신이 원하는 정책을 강력하게 추진할 수 있는 기반을 마련하였다. 시진핑은 집권 목표로 중국의 꿈(中國夢)을 제시하였다. '부강하고 민주적이며 문명화된 사회주의 현대국가'를 수립하여 '중화민족의 위대한 중흥'을 달성하겠다고 선언한 것이다. 장쩌민과 후진타오 시기가 급속한 성장으로 상징된다면, 시진핑은 이를 뛰어넘어 강대국으로서의 입지를 공고히 하고자 한다.

Ⅲ 신안보관의 내용

1. 주요 내용

첫째, 모든 나라가 대소·강약·빈부를 불문하고 평등하고, 자주적으로 사회제도와 발전 형식을 선택할 권리가 있으며 각자의 비교 우위를 충분히 발휘하며 장점을 취하고 단점을 보완하는 것이다.
둘째, 모든 국가는 내정 불간섭원칙을 준수하고, 평등하게 안보와 관련된 사무를 처리하면서 어떤 국가가 안보와 관련하여 독단적이고 일방적인 행동을 취하는 것을 반대한다.
셋째, 모든 국가는 군사동맹 형성을 반대하고, 무력 혹은 무력을 이용한 위협을 반대해야 하며 자신의 안보를 위해 다른 나라의 안보를 희생해서는 안된다.

2. 신안보관과 일대일로정책

일대일로정책은 경제협력과 지역안보협력을 결합하는 상징적인 조치로서 신안보관에 기반한 조치로 해석할 수 있다. 즉, 경제성장과 안보를 결합하여 지역안보공동체를 형성하고자 하는 것이다. 일대일로 전략의 한축인 중앙아시아의 경우 SCO 국가들은 중국과 정치·군사 분야에서의 유대는 강하나, 경제가 발전하지 않아 경제적인 유대는 약하다. 그러므로 중국은 이 지역의 에너지 개발과 수송을 바탕으로 경제적 지원을 강화하여 '운명공동체'를 만들고자 한다. 동남아시아와 남아시아의 경우, 현재 미국의 통제하에 있는 말라카 해협을 우회하기 위해 파키스탄, 방글라데시 등과 협력하여 에너지 수송로를 계획하고 있다. 이와 같이 일대일로전략은 경제협력을 기반으로 하여 안보협력을 강화함으로써 지역 패권의 토대를 구축하는 전략으로서 신안보관이 반영된 것으로 볼 수 있다.

IV 평가 및 한계

1. 평가

시진핑의 신안보관은 이전 시기의 정책을 대체로 계승하고 있다. 미국이 추구하는 군사동맹방식을 추진하지 않고, 우선은 영토 분쟁 등 다양한 문제를 갖고 있는 동아시아 지역의 신뢰구축에 주력하겠다는 것으로 볼 수 있다. 이와 동시에 경제 발전을 기반으로 안보상의 문제를 희석시키는 방법을 추진하고자 한다. '운명공동체'를 주창하는 것은 이러한 의도에서라고 볼 수 있다. 또한 그동안 미진했던 예방외교와 갈등해결기제를 점차적으로 마련해 나갈 것으로 전망된다.

2. 한계

첫째, 중국은 주변국들과의 호혜와 협력을 강조하면서도 주변국과 영토 분쟁을 심화시키는 등 자국의 핵심이익을 강요함으로써 상호 모순을 보여주고 있다.
둘째, 갈등 당사국들은 중국이 제공하는 경제적 이익에는 관심을 가지면서도 안보 차원에서는 중국의 위협에 불안감을 느끼고 역외 조정자인 미국에 의존하려는 모습을 보이고 있다.
셋째, 일본 역시 동아시아와 남아시아에서 경제 협력을 강화하고 있으므로 경제를 통한 안보협력의 증진을 추구하는 중국에게 걸림돌이 될 수 있다.
넷째, 러시아는 현재 중앙아시아에서의 중국의 경제적 영향력 확장을 묵인하고 있으나, 중국이 정치적 영향력 확대를 시도할 때 러시아가 이와 같은 시도를 묵인할지 의문이 제기되고 있다.

V 한국의 대응전략

첫째, 중국이 표방하는 운명공동체나 신안보관은 일차적으로 주변국들이 갖고 있는 중국위협론을 완화하고 아시아에서 영향력을 확보하기 위한 것으로서 시진핑 시기 경제·금융·안보 등 다방면에서 이니셔티브를 추구할 것으로 전망된다. 이에 따라 주변국들은 중국이 추동하는 다양한 안보협력에 대한 참여를 제안 받을 것이며 이 과정에서 미국과 마찰이 발생할 수 있을 것이다. 한국으로서는 북핵문제 해결이나 한반도 긴장 완화, 동북아시아 안정을 위해 중국과 안보협력이 긴요한 상황이다. 중국의 전략이 기존의 국제질서에 대항하면서 기존 질서를 변경하려는 성격인 경우 한국은 양자

관계보다는 3자 차원에서 협의를 통해 문제를 해결하는 것이 바람직할 것이다.

둘째, 중국과의 경제통합을 심화해 나가되 중국 경제의 변동에 대한 영향이 커질 것이므로 이에 대한 대응책을 모색해야 하며, 나아가 중국이 경제 지렛대로 안보 측면에서도 영향력을 행사할 가능성에 대해서도 대비해 나가야 할 것이다.

셋째, 중국의 역내 영향력이 강화될수록 중국과의 협상에서 한국의 입지가 약화될 수 있다. 현재 중국은 한국과의 우호적 관계를 유지하고자 하는 유인이 크기 때문에 한중 EEZ협상, 북핵문제 등에 있어서 가능한 한 조기에 해결하는 것이 바람직할 것이다.

제11절 BRICS

I 서설

BRICS는 브라질(Brazil), 러시아(Russia), 인도(India), 중국(China), 남아프리카공화국(South Africa)의 다섯 개 신흥 경제국을 의미하는 다자간 협력 기구이다. 원래는 2001년 골드만삭스의 경제학자 짐 오닐(Jim O'Neill)이 브라질, 러시아, 인도, 중국을 가리켜 "BRIC"이라는 용어를 사용하며 급성장하는 경제국으로 소개한 것에서 시작되었고, 2010년 남아프리카공화국이 합류하면서 "BRICS"로 확장되었다.

II 설립 배경과 목적

1. 다극화된 세계질서 추구

BRICS 회원국들은 미국과 서방 중심의 단극적 세계질서에 도전하고, 보다 균형 잡힌 다극적 세계질서를 구축하려는 목표를 가지고 있다. 이들은 국제사회에서 자국의 발언권을 높이고, 글로벌 거버넌스 구조의 변화를 촉진하고자 한다.

2. 경제 협력과 공동 발전

BRICS는 회원국들 간의 경제 협력을 강화하고, 무역, 투자, 금융 분야에서 상호 협력을 통해 공동의 경제 성장을 도모하고자 한다. 이를 위해 브릭스 개발은행(New Development Bank, NDB)과 같은 다자간 금융 기구를 설립하여 인프라 개발과 지속 가능한 성장을 지원하고 있다.

3. 글로벌 거버넌스 개혁

BRICS 회원국들은 국제통화기금(IMF)과 세계은행(World Bank) 등 기존 국제기구의 개혁을 통해 신흥 경제국과 개발도상국의 발언권을 확대하고자 한다. 이들은 글로벌 거버넌스 체제의 불균형을 해소하고, 보다 포용적인 경제 및 정치적 체제를 구축하기 위해 협력하고 있다.

4. BRICS의 주요 활동

BRICS는 다양한 분야에서 회원국 간 협력을 강화하고, 글로벌 이슈에 공동 대응하기 위해 여러 활동을 펼치고 있다:

Ⅲ 주요 활동 사례

1. 연례 정상회담 개최

BRICS는 매년 정상회담을 개최하여 회원국 간의 협력 강화와 주요 국제 현안에 대한 공동의 입장을 조율한다. 이를 통해 경제 협력, 안보 문제, 기후 변화, 코로나19 팬데믹 대응 등 다양한 이슈에 대해 논의하고 공동의 입장을 표명한다.

2. BRICS 개발은행(NDB) 설립

2014년 브라질 포르탈레자 정상회담에서 BRICS 개발은행이 설립되었다. NDB는 인프라 개발과 지속 가능한 성장을 촉진하기 위한 다자간 금융 기관으로, BRICS 회원국을 포함한 신흥 경제국들의 프로젝트에 자금을 지원한다.

3. 컨티전시 리저브 어레인지먼트(CRA)

BRICS는 글로벌 금융 위기 등 경제적 불안정에 대비하기 위해 2014년에 컨티전시 리저브 어레인지먼트(CRA)를 도입했다. CRA는 외환 위기와 같은 급변하는 경제 상황에서 유동성을 지원하기 위한 협력 메커니즘이다.

4. 경제, 무역 및 투자 협력 강화

BRICS는 회원국 간의 경제적 상호의존성을 높이기 위해 무역 및 투자 협력을 강화하고 있다. 이를 위해 무역 촉진, 관세 협력, 공동 연구 프로젝트 등 다양한 협력 이니셔티브를 추진하고 있다.

5. 비전통적 안보 협력

BRICS는 테러리즘, 사이버 보안, 기후 변화, 공중보건 위기와 같은 비전통적 안보 위협에 대응하기 위한 협력을 강화하고 있다. 이를 통해 회원국 간의 정보 공유와 공동 대응 방안을 모색하고 있다.

Ⅳ 참여국 입장

1. 브라질의 입장

브라질은 BRICS를 통해 개발도상국과 신흥 경제국으로서의 목소리를 내고, 글로벌 경제 및 정치적 영향력을 확대하려 한다. 브라질은 국제통화기금(IMF)과 세계은행(World Bank) 등의 국제기구에서 개혁을 추진하여, 보다 공정하고 포용적인 글로벌 거버넌스를 구축하는 데 관심이 있다. 한편, 브라질은 BRICS 개발은행(NDB)을 통해 자국의 경제적 이익을 확대하고, 인프라 개발과 같은 분야에서 협력 프로젝트에 적극적으로 참여하려 한다. 이를 통해 경제 성장을 촉진하고, 지역 내 개발도상국들과의 경제적 연대를 강화하고자 한다. 또한, 브라질은 BRICS를 통해 남남 협력(South-South Cooperation)을 강화하고, 글로벌 남반구 국가들 간의 협력을 촉진하여 자국의 외교적 입지를 강화하려 한다. 이를 통해 서방 주도의 국제 질서에 대한 대안적 협력 체제를 구축하고자 한다.

2. 러시아의 입장

러시아는 BRICS를 서방(특히, 미국과 EU)의 정치적, 경제적 영향력을 견제하기 위한 플랫폼으로 활용하고 있다. 러시아는 BRICS를 통해 다극적 세계 질서를 추구하고, 미국 중심의 국제질서에 도전하는 전략적 협력체를 지향하고 있다. 또한, 서방의 경제 제재로 어려움을 겪고 있는 러시아는 BRICS 회원국들과의 무역, 투자, 에너지 협력을 강화하여 제재의 영향을 완화하고 경제를 안정시키려 한다. 이를 위해 러시아는 BRICS 개발은행과 컨티전시 리저브 어레인지먼트(CRA)를 통해 금융 협력을 증대시키려 한다. 한편, 러시아는 BRICS를 통해 테러리즘, 마약 밀매, 사이버 보안 등 비전통적 안보 위협에 대한 협력을 강조하고 있으며, 이를 통해 자국의 안보 이익을 보호하고 있다. 또한, 러시아는 BRICS를 통해 군사적 협력 가능성을 탐색하고 있다.

3. 인도의 입장

인도는 BRICS를 통해 경제 성장과 개발 협력을 촉진하고, 자국의 경제적 이익을 극대화하려 한다. BRICS 개발은행을 통해 인프라 개발과 지속 가능한 성장을 위한 프로젝트에 자금을 지원받고, BRICS 회원국들과의 무역 및 투자 협력을 강화하고 있다. 또한, 인도는 BRICS를 통해 국제 무대에서의 발언권을 확대하고, 글로벌 거버넌스의 개혁을 지지하고 있다. 인도는 국제통화기금(IMF)과 유엔(UN)과 같은 국제기구에서의 개혁을 촉진하고, 개발도상국과 신흥 경제국의 목소리를 강화하고자 한다. 한편, 인도는 BRICS 내에서 중국과의 협력과 견제를 동시에 추구하고 있다. 인도는 BRICS를 통해 중국과의 경제 협력을 강화하지만, 동시에 국경 문제와 정치적 갈등으로 인한 중국의 영향력을 견제하고자 한다. 이를 위해 인도는 러시아와의 전략적 파트너십을 강화하며, 균형 있는 외교를 추진하고 있다.

4. 중국의 입장

중국은 BRICS를 자국의 경제적 이익을 증대시키기 위한 중요한 플랫폼으로 활용하고 있다. BRICS 개발은행과 기타 경제 협력 메커니즘을 통해 일대일로 구상을 지원하고, 글로벌 경제에서 중국의 리더십을 강화하려 한다. 또한, 중국은 BRICS를 통해 미국 중심의 일극적 질서에 도전하고, 보다 균형 잡힌 다극적 세계질서 형성을 지지하고 있다. 이를 위해 중국은 BRICS 회원국들과의 정치적 연대와 협력을 강화하고 있다. 한편, 중국은 테러리즘, 극단주의, 기후 변화 등 비전통적 안보 위협에 대한 협력을 강조하며, BRICS를 통해 회원국 간의 안보 협력을 증진시키고 있다. 이를 통해 자국의 안보 이익을 강화하고, 역내 안정을 도모하려 한다.

5. 남아프리카공화국의 입장

남아프리카공화국은 BRICS 내에서 아프리카 대륙을 대표하는 유일한 국가로서, 아프리카 국가들의 목소리를 국제사회에서 대변하는 역할을 하고 있다. 이를 통해 아프리카 국가들과의 연대를 강화하고, 자국의 외교적 입지를 확대하려 한다. 한편, 남아프리카공화국은 BRICS를 통해 경제 개발과 투자 유치를 촉진하고자 한다. BRICS 개발은행을 통한 자금 조달과 인프라 개발 프로젝트 참여를 통해 자국 경제를 활성화하고, 개발도상국으로서의 경제 성장을 도모하고 있다. 또한, 남아프리카공화국은 BRICS 내에서 테러리즘, 불법 이민, 보건 위기 등 비전통적 안보 위협에 대한 협력을 강조하고 있다. 또한, 빈곤, 불평등, 보건 문제와 같은 글로벌 개발 문제에 대한 공동 대응을 촉진하려 한다.

V BRICS의 부상과 전 세계적 양극화 가능성

1. 양극화 가능성을 긍정한 견해

일부 학자들은 BRICS의 부상이 미국과 서방 중심의 국제 질서에 도전하여 세계가 양극화될 가능성이 있다고 주장했다. 이들은 BRICS가 다극적 세계 질서를 추구하면서 미중 간의 경쟁이 심화되어 양극 체제가 부상할 수 있다고 보았다. BRICS가 경제적 협력과 정치적 연대를 통해 서방과의 대립 구도를 강화할 수 있다고 학자들은 분석했다. 특히, 중국과 러시아가 BRICS 내에서 주요 역할을 담당하면서 미국과 서방의 패권에 도전하는 구조가 형성될 수 있다고 봤다. 이러한 대립 구도가 지속된다면 냉전 시대와 유사한 양극 체제가 재현될 수 있다고 전망했다. 한편, McDowell과 같은 학자들은 BRICS가 BRICS 개발은행(NDB)과 컨티전시 리저브 어레인지먼트(CRA) 등을 통해 독자적인 경제 질서를 구축하려는 시도가 기존 서방 주도의 금융 시스템과 대립을 초래할 수 있다고 분석했다. 이에 따라 세계 경제가 BRICS와 서방으로 양극화되면서, 제재와 무역 전쟁 등을 통한 견제 경쟁이 발생할 수 있다고 보았다.

2. 양극화 가능성에 회의적인 견해

다른 학자들은 BRICS의 부상이 양극화를 초래하기보다는, 다극적이고 상호 의존적인 세계 질서를 강화하는 방향으로 작용할 것이라고 주장했다. 이들은 BRICS가 서방에 대항하는 새로운 진영으로 발전하기에는 내부적 한계와 상이한 이해관계가 있다고 보았다. Stuenkel과 같은 학자들은 BRICS 회원국들 간에 정치적, 경제적, 문화적 차이가 크기 때문에 하나의 단일한 진영으로 발전하기 어렵다고 지적했다. 예를 들어, 중국과 인도의 국경 문제와 지역 패권 경쟁 등이 BRICS의 결속력을 제한한다고 분석했다. 이러한 내부적 이질성이 BRICS를 강력한 연합으로 만들기 어렵게 한다고 주장했다. 한편, Armijo와 같은 학자는 BRICS가 전통적인 군사 동맹이나 대립 구도가 아니라, 경제적 협력과 개발을 위한 다자간 플랫폼으로 기능한다고 분석했다. BRICS의 부상은 양극화를 초래하기보다는 오히려 다자간 협력과 상호 의존성을 강화하는 방향으로 작용할 것이라고 주장했다.

3. 조건부 양극화 가능성을 제시한 견해

일부 학자들은 BRICS의 부상이 양극화를 초래할 수도 있지만, 이는 특정 조건에 따라 달라질 것이라고 보았다. 이들은 BRICS의 발전 방향과 국제적 환경 변화에 따라 다양한 시나리오가 가능하다고 제시했다. Duggan은 BRICS의 역할이 국제적 위기나 서방과의 갈등 상황에 따라 변화할 수 있다고 주장했다. 만약 미국과 서방이 BRICS 국가들에 대해 경제적 제재나 군사적 압박을 강화한다면, BRICS는 이에 대응해 긴밀한 정치적, 군사적 연대를 형성할 수 있다고 보았다. 이 경우, BRICS는 서방과의 대립을 통해 양극화된 국제 질서를 형성할 수 있다고 예측했다. Kotz는 BRICS 내에서 중국과 러시아가 주도권을 강화할 경우, BRICS가 서방에 대한 대안적 정치적, 경제적 체제로 자리 잡을 가능성이 커질 수 있다고 주장했다. 그러나 반대로 인도와 브라질 등 다른 회원국들이 보다 독립적인 외교 정책을 유지한다면, BRICS는 느슨한 협력체로 남아 다극적 세계 질서를 지지할 수 있다고 보았다.

Ⅵ 미국의 인식과 대응

1. 경계와 견제의 시각

미국은 BRICS를 하나의 잠재적인 경쟁 세력으로 인식하고 있다. BRICS가 독자적인 경제적, 정치적 협력을 강화하면서 국제사회에서 영향력을 확대하려는 움직임은 미국의 글로벌 리더십에 대한 도전으로 해석될 수 있다. 미국의 외교 정책 전문가들과 관료들은 BRICS가 글로벌 경제 질서와 정치 질서를 재편하려는 움직임을 경계해야 한다는 입장을 내놓았다. 특히 BRICS 개발은행(NDB)과 같은 기구들이 국제통화기금(IMF)와 세계은행(World Bank)과 같은 기존 서방 주도의 국제 금융 시스템에 대한 대안으로 작용할 가능성에 대해 우려를 표명했다. 또한, BRICS는 중국과 러시아가 주도하는 협력체로 인식되면서, 미국은 이를 통해 두 나라가 경제적, 정치적 영향력을 강화하려는 시도를 경계하고 있다. 예를 들어, BRICS가 글로벌 경제 및 안보 의제에서 미국의 입장을 약화시키는 역할을 할 수 있다고 판단하고, 이를 견제하기 위한 외교적 전략을 강화했다.

2. 다자주의와 협력 유지 강조

미국은 BRICS와의 직접적인 대결을 피하면서도, BRICS 회원국들과의 개별적인 양자 협력과 다자주의를 강조하는 접근을 취하고 있다. 이를 통해 BRICS 회원국들 사이의 분열을 조장하고, 그들의 연대를 약화시키려는 전략적 목표를 설정했다. 미국은 BRICS의 주요 회원국인 인도와 브라질과의 전략적 파트너십을 강화해 왔다. 이를 통해 BRICS 내에서 중국과 러시아의 영향력을 견제하고, 인도와 브라질이 BRICS 내에서 균형 역할을 할 수 있도록 지원했다. 예를 들어, 미국은 인도-태평양 전략을 통해 인도와의 안보 및 경제 협력을 강화하고, 브라질과의 무역 및 경제적 협력을 확대했다. 또한, 미국은 국제기구 개혁이나 글로벌 거버넌스 문제에 대해 BRICS 회원국들의 요구를 부분적으로 수용하는 유연한 접근을 취했다. 이를 통해 BRICS와의 정면충돌을 피하고, 대신 국제사회에서의 포용적 접근을 통해 BRICS 회원국들이 서방 주도의 질서 내에서 협력할 수 있도록 유도했다.

3. BRICS의 내부 분열과 불균형 활용

미국은 BRICS 회원국들 간의 상이한 경제적, 정치적 이해관계를 활용하여 BRICS의 결속력을 약화시키려는 접근을 취했다. 특히, BRICS 내에서 중국과 인도의 경쟁 구도나 브라질과 러시아 간의 경제적 차이를 전략적으로 이용하고 있다. 미국의 전략가들은 BRICS가 하나의 단일한 연합체로 기능하기 어렵다는 점을 강조하며, 이를 외교적 도구로 활용하고 있다. 예를 들어, 인도와 중국 간의 국경 분쟁이나 중국의 경제적 영향력 확대에 대한 브라질과 남아프리카공화국의 우려 등을 부각하며 BRICS 내의 내적 갈등을 이용하려고 했다. 한편, 미국은 BRICS 외의 다른 신흥 시장 국가들과의 경제적, 외교적 유대를 강화하여 BRICS의 독자적 세력을 약화시키려 했다. 이를 통해 다자간 협력을 통해 신흥 시장 국가들이 서방과의 협력을 지속할 수 있도록 유도했다.

Ⅶ BRICS 부상에 따른 한국의 대응 전략

1. 기조

BRICS의 확대 발전에 따른 한국의 대응 전략은 경제적, 외교적, 안보적 차원에서 다각적인 접근이 필요하다. BRICS가 국제사회에서 더욱 영향력을 확대하고, 다극적 질서를 지향하는 방향으로 발전한다면, 한국은 이에 대비하여 유연하고 전략적인 대응을 마련해야 할 것이다.

2. 경제차원

(1) BRICS 회원국과의 경제 협력 강화

한국은 BRICS 국가들과의 무역 및 투자 관계를 강화하는 전략을 추진해야 한다. 특히, BRICS 개발은행(NDB)의 프로젝트에 참여하거나 공동 투자 기회를 모색함으로써 인프라 개발, 에너지, 정보통신기술(ICT) 등 다양한 분야에서 협력 가능성을 확대할 수 있다. 한국의 첨단기술과 인프라 개발 경험은 BRICS 국가들의 경제 성장과 발전에 기여할 수 있는 중요한 자산이 될 것이다.

(2) 대안적 경제 협력체 구축

BRICS의 영향력이 커질 경우, 한국은 ASEAN(동남아시아국가연합), APEC(아시아태평양경제협력체), CPTPP 등 기존의 경제 협력체와의 협력을 강화함으로써 BRICS에 대한 경제적 의존도를 분산시킬 수 있다. 이를 통해 한국은 경제적 다변화를 유지하고, 글로벌 경제 환경 변화에 대비할 수 있는 능력을 강화할 수 있다.

(3) 신흥 시장 진출 확대

BRICS 회원국들은 대부분 빠르게 성장하는 신흥 시장 국가들로, 한국 기업들에게는 새로운 성장 기회가 될 수 있다. 한국은 BRICS 국가들, 특히 인도, 브라질, 남아프리카공화국과 같은 신흥 시장에서의 비즈니스 기회를 확대하고, 그들의 산업 발전을 지원하는 전략을 통해 경제적 입지를 강화할 수 있다.

3. 외교차원

(1) 균형 잡힌 외교 정책 유지

한국은 BRICS와의 협력을 강화하면서도, 한미동맹과 한중, 한러 관계를 균형 있게 관리하는 외교적 노력을 지속해야 한다. 한국은 BRICS와 미국 및 서방 간의 갈등 상황에서도 중립적이고 조정자 역할을 수행할 수 있는 외교적 위치를 확보할 필요가 있다.

(2) BRICS와의 대화와 협력 확대

한국은 BRICS가 글로벌 거버넌스 개혁을 추진하는 데 있어 건설적인 역할을 할 수 있도록 대화와 협력을 확대해야 한다. 이를 위해 BRICS가 주최하는 각종 회의, 포럼 및 워크숍에 적극 참여하여 BRICS 국가들과의 소통을 강화하고, 다양한 글로벌 이슈에 대한 협력 방안을 모색할 수 있다.

(3) 다자간 협력과 연계 강화

한국은 BRICS와의 직접적인 협력뿐만 아니라, 다른 다자간 협력체와의 연계를 강화하는 전략을 추진해야 한다. 예를 들어 G20, 아세안+3, 아시아인프라투자은행(AIIB) 등 다자간 플랫폼을 통해 BRICS 회원국들과의 협력 기회를 확대하고, 글로벌 의제에서의 한국의 입지를 강화할 수 있다.

4. 안보차원

(1) 사이버 안보 및 테러 대응 협력

한국은 BRICS 회원국들과의 사이버 안보, 테러리즘 대응 분야에서 협력을 강화할 수 있다. 특히 사이버 보안 기술 공유, 합동 훈련, 정보 교환 등을 통해 비전통적 안보 위협에 대한 공동 대응 방안을 마련해야 한다. 이를 통해 한국은 지역 및 글로벌 안보에서의 역할을 확대할 수 있다.

(2) 기후 변화 및 지속 가능한 개발 협력

BRICS가 기후 변화 대응과 지속 가능한 개발을 강조하는 만큼, 한국은 BRICS와의 환경 협력을 강화할 수 있다. 한국은 기후 변화 대응 기술, 신재생 에너지, 녹색 금융 등에서의 강점을 활용하여 BRICS 국가들과 협력 프로젝트를 추진하고, 글로벌 기후 변화 대응에 기여할 수 있다.

제12절 상하이 협력기구(Shanghai Cooperation Organization, SCO)

I 서설

상하이 협력기구(Shanghai Cooperation Organization, SCO)는 2001년에 설립된 다자간 안보 및 경제 협력 기구로, 중국, 러시아, 카자흐스탄, 키르기스스탄, 타지키스탄, 우즈베키스탄이 초기 회원국으로 참여했다. 이후 인도와 파키스탄이 2017년에, 이란이 2021년에 가입하면서 회원국의 범위가 확장되었다. SCO는 장기적으로 유럽의 NATO에 필적하는 안보기구로 발전할 가능성이 높아 주목을 받고 있다.

II 설립 과정 및 배경

1. 중앙아시아 안보 문제

1990년대 초반, 소비에트 연방의 해체로 인해 중앙아시아 지역에서 안보 불안정이 고조되었다. 이 지역의 국가들은 국경 문제와 테러리즘, 분리주의, 극단주의 등과 같은 문제에 직면했다. 이에 따라 해당 국가들은 협력을 통해 지역 안보를 강화하려 하였다.

2. 중국과 러시아의 이해관계

중국과 러시아는 자국의 국경 안정과 중앙아시아에서의 영향력 확대를 목표로 하여 협력을 강화하고자 하였다. 특히, 중국은 자국 서부 신장 지역의 안정과 관련된 문제 해결을 위해 중앙아시아 국가들과의 협력이 필요했다.

3. 경제 협력 확대 필요성

중앙아시아 국가들 사이에서 경제적 협력의 필요성이 대두되었다. 에너지 자원, 무역, 인프라 개발 등 경제 협력을 통해 공동의 번영을 도모하고자 한 것이다.

4. 기존 다자간 기구에 대한 대안 모색

NATO나 서방 중심의 국제 기구들에 대항하여 자국 중심의 새로운 다자간 협력 기구가 필요하다는 필요성이 제기되었다.

III 주요 활동

1. 안보 협력

SCO는 테러리즘, 분리주의, 극단주의 등에 대한 공동 대응을 위한 군사 훈련 및 정보 공유를 강조하고 있다. 정기적인 반테러 군사 훈련을 통해 회원국 간 군사 협력과 상호 이해를 증진하고 있다.

2. 경제 협력

SCO는 회원국들 간의 무역과 투자 촉진을 목표로 한다. 또한 에너지, 교통, 인프라 개발 등 다양한 분야에서 경제 협력의 기회를 확대하고 있다. SCO 내에서는 무역 자유화 및 경제 통합을 위한 논의도 지속되고 있다.

3. 외교 및 정치 협력

국제 문제와 관련된 외교 협력도 중요하게 다루어지며, 지역 내 갈등 해결과 국제적인 입장 조율을 위한 플랫폼 역할을 한다.

Ⅳ 파급 효과

1. 지역 안보 안정화

SCO는 회원국 간의 안보 협력을 통해 중앙아시아 지역의 안보를 강화하는 데 기여하고 있다. 이는 테러리즘, 극단주의, 마약 밀매 등 국경을 초월한 문제를 효과적으로 대처하는 데 도움이 된다.

2. 경제적 통합과 발전 촉진

SCO의 경제 협력 활동은 회원국 간의 무역과 투자를 촉진하고, 에너지 자원의 효율적인 이용 및 인프라 개발을 통해 지역 경제 발전에 기여하고 있다.

3. 다극화 세계 질서의 형성

SCO는 미국과 서방 국가 중심의 국제 질서에 대한 대안적 협력 체제를 제공하면서, 다극화된 세계 질서 형성에 기여하고 있다. 이를 통해 국제적인 균형을 이루려는 노력이 강화되고 있다.

4. 중국의 대외 전략 강화

중국은 SCO를 통해 중앙아시아와의 경제 및 정치적 협력을 강화하며, 자국의 일대일로(一帶一路, Belt and Road Initiative) 구상을 지원하는 플랫폼으로 활용하고 있다.

Ⅴ SCO에 대한 주요국 입장

1. 중국

중국은 상하이 협력기구(SCO)를 자국의 지역 안보와 경제적 이익을 증진시키기 위한 중요한 플랫폼으로 활용하고 있다. 우선 중국은 SCO를 통해 자국의 안보를 위협하는 테러리즘, 극단주의, 분리주의를 공동으로 대응하는 기구로 활용하고 있다. 특히, 서부 신장(新疆) 지역의 안정과 관련하여 중앙아시아 국가들과 협력하는 것은 중국의 중요한 안보 목표이다. SCO를 통해 중국은 테러 방지 훈련과 정보 공유를 강화하며 자국의 국경 안정을 도모하고 있다. 둘째, 중국은 SCO를 자국의 일대일로(Belt and

Road Initiative, BRI)전략을 지원하는 중요한 경제 협력 메커니즘으로 보고 있다. SCO의 회원국들과의 무역과 인프라 개발 협력을 통해 중앙아시아와의 경제적 연결성을 강화하고, 자국의 에너지 안보를 확립하려고 한다. 셋째, 중국은 SCO를 통해 미국과 서방 중심의 일극적 국제질서에 도전하는 다극적 세계질서를 지지한다. SCO의 틀 안에서, 중국은 러시아와 협력하여 서방의 영향력을 견제하고 자국의 외교적 영향력을 확대하려고 한다.

2. 러시아

첫째, 러시아는 SCO를 통해 중앙아시아에서 자국의 전통적 영향력을 유지하려 한다. 이는 특히 미국과 NATO의 영향력 확대를 저지하고, 중국과 협력하여 이 지역의 안보를 공동으로 관리하려는 전략적 목표와 맞물려 있다. 둘째, 러시아는 SCO의 반테러 훈련 및 군사 협력을 통해 자국의 군사적 능력을 과시하고, SCO를 러시아 주도의 집단 안보체제(CSTO)와 보완적인 관계로 발전시켜 나가고 있다. 이를 통해 SCO를 통해 테러리즘, 마약 밀매, 극단주의와 같은 비전통적 안보 위협에 공동 대응하려고 한다. 셋째, 러시아는 SCO를 다극적 세계 질서의 형성을 지원하고 미국 주도의 일극적 질서를 견제하기 위한 외교적 플랫폼으로 보고 있다. SCO를 통해 러시아는 중국과 협력하여 미국의 글로벌 패권에 도전하고, 자국의 외교적 입지를 강화하려고 한다.

3. 미국

첫째, 미국은 SCO의 반서방적 성격과 군사적 협력 강화에 대해 경계심을 가지고 있다. 특히, SCO가 미국의 전략적 이익에 반하는 행동을 하거나, 회원국들 간의 군사적 협력과 정보 교환이 미국과 NATO의 영향력을 약화시키는 도구로 사용될 가능성을 우려하고 있다. 둘째, 미국은 SCO를 중국과 러시아가 전략적으로 협력하여 미국의 글로벌 영향력에 도전하는 플랫폼으로 인식하고 있다. 이에 따라 미국은 SCO의 활동을 신중히 모니터링하며, 이들 국가 간의 협력이 자국의 이익에 부정적인 영향을 미칠 가능성을 경계하고 있다. 셋째, 미국은 중앙아시아에서의 안정과 경제 발전을 지원하겠다는 목표를 가지고 있지만, SCO가 미국의 영향력 확장에 저항하는 기구로 작용할 수 있다는 점에서 제한적인 협력 방침을 유지하고 있다. 따라서 미국은 중앙아시아 국가들과의 양자 협력을 통해 SCO의 영향력을 간접적으로 견제하려고 한다.

Ⅵ SCO에 대한 국제정치이론적 분석

1. 현실주의(Realism) 관점

현실주의 이론은 국제정치를 무정부적(anarchic) 구조에서 국가들이 생존을 위해 권력과 안보를 추구하는 힘의 투쟁으로 이해한다. 냉전 종식 후, 중앙아시아는 정치적, 군사적으로 불안정한 상태였으며, 테러리즘, 분리주의, 극단주의와 같은 안보 위협이 대두되었다. 중국과 러시아는 이러한 위협을 공동으로 관리하기 위해 SCO를 설립했다. 현실주의 관점에서, 이는 중앙아시아에서 자국의 안보를 강화하고 세력 균형을 유지하기 위한 전략적 움직임이었다. 한편, SCO는 중국과 러시아가 미국과 서방 주도의 국제질서에 맞서 세력 균형을 이루기 위한 플랫폼으로 사용되었다. 현실주의적 시각에서는 SCO가 미국의 패권에 대한 견제를 목적으로 하는 전략적 연합체로서 기능한다고 볼 수 있다.

2. 자유주의(Liberalism) 관점

자유주의 이론은 국제협력이 상호 의존성(interdependence), 제도(institution), 규범(norm)을 통해 가능하다고 본다. 자유주의적 관점에서 SCO의 설립은 경제적 상호 의존성 증대와 협력적 안보 구축을 위한 다자간 협력 체제로 분석될 수 있다. SCO는 회원국 간의 경제 협력을 촉진하고 에너지, 교통, 무역을 포함한 다양한 분야에서 협력을 강화하기 위해 설립되었다. 자유주의 관점에서, 이는 경제적 상호의존성을 통해 지역의 평화와 안정을 증진시키려는 시도로 해석될 수 있다.

3. 구성주의(Constructivism) 관점

구성주의 이론은 국제정치에서 국가의 행동이 물질적 이익뿐만 아니라 규범, 정체성, 아이디어에 의해 형성된다고 본다. 구성주의 관점에서 SCO의 설립은 공동의 정체성과 안보 담론 형성을 위한 노력으로 분석될 수 있다. SCO는 서방의 가치와 질서에 대한 대안적 담론을 제공하며, 다극적 세계질서를 추구하는 회원국 간의 공동 정체성을 형성했다. 이러한 담론과 정체성은 SCO의 협력 메커니즘을 강화하는 원동력이 되었다.

4. 제도주의(Neoliberal Institutionalism) 관점

제도주의는 국제 제도와 규칙이 국가 간 협력을 촉진하고 갈등을 완화할 수 있다고 본다. 이 관점에서 SCO는 제도적 메커니즘을 통해 안보와 경제 협력을 증진시키려는 시도로 해석될 수 있다. SCO는 지역 내의 잠재적 갈등을 예방하고, 테러리즘과 같은 비전통적 안보 위협에 대처하기 위해 회원국 간 정보 공유, 군사 훈련, 외교적 협의를 제도화했다. 제도주의적 관점에서, 이러한 협력 메커니즘은 상호 불신을 줄이고 안정을 도모하려는 노력으로 평가될 수 있다.

Ⅶ SCO의 안보제도적 발전 가능성에 대한 주요 학자들의 입장

1. SCO의 NATO와 같은 안보기구로의 발전 가능성에 회의적인 견해

많은 학자들은 SCO가 NATO와 같은 강력한 군사적 동맹으로 발전할 가능성에 대해 회의적인 입장을 취하고 있다. 이들은 SCO가 구조적으로 NATO와는 매우 다르며, 다음과 같은 이유들로 인해 SCO가 NATO와 같은 역할을 수행하는 것은 어렵다고 주장한다. 첫째, Aris는 SCO 회원국들 간의 상이한 정치적, 경제적, 군사적 이해관계가 SCO의 강력한 안보기구로의 발전을 저해한다고 본다. 예를 들어, 중국과 러시아는 SCO 내에서 서로 다른 지역적 및 글로벌 전략적 목표를 추구하고 있으며, 중앙아시아 국가들 역시 각각의 국가 이익에 따라 독립적인 외교 정책을 추진하고 있다. 이로 인해 회원국들이 공동의 안보 정책을 마련하는 데 어려움을 겪을 수 있다. 둘째, Cooley는 SCO는 군사적 동맹이 아닌 안보 협력 기구로서, 반테러 훈련과 같은 제한된 군사적 협력 활동에 주로 초점을 맞추고 있고, NATO와 같은 집단 방위 조약이나 강력한 군사적 구조를 갖추지 않았기 때문에, 진정한 군사 동맹으로의 발전 가능성은 낮다고 주장한다. 셋째, Kerr는 SCO 회원국들 사이에 미국과 NATO에 맞서기 위한 강력한 군사적 연합을 형성하려는 정치적 의지가 부족하다고 지적한다. 회원국들 간의 내부 불신과 전략적 계산이 SCO의 통합된 군사적 역할 수행을 어렵게 만들고 있다고 본다.

2. SCO의 잠재적 발전 가능성을 긍정적으로 보는 견해

일부 학자들은 SCO가 현재의 구조를 점진적으로 변화시키고, 국제정치 환경의 변화에 따라 NATO와 같은 안보기구로 발전할 수 있는 잠재성을 가지고 있다고 주장한다. 이들은 주로 SCO의 확장성과 회원국 간의 안보 협력 강화 추세에 주목하고 있다. Swanström은 SCO는 테러리즘, 극단주의, 분리주의와 같은 공통의 안보 위협에 대응하기 위해 다양한 군사 훈련과 정보 공유를 강화하고 있는데, 이러한 안보 협력의 강화는 SCO가 NATO와 같은 강력한 안보기구로 발전할 수 있는 기반이 될 수 있다고 본다. 또한, 최근 인도와 파키스탄의 가입과 이란의 가입 승인 등 조직의 확대는 SCO가 더 강력한 협력체로 발전할 가능성을 보여준다. 한편, Tsygankov는 미국의 글로벌 패권에 대한 견제라는 전략적 동기가 중국과 러시아를 포함한 SCO 회원국들을 결속시키고 있어 SCO가 국제 정치의 다극화와 더불어 군사적 동맹으로의 진화를 모색할 수 있다고 주장한다.

3. SCO의 특수성을 강조하는 견해

학자들은 SCO가 NATO와 같은 전통적인 군사 동맹으로 발전하기보다는 독자적인 성격의 협력 기구로 남을 가능성이 높다고 본다. 이들은 SCO가 독자적인 안보 및 경제 협력 모델을 지향하고 있다고 주장한다. Weitz는 SCO가 서방의 전통적인 군사 동맹과는 달리, "동반자적 협력 모델"을 추구하고 있다고 평가한다. SCO는 회원국 간의 주권 존중과 내정 불간섭의 원칙을 강조하며, 이를 기반으로 다자간 안보 협력을 도모하고 있다. 따라서 SCO는 NATO처럼 집단 방위 체제를 갖추기보다는, 느슨한 형태의 다자간 협력체로 남을 가능성이 크다. 한편, Yu는 SCO가 군사적 위협보다는 테러리즘, 마약 밀매, 사이버 범죄 등 비전통적 안보 위협에 더 집중하고 있다고 분석한다. 이러한 비전통적 안보 위협에 대한 협력은 SCO가 군사 동맹이 아닌 포괄적 안보 협력체로 남는 방향을 지지한다고 본다.

4. 소결

학자들의 견해는 SCO가 장차 NATO와 같은 강력한 안보기구로 발전할 가능성에 대해 다양하게 나뉜다. SCO가 현재의 제약과 상이한 이해관계 속에서 NATO와 같은 역할을 수행하기는 어려울 것이라는 회의적인 견해가 지배적이지만, 국제정치의 변화와 안보 협력의 강화에 따라 그 가능성을 열어두는 견해도 존재한다. 동시에 SCO는 NATO와는 다른 독자적인 다자간 협력 모델로 발전할 가능성이 크다는 주장도 강하게 제기되고 있다.

Ⅷ SCO 발전에 따른 한국의 대응 전략

1. 다자 외교 및 관여 정책 강화

한국은 SCO의 발전에 따라 중앙아시아 및 주변국들과의 외교 관계를 강화하고, SCO와의 협력 가능성을 탐색하는 다자 외교 전략을 추진할 필요가 있다. 한국은 현재 SCO의 대화 파트너(Observer State)로서 참여하고 있으며, 이를 통해 중앙아시아와의 경제적, 안보적 협력을 확대해 나갈 수 있다. SCO가 경제 협력과 안보 협력을 강화해 나갈 경우, 한국은 이러한 구조 내에서 더 큰 역할을 할 수 있는 기회를 모색해야 한다. 또한, SCO 회원국과의 양자 및 다자 협력을 통해 한국의 에너지, 경제, 안보 협력을 다변화할 수 있다. 한국은 중앙아시아의 풍부한 천연자원 및 신재생 에너지 개발에 대한 협력을 확대하고, 이를 통해 자국의 에너지 안보를 강화하는 전략을 구사할 수 있다.

2. 경제 협력 강화 및 일대일로 연계 전략

SCO의 경제적 협력 확대 전망에 따라, 한국은 중국의 일대일로(Belt and Road Initiative, BRI)와 SCO의 경제적 협력을 전략적으로 활용할 필요가 있다. SCO 회원국들과의 경제 협력 기회를 확대하고, 중앙아시아 및 유라시아 대륙 전역에서의 인프라 개발, 교통망 구축, 에너지 자원 개발 프로젝트에 적극 참여할 수 있다. 이를 통해 한국은 경제적 이익을 극대화하고, 중앙아시아 시장에서의 영향력을 확대할 수 있다. 또한, 한국은 SCO의 경제 협력 메커니즘을 활용해 중앙아시아 국가들과의 자유무역협정(FTA) 체결 및 경제 협력 체제를 구축하는 것을 고려할 수 있다. 이는 한국이 중앙아시아와의 경제적 연계를 강화하고, 자국 기업의 진출을 촉진하는 데 기여할 것이다.

3. 안보 협력 및 비전통적 안보 위협 대응

SCO가 테러리즘, 극단주의, 마약 밀매 등 비전통적 안보 위협에 집중하고 있는 만큼, 한국은 이러한 분야에서의 협력 기회를 모색해야 한다. SCO가 강조하는 비전통적 안보 위협(테러리즘, 극단주의, 마약 밀매 등)에 대한 공동 대응을 위해 SCO 회원국들과의 정보 공유, 훈련 참여 및 협력 확대를 고려할 수 있다. 이를 통해 한국은 중앙아시아 및 SCO 회원국들과의 안보 협력을 강화하고, 역내 안정을 도모할 수 있다. 한국은 중앙아시아 국가들과의 안보 대화를 활성화하고, 역내 안보 협력체제를 구축하여 SCO와의 잠재적인 협력 기회를 늘릴 수 있다. 이를 통해 한국은 중앙아시아의 안보 현안에 대해 보다 적극적으로 기여하고, 역내 평화와 안정을 위한 역할을 강화할 수 있다.

4. 균형 외교 전략 유지 및 미중 경쟁 관리

SCO가 발전함에 따라 미국과 중국, 러시아 간의 전략적 경쟁이 더욱 심화될 수 있는 상황에서, 한국은 신중한 균형 외교 전략을 유지해야 한다. 한국은 SCO에 대한 적극적 관여와 더불어, 한미동맹과 한중, 한러 관계를 균형 있게 관리하는 외교적 노력을 지속해야 한다. 한국은 미중 간의 전략적 경쟁에서 어느 한쪽으로 치우치지 않도록 조심하면서, 다자간 협력과 외교적 자율성을 유지하는 것이 중요하다. 또한, SCO가 아시아 지역에서 다자 안보 및 경제 협력의 중요한 틀이 되어갈 경우, 한국은 미중 간의 갈등을 조정하고, 다양한 국제 문제에서 중립적 중재자 또는 조정자 역할을 수행하는 것을 고려할 수 있다. 이를 통해 한국은 국제사회에서 자국의 외교적 입지를 강화하고, 글로벌 중견국으로서의 역할을 제고할 수 있다.

5. 다자 협력 플랫폼 활용 및 제도적 참여 확대

SCO의 발전에 따른 한국의 대응 전략으로, 다양한 다자 협력 플랫폼을 적극 활용하고 제도적 참여를 확대하는 방안을 고려할 수 있다. 한국은 SCO 내에서 대화 파트너로서의 역할을 확대하고, 정기적인 회의, 워크숍 및 협의체에 적극 참여하여 SCO의 정책 방향과 협력 프로그램에 대한 정보를 공유하고 참여 기회를 확대할 수 있다. 또한, 한국은 SCO와 아시아태평양경제협력체(APEC), 동남아시아국가연합(ASEAN), 유엔 등 다른 국제 및 지역 협력체와의 연계를 강화하여 다자 협력 네트워크를 구축하고, SCO 내에서의 정책 조율과 협력 기회를 극대화할 수 있다.

IX 결론

한국은 SCO의 발전 가능성에 대비하여 다자 외교 강화, 경제 협력 확대, 비전통적 안보 협력 추진, 균형 외교 유지, 제도적 참여 확대 등의 전략을 종합적으로 구사해야 한다. 이러한 전략을 통해 한국은 중앙아시아와 SCO 회원국들과의 협력 관계를 강화하고, 자국의 안보와 경제적 이익을 증진시키는 동시에 국제정치 환경에서의 외교적 자율성과 입지를 강화할 수 있을 것이다.

제13절 중국의 부상과 국제질서

I 중국의 부상 현황

1. 중국의 경제적 부상

(1) 세계 2위 경제 대국

중국의 국내총생산(GDP)은 2023년 18조 달러를 넘어서며, 명목 GDP 기준 세계 2위, 구매력평가(PPP) 기준으로는 세계 1위를 차지하고 있다. 개혁개방 초기(1978년)에는 농업 중심의 저소득 국가였으나, 40년 동안 연평균 9% 이상의 성장률을 기록하며 세계 경제의 중심지로 떠올랐다.

(2) 제조업의 글로벌 허브

중국은 세계의 공장으로 불릴 만큼 제조업에서 독보적인 위치를 차지하고 있다. 전자제품, 자동차, 기계 부품 등 다양한 분야에서 세계 최대의 제조업 국가로, 특히, 저비용 노동력과 대규모 인프라 투자를 통해 글로벌 공급망의 핵심으로 자리 잡았다. 이는 중국이 세계 최대 수출국으로 성장하는 데 중요한 역할을 했다.

(3) 첨단 기술 산업의 부상

중국은 이제 단순한 제조업을 넘어 첨단 기술 산업에서 빠르게 성장하고 있다. 인공지능(AI), 5G 통신, 전기차, 반도체, 바이오테크놀로지 등의 분야에서 글로벌 리더로 떠오르고 있으며, 기술력 강화와 혁신적인 스타트업들의 성장을 바탕으로 디지털 경제로 전환을 시도하고 있다. 화웨이와 같은 중국 기업들은 5G 통신 기술 개발에서 세계 선두를 달리고 있다. 중국은 자국 내 5G 네트워크 인프라 구축에 속도를 내고 있으며, 이를 통해 디지털 경제를 가속화하고 있다. 또한, 전기차 시장에서 BYD, 니오(NIO)와 같은 중국 기업들은 빠르게 성장하고 있으며, 특히 배터리 기술에서 세계적인 경쟁력을 확보하고 있다. 한편, 미국과의 기술 경쟁 속에서 중국은 반도체 산업 육성에 힘쓰고 있으며, 자급자족을 목표로 한 반도체 기술 발전에 막대한 투자를 하고 있다.

(4) 외국인 직접 투자(FDI)와 무역

중국은 세계 최대의 무역 국가로, 글로벌 경제에서 중요한 역할을 하고 있다. 특히, 저렴한 인건비와 대규모 인프라 덕분에 외국인 직접 투자가 크게 유입되었으며, 다국적 기업들이 중국을 생산 기지로 활용하고 있다. 미국과의 무역 갈등 속에서도 중국은 동남아시아와 유럽, 아프리카 등 다른 지역으로 무역 다변화를 시도하고 있다.

2. 중국의 군사적 부상

(1) 국방 예산의 확대

중국의 국방 예산은 세계에서 두 번째로 크며, 2024년 기준 약 2900억 달러에 이른다. 이는 미국에 이어 두 번째로 많은 예산이지만, 중국은 국방비를 꾸준히 증가시키며 군사력을 현대화하고 있다. 국방 예산의 확대는 중국이 국방 전략을 재정비하고, 첨단 무기 체계를 구축하며, 병력의 훈련 및 장비를 개선하는 데 크게 기여하고 있다.

(2) 병력의 규모 및 현대화

중국의 인민해방군(PLA)은 약 200만 명의 현역 병력을 보유하고 있으며, 이는 세계 최대 규모 중 하나이다. 중국의 병력은 육군, 해군, 공군, 로켓군, 전략지원군으로 구성되어 있으며, 특히 해양 및 공중 작전에서의 전력을 증강하고 있다.

(3) 해군력의 급속한 성장

중국의 해군은 세계에서 가장 빠르게 성장하는 해군 중 하나로, 남중국해와 동중국해에서의 군사적 존재감을 과시하고 있다. 중국은 현재 3척의 항공모함(랴오닝호, 산둥호, 푸젠호)을 보유하고 있으며, 추가로 항모를 건조 중이다. 항공모함은 중국의 해양 전략에서 중요한 역할을 하고 있으며, 특히, 인도-태평양 지역에서의 영향력을 확대하는 데 중점을 두고 있다. 한편, 중국 해군은 구축함, 잠수함, 프리깃함 등 다양한 군함을 운영하고 있다. 특히, 대잠수함 전력과 항공모함 전단의 역량을 강화하며, 해상에서의 작전 능력을 크게 증대시키고 있다. 중국은 남중국해에서의 군사적 활동을 적극적으로 확대하며, 인공섬을 건설하고 이를 군사 기지로 활용하고 있다. 이는 미국을 비롯한 인도-태평양 국가들과의 갈등을 불러일으키고 있으며, 해양 패권을 두고 경쟁이 심화되고 있다.

(4) 공군 및 우주군의 확장

중국 공군은 J-20 스텔스 전투기를 비롯한 최신 항공기들을 도입하며 전력 증강에 박차를 가하고 있다. 또한, 공중 급유기와 장거리 폭격기(H-6K)의 도입을 통해 대륙 간 작전 능력을 강화하고 있다. 중국은 공중전 능력뿐만 아니라 방공망과 미사일 방어 시스템도 강화하고 있다. 또한, 중국은 우주 전력의 중요성을 인식하고, 인공위성 파괴 무기 및 레이저 기술을 개발하는 등 우주에서의 군사적 우위를 강화하려고 한다. 전략지원군(Strategic Support Force)은 우주, 사이버, 전자전 분야에서 활동하며, 사이버전에서 특히 강력한 공격 및 방어 능력을 보유하고 있다. 우주 탐사 외에도 위성 시스템의 군사적 활용이 증가하고 있다.

(5) 핵무기 및 미사일 전력

중국은 약 350기의 핵탄두를 보유한 것으로 추정되며, 이는 미국과 러시아에 이어 세계 3위의 핵 보유량이다. 중국의 핵 전략은 억제력을 바탕으로 하며, 다탄두 미사일(MIRV) 기술을 개발하여 다수의 목표를 동시에 공격할 수 있는 능력을 갖추고 있다. 한편, 중국의 로켓군(PLARF)은 대륙간탄도미사일(ICBM), 중거리 탄도미사일(IRBM), 순항미사일 등을 운용하며, 핵 및 비핵 미사일 공격 능력을 갖추고 있다. 특히 둥펑(DF) 시리즈 미사일은 미국과 아시아 국가들에게 잠재적인 위협으로 인식되고 있다.

3. 중국의 국제정치적 부상

(1) G2 체제

G2 체제는 미국과 중국이 세계 정치, 경제, 군사 등 주요 국제 이슈에서 양대 강대국으로 자리 잡으며, 두 나라가 주도하는 국제 질서를 의미한다. G2는 'Group of Two' 또는 'Great Two'의 약자로, 21세기 들어 미국과 중국이 세계 무대에서 주도적인 역할을 하면서 등장한 개념이다. G2 체제는 기존의 미국 중심의 일극 체제(Unipolar System)에서 미국과 중국의 양극 체제(Bipolar System)로 변환되고 있는 상황을 반영한다. G2 체제는 기존 질서가 미국 중심의 일극체제였다면 중국의 부상으로 미국과 중국이 주도하는 질서가 되었음을 상징하는 표현이다.

(2) 다자외교와 국제기구에서의 영향력 확대

중국은 국제 정치 무대에서 다자외교와 국제기구에서의 역할을 확대하고 있다. 특히 유엔, 세계무역기구(WTO), 세계보건기구(WHO) 등 국제기구에서의 영향력을 강화하며, 중국은 국제 규범과 질서에 적극적으로 참여하고 있다. 중국은 유엔 안전보장이사회의 상임이사국으로서 중요한 발언권을 가지고 있다. 특히 아프리카, 중동, 아시아 지역에서 평화유지군 파병 및 개발 지원을 통해 유엔에서의 역할을 강화하고 있으며, 국제 안보 문제에서도 중요한 중재자 역할을 맡고 있다. 또한, 중국은 세계 경제와 국제 정치에서 자국의 입장을 반영한 규범과 질서를 형성하려는 노력을 하고 있다. 예를 들어, 아시아인프라투자은행(AIIB)을 설립해 개발도상국의 인프라 개발을 지원하며, 미국이 주도하는 기존 국제 금융 질서에 대한 대안을 제시하고 있다.

(3) 신흥국 및 개발도상국과의 연대 강화

중국은 국제 정치에서 개발도상국 및 신흥국과의 연대를 강화하며, 자국의 글로벌 리더십을 구축하고 있다. 특히 아프리카, 중남미, 동남아시아 등의 국가들과 협력을 강화함으로써, 중국은 서구 국가들과는 다른 외교 전략을 추진하고 있다. 중국은 개발도상국들 간의 협력을 강조하며, 남남협력(South-South Cooperation)의 리더로서 자신을 자리매김하고 있다. 이는 경제적, 정치적 지원을 통해 개발도상국들의 발전을 지원하고, 이들과의 정치적 관계를 강화하는 방식이다.

(4) 브릭스(BRICS)와 상하이 협력 기구(SCO)

중국은 브라질, 러시아, 인도, 남아프리카공화국과 함께 브릭스(BRICS) 국가 연합에서 중요한 역할을 하고 있다. 또한, 상하이 협력 기구(SCO)를 통해 중앙아시아와의 안보 및 경제 협력을 강화하고 있다. 이러한 다자 협력 기구를 통해 중국은 미국이 주도하는 서방 주도의 국제 질서에 대한 대안을 제시하고 있다.

(5) 기후변화와 글로벌 문제에서의 리더십

중국은 국제 정치 무대에서 기후변화와 같은 글로벌 문제에 대한 리더십을 강화하고 있다. 특히, 파리기후협정에서 중요한 역할을 하며, 기후 변화 대응을 위한 글로벌 노력에 기여하고 있다. 중국은 자국 내에서도 탄소 배출을 줄이고 재생 에너지 산업을 육성하는 정책을 펼치고 있다. 이는 단순히 환경 보호를 넘어서, 글로벌 리더로서의 책임을 보여주려는 의도로 해석된다. 2020년 COVID-19 팬데믹 이후 중국은 세계보건기구(WHO)와 협력하며 전 세계에 의료 지원과 백신을 제공하는 등 글로벌 보건 위기에도 적극적으로 대응했다. 이는 중국의 국제적 신뢰도를 높이고, 개발도상국들과의 관계를 강화하는 계기가 되었다.

Ⅱ 중국의 개혁 개방 정책

1. 의의

개혁 개방 정책은 중국이 1978년 덩샤오핑의 지도 아래 시작한 경제적·사회적 개혁과 대외 개방 정책으로, 오늘날 중국 경제 성장을 이끈 핵심 정책으로 평가받고 있다. 이 정책은 중국을 폐쇄적 경제 체제에서 시장 지향적 경제로 전환시키며, 중국이 글로벌 경제에서 중요한 역할을 하게 되는 계기가 되었다.

2. 배경

1976년 마오쩌둥 사망 이후, 중국은 정치적·경제적 혼란 속에 있었다. 마오쩌둥 시대의 계획 경제와 대약진 운동, 문화대혁명 등은 중국 경제를 심각하게 침체시키고 사회적 갈등을 초래했다. 이에 따라 중국 지도부는 경제적 위기를 극복하기 위해 근본적인 변화를 모색했고, 덩샤오핑이 이끄는 실용주의적 개혁파가 주도적으로 나서면서 개혁개방 정책이 시작되었다. 덩샤오핑은 이념보다 실질적인 경제 성장을 중요시하는 실용주의적 사고를 내세웠다. 그는 "흰 고양이든 검은 고양이든 쥐를 잘 잡는 고양이가 좋은 고양이다."라는 말을 통해, 이념에 구애받지 않고 중국 경제를 발전시키기 위한 현실적인 정책을 추진했다.

3. 개혁: 국내 경제 구조의 변화

(1) 의미

개혁은 중국의 계획 경제 체제를 부분적으로 시장 경제 요소로 전환한 것을 의미한다. 이는 농업, 산업, 국영기업, 금융 분야 등 다양한 경제 부문에서 이루어졌으며, 중국 경제가 세계 경제에 통합될 수 있는 발판을 마련했다.

(2) 농업 개혁

1978년 개혁 초기 단계에서 가장 먼저 시행된 것은 농업 개혁이었다. 덩샤오핑은 인민공사 제도를 폐지하고, 농민들에게 토지 경작권을 부여하는 가족책임제를 도입했다. 이는 농업 생산성 향상과 농민의 소득 증가로 이어져, 중국 경제 성장의 초석이 되었다.

(3) 국영기업 개혁

덩샤오핑은 국영기업의 비효율성을 개선하기 위해 개혁을 추진했다. 국영기업에 자율성을 부여하고, 기업이 시장 경제 원칙에 따라 운영되도록 했다. 일부 국영기업은 민영화되거나 시장 경쟁에 참여하게 되었고, 이는 기업 생산성 향상과 경제 효율성 증대에 기여했다.

(4) 시장경제 도입

중국은 사회주의 계획 경제를 유지하되, 점진적으로 시장경제 요소를 도입했다. 가격 체계를 개혁해 시장 수요와 공급에 맞게 결정되도록 하고, 민간 기업의 성장을 허용하며 외국 자본을 유치하기 시작했다. 이는 경제의 활력을 불어넣고, 다양한 산업 분야에서 혁신과 경쟁을 촉진했다.

4. 개방: 대외 경제 개방

(1) 의의

개방 정책은 중국이 외국과의 경제적 협력을 확대하고, 외국 자본과 기술을 유치하는 것을 목표로 했다. 이는 중국 경제를 세계 경제로 통합시키는 중요한 단계였다.

(2) 경제 특구 설립

덩샤오핑은 경제특구(Special Economic Zones, SEZ)를 설립하여 외국 자본과 기술을 유치하고, 이를 통해 중국의 경제 성장을 촉진시키고자 했다. 1980년대 초, 선전, 주하이, 샤먼, 산터우 등지에 경제특구가 설치되었으며, 이 지역에서는 외국인 투자와 무역이 활발히 이루어졌다. 특히, 선전은 중국 개혁개방의 상징적인 도시로 빠르게 성장했다.

(3) 외국인 투자 유치

중국은 경제특구와 자유무역구를 통해 외국 자본과 기업들을 유치했다. 외국인 투자자들에게 세제 혜택을 제공하고, 기업 운영에서 자율성을 보장하며, 외국 기업이 중국에서 생산한 제품을 수출할 수 있도록 했다. 이는 중국의 기술 발전과 고용 창출, 경제 성장을 가속화하는 중요한 요인이었다.

Ⅲ 1978년 이후 중국 경제 성장 전략

1. 1단계(1978년 ~ 1990년대 초): 농업 개혁과 경제특구 중심의 초기 성장

1978년 덩샤오핑 주도로 시작된 개혁개방 정책은 농업 중심의 자급자족 경제에서 벗어나, 외국 자본과 기술을 유치하며 경제 구조를 다변화하려는 목표를 가졌다. 개혁 초기에는 농업 부문의 생산성 향상을 위해 가족책임제를 도입했다. 이 제도는 인민공사의 집단 농업 체제를 폐지하고 농민에게 일정한 토지를 배정해 자율적으로 경작하도록 허용했다. 이는 농업 생산성을 높이고 농촌 경제를 활성화하는 데 크게 기여했다. 한편, 중국은 선전, 주하이, 샤먼, 산터우 등지에 경제특구(Special Economic Zones)를 설립했다. 이 지역은 외국 자본을 유치하고 수출 산업을 육성하는 데 중점을 두었으며, 외국 기업들이 자유롭게 활동할 수 있도록 다양한 혜택을 제공했다. 선전은 이 정책의 성공적인 사례로, 빠르게 경제적 허브로 성장했다. 한편, 초기 단계에서 국영 기업들에게 더 많은 자율성을 부여하고, 기업 경영의 효율성을 제고하기 위해 다양한 실험적 개혁을 시행했다. 이는 공산당 주도의 계획 경제 체제에서 점진적으로 시장 경제의 원리를 도입하는 중요한 과정이었다.

2. 2단계(1990년대 ~ 2000년대 초): 산업화와 무역 중심의 성장

(1) 산업화

중국은 중공업, 경공업, 제조업 등의 산업화를 본격적으로 추진했다. 농업 중심 경제에서 벗어나 산업 기반을 강화하며, 세계에서 가장 큰 제조업 국가로 부상하기 시작했다. 이 과정에서 중국의 값싼 노동력과 대규모 자원이 글로벌 기업들에게 매력적으로 다가왔으며, 다국적 기업들이 중국에 생산 기지를 설립하는 계기가 되었다.

(2) 무역 확대

중국은 무역을 통한 경제 성장을 목표로 하였으며, 특히 수출 주도형 경제 전략을 취했다. 이를 위해 외국 자본을 유치하고 제조업 기반을 강화하여 세계 시장에서 경쟁력을 높였다. 중국의 저비용 제조업은 '세계의 공장'으로 자리 잡았으며, 수출 규모가 급격히 확대되었다.

(3) 세계무역기구(WTO) 가입

2001년 중국의 세계무역기구(WTO) 가입은 글로벌 경제에서 중요한 전환점이었다. 이는 중국이 세계 경제 질서에 본격적으로 편입되는 계기가 되었으며, 중국의 무역 규모는 급격히 성장했다. WTO 가입 이후 중국은 더 많은 외국 자본을 유치하고, 글로벌 공급망에서 중요한 역할을 하게 되었다.

3. 3단계(2000년대 중반 ~ 2010년대): 기술 혁신과 내수 시장 확대

(1) 첨단 기술 산업 육성

중국은 중저가 제조업에서 벗어나 첨단 기술 산업으로의 전환을 시작했다. 특히 인공지능(AI), 반도체, 5G 통신, 전기차(EV), 생명과학 등 고부가가치 산업을 육성하는 데 집중했다. 이를 위해 대규모 연구개발(R&D) 투자와 국가 주도의 산업 정책을 통해 기술 혁신을 촉진했다.

(2) 중국 제조 2025

2015년 중국은 중국 제조 2025라는 정책을 발표하며, 세계적인 기술 강국으로 도약하기 위한 전략을 수립했다. 이는 고부가가치 제조업, 혁신 중심 경제를 목표로 하며, 특히 자동차, 항공우주, 로봇공학, 신소재 등 첨단 제조업 분야에서 세계적인 경쟁력을 확보하려는 목표를 가지고 있다.

(3) 내수 시장 확대

중국은 내수 시장을 확대하여 지속 가능한 성장을 도모했다. 중산층 인구의 급증과 도시화로 인해 중국의 소비 경제가 성장했으며, 소비재, 부동산, 서비스업 분야가 크게 발달했다. 특히 전자상거래와 핀테크 산업의 발전으로 중국의 디지털 경제가 빠르게 성장했고, 이는 내수 시장 확대에 중요한 역할을 했다.

4. 4단계(2010년대 후반 ~ 현재): 글로벌 리더십 강화와 경제구조 전환

(1) 일대일로(One Belt, One Road) 프로젝트

중국은 일대일로(OBOR)를 통해 글로벌 경제에서의 영향력을 확대하고 있다. 이 프로젝트는 아시아, 유럽, 아프리카를 잇는 대규모 인프라 건설과 경제 협력을 통해 중국의 경제적·정치적 영향력을 강화하려는 목표를 가지고 있다. 일대일로는 중국의 경제 외교의 핵심 전략으로, 이를 통해 중국은 개발도상국과 신흥국 시장을 개척하고 있다.

(2) 경제 성장 둔화 대응

중국은 빠른 경제 성장 이후 성장 둔화에 대응하기 위해 경제 구조를 전환하고 있다. 특히 환경 문제, 고령화, 부동산 시장 불안 등의 도전에 직면하면서, 지속 가능한 성장 모델을 모색하고 있다. 이를 위해 친환경 에너지 전환, 서비스업 육성, 디지털 경제 발전 등의 정책을 추진하고 있다.

(3) 쌍순환 전략

2020년 중국은 쌍순환(Double Circulation) 전략을 발표했다. 이 전략은 내수 중심의 경제 성장과 대외 경제 개방을 동시에 추진하겠다는 목표로, 내수를 강화하고 대외 경제 의존도를 줄이려는 의도를 가지고 있다. 특히 중국 내 소비와 혁신 경제를 중심으로 한 내수 순환과, 수출 주도형 대외 순환을 조화롭게 운영하여 지속 가능한 성장을 추구하고 있다.

(4) 기술 자립

미국과의 기술 패권 경쟁 속에서 중국은 반도체 등 첨단 기술 분야에서 자급자족을 목표로 하고 있다. 중국은 외국 기술 의존도를 줄이고 자체 기술 개발과 혁신을 통해 독자적인 기술 강국으로 성장하려 하고 있다. 이를 위해 대규모 연구개발 투자와 혁신 기업 육성에 박차를 가하고 있다.

Ⅳ 중국의 경제적 부상 성공 요인

1. 개혁개방 정책의 도입(1978년)

1978년 덩샤오핑이 주도한 개혁개방 정책은 중국 경제 발전의 결정적 전환점이었다. 이 정책은 중국이 계획경제에서 벗어나 점진적으로 시장경제 요소를 도입하도록 하였고, 특히, 외국 자본과 기술을 유치하는 데 중요한 역할을 했다.

2. 정치적 안정성과 강력한 정부의 지도력

중국은 개혁개방 이후 정치적 안정성을 유지하며 강력한 정부의 지도력을 바탕으로 경제 발전을 추진했다. 중국 정부는 계획적이고 체계적인 경제 발전 전략을 세우고 이를 효율적으로 실행했다. 강력한 중앙집권 체제는 정책 시행의 일관성과 속도를 보장했다. 한편, 덩샤오핑은 이념적 틀에서 벗어나 실용적인 경제 발전 방안을 강조했다. 그의 리더십 하에 중국은 자본주의적 요소를 받아들이면서도 사회주의적 시스템을 유지하는 독특한 경제 모델을 구축할 수 있었다.

3. 외국 자본과 기술 유치

중국은 개방정책을 통해 외국 자본과 기술을 성공적으로 유치하며 경제 성장을 가속화했다. 경제특구와 자유무역지대에서 외국 자본을 대거 유치해 인프라 건설, 제조업 발전, 기술 도입을 촉진했다. 특히, 다국적 기업들이 중국에 생산 기지를 설립하면서 중국은 세계 제조업 허브로 자리 잡았다. 한편, 외국 기업들과의 협력을 통해 기술을 도입하고, 이를 토대로 자국 내 기술력을 키웠다. 중국은 초기에는 외국 기술에 의존했으나, 점차 자체 기술 혁신으로 전환하여 독자적인 기술 경쟁력을 갖추게 되었다.

4. 대규모 인프라 투자

중국 정부는 대규모 인프라 투자를 통해 경제 성장을 촉진했다. 도로, 항만, 철도, 전력망 등 인프라가 잘 갖추어진 덕분에 산업화와 도시화가 빠르게 이루어질 수 있었다. 세계 최대의 고속철도망과 도로망을 구축해 물류 비용을 절감하고, 대규모 물자 이동을 가능하게 했다. 이로 인해 중국 내 생산과 소비가 원활하게 연결되었다. 또한, 농촌 인구를 도시로 이동시키고, 도시 지역에 산업 기반을 구축하면서 대규모 고용 창출과 경제 성장이 이루어졌다. 도시화는 소비시장 확대와 함께 경제를 활성화시키는 주요 요인이었다.

5. 값싼 노동력과 풍부한 인적 자원

중국의 초기 경제 발전은 값싼 노동력을 활용한 제조업 중심의 산업화에 크게 의존했다. 중국은 세계에서 가장 많은 인구를 보유하고 있으며, 초기 경제 성장 단계에서 값싼 노동력은 다국적 기업들이 중국에 생산 기지를 설립하는 중요한 요인으로 작용했다. 또한, 외국 자본 유치와 제조업 발전으로 인해 대규모 고용이 창출되었고, 농촌에서 도시로 이동한 인구들이 경제 성장에 기여했다.

6. 수출 주도형 경제 전략

중국은 수출 중심의 경제 전략을 통해 글로벌 경제와 통합되었고, 이를 통해 경제 성장을 가속화했다. 중국은 저렴한 노동력과 대규모 생산 능력을 바탕으로 전 세계 소비재 시장을 장악하며 '세계의 공장'으로 부상했다. 이는 중국의 경제 성장의 핵심 동력 중 하나였다. 또한, 중국은 2001년 세계무역기구(WTO)에 가입하며 글로벌 시장에 본격적으로 편입되었고, 이후 수출 규모는 급속도로 확대되었다. 이는 경제 성장을 뒷받침하는 중요한 요소였다.

7. 기술 혁신과 첨단 산업 육성

중국은 단순한 제조업에서 벗어나 첨단 기술 산업으로의 전환에 성공하며 경제 발전을 지속했다. 2015년 발표된 중국 제조 2025 전략은 중국이 저부가가치 제조업을 넘어 첨단 산업으로 도약하기 위한 목표를 담고 있다. 전기차, 반도체, 인공지능(AI), 5G 통신 등 기술 중심의 산업에서 세계적인 경쟁력을 확보하고 있다. 또한, 중국은 자국 내 기술 개발을 통해 외국 기술 의존도를 줄이고, 독자적인 기술 혁신 능력을 강화했다. 이는 현재 글로벌 기술 경쟁에서 중요한 역할을 하고 있다.

8. 내수 경제와 소비시장 성장

중국은 중산층 인구의 증가와 함께 내수 시장을 확대하며 지속 가능한 성장을 도모했다. 도시화와 경제 발전으로 인해 중산층 인구가 급격히 증가했으며, 이는 소비시장 성장을 이끄는 중요한 요인이 되었다. 중국 내수 시장의 성장 덕분에 중국은 수출 의존도를 줄이고, 내수 기반 경제로 전환할 수 있었다. 또한, 중국은 전자상거래와 핀테크 산업을 발전시켜 내수 경제를 활성화했다. 알리바바, 텐센트와 같은 대형 IT 기업들이 중국 내 전자상거래 시장을 선도하며, 소비 패턴을 변화시켰다.

V 중국 성장 지속가능성에 대한 낙관론과 비관론

1. 낙관론: 중국 경제 성장의 지속 가능성

(1) 저스틴 린(Justin Yifu Lin)

저스틴 린은 중국 베이징대학교 교수이자 세계은행 수석 경제학자 출신으로, 중국 경제의 강력한 낙관론자 중 한 명이다. 그는 중국의 경제 성장 잠재력이 여전히 크다고 주장하며, 다음과 같은 이유로 중국이 높은 성장률을 유지할 수 있다고 본다. 첫째, 린은 중국이 여전히 경제 발전 과정에서 구조적 전환의 잠재력을 가지고 있다고 주장한다. 중국은 아직도 많은 인구가 저소득 분야에서 일하고 있어, 이들을 고부가가치 산업으로 전환시키는 과정에서 경제 성장이 지속될 수 있다는 것이다. 둘째, 중국은 기술 혁신과 산업 업그레이드를 통해 첨단 산업에서 경쟁력을 계속해서 키우고 있다. 그는 특히 중국이 첨단 기술, 제조업, 인공지능, 신재생

에너지 등의 분야에서 세계적인 리더가 될 수 있는 잠재력을 가지고 있다고 강조한다. 셋째, 린은 중국 정부의 적극적인 산업 정책과 계획 경제적 요소가 경제 성장에 긍정적인 영향을 미친다고 본다. 중국 정부는 인프라 투자, 기술 개발 지원, 외국 자본 유치 등을 통해 경제를 성장시키고 있으며, 이는 중국 경제의 탄력성을 높인다고 본다.

(2) 조지프 스티글리츠(Joseph Stiglitz)

노벨 경제학상 수상자인 스티글리츠는 중국의 경제적 부상을 긍정적으로 평가하는 대표적 학자이다. 그는 중국의 경제 모델이 서구식 자본주의와 달리 정부의 주도적 역할을 인정하며, 중국 경제의 지속 가능성을 다음과 같이 설명한다. 첫째, 스티글리츠는 중국 정부의 시장 개입과 계획적 정책이 경제 성장을 견인하고 있다고 본다. 정부가 경제 계획을 세우고 중요한 자원을 집중적으로 투입함으로써 경제적 성과를 달성할 수 있다는 것이다. 둘째, 스티글리츠는 중국이 내수 시장을 계속해서 성장시킴으로써 외부 충격에 대한 회복력을 강화할 수 있다고 본다. 중산층의 성장과 디지털 경제의 확대로 인해 중국 내 소비가 경제 성장을 지속적으로 견인할 수 있다는 것이다.

2. 비관론: 중국 경제 성장의 한계와 위험

(1) 마이클 페티스(Michael Pettis)

베이징대학교 국제학 교수인 마이클 페티스는 중국 경제의 구조적 문제를 강력히 비판하는 학자 중 한 명이다. 그는 중국의 경제 성장이 더 이상 지속 가능하지 않을 수 있다고 경고하며, 다음과 같은 이유를 제시한다. 첫째, 페티스는 중국의 경제 성장이 부채 의존적이라고 주장한다. 지방 정부와 기업들이 과도한 부채를 쌓아가며 경제 성장을 유지하고 있으며, 이는 경제의 지속 가능성을 위협할 수 있는 요인이라고 본다. 특히 부동산과 같은 비효율적인 투자에 의존하는 경제 구조는 장기적으로 불안정성을 초래할 가능성이 있다고 경고한다. 둘째, 페티스는 중국의 내수 시장이 충분히 성장하지 못하고 있다고 지적한다. 특히, 소득 불평등과 같은 문제로 인해 내수 소비가 예상보다 더딜 수 있으며, 경제 성장이 둔화될 가능성이 있다고 주장한다. 셋째, 페티스는 인구 고령화가 중국 경제에 큰 타격을 줄 것이라고 경고한다. 노동 가능 인구가 감소함에 따라 생산성 하락과 경제 성장 둔화가 불가피할 것이라는 분석이다.

(2) 니콜라스 라디(Nicholas Lardy)

미국의 경제학자이자 피터슨국제경제연구소(PIIE)의 연구원인 니콜라스 라디는 중국 경제의 구조적 취약성에 대해 경고하는 대표적인 비관론자이다. 그는 중국 경제 성장의 지속 가능성에 대한 회의적인 입장을 가지고 있으며, 다음과 같은 문제를 지적한다. 첫째, 라디는 중국의 국영기업들이 여전히 경제의 큰 부분을 차지하고 있으며, 이들이 비효율적인 자원 배분을 일으키고 있다고 주장한다. 특히, 국영기업이 정부의 보호 속에서 효율성을 저해하고 있으며, 이는 장기적으로 경제 성장을 둔화시킬 수 있다는 것이다. 둘째, 라디는 중국 정부가 민간 기업에 대한 억압적인 정책을 펼치고 있다고 지적한다. 민간 부문이 중국 경제의 성장 엔진 역할을 해왔으나, 정부의 지나친 개입과 규제는 민간 기업의 성장을 저해하고 있다는 것이다. 이는 경제 혁신과 생산성 증가에도 부정적인 영향을 미칠 수 있다고 경고한다.

(3) 케네스 로고프(Kenneth Rogoff)

하버드대학교 교수이자 국제통화기금(IMF) 전 수석 경제학자인 케네스 로고프는 중국의 부동산 시장 거품이 경제 성장의 지속 가능성을 위협한다고 지적한다. 로고프는 중국의 부동산 시장이 과열되어 있으며, 이는 경제 전반에 시스템적 리스크를 초래할 수 있다고 주장한다. 그는 중국의 경제 성장이 부동산 투자에 지나치게 의존하고 있으며, 부동산 가격이 하락할 경우 심각한 경제 위기가 발생할 수 있다고 경고한다. 또한, 로고프는 중국 정부가 경제를 조절하는 과정에서 정책적인 실수를 할 가능성이 크다고 본다. 특히 부동산 시장과 관련된 조정이 미흡할 경우, 대규모 금융 위기가 올 수 있다는 분석이다.

Ⅵ 중국의 부상 이후 미국에 대한 도전 가능성

1. 긍정론: 중국이 미국에 도전할 것이라는 입장

(1) 존 미어샤이머(John Mearsheimer)

존 미어샤이머는 국제정치 이론에서 공격적 현실주의(Offensive Realism)를 주장하는 대표적인 학자이다. 그는 중국의 부상이 필연적으로 미국에 대한 도전으로 이어질 것이며, 두 국가 간의 충돌 가능성이 높다고 본다. 미어샤이머는 국제체제가 무정부적(anarchic)이며, 모든 국가가 자신의 안보를 위해 권력을 추구한다고 주장한다. 중국이 경제적·군사적으로 부상하면, 그 권력은 필연적으로 미국의 패권을 위협하게 될 것이고, 중국은 자신의 지위를 강화하기 위해 지역 패권을 추구할 것이라고 본다. 또한, 미어샤이머는 중국이 동아시아에서 미국을 몰아내고 지역 패권국이 되려 할 것이라고 주장한다. 그는 중국이 미국의 영향력을 축소시키고, 나아가 아시아-태평양 지역에서 자신만의 규칙을 세우고자 할 것이라고 예측한다. 이는 미국과 중국 간의 패권 경쟁이 불가피함을 의미한다. 미어샤이머는 중국과 미국의 경쟁이 궁극적으로 군사적 충돌로 이어질 수 있다고 경고한다. 그는 힘의 전이가 일어날 때 기존 패권국과 신흥 강대국 사이에서 갈등이 발생하는 역사적 사례들을 인용하며, 중국의 부상이 결국 미국과의 심각한 대결로 이어질 가능성을 높게 본다.

(2) 그레이엄 앨리슨(Graham Allison): 투키디데스의 함정

하버드대학교의 그레이엄 앨리슨은 중국과 미국의 경쟁이 투키디데스의 함정(Thucydides Trap)에 빠질 수 있다고 경고한다. 이 개념은 고대 그리스에서 스파르타와 아테네가 부딪혔던 권력 전이를 설명하는데, 앨리슨은 이를 현대 국제정치에 적용한다. 앨리슨은 중국이 미국을 필연적으로 도전할 수밖에 없다고 주장한다. 역사적으로 신흥 강대국이 기존 패권국의 자리를 차지하려 할 때 충돌이 발생하는 경우가 많았으며, 중국이 현재 그러한 상황에 놓여 있다는 것이다. 앨리슨은 미국이 중국의 부상을 억제하려고 시도할 것이라고 본다. 이는 군사적 억제뿐만 아니라 경제적, 외교적 수단을 통해 이루어질 것이며, 이 과정에서 긴장과 갈등이 심화될 가능성이 크다고 주장한다. 앨리슨은 중국과 미국 간의 갈등이 불가피하다고 보며, 특히 동아시아와 남중국해에서의 갈등이 이러한 경쟁을 더욱 심화시킬 수 있다고 본다. 그는 과거 16번의 권력 전이 사례 중 12번이 전쟁으로 이어졌다는 점을 강조하며, 미중 간의 갈등 역시 비슷한 경로를 따라갈 수 있다고 경고한다.

(3) 아론 프리드버그(Aaron Friedberg)

프린스턴대학 교수인 아론 프리드버그는 중국의 부상이 자유주의적 국제 질서에 대한 도전이라고 주장하며, 이는 미국의 패권을 직접적으로 위협할 수 있다고 본다. 프리드버그는 중국이 미국과 달리 권위주의적 통치 모델을 제시하고 있으며, 이는 자유민주주의와 충돌할 수밖에 없다고 주장한다. 그는 중국이 경제적 성공을 바탕으로 자국의 정치 모델을 국제적으로 확산시키려 할 것이라고 본다. 그는 중국이 일대일로(One Belt, One Road) 같은 프로젝트를 통해 국제 질서에 도전하고 있으며, 이를 통해 미국 주도의 국제 규범과 질서에 직접적인 도전장을 내밀고 있다고 평가한다. 프리드버그는 중국이 경제적 부상을 넘어 세계 질서를 재편하려 할 것이라고 예측한다.

2. 부정론: 중국이 미국에 도전하지 않을 것이라는 입장

(1) 조지프 나이(Joseph Nye): 복합적 상호의존

하버드대학 교수인 조지프 나이는 복합 상호의존(Complex Interdependence) 이론을 통해, 미중관계가 협력과 갈등 사이에서 균형을 찾을 수 있다고 주장한다. 나이는 미중관계가 과거의 패권 경쟁과 다르다고 주장한다. 그는 두 국가가 경제적으로 상호 의존적이며, 이 상호 의존성은 전쟁이나 대결로 가는 것을 막는 중요한 요인이라고 본다. 예를 들어, 미국과 중국은 세계 최대의 무역 파트너 중 하나이며, 이는 양국이 경제적 손실을 피하기 위해 갈등을 최소화하려고 할 동기를 제공한다. 또한, 나이는 국제 질서에서의 소프트 파워와 다자주의의 중요성을 강조하며, 미중 간의 경쟁이 전면적인 대결로 이어지기보다는, 서로 다른 분야에서의 협력과 경쟁이 공존할 수 있다고 본다. 그는 특히 기후변화, 공중보건, 테러리즘 같은 글로벌 문제에서 양국이 협력할 여지가 크다고 주장한다. 나이는 중국이 군사적 충돌을 원하지 않을 것이라고 보며, 중국 지도부가 경제적 안정과 발전을 더 중시할 것이라고 본다. 따라서 미국과 중국 간의 경쟁이 심화되더라도, 이는 군사적 갈등으로 비화되기보다는 경제적 협력을 중심으로 한 평화적 경쟁으로 이어질 것이라고 주장한다.

(2) 존 아이켄베리(John Ikenberry): 자유주의 국제 질서의 회복력

존 아이켄베리는 자유주의 국제 질서(Liberal International Order)가 여전히 견고하다고 주장하며, 중국의 부상이 그 질서를 무너뜨리지는 않을 것이라고 본다. 아이켄베리는 중국이 자유주의 국제 질서 안에서 성장했으며, 이 질서의 혜택을 받아왔다고 지적한다. 그는 중국이 국제 무역과 다자 기구, 규범을 통해 번영했기 때문에, 그 질서를 근본적으로 흔들거나 도전할 필요가 없다고 본다. 즉, 중국은 기존 질서의 수혜자로서 그 체제 내에서 자신의 이익을 확대하려고 할 가능성이 크다고 주장한다. 또한, 아이켄베리는 자유주의 국제 질서가 새로운 강대국의 부상을 받아들일 수 있을 만큼 유연하고 회복력이 있다고 본다. 그는 중국이 미국과 갈등을 피하면서, 질서 내에서 더 큰 발언권을 확보하는 방식으로 국제 정치에서 역할을 확대할 가능성이 높다고 주장한다.

(3) 데이비드 샴보(David Shambaugh)

조지워싱턴대학의 데이비드 샴보는 중국이 국제 질서에 도전하기보다는, 현상 유지를 선호할 것이라고 주장한다. 샴보는 중국이 경제적·정치적으로 아직 많은 내부적 도전에 직면해 있다고 본다. 예를 들어 인구 고령화, 부채 문제, 부동산 시장 불안 등 내부 문제들이 중국이 국제 무대에서 강력하게 도전할 여력을 제약할 것이라고 주장한다. 또한, 그는 중국이 지역 패권국으로서 동아시아에서 영향력을 확대하려 할 수는 있지만, 세계 패권국으로 미국에 도전하기에는 준비가 부족하다고 본다. 샴보는 중국이 국제 정치에서 더 큰 역할을 할 것이지만, 현 질서를 근본적으로 변화시키거나 미국을 대체할 가능성은 낮다고 본다.

Ⅶ 부상 이후 미중관계 양상에 따른 한국의 대응 전략

1. 전략적 모호성 유지

(1) 의의

미중관계가 경쟁과 협력이 동시에 진행되는 복합적 양상을 보일 경우, 한국은 전략적 모호성을 유지하며 양국 간의 균형을 도모할 수 있다. 이는 어느 한쪽에 명확하게 치우치지 않으면서, 한국의 이익을 극대화하는 방식을 말한다.

(2) 경중안미

한국은 경제적으로 중국과 깊이 연결되어 있지만, 안보적으로는 미국과의 한미동맹이 핵심이다. 이러한 상황에서 한국은 경제적으로는 중국과 긴밀한 협력을 유지하고, 안보적으로는 미국과의 동맹을 강화하는 이중 전략을 사용할 수 있다.

(3) 균형 외교

한국은 미중 사이에서 중립적 입장을 취하고, 다자 외교를 통해 국제사회에서 중요한 중재자 역할을 할 수 있다. 예를 들어, 한국은 아세안(ASEAN)이나 EU와의 협력을 통해 미국과 중국 간의 대립을 완화하는 방안을 모색할 수 있다. 또한 기후변화, 코로나19 대응 같은 글로벌 이슈에서 두 강대국을 잇는 협력의 장을 마련할 수도 있다.

2. 동맹 중심 전략: 한미 동맹 강화

(1) 의의

미중 갈등이 심화되고, 미국이 동맹국들에게 선택을 요구하는 상황에서, 한국은 한미 동맹을 강화하는 쪽으로 대응할 수 있다. 이는 안보적으로 미국에 대한 의존도가 높은 한국이 미국과의 협력을 통해 안보 및 경제적 이익을 확보하는 전략이다.

(2) 한미동맹의 강화

한국은 전통적인 한미동맹을 강화하면서, 미국의 인도-태평양 전략에 참여하여 안보 협력을 증대할 수 있다. 특히 북한 문제 해결, 한반도 방어, 동북아시아에서의 안정 유지 등에서 미국과의 군사적 협력을 확대하고, 지역 내 군사적 역할을 강화할 수 있다.

(3) 첨단 기술 협력

미국과의 첨단 기술 분야 협력을 통해 한국의 기술 경쟁력을 강화할 수 있다. 예를 들어, 반도체, 배터리, 바이오 기술 등 첨단 산업에서 미국과의 기술 협력을 강화함으로써 기술 패권 경쟁에서 유리한 위치를 확보할 수 있다.

(4) 경제적 선택

미국이 한국에 경제적 선택을 요구할 경우, 한국은 미국 주도의 경제 프레임워크에 참여하는 방안을 검토할 수 있다. 예를 들어, 인도-태평양 경제 프레임워크(IPEF)에 적극적으로 참여하여 미국과의 경제 협력 관계를 강화할 수 있다. 이는 중국 시장 의존도를 줄이고, 공급망을 다변화하는 데 기여할 수 있다.

(5) 군사 협력

미중 간의 군사적 갈등이 심화될 경우, 한국은 한미 군사 동맹을 통해 안보를 강화하는 방향으로 대응할 수 있다. 이는 특히 북한 문제와 관련하여 미국의 군사적 지원을 확보하고, 동북아시아에서의 안보 역할을 증대하는 방안이다.

3. 자주적 국방 및 경제 다변화

(1) 의의

미중 갈등이 지속될 경우, 한국은 자주 국방을 강화하고 경제 다변화를 통해 자립적 역량을 확대하는 방향으로 대응할 수 있다.

(2) 자주 국방 능력 강화

한국은 미중 간 군사적 갈등이 심화될 때 자주 국방을 강화하여 미국과 중국 모두에 대한 의존도를 줄일 수 있다. 이를 위해 한국형 미사일 방어체계(KAMD)와 같은 자주 국방 시스템을 구축하고, 군사적 독립성을 높이는 데 주력할 수 있다.

(3) 국방 산업 육성

한국은 첨단 국방 산업을 강화하여 스스로의 안보 역량을 증대시킬 수 있다. 이는 국산 무기 개발, 방위산업 기술 혁신 등을 통해 자국 방어에 필요한 기술적 자립을 추구하는 방식이다. 이를 통해 미국이나 중국의 군사 지원에 대한 의존성을 줄이고, 독립적인 군사력을 구축할 수 있다.

(4) 경제 다변화

한국은 경제 다변화를 통해 특정 국가에 대한 의존도를 줄이는 방향으로 대응할 수 있다. 중국 시장 의존도를 낮추기 위해 동남아시아, 유럽, 인도 등 신흥 시장으로의 진출을 확대하고, 수출 시장을 다변화하는 전략이 필요하다. 또한, 공급망 재편을 통해 미중 간의 기술 경쟁에서 자국 경제에 미치는 영향을 최소화할 수 있다.

4. 중국과의 협력 강화: 경제 중심 전략

(1) 의의

미중관계에서 갈등이 심화되더라도, 한국은 중국과의 경제 협력을 강화하는 전략을 선택할 수 있다. 중국은 여전히 한국의 최대 교역국이며, 지정학적으로도 밀접한 관계에 있는 국가이기 때문이다.

(2) 경제적 실리 추구

한국은 경제적 실리를 고려하여 중국과의 무역 관계를 계속 유지하고, 중국 시장에서의 경제적 기회를 최대한 활용하는 전략을 취할 수 있다. 예를 들어, 첨단 기술 분야에서 중국과의 협력을 유지하며, 한중 경제 협력 채널을 강화할 수 있다.

(3) 일대일로 프로젝트 참여

한국은 중국의 일대일로(One Belt, One Road) 프로젝트에 참여하거나, 중국과의 경제적 협력을 확대함으로써 지역 내 경제적 이익을 증대시킬 수 있다. 이는 한국이 중국의 대외 경제 정책과의 긴밀한 관계를 통해 경제적 기회를 확보하는 전략이다.

(4) 중국과의 경제외교 강화

한국은 중국과의 경제적 파트너십을 통해 양국 간의 경제 외교를 강화할 수 있다. 이를 통해 한국은 동아시아 경제 질서에서 중요한 역할을 하며, 한중 자유무역협정(FTA) 등을 통해 양국의 경제적 협력을 지속적으로 발전시킬 수 있다.

5. 다자 외교 및 중재자 역할 강화

(1) 의의

미중관계가 경쟁적 양상을 보이더라도, 한국은 다자 외교를 통해 국제사회에서 중재자 역할을 강화할 수 있다. 이는 특정 강대국에 치우치지 않고 다양한 외교 채널을 통해 자국의 이익을 극대화하는 전략이다.

(2) 중견국 외교

한국은 중견국으로서 중재자 역할을 수행하며, 미국과 중국 간의 갈등을 완화하고 협력의 장을 마련할 수 있다. 이를 위해 한국은 ASEAN, EU, 일본, 호주 등과 협력하여 다자간 외교를 강화하고, 미중 갈등의 완화와 국제 협력을 위한 플랫폼을 제공할 수 있다.

(3) 국제 기구에서의 역할 확대

한국은 유엔, 세계무역기구(WTO), G20 등 국제 기구에서의 역할을 확대함으로써 다자 외교를 강화하고, 미중 간의 갈등을 조정할 수 있는 국제적 플랫폼을 제공할 수 있다. 이를 통해 한국은 글로벌 이슈에 대한 중재자 역할을 하면서 양국과의 관계를 조율할 수 있다.

(4) 동북아시아 협력

한국은 동북아시아에서 미국, 중국, 일본, 러시아 등과의 협력을 강화하여 지역

안정을 도모할 수 있다. 예를 들어, 6자회담 같은 다자 협상 구조를 재활성화하거나, 지역 안보 협력 기구를 설립하여 미중 간의 긴장을 완화할 수 있는 방안을 모색할 수 있다.

> **참고 중국의 5대 함정**
>
> **1. 중진국 함정**
> 중진국 함정이란 개발도상국이 중간소득국가에서 성장력을 상실하여 고소득국가에 이르지 못하고 정체되어 있거나 다시 저소득국가로 후퇴되는 현상을 말한다. 그 원인은 성장동력의 부족이고, 나머지 하나는 경제전환의 실패에서 비롯된다. 경제 성장이 특정 사람과 분야에 집중되고 사회의 불평등이 급속히 커져 불안정을 불러오게 된다. 대체적으로 초기 개도국은 비록 독재정권일지라도 정치적 안정이 지속된다면 어느 정도까지 경제는 발전한다. 인건비가 낮고, 선진국의 공장역할을 수행하며, 특정 산업에 대한 선택과 집중이 가능하기 때문이다. 그러나 경제가 어느 수준에 들어서면 새로운 성장동력을 창출해 내야 한다. 그렇지 않으면 장기불황에 빠질 가능성이 있다. 라틴 아메리카가 그 예이다. 비록 20~30년간의 노력에도 경제가 회복되지 못해, 아직까지 만 달러의 문턱을 넘지 못했다. 최근 브라질 대통령이 탄핵되어 직무가 정지되었는데 이는 이와 무관치 않다. 세계은행의 자료에 의하면, 1960년 세계 101개국이 중등수입의 경제체였으나 2008년에 이르러 13개 경제체만이 중진국 함정을 뛰어넘었다. 절대다수의 국가들은 중진국 함정에서 벗어나지 못했다. 중국 역시 이를 고민하고 있다.
>
> **2. 타키투스 함정(Tacitus Trap)**
> 로마의 최고지도자이며 집정관인 코넬리우스 타키투스가 한 말로 정부가 한번 신뢰를 잃으면 '콩으로 메주를 쑨다' 해도 민중들은 곧이 듣지 않는다는 것이다. 정부가 좋은 일을 하든 나쁜 일을 하든 모두 나쁘게 인식하고, 정부가 거짓을 말하든 진실을 말하든 모두 거짓으로 여긴다는 것이다. 시진핑이 가장 강조하고 있는 것이 바로 타키투스 함정이다. 민중에 대한 신뢰를 얻기는 매우 어렵지만, 훼손되기는 매우 쉽다. 이를 위해 시진핑은 반부패전쟁, 법치건설과 사법개혁을 결합시키고 있다. 특히, 현재 중국의 사회문화를 볼 때 SNS는 이미 대중화되었고, 인터넷상의 각종 댓글이 난무하는 시대를 살고 있다. 만약 공적 업무 처리에 시의적절한 대응을 하지 못한다면 비록 사소한 사건일지라도 일파만파로 파급될 수 있다. 공적 업무의 투명도를 개선하고, 민중과의 소통채널이 매우 중요한 이유이다. 왜냐하면 이를 극복하지 못할 경우 공산당 통치의 합법성에 치명상을 입힐 것이기 때문이다.
>
> **3. 서양화와 분열화의 함정**
> 중국은 아편전쟁 이후 서양화와 분열화의 길을 걸었다. 그 결과 중국은 나뉘었으며, 간난을 무릅쓰고 반봉건 반식민의 상태에서 중화인민공화국을 탄생시켰지만, 건국한 후에도 대만 문제를 비롯해서, 분열적인 요소들은 여전히 남아 있다. 신장과 티베트 역시 민족, 인권, 민주의 이름으로 언제든지 폭발할 위험요소를 갖추고 있다. 공산당이 만약 분열적인 요소를 잘 극복하지 못한다면 이는 제2의 리홍장(李鴻章)이 되는, 즉 역사의 죄인이 되는 것을 의미한다. 중국은 서양과 '화약연기 없는 전쟁'을 치르고 있다고 생각한다. 미국을 중심으로 하는 서구세력이 평화적인 방법으로 중국사회주의제도를 와해시킨다는 화평연변(peaceful evolution)에 대한 우려를 아직도 가지고 있다. 그래서인지 최근 들어 시진핑은 '문화안전'을 특히 강조하고 있다. '서양 잡사상'의 침투에 대비해 사회주의 핵심가치관을 강조하는 이유다. 사상적인 측면에서 본다면 시진핑은 등소평보다 모택동 시대에 더 가깝게 와 있다.
>
> **4. 투키티데스 함정(Thucydides Trap)**
> 고대 아테네의 역사학자 투키티데스는 펠로폰네소스 전쟁사를 썼다. 그가 본 이 전쟁의 원인은 굴기하고 있는 아테네의 성장이었고, 이를 두려워한 스파르타가 아테네를 침공하게 되었다는 것이다. 새로 굴기하는 신흥대국은 필연적으로 기존대국에 도전하기 때문에 기존대국은 이러한 위협에 대응해야만 한다. 시진핑은 2015년 미국 방문에서 투키티데스 함정은 없는 것이라고 강조했다. 그러나 대국 간에 일단 전략적 오판을 한다면 이는 자신들이 스스로 투키티데스 함정을 만드는 것이다.

> **참고 킨들버거 함정(조셉 나이)**
>
> 패권의 의사와 능력을 모두 갖춘 패권국이 부재하여 대공황이 심화되었음을 주장한 킨들버거(Kindleberger)의 견해를 중국이 부상하고 있는 현 상황과 관련하여 조셉 나이(Nye)가 명명한 것이다. 찰스 킨들버거는 세계 최강의 글로벌 파워의 자리를 놓고 미국이 영국을 대체했으나 글로벌 공공재를 제공하는 역할에서는 영국의 역할을 떠맡는 데 실패했기 때문에 1930년대 대재앙이 왔다고 분석했다. 지금까지 중국의 행동은 자신이 혜택받은 자유세계 질서를 전복하려 하지 않고, 그 안에서 영향력을 키우려 하고 있다. 만약 트럼프의 대중정책에 의해 제약을 받고 고립된다면, 중국이 분열적인 무임승차국이 돼 세계를 킨들버거 함정에 몰아넣을 우려가 있다. 킨들버거 함정을 피하기 위해서는 미국은 중국을 국제질서 조력자로 인정하고 세계질서를 안정화시키기 위해 공동 협력할 필요가 있다.

제3장 일본 외교정책

제1절 총설

Ⅰ 서론

제2차 세계대전 이후의 일본 외교는 소극적이고 국제환경에 순응적이라는 이미지가 강했다. 폐허가 된 국토, 주권의 상실, 연합국의 점령 등 패전이 가져온 부(負)의 유산은 전후 일본 외교의 진로에 결정적인 영향을 미쳤다. 미국 주도의 점령정책 하에서 채택된 '평화헌법'은 군사력의 보유와 사용을 제한하였으며, 일본의 주권을 회복시킨 강화조약과 함께 조인된 미일안보조약은 전후 일본의 외교안보정책에 대미(對美) 의존적 성격을 강요하였다. 이 시기에 태동한 '경무장(輕武裝) 경제우선 전략', 즉 '요시다 독트린(Yoshida Doctrine)'은 이후 자민당 장기집권하에서 역대 내각이 추구한 대외정책의 기본노선이 되었다. 그런데 탈냉전 이후(post-Cold War) 일본은 외교안보 분야에서 대외 관여를 확대하고 명확한 자기주장을 하는 경우가 늘어났다. UN 안전보장이사회의 상임이사국 진입을 시도하였고, 기후변화와 개발원조 등 범세계적 이슈에 대해서 '교토의정서(Kyoto Protocol, 京都議定書)'의 채택과 아프리카 개발회의(TICAD)의 개최 등을 주도하였다. 21세기 들어 일본 정부가 제시한 '주장하는 외교'나 '가치관 외교' 그리고 '적극적 평화주의' 등의 개념은 종래의 경제외교'와 차별화된 것이었다. 인적(人的) 공헌과 관련하여 일본은 UN평화유지활동(PKO)뿐만 아니라 미국 주도의 '테러와의 전쟁'에도 자위대를 파견하였다. 지역안보와 관련해서는 미일동맹의 재조정을 통해 일본의 역할을 확대하였고, 호주, 인도 등과의 안보협력을 강화하고 있다.

Ⅱ 일본의 대외정책에 대한 주요 영향요인

1. 지정학적 요인

일본은 아시아대륙에서 떨어져 나온 섬나라로서 일찍부터 중국 문명권의 외연부에 위치해 있다. 일본 열도의 사방을 둘러싸고 있는 바다는 대륙세력으로부터 일본을 방어하는 요새이자 앞선 문명을 흡수하는 교통로의 역할을 했다. 이처럼 외부로부터 일정한 독자성을 유지한 채 교류를 계속하는 이중적인 성격이야말로 일본의 대외관계 설정의 기본 틀이자 군사전략의 요체였다. 명치시대에 일본의 대외진출 방향을 놓고 벌어진 이른바 대륙국가론과 해양국가론 간의 논쟁이나, 청일전쟁과 러일전쟁의 논리가 되었던 '주권선'과 '이익선'의 개념화에 있어서도 '섬나라'라는 지정학적 위치가 논의의 출발점이 되었다. 제2차 세계대전에서 패배한 뒤 일본 사회에서는 제국 일본이 영국, 미국 등 전통적인 해양세력과 연대하지 않고, 이들 세력에 대항하여 중국 대륙을 침략한 것이 국가전략상 큰 패착이었다는 인식이 널리 공유되었다.

2. 역사적 요인

일본 근현대사의 기억들 특히, 명치유신 이후의 근대화, 식민침략 그리고 패전의 경험 등과 같은 '과거의 유산'은 일본 외교정책에 지대한 영향을 미치고 있다. 일본은 아시아국가로는 유일하게 근대화에 성공하여 아시아에서 서구 열강을 축출하고, 소위 대동아공영권이라는 일본 중심의 지역 질서의 구축을 시도하였다. 그 과정에서 감행한 청일전쟁, 러일전쟁 그리고 태평양전쟁 등 일련의 침략전쟁과 식민지배는 아시아 국가들에게 오래도록 잊지 못할 인적·정신적·물질적 피해를 강요하였다.

태평양전쟁의 패전과 점령정책의 경험은 서구에 대한 일본의 '저자세외교' 내지는 '대미추종외교'의 토양을 제공한 반면, 식민침략 과정에서 잉태된 일본인의 아시아에 대한 우월적인 정신구조는 전후에 새로 독립한 주변국의 국민감정을 자극하는 이른바 망언으로 표출되었다. 1990년대 들어 자민당 장기집권이 막을 내린 후 후속의 내각은 과거의 침략과 식민지배에 대한 일본 정부의 인식을 표명하는 경우가 늘어났다. 전후 50주년인 1995년에 발표된 무라야마 담화는 침략전쟁과 식민지 지배에 대한 전향적인 반성과 사죄를 담고 있다. 전후 60주년과 70주년을 계기로 고이즈미 내각과 아베 내각은 각각 기념담화를 발표하였다. 그때마다 일본에서는 과거 침략전쟁의 피해와 후유증에 대한 사죄 및 보상의무를 둘러싸고 논쟁이 벌어졌고, 주변 국가들과 역사 마찰을 일으켰다.

이처럼 과거 전쟁에 대한 역사인식에 관련되는 야스쿠니신사(靖國神社) 참배, 역사 교과서의 기술, 그리고 침략전쟁 당시 강제 동원된 징용 피해자와 일본군 위안부 피해자 등에 대한 법적·도덕적 책임 등의 문제가 일본 외교의 현안으로 등장했다. 탈냉전 이후 일본 사회 전반의 보수화, 지역 내 영토 갈등의 심화 등과 맞물리면서 향후에도 과거사 문제는 일본 국내정치와 대외관계의 쟁점이자 동아시아 국제질서의 불안정 요인으로 남을 것으로 보인다.

3. 이념·제도적 요인

점령정책하에서 일본은 민주화와 비군사화를 양축으로 하는 정치, 경제, 사회 등 제반 분야의 개혁을 단행하였고, 이를 통한 민주주의와 시장경제로의 제도적 확립은 전후 국가체제의 기초를 제공하였다. 그리고 일본의 국제사회로의 복귀는 미국 주도의 강화조약 및 미일안보조약의 체결을 통해 이루어졌는데, 이는 동아시아 냉전질서 하에서 일본 대외관계의 친미·친서구적 태도로 구조화되었다. 또한 점령정책 하에서 제도화된 평화헌법은 미일안보조약과 함께 '요시다 독트린', 즉 '경무장 경제우선 전략'의 토대가 되었다.

이후 평화헌법 체제와 미일안보조약은 외교안보 정책을 둘러싸고 전개된 보수와 혁신 세력 간의 이념대립의 중심축에 위치하였다. 즉, 헌법 해석 및 개정 논의, 집단적 자위권 논의, 자위대의 창설 및 해외 파견, 방위비 분담 및 상한 문제, 비핵 3원칙의 채택, 미일안보조약의 개정 및 미일동맹의 재정의 등 전후 일본 외교안보정책과 관련된 주요 논쟁은 기본적으로 이러한 이념 구도 및 제도적 틀 속에서 전개되어 왔다. 후술하듯이 21세기 들어 고이즈미 내각과 아베 내각하에서 가속화한 보통 국가화 작업은 보수이념의 제도화를 토대로 한 것이었다.

4. 국제환경적 요인

전후의 일본 외교는 다른 국가들과 비교하여 국제 환경의 영향을 상대적으로 크게 받았다고 할 수 있다. 이는 일본이 각종 생산 및 소비 활동에 필요한 자원의 대부분을 수입에 의존하고 있으며, 상품 판매의 대외 의존도가 높다는 사실과 관련이 있다. 특히 바다로 둘러싸인 일본은 자유로운 항해가 가능한 해상교통로(SLOC: Sea Lanes of Communication)의 확보에 사활적인 이해관계를 가지고 있다. 일본은 1970년대 석유위기를 겪으면서 산유국과의 외교관계와 함께 해상교통로의 안정화의 중요성을 절감하였고, 1982년경부터 해상교통로 1,000해리 방위구상을 책정하는 등 적극적인 움직임을 보였다.

일본 외교는 안보 측면에서도 국제환경에 취약한 구조를 갖고 있다. 패전 후 소련의 남하와 중국의 공산화라는 위협을 경험한 일본은 주권의 회복과 동시에 미국과 안전보장조약을 체결했다. 일본이 자국의 방위를 전적으로 미국에 의존하게 된 결과, 안보정책을 비롯한 일본의 제반 외교정책은 미국의 대일정책에 의해 규정됨으로써 '대미추종외교' 혹은 '대미종속외교'의 색채가 농후해졌다. 이처럼 자국의 경제와 안보를 외부환경에 크게 의존하고 있는 일본은 국제평화와 안정이라는 문제에 항상 민감하게 반응해 왔다.

일본 외교는 전통적으로 국가 간의 힘의 균형의 변화 및 유지에 민감하게 반응해 왔다. 특히 21세기에 들어 중국의 부상에 따른 동아시아의 파워·밸런스 변화는 일본 방위안보정책에 큰 영향을 미쳤다. 미중 간의 패권 경쟁적 요소가 강해지면서 일본의 대중국 정책은 미국의 아시아태평양정책과 연동되어 중국 견제적 성격이 강해졌다. 중일관계는 정치·안보 측면에서의 경쟁관계로의 이행이라는 구조적 변화를 겪었다.

III 냉전기 대외정책

1. 서설

냉전기 일본의 외교정책은 소극적이고 환경 순응적인 이미지가 강했다. 이러한 배경에는 당시 일본이 처한 시대적 상황에서 기인한 측면이 강하다고 할 수 있다. 패전의 폐허 속에서 출발한 전후 일본은 주권의 회복, 안전보장 및 경제이익의 확보를 외교정책의 주요 목표로 삼았다. 주권 회복 이후에는 경제중심주의가 국가전략의 기본 노선이 되었고, 이는 결과적으로 일본의 경제대국으로의 도약을 가능하게 했다.

2. 강화(講和)외교

1945년 9월 일본의 항복문서 조인과 점령군의 진주로 시작된 연합국의 점령통치는 1952년 4월 샌프란시스코 강화조약의 발효까지 계속되었다. 당시 일본 외교의 최대 관심은 유리한 조건하의 조속한 주권의 회복에 있었으며, 점령통치의 직접 군정으로의 이행 방지, 천황제의 유지를 비롯한 관대한 개혁정책의 유도, 일본의 안전보장 확보 및 조속한 강화조약의 체결 등이 그 주된 내용이었다.

강화조약은 전쟁의 완전한 종결과 패전국의 주권 회복을 의미하는 만큼, 당초 일본 정부는 조기 강화를 의도하였다. 그러나 전쟁배상의 규모, 안전보장의 확보, 미군기지,

오키나와(沖純), 오가사와라(小笠原) 및 북방 4개 도서의 주권 회복 등의 문제에 대한 연합국 측과 일본 측의 입장 조율은 난항을 거듭했다. 또한 일본의 국내정치적 상황 역시 조기 강화를 어렵게 하였다. 연합국의 점령통치는 한편으로 그동안 억압되어 있던 좌파 세력의 부활을 가져왔고, 다른 한편으로는 '역(逆)코스'를 거치면서 보수 정치가들을 정치 일선으로 재등장시켰다. 이들 혁신 및 보수 세력은 패전 후 일본이 추구해야 할 노선으로서 서로 다른 국가상을 제시하였고, 당시 주요 정치 쟁점이었던 강화조약, 미일안보조약 및 재군비 문제를 둘러싸고 치열한 공방을 전개하였다.

공산당과 사회당 계열의 좌파 정치가들은 '평화주의'와 '비무장 중립'의 입장에서 미일안보협력과 재무장에 반대하였다(이른바 사회민주주의 노선). 반면 하토야마 이치로(鳩山一郎), 기시 노부스케(岸信介)와 같은 보수 정치가들은 국력, 자립, 주권 등의 가치를 중시하였다(전통적 국가주의 노선). 이들은 독자적인 군비를 갖추지 못한 상황에서 편무(片務)적이고 비대칭적인 안보조약 체결이 갖는 문제점을 지적하고, 헌법 개정과 재무장을 주장했다. 이에 대해 요시다 시게루를 중심으로 한 관료 출신 정치가들은 패전국 일본의 활로를 산업과 무역을 통한 경제부흥에서 찾고자 하였다(경제중심주의 노선).

특히 요시다는 냉전이 심화되는 상황에서 독자적인 방위력이 없는 일본의 안전을 UN의 집단 안전보장체제를 통해서 확보하려는 좌파의 주장이나, 피폐한 경제사정을 무시한 채 재무장을 추진하려는 우파의 주장에 대해서 어느 쪽도 비현실적이라고 보았다. 따라서 그는 헌법 제9조의 비무장원칙을 유지한 채, 일본을 동아시아의 공산주의 봉쇄정책의 보루로 삼고자 하는 미국의 냉전전략에 협력함으로서 일본의 독립과 안전보장을 확보하고자 하였다. 미국 주도의 국제질서에 진입함으로써 자국의 군비 지출을 억제하고 경제발전에 집중한다는 이른바 '요시다 독트린'의 등장이다.

그리하여 1948년 수상 겸 외상으로 복귀한 요시다는 강화와 안전보장 문제를 주도하였다. 그는 체결 전망이 불투명한 연합국과의 일괄적인 강화(이른바 전면강화)를 포기하고, 자유진영 국가들과의 강화(다수강화 혹은 단독강화)를 우선하였다. 이에 대해 혁신세력을 중심으로 한 강력한 저항이 있었으나, 1950년 한국전쟁의 발발을 계기로 강화조약 교섭은 탄력을 받았다. 미국은 일본에 대해서 배상조건을 완화하고 경제부흥을 지원하는 대신에 적극적인 재군비를 요구하였다. 반면 일본은 미일안보조약의 체결과 기지의 존속 및 미군의 주둔을 인정하면서도 재군비에는 반대하였다. 결국 양국은 강화 후의 점진적인 방위력 증강이라는 선에서 타협하였고, 1951년 9월 소련과 중국 등이 서명에 불참한 가운데 강화조약이 체결되어 이듬해 4월 그 발효와 함께 일본의 주권은 회복되었다.

3. 안전보장 외교

일본은 자국의 안전보장을 미국의 군사력에 의존하는 안보정책을 추구하였는데, 이는 강화조약과 동시에 체결된 미일안보조약(1960년 개정, 1970년 이후 자동연장)으로 구체화하였다. 전력(戰力) 보유의 포기 및 교전권의 부인을 명시한 일본의 '평화헌법'(제9조)은 미일 양국의 쌍무(雙務)적인 집단적 자위체제(상호방위 조약)의 구축을 제약하였다. 그 대안으로서 일본은 미국에 군사기지를 제공하고 미국은 일본의 방위를 보장하는 편무적인 안보체제가 성립하였다. 그 결과, 미일안보조약을 근간으로 하는 일본의 안보정책은 일본의 독자적인 방위정책과 미국과의 협력방안이라는 두 요소로 구성되었다.

일본의 독자적인 방위정책은 1957년 책정된 '국방의 기본방침'을 바탕으로 네 차례의 방위력 정비계획을 거쳐 1976년 '방위계획대강'으로 구체화하였다. 그 핵심은 자위(自衛)를 위한 최소한의 방위력 보유와 소극적 방위를 특징으로 하는 '전수방위(專守防衛)'라는 개념으로 요약할 수 있다. 헌법 규정을 엄격히 적용하자면 일체의 전력 보유와 무력사용은 위헌이지만, 일본 정부는 외부 침략에 대한 자위를 목적으로 하는 군사력의 사용은 위헌이 아니라는 해석을 동원했다. 그리하여 한국전쟁 발발을 계기로 경찰 예비대가 창설되어 1952년 보안대(保安隊)로 개조되었고, 1954년 자위대와 방위청이 발족함으로서 실질적인 군사력을 보유하게 되었다.

일본 정부는 1980년대 초 '총합(綜合)안전보장'이란 개념을 도입하였다. 안전보장의 범위를 외부로부터의 침략에 대한 방위를 넘어 자유로운 국제질서, 에너지, 식량의 확보 및 자연재해에의 대비 등으로 확대하고, 그 수단에 있어서 외교, 경제, 에너지, 식량, 방재 등 비군사적 요소를 최대한 활용한다는 구상이었다. 이는 군사력의 보유를 제약받는 일본의 특수한 사정을 감안하여 전수방위 개념을 보완하고자 한 것이라고 볼 수 있다.

한편 미일 간의 군사협력, 즉 미일안보조약하의 양국의 역할도 명확히 규정되기에 이른다. 1976년 방위계획대강에 의하면, 소규모의 제한적인 공격에 대해서는 일본이 자체적으로 방어하고 대규모 외부 공격은 미국에 의존한다고 규정되었다. 이에 따라 미군과 자위대 간의 협력 사항이 문서화한 것이 바로 1978년 확정된 '미일방위협력지침'(이른바 가이드라인)이다. 이를 근거로 특히 해상자위대는 해상교통로(SLOC)의 방위 등에 있어서 미 해군과의 긴밀한 협력관계를 구축하였다. 1980년대의 나카소네(中曾根康弘) 내각 시기에는 세계적인 '신냉전(新冷戰)'을 배경으로 미일 간의 안보협력이 더욱 강화되었다.

이와 같이 평화헌법과 미일안보조약이라는 틀 속에서 전수방위와 총합안전보장의 개념을 기본으로 한 일본의 안보정책의 골격은 냉전기를 통해서 유지되었다. 미국 입장에서 보자면, 미일동맹은 동아시아 차원에서의 공산주의 봉쇄전략의 '초석(cornerstone)'이었다. 즉, 미일안보조약은 한국, 대만, 필리핀과의 상호방위조약, 동남아시아조약기구(SEATO), 미국·호주·뉴질랜드 안보조약(ANZUS) 등으로 구성된, 미국을 중심으로 해서 사방으로 펼쳐진 허브 앤드 스포크(hub and spokes)체제의 중심축(lynchpin)으로 기능했다.

4. 경제외교

1955년 사회당의 통합과 자민당의 출현은 전후 일본 정치에 '보수 對 혁신'라는 명확한 대결 구도를 확립시켰다. 이것이 바로 자민당을 여당으로 하고 사회당을 제1야당으로 하는 '55년 체제'의 등장이며, 이후 40년 가까이 지속되는 자민당 장기 집권하에서 요시다 수상이 기초를 닦은 '친미·친서방 지향의 경무장의 경제국가' 노선은 국가전략의 기조로 정착되었다.

1957년의 외교청서는, 부존자원이 빈약한 좁은 국토 안에 많은 인구를 가진 일본이 국민생활의 향상, 경제 발전, 국력 배양을 실현하기 위한 유일한 방법은 '경제력의 평화적 대외진출', 즉 경제적 대외 진출에 있으며, 이를 위한 '경제외교'야말로 일본 외교가 당면한 주요 과제라고 선언하였다. 외교는 '통상국가' 혹은 '무역 입국'을 실현하기 위한 중요한 수단으로 간주되었던 것이다. 그리고 이를 위해 자유무역체제의 유지와 더불어 천연자원, 자본 및 수출 시장의 안정적 확보가 경제외교의 우선적인 목표가 되었다. 전후 초기 일본이 구상한 경제 전략의 핵심은 자국의 앞선 기술력을 개발도상국의 자원 및 선진국의 자본과 결합하는 데 있었기 때문이다.

당시의 국제정세는 이러한 일본의 경제발전전략에 유리하게 작용하였다. 냉전의 발생으로 점령정책의 실세였던 미국의 대일태도는 일본의 경제 재건에 우호적으로 바뀌었다. 1950년대 이후 일본의 비약적인 대미수출 증가는 미국의 우호적인 시장개방을 배경으로 한 것이었다. 그리고 한국전쟁의 특수(特需)는 결과적으로 일본의 재정압박을 완화하는 데 크게 기여하였다. 한편 샌프란시스코 강화조약은 일본의 전후 배상을 기본적으로 '역무배상'의 형태로 규정하고 있었다. 그 결과 일본은 전후 아시아국가와의 배상 교섭에 있어서 자본재와 용역의 제공을 기본으로 하는 경제협력을 추진할 수 있었고, 이는 전후 일본의 대아시아 경제 진출의 발판이 되었다.

1956년의 경제백서는 더이상 전후는 아니다라고 선언하여 일본 경제가 이미 전전의 수준으로 회복되었으며, 향후의 경제정책의 중점은 부흥이 아닌 고도성장이 될 것임을 밝혔다. 실제로 1950년대 후반 이후 일본 경제는 투자확대, 기술혁신, 소비증대에 의해 중화학 공업, 설비·생산·경영의 근대화를 추진하는 고도성장기에 들어갔다. 1960년대에 들어서면서 요시다의 직계이자 이른바 보수본류(保守本流)의 원조라고 할 수 있는 이케다(池田勇A) 수상의 재임기간 동안 '경제국가'의 원형이 완성되었다. 대규모의 사회간접자본의 확충과 더불어 경제협력개발 기구(OECD) 가입, 관세 및 무역에 관한 일반협정(GATT) 11조국 및 국제통화기금IMF 8조국으로의 이행을 실현함으로써 명실상부한 경제대국의 조건이 갖추어졌던 것이다.

1970년대 들어 일본의 경제외교는 국제경제 환경의 급변에 직면하게 된다. 1969년 일본 경제는 국민총생산(GNP) 규모에서 서독을 제치고 자유진영 제2위의 지위에 도달하였고, 미국을 비롯한 다른 선진국과의 무역 마찰이 구조화하였다. 국제질서에서 압도적 우위를 상실한 미국은 1971년 신경제정책을 선언함으로써 두 차례의 석유 위기와 함께 일본에 위기감을 심어 주었다. 이는 결과적으로 중동·공산권과의 외교다변화, 에너지·식량 등 경제안전보장의 강화, 기술혁신 등을 통해 일본이 1980년대에 경제대국으로 재부상하는 요인으로 작용하였다.

1980년대에 일본 경제는 절정기에 이르렀다. 일본의 GNP가 세계 전체의 10%를 차지하면서 특히 미국과의 무역마찰이 심화되었고, 1985년에는 미국의 대일 무역적자를 줄이기 위한 방안으로 엔(円)화의 가치를 절상하는 조치(이른바 플라자합의)가 취해졌다. 그 영향은 두 가지로 나타났다. 하나는 국내 불황을 염려한 일본 정부가 도입한 저금리 정책의 효과인데, 이는 그 후 이른바 거품경제(Bubble Economy)를 불러오는 원인이 되었다. 다른 하나는 일본 기업의 해외직접투자 증가에 따른 동아시아지역에서의 경제적 상호의존관계의 심화였다. 따라서 결과적으로 보자면, 일본의 경제발전은 '동아시아의 기적'으로 불리는 지역경제 발전을 견인하는 촉매제가 되었다고 할 수 있다.

한편 경제협력이라는 관점에서 보면, 냉전기에 이미 경제대국으로서의 국제적 의무를 수행하고자 하는 일본의 노력이 대외원조의 확대라는 형태로 나타났다. 1970년대 후반에는 국제사회로부터의 원조 확대 요구가 증가하였다. 또한 전후 배상이 완료되면서 일본 정부는 새로운 자금 환류의 수단을 필요로 하였다. 그리하여 1977년 향후 5년간 ODA의 규모를 두 배로 늘리겠다는 계획이 발표된 이래 일본의 ODA는 비약적으로 증가하여, 1980년대 말에는 세계 최대의 'ODA 대국'으로 부상하였다.

이 과정에서 일본의 ODA는 양적 팽창뿐만 아니라 질적 변화를 겪게 된다. 과거의 원조가 배상의 성격을 띠고 친일 우호적인 세력을 양성하기 위한 것이었다면, 1980년대의 ODA는 넓은 의미의 안전보장의 수단으로서 인식되어 소위 '분쟁 주변국'에 대한 '전략원조'로서의 성격을 띠기 시작했다. 일본은 공산세력과 대결하는 자유진영 국가들에 대한 집중적인 원조를 통해 '국제적 역할 분담'을 수행하고자 하였다는 의미에서, 미국의 세계전략에 협조하면서 냉전체제의 일익을 담당했다고 할 수 있다.

Ⅳ 탈냉전기 대외정책

1. 의의

탈냉전 이후 일본 외교는 경제중심주의 노선에서 벗어나 국제사회에서의 외교안보적 역할 확대를 지향하는 주체적이고 적극적인 방향으로 전환하였다. 이러한 움직임은 국제적인 평화구축활동과 지역주의에의 적극적인 관여, 군사적 의미의 보통 국가화 및 미일동맹 강화 그리고 '정체성의 정치'와 전략외교의 추진 등에서 찾아볼 수 있다.

2. 국제공헌 및 지역주의에의 적극 관여

(1) 적극 관여 배경

세계평화 및 안전보장 문제와 관련한 일본의 역할에 대해서 관심을 촉발시킨 직접적 계기는 1990 ~ 1991년 걸프 사태와 그에 대한 일본의 대응이었다. 당시 일본 정부는 냉전 해체 후의 새로운 국제질서에 대한 전망 및 일본의 대응전략을 명확히 제시하지 못한 채, 걸프 사태에 대해 수동적인 태도로 일관했다. 그 결과 일본은 130억 달러에 달하는 전비를 부담하였음에도 불구하고, '너무 작고 너무 늦은(too little, too late)' 대응 혹은 인적 공헌 없이 돈으로만 해결하려는 '수표 외교(check-book diplomacy)'적 행태라는 국제사회로부터의 비판에 시달려야 했다. 이 사건을 계기로 일본에서는 경제대국의 지위에 어울리는 적극적인 국제공헌을 요구하는 주장이 분출하였다. 이른바 보통국가론으로 알려진 이들의 주장은 UN 중심의 집단안보에의 참가 혹은 미일안보체제의 강화를 통한 일본의 적극적인 국제공헌, 그리고 이를 위해 필요하다면 자위대의 해외 파견 및 헌법 개정을 고려해야 한다는 것으로, 1990년대 중반 이후 종래의 경제중심주의 노선을 대신하여 일본 국가전략의 기조로 자리 잡았다.

(2) 평화유지활동 적극 참여

UN을 중심으로 하는 국제적인 평화구축 활동에의 적극적인 참여라는 새로운 정책방향과 관련하여 주목되는 것은, 1992년 성립된 국제평화협력법(이른바 PKO협력법)이다. 전수방위를 기본으로 하는 냉전기의 안보정책은 자위대의 해외파병을 금기시하였다. 그런데 UN과 기타 국제기구가 실시하는 인도적인 국제지원활동에 대한 자위대의 참가를 가능하게 하는 PKO협력법이 통과되자, 일본은 이를 근거로 UN 캄보디아잠정정부에 참가하였다. 이후 동아시아지역뿐만 아니라 1994년의 UN 모잠비크평화유지활동, 1996년에는 UN 골란고원정전감시단, 동티모르의 UN 잠정정부기구에 자위대 및 일본인 요원을 파견하기에 이른다. 21세기 들어서면서 일본의 인적 공헌은 UN을 거치지 않는 형태로 발전하게 되는데, 고이즈미 내각 시기에 이라크의 '비전투지역'에 인도 재건사업 지원을 위해 자위대를 파견하여 미국이 주도하는 '테러와의 전쟁'에 협조한 것이 대표적인 사례이다.

(3) 안전보장이사회 상임이사국 진출 시도

일본은 또한 UN외교의 강화라는 맥락에서 안전보장이사회 상임이사국 진출을 위한 시도를 본격화하였다. 일본은 이미 UN 가입 이듬해인 1957년 안전보장이사회 비상임이사국에 선출되었으며. 1960년대 말 이래 상임이사국 진출의 의사를 표명해 왔다. 1990년대 들어 탈냉전 이후의 국제질서유지를 위한 협조체제로서 UN의 역할이 주목받는 가운데, 국제평화와 안전보장에 관한 최우선적인 책임을 지는 안전보장이사회의 역할강화 및 제도개혁을 요구하는 목소리가 높아졌다. 이러한 상황을 이용하여 일본은 2005년 7월 독일, 브라질, 인도와 함께 안전보장이사회 상임이사국 확대를 골자로 하는 개혁안을 UN 총회에 상정하였다. 당시 이 결의안은 그 표결이 보류됨으로서 채택되지는 않았지만, 국제적 지위의 향상과 영향력의 확대라는 명분하에 일본 정부의 안전보장이사회 진출 시도는 이후에도 계속되고 있다.

(4) 지역협력 적극화

일본 외교의 적극화를 상징하는 사례는 지역협력에서도 찾아볼 수 있다. 탈냉전 이후 일본 외교는 지역주의에의 관여라는 중요한 방향전환을 한다. 전후 자유무역체제하에서 경제적 성공을 향유해 온 일본은 냉전기를 통해 세계경제의 지역 블록화에 반대한다는 입장에서 지역주의를 경계해 왔다. 그런데 1980년대 후반 GATT 우루과이 라운드의 난항과 유럽 및 아메리카의 지역주의 움직임이 활발해지자, 아시아에서도 지역적 경제 통합의 필요성을 제기되었다. 이를 계기로 일본은 무역자유화와 지역주의를 상호 배타적으로 바라보던 기존의 시각에서 벗어나, 구미의 지역주의 움직임을 견제하고 무역자유화를 추진하기 위해서라면 아시아 국가들과의 지역협력을 배제하지 않는다는 입장으로 전환하였다. 이를 위해 역외 국가들을 차별하지 않는다는 의미의 '열린 지역주의'가 표방되었고, 이는 이후 아시아태평양경제협력(APEC)을 비롯한 동남아국가 연합(ASEAN)+3, 동아시아공동체, 아시아유럽회의(ASEM) 등의 지역기구의 논의 내지는 설립에 임하는 일본 정부의 기본 입장이 되었다. 이후 일본은 세계무역기구(WTO)를 기축으로 하는 다각적 무역체제의 유지·강화와 함께, 이를 보완하는 2국 간 혹은 지역적 차원의 자유무역협정(FTA)·경제연대협정(EPA)의 체결을 적극적으로 추진해 오고 있다. 즉, 일본은 '아시아태평양', '동아시아(동북아시아 + 동남아시아)', '동북아시아' 차원의 다양한 지역단위의 협력에 중층적인 관여를 확대해 왔다. 이러한 일본의 외교적 이니셔티브는 이 지역이 경제적 지역 통합을 통해 공동의 이익을 창출하는 데 있어서 중요한 원동력이 되었다.

(5) 중국 견제

2010년대 들어 일본의 지역주의 전략에는 중국 견제적인 성격이 두드러지고 있다. 2010년의 조어도(일본명 센카쿠제도, 중국명 댜오위다오) 사건을 계기로 중일 간의 전략적 경쟁구도가 명확해진 이래 일본 정부는 미국이 주도하는 무역자유화 조치에 적극 협력하게 된다. 2010년을 전후하여 오바마(Barack Obama) 미국 정부가 환태평양 경제 동반자 협정(TPP)을 적극 추진하기 시작한 이면에는 높은 수준의 무역 자유화를 위한 '룰 셋팅'을 선점하여 중국의 경제적 영향력을 견제하고, 아시아·태평양지역에서 미국의 경제적 우위를 유지하겠다는 계산이 있었다. 오바마 행정부의 TPP 전략이 제시되자 일본 정부는 그 참가를 결정하였고, 미일 양국의 주도하에 2015년에 TPP는 타결되었다. 아베 내각의 TPP 참가 결정은 경제적 효용 외에도 중국 견제를 위해 미국과의 연대를 우선하겠다는 전략적 판단이 작용한 결과라고 할 수 있다.

(6) 지역적 다자안보협력 관여

정치안보 분야에서도 일본은 1990년대 이후 ARF와 6자회담 등과 같은 지역적 다자안보협력에 관여해 오고 있다. 다만 일본이 모색해 온 다자협력 대화체는 비전통 안보 분야를 대상으로 하고 있으며, 기존 미일동맹을 보완하는 보조적인 역할에 한정하고 있다. 즉, 일본의 안보전략은 여전히 미일동맹 중심의 양자주의를 기본으로 하고 있다. 2000년대 중반 이후 일본이 호주, 인도, 미국 등과의 소다자주의적인 협력을 적극 추진하고 있는 것도 미일동맹을 보완하고 중국의 해양진출에 대비하기 위한 안보협력을 추구한 결과로 풀이된다.

3. 군사적 보통국가화와 미일동맹 강화

(1) 방향

탈냉전 이후 일본의 안보정책 역시 적극적인 방향으로 전환되고 있다. 일본은 한편으로는 미일안보체제의 재정의를 통해 새로운 위기 상황에서 미군과 공동으로 대응할 수 있는 제도적 근거를 마련하고, 다른 한편으로는 독자적인 군사력을 확충하고 자위대의 활동범위를 확대함으로서 중국의 군사적 위협에 대응하고 동아시아 안보질서에서의 역할 확대를 모색해 오고 있다.

(2) 신방위계획대강

1995년의 방위계획대강으로 자위대의 활동범위는 본토 방위를 넘어 주변지역의 유사(有事)사태에의 대응으로까지 확대되었을 뿐만 아니라 자위대의 해외파견의 길이 열렸다. 나아가 2004년판 방위계획대강은 방위정책의 기본 목표로서 일본의 방위 외에 국제적 안보환경의 개선을 추가함으로써, 자위대의 임무를 일본방위 및 주변지역 활동을 넘어 국제무대로까지 확대할 수 있는 근거를 마련하였다. 이는 냉전기 안보정책의 핵심이었던 전수방위원칙이 탈냉전 이후 유명무실해지고 있음을 의미한다.

(3) 미일안보협력 재조정

미일안보협력 역시 시대적 상황에 맞게 재조정되었다. 일본의 안전보장 확보라는 관점에서 보면, 미일안보체제의 본질적 의미는 냉전의 종결에 의해 변질되었다거나 그 중요성이 줄어든 것은 아니다. 즉, 소련이라는 잠재 적국의 소멸이 바로 일본의 안보불안 해소를 가져오지는 않았다. 1993~1994년의 북한 핵위기나 1996년의 대만해협위기는 불안정한 극동지역의 안보상황을 여실히 보여 주었고, 미일동맹은 이러한 새로운 안보 위협에 대응하기 위한 현실적이고 효과적인 방안으로 간주되었다.

1996년의 미일안전보장 공동선언을 통해 양국은 미일안보체제가 21세기 아시아·태평양지역의 안전과 반영을 유지하기 위한 근간임을 확인하고, 미일동맹의 대응범위를 '필리핀 이북의 극동'에서 '아시아·태평양'지역으로 확대했다. 이러한 '동맹의 광역화'에 따라 1997년에는 미일간의 구체적인 협력강화 방안을 규정한 신미일방위협력 지침(이른바 신가이드라인)이 확정되었고, 1999년에는 이를 근거로 일본 주변지역에서 유사사태가 발생하는 경우를 상정하여 자위대의 역할을 규정한 주변사태법이 제정되었다. 또한 9·11테러 이후 고이즈미 내각은 미국의 대테러전쟁을 지원하기 위하여 테러대책 특별조치법, 유사법제, 이라크 지원 특별조치법 등을 제정하고, 이를 근거로 아프가니스탄과 이라크 등지에 자위대를 파견하여 미일안보협력 관계를 공고히 했다. 9·11테러 이후 해외 주둔 미군의 재편이라는 미국의 글로벌 방위전략에 맞추어 미일안보체제는 재편·강화되어 왔다.

(4) 집단적 자위권에 대한 해석 변경

2010년대 들어 미중 간의 경쟁구도가 가시화되었고 중일 간 전략적 이해관계가 충돌하면서 미일 간에 중국 견제를 염두에 둔 안보협력이 가속화되었다. 일본에서 보수계 언론과 안보 전문가를 중심으로 중국의 군사적 부상에 대응하여 미일동맹을 강화해야 하고, 이를 위해서는 집단적 자위권이 불가결하다는 주장이 강해졌다. 즉, 일본이 집단적 자위권을 행사할 수 없는 한 미일안보조약은 미국에 대한 일본의 기지 제공과 미국의 일본 방어의무를 맞바꾸는 비대칭적인 동맹관계를 벗어날 수 없다는 것이었다.

2014년 7월에 일본 정부는 각의결정을 통해 집단적 자위권을 용인하는 헌법해석 변경(해석개헌)을 단행하였다. 집단적 자위권의 행사 용인은 전후의 일본 방위안보정책의 기본인 '전수방위' 원칙에 대한 근본적인 수정을 의미한다. 그리고 2015년 9월에는 집단적 자위권의 행사를 전제로 하는 11개의 안보 관련 법안이 성립하였다. 그 중에서 무력공격사태법 개정안은 제3국에 대한 무력 공격일지라도 '일본의 존립이 위협받고 국민의 권리가 근저로부터 뒤집힐 명백한 위협이 있는 경우'를 '존립위기 사태'로 규정해 자위대가 무력행사를 할 수 있도록 하는 내용을 담고 있다. 한반도 유사시의 미군의 후방 지원을 상정한 현행의 주변사태법을 대체하는 중요영향사태법안은, '방치할 경우 일본에 중대한 영향을 줄 수 있는 사태'시에는 전세계 어디서나 자위대가 미군 등 외국 군대를 후방 지원할 수 있도록 하였다. 이로써 기존의 주변사태법에서 '일본 주변'에 제한되던 후방지원의 지리적 제약이 제거되었다.

2015년 4월 말에 미일 양국은 미일방위협력지침(가이드라인)을 개정하였는데, 그 핵심은 일본에 의한 집단적 자위권 행사를 전제로 미군과 자위대 간의 역할 분담을 재조정하는 것이었다. 당시 미일안전보장협의위원회(이른바 2 + 2)에서 합의된 미일동맹의 발전 방향에는 자위대와 미군의 공동대응 역량강화 차원에서 공동훈련·연습의 확대, 시설의 공동사용, 우주 및 사이버 분야를 포함하는 정보공유 및 공동의 정보수집·정찰활동의 확대 등이 포함되었다. 향후 미일 양국은 미일동맹의 글로벌화 및 중국의 군비증강과 해양진출에의 대응을 염두고 두고 미군과 자위대 간에 병력 운용의 통합을 가속화할 것으로 보인다.

이와 같이 일본 정부는 현행헌법을 그대로 두면서 집단적 자위권에 대한 해석을 변경하고, 미일 가이드라인을 개정하고 안보 관련 법규를 정비함으로서 군사적 의미에서 '보통국가'가 되었다. 즉, 자국이 공격받지 않더라도 제3국의 군대를 지원하기 위해 자위대를 파견할 수 있게 되었는데, 이로써 미일동맹의 '글로벌 동맹화'를 향한 제도적 근거가 마련되었다. 미일안보체제는 냉전기에는 일본방위와 주변지역에서 유사사태가 발생할 경우 일본에 의한 기지 제공을 내용으로 한 데 비해 탈냉전 이후 특히 21세기에는 중국의 해양 진출과 주변사태에의 대응 및 글로벌 차원의 안보환경 개선을 위한 공동대응을 기능하게 하는 방향으로 변화하고 있다.

(5) 중국 견제

향후 일본 외교안보의 기조는 중국 견제를 핵심으로 하는 친미보수로 경사할 것으로 보인다. 2013년에 채택된 「국가안전보장전략」 문서는 일본의 안보 과제와 관련해서 아시아태평양지역에서의 중국과 북한, 특히 중국의 위협을 강조하고 있다. 중국의 영해 침범과 동중국해 상공의 방공식별구역 설정 등은 '힘에 의한 현상변경 시도'로서 국제법 질서와 배치되며, 이와 같은 중국의 행동이 국제사회의 우려라고 기술했다. 동 문서가 제시하는 대응방안의 핵심은 일본 스스로의 강인성(强靭性) 제고에 있다. 종합적인 방위체제의 구축, 영역 보전의 강화 및 해양안보의 확보, 사이버안보, 국제테러대책, 정보기능의 강화, 우주이용 확보 등을 통해 일본의 방위력을 강화하는 것이다. 특정 비밀보호법하에서 정보보호체제를 강화하고, 방위장비와 기술협력을 위해 무기 수출원칙을 완화하는 방향으로 재검토하여 새로운 원칙을 정한다는 내용을 담고 있다. 미일동맹의 강화와 함께 국제사회의 파트너 국가들과의 협력을 강화하고, '법의 지배'를 강화하기 위한 국제규범을 만드는 작업에 적극 참여하고, UN 외교를 강화한다는 내용도 포함되어 있다.

4. '정체성의 정치'와 전략외교의 추진

(1) 의의

탈냉전 이후 일본 국가전략의 기조로 정착한 보통국가론은 보수이념의 제도화를 토대로 하고 있다. 21세기 들어 높은 정권 지지율을 바탕으로 안정된 정권을 구축한 고이즈미 내각과 제2차 아베 내각하에서 보통국가화를 향한 제도화가 상당 부분 실현되었고, 최근의 일본 외교에는 이른바 정체성의 정치와 대국외교를 지향하는 전략적 성격이 두드러지고 있다.

(2) 고이즈미 내각

2001년에 성립한 고이즈미 내각은 높은 국민적 지지를 바탕으로 6년 가까이 내정과 외교에서 강한 리더십을 발휘했다. 이 시기에 아시아 국가들과의 관계에서 야스쿠니 참배와 도서 영유권 문제 등으로 중국과 한국과의 마찰이 있었지만 미일동맹을 기축으로 비교적 안정된 대외관계를 유지할 수 있었다. 그리고 보통국가화를 향한 제도화가 진전되었는데, 헌법 개정에 관한 논의의 본격화(국회 내 헌법조사회 설치 및 그 최종 보고서의 제출 자민당의 '신헌법 초안' 발표), 미일동맹의 재편·강화(신가이드라인, 신방위 계획대강 공표), 국민 통합장치의 법제화(교육기본법 개정의 움직임, 국기·국가법, 통신방수법, 주민 기본대장법 제정), 국가위기관리태세의 강화(유사 관련 3법안 및 7법안 제정, 국민보호에 관한 기본방침의 각의 결정) 그리고 국제공헌의 강화(특별조치법 제정에 의한 자위대의 해외파견, UN 안전보장이사회 상임위원회 진출 시도) 등이 그 예이다.

(3) 아베 내각

2012년 말에 출범한 제2차 아베 내각은 제1차 아베 내각 당시(2006년 9월부터 2007년 8월)의 정권 운영에 대한 반성과 3년간(2009년 9월부터 2012년 12월)의 민주당정권의 실정(失政)을 타산지석으로 삼아 높은 국민적 지지를 바탕으로 안정 정권을 구축하고, 내정과 외교에서 보수성향이 강한 정책을 실현할 수 있었다. 아베 내각은 대내적으로는 헌법 개정과 애국심 고취를 위한 교육개혁, 자위대의 군대화, 국가위기관리체제의 강화, 대외적으로는 집단적 자위권 행사의 확보를 통한 미일동맹의 강화, 자위대의 해외 파견 및 '주장하는 외교'에 의한 '강한 일본'의 건설을 내걸었는데, 이는 아베 정권의 정책노선이 기본적으로 보통국가론의 연장선상에 있음을 의미한다. 아베가 추진하는 '주장하는 외교'의 근간에는 향토심, 애국심, 강한 영토·주권 의식이 자리 잡고 있다.

이와 같이 아베 내각은 국민통합을 위해 이념·사상을 강조하고 있다는 점에서 '정체성의 정치(identity politics)'를 추구하고 있다고 할 수 있다. 아베에 따르면, 제2차 세계대전 이후 일본의 국가체제는 연합국의 점령정책에 의해 강요된 것이며, 그 상징적 존재가 바로 '평화 헌법'이다. 따라서 아베정권에게 있어 헌법 개정은 '전후체제'의 극복을 위한 핵심과제이자 자위대의 군대화 및 집단적 자위권의 확보를 통한 보통국가화의 제도적 완성이라는 의미가 있다. 아베 내각의 역사인식은 퇴행적이며 수정주의적 경향이 강하다. 아베는 침략에 대한 반성과 사죄를 기본으로 하는 '전후체제'적인 역사인식을 해체하고, 일본인 스스로 긍지와 자부심을 가질 수 있도록 재구성하고자 한다. 아베 총리의 '침략'의 정의는 국가마다 다르다는 발언, 고노담화 및 무라야마담화를 수정하려는 시도, 야스쿠니신사 참배, 일본군 위안부 모집의 강제성을 부인하는 발언 등이 일본 내의 양심세력과 국제사회의 거센 비판을 불러왔다.

(4) 적극적 평화주의

최근 일본의 대외전략은 이른바 '적극적 평화주의'를 표방하고 있는데, 여기에는 '대국외교' 혹은 '전략외교'의 성격이 두드러진다. 아베 총리는 2013년 9월 UN 총회 연설에서 일본 외교가 추구하는 미래비전으로 '적극적 평화주의'를 제시했다. 아베 내각은 2013년 12월에 중장기적인 시점에서 체계적이고 일관성 있는 전략외교의 추진을 통해 국익을 극대화한다는 취지에서 일본 외교 안보 전략의 최상위 문서로서「국가안전보장전략」을 채택했다. 동 문서는 일본의 국가이념 ⇨ 국익 및 국가안보 목표 ⇨ 국가안보상의 과제 ⇨ 대응 방책의 순서에 따라 포괄적인 내용을 담고 있다. 상기 국가안전보장전략 문서는 일본 외교안보의 기본이념으로 '국제협조주의에 입각한 적극적 평화주의'를 제시하면서, 사실상 지난 20년간 일본 국가노선으로 정착되어 온 군사적 의미에서의 보통국가화를 기정사실화하고 있다. 즉, 일본이 과거 전쟁에 대한 반성에서 '전수방위(傳守防衛)'와 비핵 3원칙 등을 내걸고 평화국가로서의 길을 걸어 왔다고 자평하고, 향후에는 이러한 평화국가로서의 행보를 견지하면서 적극적 평화주의의 입장에서 국제사회의 평화와 번영에 적극 참여하겠다고 밝히고 있다. 아베 내각이 제시하는 '적극적 평화주의'는 겉으로는 '평화주의'라는 간판을 내걸고 있지만, 그 실체는 평화헌법체제로부터의 대전환을 의미한다. 전후 일본의 외교안보노선을 소극적이라고 배척하고, 앞으로는 적극적으로 대응하겠다는 것은 전후 평화주의의 상징인 헌법 제9조의 속박을 풀고 일본의 군사적 역할을 확대해 나가겠다는 것에 다름 아니다. 적극적 평화주의는 그 이듬해에 실현된 헌법해석 변경에 의한 집단적 자위권 행사 용인을 위한 포석이었다고 할 수 있다.

(5) 대북한 및 대러시아 전략

일본 외교는 동북아시아 국가인 북한과 러시아에 대해서도 독자적인 접근을 시도하고 있다. 즉, 미·러관계와 북한 정세 등을 주시하면서 북한과 러시아와의 관계 회복을 노리고 있는 바, 이는 국익 극대화를 위해 가능한 많은 국가들과 대화채널을 확보하기 위한 노력이라고 할 수 있다. 뿐만 아니라 일본의 '전략외교'는 ASEAN, 인도, 호주는 물론 인도양과 태평양이라는 초광역지역을 사정권에 두고 다양한 지역협력 체제의 구축을 시도하고 있는 바, 역내 국가들이 중심이 된 중층적 다자연대망은 'G2'로 불리는 미·중 주도의 지역질서에 내재된 잠재적 리스크에 대한 헤징의 의미가 있다. 일본 정부는 최근 '인도 – 태평양'지역 개념에 대해 높은 관심을 보이고 있는바, 이 개념은 향후 아태지역의 안보질서 구축에 새로운 프레임을 제공할 가능성이 있다.

Ⅴ 일본의 대한반도정책과 한일관계

1. 일본의 목표

역사적으로 일본은 한반도 정세에 깊은 관심을 가지고 한반도에 대한 영향력 확대를 추구해 왔다. 메이지시대의 대표적인 정한론자(征韓論者)인 야마가타는 한반도를 일본의 영토인 '주권선(主權線)'의 방위에 사활적인 전략적 요충지, 즉 '이익선(利益線)'으로 간주하였다. 그는 한반도가 일본이 아닌 제3의 세력의 영향권하에 들어갈 경우 일본에 대해 '머리 위의 칼'로 작용한다는 논리로 한반도와 대륙 침략의 길을 열었다. 한국전쟁은 패전국 일본의 조기강화 및 경제재건에 결정적인 영향을 끼쳤다. 지금도 한일관계나 북일관계는 일본 외교의 핵심 사안이며, 북일수교와 일본인 납치 문제, 역사 문제, 영토 문제 등은 일본 사회에서 정치쟁점이 되곤 한다. 동북아시아에서의 전략 밸런스, 즉 한반도의 평화와 안정의 유지는 전후 일본방위 안보정책의 일관된 목표였다.

2. 북일수교회담

한국과 일본은 냉전기를 통해 시장경제와 민주주의라는 기본 가치 및 경제 이익을 공유하면서 세계적인 패권국가 미국과 더불어 동아시아 냉전체제의 한 쪽 축을 형성해 왔다. 그러나 냉전 구조의 해체 이후 일본의 대한반도정책에 변화의 조짐이 나타났다. 1991년에 시작된 북일 수교회담은 종래의 대한반도정책에 나타난 불균형을 수정함으로써 한반도에 대한 영향력을 확대하고자 하는 일본 정부의 의지를 반영한 것으로, 냉전기를 통해 일본 외교가 견지해온 한국 중시 정책에 대한 중대한 수정을 의미한다. 일본이 추구하는 북일수교는 한국에 대해 양면성을 갖는다. 북일수교는 단기적으로 종래 한국 정부가 향유해 온 일본 대외정책상의 한국의 대북우위라는 지위의 약화를 초래할 수 있다. 그렇지만 장기적으로는 북미 수교와 함께 주변 4강에 의한 남북한 교차승인의 완성을 의미하며, 나아가 북한을 탈냉전 이후의 동아시아 지역질서에 안정적으로 연착륙시키는 동력으로 작용함으로써 한반도 분단이라는 냉전요소의 청산에 기여할 것으로 기대된다.

3. 한일 간 정치외교적 갈등

정치·외교 관계에 있어서 한일 양국은 대립과 마찰을 반복하여 왔다. 1990년대 이후 역대 한국 정부는 출범 초기에 미래지향적인 한일관계의 구축을 시도하였지만 영토 및 과거사 문제와 관련된 일본의 움직임이 한국 정부의 반발을 초래하여 양국 관계가 악화되는 악순환이 되풀이되었고, 이러한 상황은 21세기에 들어서도 변함이 없다. 노무현 정부 시기인 2003년 6월에 한일 정상은 '평화와 번영의 동북아시아시대를 위한 동반자 관계의 구축'에 합의하였음에도 불구하고, 2005년에 야스쿠니, 독도·배타적 경제수역(EEZ), 교과서 및 일본군 위안부 문제를 둘러싸고 정상외교가 중단되었고, 그 부정적 영향은 민간교류에까지 파급되었다. '실용외교'의 기치하에 한일관계 개선을 추진한 이명박 정부의 후반기에도 일본군 위안부 문제와 독도 문제로 양국 관계가 경색되었고, 박근혜 정부 출범 후에도 양국 간에 정상회담이 개최되지 않는 '비정상적인 관계'는 계속되었다.

4. 위안부 문제

2015년 말에 한일 양국은 위안부 문제의 '최종적이고 불가역적인 해결'에 합의함으로써 한일관계 개선의 전기를 마련하였다. 그 배경에는 한일 간에 원활한 의사소통이 되지 않으면 양국은 물론 그 동맹국인 미국까지 손해를 보는 구도에 있는바, 한·미·일 3국 간에 한일 국교 정상화 50주년인 2015년을 계기로 경색국면을 풀어야 한다는 공유된 상황인식이 있었다. 따라서 위안부문제 타결은 한일 간의 전략적 협력을 가로막고 있던 장애 요인이 제거되었음을 의미한다. 향후 한일 양국이 경제 및 안보 등의 분야에서 실질적인 협력을 확대하여 서로의 국익을 극대화할 수 있을 지는 양국 정부가 이번 합의를 착실하게 이행하여 상호신뢰를 회복할 수 있느냐에 달려 있다고 하겠다.

5. 북한 문제에 대한 한국과 일본의 입장 차이

북한 문제와 관련해서는 북한체제의 붕괴로 인한 지역질서 유동화나 군사적 돌발 사태를 피하고자 하는 점에 있어서 한일 양국의 입장이 일치하나, 그 대응 방법으로서 대화와 압박 중 어느 쪽을 우선하느냐에 있어서는 양국의 정권의 성격에 따라 이해관계가 대립하곤 했다. 한국은 김대중 정부 이래 대북 포용정책을 우선한 반면, 일본의 고이즈미 정권은 대화와 압박을 병행하였다. 당시 한일 양국은 북미 간의 직접대화를 촉구하는 등 북한 문제에 대한 이해관계가 상당 부분 일치했었다. 그러나 2006년 아베정권 출범 및 북한 핵·미사일 사태를 계기로 일본의 대북정책 기조가 압박 우선으로 바뀌면서 6자회담 참가국 중에서 북한에 가장 유화적인 한국과 가장 강경한 일본 간의 대립 구도가 선명해졌고, 북한 문제야말로 한일관계 전체를 소원하게 하는 주된 요인이 되었다. 지금도 한일 양국은 북한의 비핵화라는 정책목표에는 이해관계가 일치하지만, 북한 지역의 관할권에 대한 해석과 대북정책의 방법론 등에서는 입장 차이가 남아 있다.

6. 중국의 부상과 한일관계

중국의 부상에 따른 미·중 간의 세력전이, 즉 동아시아 파워밸런스 변화는 한일관계 악화의 구조적 요인으로 작용하고 있다. 2010년대 들어 일본은 미일동맹 강화를 통해 중국에 대한 억지력의 확보에 주력해 왔다. 냉전기에는 정경분리원칙에 근거해 우호협력관계를 유지했던 중일관계는 탈냉전 이후 전략적 이해관계가 충돌하는 경쟁구도로 전환되었다. 한편 1992년에 국교를 정상화한 한중관계는 경제, 정치·안보, 사회·문화 등 제반 분야에서 비약적인 발전을 하였고, 2014년에 '성숙한 전략적 협력 동반자 관계'에 진입했다. 한중 양국은 냉전기의 '잠재적 적대관계'를 청산하고 북한 문제와 한반도 통일에 대한 대화를 확대해 왔다. 한국 사회에서 중국의 부상은 '위협'보다는 '기회'의 측면이 강조되었고, 일본은 한국의 '중국경사론'을 우려하기에 이르렀다.

Ⅵ 결론 – 21세기 일본 외교정책과 한반도·동아시아 질서에의 함의

1. 역내 갈등 심화 가능성

먼저, 일본의 보통국가화 노선이 보수주의적 이념의 제도화에 경사되고 이러한 제도가 다시 보수 이념을 재생산하는 악순환에 빠지는 상황을 상정할 수 있다. 전후 일본 사회의 다원주의, 최근 급속히 악화된 일본의 재정상태, 미국과의 안보관계 등을 고려한다면, 일본의 보통국가화를 바로 군사대국화 내지는 군국주의화로 단정하는 것은 적절하지 않다. 그렇지만 일본의 보통국가화는 일본의 침략과 식민 지배를 기억하는 주변국에게 '우경화', '군사대국화', '군국주의 부활', '핵무장' 등으로 확대 해석되어 경계심을 자극할 수 있다. 이 경우 동아시아에서 편협한 내셔널리즘이 횡행하고, 결과적으로 역사인식과 영토문제 등을 둘러싼 지역 국가들 간의 충돌 가능성이 우려된다.

2. 보통국가노선의 역내 안보에 대한 이중적 성격

일본 자위대의 군대화 및 집단적 자위권의 추구는 일본 안보정책의 근본적 전환을 의미하며, 여기에는 동아시아 안보질서와 관련하여 이중성이 내포되어 있다. 우선 일본의 보통국가화는 지역문제에 대한 일본의 건설적 역할 확대를 가능하게 함으로서 이 지역의 평화와 번영에 도움이 될 수 있다. 일본의 지역적 안보역할 확대를 토대로 미일동맹이 강화된다면, 이는 탈냉전 이후 경제력과 군사력을 비약적으로 증대시키고 있는 중국이 지역 질서를 혼란시키지 않고 연착륙할 수 있도록 견제하는 지역 공공재가 될 수 있다. 반면 탈냉전 이후 일본안보정책의 방향은 미일동맹의 강화를 통한 방위력 정비로 향하고 있는 바, 이는 역내의 군비경쟁과 패권경쟁을 초래할 수 있다. 미일동맹이 재정의되는 상황에서 일본의 국가 안전보장전략 문서는 중국의 해양진출을 아시아 태평양지역의 위협요인으로 명시하고 있다. 최근 중국의 군사력 확장 및 일본 근해에서 중국 해군의 훈련 증가, 중국과의 영토분쟁 등으로 일본 사회에서 중국위협론이 확산되면서 일본의 방위·안보 정책에서 미일동맹 및 호주, 인도 등과의 군사협력을 강화하는 움직임이 구체화하고 있는 바, 이는 미국 등과 연대하여 부상하는 중국을 견제하겠다는 의도로 보인다.

3. 한국에 대한 영향

향후 한국의 통일정책 및 동북아시아지역 구상과 관련하여 일본의 보통국가화는 한반도와 동북아시아에 대한 일본의 영향력 증대로 이어질 개연성이 크다. 메이지유신 이후 일본은 한반도 정세와 이를 둘러싼 주변 강대국의 세력구도에 깊은 관심을 갖고,

한반도에서 자국의 영향력 확대를 추구해 왔다. 탈냉전 이후 일본은 '두 개의 한국'을 전제로 한 한반도정책을 본격화 했으며, 북핵문제 등에 대한 국제적 논의에 적극적으로 참여하겠다는 의사를 분명히 하고 있다. 뿐만 아니라 일본은 집단적 자위권에 대한 해석을 변경하고 관련 법안을 정비함으로서 군사적 의미에서 '보통 국가'로 거듭나, 한반도 유사시에 미일안보협력에 근거하여 적극적인 후방지원에 나설 태세를 갖추고 있다. 이런 상황에서 일본의 영향력 확대가 한국의 국가전략에 어떻게 작용할지는 아직 분명하지 않지만, 대중인식, 대북인식 그리고 미국과의 동맹관계 설정 등에 있어서 탈냉전 이후 한일 양국의 입장은 상당한 괴리를 보인바 있다. 그리고 이러한 차이는 한일 간의 전략적 연대를 포함한 한국 안보 전략의 선택 폭을 제약하는 요인으로 남아 있다.

제2절 미국-일본관계

I 서설

미국은 일본에게 있어 가장 중요한 국가이지만 양국 관계의 핵심인 미일안보체제는 국제환경이 변화하였음에도 불구하고 재정의되지 않은 채 남아 있다. 그러므로 일본은 비록 국내적으로 미일동맹체제를 절대적으로 유지해야 한다는 점에 합의가 이루어져 있으나, 향후 안전보장관계를 중심으로 미국과의 관계를 종합적으로 재검토해야 하며, 재검토작업이 완료되면 미일관계가 한층 강화될 수 있을 것이지만 그렇게 하지 않으면 미일관계의 틈이 커지게 되어 양국 간 신뢰관계가 흔들릴 수도 있다고 본다. 일본은 미국과 같은 정책목적을 가지면서도 자국만의 독자적 기준을 가지고 보완적인 외교를 해 나가려는 전략을 가지고 있다.

II 미일동맹

1. 개요

미일동맹조약은 1951년 9월 8일 체결되었다가 1960년 1월 19일 '미합중국과 일본 간 상호협력과 안전보장조약'으로 개정되었다. 전후(戰後) 일본이 패전국으로서 평화조약을 체결할 때 그 평화조약 제3장 C항에 의거하여 일본은 UN헌장 제51조에 기한 개별적 또는 집단적인 안보체제에 가입할 수 있게 용인되었으며 그에 따라 일본은 미국과의 군사동맹조약의 당사국이 될 수 있었다.

2. 조약 내용

첫째, 1951년 체결된 미일안전보장조약에서는 미군의 주둔을 규정하고 일본 내의 기지를 제3국에 대여할 경우 미국의 동의권을 필요로 한다는 것과 일본에 대규모 내란이나 소요가 발생하여 일본 정부의 요청이 있거나 일본에 대한 외부로부터의 공격이 있을 때 미군이 출동할 수 있도록 되어 있어 사실상 불평등조약이었다. 둘째, 1960년 신조약에서는 일본 국내의 정치적 소요(騷擾)에 대한 미군의 개입가능성과 일본이 제3국에 기지를 대여할 경우 미국의 동의권을 필요로 한다는 조항이 삭제되었다. 셋째, 일본에 대한 공격이 발생하였을 경우 미국이 지원하는 것만 규정하고 있다. 이는 일본이 평화헌법에 의하여 공식적인 군대를 보유하지 못하였기 때문에 비대칭적으로 규정된 것이다. 넷째, 이 조약의 유효기간은 원칙적으로 10년이었으나 현재까지도 유효하며, 폐기의사를 통고하여 1년 후에 폐기되기 전에는 반(半)영구적으로 그 효력을 지니게 되었다.

참고 미일안전보장조약(1951년 9월 8일 체결/1952년 4월 28일 발효)

일본국은 오늘 연합국과의 평화조약에 서명한다. 일본국은 무장이 해제되고 있는 까닭에 평화조약의 효력발생시에 있어서 고유의 자위권을 행사하는 유력한 수단을 갖지 않는다.

무책임한 군국주의가 상금 세계에서 구축되어 있는 까닭으로 전기상태에 있는 일본국에는 위험이 있다. 그래서 일본국은 평화조약이 미합중국과 일본국 간에 효력을 발생함과 동시에 효력을 발생할 미합중국과의 안전보장조약을 희망한다. 평화조약은 일본국이 주권국으로서 집단적 안전보장협정을 체결할 권리를 향유함을 승인하고 또한 국제연합헌장은 모든 국가가 개별적 및 집단적 자위의 고유의 권리를 가짐을 승인하고 있다. 이러한 제 권리의 행사로서 일본국에 대한 무력침략을 저지하기 위하여 일본국내 및 그 부근에 미합중국이 그 군대를 유지함을 희망한다. 미합중국은 평화와 안전을 위하여 현재 약간의 자국군대를 일본국내 및 그 부근에 유지할 의사가 있다. 단, 미합중국은 일본국이 무력적인 위협이 되고 또는 국제연합헌장의 목적 및 원칙에 따라 평화와 안전을 증진하는 것 이외에 사용될 수 있는 군비를 가짐을 항상 피하면서 직접 및 간접의 침략에 대한 자국의 군대를 위하여 점진적으로 스스로 책임을 부담할 것을 기대한다. 이로써 양국은 다음과 같이 협정한다.

제1조 (주둔군의 사용목적) 평화조약 및 본 조약의 효력발생과 동시에 미합중국의 육군, 공군 및 해군을 일본국내 및 그 부근에 배치하는 권리를 일본국은 허여하며 미합중국은 이를 수락한다. 이 군대는 극동에 있어서의 국제평화와 안전의 유지에 기여하고 아울러 1 또는 2 이상의 외부의 국가에 의한 교사 또는 간섭에 의해서 야기된 일본국에 있어서의 대규모의 내란 및 소요를 진압하기 위하여, 일본국정부의 명시의 요청에 응해서 공여되는 원조를 포함하여 외부로부터의 무력공격에 대한 일본국에 대한 일본국의 안전에 기여하기 위하여 사용할 수 있다.

제2조 [제3국의 주병(군대주둔)금지] 제1조에 게시한 권리가 행사되는 동안은 일본국은 미합중국의 사전의 동의없이 기지, 기지에 있어서의 혹은 기지에 관한 권리 또는 권능, 주병 혹은 훈련의 권리 또는 육·해·공군의 통과의 권리를 제3국에 허여치 않는다.

제3조 (행정협정) 미합중국 군대의 일본국내 및 그 부근에 있어서의 배치를 규율하는 조약은 양 정부간의 행정협정으로 결정한다.

제4조 (효력종료) 본 조약은 국제연합 또는 기타에 의한 일본구역에 있어서의 국제평화와 안전의 유지를 위하여 충분한 결정을 주는 국제연합의 조처 또는 이에 대신하는 개별적 또는 집단적인 안전보장조처가 효력을 발생하였다고 일본국 및 미합중국의 정부가 인정하였을 때에는 언제든지 그 효력을 상실하는 것으로 한다.

제5조 (비준) 본 조약은 일본국 및 미합중국에 의하여 비준되어야 한다. 본 조약은 비준서가 양국에 의하여 「워싱톤」에서 교환되었을 때에 그 효력을 발생한다.

이상의 증거로써 하기전권위원은 본조약에 서명한다.

참고 미일동맹조약(1960년 1월 19일 체결/1960년 6월 23일 발효)

미합중국과 일본국은, 양국간에 전통적으로 존재하는 평화 및 우호관계를 강화하고 동시에 민주주의의 제원칙, 개인의 자유 및 법의 지배를 고양할 것을 희망하고, 또한 양국 간의 일층 긴밀한 경제협력을 촉진하고 경제적 안정 및 복지의 조건을 조장할 것을 희망하며, 국제연합의 목적 및

> 원칙에 대한 신념과 모든 국민 및 정부와 평화리에 생활하고자 하는 희망을 재확인하고, 양국은 국제연합헌장에 확인된 개별적 및 집단적 자위에 관한 고유한 권리를 가지고 있음을 확정하며, 양국은 극동에 있어서 국제평화 및 안전의 유지에 공통의 관심을 가지고 있음을 고려하고, 상호협력 및 안전보장조약을 체결할 것을 결의하여 다음과 같이 합의한다.
>
> 제1조 체약국은 국제연합헌장에 규정된 바에 따라 개입될지도 모를 여하한 국제분쟁도 국제평화, 안전 및 정의를 위태롭게 하지 않는 평화적인 방법으로 해결하며, 그들의 국제관계에 있어서 타국의 영토보전과 정치적 독립에 대해서나 또는 국제연합의 목적과 일치하지 않는 방법으로 무력에 의한 위협 또는 무력을 행사하는 것을 삼가할 것을 약속한다. 체약국은 다른 평화애호국가와 협동하여 국제평화와 안전 유지에 대한 국제연합의 임무가 더욱 효과적으로 수행될 수 있도록 국제연합강화를 위하여 노력한다.
>
> 제2조 체약국은 그들의 자유주의적 제도를 강화하며, 이들 제도의 기초가 되는 원칙에 대한 이해를 촉진하고 안전과 복지의 조건을 조장함으로써 더욱 평화적이고도 우호적인 국제관계 발전에 공헌한다. 체약국은 그들의 국제경제정책에 있어서 상충점을 제거하도록 노력하고 양국 간의 경제적 협력을 촉진한다.
>
> 제3조 체약국은 개별적 및 상호협력으로 계속적이고도 효과적인 자조와 상호원조에 의하여 각자의 헌법상의 규정에 따라 무력공격에 대항할 그들의 능력을 유지 발전시킨다.
>
> 제4조 체약국은 본조약 이행과 관련하여 수시로 협의하고, 일본 또는 극동에 있어서 국제평화와 안전에 대한 위협이 발생할 경우 일방 체약국의 요청에 따라 언제든지 협의한다.
>
> 제5조 각 체약국은 일본국의 시정하에 있는 영역에 있어서 어느 일방 체약국에 대한 무력공격은 자국의 평화와 안전을 위태롭게 하는 것으로 인정하여 각자의 헌법상의 규정과 절차에 따라 공통의 위험에 대처할 것을 선언한다. 전기의 무력공격 및 그 결과로 인하여 취하여진 제반 조치는 국제연합헌장 제51조의 규정에 따라 국제연합 안전보장이사회에 즉시 보고되어야 한다. 그러한 조치는 안전보장이사회가 국제평화를 회복하고 유지하기 위한 필요한 조치를 취한 경우 중지되어야 한다.
>
> 제6조 일본의 안전과 극동에 있어서의 국제평화 및 안전의 유지에 기여하기 위하여 미합중국은 그의 육군, 공군 및 해군에 의한 일본국내의 시설 및 구역의 사용권을 허여받는다. 전기한 시설 및 구역의 사용과 일본국내에서의 합중국 군대의 지위는 1952년 2월 28일 「토오쿄오」에서 서명된 미합중국과 일본국간의 안전보장조약 제3조에 근거한 행정협정에 대신하는 별도의 협정에 의하여 규율된다.
>
> 제7조 본조약은 국제연합헌장에 의한 체약국의 권리와 의무 또는 국제평화와 안전을 유지하는 국제연합의 책임에 대하여 어떠한 영향도 미치지 않으며 여하한 경우에도 영향을 미치는 것으로 해석될 수 없다.
>
> 제8조 본조약은 미합중국과 일본국에 의하여 각자의 헌법상의 절차에 따라 비준되어야 하며 양국이 「토오쿄오」에서 비준서를 교환하는 날로부터 발효한다.
>
> 제9조 1951년 9월 8일 「샌프란시스코」에서 서명된 미합중국과 일본국 간의 안전보장조약은 본조약 발효 즉시 효력을 상실한다.
>
> 제10조 본조약은 일본지역에서 국제평화와 안전을 유지하기 위한 만족할만한 국제연합의 조치가 효력을 발생하였다고 미합중국 및 일본국이 인정할 때까지 유효하다. 다만 본조약은 발효 10년 후에 일방 체약국이 타방 체약국에 대하여 본조약 종료의 의사를 통고할 경우 본조약은 그러한 통고 후 1년 만에 종료된다.

3. 안보협의체

미국과 일본의 대표적 안보 협의체는 양국의 외교 및 국방장관으로 구성된 '안전보장협의위원회'이다. 1년에 한 번 개최된다. 2015년 미일 양국군 간 운용되는 '동맹조정 메커니즘'을 설치했다.

4. 미군 주둔

일본에 주둔하는 미군은 미국 태평양사령부에 소속된 약 5만 여명이다. 기지의 효율성을 강화하고 오키나와 주민들의 요구를 수용한다는 차원에서 다수의 미군기지를 오키나와로부터 이전하고 있다.

5. 공통의 전략 목표

1951년 미국이 일본과 동맹조약을 맺은 것은 군대를 보유하지 못한 일본을 일방적으로 보호해 주기 위한 것이었으나, 1960년 조약 개정시에는 공산주의 확산 저지라는 공통의 전략적 목표가 명백하였다. 9·11테러 이후에 일본은 미국의 세계전략적 필요성에 부응하기 시작했고, 최근에는 중국의 부상을 양국의 공통위협으로 인식하고 있다. 2015년 재개정된 미일방위협력지침에서는 섬을 포함하는 육상 공격의 예방과 격퇴라는 항목을 새로 포함시켰다.

6. 연합지휘체제

미일동맹은 단일의 연합사령부를 보유하지 않고, 양국군이 별도의 지휘체제를 통해 통제된다. 2015년 방위협력지침에서 '동맹조정메커니즘'을 규정하여 평시부터 운영하도록 하였다.

7. 방위비분담

1978년 일본은 미군의 복지비용을 일부 부담하기 시작했고, 1979년부터는 미군의 시설을 대신 건설해 주기 시작했다. 2005년 기준으로 일본은 미군 주둔비용의 약 75%를 담당하고 있다.

Ⅲ 방위협력지침

1. 1978년 지침

방위협력지침(가이드라인)은 미일안보조약을 토대로 미군과 자위대의 협력과 역할 분담을 규정해 놓은 미일 동맹의 '사용설명서' 같은 것이다. 1978년 제정됐고 11월 처음으로 제정되었다. 주요 내용은, 첫째 평시에 일본은 자위를 위한 필요한 범위 내에서 방위력을 보유하고 미군시설의 안정적 사용을 위해 노력한다. 평시에 미국은 핵억지력을 보유함과 동시에 즉각 대응부대 전방 전개, 증원병력을 보유한다. 양국은 평시에 무력공격 대비, 작전, 정보, 후방 지원 분야에서 협력 태세를 정비한다. 둘째, 일본 유사시, 일본은 한정적이고 소규모 침략을 자력으로 격퇴하고 자체역량으로 격퇴 곤란 시 미국의 협력으로 격퇴한다. 자위대는 주로 일본의 영역 및 주변해역 방어하고, 미군은 자위대 작전의 지원 및 기능 보완 역할을 한다. 자위대와 미군은 각기 지휘계통에 따라 행동한다. 셋째 일본 주변 유사시, 즉 일본 이외의 극동지역사태가 일본의 안전에 영향을 미치는 경우 미군에 대한 편의 제공 방법에 대해 공동 연구를 추진한다. 즉, 이 경우 구체적 협력 방안이 결정된 것은 아니었다.

2. 1997년 지침

1978년 11월에 제정된 '미일방위협력지침'에 대한 개정이 1997년 9월에 채택되었고 이를 '신가이드라인'이라고 한다. 미국과 일본은 1996년 '미일신안보공동선언'을 발표하여 미일 양국의 안보협력 범위를 기존의 '필리핀 이북의 극동'에서 '아시아·태평양 지역'으로 확대하였다. 이에 따라 '일본 자체' 방위에 중점을 둔 '미일방위협력지침'을 '주변지역 급변사태'에 대응할 수 있는 새로운 '미일방위협력지침'으로 개정한 것이다. 1997년 신지침은 평시와 일본 유사시의 경우 구 지침과 별반 차이가 없다. 구 지침과 비교할 때 신 지침의 가장 큰 특징은 미일방위협력의 중점이 종래의 '일본유사' 및 '극동유사'에서 '일본의 안전에 중대한 영향을 미칠 수 있는 일본 주변유사'로 바뀐 점과 '주변지역 유사시의 범위'를 지리적 개념이 아닌 '사태의 성질로 파악하는 개념'으로 규정하였다는 점이다. 일본 주변 유사시 협력의 내용은 군사정보 제공, 영해 및 일본 선박의 안전 항해 등을 위한 공해상 기뢰 소해, UN결의에 따른 수상한 선박 임검, 기지나 시설의 추가 제공, 민간항만이나 공항 사용, 조난 병사의 수색과 구조 등이다. 한편, 일본은 신가이드라인과 관련하여 1999년 5월 24일 '주변사태법', '자위대법 개정안', '미일 물품역무 상호제공협정 개정안'을 성립시켰다.

3. 2015년 지침

2015년 4월 재개정된 지침은 1997년 가이드라인을 유지하고, 평시부터 긴급사태까지 일본의 평화 및 안전을 확보하는 것이다. 몇 가지 주요 내용은 다음과 같다. 첫째, 미일 동맹의 글로벌 성격을 강조하였다. 둘째, 1997년 가이드라인의 생각을 유지한다. 안보조약 및 그에 근거한 권리 및 의무는 변경되지 않는다. 셋째, 일본의 행동 및 활동은 전수방위, 비핵3원칙 등 일본의 기본적인 방침에 따라 실시된다. 넷째, 평시부터 이용가능한 동맹조정 메커니즘을 설치하고, 공동계획을 책정·갱신한다. 다섯째, 양 정부는 미일동맹의 억지력 및 능력을 강화하기 위해 광범위한 분야에 걸친 협력을 추진하고, 자위대와 미군은 상호운용성, 즉응성 및 경비태세를 강화한다. 여섯째, 자위대는 일본과 긴밀한 관계에 있는 다른 국가에 대한 무력공격이 발생하고 이것에 의해 일본의 존위가 위협받아 국민의 생명과 자유 및 행복추구의 권리가 제한되어 명백한 위험이 있는 사태에 대처하여 일본 국민을 지키기 위해 무력행사를 동반하는 적절한 작전을 실시한다. 일곱째, 상호관계를 깊게 하는 세계에서 미일 양국은 아시아태평양 지역 및 이를 넘는 지역의 평화, 안전, 안정 및 경제적 번영의 기반을 제공하기 위해 파트너로서 협력하면서 주도적인 역할을 한다.

제3절 일본의 집단적 자위권 문제

I 문제 제기

일본의 역사왜곡은 1980년대 이래 외교문제로 비화하여 동북아시아지역의 발전적인 지역통합을 향한 다양한 시도들의 걸림돌이 되어왔다. 이렇듯 일본의 역사왜곡과 망언이 계속되는 구조적 배경에 대한 분석은 '보통국가'에 대한 정확한 개념 정의에서부터 출발해야 할 것이다. 분석개념으로서의 '보통국가'라는 용어의 무분별한 사용은 일본 국내의 보수우익의 폭넓고 다양한 스펙트럼에 대한 이해를 방해하는 커다란 지적

오류라 하지 않을 수 없기 때문이다. 예를 들어 '보통국가론'의 중심인물인 오자와 이치로가 의도하는 헌법 개정의 목적지가 '군사적 패권주의 국가'가 되는 것인지 아니면 유럽의 NATO와 같이 집단안보를 추구하는 '보통의 국가'가 되는 것인지에 대한 엄밀한 구분이 필요하다는 것이다. 오늘날 역사왜곡 문제의 중요한 근원적 요인은 헌법 제9조의 개정을 둘러싼 정치적 동학에 있으며, 따라서 현재 헌법 제9조의 개정을 추진 중인 일본의 보수정치가 어떠한 '전쟁'을 상정하고 있는지, 즉 집단적 자위권 행사를 통한 제재전쟁(보통국가)을 가능하게 하고자 함인지, 아니면 더 나아가 침략전쟁(권력국가)을 가능하게 함으로써 궁극적으로 군사적 패권주의를 추구하기 위함인지를 정확히 밝혀야 할 필요가 있다.

Ⅱ 집단적 자위권에 대한 헌법 해석

일본헌법 제9조는 '국권의 발동에 해당하는 전쟁과 국제분쟁을 해결하는 수단으로서의 무력행사 또는 무력에 의한 위협을 금지'하고 있다. 이것이 국가 고유의 자위권까지 부정하는 것은 아니라는 점은 의문의 여지가 없다. 따라서 논리적으로는 자위에 필요한 최소한도의 범위 내에서는 집단적 자위권의 행사도 가능하다는 해석이 있을 수 있으나, 이에 대해 일본 정부는 이른바 '72년 정부 해석'을 통해 집단적 자위권의 행사 가능성을 부정하고 있다. '72년 정부 해석'이란 집단적 자위권의 일반적 금지라는 현행 정부 해석의 원형이 된 것으로서, 1972년 9월의 내각법제국의 답변을 정리해 자위권 보유의 논리와 자위권 발동 3원칙(일본에 대한 긴급부정의 침해, 대체수단의 결여, 자위에 필요한 최소한도로 한정)을 융합시켜 집단적 자위권을 금지한 것을 말한다. '72년 정부 해석'은 그 후 정부에 의해 한층 더 정리되어 다음과 같이 집단적 자위권에 대한 정부의 해석을 명확히 하였다. "집단적 자위권이란 자국과 밀접한 관계에 있는 외국에 대한 무력공격을, 자국이 직접 공격받지 않음에도 불구하고 실력으로써 저지할 권리로 정의되며, 우리나라가 국제법상 이러한 집단적 자위권을 갖는 것은 주권국가인 이상 당연하지만 헌법 제9조하에서 허용되고 있는 자위권의 행사는 우리나라를 방위하기 위해 필요최소한도의 범위에 머물러야 한다고 해석하고 있어 집단적 자위권을 행사하는 것은 그 범위를 넘는 것이며 헌법상 용인되지 않는 것으로 생각된다."

Ⅲ 집단적 자위권의 행사와 현실 정치

일본 정부의 해석에 따르면 평화유지를 목적으로 한 UN에 의한 집단적 조치도 이것이 무력행사를 동반하는 경우 참가할 수 없으며, 일본이 공격받지 않은 이상 무력행사는 불가하다. 그러나 이는 UN에 의한 조치를 일반적인 국제 분쟁의 일종으로 평가하는 것에 다름 아니다. UN의 다양한 집단적 조치를 '국제분쟁의 해결을 위한 무력행사'로 받아들이는 것은 안전보장이사회 상임이사국의 지위를 노리고 있는 일본으로서는 이념상 모순이 있을 수밖에 없다. 안전보장이사회에 기대되는 최대의 역할이 바로 평화의 파괴를 인정하고 집단적 조치를 결정하는 것에 있기 때문이다. 즉, 종래의 헌법 해석을 유지하는 경우에 발생할 수 있는 현실의 모순은 일본의 국제적 역할이 커짐에 따라 국제적 문제가 될 수 있는 위험성을 내포하고 있으며, 이는 '침략이나 평화의 파괴 또는 평화에의 위협에 대한 집단조치'를 '국제분쟁'과 동일시하는 것이 과연 적절한

가 하는 점이 될 것이다.

Ⅳ 집단적 자위권 행사에 따르는 문제점

집단적 자위권의 핵심이 해외파병에 의한 국가 상호간의 방위라고 한다면 일본은 그 의무를 완수할 수 없다. 그러나 해외파병은 차치하고 무력행사를 목적으로 하지 않는 대미협력까지도 집단적 자위권의 행사라고 하는 형태로 일반적으로 금지한 결과 일본은 안전보장 문제로 자위를 넘는 적극적 활동이 거의 불가능하게 되었다. 그러나 1990년대 들어 지역분쟁 발생의 가능성이 높아져 미국이 일본에 대해 동맹국으로서의 응분의 협력을 요구하는 시대가 오자, 집단적 자위권이 미·일 간에 방치할 수 없는 문제가 되었다. 특히 한반도나 중국·대만의 정세가 긴박하게 변해가는 가운데, 미국은 기지 사용이나 자금 원조만으로는 더 이상 만족하지 않고 인적 협력을 절실하게 요구해 왔다. 이에 따라 집단적 자위권을 행사할 수 없다는 그간 일본 정부의 헌법해석은 집단적 자위권 행사를 전제로 한 미일동맹관계의 존립 그 자체와 관련되게 되었다. 이에 따라 국제분쟁의 해결에 적극적으로 관여하는 미국에 '연루'될 두려움보다 미국에 의해 '방기'될 두려움이 더 커졌고 그 결과물이 바로 1997년 9월 발표된 '신 가이드라인'의 성립이다. 신 가이드라인에 따르면 주변사태가 발생해 미군이 출동할 경우 일본 자위대가 미군에 대한 후방지역 지원, 즉 물품과 용역을 제공할 수 있도록 되어 있다.

Ⅴ 집단적 자위권 행사의 전제 조건

첫째, 독일의 선례를 얼마나 일본의 경우에 살릴 수 있을까 하는 것이다. 독일은 통일 이후 안전보장 정책을 변경하여 본 기본법을 사실상 개정함으로써 해외파병을 한층 더 UN·NATO의 틀 속으로 제한하고 있는데, 같은 역사를 가지는 일본으로서는 국가 노선의 변경에 앞서 이에 대한 연구가 필요할 것이다.
둘째, 한국, 중국 등 아시아의 근린 국가들과의 관계이다. 일본은 아직 이웃 국가들과의 사이에서 신뢰 관계를 구축했다고 보기 어려우므로 집단적 자위권의 행사는 이들 국가들과의 관계를 고려하여 일본과 타국의 이익이 양립하도록 실시하는 것이 바람직하다.
셋째, 집단적 자위권 행사에 있어 국민의 이해와 지지를 어떻게 얻을까 하는 문제이다.

Ⅵ 맺음말

집단적 자위권의 행사를 허용할 경우, 즉 헌법 제9조를 개정하여 의도하는 바가 지금까지 자위대의 역할을 '자위전쟁'에 한정했던 것을 UN의 안전보장이사회 결의에 기초한 '제재전쟁'까지 확대하고자 하는 것이라면 그것이 곧 '군사적 패권주의'가 되는 것과는 거리가 있다고 하겠다. 따라서 오자와 이치로의 '보통국가'론은 '권력국가'론과 구별되어야 하며, 오자와와 같이 보통국가를 지향하는 합리적인 보수주의자들의 헌법개정론까지 포함하여 우려해야 할 보수우익의 움직임으로 치부하는 것은 탈냉전 후 일본 정치 내에서 점차 주류의 위치를 점해가는 합리적 보수론자들을 적으로 돌리는 우를 범하는 일일 것이다.

제4장 러시아 외교정책

제1절 총론

I 서론

러시아는 맥킨더(H. Mackinder)가 세계 지배력의 원천으로 규정한 유라시아 '심장부(Heartland)'의 핵심 국가로서 역사적으로 세계 정치·경제·안보질서에 중대한 영향을 미쳐 왔다. 그러나 러시아는 1990년대 정치·외교·경제적 '3중 전환(Triple Transition)'을 동시에 진행시키면서 소위 '잃어버린 10년'으로 지칭될 정도로 극심한 정치·경제적 혼란과 취약한 외교·안보 역량 때문에, 신세계질서의 형성에는 물론 국제 현안을 해결하는 과정에서 별다른 영향력을 행사하지 못하였다. 그간 러시아는 아시아·태평양 심지어 동북아의 안보·경제 환경 논의에서 아예 주요 행위자로 언급되지 않을 정도로 위상이 하락해 있었으나, 2000년 '강한 러시아'를 모토로 등장한 푸틴 정부가 '경제 발전과 강국 건설을 통한 강대국 지위 회복'을 우선적인 국정목표로 설정하고, 이를 성공적으로 추진시킴으로써 그 결과 러시아는 강대국으로 재부상하고 있다. 러시아의 재부상은 장기적으로 미국의 패권질서와 마찰을 빚을 가능성이 있어 국제질서에서 중요한 변수로 등장하고 있다.

II 국가정체성 논쟁과 외교정책 방향

1. 기본 대립 구조: 서구주의와 유라시아주의

첫째, 서구적 발전모델을 지향하면서 개혁을 추진하려 하는 자유주의적 개혁주의자들과 러시아의 고유한 전통에 집착하는 애국-민족주의자들간의 격렬한 대결은 공산주의 이념이 지배적 이데올로기로서의 지위를 상실한 이후 등장한 이데올로기의 공백이라는 조건을 틈타 러시아의 발전 노선의 지향성을 놓고 벌인 투쟁이 되었다. 둘째, 러시아 국가성에 대한 논쟁은 유럽모델에 따라 자유민주주의와 자본주의 시장경제 및 다원적 시민사회 등을 강조하면서 새로운 러시아의 국가성을 정초하려는 서구주의와 위대한 유라시아제국 정체성 및 강대국의 위신의 회복을 지향하는 유라시아주의 사이의 대결로 귀결되었다.

2. 소련 붕괴 이후 정치 세력의 분열

소련 붕괴 후 러시아 정치 세력은 크게 세 계열로 분열되었다. 하나는 서구주의와 자유주의 가치를 지향하는 자유-개혁세력이며, 다른 하나는 전통주의와 패권주의 및 러시아 가치를 지향하는 애국-민족주의 세력이고, 끝으로 민족주의적 가치와 공산주의를 결합시킨 신공산주의 세력이다.

3. 외교적 지향성에 대한 세 가지 구분

러시아의 외교적 지향성을 분류하는 방법은 다양하지만, 친서방주의, 애국-민족주의, 지정학적 실용주의로 3분하는 것이 무난하다. 첫째, 친서방주의 지향은 서구의 발전노선이 인류보편적인 모델을 제공하고 있다는 인식하에 러시아의 대외정책 목표를 러시아가 서구의 발전 성과를 신속하게 습득하고 발전된 서구세계에 정치적, 경제적으로 통합되는 것으로 파악한다. 친서방적 외교정책 지향은 초기 옐친 대통령과 코지레프 외무장관의 활동에서 두드러진다. 둘째, 애국-민족주의 지향은 친서방주의적 경향에 반대하여 서구적 발전모델의 일방적 수용을 거부하며, 러시아가 제정러시아 이후로 지녀온 패권성, 즉 제국 내지는 강력한 국가의 전통을 회복하고 러시아문명의 독특성을 기반으로 하는 국가발전 모델을 지속적으로 추구해야 한다는 입장을 견지한다. 애국민족주의 외교 지향성은 1996년 이후 등장한 프리마코프 외무장관의 동방정책 속에서 강하게 나타난다. 셋째, 지정학적 현실주의를 지지하는 집단들에 대한 유라시아주의 영향 또한 긍정적으로 평가될 수 있다. 이들은 친서방주의 경향과 애국-민족주의 경향을 절충하여 러시아의 이익을 극대화하는 온건적 보수주의의 성향을 가진다. 이들은 서방에 대한 일방적 추종과 의존은 러시아를 러시아답게 만들지 못하며 도리어 강력한 국가의 개입이라는 전통속에서 시장경제의 건설에 성공한 일본, 한국, 중국이나 인도 등과 협력을 통해 동양과 서양의 균형, 북과 남의 균형을 취하는 방향으로 대외정책을 조정해가야 하며, 유라시아주의의 전통 속에서 진정한 러시아의 이해를 구현할 수 있는 외교를 추구해야 한다고 본다.

4. 외교정책 지향성의 변화 과정

초기 친서방외교가 보였던 일방적 지향성은 국내개혁의 진통에 따른 국민들의 보수화와 NATO의 동진과 같은 비우호적 국제환경 때문에 애국-민족주의 세력의 비판에 직면하면서 약화되었다. 프리마코프 노선으로 일컫는 반서방적 외교노선은 수사적 측면에서는 러시아외교의 커다란 변화를 의미하지만 그것을 실제적 정책변화로 연결되지는 못했다. 러시아의 희망사항과 실제 능력 사이에 커다른 간극이 존재했기 때문이다. 그러나 1990년대 잃어버린 10년을 마무리하면서 21세기에 새롭게 등장한 푸틴 대통령과 함께 러시아는 실용주의적 사고에 기초하여 국익 극대화를 지향하는 지정학적 현실주의를 러시아외교의 전면에 내세우면서 국제정치 무대에서 자국의 영향력을 신속하게 회복하였다.

III 탈냉전기 러시아 외교의 전개과정

1. 탈냉전 초기

첫째, 미국이 주도하는 탈냉전 질서의 새로운 국제질서가 형성되면서 미국의 패권이 확산되는 시기이다. 이시기 러시아는 친서방적 자유주의적 국제정치관에 입각하여 신국제질서에 적극적으로 통합되는 것이 필요하다는 인식을 바탕으로 대외정책을 추진하였다.

둘째, G8으로 대변되는 서방선진국의 일원으로서 대접받는 국제사회의 일원이 되고자했던 러시아의 희망은 체제전환에 따른 러시아의 혼란과 국력약화로 그 내적 기반이 붕괴되었음을 물론, 러시아에 대한 서방 국가들의 대접이 바뀌면서 자신에 대한 실망과 서방에 대한 반감으로 급속하게 전환되었다.

셋째, 1999년 NATO의 본격적인 확장으로 러시아의 안보환경에 대한 인식은 변화하였고, 서방의 의도에 대한 의구심은 보스니아는 물론 특히 코소보 사태를 계기로 강화되어, NATO의 확장은 러시아의 안보상의 심각한 도전으로 받아들여졌다.

넷째, 러시아 내부에서 서방을 부정적으로 인식하는 정체성의 정치에 불을 붙였고, 러시아가 강대국 균형화 정책을 추구할 수밖에 없다는 논리가 힘을 얻었고, 프리마코프를 중심으로 러시아의 새로운 국제환경과 자국의 안보전략에 대한 프리마코프 독트린이 입안되었다.

2. 푸틴 대통령 취임 이후

첫째, 러시아의 국가이익과 외교적 지향성이 안정화된 것은 푸틴 대통령의 등장 이후이다. 푸틴 등장 이후 러시아의 대외정책 원칙들이 정비되었고 이를 바탕으로 모든 쟁역과 모든 지역에서 러시아의 이익을 극대화하는 실용주의적 전방위외교가 펼쳐지게 되었다.

둘째, 푸틴 등장 이후 러시아는 강대국 지위의 회복, 미국 중심의 단극질서 배제 및 다극적 세계질서 창출, UN과 OSCE의 역할확대, 시장경제 개혁을 위한 유리한 대외적 조건의 조성, 러시아경제의 세계경제로의 통합, 최우선적 국익으로 경제적 이익 확보, 국제평화유지활동에 대한 적극적 참여, 핵무기 등 대량살상무기 확산방지, CIS통합노력 및 CIS내 자국민 보호, 러시아연방의 일체성 보존과 분리주의 방지 등을 추구하였다.

셋째, 러시아는 9·11테러 사태를 계기로 대미관계의 획기적 개선과 그 국제적 영향력의 제고를 효과적으로 도모할 수 있었다. 그러나 러시아는 국제사회의 다극화를 목표로 중국과 실질적 협력을 강화하여 SCO를 결성하였으며, 유라시아지역에서 실력을 배양하기 위해 CIS 국가들과 양자관계 및 역내 소지역협력도 강화하였다. 2001년 5월 유라시아경제공동체, 2003년 4월 집단안보조약기구(CSTO)를 결성하고 활성화하였다.

넷째, 실용주의에 기초한 러시아와 서방과의 협력적 동반관계는 점차 균열을 보이게 되었다. 우선 테러전쟁의 전선이 미국의 일방주의로 분열되었다. 한편, 2003년 시작된 색깔혁명은 러시아의 위협인식 및 안보전략에 심각한 변화를 가져왔다. 미국의 민주화 지원정책으로 2003년 조지아의 장미혁명, 2004년 우크라이나의 오렌지혁명, 2005년 키르기스스탄의 레몬혁명, 2005년 우즈베키스탄의 그린혁명이 성공하게 되었다. 이러한 변화는 러시아의 안보인식과 전략적 사고에 중대한 변화를 가져오는 계기가 되었다.

3. 푸틴 2기

첫째, 푸틴 2기가 시작된 해인 2005년 러시아와 중국은 21세기 세계질서에 관한 러시아-중국 공동성명를 발표했다. 이 선언에서 러시아와 중국은 미국의 일방주의에 대한 반대의사를 분명히 하며 다극적 지역안보질서 구축에 대한 강한 의지를 표명했다. SCO 확대를 추구하며, SCO 참여국 영토 내에 비회원국 군대가 주둔하는 것에 반대하고, 중앙아시아에 주둔하는 미군의 철수를 강력히 요청했다.

둘째, 러시아의 전략적 사고 변화 배경에는 급속하게 회복되기 시작한 러시아의 경제와 오일머니에서 오는 자신감이 있었다. 또한 이라크 이후 위기에 봉착한 미국의 전략적 입지에 대한 고려도 작용하였다.

셋째, 2007년 2월 뮌헨에서 열린 국제안보정책회의에서 푸틴은 미국의 팽창정책을 강력하게 비판하면서 조지아, 몰도바, 우크라이나에 대한 NATO확대 추진 시도와 미국의 동유럽 MD체제 설치에 강하게 반발했다.

4. 메드베데프 등장 이후

첫째, 메드베데프는 2008년 7월 발표한 러시아연방 대외정책 개념이라는 문서에서 국제질서 안정화를 위해 블록정치의 척결과 문명적 다양성에 기초한 전방위 균형화 외교를 강조했다.

둘째, 오바마 정부가 등장하여 글로벌문제 해결과정에서 러시아와의 협력 필요성을 강조하자, 러시아는 2010년 2월 새로운 군사독트린을 발표하여 비확산문제를 글로벌 안보 이슈로 지적하면서 이 해결을 위한 국제협력의 중요성을 강조하였다.

셋째, 러시아와 미국은 2009년 12월 만료된 START-I을 대체하는 신전략무기감축협정(New START)을 2010년 4월 체결했다.

넷째, 2010년 5월에 열린 NTP재검토회의에서 미국과 러시아가 주축이 되어 비확산, 감축, 핵의 평화적 이용이라는 NPT의 3대 중심축을 강화하는 것에 대한 회원국들의 협력 결의를 만장일치로 도출했다.

5. 푸틴 3기

첫째, 푸틴 3기 대외정책은 적극적 강대국주의 발현과 공세적 국익 방어 실현으로 요약할 수 있다.

둘째, 미국은 클린턴행정부 이래 NATO의 확장을 통해 러시아에 대한 압박으로 그 세력축소를 꾸준히 실행해 왔으나 2008년 조지아 전쟁, 2013년 시리아사태, 2014년 크림합병 및 우크라이나 동남부 내전 등에서 러시아가 보인 행동에 대해서 제한적으로 대응했다.

셋째, 우크라이나사태로 인해 러시아와 서방관계가 무너지게 되었고 이것이 전지구적 이슈들에도 영향을 미쳤다. 서방과 러시아의 협력의 상징이었던 G8에서 러시아는 축출되었고, 군축레짐이나 핵확산방지체제 그리고 기후변화 대응체제에서의 협력이 와해될 우려가 제기되었다.

넷째, 2014년 3월 18일에 발표한 신푸틴독트린을 통해 러시아는 서구의 질서에 순응하지만은 않을 것이며 자기주도적 질서를 구소련지역 전역에 수립할 것을 천명하였다.

다섯째, 2000년대 고유가 시기를 통해 축적된 국부를 바탕으로 군사력을 강화하고 이를 대외적으로 투사하려는 노력을 기울여왔다. 쿠바, 베트남, 베네수엘라 등에 해군기지를 다시 운용하게 되었고, MD체계의 중유럽 배치에 반발하여 칼리닌그라드에 전술핵을 장착할 수 있는 미사일을 배치하기도 하였다.

여섯째, 러시아는 대외적 연대 네트워크를 강화하는 정책을 펴왔다. 글로벌 수준에서 BRICS의 협력을 강화하기 위해 2014년 7월 열린 브릭스 정상회담에서 IMF, IBRD를 대체하는 새로운 금융기구 창설을 협의했다. 2014년 9월 정상회담에서 SCO 참가국을 확대했다. 중앙아시아 지역에서 유라시아경제연합(EAEU)창설에 합의하여 2015년 출범시켰다.

6. 푸틴 4기

2018년 3월 개선 결과 푸틴이 당선되어 동년 5월 7일 대통령에 취임함으로써 푸틴 4기가 출범하였다. 2020년 개헌을 통해 동일인물이 2차례 이상 대통령직을 수행하지 못하게 했다. 다만, 푸틴에 대해서는 적용을 배제하는 조항을 두어 2024년 대통령에 출마할 수 있게 했다. 당선되면 2036년까지 12년간 대통령직을 수행할 수 있다.

제2절 러시아의 재부상 이후 대외정책

I 서론

러시아는 맥킨더(H. Mackinder)가 세계 지배력의 원천으로 규정한 유라시아 '심장부(heartland)'의 핵심 국가로서 역사적으로 세계 정치·경제·안보 질서에 중대한 영향을 미쳐왔다. 그러나 러시아는 1990년대 정치·외교·경제적 '3중 전환(triple transition)'을 동시에 진행시키면서 소위 '잃어버린 10년'으로 지칭될 정도로 극심한 정치·경제적 혼란과 취약한 외교·안보 역량 때문에, 신세계질서의 형성에는 물론 국제 현안을 해결하는 과정에서 별다른 영향력을 행사하지 못하였다. 그간 러시아는 아시아·태평양, 심지어 동북아시아의 안보·경제 환경 논의에서 아예 주요 행위자로 언급되지 않을 정도로 위상이 하락해 있었으나, 2000년 '강한 러시아'를 모토로 등장한 푸틴 정부가 '경제 발전과 강국 건설을 통한 강대국 지위 회복'을 우선적인 국정 목표로 설정하고 이를 성공적으로 추진시킴으로써 그 결과 러시아는 강대국으로 재부상하고 있다. 러시아의 재부상은 장기적으로 미국의 패권질서와 마찰을 빚을 가능성이 있어 국제질서에서 중요한 변수로 등장하고 있다.

II 러시아의 재부상 요인

1. 푸틴의 강력한 리더십과 권력의 공고화

푸틴은 취임과 더불어 경제 발전을 통한 강국 건설을 국정목표로 내세웠고, 이를 효율적으로 추진하기 위해 권력의 집중화 작업을 성공적으로 추진하였다. 그 결과 정국 안정, 사회적·경제적 여건의 개선이 가능하였고, 국제사회에서의 러시아의 발언권 및 영향력의 증대로 국민들의 대폭적인 지지를 받아 강력한 리더십을 발휘할 수 있었다.

2. 경제 성장의 지속과 풍부한 에너지 자원

푸틴 정부 들어 러시아는 연 6~7%의 지속적 경제 성장을 유지했으며, 2006년 말 GDP 세계 10위권, 외환보유고 세계 3위권을 기록하였다. 또한 러시아는 천연가스 생산량 세계 1위, 석유 생산량 세계 2위 등 막대한 에너지 자원을 활용한 외화 획득을 통해 국내 여건을 개선시키는 한편 이를 대외적 영향력 행사 및 정치적 레버리지

(leverage)로 활용하고 있다.

3. 군사력의 점진적 강화

경제 여건이 개선되면서 그간 별 관심을 기울이지 못했던 군사력 증강에도 힘을 기울이고 있으며 매년 국방 예산이 약 30%씩 증가하고 있다.

4. 외부적 요인

러시아의 재부상은 그 외에도 미국의 이라크 정책 실패, 전통적 친미 중동 국가들의 대러관계 개선, CIS 국가들 특히 중앙아시아 국가들의 러시아 주도 각종 다자협력체제에의 적극적 참여, SCO역할 강화 같은 외부적 요인에도 크게 기인한다.

Ⅲ 러시아의 외교정책 기조와 목표

1. 국정목표

러시아의 국정목표는 빠른 시일 안에 강력하고, 경제적으로 발전되고, 국제적으로 영향력 있는 국가를 건설하는 것이다. 대외정책은 이러한 국정목표를 달성하는 수단으로서 전개되고 있다.

2. 대외정책의 목표

러시아의 외교정책은 ① 러시아의 국제적 위상 제고, ② 이념이 아닌 합리적 사고에 기반을 둔 실용주의 노선 추구, ③ 다인종·다종교 국가로서 대화와 협력을 통한 국제사회의 이해 조율에 중점을 두고 있다. 러시아는 현 국제정세의 불안요인을 크게 소련 붕괴 이후 정치적·경제적 변혁으로 인한 러시아의 역할 감소와 아프가니스탄전, 이라크전, NATO 동진 등 미국의 일방주의에서 비롯된 것으로 진단하고 있으며, 러시아가 국제적 이슈에 적극 참여함으로써 다극주의 체제로의 국제질서 전환을 위한 촉매제 역할을 추구한다는 입장이다. 2007년 3월 27일 발표된 러시아 외교부의 외교정책 검토보고서에 따르면 러시아의 외교정책원칙은 다극체제, 실용주의, 타국과 대치를 유발하지 않는 국익 추구이며 세부적으로 ① UN이 국제체제에서 중심적 역할 수행해야 하며 ② MD·우주무기 등으로 인한 군축 분야 상황의 악화 방지를 위해 노력하며 ③ 다극체제 확립을 위한 문명 간 대화 지원이다.

3. 동아태정책 목표

첫째, 역내에서 미국이 주도적인 영향력을 확보하는 것을 견제하면서 주요 행위자 간 세력균형을 유지하는 것이다.
둘째, 접경국들과 동반자 및 선린·우호·협력관계의 구축을 통해 국경 지역의 안정을 유지하고 포괄적인 양자협력을 강화한다.
셋째, 역내 다자 정치·경제·안보기구에 적극적으로 참여한다.
넷째, 극동, 시베리아 지역 발전을 위해 역내 국가들 간 협력을 추진하고 이 지역 경제를 아태지역 경제권에 편입한다.
다섯째, 반테러와 WMD 비확산을 위한 양자 및 다자협력을 강화한다.

Ⅳ 재부상 후 러시아 외교정책의 경향

1. 독자적, 공세적 외교정책의 대두

2004년 푸틴 재선 이후 러시아의 대외정책 경향이 보다 독자적·공세적으로 변화하였다. 러시아는 NATO의 코소보 개입 및 동진에 대해 유라시아의 전략적 환경을 불안정화 시키고 UN의 권능을 훼손시키는 것으로 비난하였으며, 특히 푸틴은 2007년 2월 제43차 국제안보회의에서 미국의 군사전략을 일방적이고 불법적인 것으로 규정하면서 미국의 NATO 확대와 폴란드 MD체제 구축을 비난하였다. 러시아는 미국의 동유럽에서의 MD 구축을, 자국을 대상으로 한 것으로 판단하고 있으며 미국이 MD를 계속 추진할 경우 러시아는 CFE 탈퇴와 INF 무효화 등으로 대응할 것이라고 발표하는 등 옐친 시대 미국과의 '순종적 동반자 관계'를 탈피하는 모습을 보여주고 있다.

2. 다극화 외교의 활발한 추진

러시아의 강대국으로의 재부상은 러시아가 1990년대 중반 이후부터 바람직한 국제질서로 주장해온 '다극주의'를 핵심 외교 노선으로 확립, 이를 대외관계에서 적극 추진하는 동인이 되고 있다. 푸틴 정부는 9·11테러 이후 미국의 일방주의 및 패권주의가 더욱 강화됨에 따라 이를 견제하고 국제문제에 대한 자국의 발언권을 높이기 위하여 다극화된 국제질서의 발전이 바람직하다는 판단을 하면서 이를 위한 노력을 지속해오고 있다. 푸틴은 2001년 7월 중국과 '러·중 선린 우호조약'을 체결한 데 이어 2005년 7월에는 미국의 일방주의를 비난하는 내용의 '21세기 국제질서에 대한 공동선언'을 채택하였다. 또한 2005년 중국, 인도와 합동 군사 훈련을 개최하는 등 군사협력을 강화시키기 위한 노력도 기울이고 있으며 러·중·인 3국 간 전략적 동반자 관계를 중시하고 있다.

3. 다자주의 외교의 확대 및 강화

러시아는 미국의 일방주의 견제, 자국의 군사·경제적 취약성 보완, UN 안전보장이사회 상임이사국의 지위 활용, 역내 문제에 대한 주요 행위자로서의 입지 강화, 다자 안보 메커니즘을 통한 역내 군축·군비통제 실현 등과 같은 차원에서 다자주의 외교를 적극 추진해왔다. 아·태지역의 경우 ARF, APEC, CSCAP, SCO, 6자회담 등에 적극 참여해오고 있으며 특히 CIS국가들을 중심으로 정치·경제·안보 협력을 위한 다자 협력 체제를 확대해오고 있다. 또한 중국과 더불어 SCO를 테러, 종교적 극단주의, 분리주의 척결 및 여타 분야에서의 포괄적 협력을 위한 장으로 발전시키고 있다.

4. 에너지 자원의 전략적 활용

러시아는 세계적으로 자원 외교가 중요시됨에 따라 자국의 풍부한 에너지 자원을 정치적 레버리지로 활용하기 위하여 2003년 '러시아 에너지 전략 2020'을 채택하고 에너지 산업의 국유화를 확대해왔다. 2006년 1월 우크라이나에 대한 천연가스 중단 사태는 우크라이나의 친서방정책을 억제시키려는 정치적 의도가 있었으며, CIS국가들에 대해서도 친러, 반러 성향에 따라 천연가스 공급 가격을 달리 책정하고 있다.

5. 동방정책의 적극적 추진

러시아는 ASEAN 국가들과 협력을 확대시키기 위해 노력하고 있으며, 중동지역 내 반미정서를 활용하여 역내 국가들과 협력을 강화하기 위한 대중동외교를 적극 추진하는 등 '동방정책(Look East Policy)'을 활발히 추진하고 있다.

V 러시아의 주요국에 대한 외교정책

1. 미국

(1) 9·11테러 이후 – 미국과의 협력으로 방향 전환

러시아의 대미전략에 있어서 2001년 9·11테러 이후 친미성향이 획기적으로 강화되었다. 9·11테러 사태는 러시아 이바노프 외무장관이 미·러관계를 제2차 세계대전 중 미·소 전시동맹에 비유하였듯이 양국 관계를 준동맹적 관계로 결정짓는 계기가 되었으며, 부시 미국 대통령 역시 2002년 6월 캐나다 G8정상회담에서 러시아를 반테러전쟁에서 강력한 동맹국으로 생각하고 있음을 강조하였다.

(2) 2002년 5월 미·러 핵합의

2002년 5월 부시 미국 대통령의 유럽순방을 계기로 미·러 양국은 공격용 전략핵탄두 수를 2012년까지 각각 1700~2200기로 감축하기로 합의하는 핵군축협정을 체결하였고, 이어 주요 국제안보문제에 대하여 협의하고 결정하는 'NATO – 러시아 이사회(NATO-Russia Council)'의 창설을 선언하였으며 이로써 러시아와 NATO 간의 대립과 반목 구도가 해소되었다. 이후 양국은 경제 부문에서 에너지산업 분야 정상회담을 개최하고 미국이 러시아의 대미 철강 수출 규제를 완화하기로 하였으며, 안보 부문에서도 NATO의 확장에 대해 이는 러시아를 겨냥한 것이 아니라는 NATO 측의 확인을 러시아가 환영하는 한편 평화 유지와 대테러활동에 협력하기로 하는 등 협력 기조가 유지되었다.

(3) 미국의 이라크 공격과 미·러관계

러시아는 미국의 이라크 공격에 대하여 전통적인 우방국이자 여러 경제적 이해가 걸려있는 이라크의 정권 교체를 방관할 수 없었으며 프랑스, 독일 등과 연대하여 이에 반대하였으나, 미국의 단기 승전이 굳어진 이후에는 미국의 전후 처리 구상에 신속하게 양보적인 태도를 보임으로써 미·러 전략적 동반자 관계를 복원하였다. 그러나 이에 대하여 러시아 이바노프 외무장관이 밝혔듯이 '분명히 적도 아니지만 그렇다고 동맹자도 아닌' 관계가 유지되어 오고 있으며, 특히 2004년 푸틴 재선 이후에는 9·11테러 직후와는 대조적으로 구소련지역에 대한 미국 진출을 견제하고 친서방 서향의 우크라이나, 조지아 등 역내 국가들에 대한 제재를 강화하는 등 독자 노선이 강화되고 있다.

2. 중국 – '전략적 협력의 동반자 관계' 심화

러시아는 1990년대 중반부터 발전시켜 온 중국과의 '전략적 협력의 동반자 관계'를 바탕으로 대미 견제, 중앙아시아 및 극동·시베리아 등 접경지역의 안정과 평화 유지,

반테러 및 WMD 비확산, 분리주의 억제, 무기 및 에너지 수출 등 경제·통상의 확대 등과 같은 포괄적 상호 협력을 확대시키기 위해 노력하고 있다. 1996년 이래 계속되고 있는 연례 정상회담 등을 활용하여 양자 및 국제 현안에 대한 해결 및 협력 방안을 모색하는 등 전략적 협력의 동반자 관계를 심화시키고 있으며, 특히 2005년 '21세기 국제질서에 대한 공동선언', SCO 정상회담 공동성명, 합동군사훈련 실시 등을 통하여 미국의 일방주의를 견제하기 위한 양국 간 공동전선을 강화하고 있다.

3. 일본 – 경협, 우호협력 확대를 위한 대일외교 강화

러시아는 극동·시베리아지역의 경제발전과 이 지역 경제의 아·태 경제권으로의 편입, 그리고 경협 확대를 위해서는 일본과 영토 문제 해결 등 선린·우호협력 관계가 강화되어야 한다는 입장이다. 일본도 1997년 이후 러시아와의 관계 개선 중시 정책을 표방하면서 양국 간에 수차례의 러·일정상회담이 개최되는 등 실질적인 협력을 강화해오고 있다. 그러나 양국 간에 쿠릴열도의 4개 섬 반환 및 평화협정 체결에 대하여 이견이 계속됨에 따라 양국 관계가 본격적인 우호·협력관계로 발전하지 못하고 있다. 러시아는 2005년 쿠릴열도 4개섬에 대하여 반환불가 입장을 재천명하였고, 이로 인하여 양국 간 교역·투자규모의 증가와 군사·안보협력의 확대에도 불구하고 영토문제의 조속한 해결에 따른 양국 관계 심화·발전은 어려울 전망이다.

4. 한국 – 한반도에서의 영향력 유지 및 남북한과의 협력 증대

(1) 정책 목표

러시아의 한반도정책은 ① 비핵지대화 및 WMD 비확산, ② 군사·정치적 문제 해결을 통한 평화와 안정유지, ③ 평화통일 기반 조성을 위한 남·북 간 건설적 대화, ④ 호혜적인 경제 협력의 확대, ⑤ 주변 3국과 세력균형 유지 등을 그 목표로 한다.

(2) 추진 전략

러시아는 북핵문제를 해결하기 위한 6자회담 참여, 남·북한과 시베리아 횡단열차(TSR)와 한반도 종단열차(TKR) 연결을 위한 논의 시작, 극동·시베리아지역 에너지 개발에 대한 한국의 참여 유도, 남·북한과 수차례 정상회담 개최 등을 통해 남·북한 양국 모두와 우호·협력을 강화하고 있으며, 향후 러시아는 남·북한에 대한 균형정책을 유지하면서 한반도가 중국이나 미국의 세력권하에 들어가는 것을 저지하고 동시에 WMD 비확산, 평화체제 구축 등 한반도 문제에 대한 적극적인 개입정책을 추진할 것이다.

Ⅵ 러시아의 동북아시아정책

1. 러시아의 동북아시아 안보위협 인식

러시아는 기본적으로 미국의 MD체제 구축, 미일동맹의 강화 및 일본의 정상국가화 지지, 이에 기인한 중국의 국방 현대화 가속화 움직임과 중국·일본·인도 간의 군비경쟁화 조짐이 동북아시아 안보 상황을 악화시키고 있다고 우려하고 있다.

(1) 일본

일본의 경우 군사비 지출이 사실상 세계 2위권이고 9·11테러를 계기로 인도양까지 자위대를 파견하였으며, 유사법제 관련 3법을 통과시킨 뒤 MD 참여를 적극화하는 한편 정상국가화 추진을 통한 자위대 역할 확대를 도모하는 등 러시아는 일본을 자국에 대한 정치·안보적 도전요인으로 인식하고 있다.

(2) 중국

중국의 경우 중국의 급속한 성장이 러시아 경제발전에 긍정적으로 작용하는 점은 인정하면서도, 이로 인해 미국의 MD 추진, 대만의 군비강화와 독립화 추세, 일본의 재무장 등이 유발되고 이는 다시 중국의 국방비 증액과 군비 증강을 가속화시키는 등 궁극적으로 동북아시아지역 정세에 대한 불안정요인으로 작용하고 있다는 인식을 갖고 있다.

(3) 북한

북한의 경우 러시아는 북핵문제가 평화적으로 해결되지 않는다면 TSR-TKR 연결사업 및 시베리아 가스관의 한국으로의 파이프라인 건설사업 등 남·북·러 간 대형 경제협력 사업 수행이 어려워질 뿐만 아니라 북·러 국경지방의 정세가 불안정해지고 대량 난민이 유입되는 등 사회혼란이 야기될 수 있으며 급기야 미국의 무력 개입에 의한 제2의 한국전쟁 가능성을 우려하고 있다.

2. 러시아의 동북아시아 전략

(1) 목표

러시아는 첫째, 동부 국경지역의 안정보장과 평화적인 환경 유지 그리고 단일한 정치·경제·사회·문화 공간으로서의 영토적 통일성을 보존하는 것, 둘째, 시베리아와 극동지역의 전략자원 및 기간산업의 보호, 천연자원과 낙후된 산업의 종합적 개발, 외자유치와 자유경제지대 창설 등 역내 국가들과의 협력을 기반으로 지역경제 개발을 촉진하는 것, 셋째, 미·러·중 3각 관계에서 '균형자적 등거리 외교'를 통한 러시아의 국제적 지위 향상 및 미국의 일방주의를 견제하는 것을 동북아시아지역에서의 전략 목표로 삼고 있다.

(2) 전략 수단

이를 위해 러시아는 중·일 간 군비확장을 포함한 패권경쟁의 저지, 남·북한 균형외교를 통한 한반도에 대한 영향력 회복, 북한 외에 몽골, 베트남 등 구 동맹국들과의 관계 복원과 한국 및 ASEAN 여러 나라들과의 관계 강화를 통해 아·태지역으로 진출하고 강대국 지위를 회복하는 것 등을 그 전략 수단으로 하고 있다. 특히 동북아시아에 대해서는 복잡하고 중층적인 안보위협 요인을 구조적으로 해결하기 위하여 포괄적인 다자안보 협력체제 창설이 필요함을 인식하고 있다.

Ⅶ 결론 – 한국의 대응 전략

1. 북한 내 급변 사태를 대비한 사전 협력 도모

현재 북한이 겪고 있는 식량난, 에너지난, 수송난, 원자재 부족, 외화 부족 등과 공산주의 독재체제는 이미 거의 역사의 뒤안길로 사라진 점을 고려할 때, 북한체제의 붕괴가 언제 어느 때라도 발생할 가능성이 있다고 보아야 한다. 따라서 한국은 한반도 급변 사태시 러시아의 긍정적인 역할을 보장할 수 있도록 사전에 한·러 협력 인프라를 구축하는 방안을 강구해야 한다.

2. 동북아시아 다자안보협력체제 건설을 위한 협력

한국은 다자안보체제 창설에 적극적인 태도를 보이고 있는 러시아와 협력하여 이에 대해 소극적 입장을 보이고 있는 미국이 반대하지 않도록 남북 및 주변 4개국을 포함하는 다자안보협력체제 건설을 추진할 필요가 있으며, 특히 6자회담이 그 기제가 될 수 있도록 러시아와 공동으로 이니셔티브를 형성할 필요가 있다.

3. 평화통일 과정에 외세 개입시 공정한 중재자로서의 역할 도모

러시아는 한반도의 비핵화를 포함한 한반도의 안정과 평화를 바라고 있고, 다자안보협력을 추구하고 있을 뿐 아니라 남북 간 문제의 당사자 해결원칙을 지지한다는 맥락에서 한민족의 통일이 남북한 당사자 간에 대화와 협력의 과정을 거쳐 평화적으로 달성되기를 바라고 있다. 이러한 동기에서 러시아는 평화통일 과정에 부당한 외부의 간섭이 있을 경우 이를 공정한 입장에서 견제해주는 중재자 역할을 자임하고 나서고 있다. 따라서 한국으로서는 사전에 주변국가들이 통일에 반대하지 않도록 주변환경을 조성해 나가야 하겠지만, 만일 이를 방해하는 국가가 있을 경우 러시아의 우호적 개입을 활용할 수 있을 것이다.

4. 투자 중시의 대러 경협 정책 및 대러 FTA 추진 필요

2003년 골드만 삭스의 「BRICs와 함께 꿈을: 2050년으로의 길」 보고서에서 나타난 전망과 같이 향후 러시아는 신흥 경제 대국으로 발전할 가능성이 높기 때문에, 한국으로서는 현재의 통상 위주의 대러 경제관계를 투자 위주로 개편할 필요가 있다. 또한 러시아가 에너지·자원 부국인 중앙아시아 국가들과 경제 통합을 추진하고 있으므로 이들 국가들에 대한 교두보 확보 차원에서도 러시아와 FTA를 적극 추진하는 것이 바람직할 것이다.

제3절 구소련의 붕괴요인

I 서론

사회주의 연방으로서 소련은 일반적 연방 국가의 속성 외에도 프롤레타리아 독재를 정당화하는 당의 통제·지배가 중앙정부와 연방을 구성하는 공화국들의 권한보다 상위에서 작동한다는 점과, 당이 연방을 구성하는 공화국들의 원심력과 민족 분쟁 가능성을 제어하는 기능을 수행한다는 특성을 갖는다.

그렇다면 소련이 해체된 이유 역시 당의 분열, 표류, 정당성 상실 등으로 인해 당의 사회 통제력에 심각한 문제가 발생하여서라고 쉽게 추측할 수 있다. 그렇지만 그것만으로 소련 붕괴의 원인이 충분하게 설명되지는 않는다. 왜냐하면 한 국가의 체제 유지는 중앙권력의 지배력에만 의존하는 것이 아니고 피치자의 동의, 여타 사회주의 연방국과는 다른 소련의 특수성에서 오는 요인, 그리고 체제 외부 요인에도 영향을 받을 것이기 때문이다.

Ⅱ 고르바초프 집권시 소비에트 연방이 안고 있던 구조적 문제들

1. 사회주의 체제의 위기

(1) 경제적 위기

소련의 경제는 생산수단의 국가소유제, 경쟁이 배제된 국가 독점제, 계획경제를 특징으로 하는 중앙통제적 독점 계획체제로 운영되어 왔다. 이러한 사회주의 경제 운용방식은 러시아 대혁명 당시의 저개발 단계에서는 풍부한 노동력의 동원과 전략산업에 자본 및 자원의 집중적인 투자를 가능하게 하여 상당한 경제발전 성과를 거두었고 소련 경제는 1960년대 초반까지 서구의 선진국들보다도 대체로 높은 경제성장률을 보여 왔다. 그러나 이후 소련의 경제성장률은 계속 하락하였는데 그 이유는 노동력과 자원의 대량투입에 의한 외연적 발전이 인구증가율 감소에 따른 노동력 공급의 부족과 연료·채굴 조건의 악화 등으로 인해 한계에 도달한 것과 농업 낙후성, 대외무역 침체 등을 들 수 있다. 그러나 근본적으로는 사회주의 중앙 통제 계획경제가 한계를 노정했기 때문이었다. 노동생산성 감소와 전반적인 경기 침체를 수반한 소련 경제의 추락은 국민들의 생활조건을 악화시켜 사회주의 체제의 효율성과 정통성에 의문을 제기하게 됐다.

(2) 사회주의 이데올로기의 침식

사회주의 체제는 자본주의의 모순을 타파하기 위해 일어난 대중혁명으로, 계급 갈등을 완전히 극복하고 필요에 따라 소비하는 공산주의 낙원을 건설한다는 구세적 이념에 기반하므로 미래에 대한 예언과 약속을 통해 대중을 동원하고 과도기적 사회주의 독재를 정당화했다. 그러나 시간이 경과하면서 사회주의 혁명 이념이 변질되어, 흐루시초프는 세계혁명이라는 목표를 평화공존으로 수정하였고, 브레즈네프는 사회주의 이상을 포기하고 현실에 안주하였다. 특히 흐루시초프의 스탈린 격하운동의 여파로 사회주의의 예언에 대한 검증이 활발해졌으며, 세계혁명의 발발, 자본주의 타파를 통한 범죄, 민족주의, 종교 소멸 등 사회주의의 주요 명제가 현실과 부합되지 않았음이 드러났다. 이에 따라 점차 사회주의 이념 자체에 대한 회의가 심화됐고 대중에 대한 호소력은 상실되었다. 카리스마적 이념의 쇠퇴는 곧바로 이를 토대로 하는 체제의 위기를 낳는다는 면에서, 이념의 퇴색은 다른 가시적 요인들에 비해 사회주의 체제 붕괴에 심대한 영향을 미친 것으로 보인다.

(3) 공산당 권위 약화와 통치 정당성 와해

러시아 대혁명에서 전위적 역할을 수행한 공산당은 이념의 독점체로서 소련의 국가와 사회를 주도해 왔다. 또한 사회주의 이념을 해석하고 실현을 선도하는 당지도자는 오류를 범하지 않는다는 전제하에 절대적 카리스마를 누렸다. 그러나 스탈린 사후 흐루시초프가 전임자의 실책을 비난함으로써 이러한 신화의 허구성이 폭로되었다. 당 독재가 용납되는 사회주의 단계가 '선진 사회주의'의 체제발전이라는 명목으로 계속 합리화됨으로써 공산주의 실현은 점점 요원해졌으며, 오히려 경제성장이 둔화되어 공산당의 권위는 추락하고 통치 정당성이 약화되었다. 게다가 이념 실천의 선봉에서 모범을 보여야 할 당 간부와 관료들의 도덕과 기강이 문란해졌고, 사회적 통제 완화에 편승해 이들의 부패가 심화됐다. 이러한 지도력의 표류에 따라 국민들은 사회주의 체제에 환멸을 느꼈고 이 체제를 주도하는 당의 권위와 통치 명분은 쇠락했다.

(4) 사회적 변화와 통제의 이완 – 공포감 약화

대혁명 이후 소련의 중앙권력은 전체주의적 대중동원과 체제 불만 봉쇄를 위한 주요 수단으로 테러를 이용했다. 그러나 흐루시초프는 스탈린 비판의 논리적 귀결로서 테러의 사용을 포기했다. 이에 따라 동구의 사회에서는 1950~60년대에 걸쳐 반체제 운동이 일어났고 소련에서는 '비공식집단'들이 문화재 보존과 자연 보호 등의 비정치적 목적을 표방하면서 1960년대부터 자생적으로 나타나 1980년대 중반에는 소련 전역으로 확산되었다. 시민사회가 서서히 형성되기 시작한 것이다.

1970년대부터의 경제침체와 고령자의 관직 유지나 대량 숙청의 부재가 인사정체를 유발했고, 이에 따라 유능한 젊은이들의 취업기회나 상류층으로의 진입이 어려워져 사회적 불만이 증가했다. 따라서 1980년대 초 체제에 대한 지지도는 젊은 세대일수록, 그리고 교육수준이 높을수록 더 낮았다. 또한 1980년대 중반까지 전문직 종사자들을 주축으로 하는 도시 중산계층이 등장하여 개혁파와 민주파를 지원하는 사회적 기반이 되었다.

2. 잠재된 민족 문제

(1) 의의

소련의 15개 구성 공화국들은 분리 독립은커녕 민족자결권마저 원천봉쇄되는 강력한 중앙집권적 연방제와 대러시아주의에 얽매이게 되었다. 소비에트 연방의 실질적 지배민족인 러시아인이나 중앙당국의 입장에서 중앙집권 지배에 대한 난관이 있었다. 소련 헌법은 연방공화국의 탈퇴권을 인정하며, 민족 단위 공화국들이 자기 이익 추구를 우선시하여 소련의 사회·정치적 통합을 어렵게 했으며, 연방 내에 각 공화국 국경이 인정되어 각자가 스스로를 주권국가로 인식할 가능성이 있었다. 러시아인들이 이끄는 공산당과 중앙정부는 민족주의라는 원심력적 요소를 통제하고 민족을 뛰어넘는 소비에트 사회를 건설하기 위해 다양한 통제 메커니즘을 구사했다.

(2) 스탈린의 대 숙청

1933년에서 1938년까지의 대숙청 기간 중에 스탈린은 민족주의적 또는 종교적 색채를 띠고 중앙에 대해 독립적인 성향을 보인 연방공화국 지도자들을 색출해 모두 숙청했다. 스탈린은 반종교주의 차원에서 유대인들도 탄압했으나 다른 한편으로는 엘리트들을 동화시키려고도 하고 극동지역에 비로비잔 유대인 자치주를 건설시켜주는 등 회유정책을 쓰기도 했다. 스탈린은 우크라이나를 러시아 영토라 간주하고 이곳에서의 민족주의는 조국인 러시아에 대한 위험이라는 판단하에 오히려 우크라이나를 자본주의 유럽에 대항하는 공산주의의 전초기지로 유지하려 했다. 이렇게 탄압받은 비러시아인들은 러시아에 대한 반감을 가지지 않을 수 없었으며, 마음속 깊이 독립을 기원하게 되었다.

(3) 소수민족의 강제이주와 인위적인 경계 획정

스탈린은 제2차 세계대전을 계기로 소수민족들을 대량으로 강제 이주시켜 이들의 인권을 짓밟았다. 1938년에 연해주에 거주하던 18만 명의 한국인들이 카자흐스탄, 우즈베키스탄 등의 중앙아시아로 이주되었다. 또한 독일군이 퇴각하자 점령지역의 소수민족들이 독일군에게 부역했다는 명목으로 시베리아나 중앙아시아로 강제이주되었다. 자연히 이들은 중앙권력과 러시아에 대한 증오심을 갖게 되었다.

(4) 민족 간의 역사적 종교적 반목

먼저 1940년 소련에 강제 병합된 발트 3국과 몰다비아는 분리 독립을 간절히 바랐다. 또한 우크라이나 서부지역의 동방 카톨릭 신자들은 우크라이나인들과 동화되지 못해왔고, 기독교를 믿는 아르메니아인들과 이슬람을 믿는 아제르바이잔인들도 서로 적대감을 키워왔다.

(5) 일당독재와 연방제

레닌의 제안에 따라 평등한 권리를 가진 모든 공화국들의 자발적 연합인 다민족 연방국가로 탄생한 소비에트 연방은 구성공화국들의 자치가 최대한 보장되는 국가연합의 성격을 가졌었다. 그러나 정부조직의 최고 권력기관들을 공산당원이 독점함으로써 권력의 집중이 급속히 진전되어 1930년대 중반에 이르면 소련이 당의 위계적 권력구조를 통해 통치되는 강력한 중앙집권적 전제정치 국가로 전락하게 되었다. 당은 단합이라는 소명을 갖고 있으므로 민족적 다양성은 그의 정강이나 정책에 반영될 수 없었고 연방주의에 치명타를 가했다.

(6) 경제적 평등

공화국 간 경제적 편차가 심한 것이 문제였다. 투자 배분이나 산업 배치에 있어서 전략적 고려가 우선하고 경제적 합리성이 중시되므로 민족적 평등이 고려되기 힘들었던 것이다. 1970년 최고 빈국과 최고 부국의 1인당 소득 차가 2와 3분의 1이라는 점에서 보듯이 소련의 소득평준화 정책은 실패하였다.

(7) 문화적 평등

대혁명 직후 각 민족들에게는 자신들의 고유언어 사용이 장려되었다. 그러나 스탈린 때부터 러시아어 통용이 적극 장려되었다. 이에 따라 러시아어 교육이 1938년 모든 학교에서 의무화되었고, 입시를 러시아어로 치러야 하는 등 상급학교로 진학할수록 러시아어 사용은 구조적으로 강요되었다.

(8) 정치적 평등

① 인사정책: 소련지도부는 지역 간부들의 민족주의화에 반대하고 '인사교류'라는 명분하에 중앙이 모든 공화국에 대표자를 파견해 왔다. 지방 출신 인사들이 명예직에 많이 진출했지만, 실제 권력은 비현지인에게 여전히 집중되었으며, 현지 출신 인사들은 끊임없이 '부르주아적 민족주의'와 '민족적 일탈행위'를 범하

지 않도록 경고 받아 왔다. 또한 대부분의 군관구 사령관은 러시아인이었고 최고회의 의원으로 발탁된 군 간부는 대부분 슬라브족 출신이었다. 중앙권력 역시 러시아인이나 슬라브인들이 실권을 장악해 왔다. 이렇듯 엘리트 충원과정에서 보이지 않는 차별이 존재해 왔던 것이다.

② **민족희석정책**: 소련의 공식 민족정책은 각각의 소수민족집단에게 하나의 자치체를 인정하는 것인데, 실제로는 게리맨더링(gerrymandering)과 인구 재배치를 통해 이 원칙이 무시되어 왔다. 그 결과 고르바초프 집권시 주요 민족이 총 주민 수의 절반 이하인 곳이 29개 연방·자치 공화국 중 9개 지역이었고, 어느 곳에서도 주요 민족이 90% 이상을 차지하지는 못했으며, 평균은 2/3 이하에 불과하게 되었다. 이러한 민족희석정책은 민족 단위의 독립 요구를 사전에 저지하고 러시아 지배를 확대하며 중앙의 지방 간섭을 강화하는 주요 수단으로서 작동했다.

3. 국제적 여건

1970년대 초반 미국으로부터 전략적 균형을 인정받고 국제정치를 공동경영하는 동반자로 받아들여져 국제적 위상이 드높아진 소련은 동-서 데탕트의 분위기를 악용하고 닉슨의 사임과 미국의 베트남전 패배로 인한 지도력 부재를 틈타 중동과 아프리카로 사회주의 혁명을 수출해 위세를 떨쳤다. 그러나 우쭐해진 소련 지도부는 국제정치상 두 가지 중대한 실책을 범하여 급속히 전략적 열세에 처하고 말았다. 먼저 유럽을 직접적으로 겨냥하는 SS-20 등 중거리 미사일을 배치해 서유럽을 미국 휘하의 반소진영으로 단결하게 했다. 또한 아프가니스탄에 1979년 말 무력으로 개입함으로써 매년 막대한 전비를 소모하여 경제난을 가중시키고 여론의 비판을 받았으며, 이슬람교를 신봉하는 중앙아시아 공화국 주민들의 중앙정부에 대한 반감을 야기했을 뿐만 아니라 전쟁의 장기화로 소련군의 권위마저 추락시켰다. 더구나 동아시아에서는 기존의 워싱턴-동경-서울 반소전선에 워싱턴-동경-베이징 소련 봉쇄전략전선이 1970년대 말에 추가되어 소련은 미국, 아시아, 유럽지역에서 봉쇄되는 곤경에 처했다.

한편 동-서 냉전적 대립 상황은 소련에게 엄청난 부담을 안겨주었다. 1970년대부터 정체기에 들어선 소련 경제에 비견되는 서방 선진국들의 번영과 경제 성장은 소련의 열등감을 자아내기에 충분했다. 또한 서방과의 경쟁을 위해 부단히 제3세계에 개입하고 미-소 군비경쟁을 위해 국가재정의 20~25%를 국방비에 지출함으로써 국내재정과 경제사정을 악화시켰다. 더구나 강경 반공주의자 레이건은 군비확장과 전략방위계획(SDI)을 추진하는 등 아예 소련체제의 붕괴를 기도하였다. 이에 따라 소련은 외화 수입이 감소하고 서방의 선진 기술 도입이 어려워져 경제 발전에 차질을 빚게 되었다.

Ⅲ 고르바초프의 정책과 연방 해체

1. 사회주의 체제 개혁의 실패

(1) 경제난 심화

1985년 고르바초프가 서기장으로 선출되었을 때 소련 경제는 성장이 정체되어 이미 위기에 처해있었다. 미국의 전면적인 소련 붕괴 공작은 경제전의 형태가 주요 양상이어서 소련의 재정을 고갈시키고 외화 가득을 어렵게 하며, 선진 기술 수입을 어렵게 하는 등 소련의 경제난을 악화시키고 있었다.

따라서 고르바초프의 초기 개혁은 이러한 미국의 도전을 극복하면서 경제를 재건하는 데 집중되었다. 그는 우선적으로 생산 증대를 위한 조직 개편과 투자 증대에 힘썼다. 그러나 체제 내 개혁의 한계를 인식하고, 어느 정도 정권의 지지기반을 마련한 1987년부터는 급진적이고 전반적인 개혁으로 이행하였다. 개인기업과 토지의 50년 임대차를 허용하는 등 소유권 형태를 다양화하고, 독립채산제 등을 통해 경제주체의 자율권을 강화하며, 중앙 계획 당국의 권한 축소와 하위경제주체의 권한 강화를 통한 분권화를 추진했다. 이는 수직적 행정체제로부터 수평적 경제체제, 그리고 독점 체제로부터 경쟁체제로의 이행을 의미했다. 그러나 시장경제로의 이행에서 가장 중요한 가격개혁을 지체해 경제문제를 해결하기는커녕 악화시키고 말았다. 고르바초프의 개혁은 계획경제의 기능을 마비시키고도 이를 대체할 새로운 경제질서를 신속하게 확립하지 못함으로써 소련 경제의 위기를 심화시켰다. 개혁에 대한 확실한 경제이론의 부재, 고르바초프의 의지와 결단력의 부족이 개혁의 실패를 초래한 것이다. 그러나 체제능력의 약화를 의미하는 경제난은 체제의 불안정을 유발하고 와해에 기여한 것은 분명하지만, 이것이 붕괴의 직접적인 원인이 된 것은 아니었다.

(2) 이데올로기적 재정향 – 신사고와 인도적, 민주적 사회주의

사회주의 국가에서 당과 지도자는 이데올로기를 통해 통치의 정당성을 합리화하고 대중을 동원한다. 그런데 고르바초프가 집권할 때 사회주의 이념은 이미 퇴색하여 적실성을 상실한 상태였다. 따라서 체제 수호와 정권의 유지를 위해서도 새로운 이데올로기를 창출하거나 사회주의 이념의 도덕적 우월성을 회복하는 것이 필요했다. 고르바초프는 결코 사회주의 자체는 포기하려 하지 않았다. 오히려 그는 사회주의 이념의 수정·개량 또는 현대화를 시도해 사회주의 이념의 우수성을 보여주려 했다. 그 결과는 먼저 사회주의 세계관의 현대판 수정이라 볼 수 있는 신사고로 나타났다. 신사고는 시대적 변화에 따라 엄밀한 계급투쟁 노선을 지양하고 인류 전체의 보편적 이익을 위해 자본주의 국가들과 선의의 경쟁을 통해 사회주의를 실현하는 것을 지향한다.

또한 사회주의 자체에 대해서는 사회정의, 사회보장, 사회적 안녕 등을 실현하는 '인간본위의 사회주의'를 내세웠는데, 이는 노동자의 소외를 가져오지 않는 한도 내에서 다양한 사회주의적 소유 형태를 인정하고 인민의 직접적이고 광범한 참여를 보장하는 것을 주요 내용으로 하였다. 이러한 새로운 사회주의 개념은 '인도적·민주적 사회주의'로 규정되어 당의 지침으로 결의되었으나, 시국을 수습하기에는 너무 뒤늦은 결정이었고 현실에서 실현가능한지는 의문이었다.

(3) 공산당의 권위 붕괴와 중앙정부의 통제력 이완

고르바초프는 1986년 체르노빌 원전 사고를 겪으면서 검열과 정치적 탄압의 폐지, 과거사 해석의 자유, 비판의 자유 존중, 각 민족의 특수한 문화 장려 등을 골자로 한 글라스노스트를 제창하고 반체제 인사들에게 자유를 주는 등 인권 개선에 나서게 되었다. 이어 1987년부터는 당의 민주화를 추진하였고, 1988년에는 사회주의적 법치국가를 과제로 채택했으며, 1989년 봄에는 소비에트를 실질적인 입법

기관화하여 당의 권력의 상당 부분을 소비에트와 정부로 이전하였을 뿐 아니라 급기야 1990년에는 공산당의 지도적 역할을 포기하고 복수정당제를 수용하였다. 그러나 당의 권위는 오히려 더 추락하기만 했다. 억압된 체제하에서 70년간 정치·경제·사회·문화적 욕구를 억제하며 살았던 소련 대중과 인텔리들은 처음 누려보는 자유와 민주라는 가치에 접하면서 오히려 그동안 당으로부터 받은 고통을 상기하면서 사회주의 체제에 대한 기만감과 박탈감을 표출하였다. 따라서 체제의 권위와 정통성은 더욱 추락하였고 공산당은 도전받지 않는 특권집단의 위상에서 합리적인 업무 없이 자기보전만 힘쓰는 껍데기 조직으로 전락하였다. 이에 반해 1980년대 중반에 소련 전역으로 확산된 '민주동맹'과 '시민행동' 등의 비공식 집단들은 고르바초프 집권 중 점차 정치단체로 탈바꿈하기 시작했고, 이들은 주권 회복 운동으로 발전해 체제에 도전적인 정치세력으로 기능했다.

2. 민족문제의 폭발과 공화국 분리독립

1977년 채택된 브레즈네프 헌법은 전문에서 연방 당국이 인민에 대한 착취와 계급 대립뿐 아니라 민족 간 분쟁을 영원히 종식시켰다고 선언했지만, 이는 단지 표면상의 안정과 평화였을 뿐이고 전술한 바와 같이 실제는 무수한 모순과 갈등, 문제들이 다민족 연방에 내재되어 있었다. 소련 당국은 민족문제 폭발 예방책으로 비러시아인들의 타 지역으로의 이주를 적극 장려하여 그들의 민족 공화국과 그들이 정착하는 공화국에서 단일민족 비율을 저하시키려 하였다. 고르바초프가 제창한 글라스노스트는 네 가지 측면에서 민족운동을 야기시켰다. 첫째, 문화적인 해금에 따라 각 연방공화국들은 민족 고유의 언어, 종교, 교육, 문화, 역사 되찾기에 힘쓰면서 민족감정을 고취시켰다. 둘째, 일반 대중들이 당과 정부 정책에 대한 비판에 쉽게 접할 수 있게 되면서 체제와 중앙권력에 대한 불신감이 자라났다. 셋째, 대중들의 중앙권력에 대한 공포감이 사라졌다. 넷째, 소비에트 체제의 대체재로 자신 주변의 민족공동체가 사회적 정체성을 회복하게 해주는 공동체로 다가왔다. 글라스노스트는 집회와 결사의 자유를 보장해 주어 이러한 경향을 더욱 촉진시켰다.

1989년 당중앙위원회 총회는 연방공화국들에게 '경제주권'을 인정하고 새로운 연방조약을 체결한다는 민족정책강령을 채택했지만, 그 어느 때보다도 비러시아 공화국들은 당중앙위원회에 대표되고 있지 못했다. 민족운동이 주권독립운동으로 변질되고 있는 가운데 고르바초프는 비러시아인들을 정책결정과정에서 점점 더 배제하였던 것이다. 한편, 민족주의가 다시 점화되면서 소련 경제구조에 기인한 차별과 착취라는 두 가지 문제가 제기되었다. 먼저 소득과 생활수준에 있어서 민족 간 편차가 해소되지 않고 있다는 불만이 터져 나왔다. 또한 공화국들은 인적, 물적 자원의 처분권을 요구하고 나왔는데 이는 오랫동안 이들이 갖고 있던 세 가지 불만에 기인하였다. 첫째, 중앙정부가 각 지역의 사정과 필요를 무시하고 정책을 수립, 시행해 공화국의 생활의 질을 왜곡시키고 환경을 파괴했다. 둘째, 지방의 자원을 대대적으로 오용했다. 셋째, 중앙이 작성한 개발계획의 부정적 결과를 개선하기 위해 마련된 토지계획이 제대로 시행되지 않았다. 따라서 공화국들은 경제에 대한 통제권한의 획기적인 지방분권화를 요구하게 되었고 나아가 경제적 운명에 대한 통제권과 완전독립을 요구하게 되었다.

중앙이 통제력을 상실해가고 있는 와중에 고르바초프는 연방공화국들에게 분권화를 허용하여 경제운영 체계 조정에 실패하였을 뿐 아니라 민족독립 성향을 강화시켰다.

현실적으로 이러한 민족운동은 고르바초프나 중앙권력에 대항하는 민족 지도자들의 주요한 세력 기반이 되어갔고, 이들은 자신의 권력 강화를 위하여 민족운동을 공화국 분리·독립운동으로 확대·변질시키려 노력했다.

3. 지배 엘리트의 분열과 대립

사회주의 체제, 민족, 연방제 등의 구조적 문제를 실제 소비에트 연방의 해체, 붕괴로 연결시킨 직접적 요인은 바로 지배 엘리트의 분열과 이들 간의 권력투쟁이었다. 소련 해체의 전 과정을 통해 체제 밖 엘리트와 일반시민의 역할은 미미한 반면, 지배 엘리트의 분열은 결정적이었다. 고르바초프의 정치개혁 및 경제개혁은 곧 당료와 관료들로부터의 저항에 직면할 수밖에 없었다. 경제를 시장의 원리에 따라 기능하도록 할 경우 이들 엘리트는 경제에 대한 통제력의 상실뿐만 아니라 궁극적으로 정치권력의 상실을 감수해야 할 처지에 놓이게 되기 때문이다. 결국 고르바초프의 개혁이 진전됨에 따라 지배 엘리트들이 이해관계에 따라 분열되어 권력투쟁을 벌인 것이 소련 해체에 직접적이고 결정적인 영향을 미쳤다. 정치지도자들의 내분으로 중앙권력이 분산·대립하고, 약화된 중앙권력에 공화국과 지방권력들이 반발함으로써 소비에트 연방은 해체되었던 것이다. 이를테면 고르바초프의 개혁이 미진하고 완만하다는 데 착안한 옐친의 급진개혁 요구와 연방공화국들의 주권독립운동과의 연합은 다분히 고르바초프와의 권력투쟁을 위한 고려에서 비롯되었다. 1989년 인민대의원으로 선출된 이후 옐친은 고르바초프와의 세력 획득 경쟁에 있어서 보다 현실적인 정세 판단에 기초하여 새로운 세력으로 부상 중인 급진개혁파와 공화국 민족주의자들의 기세를 업고 고르바초프에 대한 승리를 굳혔던 것이다. 즉 강력한 중앙정부와 연방을 유지하고자 하는 세력(고르바초프)과 정치적 목적을 위해 연방 해체와 독립을 주장하며 민족감정을 이용하는 세력(옐친) 간의 투쟁에서 후자가 승리함으로써 소련은 해체되었다.

4. 외부 요인으로서의 국제적 여건

SDI와 군비경쟁 도전, 폴란드 등 동구 반체제 운동 지원 등 레이건의 소련 붕괴전략은 현상유지적인 봉쇄정책에서 적극공세로의 전환을 의미했다. 이러한 미국의 대소 강경책은 고르바초프가 신사고 외교를 채택하는 데 고려할 수밖에 없었던 주요 여건이었고 소련의 국력을 소진하게 한 주요 요인 중 하나였다. 그러나 이러한 미국의 공세적 정책이 소련의 붕괴를 야기하는 데 직접적으로 결정적 역할을 한 것은 아니다. 풍부한 에너지 자원을 보유한 소련이 경화 수입 감소 등의 경제적인 이유로 쉽게 붕괴될 수는 없었다. 오히려 서구사회의 풍요와 체제 내에 사회주의를 포함한 다양한 견해를 인정하는 관용성, 레이건의 반핵주의, 소련의 지식인이나 정관계 주요 인사들과의 교류를 통한 자유민주주의 가치의 전파 등이 소련 국민들에게 서구에 대한 동경과 함께 소련의 사회주의 체제에 대한 불신을 키워 소련 붕괴에 기여했던 것이다. 이런 맥락에서 볼 때, 페레스트로이카, 글라스노스트와 삼위일체를 이루는 신사고는 소련 붕괴의 원인 중 하나라 볼 수 있을 것이다. 고르바초프 정권이 신사고에 따라 서방에 대한 가상적 이미지를 버리고 공생공영을 도모하면서 경계를 완화하자 소련 국민들은 한결 수월하게 서구의 풍요와 자유를 접할 수 있었으며, 신사고 외교의 공헌으로 달성된 냉전의 종식으로 경직된 소련 체제는 더욱 활짝 서방에 개방되어 소련 체제는 더욱 취약해졌다. 특히 고르바초프는 상호의존 시대에 자국의 이익을 증진하기 위해서는 상대국의 이익을 존중해 주어야 한다는 신사고의 논리를 동구에도 적용하였다. 그는 위성국들이 독자적인 사회주의 발전노선을 취하는 것을 허용하였고 급기야 1989년에는 '사회주의 국제주의' 또는 '브레즈네프 독트린'으로 불려온 내정간섭권마저 포기하면서 사회주의 체제의 점진적인 개혁을 국제적으로 고취하려 했다. 하지만 그의 기대와 달리 이들 '사회주의 형제국'들은 삽시간에 탈사회주의화하고 말았던 것이다.

IV 결론

고르바초프는 개혁에 대한 뚜렷한 대안을 준비하지 못했고, 글라스노스트와 정치민주화를 채택하면서도 민족주의의 폭발력과 대중의 억압된 욕구의 분출력을 너무 가볍게 생각했다. 이처럼 그의 성급한 체제 개혁은 오히려 체제의 근본적 모순과 부조리를 일시에 분기시켜 결국 그의 파멸을 초래했던 것이다. 그가 의도했던 사회주의 체제의 인본주의적 개혁을 성공적으로 달성하기 위해서는 중앙 권력의 권위를 지키면서 좀 더 과단성 있게 정책을 결정하고 보다 강력한 추진력, 집행력을 동원해야 했다. 고르바초프의 개혁 실패와 이로 인한 소비에트 사회주의 연방체제의 붕괴는 중앙 권력의 정책 강행 능력이 약화된 상태에서의 위로부터의 개혁은 내실 있는 성과를 거둘 수 없다는 교훈을 남겼다.

제4절 푸틴의 종신 집권체제 확립과 러시아의 대외전략

I 서설

러시아의 푸틴 대통령이 스탈린의 통치 기간보다 무려 7년이나 더 긴 36년간 집권할 수 있는 제도를 만드는 데 성공했다. 러시아 국민투표에서 67.97%의 높은 투표율과 77.92%라는 압도적인 지지를 받아 현 임기가 끝나는 2024년에 실시되는 대선부터 6년 임기의 대통령직에 두 번 연속 도전할 수 있게 되었다. 영구 집권을 가능하도록 하는 과정에서 그는 상당한 제도적 정통성도 확보했다. 1월에 개헌안을 제안하고 3월 상하원의 심의와 압도적인 찬성, 헌법재판소의 승인을 받아 개헌을 확정지었다.

II 소련 해체 이후 푸틴의 장기 집권체제 성립

1. 소련 해체와 옐친의 정책 실패

소련 체제가 1991년에 해체된 사유부터 살펴본다. 일반적인 평가와 달리 고르바초프 서기장은 소련 체제의 정상화를 너무 서두르다 오히려 체제 해체를 자초했다. 즉, 그는 공산당이 갖고 있던 독재권력을 국가와 정부에 미처 다 이전하지 못한 채 체제 정상화를 시도하다 오히려 권력의 기반을 무너뜨렸다. 이에 더해 소련이 여러 민족공화국들의 연합체라는 점을 경시하고 민족 자율성을 존중하다 강력한 민족주의의 원심력에 시달렸고, 결정적으로 옐친 러시아 대통령과 크라브축 우크라이나 대통령 등 몇몇 정치인들이 자기 공화국들의 권력을 강화하고자 허울뿐인 상위 정치체인 소련의 해체를 결정함으로써 연방을 소멸시켰던 것이다. 그 결과 러시아는 공산 독재에서는 벗어났지만 옐친 대통령이 경제 개혁을 위해 급진적인 시장화와 사유화를 추진하는 충격요법을 선택하면서 사회는 혼란에 빠졌고 국민들은 극심한 인플레이션으로 인해 연금 같은 튼튼한 생활 기반을 한 순간에 상실했다. 1990년대에 러시아의 경제력은 반토막이 되었다. 더구나 지방 토호들이 러시아 경제의 버팀목인 석유, 천연가스와 각종 광물자원을 서방 자본에 헐값으로 넘기며, 다민족국가인 러시아의 중앙권력이 약화되고 부패가 만연하자 지방세력들이 독립을 추구해 러시아가 또 다시 분열될 수 있다는 우려가 제기되었다. 이에 더해 미국과 서유럽은 소련과 동구 공산정권의 해체로 존재사유가 희박해진 집단 동맹인 나토를 해체하기는커녕 완충지대가 되어야 한다고 생각한 동구는 물론이고 구소련 공화국들에까지 확대해갔다.

2. 푸틴 집권과 정책 성공

이러한 상황에서 옐친은 KGB 출신으로 대통령 행정실 부국장·국장, 부실장, 연방보안부장과 국가안보회의서기를 거쳐 1999년 총리로 기용한 푸틴에게 권력을 물려주었다. 푸틴은 집권 직후부터 러시아의 통일성을 지키기 위해 체첸 반군들을 격멸했고 지방 권력을 통제하면서 중앙권력을 강화해 국가 분열을 차단했을 뿐 아니라 러시아의 에너지와 자원을 지키고 나토의 동진에 대해 강력히 대항했다. 서구에 종속되어 가면서 러시아의 국부를 빼앗기고 있으며 또다시 조국이 분열되고 있다고 우려하고 있던 러시아 국민들은 이에 환호했다. 특히, 8년간 2번의 대통령직을 수행하면서 러시아의 경제력을 두 배로 향상시켜 2008년에 1990년의 경제력을 회복했다. 즉, 붕괴해가고 있는 러시아의 통일성을 지키고 경제를 살려낸 정치지도자로서의 푸틴의 이미지가 그의 장기 집권을 가능하게 한 가장 큰 요인이다.

3. 푸틴에 대한 러시아 시민의 지지

러시아인들은 국민 여론을 존중하는 민주주의 지도자에 익숙하지 않고 국가 안보와 사회 질서를 안정되게 유지해주는 권위주의적이고 강한 지도력을 받아들이는 경향이 있다. 미국인들이 민주주의와 자유를 중요시하는 것과 달리 러시아인들은 사회의 안정과 국가 안보를 확보해주는 강력한 통치를 바란다. 장기집권을 악이라고 생각하지 않을 뿐만 아니라 푸틴 자신이 강압적으로 장기 집권을 추구하기보다 최대한 합법적인 제도를 구축하고 그에 따라 권력을 이어나감으로써 반대가 있더라도 세력화하는 결집 명분을 찾는 것이 쉽지 않다. 또 제정 러시아와 소련의 영광을 누리다 갑자기 국가 체제 붕괴와 사회 혼란을 겪은 러시아인들에게 푸틴이 나타나 다시 국제무대에서 발언권을 높이고 크림을 '회복'하며 유럽국가들은 물론이고 미국 지도자들에게도 당당하게 대하는 모습을 보고 지도자상에 부합하는 통치자로 간주한다.

Ⅲ 푸틴 러시아의 대외전략

1. 정책 기조

국민들과 의회의 지지를 기반으로 푸틴 대통령은 국가주의와 애국주의를 고창하면서 러시아의 주권과 국가안보를 지키고 중앙과 지방의 경제 발전을 도모하며 러시아 제국과 소련의 강대국 지위와 영광을 되찾기 위한 대외전략을 수행해왔다. 푸틴은 미국과 어깨를 견주는 핵 과점국가로서 전략적 균형을 유지하고 중국과 동반자 관계를 강화하면서 미국의 국제질서 독주 운영을 견제하는 동시에 경제를 발전시키면서 강대국의 위상과 영향력 회복에 주력해왔다.

2. 안보전략

푸틴의 첫 번째 소명은 러시아의 주권과 영토 수호와 관련된 국가안보인데 여기에는 2014년 우크라이나로부터 회복한 크림의 영유도 포함된다. 둘째로는 구소련공화국들과의 우호관계 관리가 중요하다. 안보 측면에서는 1992년에 창설되고 현재 아르메니아, 카자흐스탄, 우즈베키스탄, 타지키스탄, 키르기스스탄 등 5개국과 함께 하는 집단안보조약기구(CSTO)와 협력을 증진하려 한다. 반면에 구소련공화국들 중 우크라이나와 조지아가 러시아의 영향권을 벗어나기 위해 나토 가입을 희망하고 있어 이를 저지하려 진력할 것이다.

3. 경제전략

경제면으로는 카자흐스탄 및 벨라루스와의 2012년 관세동맹에서 출발한 뒤, 키르기스스탄과 아르메니아 등 구소련 5개국이 함께 하는 유라시아경제연합(EAEU)을 잘 운영해 정치적·경제적으로 구소련의 영광을 재현하고자 한다. 유럽국가들과의 평화를 유지하기 위한 전략적 안정 기조를 유지하고 호혜적인 우호관계도 확대하고자 한다. 향후 러시아는 유럽국가들과의 관계를 잘 회복하고 독일 등 서유럽국가들과 에너지 및 교역에서 협력을 증진하려 할 것이다. 러시아의 크림 편입에 대한 유럽국가들의 제재에 대처하는 한편 독일과 협력해 발트해 해저 가스관(Nord Stream-2) 부설사업을 미국의 반대에도 불구하고 잘 운영하는 것 등이 포함된다.

4. 대중국 전략

(1) 경제협력

중국과의 '새시대 전면적 전략적 동반자관계'를 지속 발전시키면서 경제이익을 호혜적으로 증진하고 미국의 국제질서 운영의 독주를 견제하는 것도 점점 더 중요해지고 있다. 중국에게 서구에서 구입하지 못하는 S-400과 같은 첨단무기를 수출하고, 이미 개통된 '시베리아의 힘' 가스관 등을 통해 에너지를 제공함으로써 경제적인 수익을 증진하는 동시에 서구와의 가스 협상에서 우위를 차지하며 시베리아·극동지역 개발 동력을 확보할 뿐 아니라 빠른 속도로 양국 간 무역을 확대하고 중국의 일대일로와 러시아의 유라시아경제연합 간 협력 증진도 모색하고 있다. 러시아의 투자를 유치하는 한편 미국의 제재로 어려움을 겪고 있는 화웨이와 사업을 확대하고 미국이 홍콩보안법 제정에 보복조치를 가하는 가운데 중국의 입장을 지지하는 등 중국과 대미 공동 견제 노선을 펼치고 있다.

(2) 군사협력

군사 부문에서는 2012년부터 연례적으로 중국과 함께 해상공동훈련을 시행해 왔는데, 현재 중국뿐 아니라 남아프리카공화국 그리고 이란과도 함께 훈련을 시행하였다. 또 중국과 함께 상하이협력기구(SCO)와 브릭스(BRICS)를 운영하면서 국제협력을 도모하고 미국을 견제하고 있다. 미국의 독주가 지속되는 한 푸틴은 중국과의 협력을 계속 강화할 것이다.

5. 대중동 및 아프리카 전략

최근 수년간 두드러진 변화는 러시아가 중동과 아프리카에서 영향력을 확대한 것이다. 미국이 중동지역에서 철수 움직임을 보이는 틈새를 공략해 이란과 시리아는 물론이고 쿠르드, 터키, 사우디아라비아, 이스라엘, 리비아에서 중동의 평화 중재자 및 안정자로서의 영향력 확대를 달성했고, 아프리카 43개국과 정상회의를 개최하기도 했다.

Ⅳ 대한반도전략 및 한국의 대응전략

1. 푸틴의 대한반도전략

푸틴은 한반도 문제에 대해서는 중국의 주도를 인정하고 중앙아시아와 유럽 문제에 대해서는 중국의 지지를 받는다. 단지 한반도 문제에 대한 발언권은 확보하고 필요한 경우에는 중재도 행하며 주로 경협을 통해 이익을 증진하려 하고 있다. 먼저 안보 문제에 대해 러시아는 중국의 쌍궤병행과 유사한 3단계 해법을 제시해왔다. 북한의 핵실험 및 미사일 발사와 함께 대규모 한미연합훈련을 중단한 뒤, 한반도 평화협정과 비핵화 협상을 동시 진행하며, 마지막 단계로 동북아시아 다자안보협력을 구축해 지역 국가 모두의 안보 우려를 해소한다는 것이다. 특히 북핵문제 해결원칙으로 안전보장이사회 외 개별 국가의 대북 추가제재에 반대하고 상호 동시 조치와 단계적 해결을 원칙으로 제시한다. 2000년대 초에 김정일 위원장과 두 차례 만난 것에 이어 김정은 위원장과 정상회담을 갖고 북핵문제를 해결하려면 북한의 안보 우려를 고려해야 하고 필요시 6자회담 재개를 모색해야 한다고 주장했다. 푸틴의 러시아는 한반도에서 군사적 대립을 지양하고 경제적·기능적인 협력을 통해 지역 평화를 확보하며 한·러와 남북·러 간 철도연결, 가스관 부설, 전력망 구축 등 대형사업 등을 통해 호혜적인 경제 이익 증진을 모색하는 동시에 남북 대화와 교류협력, 정상회담을 적극 지지하며 평화통일도 환영하는 전략을 구사한다.

2. 한국의 대응전략

한국은 중견국의 선도 모범국가로서 자신감을 가지고 한미동맹을 지키되 미국의 중거리미사일 배치는 단호히 거부해야 하고, 남북 및 한·러, 남북·러 경협 증진을 보다 능동적으로 모색하며 동북아시아 다자안보협력 구축을 추진함으로써 한미동맹과 함께 한국의 국가안보를 중층적으로 강화하고 경제적 이익을 배가하는 동시에 평화통일의 기반을 구축해나가야 할 것이다.

제5절 러시아-우크라이나 전쟁

I 탈냉전기 이후 우크라이나와 러시아의 관계

1. 초기 관계(1991년 ~ 2000년대 초반)

우크라이나는 1991년 소련의 해체와 함께 독립하였으나, 독립 이후에도 러시아와 깊은 경제적, 정치적 연결고리를 유지했다. 우크라이나는 독립 직후 러시아와 긴밀한 관계를 유지했으나, 독립국으로서의 정체성을 찾기 위해 서방과의 관계를 강화하려는 움직임도 있었다. 러시아는 우크라이나를 자국의 영향권 내에 두려 했다.

2. 주요 갈등의 시작(2004년 ~ 2010년)

2004년 우크라이나에서 '오렌지 혁명'이 일어나면서 친서방 성향의 빅토르 유셴코가 대통령으로 당선되었다. 이는 러시아와의 긴장을 고조시켰으며, 러시아는 우크라이나의 친서방 성향에 강력히 반대했다. 러시아는 유셴코 정부에 대해 정치적, 경제적 압박을 가하며 우크라이나의 나토 가입을 강하게 반대했다.

3. 크림반도 병합(2014년)

2014년 우크라이나의 유로마이단 혁명으로 친러 성향의 빅토르 야누코비치 대통령이 축출되자, 러시아는 이를 자국 안보에 대한 위협으로 간주했다. 그 결과 러시아는 크림반도를 병합하였고, 이는 국제사회에서 큰 논란이 되었다. 서방 국가들은 이를 불법적인 병합으로 규정하고 러시아에 경제 제재를 가했다.

4. 돈바스 전쟁과 분쟁(2014년 ~ 현재)

크림반도 병합 후, 우크라이나 동부 지역인 돈바스에서는 친러시아 반군과 우크라이나 정부군 사이에 충돌이 발생했다. 이 충돌은 러시아가 우크라이나 내 친러 성향 세력들을 지원하면서 장기화되었다. 양국 관계는 점점 더 악화되었으며, 우크라이나는 서방과의 관계를 더욱 강화하게 되었다.

5. 2022년 러시아의 우크라이나 침공

2022년 2월, 러시아는 우크라이나에 대규모 군사 침공을 감행하였다. 푸틴 대통령은 이를 특별 군사 작전이라고 칭하며, 우크라이나의 나토 가입 가능성을 차단하고 자국의 안보를 지키기 위한 조치라고 주장했다. 이로 인해 양국 관계는 극단적인 적대 관계로 악화되었으며, 국제사회는 러시아에 대한 강력한 경제 제재를 시행하고 우크라이나를 군사적으로 지원하기 시작했다.

Ⅱ 우크라이나 내부의 국내 정치적 균열구조

1. 동서 지역 간 갈등

우크라이나의 정치적 균열은 지리적으로 동부와 서부로 나뉘어 있다. 서부 우크라이나는 역사적으로 폴란드-리투아니아 연방이나 오스트리아-헝가리 제국의 지배를 받았으며, 대체로 유럽 및 서방과 더 가까운 역사적 연관을 가지고 있다. 이 지역은 주로 우크라이나어를 사용하는 사람들이 많고, 서방 지향적인 정치 성향을 보인다. 유럽연합(EU) 및 북대서양조약기구(NATO) 가입을 지지하는 경향이 강하다. 반면, 동부 우크라이나는 역사적으로 러시아 제국과 소련의 영향 아래 있었으며, 많은 주민들이 러시아어를 사용하고 러시아와의 경제적, 문화적 연결이 강하다. 이 지역 주민들은 전통적으로 친러시아 성향을 보이며, 러시아와의 긴밀한 관계를 유지하려는 경향이 강하다. 특히, 도네츠크와 루한스크 같은 동부 지역에서는 러시아계 주민의 비율이 높다.

2. 언어적 차이

우크라이나어와 러시아어의 사용은 정치적, 사회적 균열의 중요한 요소이다. 우크라이나어는 서부와 중부 우크라이나에서 주로 사용되며, 이 지역에서는 우크라이나어를 국가 정체성의 중요한 부분으로 여긴다. 우크라이나어의 사용을 확대하려는 움직임은 서방 지향적 정치 세력과 연결되어 있다. 반면, 러시아어는 동부와 남부에서 주로 사용된다. 러시아어를 모국어로 사용하는 인구는 러시아와의 연결을 중시하며, 우크라이나어를 강제하는 정책에 반감을 가지기도 한다. 이로 인해 언어 정책은 우크라이나 내부 정치에서 민감한 이슈이다.

3. 정치적 성향 차이

우크라이나의 정당들은 대체로 친서방, 친러시아 두 축으로 나뉜다. 친서방 정당들은 주로 서부와 중부 지역에서 지지를 받으며, 유럽연합과 NATO 가입을 목표로 하고 민주주의, 시장경제, 법치주의 강화를 강조한다. 2004년 '오렌지 혁명' 이후 빅토르 유셴코와 같은 친서방 정치인들이 부상한 것이 대표적이다. 반면, 친러시아 정당들은 동부와 남부에서 지지 기반을 가지고 있으며, 러시아와의 경제적, 문화적 관계를 유지하고자 한다. 빅토르 야누코비치와 같은 인물들이 이 세력을 대표하며, 이들은 주로 러시아어 사용 확대와 친러시아 경제 정책을 주장한다.

4. 역사적 균열

우크라이나는 오랜 기간 동안 다양한 제국의 지배를 받아왔고, 이러한 역사적 배경은 우크라이나 내부의 정치적 갈등에 중요한 요소로 작용하고 있다. 서부는 폴란드와 오스트리아의 영향을 받았으며, 유럽과의 긴밀한 연관을 중시한다. 반면, 동부는 소련의 지배를 받으며, 소련 시기와 러시아와의 관계를 상대적으로 긍정적으로 평가하는 경향이 있다. 이러한 역사적 기억은 각 지역의 정치 성향을 형성하는 데 큰 역할을 했다.

5. 종교적 차이

우크라이나 내부에는 정교회가 주요 종교이지만, 두 개의 주요 교파가 존재한다. 우크라이나 정교회(독립 교회)는 주로 서부와 중부 지역에서 지지를 받으며, 우크라이나의 독립성과 정체성을 강조한다. 2019년, 이 교회는 러시아 정교회로부터 독립을 인정받았다. 한편, 러시아 정교회는 동부와 남부 지역에서 더 강한 영향력을 행사하며, 러시아와의 연관을 중시하는 경향이 있다.

Ⅲ 우크라이나 NATO 가입 추진 역사

1. 독립 초기와 초기 NATO 협력(1991년 ~ 2000년대 초반)

1991년 우크라이나가 소련으로부터 독립한 후, NATO와의 관계를 구축하기 시작했다. 독립 직후 우크라이나는 공식적으로 비동맹 국가를 선언했지만, NATO와의 협력 가능성을 열어두었다. 1994년 우크라이나는 NATO의 파트너십 프로그램인 "평화를 위한 파트너십"에 가입했다. 이는 NATO와의 공식적인 군사 협력의 시작이었다.
1997년 우크라이나와 NATO는 '우크라이나-나토 헌장'을 체결하여 정치적 협력과 안전보장 분야에서의 협력을 강화했다. 이 시기에 우크라이나는 NATO와의 관계를 심화시키기 위한 여러 군사 훈련에 참여하기도 하였다.

2. 오렌지 혁명과 친서방 정책 강화(2004년 ~ 2010년)

2004년 우크라이나에서 '오렌지 혁명'이 일어나며 친서방 성향의 빅토르 유셴코가 대통령으로 당선되었다. 유셴코는 NATO 가입을 적극적으로 추진했으며, 이를 통해 우크라이나의 민주주의와 서방과의 협력을 강화하려 하였다. 2008년 부쿠레슈티(Bucharest) NATO 정상회의에서 우크라이나와 조지아가 NATO 가입을 희망했으나, 회원국들 간의 의견 차이로 인해 명확한 초대장을 받지는 못했다. 그러나 우크라이나와 조지아가 NATO에 가입할 것이라는 원칙적인 합의가 있었다. 이 시기는 러시아가 우크라이나의 NATO 가입에 강력히 반대하기 시작한 시점이다.

3. 친러 성향의 야누코비치 정부 시기(2010년 ~ 2014년)

2010년 친러 성향의 빅토르 야누코비치가 대통령으로 당선되면서 우크라이나의 NATO 가입 노력은 중단되었다. 야누코비치 정부는 러시아와의 관계를 강화하는 한편, 우크라이나의 비동맹 지위를 법적으로 선언하며 NATO 가입 추진을 공식적으로 철회했다. 이 시기 동안 우크라이나는 유럽연합(EU)과의 협력도 동결시키며, 러시아와의 경제적 및 정치적 관계를 강화하는 데 집중했다.

4. 유로마이단 혁명과 NATO 가입 재추진(2014년 이후)

2014년 유로마이단 혁명으로 야누코비치 대통령이 축출되고, 친서방 성향의 새로운 정부가 들어섰습니다. 러시아가 크림반도를 병합하고 동부 우크라이나에서 친러 분리주의 세력과의 분쟁이 발생하면서, 우크라이나는 NATO와의 협력을 강화하는 방향으로 선회했다. 2014년 9월 우크라이나는 NATO와 협력 관계를 재정비하며 군사적 지원을 요청했고, NATO는 이를 지원하기로 했다. 이 시점부터 우크라이나의 NATO 가입에 대한 논의가 다시 활발해지기 시작했다.

5. NATO 기준 충족을 위한 개혁과 지속적인 협력(2014년 ~ 2021년)

2017년 우크라이나 헌법에 NATO 가입을 국가적 목표로 명시하는 개헌이 이루어졌다. 우크라이나는 NATO 회원국이 되기 위한 군사 및 정치적 개혁을 가속화했다. NATO는 우크라이나의 군대와 방위 체계를 NATO 표준에 맞추기 위한 다양한 훈련과 지원을 제공했다. 2019년 우크라이나 헌법에서 NATO 및 EU 가입을 목표로 한 국가 전략이 공식화되었다. 볼로디미르 젤렌스키 대통령도 NATO와의 협력을 강화하고, 우크라이나의 가입을 목표로 하는 정책을 지속적으로 추진했다.

6. 2022년 러시아 침공 이후 NATO 가입 논의 가속화

2022년 2월 러시아가 우크라이나를 전면 침공하면서 우크라이나의 NATO 가입 필요성에 대한 논의가 급격히 증가했다. 젤렌스키 정부는 NATO 가입을 재차 강조하며, 군사적 지원을 요청했다. 2022년 9월 우크라이나는 공식적으로 NATO 가입 신청서를 제출했다. 이 과정에서 NATO는 우크라이나에 대한 직접적인 군사 개입 대신 대규모 군사적, 경제적 지원을 제공하면서도, 회원국으로의 즉각적인 가입에 대해서는 신중한 입장을 유지하고 있다. 이는 러시아와의 전면적 군사 충돌을 우려하는 회원국들 사이에서의 논의 때문이다.

Ⅳ NATO와 러시아의 관계 역사

1. 냉전 시기(1949년 ~ 1991년)

1949년 창설된 NATO는 소련의 군사적 위협에 대항하기 위해 서방 국가들이 결성한 방위 동맹으로, 소련을 중심으로 한 동구권 국가들과 군사적, 정치적으로 대립했다. NATO의 주요 목적은 회원국 간의 상호 방위와 소련의 확장을 저지하는 것이었다. 소련은 NATO에 맞서 1955년 바르샤바 조약 기구를 결성하며 냉전 체제에서 양대 군사 동맹으로 나뉘었다. NATO와 소련(러시아를 포함한 동구권)은 핵무기 경쟁과 군사적 대치를 이어갔고, 양측은 군사적 충돌을 피하려는 억제 정책을 유지했다. 냉전은 두 진영 간 극도의 긴장 속에서 지속되었으며, 상호 불신이 깊게 자리 잡았다.

2. 냉전 후 초기 협력과 기대(1991년 ~ 1999년)

1991년 소련이 붕괴되면서 러시아가 소련의 후계 국가로 등장하였고, NATO와 러시아는 냉전 이후의 새로운 안보 체제를 구축하기 위한 협력의 기회를 맞이했다. 러시아는 NATO와의 협력을 통해 서방과의 관계 개선을 모색했고, NATO는 러시아와의 긴장을 완화하고자 했다. 러시아는 1994년 NATO의 "평화를 위한 파트너십" 프로그램에 참여하여 NATO와 협력 관계를 구축하기 시작했다. 이는 러시아와 NATO가 상호 안보 이익을 공유하고 협력을 확대하려는 시도였다. 또한, 1997년 NATO와 러시아는 〈NATO-러시아 기본 협정〉을 체결하여 상호 협력을 강화하기로 하였다. 이 협정은 러시아와 NATO 간의 전략적 대화 및 협력을 통해 유럽의 안보 문제를 함께 해결하려는 목적을 가졌다. 러시아는 NATO의 군사 활동에 대해 일정 부분 관여할 수 있는 권리를 부여받았으며, 이는 상호 신뢰 구축의 일환이었다.

3. NATO 동방 확장과 갈등 고조(1999년 ~ 2008년)

1999년 헝가리, 폴란드, 체코 등 동유럽 국가들이 NATO에 가입하면서 NATO의 동방 확장이 본격적으로 시작되었다. 이는 러시아에게 위협으로 인식되었으며, 러시아는 자국의 안보 이익이 침해된다고 주장했다. 1999년 NATO는 유고슬라비아에서의 코소보 분쟁에 개입하여 공습을 감행하자 러시아는 이를 강력히 비난하며 NATO가 러시아의 영향력을 무시한 채 독자적으로 군사 작전을 수행했다고 주장했다. 이 사건으로 NATO와 러시아 간의 신뢰가 크게 손상되었다. 한편 2004년, 불가리아, 루마니아, 슬로바키아 등 동구권 국가들이 NATO에 추가로 가입하면서 러시아의 불만은 더욱 커졌다. NATO의 동방 확장은 러시아의 전통적 영향권이었던 지역을 잠식하는 것으로 해석되었고, 이는 러시아의 안보 우려를 고조시켰다.

4. 조지아와 우크라이나 사태로 인한 긴장(2008년 ~ 2014년)

2008년 부쿠레슈티 정상회의를 통해 NATO는 조지아와 우크라이나의 NATO 가입 가능성을 열어두었지만, 즉각적인 가입을 허용하지는 않았다. 그러나 러시아는 이 움직임에 크게 반발했다. 2008년 러시아는 조지아와 남오세티아 분쟁에 군사적으로 개입하며 조지아와 전쟁을 벌였다. 조지아는 NATO 가입을 추진하던 국가로, 러시아는 이를 자국의 안보에 대한 도전으로 간주하고 강경 대응했다. 이 사건은 NATO와 러시아 간의 갈등을 한층 더 심화시켰다. 또한, 2014년 러시아는 우크라이나의 크림반도를 병합했다. 이는 우크라이나가 친서방 성향의 정부를 세우고 NATO와의 관계를 강화하는 상황에서 발생한 일이다. NATO는 러시아의 크림반도 병합을 강력히 비난했고, 러시아에 대해 경제 제재를 가했다. 이는 양측 관계에 깊은 균열을 일으켰다.

5. 냉전 이후 최악의 갈등: 우크라이나 전쟁(2014년 ~ 현재)

러시아가 우크라이나 동부에서 친러시아 반군을 지원하면서 우크라이나와 러시아 간의 갈등이 심화되었다. NATO는 우크라이나에 대한 군사적, 경제적 지원을 확대하며 러시아에 대한 제재를 강화했다. 그러나 NATO는 우크라이나에 직접적인 군사적 개입은 하지 않았다. 러시아는 NATO의 동방 확장을 강하게 반대하며, 우크라이나와 조지아 같은 국가의 NATO 가입을 자국 안보에 대한 중대한 위협으로 간주했다. NATO와 러시아의 갈등은 이 문제를 중심으로 점점 더 악화되었다. 결국, 2022년 2월, 러시아는 우크라이나에 대규모 군사 침공을 감행했다. NATO는 러시아의 침공을 강력히 비난하고 우크라이나에 군사적, 경제적 지원을 제공했다. 그러나 NATO 회원국들은 러시아와의 직접적 충돌을 피하기 위해 우크라이나에 군대를 보내지는 않았다. 이 전쟁은 NATO와 러시아 간의 관계를 냉전 이후 최악의 상태로 몰아넣었다.

Ⅴ 2022년 러시아가 우크라이나를 공격한 이유

1. 주요 요인

(1) 나토 확장 저지

러시아는 우크라이나가 NATO에 가입하려는 움직임을 자국 안보에 대한 위협으로 간주했다. 블라디미르 푸틴 대통령은 우크라이나의 NATO 가입이 러시아 국경 근처에 서방 군사력이 배치되는 결과를 초래할 수 있다고 주장했다.

(2) 우크라이나의 서방 기울기 견제

러시아는 우크라이나가 점점 더 서방과 가까워지며 유럽연합(EU) 및 NATO와의 협력을 강화하는 것을 경계했다. 푸틴은 우크라이나가 러시아의 영향권에서 벗어나는 것을 막기 위해 군사적 행동을 취했다.

(3) 러시아의 역사적 권리 주장

푸틴은 우크라이나를 러시아의 역사적 일부로 간주하며, 우크라이나와 러시아는 하나의 민족이라고 주장했다. 그는 우크라이나가 서방의 영향력 아래에서 러시아와 결별하는 것을 막기 위해 공격을 감행했다.

(4) 돈바스 지역 분쟁

푸틴은 우크라이나 동부 돈바스 지역에서 러시아계 주민들이 차별받고 있다고 주장하며, 이들을 보호하기 위해 "특별 군사 작전"을 시작했다. 이는 우크라이나 내 친러시아 반군을 지원하던 기존의 분쟁을 확전하는 형태로 이루어졌다.

2. 케네스 왈츠의 분석 수준(levels of analysis)에 따른 분석

(1) 개인 수준(Individual level)

러시아의 우크라이나 침공에서 개인 수준의 분석은 블라디미르 푸틴의 결정적 역할을 강조한다. 푸틴은 20년 이상 집권하며 러시아의 강력한 지도자로 자리 잡았고, 그가 가진 권위주의적 성향과 역사적·개인적 신념이 침공에 중요한 영향을 미쳤다. 푸틴은 우크라이나를 러시아의 역사적 영토로 간주하며, 이를 서방의 영향권에서 되찾고자 하는 목표를 가지고 있었다. 그는 우크라이나를 NATO와 서방으로부터 보호하고, 러시아의 안보를 강화하려는 의지를 개인적으로 강력히 추구했다. 특히, 푸틴의 정치적 생존과 개인적 명성도 우크라이나 문제에 깊이 얽혀 있었다고 할 수 있다. 서방이 러시아를 약화시키려 한다는 그의 깊은 불신과 서방에 대한 도전 의식이 이번 침공의 중요한 개인적 요인으로 작용했다.

(2) 국가 수준(State level)

국가 수준에서의 분석은 러시아 내부의 정치적, 경제적, 사회적 요인을 설명한다. 푸틴 정부는 러시아의 권위주의적 체제를 강화해왔으며, 러시아 내 민족주의 정서를 활용하여 우크라이나 침공을 정당화했다. 푸틴은 러시아의 위대함을 회복하고 소련 붕괴 이후 상실된 영토를 되찾고자 하는 목표를 내세우며, 우크라이나와 같은 옛 소련 국가들이 러시아의 지배권 아래 있어야 한다고 주장했다. 또 다른 중요한 국가적 요인은 러시아의 에너지 자원과 관련된 경제적 이해관계다. 우크라이나는 유럽과 러시아 간의 가스 공급 라인이 지나가는 주요 경로로, 이 지역에 대한 통제는 러시아의 경제적 이익과 연결된다. 우크라이나가 서방과 더 가까워질수록 러시아는 이러한 경제적 통제를 상실할 위험에 처했기 때문에, 러시아는 우크라이나를 자신들의 영향권에 유지하려는 국가적 이해관계를 반영하여 침공을 감행했다.

3. 국제체제 수준(International system level)

국제체제 수준의 분석은 국제 무대에서의 구조적 요인을 설명하는 데 중점을 둔다. 왈츠의 관점에서 국제체제는 무정부 상태(Anarchy)로, 각국은 생존을 위해 자신의 안보를 스스로 보장해야 한다. 러시아는 NATO의 동진, 즉 서방의 동유럽 확장에 대해 안보 위협을 느끼고 있었다. 러시아는 NATO가 계속해서 동유럽으로 확장하면서, 우크라이나가 NATO에 가입할 가능성이 커지자 이를 강력히 저지하려 했다. 특히, 국제 무대에서의 세력 균형이 중요한 역할을 한다. 러시아는 NATO의 확장으로 자국의 안보가 위협받고 있다고 생각하며, 우크라이나를 서방의 세력권에서 벗어나게 하여 유럽 내 세력 균형을 유지하려고 했다. 푸틴은 우크라이나의 NATO 가입이 러시아의 전략적 이익에 큰 손해를 끼칠 것이라 판단했고, 국제체제의 힘의 논리 속에서 군사적 행동을 통해 자국의 이익을 보호하고자 했다.

Ⅵ 러시아의 우크라이나 침략에 대한 주요국의 대응

1. 미국

미국은 러시아의 침공 직후 러시아에 대한 강력한 경제 제재를 발표했다. 이 제재는 주로 러시아의 금융 시스템, 에너지 부문, 군사 산업, 주요 개인들(올리가르히 및 정부 고위 관계자)에 대한 제재를 포함했다. 미국은 러시아의 중앙은행 자산을 동결하고, 러시아 주요 은행들을 국제 금융 결제망인 SWIFT에서 차단했다. 또한, 러시아의 에너지 수출을 제한하기 위해 동맹국들과 협력해 국제 유가 상한제를 도입했다. 한편, 미국은 우크라이나에 막대한 군사적 지원을 제공했다. 특히, 첨단 무기 시스템(예 드론, 대전차 무기, 대공 미사일)과 정보 지원을 통해 우크라이나의 방어 능력을 강화했다. 미국은 또한 NATO 회원국들과 협력하여 동유럽에 추가 병력을 배치하며, 러시아의 확장 가능성에 대비했다. 2022년 말까지 미국은 수십억 달러에 이르는 군사 원조를 우크라이나에 제공했다. 또한, 미국은 유엔과 NATO 등을 통해 러시아의 침공을 국제사회에서 비난하고, 국제적인 반응을 조율하는 데 주도적인 역할을 했다. 조 바이든 행정부는 동맹국들과 협력하여 러시아에 대한 국제적 고립을 강화했으며, 우크라이나에 대한 외교적, 경제적, 군사적 지원을 지속적으로 확대했다.

2. 유럽연합(EU)

EU는 미국과 함께 러시아에 대해 가장 강력한 경제 제재를 가했다. 러시아의 주요 은행들을 SWIFT 결제망에서 차단하고, 러시아산 석유와 가스에 대한 수입을 단계적으로 중단하거나 제한했다. 또한, 러시아 정부와 푸틴 대통령의 측근들에게 자산 동결 및 여행 금지 조치를 취했다. 또한, 유럽연합은 과거에 비해 이례적으로 강력한 군사적 대응을 결정했다. 독일과 프랑스 같은 주요 EU 국가들은 우크라이나에 무기를 지원했으며, EU는 전체적으로 우크라이나의 국방력을 강화하는 데 기여했다. 독일은 특히 오랫동안 유지해 온 군사적 비개입 원칙을 깨고 우크라이나에 무기 지원을 제공하며 방위비를 대폭 늘렸다. 나아가, 전쟁으로 인해 발생한 우크라이나 난민들을 위해 EU 국가들은 대규모 지원책을 마련했다. 우크라이나 국민들은 EU 여러 국가들로 피난을 갔으며, 각국 정부는 이들을 받아들이고 지원을 제공했다. 특히, 폴란드와 같은 동유럽 국가들은 많은 난민을 수용했다.

3. 중국

중국은 러시아와 서방 간의 분쟁에서 중립적인 입장을 취하겠다고 선언했지만, 사실상 러시아에 우호적인 태도를 보였다. 중국은 러시아에 대한 서방의 경제 제재에 동참하지 않았고, 오히려 러시아산 에너지 수입을 늘리며 경제적 협력을 강화했다. 그러나 중국은 러시아의 우크라이나 침공을 공개적으로 지지하지는 않으며, 평화적 해결을 촉구하는 발언을 하기도 했다.

Ⅶ 우리나라 입장

1. 러시아 침공에 대한 비판 및 우크라이나 지지

한국 정부는 러시아의 우크라이나 침공을 강하게 비판하며, 이를 국제법 위반으로 규정했다. 외교부는 러시아의 군사적 행동이 우크라이나의 주권과 영토 보전을 침해하는 것이라고 비난하고, 러시아의 즉각적인 군사 행동 중단을 촉구했다. 대한민국은 유엔 총회에서 러시아의 침공을 규탄하는 결의안에 찬성표를 던지며 국제사회의 입장을 지지했다. 유엔 무대에서 한국은 우크라이나의 주권과 영토 보전을 지지하며, 러시아의 행위가 국제 질서를 위협하는 것으로 보았다.

2. 경제 제재 동참

대한민국은 서방 국가들과 보조를 맞춰 러시아에 대한 경제 제재에 동참했다. 주요 제재 조치로는 러시아 주요 은행들을 국제 결제 시스템(SWIFT)에서 차단하고, 첨단 기술 수출 제한을 포함한 다양한 경제적 제재가 시행되었다. 또한, 한국은 제재 조치에 따라 러시아와의 무역과 금융 거래를 제한하는 한편, 러시아에 대한 반도체, IT 제품 등 첨단 기술 수출을 제한했다. 이는 러시아의 군사 산업과 기술 발전에 기여하지 않겠다는 의지로, 국제사회의 제재 노력에 동참한 것이다.

3. 우크라이나에 대한 인도적 지원

한국은 우크라이나 국민들을 돕기 위해 인도적 지원을 제공했다. 전쟁 초기부터 한국 정부는 우크라이나에 수백만 달러 규모의 긴급 인도적 지원을 약속했으며, 식량, 의약품 등 필요한 물자를 지원했다. 또한, 2022년 9월 한국은 추가로 우크라이나에 1억 달러 규모의 인도적 지원을 발표하며 우크라이나 국민들의 고통을 덜기 위한 국제사회의 노력에 기여했다.

Ⅷ 전망

1. 러시아의 승리 가능성

러시아는 여전히 우크라이나에 비해 압도적인 군사력을 보유하고 있다. 병력, 장비, 물자 면에서 우세하며, 특히 미사일과 공군력을 통해 우크라이나의 군사 및 민간 인프라에 대한 공격을 계속하고 있다. 전쟁 초기에 러시아는 크림반도와 동부 돈바스 지역을 장악하고 있으며, 이는 러시아가 우크라이나 영토 일부를 계속 통제할 가능성을 높인다. 또한, 러시아는 거대한 에너지 자원(석유와 천연가스)을 바탕으로 자국 경제를 지탱하고 있으며, 이를 통해 전쟁을 장기적으로 지속할 수 있는 자원을 보유하고 있다. 또한, 2022년 말부터 추가 병력 동원을 발표하며 예비군을 전투에 투입해 장기전에 대비하고 있다. 한편, 러시아는 중국, 인도 등과의 경제 협력을 통해 서방의 제재를 부분적으로 완화하고 있으며, 이들 국가들은 러시아에 우호적이거나 중립적 입장을 취해 러시아 경제를 어느 정도 유지하고 있다. 이 외교적 지원은 러시아가 전쟁을 지속하는 데 중요한 요소가 될 수 있다. 결국, 러시아가 우크라이나를 완전히 장악하는 것은 어렵지만, 일부 영토(크림반도, 돈바스 지역 등)를 유지하고 이를 국제적으로 인정받는 형태의 제한된 승리를 거둘 가능성은 있다. 러시아는 이러한 영토적 이득을 바탕으로 협상 테이블에서 유리한 위치를 점하려 할 수 있을 것이다.

2. 우크라이나의 승리 가능성

우크라이나의 가장 큰 강점은 미국, 유럽연합(EU), NATO(NATO) 국가들의 지속적인 군사 및 경제적 지원이다. 특히, 미국과 유럽은 우크라이나에 첨단 무기를 지속적으로 제공하고 있으며, 전쟁 초기 러시아의 예상과 달리 우크라이나는 서방의 지원을 통해 전선을 방어하고 반격을 감행할 수 있었다. 서방의 정보 지원과 제재 또한 우크라이나의 방어를 뒷받침하는 중요한 요인이다. 또한, 우크라이나는 자국의 독립과 주권을 수호하려는 국민적 결집력과 높은 사기를 유지하고 있다. 볼로디미르 젤렌스키 대통령의 리더십은 우크라이나 국민과 군대의 저항 의지를 고취하는 데 중요한 역할을 하고 있으며, 이는 전쟁에서 중요한 요소로 작용할 수 있다. 한편, 러시아는 2022년 후반부에 여러 차례 군사적 후퇴를 경험했다. 특히, 우크라이나군은 하르키우와 헤르손 등 중요한 지역에서 러시아군을 몰아냈으며, 이는 우크라이나가 반격을 통해 일부 영토를 회복할 수 있음을 보여준다. 러시아군은 장기전에 대비해 추가 병력을 동원하고 있으나, 이로 인해 군 내부의 사기 저하와 지휘 체계 혼란이 발생할 가능성이 있다.

3. 장기적인 전망

(1) 협상 가능성

전쟁이 장기화될수록, 어느 한쪽이 결정적 승리를 거두기보다는 협상을 통한 종전 가능성이 높아질 수 있다. 러시아가 점령한 영토를 유지하려는 입장과 우크라이나가 영토 회복을 목표로 하는 상황에서, 양측은 결국 서로의 입장을 절충한 타협안을 찾을 수 있다. 서방과 러시아 간의 갈등 구조 속에서, 대립이 격화되기보다 협상 국면으로 전환될 가능성도 있다.

(2) 전쟁의 장기화 및 소모전

전쟁이 지속되면 양측 모두 군사적·경제적 소모를 피할 수 없다. 러시아는 경제 제재와 국제적 고립으로 인해 장기적으로 경제적 어려움에 직면할 수 있으며, 우크라이나는 서방의 지원을 지속적으로 받아야만 전쟁을 이어갈 수 있다. 이와 같은 소모전이 계속되면, 양측 모두 승리보다는 전쟁의 중단을 모색하는 국면으로 나아갈 가능성이 크다.

IX 러시아의 승리나 또는 패배에 따른 국제관계 전망

1. 러시아의 승리 시 국제관계 전망

(1) 유럽과 러시아 관계 악화 지속

러시아가 승리할 경우, 유럽과 러시아의 관계는 더욱 악화될 가능성이 크다. 러시아의 영토 확장과 군사적 성공은 동유럽과 발트해 국가들에 안보 위협으로 다가올 것이며, 이러한 국가들은 러시아에 대한 경계를 강화할 것이다. 또한, NATO(NATO)의 동진은 더욱 가속화될 수 있다. 이미 핀란드와 스웨덴은 NATO에 가입하였다. 러시아가 승리할 경우 NATO가 추가적인 군사력 배치와 회원국 방어 강화를 위한 조치를 취할 가능성이 크다.

(2) 국제사회에서의 서방과 러시아 간 대립 격화

러시아가 승리할 경우, 서방과의 냉전적 대립 구도가 더욱 명확해질 수 있다. 서방 국가들은 러시아의 승리를 받아들이지 않을 것이며, 더 강력한 제재와 외교적 고립을 강화할 가능성이 크다. 이는 신냉전 구도를 형성하게 되어, 서방(미국, 유럽)과 러시아 및 중국을 축으로 한 새로운 이념적, 경제적 대립이 전 세계적으로 펼쳐질 수 있다.

(3) 중국의 입지 강화 및 러시아와의 협력

러시아의 승리는 중국에게 긍정적인 영향을 줄 수 있다. 중국은 러시아와의 경제적, 외교적 협력을 확대할 가능성이 크며, 서방 제재로부터 러시아를 지원하는 과정에서 중국의 경제적·지정학적 영향력이 더 커질 수 있다. 또한, 러시아의 승리는 중국에게 대만 문제를 해결하는 데 유리한 교훈을 제공할 수 있다. 중국은 러시아의 군사적 성공을 보고 대만 통일을 위한 군사적 행동을 강화할 수 있다고 판단할 가능성이 있다.

(4) 국제 제도의 약화

러시아의 승리는 국제 규범과 법치주의에 타격을 줄 수 있다. 러시아가 국제법을 위반하고 영토를 무력으로 획득하는 사례가 되면, 이는 다른 국가들에게도 힘을 통한 영토 분쟁을 시도할 유인으로 작용할 수 있다. 결과적으로 유엔, 국제사법재판소(ICJ) 등 국제 기구의 권위는 약화되고, 힘에 기반한 국제 관계가 더욱 부각될 수 있다.

(5) 에너지 문제와 경제적 재편

러시아가 승리할 경우, 에너지 시장에서 러시아의 입지는 강화될 수 있다. 유럽은 러시아산 에너지 의존도를 줄이기 위해 여러 조치를 취하고 있지만, 러시아의 영향력이 여전히 남아 있을 것이다. 이에 따라 유럽의 에너지 공급이 더욱 불안정해지고, 국제 에너지 시장의 재편이 가속화될 수 있다.

2. 러시아의 패배 시 국제관계 전망

(1) 푸틴 정권의 불안정 및 내정 불안

러시아가 패배할 경우, 푸틴 정권의 정당성에 큰 타격을 줄 가능성이 크다. 전쟁 패배는 푸틴의 권력 기반을 약화시킬 수 있으며, 내부적으로 정치적 불안과 불만이 증가할 것이다. 이로 인해 러시아의 정치적 변동이 발생할 수 있으며, 푸틴 정권이 붕괴하거나 정권 교체로 이어질 가능성도 존재한다. 또한, 국내 경제 위기 또한 심화될 것이다. 이미 서방 제재로 인해 러시아 경제가 상당한 타격을 입었으며, 전쟁 패배는 러시아 경제를 더욱 고립시키고 장기적 침체를 초래할 수 있다.

(2) 유럽 및 나토(NATO)의 단결 강화

러시아의 패배는 NATO(NATO)와 유럽연합(EU)의 단결을 더욱 강화할 것이다. 러시아의 위협이 약화됨에 따라 유럽 국가들은 군사적, 외교적 협력을 강화하고, NATO의 영향력이 더욱 확대될 가능성이 크다. NATO는 러시아 패배 후에도 동유럽과 발트해 국가들에서의 방어를 강화하는 동시에, 우크라이나의 전후 재건을 돕는 데 주도적인 역할을 할 것이다. 우크라이나는 패배한 러시아로부터 재건을 지원받고, NATO 및 EU 가입을 추진할 가능성이 높다.

(3) 중국의 입지 약화

러시아가 패배할 경우, 중국은 러시아와의 협력에 대한 전략적 재검토를 할 가능성이 크다. 중국은 러시아와 밀접한 경제적 협력 관계를 유지하고 있지만, 패배한 러시아와의 관계가 국제적 고립을 초래할 수 있다는 점에서 신중한 태도를 보일 수 있다. 또한, 러시아의 패배는 대만 문제에 있어 중국의 군사적 행동을 제약하는 요소가 될 수 있다. 러시아의 패배가 중국에 대한 경고로 작용하여, 중국이 대만 문제에서 군사적 행동보다는 외교적 방법을 강화하는 계기가 될 수 있다.

(4) 글로벌 민주주의와 법치주의 강화

러시아의 패배는 국제 질서에서 민주주의와 법치주의의 승리로 평가될 수 있다. 국제사회는 러시아의 무력 사용이 실패했다는 교훈을 얻고, 국제 규범이 강화될 수 있다. 특히 국제법과 유엔의 역할이 재확인되고, 분쟁 해결 과정에서 외교적 협상이 더 중요한 역할을 하게 될 것이다. 제재 강화 및 글로벌 연대도 이어질 것이다. 서방 국가들은 러시아의 패배를 계기로 제재의 효과를 강화하고, 다른 독재 국가들이 러시아와 같은 행동을 하지 않도록 국제적 연대를 더 공고히 할 수 있다.

(5) 러시아 주변국의 변화

시아가 패배할 경우, 러시아 주변 국가들은 더 이상 러시아의 영향력에 얽매이지 않고 독립적인 외교 정책을 추구할 가능성이 커진다. 벨라루스와 같은 친러시아 국가들도 정권 교체나 외교적 노선을 수정할 가능성이 있으며, 러시아의 패배는 중앙아시아 국가들이 서방과의 관계를 강화하는 계기가 될 수 있다.

기출 및 예상문제

1. 중국은 초강대국으로 부상하고 있으며, 미국은 이에 대응하기 위한 여러 가지 전략을 모색하고 있다. 이와 관련하여 다음 질문에 답하시오. (총 50점) [2015 국립외교원]

    (1) 미국과 중국의 동아시아 정책을 비교하고, 양국의 정책이 향후 동아시아 공동체 형성에 미칠 수 있는 영향에 대하여 논하시오. (25점)
    (2) 한국이 고려할 수 있는 다양한 동맹 전략을 제시하고, 각각의 장단점에 대해 역사적 사례를 들어 논하시오. (25점)

2. 최근 해양 지정학(geopolitics)의 중요성이 강조되고 있다. 바다를 지배하는 국가가 세계질서를 재편할 가능성이 높다고 주장되기도 한다. 해양을 둘러싼 주권 및 주권적 권리의 행사에 관한 갈등이 지속되는 상황에서, 삼면이 바다로 둘러싸인 한반도의 경우 해양 지정학의 중요성을 간과할 수 없다. 다음 질문에 답하시오. (총 40점) [2014 국립외교원]

    (1) 대표적인 지정학자들의 주장을 서술하시오. (10점)
    (2) 해양세력이 가질 수 있는 군사적, 경제적 우위에 대해 역사적인 사례를 들어 설명하시오. (10점)
    (3) 중국이 해양세력으로 확장하려는 과정에서 일어날 수 있는 갈등관계를 설명하시오. (20점)

3. 21세기 세계질서에 있어서 중국의 부상은 비단 동아시아질서뿐 아니라 전세계질서의 안정성과 향방을 전망함에 있어서 초미의 관심사로 대두되고 있다. 21세기 세계질서 및 미중관계에 관하여 다음 질문에 답하시오.

    (1) 중국의 부상과 미중관계의 안정성에 대해서는 낙관론과 비관론이 교차하고 있다. 각각의 견해에 대해 논평하고 21세기 미중관계 전개방향에 대해 전망하시오.
    (2) 중국의 부상에 대한 미국 오바마 정부의 대응전략에 대해 논평하시오.
    (3) 중국의 부상이 한국의 안보에 미치는 영향 및 대응전략에 대해 논의하시오.

4. 최근 중국은 급속한 경제성장과 군사력 증대를 통해 세계적 차원과 지역적 차원에서 강대국으로 부상하고 있다. 이러한 중국의 부상은 세계질서 및 지역질서에 있어서 핵심적인 도전요인으로 작용할 수 있다는 우려감 또한 고조시키고 있다. 이와 관련하여 다음 물음에 답하시오.

    (1) 21세기 들어 중국이 지속적으로 부상하고 있는 요인에 대해 설명하시오.
    (2) 중국의 부상은 21세기 국제질서에 도전요인으로 작용할 것이라는 전망이 있다. 이러한 전망에 대한 이론적, 외교사적 사례에 기초하여 논의하시오.
    (3) 중국의 부상은 실제 국제관계에서 도전요인으로 작용하고 있는지 현 후진타오 중국 정부의 대외전략 사례에 기초하여 논의하시오.
    (4) 이상의 논의에 기초하여 중국의 부상에 따른 21세기 세계질서 향방을 전망하고, 안정화 방안에 대해 논의하시오.

5. 21세기 세계질서에 있어서 중국의 부상은 비단 동아시아질서뿐 아니라 전세계질서의 안정성과 향방을 전망함에 있어서 초미의 관심사로 대두되고 있다. 무엇보다 중국의 부상으로 전세계질서 또는 동아시아 질서의 안보불안이 고조될 것인지, 현 패권국으로 규정되고 있는 미국과 안정적 관계를 유지할 것인지 여부에 대해서는 낙관적 견해와 비관적 견해가 첨예하게 대립하고 있다. 21세기 세계질서 및 미중관계에 관하여 다음 질문에 답하시오.

(1) 국제관계 또는 국제질서의 안정성을 결정하는 핵심요인이 무엇인지에 관해서 국제정치학파 간 견해 차이가 있다. 현실주의, 자유주의, 구성주의 관점에서 이에 대해 논의하시오.

(2) 위의 논의에 기초하여 21세기 미중관계에 대해 전망하고 각각의 적실성에 대해 논평하시오.

(3) 이상의 논의에 기초하여 부시(George W. Bush) 행정부의 대외정책을 미중관계 안정성의 관점에서 평가하고 현 오바마 행정부의 대중국정책에 대한 시사점에 대해 논의하시오.

6. 중국의 부상으로 미국과 중국이 상호 협력과 경쟁을 지속하는 G2시대가 도래하고 있다. 미국과 중국 간의 갈등 및 협력 가능성과 관련하여 다음 질문에 답하시오. [2012 5급공채(외교직)]

(1) 세력전이(power transition)이론의 관점에서 미국과 중국 간의 갈등 가능성에 대해 설명하고, 양국 간 평화적 세력전이가 발생하기 위한 조건을 제시하시오.

(2) 세력균형(balance of power)이론과 민주평화(democratic peace)이론의 관점에서 미국과 중국 간 협력적 공존을 위한 방안을 도출하고, 그 대안적 이론을 활용하여 새로운 방안을 제시하시오.

7. 독일과 일본에 대한 제2차 세계대전 전후처리를 중심으로 냉전질서 형성의 기원 및 현대 국제정치적 영향과 관련하여 다음 질문에 답하시오. [2012 5급공채(외교직)]

(1) 독일과 일본에 대한 전후처리의 차이를 미국과 소련의 전략적 인식, 유럽 및 아시아 안보의 지역적 차이, 동맹구조, 주변국과의 관계 등의 관점에서 비교하여 설명하시오.

(2) 냉전 종식 이후 지난 20여년 동안 유럽과 동아시아가 보인 탈냉전기 안보구조의 차별적 경험을 설명하고, 이러한 차이의 원인을 전후 냉전질서 형성과정과 관련하여 논하시오.

8. 인류의 역사 속에 전쟁은 반복해서 발생해왔다. 이와 함께 전쟁이 왜 발생하는지를 설명하며 평화를 추구하려는 노력도 이어져 왔다. 현재 러시아-우크라이나 전쟁이 장기화되면서 이 전쟁의 양상을 설명하려는 다양한 이론적 접근들이 존재한다. 다음 물음에 답하시오. (총 40점) [2023 국립외교원]

(1) 러시아-우크라이나 전쟁의 발생을 설명하는 데에 있어서, 한스 모겐소(Hans J. Morgenthau)의 이론과 케네쓰 월츠(Kenneth Waltz)의 이론의 공통점과 차이점을 설명하시오. (20점)

(2) 국제제도를 통해서 전쟁을 방지하고 평화를 추구할 수 있다는 이론과 비교하여 러시아-우크라이나 전쟁의 발생에 대한 (1)에서의 설명이 가지는 장점과 단점을 기술하시오. (10점)

(3) 알렉산더 웬트(Alexander Wendt)의 이론을 통해 러시아-우크라이나 전쟁의 발생에 대해 설명하시오. (10점)

MEMO

해커스공무원 학원·인강
gosi.Hackers.com

제2편
국제기구

제1장 국제기구 총설
제2장 국제연합(UN)
제3장 지역기구
제4장 비정부 간 국제기구

제1장 국제기구 총설

제1절 국제기구의 정의

오늘날 국제사회는 정부 간 국제기구(IGO: Inter-Governmental Organization)뿐 아니라 수많은 비정부 간 국제기구(NGO: Non-Governmental Organization)가 존재하고 있어 국제기구의 개념을 정의하는 데 어려움이 따르고 있다. 월러스, 싱어, 베네트 등의 정의를 종합해보면 국제기구란 '회원국들의 공통된 이익을 추구할 목적으로 둘 이상의 주권국가들 사이의 협정에 의하여 창설된 것으로서 기구 내 특별한 기능을 수행하기 위한 정식조직을 지닌 공식적이고 지속적인 결사체'이다. 한편, 이니스 클라우드(Inis L. Claude, Jr.)는 국제기구를 '국가들이 국제관계를 보다 효율적으로 수행하기 위한 공식적이고 지속적인 제도적 관계를 수립·발전시키는 가운데 나타나는 과정'이라고 한다.

제2절 국제기구에 대한 이론적 접근

I 현실주의

현실주의자들에게 있어 국제기구는 현실세계에서 두 가지 역할을 이행한다. 첫째, 크게 논쟁적이지 않은 분야에서 미미하게 협력을 증진시키는 것이다. 국제기구는 이해관계가 대치되고 있는 분야에서는 국가의 행위를 거의 통제할 수 없으며 따라서 국제평화와 안전을 지키는 데는 거의 제 역할을 할 수가 없다. 둘째, 패권국이나 강대국의 이익을 대변하는 것이다. 다른 중소국가들도 목적을 달성하고 국제사회에서 발언권을 얻기 위해 국제기구를 이용하지만, 그들은 특정 국가의 행위를 억제할 수 없으며 패권국이나 강대국들은 국제기구가 자국의 이익에 큰 도움이 되지 못한다면 그들을 무시하게 될 것이라는 관점이다.

II 기능주의

기능주의(Functionalism)는 IGO가 국가들의 필요에 의해서 만들어졌다는 점을 강조한다. 초국가적 연계가 증가함에 따라 통합과 상호의존이 늘어났고, 국가들이 공통의 문제를 함께 논의하게 되었다. 이러한 문제들의 많은 부분은 오직 국제적 협력을 통해서만 조절될 수 있는 것이었고 따라서 기술적 전문가를 소유한 전문화된 국제기구를 필요로 하게 되었다는 것이다. 이처럼 전문적이고 또 경제·사회적으로 비정치적인 문제들에 관한 협력이 방위, 재정 정책과 같은 좀 더 광범위하고 정치화된 문제영역으로 번져 나갈 수 있다는 것이 미트라니(David Mitrany) 등 기능주의자들의 주장이다.

Ⅲ 신자유제도주의

신자유주의적 제도주의자인 코헤인(Robert Keohane)은 『After Hegemony』에서 이기적인 국가들의 집단행동을 IGO가 어떻게 극복해야 하는가, 또 무정부적 상황에서 어떻게 협력을 도모해야 하는가에 대해 설명한다. 신자유주의적 제도주의는 다른 자유주의자들과는 달리 현실주의의 주요 가정을 대폭 수용하고 있다. 현실주의자들처럼 신자유주의적 제도주의자들은 국가를 단일의 합리적인 행위자로서 무정부적인 국제체제하에서 상호작용하는 것으로 보고 있다. 또한 현실주의자들과 마찬가지로 패권국가가 IGO와 레짐의 형성에 필요하다고 주장한다. 그러나 신자유주의적 제도주의자들은 패권국가가 쇠퇴할 경우 영향력을 발휘할 국제기구의 중요성에 대해 더욱 긍정적인 태도를 취한다. 즉, IGO와 레짐은 패권국가의 이익을 증진시키는 것 외에 회원국들에게 교역과 정보의 비용을 줄여주며, 국가의 행동에 규칙을 부여하고 투명성을 증진시킨다는 것이다. 복합적 상호의존의 상황에서 IGO와 레짐은 국가에게 매우 중요한 자산이 되며 따라서 패권국가가 사라진 이후에도 IGO와 레짐을 유지하기 위한 비용을 국가들이 공동부담하려 할 것이라는 것이 이들의 주장이다.

제2장 국제연합(UN)

제1절 UN 개혁의 쟁점과 과제

I 서론

정치철학자 마이클 오크쇼트(Michael Oakeshott)에 의하면 모든 집단적 조직은 공동의 목적을 추구하는 '우니베르시타스'(universitas) 속성과 더불어 공동체로서 집단행동을 규정하고 정의하는 '소키에타스'(societas) 속성을 동시에 갖는다고 했다. 국제기구연구의 대가인 이니스 클로드(Inis Claude)가 UN을 정치적 결정의 무대로서의 성격과 토론을 위한 관리적 서비스를 제공하는 사무국으로서의 성격으로 구분하여 설명한 것도 그러한 맥락에서 이해될 수 있다.

조직으로서 UN을 개혁하자는 주장은 오래전부터 이루어졌고, 특히 사무총장이 바뀌거나 재임에 성공할 때 개혁의 목소리가 커졌다. 하지만 조직으로서 UN을 어떻게 이해하는가, 즉 UN을 글로벌 정치 결정의 무대로 바라보느냐 아니면 국제문제를 다루기 위한 행정적 서비스 제공자로 바라보느냐에 따라 개혁의 우선순위가 달라진다.

한국은 UN 가입은 늦었지만 UN 평화유지활동에의 적극적 참여와 UN 사무총장 배출과 같이 UN에서의 역할 확대와 UN을 통한 국제무대 진출에 많은 관심을 보이고 있다. 그럼에도 불구하고 한국에서 UN 연구는 상당부분 한국외교정책의 일환으로서의 대(對)UN 정책에 치중함으로써 국제적 행위자로서의 UN 그 자체를 집중적으로 분석하는 연구는 상대적으로 취약하다. 물론 국내에도 국제기구와 UN을 포괄적으로 다룬 교과서는 있지만, UN의 개혁문제를 심도 있게 다룬 독립 연구는 많지 않으며 2000년대 중반 코피 아난(Kofi Annan) 사무총장의 개혁논의를 다룬 연구들 이후 추가적 업데이트가 이루어지지 않고 있다.

이러한 문제의식하에 본 연구는 최근 UN 개혁논의의 핵심적 이슈들이 무엇이며, 각 행위자들은 어떠한 이유로 서로 다른 입장을 보이는지 분석하는 것을 목적으로 한다.

II UN 개혁의 필요성

1. 서설

UN은 선천적으로 모순을 안고 태어났다. 국제법학자인 한스 켈젠(Hans Kelsen)은 1950년에 UN의 정치적 이념과 UN의 법적 조건 사이의 모순이 존재한다고 지적하고, 이러한 모순이 UN의 장점을 마비시킬 수도 있다고 예측했다. 즉, 국제평화를 이루기 위해 한편으로는 주권평등에 입각한 민주적 원칙을 내세우면서, 다른 한편으로는 회원국의 권한을 능가하는 헤게모니를 일부 강대국에게 합법적으로 부여함으로써 민주주의라는 UN의 이념과 강대국 책임을 강조하는 법적 조건 사이에 모순이 나타났던 것이다. UN의 개혁주장은 꾸준히 제기되어 왔다. UN의 개혁 필요성은 크게 다음과 같은 논리에 기반을 두고 있다.

2. 민주성과 대표성

국제사회를 구성하는 국가의 수적 증가와 이에 따른 국제사회의 구조적 변화를 UN이 반영해야만 한다는 논리이다. UN이 처음 수립되었을 때 전체 회원국은 51개 국가에 불과했으나, 창설 10년 후인 1965년까지 회원국이 117개국으로 늘었고, 20년 후인 1975년에는 144개국이 회원국으로 등록되었다. 1990년대 초 냉전 종식과 소련 해체에 따라 소련, 체코슬로바키아, 유고슬라비아 등 일부 동구권 국가들이 여러 개의 국가로 분리되었고, 남북한 등 냉전체제하에서 UN 회원가입에 제약을 겪었던 국가들이 가입하게 됨으로써 1990년 159개에서 2000년 189개로 가장 최근(2011년)에 남수단이 가입한 이후 2013년 6월 기준 UN 회원국은 총 193개 국가이다. 이와 같이 회원국, 특히 개발도상국의 수가 크게 증가했음에도 불구하고 UN의 구조에는 커다란 변화가 없었다. 특히 UN의 가장 핵심적 기능을 수행하는 안전보장이사회의 구성에는 변화가 상대적으로 적었다. 5개 상임이사국(P5)에는 변화가 없었기 때문에 대다수 개발도상국들의 주장과 입장이 UN의 중요 결정에 반영되지 못한다는 불만이 빈번하게 제기되었다.

3. 실효성과 전문성

국제관계의 이슈가 증가하고 복잡해짐에 따라 UN에서 다루어지는 의제도 확대되고, 이러한 의제들을 논의·관리하기 위한 UN의 조직도 신설 혹은 개편되어야 한다는 논리이다. 창설 초기 100여 개에 불과했던 총회 결의문이 최근에는 약 300개로 3배 정도 증가하였다. 아울러 과거에는 별로 주목받지 못했던 이슈들이 다시 부각되기 시작했다. 냉전 종식 이후 민족분쟁과 내전이 증가함에 따라 UN의 평화활동, 인도적 지원, 보호책임(R2P) 등에 대한 수요가 크게 늘었다. 그밖에도 생물다양성, 지구온난화, 국제테러, 개발지원 등과 같은 새로운 국제적 문제들이 제기되었고, 사실상 UN이 이들 문제에 대한 주도적 해결책을 제시할 수 있는 정당성과 권위를 인정받게 되었다. 그러므로 UN이 자원을 갖추고 조직을 개혁함으로써 이러한 새로운 이슈들을 논의하고 처리하기 위한 실효성과 전문성을 제고해야 한다는 주장이 제기되었다.

4. 효율성

UN의 구성원 증가와 역할 및 기능 증가에 따라 UN의 재정을 확대할 필요가 있을 뿐만 아니라 효율적으로 재정이 지출해야 한다는 주장이다. UN의 각국의 분담금에 의존할 수밖에 없기 제한된 비용으로 많은 일을 해야 하는 문제가 발생한다. 국가의 정부는 국민의 세금을 가지고 국가 정책을 수행하며 그 결과에 대해 국민에 책임을 지지만 UN의 경우 UN 활동에 소요되는 비용에 대해 누가 어떻게 책임을 지는가가 불명확하다. 따라서 상대적으로 많은 분담금을 지불하는 국가들은 UN의 재정 집행에 대한 효율성과 책임 문제를 지적하고 개선을 요구한다. 아울러 UN에서의 의사진행과 정책결정의 절차가 매우 더디고 비효과적이며, 그러한 절차에 따른 결정도 매우 모호하여 다양한 해석을 가져와 혼란을 가중시킨다는 지적도 빼놓을 수 없다.

Ⅲ UN 개혁논의 전개 과정

1. 설립 ~ 1960년대

UN 창설의 주도적 역할을 했던 미국은 UN이 설립되고 그 기능을 수행하자마자 UN의 개혁 필요성을 언급했다. 1947년 10월 미국 상원은 UN 체제의 업무가 중복되고 같은 일이 반복되며 정책조정이 취약하고 각종 위임사항과 프로그램이 난무하며 직원의 보수가 지나치게 높다는 내용의 비판적 보고서를 발표하였다. 아울러 UN 예산에서 미국이 차지하는 부담이 지나치게 높다는 것이 미국 정치인들의 비판 대상이었다. 1945년과 1947년 미국은 UN 정규 예산의 39.89%를 부담하기로 합의하였다. 내부업무 운영기금(Working Capital Fund)
까지 포함하면 미국에 대한 UN의 재정적 의존은 훨씬 높았다. 이러한 비판에도 불구하고 미국 정부는 신생 UN에 대한 책임을 강조하였기 때문에 UN의 구조와 예산 등에서 급격한 변화는 이루어지지 않았다. 특히 1953년부터 UN 사무총장을 수행한 다그 함마숄드(Dag Hammaskjöld)의 탁월한 리더십하에서 UN 헌장의 구현 가능성에 대한 기대가 훨씬 컸기 때문에 UN에 대한 비판적 목소리는 상대적으로 위축될 수밖에 없었다. 임기 중인 1956년, 수에즈 위기 해결을 위한 UN긴급군(UNEF)이 만들어져 오늘날 UN 평화유지활동(PKO)의 기원이 되었다.

1960년대에 회원국 수가 급속도로 늘어나면서 UN의 구조가 이러한 변화를 반영해야 한다는 목소리가 높아졌다. 안전보장이사회의 경우 설립 당시 상임이사국 5개국과 비상임이사국 6개국으로 구성되었으며, 특히 비상임이사국은 각 대륙별로 분배한다는 암묵적 '신사협정'이 있었다. 하지만 아시아, 아프리카의 많은 신생국가들이 대거 UN에 진입하면서 전체 UN 회원국들의 지리적 배분을 고려할 때 안전보장이사회에서 남아메리카와 유럽이 지나치게 높은 대표성을 가진다는 지적이 제기되었다. 경제사회이사회의 경우에도 비슷한 문제가 제기되었다. 하지만 안전보장이사회와 달리 경제사회이사회 이사국은 매년 전체 이사회 구성원의 1/3이 교체되고 투표권도 안전보장이사회와 달리 거부권 없는 1국 1표제였으며, 무엇보다 주요 의제와 결정이 상대적으로 '덜' 중요해 보이는 비군사적·비안보적 이슈에 대한 협력을 '권고'하는 것이었다. 따라서 미국은 안전보장이사회의 구조는 가급적 그대로 유지하고 경제사회이사회를 확대하는 방향으로 변화를 모색하였다. 하지만 많은 개발도상국들은 안전보장이사회의 변화에 더 많은 관심을 보였다.

1963년 12월 UN 총회에서 UN 헌장에 대한 개정을 요구하는 총회 결의문이 채택되었다. 이 결의문은 Part A와 Part B로 구분되었고, Part A는 안전보장이사회 구성을 기존 11개 국가에서 15개 국가로 확대하고 다수결 통과에 필요한 요건을 기존 7개국 이상에서 9개국 이상으로 늘리며 10개 비상임이사국의 지리적 배분을 명시하는 것을 내용으로 하였다. Part B는 경제사회이사회 확대에 관한 것으로서 지리적 배분을 반영하여 그 구성을 기존 18개 이사국에서 27개 이사국으로 늘리는 내용이었다. 이 결의문은 약 2년간 UN 내에서 격렬한 논쟁을 거친 후 1965년 9월 1일 UN 총회에서 헌장 개정이 이루어졌다. 1960년대 UN 내에서의 개혁논의 가운데 또 다른 하나는 재정에 관한 것이었다. 1960년대 초 UN은 심각한 재정 위기에 빠져들었다. 1956년 중동 분쟁에 대한 UN긴급군(UNEF 1)과 1960년 콩고 사태에 대한 UN콩고평화유지활동군(ONUC)에 대한 비용문제와 관련하여 소비에트 국가들과 프랑스 그리고 일부 개발도상국들이 지불을 거부했다. 961년 말에 두 개의 평화유지활동에 대한 분담금 체납액은 무려 1억 달러에 육박했다. 미국은 분담금 체납시 총회 투표권이 상실될 수 있다는 헌장 제19조를 가지고 소련을 압박하였으나, 결국 소련과 협상을 벌여 선진국들이 자발적으로 UN의 재정 위기를 극복할 수 있도록 공헌한다는 내용에 합의하는 데 성공했다. 이러한 사태를 겪으면서 1965년 UN 총회에서 UN 및 전문기구 재정 검토를 위한 전문가 특별위원회를 설치하였고, 이 특별위원회는 UN 및 전문기구에 대한 감시, 재무감사 등의 업무를 담당하는 외부기관을 설치할 것을 권고하였다. 1966년 UN 총회는 특별위원회의 보고서를 채택하여 직원 채용, 중장기 사업계획 채택과 평가 등에 관한 예산 및 행정 관련 개혁조치를 점검하기 위한 합동감사단(Joint Inspection Unit)을 설치했다.

2. 1970년 ~ 1980년대

1961년 함마숄드 사무총장의 사망 이후 UN의 기능과 역할에 대한 사무총장의 주도권이 크게 위축되는 대신 UN 내에서 회원국들의 주도권 경쟁이 보다 가시화되었다. 특히 제3세계 국가들이 UN 총회에서 다수를 형성하여 미국 주도의 UN 활동을 비판하는 한편, 미국의 정책에 저항하기 시작했다. UN에서 이른바 '제3세계의 주도' 분위기는 UN 체제 내의 주요 조직과 기구의 구성 및 투표 절차의 변경을 요구하는 주장으로 나타났다. 그 결과 1975년 제2차 헌장개정이 이루어져 경제사회이사회 이사국이 27개국에서 54개국으로 확대되었고, 남반구의 목소리가 더욱 많이 반영되었다. 이러한 움직임은 미국 내에서 UN에 대한 참여와 지원을 줄여야 한다는 여론을 형성하였고, 이는 다시 미국의 분담금 체납으로 이어졌다. 따라서 1980년대 중반까지 UN의 개혁논의는 주로 재정의 어려움에서 비롯된 것이었다. 이와 같은 재정위기를 해소할 목적으로 1986년 UN 총회는 18명의 전문가로 구성된 고위 자문단(Group of 18)을 구성하고 71개의 UN 개혁안이 포함된 보고서를 청취했다.

3. 1990년대 ~ 2005년

1980년대 후반 고르바초프(Mikhail Gorbachev)의 개혁개방 정책에 따라 소련의 대UN 정책이 매우 유연해졌다. 이에 따라 그동안 첨예한 대결 양상을 보여 왔던 UN 안전보장이사회에서의 합의가 비교적 쉽게 이루어질 수 있었고, 1991년 걸프전쟁과 1992년 소말리아 문제에 대한 UN의 군사력 사용이 가능해졌다. 이는 UN의 역할과 기능에 대한 기대를 증폭시켰으며, 특히 평화유지군이 활성화되고 안전보장이사회와 사무총장의 역할이 강조되는 효과가 이루어졌다. 그럼에도 불구하고 UN의 재정 위기에 대한 지속적인 해결방법을 모색하는 데에는 실패했다. 더 나아가 1994년 UN 총회는 ① 재정상황 개선, ② UN체제 강화, ③ 안전보장이사회 개편, ④ 평화를 위한 의제(Agenda for Peace), ⑤ 개발을 위한 의제(Agenda for Development) 등의 개혁방안에 관한 고위 실무그룹의 보고를 청취하고 이를 본격적으로 추진하기로 하였다. 그러나 개발부문에 관한 실무그룹 활동만 임무를 완료했고 안전보장이사회 개편 실무그룹은 주기적인 모임을 계속하였으며, 나머지 3개 부문의 실무그룹은 핵심 이슈에 대한 의견 차이로 활동이 중단되었다. 연임에 실패한 부트로스 갈리 사무총장의 후임으로 코피 아난(Kofi Annan) 사무총장이 UN의 수장이 되었다. 그는 자신의 권한으로 추진 가능한 사무국 내부 개혁(Track-1)과 총회 회원국들의 협의가 필요한 장기적 개혁 조치(Track-2)를 구분하는 이중경로 접근(Two-Track Approach)으로 개혁을 전개하고자 했다. 1997년 3월에 발표한 아난 사무총장의 Track-1 프로그램에는 기존의 경제 및 사회 관련 3개국(departments)을 경제사회문제국(Department of Economic and Social Affairs: DESA)으로 통합하고, 약 1천명의 직원감축을 통해 전체 예산에서 사무국이 사용하는 비용을 기존 38%에서 25%로 삭감하며, 'UN 하우스'(UN House) 개념을 제시하여 다양한 UN 기구별 지역사무소 업무를 조율하는 내용이 포함되었다. 이와 같은 조치들은 특히 UN에 대한 재정적 부담을 덜고자 하는 미국의 지지를 받았다. 아난 사무총장은 이에 힘입어 1997년 7월에 총회 승인이 필요한 Track-2 계획인 「UN의 갱신: 개혁 프로그램」(Renewing the UN: A Programme for Reform)을 총회에 제출하였다.

2000년 8월 아난 사무총장의 지시로 인적자원관리(Human Resources Management Reform)에 관한 보고서가 발간되어 사무국 인력의 효율적 관리에 대한 개혁안이 제시되었으며, 브라히미 보고서(Brahimi Report)가 발간되어 평화유지활동을 UN의 일시적 책임이 아닌 핵심활동으로 간주하는 등 평화유지활동에 대한 전반적인 개혁조치 구상이 제시되었다. 2000년 9월 개최된 UN 천년 정상회의에서 채택된 천년선언(Millennium Declaration)의 제8장에는 UN을 강화하기 위한 각국 정상들의 결의가 포함되었으며, 총회의 효율성 제고, 안전보장이사회의 포괄적 개혁, 경제사회이사회의 역할 강화, 사무국 관리 강화 등의 과제가 제시되었다. 이듬해 9월 아난 사무총장은 UN 천년선언의 구체적인 이행방안을 제시하는 로드맵(Road Map Towards the Implementation of the UN Millennium Declaration)을 발간하였다.

여기에서 UN 강화를 위한 개혁을 위해 ① UN의 임무 수행을 위한 안정적인 재원 확보, ② 내부관리 활동의 강화, ③ UN 직원 보호 강화, ④ UN과 세계은행 등과의 관계 강화, ⑤ 국제의원연맹, 민간부문, NGO 등과의 협력 등이 제시되었다. 2001년 아프가니스탄 전쟁에서와 달리 2003년 이라크 전쟁에서 UN은 미국의 행동에 반대하였다. 그러나 미국은 UN을 무시하고 일방주의적 접근을 선택하여, 결과적으로 국제안보에 있어 UN은 주변적 역할에 불과하다는 인식이 확대되었다. 이러한 문제를 인식한 아난 사무총장은 2번째 임기의 UN 운영 구상을 담은 「UN의 강화: 미래의 변화를 위한 의제」(Strengthening of the United Nations: an agenda for further change)를 제시하면서 UN 개혁을 다시 추진하고자 하는 열의를 강조했다. 2003년 9월 그는 개혁을 본격적으로 추진하기 위해 16명의 고위급 패널(High-Level Panel on Threats, Challenges and Change)을 조직하여 UN이 어떻게 현재의 위협을 다루어 국제평화와 안전을 이룰 것인지를 평가하도록 하였다. 2005년 9월 UN은 제60차 총회를 기념하여 정상회의(World Summit)를 열었다. 여기서 UN이 개혁을 통해 역할과 기능을 강화해야 한다는 주장이 많이 제기되었다. 9월 16일 발표된 세계정상회담 합의문에는 평화구축위원회(PBC) 수립, 중앙긴급대응기금(Central Emergency Response Fund: CERF) 창설, 민주주의기금(Democracy Fund) 수립, 안전보장이사회 강화, UN체제 공조 개선, 인권이사회(Human Rights Council) 신설 등이 포함되었다. 아울러 사무국 및 운영개선에 대해서는 윤리국(Ethics Office) 신설, 내부고발자 보호 강화, 독립적 감사제도 수립, 5년간의 모든 위임임무(mandates)에 대한 재검토, UN 직원 재산공개 등을 진행하기로 하였다.

Ⅳ 최근의 UN 개혁 현황

1. UN기구 활동의 단일화

2007~2008년에 베트남 등 8개 시범국가에서 여러 UN기구 활동을 단일화하는 'Delivering as One'(DAO) 개혁을 실시함으로써 행정 중복을 피하도록 하였다. 이에 따라 한 국가 내에서 활동하는 UN 기관들은 하나의 예산, 하나의 지도자, 하나의 사무실, 하나의 프로그램을 공유한다.

2. 평화유지활동 개선

UN은 글로벌 현장지원전략(Global Field Support Strategy)을 추진하여 평화유지의 효율성과 효과를 개선하고자 하였다. 이 전략은 현장의 민간인 접근을 강조하여 신속한 임무수행을 목적으로 하는 것이었다. 또한 기존의 평화유지 활동국(DPKO) 산하의 재정, 인사, 보급, 통신지원 기능을 현장지원국(Department of Field Support: DFS)으로 분리하여 평화유지활동국(DPKO)이 전략, 정책, 기획에 집중할 수 있도록 하였다.

3. 윤리국 신설

UN 내 윤리 문제를 담당할 윤리국 신설로 UN 직원의 재산 공개, 내부고발자 보호 등을 진행하며 직원에 대한 윤리교육을 정기적으로 실시하도록 했다.

4. 성범죄 근절

평화유지군 내에서 발생하는 성범죄를 해결하기 위해 2005년 11월 UN은 평화유지군 주둔지역에 품행 및 규율 팀(CDTs)을 두어 요원에 대해 품행, 규율, 인지 훈련(conduct, discipline and awareness training)을 의무적으로 실시하고 있으며, 현지 주민들이 성범죄를 당할 경우 신속하게 신고할 수 있도록 캠페인을 전개하고 있다. 또한 조사관과 지원인력을 지역 허브로 파견하여 신속한 조사가 이루어질 수 있도록 하였다.

5. 인권이사회 신설

2006년 UN 총회는 인권위원회(Commission on Human Rights)를 인권이사회(Human Rights Council)로 대체하는 결의문을 채택하였다.

6. UN 여성(UN Women) 신설

2011년부터 UN은 여성 문제를 다루는 4개의 기관을 일명 UN Women이라는 단일 조직으로 통합하여 여성 문제 처리에 대한 중복을 줄이고 정책적 일관성과 재정적 효율성을 강화하도록 하였다.

7. 반테러리즘

2006년 UN 총회는 글로벌 반테러리즘 전략에 합의하여 192개 회원국 모두가 테러행위를 제한하는 특별조치를 취하기로 하였으며 테러와 맞서 싸우기로 하였다.

- 민주주의 기금 신설: 2005년 세계정상회의 합의에 의해 UN 민주주의 기금(UNDEF)이 만들어져 시민사회의 목소리를 강화하고 인권을 증진하며 모든 집단의 민주적 참여를 촉진하도록 만드는 프로젝트를 후원하는 역할을 수행하게 되었다.

V 안전보장이사회 개혁 문제

1945년 UN의 설립자들은 국제평화와 안전에 대한 강대국의 역할과 책임에 대해 공감하고 이를 제도화할 수 있는 장치를 구상하였다. 특히 국제연맹 실패의 교훈에 따라 UN은 집단안보의 기능을 효과적으로 사용하기 위해서는 강대국의 책임 있는 참여와 동의가 반드시 필요하다고 보고, 이를 위해 강대국의 특수적 권리를 다음과 같이 헌장에서 인정했다. 그럼에도 불구하고 냉전 기간 동안 안전보장이사회는 그 기능을 충분하게 사용하지 못했다. 미국과 소련, 양 진영 사이의 대결은 상대방에 대한 빈번한 거부권 사용을 초래하여, 강대국의 책임하에 집단안보를 구현한다는 이상을 강대국 스스로가 외면했기 때문이었다.

1990년대 냉전 종식 이후 상임이사국 수와 거부권 사용 변경을 포함하는 안전보장이사회 개혁 논의가 본격적으로 이루어졌다. 이는 첫째, 동서 진영 대결구도의 해체로 북반구 국가(Global North)의 영향력이 확대되었고, 둘째, 민족갈등 등 국내분쟁의 증가에 따라 UN의 군사적 기능과 역할에 대한 기대가 커졌으며, 셋째, 독일과 일본이 경제적 영향력을 바탕으로 안전보장이사회 상임이사국 지위를 추구했기 때문이었다. 이러한 배경하에 UN은 1993년부터 안전보장이사회개혁 실무그룹을 구성하여 이사국 확대에 관한 연구를 시작하였다. 현재의 안전보장이사회가 회원국 다수의 의견을 대표하기에는 이사국의 수가 부족하다는 점을 들어 많은 나라들이 안전보장이사회의 '대표성'을 강화시켜야 한다는 주장을 펼쳤고, 그 결과 이사국이 20개 ~ 26개로 늘어나야 한다는 데에 느슨한 공감대가 만들어졌다.

1993년 이후 약 10년간 안전보장이사회 개혁에 대한 논의가 이루어졌음에도 불구하고 별다른 진전이 없자 2004년 12월 16명의 저명인사 고위급 패널에 의해 「보다 안전한 세계」 보고서가 작성되었다. 이 보고서는 안전보장이사회의 제도적 문제로서 대표성이 취약하다는 점을 다시 지적하였고, 이와 더불어 몇 가지 규범적 문제들도 언급하였다. 즉, 현재의 안전보장이사회가 ① 국제적 힘의 분포 변화에 적응하지 못하고 있으며, ② 국제적 위협의 형태가 변화하고 있음에도 이에 적절하게 대처하지 못하고, ③ 국제적 위협을 다루기 위한 장치들이 올바르게 기능하고 있지 못하며 필요한 재정적 지원과 정치적 결정을 제공하지 못한다는 사실이다. 2005년의 이 개혁안은 UN의 전문가들과 원로들이 고안한 매우 이상적인 것이었으나, 결과적으로 국가이익을 우선시하는 한계를 넘지 못했다. 오히려 이를 논의하는 과정에서 각국의 입장이 선명하게 부각되고, 그럼으로써 유사한 입장을 가진 국가들끼리 연대하는 양상이 전개되어 이후 이들 사이의 영향력 확대 경쟁이 더욱 치열하게 전개되었다.

2005년의 이 개혁안은 UN의 전문가들과 원로들이 고안한 매우 이상적인 것이었으나, 결과적으로 국가이익을 우선시하는 한계를 넘지 못했다. 오히려 이를 논의하는 과정에서 각국의 입장이 선명하게 부각되고, 그럼으로써 유사한 입장을 가진 국가들끼리 연대하는 양상이 전개되어 이후 이들 사이의 영향력 확대 경쟁이 더욱 치열하게 전개되었다. 먼저 증대된 안전보장이사회의 상임 및 비상임이사국을 선출하는 문제에 대해 총회에서 선출하자는 의견과 지역별로 역내 국가집단이 자신들에게 할당된 수만큼 이사국을 선출하자는 의견으로 나뉘었다. 먼저 증대된 안전보장이사회의 상임 및 비상임이사국을 선출하는 문제에 대해 총회에서 선출하자는 의견과 지역별로 역내 국가집단이 자신들에게 할당된 수만큼 이사국을 선출하자는 의견으로 나뉘었다. 이 문제에 대해 대부분의 아프리카 국가들은 지역별 국가집단에서 이사국을 선출하는 것을 선호하였다. 하지만 상임이사국 진출을 노리는 일부 국가들은 지역 단위에서의 투표에서 자국에게 불리한 결과가 나올 것을 우려하여 총회에서 선출하는 것을 선호하였다. 그러나 보다 극명하게 입장 차이가 나타난 문제는 신규 상임이사국에 대한 거부권 부여 문제였다. G4 국가들은 공동대응을 통해 상임이사국을 확대하고 신규 상임이사국도 거부권을 가져야 한다는 논리를 펼쳤다. 이들은 아프리카 국가들의 지지를 얻기 위해 신규 상임이사국의 지역별 할당을 주장하며 아시아·태평양 지역 2개석(일본, 인도), 유럽 1개석(독일), 아메리카 1개석(브라질) 이외에 아프리카 2개석을 신설하는 내용의 전략을 폈다. 반면에 이른바 '합의를 위한 단결'(Uniting for Consensus: UfC 혹은 커피클럽) 그룹으로 불리는 오스트리아, 캐나다, 스페인, 한국, 파키스탄, 아르헨티나, 멕시코, 터키 등 중견국가들은 G4 국가들이 거부권을 가지는 상임이사국 지위를 가질 경우 국제 및 지역 무대에서 자신들의 상대적 지위 약화를 우려하여 거부권 부여에 제한을 두어야 한다는 입장을 견지했다. 한편 아프리카 국가들은 신규 상임이사국에게 거부권을 부여해야 한다는 입장에서 G4 국가들과 같은 의견이었으나, 각 지역별로 1개의 비상임이사국을 신설하자는 G4와 달리 아프리카 국가들은 아프리카는 2개석을 비상임이사국으로 배정받아야 한다고 주장하였다. 어떤 입장이든 그것을 현실화하기 위해서는 반드시 상임이사국(P5)의 지지를 받아야만 한다. 상임이사국들은 UN의 개혁, 특히 효율성 측면에서의 개혁이 필요하다는 점에 대해서는 입장을 같이하고 있다. 하지만 안전보장이사회 상임이사국을 확충하는 문제에 대해서는 다소 모호한 태도를 보이고 있으며, 특정 국가의 상임이사국 진출에 대해 호불호가 크게 엇갈리고 있다. 미국은 안전보장이사회 개혁 논의 자체에 미온적인 태도를 보이고 있으며, 만약 안전보장이사회 개혁이 필요하다면 그 범위와 규모를 최소화할 것을 주장하고 있다. 2010년 11월 UN 총회 연설에서 미국의 디카를로(Rosemary DiCarlo) 부대표는 안전보장이사회의 효율성과 효능을 해치지 않는 범위 내에서 안전보장이사회 확대를 지지한다고 강조하였다. 그러나 미국은 현재의 거부권 구조를 변경하는 수준까지는 원하지 않는다는 점도 분명히 하였다. 미국은 이러한 제한적 범위 내에서 안전보장이사회 상임이사국 신설과 관련해 인도, 일본 등 일부 국가를 공개적으로 지지하기도 하였다. 2010년 11월 인도 의회에서 연설한 미국 오바마 대통령은 인도의 상임이사국 진출을 지지한다고 밝힌 바 있다. 이것은 중국을 견제하기 위한 것으로 해석된다.

영국과 프랑스는 G4 국가의 입장에 가장 우호적인 태도를 보이고 있는 상임이사국이다. 그러나 국제무대에서 안전보장이사회 상임이사국이라는 지위를 가지고 있다는 이유로 실제 자신의 능력보다 훨씬 높은 지위를 인정받고 있다는 사실을 잘 알고 있기 때문에 영국과 프랑스 모두 새로운 경쟁자가 등장하여 자신들의 지위를 위태롭게 만들지는 않을 것이기 때문에 신설 상임이사국 자리에 거부권까지 부여하는 것은 궁극적으로는 반대할 것이라는 관측이 대부분이다. 러시아는 과거 소련 시대에 전통적으로 안전보장이사회 확대 개편에 부정적인 입장이었다. 하지만 최근 인도의 상임이사국 진출을 지지한다고 표명하면서, 안전보장이사회 확대 개편에 전향적인 입장으로 돌아서고 있다. 중국은 안전보장이사회 개혁에 대해 비교적 소극적이지만 만약 안전보장이사회 확대 개편이 이루어질 경우 개발도상국의 참여가 확대되어야 한다는 입장을 피력해 왔다. 반면 중국은 2005년 UfC그룹(커피클럽)의 로마회합에 참가하여 UfC그룹의 주장을 수용한다고 발언함으로써 안전보장이사회 상임이사국 증설을 요구하는 G4 국가의 입장에 대해서 반대하는 태도를 밝혔다.

Ⅵ 행정·관리 개혁

안전보장이사회 개혁과 더불어 UN 개혁의 또 다른 중요한 이슈는 행정·관리 부문의 개혁이다. 다른 모든 조직과 마찬가지로 UN의 행정·관리도 관료주의적 타성에 빠지는 경우가 빈번하며, 이에 대한 효율성 문제가 발생한다. UN 행정·관리 분야에서의 문제점은 석유-식량 프로그램(Oil-for-Food Programme)에서 여실히 드러났다. 이 프로그램은 걸프전 이후 국제적인 경제 제재를 받던 이라크에서 인도주의 위기가 발생하자 1995년 안전보장이사회 결의를 통해 이라크가 석유를 판매하여 일반 주민들을 위한 비군사적 용도의 식량, 의료품, 기타 인도적 물품을 구입할 수 있도록 허용하는 프로그램이었다. 2003년 미국이 주도하는 다국적군이 이라크를 침공하면서 이 프로그램은 중단되었으나, 그동안 이 프로그램이 운영되는 과정에서 각종 비리가 만연했음이 밝혀졌다. 이 프로그램에 참여했던 약 2천여 개의 기업들이 이 프로그램의 사업권을 따내기 위해 사담 후세인 정권에게 비밀자금을 제공하는 등 불법행위가 이루어졌으나, 이를 감시하고 감독해야 할 UN 관리들조차 뇌물을 받고 비리를 묵인해왔다. 2004년 UN은 미국 FRB 의장을 지낸 볼커(Paul Volcker)를 책임자로 하여 진상조사를 실시한 결과, 690억 달러가 투입되었음에도 불구하고 각종 비리가 발생하는 것에 대해 UN의 어느 누구도 책임지지 않았으며 사담 후세인이 18억 달러를 불법자금으로 수수했음이 드러났다. 심지어 코피 아난 사무총장의 아들 코조 아난(Kojo Annan)조차 사무총장의 아들이라는 신분을 내세워 이라크로 향하는 인도적 물품 선적 검수업체인 코테크나(Cotecna)로부터 1996년부터 2004년까지 40만 달러의 보수를 받고 이 업체가 계약을 따낼 수 있도록 도와주었다는 사실이 드러났다. 이 사건은 UN에서 근본적이고 광범위한 행정 개혁이 필요하다는 주장이 구체화되는 결정적 계기가 되었다. UN 직원의 부정·부패를 차단하고 투명성을 높이기 위해 반기문 사무총장은 자신을 포함한 UN 직원의 재산공개를 추진하였고, UN 직원에 대한 내부평가를 통해 사무국을 충원하는 비중을 늘렸다.

세계 각지에서 활동을 벌이는 평화유지군에 의해 각종 비리와 성폭력이 자행되고 있다는 사실도 UN 행정·관리 개혁의 필요성을 주장하는 근거가 되고 있다. 2004년 콩고민주공화국에서 평화유지활동을 벌이던 평화유지군에 의해 난민 수용소의 여성들이 집단적으로 성폭력을 당하는 사건이 발생하여 UN 사무총장은 요르단의 자이드 알후세인(Zeid al-Hussein) 왕자를 책임자로 하는 조사단을 꾸려 진상조사에 나섰고, 2005년 자이드 보고서(Zeid Report)가 발간되었다. 그럼에도 불구하고 UN 평화유지군에 의한 성폭력 사건은 계속해서 발생했다. 2007년에는 코트디부아르의 부아케 지역에서 임무를 수행하던 모로코 평화유지군의 활동이 성폭력과 성착취로 인하여 정지된 바 있으며, 아이티에서는 스리랑카 평화유지군이 성범죄를 저지른 것으로 밝혀졌다. UN 감찰국(Office of Internal Oversight Services) 통계에 따르면 2007년에서 2011년 사이에 UN 평화유지군과 직원에 의한 성범죄 사건은 440여 건에 달했으며, 2011년에는 41건의 성범죄 사건에 대한 조사보고서가 작성되었고, 2012년에는 42건의 성범죄 사건 보고서가 작성되었다. 2012년 한 해에 작성된 UN 평화유지활동 관련 범죄 조사 보고서 총 94건 가운데 45%가 성범죄 사건이었다.

UN의 행정·관리에 대한 이와 같은 각종 문제점들에 대해 개혁의 필요성이 더욱 부각되고 있으나, 이에 대한 입장이 국가들마다 엇갈리고 있다. UN 예산의 대부분을 분담하는 선진국들은 사무총장이 더 많은 유연성을 가지고 개혁의 권위를 행사해주기를 희망하고 있다. 특히 감시기능과 인사관리에 관련해서 더 많은 역할을 해주기를 희망하고 있다. 하지만 중국을 포함한 많은 개발도상국들은 사무총장의 권한이 커지는 것을 반대한다. 그들이 목소리를 낼 수 있는 총회의 영향력, 특히 예산과 행정적 역할이 상대적으로 작아질 수 있다고 믿기 때문이다. 사무총장의 권한이 강해지면 미국 등 강대국의 독주에 제동을 걸 수 있고, 이것은 개발도상국에게 더 유리한 것으로 보일 수 있으나, 개발도상국 일부는 이것이 기만이라고 여겼다.

Ⅷ UN 개혁의 도전과제

1. UN 재정 확충

UN 재정과 관련하여 그동안 UN의 개혁은 주로 지출 부문에 초점이 맞춰졌다. 예산집행의 투명성과 효율성을 높여 부정부패를 없애고 낭비를 줄이기 위한 다양한 노력이 전개되었지만, 실질적으로 UN이 개혁을 통해 보다 강한 기구로서 국제사회에서 더 많은 역할을 수행하기 위해서는 더 많은 수입이 필요하다. 하지만 현재 UN의 수입 대부분은 각 회원국의 분담금에 의존하고 있으며, 분담금의 상당부분은 체납되고 있다. 따라서 UN의 역할 강화를 위한 개혁을 위해서 어떻게 재정적 자원을 확보할 것인가에 대한 추가적 논의가 반드시 필요하다. 이러한 재정적 어려움을 극복하기 위해 여러 가지 논의가 이루어지고 있다. 특히 현재의 분담금에 주로 기반을 둔 UN의 수입구조하에서 글로벌 경제위기와 같이 각국의 경제사정이 어려워지는 경우 특히 UN의 재정이 취약해질 수 있다는 우려가 커지고 있다. 이를 방지하기 위해 분담금 이외에 자발적 기부금의 비중을 높이는 방향으로 UN 프로그램을 조직하고 있다. 평화유지활동과 같은 경우 UN의 가장 핵심적 역할이라는 점에서 자발적 기부금에만 의존하는 것이 한계가 있다는 지적에 따라 평화유지예산이 특별예산으로 별도 편성되어 운영되고 있다. 그밖에 세계식량계획(WFP), UN아동기금(UNICEF), UN민주주의기금(UNDEF) 등은 자발적 기부금으로 사업을 전개하고 있다. 하지만 그만큼 기부금을 많이 내는 국가의 영향력이 커질 수 있다는 우려도 제기된다.

UN의 재정확충을 위한 다양한 아이디어가 제시되고 있다. UN의 세계경제사회조사(World Economic and Social Survey)는 이른바 글로벌 조세를 통해 약 4천억 달러 이상의 수입을 얻을 수 있다고 평가하였다. 특히 탄소배출량만큼 세금을 부과하여 환경변화도 줄이고 UN수입도 늘리기 위한 탄소세(Carbon Tax), 세계 주요 화폐의 외환거래에 세금을 부과하는 외환거래세(Currency Transaction Tax 또는 Tobin Tax), 세계적인 갑부들에게 일정 부분의 국제적 세금을 부과하는 억만장자세(Billionare's Tax)

등이 글로벌 조세주로 논의된다. UN의 재정확충을 위한 다양한 아이디어가 제시되고 있다. UN의 세계경제사회조사(World Economic and Social Survey)는 이른바 글로벌 조세를 통해 약 4천억 달러 이상의 수입을 얻을 수 있다고 평가하였다. 특히 탄소배출량만큼 세금을 부과하여 환경변화도 줄이고 UN수입도 늘리기 위한 탄소세(Carbon Tax), 세계 주요 화폐의 외환거래에 세금을 부과하는 외환거래세(Currency Transaction Tax 또는 Tobin Tax), 세계적인 갑부들에게 일정부분의 국제적 세금을 부과하는 억만장자세(Billionare's Tax) 등이 글로벌 조세로 주로 논의된다.

2. UN 문화의 혁신

재정 문제와 더불어 UN 강화를 위해 선결되어야 할 과제는 UN 문화의 혁신이다. 지난 수십 년간 UN 개혁이 논의되어 왔으나 UN 사무총장이나 회원국이 어떤 것을 우선적으로 개혁해야 하는지에 대한 구체적인 방향설정을 이루지 못했다. 이에 대한 해결방법으로써 개별 접근의 하나는 주도적인 국가가 다수의 합의를 이끌어낼 수 있는 쉬운 개혁조치들을 먼저 제시하여 개혁의 분위기를 이끌어 냄으로써 궁극적으로 결정적이며 복잡한 개혁 이슈를 처리하는 방향으로 나아가는 것이다. 다른 하나는 가장 핵심적인 개혁안부터 우선순위를 정해 집중적으로 논의하고 절충을 이끌어냄으로써 개혁안이 하나씩 채택되어 나가는 접근방식이다. 포괄적인 합의를 도출할 것이냐, 아니면 가장 중요한 안건부터 처리하느냐 혹은 타협이 쉬운 개혁부터 시작하느냐의 방식에서도 UN에서 아직 뚜렷한 방향이 결정되지 못하고 있다. 이러한 이니셔티브의 문제는 UN의 문화와 밀접하게 관련되어 있다.

3. 시민공동체의 참여 확대

인류 공동체적 목적을 지향한다는 점에서 UN의 정체성은 단순히 국가의 정부와 국가이익뿐만이 아니라 세계시민과 시민공동체의 관점에서도 고려되어야 하며, UN 개혁도 이를 반영하는 것이어야 한다는 지적이 제기된다. 특히 냉전 종식 이후 일부 학자들과 시민운동가들을 중심으로 UN 개혁이 내부의 이해관계뿐만 아니라 세계시민들의 목소리도 담아내는 것이어야 한다는 목소리가 커지고 있다. UN에서도 1996년 경제사회이사회 결의를 통해 국제적 규모의 NGO뿐만 아니라 지역 및 국가 NGO도 UN에서의 협의지위를 인정하기로 하였으며, UN이 활동하는 모든 영역에서 관련된 NGO가 참여할 수 있는 제도 수립을 검토할 것을 권고하였다. 시민사회와 NGO의 역할 확대를 통한 UN 개혁 논의는 아직까지 일관된 형태로 이루어지지 못하고 있지만, UN의 목적이 인류보편의 평화와 발전이라는 점에서 시민사회로부터의 목소리가 UN의 개혁에 반영되어야 함은 부정하기 어렵다. 전 반기문 UN 사무총장도 글로벌 공공재를 만들기 위해 정부와 시민사회 그리고 민간부문이 힘을 합쳐야 함을 강조한 바 있다.

제2절 UNPKO

Ⅰ 서설

1. 개념

평화유지활동에 대한 헌장상의 정의규정은 없으나, 그 활동을 통해 개념을 추출해 보면, 평화유지활동(PKO: Peace-Keeping Operations)이란 군사요원을 포함하되 강제력은 사용하지 않는 활동으로 분쟁지역의 국제평화와 안전을 유지하고 회복하는 것을 돕기 위한 UN에 의해 취해지는 제반활동을 말한다.

2. 구별개념

(1) 헌장 제6장 및 제7장상의 조치와의 구별

평화유지활동은 헌장 제6장에 규정된 외교적·사법적 수단에 의해 수행되는 평화창출(peace-making) 활동과 구별된다. 또한 헌장 제7장에 규정된 집단안전보장(peace-enforcing)을 위한 활동과도 구별된다. 평화유지활동은 불완전하지만 현재 존재하는 평화를 유지하려는 목적으로 가지는 것으로서, 이미 파괴된 평화를 회복하고자 하는 것은 아니다.

(2) UN 상비체제와의 구별

헌장 제정 당시부터 상비군 보유의 필요성을 인식하여 헌장 제43조에 근거를 두었으나, 실현되지 못하였다. 1992년 부트로스 갈리는 UN 상비군(UN Stand-by Force)을 제안하였으나, 회원국의 반발로 'UN 상비체제(UN Stand-by Arrangements System)'라는 보다 현실적인 대안이 추진되고 있다. UN 상비체제는 UN 회원국이 UN 사무국과의 사전협의에 따라 평시 자국의 특정 부대와 장비 등을 UN 상비체제용으로 지정하여 자체적으로 유지하다가 유사시 UN의 요청이 있을 경우 이를 일정 시일 내에 UN 측에 제공하는 제도이다. 현재 한국을 비롯하여 88여 개국이 참여하고 있다.

(3) 다국적군

UN 평화유지활동이 원칙적으로 분쟁당사자의 동의하에 제한된 범위 내의 무력을 사용하면서 임무를 수행해야 하는 한계가 있음을 고려하여 냉전 종식 후 헌장 제7장상의 평화집행에 해당하는 군사조치가 필요한 경우, 강대국들의 주도로 다국적군(multilateral forces)을 구성하는 방식이 적용되고 있다. 다국적군은 일반적으로 평화를 회복시켜 PKO가 가능한 상황을 조성함으로써 그 임무를 완수한다. 다국적군은 통상 UN 안전보장이사회의 승인하에 구성되지만, UN의 직접적인 지휘·통제하에 있지 않고 UN 예산으로 운용되지 않는다는 점에서 평화유지활동과 구분된다.

3. 취지

평화유지활동은 UN의 집단안전보장체제에 내재된 제도적 흠결을 보완하기 위해 UN의 관행으로 발전되고 오고 있다. 즉, 헌장 제6장에서 예정된 분쟁의 평화적 해결을 위한 방안이 무력화되고 분쟁이 국제평화와 안전의 유지를 위태롭게 할 우려가 있는 단계가 이미 지났음에도 안전보장이사회 상임이사국 간 의견 불일치 등의 이유로 헌장 제7장에 의거한 행동이 발동되지 못할 수 있기 때문이다.

4. 연혁

(1) 제1세대 PKO

냉전기의 PKO를 제1세대 PKO(전통적 PKO)라 한다. 전통적 PKO는 ① 분쟁당사자들의 정전합의, ② 중립·불개입원칙에 따른 PKO 파견에 대한 현지당사자의 동의, ③ 무력불행사, ④ 상임이사국의 참여 배제 등의 원칙에 기초하여 활동하였다. 전통적 PKO는 소극적·중립적 태도로 뚜렷한 성과를 달성하지 못했다는 평가를 받는다. 팔레스타인의 UNTSO, 인도·파키스탄의 UNMOGIP, 중동지역의 UNDOF 등이 주요 사례다.

(2) 제2세대 PKO

1990년을 전후하여 양극적 냉전체제가 붕괴된 이후 UN에 대한 국제사회의 고조되는 관심사에 부응하기 위한 다양한 활동들을 제2세대 PKO라 한다. 목적과 원칙은 제1세대 PKO와 동일하였으나, 보다 다면적 임무를 광범한 지역에서 수행하도록 하기 위해 그 규모와 권한을 보다 확대한 것이 특징이다. 경무장한 군대에 의한 보다 적극적인 병력분리, 동정감시, 무장해제, 무기와 병원의 유입방지, 특정임무수행의 방해저지 등으로 군사정세의 안정을 위한 적극적인 활동을 전개하는 한편, 민주정치, 인권보호, 경제부흥을 위한 활동도 전개하였다.

(3) 제3세대 PKO

1992년 6월 UN 사무총장 부트로스 갈리(Boutros-Ghali)가 안전보장이사회의 요청에 따라 작성한 「An Agenda for Peace(평화에의 과제)」에서 제시된 '더욱 중장비를 갖춘 확대된 평화유지개념'하의 다단계적 평화집행형 활동을 제3세대 PKO라 한다. 제3세대 PKO활동에서는 전통적 PKO에 의해 수립된 원칙의 엄격한 적용으로는 새로운 분쟁상황에 대응할 수 없다는 인식하에 원칙에 수정이 가해졌다. 제3세대 PKO는 UN에 의해 전개되는 예방외교(preventive diplomacy), 평화창출(peace-making), 평화재건(post-conflict peace-building) 등 3단계 활동과 연계하여 전개되었다.

Ⅱ PKO의 주요활동

1. 휴전의 감시와 확인

PKO의 가장 전통적이고 기본적인 기능으로서 통상 경무장한 평화유지군이 분쟁지역에 완충지대를 설정하고, 순찰 등을 통하여 휴전 또는 정전의 이행상황을 감시한다. 제2세대 PKO에서는 외국 군대의 철수감시, 인권상황감시 등의 기능이 추가되고 있다.

2. 인도적 구호활동지원

분쟁지역에서의 난민 구호활동에는 군사적 측면의 역할이 중요하다는 인식하에 평화유지군은 인도적 구호활동을 지원하는 임무를 수행한다. 이들은 도로상 지뢰제거·수색·통신서비스제공 등을 통해 구호물자호송을 보호하였다. 1992년의 '제2차 UN 보스니아 평화유지군(UNPROFOR Ⅱ: UN Protection Force Ⅱ)'은 인도적 활동지원을 목표로 설치된 최초의 평화유지군이었으며, 같은 해 '제1차 UN소말리아활동단(UNOSOM I: UN Operation in Somalia I)'도 기아지역 주민들에 대한 구호활동을 원활히 하기 위한 인도주의적 성격의 임무를 수행하였다.

3. 무장해제

내전을 종식시키기 위한 포괄적인 정치적 타결에는 교전당사자의 무장해제가 필수적인 과제로 대두되자, UN은 내전 종식을 위한 정파 간 협정이 체결되었을 때 신속히 각 정파의 부대를 일정한 지역에 집결시켜 무장해제와 동원해제를 시행하고 감독하는 기능을 평화유지활동에 포함시켰다. 1992년의 'UN 엘살바도르감시단(ONUSAL: UN Observer Mission in El Salvador)', 1993년의 '제2차 UN 소말리아활동단(UNOSOM Ⅱ: UN Operation in Somalia Ⅱ)'이 주요 사례이다. UNOSOM Ⅱ 사례는 강압적 무장해제는 충분한 군사력을 보유해야만 달성 가능함을 보여주는 한편, 무력을 행사하는 것은 PKO의 본래적 목표인 포괄적인 정치적 해결이나 인도적 지원에 지장을 초래할 수 있으므로 신중을 기해야 함을 보여주었다.

4. 지뢰제거지원

현대 무력분쟁의 특성 중 하나는 지뢰가 대량 사용되고 있다는 점이다. 따라서 지뢰로 인한 인명 피해나 국가적 손실을 예방하고, 난민송환 등 인도적 구호활동을 효율적으로 전개하기 위해 PKO는 지뢰제거활동을 전개하고 있다. PKO는 지뢰지대식별이나 제거임무를 직접 또는 민간회사를 통해 수행하거나, 지역주민의 요청에 따라 지뢰제거훈련을 제공하거나 장비를 지원하기도 한다.

5. 선거 실시와 감시

냉전 종식 후 지역분쟁과 내란이 종식됨에 따라 다당제 선거의 실시와 감시는 평화회복과정에서 중요한 부분이 되었다. 이에 따라 UN 평화유지활동은 분쟁지역에서의 선거실시와 감시에 직·간접적으로 관여하고 있다. 이와 관련한 PKO는 세 가지로 나누어지는 바 ① 선거관리당국에 대한 기능적 지원(교통·통신지원), ② 선거관리당국의 인원·시설장비의 보호, ③ 선거절차를 감시하고 지원하는 역할을 한다.

6. 예방적 조치

1992년 부트로스 갈리 UN사무총장의 「An Agenda for Peace」에 '예방적 배치(preventive deployment)' 개념이 제시되었다. 예방적 배치는 평화에 대한 위협이 될 수 있는 사태의 추이를 감시·보고하는 역할을 수행하는 것이다(1995년 UN 마케도니아 예방배치단).

III 활동원칙

UN 평화유지군의 효시인 'UN 긴급군(UNEF)' 창설 당시 다그 함마슐드 UN 사무총장에 의해 제시된 이후 수정을 거쳐 다음의 5개 원칙으로 정착되었으나, 현재는 UN PKO의 관행상 다소 탄력적으로 해석되는 경향이 있다.

1. 당사자 동의원칙

평화유지활동은 원칙적으로 분쟁당사자들의 동의(consent)가 있을 경우에만 설립·배치될 수 있고, 실제로 분쟁당사자들로부터 지속적인 동의와 협력을 받아야만 임무를 성공적으로 수행할 수 있다. 당사자들의 비지속적(sporadic) 동의나 부분적(partial) 동의의 경우 평화유지활동의 목적달성 가능성이 낮다. 단, 당사자 동의의 원칙은 분쟁당사자의 확인이 어렵거나 다수의 분쟁당사자가 존재하는 경우에는 당사자 대부분의 동의하에 평화유지군이 배치되기도 한다(구유고슬라비아 또는 소말리아).

2. 중립성의 원칙

평화유지활동은 분쟁당사자 사이에서 중립성을 유지해야 하며, 분쟁당사자들의 입장이나 주장에 대해 편견을 갖지 않고 객관적이며 공정한 기준하에서 임무를 수행해야 한다. 그러나 최근에는 중립성원칙이 보다 탄력적으로 해석되는 관행도 있다. 분쟁당사자 중 일방은 평화유지활동에 협조적이나, 타방이 이를 방해하는 경우 쌍방에 대해 중립과 공평을 유지하는 것은 형평에 어긋난다고 평가되기 때문이다.

3. 무력불사용의 원칙

평화유지활동에서 무력사용은 자위(self-defence)를 위하여 필요한 최소한의 수준으로 한정된다. 이는 원칙적으로 분쟁당사자의 동의 속에 중립성을 유지하는 가운데 임무를 수행하므로, 무력사용의 필요가 거의 없다는 전제에서 경무장한 상태로 활동하기 때문이다. 그러나 냉전종식 이후 평화유지군의 활동이 인도적 구호활동이나 무장해제와 같은 역할로 확대되고, 부분적 동의에 기초해서도 활동하게 됨에 따라 무력불사용원칙이 보다 탄력적으로 적용되고 있다. 무장세력이 인도적 구호활동을 방해하는 경우 사실상 활동이 불가능하기 때문이다. UN사무국은 "자위목적의 경우 또는 무장한 자가 평화유지군의 임무수행을 저지하는 경우 최소한의 무력을 사용할 수 있다."고 보고 있다.

4. 자발적 파견의 원칙

평화유지활동은 UN의 강제조치와 달리 UN 회원국에 대해 강제적으로 요구되는 조치가 아니라 참가국의 의사에 따라 결정되는 자발적 조치이다. 평화유지군은 중소·중립국가의 자발적 파견에 의해 구성되는 것을 원칙으로 한다.

5. UN사무총장의 평화유지활동 관장원칙

Ⅳ PKO의 법적 근거

1. 학설

(1) 헌장 제40조

헌장 제40조는 안전보장이사회가 헌장 제39조에 규정된 권고를 하거나 조치를 결정하기 전에 필요하거나 바람직하다고 인정되는 조치에 따르도록 관계당사자에게 요청할 수 있다고 규정하고 있다. 헌장 제40조를 근거로 보는 이 견해는 PKO는 잠정조치로서 안전보장이사회가 평화유지활동에 참여할 것을 요청하는 경우 회원국이 이에 응함으로써 이루어진다고 본다. 그러나 잠정조치는 상대방은 '분쟁당사국'이므로 분쟁당사국 이외의 모든 UN 회원국을 상대로 하는 PKO 참가 요청의 법적 근거가 될 수 없다.

(2) 헌장 제25조

모든 회원국들은 안전보장이사회의 결정에 따라야 한다는 동 규정에서 근거를 찾는 견해다. 그러나 안전보장이사회는 특정 지역에 PKO 파병을 결정할 수는 있으나, 회원국에 대해서는 단지 '요청'하거나 '권고'할 수밖에 없다는 점에서 한계가 있다.

(3) PKO 참여에의 권고

안전보장이사회는 '국제평화와 안전의 유지를 위한 제1차적 기관'임을 규정한 제24조에 기초하여, 총회의 경우는 헌장의 범위 내의 여하한 상황에 대해서도 권고할 수 있는 일반적 권한(제10조)에 기초하여 권고권을 갖고 있으므로 이러한 권고에 기초하여 PKO를 창설할 수 있다는 견해이다.

2. 국제사법재판소(ICJ)의 견해

1962년 국제사법재판소(ICJ)는 UN경비에 관한 권고적 의견에서 총회는 평화적 조정에 관한 권고 규정인 제14조를, 안전보장이사회는 안전보장이사회의 보조기관 설치권한을 규정한 헌장 제29조를 근거 규정으로 판시하였다.

3. 소결

헌장 제10조 및 제14조에 규정된 총회의 권고권한, 제24조에서 해석상 도출되는 안전보장이사회의 권고권한이 진정한 법적 근거라 보는 것이 타당하다. 평화유지활동은 이러한 권고에 기초하여 회원국의 자발적인 협력으로 집행되는 것이라 본다.

Ⅴ PKO의 구성과 법적 지위

1. 평화유지군의 구성 및 지휘체계

평화유지군의 편성을 최종적으로 결정할 권한은 UN에 있다. 평화유지활동의 중립적 성격을 보장하기 위해 5대 상임이사국과 특수이해관계국의 병력은 편성에서 제외된다. 평화유지군은 UN의 배타적 지배하에 놓여지며 사무총장의 지휘를 받는다. 국별 파견부대는 UN군으로 통합되며, 통일사령부의 지휘하에 국제적인 임무를 수행한다.

2. 평화유지군의 특권면제

평화유지군은 UN헌장 제104조 및 제105조, UN의 특권면제에 관한 조약에 기초하여 그 임무 수행 및 목적 달성에 필요한 특권 및 면제를 향유한다.

Ⅵ 평화유지활동 참여와 국가이익

1. 경성권력 측면

(1) 실전 경험과 전투 역량 강화

평화유지활동에 파견된 군사력은 다양한 실제 상황에서 임무를 수행하면서 실전 경험을 쌓게 된다. 이는 정규적인 훈련과는 다른 실전에서의 경험을 제공하여 병사들이 위기 대응 능력과 전술적 역량을 강화하는 데 도움이 된다. 파견국 군대는 평화유지 임무를 통해 다양한 환경에서의 실전 대응 경험을 축적하며, 이는 향후 전투 상황에서 더욱 신속하고 효율적으로 대응할 수 있는 능력을 배양하는 데 기여한다.

(2) 군사 장비와 기술의 현대화 기회

평화유지활동에 참여하는 과정에서 파견국은 유엔이나 협력국으로부터 지원받은 최신 군사 장비와 기술을 접할 수 있다. 이를 통해 파견국은 자국 군사 장비의 현대화를 추진할 기회를 얻는다. 또한, 평화유지활동을 위해 도입한 장비와 기술이 자국 내에서도 활용될 수 있어, 장기적으로 군사적 기술 역량이 강화될 수 있다.

(3) 국제적 군사 신뢰도와 위상 증대

평화유지활동을 통해 파견국은 국제사회에서 군사적 신뢰성을 인정받을 수 있다. 유엔의 평화유지 임무에 참여함으로써, 파견국의 군대는 다른 국가들과의 협력 경험을 쌓고, 신뢰할 수 있는 군사력으로 인정받게 된다. 특히, 다국적 군사 작전에 효과적으로 협력할 수 있는 역량을 증명하게 되며, 이는 향후 다국적 군사 작전이나 국제 안보 협력에서 파견국이 중요한 역할을 담당할 가능성을 높인다.

2. 연성권력 측면

평화유지활동은 유엔이 인류애와 평화라는 보편적 가치를 실현하려는 노력을 상징적으로 보여주므로 연성권력을 강화하는 역할을 한다. 평화유지활동에 참여하는 국가들은 자국이 인도주의적이고 평화를 지향하는 국가라는 이미지를 형성할 수 있다. 이를 통해 해당 국가는 타국으로부터 호감을 사고, 글로벌 리더십을 확립하는 데 도움을 받는다. 예를 들어, 개발도상국이나 분쟁 지역에서 자국의 평화유지군이 인도적 지원을 제공하고 사회적 재건에 참여할 때, 이는 그 국가가 국제사회에서 신뢰할 수 있는 평화로운 행위자로 인정받도록 돕는다. 연성권력의 측면에서 평화유지활동은 국가 이미지 개선과 국제적 평판 향상에 기여한다.

Ⅶ 우리나라 평화유지활동 참여

1. 현황

대한민국은 1991년 유엔 가입 후 평화유지활동(PKO)에 적극 참여하고 있다. 1993년 소말리아에 상록수부대를 파견한 것을 시작으로, 현재 남수단의 한빛부대와 레바논의 동명부대 등이 활동 중이다. 대한민국은 유엔 재정 기여도에서 높은 순위를 차지하지만 병력 공여 순위는 낮은 편이다. 주로 분쟁 지역에서의 인도적 지원, 민간 보호, 치안 유지 등의 임무를 수행하고 있으며, 이를 통해 국제사회의 평화와 안정에 기여하고자 한다.

2. 문제점

(1) 제한된 파병 규모

대한민국의 평화유지활동 병력 파견 규모는 유엔 재정 기여도에 비해 상대적으로 적다. 병력 파견 수가 36위 정도로, 국제사회에서의 평화유지활동에 대한 기여와 기대에 비해 실질적인 병력 파견이 충분하지 않다. 이는 대한민국이 국제사회에서의 역할 강화와 병력 공여를 통한 외교적 위상을 높이는 데 한계로 작용할 수 있다.

(2) 전문 인력 부족

평화유지활동은 점차 다차원적이고 복합적인 임무로 확장되고 있다. 단순한 군사적 활동을 넘어 인도적 지원, 국가 재건, 사회 안정화 등을 위한 전문 인력의 필요성이 커지고 있지만, 대한민국은 이러한 다차원적 임무를 수행할 민간 및 경찰 인력의 확보와 양성에서 한계를 보이고 있다. 예를 들어, 인도적 지원 및 재건 활동에서는 다양한 분야의 전문성을 요구하는데, 이에 대한 충분한 인력과 자원이 부족하다.

(3) 신속 대응 능력 미흡

국제사회에서의 급변하는 분쟁 상황에 즉각적으로 대응할 수 있는 파병 체계가 충분히 구축되어 있지 않아 신속한 파병이 어려운 상황이다. 평화유지활동은 국제 분쟁이나 위기 상황에서 신속하고 즉각적인 파견을 요구하는 경우가 많지만, 대한민국의 경우 국내 절차와 준비 과정에서 시간이 소요된다. 이러한 구조적 문제는 신속한 대응이 요구되는 평화유지활동에서 대한민국의 기여를 제한할 수 있다.

3. 개선 방안

(1) 파병 규모 확대 및 파병 요원 교육훈련 강화

유엔 상비군 협력 확대와 함께 파병 규모를 증대하여 국제사회에서의 역할을 강화할 필요가 있다. 대한민국이 평화유지활동에 적극적으로 기여하기 위해서는, 파병 규모를 늘리고 평화유지 임무에 적합한 군사적 교육과 훈련 체계를 정립하여 군사 요원의 임무 수행 능력을 높여야 한다. 이를 통해 국제사회에서 대한민국의 평화유지 활동 기여도와 신뢰를 높일 수 있다.

(2) 전문 인력 양성과 통합 시스템 구축

평화유지활동의 다차원적 특성에 맞춰 민간, 군, 경찰 인력들이 통합적으로 임무를 수행할 수 있는 시스템을 구축해야 한다. 예를 들어, 국제 협력 부처와의 협력을 통해 의료진, 교육자, 재건 전문가, 인도주의 전문가 등을 양성하고 이들을 평화유지 활동에 배치할 수 있는 통합 관리 시스템을 마련해야 한다. 이를 통해 복잡한 평화유지 임무를 효과적으로 수행할 수 있다.

(3) 신속 파병 체계 구축

유엔의 긴급 요청에 신속히 대응할 수 있는 체계를 구축하는 것이 중요하다. 평화유지활동 파병에 대한 절차적 장벽을 줄이고, 긴급 상황 시 신속히 파병할 수 있는 상비군과 신속대응부대를 마련하여 평화유지 임무의 효율성을 높여야 한다. 이를 위해 국내외 관계 부처와의 협조 체계를 강화하고, 평화유지 활동에 필요한 물자와 인력을 사전에 준비할 필요가 있다.

(4) 국민적 공감대 형성 및 홍보 강화

평화유지활동이 국가 안보와 외교적 이익을 위해 필요하다는 점을 국민들에게 설명하고, 대민 홍보를 통해 평화유지활동에 대한 이해와 지지를 이끌어낼 필요가 있다. 국민적 지지를 통해 평화유지활동에 대한 국내적 동의와 이해를 얻으면 파병 결정과 절차가 보다 원활해질 수 있다.

> **참고** 우리나라의 『국제연합 평화유지활동 참여에 관한 법률』의 내용
>
> 1. 평화유지활동이란 UN의 안전보장이사회가 채택한 결의에 따라 UN 사무총장이 임명하는 사령관의 지휘하에 UN의 재정부담으로 특정 국가(또는 지역) 내에서 수행되는 평화협정 이행 지원, 정전 감시, 치안 및 안정 유지, 선거 지원, 인도적 구호, 복구·재건 및 개발 지원 등을 비롯한 제반 활동을 말한다.
> 2. 개별 또는 집단의 국가가 UN의 승인을 받아 독립적으로 수행하는 평화유지 또는 그 밖의 군사적 활동은 평화유지활동에 포함하지 않는다.
> 3. 정부는 평화유지활동에의 참여를 위하여 상시적으로 해외파견을 준비하는 국군부대(상비부대)를 설치·운영할 수 있다.
> 4. UN이 평화유지활동에 대한민국의 참여를 요청하면 외교부장관은 이를 국방부장관에게 통보하고 상비부대 등의 파견에 관한 사항을 협의하여야 한다.
> 5. 정부가 평화유지활동 참여를 위하여 국군부대를 해외에 파견하고자 할 때에는 사전에 국회의 동의를 받아야 한다.
> 6. 정부는 병력 규모 1천명 범위(이미 파견한 병력규모를 포함한다)에서 일정 조건을 충족하는 평화유지활동에 국군부대를 파견하기 위하여 UN과 잠정적으로 합의할 수 있다.
> 7. 평화유지활동에 국군부대를 파견하기 위한 조건은, 해당 평화유지활동이 접수국의 동의를 받은 경우, 파견기간이 1년 이내인 경우, 인도적 지원, 재건 지원 등 비군사적 임무를 수행하거나, 임무 수행 중 전투행위와의 직접적인 연계 또는 무력사용의 가능성이 낮다고 판단하는 경우, UN이 신속한 파견을 요청하는 경우이다.
> 8. 정부가 파견부대의 파견기간을 연장하고자 하는 경우에는 사전에 국회의 동의를 받아야 한다.
> 9. 파견부대의 파견기간 연장기간은 1년을 원칙으로 한다.
> 10. 정부는 파견연장 동의안을 파견부대의 파견 종료 2개월 전까지 국회에 제출하여야 한다.

11. 국회는 파견부대의 임무나 파견기간이 종료되기 전이라도 의결을 통하여 정부에 대하여 파견의 종료를 요구할 수 있으며, 정부는 특별한 사유가 없는 한 국회의 파견 종료 요구에 따라야 한다.
12. 정부는 매년 정기국회에 파견부대의 구체적인 활동성과, 활동상황, 임무 종료 및 철수 등 변동사항을 보고하여야 한다.
13. 정부는 파견 종료 후 3개월 이내에 활동결과보고서를 작성하여 국회에 제출하여야 한다.
14. 평화유지활동에 관한 정부 정책의 효과적인 집행, 관계 부처 간의 협력 및 조정을 위하여 외교부에 평화유지활동 정책협의회를 둔다.
15. 정책협의회는 의장 1명을 포함한 10명 이내의 위원으로 구성하며, 외교부장관이 의장이 된다.

⬇ 우리나라의 PKO 현황(2018년 3월 기준)

구분		현재 인원(단위: 명)	지역	최초 파견
부대 단위	동명부대 (레바논 평화유지군)	329(장교: 85, 부사관: 167) (女: 장교 6, 부사관 6)	티르	2007년 7월
	한빛부대 (남수단임무단)	292(장교 59, 부사관: 147) (女: 장교 4, 부사관 2)	보르	2013년 3월
개인 단위	인·파 정전감시단 (UNMOGIP)	7(女: 1)	스리나가	1994년 11월
	남수단 임무단 (UNMISS)	7(女: 1)	주바	2011년 7월
	수단 다푸르 임무단 (UNAMID)	2(女: 0)	다푸르	2009년 6월
	레바논 평화유지군 (UNIFIL)	4(女: 0)	나쿠라	2007년 1월
	서부사하라 선거감시단 (MINURSO)	4(女: 0)	라윤	2009년 7월
	아이티정의 임무단 (MINUJUSTH)	4(경찰)(女: 3)	아이티	2018년 3월
소계		649(女: 26)	–	–

제3장 지역기구

제1절 북대서양조약기구(NATO)

I 개관

1. 성립과정

북대서양조약기구는 영국, 프랑스, 베네룩스 3국 상호간 동맹조약인 '브뤼셀조약(1948)'이 체결되자, 미국과 캐나다가 이들과 협상을 개시함으로써 1949년4월 북대서양조약(워싱턴조약)이 체결되었으며, 이를 통해 성립하였다. 12개 창설 회원국은 미국, 캐나다, 영국, 프랑스, 이탈리아, 네덜란드, 벨기에, 룩셈부르크, 덴마크, 노르웨이, 포르투갈, 아이슬란드이다.

2. 기본역할 및 공동가치

(1) NATO의 기본역할

회원국의 자유와 안전보장을 위해 회원국에 대한 공격 억지 및 방어, 분쟁의 효과적 예방을 통한 위기관리, 유럽 대서양 지역의 비NATO 회원국과의 협력 증진이다.

(2) NATO의 공동가치

UN헌장의 정신에 따라 정치·군사적 수단에 의한 회원국의 자유와 안전 보장, 민주주의 및 인권보호, 법치 원칙 준수이다.

3. NATO 회원국

현재 28개 회원국이 있다. 12개 창설회원국 이외에 터키, 그리스, 독일, 스페인, 체코, 헝가리, 폴란드, 에스토니아, 라트비아, 리투아니아, 루마니아, 불가리아, 슬로베니아, 슬로바키아, 알바니아, 크로아티아가 가입하고 있다. NATO는 설립시부터 회원국으로서 의무와 책임 부담이 가능한 국가에 대해 회원국 가입 개방정책(Open Door Policy) 추구하고 있다. NATO 가입 조건으로는 1949년 워싱턴조약의 원칙을 심화하고 북대서양지역의 안보에 기여, 시장경제에 기반한 민주주의 체제의 작동, OSCE 가이드라인에 따른 소수민족 대우, 주변국과의 주요한 분쟁 해결 및 분쟁의 평화적 해결에 대한 약속, 동맹에 대한 군사적 기여 능력과 의지 및 여타 회원국과 군사작전상의 상호운용성(interoperability) 확보 등이다.

4. 탈냉전기 NATO의 확대

(1) 냉전 종식 후 첫 번째 확장(1999년)

1991년 냉전이 종식되면서 NATO는 집단방위뿐 아니라 민주주의와 안정성을 지키는 역할을 강조했다. 1999년에는 중앙유럽의 옛 공산국가였던 폴란드, 체코, 헝가리가 NATO에 가입하면서 NATO의 첫 번째 동유럽 확장이 이루어졌다. 이는 NATO가 구소련의 영향권에서 벗어난 국가들과 협력하기 시작한 중요한 변화였다.

(2) 2004년 두 번째 대규모 확장

2004년에는 발트 3국(에스토니아, 라트비아, 리투아니아)과 동유럽 및 발칸반도의 옛 공산국가들(슬로바키아, 슬로베니아, 불가리아, 루마니아)이 NATO에 가입했다. 발트 3국의 가입은 NATO가 소련의 직접적인 영향권이었던 지역으로까지 확장된 것을 의미하며, 러시아와의 긴장 고조를 불러왔다.

(3) 2009년 발칸반도 확장

2009년 알바니아와 크로아티아가 NATO에 가입했다. 발칸 지역은 냉전 이후 다양한 내전과 분쟁을 겪었으며, 이 지역의 안정화를 위해 NATO는 발칸 국가들의 회원국 가입을 적극 추진했다.

(4) 2017년과 2020년 확장

2017년에는 몬테네그로가 NATO에 가입했고, 2020년에는 북마케도니아가 가입했다. 이로써 발칸반도 대부분이 NATO 회원국으로 포함되었으며, NATO의 영향력이 발칸반도 전역으로 확대되었다.

(5) 2022년 이후 핀란드와 스웨덴의 가입 신청

2022년 러시아의 우크라이나 침공으로 유럽 내 안보 불안이 크게 증가하자, 핀란드와 스웨덴이 NATO 가입을 신청했다. 이로써 중립국으로 남아있던 북유럽 국가들이 NATO에 포함되면서 NATO는 전략적으로 더욱 중요해진 북유럽으로도 영향력을 넓혔다. 핀란드는 2023년 4월에 가입을 완료했고, 스웨덴의 가입은 2024년에 가입이 완료되었다.

Ⅲ NATO 형성에 대한 이론적 접근

1. 세력균형론

세력균형론은 국제체제에서 강대국 간의 힘의 균형이 유지되어야 안정이 지속된다고 본다. 이 관점에서 NATO는 소련이라는 강력한 세력에 대응하여 서방 강대국들이 힘을 균형 있게 배치하고자 형성되었다. 소련의 영향력이 유럽으로 확산될 때 이에 대한 견제로서 미국을 중심으로 서유럽 국가들이 결집하여 세력을 균형 있게 나누는 방안으로 NATO를 창설했다. NATO를 통해 서방 국가들은 소련의 군사력에 대응할 수 있는 집단적 안보 체제를 마련했고, 이를 통해 힘의 균형을 유지하고자 했다.

2. 위협균형론

위협균형론은 국가들이 다른 국가의 군사적 위협에 대응하여 동맹을 형성한다고 본다. NATO는 소련과 공산권의 위협이 서유럽 국가들에게 실질적인 위협으로 다가왔기 때문에 형성되었다. 서유럽 국가들은 소련의 군사력 증대와 공산주의 확산이라는 명확한 위협을 인식했고, 이에 대처하기 위해 미국과의 군사적 동맹을 통해 위협을 균형 맞추려 했다. NATO는 집단 안보 체제를 구축함으로써 소련의 위협에 대한 공통의 방어선을 형성하고, 회원국들이 공격당할 경우 상호 방어를 통해 위협을 억제하고자 했다.

3. 신자유제도주의

신자유제도주의는 국제관계에서 국가들이 협력과 제도를 통해 상호 의존을 증대시켜 안보를 강화할 수 있다고 본다. 이 관점에서 NATO는 군사적 협력을 통한 안보 증진을 목표로 한 제도적 틀로 설명된다. NATO는 회원국들 간에 상호 신뢰를 구축하고 집단 방위 체제를 통해 전쟁의 위험을 줄이며, 협력을 강화하기 위해 창설되었다. 신자유제도주의적 관점에서는 NATO가 집단적 안보를 위한 규범과 규칙을 제시하고, 이를 통해 회원국들이 집단 방위를 효율적으로 수행할 수 있는 틀을 제공했다고 본다. NATO는 단순한 군사적 동맹을 넘어 정치적 협력과 경제적 유대를 강화하여 회원국들 간의 상호 의존성을 높이고, 이를 통해 안보와 평화를 지속적으로 유지할 수 있는 제도적 기구로 자리 잡았다.

4. 구성주의

구성주의는 국제 관계가 국가들의 상호작용을 통해 구성되는 사회적 구조와 아이디어, 정체성에 의해 형성된다고 본다. 구성주의적 관점에서 NATO의 형성은 단순히 군사적 필요 때문이 아니라, 서유럽 국가들이 민주주의와 자유주의 가치를 공유하며 공동의 정체성을 형성했기 때문이라고 설명된다. NATO는 민주주의와 자유를 수호하려는 공동의 신념과 가치를 가진 국가들이 자신들의 정체성을 확립하고 이를 방어하기 위해 형성되었다. NATO는 소련에 대한 군사적 대응 이상의 의미를 가지며, 서방 국가들이 자신들이 공유하는 가치를 보호하고 이를 확산하기 위한 상징적, 문화적 동맹으로서 기능한다.

III NATO의 성격 및 전략개념

1. NATO의 성격

(1) 냉전시기

NATO는 냉전시기 집단 방위체제로서의 성격을 띠었다. 제2차 세계대전 이후 냉전이 성립·공고화되는 과정에서 북대서양 지역회원국들의 집단 방위(collective defence) 및 자유 민주주의 가치수호를 목표로 하여 설립된 정치·군사 동맹체로서 냉전체제하 구소련을 중심으로 한 동구 사회주의권의 군사적 위협에 대항하기 위해 창설하였다. 동구 사회주의권은 대응 차원에서 1955년 바르샤바 조약 기구(WTO)를 출범시킴으로 냉전의 고착화가 완결되었다.

(2) 탈냉전시기

냉전 종식 이후 NATO는 집단 안보체제로 성격이 변경되었다. 냉전 종식 이후 타국에 의한 경성 위협은 크게 감소한 반면 테러·WMD 확산·인종분규 등 새로운 안보 위협이 대두함에 따라 집단안보체제로 전환한 것이다. 특히 9·11테러 이후 NATO는 새로운 안보 위협에 대응하는 것에 중점을 두면서 기존의 유럽이라는 지역적 수준이 아닌 지구적 수준에 걸쳐 발생하는 초국가적·비대칭 안보 위협에 적극 대응하기 시작하였다. 2010년 리스본 정상회의시 새로운 전략개념(Strategic Concept) 채택을 통해 ① 집단방위(collective defence), ② 위기관리(crisis management), ③ 파트너십을 통한 협력안보(cooperative security) 등을 핵심임무로 상정하였다.

2. NATO 전략개념의 변화

(1) 개념

NATO 전략개념(Strategic Concept)이란 NATO의 장기적 목표 및 기본 임무 등을 담은 공식문서로서, 새로운 안보환경의 주요 특징 및 그에 대한 NATO에 접근법을 규정함으로써 NATO 정치·군사적 발전에 대한 핵심지침 역할을 수행한다. 1949년 최초 채택 이후 안보환경의 변화에 따라 지속적으로 수정되어 왔으며, 2010년 11월 리스본 정상회의에서 채택된 현 전략개념(Active Engagement, Modern Defence)은 NATO의 7번째 전략개념이다.

(2) 냉전 시기의 전략개념 - 방위와 억지(defence & deterrence)

제1차 전략개념(1949년)은 NATO의 방어적 성격, 전쟁억지(deterrence) 및 집단방위의 중요성, 핵무기의 역할 등을 규정하였다. 제2차 전략개념(1952년)은 제1차 전략개념과 기본적으로 유사하나, 한국전쟁 발발에 따른 NATO 군사조직의 효율성 강화 및 그리스, 터키 가입에 따른 북대서양조약 제6조(적용범위)의 수정 보완 등을 반영하였다. 제3차 전략개념(1957년)은 미국의 핵전력 우위에 바탕을 둔 아이젠하워 행정부의 대량보복(massive retaliation) 전략을 도입한 것으로서, 핵전력이 최초로 NATO 군사력에 도입되었다. 제4차 전략개념(1967년)은 1950년대 후반 이후 소련의 핵전력 증강, 제2차 베를린 위기(1958년 ~ 1962년) 및 쿠바 미사일 위기(1962년) 등 냉전 분위기 고조 등에 따른 미국 케네디 행정부의 유연반응(Flexible Response) 전략이 반영되었다. 제한적 공격에는 재래식 전력으로 대응하되, 위기 심화시 핵무기 사용으로 대응하도록 하였다.

(3) 냉전 종식 이후의 전략개념 - 대화와 협력(dialogue & cooperation)

제5차 전략개념(1991년)은 냉전 종식이라는 변화된 안보환경을 반영한 새로운 전략개념으로서 대결과 방위보다는 대화와 협력을 강조하였다. 집단안보라는 근본틀은 유지하되, 파트너국 및 구 동구권 국가와의 협력을 강조하고, 핵전력의 사용 가능성은 최소화하였다. 제6차 전략개념(1999년)은 1999년 NATO 창설 50주년 기념 워싱턴 정상회의시 채택된 것으로서, 안보를 국방 이외의 정치, 경제, 사회 및 환경 요소도 포함하도록 확대하고, 냉전 종식 이후 등장한 테러리즘, 인종 갈등, 인권침해, 정치적 불안정, 경제 위기, 대량살상무기 확산 등을 새로운 위협으로 상정하였다. 또한, 기존의 집단방위에 더하여, 위기관리(crisis management) 및 파트너십(partnership)을 NATO의 기본임무로 규정하였다.

(4) 2010년 新전략개념(New Strategic Concept)

2010년 11월 리스본 정상회의시 9·11테러 이후의 변화된 안보환경에 따른 향후 10년간의 NATO의 정책방향과 군사력 운용의 지침이 될 새로운 전략 개념을 채택하였다.

NATO를 자유, 민주주의, 인권 및 법치를 공유하는 가치공동체로 규정하였다. 또한, NATO의 핵심임무로서 집단방위(collective defence), 위기관리(crisis management), 협력안보(cooperative security)를 설정하였다.

Ⅳ NATO의 역외활동 확대

1. 총설

NATO는 1949년 창립 이후 냉전 기간 동안 군사공격에 방위와 억지(defence and deterrence)라는 기본 임무를 성공적으로 수행하였으며, 실제 군사작전은 한 건도 수행하지 않았다. 그러나, NATO는 냉전 종식 이후 안보환경의 변화에 따라 보다 적극적인 역할을 수행하기 시작하였으며, 1995년 발칸반도에 대한 군사적 개입 이후 전투, 평화유지(peace-keeping), 훈련, 병참 지원, 정찰, 인도적 지원 등 다양한 범위의 작전을 수행하는 등 역외활동을 확대하였다. 9·11테러 이후에는 아프가니스탄 안정화 과정 참여, 이라크 치안군 훈련지원, 수단 다르푸르 사태 관련 아프리카연합(AU)에 대한 병참 지원, 파키스탄 지진피해 복구 지원, 소말리아 해역에서의 인도물품 구호 선박 호송 지원 등 역외 활동영역을 지속적으로 확대하였다.

2. KFOR(NATO-led Kosovo Force) - 코소보

NATO는 코소보지역의 평화와 안전을 회복하기 위한 국제적 노력을 지원하기 위해 UN 안전보장이사회 결의 1244호에 근거하여 1999년부터 코소보 지역에서 작전을 수행하였다. 작전 초기에는 코소보해방군(Kosovo Liberation Army)의 무장해제 및 세르비아군의 침략 저지가 주된 임무였으나, 현재는 코소보지역의 안보 및 공공질서 확보, 국제사회의 인도적 지원 보조, 평화적이고 민주적인 코소보 재건 지원, 코소보보안군(Kosovo Security Force) 설립 지원 등이 주된 임무이다. 초기에는 약 5만 명으로 구성되어 있었으나, 코소보 지역이 안정되면서 현재는 총 31개국으로부터 파견된 약 5천 명으로 구성되어 있다.

3. Operation Unified Protector - 리비아

NATO는 2011년 2월 리비아에서 발생한 카다피 정권에 대한 민중 반란(uprising)과 관련, 카다피 정권의 공격 또는 공격 위협으로부터 리비아 민간인 보호를 위해 UN 안전보장이사회 결의 1970호 및 1973호에 근거하여 2011년 3월 31일 리비아에 대한 모든 군사작전의 지휘권을 인수하였다. 10월 31일, 작전 종료시까지 공중 작전, 무기 금수, 인도적 지원 등 임무를 성공적으로 수행하였다.

4. 발칸 지역

1991년 구 유고연방의 해체 이후 NATO는 발칸지역에 3차례(1995년 보스니아·헤르체고비나, 1999년 코소보, 2001년 마케도니아) 개입하였다. NATO는 1995년 세르비아군에 대한 공중작전을 통해 발칸지역에 군사개입을 시작하였다. 1995년 데이튼 평화협정(Dayton Peace Agreement) 체결 이후에는 UN 안전보장이사회 결의 제1031호에 따라 협정이행군(IFOR: Implementation Force)을 파견하여 평화유지활동을 수행하였으며, 1996년에 규모가 축소된 안정화군(SFOR: Stabilization Force)으로 대체되었다. 2004년 SFOR 지휘권을 EU로 이양하면서 임무 종료하였고, 이후 EU가 평화유지 임무(Operation Althea)를 수행 중이다.

5. NATO의 반테러전 전개

2001년 10월 NATO는 「북대서양조약 제5조 이행에 대한 이사회의 결정」 제하의 성명을 통해 대테러 전쟁시 회원국들의 집단적 대처방안을 제시하였다. 회원국 간 테러 관련 정보 공유 및 협력, 대테러 전쟁 수행 회원국과 이에 협조하는 비회원국에 대한 지원 제공, 대테러 작전 수행을 위해 회원국 영토 내 항만 및 비행장 사용허가, NATO 해군력을 지중해에 배치('Operation Active Endeavor' 실행), 조기경보기의 미국 본토 배치 등이 이에 해당한다. 창설 후 최초로 북대서양조약 제5조를 발동, 미국의 대테러전쟁에 동참함으로써 회원국 간 결속력 강화하였다.

V 탈냉전기 NATO 팽창에 대한 주요국 입장

1. 미국

미국은 NATO 확장의 주요 주도국으로, 동유럽과 중앙유럽 국가들의 NATO 가입을 적극적으로 지원해 왔다. 미국은 NATO를 통해 유럽 내 안보와 안정성을 강화하고, 러시아의 영향력을 견제하려는 목표를 가지고 있다. 미국은 NATO의 확장을 통해 유럽에서의 영향력을 강화하고 집단안보 체제를 통해 유럽 내 긴장을 완화하는 것을 목표로 하며, 특히 민주주의 확대와 안정적 시장 구축을 이유로 NATO 확장을 정당화해 왔다. 미국은 러시아의 반발에도 불구하고 중부 유럽과 동유럽 국가들이 NATO에 가입하는 것을 지지해 왔으며, 최근 핀란드와 스웨덴의 가입에도 적극적이다.

2. 유럽 주요국

(1) 영국

영국은 전통적으로 NATO 확장을 강하게 지지하는 입장을 취해 왔다. 영국은 미국과의 강력한 안보 동맹을 통해 NATO 내에서 중요한 역할을 해왔으며, 유럽 국가들이 NATO를 통해 안보를 확보함으로써 유럽 내 안정성을 강화하는 것을 목표로 한다. 영국은 러시아에 대한 견제를 위해 동유럽 국가들의 NATO 가입을 지지해 왔으며, 특히 발트 3국과 같은 러시아 인접국의 가입을 유럽 안보에 필수적이라고 평가했다. 영국은 NATO 확장을 통해 유럽의 방어 역량을 증대하고, 자신들의 글로벌 안보 정책을 강화하려는 목적을 가지고 있다.

(2) 독일

독일은 NATO 확장을 신중히 지지해 왔으며, 특히 유럽 내 안정성 유지와 러시아와의 관계를 균형 있게 유지하려는 입장을 강조해 왔다. 독일은 역사적으로 동유럽에 대한 영향력과 관계를 신경 쓰고 있어 NATO 확장을 지지하면서도 러시아와의 대화를 유지하려는 노력을 기울이고 있다. 독일은 폴란드, 체코, 헝가리 등 동유럽 국가들의 NATO 가입을 지지했으나, 러시아의 반발과 에너지 의존도 문제로 인해 확장에 있어 신중한 입장을 취해 왔다. 최근 러시아-우크라이나 전쟁으로 독일은 NATO 확장에 대한 지지 입장을 강화했으며, 방위비 증액과 함께 유럽 내 방위 역량 강화에 기여하려는 의지를 보이고 있다.

(3) 프랑스

프랑스는 NATO 확장에 대해 상대적으로 신중한 입장을 취해 왔으며, 독립적인 유럽 방위체제를 추구하면서 NATO 내 미국의 영향력 확대를 견제하려고 한다. 프랑스는 NATO의 필요성을 인정하지만, 특히 미국이 NATO 확장을 통해 유럽 안보에 대한 주도권을 강화하는 것을 경계해 왔다. 프랑스는 동유럽 국가들의 가입을 지지했지만, 러시아와의 대화를 중요시하며 NATO와 러시아 간의 긴장 고조를 완화하기 위한 외교적 역할을 수행해 왔다. 프랑스는 NATO 확장에 협력하면서도 유럽연합(EU) 차원의 독립적 방위 정책을 추진해왔고, 유럽의 자주적 방위 능력 강화에 중점을 두고 있다.

(4) 이탈리아

이탈리아는 NATO 확장을 지지하면서도 유럽 내 안정성을 중시하는 입장을 취해 왔다. 이탈리아는 NATO의 동유럽 확장을 통해 유럽 안보를 강화하는 것을 긍정적으로 평가하면서도, 러시아와의 경제적 관계와 외교적 협력을 고려해 신중한 입장을 유지해 왔다. 이탈리아는 발트 3국, 폴란드, 체코 등의 가입을 지지하면서도 러시아와의 대화와 협력 기조를 유지하려고 했으며, 러시아와의 관계가 악화되는 것을 우려해 적극적인 대립보다는 협력적 접근을 선호했다. 이탈리아는 최근 러시아-우크라이나 전쟁 이후 NATO 확장을 더 강하게 지지하는 입장을 보이며, NATO 내에서의 협력 강화를 모색하고 있다.

3. 러시아의 입장

(1) 안보 위협 인식

러시아는 NATO가 점점 자국 국경에 가까워지면서, 러시아가 군사적으로 봉쇄될 위험이 커진다고 주장한다. 특히, 발트 3국(에스토니아, 라트비아, 리투아니아)과 폴란드, 루마니아 등이 NATO에 가입하면서 러시아는 서유럽뿐 아니라 동유럽에서도 NATO의 압박을 받는다고 보고 있다.

(2) 영향력 상실에 대한 반발

NATO가 구 소련권 국가들과 바르샤바 조약기구에 소속되었던 국가들까지 회원국으로 포함하면서 러시아는 동유럽에서의 영향력을 크게 상실하게 되었다. 러시아는 이 지역을 자국의 전통적 영향권으로 간주하며, 이들의 NATO 가입을 "러시아 주변부의 서방화"로 보고 경계하고 있다.

(3) 우크라이나와 조지아 문제

러시아는 우크라이나와 조지아의 NATO 가입 가능성에 대해 매우 민감하게 반응해 왔다. 러시아는 2008년 조지아와 전쟁을 통해 조지아의 NATO 가입을 저지하려 했으며, 2014년 우크라이나의 NATO 가입 논의에 대응해 크림반도를 병합했다. 2022년 우크라이나 침공 역시 NATO의 동진을 저지하고 우크라이나가 서방과 가까워지는 것을 막기 위한 조치로 분석된다.

(4) 유럽 안보 구조 재정립 요구

러시아는 NATO가 아닌 유럽 내 새로운 안보 구조를 통해 안보 문제를 해결할 것을 주장하고 있다. 유럽 안보 문제는 유럽 국가들끼리 해결해야 하며, NATO의 확장은 유럽과 러시아의 관계를 악화시킬 뿐이라고 보고 있다.

4. 중국의 입장

(1) 서방 주도의 안보 질서 경계

중국은 NATO가 미국의 주도하에 동유럽과 중앙유럽을 넘어 아시아 태평양 지역으로 영향력을 넓히려는 것을 경계하고 있다. 중국은 NATO 확장을 서방 중심의 군사동맹 확대로 보고, 이러한 흐름이 서방과 중국 간 대립 구도를 강화할 수 있다고 우려하고 있다.

(2) 러시아와의 전략적 협력 강화

중국은 NATO 팽창에 반대하는 입장에서 러시아와 전략적 협력 관계를 강화하고 있다. NATO의 확장이 러시아에 대한 압박으로 작용하는 상황에서, 중국은 러시아와 협력하여 다극적 세계 질서를 지향하는 입장을 보여 왔다. 특히, 2022년 러시아의 우크라이나 침공 이후, 중국은 러시아를 명시적으로 지원하지는 않지만, NATO의 확장에 반대하는 입장을 고수하고 있다.

(3) 중국 주변의 군사적 영향 확대 우려

NATO는 전통적으로 북대서양 지역을 중심으로 활동해 왔지만, 최근 아시아 태평양 지역과 협력 가능성을 모색하고 있다. 일본, 호주 등 아시아 태평양 국가들과의 협력 증대와 NATO 회의에 아시아 국가가 초청되는 사례는 중국에 군사적 압박으로 다가가고 있다. 중국은 이를 통해 서방이 자국 주변으로 군사적 영향력을 확대하고 있다고 보고, 이는 인도-태평양 전략과 맞물려 중국을 견제하려는 시도로 받아들이고 있다.

(4) 세계 다극화 지지

중국은 세계 다극화를 지지하며, 한 국가나 특정 군사 동맹이 지배하는 일극적 국제 질서에 반대하고 있다. NATO의 확장은 서방 주도의 단극 체제를 강화할 수 있다고 보고, 이를 견제하고 다양한 국가가 균형을 이루는 다극적 질서를 선호한다.

Ⅵ 한국과 NATO 관계

1. 현황

최근 한국과 NATO 간의 관계는 국제 안보 환경의 변화와 한국의 글로벌 파트너십 확대 전략에 따라 지속적으로 강화되고 있다. 2023년 7월 리투아니아 빌뉴스에서 열린 NATO 정상회의에서 윤석열 대통령은 NATO와의 협력을 제도화하기 위해 '개별 맞춤형 파트너십 프로그램(ITPP)'을 체결하였다. 이 프로그램을 통해 한국과 NATO는 사이버 방위, 대테러 협력, 신흥 기술 등 총 11개 분야에서의 협력 강화를 목표로 하고 있다. 이는 한국이 NATO와의 안보 협력 관계를 한층 더 심화하는 전환점이 되었다.

2. 한국과 NATO 관계 강화 요인

(1) 공유 가치

한국과 NATO는 민주주의, 인권, 법치주의 등 공통의 가치를 공유한다. 이러한 가치는 양측 협력의 기초가 되며, 한국이 NATO와의 관계를 강화하는 근거가 된다. NATO는 동맹국과 파트너국들이 민주주의와 인권 보호를 위한 협력을 지향하는 것을 원칙으로 하며, 한국 또한 이러한 가치에 기반한 국제 협력을 확대하고 있다.

(2) 안보 협력의 필요성

북한의 핵·미사일 위협과 러시아의 우크라이나 침공 등 국제 안보 환경이 악화되면서, 한국은 NATO와의 협력을 통해 안보 역량을 강화하고자 한다. 특히, 북한의 핵 개발은 한국과 NATO가 공유하는 안보 우려로, 한국은 NATO와의 정보 교환, 방어 협력 등을 통해 핵 위협에 대한 대응 능력을 강화할 수 있다. 또한, 러시아의 군사적 공격이 발생하면서 NATO는 동유럽뿐 아니라 아시아 국가와도 협력을 확대하고자 하며, 한국은 이러한 협력 확대 기조에 동참하고 있다.

(3) 글로벌 파트너십 확대

한국은 NATO의 글로벌 파트너로서 국제 평화와 안보에 기여하기 위해 협력을 강화하고 있다. 한국은 NATO와의 협력 강화를 통해 아시아 지역에서의 안보 역할을 확대하고, 유엔 평화유지활동(PKO) 등에서 NATO와 협력하는 것을 목표로 하고 있다. NATO와의 글로벌 협력은 한국이 세계 안보 문제에서 더 큰 기여를 할 수 있는 기회를 제공하며, 이는 한국의 외교적 위상을 높이는 데 기여할 수 있다.

3. 문제점

한국의 NATO와의 협력 강화는 중국과 러시아의 반발을 초래할 수 있다. 중국은 NATO의 동진과 아시아 지역 개입에 대해 민감하게 반응하며, NATO와의 관계가 강화될 경우 한국에 대한 외교적 압박을 강화할 가능성이 있다. 러시아 또한 한국의 NATO와의 협력을 서방과의 군사적 연계로 보고 우려를 표할 가능성이 크다. 이는 동북아에서의 긴장 증가로 이어질 수 있다.

4. 대응 방향

한국은 NATO와의 협력을 강화하되, 중국과 러시아와의 관계도 신중히 관리하여 외교적 균형을 유지해야 한다. 한국은 NATO와의 협력 강화를 통해 안보를 보장하면서도 중국과 러시아에 대한 외교적 메시지를 통해 갈등을 최소화하는 균형 잡힌 외교를 추구할 필요가 있다. 이는 경제적, 안보적 협력에 있어 다자주의를 지향하며 다양한 국가와의 협력관계를 유지하는 방향으로 추진할 수 있다.

제2절 ASEAN

I 개관

1. 연혁

1967년 8월 동남아 연합(ASA)을 발전적으로 해체하고 설립한 것이 ASEAN이다. 설립 당시의 가입국가는 필리핀·말레이시아·싱가포르·인도네시아·타이 등 5개국이었으나, 1984년의 브루나이에 이어 1995년 베트남이 정식으로 가입하고, 이후 라오스·미얀마·캄보디아가 가입하여 현재 10개국에 이르고 있다.

2. 목적

목적은 동남아시아 내의 경제, 사회, 문화발전의 촉진, 평화와 안전의 확보, 상호협력 및 협조 등이다.

3. 기관

조직은 회원국 수뇌들이 화합하는 정상회담, 회원국 외무장관으로 구성되는 각료회의, 주최국의 외무장관과 해당국 주재 회원국 대사로 구성되는 상임위원회, 전문위원회 그리고 각국의 국내 사무국 등으로 구성된다.

II 주요 협력 현황

1. 동남아 중립지대 및 비핵화 추진

1971년 11월 특별 외교장관회의시 베트남전 악화, 미중관계개선 등 안보환경 변화에 대응하여 비동맹·중립주의적 안보개념을 표방한 「동남아평화·자유 및 중립지대 선언」을 발표하였다. 이의 실현을 위해 1995년 12월 「동남아 비핵지대화 조약」을 체결하였다. 동 조약은 핵무기의 개발, 생산, 획득, 보유, 통제권 보유, 주둔, 수송, 실험 및 사용을 금지하고, 핵물질 및 핵폐기물 투기 및 처분을 금지하였다.

2. 동남아 우호 협력 조약 체결(1976년 2월)

제1차 ASEAN정상회의시 동남아 비핵지대 조약 실현의 수단으로 체약국 간 우호·협력의 증진 및 분쟁의 평화적 해결을 약속한 행동강령 성격의 조약이다. 1992년 UN 총회의 동 조약 지지 결의안 채택 등에 힘입어 국제적 지지 확보에 주력하면서 역외국들에게 동 조약 가입을 권유하고 있다. 동 조약은 각국의 독립, 주권, 평등, 영토보전을 약속하고, 분쟁 발생시 무력사용을 포기하고 협상을 통해 분쟁을 해결하며, 역외국들에게 ASEAN지역 안보협력 노력에 동참할 것을 촉구하고 있다.

3. 초국가적 범죄에 대한 공동 대응

동남아는 테러, 마약 밀매, 해적 등 초국가적 범죄에 취약한 지역이며, '제마 이슬라미야' 등 알카에다와 연계된 과격 이슬람세력들의 테러위협에 노출되어 있다. 1997년 12월 '초국가적 범죄 각료회의'를 신설하고, 2001년 11월 대테러 공동 행동계획을 채택하는 등 역내 협력을 강화하고 있다.

4. ASEAN 자유무역지대(AFTA) 창설

1992년 1월 제4차 정상회의에서 '경협 증진에 관한 기본협정'과 역내 관세를 5%로 낮추는 내용의 '공동유효 특혜관세 협정'을 체결하는 등 'ASEAN자유무역지대(AFTA)' 창설 추진에 합의하였다. 1999년 11월 제3차 비공식정상회의에서 태국, 인도네시아, 싱가포르, 말레이시아, 브루나이, 필리핀 등 ASEAN 선발 6개국은 2010년까지, 베트남, 라오스, 미얀마, 캄보디아 등 후발 4개국은 2015년까지 각각 관세를 철폐하기로 결정하였다. 이에 따라 2002년 1월 선발 6개국 간 관세 인하를 개시, 2006년 8월까지 0~5% 이하 관세 인하율이 99.77%에 이르는 등 사실상 AFTA가 출범하였다.

5. AFTA플러스 정책 추진

ASEAN은 자유무역대를 기반으로 경제통합 효과를 극대화하기 위해 'ASEAN투자지대'(AIA), 'e-ASEAN' 등을 포함하는 'AFTA플러스'정책을 추진하였다. 'e-ASEAN 구상'은 ASEAN을 하나로 묶는 종합적인 정보 인프라 구축 및 전자 상거래 개발 등을 목표로 하고 있으며, 2000년 11월 제4차 비공식 정상회의에서 'e-ASEAN 기본협정'에 조인하였다.

6. ASEAN통합 이니셔티브(IAI) 추진

2000년 11월 제4차 비공식 정상회의시 ASEAN 선·후발국 간 경제 격차 해소를 골자로 한 'ASEAN통합 이니셔티브'(IAI)를 추진하기로 합의하였다. 2009년 3월 제14차 정상회의에서 2009년~2015년 간 IAI 2단계 실행계획을 승인하였다.

7. 역외국과의 대화 협의체 확대

1978년 6월 ASEAN-일본 간 외교장관회의를 최초 개최하고 역외국들과의 정기 협의체제를 구축하기 시작하였다. 1997년 이래 한·중·일과 개별 정상회의를 개최하고 있으며, 미국 및 러시아와도 양자 정상회의를 개최하였다.

8. 아·태 다자안보 논의 주도

1994년 7월 방콕에서 'ASEAN 지역 포럼: ARF'를 발족시켰다. ARF는 역내 유일의 정부 간 다자안보 협의체이다. ARF는 아태 안보정세 및 국제 현안 등 관심사에 대한 의견 교환의 장을 제공함으로써 역내외 신뢰구축 증진에 기여하고 있다. 2009년 7월 제16차 외교장관회의시 2020년까지 ARF가 지향해 나갈 방향을 제시한 'ARF Vision Statement'가 채택되어 향후 ARF가 보다 행동 지향적인 지역안보 포럼으로 발전하는 데 있어서 초석을 마련하였다. 2010년 7월 제17차 ARF 외교장관회의에서는 'ARF Vision Statement'의 구체행동계획을 규정한 하노이행동계획(Hanoi Plan of Action)을 채택하였다.

Ⅲ ASEAN의 발전과정

1. 비정치 분야 중심 협력 조성 단계(창설 ~ 1970년대 중반)

창설초기에는 'ASEAN협력기금' 창설(1969년 12월) 등 비정치 분야를 중심으로 협력을 전개하였다. 1970년대 초반 닉슨 독트린, 미중관계 개선 등 지역안보 환경변화를 반영하여, 1971년 11월 「동남아 평화·자유 및 중립지대선언」을 채택하였다.

2. 정치 분야 포함 지역협력 강화단계(1970년대 후반 ~ 1980년대)

1976년 2월 제1차 ASEAN정상회의를 개최하여 정치·경제 각 분야에 있어서 회원국 간 역내 협력과 단결을 강조하는 'ASEAN 협력선언'을 채택하고, '동남아우호협력조약'을 체결하는 한편, ASEAN 사무국 설치 등을 통해 지역협력체로서의 발전 기반을 구축하였다. 경제면에서는 1977년 2월 'ASEAN공업프로젝트', 'ASEAN 특혜무역협정'(PTA) 체결 등 협력 기반을 확충하고, 대외적으로도 호주, 뉴질랜드, 캐나다, 일본, 미국 등 역외국과의 정기 대화관계를 수립하고 있다.

3. 지역공동체로서의 확대발전 추구(1990년대 이후)

냉전 종식, 우루과이 라운드 협상 등 국제정세 변화에 능동적으로 대응하기 위해 베트남 등을 추가 영입하고 1992년 1월 'ASEAN자유무역지대'(AFTA) 창설에 합의하였다. 1994년 7월 역내 유일의 다자안보 협의체인 'ARF' 창설을 통해 신뢰구축 및 지역평화를 추구하고 있다. 특히 1997년 7월 태국의 금융위기를 시발로 확산된 동남아 경제위기를 극복하기 위해 ASEAN 회원국 상호간 경제 통합 움직임을 가속화하고 있다. 1997년 제2차 비공식 ASEAN정상회의에서 신규회원 가입을 통한 ASEAN의 확대, 선발 회원국과 후발 회원국 간 개발격차 해소를 위한 노력을 표명한 'ASEAN Vision 2020'을 채택하였다.

> **참고** ASEAN Vision 2020
>
> 1997년 제2차 비공식정상회의에서 채택되었으며, 2020년까지 ASEAN의 장기 발전계획을 채택하며 4대 목표를 제시하였다. 4대 목표로는 ASEAN회원국 간 협력, ASEAN의 경제통합과 역동적 발전을 위한 파트너십 구축, 지역정체성 및 공동 역사·문화에 기초한 ASEAN 공동체 구현 및 대외지향적 ASEAN 실현이 있다. 한편, 하노이 행동계획(Hanoi Plan of Action)은 ASEAN Vision 2020 실천을 위한 1999 ~ 2004년간 경제협력, 무역·투자 자유화 및 지역안보 등에 관한 이행방안을 명시한 중기계획으로 1998년 제6차 정상회의에서 채택되었다.

4. 2015 ASEAN 공동체(ASEAN Community) 창설 추진(2000년대 이후)

(1) ASEAN 협력선언 [Ⅱ]

2003년 10월 제9차 정상회의시 2020년까지 정치·안보, 경제, 사회·문화 등 분야별 공동체 창설을 추진하기로 합의하고 '3개의 ASEAN 공동체' 형성을 목표로 하는 협력선언을 채택하였다. 3개의 공동체는 '정치·안보공동체', '경제공동체', '사회·문화공동체'이다.

(2) 비엔티엔 행동계획(Vientiane Action Program)

2004년 11월 제10차 정상회의에서 채택되었으며, ASEAN의 개발 격차 해소와 통합을 목적으로 한다.

(3) 세부 선언(Cebu Declaration)

2007년 1월 제12차 정상회의에서 채택되었으며, ASEAN 공동체 설립을 가속화하기 위한 것이다. 당초 2020년까지 달성을 목표로 하던 3개의 ASEAN 공동체 창설을 2015년까지 조기 추진하기로 하였다.

(4) ASEAN 헌장 발효

ASEAN의 체계화 및 제도화를 구현하여 지역기구로서의 ASEAN의 역할 강화를 주요 내용으로 한다. 2007년 11월 싱가포르 ASEAN 정상회의시 서명하고, 2008년 12월 15일 공식 발효하였다. ASEAN 헌장은 ASEAN에 법인격을 부여하고 인권기구를 설치하는 한편, 독립적인 분쟁해결기구를 도입하였다. 지역기구로서의 ASEAN의 역할 강화를 위해 매년 ASEAN 정상회의 2회개최와 사무국 조직 확대, 인도네시아에 주ASEAN 상주대표위원회 설치 및 상주대사를 파견하기로 하였다.

(5) ASEAN인권선언 채택

2012년 11월 제21차 ASEAN 정상회의에서 채택되었으며, 인권보호와 관련하여 ASEAN 국가들이 작성한 최초의 제도적 틀이다. 국가 차원의 행동 계획 수립, 지역별·기능별 협력의 틀이 최초로 마련되어 인권 보호 및 증진의 출발점이 되었다.

(6) 상주대표위원회 설치

ASEAN 내부의 운영방식이 ASEAN 상주대표위원회 중심으로 변경됨에 따라, ASEAN 회원국들은 ASEAN 헌장 발효와 함께 상주대사를 임명하였다. ASEAN 대표부는 ASEAN 사무국 소재지인 자카르타에 있다. 3개 ASEAN 공동체 이사회, ASEAN 분야별 장관급 협의체의 업무 지원 및 ASEAN 대화 상대국들과의 협력 활성화 역할을 수행한다.

(7) ASEAN 공동체를 위한 로드맵

2009년 3월 제14차 정상회의에서 'ASEAN 공동체를 향한 로드맵에 관한 후아힌 선언'이 채택되었다. 동 로드맵은 정치·안보 공동체 계획, 경제공동체 계획, 사회·문화공동체 계획 및 2단계 실행계획으로 구성되며, 비엔티엔 행동계획을 대체한다.

Ⅳ 한 - ASEAN관계

1. 정치·외교 분야 협력

한국은 ASEAN 10개국과 모두 수교하고 있다. 북한도 ASEAN과 모두 수교하고 있다. 정상회의, 외교장관회의를 정기적으로 개최하고 있다. 한국은 '동남아우호협력조약'에 서명하였고, '한 - ASEAN포괄적 동반자 관계에 관한 공동선언'을 발표하고 '한 - ASEAN FTA'도 체결하였다. 2012년 9월 주 ASEAN 대표부도 설립하여 양자 협력 관계를 발전시켜 나가고 있다.

2. 경제·통상 협력 분야

한 – ASEAN 교역량은 2012년 1310억 달러에 달한다. 한 – ASEAN은 FTA를 체결하기 위해 2004년부터 협상을 개시하였으며, 상품 분야는 2006년 타결, 2007년 6월 발효하였다. 서비스협정은 2007년 11월 서명, 2009년 5월 발효하였다. 투자협정은 2009년 6월 서명, 2009년 9월 발효하였다. FTA발효 후 양측 간 교역량이 약 2배 증가하였으며, ASEAN은 2010년 이래 한국의 제2대 교역상대지역을 유지하고 있다.

제3절 미국 및 중국의 동남아전략과 ASEAN의 선택

I 서론

중국의 부상은 세계정치경제 질서를 'G2' 또는 '차이메리카'시대로 변화시키고 있다. 이미 동남아시아지역에서 중국의 부상으로 인한 영향력 확대는 현실로 나타나고 있다. 이 지역에서 패권적 지위를 누리던 미국은 중국에 대해 억지정책을 추진하며 갈등하고 있다. 이들의 경쟁은 ASEAN 국가들에게는 양측으로부터 지원과 협력을 이끌어낼 수 있는 기회를 제공하는 한편, 동남아시아지역 질서에 불안정을 초래함으로써 국가안보와 경제발전에 장애가 될 수도 있다.

II 중국의 부상과 미·중 패권경쟁의 요인

1. 이념적 차원

미국의 대외정책 기저에는 '미국 예외주의'가 중국의 국가전략에는 '중화주의'가 작동하고 있다. 특히 조공관계의 역사는 중국의 동남아시아에 대한 패권을 당연하게 여기게 하였다. 이러한 자기중심적 가치체계는 양국의 경쟁을 심화시키게 된다.

2. 전략적 차원

동남아시아는 주변지대이론의 구체적 예시가 되며, 대륙세력인 중국과 해양세력인 미국이 만나는 지역이기도 하다. 중국의 입장에서 동남아시아지역은 미국의 압력에 대응하기 위한 유용한 파트너가 되기도 한다. 특히 중국의 에너지 수입의 65 ~ 75%가 말라카 해협을 통해 남중국해로 들어오기 때문에 이러한 해양수송로의 안전 확보는 중국의 사활적 이익이 되고 있다. 미국의 입장에서 동남아시아에서 기존의 절대적 영향력을 유지하는 동시에 중국의 세력 확대를 견제하기 위해 동남아시아 국가들과의 우호관계가 중요하다. 또한 테러와의 전쟁 수행을 위해 세계최대 이슬람 국가인 인도네시아를 비롯하여 말레이시아, 브루나이 등 이슬람 국가들의 협조도 필요하다.

3. 경제적 차원

동남아시아는 현재 약 6억 명의 인구를 지니고 있었으며 그동안 빠른 경제성장을 통해 시장으로서의 가치가 증대되었다. 2010년 발효한 중국-아세안 자유무역협정(CAFTA)으로 인해 아세안국가와 중국의 교역규모가 크게 증대되었다.

III 동남아시아에 있어서 미·중 패권경쟁의 양상과 실태

1. 하드파워 차원

(1) 군사력

중국은 '해양대국을 목표로 해군력 강화'에 역점을 두고 있다. 특히 미군의 오키나와 주둔은 중국을 자극시켜 중국이 북대함대에 치우친 잠수함 전력 분산과 남중국해에 대한 영향력 확대를 위해 하이난다오 남쪽 산야 지역에 첨단 잠수함 기지를 신설하도록 하였다. 중국은 또한 과거의 '연안방어전략'으로부터 '적극적 근해방어전략'으로 군사전략을 변화시켰으며, 이제는 '원해방어전략'을 발전시키고 있다. 이러한 중국의 해양대국화 전략은 미국에 도전으로 다가오고 있다.

한편, 미국의 전략은 도전국들의 패권추구를 억제하는 데 중점을 두고 있다. 중국의 해양대국화 전략에 대응하여 냉전 종식 이후 다소 느슨해진 동남아 국가들과의 군사협력관계를 다시 공고화하는 방안을 다각도로 모색하고 있다. 2005년 싱가포르와 '방위 및 안보협력 파트너십에 관한 전략적 기본 협정'을 체결하였다. 또한 필리핀과는 발리카탄 작전을, 태국과는 코브라골드 작전을 실시하였다. 특히 중국과 남중국해 문제로 대립하고 있는 베트남의 국방장관과 군사고문단을 초청하여 '전략대화'를 개최하기도 하였다. 많은 동남아국가들은 이처럼 중국에 대한 경계심에 편승하고 있다. 이러한 미국과 중국의 경쟁은 2001년 남중국해에서의 충돌 사건, 2009년 대치상황으로 이어졌다.

(2) 경제력

중국은 중화경제권의 남진정책을 추진해 왔다. 특히 1992년 설립된 '메콩강유역개발사업(GMS)'을 적극적으로 활용하고 있다. 특히 2005년 GMS정상회담에서 '쿤밍 선언'을 채택하고 국가 간 고속도로 개통을 명시하였다. 이로 인해 중국은 미국 영향력하의 말라카 해협을 거치지 않고 쿤밍시를 기점으로 인도차이나 반도를 통해 인도양으로 나가는 해로를 확보하게 되었다. 또한 중국은 1997년 동아시아 금융위기시 미국이 IMF방식을 고집하여 동남아시아 국가들의 불만을 산 데 반해, 위안화의 평가절하를 유보하고 태국과 인도네시아에 직접 대규모의 금융지원을 하였으며, 역내 최빈국인 라오스, 캄보디아, 미얀마에는 부채탕감을 해주는 등 적극적인 지원을 하였다. 또한 2010년 CAFTA가 발효됨으로써 중국과 아세안의 경제협력은 더욱 심화되고 있다. 나아가 중국은 '대외무역 위안화 결제 관리방법'을 발표하여 중국 5개 도시와 아세안 간의 대외무역에 있어 위안화 결제제도를 시범 실시하기로 발표하였다. 이는 위안화를 기축통화화 하는 동시에 동남아시아지역을 포함하는 '위안화경제권'을 형성하기 위한 전략의 일환으로 볼 수 있지만, 아세안으로서도 달러화 부족으로 인한 외환위기 가능성을 줄이는 것이기도 하다.

한편, 미국은 2002년 부시 대통령이 APEC정상회의에서 아세안 측에 '아세안 행동계획(EAI)'을 제안하였고 이를 계기로 동남아시아 국가들과 FTA를 추진하기 시작하였다. 이에 싱가포르와 FTA를 체결하였고 필리핀, 인도네시아, 태국과는 무역통상기본협정(TIFA)을 체결하였다. 또한 2008년 '환태평양동반자협정(TPP)' 참여를 위한 협상을 시작하였다. 그리고 인도차이나 국가들에 대한 접근을 위해 2009년 '메콩강유역이니셔티브(LMI)'를 발표하기도 하였다.

2. 소프트파워 차원

(1) 중국

중국은 소프트파워 전략을 통해 낡은 사회주의 국가 이미지를 청산하고 역동적으로 발전하는 국가이자 찬란한 문화유산을 가진 대국으로서의 새로운 이미지를 창출하고자 하고 있다. 이에 2003년 태국에 '시린돈 중국언어문화센터'를 설치하여 자국의 문화를 소개하고 있으며, 중산층 신분의 중국 관광객들이 동남아 지역을 여행하면서 부유한 중국의 이미지를 심어주고자 한다. 무엇보다도 중국은 아세안이 주도하고 있는 다자협의체에 적극적으로 참여하여 아세안 국가들과 유대관계를 강화시키고 있다. 1994년 중국은 ARF의 창립과 동시에 다자안보대화에 참여하였고 1997년에는 남중국해 문제를 ARF의 의제로 상정하는 데 동의하였으며 나아가 2002년에는 '남중국해 행동지침 선언'에 참석하여 중국의 영토적 야욕에 대한 동남아시아 국가들의 우려를 완화시켰다. 또한 역외국가로는 처음으로 동남아우호협력조약(TAC)에 가입하여 아세안 국가들과 우호관계를 구축하였다. 이러한 중국의 전략은 중국의 평화발전론을 전파하고 동남아시아 국가들과의 영토분쟁 문제를 위한 다자협의체에 참여함으로써 중국위협론을 불식시키고 지역 리더로의 이미지를 제고시키려는 의도가 담겨 있다.

(2) 미국

미국은 9·11테러 이후 대테러 전쟁에 몰두하면서 동남아시아에 대한 정책을 소홀이 하였고 그 결과 중국의 영향력이 확대되었다. 오바마 행정부는 동남아시아를 되찾기 위해 적극적인 정책을 펼치고 있다. 미국은 먼저 그동안 보류하던 TAC에 대한 서명을 2009년 ARF회의를 통해 실행하였고, 공식적으로 EAS의 참여를 신청하였다. 개별적 차원에서는 반중정서가 강한 인도네시아, 베트남, 싱가포르 등을 겨냥하고 있다. 특히 이슬람 국가인 인도네시아는 대테러 전쟁 수행에 협조가 필요할 뿐 아니라 화인(華人)의 영향력이 낮고 반중정서가 높다. 이에 오바마 정권은 2010년 인도네시아와 '포괄적 동반자 관계'로의 격상을 선포하였다. 싱가포르는 도시국가로서 국가적 취약성이 크고 중국의 세력 확대에 대한 우려가 크다는 점에서 미국의 적극적인 협력공세의 대상이 되고 있다.

(3) 미중의 남중국해 외교전

미국과 중국의 외교전은 남중국해를 둘러싸고 충돌하고 있다. 중국은 2010년 '남중국해가 자신의 주권 및 영토보전과 관련된 핵심이해 사안'이라는 사실을 미국에 통보하였고 미국의 힐러리 클린턴 장관은 2010년 하노이에서 열린 ARF에서 '이는 미국의 이해와 직결된 중요한 외교적 사안'이라며 중국의 주장에 반박하였다. 외교전은 동아시아 지역통합을 둘러싼 영향력 확대에서도 나타나고 있다. 중국은 이미 1990년 제안된 동아시아경제협의체(EAEC)에 일관된 지지입장을 표명하였으며, APT과정에서 아세안의 중심성을 지지하였고, '동아시아공동체'의 제도화를 가속화하고 있다. 이에 미국은 중국을 견제하기 위하여 일본 및 아세안 일부 국가들과 협력하여 참여국 확대를 주장하였으며, 그 결과 EAS회의에 호주, 뉴질랜드, 인도 등이 참여하게 되었다.

Ⅳ 미·중 패권경쟁에 대한 아세안의 인식과 선택

아세안 국가들은 중국의 중화정책, 남중국해에서의 영유권 분쟁으로 인해 중국을 완전히 신뢰하지 못하고 있다. 아세안 국가들은 중국의 부상이 가져다주는 경제적 부를 얻기 위해 중국과 협력하는 한편 중국의 군사적 부상이 초래하게 될 위험에 대처하기 위해 미국과 안보협력을 모색하고 있다. 그렇다고 미국을 완전히 신뢰하는 것도 아니다. 1997년 금융위기시 미국의 역할, 동티모르 위기에서 미국의 소극적 태도, 대테러전 수행에 따른 이슬람 국가들의 반미정서 때문이다. 이와 같이 두 강대국 중 어느 하나에 편승하기 어려운 상황에서 아세안의 전략은 미국과 중국에 대한 '헤징'과 '균형'이다.

제4절 아시아태평양경제협력체(APEC)

Ⅰ 개관

1. 연혁

아시아태평양경제협력체(APEC: Asia-Pacific Economic Cooperation)는 아시아 및 태평양 연안 국가들의 원활한 정책대화와 협의를 목적으로 1989년 설립된 경제협력체이다. APEC은 2003년 기준으로 전세계 인구의 약 44.8%, GDP의 약 57%, 교역량의 약 46%를 점하는 성장잠재력이 크고 역동적인 국가들이 소재하고 있는 지역 간 경제협력체이다. 이러한 잠재성에도 불구하고 ① 국가주도의 경제개발로 지역통합의 필요성이 상대적으로 적은 점, ② 인종, 종교, 문화적 차이 및 역사적 갈등이 존재하는 점, ③ 대일수입의존도와 대미수출의존도의 심화라는 기형적인 경제구조를 지닌 점 등이 지역경제통합의 장애로 작용하여 왔다.

그러나 1980년대 우루과이 라운드 협상이 난관에 부딪치고 EU나 NAFTA 등과 같은 지역경제통합이 가속화되면서 이 지역에서도 경제통합의 논의가 시작되었으며, 1989년 APEC이 공식 출범하게 되었다. APEC의 논의주제는 출범 초기 무역자유화와 경제 개발을 위한 협력 등 경제 및 통상 분야에 집중되었으나 최근에는 점차 경제 및 통상 분야를 포함한 사회 개발 분야로까지 확대되고 있다.

2. 목표

APEC은 회원국 간 경제, 사회, 문화적 이질성을 극복하여 역내 경제성장에 기여하고, 궁극적으로 경제공동체를 형성하기 위해 설립되었다. 이러한 경제공동체를 형성하기 위해 역내의 무역·투자 자유화 로드맵을 작성하여 선진국은 2010년까지, 개도국은 2020년까지 자유화를 달성하려는 목표를 지니고 있었다(보고르 선언).

3. 회원국

1989년 총 12개국으로 출범한 APEC은 현재 한국을 비롯하여 오스트레일리아, 브루나이, 캐나다, 칠레, 중국, 홍콩, 인도네시아, 일본, 말레이시아, 멕시코, 뉴질랜드, 파푸아뉴기니, 페루, 필리핀, 러시아, 싱가포르, 대만, 태국, 미국, 베트남 등 총 21개의 회원국을 가진다. APEC은 신규회원국에 대해서도 가입을 인정한다. 가입요건으로는 아시아·태평양 지역에 위치, APEC 회원국들과 실질적이고 광범위한 경제·통상 관계 유지, 대외지향적·시장지향적 경제정책 추구, 각종 APEC선언, 특히 정상회의 선언의 기본 목적과 원칙 수용 등이다.

4. 조직

APEC은 느슨한 포럼형식의 협의체이기 때문에 정상회의, 각료회의 및 고위관리회의 등 독특한 협의체계를 구축하고 있다. 그 밖에 기업인자문위원회 및 각종 산하 위원회, 실무그룹과 특별그룹 등이 존재한다.

II 특징

1. 개방적 지역주의

개방적 지역주의(open regionalism)를 추구한다. 개방적 지역주의란 지역공동체를 추구하되 역내뿐만 아니라 역외권에 대해서도 무역장벽 제거·완화의 혜택 부여를 추구하는 지역협력을 의미한다. APEC은 개방적 지역주의를 위해 WTO하에서 범세계적 자유화 추진, 가능한 한 최대 범위 내에서 일방적 자유화 추진, APEC 비회원국에 대한 무역·투자 장벽 추가 해소, 비회원국들을 대상으로 APEC무역자유화의 조건부 수용 또는 무조건 적용 등을 추구하고 있다.

2. 자발적 및 비구속적 성격의 합의사항 이행

회원국의 자발적 의사에 기초한 협력을 추구한다. 전체 회원국의 합의(consensus)에 의해 의사를 결정한다. 합의사항은 기본적으로 비구속적이나, 정상 합의사항의 경우는 대다수 회원국들이 정치적 약속(political commitment) 차원에서 접근한다.

3. 관료주의화의 배격과 점진적 제도화 추진

회원국 주도하에 각종 회의체가 운영되며, APEC 사무국의 기능과 역할은 제한적이다. 2010년 APEC 개혁의 일환으로 전문직 사무국장을 선발하였다. 출범 이후 협력 대상 분야를 점진적으로 확대 발전시키며 제도화를 추구한다.

4. Retreat 형태의 비공식 회의 방식 채택

정상회의시 격식 없는 Retreat(비공식 회의) 방식을 통해 지도자들 간 자유롭고 진솔한 논의 기회를 제공한다. 특히 정상회의가 지도자들 간 인간적 유대관계의 구축의 계기가 됨으로써, 아·태지역의 경제·안보협력 증진을 위한 정책 공조의 장으로서 역할을 하고 있다.

5. 역내 민간부문의 참여 메카니즘 확보

'APEC means business'라고 할 정도로 APEC의 활동의 초점을 기업활동 촉진에 부여하고 있다. 정상들과 APEC 기업인자문위원회와의 대화, 최고경영자회의에서의 교류 및 태평양경제협력위원회, 태평양경제협의회 등 지역 차원의 민간기구와의 협력을 추구한다. 또한 업계 대표가 직접 참여하는 민·관 협의체를 운영한다.

Ⅲ APEC의 중점 활동 분야

1. APEC의 양대 축

첫째, 무역·투자 자유화 및 원활화와 둘째, 경제기술협력이다.

2. 무역·투자 자유화

APEC은 1989년 창설 이래 지속적으로 역내 무역·투자 자유화를 추진하고 있다. 1994년 보고르 목표를 설정하였다. 보고르 목표는 선진국은 2010년까지, 개도국 회원국은 2020년까지 무역·투자 자유화를 달성한다는 목표를 말한다. 2010년 13개 회원국들이 보고르 목표 이행평가에 참여하였다. 현재 APEC은 아태자유무역지대(FTAAP)를 추진하고 있다. 이는 2004년 APEC 기업인 자문 위원회가 제안하였으며, 2006년 하노이 정상회의에서 미국의 제안에 따라 APEC의 장기 비전으로 FTAAP 창설 방안에 대한 논의를 시작하였다. 우리나라는 2008년 이래 계속해서 FTAAP 창설 방안 모색을 위한 사업을 주도하고 있다.

3. 무역·투자 원활화

관세 인하로 국경에서의 무역·투자 자유화가 어느 정도 성과를 거두었다는 평가에 따라 최근 규제개혁, 거래비용 감축, 교역정보에 대한 접근 확대 등 역내 비즈니스 환경 개선이 주요 과제로 대두되고 있다. 2009년 APEC 의장국 싱가포르는 창업 등 5개 규제해결 우선순위 분야를 선정하여 비즈니스 환경 개선을 추진하였다. 우선 개혁 대상으로는 계약분쟁, 창업, 신용요건, 허가취득 및 교역 등 5개 분야가 선정되었다. 우리나라는 '계약분쟁' 주도국으로 참여하고 있다. 2001년 '상해 합의'에서는 2006년까지 거래비용 5% 감축, 2010년까지 5% 추가감축 목표가 제시되었다.

4. 경제기술협력

회원국 간 경제력 격차 감소, 역내 지속 가능한 발전의 균형적 추구, 개발도상국 회원국의 무역·투자 자유화 및 원활화의 이행 역량 강화를 위해 경제 기술협력을 지속적으로 확대하고 있다. 1996년 경제기술협력의 중점추진 분야로 인적 자원 개발, 안전하고 효율적인 자본시장 육성, 경제 인프라 강화, 미래를 위한 기술 활용, 환경 친화적 성장, 중소기업 육성 등 6개 분야를 선정하였다. 우리나라는 개발도상 회원국의 역량강화를 지원하기 위한 기금인 'APEC 지원기금'에 2007~2009년간 200만 달러를 출연하기도 하였다.

5. 인간안보 및 여타 분야 협력 증진

2001년 9·11테러 이후 테러, 보건, 재난 대응 등 비경제 분야로 APEC의 활동범위가 확대되어 왔으며, 기후변화에 따른 자연재해 급증으로 인하여 재난 대응 협력 방안 및 식량 안보가 부각되었다. 2013년에는 '형평과 지속가능한 성장' 의제 내에서 해양, 여성, 중소기업 의제가 심도 있게 다루어졌다. 2001년 '대테러 정상성명'을 채택하고, 2003년 대테러대책반을 설치하였다. 2003년 조류독감 확산 이후 보건대책반을 설치하였으며, 2004년 인도양 쓰나미 참사를 계기로 긴급사태대책반을 설치하였다. 2010년에는 일본에서 제1차 APEC 식량안보 장관 회의를 개최하였다. 2013년 9월에는 인도네시아 발리에서 제1차 여성과 중소기업 합동 각료회의를 개최하기도 하였다.

Ⅳ 주요 성과

1. WTO 출범을 비롯한 다자 무역체제 강화에 기여

UR협상이 당초 목표 시한인 1990년 말까지 타결되지 못하고 난항을 겪던 시기에 APEC 회의가 정상회의로 격상(1993년 11월, 시애틀)되어 UR의 조기 타결을 촉구함으로써 UR협상 타결(1994년 4월)에 기여하였다. 2003년 칸쿤 WTO각료회의 실패 이후 DDA협상이 사실상 모멘텀 상실 위기에 직면한 상황에서 2003년 10월 방콕 APEC정상회의는 DDA 협상 재개에 기여하였다. 2010년 요코하마 APEC합동각료회의에서는 DDA협상의 조속한 타결을 촉구하는 "특별성명"을 채택하고, "신규 보호조치의 도입 동결(standstill)"을 2013년까지 재연장하기로 합의하였다. 2013년 수라바야 APEC 통상장관회의에서는 종래 보호주의 조치 도입을 2015년까지 동결키로 한 것을 2016년까지 연장하는 데 합의하고, WTO DDA협상 진전과 제9차 WTO각료회의의 성공을 촉구하는 내용의 별도 성명서를 발표하였다.

2. 자발적 무역자유화 추진

1994년 보고르 정상회의에서 무역·투자 자유화 목표(선진국 2010, 개도국 2020)를 설정한 데 이어 1995년 개별 실행계획 및 공동 실행계획 등을 마련하였다. 2010년 보고르 목표 이행평가서의 작성 및 채택이 있었다. 2012년 제3차 무역투자위원회에서 회원국들은 보고르 목표 이행방식 간소화 노력의 일환으로 보고르 목표 이행 현황을 한눈에 파악할 수 있도록 1페이지로 정리한 일람표(Dashboard) 구성에 합의하였다.

3. 역내 비즈니스 여건 개선

통관절차, 표준적합, 전자상거래 등 분야에서 비즈니스 원활화를 통하여 무역·투자 자유화 구현에 실질적으로 기여하였다. 2002년 로스까보스 정상회의에서 무역원활화

행동계획을 승인한 데 이어 2007년 시드니 정상회의에서는 2010년까지 역내 거래비용 5% 추가 감축을 위한 제2단계 무역원활화 행동계획을 승인하였으며, 2011년 평가서에 따르면 거래비용을 5% 감축한 것으로 평가되었다. 한편 1995년 오사카 정상회의에서 비구속적 투자원칙(Non-binding Investment Principles)에 합의한 데 이어 2008년 6월 아레키파 통상장관회의에서 투자원활화 행동계획을 채택함으로써 역내 투자환경의 투명성, 개방성 제고에 기여하였다.

4. 역내 국가 간 통상 마찰 해소 기여

미국의 일방적 통상조치가 APEC 정상회의 출범 이후 크게 완화되는 등 APEC 계기 당사국 간 접촉 및 협의 기회 증대가 통상마찰 방지에 부분적으로 기여하고 있다.

5. 실질적인 민관협력 추진

역내 무역투자자유화와 원활화의 실질적인 수혜자가 기업인이라는 인식에 기초하여 1993년 태평양경제인 포럼(PBF: Pacific Business Forum)과 1995년 APEC 기업인 자문위원회(ABAC: APEC Business Advisory Council)를 설립하였다. ABAC는 회원국별 3명의 기업인으로 구성되며, 각국은 ABAC 위원 선임에 있어서 대기업과 중소기업을 균형적으로 안배하도록 하였다. 그 밖에 산업대화, 정책파트너십 등 민·관 협의체를 운영하고 있다.

6. 역내 식량안보 구축을 위한 국제협력 강화

2008년 식량가격 급등 이후 시장기반적 접근을 통해 식량안보 위협에 대응하기 위한 국제협력 강화에 기여하였다. 2008년 리마 정상회의는 식량가격 불안정 문제에 대한 우려를 표명하고, DDA협상 타결을 통해 세계 농산물 교역의 시장왜곡 조치 축소와 농산물의 시장접근 개선을 위해 노력하도록 하였다. 2010년 제1차 APEC 식량안보장관회의를 개최하여 '니가타 액션 플랜'을 채택하였다. 2011년 식량안보 고위급 대화를 미국 몬태나에서 개최하였다. 2012년 제2차 식량안보장관회의에서는 '카잔 선언문'을 채택하였다. 동 선언문에서는 무역 촉진과 식량시장 개발, 식품 안전과 품질 제고, 사회적 취약계층을 위한 식량 접근성 강화, 지속 가능한 해양 생태계 관리 및 불법 어업 퇴치 등 5개 항목에 관한 협력방안을 제시하고 2010년 채택된 니가타 액션플랜의 지속적 이행을 결의하였다.

7. 해양 관련 의제 논의를 통해 국제협력 강화

2012년 해양 관련 의제를 총체적으로 아우르는 '블루 이코노미' 컨셉이 등장하여 해양수산업실무그룹이 2012년 5월 카잔에서 첫 회의를 개최함으로써 해양 의제를 본격 논의하고 있다. 2013년 인도네시아는 해양의 주의제화 이니셔티브(Mainstreaming Ocean Related Issues)를 제안하여 실무그룹을 통한 구체적인 이행방안 마련을 촉구하였다.

8. 여성과 경제 논의를 통한 형평적 성장에 기여

2010년 APEC정상회의에서 채택된 '신성장전략'은 포용적 성장(inclusive growth)을 위한 여성의 경제적 기회창출 필요성을 지적하였다. 2013년 발리에서는 형평과 지속가능한 성장 달성을 위한 여성 중소기업 합동 장관회의를 개최하였다.

V 주요국의 대APEC 전략

1. 한국

첫째, 세계 최대 경제권인 아태지역과의 협력을 강화한다. FTA선도국으로서 아태자유무역지대(FTAAP: Free Trade Area of Asia Pacific) 창설 노력을 주도한다. 둘째, 다자간 무역체제의 불안정성 및 지역주의 추세에 따른 국제 경제·통상 환경의 불확실성에 대비한다. 셋째, 정상외교를 통해 한반도 평화 정착을 모색한다.

2. 미국

1989년 APEC 창설 초기에는 자국을 배제한 아시아 경제협력체 출범을 방지한다는 차원에서 소극적으로 참여하였으나, 1993년 시애틀 정상회담을 계기로 APEC프로세스 활성화에 견인차 역할을 하고 있다. 동아시아 지역의 시장잠재력을 높이 평가하고, 이들 국가의 시장 개방을 위한 APEC의 역할을 기대하면서 환태평양파트너십(TPP: Trans-Pacific Partnership) 추진을 통해 중국의 영향력을 견제하고자 한다. 2001년 9·11테러 이후 APEC에서 대테러 국제공조를 모색하고 있다.

3. 일본

APEC을 아태지역 내 미국의 안보·경제적 역할을 위한 연결고리로 활용하여 아태지역 내 안정을 모색하고 있다. 중국 및 ASEAN 등 역내 국가에 대한 일본 기업의 시장접근을 확대하고자 한다. 2013년 3월 환태평양파트너십(TPP)협상 참여를 공식 선언하고, 4월 수라바야 APEC 통상장관회의를 계기로 하여 전체 TPP협상 참여국의 지지를 확보하고자 한다.

4. 중국

역내 경제·통상 분야에 대한 대화와 협력의 창구로서 APEC의 역할을 기대한다. APEC의 제도화에는 소극적이며, 느슨한 형태의 협의체를 지향한다. 또한 안보공동체화하는 것에는 유보적 입장이다. 중국은 APEC프로세스보다는 'ASEAN+3' 등 동아시아 지역협력에 상대적으로 큰 비중을 두고 있다. 미국, 일본, 호주, 캐나다, 뉴질랜드 등 선진국 그룹의 시장접근 확대 요구에 대응하여, APEC의 자발성, 비구속성 원칙을 들어 구속적인 시장 접근 확대 의무 부과보다는 역량강화, 경험공유, 기술 확산 등을 주장한다.

5. ASEAN

APEC프로세스에 적극 참여하고 있으나, 강력한 APEC 출현에 따른 ASEAN 약화를 우려한다. APEC 역내 무역자유화 또는 금융협력보다는 개발도상 회원국의 역량 강화를 골자로 하는 경제·기술협력 프로세스에 역점을 두고 있다. 1997년 아시아 금융

위기 당시 APEC이 효과적인 수습방안을 제시하지 못하였다는 이유를 들어 'ASEAN+3'프로세스 가속화에 중점을 두었다. 미국 등 선진국 그룹의 시장 접근 확대 요구에 대응하여 중국과 공조하여 APEC을 통한 개도국의 역량 강화 및 경험 공유 등을 주장하고 있다.

6. 호주

1989년 APEC의 창설 주역으로서 미국을 APEC에 묶어둠으로써 미국 주도의 배타적 경제블록 대두 가능성을 방지하고, 아태지역의 안정적 발전을 지향한다. APEC을 대동아시아 외교의 연결고리로 활용하는 동시에 자국 농산물의 역내시장 진출 확대를 모색한다. 2012년 환경상품 자유화 논의 주도국으로 참여하여 미국, 일본, 캐나다, 뉴질랜드 등 선진국 그룹과 공조하여 역내 환경상품 시장 접근 확대를 모색한다.

7. 러시아

APEC을 통해 아태지역 외교의 행동반경 확대를 모색하며, 나아가 러시아의 WTO 가입을 위한 교두보로 활용하였다(2011년 WTO 가입). 실무차원의 협력보다는 정상회의, 각료회의 등 고위급 채널에 치중하고 있으며, 미국이 APEC프로세스를 주도하는 것이 불가피하다고 인식하나, 선택적으로 중국, ASEAN과의 공조에 역점을 둔다. 2012년 APEC 정상회의 의장국으로서 에너지 자원 개발, 농업 생산 및 수출 확대 등 극동 러시아 개발과 관련한 사업 추진 및 외자 유치에 역점을 두었다.

Ⅵ 한국과 APEC

APEC은 2004년 6월 기준으로 우리나라 총 교역의 70.4%를 차지하고 있다. 그리고 APEC 국가들에 의한 대한국 투자는 전체 투자의 63.3%를 차지하고 있으며, 우리나라의 APEC에 대한 투자는 69.6%에 달한다. 우리나라는 APEC이 출범할 당시에 호주와 함께 창설을 주도했으며, 출범된 후에도 APEC의 활동에 주도적으로 참여해 왔다.

제5절 경제협력개발기구(OECD)

Ⅰ 개관

경제협력개발기구(Organisation for Economic Cooperation and Development)는 1961년 9월 30일에 설립되었으며, 설립목적은 회원국의 경제성장과 금융안정을 촉진하고 세계경제 발전과 세계 각국의 건전한 경제성장, 다자주의와 무차별원칙에 입각한 세계무역의 확대에 기여하는 것이다.

Ⅱ 회원국

현재 OECD 회원국은 총 37개국으로 다음과 같다.

그리스, 네덜란드, 노르웨이, 뉴질랜드, 덴마크, 독일, 룩셈부르크, 미국, 멕시코, 벨기에, 스웨덴, 스위스, 스페인, 슬로바키아, 슬로베니아, 아일랜드, 아이슬란드, 에스토니아, 영국, 오스트리아, 이스라엘, 이탈리아, 일본, 체코, 칠레, 캐나다, 터키, 포르투갈, 폴란드, 프랑스, 핀란드, 한국(1996년 12월 가입), 헝가리, 호주, 라트비아(2016년), 리투아니아(2018년 7월), 콜롬비아(2020년 4월)

Ⅲ 설립 배경 및 연혁

1. OEEC 설립(1948년 4월)

제2차 세계대전 이후 미국은 공산진영과의 대결구도하에서 유럽 경제부흥의 중요성을 인식하여 서유럽국가에 대해 마샬플랜에 의한 원조를 실시하고자 하였다. 이에 1948년에 원조를 효율적으로 활용하기 위해 유럽경제협력기구(Organization for European Economic Co-operation, OEEC)를 설립하였다. 소재지는 프랑스 파리였으며, 16개 서유럽국가들로 구성(독일과 스페인이 추후 가입)되었다. OEEC는 생산의 증가, 생산설비의 현대화, 무역의 자유화, 화폐의 태환성, 그리고 화폐가치 안정을 공동의 과제로 삼아 경제적 측면에서의 집단안보체제 기능을 수행하였다. 군사적 측면의 집단안보체제 기능을 수행하는 북대서양조약기구(NATO)와 상호보완관계를 유지함으로써 대서양 동맹(Atlantic Alliance)의 양대 지주를 형성하였다.

2. OECD 설립(1961년 9월)

OEEC 설립 이래 미국과 유럽 간의 협조 여건이 변화하게 됨으로써 OEEC 개편의 필요성이 대두되었다. 전후 경제회복 기간 동안 유럽의 달러 부족 현상이 극복되고, 1958년 대부분 유럽국가의 통화가 태환성을 회복함으로써, 유럽 내 지역적인 무역자유화 촉진만을 규정한 OEEC 규정의 개선이 필요하였다. 전후 자유세계에 대한 원조를 단독으로 수행해 오던 미국의 국제수지적자가 1950년대 후반 급증하게 되고, 서유럽국가들도 후진국 원조에 참여할 필요성이 증대됨으로써 피원조기구로 출발한 OEEC의 성격 변화가 불가피했다. 또한, EEC
(1958년)와 EFTA(1960년)의 발족으로 이들 그룹을 포괄하는 복합적 기능의 경제협력체 수립 필요성이 제기되고, 서유럽과 북미에 속하지 않는 새로운 국가들의 가입도 허용하는 보다 개방적인 형태로의 OEEC 개편 필요성이 증대하기도 하였다. 이에 따라 1960년 12월 18개 OEEC 회원국 및 미국, 캐나다 등 총 20개국이 OECD의 창설 회원국으로서 OECD 설립협정에 서명(1961년 9월 협정문 발효)하였다.

3. OECD의 발전

1964년 ~ 1973년간 일본(1964년), 핀란드(1969년), 호주(1971년) 및 뉴질랜드(1973년)가 추가 가입하였다. 1989년 이후 비선진국권으로 협력관계가 확대되면서 아시아·중남미 중진국 및 구공산권의 전환기 경제들과의 정책대화를 내용으로 하는 각종 비회원국 협력사업(outreach programme)을 실시하였다. 한편, 1994년 이후 신흥공업국 영입 및 동구 체제전환국의 시장경제 편입을 지원하기 위해 멕시코(1994년 5월), 체코(1995년 12월), 헝가리(1996년 5월), 폴란드(1996년 11월), 한국(1996년 12월) 및 슬로바키아 공화국(2000년 12월) 등 6개 국가가 신규 가입하였으며, 이후 칠레(2010년 5월), 슬로베니아(2010년 7월), 이스라엘(2010년 9월), 에스토니아(2010년 12월), 라트비아(2016년 7월), 리투아니아(2018년 7월), 콜롬비아(2020년 4월)가 가입했다. 현재 OECD 회원국은 37개국이다.

Ⅳ 목적 및 역할

OECD의 목적은 상호 정책조정 및 정책협력을 통해 회원국의 경제사회발전을 공동으로 모색하고 나아가 세계경제 문제에 공동으로 대처하는 것이다. OECD협약 제1조에서는 회원국의 경제 성장과 금융 안정을 촉진하고 세계경제 발전에 기여, 세계 각국의 건전한 경제성장에 기여, 다자주의와 무차별주의에 입각한 세계무역의 확대에 기여하는 것을 목적으로 규정하고 있다.

Ⅴ 의사결정 과정과 방식

37개 회원국 정부들이 의사결정주체로서 전원합의(consensus)에 의하며, 최종 의사결정체인 이사회는 산하 위원회들로부터의 건의 및 그에 대한 심사에 입각하여 결정한다. 2006년 OECD 거버넌스 개혁(2006년 6월 1일부터 시행)을 통해 의사결정 대상이 되는 OECD 이슈를 4가지 범주로 구분하여 각기 다른 의사결정방식(컨센서스, 가중다수결 등)을 적용하기로 하였다. 개별 회원국 정부의 의사에 반하는 결정이 있을 수 없으나, 명분이 없는 입장은 동료압력(peer pressure)으로 인해 분위기상 유지하기가 곤란하다. 사무국은 이사회 및 위원회에 대한 집행부서이자 하부구조나 전문적 분석과 각종 문서의 작성 및 회원국 간 중개자역할을 통해 큰 영향력을 행사한다.

Ⅵ 회원국의 의무

OECD 가입을 위한 기본 자격요건은 다원적 민주주의 국가(pluralistic democracy)로서 시장경제체제(market economy)를 보유하고 인권을 존중하는(respect for human rights) 국가여야 한다. 회원국의 의무는 크게 일반적 의무, 권고적 의무, 자유화 의무로 대별된다. 첫째, 일반적 의무에는 OECD 설립 목적의 지지, OECD의 제 규범의 원칙적 수락, 예산의 분담이 있다. 둘째, 권고적 의무에는 GATT 제11조국 및 IMF 제8조국으로의 이행이 있다. 또한, 개도국에 대한 일정 수준 이상의 원조 제공도 포함된다. 회원국은 GNP의 0.7% 이상의 개발원조 제공의무가 있으나 법적 강제성은 없고 권고적 효력만 지닌다. 셋째, 자유화 의무에는 국가 간 서비스 및 자본거래의 자유화 의무를 규정하고 있는 '경상무역외거래 자유화 규약' 및 '자본이동자유화 규약'(소위 양대자유화 규약)을 준수해야 하는 의무가 발생한다. 다만 가입국의 경제여건에 따라 일부 규약의 유보 또는 면제가 가능하다.

Ⅶ 주요 조직

1. 이사회(Council)

최고의사결정기구로, 각료급 이사회는 연 1회 개최한다. 세계경제의 주요 동향 진단과 OECD 회원국들의 정책적 대응과제 및 비전을 제시한다. OECD 회원국 상주대사가 참석하는 상주대표이사회는 각료이사회 위임사항 추진 및 각 위원회 활동, 사무국의 운영에 대한 감독을 담당한다.

2. 사무국

사무총장과 사무차장 4인이 사무국을 지휘한다. 총 14개국(Directorate)이 이사회 및 각종 위원회를 지원한다.

Ⅷ 분야별 주요 논의 이슈

1. 경제성장과 안정

OECD는 회원국 경제의 성장 및 안정을 위하여 각 회원국들의 경제동향을 파악하고 세계경제에 대한 전망을 제시한다. 회원국들의 장기적 지속 가능한 발전을 도모하기 위하여 바람직한 경제정책 방향을 권고한다.

2. 국제무역

OECD 무역위원회는 다자간 무역체제를 기초로 하는 무역자유화를 증진하기 위하여 주요 통상이슈에 대한 분석작업을 통하여 각국 무역정책 수립에 기여한다. 무역활동에 관련되는 조직은 무역위원회 산하 작업반, 무역·환경, 무역·농업 합동작업반, 수출신용보증작업반 등으로 구성되며 무역자유화 기반을 강화하고 민감한 통상이슈에 대한 이견을 좁혀 도하개발아젠다 협상이 원활히 진행되도록 지원한다.

3. 개발원조

빈곤퇴치를 주목적으로 하는 개발원조는 1961년 OECD 창설과 함께 설립된 OECD 개발원조위원회(DAC)를 통해 논의가 진행된다.

> **참고 원조 효과성 제고를 위한 파리선언**
>
> 1. 배경
>   원조가 효과적으로 전달되고 개발도상국의 빈곤감소 및 사회·경제적 개발에 기여할 수 있도록 공여국 및 공여기관들의 원조관행을 제고하기 위한 노력의 일환으로 2005년 3월 OECD 파리본부에서 열린 OECD/DAC 원조공여국 고위급회의에서 "원조 효과성 제고를 위한 파리선언(Paris Declaration on Aid Effectiveness)"이 채택되었다.
>
> 2. 주요 내용
>   동 선언문 채택을 통해 DAC 회원국, 개도국, 공여국 등 91개국의 대표, 26개 국제기구의 대표들은 수원국 주도의 개발협력(Ownership), 원조제공자 간 협력관계 수립(Harmonization), 수원국의 기관과 제도 체계를 사용한 일관된 원조수행(Alignment), 성과중심 원조관리(Management for Results), 상호책임(Mutual Accountability) 5개 원칙에 합의하였다.

> **3. 평가**
> 원조의 효과성 제고를 위한 파리선언은 단순한 선언에 그치지 않고 이행을 위한 성과측정지표, 목표 및 달성시점 등을 구체적으로 제시하고 있으며 현재 공여국과 수원국이 이행을 위해 각고의 노력을 기울이고 있다. 동 선언문의 이행은 MDG 달성 및 개도국 역량강화에 긍정적인 영향을 미칠 것으로 예상된다. 이 선언은 원조공여 당사자들과 수원국 모두를 아우르는 국제개발 커뮤니티에 모두가 참여하는 국제개발협력 파트너십의 구축을 위한 50개 항목의 구체적인 약속(Partnership Commitments) 및 이 약속을 실질적으로 진전시켜 나가기 위한 지표로서 12개 항목의 발전 목표(Indicators of Progress)를 수립하였다.

4. 금융·다국적기업·투자

OECD는 세계경제 발전을 위해 금융의 자유로운 이동과 국제적 투자 활성화가 필수적이라는 인식을 가지고, 설립시부터 이를 위해 지속적으로 노력하고 있다. 1961년 12월 OECD 이사회 결정으로 양대자유화규약(자본이동자유화규약, 경상무역 외 거래 자유화규약)을 채택하였다. 한편, 투자의 자유화와 더불어 개도국에서 책임성을 강조하기 위해 1991년 다국적기업 가이드라인을 제정하고, 투자위원회를 통해 이의 이행 정착을 위한 점검활동 수행한다. 또한, 기업의 투명성 개선과 이해당사자 간 합리적 관계 규정을 위해 각 회원국들의 관행을 비교 검토하여 1999년 'OECD 기업지배구조 원칙'을 제정하고, 기업지배구조 조정그룹에서 이행을 관리한다. 선진국 기업의 개도국 및 후진국 진출 및 거래 과정에서 공정경쟁을 촉진하고 부패를 방지하기 위해 1999년 '국제상거래에 있어서 외국공무원에 대한 뇌물제공행위 방지를 위한 협약'을 제정하고, '뇌물방지작업반'을 통해 협약의 이행을 강화한다.

> **참고 다자간 투자협정(MAI: Multilateral Agreement on Investment)**
> 다자간 투자협정(MAI: Multilateral Agreement on Investment)은 OECD에서 추진했던 투자에 관한 다자협정이다. 기존의 양자 간 투자협정과 OECD의 자본이동자유화규약 및 경상무역 외 거래 자유화규약 항목 중 자본거래 관련 항목, OECD의 다국적기업에 관한 지침, GATS의 상업적 주재에 의한 서비스 관련 공급규정을 포괄하고자 했으며, 제조업뿐만 아니라 서비스 및 자연자원 분야, 투자자유화, 투자보호 및 투자 관련 분쟁해결절차 내용까지도 포함하려 하였다. 또한 GATS와는 달리 내국민대우, 최혜국대우 등을 일반의무사항으로 규정하고자 하였다. 그러나 국가 간 이해관계를 조정하지 못하고 1998년 프랑스의 불참선언으로 협상이 중단되었으며, 결국 1998년 협상이 결렬되어 결실을 맺지 못하였다.

5. 노동·사회

OECD는 고용증진, 노동시장 정책연구, 이주정책, 직업훈련, 사회보험제도 등 다양한 방면의 연구와 논의를 진행한다. 특히, 회원국들의 높은 실업율을 감안하여 1994년 『Jobs Strategy』를 발간하였다. 우리나라는 1996년 OECD 가입 이래 노동법에 대한 모니터링을 매년 수립하여 왔으나, 2007년 가입 11년만에 우리 노동법이 국제기준에 부합하는 것으로 판정받고 모니터링이 종료되었다. OECD는 보건위원회를 통해 회원국들의 보건정책을 종합적으로 평가하고, 보건 분야 효율성 증진을 위한 연구와 논의를 진행한다.

6. 환경, 기후변화 및 지속가능발전

1991년 환경위원회 설립 이후 OECD는 환경분과에서 3~5년 주기로 환경장관회의를 개최하는 등 환경논의를 강화하였다. 또한, 환경관리 분야에서 화학물질위원회를 별도로 두고, 화학물질의 안전관리, 유해성 평가, 실험실 관리, 사고 예방 등에 관한 업무를 수행한다. 최근에는 기후변화에 대한 논의를 강화하고 있으며, OECD 전 위원회 차원에서 해당 분야의 기후변화 대응 논의를 진행한다.

7. 농·수산

농업위원회는 1998년 농업각료선언문에 기초하여 현재 논의를 진행 중으로 그 주요 내용은 시장 신호를 반영하면서 다자간 무역체제에 더욱 통합되도록 농업정책 개혁을 추구한다. 아울러 안전 및 품질에 대한 소비자들의 관심에 부응하고 자연자원의 지속 가능한 관리 및 환경과의 조화, 농업의 다원적 기능 제고, 농촌지역의 사회경제발전 등을 논의한다. 수산 분야의 주된 관심사항은 지속 가능한 수산업 발전 방안의 모색으로, 수산 자원의 고갈 가능성에 대한 우려를 반영하고, 인류 공동 자산이라고 할 수 있는 어족 자원의 경제적 가치를 높여 나가기 위해 노력한다. 이런 맥락에서 수산위원회는 지속 가능한 수산업의 발전을 위한 어업 제도개혁 및 이와 관련된 경제 이슈를 분석한다.

8. 교육

OECD는 지속 가능한 경제 성장과 사회 형평의 달성에 교육을 통한 인적 자본의 형성이 핵심적인 기능을 수행하는 것으로 보고, 교육의 질 향상, 평생학습의 증진, 교육접근에 대한 형평성 등에 많은 관심을 기울이고 관련 사업을 추진한다. 지식기반사회의 도래와 새로운 기술의 발달, 급격한 인구 고령화에 따라 평생학습을 통한 인적 자본의 확충과 업그레이드가 개인과 국가의 성공에 필수적인 요소로 인식되고 있다.

IX OECD의 규범의 종류 및 효력

1. 개관

OECD 규범은 크게 OECD 운영에 관한 규범과 OECD의 활동을 통해 만들어지는 규범 등 2가지로 구분된다. OECD의 근간이 되는 규범은 1960년 체결된 OECD 협약과 부속의정서이다. OECD 규범의 두 번째 범주는 이사회에서 OECD의 목표를 달성하기 위해 채택되는 규범들인 바, 이를 통합하여 「the OECD Acts」라고 칭하며, 이에는 결정, 권고, 선언 및 협정·양해 등 총 220개 규범이 해당된다.

(1) 결정(Decisions)

결정 채택시 기권하지 않은 모든 가맹국에 대하여 법률적으로 구속한다. 법률적 성격상 국제조약은 아니지만 회원국간에는 이와 동등한 효력을 가지는 바, 회원국은 결정을 이행해야 하며 이행을 위해 필요한 조치를 취해야 할 의무를 부담한다.

(2) 권고(Recommendations)

권고는 법률적 구속력은 갖지 않지만 회원국들의 정치적 의지를 대변하는 도덕적 힘을 가지며, 회원국들이 최대한 권고를 이행할 것이 기대된다.

(3) 선언(Declarations)

정책수행에 대한 약속이 회원국에 의해 승인되지만, OECD의 정식규범은 아니며, 법적 구속력도 없다. 하지만 선언도 역시 이사회를 통해서 채택되고, 그 이행 여부는 OECD 관련기구를 통해 점검된다.

(4) 약정 및 양해(Arrangements and Understanding)

선언과 비슷한 성격을 가지며 OECD의 정식규범은 아니고 법적 구속력이 없다.

2. OECD 양대자유화규약

OECD는 보다 자유로운 거래가 보장되는 국제경제환경을 조성하기 위한 수단으로 1961년 12월 OECD 이사회의 결정으로 구속적인 규범인 양대자유화규약, 즉 「자본이동 자유화규약」과 「경상무역 외 거래 자유화규약」을 채택하였다. 각 규약은 본문에 일반적인 자유화원칙을 규정하고 부속서에는 상세한 자유화 의무 항목을 열거한 뒤, 각 회원국들의 자유화 유보 내용을 첨부한다. '원칙적 자유화, 예외적 제한'이라는 negative 방식을 채택하고 있다. 회원국들은 자국의 경제사정에 따라 점진적 자유화를 추진하되 각국의 제한조치를 유보라는 형식으로 통보하게 되어 있으며 이미 자유화한 내용에 대해서는 새로운 규제조치를 도입할 수 없는 'Standstill 원칙'이 적용된다. 유보된 내용의 타당성에 대한 검토회의(review)를 정기적으로 개최하여 추가 자유화를 유도('Roll-back Mechanism')한다. OECD의 양대자유화 규약은 서비스 거래의 비중 증대, 국제자본시장의 통합화 등 국제경제환경의 변화에 따라 지난 30여 년 동안 수 차례에 걸쳐 수정, 보완되었다. 1989년 5월에는 단기자본거래 및 은행·기타금융서비스를 새로 자유화 대상에 포함하는 등 대폭적으로 수정·보완되었다.

자본이동 자유화규약(Code of Liberalization of Capital Movements)은 그 본문에서 일반적인 자유화원칙을 규정하고, 부속서 형태로 직접투자를 포함하여 단기 및 장기자본거래 등 국가 간의 가능한 모든 형태의 자본거래를 16개 분야, 91개 의무항목으로 규정하였다. 또한, 경상거래와 관련된 대외지급의 제한 철폐를 의미하는 IMF 협정문 8조보다 자유화 범위가 포괄적이다.

경상무역 외 거래 자유화규약(Code of Liberalization of Current Invisible Operations)은 규약 본문에 일반적인 자유화원칙을 규정하고 부속서 형태로 11개 분야, 57개 항목으로 분류하여 무역거래 및 서비스거래에 따른 자금의 대외지급 및 이전, 국가 간 서비스거래 관련 계약체결의 자유화의무를 규정하고 있다.

자유화규약은 주요 원칙으로 점진적 자유화(Principle of Progressive Liberalization), 내국민대우(National Treatment), 무차별대우(Non-Discrimination)를 규정하고 있다.

3. 국제투자 및 다국적기업에 관한 선언

대표적인 권고적 성격의 규범이지만, 이에 상충되는 제도나 조치를 회원국에 통고할 의무와 위원회에서의 협의 및 검토(Review) 등의 절차를 통해 본 규범의 원활한 이행을 도모한다. 주요내용으로는 다국적기업의 영업형태에 관한 지침(Guideline), 내국민 대우 부여, 다국적기업에 대한 회원국 간의 상충되는 규정(Conflicting Requirement) 적용 자제, 각국의 정책목표에 따른 투자유인제도 및 투자제한적 조치(Incentives and Disincentives)의 인정 등이 있다.

4. 뇌물방지협약

1989년 OECD는 국제상거래시 부패 문제를 처음 다루기 시작하였다. 이는 미국이 '해외부패방지법(Foreign Corruption Practices Act, 1977)'을 제정한 이후 국제상거래에 있어 미국 기업들이 이러한 법이 없는 다른 나라 기업에 비해 상대적으로 불리한 입장에 있다고 주장하고 이 문제를 적극적으로 제기한데서 비롯한다. 이후 OECD는 국제상거래시 부패를 퇴치하고 공정한 경쟁을 도모할 목적으로 부패의 성격을 분석하는 등 준비 작업을 거쳐 1994년과 1997년에 「국제상거래시 뇌물방지 권고(Recommendation on Bribery in International Business Transactions)」를 채택하였다.

X 우리나라와 OECD

1980년대 말 냉전체제 붕괴 이후 국가관계가 경제적 이해관계 중심으로 변화함에 따라, 냉전체제를 전제로 한 우리의 안보·경제외교의 질적 변화가 불가피하고, OECD, WTO, APEC, ASEM, EU, NAFTA(북미자유무역지대), FTAA(범미주자유무역지대) 등 국제협력 확산 추세에 부응하여, 국제경제의 세계화와 개방경제체제 확산에 능동적 대응 필요성이 커짐에 따라 OECD에 가입하게 되었다. OECD 가입은 UN 안전보장이사회 이사국 진출, APEC 활동 적극 참여 및 2000년 ASEM 정상회의 유치 등 보다 광범위하고 중층적인 국제협력체제 참가의 일환으로 추진한 것이었다.

제4장 비정부 간 국제기구

제1절 총설

Ⅰ INGO의 정의

국제 NGO의 기준으로서 다음과 같은 다섯 가지가 제시되고 있다.
첫째, 최소한 3개 국가에서 활동하며 국제적인 목표를 가지고 있어야 한다.
둘째, 회원국가가 최소한 3개 국가에 걸쳐 있어야 한다.
셋째, 본부와 더불어 공식적인 구조를 가지고 있어야 하며 직원은 선출되고 바뀌어야 한다.
넷째, 재정적 자원은 최소한 3개 국가로부터 나와야 한다.
다섯째, 비영리기구여야 한다.

Ⅱ 국제정치 패러다임과 NGO

1. 현실주의

현실주의 패러다임 옹호자들은 정부 간 기구(IGO)를 자율성을 가지고 있지 않는 주권국가의 국익추구의 수단으로 바라본다. NGO의 경우 그 자율성이라는 것이 궁극적으로 국가에 달려있다고 보며, 기껏해야 부수적인 자문의 역할을 담당할 뿐임을 강조한다. 이들은 자유주의 패러다임 옹호자들이 MNCs나 NGO와 같은 비국가적 행위자들이 국가의 통제 혹은 국가들에 의해 만들어진 체계의 통제를 넘어 활동함으로써 국가를 손상시킨다는 주장에 반대하여, 주권국가가 이들의 활동영역에 틀을 제공한다고 주장한다. 즉, 이들의 활동범위는 국가의 정책이나 국가의 선택의 반영으로 보아야 한다는 것이다.

2. 전지구적 시민사회론(Global Civil Society)

전지구적 시민사회론은 전지구적인 규모에서 국경을 넘어 상이한 사회 행위자들 간의 상호연계에 관심을 둔다. 특히 NGO를 전지구적 시민사회의 중요한 구성요소로서 간주하고, 국제적인 정치과정을 변화시키고 이에 영향을 미치고자 하는 행위자로 본다. 이들에게 있어 NGO는 국적의 원칙을 무시하고 사회적 연계를 형성하여 각기 다른 국가사회들을 연결하는 역할을 한다. 또한 NGO는 전세계적인 관심사를 국제적인 의제로서 제기하고, 이러한 과정에서 과학, 아이디어, 문화 등의 초국가적 상호교환을 촉진하고 국제적인 규범과 가치의 형성에 기여한다고 본다.

3. 세계정치의 두 세계론(The Two Worlds of World Politics)

로즈노(James N. Rosenau)는 1991년 『Turbulence in World Politics』에서 주권국가와 비국가적 행위자들이 국제체제에 공존하고 있으며 이를 후기국제정치의 특징이라고 하였다. 즉, 외교와 국력이 중요한 역할을 하는 국가 중심적 세계와 상대적 자율성을 지닌 다양한 비국가적 행위자들로서 구성되는 다중심적인 세계가 국제체제에 동시에 존재한다고 본다. 다중심적인 세계의 주요한 구성요소는 국가로부터 일정한 자율성을 향유하는 MNCs, 소수민족, 국가 내 하위정부와 관료, 정당, NGO 등의 행위자들이며 이들은 국가 중심적 세계의 주권에 구속되는 행위자들과 개별적으로 또는 공동으로 상호작용을 통해 경쟁과 협력을 행한다고 본다.

4. 글로벌 거버넌스(Global Governance)

공존론적 패러다임을 가장 충실하게 대변하는 이론적 관점이 바로 글로벌 거버넌스라고 할 수 있다. 글로벌 거버넌스란 '주권적인 권위가 부재한 가운데 국경을 넘어 정부 행위자와 비정부 행위자들이 국제사회의 주요 이슈들을 다루어나가는 협력적 방식들의 총합'을 말하는데, NGO는 글로벌 거버넌스에 있어 중요한 행위자로 이에 참여하고 있다.

Ⅲ NGO의 기능

1. 정보 기능

정보 기능이란 NGO가 공통적으로 관심을 갖는 일에 관련된 정보, 즉 자료나 견해를 수집하고 분석하며 교환 및 전파하는 기능을 의미한다. 예컨대 국제위기그룹(ICG: International Crisis Group)이나 전지구적 증인(Global Witness)과 같은 NGO는 전쟁이나 다른 종류의 재해를 겪고 있는 지역처럼 일반 행위자의 접근이 어려운 현장에서 자세한 정보를 수집한 후 자신들의 의견을 포함한 보고서를 발행하며, 부패감시 국제 NGO인 국제투명성기구(TI: Transparency International)는 1995년과 1999년부터 각각 국가별 부패지수와 뇌물공여지수를 조사하여 국가별 순위를 매겨 해마다 발표하고 있다. 또한 국제적 언론단체인 국경없는기자회(RSF: Reporters Sans Frontières)는 2002년에 139개국의 언론자유 수준을 국별 순위로 매겨 발표한 바 있다.

2. 교육 기능

NGO는 대중교육 캠페인을 통해 일반대중들을 교육시켜 여론을 형성하고 이들 대중들을 동원함으로써 정부의 입장에 영향을 미치고, 나아가 정부로 하여금 특정 정부 간 기구에 참가하여 국가 간의 의사결정에 영향을 미치도록 한다. 국제사면위원회 한국지부가 시민들의 인권의식을 함양하기 위해 인권캠프를 여는 것과, 우리나라의 개발 NGO인 지구촌나눔운동이 지구촌시민학교를 열어 더불어 사는 국제사회의 시민을 양성하고자 하는 것들을 예로 들 수 있다.

3. 운용활동 기능

가장 많은 수의 NGO들이 재난의 구호와 난민들에게 원조를 제공하는 것과 같은 서비스를 제공하는데 이러한 기능을 운용활동 기능(operational function)이라 한다. 이러한 운용활동은 재난구호 및 개발원조와 같은 유형의 자원 공급 이외에 기술자문과 같은 무형의 것도 포함한다. 또한 흔한 경우는 아니지만 소액대출 서비스와 같은 것도 포함되고 있다. 예를 들어 플라넷파이낸스(PlaNet Finance)라는 NGO는 빈민을 상대하는 전세계 7,000여 개의 소액금융기관에 대한 대출 및 지원을 통해 세계화의 그늘에 가려진 빈민들을 구제하고 있다.

4. 정책비판 및 제언 기능

정책비판 및 제언 기능이란 말 그대로 정부나 정부 간 기구 등의 정책을 비판하고 대안을 제시하는 등의 주장과 제안을 하는 기능이다. NGO는 현안에 대해 로비와 압력의 행사를 통해 자신들의 입장이 이들 주요한 의사 결정자들에 의해 수용되어 국내정책이나 국제공공정책에 반영되기를 희망한다. 이러한 기능을 통해 NGO는 국제적인 의제의 설정, 프로그램의 설계, 그리고 정부 간 기구 활동의 총체적인 감시에 공헌한다.

5. 감시 기능

NGO는 감시자(watchdog)로서 인권규범과 환경규제의 실질적인 이행 여부를 감시하고, 나아가 이러한 것에 대한 위반을 경고하는 등의 일에서 중요한 역할을 한다. 예컨대 그린피스는 인공위성 등 첨단장비를 동원하여 환경에 대한 감시를 수행하고 있으며 1997년 대만이 핵폐기물을 북한에 반입하려고 했을 때 한국의 NGO인 녹색연합과 연계하여 저지운동을 전개한 바 있다. 또한 국제사면위원회는 1997년 1월 말에 '북한의 공개처형에 관한 특별보고서'를 통해 북한이 지난 1970년 이후 최소한 23명을 공개처형했다는 사실을 목격자의 말을 인용하여 폭로하고, 국제사회의 주의환기와 더불어 북한이 이러한 행위를 더 이상 하지 말 것을 촉구하였다.

6. 국제제도 관련 기능

(1) 국제제도의 형성 및 저지 기능

NGO들은 관련 분야에 있어서의 새로운 국제레짐의 형성을 돕기도 하고, 때로는 새로운 국제레짐의 형성을 저지하기도 한다. 예를 들어 국제 NGO인 국제지뢰금지운동(ICBL)은 대인지뢰금지협약, 즉 오타와협약을 이끌어 내었다.

(2) 국제레짐의 유지

NGO들은 기존 국제레짐에 대한 감시와 검증의 일환으로서 이러한 국제레짐에 대한 위반을 조사하고 보고함으로써 국제레짐의 유지에 공식적 그리고 비공식적으로 중요한 역할을 한다.

(3) 국제레짐의 변경

환경의 변화가 급속하게 전개되고 또한 그 복잡성으로 인하여 환경에 관한 국제협약들은 많은 경우 개정의 필요성에 직면하곤 한다. 환경 NGO들은 환경 악화의 성질과 정도에 관한 과학적인 증거를 제시하고 이를 공개하여 여론화하고 각국 정부에 압력을 가함으로써, 기존의 국제레짐을 변경하는 데 중요한 기능을 수행한다.

IV UN과 NGO의 관계

1. 경제사회이사회(ECOSOC)

UN헌장 제71조를 통해 ECOSOC로 하여금 특별협정의 체결을 통해 일정한 자격요건을 갖춘 NGO에게 협의적 지위(consultative status)를 부여하는 권한을 주었다. 이에 따라 '일반 협의(general consultation)'자격을 가진 NGO들은 잠정적 아젠다 및 ECOSOC 산하 기구들의 아젠다에 대해서도 특정 사항을 상정할 권리를 누린다. 산하 11개 위원회에 대해 의제를 제안하고 회의에 출석하여 발언하며 구두로 의견을 진술할 수 있고 UN의 문서로써 의견서(written statement)를 제출하는 것이 인정된다. 국제로터리클럽, 표준화기구(ISO)와 최근에는 굿네이버스가 이 지위를 획득했다.

제2부류로서 '특별 협의(special consultation)'자격을 가진 NGO들은 특정 분야에서의 공헌이 기대되는 국제적으로 잘 알려진 NGO들이다. 이들은 의제를 제출할 수는 없으나 동일한 주제를 다루는 하부기관 부재시, ECOSOC에 출석, 발언, 의견서 제출이 인정된다. 앰네스티 인터내셔널과 YMCA 등이 그 예이다. 제3부류로서 '명부(roster)' NGO들은 ECOSOC나 UN사무총장에 의해 ECOSOC 혹은 그 하부기관에 대해 때때로 유효한 공헌을 할 수 있다고 간주되는 NGO들이다. 이들은 ECOSOC나 그 위원회, 하부기관에 공헌을 하도록 초청을 받아 관련회의에 출석하여 의견을 제시한다.

2. 총회(General Assembly)

비록 총회는 ECOSOC과 달리 NGO들과 제도화된 관계를 갖고 있지는 않지만 총회 주요 위원회들과 산하 위원회들은 NGO들이 비공식적으로 참여할 수 있도록 많은 기회를 제공하고 있다. 예컨대 제4위원회인 '특별 정치 및 탈식민화 위원회'에는 NGO들이 청원단체 자격으로 참여하고 있듯이, 총회의 거의 모든 위원회들이 청원기관으로서 NGO들의 참여를 장려해 왔다.

3. NGO위원회(CONGO)

CONGO는 궁극적으로 NGO와 UN의 관계를 향상시키고자 조직되었다. 구체적으로 협의적 NGO들의 기능 수행에서 최대한의 기회와 적절한 시설을 활용할 수 있도록 하고 협의과정에서 토론의 장을 제공하며 공동이익을 가져다 줄 수 있는 일에 대한 견해를 교환한다.

제2절 환경 분야

I Greenpeace

1. 역사

1971년 캐나다 밴쿠버시의 기자였던 Bob Hunter를 비롯한 12명이 작은 배를 타고 알래스카에서 실시되는 미국의 핵실험에 반대하기 위해 실험장에 접근하다 체포된 것을 계기로 탄생하게 되었다. 이후 Greenpeace는 전세계적으로 환경 파괴의 현장에서 이를 행동으로 저지하고 동시에 환경문제 해결을 위한 다양한 대안들도 제시해오고 있다.

2. 주요 활동

1975년	프랑스의 남태평양에서 지상핵실험 저지
1982년	국제포경위원회에서 고래잡이 금지 선언
1983년	런던의 해양투기방지 연차총회에서 핵폐기물의 해양투기 금지
1985년	프랑스 해군에 의해 'Rainbow Warrior'호 피격 침몰
1986년	국제포경위원회에서 전세계적으로 상용 고래잡이 금지
1987년	NGO로는 최초로 남극에 기지 건설
1991년	남극에 기지를 설치한 39개국이 50년동안 자원개발 금지안에 서명
1992년	전세계적으로 원양에서의 거대 저인망 어선의 어로행위 금지
1993년	• 독일에서 CFCs의 대체 냉매 생산 시작 • 런던 해양투기방지 회의에서 전세계적으로 핵을 포함한 산업폐기물의 해양투기 금지
1994년	• 바젤협약에 의해 유해폐기물의 제3세계로의 수출 금지 • 브라질의 마타 아틀란틱의 열대우림 파괴 저지
1995년	영국 쉘 정유회사의 시추선 Brend Spar호의 해양 침몰 저지 투쟁
1996년	중국 최초의 대체 냉매 냉장고 생산

3. 조직

전세계 158개국에 약 290만여 회원이 Greenpeace 활동을 후원하고 있고, 29개국에 지부와 3곳에 지역통합본부가 있고, 1989년에 암스테르담의 국제본부가 설립되었다. 국제본부는 Greenpeace 선단을 관장하고, 각국의 활동에 대한 정보를 취합하고, 국제적인 연대를 통해 전개되는 환경활동, 캠페인, 그리고 각 영역에서의 활동을 연계하여 성공적으로 이끌어내기 위한 각종 작업을 진행시키고 있다. 급변하는 사안이나 사건에 대한 신속하고 확실한 가시적 대응을 위해 소수의 정예의 국제집행위원회가 구성되어 정확한 정보수집능력 및 신속하게 대처 – 결정 – 집행할 수 있는 능력을 갖추고 있다. 이 위원회는 이사회에 정기적으로 보고한다. 각국의 지부는 국내운동에 집중하며, 동시에 국제적 차원의 운동과 이 운동의 전략을 마련하는 데 동참한다. 모든 지부는 매년 개최되는 총회에 참석하며 의결권을 가진다. 총회에서는 예산과 결산에 대한 심의와 승인, 활동방향과 범위에 대해 논의하고 결정하며, 운동의 방향과 정책에 대한 모든 결정권을 갖고 있다. 이사회는 지부의 의결을 거쳐 7명으로 구성되며, 이들 7명으로 구성된 국제이사회는 총회에 버금가는 책임과 권한을 갖는다. 그리고 이 이사회에서 한명의 이사장과 국제집행위원회의장을 선출한다.

4. 활동원칙

Greenpeace는 모든 정치적 집단으로부터 영향력을 배제하고 완전한 독립성을 추구한다. 동시에 기업으로부터의 영향력으로부터도 배제한다. Greenpeace가 추구하는 목표는 환경보전이고, 더불어 비폭력 활동 및 평화적 활동을 통해 환경오염과 파괴의 현장에서 직접적인 시위를 함으로써 목적을 수행한다.

5. 활동영역

현재 Greenpeace는 유독성 물질, 기후변화, 해양자원, 원자력, 산림, 그리고 유전자 공학 등의 영역에 관심을 갖고 국내 – 국제적인 활동을 전개하고 있다.

II 세계자연보호기금(WWF: World Wide Fund for Nature)

1. 의의

세계자연보호기금은 자연 보호를 위한 국제 비정부기구이다. 미국과 캐나다에서는 원이름인 세계야생생물기금(World Wildlife Fund)으로 활동하고 있다. 생물학자로 유네스코 초대 사무총장을 역임했던 영국의 줄리언 헉슬리경이 1960년 옵서버지에 동부 아프리카지역에서의 동물 남획과 서식지 파괴 실태를 경고하는 글을 기고한 것이 계기가 되었다.

2. 목적

인간과 자연의 공존을 궁극적인 목적으로 하고 기부금을 모아 세계 130개국 이상에서 자연 보호 프로젝트를 추진하고 있다. 생물의 다양성 보전과 자원의 지속적 이용 추진, 환경오염과 자원 및 에너지의 낭비 방지를 3대 사명으로 하고 있다.

3. 활동

WWF는 출범 초기 인도의 야생나귀 보호사업을 지원한 것을 비롯하여 멸종위기에 처한 동물보존을 위한 자연보호구역과 해양보호구역 설치와 함께 포경과 상아교역 제한을 위한 국제협정 체결 등의 성과를 올렸다. 그리고 1981년 영국 엘리자베스 2세 여왕의 부군인 필립공이 총재로 취임한 이후 WWF는 단순한 야생동물 보호기구의 틀을 벗어나 포괄적인 생태계 보존과 공해방지, 자연자원의 지속적 이용 추진 등으로 활동범위가 확대됐다. 이렇게 활동영역이 넓어지면서 1985년, 창립 25년을 기해 세계자연보호기금 WWF로 명칭을 변경하였고 2001년 기준 29개의 각국 위원회와 공식협력단으로 구성되었으며, 약 500만 명의 회원을 지니고 있다.

Ⅲ 지구의 친구들(FOE: Friends of the Earth)

1. 의의

1971년 프랑스, 스웨덴, 영국, 미국의 4개 환경단체에 의해 처음 조직되었다. 1981년 국제사무국이 설립되어 자원봉사자들에 의해 운영되었으나 1983년 25개 회원국으로 성장하면서 상임운영위원회가 선출되었다. '지구의 친구들'은 1986년 말레이시아에서 제1차 연례회원 총회를 개최하면서 세계적인 네트워크를 구축하게 된다. 이 총회에 참석한 31개 회원국들은 환경과 개발에 관한 논쟁을 벌였는데, 환경 보호를 위해서는 인간의 라이프스타일과 소비 패턴에 변화가 필요함을 인식하는 계기가 되었다.

2. 목적

'지구의 친구들'이 지향하고 있는 활동 목적은 다음과 같다.
첫째, 인간의 부주의와 무차별적인 개발로 인해 손상된 지구가 악화되는 것을 방지하고, 지구의 생태적·문화적·민족적 다양성을 보존하는 것이다.
둘째, 대중의 참여와 민주적 의사결정을 함양시키는 것인데, 이는 민주주의가 환경을 보호하고 자원을 운용하는 데 있어 중요한 기준이 되기 때문이다.
셋째, 남 – 북의 경제적 차이를 줄임으로써 세계적 수준에서의 사회 정의를 실현하고자 한다.

3. 활동

투쟁 일변도의 활동을 지양하고, 정확한 자료와 시민참여를 바탕으로 정부와 기업을 설득하고 대중 캠페인을 통해 시민들의 관심을 불러일으키는 반면, 정부와 기업에 압력을 가하는 양면 전략을 채택하고 있다. 일반 시민들에게는 환경문제가 곧 자신의 문제임을 깨닫게 하기 위해 음악가, 무용가 등 예술인들을 참여시켜 환경을 주제로 한 콘서트를 개최하여 젊은 세대들에게 관심을 불러일으키기도 한다.

4. 주요 관심영역

(1) 기후문제

기후문제는 '지구의 친구들'의 주요 관심영역 중 하나로, 기후협약에 탈퇴하기로 한 부시 대통령에게 항의메일 보내기, 1997년 '더러운(Dirty) 기업 베스트 12'를 발표함으로써 지구의 기후 변화를 야기하는 주범이 다국적기업임을 부각시킨 바 있다.

(2) 유전자 조작 반대운동

'지구의 친구들'은 세계적 화학·농약 회사인 몬샌토의 유전자 조작 씨앗의 개발을 중단시킴으로써 유전자 조작 식품으로 인한 환경과 건강에 대한 악영향을 감소시키려는 노력을 보여왔다.

(3) 경제적 정의 실현

1999년 '지구의 친구들'을 비롯한 미국의 환경단체들이 미국의 철강 노동자 연합, 트럭 노조 등 노조단체와 함께 '지지할 수 있는 직장과 환경의 동맹'이라는 단체를 결성함으로써 환경운동과 노동운동을 결합시키려는 노력을 보인 바 있다.

Ⅳ 시에라클럽(Sierra Club)

1. 의의

설립된지 100년이 넘는 가장 오래된 환경운동단체의 하나로, 미국에서 금광개발로 서부의 산림지대가 훼손되자 이를 지키기 위해 1892년 미국 국내조직으로 설립한 비영리 단체이다. 박물학자 존 무어(John Muir)가 초대 회장을 맡았으며 1972년에 국제조직으로 발전하였다. 미국 그랜드캐니언 댐 건설 저지로 유명해졌으며 북아메리카 지역뿐만 아니라 전세계의 환경을 보전하기 위해 공공정책 결정, 입법, 행정, 사법, 선거 등을 통한 활동으로 영향력을 발휘하고 있다.

2. 활동

① 미국의 국립공원 및 자연보존지역의 지정과 보호운동을 활발히 벌여 왔고, 야생지역의 보호, 지구 생태계 및 자원의 책임 있는 이용 등을 위해 활동한다. 또 일반인들에게 환경문제에 관한 교육을 한다. 1960년 활발한 활동을 위해 시에라클럽재단을 설립하고, 1961년에는 알래스카에서 핵폭발을 실험하는 것에 반대하는 등 생태계 보존에 노력하였다.

② 1964년 이 단체의 노력으로 의회에서 야생보호법을 통과시킴으로써 세계 최초의 야생보호법이 탄생하였다. 1984년 680만 에이커의 숲과 140만 에이커의 공원을 보호구역으로 지정하는 데 성공하였다.

③ 1989년에는 IBRD(International Bank for Reconstruction and Development: 국제부흥개발은행 또는 세계은행)에서 500만 달러를 대출 받아 브라질 아마존의 환경 보호에 사용하였다. 1993년에는 10년 가까이 끌어오던 콜로라도 야생보호법을 통과시켰고, 1994년에는 이 단체에서 주도한 캘리포니아사막 보호법이 제정되었다.

④ 1995년 환경 보호 법안을 위한 100만 명 서명운동을 벌였다. 1998년에는 스모그와 매연 투성이 환경에서 인간의 건강을 보호하기 위해 '우리 아이들을 위한 깨끗한 공기 만들기' 캠페인을 벌였다. 1999년 한국의 동강 댐 건설을 막기 위해 김대중 대통령에게 항의 서신을 보낸 바 있다.

Ⅴ 기후행동네트워크(CAN: Climate Action Network)

1. 의의

1979년 제1차 세계기후총회(World Climate Conference)가 열린 뒤로 인간의 행동으로 인한 세계 기후 시스템 붕괴 가능성에 대한 관심이 증가해 왔다. 이러한 기후 변화 조치에 대해 국가들은 기후변화협약을 설치하였고, NGO들도 지구온난화 및 기후변화의 위협에 대응하기 위해 참여하였다. NGO들은 기후변화의 문제가 국제적 이슈의 문제로 제기됨에 따라 이에 대한 접근에 있어 정보, 의사소통, 그리고 공동작업의 다국적 시스템을 구축하는 것이 바람직함을 인식하고, 1989년 3월 독일에서 열린 회합에서 서부 및 중앙 유럽, 미국, 개도국 등에서 참석한 NGO들은 온실효과에 대한 공통적 관심을 갖고, 장단기 전략의 실행과 발전을 도모하는 NGO의 기후행동네트워크(CAN)를 설립하기로 결정했다.

2. 목적

CAN의 총체적인 목적은 인간에 의해 야기되는 기후변화를 생태학적으로 적정한 수준으로 제한하기 위해 정부와 개인들의 인식제고와 직간접적인 행동을 촉진하는 것이다.

3. 활동

CAN은 상기 목적을 달성하기 위해 다음과 같은 임무를 수행하고 있다.
첫째, 국제적 – 지역적 – 국가적 기후정책에 대한 정보교환
둘째, 기후 관련 이슈에 대한 정책 고안
셋째, 지구온난화의 위협을 방지하기 위한 노력에 NGO들의 참여 촉진
넷째, 정부와 기업에 압력 행사

Ⅵ Wetlands International

1. 의의

세계적으로 알려진 습지보호단체로서 습지 보존 및 생물체 보존을 위해 설립된 단체이다.

2. 구성

습지전문가, 세계적인 전문조직들 그리고 50여 개국의 대표들로 구성된 국제지부에 의해 운영되는 비영리 단체이다. 세계 그리고 지역 프로그램은 120여 개가 넘는 정부, 환경기구, NGO들에 의해 지원받고 있다. 이러한 세계적인 조직망은 습지 – 물새에 관한 권리와 보존에 전문가들을 연결시키고 있다.

3. 활동

(1) Wetlands International-America는 여러 단체와 연계하여 프로그램을 진행하고 있는데, 특히 Manomet Center for Conservation Sciences와 공동으로 진행하는 프로그램은 주요한 프로그램 중 하나이다. 이들은 람사협약과 연계하여 습지 연구와 보호에 중요한 역할을 하고 민간에게는 수집된 정보와 연구 결과를 알리기 위해 WetNet을 운영하고 있다.

(2) Western Hemisphere Shore bird Reserve Network(WHSRN)는 Wetlands International-America와 Manomet Center for Conservation Sciences가 공동으로 진행하는 프로그램이다. 1986년에 시작한 WHSRN은 바닷가 철새들에게 중요한 지역을 관리·보호하기 위해 아메리카 대륙의 7개국(미국, 캐나다, 페루, 수리남, 브라질, 멕시코, 아르헨티나)과 연계하여 9백만 에이커에 이르는 지역에 걸쳐 이루어지고 있다. 철새들의 이동 경로와 시기를 알아내 이를 중심으로 서식지와 철새 보호 프로그램을 실행하고 있다.

4. 람사협약

람사협약은 세계에서 가장 오래된 환경회의로 1971년 최초로 이란에서 열렸던 개최지의 이름을 본딴 명칭이다. Wetland International-America를 포함한 전세계 국가 및 환경단체들과 긴밀하게 연계되어 있다. 세계 각국의 사람들이 모여 국제협력과 국가적인 행동으로 습지의 보호와 합리적인 사용을 유도하는 것이 협약의 목적이다. 전세계 국가 및 환경단체들의 긴밀한 협조관계와 정보 및 연구 교환을 위해 3년에 한 번 열리는 본 회의가 아닌 단체별로 만나는 기회를 많이 제공하고 있다. 특히 주목받고 있는 연구는 습지의 합리적 사용에 대한 연구와 그 결과의 발표인데, 이를 통해 습지 이용에 대한 방법을 제시하고 있다.

제3절 인권 분야

I 국제사면위원회(AI: Amnesty International)

1. 역사

1961년 5월 28일 영국인 변호사 피터 베넨슨에 의해 창설되었다. 그는 어느 죄수들의 석방을 촉구하는 '잊혀진 수인들'이란 기사를 영국의 옵서버지에 기고하였고, 이 기사가 당시 유럽사회에 큰 반향을 불러일으키면서, 알려진지 6개월만에 세계 최대의 국제인권운동단체가 탄생하게 되었다. 이후 슈바이처 박사, 맥브라이드, 피카소를 비롯한 저명인사들이 참여가 뒤따랐다.

2. 조직

현재 160여 개국에 140만 명 이상의 회원과 수백만 명의 지지자들을 확보하고 있다. 세계 전역에 약 110여 개의 사무실과 60여 개국에 지부를 두고 있다. 전세계 지역에 6,000여 개의 지역그룹을 두고 있는 세계 최대의 민간인권단체이다. 1972년에 국제사면위원회 한국지부가 설립되었으며, 사무국은 영국 런던에 있다.

3. 활동원칙

(1) 독립성

엠네스티는 일체의 외부간섭을 받지 않는다. 다만, 각국의 회원들의 의사만을 따른다. 재정도 회원의 회비와 후원금, 기부금으로 충당되며, 각국 정부로부터 아무런 재정적 지원을 받지 않는다.

(2) 공정성

엠네스티는 어떤 정치제도나 체제에 대해 비판하거나 반대하지 않는다. 엠네스티가 반대하는 것은 그들이 보호하고, 옹호하려는 사안의 인권침해에 대한 것뿐이다.

(3) 보편성

인권탄압을 저지하고, 개인을 보호하기 위해서 국경과 체제는 그들에게 아무런 문제가 되지 않는다. 인종 – 문화 – 종교 – 이념을 초월하여 인권은 보호되어져야 하는 인간의 기본적인 권리이기 때문에 인권침해에 대해 엠네스티는 즉각적인 대응을 한다.

4. 활동

엠네스티가 활동하고 있는 영역은 다양하다. 양심수석방, 모든 형태의 고문 반대, 사형제도 반대, 정치범에 대한 공정하고 신속한 재판의 촉구, 정치적 이유로 정부의 의해 '실종' 반대, 정치적 살인 반대, 난민 보호, 아동의 권리 보호 등이다. 이데올로기·정치·종교상의 신념이나 견해 때문에 체포·투옥된 정치범의 석방, 공정한 재판과 옥중에서의 처우 개선, 고문과 사형의 폐지 등을 목적으로 한다. 이를 위해 해당 국가의 사회체제에 관계없이 정부에 서신 등으로 요구하는 운동을 계속하여 이제까지 약 2만 명의 정치범을 석방시켰다.

5. 비판

제3세계의 NGO들로부터 받고 있는 비판은 제3세계의 독재정권에 의해 자행되는 인권침해가 결국 선진국들이 그들의 국익을 보호하기 위해 이들 국가들에서 강력한 물리력으로 국민들을 탄압하는 독재정권을 후원하는 데서 비롯된다는 점이다. 따라서 선진국과 시민사회가 독재정권에 의해 탄압받는 정치범을 보호한다는 것 자체가 모순되며, 이는 선진국의 이중적 가치관이라는 점을 지적하고 있다.

II Human Rights Watch

1. 의의

Human Rights Watch는 미국에서 가장 큰 인권단체 중 하나로 여러 인권감시단체가 연합하여 설립된 단체이다. 1975년에 조약된 헬싱키협약의 인권정신을 이어 받아 소련의 인권 실태를 모니터하기 위해 '헬싱키 워치(Helsinki Watch)'가 설립되었다. 1980년에는 중앙아메리카 전쟁 당시 쌍방의 인권 유린 실태를 고발하였던 '아메리카 워치(America Watch)'가 설립되었다. 이들 각각의 인권 감시 단체들은 다른 지역의 인권 실태에 대한 조사로까지 활동 영역을 확장하였는데, 이러한 개별 감시 단체들이 연합해 1998년 'Human Rights Watch'를 설립하게 되었다.

2. 조직

전세계적으로 150명의 전문가들이 활동하고 있고, 본부는 뉴욕에 두고 있다. 그리고 브뤼셀, 런던, 모스크바, 홍콩, 로스엔젤레스, 워싱턴에 사무소를 가지고 있다. 조사가 진행 중인 지역에 대해서 한시적으로 임시사무소를 개설하기도 한다. 150여 명의 연구원들이 생생한 인권보고서를 제출할 수 있는 이유 중 하나는 특별한 안전상의 이유가 없는 한 연구원들이 정기적으로 자기가 담당하는 나라들을 방문하기 때문이다.

3. 관심 분야

Human Rights Watch가 관심을 갖는 특별히 분야는 여성과 어린이들의 인권에 대한 문제이고, 이외에도 학문의 자유, 기업의 인권에 대한 책임, 국제사회의 정의, 교도소 문제, 마약 문제 및 난민의 문제들을 다루고 있다. 따라서 세계의 모든 분쟁지역은 'Human Rights Watch'의 감시대상이 된다.

4. 활동

이들은 세계 곳곳에서 인권 유린 문제, 특히 분쟁지역의 인권 유린 실태를 감시하고 있기는 하지만, 종종 미국 정부에 인권 수호를 위한 정책적 지지를 호소한다. 왜냐하면 심각한 인권 유린 상황에서 미국의 정책적 도움이 필요할 경우가 많은데, 그렇다고 미국 내 인권 상황에 대해서 침묵하는 것은 아니다. 미국 내에도 범죄자에 대한 처우 개선, 경찰권 남용 문제, 이민자에 대한 구류조치, 미성년 범죄자들과 정신지체아들에 대한 처형문제와 같은 미국의 인권 문제에 대해서도 고발해오고 있다.

5. 성과

① '아동의 군복무 금지를 위한 UN(International Coalition to Stop the Use of Child Solders)'의 의장단체로서 아동의 군복무 금지조약이 통과되는 데 큰 역할을 했다.

② Human Rights Watch는 세계 어느 곳이든 극심한 인권 유린이 자행되는 것이라면 어디서든지 조사권을 가질 수 있는 상설재판소로서 국제형사재판소(ICC)를 설립하기 위해 노력하였다. 이 결과 2002년 4월 11일 10개국이 비준서를 기탁함에 따라 총 비준국가는 66개국으로 창설 조건인 60개 비준을 뛰어넘음으로써 국제형사재판소(ICC)가 설립되었다.

③ Human Rights Watch는 국제 전범 재판소에 전 유고슬라비아 대통령 밀로세비치의 소환을 처음으로 요청한 바 있는데 기소 사유 7가지 중 6가지가 코소보에서 Human Rights Watch가 제출한 증거 서류에 의한 것이다.

④ Human Rights Watch는 1999년 긴급회의를 통해 코소보에서의 인권 유린 행위, 폭격, 난민 학대 등을 비판하였고, 보고서를 출간하였는데, 이러한 코소보 인권 문제에 대한 신뢰할 만한 정보를 가진 단체로 평가받았던 것은 현장에서 직접 작성된 것이었기 때문이다.

⑤ Human Rights Watch는 인도에서의 인권운동 발전에도 기여를 하고 있다.

Ⅲ 세계원주민연구센터(CWIS: Center for World Indigenous Studies)

1. 의의

문서보관센터 설립을 위한 미국의 종족정부협의회와 세계원주민협의회의 요구에 따라 Shuswap Nation의 루돌프 C. 라이저 박사와 조지 마누엘 의장의 주도로 1984년 독립적인 비영리 연구 및 교육 단체 조직으로 창설되었다.

2. 목적

원주민에 대한 일반인의 잘못된 편견을 바로잡고, 원주민의 사회 – 경제 – 정치적 현실에 대한 폭넓은 이해를 증진하기 위해 활동하고 있다. 더불어 종족 간의 협력 관계를 확립하고, 원주민 정부와 이들의 정부 사이에서 형성되는 국제적 관계가 민주적인 절차에 의해 조정되도록 유도하는 것이다.

3. 활동

제4세계의 사회 – 경제 – 정치적 문제를 해결하기 위한 아이디어 증진의 일환으로 전 세계의 자발적 참여자들을 하나로 연결하는 한편 독창적인 연구와 교육을 실시하고 있다. 제4세계 출신 인물들에 의해 작성된 논문의 출판과 배포를 위한 이들의 활동은 원주민에 대한 더욱 올바른 이해를 촉진하는 데 중요한 구실을 하고 있다.

4. 제4세계 문서화 프로젝트(FWDP: The Fourth World Documentation Project)

제4세계 문서화 프로젝트는 CWIS의 가장 핵심적인 활동이다. 이 프로젝트는 종족 정부와 연구자들, 단체들에게 제4세계가 직면하고 있는 사회, 정치, 경제 및 인권 상황과 관계된 주요 문서를 활용할 수 있도록 기획한 것이다. 더불어 토착 원주민들이 주권을 찾기 위한 투쟁의 기록을 만들어내는 것도 중요한 목표 중 하나이다.

Ⅳ 국제지뢰금지운동(ICBL: International Campaign to Ban Landmines)

1. 의의

1991년 11월, 미국의 베트남퇴역군인재단과 독일인들이 중심이 된 국제의학협회 등 단체들과 국제비정부기구(NGO)들이 모여 설립한 비정부 국제조직이다. 현재 전세계 60여 개국에서 450개가 넘는 단체가 참여하였으며, 설립 이후 이 조직의 업무조정 책임자인 윌리엄스(Jody Williams)의 주도 아래 대인 지뢰 금지 및 인도주의적 지뢰 제거를 위한 국제적인 방안을 강구하는 한편, 각종 지뢰 제거 관련 지원 프로그램을 펼쳐 왔다.

2. 목적

대인지뢰의 제작·사용·비축·이송 행위 금지 및 인도주의적 지뢰 제거를 목적으로 한다.

3. 활동

대표적인 활동으로는 1995년 10월, 오스트리아 수도 비엔나의 국회의사당 앞에 지뢰 희생자들을 추모하며 낡은 구두와 의족들을 수북이 쌓아놓고, 지뢰의 완전금지를 주장하는 53개국, 615만 명의 서명을 조약개정회의 의장에게 전달한 것을 들 수 있다. 1997년 12월 131개국 대표가 캐나다 오타와에서 만나 이 가운데 123개국이 대인지뢰 전면금지조약에 서명하거나 서명할 뜻이 있음을 밝혔는데, 이 조약을 주도적으로 이끈 단체가 바로 국제지뢰금지운동이다. 그 밖에 벨기에에서는 국회의원을 설득해 국방부의 반대를 무릅쓰고 국내법으로 지뢰 금지를 선언하게 하였고, 미국의 대인지뢰 포기선언을 이끌어 내는 한편, 모의 지뢰밭 설치를 통한 지뢰의 위험성 경고, 인터넷을 통한 지뢰의 피해상 전달 및 폭로 등 다양한 활동을 전개해 왔다. 1997년 국제지뢰금지운동은 이 운동의 책임자인 윌리엄스와 함께 대인지뢰 사용금지에 앞장선 공로로 노벨평화상을 받았다.

> **기출 및 예상문제**
>
> 1. 국제연합(United Nations)은 제2차 세계대전이 끝난 직후인 1945년 10월 창설되었다. UN 창설 과정에서 주요 강대국들은 과거 국제연맹이 제 기능을 다하지 못했던 점을 교훈삼아 『안전보장이사회』를 구성하였다. 현재까지 『안전보장이사회』는 세계평화와 안전보장 문제를 다루는 UN의 핵심 기관으로 운영되고 있다. 이와 관련하여 다음 물음에 답하시오. [2013 5급공채(외교직)]
>   (1) 『안전보장이사회』가 구성된 과정과 냉전 종식 이후 『안전보장이사회』 개혁 필요성이 제기되는 이유를 적절한 국제정치이론을 이용하여 설명하시오.
>   (2) 『안전보장이사회』가 북한의 핵실험에 대해 치한 조치사항을 제시하고 이를 실행하는 데 드러나는 한계점에 대해 논하시오.
>
> 2. 인류는 국제연합(UN)이 세계 평화를 위해 많은 기여를 할 것으로 기대하고 있다. 하지만 여전히 국제정치무대에서 UN의 역할은 기대에 못 미치고 있는 실정이다. 이러한 배경에서 UN의 개혁과 관련하여 다양한 의견이 제시되고 있다. 특히 세계평화를 위한 UN의 역할강화와 UN을 활용한 우리 정부의 '국제기여외교' 방안이 논의되고 있다. [2009 외시]
>   (1) 세계 평화의 실현과 관련하여 국제기구로서 UN이 안고 있는 한계점들을 지적하고, 그러한 한계점들을 극복하기 위한 해결방안에 대해 기술하시오.
>   (2) 한국의 경제적 위상에 걸맞은 '국제기여외교'가 강화되어야 한다는 의견과 함께 구체적인 방안의 하나로 UN의 평화유지활동(PKO) 참여 확대가 대안으로 제시되고 있다. 평화유지활동 참여 확대를 한국의 국가이익의 관점에서 설명하시오.

해커스공무원 학원·인강
gosi.Hackers.com

제3편
국제체제 및 국제이슈

제1장 국제체제의 전개 과정
제2장 국제안보
제3장 국제정치경제

제1장 국제체제의 전개 과정

제1절 냉전체제

I 서론

냉전체제는 제2차 세계대전 이후 미국과 소련을 중심으로 형성되어 1980년대 후반 붕괴되기까지 약 40여 년간 존재했던 국제체제를 말한다. 냉전체제가 종식된 이후 형성된 탈냉전체제는 이전의 냉전체제와 이슈, 구조, 행위자 등 다양한 관점에서 차이점을 보여주고 있다. 냉전체제를 분석하는 가장 중요한 이유는 비교적 안정적으로 유지된 것으로 평가된 냉전체제에서 그 안정성의 요인을 분석하고, 탈냉전 질서의 안정성을 전망해 보기 위한 것이다. 다만, 탈냉전체제가 다양한 관점에서 냉전체제와 이질성을 보여주고 있기 때문에 냉전체제 분석의 결과를 탈냉전체제에 적용하는 것에는 한계가 있을 것이나, 그럼에도 불구하고 국제체제의 안정성에 관한 다양한 국제정치 이론의 적실성을 평가해볼 수 있는 하나의 사례로서 충분한 가치가 있을 것이다.

II 의미

냉전체제의 의미는 이념(ideology), 극성(polarity) 및 국제관계(International Relations) 등 세 차원에서 파악할 수 있다.

1. 이념 - 자본주의 대 공산주의

냉전을 이념적 차원에서 보자면, 공산주의 이념과 자본주의 이념을 중심으로 전세계의 모든 국가들이 균열구조를 형성한 것으로 이해할 수 있다. 단순한 국가 간의 이해관계의 갈등이 아니라 이념 간의 대결이기 때문에 그 차이는 더욱 해소하기 어렵고 뿌리가 깊은 것이었다. 후쿠야마(F. Fukuyama)의 '역사의 종언'(the end of history)은 냉전 해체를 이념적 차원에서 규정한 것으로 볼 수 있다. 즉, 자본주의 또는 자유주의와 공산주의의 역사적 대결구도가 자본주의의 승리로 종결됨으로써 두 이념의 갈등적 역사가 종식되었다는 것이다.

2. 극성 - 양극체제

극성이란 강대국의 숫자를 말한다. 냉전체제는 극성의 관점에서 정의하면 양극체제(bipolar system)로 정의된다. 즉, 두 개의 초강대국으로 힘이 집중 분포되어 있는 체제였다. 미국과 소련을 중심으로 정치, 경제, 이념적 블록이 형성되어 있었고, 미국과 소련은 각 진영에서의 지도세력으로 존재하였다.

3. 국제관계 – 갈등관계, 군비경쟁

냉전체제는 두 초강대국 간 전면전은 없었으나, 계속해서 다차원적으로 경쟁을 계속하는 체제였다. 미국과 소련은 군사적으로 우위를 점하기 위해 엄청난 군사비를 지출하며 경쟁하였다. 경쟁관계가 지속된 이유는 무정부상태에서 본질적이고 구조적으로 발생하는 '안보딜레마'(security dilemma) 때문이었다. 안보딜레마란 자국의 안보를 확고히 하기 위한 군비증강이 오히려 상대국의 더욱 강력한 군비증강을 유도하여 자신의 상대적 안보가 더욱 위태로워지는 현상을 말한다.

III 형성요인

1. 서설

냉전체제의 형성과 관련해서는 냉전의 원인, 냉전의 불가피성, 소련 및 미국 외교정책의 성향, 냉전의 1차적 책임 등이 쟁점이 되고 있다. 이와 같은 쟁점을 중심으로 전통주의학파(traditional school), 현실주의학파(realist school), 수정주의학파(revisionist school), 후기수정주의학파(postrevisionist school) 등으로부터 의견이 개진되어 왔다.

2. 전통주의 – George F. Kennan, Adam Ulam, Randall B. Woods, Howard Jones

전통주의는 냉전의 책임이 소련에 있다는 점을 강조한다. 즉, 소련의 세계 정복을 위한 야욕과 무제한적인 팽창주의 그리고 스탈린 개인의 편집광적인 성격을 냉전을 초래한 근본적인 요인들로 간주한다. Kennan은 미·소 간 전시 협조체제가 무너진 것은 스탈린의 야심이 근본적인 원인으로서 그는 얄타협정의 정신을 파기하고 동유럽지역 전체를 지배하고자 했을 뿐만 아니라, 전쟁의 후유증으로 정치, 경제적으로 어려움을 겪고 있었던 서유럽까지도 장악하려 했다고 본다. Woods와 Jones 역시 스탈린은 폴란드, 루마니아, 불가리아는 직접지배, 헝가리와 체코는 간접 지배하고자 하였고, 서유럽, 근동, 아시아에서도 영향력 확장을 적극적으로 시도했다고 평가하였다.

3. 현실주의 – Hans J. Morgenthau, Walter Lippmann

현실주의학파 역시 전통주의학파와 마찬가지로 소련의 공격적인 성향과 팽창야욕을 지적하고, 냉전 초래의 중요한 책임이 소련에게 있다고 본다. 그러나, 현실주의학파는 소련과의 관계에서 보여준 미국의 대응방식이 대단히 잘못되었다고 주장하면서 미국의 외교정책을 신랄하게 비판하였다. 이들이 전통주의와 근본적으로 다른 점은 공산주의 이념을 소련의 팽창주의의 원천으로 간주하지는 않는다는 점이다. 이들은 스탈린의 외교정책은 공산주의를 위한 세계혁명을 유발시키는 것이 아니라 러시아의 전통적인 팽창주의정책을 계승했다고 주장하였다. 이들은 또한 냉전의 불가피성을 인정한다.

4. 수정주의 – William Appleman Williams, William F. Allen, Gabriel Kolko

수정주의 입장은 1960년대 미국 역사학계에 '신좌파'(New Left) 사가들이 등장하면서 새롭게 제기된 입장이다. 수정주의자들은 냉전의 1차적 책임이 미국에게 있다고 본다.

이들은 미국이 국내정치경제적 요인과 대외전략적 이념의 영향으로 지속적으로 팽창주의전략과 세계패권 구축을 위한 전략을 구사해 왔다고 주장한다. 콜코(Kolko)는 미국의 자본주의가 지속적으로 발전하기 위하여 세계경제질서는 안정되어야 한다고 미국의 지도자들은 굳게 믿어 왔다고 지적하고, 미국이 세계경제의 주도권을 계속 확보하기 위한 끊임없는 팽창주의적인 노력이 냉전을 초래시킨 근본적인 요인이라고 주장했다. 한편, 수정주의자들은 냉전의 초래가 불가피했다고 보지 않는다. 왜냐하면, 경제력과 군사력의 측면에서 소련보다 월등히 우월한 입장에 있었던 미국이 여러 중요한 문제에 대하여 소련에게 보다 유화적이고 타협적인 태도를 취했더라면 전후 세계의 모습은 매우 달라졌을 것으로 본다.

5. 후기수정주의 – John Lewis Gaddis, George C. Herring, Thoma G. Paterson

'후기수정주의'학파는 전통주의학파, 현실주의학파, 수정주의학파 입장을 수용 및 재평가한 입장으로서 '절충주의학파'로 불리기도 한다. 이들은 냉전의 시작에 있어서 경제적인 요인의 중요성을 인정하는 한편, 다른 국내적 요인들, 특히 여론과 의회의 태도가 보다 중요한 역할을 했다고 주장한다. 후기수정주의 학자들은 경제외교를 국내의 압력때문이 아니라 지정학적 고려에서 기인한 것으로 본다. 개디스(Gaddis)는 미국의 지도자들이 '제국건설'(empire building)을 위해 적극적으로 노력했고, 실제로 미국'제국'이 존재했다는 수정주의학파의 주장에 원칙적으로 동의했지만, 제국의 건설이 미국의 자본주의체제의 속성때문이 아니라 '외부로부터의 초청'(invitation from abroad)때문에 이루어졌다고 강조했다. 후기수정주의자들은 냉전의 책임을 미국과 소련 모두의 공동책임이라고 본다. 다만, 중간우파는 소련의 책임을, 중간좌파는 미국의 책임을 상대적으로 강조한다.

6. 검토

결론적으로, 냉전체제 형성에는 이념, 정책, 무정부적 국제체제라는 구조, 정책결정자의 인식, 여론, 국가이익 등 다양한 요인들이 영향을 주었다고 본다. 다만, 구성주의 입장에서 볼 때, 냉전체제가 필연적이라고 볼 수는 없다. 양자관계가 형성되던 초기에 국가들이 상대방에 대한 타자정체성 및 집합정체성을 어떻게 형성하는가에 따라 양자관계의 패턴이 달라질 수 있었을 것이다. 미국과 소련은 이질적 이념과 정치·경제체제, 세력권 경쟁, 핵 문제를 사이에 둔 갈등 등 다양한 요인 때문에 조화적이기 보다는 갈등적 집합정체성을 형성하고, 냉전체제를 형성시켰다.

Ⅳ 형성과정

1. 냉전의 기원 – 트루먼 독트린과 마셜 플랜

냉전이 공식화된 것은 1947년 트루먼 독트린이지만, 그 전에도 미국과 소련은 전후 세력권 형성 문제, 원자탄 제조 기술 공유 문제 등으로 갈등을 겪고 있었다. 트루먼 독트린은 소련의 공세적 팽창정책의 저지를 목적으로 하는 봉쇄전략 선언의 성격을 갖는다. 트루먼은 전후 유럽 재건을 위한 대규모 경제원조 계획인 마셜 플랜을 제시함으로써 유럽의 재건과 서구의 결속을 꾀하였다.

2. 세계적 냉전 체제 형성 – NATO(자본주의) 대 WTO(공산주의)

트루먼 독트린 이후 세계적 냉전체제가 형성되어가기 시작하였다. 미국은 1949년 북대서양조약기구(NATO)를 창설함으로써 자유주의 진영을 군사적으로도 결속하였다. 소련은 마셜 플랜에 대응하여 1947년 코민포름을 창설하였으며, NATO에 대응하여 바르샤바조약기구(WTO)를 창설하였다.

3. 아시아 냉전체제 형성 – 중국의 공산화, 중소우호조약과 미일안보조약

아시아 냉전구조는 기본적으로 중공이 아시아 대륙을 장악하는 데에서 기인하였다. 미국은 공산주의 세력의 팽창을 저지하기 위해 일본의 재무장을 결정하였고, 이에 대응하여 중공과 소련은 1950년 중소우호조약을 체결하였다. 미국과 일본은 1951년 미일안보조약을 체결함으로써 중국과 소련 대 미국과 일본의 아시아 냉전체제가 형성되었다.

4. 한반도 냉전체제 형성 – 한국전쟁

전세계적 차원의 냉전체제는 제2차 세계대전 이후 일본의 식민지로부터 해방된 한반도에도 영향을 미치기 시작하였다. 한반도 문제 처리를 사이에 둔 미국과 소련의 대립은 한반도 북쪽의 공산진영과 한반도 남쪽의 자유진영이라는 이념적 분단을 가져왔다. 1950년 한국전쟁은 이념적 분단을 넘어 한반도에 영토적 분단을 가져왔고, 한반도에 냉전체제가 고착화되었다.

Ⅴ 전개과정

1. 경양극체제 – 1950년대

냉전이 시작된 이후 1960년대 양극체제가 이완되기 이전까지의 시기를 경양극체제라 한다. 미국과 소련은 각각 자유주의 진영과 공산주의 진영을 지배하면서 상호 군비경쟁과 세력권 경쟁을 가속화하였다. 미국은 유럽에서의 소련에 대한 재래식 열세를 극복하기 위해 핵무기를 지속적으로 증강하였다. 소련은 지속적으로 핵 개발을 시도하여 이에 성공함으로써 미국의 절대적 핵우위가 점차 상대적 핵우위로 변화되어 갔다.

2. 이완된 양극체제 – 1960년대 · 중소분쟁, 미 – 프랑스 분쟁

1960년대 들어서서 양극체제는 점차 이완되기 시작하였다. 서방세계에서는 미국과 프랑스의 대립으로, 소련권에서는 중국과 소련의 분쟁으로 양 진영 모두 결속력이 약화되기 시작하였다. 프랑스의 드골은 집권 이후 유럽에서 프랑스의 영향력 강화를 꾀하여 미국의 정책에 반기를 들었다. 특히, 프랑스는 미국이 핵기술을 독점하는 것에 반발하고 독자적 핵무장을 추진하였다. 한편, 중국과 소련은 세계공산화전략을 두고 이념논쟁을 벌였고, 이후 국경분쟁으로 분쟁의 강도가 높아졌다. 1960년대 양극체제의 이완은 1970년대 동서 데탕트의 전주곡이었다고 볼 수 있다.

3. 동서 데탕트 – 1970년대 · 닉슨 독트린과 미중 수교

미국의 베트남전쟁의 패배, 중국과 소련의 분쟁 등은 결과적으로 미국과 중국의 데탕트시대를 열어 주었다. 닉슨은 닉슨 독트린을 발표하여 아시아에 대한 개입을 축소시키는 한편, 중국과 수교함으로써 미중관계를 근본적으로 변화시켰다. 미국과 소련은 SALT와 ABM조약을 체결하여 핵군비통제에 합의하기도 하였다.

4. 신냉전 – 1980년대 · 미소 군비경쟁

1970년대 동서 데탕트 분위기는 1980년대 레이건이 집권한 이후 다시 경색되기 시작하였다. 레이건은 소련의 아프가니스탄 침공과 엘살바도르 침략 이후 닉슨과 카터의 대외정책을 비판하고, 대소련 봉쇄전략을 적극적으로 구사하기 시작하였다. 레이건은 '전략방위구상'(Strategic Defense Initiative, SDI)을 본격화하는 한편, 닉슨 독트린에 기초한 아시아에서의 지상군 감축전략을 수정하고, 아시아 국가들과 양자동맹관계를 강화하였다. 또한, 레이건은 미중관계도 수정하였는바, 이는 중국이 미국에 대해 전략적 가치나 경제적 가치가 생각보다 크지 않다고 생각했기 때문이었다.

5. 냉전체제의 붕괴

냉전체제는 1989년 이후 독일 통일, 동유럽권의 독립, 구소련권의 붕괴 등을 거치면서 점차 소멸되었다. 이념적으로 소련을 비롯한 동구권이 자유주의, 자본주의를 채택함으로써 붕괴되었고, 극성 차원에서는 소련권이 붕괴되면서 양극체제가 단극체제로 변화되었다. 강대국 간 관계에 있어서도 적대적 관계를 공식 청산함으로써 냉전체제를 해체시켰다.

VI 특징

1. 구조

(1) 양극체제

세력균형론자들은 냉전체제가 기본적으로 양극체제였다고 본다. 즉, 소련을 중심으로 하는 세력과 미국을 중심으로 하는 세력이 서로 대립하는 체제라는 것이다. 왈츠(K. Waltz)는 냉전체제를 극성의 관점에서 양극체제로 규정하고, 양극체제가 주는 단순성과 명확성으로 여하한 체제보다도 더욱 안정적인 체제라고 평가하였다.

(2) 패권체제

냉전체제는 구조적 차원, 즉 힘의 배분 구조 차원에서 보면, 양극체제라고 보는 견해 이외에도 다양한 견해가 있다. 패권론자들은 냉전기를 '패권체제'로 본다. 따라서, 제2차 세계대전 이후 초강대국으로 부상한 미국 중심으로 세계질서가 형성되고 유지되던 시기라는 것이다. 이들은 소련은 초강대국이라기보다는 강대국 중의 하나로서 미국에 대한 도전세력의 지위에 불과하였으며, 탈냉전은 미국에 대한 소련의 도전 실패를 의미한다고 본다.

(3) 양다극체제

로즈크랜스(Richard N. Rosecrance)는 냉전체제를 양다극체제로 규정하였다. 양다극체제란 두 개의 초강대국과 다수의 강대국으로 구성된 체제를 말한다. 냉전기는 미국과 소련이 초강대국이었으나, 이들 외에 독일, 일본, 영국, 프랑스, 중국 등 강대국들도 존재했다고 본다. 키신저(Henry Kissinger)는 1960년대에 양극체제가 끝나고 군사적으로는 양극체제가, 정치 외교적으로는 다극체제가 형성되었다고 주장했다.

2. 이슈

냉전체제에서 국제정치의 주요 이슈는 '안보' 문제였다. 국가들 간 상호 적대적 정체성을 내면화하고 적대적 상호작용을 지속하던 체제였기 때문에 생존 유지가 최우선적 과제였던 것이다. 1970년대를 기점으로 국제경제 문제, 환경 문제, 남북 문제 등이 국제 이슈로 부상되기는 하였으나, 안보 문제가 근본적으로 해결되지 않은 상황에서 다른 문제들은 부차적인 것으로 간주되었고, 그러한 문제들마저도 안보논리에 강하게 영향을 받았다.

3. 행위자

1970년대 상호의존론자들은 국가 이외에 비국가행위자, 즉 국제기구, NGO, 초정부관료 등도 국제정치의 주요한 행위자로 부각되었다고 주장하고 있으나, 냉전기 국제정치의 주요행위자는 국가, 특히 각 진영을 지배하고 있던 미국과 소련이었다. 냉전기는 유럽통합이 정체된 시기가 상대적으로 많아 유럽이 국제정치의 전면에 부각되지 못했던 것도 행위자 차원에서 보는 냉전체제의 특징이라고 볼 수 있다.

4. 관계

냉전기 국제관계는 근본적으로 갈등적 상호작용의 시기로 규정할 수 있다. 서방진영과 공산진영은 재래식 군비경쟁, 핵무기 경쟁 및 세력권 경쟁을 지속적으로 전개하였으며, 한국전쟁이나 베트남전쟁에서 보듯이 냉전이 국지적 열전으로 확대되기도 하였다. 이러한 상호작용은 냉전 초기 형성한 적대적 집합정체성을 확대 재생산하였으며, 적대적 정체성에 기초하여 선호, 이익, 정책이 규정되었다.

Ⅶ 안정성

1. 서설

냉전체제에서는 제1차 세계대전이나 제2차 세계대전과 같은 대규모 전쟁은 발발하지 않았다는 점에서 비교적 안정적인 국제체제로 평가되고 있다. 학자들은 냉전체제의 안정요인을 다양한 각도에서 분석하고 있으며, 이를 근거로 하여 탈냉전체제의 안정성에 대한 전망적 의견을 제시하고 있다. 주요 패러다임인 현실주의, 자유주의, 구성주의적 관점에서 냉전체제의 안정성을 평가해 보자.

2. 현실주의

현실주의는 기본적으로 극성, 즉 강대국의 숫자로부터 체제안정성을 논한다. 그런데, 냉전체제의 극성에 대한 평가가 다르듯이, 안정성에 대해서도 견해가 나뉜다. 양극적 세력균형론, 위협균형론, 패권론, 억지이론을 살펴보자.

(1) 양극적 세력균형론 – 왈츠(K. Waltz), 미어샤이머(John J. Mearsheimer)

왈츠 등은 냉전체제를 양극적 세력균형체제로 규정하고, 기본적으로 힘의 균형(BOP: Balance of Power)에 의해 안정성을 유지했다고 본다. 왈츠는 무정부체제에서 국가들은 균형화 경로 및 동질화 경로를 거쳐 세력균형을 자동적으로 형성한다고 본다. 한편, 왈츠는 같은 균형체제라도 양극체제가 다극체제보다 상대적으로 안정적이라고 본다. 신중성, 확실성, 책임 전가나 연쇄적 패거리짓기 등의 불안요인 제어, 동맹안보딜레마 제어 등이 그 요인이라고 본다. 양극체제 안정론자들은 탈냉전기 국제체제를 다극체제(multipolar system)로 규정하고 상대적으로 불안정성이 높아지고 있는 것으로 본다.

(2) 위협균형론 – 월트(Stephen M. Walt)

월트는 냉전체제가 기본적으로 균형체제라고 보나, 세력균형이라기보다는 위협균형체제라고 본다. 월트는 냉전초기 동맹관계 형성을 분석하면서, 서유럽국가들이 힘의 균형을 추구하였다면, 미국이 아닌 소련과 동맹을 맺어야 했다고 본다. 그러나, 서유럽국가들이 힘에 있어서 우위인 미국과 동맹을 맺은 것은 지리적으로 인접하고, 상대적으로 팽창적 속성을 갖는 소련이 주는 위협을 중요하게 평가했기 때문이라고 주장하였다. 월트는 탈냉전으로 소련의 위협이 사라졌기 때문에 NATO는 해체될 것으로 전망했으나, NATO가 확대 및 강화되면서 그의 예측은 빗나가고 말았다.

(3) 패권론

오간스키(A. F. K Organski), 길핀(Robert Gilpin), 크라스너(Stephen Krasner) 등 패권론자들은 국제체제는 역사적으로 패권체제였다고 보고, 전쟁을 통해 새로운 패권국이 등장한다고 본다. 제2차 세계대전 이후 미국은 국제체제의 새로운 패권국으로 등장하였고, 미국은 정치·군사·경제 질서 형성을 주도했다고 본다. 즉, 냉전체제는 패권체제였으며 미국의 군사적·경제적 힘에 의해 안정이 유지되었다고 보는 것이다. 그러나, 미국의 실질적인 정치·군사·경제적 영향력의 범위가 공산권을 제외한 자유주의 진영에 국한되었다는 점에서 패권론의 입장은 한계가 있다.

(4) 억지이론

핵억지이론가들은 미국과 소련이 제2차 보복공격능력을 모두 보유함으로써 핵억지(nuclear deterrence)가 형성된 것이 냉전체제 안정성의 핵심적인 요인이라고 본다. 냉전 초기 미국이 절대적 핵우위를 차지하였으나, 1950년대 소련이 핵무기 개발에 성공함으로써 절대적 핵우위는 약화되었고, 1960년대 미국과 소련은 상호억지력을 보유하게 되었다. 미어샤이머와 개디스는 냉전기 양국이 보유한 핵무기는 양극체제와 함께 냉전체제를 안정시킨 주요 요인이라고 평가하였다.

(5) 검토

냉전체제는 균형체제로 보는 것이 타당하다고 생각된다. 핵무기를 제외한 총체적 국력의 측면에서 미국을 중심으로 하는 자유진영이 소련을 중심으로 하는 공산진영에 비해 압도적인 힘을 유지했다고 볼 수 있을 것이나, 핵무기를 포함하여 평가해 보면, 군사력의 균형을 유지했다고 평가할 수 있을 것이다. 따라서, 냉전체제의 안정성에 대한 논의는 양극적 세력균형론이나 핵억지이론의 입장이 상대적으로 타당하다고 본다.

3. 자유주의

자유주의자들은 국제체제의 무정부성을 완화할 수 있다고 전제하고, 제도, 통합, 상호의존, 정치체제 개혁 등을 통해 국제체제의 안정을 유지할 수 있다고 본다. 특히 UN의 집단안전보장에 대해 희망을 가졌었다. 그러나, UN의 집단안전보장제도는 냉전체제 형성으로 제대로 작동하지 않았다. 통합이나 상호의존성 강화는 주로 자유주의 진영 내에서 활성화되었기 때문에 소련을 포함하는 냉전체제 자체의 안정성을 평가하기는 어렵다. 다만, 서유럽 내에서는 구적국들인 프랑스와 독일 간 평화공존을 보장하는 역할을 어느 정도 담당했다고 평가할 수는 있을 것이다.

4. 구성주의

구성주의는 국제관계에 중요한 영향을 주는 변수는 힘의 분포나 무정부성이라기 보다는 상호작용하는 행위자들이 내면화하고 있는 규범(norm)이나 집합정체성(collective identity)이라고 본다. 즉, 무정부체제하에서 국가들은 정체성에 따라 갈등적 상호작용을 할 수도 있고, 협력적 상호작용을 할 수도 있다고 본다. 이는 현실주의자들이 무정부성을 언제나 홉스적 자연상태로 간주하는 것과 대비된다. 냉전체제는 국가들이 상호 갈등적 정체성을 내면화하고 그에 따라 이익과 정책을 설정하고, 상호작용하던 체제였기 때문에 구성주의적 평화를 논의하기는 어렵다.

5. 평가

전반적으로 보면, 냉전기 국제체제는 세력균형체제였고, 안정요인은 미국과 소련을 중심으로 하는 세력의 균형이었던 것으로 평가할 수 있다. 특히, 핵무기를 중심으로 하는 공포의 균형(BOT: Balance of Terror)이 균형체제 형성과 안정성 유지에 결정적인 역할을 한 것으로 생각된다. 구성주의적 평화는 냉전체제 확립으로 작동될 여지가 없었으며, 자유주의적 평화는 자유주의 진영에 국한된 영향만 있었다고 평가할 수 있다.

VIII 결론

제2차 세계대전 이후 형성되어 약 50여 년간 국제체제의 성격을 규정했던 냉전체제는 이제 해체되었고, 새로운 세계질서가 전개되고 있다. 새로운 세계질서는 냉전체제와 달리 미국 중심의 단극질서, 국가 및 비국가행위자의 다층적 네트워크 형성 질서, 냉전적 정체성이 지속하는 동북아시아 질서, 새로운 주권체를 형성해가는 유럽 질서, 지구질서와 지역질서의 혼존질서 등 매우 복합적인 체제의 양상을 보여주고 있다. 안정과 불안정, 통합과 분산이 동시에 나타나고 있는 것이다. 따라서, 국제무대에서 활동하는 행위자들은 새롭게 전개되고 있는 탈냉전질서에 조응하는 새로운 안정성 확보 메카니즘을 디자인 해내야 할 것이다.

제2절 탈냉전체제

I 서론

국제정치사는 대규모적이고 중대한 전쟁을 중심으로 서술된다. 19세기 이후의 국제정치사는 나폴레옹전쟁과 유럽협조체제, 보불전쟁과 비스마르크동맹체제, 제1차 세계대전과 베르사유체제, 제2차 세계대전과 얄타 또는 냉전체제로 전개되어 왔다. 그러나, 제2차 세계대전 이후의 냉전체제는 강대국 간 열전 없이 붕괴되고 이른바 탈냉전 질서가 전개되고 있다. 혹자는 2001년 9·11테러를 21세기 새로운 전쟁으로 보고 이후의 체제를 탈탈냉전체제(post-post cold war system)로 명명하기도 한다. 탈냉전체제는 체제, 이슈, 행위자, 체제의 환경 차원에서 냉전체제와 비교하기 어려운 근본적이고 본질적인 변화 속에서 전개되고 있다. 이러한 탈냉전체제는 다양한 논쟁을 제기하고 있다. 무엇보다 본질적인 변화를 보여주고 있는 탈냉전체제를 어떠한 분석단위에서 개념화할 것인지에 대해 패러다임 간 다양한 논의가 제기되고 있다. 크게는 근대 - 탈근대 논쟁으로, 작게는 각 패러다임 내부 논쟁으로 논쟁이 전개되고 있다. 한편, 탈냉전체제의 안정성에 대해서도 다차원적 분석이 전개되고 있다. 여전히 형성 중에 있는 것으로 평가되는 21세기 국제체제는 어떠한 모습을 드러낼 것이며, 행위자들 간 상호작용은 안정적일 것인가? 주권국가들이 주권평등(sovereign equality)원칙에 기초하여 상호작용하고 있는 웨스트팔리아 국제체제는 지속될 것인가?

II 탈냉전체제의 의미

1. 극성(polarity) - 소련의 해체와 단극 또는 다극체제 형성

탈냉전체제는 기본적으로 냉전체제와 비교되는 개념이므로, 냉전체제와 다양한 차원에서 비교하는 것이 유익하다. 우선, 강대국 숫자로 정의되는 극성의 관점에서 보면, 양극에서 단극으로의 변화를 탈냉전이라고 규정할 수 있다. 1991년 12월 25일 고르바초프는 소련의 해체를 선언하고 독립국가 연합을 출범시켰다. 이로써, 미국이라는 하나의 초강대국과 러시아, 일본, 중국, 독일, 영국, 프랑스 등 여러 개의 강대국으로 체제가 재구성된 것이다. 이 밖에도 다극체제로 전환되었다고 보는 견해도 있고, 패권체제로 전환 또는 강화되었다고 보는 견해도 있다. 요컨대, 극성의 차원에서는 양극체제의 단극, 다극 또는 패권체제로의 전환을 탈냉전으로 규정할 수 있다.

2. 이념(ideology)

이념적 차원에서의 탈냉전은 미국과 소련의 이념적 대립의 종식을 의미한다. 냉전체제에서 미국과 소련은 상대방과 이념 및 체제 경쟁을 지속하면서 자신의 체제의 우월성을 주장해 왔다. 그러나, 소련은 자유주의 및 자본주의로의 체제전환을 결정함으로써 공산주의 및 집단주의의 결함과 패배를 스스로 인정하였다.

3. 상호관계

상호관계 차원에서 보면, 미국과 소련이 냉전체제하에서 지속해온 상호 비방, 군비 경쟁, 체제 경쟁, 세력권 경쟁 등 다차원적 경쟁과 적대관계를 종식하고 신뢰와 협력에 기초한 새로운 관계를 형성시킨 것을 탈냉전이라고 규정할 수 있다. 1989년 12월 부시 미국 대통령과 고르바초프는 몰타에서 열린 정상회담에서 미국과 소련은 더 이상 적대국이 아니며 냉전이 끝났음을 선언하였다. 양국 간 새로운 집합정체성(collective identity)이 형성된 것이다.

Ⅲ 탈냉전체제의 성립요인

1. 서설

탈냉전체제의 성립은 기본적으로 냉전체제의 해체를 말한다. 냉전체제란 제2차 세계대전 이후 미국과 소련을 맹주로 하는 두 진영이 비슷한 수준의 군사력을 유지하면서 군비경쟁과 세력권 경쟁을 지속하던 체제를 말한다. 냉전체제의 해체 및 평화적 해체가 예측하지 못한 채 발생했다는 점에서 상당한 충격을 주었다. 구소련권의 붕괴와 미소관계 정상화의 원인에 대해서는 소련 사회주의 체제의 결함, 미국의 봉쇄정책, 민주화와 세계화, 고르바초프의 개혁개방정책 등이 주요 원인으로 논의되고 있다.

2. 개인변수 – 고르바초프의 결단과 정책

우선, 정치지도자의 개인의 역할에 초점을 맞춘 설명은 고르바초프의 개혁, 개방정책, 그의 정치적 결단의 중요성을 지적한다. 고르바초프는 1985년 3월 소련 공산당 서기장에 취임하면서 페레스트로이카(개혁), 글라스노스트(개방)를 슬로건으로 내걸고 전면적인 소련의 개혁을 단행하였다. 정치적으로는 공산당 1당 독재조항의 폐지와 강력한 권한의 대통령제 도입 그리고 경제적으로는 시장경제원칙을 도입하였다. 또한, 그는 '신사고'를 외교전략의 노선으로 제시하고 미국과의 협력적 국제질서를 형성해 나가기 시작하였다.

3. 국가변수 – 미국의 봉쇄정책

탈냉전을 미국의 봉쇄정책의 결과로 보는 견해도 있다. 피터 시바이처는 소련의 붕괴는 소련 자체의 모순때문이 아니라 미국의 주도면밀하고 집요한 소련 붕괴전략의 결과라고 주장한다. 그에 따르면, 미국은 소련을 붕괴시키기 위해 경제전, 외교전, 군사전 등 총력전을 펼쳤다. 미국은 소련의 주요 외화 획득 품목인 석유와 천연가스를 통제하고 유가를 통제함으로써 소련 경제에 심각한 타격을 주었다. 또한, 전략방위 구상

(SDI)을 추진함으로써 서방과의 군사적 대등성을 확보하려는 소련으로 하여금 군사비를 과다 지출하게 하여 소련의 붕괴를 촉진했다. 외교적으로도 폴란드 자유노조를 지원함으로써 소련을 궁지로 몰리게 하였다. 이러한 입장에서 보면, 고르바초프는 미국의 봉쇄정책에 더 이상 맞설 힘이 없는 것을 인식하고 그에 맞는 적절한 정책을 펼친 것에 불과한 것으로 평가절된다.

4. 사회변수 - 사회주의체제의 문제

소련의 붕괴와 냉전의 종식을 보다 근본적인 차원에서 원인을 분석해 보면, 사회주의 체제, 특히 경제체제의 문제점을 확인할 수 있다. 사회주의 경제는 시장이 아닌 정치에 의해 중앙집중적으로 자원이 배분되는 체제이다. 이러한 체제는 생산성 향상에 대한 유인을 부여하지 않아 장기적으로 근대화에 실패하게 된다. 1970년대와 1980년대 들어 경제가 침체기에 들어갔으며, 특히 1970년대 후반과 1980년대 초반에 농산물 수확이 대폭 감소하여 경제에 큰 타격을 주었다. 사회주의 계획경제는 시장경제에 비해 생산성이 떨어지면서 상대적으로 체제경쟁에서 뒤처지기 시작하였고, 경제영역에서의 상대적 열위는 군비경쟁 분야에서도 결과적으로 열세에 처하게 하였다. 고르바초프의 개혁개방 정책은 소련 내부의 이러한 문제를 인식한 가운데에서 실행에 옮겨진 것이었다.

5. 국제체제변수 - 세계화, 민주화

세계화와 민주화를 냉전체제 해체의 요인으로 보는 견해도 있다. 우선, 세계화 측면에서 보면 1990년대 들어 본격화된 세계경제의 글로벌화, 즉 시장경제의 전지구화 추세는 공산주의 경제체제를 견지해 온 공산국가들을 심각하게 압박하였고, 이것이 결국 동구권의 몰락과 소련의 붕괴를 초래했다고 본다. 붕괴 직전 동구 공산국가들과 소련은 심각한 경제위기에 봉착하고 있었다. 소련은 시장경제를 도입한 이후에도 재정적자와 소비재 부족에 시달리고 있었다. 한편, 동구의 폴란드에서 시작한 민주화 물결은 동구권의 다른 나라들로 확산되었고, 이것이 결국 소련 내의 개혁파의 입지를 강화시키고 공산당이 이끄는 소련을 해체시키는 도화선이 되었다는 입장도 있다.

6. 검토

냉전체제가 종식되고 탈냉전체제가 성립함에 있어서 고르바초프의 정치적 결단, 사회주의 체제의 모순, 미국의 봉쇄정책 및 세계화와 민주화라는 구조변수가 모두 영향을 미쳤음은 당연한 사실이다. 그러나, 근본적이고 결정적인 이유는 사회주의 체제의 비효율성이라고 본다. 사회주의 체제는 결과적으로 경제적 비효율성, 정치적 억압과 독재, 사회문화적으로 경직된 생활방식을 내재화 시켰을 것이다. 이러한 모순이 심각한 경제침체와 민주화의 물결 등으로 심화되고 있는 가운데, 미국의 강력한 군비경쟁 압력에 대응하기가 어려웠을 것이다. 고르바초프는 그러한 대내외적 상황을 인식하고, 정치적 결단을 내리지 않을 수 없었다.

IV 탈냉전체제의 구조적 특징

1. 서설

탈냉전체제의 특징은 거시적인 구조, 주요 이슈, 행위자 및 주요 국제정치 과정을 기준으로 생각해 볼 수 있다. 우선, 행위자들이 상호작용하는 탈냉전 국제체제의 구조에 대해서 보면, 국제정치 패러다임 각 진영에서 다양한 견해들을 내놓고 있다. 냉전기 국제체제가 주로 현실주의적 관점에서 분석되었고, 또 그것이 어느 정도 적실성을 갖는 것으로 평가되었다. 그러나 탈냉전체제는 단순히 극성의 변화로만 포착하기 어려운 보다 근본적인 변화가 일어나고 있기 때문에 그만큼 탈냉전체제의 구조에 대한 견해가 다양하게 제시되고 있다. 주요 패러다임을 중심으로 탈냉전체제의 구조적 특징을 논의한다.

2. 현실주의

(1) 의의

현실주의자들은 국제체제의 구조를 무정부상태와 힘의 배분 구조의 관점에서 정의한다. 다만, 무정부상태는 세계정부가 형성되기 전까지는 유지될 것으로 보기 때문에 구조 정의에 있어서 '극성'을 가장 중요한 변수로 생각한다. 극성의 관점에서 논쟁이 되는 것은 '미국의 힘'을 어떻게 평가할 것인지, 그리고 얼마나 오랫동안 유지될 것인지의 문제이다. 이를 중심으로 패권체제, 단극체제, 다극체제의 논의가 있다.

(2) 왈츠(Kenneth N. Waltz) – 일시적 단극체제

왈츠는 냉전종식으로 양극체제가 무너지고 현재 단극체제에 머무르고 있으나, 궁극적으로는 다극적 세력균형체제로 갈 것으로 본다. 즉, 탈냉전의 시대를 다극체제로 가는 과도기에 존재하는 일극체제로 본다. 한편, 냉전의 종식으로 아시아에서 보다 다극적인 성격의 국제체제가 형성되고 있으며, 이는 아시아의 장래에 부정적으로 작용할 것으로 본다. 다극체제에서는 핵의 존재가 안정성의 주요 변수라고 본다.

(3) 미어샤이머(John J. Mearsheimer) – 다극체제

미어샤이머는 탈냉전체제를 다극체제라고 본다. 특히, 탈냉전 후 유럽의 국제체제는 독일, 프랑스, 영국, 이탈리아, 러시아로 구성되는 다극체제이며 안정성은 양극체제에 비해 상대적으로 낮다고 본다. 미어샤이머는 유럽 국제체제의 안정성을 위해서는 무엇보다 핵억지력이 중요하다고 본다. 따라서, 유럽의 안정을 위해 미국은 제한적이고 잘 관리된다는 것을 전제로 한 핵확산을 고무해야 하며, 특히 독일이 핵을 보유하는 것이 이상적이라고 본다.

(4) 레인(Christopher Layne) – 일시적 단극체제

레인은 탈냉전체제를 단극체제로 본다. 그러나, 미국의 패권은 궁극적으로 도전을 받을 것이기 때문에 이러한 단극체제는 일시적인 순간(fleeting moment)에 불과하고 곧 다극체제, 즉 다극적 세력균형체제가 도래할 것으로 본다. 레인은 미국이 패권을 유지하기 위해 힘을 사용하기보다는 강대국으로 부상한 독일 및 일본과 전략적 상호의존(strategic interdependence)을 통해 다극체제의 안정을 꾀해야 한다고 주장하였다.

(5) 마스딴두노(Michael Mastanduno) - 지속가능한 단극체제

마스딴두노는 탈냉전체제를 단극체제로 본다. 그러나, 레인과 다른 점은, 마스딴두노는 단극체제가 상당기간 유지될 수도 있다고 보는 점이다. 다만, 단극질서가 지속되기 위해서는 미국이 다른 강대국들에게 위협을 가하지 않아야 한다. 구체적으로 미국이 강대국들의 도전을 피하고 단극질서를 지속시키기 위해서는 경쟁 가능성이 있는 국가에게 그들이 좀 더 큰 역할을 갈망할 필요가 없다는 것을 확신시킴으로써 이들이 미래의 전지구적 경쟁자로 등장하는 것을 배제해야 한다. 이를 위해 독일과 일본에게는 안보공약을 지속적으로 재확인 하고, 러시아와 중국은 미국이 중심이 되는 국제질서의 실제와 제도에 관여시키고 통합시켜야 한다고 본다.

(6) 요페(Josef Joffe) - 대항불가능한 패권체제

요페는 탈냉전체제를 단극체제로 본다. 그러나, 여러 가지 요인으로 장기적으로도 균형체제가 형성되기 힘들 것으로 본다. 요페는 균형체제가 형성되기 어려운 이유로서 두 가지 이유를 든다. 첫째, 미국은 영토적 야심을 가지고 있지 않기 때문에 미국에 대한 적대적인 동맹이 쉽게 결성되지 않을 것으로 본다. 둘째, 미국은 19세기 독일 통일 이후 비스마르크가 전개했던 동맹전략을 구사함으로써 적대국이 발생하는 것을 막는 전략을 쓰고 있다. 비스마르크가 독일에 적대적일 가능성이 있는 국가들을 자신을 중심으로 하는 동맹체제에 묶어둠으로써 프랑스의 보복전쟁을 막았듯이, 미국도 역시 미국에 적대적일 가능성이 있는 국가와 동맹을 체결하여 이익을 보장해 줌으로써 적대적 동맹 형성을 막는 전략을 구사하고 있다.

3. 자유주의

(1) 복합적 상호의존

자유주의자들은, 현실주의자들과 달리 비국가행위자의 영향력이 강화되고, 정보화와 세계화에 기초하여 국가 및 비국가행위자들 상호간에 복합적 상호의존관계가 형성되고 있는 것으로 본다. 복합적 상호의존체제는 다양한 행위자들이 다양한 이슈를 중심으로 다층적인 연계망을 형성하고 있는 체제로 개념화된다.

(2) 전지구적 시민사회

전지구적 시민사회는 비국가행위자 중에서 NGO 또는 INGO의 역할이 상당히 강화되어 있는 사회를 말한다. 국내사회에서 정부가 NGO들의 영향력과 요구를 수용하지 않을 수 없는 것처럼 세계정치에서도 국가 및 국제기구는 NGO들의 요구를 받아들여야 할 것으로 본다. 이 입장은 전세계적으로 시민사회가 활성화 되어 있는 체제를 상정하나, 아직은 시민사회의 형성 및 영향력 증가는 북반구 서유럽 국가들에 국한된 현상이라는 점이 한계로 지적된다.

(3) 세계정치의 두 세계론

① 의의: 로즈노(James Rosenau)는 전통적인 패러다임이 더 이상 현재의 국제정치를 설명하는 데 적합하지 않다고 보고, 새로운 인식방식으로서 '다중심패러

다임'을 제시한다. 다중심세계는 주권에 의해 구속되지 않는 많은 다른 행위자들이 존재하는 세계를 말한다. 로즈노는 현 세계는 국가중심세계와 다중심세계가 혼존하며 서로 상호작용하는 세계라고 보며, 어느 세계가 우세한가에 따라 다양한 질서로 전개될 것이라고 본다. 그는 네 가지 모형을 제시한다.

② **네 가지 사회 모형**: 첫째, 전지구적 사회(global society)로서 전 지구적인 틀 내에 국가 및 기타 조직들이 권위를 분할하여 가지면서 전지구적 규율을 지켜 나가는 사회를 말한다. 둘째, 회복된 국가체제(restored state-system)로서 이는 전통적으로 존재해 왔던 체제로서 주권국가들이 지배하고 비국가조직들이 이에 종속되는 체제를 일컫는다. 셋째, 다원주의 질서(pluralist order)로서 초국가적인 기구가 지배적인 위상을 지니며 개인들은 그들의 조직을 통해 여전히 존속하고 있는 국가의 규제를 넘어 자신들의 이익을 추구하는 질서 모형이다. 넷째, 지속적인 이원 질서(enduring bifurcation) 모형으로서 로즈노가 현재의 세계질서로서 그리고 있는 질서, 즉 국가권력이 결정적인 변수로 남아 있는 국가 중심적 질서와 각각 자신들의 이익을 추구하는 다양한 조직, 집단, 개인들이 민족국가의 통제 밖에서 일종의 초국가적인 사회를 구성하고 있는 다중심적 질서가 공존하는 질서를 의미한다.

4. 제국론

탈냉전, 세계화, 정보화의 국제체제를 제국론의 관점에서 보는 견해가 있다. 제국론은 현 질서를 미국 중심의 제국질서라고 본다. 제국질서에서는 주권평등이나 내정불간섭의 관념은 존재하지 않는다. 미국 국내법이 곧 세계법이고, 이는 미국의 힘에 의해 준수된다. 미국적 가치에 동조하지 않는 정권은 무력을 수반한 변경의 대상이 된다. 제국론은 현재 미국의 군사적·정치적·경제적·문화적 위상을 어느 정도 반영하고 있다. 특히, 군사적 차원에서 미국은 압도적 힘을 유지하고 있으며, 이는 점점 더 강화되고 있다. 또한, 전세계적으로 군대를 투사할 수 있는 능력을 가진 유일한 나라이다. 그러나, 제국론은 과장된 측면이 있다. 미국의 군사력의 투사는 현 체제에서 강대국 이외의 국가에 대해 행해지고 있기 때문이다. 중국의 부상, 유럽통합 가능성은 미국 중심 세계질서를 주장하는 제국론의 판단이 빗나가게 만드는 변수가 될 것으로 보인다.

5. 문명충돌론

헌팅턴은 탈냉전체제를 문명체제로 본다. 즉, 종교를 핵심결집수단으로 하는 9개의 문명으로 세계정치의 구획이 재편될 것이며, 문명 간 관계는 갈등적 상호작용을 보일 것으로 본다. 헌팅턴은 인간의 정체성을 형성하는 근원이 종교이지만, 냉전체제에서는 이념에 가려져서 그것이 명확하게 드러나지 않았다고 주장한다. 이념적 장벽이 제거된 탈냉전체제에서는 문명을 중심으로 정치단위가 재편된다고 본다. 헌팅턴의 견해는 탈냉전기 새로운 갈등요인을 적절하게 부각시켜준 측면은 있으나, 최근의 국제정치에서 문명정치가 본격화되었다고 보기는 어렵다는 평가를 받고 있다.

6. 평가

탈냉전체제를 현실주의적 입장에서 보면, 최소한 미국의 단극질서로 규정할 수는 있다고 본다. 미국은 전세계 군사비의 50% 이상을 지출하고 있을 뿐만 아니라, 첨단무기 차원에서 타의 추종을 불허하는 것으로 평가되고 있기 때문이다. 또한, 중국이 경제적, 군사적으로 부상하고 있으나 미국에 대항할 수 있는 강대국으로 부상하기까지는 상당기간이 걸릴 것으로 예측되기 때문에, 미국 중심 단극질서는 상당기간 유지될 것이다. 그러나, 탈냉전체제를 단순히 극성의 변화로만 보는 것은 단편적인 견해라 생각된다. 탈냉전체제는 세계화, 정보화, 비국가행위자의 위상 및 역할 강화 등의 특징도 보여주고 있기 때문이다. 따라서, 복합적 상호의존론이나 로즈노의 세계정치의 두 세계론의 분석도 타당하다고 생각된다.

V 탈냉전체제의 이슈 · 행위자 · 과정

1. 이슈

(1) 경제적 이슈 부상

탈냉전체제의 특징을 이슈(issues) 차원에서 규명해 보자면, 무엇보다 경제적 이슈가 국제관계의 전면에 부상했다는 점을 들 수 있다. 냉전체제의 해체로 국가 및 시민들의 안보에 대한 위협이 상대적으로 약화되었고, 사회주의 국가들이 시장경제로 체제 전환을 시도하면서 상품이나 자본 이동이 원활해진 것이 주요 원인이다.

(2) 새로운 안보이슈 등장

탈냉전체제에서는 전통적인 국가안보이슈 이외에 새로운 안보이슈로서 포괄적 안보와 인간안보 이슈가 제기되고 있다. 포괄적 안보(comprehensive security)는 국제관계를 위협하는 요인이 군사이슈라는 제한된 사고를 벗어나서 환경, 경제, 국제범죄, 난민 등으로 그 위협의 범위를 확장시킨 개념이다. 한편, 인간안보(human security)는 안보의 대상, 즉 위협으로부터 보호하고자 하는 가치(value) 차원에서 정의되는 개념으로서 인간의 복지(welfare)와 안위(well-being)를 안보의 가치로 설정하는 개념이다. 새로운 안보개념은 탈냉전과 세계화로 새롭게 나타나는 분쟁에 국제협력을 통해 대응하기 위해 제시된 개념들이다. 즉, 포괄적 안보나 인간안보는 개별 국가보다는 국가들 간 공동대응을 전제한 개념이라고 볼 수 있다.

2. 행위자

(1) 국가의 영향력 약화

행위자 관점에서 보면, 국가의 영향력 약화와 비국가행위자의 영향력 강화로 탈냉전체제의 특징을 규정할 수 있다. 냉전체제에서는 주권국가가 전면에 나서는 웨스트팔리아체제의 성격을 강하게 보여주었으나, 탈냉전국제체제에서는 국가의 위상이 상대적으로 약화되고 있다. 국가의 위상이 약화된 중요한 이유는 탈냉전, 세계화시대에 국가가 해결해야 하는 문제의 성격이 국가가 가진 자원만으로 대응하기가 어려워지고 있기 때문이다. 예컨대, 자본 이동이 급격히 증가한 상태에서 국가의 경제정책의 실효성이 약화되기 때문에 타국이나 비국가행위자들과 공동대응이 불가피하다.

(2) 비국가행위자의 영향력 강화

비국가행위자(non-state actors)란 국제기구, NGO, INGO, 다국적기업 등을 포괄하는 개념이다. 냉전체제에서 이들은 국가의 강력한 통제에 복종해야 했기 때문에 영향력 행사에 한계가 있었으나 세계화, 정보화시대에 국가의 통제력과 문제해결능력이 상대적으로 약화되면서 이들이 영향력을 발휘할 수 있는 기회구조가 형성되었다. 이들은 민족국가의 문제해결에 도움을 주기도 하지만, 민족국가에 정책전환을 촉구하는 활동도 전개한다. NGO들이 전개하는 영향력의 정치(politics of influence)를 예로 들 수 있다.

(3) 테러 및 범죄조직의 활성화

테러 및 범죄조직이 활성화되고 있는 것도 탈냉전국제체제의 특징 중의 하나이다. 냉전체제에서도 테러가 문제시되었으나, 탈냉전기에 활성화되고 있다. 이는 이념적 정체성이 사라지면서 인종적, 종교적 정체성이 강화되는 것과 관련이 있으며 세계화로 인해 남북 간 경제력의 격차가 확대되고 있는 것도 주요 원인인 것으로 평가된다.

3. 과정

(1) 전쟁

국가 및 주요 행위자들 간 상호작용을 국제정치 과정(process)이라 한다. 탈냉전체제에서는 과거와 전쟁의 양상이 변화되고 있는 것으로 평가된다. 특히 탈냉전 초기에 발생했던 이라크와 미국을 중심으로 하는 동맹군의 전쟁은 첨단무기체제의 구축이 전쟁의 승패를 좌우하는 결정적인 요소라는 점을 보여주었다. 정보혁명의 시대가 도래 하면서 '군사기술혁명'(RMA: Revolution in Military Affairs)에 기초한 첨단무기체계 구축 및 운영이 재래식 군사력 강화보다 중요하게 평가되고 있다.

(2) 외교

탈냉전국제체제에서는 세계화 및 정보화의 영향으로 정부 간 외교에도 변화가 일어나고 있다. 정보화시대의 외교는 수단, 형태, 내용 및 주체 면에서 많은 변화를 가져왔다. 우선, 인터넷 등 정보화 기술의 발전으로 인하여 새로운 외교 커뮤니케이션 수단이 활성화되었으며, 이를 누가 먼저 활발히 사용하는가에 따라 외교력이 좌우되게 되었다. 둘째, 정보화와 관련된 내용을 다루는 외교가 중시되어 인터넷 거버넌스, 지적재산권 등이 외교의 중요한 내용이 되었다. 셋째, 외교의 주체가 행정부에 국한되지 않고 개인, 시민사회단체, 기업, 학계 등 전문가 집단으로 확장되어 다차원적 외교가 가능한 시대가 되었다.

(3) 국제문제 해결방식

냉전체제에서 주요 국제 문제는 안보였으며, 이는 국방력 강화나 동맹에 의해 해결되었다. 그러나, 탈냉전체제에서는 안보 문제 이외에도 환경 문제, 자본이동 문제, 남북 문제, 국제테러 및 범죄조직 문제 등 해결을 필요로 하는 문제가 증가하고 있다. 이러한 문제들은 개별 국가의 능력으로 통제하기 어렵기 때문에 '거버넌스'(governance)가 필요하다. 거버넌스란 문제해결에 필요한 자원을 가진 다양한 주체들이 협력적 네트워크를 구축하여 문제를 해결해 나가는 방식을 말한다. 정부 및 국제기구만 참여하는 국제거버넌스(international governance)방식뿐만 아니라 INGO나 NGO, 다국적기업도 참여하는 글로벌 거버넌스(global governance)도 동원되고 있다.

VI 탈냉전체제의 안정성

1. 서설

구조, 과정, 행위자 차원에서 다차원적 변화를 보여주고 있는 탈냉전체제는 과연 안정적으로 유지될 것인가? 냉전체제에서는 미국과 소련이 핵억지력에 기초한 세력균형을 형성함으로써 체제의 안정성을 확보할 수 있었다. 탈냉전체제의 안정성에 대한 질문은 양극적 세력균형이 붕괴된 상황에서도 국제체제의 안정성이 유지될 것인가에서 출발한다. 국제체제의 안정성에 대해 현실주의를 비롯한 주요 패러다임의 입장을 논의한다.

2. 현실주의

현실주의 패러다임에서는 균형론과 패권론이 대립하고 있다. 균형론자들은 힘이 균등하게 분포된 극의 구조를 가장 안정적인 것으로 보고, 미국 중심의 단극질서는 그 구조적 불안정성이 매우 높은 체제라고 평가한다. 따라서, 균형론자들은 균형체제가 형성되어야 하고, 또한 형성될 것으로 전망한다. 미어샤이머는 독일이 핵을 가짐으로써 다극질서를 안정화시켜야 한다고 본다. 반면, 패권론자들은 도전세력이 부상하지 않는 패권체제가 가장 안정적인 체제라고 보기 때문에, 현 체제를 매우 안정적인 체제로 본다. 탈냉전체제가 패권체제라고 전제할 때, 아직까지 미국이 다른 강대국을 선제공격하지 않았다는 점에서 패권론의 견해가 타당성이 있다. 그러나, 전쟁의 부재가 핵억지력에 의해 유지되는 측면도 있다고 보면, 전적으로 타당하다고 볼 수는 없을 것이다. 강대국 간 전쟁의 부재는 자유주의적 관점에서 상업적 평화 등을 고려해야 한다고 본다. 결국, 패권체제 그 자체로서 안정성을 준다고 단정하기는 어렵고, 핵무기와 상호의존성 등 다른 변수도 영향을 주고 있다고 평가해야 할 것이다.

3. 자유주의

(1) 상업적 평화

상호의존론은 상업적 평화의 가능성을 주장한다. 즉, 국가들 간 경제적 상호의존 등 다차원적 상호의존성이 심화되면 군사력을 통한 정책추구나 문제해결 가능성이 낮아진다고 본다. 상호의존 단절의 비용이 군사력을 사용하려는 국가에게도 크게 지불될 수 있기 때문이다. 탈냉전체제의 특징 중의 하나는 세계화로 지칭되는 경제적 상호의존이 매우 심화되고 있다는 것이다. 이는 전쟁 가능성이 있는 국가 간 분쟁 가능성을 낮추는 결과를 낳을 것으로 본다.

(2) 제도적 평화

자유주의자들은 국가 간 분쟁을 제어할 수 있는 적절한 제도가 부재하기 때문에 전쟁이 쉽게 발생한다고 생각한다. 따라서, LN이나 UN같은 집단안전보장제도 또는 소규모 국가들 간 다자안보제도를 형성함으로써 전쟁을 억제할 수 있다고 본다. 현재 UN과 같은 집단안전보장제도는 냉전체제와 유사하게 잘 작동하지 않고 있다. 다만, 지역적 다자안보제도가 활성화되거나 형성됨으로써 제도적 평화의 가능성은 있다. 특히, 유럽지역은 제도화의 수준이 고도화된 지역 통합을 통해 영구 평화지대를 창설하려는 실험을 지속하고 있다.

(3) 공화적 평화

칸트(I. Kant)에 의해서 제시된 공화적 평화는 개별 주권국가들의 정치체제가 민주정으로 변모하는 경우 민주국가 상호간에는 분쟁가능성이 줄어든다는 주장이다. 그 논거로는 규범모델과 제도모델이 있다. 즉, 민주국 상호간 내면화하고 있는 분쟁의 평화적 해결 규범 및 습관과 전쟁결정을 제어하는 국내정치, 여론, 투명한 정치제도 등이 분쟁 가능성을 낮춘다는 것이다. 구소련권이 붕괴되고 민주정체로 체제전환을 시도함으로써 민주국가의 수가 점차 늘어나고 있음을 감안할 때, 민주평화 가설이 타당하다면 탈냉전체제의 안정화 가능성은 매우 높다고 평가할 수 있다.

4. 구성주의

구성주의자들은 국제체제의 안정성을 결정하는 것은 국가들이 상호 내면화하고 있는 규범이나 집합정체성이라고 본다. 즉, 국가들이 상호간에 갈등적 정체성과 적대적 정체성을 내면화하고 있는 경우, 지속적인 갈등관계의 확대재생산 및 무력사용의 상호작용 패턴을 보여준다. 반면, 조화적이고 협력적 집합정체성하에서는 협력적 상호관계가 형성된다. 탈냉전은 그동안 적대적 정체성을 내면화하고 있던 미국과 소련이 협력적이고 우호적인 정체성을 재구성하는 계기를 형성시켜 주었다. 강대국들이 지속적으로 탈냉전적 정체성을 확대 재생산하기 위해 대외전략을 구사한다면 안정적인 국제질서를 창출할 수 있을 것이다.

5. 평가

탈냉전기 강대국 간 전쟁 부재상태가 지속되고 있다는 점에서 탈냉전체제는 현재까지 안정적으로 유지되고 있다고 평가할 수 있다. 탈냉전체제의 안정성은 여러 각도에서 설명할 수 있으나 핵억지, 미국의 강대국에 대한 유화정책, 유럽통합, 상호의존 증가 등이 탈냉전체제를 안정화시키고 있는 주요 요인이라고 생각한다. 구성주의 변수의 경우 유럽지역이나 북미지역의 안정성은 설명할 수 있으나, 동북아시아지역 국제관계의 안정성의 설명에 있어서는 적실성이 없다. 이들은 냉전적 정체성에서 벗어나지 못하고 있는 것으로 평가되기 때문이다.

제3절 21세기 국제체제

I 21세기 세계질서의 특징

1. 극성

21세기 세계질서에 있어서 우선 극성(polarity)은 어떤 모습을 보여줄 것인가? 현실주의진영에서는 크게 세 가지 견해가 있다. 다극적 세력균형체제, 미국 중심 패권체제, 중국 중심 패권체제가 그것이다. 다극적 세력균형체제는 미국·중국·유럽을 중심으로 하는 삼극체제가 형성될 가능성이 높은 것으로 본다. 미국 중심 패권체제는 중국이 부상하더라도 미국이 총체적 힘의 우위를 지속적으로 유지해 나가는 것을 전제한 것이다. 유럽, 일본, 한국이 미국과 동맹을 유지한다면 동맹을 고려한 미국의 힘을 중국이 능가하기가 쉽지 않음을 고려하면 미국 중심 패권체제 유지도 가능성이 높다. 한편, 중국 중심 패권질서는 미국이 무리한 패권체제 구축기도로 국력이 쇠퇴하고, 중국이 경제적으로 지속 성장하면서 군사력의 현대화와 러시아와의 군사동맹형성 등에 성공한 경우 형성 가능한 체제이다. 미국 중심 패권체제나 다극체제 형성 가능성이 높은 것으로 보인다.

> **참고** 다극체제 안정성에 대한 논쟁
>
> **1. 다극체제 불안정론**
>
> (1) 양극안정론
> 왈츠(K. Waltz), 미어샤이머(John Mearsheimer) 등은 세력균형체제의 상대적 안정성을 인정하되, 양극체제가 다극체제에 비해 더 안정적이라고 주장한다. 양극체제 안정론의 논거는 양극체제 안정론과 다극체제 불안정론으로 대별하여 제시할 수 있다. 양극안정론의 논거로는 상대방의 힘에 대한 정확한 평가가 가능하다는 것과 전쟁시 세계적 규모의 대전을 초래할 것이라는 우려로 힘의 사용에 대해 자제할 것이라는 점이 제시된다. 한편, 왈츠는 다극체제 불안정론을 제시하면서 다극체제에서 나타나는 '연쇄적 패거리짓기'나 '책임전가' 현상을 제시한다. 연쇄적 패거리짓기(Chain-ganging)란 동맹국의 안보와 자국의 안보를 동일시하면서 동맹국을 무조건적으로 지원하는 행태를, 책임전가(Buck-passing)란 도전국에 대한 방어책임을 서로 회피하는 행태를 의미한다. 이는 다극체제의 구조적 특성에서 비롯되는 것이므로 통제가 어렵다는 것이 왈츠의 입장이다.
>
> (2) 단극안정론
> 길핀(Gilpin), 모델스키(Modelski) 등은 패권안정론의 관점에서 다극체제 불안정을 주장한다. 지도국의 힘이 약화되는 경우 지도국 또는 패권국이 형성하고 유지해 온 질서에 대한 저항이 고조되고 국제질서 형성에 대한 경쟁이 고조되어 국제체제의 불안정성이 높아진다(모델스키). 힘의 분산이 심화되는 경우 구조적 불균형이 발생하여 전면적 패권전쟁(길핀) 또는 지도국가 교체를 위한 전쟁(모델스키)이 발발할 수 있다.
>
> **2. 다극체제안정론**
> 모겐소(Hans Morgenthau), 키신저(Henry Kissinger) 등은 다극체제가 상대적으로 안정적이라고 본다. 이들은 19세기 유럽국제체제가 안정적인 체제였다고 보고, 몇 가지 안정성의 논거를 제시한다. 이들은 다극체제의 불확실성, 유연성을 안정성의 주요인으로 든다. 다극체제에서는 주의를 쏟아야만 하는 국가들이 많아 상대국의 국력변동이나 동맹패턴변동에 대한 명확한 판단이 쉽지 않아 타국에 대한 적대행위에 신중해질 것이다. 또한, 국가들의 국력변동에 따라 상대적으로 유연하게 국력집합동맹을 형성할 수 있어 안정성이 높다.

3. 핵억지론

핵억지론자들에 따르면, 핵무기 발명 이후 핵무기의 존재는 국제체제의 안정성을 높여주는 주요인이다. 미어샤이머나 개디스는 냉전체제의 안정성은 상당 부분 핵무기의 존재 때문이었다고 본다. 특히 미국과 소련이 제2차 보복공격능력을 갖고 있어 양국 간 '공포의 균형'(BOT: Balance of Terror)체제가 형성되었다고 본다. 21세기 다극체제에서도 핵무기는 국가들의 도발행위를 억제시키는 유력한 기제가 될 것이라고 주장한다.

4. 상호의존론

21세기 세계체제는 다차원적 상호의존이 심화되는 질서로 전망할 수 있다. 상호의존체제에서 국가들은 상호간 발생하는 갈등을 무력을 사용해서 해결하려기보다는 평화적 해결을 추구할 가능성이 높다. 폭력적 해결에 따르는 비용이 상승하기 때문이다.

5. 평가

21세기 세계체제를 다극체제로 규정할 때 다극체제가 안정적일 것인가에 대한 이론적 평가는 다양하게 제시된다. 단극, 양극, 다극안정론 모두 실증분석에서 결정적 증거를 내놓지 못하고 있기 때문이다. 한편, 핵억지론이나 상호의존론은 극성과 무관하게 21세기 세계체제의 안정성에 대한 낙관적 전망을 제시해 주고 있다. 극성과 안정성에 대한 다양한 견해가 존재할 수 있으나 무엇보다 국제관계를 안정화하고자 하는 국가들의 의지가 중요할 것이다. 국제질서는 국가들, 특히 강대국의 선택에 의해 형성되는 것이기 때문이다.

2. 국제체제

국제체제 차원에서는 세계화, 정보화, 민주화가 지속되면서 복합적 상호의존체제가 확대 및 심화되어 갈 것이다. 즉, 다양한 행위자들이 다양한 이슈영역에서 서로 다른 네트워크를 형성하면서 상호이득을 취하거나 문제를 해결해 나가는 모습을 보여줄 것이다.

3. 행위자

21세기 세계질서는 이념형적 근대체제에서 상당히 벗어나 있을 가능성이 높다. 즉, 근대국가의 영향력이 상당부분 쇠퇴하고, 비국가행위자의 영향력이 상대적으로 증가할 것이다. 점점 더 통합 및 파편화되어가는 국제체제에서 정부의 독자적 문제해결능력은 지속적으로 감소할 것이고 이에 따라 다양한 행위자들 간 네트워크 형성이 필수적인 과제로 등장할 것이다. 물론, 민족국가가 소멸하는 것은 상상하기 어렵다. 공동생활을 위한 다른 구조를 상상하기가 어렵고, 제도적 관성과 민족주의적 요소 등도 작동할 것이기 때문이다. 민족국가는 다차원적으로 형성되는 네트워크를 주도해 나가는 역할을 유지할 것이다.

4. 상호관계

국가 및 비국가행위자들 간 다차원적으로 형성된 상호관계는 갈등적 측면과 협력적 측면을 동시에 보여줄 것이다. 민족국가들 상호간에는 계속해서 군비경쟁 및 패권쟁탈전을 할 것이고, 비국가행위자들은 중요하다고 생각되는 가치를 중심으로 경쟁할 것이다. 예컨대, 환경가치를 중시하는 비국가행위자와 개발이나 무역의 가치를 중시하는 비국가행위자들도 가치경쟁을 벌일 것이다. 따라서, 다양한 경쟁관계를 조정해 낼 수 있는 정치제도가 필수적인 요소가 되는 것이다.

5. 이슈

복합적 상호의존관계에서의 이슈는 매우 다양하게 제시될 것이다. 냉전체제가 주로 안보이슈를, 탈냉전체제가 주로 경제이슈를 중심으로 전개되었다면 21세기 세계질서에서는 안보이슈, 경제이슈 이외에 정보화의 문제, 테러 문제, 국제범죄 문제, 환경 문제 등 새로운 문제 등이 국제관계에서 중요한 이슈들로 등장할 것이다.

Ⅱ 21세기 국제체제와 안보불안요인

1. 강대국 간 군비경쟁

냉전체제적 성격도 공유하게 될 21세기 국제체제에서 강대국 간 군비경쟁은 1차적 안보불안요인이 될 것이다. 특히 미국이 첨단무기체계 및 미사일방어(Missile Defense)망을 구축해 나감에 따라 첨단무기경쟁을 부추기고 있다. 미러, 미중, 중일 간 군비경쟁의 양상이 두드러지고 있다. 앞으로도 미국이 패권전략 차원에서 군사변환을 가속화해 나간다면 경쟁국 간 군비경쟁은 계속될 것이다.

2. 에너지 확보를 위한 경쟁

21세기 세계질서에서 에너지 문제가 핵심적인 국제이슈로 등장하고 있다. 미국은 중동지역, 중앙아시아지역, 동남아시아지역을 장악함으로써 중국의 지속적인 경제성장을 억제함으로써 미국 중심 패권질서 유지를 시도하고 있다. 러시아는 대미 편승기조를 유지하는 한편, 점차 중요성이 부각되는 에너지를 대외전략의 유용한 수단으로 인식하고 이를 전략자원으로 삼고 있다. 유럽연합이나 일본 역시 에너지를 자급하지 못하고 있기 때문에 에너지 문제를 중요한 안보 문제로 인식하고 있다. 에너지를 중심으로 동맹관계가 재편될 가능성을 예측하는 견해도 있다.

3. 대량살상무기 확산, 테러, 반확산전략

21세기 세계질서에서 테러 문제와 대량살상무기 문제는 계속해서 중요한 안보불안요소로 남아있을 것이다. 21세기 테러가 종교적 양상을 띠고 있기 때문에 테러세력은 지속적으로 양산될 가능성이 높기 때문이다. 이 문제는 세계정치의 균열구조를 테러와 반테러로 구축시키기도 하지만, 에너지 안보 문제, 세력균형 형성 문제 등과 맞물려 강대국 간 균열구조를 복잡하게 만들어 국제정치를 불안정화할 수도 있을 것이다.

Ⅲ 안보달성방안

1. 전통적 안보달성방안

21세기에도 전통적 안보달성수단인 자주국방력 강화 및 동맹체제 구축 및 유지는 계속해서 안보를 위한 일차적 수단으로 활용될 것이다. 현재 패권국인 미국의 위협이 적극화된다면 이에 대한 대항동맹 형성 또한 적극화·가시화될 것이다. 그러나, 전통적 안보달성방안은 안보딜레마(security dilemma)를 초래할 뿐만 아니라, 비대칭적 위협에는 적절하게 대응하기 어렵다는 한계가 있다.

2. 국제거버넌스

국제거버넌스는 국제제도를 통해 주권국가들이 협력적 방식으로 안보 문제를 관리해 나가는 것을 말한다. 국제기구, 국제레짐 형성, 협력안보, 다자안보 등을 국제거버넌스로 볼 수 있다. 포괄적 안보나 인간안보를 위해서는 국제거버넌스가 필수적이다. 그러나, 국제거버넌스에 대한 주권국가들의 반감을 고려할 때, 글로벌 차원보다는 지역이나 양자 차원에서 시도될 가능성이 높을 것이다. 즉, 유럽지역, 동북아시아지역, 동아시아지역 등 지역을 중심으로 다자안보가 시도될 것이다.

3. 글로벌 거버넌스

21세기 세계질서를 안정화시키는 보다 근본적인 방법은 세계사를 풀어나가는 데 있어서 영향력과 자원을 가진 모든 행위자들이 협력하는 것이다. 그러한 방식을 '글로벌 거버넌스(Global Governance)'라고 한다. 지구시민사회가 보다 활성화되고 주권국가들의 거버넌스에 대한 반감이 완화된다면 형성 및 정착될 수 있을 것이다.

IV 결론

탈냉전, 세계화, 정보화, 민주화라는 국제체제의 구조적 변화는 세계질서를 근본적으로 변화시키고 있다. 문제는 그러한 변화가 세계질서에 긍정적 영향을 주고 있을 뿐만 아니라, 다양한 불안정요인을 잉태해 내고 있다는 것이다. 지구환경변화, 첨단무기경쟁, 정보격차, 남북문제, 지역주의와 지역적 균열 및 경쟁 구조, 테러세력 활성화 등이 21세기 주요 불안요인들이 될 것이다. 보다 심각한 문제는 이러한 문제를 다루기 위한 거버넌스 기제들이 충분히 형성 및 활성화되고 있지 못하다는 것이다. 현재는 대체로 관련 국제기구를 중심으로 문제해결 노력을 지속하고 있으나, 주권국가들의 국가이익에 대한 고려때문에 현실적인 해결책들이 모색되지 못하고 있는 것으로 보인다. 테러, 환경 문제 등에 있어서는 미국의 일방주의 전략도 문제해결의 걸림돌이 되고 있다. 따라서 21세기 세계질서를 안정화하기 위해서는 지구적 차원의 문제를 효율적으로 풀어나가기 위한 적절한 거버넌스 기제를 형성해 내는 것이 우선적인 과제가 될 것이다.

제2장 국제안보

제1절 대량살상무기 확산 문제

Ⅰ 대량살상무기(WMD)의 정의

1. 개념

일반적으로 인명 살상 및 시설 파괴의 방법과 규모에 있어서 재래식 무기와 확연히 구별되는 핵·생물·화학무기를 포함하는 3대 무기체계를 지칭한다.

2. 종류

(1) 핵무기

핵물질을 폭발에 의해 분열 또는 융합과정을 거치게 함으로써 대규모 폭풍 및 고열과 방사능을 방출하는 무기를 말한다. 핵무기 1개로 10만 명 이상을 살상할 수 있다. 방사능물질을 다이너마이트 등 재래식 폭약에 의해 터뜨림으로써 방사능을 살포시키는 '방사선 무기(Radiological Weapon)'도 핵무기와 같은 WMD로 분류된다. 안전보장이사회 상임이사국 5개국과 인도, 파키스탄이 보유하고 있으며, 이스라엘과 이란, 북한은 보유 또는 개발 의혹을 받고 있다.

◆ 핵무기의 발전현황과 위력

구분	1세대	2세대	3세대
종류	원자폭탄	수소폭탄	중성자탄
방식	핵분열	핵융합	핵분열 또는 융합
위력 (폭발력)	TNT 500kt 이하 (1945년 일본 나가사키에 투하된 원자폭탄은 TNT 21kt)	TNT 1Mt (100만t) 이상	물리적 폭발력 없이 강한 방사선이 건물을 투과해 생명체만 죽임

(2) 생물무기

인명 살상을 위해 병원체와 같은 생물조직체 및 독소를 이용하는 무기로서, 현재 약 40가지가 존재하며 테러행위에 가장 간편하게 이용될 수 있는 무기이다. 이라크, 이란, 러시아가 실제 생산국이며, 북한과 중국은 생물무기 프로그램 보유국이다.

(3) 화학무기

화학무기는 독성물질에 의한 인명 살상과 신체의 무력화를 목적으로 하는 무기로서 생산비용이 비교적 적게 소요되고 제조가 용이하여 가난한 자의 핵폭탄으로 불린다. 1997년 '화학무기금지협정(CWC)' 발효로 화학무기 보유분의 폐기 및 생산

금지가 결정되었으나 이라크, 북한, 이스라엘 등은 협정에 가입하지 않고 화학무기를 보유 중이다. 러시아, 중국, 인도, 이란은 협정에 가입하였으나 이행을 하지 않고 있다.

(4) 탄도미사일

무기 자체는 아니나 대량살상무기(WMD)의 발사 및 운반수단이 된다는 점에서 탄도미사일도 일반적으로 WMD의 범주에 포함되는 경향이 있다.

(5) 재래식 대량살상무기(Conventional WMD)

재래식 무기에 의하더라도 비행기에 의한 미국 세계무역센터 충돌과 같은 9·11테러가 보여주듯이 인구 밀집지역 또는 산업집중시설에 대한 공격이 이루어질 경우 대규모 인명 살상과 피해가 일어날 수 있다는 점에서 이 같은 공격방식도 WMD의 범주로 간주되는 경향이 있다.

Ⅱ 대량살상무기(WMD)의 핵심문제

1. 테러집단에 의한 사용가능성

9·11테러 이후 가장 우려되는 국제안보문제는 테러집단 또는 비정부조직에 의한 WMD의 사용가능성이다. 테러집단 또는 비정부조직에 의한 WMD 보유는 이른바 불량국가의 보유무기를 이전받는 형식을 통해 이루어질 가능성이 높은 것으로 지적되고, 이에 따라 불량국가의 WMD 보유문제가 국제적 관심사가 되고 있다.

2. WMD 규제협약의 위반 증대

WMD를 규제하는 국제협약이 존재하고 있으나 일부 국가가 가입하지 않고 있거나, 가입하였다 하더라도 협약 위반 및 비확산규범의 미준수 사례가 많아 효율적인 규제가 이루어지지 않고 있다. 인도와 파키스탄은 NPT에 가입하지 않고 핵실험에 성공하였으며, 북한은 NPT 당사국(2013년 탈퇴)이었음에도 불구하고 핵무기를 보유하였다. 한편, WMD 규제협약의 위반 및 비확산규범의 미준수 사례가 증가함에 따라 보수적 미국 안보문제 전문가들은 WMD 규제협약의 무용성을 지적하고 있다.

3. WMD와 미사일 확산의 상호연계

WMD를 보유한 국가들이 그 위협능력을 제고시키기 위해 미사일 개발을 서두르고 있고, 역으로 미사일의 개발은 WMD의 위력을 더욱 파괴적으로 만들고 있다. 즉, WMD와 미사일문제는 상호연계되어 있다.

Ⅲ 생물무기금지협약(BWC)

1. 생물무기 발전 및 폐기

생물무기는 인간 또는 동식물을 사망시키거나 피해를 가하기 위해 고의적으로 병원성 물질을 사용하는 것으로, 화학무기 및 핵무기와 함께 대량살상무기로 분류된다. 인간은 오래전부터 질병을 무기로 사용해 왔으나 생물무기의 현대적 기원은 1차 세계대전에서 찾을 수 있다. 미, 영, 일, 소련 등 강대국들은 이때를 전후하여 세균의 무기화에 착수하였고 미국, 영국 등은 2차 세계대전을 전후로 상당한 양의 세균 무기를 비축하였으나 1950~60년대에 폐기하였다. 미국의 닉슨 대통령은 1969년 모든 형태의 생물전을 포기한다고 선언하여 모든 생물작용제 생산 관련 시설의 폐쇄와 비축 생물무기의 폐기를 명령하였고, 이로써 미국의 생물무기 프로그램은 종료되었다. 러시아의 옐친 대통령은 1992년 3월 공격용 생물무기 개발연구사업의 즉각 중단을 선언함으로써 세균무기의 존재를 공식 시인하였고, 러시아의 모든 생물무기활동의 중단과 기존에 비축된 생물무기의 폐기를 명령하였다. 러시아가 지난 1972~92년 동안 「생물무기금지협약」(BWC: Biological Weapons Convention)을 위반하면서 생물무기 프로그램을 개발해 온 데 대한 국제사회의 우려를 해소하기 위해, 1992.9.11. 러시아, 영국, 미국은 생물무기에 관한 공동 성명을 발표하여 BWC 규정의 완전한 준수 입장을 재확인하였다.

2. 규제 논의

생물무기 폐기 및 불사용 선언 등 개별 국가의 조치와는 별개로 범세계적인 규제 논의가 1차 대전 이후부터 진행되어 왔다. 1925년에 체결된 〈질식성, 독성 또는 기타 가스 및 세균학적 물질의 전시 사용 금지를 위한 제네바 의정서〉는 최초로 생물무기를 금지시켰다. 우리나라와 북한은 1989.1월 「질식성·독성 또는 기타 가스 및 세균학적 전장수단의 전시사용에 관한 제네바의정서」(1925년 6월 채택, 1928년 2월 발효)에 동시에 가입하였다.

3. BWC 체결 과정

1969년 제네바군축회의(CD)에서 생물·화학무기금지 협약 체결을 위한 협상이 본격적으로 시작되었다. 협상은 영국의 제안으로 생물무기금지협약(BWC)과 화학무기금지협약(CWC)으로 분리되었고 타결이 용이한 BWC부터 협상이 개시되었다. 1972.4.10. 개최된 군축위원회(CCD: Conference of the Committee on Disarmament)에서 BWC 협약안이 합의·채택되고, 런던, 모스크바, 워싱턴에서 서명이 개방되어 1975년 3월 발효되었다. 2020년 12월 현재 회원국은 183개국이며, 우리나라와 북한은 각각 1987년 6월과 1987년 3월에 가입하였다.

4. 주요 내용

협약의 정식 명칭은 「세균(생물) 및 독소무기의 개발, 생산 및 비축의 금지와 그 폐기에 관한 협약」(Convention on the Prohibition of the Development, Production and Stockpiling of Bacteriological(Biological) and Toxin Weapons and on Their Destruction, BWC 또는 BTWC로 약칭)이다. 미생물, 생물학 작용제 및 독소의 개발, 생산, 비축 및 획득을 금지하고, 협약발효 9개월 이내에 보유 중인 병원균, 독소, 장비 및 운송수단을 폐기하거나 평화적 목적으로 전환하도록 규정하고 있다. 또한, 협약 제1조상의 규제물질에 대한 이전을 금지하고 있는데, 협약 위반혐의 당사국에 대해서는 유엔 안보리 회부가 가능하고 피혐의 당사국은 안보리 조사에 협조하도록 되어 있다. 협약은 당사국 간의 협력에 관해서도 규정하고 있으며, 안보리의 결정에 의거, 일방당사국의 협약의무 위반에 따른 위협에 처해 있는 당사국을 지원하도록 하고 있으며, 아울러 평화적 목적을 위한 생물산업 분야의 국제협력 증진을 위한 당사국들의 노력을 규정하고 있다.

5. 평가회의

협약 평가회의(Review Conference)는 1980년 3월 제1차 회의를 시작으로 5년에 한 번씩 개최되고 있다. 협약 평가회의에서는 주로 협약 이행상황 점검 및 향후 활동 계획 마련, 검증의정서 채택 문제 등이 논의된다. 2003년부터는 매년 전문가회의(6~8월 중)와 당사국회의(12월 중)가 개최되고 있다.

6. 한계

BWC는 대량살상무기의 전면적 금지를 규정한 최초의 협약임에도 불구하고, 효율적인 검증체제 결여로 군축협약으로써의 한계를 드러내 왔다. 특히, 1980년대 이후 생물공학의 급속한 발전 및 생물무기 생산에 필요한 이중용도 기술 및 장비의 범세계적 유통으로 생물무기 확산 위험성이 크게 증대된 가운데, 1991년 걸프전 당시 이라크에 의한 생·화학무기 사용 위협은 동 협약의 한계를 여실히 보여주는 계기가 되었다. 생물무기는 세균 배양의 상대적 용이함과 자기복제 특성상 화학무기에 비해 은닉 및 운반이 쉽고, 대량저장이 불필요하므로 우려국 또는 테러집단에게는 효과적인 무기가 될 수 있어 이에 따른 강력한 검증체제 필요성이 증대되어 왔다.

7. 검증의정서 협상

1994년 9월 BWC 특별총회는 2001년 제5차 BWC 평가회의 전까지 검증의정서를 채택하기로 합의하고, 협상을 전개해 왔으나 최종의정서는 채택되지 못한 채 협상은 중단되었다. 2018년부터 전문가회의 내 '협약의 제도적 강화' 그룹이 설치되었으나 논의 재개 여부에 대해서는 회원국 간 의견차가 지속되고 있다.

8. 우리나라의 이행 현황

우리나라는 기존의 「화학무기금지법」을 전면 개정하여 2006.4.28. 「화학생물무기의 금지 및 특정화학물질·생물작용제 등의 제조, 수출입규제 등에 관한 법률」을 공포하여 BWC 이행을 완비하였다.

Ⅳ 화학무기금지협약(CWC)

1. 역사

인류의 화학무기 사용에 관한 최초의 기록은 BC 400년경 「펠로폰네소스」 전쟁에서 발견되는데, 당시 스파르타군이 유황을 연소시켜 발생한 유독가스를 아테네 공격에 이용하였다고 한다. 이처럼 전투에서의 유독가스의 위력은 일찍이 알려졌으나, 18세기까지는 독성물질의 대량 제조가 어려워 화학무기 사용이 주목받지 못하였다. 19세기에 들어서서 화학공업의 눈부신 발전에 따라 독성물질이 계속 발견되고 대량 생산이 가능하게 되면서 군사적 목적으로 사용되게 되었다. 화학무기가 현대전에 사용된 것은 제1차 세계대전 당시 1915.4.22. 독일군이 벨기에 이프르(Ypres)에서 영·불 연합군의 방어진지를 유린하기 위하여 염소가스(chlorine)를 사용한 것이 최초이다. 당시 영·불 연합군 5,000여 명이 사망하는 등 화학무기의 살상 효과가 확인되자 연합군도 화학무기를 개발하여 보복에 나섬으로써 화학무기 사용은 본격화되었다. CWC 제정 논의가 본격화되기 전인 1990년 이전까지만 해도 많은 국가가 독성이 더욱 강화된 신경작용제를 개발하였으며, 저장 중에는 독성이 없으나 발사 후 목표지점에 도달하는 도중 폭탄 내부에서의 화학반응을 통하여 고독성 화학제로 변하여 막대한 인명 피해를 유발할 수 있는 이원화 화학탄(binary weapons) 개발에도 박차를 가해 왔다. 최근 생물공학 및 화학산업이 비약적으로 발전함에 따라 화학무기와 생물무기의 구분이 모호해지고 있다.

2. 과정

화학무기 문제는 1960년대 말~1970년대 초 월남전에서 미국이 다량의 고엽제를 사용함에 따라 화학무기 사용에 대한 국제적인 관심이 고조되기 시작하였으며, 1969년부터 제네바군축회의(CD)에서 주요 의제로 토의되기 시작했다. 1985년 구소련의 고르바초프 정권의 출현에 따른 동·서 냉전의 종식은 화학무기 군축 논의에 새로운 자극제가 되었다. 1990년 화학무기의 최대 보유국인 미·소 양국이 자국이 보유 중인 화학탄을 대량으로 감축하기로 합의하고, 1991년 미국의 부시(George H. W. Bush) 대통령이 자국의 모든 화학무기를 무조건 폐기한다고 선언함으로써 CWC의 탄생에 크게 기여했다. CWC는 1992년 9월 CD에서 채택되어 1997.4.29. 발효되었고, 2018년 5월 팔레스타인이 동 협약을 비준함에 따라 2021년 1월 현재 193개 당사국이 참여하고 있다. 우리나라는 1997년 4월 비준서를 기탁함으로써 원당사국으로 참여하고 있다. 한편, 현재 이스라엘, 북한, 이집트, 남수단 등이 미가입국이다.

3. 주요 내용

첫째, 화학무기의 사용은 물론 화학무기와 관련된 다른 활동, 즉 개발, 생산, 획득, 비축, 보유, 이전은 전면 금지된다. 둘째, 화학무기를 사용하는 모든 군사 훈련은 금지된다. 셋째, 보유하고 있는 화학무기 및 생산시설을 신고하고, 이에 대한 국제 사찰이 실시된다. 넷째, 협약 발효 후 10년 이내에 화학무기를 완전 폐기해야 한다. 다섯째, 특정 화학물질을 생산하는 화학산업에 대해 국제 감시를 실시한다. 여섯째, 신고, 미신고 시설 구분 없이 단기(최단기 12시간) 통고 후 현장점검을 실시하는 강제사찰제도를 도입하였다. 또한 어느 당사국의 협약 준수 여부에 관하여 의혹이 제기되는 경우 다른 당사국의 요청에 따른 강제사찰이 실시된다. 일곱째, 협약 비당사국은 화학무기 생산은 물론, 산업 발전에 중요한 특정 화학물질의 국제무역에서 배제한다.

4. 화학무기금지기구

협약발효 직후인 1997년 5월 헤이그에서 설립되었다. 총회, 집행이사회, 기술사무국으로 구성되어 있다. 2013년 시리아 내전에서 화학무기가 사용된 이후, 기구는 당사국 및 안보리 등과 긴밀히 협력하여 시리아의 협약 가입 및 화학무기 시설을 검증하는 데 앞장서 왔다. 2013년 노벨평화상을 수상하였다. 당사국총회는 매년 1회 개최된다.

제2절 핵확산

I 의의

1. 핵무기의 위력

핵무기의 위력은 엄청나며, 그 파괴력은 일반 폭발물과 비교할 수 없는 규모를 자랑한다. 예를 들어, 히로시마에 투하된 원자폭탄은 약 15킬로톤의 TNT 폭발과 동일한 위력을 가졌으며, 이로 인해 도시는 완전히 파괴되고 약 140,000명의 사망자가 발생했다. 한편, 현대 수소폭탄은 그 위력이 훨씬 더 커서 수 메가톤에서 최대 수십 메가톤에 이르기까지 강력하다. 차르 봄바는 인류가 실험한 가장 강력한 핵무기로, 그 위력은 50메가톤에 달했다. 이는 TNT 50,000,000톤이 폭발한 것과 동일한 폭발력으로, 히로시마 원폭의 약 3,300배에 해당하는 위력이다.

2. 핵무기의 원리

(1) 원자폭탄(핵분열 무기)

핵분열을 이용한 원자폭탄은 주로 우라늄-235 또는 플루토늄-239와 같은 무거운 방사성 물질을 사용한다. 핵분열 과정에서 우라늄이나 플루토늄의 원자핵이 중성자를 흡수하여 불안정한 상태가 된다. 이 불안정한 원자핵은 둘로 분열하면서 엄청난 양의 에너지와 함께 추가적인 중성자를 방출한다. 방출된 중성자들은 다른 원자핵들과 충돌하여 또다시 핵분열을 일으킨다. 이 연쇄 반응이 빠르게 확산되면서 폭발을 유발한다. 히로시마에 투하된 리틀 보이는 우라늄-235를, 나가사키에 투하된 팻맨은 플루토늄-239를 사용하였다.

(2) 수소폭탄(핵융합 무기)

수소폭탄은 원자폭탄보다 훨씬 더 강력한 무기로, 핵융합을 이용해 폭발력을 얻는다. 수소폭탄은 원자폭탄의 핵분열을 이용하여 핵융합을 유도하는 이중 구조를 가지고 있다. 핵융합은 가벼운 원소, 주로 중수소와 삼중수소라는 수소의 동위원소들이 매우 높은 온도에서 결합하여 헬륨으로 변하면서 막대한 에너지를 방출하는 반응이다. 수소폭탄은 먼저 핵분열 폭발을 일으켜 매우 높은 온도를 발생시킨다. 이 고온은 핵융합 반응을 유도하는 데 필요하다. 융합 반응을 통해 중수소와 삼중수소가 헬륨으로 결합하면서 엄청난 양의 에너지가 방출된다. 수소폭탄 내부에는 원자폭탄이 들어 있다. 이 원자폭탄이 먼저 핵분열을 일으켜 고온과 고압을 발생시킨다. 발생된 고온은 수소 동위원소들이 융합 반응을 일으킬 수 있는 조건을 만들고, 이로 인해 핵융합 반응이 발생한다. 융합 반응이 진행되면서 수백만 도의 온도가 발생하고, 그 결과 폭발력이 극대화된다. 차르 봄바와 같은 수소폭탄은 이러한 핵융합 과정을 통해 TNT 수십 메가톤에 해당하는 에너지를 방출한다.

3. 핵보유 현황

(1) 미국

미국은 현재 약 5,244기(2023년 기준)를 보유하고 있다. 미국은 1945년 세계 최초로 핵무기를 개발하고 사용한 국가로, 이후 냉전 기간 동안 대규모 핵무기 개발과 보유를 지속했다.

(2) 러시아

현재 약 5,889기(2023년 기준)를 보유하고 있다. 소련이 1949년 미국에 이어 핵실험에 성공하면서 핵보유국이 되었다. 냉전 동안 미국과 함께 가장 많은 핵무기를 개발하고 배치했다.

(3) 중국

핵무기 보유량은 약 410기(2023년 기준)이다. 중국은 1964년에 처음으로 핵실험에 성공하여 핵보유국이 되었다. 중국은 최근 몇 년간 핵무기 보유량을 늘리고 있으며, 미국과 러시아에 비하면 적지만, 꾸준히 현대화와 확장을 추진하고 있다.

(4) 기타

첫째, 프랑스는 현재 약 290기를 보유하고 있다. 1960년에 첫 핵실험을 통해 핵무기 보유국이 된 프랑스는 독자적인 핵억지력을 유지하고 있다. 둘째, 영국은 약 225기를 보유하고 있다. 1952년에 첫 핵실험을 통해 핵무기 보유국이 된 영국은 미국과 긴밀한 협력을 유지하며 핵전력을 발전시켜 왔다. 셋째, 인도는 1974년에 첫 핵실험에 성공하고 1998년 다시 핵실험을 하여 핵보유국임을 공식화했다. 넷째, 파키스탄은 인도와의 경쟁을 염두에 두고 1998년에 첫 핵실험을 성공시켜 핵보유국이 되었으며, 현재 약 170기를 보유하고 있다. 다섯째, 이스라엘은 약 90기, 북한은 약 30~45기를 보유한 것으로 추정되고 있다.

Ⅱ 핵보유 동기

1. 안보와 억지력 강화

핵개발의 주요 동기는 국가의 안보를 강화하기 위한 것이다. 핵무기는 강력한 군사적 억지력으로 작용했으며, 특히 군사적 위협을 받는 국가들이 핵무기를 통해 상대 국가나 세력의 공격을 억제하려 했다. 북한은 주변 국가들과의 군사적 긴장과 미국의 위협을 이유로 핵개발을 추구했다. 핵무기는 북한 정권의 생존을 보장하고, 외교 협상에서 유리한 위치를 점하기 위한 도구로 사용되었다.

인도와 파키스탄은 서로에 대한 군사적 위협과 국경 분쟁(특히 카슈미르 지역 문제)으로 인해 핵무기 개발을 추진했다. 이 두 국가 모두 핵무기를 통해 상대방의 공격을 억제하려 했다.

2. 국제적 영향력 확대

핵무기는 국제적 지위를 높이고 외교적 영향력을 확대하는 수단으로 작용한다. 핵무기를 보유한 국가는 글로벌 군사 강국으로 인정받기 때문에, 이를 통해 외교적 협상에서 유리한 위치를 차지할 수 있다. 예컨대, 중국은 1964년 핵무기를 개발하며 자신을 국제사회에서 독립적인 강대국으로 자리매김했다. 이를 통해 중국은 냉전 시기 동안 미국과 소련 사이에서 강력한 군사적, 외교적 영향력을 발휘하려 했다. 한편, 프랑스와 영국 역시 자신들의 독립된 군사력을 확립하고자 핵무기를 개발했다. 프랑스는 미국과의 관계에서 독립적인 군사전략을 추구하기 위해, 영국은 자국의 국제적 영향력을 유지하기 위해 핵개발을 했다.

3. 내부 정치적 안정

정권 안정과 국내 정치적 위신이 핵개발이 동기로 작용할 수 있다. 정부가 핵무기 개발을 통해 국민적 지지를 얻고, 내부 정치적 도전을 막기 위한 수단으로 삼기도 한다. 북한의 경우, 김정은 정권은 핵개발을 통해 국민적 결속을 다지고, 내부 정치적 안정과 정권의 생존을 보장하려 하였다. 파키스탄은 인도와의 군사적 경쟁 속에서 핵무기 개발을 통해 국민의 지지를 얻고, 군부의 정치적 영향력을 강화하였다.

4. 외교적 협상 카드

핵무기를 보유하거나 개발하는 것은 협상 도구로 사용될 수 있다. 북한은 핵무기를 통해 국제사회와 협상할 때 우위를 점하고, 경제적 이익이나 체제 보장을 얻으려고 하였다.

5. 지역 내 패권 추구

핵무기는 지역 패권을 추구하는 수단으로 사용되었다. 특정 지역에서 핵무기를 보유함으로써 상대국을 견제하고, 지역 내에서 우위를 확보하고자 한다. 인도는 중국과 파키스탄의 군사력을 견제하기 위해 핵무기를 개발했다. 이를 통해 남아시아에서의 군사적 영향력을 강화하고 지역 패권을 추구했다.

Ⅲ 핵억지

1. 억지의 개념

베일리스(John Baylis)에 의하면 억지란 한 정부가 상대국이 자기가 원하지 않는 행동을 하려할 때, 만일 그런 행동을 하게 되면 감당하지 못할 손실을 입히겠다고 위협함으로써 그 행동을 하지 못하도록 하는 시도이다.

2. 억지의 성공조건

(1) 행위자의 합리성(rationality)

억지이론은 기본적으로 행위자의 합리성을 가정한다. 즉, 도전국과 방어국은 모두 합리적 행위자로서 개전 시의 기대이익과 기대비용 및 확률에 대해 명확하게 계산할 수 있다고 가정한다. 미국이 기존의 억지전략을 폐기하고, 선제공격전략을 새로운 전략으로 채택한 것은 테러세력과 같은 비국가행위자들이나 소위 불량국가(rogue countries)들을 합리적 행위자로 볼 수 없어 억지이론의 전제가 무너졌다는 점을 고려하였기 때문이다.

(2) 능력(capability)

억지는 힘으로 힘을 막는 것이므로 힘이 갖추어져 있어야 억지가 가능해진다. 즉, 상대방이 전쟁을 도발하는 경우 상대방에게 '감당할 수 없는 피해'를 줄 수 있는 능력이 있어야 한다. 억지를 가능하게 하는 군사능력에는 거부능력(denial capability)과 보복능력(retaliation capability)이 있다. 상대방의 공격을 무력화시킬 수 있는 능력을 거부능력이라고 한다. 거부능력은 상대방을 공격하는 것이 아니라 상대방의 의도를 무력화시키는 소극적 능력이며 기본적으로 방어능력이다. 한편, 보복능력이란 상대방이 소중하게 여기는 것을 파괴할 수 있는 능력을 말한다. 억지의 효과를 높이기 위해서는 적극적 보복능력을 갖추어야 한다. 상대방의 인구 밀집지역이나 산업시설 밀집지역에 대한 파괴능력을 갖추면 억지효과는 커진다.

(3) 의지(will)

힘이란 의지에 능력을 곱한 것이다. 따라서 큰 능력을 갖추고 있다고 할지라도 능력을 사용할 의지가 없다면 힘이 되지 않는 반면, 작은 능력이라도 의지가 확실하면 큰 힘을 발휘한다. 의지의 강도는 의지의 관철을 위하여 감수하려는 희생의 크기로 측정할 수 있다. 베트남전쟁에서 보여주듯이 의지가 강하면 객관적인 군사능력의 격차를 극복할 수 있다. 상대방이 하고자 하는 행위를 어느 정도의 강도로 거부할 것인가, 또는 반대로 무엇을 하지 못하도록 하는 데 있어서 어느 정도의 자기희생을 감수할 각오를 가지고 있는가를 확실하게 밝혀두는 것이 억지전략의 효율성을 높이는 데 결정적인 역할을 한다. 억지는 심리적 투쟁이므로 의지는 억지전략의 핵심 요소가 된다.

(4) 의사전달(communication)

상대방에게 어떤 행위를 해서는 안 되는지, 하지 말라는 행위를 했을 경우 어떤 불이익을 받게 될지를 정확하게 알리는 일이 억지성공을 위해 중요하다. 의사전달은 공개적인 성명, 외교통로를 이용한 의사전달, 밀사를 통한 비공개 통보 등의 수단을 통해 수행된다. 적대국에 대해 무력사용 의지를 보여주는 방법에는 힘의 투사(power projection)가 많이 사용된다. 즉, 상대방을 공격할 수 있는 거리 이내에 해군 함정을 보내거나 지상군 병력을 이동 배치하는 것 등이 힘의 투사의 방법이다. 대만해협에 전운이 감도는 경우 미국은 예외 없이 항공모함전단을 대만해협에 항진시켰다.

(5) 신빙성(credibility)

억지가 성공하기 위해서는 방어국의 방어 및 보복의지에 대해 도전국이 신뢰해야 한다. 즉, 도전국이 침략을 강행할 때 상대국이 반드시 이에 상응하는 대가를 치르게 될 것이라는 것을 도전국에게 믿도록 하는 일이 반드시 필요한 것이다. 중국은 제한된 군사력을 효과적으로 사용하는 방법으로 '신뢰에 기초한 억지'의 전통을 수립하였다. 중국은 상대에게 경고한 후 이를 어기면 아무리 자국의 피해가 클지라도 '반드시' 군사개입을 함으로써 신뢰도를 높여왔다. 예컨대, 1950년 중국은 UN군이 청천강을 넘으면 참전한다고 경고하였고 실제로 참전하였다. 중국은 100만 명이라는 엄청난 병력손실을 입었으나 신뢰도를 높이는 데 크게 기여하였다.

3. 확대억지의 성공과 방어국의 이익

제3국에 대한 확대억지의 성공 여부는 방어국이 유사 시 개입하여 피보호국을 성공적으로 방위할 수 있는 능력과 개입하여 지키거나 혹은 개입하지 않음으로써 희생해야 하는 방어국의 국가이익의 함수이다. 특히, 억지상황에서 방어국이 가지는 이익의 구조가 중요하다. 방어국의 이익에 대해 검토해 보자.

(1) 실질적 이익

억지상황에서 방어국의 이익은 크게 실질적 이익과 상황전략적 이익이 있다. 실질적 이익은 피보호국이 지니는 본질적 가치와 수단적 가치에 의해 결정된다. 본질적 가치란 피보호국이 그 자체로서 방어국에 대해 가지는 가치로 정치·경제적 유대 등을 말한다. 수단적 가치는 피보호국이 방어국의 기타 본질적 이익을 지키는 데 유용할 수 있는 가치를 말한다.

(2) 상황전략적 이익

상황전략적 이익이란 문제의 사안이 다른 사안에 대해 미치는 영향을 의미하며 주로 평판을 말한다. 억지의 상황에서 개입하지 않는 경우 방어국은 두 가지 차원에서 상황전략적 이익을 잃게 된다.

① 잠재적 적국이 다른 상황에서 시도할 수 있는 도전을 억지하지 못한다.

② 동맹국들을 안심시킬 수 있는 정치적 가치를 손상시킨다.

(3) 실질적 이익과 상황전략적 이익의 상관관계

① 방위공약을 준수하지 않음으로써 잃게 되는 상황전략적 이익은 실질적 이익에 비례한다. 즉, 실질적 이익이 큼에도 불구하고 개입하지 않는 경우 상황전략적 이익을 크게 손상시킨다는 것이다. 예컨대, 소련이 독일에 대해 공격을 해도 미국이 개입하지 않는 경우, 잠재적 공격국은 미국에게 독일만큼 중요하지 않은 모든 나라에 대한 방위공약도 준수하지 않을 것으로 믿게 된다.

② 방위공약을 준수함으로써 얻게 되는 평판은 실질적 이익에 반비례한다. 즉, 피보호국의 실질적 가치가 작을수록 그 국가에 대한 방위공약을 준수함으로써 얻게 되는 평판은 커진다.

IV 핵무기와 평화에 대한 주요 학자의 견해

1. 왈츠(Kenneth Waltz)

왈츠는 핵무기가 특히 중동지역에 확산될 경우 재래식 무기로 얻기 힘든 지역안정을 확보할 수 있다고 하여 핵무기가 평화에 기여할 것이라고 본다. 로젠이나 펠드먼 등도 같은 견해이다. 핵확산 낙관론자들은 국가 지도자들이 핵전쟁의 피해가 엄청나다는 것을 알기 때문에 핵전쟁이 일어날 가능성이 낮다고 주장한다.

2. 메스키타와 라이커(Bueno de Mesquita & William Riker)

메스키타와 라이커는 두 가지 가정에 바탕을 둔 간단한 모델을 통하여 핵확산문제와 체제안정에 관한 의미 있는 결과를 보여 주었다. 만일 두 경쟁국가가 모두 핵능력이 있을 경우 두 국가 간의 핵전쟁은 일어나지 않지만 한쪽만 핵능력이 있을 경우에는 핵국가가 비핵국가에 대해 핵무기를 사용할 수도 있다는 두 개의 가정을 바탕으로 가상적 국제체제에서 핵전쟁가능성을 분석하였다. 두 국가가 핵능력이 있는 경우 상황확증파괴체제를 형성할 수 있으므로 안정을 유지할 수 있다. 그러나 핵보유국과 비핵국가가 전쟁상태에 돌입할 때 핵보유국의 핵무기가 사용될 수 있다. 1945년 미국의 나가사키와 히로시마 핵투하에서 확인할 수 있다. 또한, 오랫동안 미국의 핵전략이었던 유연대응에서도 그 가능성을 확인할 수 있다.

3. 세이건(Scott Sagan)

세이건은 핵확산 비관론자이다. 핵확산은 선제공격의 가능성을 높이고 불안정한 위기상황을 조성하며 오인으로 인한 잘못된 판단을 유발하고 우발적 폭발의 가능성도 증대시켜서 국제체제의 불안정성을 높이게 된다고 주장하였다.

4. 나이(Joseph Nye. Jr)

나이는 핵확산을 막지 않을 경우 잘못된 추측으로 인한 피해가 엄청날 수 있음을 경고하였다. 예를 들어, 체제 내에서 핵확산이 이루어지게 되었을 경우에 국가들 간의 전쟁가능성은 거의 없어지게 되어 국제체제는 확실히 안정을 유지하게 되는 것이 진리라고 하자. 그런데도 인간들이 잘못 판단하여 핵확산을 금지할 경우 체제 내에서는 재래식 무기에 의존하는 전쟁이 계속 일어날 가능성이 높을 것이다. 다시 말해 핵확산을 허용하는 것이 사실상 체제안정에 유리한데도 불구하고 핵확산을 금지한 경우에 볼 수 있는 피해는 재래식 전쟁가능성과 그로 인해 체제불안정이다. 이와는 반대로 체제 내에서 핵확산을 허용할 경우에 반드시 핵전쟁이 발발하는 것이 진리라고 하자. 이럴 경우에 잘못 판단하여 핵확산을 허용할 경우 체제 내에서는 상상할 수 없는 핵전쟁의 패해를 보게 된다는 것이다. 나이는 인간들이 핵확산 허용의 오판을 하였을 경우의 피해가 핵확산 금지의 오판을 한 경우보다 비교할 수 없을 정도로 크기 때문에 핵확산 금지를 위해서 노력해야 한다고 주장한다.

5. 스나이더(G. Snyder)

스나이더는 핵무기가 저강도분쟁을 유발하는 반면 고강도 전면전을 억제한다는 '안정 – 불안정 역설(Stability – Instability Paradox)'을 주장하였다. 즉, 적대국이 핵무기를 모두 보유한 경우 대규모전쟁은 억지할 수 있다. 그러나 대규모 전쟁이 발발하지 않을 것이라는 판단 때문에 소규모의 저강도분쟁은 오히려 빈번하게 일어날 가능성이 있다는 것이다.

6. 라우흐하우스(Rauchhaus)

라우흐하우스는 핵대칭성, 즉 분쟁당사국들의 핵무기 보유는 저강도분쟁에는 별로 영향을 미치지 못하지만, 고강도 전면전은 억제하는 효과가 있다고 주장하였다. 반면, 핵비대칭성, 즉 분쟁당사국 중 한쪽만 핵무기를 보유하고 상대방은 핵무기를 보유하지 않는 상황에서는 저강도분쟁과 전면전 가능성이 모두 높다고 주장했다.

7. 존 미어샤이머(John Mearsheimer)

미어샤이머는 국가들이 자국의 생존을 가장 중요한 목표로 삼는 국제 체제에서, 핵무기는 그 생존을 보장하는 중요한 수단이라고 보았다. 핵무기를 통해 국가들은 자신이 공격받을 경우 상대방을 치명적으로 타격할 수 있기 때문에, 전쟁을 선택하기 어렵게 된다고 설명했다. 냉전 시대 동안 NATO와 바르샤바 조약국 간의 긴장 속에서도 전쟁이 발생하지 않았던 이유는, 양 진영이 핵무기를 보유하고 있었기 때문이라고 주장했다. 그는 특히 냉전 이후, 유럽이 상대적으로 평화로웠던 이유가 미국의 핵우산 덕분이라고 보았다. 그러나 미어샤이머는 핵확산에 대해 왈츠보다 신중한 입장을 보였다. 그는 핵무기가 일부 권위주의적이고 불안정한 국가들에 확산될 경우, 전 세계적인 안보 불안정성이 커질 수 있다고 우려했다.

Ⅴ 핵확산에 대한 미국, 중국, 러시아의 입장

1. 미국의 핵확산에 대한 입장

(1) NPT 체제 유지 및 강화

미국은 핵확산금지조약(NPT)을 통해 비핵국가들이 핵무기를 개발하지 않도록 하려는 입장을 강력히 고수해 왔다. 미국은 NPT 체제가 국제 안보와 평화 유지에 필수적이라고 주장하며, 이 체제를 유지·강화하기 위해 외교적·군사적 노력을 기울이고 있다.

(2) 제재와 외교적 압박

미국은 이란과 북한 같은 국가들의 핵개발을 막기 위해 제재와 외교적 압력을 강력히 사용해 왔다. 이란에 대해서는 포괄적 공동 행동 계획(JCPOA)을 통해 핵 프로그램을 제한하려 했으나, 2018년 트럼프 행정부가 일방적으로 합의를 탈퇴하면서 긴장이 고조되었다. 북한의 경우, 지속적인 제재와 협상을 병행하며 비핵화를 목표로 하고 있다.

(3) 동맹국에 대한 확장 억지

미국은 확장 억지(Extended Deterrence) 정책을 통해 일본, 한국, NATO 동맹국들에 핵우산을 제공하여 이들 국가들이 핵무기를 개발할 필요가 없도록 만들었다. 이로써 동맹국들이 독자적으로 핵무기를 개발하는 것을 억제하는 동시에, 지역 내 안보를 강화하려는 전략을 유지하고 있다.

(4) 핵무기 감축

미국은 러시아와 함께 전략적 핵무기 감축 협정(START)을 체결하여, 핵무기를 단계적으로 감축하고자 했다. 이는 핵무기를 줄여나가는 한편, 다른 국가들의 핵확산을 막기 위한 일종의 모범적 행동으로 보여질 수 있다.

2. 중국의 핵확산에 대한 입장

(1) NPT 체제지지
중국은 공식적으로 핵확산 금지조약(NPT)을 지지하며, 핵확산이 세계 안정과 자국 안보에 위협이 된다고 보고 있다. 중국은 핵확산이 동아시아와 남아시아 지역의 불안정을 초래할 수 있다고 우려한다.

(2) 자국 이익 중심의 외교
중국은 핵확산 문제를 다루는 데 있어 실용주의적 접근을 취한다. 이란과 북한에 대한 제재와 관련해, 중국은 때때로 국제사회와 보조를 맞추지만, 동시에 자국의 경제적 이익과 지역 안보를 고려해 유연한 입장을 취하기도 한다.

(3) 북한과의 관계
중국은 북한의 최대 경제적·외교적 후원국으로서, 북한의 핵무기 개발에 대한 국제사회의 제재에 공식적으로 동의하면서도, 북한의 체제 유지를 돕기 위해 경제 지원을 지속했다. 중국은 북한의 급작스러운 붕괴가 자국의 국경과 지역 안보에 위협이 된다고 보고, 이를 방지하는 동시에 북한의 비핵화를 유도하는 입장을 취했다.

(4) 이란 핵문제
중국은 이란과 경제적·외교적 관계를 유지하며, 이란 핵문제에 대해 서방 국가들과 협력해왔다. 그러나 중국은 이란에 대한 제재가 자국의 에너지 이익에 미칠 영향을 고려해 조심스러운 접근을 취했다. 이란은 중국의 중요한 에너지 공급원이며, 중국은 이란과의 경제 관계를 강화하려는 동시에, 핵확산에 대한 국제적 우려도 어느 정도 받아들였다.

3. 러시아의 핵확산에 대한 입장

(1) NPT 체제 지지
러시아는 미국과 함께 핵확산금지조약(NPT) 체제의 중요한 구성원으로, 핵확산이 국제 안보에 중대한 위협이 된다고 보고 있다. 러시아는 NPT 체제를 지지하며, 핵확산을 방지하기 위한 국제적 협력에 참여해 왔다.

(2) 전략적 동맹과 관계 유지
러시아는 핵확산 방지와 관련된 문제에서 자국의 외교적·전략적 동맹을 중시한다. 이란, 시리아와 같은 국가들과의 관계에서, 러시아는 서방과 다른 입장을 취하며 자국의 동맹국을 지지하는 동시에, 이들의 핵무기 개발을 제한하는 균형을 유지하려 했다.

(3) 이란 핵문제
러시아는 이란과의 경제적·전략적 협력을 지속하면서도, 이란의 핵무기 개발을 제한하는 데에도 협력했다. 러시아는 이란의 핵개발을 반대하면서도, 서방의 강력한 제재보다는 외교적 해법을 선호했다. 이란의 핵문제를 둘러싼 협상에서 러시아는 중재자 역할을 하려 했고, 자국의 영향력을 확대하려는 전략을 취했다.

(4) 북한 문제

러시아는 북한과의 관계에서도 실용적 입장을 취해왔다. 러시아는 북한의 핵개발을 공식적으로 반대했지만, 동시에 북한과의 경제적 관계를 유지하며 한반도에서의 영향력을 확대하려 했다. 또한 미국과의 경쟁 속에서 러시아는 북한과의 외교적 관계를 통해 자국의 동북아시아 전략적 이익을 강화하려 했다.

제3절 핵확산통제체제

I NPT

1. 의의

1968년 핵보유국의 증가를 방지할 목적으로 체결되었으며, 미국, 러시아, 중국, 프랑스 등 주요 핵 강대국들이 당사국이다. 한국에 대해서는 1975년 발효하였다. 한편, 1995년 당사국회의에서 동 조약의 효력을 무기한 연장하기로 만장일치 합의하였다.

2. 내용

미국과 러시아를 비롯한 핵보유국들은 핵무기와 이와 관련된 것은 누구에게나 양도할 수 없고, 따라서 비핵국의 핵제조에 어떠한 원조도 할 수 없다(제1조). 비핵국은 핵무기와 그 밖의 이에 관련된 어떠한 것도 수령할 수 없고 스스로 제조할 수도 없다(제2조). 또한 비핵국은 원자력이용을 평화적 목적에 한정하고 원자력의 군사적 목적에의 전용을 방지하기 위한 국제원자력기구의 보장조치를 수락해야 한다(제3, 4조). 이에 반해 핵보유국에 대해서는 군축을 직접 요구하지 않고 단순히 핵군축에의 노력을 목표로 부과하고 있다. 비핵국의 비핵지대 결성권을 인정하고 있다. 자국의 중대이익이 침해받을 경우 탈퇴 3개월 전에 사전통보해야 한다.

> **조문 | NPT 주요 조항**
>
> **제1조**
> 핵무기보유 조약당사국은 여하한 핵무기 또는 기타의 핵폭발장치 또는 그러한 무기 또는 폭발장치에 대한 관리를 직접적으로 또는 간접적으로 어떠한 수령자에 대하여도 양도하지 않을 것을 약속하며, 또한 핵무기 비보유국이 핵무기 또는 기타의 핵폭발장치를 제조하거나 획득하며 또는 그러한 무기 또는 핵폭발장치를 관리하는 것을 여하한 방법으로도 원조, 장려 또는 권유하지 않을 것을 약속한다.
>
> **제2조**
> 핵무기 비보유 조약당사국은 여하한 핵무기 또는 기타의 핵폭발장치 또는 그러한 무기 또는 폭발장치의 관리를 직접적으로 또는 간접적으로 어떠한 양도자로부터도 양도받지 않을 것과, 핵무기 또는 기타의 핵폭발장치를 제조하거나 또는 다른 방법으로 획득하지 않을 것과 또한 핵무기 또는 기타의 핵폭발장치를 제조함에 있어서 어떠한 원조를 구하거나 또는 받지 않을 것을 약속한다.

제3조

1. 핵무기 비보유 조약당사국은 원자력을, 평화적 이용으로부터 핵무기 또는 기타의 핵폭발장치로 전용하는 것을 방지하기 위하여 본 조약에 따라 부담하는 의무이행의 검증을 위한 전속적 목적으로 국제원자력기구규정 및 동 기구의 안전조치제도에 따라 국제원자력기구와 교섭하여 체결할 합의사항에 열거된 안전조치를 수락하기로 약속한다. 본조에 의하여 요구되는 안전조치의 절차는 선원물질 또는 특수분열성물질이 주요원자력시설내에서 생산처리 또는 사용되고 있는가 또는 그러한 시설외에서 그렇게 되고 있는가를 불문하고, 동 물질에 관하여 적용되어야 한다. 본조에 의하여 요구되는 안전조치는 전기당사국 영역내에서나 그 관할권하에서나 또는 기타의 장소에서 동 국가의 통제하에 행하여지는 모든 평화적 원자력 활동에 있어서의 모든 선원물질 또는 특수분열성물질에 적용되어야 한다.

2. 본 조약 당사국은, 선원물질 또는 특수분열성물질이 본조에 의하여 요구되고 있는 안전조치에 따르지 아니하는 한, (가) 선원물질 또는 특수분열성물질 또는 (나) 특수분열성물질의 처리사용 또는 생산을 위하여 특별히 설계되거나 또는 준비되는 장비 또는 물질을 평화적 목적을 위해서 여하한 핵무기 보유국에 제공하지 아니하기로 약속한다.

3. 본조에 의하여 요구되는 안전조치는, 본 조약 제4조에 부응하는 방법으로, 또한 본조의 규정과 본 조약 전문에 규정된 안전조치 적용원칙에 따른 평화적 목적을 위한 핵물질의 처리사용 또는 생산을 위한 핵물질과 장비의 국제적 교환을 포함하여 평화적 원자력 활동분야에 있어서의 조약당사국의 경제적 또는 기술적 개발 또는 국제협력에 대한 방해를 회피하는 방법으로 시행되어야 한다.

4. 핵무기 비보유 조약당사국은 국제원자력기구규정에 따라 본조의 요건을 충족하기 위하여 개별적으로 또는 다른 국가와 공동으로 국제원자력기구와 협정을 체결한다. 동 협정의 교섭은 본 조약의 최초 발효일로부터 180일이내에 개시되어야 한다. 전기의 180일 후에 비준서 또는 가입서를 기탁하는 국가에 대해서는 동 협정의 교섭이 동 기탁일자 이전에 개시되어야 한다. 동 협정은 교섭개시일로부터 18개월 이내에 발효하여야 한다.

제4조

1. 본 조약의 어떠한 규정도 차별없이 또한 본 조약 제1조 및 제2조에 의거한 평화적 목적을 위한 원자력의 연구생산 및 사용을 개발시킬 수 있는 모든 조약당사국의 불가양의 권리에 영향을 주는 것으로 해석되어서는 아니된다.

2. 모든 조약당사국은 원자력의 평화적 이용을 위한 장비 물질 및 과학기술적 정보의 가능한 한 최대한의 교환을 용이하게 하기로 약속하고, 또한 동 교환에 참여할 수 있는 권리를 가진다. 상기의 위치에 처해 있는 조약당사국은 개발도상지역의 필요성을 적절히 고려하여, 특히 핵무기 비보유 조약당사국의 영역내에서, 평화적 목적을 위한 원자력 응용을 더욱 개발하는데 단독으로 또는 다른 국가 및 국제기구와 공동으로 기여하도록 협력한다.

제5조

본 조약 당사국은 본 조약에 의거하여 적절한 국제감시하에 또한 적절한 국제적 절차를 통하여 핵폭발의 평화적 응용으로부터 발생하는 잠재적 이익이 무차별의 기초위에 핵무기 비보유 조약당사국에 제공되어야 하며, 또한 사용된 폭발장치에 대하여 핵무기 비보유 조약당사국이 부담하는 비용은 가능한 한 저렴할 것과 연구 및 개발을 위한 어떠한 비용도 제외할 것을 보장하기 위한 적절한 조치를 취하기로 약속한다. 핵무기 비보유 조약당사국은 핵무기 비보유국을 적절히 대표하는 적당한 국제기관을 통하여 특별한 국제협정에 따라 그러한 이익을 획득할 수 있어야 한다. 이 문제에 관한 교섭은 본 조약이 발효한 후 가능한 한 조속히 개시되어야 한다. 핵무기 비보유 조약당사국이 원하는 경우에는 양자협정에 따라 그러한 이익을 획득할 수 있다.

제6조

조약당사국은 조속한 일자내에 핵무기 경쟁중지 및 핵군비 축소를 위한 효과적 조치에 관한 교섭과 엄격하고 효과적인 국제적 통제하의 일반적 및 완전한 군축에 관한 조약 체결을 위한 교섭을 성실히 추구하기로 약속한다.

제9조

3. 본 조약은 본 조약의 기탁국 정부로 지정된 국가 및 본 조약의 다른 40개 서명국에 의한 비준과 동 제국에 의한 비준서 기탁일자에 발효한다. 본 조약상 핵무기 보유국이라 함은 1967년 1월 1일 이전에 핵무기 또는 기타의 핵폭발장치를 제조하고 폭발한 국가를 말한다.

> **제10조**
> 1. 각 당사국은, 당사국의 주권을 행사함에 있어서, 본 조약상의 문제에 관련되는 비상사태가 자국의 지상이익을 위태롭게 하고 있음을 결정하는 경우에는 본 조약으로부터 탈퇴할 수 있는 권리를 가진다. 각 당사국은 동 탈퇴 통고를 3개월전에 모든 조약당사국과 UN 안전보장이사회에 행한다. 동 통고에는 동 국가의 지상이익을 위태롭게 하고 있는 것으로 그 국가가 간주하는 비상사태에 관한 설명이 포함되어야 한다.
> 2. 본 조약의 발효일로부터 25년이 경과한 후에 본 조약이 무기한으로 효력을 지속할 것인가 또는 추후의 일정기간동안 연장될 것인가를 결정하기 위하여 회의를 소집한다; 동 결정은 조약당사국 과반수의 찬성에 의한다.

3. 핵안전조치협정

협약당사국은 협약 제3조 제1항에 의거하여 국제원자력기구와 핵무기의 비확산에 관한 조약에 관련된 안전조치의 적용을 위한 협정(핵안전조치협정)을 체결하고 핵연료 재처리를 포함한 모든 핵시설에 대하여 국제적 사찰을 허용해야 한다.

4. NPT의 문제점

(1) 핵보유국과 비핵보유국 간의 불평등

NPT는 미국, 러시아, 중국, 영국, 프랑스 등 5개 국가를 핵보유국으로 인정하면서, 다른 국가들은 핵무기를 보유하지 못하도록 제한했다. 이러한 구조는 핵보유국과 비핵보유국 간의 불평등을 초래했고, 비핵보유국들은 자신들에게 주어진 권리가 제한적이라고 느끼게 되었다. 이로 인해 NPT가 공정하지 않다는 비판이 제기되었다.

(2) 핵 군축의 미비

NPT의 목표 중 하나는 핵 군축이었지만, 핵보유국들은 핵무기를 줄이려는 노력에 소극적이었다. 비록 일부 핵무기 감축 협정이 있었으나, 핵보유국들은 핵무기를 완전히 제거하지 않았으며, 여전히 핵 억제력에 의존하고 있다. 이러한 상황은 핵군축의 진전을 저해했다.

(3) 핵비확산 체제의 신뢰성 약화

북한이 2003년에 NPT에서 탈퇴하고 핵무기를 개발했으며, 이란은 핵 프로그램을 둘러싼 국제적 논란을 일으켰다. 이러한 사례들은 NPT 체제의 신뢰성을 약화시켰고, 비핵화 약속을 지키지 않으려는 국가들이 존재함을 보여주었다. NPT가 모든 국가들의 핵 활동을 완전히 통제하지 못했다.

(4) 비가입국 문제

인도, 파키스탄, 이스라엘은 NPT에 가입하지 않았고, 이러한 국가들은 NPT 체제 밖에서 핵무기를 개발했다. 이들 국가의 핵무기 보유는 지역적 군비 경쟁을 유발할 수 있으며, NPT 체제의 보편적 적용을 저해했다. 비가입국들이 NPT의 제재를 받지 않는 점도 문제로 지적되었다.

(5) 핵 억제력에 대한 의존

일부 핵보유국들은 여전히 자신들의 안보를 위해 핵 억제력에 의존하고 있다. 이는 핵무기 보유가 국가 안보에 필수적이라는 인식을 확산시키며, 다른 국가들도 핵무기를 추구하게 만들 수 있다. NPT 체제는 핵 억제력 사용을 완전히 배제하지 못했다.

5. 최근 NPT체제의 위기

(1) 의의

2020년은 NPT 발표 50주년 및 무기연장 25주년이 되는 해인데 NPT체제에 대한 위기감이 조성되고 있다. 핵무기 보유국(NWS: Nuclear-Weapon State)이 NPT 제6조에 따른 핵군축의무를 이행하지 않은 것에 대한 비핵무기국(NNWS)의 불만이 누적되어 분출단계에 이르렀고, 근래 강대국 세력경쟁으로 오히려 핵군축 추세가 후퇴하였으며, 9차 NPT 평가회의에 이어 10차 평가회의에서 2차 연속 '최종문서' 채택에 실패할 가능성이 제기되었다.

(2) UN 사무총장의 경고와 제안

안토니오 구테레쉬 UN 사무총장은 2018년 「우리 공동의 미래를 보장한다. 군축을 위한 의제」 보고서를 발표하며, 다음과 같이 (핵)군비경쟁을 경계하고, (핵)군축의 시급성으로 경고하였다. 완전한 핵군축을 위한 새롭고 결정적인 행동 등을 포함한 군축의 긴급성과 엄중성을 강조하고 군축을 UN기구 전체의 주요 의제로 추진하며 군축을 위해 각종 정부·비정부 국제 행위자들과 협력을 확대할 것을 제안했다. 또한 (핵)군축에 대한 관심을 촉구하는 배경으로 탈냉전기 세대들은 제1, 2차 세계대전의 침상을 겪은 냉전기 세대에 비해 군축의 논리와 용어에 무지, 무관심하고 강대국 세력경쟁의 불안정성과 예측 불가능성이 증가하고 신기술의 등장으로 안보위협요인이 더욱 침투적이며 복잡해졌으며 핵무기가 인류에 대해 실존적 위협을 가하고 있다는 점을 들고 있다.

(3) NPT체제 위기의 국제정치적 배경

첫째, 21세기 이후 미국이 세계적 지도국 역할을 포기하고 강대국 세력경쟁이 심화되면서 국제 핵질서가 불안정하게 되자, 국제사회와 시민사회는 강대국 간 핵경쟁과 핵전쟁을 방지하기 위해 핵보유국에게 핵군축을 더욱 강력하게 제기하고 있다. 특히 2010년대 들어 미·중 간, 미·러 간 군세 체제·가치·경제 분야에서 전면적이고 영합적인 경쟁이 시작되면서, 탈냉전기 초기의 협조적인 분위기에서 체결되었던 다양한 군비 통제 양자·다자협정이 해체되기 시작했다. 미·중·러의 핵군축 사례를 보면 '협력적 위협 감축(CTR)' 프로그램을 러시아가 일방적으로 종료(2014)하였고 미국의 중거리핵전략(INF) 조약 탈퇴(2019) 및 중거리미사일 개발을 하였다.

둘째, 2017년 발족한 미국 트럼프 행정부는 미국우선주의와 '힘을 통한 평화'를 국가안보전략 기조를 제시하고 미·러 중거리핵전략조약(INF) 탈퇴(2019년 8월), 이란핵합의(JCPOA) 탈퇴와 2021년 2월에 만료되는 미·러 신전략무기감축협정(New START) 연장결정을 지체하고 있다. 또한 신형 중거리미사일 개발과 핵무기 현대화 등 군축 비확산 추세에 반하는 정책을 추진하면서 핵경쟁과 군배경쟁을 주도하며 NPT체제를 크게 훼손하고 있다. 더욱이 미국은 그동안 NPT 중심의 군축 비확산체제를 유지하는 데 강력한 리더십을 발휘한 반면, 트럼프 행정부는 이를 방기하였다.

셋째, 핵국과 비핵국 간 갈등이 계속 심화되면서 2015년 NPT 평가회의에서 '최종문서'를 채택하지 못한 데 이어 차기 평가회의에서도 최종문서를 채택하지 못할 가능성이 있으며 이때 NPT체제의 기능이 중지될 것이라는 위기감이 확산되었다. 특히, 1995년 NPT 평가 및 연장회의에서 자신들의 비핵국 지위를 영구화하는 'NPT 영구연장'에 동의했지만, 핵국들이 NPT 제6조에 따른 핵국의 핵군축 의무를 불이행하고, 제4조의 원자력의 평화적 이용에도 비협조적이어서 NPT 3개 기둥에 심대한 불균형이 발생한 것에 강한 불만을 제기하고 있다. 반면, 핵보유국들은 국제안보 정세의 악화에 따른 군비 증강 추세여서 양측의 입장 차는 벌어지고 있다.

넷째, 유일한 군축전문 협상기구인 제네바 군축회의(CD)에서 주요 핵군축 의제인 핵분열물질, 소극적 안전보장(NSA) 제공과 외기권 군비경쟁 방지(PAROS) 등에 대한 협상이 지체되고 있는데, 이런 동향도 핵군축에 대한 비핵국의 불만을 악화시키는 배경이 된다.

다섯째, 전쟁과 무기 사용은 보통 국가와 군인의 고유한 영역이었으나 핵무기의 무차별적이고 과도한 살상력 때문에 핵무기의 발명 직후부터 시민사회·NGO·개인·국제기구 등 비국가행위자가 개입하여 핵군축을 요구했으며, 2009년 '핵없는 세상'을 주장한 오바마 대통령의 연설 이후 시민사회의 핵군축 목소리가 커졌다.

6. NPT체제의 개선 방향

(1) 핵보유국들의 적극적 군축

핵보유국들은 핵무기 감축에 대한 구체적인 목표와 일정표를 설정하고, 이를 이행해야 한다. 핵 군축 협정을 보다 강화하고, 이를 통해 국제사회의 신뢰를 회복할 필요가 있다. 특히, 미국과 러시아를 비롯한 핵보유국들은 자신들의 핵무기 보유량을 실질적으로 줄이는 노력을 해야 한다.

(2) 비가입국 포섭

NPT에 가입하지 않은 인도, 파키스탄, 이스라엘과 같은 국가들과의 외교적 협상을 통해 이들 국가를 NPT 체제에 포섭해야 한다. 이를 위해서는 이들 국가들에게 적절한 안보 보장을 제공하고, 핵무기를 포기할 수 있는 환경을 조성해야 한다. 비가입국의 핵무기 보유는 NPT체제의 취약성을 드러내고 있기 때문에, 이들의 참여가 필요하다.

(3) 핵비확산 메커니즘 강화

핵물질 및 관련 기술의 불법적 확산을 방지하기 위한 국제적 협력을 강화해야 한다. 국제원자력기구(IAEA)의 감시와 검증 역할을 더욱 강화하고, 불법적인 핵무기 개발을 시도하는 국가들에 대한 제재를 강화해야 한다. 이를 통해 핵비확산 체제의 신뢰성을 회복할 수 있다.

(4) 핵무기 사용 금지 조약과의 연계

2017년에 발효된 핵무기금지조약(TPNW)과 NPT를 연계하여, 핵무기 사용과 보유를 강력히 금지하는 국제적 체제를 형성해야 한다. TPNW는 NPT보다 강력한 핵무기 금지 규정을 담고 있기 때문에, 두 조약이 상호 보완적으로 작용할 수 있도록 조정이 필요하다. 이를 통해 NPT가 핵무기 금지와 군축에 더 강력한 역할을 할 수 있도록 해야 한다.

(5) 비핵보유국에 대한 안전 보장

비핵보유국들은 자신들의 안보를 보장받지 못한다면 핵무기를 개발하려는 유혹을 느낄 수 있다. 핵보유국들은 비핵보유국들에 대해 핵무기를 사용하지 않겠다는 명확한 안전 보장을 제공해야 한다. 이를 국제적으로 보증하는 메커니즘을 마련하여, 비핵보유국들이 핵무기 개발에 대한 필요성을 느끼지 않도록 해야 한다.

> **참고** 제8차 NPT 평가회의(2010.5.3. ~ 28.)
>
> NPT 당사국들은 동 조약 제8조에 기초하여 1975년부터 매 5년마다 평가회의(Review Conference)를 개최해 오고 있으며, 2010년 5월 제8차 평가회의가 뉴욕에서 개최되었다. 이번 회의는 북한이 2006년과 2009년 두 차례에 걸쳐 핵실험을 강행하고, 이란 또한 핵 개발 의심을 받는 가운데 개최되어 전세계적인 주목을 받았다. 이번 회의의 주요 쟁점과 최종 합의문서에 기술된 내용은 다음과 같다.
> ① 비핵국들은 핵보유국들이 핵무기 감축의 구체적 시한을 제시하고 이를 합의서에 담을 것을 주장했으나 구체적 시한은 규정되지 않았다. 다만 핵보유국들이 핵군축을 위한 구체적인 조치를 취하고 이를 제9차 NPT 평가회의를 위한 준비회의(2014년)에 보고하기로 합의하였다.
> ② 회의에서는 1995년 채택된 중동결의의 이행문제가 쟁점이 되었다. 중동결의는 중동을 대량살상무기가 없는 지대로 만들자는 것으로서, 그 선결조건으로 이스라엘의 비핵화와 NPT 가입이 제시되었다. 이에 대해 미국과 이스라엘은 이스라엘의 비핵화 이전에 중동국가들 간 전면전 평화조약이 체결되어야 한다고 반박하였다. 최종문서에서는 중동비핵지대 창설을 위해 중동국가들이 2012년에 회의를 개최하기로 하였다.
> ③ NPT조약 제3조에 기초하여 1997년 '추가의정서'가 채택되었으며 2010년 5월 현재 132개국(5개 핵보유국 포함)이 서명하였다. 금번 재검토 회의에서는 동 의정서 가입을 의무화한다는 주장이 강력하게 제기되었으나 의무화하는 데는 실패하고, 대신 추가의정서를 NPT 핵 검증의 '진일보된 기준'(enhanced standard)으로 인식하고, 모든 국가의 가입을 장려하였다.
> ④ NPT 탈퇴의 자유를 제한할 것인지가 쟁점이 되었으나 탈퇴의 권리를 인정하되, 탈퇴국이 핵 관련 기술을 이전받은 경우 핵기술이나 핵물질 공급국이 이를 회수할 수 있는 권리를 갖도록 하기로 절충되었다.

Ⅲ 다자간 수출 통제 체제

1. 쟁거위원회(Zangger Committee)

(1) 배경

쟁거위원회는 핵물질 및 장비 등의 구체적 리스트(Trigger List)를 작성하기 위해 탄생한 것으로 원래 명칭은 NPT 핵수출국 위원회(NPT Exporters' Committee)이다. 쟁거위원회는 1974년에 설립되었으며, 회원국들은 NPT 비당사국이면서도 핵을 보유하지 않은 국가에게 핵물질 및 장비를 수출하는 경우, 해당 수입국이 IAEA의 안전조치를 적용하고 핵실험에 사용하지 않을 것을 보증토록 하는 의무조항을 명기하기로 하였다. 쟁거위원회는 법적 구속력을 지니지 않는 비공식기구로 운영된다. 한국은 1995년 10월에 정식 회원국이 되었으며 현재 약 35개국이 회원국으로 있다.

(2) 회원국들의 의무

첫째, NPT에서 통제하는 규제물질을 NPT 당사국이 아닌 여타 비핵보유국에 이전할 경우 각 회원국에게 관련정보를 통보한다.

둘째, 자국이 수입한 핵물질과 장비가 핵무기 개발로 전용되는 것이 금지되며, 이를 위해 IAEA의 안전조치가 적용된다.

셋째, 수입국이 동 물질과 장비를 제3국에 재수출해서는 안 된다.

2. 핵공급국그룹(Nuclear Suppliers Group)

(1) 배경

1974년 중반 인도의 핵실험, 원유가 상승에 따른 국제사회의 원자력에 대한 관심 증대, 프랑스와 독일의 제3세계 국가에 대한 농축·재처리 시설 공급 계약 등에 따른 핵확산 우려에 따라 미국과 캐나다 주도로 쟁거위원회보다 더 강력한 핵물질 수출통제체제인 핵공급국그룹이 1974년 설립되었다. 한국은 1995년 10월에 정회원국으로 가입하였고, 2003년 5월 부산에서 개최된 총회 이후 1년간 의장국 자격으로 활동하였다.

(2) 내용

원자력 전용 품목의 수출을 규율하는 Part Ⅰ 통제리스트와 이중용도 품목의 수출을 규율하는 Part Ⅱ 통제리스트로 구분된다. 전자는 핵물질, 원자로 및 관련장비, 재처리·농축·핵연료 제작 등에 필요한 공장설비 및 제반장치, 그리고 핵활동과 관련된 기술로 구성되어 있다. 후자의 경우 핵 관련 이중용도 품목과 기술이 포함된다.

(3) 이행

NSG 회원국이 여타 비핵보유국에게 통제 리스트상의 품목을 이전할 경우 다음과 같은 전제조건을 충족시켜야 한다. 즉, 핵물질 또는 기술이 핵무기 제조에 전용될 위험을 방지하기 위한 최소 필요조건으로 이전 대상국의 국내수출통제체제 완비 여부, 핵연료 주기상 민감물질에 대한 물리적 방호 여부, 확산 우려국에 대한 재이전 금지 등이 전제조건이다. 최근에는 수입국이 IAEA와 전면안전조치협정을 체결해야 한다는 전제조건이 강조되고 있다.

3. 미사일기술통제체제(MTCR)

① 탄두중량 500kg 이상, 사거리 300km 이상의 탄도미사일 및 순항미사일의 수평적 확산을 방지하기 위해 1987년 4월 미국 주도로 G7 간 설립된 수출통제체제이다.

② G7 이외에도 EC 및 NATO 회원국, 러시아, 남아프리카공화국, 우크라이나 등이 가입하고 있으며, 한국은 2001년 3월 정회원국으로 가입하였다.

③ 출범 당시 핵무기 운반 미사일만을 대상으로 하였으나 1993년부터는 화학무기

및 생물무기 등 모든 대량파괴무기 운반미사일로 범위가 확대되었다.
④ MTCR 회원국들은 미사일 관련 물자와 기술 수출시 대량파괴무기의 확산 위협, 수입국의 미사일 개발능력 등을 종합 검토하여 수출 허가 여부를 결정한다.
⑤ MTCR은 국제법적 구속력을 갖지 않고, 회원국들이 가이드라인에 따라 자발적으로 통제물품의 수출을 통제하도록 한다.
⑥ 통제대상은 카테고리 1과 카테고리 2로 나뉘어 있다. 카테고리 1은 미사일 관련 핵심기술 및 장비들로서 500kg 이상의 탄두를 최소 사정거리 300km 이상 운반할 수 있는 로켓 완성품과 무인항공기체계 등을 포함한다. 카테고리 2는 카테고리 1보다 덜 민감한 품목과 기술로서 주로 이중용도품목들이다.

Ⅲ 비핵지대(denuclearized zone)

1. 의의

비핵지대란 복수국가가 자국 영역의 비핵화에 합의하고, 이해관계국이 이를 보장하는 일정 지대를 말한다. 라틴아메리카 국가들은 1967년 '중남미지역핵무기금지조약(treaty of Tlatelolco)'을 체결하여 체약국에서 핵무기의 생산, 취급 및 실험과 사용을 금지하고, 원자력 이용시 국제원자력기구의 보장조치를 받도록 규정하였다. 1985년 '남태평양비핵지대설치조약', 1995년 '동남아비핵무기지대조약', 1996년 '아프리카비핵지대조약', 2006년 '중앙아시아비핵지대조약' 등이 체결되어 유사한 내용을 담고 있다.

2. 중남미지역핵무기금지조약(1967년)

1967년 2월 멕시코를 포함한 15개국이 멕시코시티의 토라테로르코에서 서명하였으므로 '토라테로르코조약'이라고도 한다. 지구상의 광대한 가주지역(可住地域)을 비핵무장화하는 조약으로는 최초의 것으로 전문과 본문 32조, 경과규정, 부속의정서 2개로 되어 있다. 이 조약은 핵무기에 대하여 '원자력을 제어되지 않는 방법으로 방출할 수 있으며, 또 전쟁목적으로 사용되는 일군의 특질을 가진 장치'라 정의하고, 그것과 구별하여 평화목적을 위한 핵장치의 폭발을 인정하였다. 이러한 조약의 의무 이행을 위하여 총회·이사회·사무국으로 된 상설국제기관이 있으며, 또 당사국의 의무 이행 검증을 위하여 국제원자력 보장조치의 적용, 정기보고, 특별보고, 특별사찰 등 4종의 관리제도를 채택하고 있다.

3. 남태평양비핵지대설치조약(1985년)

1985년 8월 6일에 쿡제도의 라로통가(Rarotonga[Ⅰ]) 섬에서 서명, 1986년 12월 11일 발효되었다. '라로통가 조약'이라고도 한다. 당사국은 11개국(자치령의 쿡제도, 니베를 포함)이다. 남태평양에서의 프랑스의 핵실험의 계속과 일본의 방사성폐기물의 해양투기계획 등을 동기로 오스트레일리아가 1983년의 제14회 남태평양 포럼(SPF: South Pacific Forum)에서 비핵지대(⇨ 비핵무기지대) 설치를 제창한 것에서 본 조약 작성을 위한 working group이 설치되어 본 조약을 기초하였다. 전문 및 16개 조와 4개의 부속서 3개의 의정서로 이루어진다. '남태평양 비핵지대'를 설치하여[제1조 제(a)호,

제2조, 부속서 제1조] 체약국에 대해 핵무기뿐만 아니라 평화 목적의 것을 포함한 모든 '핵폭발장치'의 제조·취득·소유·관리의 금지, 그 영역에서의 핵폭발장치의 배치·실험의 방지, 지대 내의 해양에서의 방사성 폐기물의 투기 금지 등을 규정한다. 배치방지의무는 있지만, 외국의 선박·항공기에 의한 기항·통과 등에 대해서는 각 체약국의 주권적 권리의 행사로 허가할 것인지 안 할 것인지를 결정할 수 있다(제5조 제2항). 조약상의 의무의 준수를 검증하기 위해 '핵무기비확산조약'과 동일한 보장조치가 적용된다.

4. 동남아비핵무기지대조약(1995년)

동남아시아지역에 대한 비핵지대화가 논의되기 시작한 것은 1971년부터이다. 같은 해 11월 27일 동남아시아국가연합(아세안: ASEAN) 5개 회원국은 말레이시아 수도 쿠알라룸푸르에 모여 '쿠알라룸푸르선언'을 채택하고, 역외 강대국들의 간섭을 배제하는 동남아시아 평화·자유·중립지대(ZOPFAN) 창설을 결의하였다. 이어 1976년에는 '아세안 일치선언'을 통해 동남아시아 평화지대를 조속히 달성하기로 결의하였다. 1984년에는 자카르타에서 열린 아세안 각료회의에서 비핵지대화 권고를 승인하고, 1992년 이후부터 본격적인 비핵지대화 작업에 들어갔다. 같은 해 UN 총회의 지지를 얻은 뒤, 마침내 1995년 12월 15일 방콕에서 열린 아세안 각료회의에서 아세안 회원국들의 서명으로 비핵지대조약이 체결되었다. 방콕에서 서명된 까닭에 방콕조약이라고도 한다. 2004년 현재 가입국은 필리핀·말레이시아·싱가포르·인도네시아·타이·브루나이·베트남·라오스·미얀마·캄보디아 등 아세안 10개국이다.

5. 아프리카비핵지대조약(1996년)

1996년 4월 11일 채택되었다. 남아프리카공화국의 펠린다바에서 조약이 체결되었기 때문에 펠린다바조약, 펠린다바비핵지대조약이라고도 한다. 아프리카의 비핵지대화는 1960년부터 논의되었는데, 직접적인 동기는 프랑스가 아프리카에서 핵실험을 한 것으로부터 비롯되었다. 같은 해 아프리카 일부 국가들은 비핵지대화를 촉구하는 결의안을 UN 총회에 제출하였다. 이어 UN 총회에서 결의안이 통과된 뒤, 1964년 아프리카단결기구(현 아프리카통일기구)는 카이로선언을 통해 아프리카의 비핵화선언을 채택하였고, 이 선언은 이듬해 UN 총회에서 승인받았다. 그 뒤 1974년 남아프리카공화국의 핵개발 문제가 불거지면서 아프리카비핵지대화에 대한 관심은 다시 높아지기 시작하였다. 그러나 매년 UN에서 아프리카의 비핵지대 문제가 다루어지기는 했지만, 공식적으로 발효되지는 않았다. 그러다 1991년 7월 남아프리카공화국이 핵무기 개발을 포기하고 핵확산금지조약(NPT)에 가입하면서 새로운 전기를 맞았다. 1995년 요하네스버그와 펠린다바에서 최종 조약문이 작성되고, 같은 해 아프리카단결기구와 UN 총회에서 조약안에 대한 서명과 비준을 촉구하는 결의안이 채택되었다. 1996년 4월 11일 아프리카 50개국이 조약안에 서명하고 비준함으로써 공식 발효되었다. 조약안은 전문과 본문 22조, 4개의 부록과 3개의 의정서로 이루어져 있다. 의정서의 주요 내용은 아프리카 역내에서 5대 핵무기 보유국들의 핵무기 사용 및 사용 위협 금지 보장, 5대 핵무기 보유국의 핵실험 금지, 아프리카에 영토를 가지고 있는 프랑스와 에스파냐의 핵폭발장치 획득·보유·배치·실험 및 방사능 물질 덤핑 금지 등이다.

6. 중앙아시아비핵지대(2006년)

2006년 9월 8일 카자흐스탄, 키르기스스탄, 타지키스탄, 투르크메니스탄, 우즈베키스탄 등 중앙아시아 5개국은 '역내에서 핵무기의 생산, 취득, 보유 등을 금지하는 것' 등의 내용을 명기한 중앙아시아 비핵지대화 조약을 체결하기로 합의했고, 이 협정은 2009년 3월 21일에 발효하였다. 2014년에 미국과 러시아, 중국, 영국, 프랑스 등 세계 5대 핵 보유국이 동 조약에 가입하였다.

7. 한반도비핵화 및 평화구축선언

1991년 11월 8일 대한민국이 행한 선언이다.

① 핵에너지의 평화적 목적으로 사용하고 핵무기를 제조·보유·저장·배치·사용하지 않는다.
② NPT와 핵안전조치협정을 준수하고, 핵시설과 핵물질은 철저한 국제사찰을 받으며, 핵연료의 재처리 및 핵농축 시설을 보유하지 않는다.
③ 북한이 국제핵사찰 수락과 핵재처리 및 농축시설 보유 포기의 상응조치를 취할 것을 촉구하였다.

8. 한반도비핵화에 관한 공동선언

1991년 남북이 공동으로 채택하였다. 남북은 ① 핵무기의 시험·제조·생산·접수·보유·배치·사용을 하지 않고, ② 핵에너지를 평화적 목적에만 이용하며, ③ 핵재처리시설과 우라늄농축시설을 보유하지 않고, ④ 비핵화 검증을 위해 상대 측이 선정하고 쌍방이 합의하는 대상물에 대해 남북핵통제공동위원회가 규정하는 절차와 방법으로 사찰을 받는다. ⑤ 남과 북은 공동선언의 이행을 위하여 공동선언이 발효된 후 1개월 안에 남북핵통제공동위원회를 구성, 운영한다.

IV 핵실험규제

핵실험은 기존의 핵무기 성능을 평가하고, 새로운 핵무기를 개발하는 데 필수적 요소이기 때문에 핵실험의 규제는 곧 핵확산의 규제로 이어질 수 있다고 인식되기 시작하였다. 또한 핵실험이 인적·자연적 환경을 심각하게 훼손한다고 생각하여 핵실험을 규제하기 시작했다.

1. 부분적 핵실험금지조약(PTBT: Partial Test Ban Treaty)

1963년 7월 15일 미국, 영국, 구소련 3국 간에 체결된 조약이다. 3국은 전면적 핵실험 규제에 앞서 논란의 여지가 적은 대기권 내·우주공간·수중에서의 핵실험을 금지하는 데 합의하였다.

2. 지하핵실험제한조약(TTBT: Threshold Test Ban Treaty) 및 평화적목적핵폭발조약(PNET: Peaceful Nuclear Explosions Treaty)

1974년 미국과 구소련은 폭발력 150Kt 이상의 지하핵실험을 금지하는 TTBT를 체결하였으며, TTBT만으로는 평화적 목적을 위한 지하핵폭발을 규율할 수 없다고 보고, 1976년 평화적목적핵폭발조약을 추가로 체결하였다.

3. 포괄적핵실험금지조약(CTBT: Comprehensive Test Ban Treaty)

1996년 9월 10일 UN 총회에서 채택되었다. CTBT는 지하핵실험을 포함하여 모든 핵실험을 금지하는 내용을 담고 있다. 이 조약은 현재 발효되지 않고 있으며, 특히 미국의 상원이 동조약의 비준을 거부함으로써 실효성을 저하시켰다. 한편, 동 조약의 채택 이후 프랑스, 인도, 파키스탄 등이 핵실험을 강행함으로써 핵비확산체제에 부정적인 영향을 주었다. 현황을 보면, 영국, 프랑스, 러시아, 일본, 한국 등이 비준을 한 대표적 국가들이며, 미국, 중국, 이스라엘, 이란, 이집트 등은 비준하지 않았다. 인도, 파키스탄, 북한은 서명조차도 하지 않은 상태이다.

V 핵무기 사용의 통제

1. UN헌장 제2조 제4항

동 조항은 "모든 회원국은 그 국제관계에 있어서 다른 국가의 영토보전이나 정치적 독립에 대하여 또는 UN의 목적과 양립하지 아니하는 어떠한 기타 방식으로도 무력의 위협이나 무력행사를 삼간다."라고 규정하여 포괄적으로 무력사용 및 그 위협을 금지하고 있다. 핵무기의 사용이나 그 위협 역시 무력사용금지원칙에 위반되므로 금지된다.

2. UN 총회

1961년 UN 총회는 핵무기 사용금지에 관한 첫 번째 결의를 채택하였다. 동 결의에서 핵무기의 사용이 UN의 정신에 반하며, 인류와 문명화에 범죄를 범하는 행위이라고 천명하였다.

3. 국제사법재판소(ICJ)의 권고적 의견

1994년 UN 총회는 "모든 상황하에서 핵무기의 사용은 국제법상 허용되는가?"에 대한 권고적 의견을 국제사법재판소(ICJ)에 요청하였다. 국제사법재판소(ICJ)는 권고적 의견에서 핵무기 사용은 불법이라고 판단하였으나 특정한 경우, 즉 국가의 존립이 위태로운 상황에서 자위의 수단으로서 사용되는 경우에 대한 판단은 유보하였다.

VI 핵무기금지조약(TPNW: Treaty on the Prohibition of Nuclear Weapons)

1. 의의

당사국의 영토에서 핵무기 또는 핵폭발장치를 제조·실험·취득·양여·저장·배치·사용하는 것을 금지하는 조약이다. 2017년 7월 7일 제72회 UN 총회에서 122개 회원국의 찬성하에 채택되었다. 각국의 비준절차를 거쳐 50개국 이상이 가입해야 정식으로 발효된다. 50개국이 비준을 마칠 경우, 이로부터 90일 이후에 조약이 발효한다. 채택과정에서 UN 안전보장이사회 상임이사국을 비롯하여 한국과 일본 등 미국 우방이 대거 불참하였다. 인도, 파키스탄, 북한, 이스라엘도 협상에 참여하지 않았다.

2. 체결과정

체결과정에서 핵무기폐지국제운동(ICAN)이라는 INGO는 본 조약 체결을 위해 노력한 공로로 2017년 노벨평화상을 수상했다. UN 총회 통과는 오스트리아와 브라질, 멕시코, 남아프리카공화국, 뉴질랜드 등이 주도했다. 주도국가들은 동 협약을 역사적인 업적으로 평가하면서 기존 핵보유국에 대한 핵무장 해제 압박이 커질 것으로 기대하고 있으나, 실제 핵무기 보유국들은 모두 빠져있어 실효성에 대해서는 의문이 제기되고 있다.

3. NATO의 입장

NATO는 최고의사결정기구인 북대서양이사회(NAC) 성명을 통해, UN이 채택한 TPNW가 비현실적이며 북한의 핵무기 프로그램에 대한 국제사회의 대응을 훼손할 위험이 있다고 비판했다. NATO는 현행 NPT체제 내에서 핵 비확산 이행을 철저히 할 것임을 천명하였다.

VII NGO

1. 국제핵무기폐기운동(ICAN: International Campaign to Abolish Nuclear Weapons)

ICAN은 2007년에 설립된 국제적 비정부기구로, 핵무기 금지와 핵무기의 완전한 제거를 목표로 하는 세계적인 캠페인을 주도하고 있다. ICAN은 2017년 노벨 평화상을 수상한 바 있으며, 그해 채택된 핵무기금지조약(TPNW: Treaty on the Prohibition of Nuclear Weapons)을 성사시키는 데 중요한 역할을 했다. ICAN은 핵무기의 인도적 영향과 관련된 위험성을 강조하며, 대중과 정책결정자들 사이에서 핵무기의 파괴적 영향을 널리 알리는 캠페인을 벌였다. 이를 통해 핵무기 사용이 초래할 인도적 재앙에 대한 경각심을 높였다. ICAN은 전 세계 100여 개국에서 500개 이상의 단체들과 협력하여, 각국의 시민사회가 핵무기 확산에 반대하고 정부에 압력을 가할 수 있도록 지원한다. 이를 통해 지역 단위에서부터 국제적 차원까지 광범위한 네트워크를 형성했다.

2. 핵전쟁방지국제의사회(IPPNW: International Physicians for the Prevention of Nuclear War)

IPPNW는 1980년에 설립된 국제의사회로, 핵전쟁의 의료적, 환경적 영향을 경고하고 이를 방지하기 위한 활동을 해왔다. IPPNW는 1985년 노벨 평화상을 수상했으며, 의사들과 의료인들이 핵무기 사용이 가져올 파괴적 결과를 강조하면서 핵확산 방지와 군축을 촉구해 왔다. IPPNW는 핵무기가 사용될 경우 발생할 대규모 인명 피해와 환경 파괴에 대해 과학적, 의학적 연구를 통해 경고해 왔다. 이들은 핵폭발 이후 방사선

피폭, 핵겨울, 생태계 파괴 등이 인류 전체에 미칠 파급력을 대중에게 알리는 데 주력했다. 또한, IPPNW는 ICAN과 협력해 핵무기금지조약(TPNW)의 채택을 강력히 지지하며, 각국이 이를 비준할 수 있도록 의료계 및 시민사회와 연계하여 활동했다.

3. 평화연구소(SIPRI: Stockholm International Peace Research Institute)

스톡홀름 국제평화연구소(SIPRI)는 1966년 설립된 국제 연구 기관으로, 군축, 평화, 안보 문제를 다루며, 핵무기 확산 방지와 관련된 연구와 정보 제공을 통해 정책 결정에 영향을 미치고 있다. SIPRI는 매년 세계 핵무기 보유 현황과 군비에 관한 보고서를 발행하며, 각국의 핵무기 보유량, 군사비, 핵무기 개발 상황 등을 투명하게 제공하여 국제사회에 경각심을 주고 있다. 이 보고서는 정책 결정자들이 핵확산 방지 정책을 개발하는 데 중요한 기초 자료로 사용된다.

4. 플라우셰어즈 펀드(Ploughshares Fund)

플라우셰어즈 펀드는 핵확산 방지, 군축, 평화를 위한 프로젝트에 재정적 지원을 제공하는 비정부기구로, 다양한 비영리 단체와 협력하여 핵무기 폐기와 핵확산 방지를 목표로 활동하고 있다. 플라우셰어즈 펀드는 핵무기와 관련된 주요 연구 프로젝트를 후원하고, 비정부기구들이 핵무기 폐기와 확산 방지를 위한 활동을 할 수 있도록 재정적 지원을 제공한다. 이를 통해 시민사회가 핵문제에 대해 더욱 강력하게 대응할 수 있도록 돕는다. 이 기구는 미국 정부를 비롯한 각국의 정책결정자들에게 핵무기 감축과 확산 방지를 촉구하는 활동을 지속하고 있으며, 특히 핵 군축과 핵억지력 정책의 변화를 요구하는 캠페인을 이끌고 있다.

5. 국제안보정보센터(Center for Arms Control and Non-Proliferation)

이 기구는 핵무기 통제와 확산 방지를 위한 정보 제공, 분석, 정책 권고를 하는 NGO로, 미국 의회와 국제사회에서 핵확산 방지와 군축을 촉구하는 데 집중해 왔다. 이 센터는 미국 의회와 정책결정자들에게 핵확산과 군축에 관한 최신 정보를 제공하고, 정책적 결정을 내릴 때 이들이 참고할 수 있는 연구 자료와 분석 보고서를 발행한다. 또한, 미국 내 정치 지도자들과 대중에게 핵무기의 위험성과 핵확산 방지의 중요성을 교육하며, 군비 축소와 핵군축을 촉구하는 다양한 프로그램을 운영한다.

제4절 핵군축

I 핵군축 동향과 성과

1. 냉전기

냉전기에는 미소 양대 진영이 대치하는 가운데 각 진영에 속한 국가들은 핵억제가 작용하여 제3차 세계대전을 방지했다는 논리를 수용했기 때문에 핵군축을 강력히 요구하지 않았다. 하지만 핵무기의 살상력을 거부하는 일부 시민사회와 과학자 단체들이 냉전 초기부터 평화운동과 인도주의 차원에서 핵폐기를 위한 반핵운동을 추진해 왔다.

2. 1980년대

1980년대 미국과 소련은 최대 7만 개에 달하는 핵무기를 보유했는데 양국은 핵무기가 갖는 거대한 폭발력과 방사능의 특성으로 인해 과도한 핵무기 축적에 한계가 있음을 깨닫게 되었다. 1962년 쿠바 미사일 사태로 인해 핵전쟁 발발위기를 경험한 미·소는 소통과 관계 개선을 통해 핵전쟁 위험성을 관리하고자 했다. 그 결과 1970년대 미소 양국은 데탕트 시대를 열었고 미·소 핫라인 설치(1971년), 미·소 간 최초 핵군비통제조약인 SALT I 체결(1972년)로 운반체인 ICBM과 SLBM 기수 동결, ABM조약 체결(1972~2002년)로 요격미사일 배치 제한 등의 조치를 취했다.

3. 탈냉전 1기

탈냉전기 1기(1990~2000년)는 미국이 유일 초강대국이자 세계적 지도국가의 위상을 유지했던 시절로 미국 주도의 군축비확산 국제질서와 안보환경의 안정화에 힘입어 미·러 간에 급격한 핵군축이 진행되었다. 소련은 고르바초프 대통령 취임 이후 급격히 개혁개방으로 전환하고 신사고 외교를 추진하면서 미국과 INF(1978년), START(1991년)협정을 체결하고 급진적인 핵감축에 나섰으며 2019년 양국의 핵무기는 최고 대비 약 5분의 1인 15,000기 이하로 감축되었다.

4. 탈냉전 2기

탈냉전기 2기(2010년 이후)는 중국의 부상, 러시아의 귀환, 미국의 패권 약화 등으로 인해 강대국 경쟁이 제한된 시기이다. 미·러 간 New START조약(2010년)으로 핵감축이 있었지만, 이전에 비해 감축 수준이 크게 줄었고, 오히려 새로이 핵강대국 간 군비경쟁과 핵경쟁이 재발되고 있어 핵군축 추세가 전면적으로 후퇴할 전망이다.

Ⅱ 주요 핵군축 주장 국가그룹

1. 비동맹국가그룹

첫째, 핵무기의 사용 또는 사용 위협뿐만 아니라 존재 그 자체가 인류의 생존에 위협이 되므로 인류가 핵무기의 사용 또는 위협에서 해방되기 위해서 핵무기를 완전 폐기할 것을 주장한다. 핵무기는 전쟁법, 인도주의, 국제법, UN 헌장 위반이며, 인류에 대한 범죄라고 주장한다.
둘째, NPT 3개 기둥 중에 핵군축이 가장 중요하다는 입장이며, 핵비확산 노력은 핵군축 노력과 병행하여 진행되어야 한다고 주장한다.
셋째, 비동맹그룹은 NPT 제6조가 핵무기국의 핵군축에 대한 법적 의무를 규정한 조항이라는 입장이며, 핵무기국이 이를 완전하고 효과적이며 신속하게 이행할 것을 요구하고 있다. 특히, 핵무기국은 핵군축을 위한 행동조치로 2010년 NPT 최종문서 5항 행동(Action 5)을 신속히 실행할 것을 요구하고 있다.

넷째, 소극적 안전보장(NSA)에 대해 완전한 핵무기 폐기 이전까지 비핵국이 핵무기국으로부터 효과적이고 무조건이며 취소불가능하고 법적 구속력 있는 NSA를 제공받는 것이 정당한 권리라고 주장하며 핵무기국에 대해 이를 신속히 제공할 것을 요구하고 있다.

2. 신의제연합(NAC: New Agenda Coaliation) 그룹

NAC는 비동맹그룹보다 핵군축에 대해 다소 점진적인 접근법을 선호하며, 즉각적이고 전면적인 핵폐기보다는 완전한 핵군축 목표의 확인과 핵사용 위험성과 핵폭발의 참상, 특히 환경과 여성에 대한 피해를 강조하고 핵무기 개량 및 현대화 반대, 핵무기 운영태세 저하, NPT의 전면적 이행을 위한 핵무기국과 비핵국의 대화 TPNW 지지 등을 주요 의제로 제기한다.

3. '스톡홀름 구상 그룹' – '징검돌 접근'

스톡홀름 구상 회의는 주요 비핵국들이 핵국과 절충 가능하고 달성 가능한 핵군축조치를 제시함으로써, 핵무기국과 비핵무기국의 간극을 줄이려는 목표를 추구한다. 이 그룹 국가들은 NPT 및 NPT 3대 기둥에 대한 지지를 재확인하였고 NPT 공약 준수 및 핵군축 진전 필요성을 제기하면서 핵보유국들의 핵위협 감소를 위한 투명성 제고 및 핵무기 역할 축소를 주장하고 있다. 또한 New START 연장 및 차세대 핵군비 통제 준비, 핵실험 금지, 핵분열물질 생산금지협약(FMCT) 협상 개시, 군축 검증역량 개발 장려, 북한 비핵화, 이란 핵합의(JCPOA) 보존과 완전한 이행, 군축을 위한 청년 교육, 여성 참여, 핵무기 사용 및 실험 피해지역에 대한 존중, 원자력의 평화적 이용 및 핵 비확산 등 관련 협력을 주장하고 있다. 이 그룹은 핵군축을 지향하면서도 현시점에서 실행 가능한 내용인 핵 사용과 핵전쟁의 위험성을 감소시키는 데 주안점을 둔다는 특징이 있다.

III 핵군축 접근전략

1. 전면적 핵폐기론

(1) 주장

전면적 핵폐기론은 즉각적이고 전면적인 핵무기 제거를 주장하는 가장 원리주의적인 핵군축 주장이며 차별화되는 2개 그룹이 있다. 첫째, 서방진영 내 핵무기의 전면 철폐를 주장하는 반핵운동그룹은 핵무기가 발명된 직후부터 핵무기의 반인도적·반인류적 성격을 들어 핵무기를 반대하는 핵과학자와 평화운동가들이 중심이 되었고, 글로벌 제로, 퍼그워시회의, 핵무기폐기 국제캠페인(ICAN), 핵무기폐기연구센터(나가사키 대학), 피스보트, 평화를 위한 시장 등이 있다. 둘째, 비동맹운동(NAM)국들은 NPT체제 내에서 일관되게 전면적인 핵폐기를 주장하고 있으며, 이들은 핵무기금지조약(TPNW) 지지 및 서명을 촉구하였고 비핵무기지대 설치, 비핵국에 대한 핵무기국의 무조건적이고 구속력 있는 NSA를 제공하고, 핵무기의 참상을 강조하는 인도주의 구상에 참여하는 핵군축 활동을 추진 중이다.

(2) 주장의 근거

주요 근거는 핵무기가 비인도적이고 반인류적인 무기이며, NPT 제6조를 위반한 것, 핵무기의 파괴력은 전쟁무기의 효용이 없다는 것, 보유시 안보경쟁이 발생하고 핵경쟁과 핵확산을 초래한다는 점이다.

(3) 문제점

첫째, '핵무기 없는 세상'에서 핵전쟁은 없겠지만, 과연 평화롭고 전쟁이 없을 것인가에 대해 답을 줄 수 없으며 핵무기가 없다면 전쟁의 문턱이 더욱 낮아지고, 대전으로 확전될 가능성이 있다. 둘째, 핵무기 지식을 원천적으로 제거할 수 없고, 군사력 우위를 노리고 악용하는 국가가 상존하여 핵군축 상태가 유지될 수 없다. 셋째, 강대국과 책임 있는 국가가 핵을 폐기하더라도 불량국가와 테러집단의 완전한 저지가 어렵다.

2. 점진적 핵군축론

(1) 주장

NPT 핵무기국의 공식적인 입장이며, 급진적인 핵폐기론의 비현실성을 인식하고 실현 가능한 점진적 핵군축을 제기한다. 핵무기국은 전쟁 방지를 위한 핵억제의 효용성을 믿고 있지만, 국제사회와 시민사회로부터 핵군축 압력이 상존하는 상황에서 더 이상 핵보유의 현상유지를 일방적으로 주장하지 않는다. 과도하게 축적된 핵무기와 핵분열물질의 감축을 점진적으로 추진하고, 전략적 경쟁국과 상호적으로 핵감축을 추진하며, 안보여건의 개선으로 전략적 안정성이 확보되는 데 맞추어 추가 핵군축을 진행하며, 핵무기 운영태세를 낮추거나 군사안보정책에서 핵무기의 역할 감소를 모색한다는 입장을 취하고 있다.

(2) 점진적 핵군축론의 문제점

첫째, 점진적 핵군축 접근법은 결국 핵군축의 진전 여부와 그 수준을 핵무기국의 판단에 전적으로 맡기는 결과를 초래하여, 핵군축을 사실상 포기하는 결과를 초래할 것이다. 둘째, 점진적 핵군축이 작동하기 위해서는 이를 위한 안보여건이 조성되어야 하는데 오늘 국제환경은 그렇지 못하고 있다. 탈냉전 초기에는 미국이 유일 패권국으로서 국제질서를 관리하고 주도해서 가능했지만 2010년대 이후 강대국 세력경쟁이 재현되면서 주도세력이 부재하기 때문에 핵군축은 실현되기 어려울 것이다. 셋째, 핵군축을 진전시키기 위해서는 결국 핵무기국이 누렸던 안보효과, 국내정치효과, 국제지위 효과가 완화 및 무효화되어야 하고, 핵무기국의 정체성도 소멸해야 하는데 점진적 핵군축의 현실주의적 접근법은 이를 위한 프로그램을 제공하지 못하는 한계가 있다. 넷째, 점진적 핵군축은 주창국들이 주장하는 원자력 평화적 이용을 위한 핵무기국의 원자력 협력과 지원 제공, 무조건적이고 법적 구속력이 있는 NSA 등을 수용하고 지지해야 하는데 이에 미치지 못하는 실정이다.

3. 검토 – 추후 접근 전략

핵군축의 조건을 충족시키기 위해 다음과 같은 전략적 접근이 필요하다. ① 안보환경 개선, ② 핵군축 지향의 정치지도자 등장 등은 핵군축을 위해 필수적인 요소이지만,

통제와 예측이 매우 어려우므로 이를 위해 부단히 노력하면서 그 시기를 기다려야 할 것이다. ③ 국제사회와 시민사회의 핵군축의식 고양 및 핵 사용 위험성 감소 등의 조치는 바로 실행 가능하므로 이를 즉각 실행해서 그 효과를 거둘 수 있도록 해야 할 것이다.

Ⅳ 우리나라 핵군축외교

1. 핵군축외교성과

한국은 안토니우 구테레쉬 UN 사무총장이 '군축을 위한 의제' 보고서(2018년)를 발표하자 이에 대해 적극적인 지지를 표명했고, 나아가 그 실천 방안의 하나로 청년과 군축 비확산 UN 총회결의를 제출하고 통과시켰다. 또한 한국 정부는 '스톡홀름 구상'에 참가함으로써 한국 외교 역사상 처음으로 핵군축 주장 국가그룹에 동참하고 공동입장을 발표하는 성과를 올렸고 그 외에도 핵군축의 투명성과 다자 검증방안을 개발하는 '국제 핵군축 검증 파트너십'(PNDV)과 핵군축을 위한 안보환경에 대해 협의하는 '핵군축 환경조성 구상'(CEND)에도 참여하여 핵군축을 촉진하는데 기여하고 있다.

2. '청년과 군축비확산' UN 총회 결의 상정과 채택

2019년 12월 UN 총회에서 채택되었으며, 이는 한국의 UN 참여 역사상 최초로 제1위원회에 단독 상정한 안건이 컨센서스로 채택된 것이라는 의의가 있다. 동 결의의 전문에서는 UN 총회의 관련 결의(여성과 군축비확산 및 군비통제결의, 군축비확산 교육 결의), UN 청년전략보고서, UN 사무총장의 군축 의제, UN 청년 행동계획 등을 언급했다. 동 결의는 근래 진영 간 대결 양상이 심화되어 제1위원회 내 결의의 컨센서스 채택 사례가 감소하는 가운데, 진영과 지역별로 골고루 84개국이 공동 제안국으로 참여하여 모든 국가들이 공감할 수 있는 의제를 발굴했다는 평가를 받았다.

3. '스톡홀름 구상' 국가그룹 참여 및 공동선언 채택

한국은 평소 핵군축 의제에 대한 관심이 매우 낮았고, 미국의 핵우산 때문에 핵군축 논의를 외면하는 성향이 있었는데 '스톡홀름 구상' 회의에 참여하고, 공동선언을 채택하면서 한국 핵군축 외교의 의미있는 성과이다. 한국의 '스톡홀름 구상' 참여는 북핵문제와 같은 자신의 문제를 넘어 국제사회의 보편적인 국제안보 문제의 협의에 참여를 더욱 확대하는 계기가 될 뿐만 아니라, 나아가 한국이 자율적인 국제안보정책을 추구하는 계기가 될 것이다.

Ⅴ 한국의 핵군축 외교 전략 방향

1. NPT 평가회의 적극 참여

한국의 NPT정책과 관련하여 한국은 분단국인 동시에 협력적이고 안정적인 국제질서를 지향하는 중견국이며, 미·중 강대국 군비경쟁 사이에 낀 중견국이라는 점을 감안하여, 종래 집중했던 북핵 중심의 핵비확산 의제를 넘어, 세계평화와 국제안보의 관점에서 NPT 3개 기둥에 균형된 시각을 갖고, 협상에 참가해야 한다. '스톡홀름 구상'에 따른 핵위험 감소조치, 핵군축 진전, 비핵지대 추가 설치, 원자력의 평화적 이용 활성화, 추가의정서 보편화, 북핵 해결을 위한 평화체제 구상 등을 제시할 수 있다. 특히 한국이 국제사회의 핵군축 논의에 적극 참여하기 위해서는 한국의 '핵군축 국익'이 무엇인가에 대해 국내적 합의가 진전되어야 한다.

2. '청년과 군축비확산' UN 총회 결의에 대한 후속조치

한국 정부는 향후 청년의 군축비확산 논의 마련을 장려하기 위해 다양한 사업을 추진하고 국제사회 내에서 관련 기여를 확대해 나가야 한다. 국내 청년을 대상으로 한 모의 NPT 개최, 2020 NPT 평가회의에 우리 청년 대표단 참관 지원, 연례 한국 – UN 군축비확산 국제회의에 청년 참여, UN 군축실과 'youth4disarmament' 사업 협력 등을 보다 적극적으로 추진해야 한다.

3. 강대국 핵 군비경쟁에 대한 대응책 강구

미국과 중국의 군비경쟁이 가속화될 전망인데 이에 대한 한국 단독의 발언권과 영향력은 제한되어 있어, 스톡홀름 구상, NAC, NPDI 그룹 등 핵군축 그룹국가와 연대하여 지역 및 국제사회 전체 차원에서 강대국 간 핵군비 경쟁을 저지하기 위한 외교노력을 추진해야 한다.

제5절 국제테러리즘

I 서론

테러단체에 의한 공격은 종래 국제질서하에서도 존재해왔으나 탈냉전 이후 급속히 진행되는 지구화와 맞물려 국제정치적 사안으로 부상하게 되었다. 특히 9·11테러 이후 테러공격으로 인한 피해가 전쟁으로 인한 피해와 유사한 정도에 이르자 국가들은 이러한 비대칭위협을 안보적 차원에서 고려하게 되었다. 특히 국제체제의 패권국으로서 테러단체의 주요 표적이 되고 있는 미국은 자국의 국내법 혹은 자국이 주도하는 국제레짐을 통해 대테러전쟁을 수행하고 있다. 하지만 뉴테러리즘이라고 불리는 현대의 테러 양상을 고려할 때 이러한 일국 차원의 대응은 근본적으로 한계를 지니며 국가뿐 아니라 비정부 행위자들의 협력을 바탕으로 하는 거버넌스체제의 구축이 필요하다. 여기서는 테러리즘의 정의 및 테러에 대한 전반적 이해를 바탕으로 현재 국제체제하에서의 대테러리즘 기제의 한계점을 살펴본다.

II 테러리즘의 정의

1. 의의

현재에도 테러리즘은 개념을 정의하는 입장에 따라서 다양하게 개념화되고 있다. 하지만 학자들이 정리한 내용을 보면 대체로 '테러리즘은 정치적 목적이나 동기가 있고 폭력의 사용이나 위협이 따르며 심리적인 충격이나 공포심을 불러일으키고 소기의 목표나 요구사항을 관철시키려고 한다'는 특징을 갖는다(Pillar). 1968년을 기점으로 현대적 의미의 이러한 테러리즘이 나타나기 시작했다. 나아가 냉전이 종식된 이후, 테러리즘의 규모가 거대해지고 목적이나 주체가 불분명해지는 등 테러리즘의 양상이 과거와 확연히 달라지자 이를 지칭하기 위해 '뉴테러리즘'이라는 용어가 생겨나기도 했다. 그 중 대량살상무기를 공격수단으로 하는 테러리즘을 '슈퍼테러리즘'이라 명명하기도 한다.

2. 테러리즘의 개념 요소

테러리즘에 대한 수백 개의 다양한 정의를 비교 분석한 히르쉬만(Hirschmann)에 따르면, 이들 정의 중 83.5%가 폭력과 강제에 우선 주목하고 있으며, 65%는 정치적 배경을, 그리고 51%는 공포와 경악의 측면을 강조하고 있다고 한다. 따라서 테러리즘은 통상 다음과 같은 측면을 포함한 행위라 정의할 수 있다. 첫째, 대중의 공포와 불안을 조성하기 위해 의도적이고 체계적으로 준비되며, 둘째, 심리적 효과를 창출하기 위해 광범위한 공적 관심을 지향하고, 셋째, 자의적으로 선정된 상징적 목표와 인물에 대한 공격을 통해 넷째, 적의 정치적 행동에 영향을 끼치려 시도하는, 사회적 규범을 파괴하는 잔혹한 행위를 테러리즘이라고 할 수 있다.

Ⅲ 테러리즘의 전개

1. 1960년대 – 현대적 테러리즘의 태동기

1964년 팔레스타인 해방기구(PLO: Palestine Liberation Organization)의 등장은 국제사회의 현대적 테러리즘의 발생을 초래했다. 팔레스타인 난민들은 PLO를 중심으로 자신의 처지를 UN 및 강대국에 호소하면서 팔레스타인 문제를 해결해줄 것을 촉구했으나 국제적 메카니즘이 문제를 해결할 노력과 성의를 보이지 않아 테러리즘을 선택했다. 1968년 팔레스타인 해방인민전선(PFLP) 소속의 테러리스트들이 이스라엘 항공기를 공중납치한 이래 1968년 한 해 동안 무려 35건의 항공기 납치를 단행했다. 이처럼 20세기 후반의 현대적 테러리즘은 그 대상이 한정되어 있는 것이 아니라 민간인들에 대한 납치 인질, 무차별 살상, 여객기 납치, 공중폭파, 자살폭탄 등 반인륜적 행태의 잔혹한 테러리즘으로 전개되었다.

2. 1980년대 – 테러리즘의 지속적 증가

1980년대 들어 세계적으로 안정적인 경제성장 추세가 이어지자 선진국의 극좌조직은 극적으로 쇠퇴하기 시작했다. 그 대신 테러리즘의 주역은 리비아를 중심으로 하는 아랍과격파에게로 넘어갔다. 1980년대 테러리즘의 가장 큰 특징은 테러리즘 발생 건수가 증가하면서 규모도 대형화되기 시작했다는 점이다. 동시에 국가지원 테러리즘이 두드러지게 나타나게 되었다. 이 시기 대표적인 테러단체였던 중동지역의 회교지하드(Al al Islam)는 이란 회교 정부의 지원을 받는 시아파 과격단체로서 1983년 베이루트 주재 미국 대사관을 폭탄트럭으로 공격하여 63명을 살해하였으며 같은 해 미 해병대 사령부와 프랑스군 사령부를 폭탄트럭으로 공격하여 299명의 사상자를 냈다.

3. 1990년대 – 테러리즘의 감소와 대형화 경향

1990년대를 고비로 국제테러리즘은 커다란 변화를 겪었다. 첫째, 공산진영의 붕괴로 냉전기 테러의 중심이었던 극좌조직들의 마지막 기반마저 상실되었다. 둘째, 걸프전으로 인해 당시 국제테러리즘의 주역이던 아랍과격파들의 자금 유입이 동결되었다. 그리하여 1990년대에 들어서면서 테러리즘의 발생건수는 점진적으로 줄어들었으나 그 규모에 있어서는 더욱 더 대형화되었으며 무차별적인 양상이 심화되었다. 불특정 다수를 공격대상으로 하여 대량 살상의 결과를 초래하는 새로운 유형의 테러리즘이 등장하기 시작하였는데 그 대표적인 사례가 1995년 도쿄에서 발생한 옴 진리교 사린 가스 공격사건이다. 이 사건으로 13명이 사망하고 5,000명 이상이 부상을 당했다.

4. 2000년대 – 뉴테러리즘 양상의 심화

2000년대로 들어서면서 테러리즘 발생건수가 폭발적으로 증가하였다. 2001년 미국에서 있었던 오사마 빈 라덴에 의한 알카에다 조직의 9·11테러는 21세기의 새로운 전쟁 형태로 등장하였고, 테러리즘이 국제화, 대형화되어 국가의 새로운 위협과 위기로 인식되기 시작하였다. 이러한 새로운 양상은 뉴테러리즘으로 분류되었으며 그 특징은 다음과 같다. 우선 요구조건이나 공격주체가 불분명하여 추적이 곤란하다는 점이다. 종래 테러단체들은 테러 이후 성명을 통해 공격주체와 요구조건을 밝혔으나 뉴테러리즘 단체들은 서방 혹은 미국에 대한 적개심을 이유로 테러를 감행했고 공격주체의 보호와 공포효과 극대화를 위해 아무것도 밝히지 않는 경우가 많다. 둘째, 알카에다 조직에서 보듯 다원화되어 있는 조직구성, 즉 그물망 조직으로 구성되어 무력화가 어렵다. 셋째, 현대의 고도로 발달된 교통, 통신수단 및 무기체계의 구조적 변화로 인해 전쟁수준의 무차별 공격이 가능해졌다. 넷째, 언론매체의 발달로 공포의 확산이 용이해졌다. 9·11테러에서처럼 CNN이 24시간 상황을 보도함으로써 테러리스트들이 노리는 공포가 확산되었다.

5. 사례

(1) 9·11테러 사건

① 사건의 전개 과정: 2001년 9월 11일 오전 미국 워싱턴의 국방부 청사(펜타곤), 의사당을 비롯한 주요 관청 건물과 뉴욕의 세계무역센터빌딩 등이 항공기와 폭탄을 동원한 테러공격을 동시다발적으로 받은 사건이다. 이 사건으로 약 5,000여 명이 희생되었고 경제적 손실 또한 최소 42조 4,000억 달러에 이른다. 오후 4시경 CNN 방송은 '오사마 빈 라덴'이 배후세력으로 지목되고 있다고 보도했으며 미국은 오사마 빈 라덴과 그가 이끄는 테러조직 알 카에다를 테러의 주범으로 발표했다. 이후 9·11테러에 대한 미국의 아프가니스탄 보복 공격으로 오사마 빈 라덴을 비호하고 있던 탈레반 정권과 알 카에다 조직이 붕괴되었다.

② 국제정치학적 의의 및 영향: 9·11테러는 국제체제, 미국의 안보전략, 그리고 한반도 정체 등 다차원적인 영향력을 초래하였다. 우선 국제체제에 있어 9·11테러는 반테러라는 합치된 목표를 달성하기 위한 과정에서 강대국 간 협력관계를 형성하였다. 또한 주권국가 간에 만들어진 규범을 나름대로 준수하던 웨스

트팔리아체제가 위협받기 시작했으며 안보라는 측면에 있어 비대칭적 안보위협이라는 새로운 위험이 부상하게 되었다. 한편, 9·11테러는 미국의 안보전략을 변화시켰다. 9·11테러 직후 발표한 QDR에서는 본토방위를 국방전략의 최우선 과제로 삼게 되었으며 미군 감축이 중단되었다. 또한 2002년 NPR에서는 억지위주 핵무기를 선제공격용으로 사용할 수 있음을 시사해 일방주의적 노선을 취한 바 있다. 나아가 한반도에서는 9·11테러로 인해 미국이 북한을 이란, 이라크와 함께 악의 축으로 규정하면서 대테러전쟁 제2단계의 주적을 대량살상무기 공급세력으로 확대하여 북미관계가 악화, 제2차 북핵위기로 귀결된다.

(2) 런던 지하철 테러 사건

2005년 7월 7일 오전 런던 중심부의 4곳에서 폭탄테러가 동시 다발적으로 발생했다. 맨 처음 폭발이 일어난 곳은 런던 중심가의 리버풀 스트리트역과 알드게이트역 사이였으며 스퀘어역 킹스크로역 등에서 잇따라 폭발이 일어났다. 이 사건으로 56명이 죽고 700여 명이 부상을 입었다. 이 사건은 영국의 심장부에서 발생했고 복잡한 출근 시간대에 이루어지는 등 2001년 9·11테러 사건과 유사하다는 점에서 많은 관심을 끌었으나 수사 결과 4명의 범인은 파키스탄계 영국인으로 밝혀졌으며, 알카에다 조직이 이번 테러 사건에 연루되었다는 주장이 제기되고 있으나 용의자들이 알카에다 조직의 사상에 자발적으로 동조했다는 비판이 제기되고 있다. 2001년 9·11테러 이후 고조되었던 위기감이 수그러들면서 이라크, 아프가니스탄전쟁에 대한 회의론이 제기되고 있을 당시 런던 지하철 테러 사건이 발생하였다. 테러와의 전쟁 이후로 테러 사건에 의한 피해가 오히려 늘어났다는 주장에 부합하여 발생한 이 사건으로 인해 영국 내에서는 미국의 충실한 동맹국으로서 이라크, 아프가니스탄에 자국 군대를 파견하고 있는 정부의 행태에 대한 비판이 고조되었다. 그 결과 이라크 전쟁으로 인해 발생했던 NATO 내 균열이 심화될 수 있다는 주장이 제기된 바 있다.

(3) 부토 파키스탄 전 총리 테러 사건

베나지르 부토 전 총리는 2007년 12월 27일 펀자브주 라왈핀디에서 내년 1월 8일 총선에서의 지지를 촉구하는 유세를 벌인 뒤 현장을 떠나던 중 자살폭탄 공격을 당했다. 이 공격으로 부토 전 총리를 비롯한 20여 명이 숨졌다. 부토 전 총리는 파편을 맞아 숨진 것으로 추정되었으며 폭탄 테러 직전 부토를 겨냥한 총격이 있었던 것으로 전해진다. 부패혐의로 망명생활을 지속해오던 부토는 무라샤프 파키스탄 대통령이 부토와 권력 분점을 통한 지지기반 강화에 나서면서 파키스탄으로 귀국이 가능해졌던 것이다. 하지만 친미성향을 지닌 부토 전 총리에 대해 아프가니스탄 접경지대의 이슬람 테러 세력들이 불만을 표출하게 테러공격을 자행한 것으로 평가되고 있다.

Ⅳ 테러리즘의 최근 발전경향

1. 복잡화

테러리즘의 복합화 또는 다양화라고 할 수 있는 일련의 변화가 일어났다. 테러리스트들이 자신의 행동을 합리화하기 위해 정치적·경제적·사회적·종교적 문제 등을 연계시킨 복합적인 이유들을 내세우고 있으며, 테러의 공격에 사용되는 수단 역시 다양해졌고, 테러의 전술도 복잡해졌다. 최근 테러에 동원되는 수단은 재래식 무기를 넘어 점차 생물학·화학·핵무기의 차원으로 확장되고 있는 것으로 보이며, 컴퓨터 네트워크 및 하부구조에 대한 공격을 목표로 하는 이른바 '사이버테러리즘' 역시 현실성의 영역으로 자리 잡아 가고 있다. 나아가 테러리즘의 복합화 현상은 테러집단의 조직구조의 변화에서도 목격할 수 있는데, 최근의 테러조직들은 단순한 위계적 성격의 조직에서 벗어나 네트워크적인 구조를 지닌 보다 복합적인 조직방식에 기반하고 있다.

2. 국제화

테러리즘의 국제화 경향이 나타나고 있다. 이미 1960년대 말 극좌파 테러집단들은 자신의 국경을 넘어 국제적인 협력을 시도하였다. 그러나 국제적 테러리즘의 새로운 발전단계는 1979년 다음과 같은 일련의 사건들을 경험하면서 시작되었다고 할 수 있다. 우선 이스라엘과 이집트 간 평화조약에 대해 이슬람 세계 곳곳에서 격렬한 비난이 등장하였고, 또한 소련의 군대가 아프가니스탄에 진격함에 따라 이슬람 세계에 공동의 성전(Dschihad)이 정당화되었다. 테러리즘의 국제화는 테러집단의 활동영역을 크게 넓혀, 비합법적 영역은 물론 합법적 영역의 영리활동에도 진출이 가능해졌다. 합법적 영업활동을 통해 취득된 이윤은 테러리스트들의 봉급으로 사용되며, 또한 테러집단들의 자선활동은 그들의 사회적 지지를 강화하는 수단이 되기도 하는데, 이는 다시금 테러리즘을 강화하는 한 요인으로 작용한다.

3. 테러리즘의 상징화

테러리즘의 상징화도 최근 테러리즘의 발전경향의 하나이다. 상징적 의미를 지닌 목표물에 대한 공격의 증가는 테러행위가 점차 대중매체에 의해 매개되는 일종의 의사소통전략의 성격을 띠는 방향으로 발전하고 있다는 것을 의미한다. 오늘날 테러리스트들은 국제적 매체들의 의미 및 그 활용가능성을 충분히 알고 있고, 자신의 테러행위를 이들 매체의 관심을 최대한 끌어내는 방향으로 계획하고 수행한다.

4. 대량인명살상

가장 주목해야 할 최근 테러리즘의 발전경향은 무차별적인 대량인명살상을 목표로 하는 테러행위가 증가하고 있다는 사실이다. 특정 인물의 제거 또는 정치적 적의 암살 등 희생자와 비희생자의 명확한 구분이 가능했던 '선택적 테러(selektiver Terror)'는 오늘날 무차별적으로 인명을 살해하는 '보편적 테러(genereller Terror)'에 의해 점차 대체되고 있다.

V 주요 테러 단체

1. 알 카에다(Al-Qaeda Iraq: AQI)

1979년 소련(현 러시아)군이 아프가니스탄을 침공하였을 때 아랍 의용군으로 참전한 오사마 빈 라덴이 결성한 국제적인 테러 지원조직이다. 1991년 걸프전쟁이 일어나면서 반미세력으로 전환한 이 조직은 빈 라덴의 막대한 자금과 군사력을 바탕으로 파키스탄·수단·필리핀·아프가니스탄·방글라데시·사우디아라비아는 물론, 미국·영국·캐나다 등 총 34개국에 달하는 국가에서 활동하고 있는 것으로 알려져 있다. 이들은 철저한 점조직으로 움직이면서 계속 활동영역을 확장해 비(非)이슬람권 국가까지 세력을 뻗치는 한편, 1998년에는 이집트의 이슬람원리주의 조직인 지하드와 이슬람교 과격단체들을 한데 묶어 '알카에다 알 지하드'로 통합하였다. '유대인과 십자군에 대항하는 국제 이슬람전선'으로 일컬어지며, 조직원은 3,000 ~ 5,000명으로 추정되는데, 세계 각지의 산간이나 오지에서 은둔생활을 하는 것으로 알려져 있다. 본부 소재지나 활동에 대해서는 정확히 알려진 것이 없다. 주요 목적은 이슬람 국가들의 영향력 확대이며, 이를 위해 다양한 국적의 테러조직과 연결해 3억 달러에 달하는 오사마 빈 라덴의 막대한 자금력을 이용하여, 각종 테러에 자금을 지원해 왔다.

2. 헤즈볼라(Hezbollah)

레바논의 이슬람교 시아파(派) 교전단체이자 정당조직으로 신(神)의 당(黨), 이슬람 지하드라고도 한다. 이란 정보기관의 배후 조정을 받는 4,000여 명의 대원을 거느린 중동 최대의 교전단체이면서 레바논의 정당조직이다. 호메이니의 이슬람 원리주의에 영향을 받아 1983년 이슬라믹 아말(Islamic Amal)과 다와 파티(Dawa Patty) 레바논 지구당을 통합하여 결성하였고, 활동 본부는 레바논 동부쪽 비카에 있다. 이슬람 공동체로서 전 중동을 통일하기 위해 시아파 이슬람교 이데올로기와 상반되는 개인·국가·민족 등을 대상으로 테러도 한다. 주로 미국인과 미국 자산, 이스라엘과 이스라엘 사람을 대상으로 테러를 자행한다. 1983년 10월 23일 베이루트에 있는 미국 해병대 사령부 건물 정면으로 헤즈볼라 자살 특공대가 약 1만 2,000파운드의 폭약을 실은 벤츠 트럭을 몰고 돌진하여 미군 241명을 살상하였다. 1992년 3월 17일에는 유사한 방법으로 아르헨티나 부에노스아이레스 소재 이스라엘 대사관을 침범하여 29명이 죽고 242명이 부상당하였다. 이후 이스라엘과 민간시설 및 민간인에 대해 공격하지 않기로 하였으나 제대로 지켜지지 않고 있다. 2000년 이스라엘군이 레바논 남부에서 철수한 뒤에는 12명의 의석을 지닌 정당으로 변신하였다.

3. 하마스(Hamas)

반(反)이스라엘 팔레스타인 무장저항단체이며, 이슬람 저항운동단체로, 아마드 야신(Ahmad Yasin)이 1987년 말에 창설하였다. 이 조직은 이스라엘이 요르단강 서안(西岸)과 가자지구를 계속 통치하는 데 저항한 '인티파다(Intifada)'라는 팔레스타인 민중봉기 시기에 PLO(Palestine Liberation Organization, 팔레스타인해방기구)를 대신할 만한 이슬람 단체로 두각을 나타내기 시작하였다. 하마스는 '용기'라는 의미로, 이슬람 수니파(派)의 원리주의를 내세우는 조직체이다. 이들은 팔레스타인의 해방 및 이슬람 교리를 원리원칙대로 받드는 국가를 건설하는 것이 목표이다. 기본적으로 이스라엘과 팔레스타인 자치정부 간의 평화협상을 반대하고, 이를 위한 테러활동을 벌인다. 이들의 조직은 정치·군사로 이원화되어 있다. 정치조직은 3개의 위원회로 된 중앙지도부 아래 활동분야별로 4개의 하위조직이 있다. 웨스트뱅크지역에 3명의 지역책임자를 두고 있으며, 가자지구에 1명의 책임자를 두고 있다. 또 각 지역마다 지역책임자 아래 세분화된 세포조직체제를 갖추고 있다. 군사조직으로는 '에즈 에딘 알 카삼

(Ezz Eddin al-Qassam)'을 구심점으로 모든 무장저항활동을 계획하고 실행한다. 해외에 망명한 팔레스타인인(人), 이란을 비롯한 여러 아랍 국가의 후원자 등으로부터 자금을 지원받고 있으며, 영국·독일·벨기에·네덜란드 등 외국에도 자금조달망을 갖추고 있다.

4. 보코하람(Boko Haram)

(1) 의의

보코하람은 서아프리카와 북아프리카지역에서 이슬람 극단주의인 이슬람 지하디스트를 표방하며 폭력적 테러활동을 벌이고 있는 테러 집단이다. 일반적으로 '서구식 교육 또는 비이슬람적 교육은 죄악'이라는 의미로 해석되는 '보코하람'이라는 명칭으로 더 잘 알려져 있지만, 이 집단의 정식명칭은 'Jama'atu Ahiss Sunna Lid da'awati Wal-Jihad, JASLWJ'로, 그 의미는 '선지자와 지하드의 가르침을 전파하는 집단'이다.

(2) 기원 및 발전

보코하람은 2002년부터 나이지리아 보르노(Borno)주의 주도인 마이두구리(Maiduguri)를 지역적 기반으로 급진적 이슬람 극단주의학자인 셰이크 무함마드 유수프(Sheik Muhammad Yusuf)에 의해서 조직되었다. 이 집단은 초기에 마르카즈(Markaz) 모스크에서 나이지리아의 젊은 청년들을 대상으로 서구의 교육·문화·민주주의·의학·과학 그리고 신앙 등은 모두 이슬람 코란(Qur'an)의 가르침을 위협하는 악한 것(evil)이며 죄악(sin)이라는 내용의 설교를 진행하며, 서구에 반하는 운동을 확산하고자 하는 급진적 이슬람 분파의 운동으로 시작되었다. 특히 유수프와 그의 추종자들은 세속화된 나이지리아 정부를 극단적 지하디즘과 샤리아(Sharia)에 의해 통치되던 과거로 회귀시킬 수 있는 정부로 대체해야 한다고 주장하면서 정부와 갈등을 빚기 시작한다. 2009년 7월, 격퇴 작전(Operation Flush Out)을 이끌던 나이지리아 경찰과 군대가 보코하람 조직원들에 대해 강경한 대응을 하다가 요베(Yobe)주에서 다수의 보코하람 조직원들이 사망하고 당시 지도자인 유수프와 그를 따르던 주요 제자들이 적법한 사법 절차 없이 처형되는 사건이 발생한다. 이 사건이 계기가 되어 보코하람은 더욱 끔찍하고 폭력적인 테러 집단으로 변모하게 된다. 보코하람이 극단적 폭력집단으로 변모하는 데 가장 중요한 역할을 한 것은 바로 유수프의 사망 이후 보코하람의 새로운 리더로 부상한 아부바카르 셰카우(Abubakar Shekau)라는 인물이다. 그동안 지하조직으로 활동하던 보코하람은, 셰카우의 리더십 아래 나이지리아 공권력에 대한 복수를 다짐하며 나이지리아 정부를 폭력으로 전복시키고 이슬람 국가를 설립하겠다는 목표를 가진 테러 집단으로 변모한다.

(3) 목표

셰카우가 이끄는 새로운 보코하람은 다음의 네 가지의 주요 교의(doctrine)를 표방하였다. 첫째, 서구 교육에 대한 반대, 둘째 세속화된 현재 나이지리아 정부에 대한 반대, 셋째 이슬람 신정국가(Islamic caliphate)의 건설 추구, 그리고 넷째 이러한 목표 달성과 변화 도모를 위한 폭력적 수단의 사용이다. 구체적으로 보코하람은 나이지리아 북부의 12주를 장악하여 이슬람 신정국가를 건설하고 나머지 지역에 점차적으로 이러한 영향력을 확대하는 것을 목표로 삼았다.

(4) 주요 활동

첫째, 보코하람은 모두스 오페란디(modus operandi, 범죄 수법)로 다양한 반정부 폭동전략과 게릴라전술, 그리고 때로는 범죄와 구별되지 않는 행위들, 즉 몸값을 받기 위한 납치, 자살 폭탄 테러, 지역주민들의 생명과 재산에 대한 공격, 살해, 폭탄 테러, 방화 및 약탈, 인신매매 등을 자행하였다. 둘째, 보코하람은 주로 나이지리아 북부의 정부 경찰, 군대 시설 등 공안기관을 공격 대상으로 삼았으나 민간인들도 예외는 될 수 없었다. 셋째 기독교 교회, 모스크, 시장 등 기독교도와 이슬람교도 모두에게 테러를 자행하였다. 넷째, 2014년까지 보르노, 요베, 지가와(Jigawa), 잠파라(Zamfara) 그리고 아다마와(Adamawa) 등 나이지리아 북부에 위치한 약 22개 주의 주정부를 장악하였다. 보코하람은 이 주들을 칼리프(Caliph)에 의해 통치되는 다울라(Daula, 이슬람 영토)로 선포하고, 지역과 지역주민들에 대하여 물리적·심리적으로 폭력적인 통제를 강화했다. 다섯째, 2014년 나이지리아 보르노주 치복(Chibok)의 학교에서 276명의 여학생들을 인신매매를 위해 납치한 사건, 요베주의 부니 야디(Buni Yadi) 지역 대학에서 59명의 소년들을 살해한 사건, 그리고 2018년 110명의 여학생들을 요베주의 다프치(Dapchi)의 한 학교에서 납치한 사건 등을 자행했다.

(5) 나이지리아 정부의 대응

나이지리아 정부는 보코하람이 폭력적 테러 공격을 시작한 굿럭 조나단(Goodluck Jonathan) 행정부 시절부터 현재 무함마두 부하리(Muhammmadu Buhari) 정부에 이르기까지 거의 전적으로 군사적 대응에 의존한 대테러 정책을 펼쳐 왔다. 2016년, 부하리 대통령이 보코하람은 '엄밀히 말해 패배(technically defeated)'를 했다고 주장한 바 있지만, 이러한 정부 측의 발표는 신뢰를 얻지 못하였고 보코하람의 지속적인 테러공격은 이어졌으며, 여전히 건재한 것으로 평가된다. 정부와 정부군의 지속적인 보코하람 소탕 노력에도 불구하고 보코하람이 지금까지 건재한 이유는 기본적으로 보코하람이 북부 나이지리아 지역에서 창궐할 수 있었던 배경과도 일치한다. 보코하람이 장악하고 있는 북부 나이지리아 지역은 남부 나이지리아 지역에 비해서 높은 빈곤율과 청년 실업률·낮은 교육 수준과 그에 따른 높은 문맹률을 보이고 있으며, 정치적 불안정·정부의 부정부패가 심각하고, 다수의 무슬림이 거주하는 지역이다. 상대적으로 조금 더 나은 경제적 조건을 가지고 있으며 주로 기독교인들이 거주하는 남부 나이지리아 지역들과 나이지리아 중앙 정부에 대한 심각한 상대적 박탈감과 원망(grievance)이 해결되거나 개선되지 못한 부분이 있다. 더 나아가 나이지리아 정부와 정부군에 의해 사법절차를 벗어난 폭력, 고문, 살해 등이 자행된 경험으로 인해 정부와 정부군에 대한 피해 의식이 팽배해 있고, 이에 더해 심각한 수준의 부정부패까지 정부에 대한 불신을 부채질하고 있다. 향후, 빈곤·불평등·교육격차·부패 등과 같은 심각한 사회적 문제의 근본적인 해결이 선행되지 않은 상태에서, 나이지리아 정부의 보코하람에 대한 대테러전략의 성공은 요원할 수도 있을 것으로 보인다.

5. 이슬람국가(IS)

(1) 기원

IS의 모태는 요르단 출신의 알 카에다 간부였던 아부 무사브 알 자르카위가 2002년 조직하였던 '유일신과 성전(Al Tawhid al-Jihad)'이며, 이 단체는 2004년 김선일 참수 사건 등 잔악한 폭력 선동을 일삼아 온 극단조직이다. 자르카위는 이후 '이라크 알 카에다(AQI)'로 조직의 이름을 바꾸고 시아파가 이끄는 이라크 중앙정부에 대항하는 이라크 내 최대 반정부조직으로 성장시킨다. 2011년 미군의 이라크 철수 이후 이름을 '이라크 이슬람 국가(Islamic State Iraq: ISI)'로 바꾸어 반정부 투쟁을 전개하였다. 시리아 내전이 격화되자 ISI는 시리아 반군진영에 가담한 이후 이름을 다시 '이라크-시리아 이슬람 국가(Islamic State of Iraq and Syria: ISIS)'로 변경하였다. 이후 ISIS는 명칭을 다시 IS로 바꾸고 시리아 일부 지역에서 영향력을 행사하던 중, 이라크 내 종파갈등이 심화되고 말리키 전 총리에 대한 국민들의 불만이 높아지자 일부 지하디스트(Jihadist)들이 다시 이라크로 귀환하기도 하였다.

(2) 조직

IS의 조직은 아부 바크르 알바그다디 1인 지도체제로 스스로를 칼리프(이슬람 공동체의 통치권자)로 자임하며 휘하에 샤리아(이슬람법 통치), 슈라(조언·협의·입법기능), 군사 및 치안 등 4개 영역의 위원회를 설치하고 있다. 중앙 지도부하에 지역단위통치체제를 구성하여 4개 위원회를 설치하여 동일한 기능을 수행하게 한다.

(3) 목적

IS의 목표는 중동지역에 이슬람 신정 칼리프 국가를 수립하여 이슬람 본원의 '움마 공동체'를 현실정치에서 직접 구현함으로써 이교도 및 배교도들을 몰아내고 이슬람 가치에 의해 통치되는 이념을 전파하는 것에 있다. 이슬람의 창시자인 선지자 무함마드(Mohammed) 사후 4대 칼리프 왕조가 들어서서 이슬람 공동체의 번영을 구가하였던 역사를 상기하며 과거 영화로운 칼리프의 시대, 즉 '칼리파 라시둔(Calipha Rasidun)'시대의 21세기 구현을 목표로 하였다. IS는 이라크와 시리아 지방지역에서 이슬람 칼리프 국가 수립을 선포하고, 궁극적인 영토 복속의 목표를 동쪽으로는 이란, 남쪽으로는 이라크 전역, 서쪽으로는 레바논 지중해 연안을 잇는 거대한 지역으로 천명하기도 하였다.

(4) 이념

IS의 이념은 극단적 수니파 근본주의라고 할 수 있다. 이들은 종교적 계율과 실행에 있어 전통적·보수적이라는 차원을 넘어서서 지하드과정에서 일반적인 이슬람의 통념과 전통을 넘어서는 극도의 잔인성과 공포를 통치수단으로 삼고 있다. 이슬람 주류는 이러한 비주류 극단주의자들을 탁피리스트(Takfirist)라고 칭하며, 보수적 이슬람 신학에서도 금기(Haram)로 규정하였고, 알카에다 조차도 그 잔인성으로 인해 통제가 불가능해지자 결별을 선언하였다.

(5) 대외전략 – 이슬람 전선의 개인 네트워크 확대

IS는 특정 국가와의 연대 및 협력을 추구하지 않으며, 전세계에 흩어진 잠재적 지하디스트들을 포섭하여 전장에 참여시키면서 국제사회에 공포감을 조성하는 전략을 구사하였다.

(6) 현황

IS는 2014년 6월 이라크의 경제 중심지 모술(Mosul)을 점령한 후 칼리프국가를 선포하고 파죽지세로 시리아와 이라크에서 점령지를 확보해 나갔다. 그러나 IS는 2019년 3월 23일 시리아 바구즈 패퇴를 끝으로 모든 점령지를 상실하였다. 그러나 그 이후에도 확장에 대한 의지를 계속 드러내고 있다. IS는 물리적 점령지 소멸 등 쇠퇴 국면에도 민주콩고, 인도, 파키스탄에 윌라얏 신설을 발표하였으며, 2019년 10월 26일 미군의 군사작전으로 알 바그다디가 사망한 이후 알 쿠라이시가 새로운 수장으로 선임되자 전 세계 20여 개의 프랜차이즈 단체들이 충성을 서약을 하면서 IS 네트워크의 건재를 과시하였다. 리더십 교체 이후에도 Islamic State West Africa Province(ISWAP, 서아프리카지부), Islamic State in the Greater Sshara(ISGS, 大사하라지부)가 2020년2월 23일에, Islamic State in Iraq and the Levant-Libya(리비아지부), IslamicState in Iraq and the Levant-Yemen(예멘지부), 그리고 인도네시아의 ISIS 연계단체 Jamaah Ansharut Daulah(JAD)가 2020년 3월 4일 UN 지정 테러단체에 대거 지정되면서 ISIS의 글로벌 존재감을 보여주고 있다.

Ⅵ 세계화시대 테러리즘의 활성화 요인

1. 문화적 요인

문화적 요인은 세계화시대 테러리즘의 활성화 요인을 문화 또는 문명 간 충돌로 본다. 세계화가 서구문명 또는 서구적 가치의 지구화의 특징을 띠게 되면서 소수문화, 소수문명이 보편문명에 대항하면서 나타나는 현상이라고 보는 것이다. 자신들의 문명이 약화되거나, 위협을 받거나, 정체되고 있다고 여기는 사람들과 다른 문명권에 속한 사람들 간의 관계에서는 충돌이 불가피할 수도 있다.

2. 경제적 요인

세계화는 빈부격차 확대, 부에 대한 기대감을 고조시켜 테러리즘의 요인이 되고 있다. 우선, 세계화로 세계시장에 대한 접근 가능성이 높아지고 아시아의 경제 성장이 촉진되었지만, 지구화와 연계된 과학 기술의 발전은 서방세계에 유리한 환경을 조성하여 새로운 형태의 경제적 제국주의를 만들어냈다. 경제적 제국주의체제에서 중심에 위치한 미국과 서유럽의 탈산업 국가들은 세계은행과 같은 국제경제제도에서의 압도적 위치를 통하여 주변부의 저발전 국가에게 불리한 교역과 재정정책을 결정한다. 이로써 세계화된 경제체제에서 이른바 남북 문제가 심화되고 있다. 남북 문제의 심화는 서구 자본주의를 상대로 하는 테러를 부추기고 있다. 둘째, 세계화로 인해서 부에 대한 기대감은 높아졌으나, 그것이 실현되지 않은 절망감이 테러리즘의 요인이 되기도 한다.

부에 대한 기대와 꿈을 실현할 수 없는 경우, 범죄와 정치적 목적을 위해 폭력을 사용하는 것이다.

3. 종교적 요인

종교적 요인에 기초한 테러리즘을 '뉴테러리즘' 또는 '탈근대 테러리즘'이라고 한다. 탈근대 테러리즘은 이전의 테러리즘이 이슬람국가 건설 등 주로 정치적 요인에 의해 추동된 것과 달리 종교적 목적을 띠고 있다. 즉, 사후세계에서의 보상 약속을 믿고 믿지 않는 자와 종교적 교리를 성실하게 따르지 않는 자를 살해하는 것이다. 또한 이슬람을 전세계적으로 강요하기 위한 무장투쟁의 일환으로 테러가 자행되기도 한다.

Ⅶ 메가테러리즘

1. 의의

저명한 테러연구자 젠킨스(Jenkins)는 테러리스트들이 '많은 사람들의 주목을 받는 것을 원하지, 많은 사람들을 죽이는 것'을 원하지 않는다는 사실을 강조한 바 있다. 이른바 '젠킨스 독트린(Jenkins doctrine)'은 테러주의자들이 궁극적으로 사회 다수의 지지를 확보하려 행동하며, 그러기에 이 지지를 손상할 무차별적인 대량살상을 회피할 것이라고 가정하였다. 그러나 이러한 테러주의자들의 합리적 행동모델의 예측과는 달리, 1980년대에 들어 무차별적인 인명살상을 통해 사회에 공포와 충격을 불러일으키려는 조짐이 점차 농후해져갔다. 1990년대에 들어 이 경향은 보다 강화되었는데, 1980년대에 비해 1990년대에 전세계에서 발생한 테러공격의 절대적 숫자는 감소하였지만 그로 인한 인명 피해는 훨씬 커졌다. 메가테러리즘이라고 지칭할 수 있는 테러리즘의 새로운 발전단계가 열린 것이다. 여기서 메가테러리즘이란 인명 피해를 테러작전의 수행에서 불가피하게 발생하는 부산물로 이해하는 것이 아니라 최대한의 인명 희생을 의도적인 전략적 목표로 설정하는 것으로서, 폭력논리가 정치적·이데올로기적 정당화로부터 자립화한 새로운 형태의 테러리즘을 지칭한다.

2. 메가테러리즘의 등장배경

(1) 지구화의 충격과 종교적 근본주의의 확산

지구화에 따른 경제적 불평등의 심화와 사회적 균열의 확산에 더하여 선진국에서 정착한 소비양식, 자유시간의 활용방식, 대중문화 등의 전지구적 확산과 문화적 획일화에 따라 새로운 소비에 대한 기대와 현실적 생활수준의 불일치가 발생하고 있다. 이는 대부분의 주변부 국가들에서 사회적 긴장을 구성하는 중요한 원인들의 하나이다.

지구화의 과정이 야기한 경제적 불평등과 사회적 균열, 그리고 문화적 획일화에 대한 가장 흔한 대응방식은 바로 종교적 근본주의에의 회귀이다. 종교적 근본주의는 지구적인 근대화·세속화의 압력에 대한 방어기제로서 순수하게 종교적 기반에 의해 건설된 공동체로의 복귀를 시도하는 노력이라 볼 수 있다. 또한 종교적 근본주의는 개인이 경험하는 엄청난 변화와 불안정에 대해 종교적 확신과 안정을 제공한다는 점에서 일정하게 매력적이기조차 하다.

그러나 종교적 근본주의가 사회적인 관심을 끌고 또한 폭발력을 얻게 되는 것은 종교적 근본주의가 주민들의 종교적 정신세계뿐만 아니라 정치적·경제적·사회적 삶의 모든 부문에 개입하려 한다는 특성에 기인한다. 주민들 또는 추종자들 삶의 모든 영역을 자신의 종교적 기준에 맞추어 통제하는 것이 종교적 근본주의의 이상이며, 이 점에서 종교적 근본주의는 일정하게 전체주의적이기도 하다. 한편 종교적 근본주의의 세계는 기본적으로 이중적이며, 따라서 자신의 이상실현을 방해하는 '적' 또는 '악'이 존재하기 마련이다. 현세에서 억압받지만 그러나 선택된 인간으로서 자신들을 이해하는 종교적 근본주의자들은 '적'에 대한 최후의 승리와 함께 자신의 궁극적인 종교적 구원을 확신한다. 따라서 '적'과의 투쟁에서의 죽음은 그들에게 '생명의 방기'라기 보다는 '거룩한 순교'이자 '천국에 가는 길'로 이해된다.

(2) 이슬람근본주의의 부상과 그 특수성

① **이슬람근본주의의 성장 배경**: 종교적 근본주의는 전지구적 현상이다. 그런데 이슬람근본주의가 유독 아랍지역에서 성공적으로 확산될 수 있었던 이유는 이 지역이 가지고 있는 여러 심각한 문제들에 기인한다. 우선 아랍지역의 심각한 경제적 문제가 지적되어야 한다. 1970년대만 하더라도 이 지역의 연평균 경제성장률은 8.6%대에 달했지만, 1980년대에는 평균 0.7%로 극적으로 하락하였으며, 1990년대에도 경제성장률은 연평균 3.3%로 여전히 낮은 수준을 유지하고 있다. 특히 이 지역의 폭발적인 인구증가를 고려한다면, 1975년에서 1998년까지 실질적인 1인당 국민소득의 증가는 연평균 0.5%에 불과하다. 한편 이슬람근본주의의 성공은 이 지역 정권들의 정치적 억압 및 경제적 무능과도 무관한 것이 아니다. 비판적 사고 및 정권과 다른 정치적 견해는 폭력적으로 억압되는 것이 이 지역의 현실이며, 그나마 어느 정도 정권에 반대되는 사고의 논의가 허용되는 유일한 곳이 이슬람 사원인 것이다. 이슬람근본주의자들은 자살테러와 같은 극단적 폭력행위를 통해 청중들의 관심을 끌며, 또한 자신의 이데올로기를 종교적 단어로 설득한다. 나아가 이 지역의 억압적인 정권들은 석유 수출을 통해 얻은 소득을 활용하는 데 있어서도 무능하다. 석유 채굴을 통해 얻은 대부분의 소득이 지배세력에 귀속되는 상황은 주민들로부터의 반감을 일으켰고 사회발전의 장애로 작용하고 있다. 마지막으로 아랍지역의 낮은 교육수준 역시 이슬람근본주의가 성공할 수 있는 요인으로 지적되어야 한다. 이 지역의 교육을 위한 지출액은 세계의 다른 지역에 비해 상대적으로 적으며, 전반적인 교육수준은 개발도상국들의 평균 이하인 것으로 평가된다. 낮은 교육수준이 종교적 근본주의의 온상임은 잘 알려진 사실이며, 이는 비단 이슬람 세계에만 한정된 문제가 아니다.

② **이슬람근본주의의 반서구적 경향의 이유**: 이슬람근본주의가 반서구주의적 경향과 특히 미국에 대해 적대적인 이유를 이해하기 위해서는 다음과 같은 네 가지 상황에 주목할 필요가 있다.

첫째, 역사적으로 이슬람의 위기는 이미 오래전 서구의 아랍세계에 대한 침범에서 시작되었다고 할 수 있다. 1798년 나폴레옹의 이집트 원정 이래로 아랍세계는 150년 동안 서구로부터의 굴욕과 압박, 착취를 당했다. 많은 아랍인들의 서구에 대한 뿌리 깊은 원한은 이슬람과 기독교 또는 모슬렘 정통파와 서구 계몽주의 사이의 적대감 때문이 아니라, 이슬람 세계가 근대 서구와 만나면서 오랜 기간에 걸쳐 겪은 고통과 치욕의 경험 때문이다.

둘째, 자본주의 모델이든 소련식 사회주의 모델이든 간에 서구로부터 차용한 근대화전략은 이슬람권 대부분의 국가들에서 의도한 경제적 성공을 가져오지 못했고 오히려 사회문제들을 악화시켰다. 근대화의 결과는 소수의 근대화의 수혜자들과 대다수의 근대화의 패배자들로 사회의 분열이었다. 광범위한 빈곤층의 존재와 높은 실업률이 가져오는 실망감은 지켜지지 않은 근대화의 약속에 대한 배반감과 함께 반서구주의, 반민족주의, 그리고 이슬람근본주의가 확산되는 기반으로 작용한다.

셋째, 이슬람의 반서구주의는 팔레스타인문제 및 미국의 이스라엘정책과 분리하여 이해될 수 없다. 이스라엘의 공격적 이주정책은 수많은 팔레스타인 주민들의 생존권을 박탈하고 있음은 물론, 이 지역을 이슬람의 성지로 생각하는 아랍인들에 대한 종교적 모독을 의미하기도 한다. 그런데 미국은 극우 시온주의자들의 이주정책에 제동을 걸지 않았을 뿐만 아니라, 오히려 현 부시 행정부의 대표적 친이스라엘파 인물들은 이러한 공격적 이주정책을 오래전부터 지지해 온 것으로 알려져 있다.

넷째, 1979년 이란의 이슬람혁명 성공 이후 미국은 중동지역에서 중요한 영향력의 축을 상실하였으며, 이를 이 지역에서 미군 주둔을 증대함으로써 상쇄하려고 시도해왔다. 그런데 이슬람의 성지로 꼽히는 사우디아라비아 지역의 미군 주둔은 전체 아랍권의 강한 사회적 거부를 유발하고 있다.

이슬람근본주의는 이슬람교의 이름 아래 이슬람권이 서구 제국주의 침략 이전의 사회통합모델로 회귀할 것을 강조한다. 근대화와 민족은 이슬람근본주의자들에게 당연히 서구적 프로젝트이므로, 이들은 하등의 민족적 차이를 인정하지 않는 일반적으로 구성된 이슬람 공동체(umma)를 창출할 것을 의도한다. 그리고 이 새로운 세계의 실현에 가장 방해가 되는 것은 서구, 특히 미국임은 두말할 나위가 없다.

VIII 대테러리즘을 위한 조치

1. 주체별 대응전략

(1) 개별 국가

미국은 기존의 대테러법을 대폭 강화한 내용의 법안인 애국법(USA Patriot Act, 2001)을 의회에 제출하여 발효하였다. 또한 반확산전략의 일환으로 MD체제의 구축, 선제공격 독트린, PSI 등을 통해 테러리즘에 대응하고 있다. 한편 영국은 2001년 2월 제정된 대테러법(Terrorism Act, 2000)에서 과격 민간단체의 폭력행위와 사이버공간에서의 파괴적 행위도 테러로 규정하는 등 테러개념을 포괄적으로 확대하였다. 나아가 일본은 사이버 및 화생방 공격에 대비한 국제테러 대책 본부를 설치한 바 있다. 하지만 테러리즘의 성질상 사전적인 국가 간 협력을 요하는 성질을 갖고 있으므로 근본적인 한계를 지니고 있다.

(2) 국제협력

9·11테러 공격 이후 테러리즘에 대응하기 위해 미국과 EU뿐만 아니라 러시아와 중국 등 강대국 간 협력이 형성되었다. 미국이 주도하는 PSI체제에 러시아, 중국 등을 포함한 강대국들이 대거 참여하고 있다는 사실이 이를 대변한다. 나아가 NPT, PTBT, UN의 안전보장이사회결의 등 기존 국제기구를 통한 대테러리즘 노력 또한 행해지고 있다. 하지만 이러한 국가 간 협력을 통한 대테러리즘은 국가들의 동의 및 의사를 바탕으로 하고 있으므로 협력의 지속성을 보장하기 힘들다. 특히 미국이 주도하고 있는 대테러체제는 중국 봉쇄라는 이면적 목적을 지니고 있으므로 중국 혹은 러시아의 협력이 지속될 수 있을지에 대해 회의적인 시각이 많다.

(3) 글로벌 거버넌스

상기한 바와 같이 9·11테러 이후 전개되는 뉴테러리즘 양상을 고려할 때 국가 간 협력 외에 비정부기구의 협력 또한 필수적이다. 정보기술의 발달로 인해 그물망 조직을 갖추고 있는 테러조직의 실체를 밝혀내기가 용이하지 않기 때문이다. 이를 위해 국제기구, NGO, INGO 등으로 구성된 글로벌 거버넌스의 구축이 필요하다. 하지만 테러위협이 개별 국가의 안보위협과 직결되어 있는 바, 대테러리즘 관련 글로벌 거버넌스는 주권국의 이기적인 태도로 발전에 제약이 존재한다.

2. 기간별 대응전략

테러리즘에 대한 대응전략은 새로운 안보정책의 틀 내에서 이루어져야 하며, 그것이 등장한 원인에 대한 치유라는 원칙아래 작성되고 지속적으로 실행되어야 한다. 테러리즘에 대한 단기적, 중기적, 장기적 대응을 다음과 같이 구분해 볼 수 있을 것이다. 우선 단기적 대응으로서 테러행위를 직접적으로 차단하기 위해 잠재적인 테러리스트들과 그 연결고리들을 찾아내 무력화시켜야 한다. 다음으로 테러리즘에 대한 중기적 대응은 폭력을 사용할 의사가 있고 또한 사용할 준비가 된 집단들을 감시하고 그들의 활동을 제한하는 것이다. 마지막으로 장기적으로는 폭력이 등장하는 사회적 원천을 말리는 작업이 요구된다. 여기에는 실패국가들의 국가 형성에 대한 지원이라는 시급한 과제에서부터 보다 공정한 세계질서의 실현이라는 장기적인 과제까지 여러 다양한 과제들이 포함될 것이다.

Ⅸ 결론 – 전망 및 한국의 대응전략

테러위협은 에너지 안보, 환경 문제, 대량살상무기 확산 문제 등과 함께 21세기 세계정치에서 가장 심각한 안보위협으로 상정될 것이다. 세계화, 정보화의 전지구적 변환은 테러리즘이 활성화될 수 있는 온상을 만들어 주고 있다. 테러리즘에 대응하기 위해서는 개별 국가, 양자 차원, 지역 차원, 다자 차원 등 다차원적으로 대테러 노력을 강화해야 할 것이다. 테러리즘에 대응함에 있어서 현존하는 테러세력을 소탕하는 데만 몰두할 것이 아니라, 테러가 발생하는 근본원인을 파악하여 근본적인 대책을 모색해야 할 것이다. 즉, 세계화로 인한 빈부격차 문제나 문화적 제국주의 현상이 적절하게 관리되어야 할 것이다. 군사적 대테러전략이나 대량살상무기 반확산전략은 테러리즘을 오히려 조장할 우려가 있으므로 지양되거나 최소화되어야 할 것이다. 한편, 한국은 직접적인 테러위협에서는 약간 벗어나 있다고 볼 수 있으나, 아프가니스탄 인질 사건에서 보듯이 친서방국가로 낙인되어 테러리즘의 대상이 될 수도 있다. 따라서 한국은 다차원적 대테러리즘체제에 참여하여 공조체제를 형성하되, 테러리즘의 대상이 되지 않도록 주의해야 할 것이다.

제6절 우크라이나 사태

I 서론

유럽연합과 '제휴협정(Association Agreement)' 체결을 둘러싼 갈등으로 빚어진 우크라이나 사태는 크림자치공화국과 세바스토폴 특별시의 우크라이나로부터의 분리독립 및 60년만에 러시아로의 재병합을 초래하였다. 이는 러시아의 정치·군사적 지원과 크림자치공화국 내 러시아인들의 모국으로의 복귀 염원이 결합된 것이다. 우크라이나는 지정학적·지경학적 중요성으로 인해 독립 후 지난 23년간 러시아와 미국·EU 간 세력경쟁의 장이었으며, 이번 우크라이나 사태 역시 러시아와 미국·EU 간 세력경쟁의 성격을 띠고 있다. 러시아는 과거 우크라이나의 오렌지혁명(2004 ~ 2005) 때와는 달리 정치·군사적으로 깊숙이 개입하였고, 그 결과 미국 및 EU의 강력한 반발과 제재를 초래하였다. 러시아와 미국 및 EU는 우크라이나 사태로 파생된 여러 쟁점에 있어서 상호 대립하고 있어 양측과 대립과 갈등이 쉽게 해결될 가능성이 높지 않으며, 향후 강대국 상호관계에 중대한 파급효과를 미칠 것으로 전망되고 있다.

II 전개과정

1. 오렌지 혁명(2004년 ~ 2005년)과 미국·EU의 개입

미국과 EU는 2004년 ~ 2005년 우크라이나 대선에 깊숙이 개입하여 '오렌지혁명(Orange Revolution)'을 성공시켜 친서방파 유셴코(Victor Yushchenko) 정부를 출범시켰다. 이후 부시 행정부는 러시아가 강력히 반대한 우크라이나의 NATO 가입을 추진하였으나 프랑스, 독일의 반대로 실패하였다. 한편, EU는 러시아의 반대를 무시하고 2009년 5월 탈소비에트 국가들과 통상, 경제전략, 여행 협정 등의 분야에서 협력을 촉진·강화하는 'Eastern Partnership'을 출범시키고 우크라이나, 벨라루스, 몰도바, 조지아, 아르메니아, 아제르바이잔 등을 참여시키고 있다.

2. EU와 '제휴협정' 체결 중단과 반정부 시위

친러 성향의 야누코비치(Victor Yanukovych) 대통령은 2012년 3월부터 추진해 온 EU와의 FTA 추진을 위한 제휴협정 체결을 2013년 11월 21일 전격 중단함으로써 수도 키예프를 중심으로 반정부 시위가 촉발되었다. 이는 러시아의 정치·경제적 지원 약속(150억 달러 지원 및 가스 공급가 30% 할인), 미국·EU의 소극적 경제·재정 지원, EU와 FTA 체결시 취약한 국내 경제·산업 경쟁력을 고려한 결정이었다. 이에 대해 반정부 시위대들은 EU와 경제통합 추진, 야누코비치 퇴진, 수감된 티모센코 전 총리의 석방 등을 요구하였다. 야누코비치는 이에 대해 '반시위법'을 제정하여 강경 진압하였고 그 과정에서 사망자가 발생하기 시작하였다.

3. 2·21합의(Agreement on the Settlement of Crisis in Ukraine, 2014년 2월)

시위가 격화되어 사망자가 급증하자 독일, 프랑스, 폴란드 3국 외무장관, 러시아 대통령 특사 보증하에 야누코비치 대통령과 주요 야당 지도자 간 위기 종식을 위한 '2·21합의'가 채택되었다. 의회 권한 강화, 국민통합정부 출범, 12월까지 대선 실시, 유혈사태 진상조사위원회 구성, 정부의 비상사태 선언 포기 등이 합의되었다.

4. 야당의 '2·21합의' 파기와 크림 사태

2·21합의는 일부 강경파 시위대와 이에 동조한 야당에 의해 파기되었다. 야당은 2·21합의를 파기하고 신임 의회 의장 선출, 대통령 대행 선출, 티모센코 석방, 러시아어의 제2공용어 지위 박탈 등의 혁명적 조치를 취하였다. 러시아어의 제2공용어 지위 박탈은 3월 1일 투르치노프 대통령 대행에 의해 거부권이 행사되었다. 우크라이나 의회의 혁명적 조치들, 특히 러시아어의 제2공용어 지위 박탈은 크림자치공화국의 잠재된 분리주의 운동을 촉발시키는 요인이 되었다.

5. 크림자치공화국의 분리독립 및 러시아와의 병합

크림자치공화국 내 친러세력들은 임시정부의 합법성을 부인하면서 러시아군의 도움을 받아 크림자치공화국 내 주요 정부시설, 공항, 군사기지 등을 장악하기 시작하였다. 크림자치공화국 의회는 주민투표를 앞두고 우크라이나로부터 독립을 선언하였으며, 이후 실시된 주민투표에서는 투표자의 96.7%가 러시아로의 병합을 찬성하였다. 푸틴 대통령은 크림공화국의 독립을 승인하고 병합조약을 체결하여 병합을 완료하였다. 푸틴의 영토 회복과 세력권 유지정책, 크림자치공화국 및 우크라이나는 NATO의 동진정책으로부터 러시아의 정치·안전상의 이익을 보호하고 흑해 함대가 지중해, 대서양, 인도양으로 접근해 유럽, 중동, 아프리카, 코카서스지역에서 전략적 이익을 보호하는 필수적인 군함이라는 지정학적 고려와 크림자치공화국 정부 및 의회 지도자들의 병합 추진을 외면할 수 없다는 점, 구 소련지역에 대한 미국과 EU의 지정학적 다원주의 추진전략에 대한 '불신'과 '불안감' 등이 신속한 병합 완료의 요인으로 지목된다.

6. 우크라이나 대통령 선거(2014년 5월 25일)

대선에서는 포로센코(Petro Olekseyevich Poroshenko)가 당선되었다. 친서방 인물로서 친서방정책 추진을 천명하였으나, 우크라이나의 NATO 가입은 반대하였다.

7. 우크라이나 동부 지역의 분리독립 시도

2014년 3월 러시아의 우크라이나 크림반도 병합을 계기로 4월 '루간스크인민공화국(LPR)'과 '도네츠크 인민공화국(DPR)'을 자체 선포한 뒤 그해 5월 12일 우크라이나로부터 독립을 선언했다. 이어 5월 24일 공동으로 노보로시야(新러시아) 연방국을 구성했다고 발표하기도 했다. 물론, 국제사회는 이들 지역의 독립과 노보로시야 연방을 인정하지 않고 있다. 2014년 4월 우크라이나 정부군과 돈바스지역 반군 간 교전이 본격화했고 2015년 6월 현재까지 6천 500명 이상이 숨진 것으로 집계됐다. 2015년 2월 12일 러시아와 우크라이나, 프랑스, 독일 등 4개국 정상들이 나서 정부군과 반군 간 휴전, 교전지역에서 중장비 철수, 포로 교환을 위한 안전지대 구성 등을 골자로 하는 휴전협정(민스크협정)을 이끌어내기도 했지만 교전은 중단되지 않고 있다.

Ⅲ 주요 쟁점

1. 우크라이나 임시정부의 합법성

러시아와 미국·EU 간 우크라이나 임시정부의 합법성에 대한 논쟁이 있었다. 러시아는 반정부세력이 '2·21합의'를 파기하면서 불법적으로 대통령을 축출하고 임시정부를 구성한 것은 파시스트들에 의한 탈법적 쿠데타라고 주장하였다. 반면, 미국과 EU는 우크라이나 임시정부의 합법성을 인정하면서 각종 경제 지원을 약속하고 신임 야체뉵(Arseniy Yatseniuk) 총리를 공식 대화 및 협상 상대자로 삼았다.

2. 크림자치공화국의 분리독립 및 병합문제

러시아는 크림자치공화국 주민들의 러시아로의 합병 여부를 묻는 주민투표는 UN 헌장의 '자결권'에 기초한 합법적인 투표이며 따라서 국제법에 어긋나지 않는다고 주장하였다. 반면, 미국과 EU는 크림자치공화국의 러시아로의 병합 여부를 묻는 주민투표는 우크라이나 전체 국민의 투표가 아니라 국제법 및 우크라이나 헌법 위반이며 러시아의 내정간섭에 의해 실시된 것이므로 무효라고 주장하였다. 또한 코소보와는 상황이 다르다고 주장하였다. 즉, 코소보 독립의 경우 세르비아의 코소보인에 대한 반인류적 인종청소와 학살 등을 막기 위해 UN 차원의 개입과 관리가 있었던 반면, 크림자치공화국의 경우 러시아가 정치·군사적 개입을 통해 러시아로 병합시키려고 추진하였다는 점에서 다르다고 하였다.

3. '부다페스트협정' 위반 여부

미국은 러시아 군의 크림 사태에 대한 개입은 1994년 12월 우크라이나의 핵무기 폐기와 핵확산금지조약(NPT) 가입을 보장하기 위해 러시아, 우크라이나, 영국, 미국이 체결한 '부다페스트협정(Memorandum on Security Assurance in Connection with Ukraine's Accession to the Treaty on the NPT)'을 위반하였다고 주장하였다. 동 협정은 우크라이나의 독립 및 주권 존중과 우크라이나에 대한 안보위협 및 군사력 사용의 자제, 정치적 영향력 행사를 위한 경제적 압력의 자제, 우크라이나에 대한 핵무기 위협시 UN 안전보장이사회의 대응 추구 등을 약속한 것이다. 이에 대해 러시아는 크림자치공화국 내의 러시아 군 이동은 우크라이나와의 양자 조약에 기초한 것이며, 크림자치 공화국 내 무장군인들은 러시아 군이 아니므로 부다페스트협정을 위반하지 않았다고 반박하였다.

Ⅳ 미국과 EU의 대응

1. 미국

미국은 크림반도 내 친러 분리주의자들이 분리독립과 러시아로의 합병을 추진하던 2014년 3월 초부터 대러시아 제재를 시작하여 점차 이를 확대해 왔다. 주요 제재조치는 다음과 같다. 첫째, 우크라이나 사태를 조장한 인사들에 대해 자산 동결조치를 취하였다. 둘째, 크림반도의 러시아 병합에 직·간접적으로 연루된 러시아와 우크라이나, 크림반도 내 고위 인사들에 대한 비자 발급 거부 및 미국 내 자산 동결조치를 취하였다. 셋째, G8정상회담에서 러시아를 배제하고 G7들만 회합하기로 하였다. 넷째, NATO – 러시아 위원회 운영을 중단시키는 한편, 발트 3국에서 전투기를 동원한 군사훈련을 실시하고 흑해지역에 전함을 파견하였다. 다섯째, 돈바스지역에 내전이 확대되자 포르셴코 대통령의 요청에 따라 러시아 주요 에너지 기업인 노바텍, 로스네프티, 가스프롬방크, 8개 무기생산업체에 대한 금융제재를 시작하였다.

2. EU

EU도 미국과 유사한 제재조치를 단행하였다. 첫째, 크림반도의 병합 이후 야누코비치 전 대통령을 포함한 관련 인사에 대해 여행 금지 및 자산 동결조치를 취하였다. 둘째, 흑해 함대 사령관 등 러시아 군부 인사 및 의회 의원들에 대해 비자 발급 거부 및 자산 동결조치를 발동하였다. 셋째, 미국과 함께 러시아의 OECD 가입협상을 중단시켰다. 넷째, 미국과 공조해 러시아의 금융, 방산, 에너지 부문에 직접 타결을 주기 위해 러시아 국영은행과 금융거래 금지, 방산협력 금지, 군사적으로 사용될 수 있는 첨단 기술의 거래 및 이전 금지, 석유 개발 관련 첨단 기술 협력 금지 등의 조치를 취했다.

Ⅴ 러시아의 대응

1. 외교적 대응

러시아는 한편으로는 우크라이나 사태 책임론을 축소시키기 위한 대서방 외교를 강화하면서, 다른 한편으로는 BRICS 등 비서방 국가들에 대한 외교를 강화하고 있다. 또한 쿠바, 아르헨티나, 베네수엘라와 같은 중남미 국가들과 관계를 강화하는 한편 이집트, 이란, 시리아, 북한, 베트남 등 중동 및 아시아 국가들과 협력 강화를 시도하고 있다. 나아가, CIS 내 친러 국가들을 중심으로 경제·안보 협력을 강화하는 한편, '유라시아 경제연합'의 참여국 확대, 집단안보조약기구(CSTO: Collective Security Treaty Organization)의 군사력 강화와 역할 확대 등을 추진하고 있다.

2. 경제적 대응

첫째, 러시아는 미국·EU산 육류, 어류, 과일 등의 수입을 1년 동안 전면 중단시키면서 대체 수입국(중남미, 중앙아시아, 남코카서스)의 확보와 이들 분야 수입 대체 산업을 발전시키기 위한 경제적 노력을 기울이고 있다. 둘째, 우크라이나가 50억 달러가 넘는 가스대금 체불을 이유로 2014년 6월부터 가스 공급을 중단하였으며, 대EU 에너지 공급가의 인상을 고려하였다. 또한 세계 메이저 석유 기업들이 대러 제재에 동참할 경우 러시아와 에너지 협력은 영원히 금지될 것이라고 경고하기도 하였다.

3. 군사·안보적 대응

러시아는 우크라이나 및 서방 세계와의 협상력 강화 및 비상시 동부지역에 대한 군사적 점령을 위해 우크라이나 접경지역에 대한 군사력 증강 배치정책을 추진해 오고 있다. 또한 미국의 유럽 MD체제 구축을 반대하면서 New-START 이후 추가적 핵감축 협상을 중단시켰으며, 미국의 이지스함 지중해 배치에 항의해 중거리핵전력조약을 사실상 무력화시킬 수도 있다고 경고하였다. 또한, 상하이협력기구를 통한 다자 차원의 군사안보 협력을 강화하는 한편, 중국, 인도, 쿠바, 이집트, 이란 등과 양자 차원의 군사·안보 협력을 확대·강화시키는 조치를 취할 가능성도 있다.

Ⅵ 파급효과

1. 양자관계

(1) 미러관계

1991년 소련 붕괴 이후 미국과 러시아는 우주 분야, 아프가니스탄 관련 미국 군용기의 러시아 영공 통과, 대테러, 핵무기 해체, 핵군축, 이란 핵 문제, 시리아 문제 등 다방면에서 협력을 강화해 왔다. 그러나, 1990년대 초에 시작된 동유럽 국가들의 NATO 및 EU 가입을 러시아가 반대하면서 양국 간 협력에 문제가 발생했다. 이후 미국의 MD전략, 러시아의 조지아 침공, 미국인 에드워드 스노덴의 러시아 망명 허용, 시리아 내전, 이란 문제, 러시아 내 인권 문제 등을 둘러싸고 양국이 대립하면서 관계는 지속적으로 악화되어 왔다. 2014년 우크라이나 사태 이후 미국의 대러 제재는 양자 관계를 결정적으로 악화시키는 한편 러시아의 경제에 부정적 영향을 미치고 있다. 그러나 이러한 제재가 러시아의 고립을 가져오고 공격적 민족주의자들과 자원을 독점하는 소수특권계층만 이익을 보게 되고, 독재체제가 오히려 강화되어 러시아 국민들의 고통만 가중된다는 비판도 있다.

(2) 러시아·EU관계

러시아와 EU는 러시아의 조지아 침공, 러시아 내 인권 문제, 시리아 문제 등으로 갈등을 겪고 있다. EU는 러시아와의 관계 강화가 EU의 장기적 발전에 도움이 되지 않는다고 인식하고 있으며, 러시아에 대한 불신도 점증하고 있다. 러시아 엘리트들은 EU 국가들이 구소련 국가들에 반러시아 정서를 자극하고, 인권 문제 등 러시아 국내 문제에 관여하려 한다면서 EU를 정치적·경제적 파트너로 인식하지 않으려는 경향이 있다.

(3) 미국·EU관계

우크라이나에서 새로운 전선이 형성됨으로써 미국과 EU는 NATO를 중심으로 협력을 강화해 나갈 것으로 예상된다. 미국과 EU는 러시아와의 경제관계가 중요하지만 유럽의 국경을 지키는 일도 못지않게 중요하므로, 서방이 러시아에 대해 단호한 태도를 보일 필요가 있다는 점에 대체로 의견이 일치하고 있다. 미국과 EU는 우크라이나와 러시아 국경지역에 배치된 러시아군을 철수시키고, 우크라이나 남동부지역에서 러시아의 지원을 받고 있는 분리주의자들의 지방정부 점거를 중단하도록 러시아가 영향력을 행사할 것을 촉구하고 있다. 러시아의 레버리지(leverage)는 우크라이나 국경지역에 배치된 군사적 수단과 우크라이나를 통과하여 EU 국가들에 공급되는 가스 파이프라인을 잠글 수 있는 경제적 수단을 보유하고 있다는 것이고, EU와 미국이 보유한 레버리지는 대러시아 경제 제재와 NATO를 통해 군사적 압박을 가할 수 있다는 것이다.

(4) 중러관계

러시아는 우랄산맥을 중심으로 유럽과 아시아에 걸쳐 있는 국가로서, 유럽 상황이 막히면 아시아로 방향을 돌리고 아시아가 막히면 유럽으로 방향을 선회하는 외교를 전개해 왔다. 미러관계, 러시아·EU관계가 악화되고 있으므로 러시아는 중국, 인도, 북한, 아세안 등 아시아 국가들과 정치, 경제, 군사, 안보 등 제반 분야에서 협력 강화를 모색할 것으로 예상된다. 그러나, 중국과 러시아 간 협력에는 몇 가지 제약이 있다. 중국은 소수민족 문제, 대만 문제를 의식하여 러시아의 크림자치공화국 병합에 대해서는 정치적으로 중립적 입장을 지니고 있다. 이를 지지하는 경우 소수민족이나 대만의 분리독립을 반대하는 명분을 스스로 폐기할 가능성이 있기 때문이다.

(5) 미일관계

러시아와 일본은 북방 4도 문제 해결과 일본 자본의 러시아 극동지역 투자, 러시아 에너지 일본 수입 등을 매개로 긴밀한 협력을 추진해 왔으나, 우크라이나 사태로 러일 협력은 제동이 걸릴 것으로 전망된다. 일본은 미국, EU와 함께 대러 제재에 공조를 취하고 있으며, 러일 간 투자협정, 우주분야협력, 위험한 군사행동 방지 협정 관련 협의를 중단하였다. 한편, 중국과 러시아 간 긴밀해지고 있는 협력관계에 대응하는 차원에서도 미국과 일본 간 관계는 강화될 것으로 전망할 수 있다.

2. 국제 에너지시장에 대한 파급효과

러시아의 크리미아반도 병합 조치로 유럽은 러시아 에너지에 대한 의존 감축 노력을 할 것으로 예상되나, 유럽 국가들의 재정난으로 현실적인 한계가 있다. 유럽 전체 소비 가스의 25%를 러시아가 공급하고 있으며, 우크라이나를 통과하는 러시아산 가스 규모는 유럽 전체 가스 소비량의 30% 수준이다. 한편, 미국은 2013년 기준, 세계 에너지 생산 규모에서 러시아를 추월하였으며, 미국과 캐나다의 셰일가스 생산으로 국제원유 가격이 20% 이상 하락할 가능성이 있는 것으로 전망된다. 미국의 셰일가스 개발로 단기적인 영향을 가장 많이 받을 국가는 러시아이며, 중장기적으로 국제 원유 가격이 하락하게 되면, 러시아의 국내외적 위상은 약화될 것으로 예상된다.

Ⅶ 전망 및 우리나라의 대응 전략

1. 전망

미국과 EU의 대러 제재 및 미러관계, EU·러시아관계 악화는 러시아가 우크라이나 반군에 대한 정치·군사적 지원을 계속하는 한 더욱 강화될 것으로 예상된다. 다만, 러시아가 우크라이나 동부지역 사태에 군사적으로 명백하게 개입하지 않을 경우 러시아에 치명적인 제재 확대는 쉽지 않을 것으로 전망된다. 추가 제재와 러시아의 맞대응으로 국제관계가 악화되고 유럽의 경제 및 에너지 여건에 부정적 효과를 초래할 수 있기 때문이다. 러시아 역시 경제상황의 악화와 외교적 고립 상황을 고려하여 우크라이나에 대한 영향력 행사의 레버리지를 확보하는 선에서 우크라이나 사태를 해결하려고 할 것으로 전망할 수 있다. 그럼에도 불구하고 미러관계는 양국 지도자 간 뿌리깊은 불신과 기피증, 미국의 대러 제재에 따른 경제적 손실, 양국 내 반미주의 또는 반러주의 팽배 등을 고려해 볼 때 우크라이나 사태를 둘러싼 이견이 쉽게 해소되지 않으면서 대러 제재를 둘러싼 갈등관계가 상당기간 지속될 것으로 전망된다.

2. 우리나라의 대응 전략

무엇보다 미국과 EU 및 일본 등이 추진하고 있는 대러 제재에 참여할지 여부가 문제가 된다. 대러 제재에 동참하는 경우 한미동맹관계의 신뢰 강화, 한미일 정책 공조에 우호적 분위기 조성, 중견국의 위상 강화 등의 긍정적인 측면이 있으나, 한러관계 악화로 인한 신북방정책에 대한 부정적 영향, 북러관계 긴밀화와 북한, 중국, 러시아 3국 간 전략적 연대 강화, 러시아의 중재자적 역할 축소로 남북관계 개선에 부정적 영향, 러시아의 보복성 대응 등의 부정적 파급효과가 우려된다. 이를 고려하여 한국은 단기적으로는 제재 불참시에는 미국과 EU를 설득하는 것에, 제재 참여시 파장이 적은 부분에서 참여하여 부정적 파장을 최소화해야 한다. 한편, 중기적으로는 미러관계 악화가 지속될 것을 고려하여 한미동맹을 강화하는 한편, 한러 전략적 동반자 관계를 내실화 시키는 정책을 병행 추진해야 한다.

제7절 국제보건안보

I 서론

1980년대까지 전염병과 같은 보건이슈는 국내적 혹은 국가 간의 협력을 강조하는 외교적 이슈로만 인식되면서 크게 주목을 받지 못했다. 그러나 1990년대 이후 전염병의 치사율과 확산력이 과거와는 달리 점차 증대하면서 국내는 물론 국제정치적 관심이 증가했다. 왜냐하면 전염병의 가장 중요한 특성인 전염성이 세계화로 인해 국경선이라는 제한된 영토개념을 쉽게 넘기 때문이다. 가속화되고 있는 세계화로 인해 전염병의 위협은 가까운 미래에도 더욱 심각하게 증대될 것으로 보인다. 전염병은 사하라사막 이남의 아프리카를 비롯한 많은 개발도상국에게 사회경제적 발전을 저해하는 요소로 작용할 뿐만 아니라 정치적 불안을 유발하는 중대한 요인이 되고 있다.

II 1990년대 이후 전염병의 확산원인

1. 세계화

교통혁명에 따른 세계화는 지리적 시공간을 급격히 축소시키면서 서로 다른 지역의 인간은 물론 동물과의 교류를 빈번하게 만든다. 세계화는 교통수단의 측면에서 보면 항공기와 같은 빠름을 의미하지만 전염병의 측면에서 보면 인간과 병원체의 자연숙주인 야생동물과의 교류를 빈번하게 만들면서 병원체의 이동속도도 빠르게 만든다. 대표적인 사례로 2003년 SARS, 2004년 조류독감(H5N1), 2009년 신종플루(H1N1)의 확산이 있다. 또한 세계화는 야생동물의 합법적인 교역은 물론 희귀동물의 불법적인 밀매를 쉽게 만든다. 이처럼 세계화에 따른 인간과 동물의 빈번한 교류는 인간에게 결코 나타나지 않았던 질병 혹은 특정한 지역에서만 등장하는 풍토성 전염병의 글로벌 확산에 공헌했다.

2. 급속한 도시화

도시화는 인구밀도를 높인다. 인구밀도가 증가하면 병원체의 확산압력과 이동성도 증가한다. 이런 요인이 도시에서 인플루엔자의 급속한 확산에 기여한다. 한편 도시화는 자연환경의 파괴를 의미한다. 환경 파괴는 지구온난화와 기후 변화에도 영향을 주었다. 예를 들면 환경 파괴는 열대우림지역에서 서식하는 전염병 매개체들을 인간과 빈번히 접촉하게 만들어 새로운 전염병의 출현과 확산에 공헌한다. 환경 파괴에 의한 생태계의 변화는 가뭄, 폭우, 기근 등의 자연재해의 반발을 유도하고 신종 전염병의 등장과 확산에 공헌한다.

3. 가축화시킨 동물들과 야생동물의 빈번한 접촉

인간, 가축, 야생동물이 같은 공간에서 활동하면서 야생동물의 병원체들이 인간에게 전염되는 주요 통로가 되고 있다. 예를 들면 천연두, 인플루엔자, 결핵, 말라리아, 페스트, 홍역, 콜레라 등과 같이 동물에서 기원된 질병은 물론 1999년 니파 바이러스(Nipah virus)와 거의 모든 인플루엔자 바이러스처럼 야생동물의 병원체는 가축을 매개로 인간에게 유입된 병원체들이다. 이것은 미래에도 인간에게 새로운 전염병의 주요 매개체가 야생동물임을 의미한다.

4. 병원체의 돌연변이와 유전자 재조합

AIDS, 뎅기열, 독감을 일으키는 바이러스는 모두 유전자가 DNA보다 불안정한 RNA이다. RNA 바이러스는 돌연변이율이 매우 높아 예방백신이나 치료제를 제조하기도 매우 어렵다. 따라서 RNA 바이러스의 높은 돌연변이율은 지속적으로 신종 바이러스의 등장과 신종 전염병의 탄생을 의미한다.

Ⅲ 보건안보의 개념 및 비교개념

1. 보건안보의 개념

2000년 초 '글로벌 보건안보(Global Health Security)'가 보건 분야에서 지배적인 담론으로 자리를 잡았다. 보건안보 담론의 요체는 신흥 전염병이 국가 및 국제안보에 위협이 되므로 이에 대한 특단의 대처가 필요하다는 것이다. 글로벌 보건안보 확보를 위해서는 발원국가에서의 격리나 국경통제조치를 넘어서, 국제적인 질병 감시 및 봉쇄체제 확립이 강조된다. 글로벌 보건안보 담론은 2005년 국제보건규칙(IHR) 개정을 통해 WHO를 중심으로 하는 글로벌 보건체제에 자리 잡게 되었다. 글로벌 보건안보화에 인간안보 개념이 논의되고 있으나, 현재는 국가중심적 보건안보가 지배적인 담론으로 자리를 잡았다.

2. 보건안보에 대한 국가안보와 인간안보의 차이

보건안보를 국가안보 차원에서 접근하는 것과 인간안보 차원에서 접근하는 것은 차이가 있다.
첫째, 국가안보의 보호대상은 국가나 국민이지만, 인간안보는 인간 개개인과 공동체이다.
둘째, 국가안보는 안보 제공자가 국가이나, 인간안보는 국가뿐 아니라 비국가행위자들이다.
셋째, 국가안보에서의 위협의 근원은 질병과 병원체 및 바이오테러리즘이나, 인간안보의 경우 불평등과 빈곤 등 질병의 구조적 요인들이다.
넷째, 국가안보에서의 조치는 질병에 대한 감시 – 대응 – 봉쇄조치이나, 인간안보에서는 질병의 기저 요인이 되는 구조적 문제의 해결이다.
다섯째, 국가안보의 목적은 소극적 평화이나, 인간안보의 목적은 적극적 평화이다.

Ⅳ 코로나19 팬데믹과 글로벌 협력 현황

1. 세계보건기구

1945년 이후 감염병에 대한 국제사회 전체의 제도화된 기제는 세계보건기구와 국제보건규제(International Health Regulations)로 구현되어 있다. WHO는 감염병 통제에 대한 가이드라인을 제시하고, 감염병 예방·탐지·대응에 관한 유일한 조약 차원의 규정인 IHR상의 국가들의 의무 이행을 모니터링한다. 사스위기 이후 개최된 세계보건총회에서 WHO 회원국들은 새로운 감염병 통제거버넌스를 승인하였다. 이를 IHR2005라고 한다. 최근 WHO는 WHO가 중국에서 코로나19 발병을 탐지한지 30일 만인 2020년 1월 30일에 PHEIC를 발령했다.

2. UN

UN 안전보장이사회는 UN 에볼라 긴급대응 미션을 파견하고, 에볼라 확산 방지와 치료를 위한 UN 에볼라 대응 신탁기금을 조성했다.

3. 중국

코로나19 팬데믹 상황에서 중국은 주권 문제로 접근하여 코로나19 발생을 WHO에 통보하지 않았고, 국내여행만 제한할 뿐 국제여행 제한조치는 취하지 않았다. 또한 WHO 전문가의 현지 방문조사도 허용하지 않았으며, UN 안전보장이사회에서의 논의도 방해했다.

4. 미국

미국은 팬데믹 상황을 염두에 두고 2000년대 초반부터 생물방어(biodefense)체제를 갖추어 왔고, 2014년 67개국들과 '글로벌 보건 안보 구상(Global Health Security Agenda)'을 수립했음에도 코로나19의 최대 피해자가 되는 것을 방지하지 못했다. 미국은 UN과 WHO가 합동으로 시작한 코로나 백신 개발, EU가 주도하는 '글로벌 코로나 대응 기금' 마련에도 참여하지 않았다. 미국은 코로나19 발생과 피해를 중국의 책임으로 돌리고, WHO의 중국에 대한 경도된 대응을 이유로 WHO 분담금 납부를 거부하고, WHO에서 탈퇴를 선언했다.

Ⅴ 국제보건안보 대응체제

1. 국제보건규제

IHR은 1951년에 국제협약으로 체결되었고, 1969년에 개명하고 개정했다. IHR에 의하면 초국경적 감염병이 발생하는 경우 국가는 통지의무가 있고, 이를 통제할 수 있는 적절한 수준의 공중보건체계를 수립할 의무가 있다. IHR은 국제공중보건에서 국가들의 주권적 권리와 경제적 이익을 중시한다. IHR은 통지의무 대상을 콜레라, 장티푸스, 페스트, 황열병, 천연두, 회귀열에 한정했다. IHR에 따른 국가들의 통지의무와 공중보건체계 수립의무가 제대로 이행되지 않았다.

2. 2005년 개정된 IHR

(1) 개관

2005년 개정된 IHR은 보고의무가 있는 질병의 범위를 확대했다. WHO는 국제적 공중보건비상사태(PHEIC: Public Health Emergency of International Concern)를 선포할 수 있다. 국가행위자뿐만 아니라 비국가행위자로부터 보고를 받을 수 있다.

(2) 세계보건기구 회원국의 의무

첫째, 회원국들은 WHO의 추가 정보 요청에 응할 의무가 있다.
둘째, 회원국은 신속한 탐지, 접근, 통보, 보고, 봉쇄를 위한 핵심능력을 발전시키고 유지해야 할 의무가 있다.
셋째, 회원국은 질병 발발이 근원지에서 봉쇄될 수 있도록 최선을 다할 의무가 있다.
넷째, 다른 국가들은 보고와 봉쇄를 수행한 국가에 대해 징벌적 조치를 취하거나 부적절한 영향을 미칠 수 있는 조치를 삼가야 할 의무가 있다.
다섯째, 회원국은 WHO가 제안하는 최대의 조치를 지켜야 한다.
여섯째, WHO 회원국은 성격이나 원인에 무관하게 공중보건 함의를 갖는 모든 질병의 사례를 WHO에 보고할 의무가 있다.

(3) 세계보건기구의 권한

첫째, 과도한 통제조치가 초래할 수 있는 부정적 사회경제적 파급효과를 줄이기 위해 WHO가 무역 및 여행에 대해 권고할 수 있다.
둘째, WHO는 감염병 발병국의 반대에도 불구하고 공중보건비상사태(PHEIC)를 발령할 권한을 가진다.
셋째, WHO는 감염병 탐지, 무역 및 여행 제한, 집행에서 IHR을 준수하지 않는 국가들을 공개하고 비판할 권한을 가진다.
넷째, WHO는 보건이슈에서 인권에 기반한 접근을 옹호하는 기관으로서 감염병 통제에서 국가들의 인권 준수를 감시할 수 있다.

(4) 공중보건비상사태(PHEIC)

WHO는 공중보건비상사태(PHEIC)를 발동할 수 있다. PHEIC 발동은 법적 구속력은 없으나 공중보건 위기의 중대성을 강화하고 WHO가 자체 이니셔티브로 감염병에 대한 외교적, 경제적, 정치적 대응을 조율할 수 있게 하는 실질적 효과를 갖는다. PHEIC가 발령되면 국가들은 발생한 감염병에 대해 바이러스 샘플을 공유해야 하며, 치료제와 백신 개발이 가능해진다. 2009년 신종플루 팬데믹은 WHO가 처음으로 PHEIC를 발령하고 국가들의 무역과 여행 제한조치에 반대하는 권고를 냈다. 2014년 서아프리카 에볼라위기에서 WHO는 아프리카 국가들의 공개 반대로 초기 대응에 실패했으며, 에볼라위기로 완전히 발전한 이후에야 PHEIC를 발령했다.

3. 글로벌 보건 안보 구상(GHSA)

IHR2005는 주권 침해 문제와 경제적 부담 문제로 이행이 매우 저조했다. 또한, IHR2005는 국가에 대해 적용되므로, 비국가행위자에 의한 위협을 다루지 못하는 한계가 있다. 이를 극복하고, 감염병의 안보위협을 보다 효과적으로 다루기 위해 미국은 2014년 2월 '글로벌 보건안보구상'을 발족시켰다. GHSA는 감염병과 바이오 테러를 동시에 다룬다. GHSA에는 국가뿐만 아니라 WHO와 식량농업기구 등 국제기구와 민간도 포함되므로 글로벌 보건거버넌스로 규정된다. GHSA는 국가별로 수립되어 있는 기존 대응체계를 향상시키고 조화시켜 네트워크로 발전시키고자 한 것이다. GHSA는 감염병 관련 국제협정 체결을 목적으로 하지 않는다. GHSA는 IHR2005를 대체하려는 것이 아니라 IHR2005 이행에 정치적 의지를 제공하는 것이다.

Ⅵ 전염병에 대한 안보 차원의 정책

1. 서설

한국의 경우 미래의 발생 가능성이 높은 감염병과 전염병에 매우 취약한 지정학적 위치에 있다. 우선 글로벌 인플루엔자 바이러스의 진원지라고 불리는 중국의 광저우(광동)에 인접해 있으며, 대륙과 해양을 잇는 교통의 중심지이다. 또한 국내 차원에서 한국은 모든 지역이 일일생활권에 들어가 있고 도시화로 인한 인구밀집도가 매우 높다. 높은 인구밀집도에 대중교통은 물론 일반 수송수단도 매우 발달되어 있어 전염병이 퍼질 경우 그 확산속도도 매우 빠르다. 더구나 한국은 남북한이 정치군사적으로 대치해 있는 상황이다. 이때문에, 주한미군과 한국군은 매년 북한의 가상 생물테러 시나리오에 대해 정기적 공조 훈련을 실시한다.

2. 보건 및 역학전문가의 양성

첫째, 21세기에 전염병의 새로운 위협에 대응하기 위해서는 적절한 수의공중보건 전문의의 수요가 충족되어야 하며, 그들이 실질적으로 근무할 수 있는 환경에 배치가 되어야 한다. 둘째, 의사와 수의사의 정규적 소통이 필요하다. 대부분의 미생물전문가들은 신종 전염병이든 재등장 전염병이든 가까운 미래 인류에게 위협적인 전염병들은 대부분 야생생물에서 기원한다고 강조한다. 이것은 21세기 미래에는 수의사의 중요성을 상징적으로 암시한다. 셋째, 사적 부분에서 자체적으로 전염병에 대한 준비와 대응이 필요할 뿐만 아니라 공적 보건기관과의 생물학적 인자와 확산을 방지하기 위한 긴밀한 협력이 반드시 필요하다.

3. 컨트롤 타워의 강화

한국의 의료시스템과 의료기술은 세계적 수준이라고 할 수 있지만 그것이 만성질환에 해당될 뿐 급성전염병에 해당되지 않는다. 따라서 현행 보건복지부를 보건부와 복지부로 분리할 필요가 있다. 독립적인 보건부를 창설하더라도 보건부는 행정 부분을 전염병과 미래의 생물 테러 가능성에 대한 위상 강화와 함께 실질적인 행정적 권한과 인적 및 물적 자원을 제공해야 한다.

4. 사전탐지 및 예방 차원의 국가정보기관의 역할

전염병을 막는 최선은 조기 탐지이다. 이를 위해 국가적 차원의 새로운 조직이 필요하다. 미국의 CDC에는 유행병학자들을 중심으로 다양한 전문인원으로 구성된 유행병

정보국(EIS)이 있다. 전염병의 발생 가능성은 21세기 새로운 안보위협으로 등장하고 있다. 따라서 국가안보에 가장 중요한 정부기관인 정보기관의 역할에 이런 부분을 새롭게 추가해야 하며 이를 위해 기존 정보기관의 구조와 역할 그리고 인원을 토대로 질병본부와의 유기적 협력체계를 구축해야 한다.

5. 주변국과의 협력

WHO가 공식적으로 글로벌 보건안보라는 용어를 사용하면서 공중보건을 안보 차원에서 접근한 전환점은 2007년 세계보고서이다. 이를 기반으로 2009년 오바마 행정부는 다른 국가와 공동으로 보건시스템의 구축을 강화하는 글로벌 보건구상을 발표했다. 이처럼 보건 관련 국제협력은 각국의 이해관계 때문에 신속한 조치가 쉽지 않지만 국제규범을 지키고 협력하기 위해서는 관련된 국내의 법적 및 제도적 시스템을 지속적으로 보완해야 한다.

6. 전염병에 대한 획기적인 변화 필요

2011년 일본 후쿠야마 사태에서 보여주었듯이 자연재해가 정치경제는 물론 사회문화적으로 어떻게 커다란 나비효과를 가져다주는지 아무도 몰랐다. 전염병이라는 단순한 보건의 문제가 아니라 그에 파생되는 다양한 파급효과가 나타난다. 이는 '복합위기'의 차원에서 접근해야 함을 의미하고 정치경제 및 사회문화적으로 나타나는 다양한 문제를 통합적으로 볼 수 있는 전문가도 필요하다. 즉, 질병을 단순히 현미경으로만 보는 것이 아닌 확대경으로도 볼 수 있어야 한다.

기출 및 예상문제

1. 탈냉전기 국제정치체제의 성격을 둘러싸고 많은 논의가 전개되고 있다. 과거 냉전기 양극체제(bipolar system)와 비교하여 오늘날의 국제정치체제는 미국이 유일한 초강대국으로서 지위를 누리는 단극체제(unipolar system)의 특징을 보인다는 의견이 지배적이다. 이러한 특징의 국제관계를 분석하기 위한 이론적인 노력들이 계속되고 있다. [2009 외시]
   (1) 냉전기 양극체제와 비교하여 탈냉전기 단극체제의 구조적 특징을 설명하고, 탈냉전기 국제정치체제를 안정적이라고 평가하는지 혹은 불안정적이라고 평가하는지 국제정치이론적 근거를 들어 설명하시오.
   (2) 전통적인 세력균형이론과 위협균형이론이 탈냉전기 미국과 다른 주요국가들과의 외교관계를 분석하는 데 어느 정도 설명력을 가지고 있는지 구체적인 사례를 들어 설명하시오.

2. 21세기 세계질서의 전개과정에서 세계질서의 안정성을 중대하게 훼손할 수 있는 위협요인들이 급격하게 부상하고 있다. 특히, 전통적인 군사적 위협 이외에도 비재래식 위협도 증가하고 있다. 21세기 세계질서의 안정성에 관하여 다음 물음에 답하시오.
   (1) 21세기 세계질서에서 그 안정성을 저해할 수 있는 요인들을 군사적 위협과 비군사적 위협으로 대별하여 설명하시오.
   (2) 군사적 위협에 대응하기 위한 전략을 현실주의, 자유주의, 구성주의 관점에서 제시하고 평가하시오.

(3) 비군사적 위협에 대응하는 방식으로 일방주의, 국제거버넌스, 글로벌 거버넌스가 존재할 수 있다. 각각의 방안에 대해 설명하고 그 적실성과 한계에 대해 논하시오.
(4) 21세기 세계질서에 대한 위협요인을 관리하기 위한 한국의 대응방안을 논의하시오.

3. 냉전체제가 해체된 이후 약 20여 년이 지난 현재 세계정치체제는 구조적 차원에 있어서 전면적인 재편과정에 들어서 있다는 분석이 제기되고 있다. 냉전체제가 해체 된 이후 다차원적 힘과 국제정치적 영향력 차원에서 미국 중심 패권체제가 형성되었으며 이러한 패권체제는 상당기간 유지될 것이라는 견해가 지배적이었다. 그러나 21세기 들어 패권체제의 지속성에 대한 회의적 견해와 함께 다극체제가 형성될 것이라는 전망이 제기되고 있다. 이러한 전망과 함께 국제정치체제 또는 세계정치체제의 안정성에 대한 낙관론과 비관론의 논쟁 역시 고조되고 있다. 이와 관련하여 다음 물음에 답하시오.

(1) 21세기 국제정치체제는 다극체제가 될 것이라는 주장에 대해 적절한 사례에 기초하여 논평하시오.
(2) 다극체제의 안정성에 대해서는 비관론과 낙관론이 존재하고 있다. 각각의 주장에 대해 평가하고 자신의 입장을 제시하시오.

4. 21세기 초반의 세계질서는 다차원적 안보불안요인이 복합적으로 작동하면서 그 불안정성이 점점 고조되고 있다. 정치·군사·안보적 차원에서는 강대국 간 군비경쟁, 동맹형성 경쟁 및 소규모 전쟁이 일상화되고 있으며, 경제적 차원에서는 전세계적인 동반침체, 금융시장 불안, 국제보호무역질서의 출현가능성 등으로 구조적 불안정성이 심화되고 있다. 현 세계 질서의 전반적인 상황을 염두에 두고 다음 물음에 답하시오.

(1) 현 세계질서의 전반적인 불안정 상황에 대한 분석과 처방은 국제정치이론에 따라 상이하게 제시될 수 있다. 현실주의, 자유주의, 구성주의 및 마르크스주의 입장에서 현 세계 질서 불안정의 근본적 요인을 분석하시오.
(2) 위에서 제시된 이론 중 하나를 선택하여 서두에 언급된 다차원적 불안요인에 대한 구체적인 처방을 이론의 일관성을 유지하면서 제시하시오.

5. 탈냉전·세계화로 특징지어지는 21세기 세계정치는 그 성격이 과거 국제정치와는 근본적으로 바뀌고 있다는 지적이 있다. 즉, 국제정치의 행위자, 구조, 이슈들에 있어서 근본적인 변화가 일어나고 있으며, 더 나아가 탈근대체제로 이행해 가고 있다는 것이다. 21세기 세계정치의 변환과 관련하여 다음 물음에 답하시오.

(1) 탈냉전·세계화시대 세계정치의 특징을 냉전기 국제정치와 비교·설명하시오.
(2) 탈냉전·세계화시대의 국제체제는 근대체제에서 탈근대체제로 변화해 가고 있다는 주장이 있다. 현실주의, 자유주의, 구성주의 입장에서 탈근대체제형성 가능성을 논의하고, 자신의 견해를 제시하시오.

6. 21세기 세계질서에 있어서 대량살상무기의 확산과 대량살상무기를 이용한 테러의 문제가 상당히 중요한 문제로 부상하고 있다. 특히 2001년에 발생했던 9·11테러는 테러리즘의 심각성을 일깨워 주어 대량살상무기 및 테러에 대한 대응이 미국 대외정책의 최우선적 과제로 설정되고 대량살상무기 비확산 및 반확산을 위한 다양한 조치들이 취해지고 있으나 그 효율성에 대해서는 회의적인 견해도 만만치 않다. 이와 관련하여 다음 물음에 답하시오.

(1) 탈냉전 이후 대량살상무기는 더욱 확산되는 추세를 보이고 있는바 그 요인에 대해 논의하시오.

(2) 대량살상무기에 대한 대응책으로 일방주의적 조치와 다자주의적 조치가 있다. 각 조치의 장단점에 대해 평가하시오.

(3) 미국의 현 오바마 행정부는 대량살상무기 대응전략에 있어서 다자주의적 조치 강화를 표방하며 특히 1968년에 체결된 NPT(Non Proliferation Treaty) 강화를 주요 정책 과제로 설정하고 있다. NPT의 문제점 및 개선방안에 대해 논의하시오.

7. 국제관계를 설명하는 유력한 이론 중의 하나가 세력균형(balance of power)이론이다. 오늘날의 국제관계 현실에 대한 이 이론의 유용성과 관련된 다음 질문에 답하시오. [2006 외시]

(1) 세력균형을 달성하는 기본적인 두 가지 수단에 대해서 설명하시오.

(2) 오늘날 국제관계에 있어서 7대 강국을 열거하고, 세력균형이론에 비추어 이들 사이의 관계가 지금 상태로부터 어떠한 방향으로 변화할 것인지에 대하여 예상해 보시오.

(3) 경쟁적인 다른 이론의 관점에서 이러한 세력균형이론을 비판하시오.

8. 일반적으로 국가 간의 군사적 긴장을 완화하고 평화적 협력을 증진하는 방안으로 군비통제(Arms Control)와 군축(Disarmament)개념이 제시되고 있다. 군비통제와 군축론이 대두하게 된 시대적 배경, 두 개념의 차이점, 그리고 정책적 함의를 서술하시오. [2006 외시]

9. 냉전종식 이후 군축지지자들은 '핵무기 무용론'에 관한 새로운 국제적 합의가 이루어졌다고 주장했다. 그러나 이러한 핵 군축의 성과에 관한 낙관적 기대는 결코 오래 가지 못했다. 미국은 '핵태세보고서(NPR)'를 발표하는 등 이른바 '제2의 핵시대(The Second Nuclear Age)'에 진입하면서 새로운 형태의 핵무기 개발에 박차를 가하기 시작했다. [2005 외시]

(1) '핵무기' 무용론의 당위성을 2005년의 시점에서 평가하시오.

(2) 9·11테러 이후 변화된 미국 핵정책의 주요 내용과 목표를 설명하시오.

(3) 핵확산금지조약(NPT)체제의 문제점을 보완하기 위한 대안들을 제시하고, 그 적실성을 평가하시오.

10. 아이켄베리(J. Ikenberry)는 탈냉전 이후 미국 주도의 세계질서를 자유주의 국제질서(Liberal International Order)로 규정하고, 21세기 들어 자유주의 국제질서가 여러 차원의 도전에 직면해 있다고 주장한다. 다음 물음에 답하시오. (총 40점) [2024 국립외교원]

(1) 아이켄베리가 주장하는 자유주의 국제질서의 핵심적 원칙이 무엇인지 설명하시오. (12점)

(2) 자유주의 국제질서에 대한 국내적 도전 요인과 위기에 대해 설명하시오. (14점)

(3) 자유주의 국제질서에 대한 국제적 도전 요인과 위기에 대해 설명하시오. (14점)

제3장 국제정치경제

제1절 세계화(Globalization)

Ⅰ 서론

세계화는 이념, 정책을 넘어 이제는 일상생활이 되고 있다. 개인, 기업, NGO, 국가, 정부, 정당, 국제기구 등 현 국제체제에 존재하는 모든 행위자들은 세계화를 하나의 흐름이자 현실로 받아들이고 세계화 흐름에 맞춰 사고, 전략, 정책, 행동을 조정하고 있다. 세계화가 하나의 거대한 구조(structure)를 형성하고 있는 형국이다. 따라서 세계화의 흐름에 적절하게 적응할 수 있는가의 여부가 개인뿐만 아니라 국가의 명운도 좌우할 수 있는 세기가 도래한 것이다. 세계화라는 전세계적 변환의 실체와 방향 및 그 요인을 정확히 파악해야 적응이 가능할 것이다.

Ⅱ 세계화의 정의 및 현상적 특징

1. 세계화의 정의

세계화란 일반적으로 경제, 사회, 기술, 문화, 정치 그리고 생태적 영역에 있어서 급속히 증가하는 글로벌적 차원에서의 연계(global connectivity), 통합(integration), 상호의존(interdependency)을 지칭한다. 즉, 세계화는 국경을 뛰어넘는 상품, 서비스, 사람, 돈, 기술, 정보, 아이디어, 문화, 범죄 그리고 무기의 흐름이 증가하여 지구촌 전체가 점점 긍정적이든 부정적이든 하나의 단위 내지는 생활권화되는 현상이다. 한편 영국의 사회학자 앤서니 기든스(Anthony Giddens)는 세계화를 '지방들 상호간의 사회적 관계가 세계적으로 확대 및 심화되어 어느 지방에서 일어나는 일이 다른 지방에 일어나는 일을 형성하고, 타지방의 일 역시 그 지방의 일에 영향을 주는 현상'이라고 정의한다.

2. 세계화의 현상

세계화는 다차원적 현상으로 정보통신혁명을 배경으로 정치, 경제, 사회, 문화 전반에 걸쳐 지구촌 전체를 고도로 통합해가고 있다. 정보통신기술이 다양한 기술들과 결합하여 급속히 확산·발전되고 있고, 이에 따라 무역이 급속도로 확대되고 민간 자본과 투자가 국경을 넘어 자유롭게 이동함으로써 세계경제는 단일 경제권화하고 있다. 세계화는 지구촌의 상호의존을 심화시키면서 우리 생활의 거의 모든 영역에서 영향을 미치고 있는데, 세계화가 의미하는 현상을 요약하면 다음과 같다. 첫째, 국가 간 국경선을 초월하여 정치·경제·문화·사회적 활동이 전지구적으로 상호연결되고 상호작용하여 한 곳의 사건이 다른 곳에 실시간으로 영향을 미치게 된다. 둘째, 국경선을 넘어서는 흐름과 작용이 단지 간접적으로나 임의적으로 발생하는 것이 아니고 거의 지속적으로, 규칙적으로 그리고 제도적으로 반복되어 일어나고 있다. 셋째, 이러한 현상이 전지구적으로 광범위하고 신속하게 일어나기 때문에 국내적 혹은 국지적 현상이 전지구적 결과를 초래하여 국내와 국외가 구별되지 않는 시공간을 초월하는 하나의 지구촌을 형성하기에 이른다.

참고 지구화의 역사적 유형

구분	근대 초기의 지구화 (14세기 ~ 18세기)	근대의 지구화 (19세기 ~ 20세기)	현대의 지구화 (1945년 이후)
국가유형	• 중앙집권화된 정부 • 입헌군주 • 절대주의 국가	• 공고화된 근대국가 • 민주화된 구미국가 • 민족국가	• 공고화된 민족국가 • 자유민주국가의 확산
국가 간 체제	• 영토 내의 경쟁 • 지역 내의 경쟁 • 세력균형	• 지구제국 • 외교 법적 규제 발전 • 지정학	• 탈식민지화 • 외교적 교섭의 확대 • 지역주의 • 국제기구의 보편화
지구정치의 등장	유럽의 제국주의 확장	국제법과 국제기구 출현	• 초국가주의 확산 • 다층화된 거버넌스
충격도	충격이 약하지만 충격방식이 집중적임	충격방식이 제도적이고 구조적이므로 강화됨	충격이 강하고 민감성과 취약성이 높음
인프라	• 미약함 • 조약과 컨퍼런스 등 초기 형태의 다자적 제도	점증하는 국제 혹은 초국가적 조직과 레짐	• 포괄적 제도화 • 실시간 커뮤니케이션
제도	외교형식의 시작	규제, 레짐, 국제법 등이 임시적이고 취약하게 형성	레짐, 국제법 등이 시장화 형태로 발전
계층화	• 유럽중심의 세계 • 조직력이 약하고 영토 간 불평등	남북을 중심으로 정치, 경제, 군사적 위계질서	• 양극에서 다극으로 남북구조의 완화 • 정치적 조직은 평등화 • 경제적 불평등은 지속
상호작용 유형	경쟁자, 제한전쟁, 갈등, 강압, 제국주의	영토적, 외교적, 지정학적, 전면적 등장	탈영토화, 협력적 국가이성, 경쟁과 협조, 지리경제학, 제국의 종말

Ⅲ 세계화의 원인

1. 서설

세계화의 원인을 구조적 측면에서 연구하는 방법론적 구조주의는 이를 합리주의와 자본주의의 구조적 발전에서 찾고 있다. 반면에 그 원인을 행위자 혹은 매개자에서 찾고자 하는 방법론적 개체주의는 이를 현대의 테크놀로지의 발전과 각종 국제적 규제장치 내지는 국제레짐에서 찾고 있다. 그러나 모든 현상은 구조적 측면과 행위자의 역할이 상호작용하면서 발전하는 것이기 때문에, 세계화 현상의 발전도 합리주의와 자본주의가 엮어내는 구조적 원인과 테크놀로지의 발전과 각종 규제의 역할이라는 개체주의적 측면을 동시에 살펴볼 필요가 있다.

2. 방법론적 구조주의 – 합리주의와 자본주의의 역할

(1) 합리주의의 영향

인간의 지식구조는 사회공간의 성격과 그 속에서의 활동에 큰 영향을 미친다. 숄트(Jan Aart Scholte)는 2000년 『Globalization: A Critical Introduction』에서 18세기의 계몽주의와 더불어 발전된 합리주의는 다음의 네 가지 차원에서 세계화의 지적기반을 구축하고 있다고 하였다. 첫째, 비종교적이며 세속적이고 현실적인 문제에 관심을 돌리게 하는 힘, 둘째, 인간의 이익을 중시하는 인간중심적 사고, 셋째, 과학적이고 객관적인 사실을 중시하는 태도, 넷째, 인간의 통찰력에 의존하는 도구주의가 그것이다. 이상의 네 가지 태도로서 사물을 관찰하기 때문에 합리주의는 정신적인 것보다는 물질적 세계관으로 현실을 규정한다. 즉, 합리적이고 객관적인 진실은 언제 어디서 누구에게나 과학적 방법으로 증명되는 것이고, 시공간을 초월하여 모두에게 적용된다는 사고는 지구촌을 하나로 바라보고 모든 활동을 초영토적 차원에서 전개하는 글로벌한 지적 구조를 낳게 된다는 것이다.

(2) 자본주의의 영향

합리주의 사고방식은 자연스럽게 자본주의를 가장 효율적인 경제체제로 받아들이고 이를 전세계적으로 구현하려는 태도를 낳게 된다. 합리주의자들에게 영토적 지리는 과학적 효용성을 추구하는 공리주의에 장애가 될 뿐이고, 합리주의는 이를 초월하는 데 결정적 역할을 하는 자본주의 발전의 지적 구조를 낳게 되는 것이다. 합리주의의 세속적인 영리 문제를 중요시하는 태도는 자본주의 발전의 후원자가 되었고, 자본주의는 세계화의 경제적 구조 형성에 결정적 역할을 하였다. 이미 19세기에 마르크스(Karl Marx)는 자본은 그 속성상 모든 영토적 장애를 넘어서 시장의 확보를 위하여 전지구를 정복할 것이라고 말한 바 있다. 다시 말해 자본주의가 세계화의 중요한 원동력이 된다는 것이다. 숄트는 자본주의의 경제적 논리는 다음과 같은 네 가지 요인으로 인해 세계화를 촉진시킨다고 보고 있다. 첫째, 자본주의의 글로벌 시장(global market) 추구, 둘째, 초영토적 회계체제(global accounting) 추구, 셋째, 글로벌 소싱(global sourcing) 추구, 넷째, 글로벌 기동성(global mobility) 추구가 그것이다. 이상의 네 가지 요인은 자연히 세계로 나가는 것(global going)을 장려하고 전세계적 공간의 확장을 가져와 자본주의의 세계화 현상을 강화시킨다는 것이다.

3. 방법론적 개체주의 – 테크놀로지와 국제레짐의 역할

(1) 테크놀로지혁명

테크놀로지혁명은 다음 세 가지의 괄목할 만한 발전단계를 거치면서 세계화를 촉진시켰다.

첫째, 19세기 중반 전신 전화(Telegraph and Telephone) 기술의 발명으로 시작된 커뮤니케이션 기술은 20세기 중반 이후 전자통신 기술의 발전과 디지털컴퓨터의 발전, 광섬유의 개발, 인공위성과 무선기술의 발전 등을 가져오면서 세계화의 폭과 속도를 혁명적으로 변화시키고 있다.

둘째, 1903년 발명된 항공기의 출현은 20세기 중반 이후 제트여객기의 출현과 더불어 인적 교류의 양과 속도를 혁명적으로 증가시켜 세계화 의식과 행동을 본격화시켰다.

셋째, 전자통신 기술의 놀라운 발전은 디지털 정보처리 기술의 발전을 촉발하여 이른바 '정보통신혁명'을 추동함으로써 금융의 세계화와 글로벌 행정망의 구축에 절대적 역할을 하게 되었다.

(2) 국제레짐의 형성

앞에서 살펴본 교통통신의 발전과 정보처리 기술의 발전으로 지구가 하나의 사회공간으로 축소되면서 초영토적 상호교류와 상호의존이 심화되고 정치군사·사회경제·문화체육 등 모든 분야에서 공동의 문제를 낳게 되었다. 따라서 이들을 다루어야 하는 국제적 규범과 규칙(international norms and rules)이 필요했고 이를 위한 각종 규제(regulation)가 전지구적 차원에서 구축되기에 이르렀다. 예를 들어 정치군사 부문의 UN체제, 경제 부문의 WTO체제, 문화체육 부문에서 UNESCO와 세계올림픽위원회 그리고 생태환경에서 교토의정서와 같은 각종 장치가 마련된 것이다. 이에 따라 국제사회는 모든 부문에서 소위 글로벌 스탠다드(global standard)가 행동과 판단의 기준이 되며 인류의 사고와 행동에서 세계화 의식과 행동을 촉진하고 있다.

4. 검토

앞에서 설명한 세계화의 네 가지 요인, 즉 합리주의와 자본주의 그리고 테크놀로지와 국제레짐의 상호작용이 세계화의 촉매제가 되고 있음은 틀림없다. 그러나 초영토주의에 저항하는 영토주의가 아직도 건재하고, 서구적 합리주의와 자본주의에 반대하는 세력이 전세계적으로 산재해 있다. 또한 세계화 현상의 부정적 측면이 정치체계와 경제체계, 특히 생태환경 문제에서 심각해지고 있어 '지속 가능한 성장'의 한계와 더불어, 과연 현재의 신자유주의적 사고와 행동으로 발전되고 있는 세계화가 계속될 것인지에 의문이 일고 있다. 따라서 앞으로 세계화의 과제는 인류의 세계화 발전이 어떤 역사적 발전과정에 따라 불가피하게 이루어져 왔고, 또 그렇게 될 것이라는 사고보다는 세계화의 구조적 과정 그리고 그 속에서 각 행위자들이 어떤 정치적 선택을 하느냐에 세계화의 앞날이 달려있다고 하겠다.

Ⅳ 세계화의 영향

1. 경제적 영향

글로벌 경제의 주요 부분이 현대의 세계화에 의해 그 범위와 규모 그리고 거래의 속도 등에서 큰 발전을 이룩하고 인간생활에 여러모로 큰 혜택을 가져다 준 것은 사실이다. 그러나 1990년대 후반에 발생한 동아시아 경제위기 사태에서 보듯이 국제금융통화체제의 불안정성, 국가 간 빈부격차의 확대 등 신자유주의적 발전으로 야기되는 세계화의 경제적인 측면에서의 부정적 영향 또한 무시할 수 없다. 신자유주의적 정책과 기구에 기초한 경제적 세계화의 혜택은 주로 선진국과 신흥공업국가군(NICs)이 누리는 반면에, 전세계의 많은 빈국들은 여전히 빈곤과 질병으로 고통받고 있으며 디지털시대의 커뮤니케이션과 제트항공시대의 여행의 편리함도 누리지 못하고 있다.

2. 정치적 영향

신자유주의적 세계화는 세계화에 노출된 국가들 간에 어떤 수렴현상을 강요하고 있다. 무역정책의 자유화, 자본 규제의 철폐, 외국인 투자를 위한 금융시장 개방, 경제분야에서 정부의 간섭 축소 등에 걸친 정책 처방을 갖추어야 글로벌 경제에 효과적으로 참여할 수 있는 것이다. 그 결과 선진국에서는 개혁을 통한 복지정책의 축소 또는 포기가 나타나고 금융구조가 취약한 개도국은 외채를 해결하기 위해 IMF에 구제금융을 요청하게 되는데, IMF는 금융지원에 붙는 조건을 통해 국가의 경제정책에 제약을 가하고 있다.

3. 생태환경적 영향

세계화의 진전과 더불어 인간의 지구적 의식의 발달로 공동의 환경 문제와 생태계 문제에 대한 공동대응 방안이 강구되고, 테크놀로지의 발전은 환경과 생태계 문제를 예방하고 해결하는 데 좋은 수단과 방법을 제공하는 있는 것도 사실이다. 그러나 신자유주의적 경제 발전과 지구화의 진전 자체가 환경과 생태계를 파괴하고 있는 것 또한 사실이다. 즉, 지구상에 자주 나타나고 있는 환경재앙이나 기후이변, 멸종의 위기에 처한 동·식물 등의 현재 상황은 지구촌이 인간이 살기에도 부적절해질 수 있다는 두려움을 던져주고 있다.

4. 사회문화적 영향

텔레커뮤니케이션의 발전과 지식정보의 공유는 때로는 침체된 후진국 사회와 문화에 활력을 불어넣기도 한다. 그러나 무차별적 문화교류는 전통문화의 훼손과 정체성의 위기를 초래한다. 물론 다양한 전세계적 연대를 통하여 공동의 이익과 연대의식을 갖고 다양한 NGO를 출현시키고 지구촌 문제에 공동대응하는 모습을 보이기도 한다. 하지만, 이 또한 국제단체와 국제기구 그리고 지역 단체나 지역기구 간 불협화음을 야기하여 오히려 외연적 사회 갈등을 조장하기도 한다. 즉, 테크놀로지의 발전과 각종 레짐의 발전으로 가속화되고 있는 세계화현상은 빛과 그늘의 양면성을 띠고 있음을 알 수 있다.

5. 정체성에 대한 영향

오늘날 세계화시대에는 다른 문화의 존재를 인정하고 교류하면서 다양한 문화의 공존을 모색하고 있다. 그렇다면 개개인의 정체성은 어떻게 자리매김할 것인가? 사람들은 다중의 정체성을 갖게 된다. 세계시민의식을 가지면서도 또한 민족 일원이자 국가에 귀속된 국민이라는 정체성을 가지고 있다. 또한, 지방, 지역의 소속원일뿐만 아니라 다국적기업의 직장인, 국제시민단체(NGO) 회원일 수도 있다.

6. 이데올로기에 대한 영향

세계화가 자유민주주의의 보편화에 기여하는가에 대해서는 논란이 있으나, 일반적으로 세계화는 경쟁력을 제고하는 기회가 되고 시장지향적 마인드를 극대화한다는 점에서 선진국은 말할 것도 없고 후진국 또한 정치적 민주주의를 선호하는 환경조성에 기여한다고 보고 있다. 사실 제3세계 근대화 프로젝트의 기초였던 민족주의와 국가주의는 IMF 구제금융을 받고 WTO의 레짐적 규제를 받는 대가로 정부의 권위주의를 약화시켜 결과적으로는 민주주의를 촉진시키기도 하였다.

Ⅴ 세계화의 명암

1. 경제적 측면

(1) 긍정적 측면

세계화는 경제적 측면에서 신자유주의에 입각한 무한경쟁을 통해 최대한의 경제적 효율성을 추구할 수 있도록 해준다. 이를 통해 세계화는 전반적으로 경제적 자유화, 경제 발전 및 복지를 증진시키는 효과가 있다.

(2) 부정적 측면

세계화는 혜택의 분배 측면에서는 문제가 있다. 즉, 세계화에 따른 경제발전의 혜택이 소수에게만 편중됨으로 인하여 구성원 간의 '빈익빈 부익부'의 불평등이 심화되고 있으며, 이는 전세계적으로는 남북 문제로, 국내적으로는 양극화 문제로 대두되고 있다. 또한 경제적 효율성의 극대화를 추구하는 과정에서 현 노동인구의 20%만 있어도 유지하는 데 문제가 없게 되는 상황때문에 80%의 소외자가 나타나게 되는 이른바 '80% 문제'가 발생한다.

2. 안보적 측면

(1) 긍정적 측면

세계화는 국가들 간 상호의존을 심화시키고 일반적으로 정치적 자유 및 평화, 민주화를 증진시키는 효과가 있다. 이는 상호의존론적 관점에서 볼 때 국가들 간 민감성(sensitivity) 및 취약성(vulnerability)의 제고를 통해 전쟁 발발 가능성을 낮춤으로써 안보적 측면에서 긍정적인 역할을 한다.

(2) 부정적 측면

특히 세계화가 많은 구성원들에게 소외감과 박탈감을 느끼게 하는 현상은 향후 국제안보에 있어서 심각한 위협요인이 될 가능성이 있다. 특히 9·11테러에서 목격했듯이 세계화가 초래한 불만세력과 새로운 정보기술이 결합되면서 과거 국가만이 가질 수 있었던 파괴력을 테러단체도 행사할 수 있게 되었다. 따라서 대량살상무기의 확산이 세계화에서 소외된 좌절감 및 증오심과 결합할 경우 상상을 초월하는 재앙을 가져올 수도 있으며 이는 국제안보에 있어 심각한 위협요인이 되고 있는 것이다.

3. 검토

세계화의 부정적 측면을 잘 관리할 수 있는가는 향후 세계화의 긍정적 측면을 극대화하여 경제적 번영과 민주주의의 진전을 통해 인류를 더불어 잘 살 수 있게 하는 결정적인 요인이다. 특히 세계화가 초래할 수 있는 80%의 소외자들을 획기적으로 줄이고 흡수할 수 있는 프로그램이 반드시 마련되어야 한다. 브레진스키(Zbigniew Brzezinski)는 20 : 80의 세계화 구조에 있어서 소외된 80%를 위해 먹거리(tits)와 오락물(entertainment)에 대한 준비가 필요하다면서 '티티테인먼트(titytainment)'라는 신조어를 창안하기도 하였다.

Ⅵ 세계화와 외교안보 패러다임의 변화

1. 외교안보 패러다임의 변화

(1) 행위자 측면

행위자에 있어 근대화시대는 국민국가(nation state)가 절대적 행위자였으나, 세계화시대에는 국가와 함께 다국적기업, 그리고 세계화의 진전에 따라 그룹과 개인도 행위자로 부상하고 있다.

(2) 파워 측면

근대화시대의 국제정치는 '힘의 정치(power politics)'에 따라 군사력과 경제력과 같은 하드파워(hard power)를 중심으로 전개되어 세력균형, 세력전이 등이 외교정책에 있어 핵심적 고려사항이 되었으나, 세계화시대에는 신자유주의에 입각하여 국가의 역할보다는 시장 기능을, 하드파워보다는 소프트파워(soft power)를 강조하고 있다. 특히 하드파워와 소프트파워가 결합한 소위 '스마트파워(smart power)'가 중시되고 있다.

2. 효율적 정책구조의 결여

세계화의 진전에 따라 정치·경제·사회·문화 전반에 걸쳐 지구촌은 점점 상호의존이 늘어가면서 통합되는 현상이 진행되고 있지만, UN 등 하나의 지구촌을 효율적으로 관리하는 시스템은 매우 취약한 실정이다. 또한 경제적 세계화와 정치·사회적 세계화를 관리하는 시스템이 경제 엘리트와 정치 엘리트 사이의 이해 상충으로 인하여 통합되지 못하고 있다. 결국 신자유주의에 입각한 시장기능에 의해 세계화의 흐름이 진행되고 있다고 볼 수 있는데, 이러한 시장 만능의 세계화 흐름이 초래할 수 있는 비인간적 요소를 관리할 수 있느냐가 국제안보의 핵심과제가 될 것이며 이를 관리하기 위해 정치적 영역에서 보다 효율적인 정책결정시스템을 구축할 필요가 있다.

3. 세계화와 세력전이

오간스키(A. F. K. Organski) 등의 세력전이론자들에 따르면 경쟁자가 힘에서 기존의 현상유지세력을 추월할 때 갈등과 전쟁 가능성이 높아진다고 한다. 급속히 부상하고 있는 중국은 미국에 대한 잠재적 도전세력으로 볼 수 있으나, 현재 중국의 발전은 '세계화의 패러다임하에서의 발전'이며 단순히 외형적 힘(hard power)의 요소만으로 미국을 추월하는 세력전이가 일어나고 있다고 볼 수는 없을 것이다. 국력은 하드파워, 소프트파워, 기술이라는 종합국력으로 파악하여야 하는 바, 중국은 미국과 같이 강력한 네트워크를 활용하여 세계화의 질서를 기획하고 창출하고 아웃소싱(outsourcing)

할 수 있는 능력이 크게 부족하다. 결국 중국은 세계화 질서의 일원으로 미국에 대한 잠재적 도전세력이지만 잠재적 적대세력은 아니라고 볼 여지가 크다.

4. 군사력 사용의 증가

세계화는 세계화의 틀에 참가한 주요 국가들 사이의 전쟁 가능성을 현저히 낮게 하고 있다. 그러나 한편으로는 국가 간 군사적 비대칭성이 증대되는 경향과 정밀유도무기(PGM: Precision Guided Munition)의 발전으로 인해 능력을 가진 국가는 군사력을 사용하여 문제를 해결하려는 유인이 크다. 즉, 자신은 안전하고 상대는 취약한 구도가 군사기술적으로 가능하다면 문제해결에 군사력을 사용하려는 의사는 더욱 증대될 것이다. 냉전 종결에도 불구하고 지난 10년간 미국은 국제문제 해결에 군사력을 이용하는 경향이 증대되고 있으며, 테러리즘과 대량살상무기 확산 등 세계화에 따른 새로운 위협들에 대처하기 위해 군사력을 활용하는 경향이 높아질 가능성도 있다.

Ⅶ 결론 – 세계화시대의 한국의 대외전략

1. 글로벌 관점에서의 외교정책 필요

우리의 외교정책은 주로 한반도와 동북아시아라는 공간에 갇혀있는 실정이지만, 한국의 국가이익은 이미 한반도나 동북아시아라는 좁은 공간에서 정의되는 것이 아니라 전세계를 상대로 한 복잡한 상호의존에 의해 정의되고 있다. 따라서 한국은 글로벌한 관점에서 세계화시대에 걸맞는 외교정책과 안보전략의 새로운 방향을 설정해야 할 것이다.

2. G20정상회의체제 유지

UN의 기능이 취약한 상황에서 향후 국제질서는 실질적으로 G20 국가들에 의해 관리될 가능성이 높다. 이들 국가들은 영향력과 자원의 측면에서 세계질서를 주도할 수 있는 잠재력을 충분히 갖고 있기 때문이다. 따라서 한국은 G20정상회의체제가 유지되고 세계화시대 거버넌스체제로 자리 잡도록 외교적 역량을 발휘해 나가야 할 것이다.

3. 80%를 위한 공헌외교 강화

한국은 세계의 20%를 지향하며 세계화의 틀을 활용하여 급속한 성장을 이루어왔으나 한국의 성장 이면에는 80%의 그늘이 존재하고 있다. 세계화가 초래하는 소외, 좌절, 빈곤, 증오 등의 부작용을 관리하여 세계의 경제적 번영과 민주주의를 증진하는 것은 한국의 국가이익에도 직결되는 중대한 일이다. 따라서 한국은 GDP의 1%를 이른바 '80% 문제'를 해결하는 데 사용하는 공헌국가가 되어야 할 것이다.

4. 글로벌 네트워크 외교 전개

세계화시대의 우리 외교는 지역적 틀을 넘어 글로벌화한 한미동맹을 축으로 하여 다양한 국제 네트워크에 참여하는 전방위 네트워크 외교를 구사해야 한다. 이를 위해 한미동맹을 향후 테러, 대량살상무기 확산, 빈곤과 소외 문제, 인권, 환경 문제 등 글로벌 시대의 새로운 위협에 대처할 수 있는 복합적 동맹으로 발전시켜 나가야 할 필요가 있다. 또한 지역적 차원에 머무르고 있는 우리의 외교적 관심을 세계적 차원으로 확대해야 하며, 다양한 네트워크에 참여함으로써 글로벌 외교력을 강화해 나가야 할 것이다.

제2절 정보화

Ⅰ 서론

21세기 국제관계를 지배하는 핵심 키워드 중의 하나는 정보화일 것이다. 국내사회적으로 농업사회 및 산업사회를 거쳐 정보사회로 진입하면서, 사회구조, 사회적 관계 및 부의 원천에 있어서 혁명적인 변화를 겪고 있다. 이러한 국내사회적 변화는 전통적인 국제관계 또는 국제정치에도 근본적인 변화를 초래하고 있다. 정보화는 전쟁의 수행양상을 변화시킬 뿐만 아니라, 국제정치의 의제와 목표를 변경시키고 있다. 정보시대의 도래는 국민국가의 위상과 역할에도 변환을 초래하고 있다. 정보화가 국가 및 국제정치에 미치는 다차원적 영향을 분석함으로써 21세기 한국의 생존과 번영의 새로운 좌표를 설정해야 할 것이다.

Ⅱ 정보화의 의의

1. 개념

정보화는 1970년대 이래 컴퓨터 및 정보통신기술이 발달하여 정보, 지식, 커뮤니케이션 등과 관련된 활동에 적용됨에 따라 발생하는 다층적인 사회변화를 지칭한다.

2. 정보화의 세 차원

(1) **정보산업화**

　IT(Information Technology)로 대변되는 새로운 물질적 산물을 생산하는 기술의 발달과 이로 인한 산업차원의 변화를 말한다.

(2) **지식정보화**

　IT를 활용하여 정보를 처리하고 각종 지식을 생산·축적·배포·활용하는 과정의 변화를 말한다.

(3) **지식사회화**

　IT를 매개로 한 정보 및 지식 생산활동을 효율적으로 뒷받침하는 조직제도 및 사회문화 차원의 변화를 말한다.

Ⅲ 정보화에 대한 국제정치학적 관점

1. 현실주의 - 도구적 기술론

(1) 기술에 대한 기본 관점
현실주의는 기술이 국가의 이익과 생존의 목표를 달성하기 위한 중요한 수단의 하나라고 본다. 즉, 기술은 상대방에 대한 영향력으로 전환될 수 있는 가장 중요한 물질적 권력자원이라고 보는 것이다. 첨단 IT를 바탕으로 제조된 군사무기는 현대전의 승패를 좌우하는 필수불가결한 요소가 되었다.

(2) 정보기술과 국제정치
소코니코프(Eugene Skolnikoff)에 의하면, 기술변화에도 불구하고 국민국가체제의 근본은 변화하지 않는다. 기술 발달이 국가 간의 상호작용의 패턴을 변화시킴으로써 국제정치 과정을 변화시키고, 나아가 국가 간 권력 분포의 변화를 초래하거나, 국가의 권위와 능력을 다소 침식시킬 수도 있다고 본다. 그러나, 기술변화가 국제정치의 기본전제들을 근본적으로 변화시키지 못한다. 국제정치의 주요행위자로서의 국가는 그 자율성과 권위에 대한 도전세력에 저항하면서 적응할 것으로 본다.

(3) 평가
현실주의적 도구적 기술론은 정보화가 국제정치 과정에 미치는 영향을 포착하지 못하는 한계를 보여주고 있다. 새로운 행위자의 등장과 행위자들 간 상호작용 패턴이나 빈도의 증가 등의 국제정치 과정상의 변화가 근대국제정치 및 근대국제체제를 본질적으로 변화시킬 가능성을 전혀 고려하지 않고 있는 것이다.

2. 자유주의 - 환경적 기술론

(1) 기술에 대한 기본관점
자유주의 국제정치이론의 전통에서 본 기술은 세계정치에서 새로운 제도환경을 창출하는 과정 차원의 주요 동력이며, IT는 '무경계의 세계'(borderless world)를 여는 초국가적 동력의 대명사이다. R. Palan은 기술은 국제정치체제의 부분을 구성하는 요소는 아니지만, 국제정치체제의 '환경적 요소'로서 국제정치 행위자들이 상호작용하는 환경을 만들어 준다고 본다.

(2) 코헤인(R. Keohane)과 나이(Joseph Nye)
코헤인과 나이에 의하면 세계정치는 상호의존의 증대라는 외부적 동력에 의해서 변화를 겪고 있다고 한다. 여기서 그들이 상호의존이라고 개념화한 것은 다름 아닌 커뮤니케이션, 교통, 기술 등의 발전을 의미한다. 즉, 상호의존은 세계정치의 변화를 야기하는 환경적 요소이다. 상호의존시대의 국제정치는 현실주의자들이 상정한 국가중심의 권력정치라기보다는 다양한 행위자들에 의한 의제정치적 양상을 보이며, 군사력의 대체성은 현저히 감소한다.

(3) 자유주의 기술론의 특징
첫째, 자유주의적 기술론은 기술과 변화에 대한 낙관론을 제시한다. 기술변화는 곧 인류의 보편적 진보와 연결된다고 본다. 예컨대, IT는 커뮤니케이션의 양과 질을 증대시키고 비용을 감소시킴으로써 국가 간 또는 개인 간 상호이해와 상호협력의 가능성을 증대시키는 동력으로 인식된다.

둘째, 자유주의적 인식에서 기술은 국제정치의 행위자들이 적응해야만 하는 특정한 형태의 제도환경을 창출한다. 예컨대, IT의 도입은 탈집중, 협력, 평화, 투명성 등으로 대변되는 제도환경을 창출함으로써 권위주의적 국가들이 개방, 개혁의 정책을 도입할 수밖에 없게 한다.

3. 구성주의 – 상징적 기술론

구성주의자들은 현실주의자들이 물리적으로 실재한다고 주장하는 근대국민국가체제는 '상상의 공동체'(imagined community)이며, 상징의 세계에서 이루어지는 세계정치는 본질적으로 상징의 교환이라고 본다. 기술은 문화적 상징의 교환을 매개하는 요소이다. 상징적 기술론이 상정하는 세계질서의 변화상은 IT를 매개로 하여 각종 관념들이 국민국가의 경계를 넘어서 확산되는 과정이며, 결과적으로 국민국가의 단위를 넘어서는 정체성의 출현과정이다. 이러한 관념 확산과 정체성 중첩으로서의 세계화는 인터넷과 각종 IT 기기들이 만들어 내는 집단적 상상의 공간인 사이버공간에서 더욱 극명하게 드러난다. 실제로 사이버공간의 등장과정에서 생성되는 문화정체성은 국민국가 단위의 국민정체성(nationality)을 넘어서 인터넷상의 노드(node)를 중심으로 새롭게 형성되는 네트워크 정체성으로서의 노드정체성(nodality)이다.

Ⅳ 정보화의 국제정치적 영향

1. 국가

(1) 국가주권 약화

정보화의 진전은 국민국가의 주권, 역할 및 영향력을 약화시키고 있다. 첫째, 정보통신발달은 국제자본의 이동성을 증가시켜 주었다. 자본의 이동성의 증가는 개별 국가의 환율정책 및 금융정책의 자율성을 약화시킨다. 둘째, 인터넷의 발달로 국제전자상거래가 급격하게 증가하고 있다. 그러나, 전자상거래의 경우 국경을 넘어서는 거래로서의 성격이 불분명하기 때문에 관세선의 개념이 성립하기가 어렵고 따라서, 주권국가의 조세권한을 행사하기가 어려워진다. 셋째, 국민국가가 견고하게 유지되기 위해서는 일정한 영토 내의 국민들의 영토적 정체성에 기반한 충성심이 유지되어야 한다. 그러나, IT 발달로 국민들은 특정 영토 내로 한정되는 정체성을 견고하게 유지하기보다는 다양한 집단의 구성원으로서의 복합적 정체성을 내면화할 가능성이 있다. 이로써 특정 영토국가에 대한 충성심이 약화될 수 있다.

(2) 국가의 변환 – 네트워크 지식국가의 부상

정보화로 국민국가의 전통적 영향력이 상대적으로 약화되고 있으나 국민국가가 소멸되지는 않을 것이다. 변화하는 환경에서도 공공재를 제공하는 국가의 역할은 반드시 필요하기 때문이다. 예컨대, 글로벌 정보격차 해소, 글로벌 네트워크의 안정성과 보안성의 제공 및 다양한 행위자들의 사적 이해관계의 조율은 여전히 국가의 몫이다. 따라서, 국민국가는 소멸하기보다는 부단한 조정의 과정을 통해 그 형태가 일정한 정도로 변환될 것이다. IT를 매개로 하여 국가의 안과 밖에서 다양한 네트워크가 형성되는 '네트워크국가'(network state)의 출현이 예상된다. 네트워크 국가는 '지식국가'(knowledge state) 영역에서 가장 많은 역할이 요구된다. 국가는 정책결정에 있어서 해당 분야의 이해관계를 가진 국내외의 시민단체나 기관들이 참여하는 네트워크를 통해서 정책을 결정하고 문제를 해결해야 한다. 네트워크 지식국가는 국가 – 비국가행위자의 연결망을 특징으로 하는 다층적 네트워크 등장을 포괄하는 개념이다.

> **참고 네트워크 지식국가**
>
> **1. 논의 배경**
> 21세기 정보화의 확대·심화는 다차원적 변환을 초래하고 있다. 특히 정보화는 국가변환을 촉진하고 있으며, 이에 따라 세계정치의 양상도 근대국제체제에서의 국민국가들 간 정치 행태로부터 상당히 이탈하고 있다. 정보화시대 국가변환 및 정보세계정치의 변환을 개념적으로 이해함으로써 세계정치의 변화에 능동적으로 대응할 수 있다.
>
> **2. 정보화와 '지식국가'로의 변환**
> 정보화는 '국민국가'와 '발전국가'를 '지식국가'로 변환해 가고 있다. 지식은 두 가지 유형, 즉 '도구적 지식'과 '구성적 지식'으로 나눌 수 있다. '도구적 지식'이란 어떤 목표 달성을 위한 '수단'으로서 지식이 사용되는 경우를 말하며, '구성적 지식' 또는 '메타지식'이란 '정체성을 재구성하는 지식'이나 '지식의 활용에 관한 지식'을 의미한다. 따라서 지식국가 역시 '도구적 지식국가'와 '구성적 지식국가'로 분류할 수 있다. '도구적 지식국가'란 국가목표 달성을 위해 지식자원을 도구적 용도로 활용하는 국가를 말한다. '구성적 지식국가'란 지식의 의미를 규정하고 표준을 설정할 뿐 아니라 지식의 담론까지 재구성하는 국가를 말한다. 요컨대, 정보화는 근대 국민국가를 '지식국가'로 변환해 가고 있다.
>
> **3. 정보화와 네트워크국가로의 변환**
> 정보화의 진전은 '복합네트워크'를 부상하게 하고 있다. 복합네트워크란 인터넷의 발달로 창출되는 네트워크로서 '집중과 탈집중의 네트워크가 둘 이상 중첩되는 "다층질서"(heteracrchy) 형태의 네트워크'를 말한다. 네트워크국가(Network State)란 IT를 매개로 하여 국가의 안과 밖에서 다양한 네트워크가 형성되는 국가를 말한다. 개별 국가는 타국, INGO, IGO, NGO, 지역기구 등 다양한 Node와 연결된 개방적 네트워크체제로 변환된다. 네트워크국가모델에서 국가는 네트워크상의 다양한 행위자들의 관계를 유지하기 위해서 '네트워크 중심성(network centrality)'을 제공하는 역할을 한다.
>
> **4. 네트워크지식국가**
> 네트워크국가와 지식국가가 결합된 국가형태이다. 네트워크지식국가란 "도구적 지식의 생산과 구성적 지식의 활용과정에서 국가의 형태와 기능이 네트워크화 되는 국가"를 말한다. 네트워크국가 지식국가는 그 수단과 목표로서 지식자원에 크게 의존하고 그 조직과 작동에 있어서도 지식변수가 핵심적인 역할을 담당하는 국가이다. 또한 네트워크지식국가는 국민국가의 양태축인 국민·민족과 국가의 이완을 배경으로 하여 영토적 경계의 안과 밖에서 출현하는 개방형 네트워크 형태로 부상하는 국가이다. 결국, 네트워크지식국가는 지식과 네트워크의 복합적 부상에 대응하여 자기조직의 과정을 추구하고 있는 21세기형 변환된 국가형태라 할 수 있다.

(3) 국가정책 결정패턴 변화

정보화는 국가정책 결정패턴에도 변화를 주고 있다. 정부 내적 차원에서 보면, 정책 결정을 집중화시킨다. 정치지도자들이 대사나 대사관이 전달해 주는 정보에 대해 의존할 필요가 없고, 멀리 떨어져서도 군사적 상황이나 경제적 교섭에 참여할 수 있기 때문이다. 둘째, 국가 – 시민사회 관계에서 볼 때, 정보화는 정책결정에 대한 시민 참여를 증가시킨다. 정보의 정부 독점을 약화시키기 때문이다. 셋째, 정보화는 국가의 일방적 정책 결정을 어렵게 만듦으로써 정책 결정의 투명성을 증가시킨다.

2. 국제체제(International System)

(1) 쟁점

국제체제란 특정한 행위자들로 구성된 체제를 말한다. 국제체제는 행위자, 행동원칙, 행위자와 구분되는 환경으로 구성된다. 정보화와 국제체제와의 관계의 논의에서 쟁점이 되는 것은 정보화가 현재까지 유지되어온 국제체제에 어떠한 변화를 초래할 것인가의 문제이다. 특히 현실주의자들이 주장하는 이른바 '웨스트팔리아체제'(Westphalia System)의 변화 가능성이 논쟁의 초점이 되고 있다. 웨스트팔리아체제는 주요 행위자로서의 주권국가, 무정부체제, 홉스적 자연상태, 권력정치를 그 특징으로 한다.

(2) 현실주의

도구적 기술론을 주장하는 현실주의적 관점에서 정보기술의 발달은 국제체제에 별다른 영향을 주지 못한다고 본다. 무정부체제가 위계체제로 변화하는 것을 '체제 변화'라고 보는 왈츠는 IT는 국제체제의 구조에 영향을 주는 변수로 상정하지 않는다. 또한, 인터넷과 통신기술 발달로 시민사회가 활성화되고 있으나, 최종적인 결정권은 국가가 보유하고 있고, 시민사회에 대한 통제력을 행사하기 때문에 주권약화 가설은 과장된 것이라고 본다. 요컨대, 현실주의자들은 정보통신기술 발달에도 불구하고 웨스트팔리아체제의 지속을 주장하고 있다.

(3) 자유주의

자유주의자들은 정보화로 인해서 다양한 차원에서 웨스트팔리아체제를 변화시키고 있다고 본다. 우선, 정보통신기술의 발달은 NGO 및 INGO, 국제기구 및 국제레짐을 활성화시켜 주권국가의 상대적 지위를 약화시키고 있다. 둘째, 전지구적 시민사회 형성 가능성이 높아졌다. 전지구적 시민사회는 국가나 국제기구 등 전통적 행위자들보다 시민사회의 자율성과 영향력이 강화된 지구시민사회를 의미한다. 전지구적 시민사회에서는 권력정치보다는 '글로벌 거버넌스'(Global Governance)가 지배적인 정치패턴으로 작동한다. 셋째, 복합적 상호의존체제가 형성되고 있다. 다양한 행위자들이 다양한 의제를 중심으로 다차원적 상호작용을 전개하는 체제를 복합적 상호의존체제라고 한다. 요컨대, 자유주의자들은 정보화로 인해서 주권국가의 상대적 약화, 비국가행위자의 영향력 강화, 권력정치의 약화 등 웨스트팔리아체제는 약화되고 있다고 본다.

(4) 구성주의

구성주의자들은 웨스트팔리아국제체제는 국제정치사의 전개에 있어서 특수한 시점에 행위자들 간 간주관적 상호작용에 의해서 형성된 사회적 구성물이라고 본다. 행위자들은 상호작용과정에서 내면화된 정체성 및 규범에 기초하여 자신의 선호와 이익을 결정하고 그것을 실현하기 위해 행동한다. 따라서, 정체성이나 규범이 변화되는 경우 행위자의 선호, 이익, 행동은 변화될 수 있는 것이다. IT 발달은 행위자들 간 상호 공통의 문화나 관념 또는 정체성을 내면화할 수 있는 가능성을 높여서 보다 조화적 상호작용패턴을 만들어 낼 수 있을 것이다. 요컨대, 구성주의 입장에서 보면, 웨스트팔리아체제는 보편적이고 고정불변의 체제가 아니며, 내면화하는 규범에 따라 변화될 수 있는 사회적 구성물이다. 따라서, IT 발달에 따라 웨스트팔리아체제가 변화될 가능성도 열려있는 것이다.

(5) 평가

결론적으로, 현실주의는 웨스트팔리아체제의 지속을, 자유주의나 구성주의는 변화 가능성을 주장하고 있는 것으로 평가할 수 있다. 그러나, 현재로서는 근대국제체제가 새로운 체제로 변화될지, 어떠한 체제로 변화될 것인지에 대해 전망하기는 이르다고 생각한다. 현 체제는 이념형적 웨스트팔리아체제와 자유주의적 글로벌 거버넌스 또는 복합적 상호의존체제 사이의 어딘가에 존재하고 있다고 볼 수 있다. 주권국가는 IT시대에도 새로운 역할을 요구받고 있기 때문에 일률적으로 약화되었다고 보기는 어렵다. 한편, 국가들 간 상호작용 패턴은 갈등과 협력을 동시에 보여주고 있다. 결국, 웨스트팔리아체제는 이념형적 형태는 변모되고 있으나, 여전히 유지되고 있다고 본다.

3. 국제질서 - 정보세계정치와 세계지식질서

국제정치학에서 국제질서는 국제평화, 힘의 분포 상태, 국가들 간 행위패턴 등을 지칭하는 말로 사용된다. 정보기술의 발달은 국제질서에 있어서 '지식'을 중심으로 국가들 간 행위패턴과 권력의 서열 등이 재편되고 있다. 이른바 세계지식질서 및 정보세계정치(GPI: Global Politics of Information)의 시대가 도래한 것이다. 전통적 국제정치에서는 '권력의 배분'(distribution of capabilities)을 중심으로 국제정치가 전개되었다면, 정보세계정치는 '지식력의 배분'(distribution of knowledge)이 중요한 변수가 되고 있다. 국가들의 서열은 지식력을 중심으로 재평가되고 있으며, 국가들은 지식을 중심으로 경쟁하고 있다. 현재의 세계지식질서는 미국 중심의 지식 패권질서라고 볼 수 있다. 미국은 지식의 창출과 확산 및 공유의 과정에서 주도권을 행사함으로써 글로벌 지식질서의 핵심에 서 있다.

4. 행위자 - 비국가행위자(Non-State Actor)

(1) 초국적 시민사회 활성화 - INGO, 영향력의 정치 수단, 네트워크 형성

정보혁명 및 글로벌 커뮤니케이션 증가는 전세계를 네트워크로 연결한 새로운 행위자를 탄생시켰다. 초국가적 단체(transnational organization)로 요약될 수 있는 이러한 행위자들은 정보혁명이라는 기술적 진보로 인해 전세계적인 네트워크를 구성하고 자신들의 의사와 요구를 실시간으로 표출할 수 있는 능력을 가지게 되었다. 새로운 행위자들은 전세계적인 네트워크를 통해 엄청난 회원을 보유하고 국가들에게 압력을 가하는 국제체제의 주인공으로 등장하고 있다.

(2) 초국적 테러세력 활성화 - 네트워크 조직화

IT 발달은 초국적 테러세력을 활성화하는 데 영향을 주고 있고, 다양한 차원에서 테러활동을 활성화시키는 데 도움을 준다.

첫째, 테러리스트들은 IT를 활용하여 자신들의 주장을 보다 쉽게 전세계로 유포할 수 있다. 테러리스트들은 인터넷에 접속만 하면 다양한 형태의 정보를 전세계에 동시다발적으로 전달할 수 있다.

둘째, 테러리스트 조직과 집단들은 서로 멀리 떨어져 있으면서도 독자성을 유지하는 동시에 행동을 조정하며 활동할 수 있게 되었다. 이를 통해 동시다발적 테러를 감행하고 있다.

셋째, 기술진보에 의해 테러리스트 조직은 세부조직을 여러 곳에 분산배치하고, 세부조직을 이동시키며, 암호화된 통신을 활용함으로써 기밀 유지가 용이해졌다.

5. 전쟁

(1) 전쟁방식에 미치는 영향

정보기술 발달은 전쟁방식과 승패요인에 영향을 주고 있다. IT 발달로 전통적 군사력의 크기보다 얼마나 많은 정보를 가지고 있으며, 그러한 정보를 정확히 분석할 수 있는 능력, 그리고 첨단 컴퓨터 기술의 보유 등이 승패 결정에 중요한 요인이 되었다. IT 발달과 전쟁은 '군사분야혁명'(RMA: Revolution in Military Affairs)의 범주에서 다뤄지고 있다. RMA는 기술과 무기체계의 융합형태로서 각기 독립적으로 존재하는 무기체계를 네트워크를 통해 하나의 종합적 시스템으로 통합시킴으로써 군사력 행사의 효율성을 제고하는 것을 목표로 하고 있다.

(2) 정보전(Information Warfare)의 등장

전쟁에 있어서 정보화로 나타난 근본적 변화는 정보전이라는 새로운 양상의 전쟁이 등장하게 되었다는 것이다. 정보전은 적의 공격으로부터 아군의 정보망을 보호하고 적의 정보망을 교란시키는 행위를 말한다. 적의 정보, 정보처리과정, 정보체계, 그리고 컴퓨터 네트워크를 교란시킴으로써 정보의 우위를 확보하고 적의 전쟁수행능력을 무력화함으로써 전쟁을 승리로 이끌 수 있다. 현대전에서는 지휘와 통제가 정보통신망을 통해 이루어지며 전쟁에 있어서 감시와 정찰 등이 중요한 역할을 하기 때문에 적의 정보체계를 파괴하는 것은 적의 전쟁수행능력을 무력화시킬 수 있다.

6. 외교

(1) 전통적 외교의 변화

정보화시대의 외교는 수단, 형태, 내용 및 주체 면에서 많은 변화를 가져왔다. 우선, 인터넷 등 정보화 기술의 발전으로 인하여 새로운 외교 커뮤니케이션수단이 활성화되었으며, 이를 누가 먼저 활발히 사용하는가에 따라 외교력이 좌우되게 되었다. 둘째, 정보화와 관련된 내용을 다루는 외교가 중시되어, 인터넷 거버넌스, 지적재산권 등이 외교의 중요한 내용이 되었다. 셋째, 외교의 주체가 행정부에 국한되지 않고, 개인, 시민사회단체, 기업, 학계 등 전문가 집단으로 확장되어, 다차원적 외교가 가능한 시대가 되었다.

(2) 공공외교의 활성화

IT 발달은 두 가지 차원에서 공공외교(public diplomacy)를 발전시키고 있다. 우선, 일반 시민들도 대외정책에 대한 정보를 쉽게 습득할 수 있고, 대외정책에 대한 정보가 투명하게 공개되기 때문에 대외정책 결정에 있어서 여론의 영향력이 증가하고 있다. 또한, 글로벌 커뮤니케이션이 발달함으로써 국가가 국민들이나 타국 시민들을 상대로 해서 자국이 원하는 대외정책 목표를 달성할 수 있는 수단을 갖게 되었다. 이러한 배경하에서 공공외교가 발전하였는 바, 공공외교는 자국은 물론 타국의 시민들에게 영향을 미침으로써 자국의 국가이익을 달성하고자 하는 보다 적극적인 신외교를 말한다.

7. 권력

(1) 경성권력

IT 발달과 권력은 두 가지 차원, 즉 경성권력과 연성권력 차원에서 그 영향을 평가할 수 있다. 우선, 경성권력 측면을 보자. IT 발달은 RMA에 기초한 첨단무기체계를 강화시킴으로써 군사력이라는 경성권력을 강화시켜주고 있다. 또한, 정보산업 또는 지식산업이 새로운 부의 창출수단이 되고 있다. 앞선 지식과 정보를 가진 국가는 이를 기반으로 경제력을 강화시킬 수 있으므로 경성권력을 강화시킨다고 볼 수 있다.

(2) 연성권력

IT 발달은 국가의 연성권력을 강화시켜주는 수단이 될 수 있다. 정보화시대의 외교는 공공외교적 성격을 갖는다. 공공외교 및 지식외교는 자국의 가치와 이념 및 문화를 타국민에게 전파하여 공감하게 함으로써 영향력을 행사하려는 것이다. 이는 공공외교가 연성권력(soft power)을 획득할 수 있는 수단으로 작용한다는 것을 말한다.

(3) 네트워크 권력

정보화시대의 권력 개념에서는 행위자 자체의 속성이나 보유자원에서 우러나오는 권력이 아니라, 행위자들이 구성하는 네트워크 관계 속에서 발생하는 권력, 즉 '네트워크 권력'(network power)이 더 중요하게 작동한다. 네트워크 권력은 3가지 측면에서 이해될 수 있다.

① 제도적 권력(institutional power): 이는 공식, 비공식 제도의 규칙과 절차를 통제하거나 그 제도 자체를 바꿀 수 있는 능력을 말한다. 제도적 권력은 제도를 매개로 하여 상대방의 행위나 행위의 조건을 간접적으로 통제한다.

② 구조적 권력(structural power): 행위자의 구조적 위상에서 비롯되는 상호구성적이고 내적인 관계가 상대방의 행위나 행위의 조건에 영향을 미치는 권력을 말한다. 정보화시대 지식이 구조적 권력과 연계되는 대표적인 현상이 기술표준을 둘러싼 국제적 경쟁이다. 기술표준을 장악한 측은 산업의 실질적 주도권을 잡는다.

③ 구성적 권력(constitutive power): 이러한 권력은 구체적인 행위자보다는 비가시적인 지식, 상징, 의미, 담론 체계가 실행되는 메커니즘에 주목한다. 이러한 메커니즘을 통해서 사회적 가치와 정체성이 생성되기 때문이다. 정보화시대를 맞이하여 지구적으로 전파되고 있는 문화콘텐츠는 구성적 권력이 행사되는 매개체이다.

Ⅴ 정보화의 문제점과 대응전략

1. 서설

IT 발달과 글로벌 정보네트워크 형성은 국제정치 구조, 과정 및 행위자에 있어서 긍정적 영향을 주는 측면이 많다. INGO의 활성화와 전지구적 시민사회 활성화, 글로벌 거버넌스의 가능성, 지구정체성(global identity) 형성과 국제질서 안정화 가능성 등이 긍정적인 측면이다. 그러나, 정보화는 21세기 국제질서에 새로운 문제점을 제기하는 측면도 있다.

2. 정보화의 문제점

(1) 테러세력 활성화

비국가행위자인 테러세력이 활성화되는 것은 정보화의 어두운 측면 중의 하나이다. 21세기 테러는 그 규모가 확대되고 있고, 명분도 정치적 명분에서 종교적 명분으로 전환되고 있으며, 테러의 대상도 무차별적인 양상을 띠고 있다. 정보화는 테러리스트의 활동과 테러의 규모를 확대시켜 테러리즘의 활성화에 기여하고 있다.

(2) 정보격차(digital divide)

정보격차란 IT에 접근할 수 있는 사람 또는 국가와 그렇지 못한 사람 또는 국가 간의 격차를 말한다. 정보화가 진행될수록 정보격차가 확대되고 있다. 정보격차는 결국 기존의 남북격차를 확대시킬 우려가 있다. 즉, 정보산업이 21세기 국부 결정의 새로운 자산이라고 보면, 이에 접근성이 강한 국가와 그렇지 못한 국가 간에 경제력의 격차가 더욱 확대될 것으로 전망할 수 있다. 남북 문제는 테러 확산과 관련하여 21세기 국제질서의 새로운 불안요인으로 등장할 잠재력을 갖고 있다.

(3) 지식패권과 제국건설

현재, 지식권력의 차원에서 미국이 압도적인 영향력을 보유하고 있다. 미국은 압도적인 지식권력, 군사력, 경제력의 격차를 보다 더 확대하려는 전략을 구사하고 있다. 또한, 미국은 IT 발달을 십분 이용한 공공외교 또는 변환외교를 전개하고 있다. 미국으로의 다차원적 힘의 집중은 균형론의 관점에서 보면 국제질서를 불안정하게 만들 수 있고, 국제레짐의 관점에서 보면 기존 레짐인 주권평등원칙에 반한다.

(4) 기술표준경쟁과 지적재산권 문제

기술표준은 네트워크 권력자원으로서 정보화시대에 국가들 간 경쟁의 핵심이슈가 되고 있다. 기술표준이 네트워크 권력자원이 될 뿐 아니라 경제력 및 나아가 군사력의 원천으로 작용할 수 있기 때문이다. 표준 설정 및 관리를 위한 국제레짐이 적절하게 공급되지 않는 한 국가들의 분쟁이 끊이지 않을 것이다. 한편, 지적재산권 보호 문제가 정보화시대에 중요한 문제로 부각되고 있다. 지식권력을 가진 국가들은 강력한 보호를 요청하는 한편, 그렇지 못한 국가들은 정보 공유를 주장하고 있어 마찰 가능성이 크다.

3. 대응전략

(1) 개별 국가의 대응

정보화로 인한 문제점은 개별 국가가 대응할 수도 있을 것이나, 근본적인 한계가 있다. 테러, 정보격차 등의 문제에 개별 국가가 대응할 수 있는 능력이 없기 때문이다. 표준 설정 등의 문제도 개별 국가가 독자적으로 해결할 수 있는 문제가 아니다.

(2) 국제제도를 통한 대응

따라서, 일단은 국제제도를 통한 문제해결을 시도해야 할 것이다. 국제기구나 국제레짐을 통해 공동의 문제에 대응하는 문제해결방식을 국제거버넌스(International Governance)라 한다. ITU, WTO, IMF 등의 기존 국제제도를 활용해야 할 것이다. 문제는 국제제도가 공동의 이익보다는 개별 국가의 이익을 추구하는 권력정치의 장이라는 성격이 강하게 나타나고 있기 때문에 어떠한 타협을 끌어내는 게 쉽지 않다는 것이다.

(3) 지구 공동체의 대응

글로벌 거버넌스(Global Governance)는 특정의 세계사(world affairs)를 다루어 나가는 방식으로서, 문제해결에 자원과 영향력을 가진 다양한 주체들이 신뢰에 기초한 네트워크를 형성하여 협력적 방식으로 문제를 해결하는 것을 말한다. 주권국가, 국제기구, 시민단체, 기업 등이 참여자이다. 글로벌 거버넌스의 한계는 주권국가들이 타행위자의 참여에 대해 부정적인 인식을 갖고 있기 때문에 참여를 배제하거나 제한하려 한다는 점이다.

VI 정보화의 한국적 함의

1. 지식력의 강화

21세기 국제정치에서는 군사력이나 경제력 못지 않게 지식력이 국력을 구성하는 중요한 요소가 될 것이다. 정보 인프라 구축에서의 우위를 잘 활용하여 지식 생산을 활성화하는 제도들을 발전시켜 나가야 할 것이다.

2. 네트워크국가로의 변환

정보화시대에는 국가가 일방적으로 문제를 해결할 수 있는 능력이 점차 감소하고 있다. 따라서 국가 내부의 NGO나 단체뿐만 아니라 국가 외부의 국가, 국제기구, INGO, 기업, 연구단체 등과 적극적인 네트워크를 형성해 나가야 한다. 또한, 타국이 형성하고 있는 네트워크에도 적극적으로 참여하는 것도 중요하다.

3. 공공외교와 연성권력

지식정보사회에서는 경성권력 못지않게 연성권력이 국가의 목적 달성을 위한 중요한 자산이 되고 있다. 따라서, 한국 역시 타국의 국민을 대상으로 하는 공공외교를 적극적으로 전개하여 연성권력을 획득해 나가야 할 것이다.

4. 기술표준 획득 외교 강화

기술표준은 네트워크 권력자원이다. 정보 및 지식 관련 기술 표준 설정 논의에 적극적으로 참여하여 한국적 표준이 세계표준으로 채택될 수 있도록 노력해야 한다. 국내적으로는 새로운 기술 개발에 대한 투자를 확대해야 할 것이다.

5. 군사변환과 정보전에 대비

전쟁수행양상의 변화와 동맹국인 미국의 군사변환을 고려하여 한국군 역시 첨단전쟁을 수행할 수 있는 독자적 능력을 보다 강화해 나가야 할 것이다. 또한, 작전체계를 교란하는 정보전 양상의 전개 가능성에 대해서도 적극적인 대비책을 마련해야 할 것이다.

Ⅷ 결론

세계화, 정보화, 탈냉전의 세계정치가 기존의 웨스트팔리아적 권력정치를 근본적으로 바꾸어 놓을 것인가? 아니면 현실주의자들이 전망하는 바와 같이 국제정치의 본질에는 여하한 영향도 주지 못하는 과정 차원의 변화에 그칠 것인가? 아직까지는 국제정치가 민족국가들의 국가이익 추구 정치라는 틀을 벗어나고 있다고 보기는 어렵다. 그러나, 국제정치의 의제, 국제정치의 행위자 및 전쟁의 가능성이라는 측면에서는 중대한 변화가 일고 있는 것은 사실이다. 따라서 이러한 변화를 모두 포착하기 위해서는 이른바 '네트워크 세계정치학'의 시각이 필요하다. 한편, 21세기 세계정치의 변화는 지난 100여 년의 것과는 형태를 달리하는 새로운 권력과 주체를 창출하고 있으며, 이러한 변화에 대한 적극적인 적응만이 우리의 생존과 번영을 보장하는 길이 될 것이다. 21세기를 헤쳐 나가면서 우리가 19세기 문명표준을 따라잡지 못해 식민지가 되었던 역사를 극복하는 길은 새롭게 등장하는 권력과 국가의 실체를 정확히 파악하는 것에서부터 시작되어야 한다.

제3절 국제무역질서

Ⅰ 서론

국제무역질서는 주로 국가 간 무역을 관리 및 규율하는 기제로서 크게 다자주의, 지역주의 그리고 양자주의로 구분할 수 있다. 이들 중 제2차 세계대전 이후 국제무역질서를 주도해 온 것은 GATT체제에서 WTO체제로 이어지는 다자주의에 의한 질서였다고 평가된다. 여기서는 지역주의 혹은 양자주의에 의한 무역질서가 국가 간 FTA 혹은 RTA 체결이라는 별도의 주제로 다루어 질 것을 고려하여 다자주의를 중심으로 국제무역질서를 살펴보고자 한다. 특히 국제무역을 단순히 경제적 측면에서 바라보기보다는 현실주의, 자유주의 그리고 마르크스주의 등 국제정치의 주요한 이론적 관점에서 살펴봄으로써 국제무역질서를 통한 국제질서 안정성을 평가해본다. 국제무역질서는 자유무역과 보호무역의 주기적인 교체로 인식되며 이러한 배경에는 강대국들의 정치적, 경제적 지위의 변화가 존재했다는 점을 고려할 때 양자의 관계는 밀접한 연관성을 가질 것이라 예상할 수 있다. 현재 새로운 국제무역질서를 창출하기 위한 DDA 협상이 진행 중이나 순조롭지는 못한 바, 새로운 무역질서의 향방에 대해서 고려해 보아야 할 필요성이 있을 것이다.

Ⅱ 국제무역질서의 의의

1. 다자주의

다자주의란 '셋 또는 그 이상의 국가 사이의 관계를 일반화된 행위원칙에 기초하여 조정하는 제도적 형태'로 정의할 수 있다(Ruggie). 이러한 의미에서 GATT1947을 통해 정립된 무역관계는 최혜국대우 원칙 및 상호주의 원칙이라는 규범하에 성립된 다자주의적 무역질서라고 할 수 있다. 다자주의에 입각한 무역질서는 아래에서 살펴보듯 GATT1947체제에서 WTO체제로 나아가 DDA협상체제로 발전해왔다.

2. 지역주의

지역주의란 지리적으로 인접한 국가들 사이의 협력으로 정의되기도 한다(Alagappa). 이러한 지역주의는 주로 지역 내 RTA(intra-regional RTA) 혹은 지역 간 RTA(inter-regional RTA)로 구성되어 있다. 남미지역의 남미공동시장(MERCOSUR), NAFTA 혹은 EU 내 무역질서 등이 그 대표적 예이다.

3. 양자주의

양자주의는 양국 간의 협정을 통한 무역질서의 확립을 지칭한다. 주로 양자 간 FTA 혹은 CU의 체결로 자유무역을 규율하는 형태로 나타난다. 상기 지역주의에서 언급한 지역 내 RTA 및 지역 간 RTA 외에도 지역을 초월하여 체결되는 RTA 또한 양자주의에 포함된다. 현재 비준단계에 있는 한국 – 미국 FTA 혹은 한국 – 칠레 FTA, 중국 – 뉴질랜드 FTA 등 현재 지역을 초월한 FTA 체결이 증가하는 추세이다.

Ⅲ 국제무역에 대한 이론적 시각

1. 현실주의

현실주의는 국제무역에 있어 중상주의적 시각을 견지한다. 즉, 국제무역은 국제정치에 있어 주요 행위자인 국가가 자신의 생존을 위해서 부를 획득하기 위해 추구하는 행태인 것이다. 특히 탈냉전으로 인해 국제환경이 변화하여 권력의 근원이 경제력으로 옮겨가자 패권국인 미국이 신자유주의적 이데올로기를 동원하여 자국의 국익을 추구하기 위한 수단으로 자유무역을 추진하고 있는 것으로 본다. 국가에 의해 의도적으로 추진되고 있는 것이므로 국가의 필요에 따라 되돌려질 수 있다.

2. 자유주의

자유주의는 중상주의에 비판적 관점을 취하는 고전학파 경제학에서 출발한다. 대표적인 고전적 자유주의자 리카르도(David Ricardo)에 의해 제시된 비교우위론에 따르면, 자유무역이 이루어지는 경우 각 국가는 비교우위산업에 특화를 하게 되고 전세계의 모든 자원은 효율적으로 이용되어 모든 국가는 무역을 통해 이득을 얻게 된다. 따라서 국가는 시장에 대한 개입을 최소화하고 시장의 자유로운 작동을 보장해야 한다.

3. 마르크스주의

마르크스는 중상주의, 자유주의 접근법과 상이한 입장을 취하고 있다. 마르크스주의적 관점에서는 사회체제 분석론을 세계체제에 적용하면서 국제경제관계를 국가나 기업 간 상호작용이라기보다는 계급 간 상호작용으로 본다. 한 국가 내에서 자본가계급이 노동자계급을 착취하는 것과 유사하게 중심부국가가 주변부 혹은 반주변부국가를 착취하는 세계체제를 상정한다. 국제무역 또한 이러한 착취의 일종이며 국제무역을 통한 이득은 중심부국가로 귀속된다. 이러한 관계는 세계자본주의체제 구조의 산물이므로 체제 변화 없이 착취관계를 해소할 수 없다.

Ⅳ 제2차 세계대전 이후 국제무역질서의 전개

1. GATT체제의 탄생

GATT는 국제무역기구가 창설될 때까지 한시적으로 국제무역의 제반절차와 관세의 인하를 위한 잠정적 성격의 협정으로 탄생했다. 그러나 국제무역기구의 창설이 무산되자 사실상 상설기구와 같은 역할을 대행하게 된다. GATT는 가맹국 간 상행위에 관해서 법적 구속력을 가진 규칙을 조문화해 놓은 것으로 몇 가지 원칙에 기초하고 있다. 첫째는 체약국 간 차별을 두어서는 안 된다는 비차별원칙 혹은 최혜국대우(Most Favored Nation Treatment)원칙이다. 둘째는 호혜(reciprocity)원칙이다. 호혜원칙이란 국제무역에 있어서 일방주의적이 아닌 상호주의에 입각해서 어떤 국가가 다른 국가에게 혜택을 베풀었을 때 상대국가도 동등한 혜택을 제공해야 한다는 것이다. 셋째는 내국민대우(National Treatment)원칙이다. 국내세금 및 규제와 관련하여 모든 수입 제품을 동종의 국내제품과 동일하게 취급해야한다는 것이다. 이러한 세 가지 원칙에 입각하여 GATT 체약국간 자유무역을 확대시켜 나간다.

2. GATT체제의 성과와 위기

(1) GATT체제의 성과

GATT체약국은 창설 당시 23개국에서 우루과이 라운드에 와서 123개국으로 크게 늘어났고 여덟 차례의 다자 간 무역협상을 통해 제조품 및 반제품에 관한 관세를 현격히 낮추었다. 특히 케네디 라운드에서 품목별 관세 인하가 아닌 선형 관세 인하(linear tariff reduction)원칙을 도입하여 관세율을 일괄적으로 1/3 인하하는데 합의했다. 또한 도쿄 라운드에서는 비관세장벽, 즉 시장질서유지협정(OMAs:

Orderly Marketing Arragement), 수출자율규제(VERs: Voluntary Export Restraints)에 관한 규약을 마련하였다.

(2) GATT체제의 위기

이러한 다자 간 협상 성과에도 불구하고 세계무역질서는 점차 자유무역에서 보호무역주의로 되돌아가고 있었다. 1960년대 말부터 석유파동 이후 세계경제가 악화되면서 높은 관세 및 수량 제한과 같은 무역장벽이 강화되었다. 경기침체로 인해 자유무역 질서의 패권적 역할을 담당하던 미국 또한 중상주의적 무역정책을 취하기 시작했다. 닉슨 행정부는 1971년에 22억 6,000만 달러의 적자를 경험하게 되자 달러화 10% 평가절하 및 달러화의 금태환 정지를 골자로 한 '신경제정책(new economic policy)'을 발표하게 된다. 또한 1988년 종합무역경쟁법을 제정, 그 법 조항 중 하나인 슈퍼301조에 입각하여 불공정 무역에 대해 일방적 관세인상을 단행하는 등 GATT규정에 위배되는 일방주의를 시도함으로써 GATT체제에 균열을 초래했다. 이와 더불어 서비스, 지적재산권, 투자 등의 새로운 문제들이 부상하고 농산물 보호무역에 대한 조치의 필요성이 제기됨에 따라 새로운 무역체제를 제정하기 위해 우루과이 라운드(1986)가 정식으로 개최된다.

3. WTO체제의 출범과 활동

우루과이 라운드가 종결되면서 협상에 참여한 국가들은 국제무역을 관할할 새로운 국제기구의 필요성에 공감하였고, 세계무역기구(WTO: World Trade Organization)를 출범시켰다. WTO는 1948년부터 존속해 온 GATT의 조직구조를 근간으로 탄생했으나 GATT와 근본적으로 다른 특성을 지닌다.

첫째, GATT가 엄밀한 의미의 국제협정에 불과한 데 반해 WTO는 정식 국가기구이며 법적 제재를 갖추고 회원국의 무역관계를 관할할 수 있게 되었다. 특히 무역정책검토기구(Trade Policy Review Body)를 설치하여 각 회원국은 일정 주기마다 자국의 무역정책과 관련된 제도에 대해 검토를 받게 된다.

둘째, WTO는 GATT가 종전에 다루지 않았던 의제를 다루게 되었다. 서비스교역, 무역관련 투자조치, 지적재산권 보호 등이 새롭게 다자 간 무역체제의 영역 내로 들어온 것이다.

셋째, 법적 구속력이 강화된 분쟁해결기구(Dispute Settlement Body)를 설치하게 되었다는 점이다. 새로운 분쟁해결절차는 시한이 설정되고 패널보고서 채택이 용이하게 되었으며 효율적인 집행권한이 부여되었다.

4. 도하개발아젠다와 WTO의 미래

2001년 11월 카타르 도하에서 열린 제4차 WTO 각료회의에서 뉴라운드의 협상 개시를 선언했다. 뉴라운드는 국제무역의 새로운 질서를 확립하는 초석을 다지는 협상으로 1999년 12월 시애틀에서 출범하려다 실패하고 2001년에 공식적으로 개시된 것이다. WTO는 뉴라운드라는 명칭 대신 개도국의 관심을 반영하는 도하개발아젠다(DDA: Doha Development Agenda)라는 명칭을 쓰기로 했다. 도하개발아젠다의 주요 쟁점 중 첫 번째는 서비스(법률, 교육, 의료, 유통, 통신, 건설, 에너지 망라)시장의 전면개방이다. 두 번째는 농산물 관세와 보조금 문제로 WTO에서는 관세 인하와 보조금 삭감을 목표로 하고 있다. 세 번째는 임·수산물의 관세 인하 문제이다. 네 번째는 반덤핑조치의 남용을 막기 위한 기존 협정의 문제이다. 마지막으로 환경 보호 정책을 통한 무역규제를 어떻게 할 것인가가 문제시되고 있다. 그러나 현재 도하개발아젠다는 농산물 개방 및 보조금 폐지, 반덤핑관세문제, 서비스무역의 자유화 등 의제에서 발생하는 선진국과 후진국 간 갈등으로 타결을 보지 못하고 좌초될 위기에 처해 있다. 다자 간 무역체제에 대한 우려가 커지면서 양자 간 FTA 체결이 늘어나고 있다는 사실은 다자주의적 무역체제의 위기를 반증한다.

V 국제무역과 국제질서의 안정성

1. 현실주의

현실주의에서는 중상주의적 관점에 입각하여 국가들이 제로섬관계로 이해되는 무역이익을 극대화하기 위해 국제무역을 실시한다고 본다. 특히 국제무역을 실시하는 국가들은 안보 외부재 효과(security externalities)를 고려하며 국제무역으로 상호의존관계가 형성되는 경우 취약성을 우려하게 된다. 국제무역이 심화될수록 안보외부재 효과로 인해 상대적 이득의 배분상태가 변화하며 특정 국가들의 취약성이 증가하여 국제질서의 안정성에 부정적 영향을 줄 것으로 본다. 왈츠(Waltz)는 국가 간 경제적 상호의존관계가 강화되는 경우 갈등이 표출될 가능성이 높아짐으로써 국제질서를 불안정화할 수 있다고 본다.

2. 자유주의

(1) 신자유주의적 제도주의

신자유주의적 제도론에서는 국가들이 제도 형성에 소요되는 비용에 비해 제도로부터 얻는 절대적 이득이 크다고 인식하는 경우 제도가 형성된다고 주장한다. 또한 이러한 제도가 형성되는 경우 거래비용이 절감되고 규칙을 강제하는 기제가 생겨 불확실성이 감소되므로 국제협력이 보다 심화되어 국제질서가 안정화될 수 있다. 국제무역이 증가하여 자유무역을 규율하는 제도의 형성유인이 커지자 국가들의 합의로 GATT와 WTO가 수립된 현실을 고려하는 경우 이러한 제도의 역할로 인해 국제질서는 보다 안정화될 것으로 본다.

(2) 상호의존론

상호의존론자들은 상호의존, 특히 경제적 상호의존이 증가하는 경우 국제안보에 긍정적인 효과를 가져 올 수 있다고 본다. 상호의존관계에 있는 국가 간 관계에서 일국이 무력을 사용하는 경우 이들 간의 경제관계 단절로 인해 자국도 피해를 받게 되기 때문에 무력사용을 자제하고 타협과 협상 등 평화적 수단을 통한 해결방식을 선호하게 된다는 것이다. 현재 GATT체제에서 DDA협상에 이르기까지의 국제무역체제 발전양상을 고려해보면 국제무역 범위 및 정도가 확대되어 국가 간 상호의존도가 증가하고 있는 것으로 평가되므로 상호의존론에 따르면 국제질서는 안정화될 가능성이 높다.

(3) 민주평화론

민주평화론자들은 민주주의 국가 간에는 전쟁을 하지 않는다고 주장한다. 이는 국내적으로 평화적 해결수단을 선호하는 규범적 요인이 국가 간의 관계에도 투영되며 국내여론 및 국내 정치적 제약을 반영해야 하는 제도적 요인에서 기인한다. 국제무역을 실시하는 경우 무역을 통한 이익은 주로 중산층에 의해 향유되며 국제무역이 심화될수록 중산층이 성장하게 된다. 이러한 중산층은 정치적 자유를 옹호하는 민주주의를 선호하는 경향이 강하며 민주주의를 촉진한다. 이러한 민주주의의 심화는 국제질서를 보다 안정화할 것이다. 나아가 중산층은 기득권을 유지하기 위해 전쟁에 반대할 것이므로 전쟁 개시에 대한 국내정치적 제약을 심화시켜 전쟁 가능성을 낮추게 된다.

3. 마르크스주의

마르크스주의는 기본적으로 국제무역관계를 제로섬관계로 보고 계급론적 관점에서 분석한다. 월러스타인의 세계체제론에 기초하여 보면 국제무역의 확대 및 심화는 곧 세계체제의 확대 또는 심화과정으로 볼 수 있고 이는 주로 중심부 국가들에 의해 추동되는 현상이다. 국제무역의 심화는 중심부 국가들의 무역이익을 강화하고 주변부나 반주변부 국가들의 이익을 축소시켜 결국 남북 간 경제력의 격차를 심화시킬 것으로 본다. 남북문제가 심화되면 이를 둘러싼 국가 간 갈등이 나타날 가능성이 높기 때문에 전반적으로 국제질서는 불안정화 될 가능성이 높다.

Ⅵ 결론 - 21세기 세계무역질서 전망과 한국적 함의

역사적으로 볼 때 국제무역질서는 개방적·자유무역질서와 보호무역질서가 순환해 오고 있으나, 21세기 세계화된 국제무역체제는 개방체제를 유지할 가능성이 높다. 제2차 세계대전 이후 자유무역체제가 형성된 이래 관세 및 비관세장벽이 지속적으로 철폐되고 있으며, 자유화의 대상도 계속해서 확대되고 있다. 자유화의 방식이 다자주의보다는 쌍무주의나 지역주의 형태를 띠고 있긴 하나 어떠한 형태로든지 장차 점진적으로 전세계적 자유화를 확대시킬 것이다. 전세계적 자유화의 확대는 경제적·안보적 차원에서 긍정적 효과도 있을 것이나, 한편으로는 빈부격차 확대, 국가 간 무역 분쟁 증가 및 그것에서 파생되는 문제들로 세계질서가 불안정해질 가능성도 높다. 따라서, 21세기 세계무역질서 전망이 한국의 대외전략에 주는 함의는 크게 두 가지라 볼 수 있다. 첫째, 확대되고 있는 자유무역질서에 편승·적응하여 경제적 이득을 극대화시켜 나가는 것이다. 다자·양자·지역 차원의 자유무역레짐에 적극적으로 참여하는 것을 의미하며, 이를 위해서는 국내산업 구조조정, 공공외교 강화를 통한 정치체제의 안정성을 도모해야 할 것이다. 둘째, 세계무역질서가 주는 부정적 효과에 대응하는 거버넌스 메카니즘을 형성하거나 참여하는 것이 필요하다. 이는 한국의 확대되고 있는 세계무역질서에서의 수익을 안정적으로 향유하기 위한 최소한의 투자가 될 것이다. 개도국 원조 강화와 글로벌 거버넌스에 적극 참가하고 지원하는 것 등이 구체적 전략이 될 것이다.

제4절 도하개발아젠다협상(DDA)

I 의의

2001년 11월 카타르 도하에서 출범함 WTO DDA협상은 1947년 GATT 설립 이후 아홉 번째, 1995년 WTO 설립 이후 첫 번째 다자간 무역협상이다. 2001년 출범하였지만, 2021년 11월까지도 협상이 타결되지 못하였다.

II DDA협상 출범 배경

1. WTO 규범의 문제

DDA협상 출범 배경은 WTO협정 자체의 문제점과 9·11테러로 평가된다. 첫째, 우루과이 라운드(UR)가 농업을 다자간 무역규범 아래로 편입시키는 데는 성공했지만, 높은 관세를 대폭 낮추는 데 실패하였다. 또한 서비스 분야 역시 UR 당시 처음으로 다자간 무역체제에 편입시켰으나 규범 제정에 주력한 나머지 높은 수준의 시장 개방을 이루는 데는 미진하였다. 농업 분야와 서비스 분야는 기설정의제(built-in agenda)로서 2000년부터 다시 협상을 하기로 규정되어 있었다. 이와 함께 비농산물시장접근(NAMA: non-agricultural market access) 분야에서도 관세 감축 및 UR 당시 양허하지 않은 품목의 시장 개방 필요성이 대두되었다.

2. 9·11테러

뉴라운드를 출범시키자는 논의는 1999년 시애틀 각료회의에서도 있었으나, 시민단체들의 강력한 반대로 진전이 없었다. 그러다가 9·11테러로 글로벌 경제침체에 대한 위기감이 고조되어 다자간 무역자유화를 통해 세계경제의 위기를 극복해야 한다는 데 공감대가 확산되어 뉴라운드 출범 논의가 힘을 받게 되었다.

III 협상의제

DDA협상은 총 9개 협상의제를 다루고 있다. 농업과 서비스는 2000년 초부터 협상이 시작된 기설정의제이다. 나머지 7개는 비농산물 시장접근(NAMA), 규범(rules), 무역원활화, 무역과 개발, 지식재산권(TRIPs), 무역과 환경, 분쟁해결양해이다. 무역원활화는 DDA 출범 당시 싱가포르 이슈라고 하여 투자, 경쟁정책, 정부조달 투명성 등과 함께 논의되었다. 그리고, 2003년 9월 칸쿤 각료회의가 결렬되면서 2004년 8월 기본 골격이 도출될 때 싱가포르 이슈 중 여타 이슈는 제외되고 무역원활화만 협상하기로 합의 되었다. 규범 분야에서는 반덤핑, 보조금(수산보조금 포함), 지역무역협정 등이 논의되고 있다.

⊙ DDA협상의 주요 의제

시장 개방 관련 의제		농업, 비농산물 시장접근(공산품, 임·수산물), 서비스
규범 관련 의제	기존 협정 개정	규범(반덤핑, 보조금, 지역무역협정), 분쟁해결양해
	신규 규범 제정	무역원활화
기타 의제		무역과 환경, 지식재산권
비고		협상과 병행하여 개도국 개발 문제를 별도로 검토

Ⅳ 협상추진체계

협상을 추진하는 가장 중요한 기구는 각료회의, 일반이사회산하에 설치된 무역협상위원회(TNC: Trade Negotiation Committee)이다. TNC는 WTO 사무총장이 의장이며, 일반이사회 정례회의마다 협상 진행상황을 보고하고, 필요시 협상기구를 설치하며, DDA협상 전반을 감독하는 역할을 한다. 의제별 협상 진행은 TNC에서 결정한 대로 분야별 특별회의 의장의 주재 아래 진행되고 있다.

Ⅴ DDA협상 지연요인

1. DDA협상에서 대두된 새로운 협상 구조

UR협상에서는 소위 'Quad그룹'(미국, EU, 일본, 캐나다)이 협상을 주도했으며, 호주는 농산물 수출 그룹을 규합하여 케언즈그룹을 형성함으로써 협상과정에서 주요한 축으로 역할을 하였다. 그러나, DDA협상은 '5대 이해관계국'(Five Interested Parties: 미국, EU, 브라질, 인도, 호주)에 중국과 일본이 포함된 G7그룹이 주도국 협의체로 부상하였다. 이에 대응하여 다양한 전략적 유대가 개도국들 간 또는 선진국과 개도국들 간 나타나게 되었다.

2. 미국 변수

미국의 정치적 리더십이 부재하고 국내절차적 문제가 있다. 오바마 대통령은 통상 문제에 있어서 특별한 리더십을 보여주지 못하고 있었다. 또한 행정부가 의회로부터 무역협상권한(TPA: Trade Promotion Authority)을 부여받지 못해 협상이 타결되더라도 미국 의회의 비준과정을 통과하기가 매우 어려운 상황도 협상 정체의 요인이 되고 있다. 국내보조금 감축에 동의하는 경우 TPA를 부여받기 위한 정치적 여건이 더욱 어려워질 수 있다.

3. 중국 요인

중국의 부상과 이로 인한 무역에 관한 WTO 회원국들 간의 대립 고조도 합의 도출의 장애요소가 되고 있다. 대부분의 WTO 회원국들이 중국으로부터의 수입급증을 겪으면서 공산품 시장 개방에 방어적 입장을 취하고 있다. 또한 중국과 미국의 무역 갈등이 고조되면서 미국이 주도하는 DDA협상 의제에 대한 중국의 협력이 더욱 어려워지고 있다. 중국은 WTO 가입 당시 미국의 과도한 요구로 무역상의 불이익을 받고 있다는 인식이 높아져 있어 선진국이 제기하는 시장 개방안에 대해 적대적인 입장을 견지하고 있다.

4. FTA 확산 문제

주요 국가들 상호간 양자 또는 지역을 기반으로 하여 FTA가 확대되고 있다. 이와 같은 FTA를 통한 무관세 시장 개방이 확산하면서 WTO를 통한 시장개방의 효용과 필요성이 크게 손상되었다. 시장 개방 차원의 혜택은 상당 수준으로 훼손된 반면, 국내 보조금 감축 등 정치적으로 수용하기 어려운 의제만 DDA협상에 남게 된 상황이어서 WTO 회원국들 간 합의 도출을 한층 어렵게 하고 있다. FTA에서는 개발 관련 의제가 다뤄지지 않는 상황에서 무역과 개발 문제는 WTO체제에서 핵심문제로 부각되어 있다. 이는 선진국들이 WTO체제를 기피하거나 소극적인 가능성이 있어서 WTO체제의 장기적인 안정성과 신뢰성 유지에 장애요소로 작용할 가능성이 높다.

5. 가입국 확대로 인한 문제

WTO체제 출범 이후 신규 가입이 대폭 확대되어 회원국들 간 이해관계의 조정을 위한 역학구도가 한층 복잡해지고 있다. 특히 비시장경제권 국가들이 가입하면서 새로운 이해집단으로 부상할 가능성이 있으며, 이 경우 DDA협상에서의 합의도출은 더욱 어려워질 것으로 전망되고 있다.

제5절 국제통화질서

I 금본위제도

1. 금본위제도의 개념

금본위제도는 국가의 화폐가치를 금과 직접적으로 연결하는 통화 제도다. 이 제도에서는 각국의 중앙은행이나 정부가 일정량의 금을 기준으로 화폐를 발행하며, 그 화폐는 금과 고정된 비율로 교환할 수 있다. 금본위제도하에서는 금이 통화 가치의 기준이자 화폐 공급의 제한 요소가 된다.

2. 금본위제도의 작동 방식

금본위제도에서 화폐는 일정한 금의 양에 대해 발행된다. 예를 들어, 1달러가 1그램의 금과 교환 가능하다면, 중앙은행은 금을 그만큼 보유하고 있어야 한다. 사람들이 화폐를 중앙은행에 가져가면 약속된 금의 양으로 교환할 수 있다. 또한, 국제적으로 금본위제를 채택한 나라들은 고정된 환율을 유지하게 되는데, 이는 각국의 통화가 금의 가치에 고정되어 있기 때문이다. 이 제도의 작동은 다음과 같다. 첫째, 중앙은행은 보유하고 있는 금의 양을 기준으로 화폐를 발행한다. 둘째, 금본위제를 유지하는 국가는 자국 화폐를 일정 비율의 금과 교환해준다. 셋째, 국제 무역에서 국가 간의 환율은 금의 가치에 따라 고정된다. 넷째, 국가의 금 보유량이 증가하면 그만큼 통화를 더 발행할 수 있고, 금 보유량이 감소하면 통화 발행이 줄어든다.

3. 금본위제도의 장점

첫째, 금본위제도는 화폐의 남발을 막아 인플레이션을 억제하는 효과가 있다. 금 보유량에 맞춰 화폐가 발행되기 때문에 화폐가치가 안정적이다. 둘째, 금본위제를 채택한 나라들 간에는 고정환율이 유지되기 때문에 국제 무역에서 환율 변동의 위험이 적어진다. 셋째, 정부는 금 보유량에 기반해 화폐를 발행하므로 무분별한 화폐 발행을 억제하고 재정적 책임을 강화할 수 있다.

4. 금본위제도의 단점

첫째, 금본위제는 금의 보유량에 따라 통화량이 결정되므로 경제 상황에 따라 유연하게 통화 정책을 조정하는 것이 어렵다. 경기 침체 시 통화 공급을 늘리기 어려워 경제 회복이 더디게 될 수 있다. 둘째, 금의 채굴량이나 보유량에 지나치게 의존하게 되며, 금이 부족할 경우 화폐 발행이 제한되고 이는 경제 위축으로 이어질 수 있다. 셋째, 금본위제하에서는 통화 공급이 제한적이기 때문에 금 보유량이 감소하거나 금이 고갈될 경우 디플레이션(물가 하락)이 발생할 수 있다. 이는 경제 전반에 악영향을 미칠 수 있다. 넷째, 금본위제를 채택한 국가들 간에 금이 한 국가로 집중되면 다른 나라들의 경제가 불안정해질 수 있다.

5. 금본위제 폐기 원인

영국은 1931년 세계 대공황과 함께 금본위제를 폐기했다. 폐기 이유는 여러 가지가 있다. 첫째, 1929년 미국에서 시작된 대공황이 전 세계로 확산되면서 영국 경제도 큰 타격을 입었다. 대공황으로 인해 국제 무역이 감소하고, 실업률이 급증하는 등 경제가 심각하게 침체되었다. 둘째, 경제 위기로 인해 영국의 금 보유량이 급격히 감소했다. 외국 투자자들이 불안을 느끼고 영국 파운드화를 금으로 교환하며 금이 대규모로 국외로 유출되었다. 영국 중앙은행은 이를 막기 위해 금 준비금을 유지할 필요가 있었으나, 금 유출이 지속되면서 더 이상 금본위제를 유지할 수 없는 상황에 처했다. 셋째, 금본위제 하에서 파운드화가 고정되어 있었기 때문에 영국은 통화를 평가절하할 수 없었고, 이는 국제 무역에서 영국의 경쟁력을 저하시켰다. 금본위제를 폐지함으로써 영국은 파운드화를 평가절하해 수출 경쟁력을 회복하려고 했다. 넷째, 대공황 시기 금본위제는 경제 회복에 걸림돌이 되었다. 금의 제한된 공급 때문에 중앙은행이 유동성을 확대하는 데 제약이 있었고, 이는 경제를 활성화시키는 데 어려움을 겪게 했다. 영국은 금본위제를 폐기하고 관리통화제도를 도입하여 더 유연한 통화정책을 통해 경제를 회복시키고자 했다. 이러한 요인들로 인해 영국은 1931년 9월 금본위제를 공식적으로 폐지하고, 파운드화의 금 교환을 중단했다.

6. 제1차 대전 이후 시민의 정치참여 확대와 금본위제도의 붕괴

(1) 복지와 경제 안정에 대한 요구 증가

참정권이 확대되면서 더 많은 시민들이 정치에 참여하게 되었고, 이는 정부에 대한 요구가 다양화되었다. 특히 전후 경제 상황이 어려워지면서 실업, 빈곤, 사회 불안 등이 확대되었고, 이에 따라 복지 확대와 경제 안정화를 위한 정부의 개입이 요구되었다. 금본위제도는 정부의 재정 지출과 화폐 발행을 제한하는 역할을 했기 때문에, 정부가 대규모 사회복지 정책이나 경제 부양책을 시행하기에는 제약이 많았다. 시민들이 더 많은 복지와 경제적 지원을 요구하면서, 금본위제는 정부의 정책적 유연성을 제한하는 걸림돌로 작용했다.

(2) 확대된 정부 지출

참정권의 확대와 더불어 전쟁 이후 복구와 재건을 위해 정부의 지출이 크게 증가했다. 그러나 금본위제하에서는 금 보유량에 따라 화폐 발행량이 제한되므로, 정부가 필요한 만큼의 자금을 조달하는 것이 어려웠다. 이를 해결하기 위해서는 금본위제를 폐지하거나 완화하여 화폐 발행량을 늘릴 수 있는 관리통화제도를 채택할 필요가 있었다.

(3) 통화 정책의 유연성 부족

금본위제는 통화 발행을 금 보유량에 엄격히 연계시키기 때문에 경제 상황에 따라 통화 정책을 유연하게 조정하기 어렵다. 전쟁 이후에는 경제가 불안정하고 대공황 같은 위기가 닥쳤기 때문에, 더 유연한 통화 정책이 필요했다. 시민들이 더 나은 경제 안정과 일자리 창출을 요구하면서, 정부는 금본위제를 고수하기보다 관리통화제도를 통해 경제 정책을 더 탄력적으로 운용할 수 있는 기반을 마련하게 되었다.

(4) 인플레이션과 디플레이션 문제

금본위제하에서는 전쟁 중 발행된 많은 양의 화폐를 금 보유량과 맞추기 위해 회수하거나 축소해야 하는 상황이 발생했다. 이는 경제적으로 디플레이션을 촉진하고, 실업률 증가와 경기 침체로 이어질 위험이 컸다. 참정권이 확대되면서 시민들이 이러한 경제적 어려움에 대해 더 민감하게 반응했고, 정부는 금본위제를 유지하는 것이 사회적 불안을 가중시킬 수 있다는 압박을 받게 되었다.

7. 금본위제도하에서 영국의 역할: 패권안정론의 관점에서

(1) 서설

금본위제도가 유지되었던 기간 동안 영국은 국제금융통화체제의 중심 국가로서 중요한 역할을 했다. 이를 패권안정론(Hegemonic Stability Theory)의 관점에서 설명하면, 영국의 역할은 국제 경제 질서를 유지하고 안정시키는 패권국가로서의 기능을 수행한 것으로 볼 수 있다. 패권안정론은 국제 체제의 안정성은 한 국가가 주도적으로 리더십을 발휘하여 질서를 유지할 때 강화된다는 이론이다. 패권국가는 다른 국가들에게 국제 경제 체제에 대한 신뢰를 제공하고, 필요한 경우 자국의 경제적, 군사적 자원을 사용해 국제 질서의 안정성을 보장한다.

(2) 영국의 패권적 역할

① **세계 금융의 중심지 역할**: 19세기 중반부터 제1차 세계대전까지 영국은 런던을 세계 금융의 중심지로 만들었다. 금본위제 하에서 영국 파운드화는 금과 교환 가능한 통화였으며, 많은 국가들이 파운드화를 국제 거래의 기축통화로 사용했다. 이는 영국이 국제 금융에서 패권국가로서 신뢰를 제공한 것으로, 금본위제의 안정성을 유지하는 데 기여했다.

② **무역과 자본 흐름 주도**: 영국은 국제 무역의 중심지로서, 금본위제를 채택한 다른 국가들과의 무역과 자본 흐름을 원활하게 유지했다. 영국은 금본위제를 안정적으로 운영하며 무역 상대국들에게 환율의 예측 가능성을 제공했고, 이는 국제 경제의 안정성에 기여했다. 또한, 영국은 자국의 금융 자원을 사용해 다른 국가들에게 자본을 대출해주거나 투자를 활성화시키며 세계 경제를 주도했다.

③ **금융적 신뢰성 제공**: 영국은 금본위제를 유지하는 데 필요한 금 보유량을 안정적으로 관리했고, 다른 국가들도 금본위제를 도입하거나 유지하는 데 있어 영국의 통화 정책을 모델로 삼았다. 영국 파운드화는 국제 거래에서 신뢰할 수 있는 화폐로 인식되었으며, 이는 국제금융 시스템의 안정성을 유지하는 데 중요한 역할을 했다.

④ **국제 질서 유지**: 패권안정론에 따르면 패권국가는 국제 질서를 유지하기 위해 군사적, 외교적, 경제적 자원을 투입할 수 있다. 영국은 19세기 동안 해군력을 바탕으로 국제 무역로를 보호했고, 이를 통해 국제 경제의 원활한 흐름을 보장했다. 또한 영국은 금본위제를 기반으로 하는 금융 질서의 안정성을 위해 자국의 통화와 금융 정책을 국제적 기준으로 삼는 역할을 했다.

(3) 패권쇠퇴와 금본위제의 붕괴

패권안정론의 관점에서 보면, 영국은 금본위제를 통해 세계 경제의 안정성을 유지하는 핵심 국가로 기능했다. 영국의 강력한 경제력과 해상력, 그리고 금융 시스템의 신뢰성은 국제사회에서 금본위제를 유지하는 데 필수적이었다. 영국은 금본위제를 통해 국제 무역과 자본 흐름의 예측 가능성을 제공했으며, 금 보유량을 바탕으로 한 통화 안정성을 보장했다. 그러나 제1차 세계대전 이후 영국의 경제적, 군사적 패권이 약화되면서 금본위제의 안정성도 위협받게 되었다. 전쟁으로 인한 경제적 부담과 자본 유출, 그리고 영국의 경쟁력이 약화되면서 금본위제를 유지하는 데 어려움을 겪게 되었고, 결국 1931년 영국이 금본위제를 폐지하면서 금본위제도는 붕괴하게 되었다.

Ⅱ 금환본위제

1. 의미

금환본위제(Gold Exchange Standard)는 제2차 세계대전 이후 미국 주도로 성립된 국제통화금융질서로, 브레튼우즈체제(Bretton Woods System)라고도 한다. 이 체제는 미국 달러를 중심으로 한 금환본위제를 통해 전 세계 통화의 안정성을 유지하려는 목적에서 도입되었다. 금환본위제는 기본적으로 미국 달러를 기축통화로 하고, 다른 나라의 통화는 달러에 고정된 환율을 유지하는 방식으로 운영되었다.

2. 성립 배경

(1) 미국의 경제력과 금 보유량

제2차 세계대전 이후 미국은 세계에서 가장 강력한 경제력을 보유하고 있었고, 금 보유량도 세계의 절반 이상을 차지했다. 미국은 달러를 국제 거래와 금융의 중심으로 만들 수 있는 충분한 경제적 기반을 가지고 있었다.

(2) 세계 경제의 안정 필요성

전후 세계 경제는 불안정했고, 이를 안정시키기 위해 고정환율 제도와 국제 금융 질서를 재정립할 필요가 있었다. 국제무역과 투자를 촉진하고, 전쟁으로 황폐화된 국가들을 재건하기 위한 새로운 시스템이 요구되었다.

3. 장점

(1) 환율 안정성

금환본위제는 미국 달러를 기준으로 다른 나라 통화를 고정환율로 유지하게 함으로써 국제 무역과 투자에서 환율 변동의 위험을 줄였다. 고정된 환율은 기업들이 국제 거래에서 더 안정적으로 거래할 수 있게 만들었다.

(2) 달러의 기축통화 역할

미국 달러가 기축통화로 사용됨에 따라 각국은 달러를 보유함으로써 금으로 교환할 수 있었고, 이는 국제 경제에서 달러에 대한 신뢰를 높였다. 달러는 국제 거래와 금융에서 널리 사용되었고, 세계 경제의 원활한 흐름을 유지하는 데 기여했다.

(3) 경제 재건 지원

브레튼우즈 체제는 전후 복구와 경제 재건을 위해 대출을 제공하고, 개발도상국의 경제 성장을 지원하는 세계은행과 IMF의 역할을 통해 세계 경제 안정에 기여했다.

4. 단점

(1) 미국 달러에 대한 과도한 의존

금환본위제는 미국 달러를 기축통화로 삼았기 때문에, 미국 경제의 안정성에 전 세계 경제가 의존하게 되었다. 특히 달러를 과도하게 발행할 경우, 금과의 교환 약속을 지키기 어렵게 되어 시스템의 취약성이 드러날 수 있었다.

(2) 유동성 문제

세계 경제가 성장하고 국제 거래가 증가하면서 금 보유량에 비해 달러 공급이 부족해지는 유동성 문제가 발생했다. 이는 국제 거래에서 필요한 달러를 충분히 공급하는 데 어려움을 초래했다.

(3) 미국의 경제 정책에 대한 불만

미국은 전 세계에서 기축통화를 발행하는 역할을 맡고 있었지만, 자국의 경제 문제와 물가 상승 등을 해결하기 위해 통화량을 늘리는 정책을 펼쳤다. 이는 국제사회에서 불신을 초래했고, 금으로 달러를 교환하는 능력에 의문을 가지게 했다.

5. 금환본위제도의 붕괴 요인

금환본위제는 1971년 미국이 금과 달러의 교환을 중단하면서 사실상 붕괴되었다. 이 붕괴의 주요 요인들은 다음과 같다.

(1) 달러의 과잉 발행

미국은 1960년대 베트남 전쟁과 대규모 사회복지 프로그램('위대한 사회' 프로그램 등)을 위해 대규모 재정 지출을 단행했다. 이에 따라 달러가 과도하게 발행되었고, 이는 금과 달러의 교환 비율을 유지하는 데 어려움을 초래했다. 미국이 보유한 금보다 발행된 달러의 양이 많아지면서, 달러의 가치가 약화되었다.

(2) 달러에 대한 신뢰 약화

유럽 국가들과 일본 등은 달러의 과잉 발행과 미국의 경제정책에 불만을 품기 시작했다. 특히 프랑스는 미국 달러에 대한 신뢰를 잃고, 보유한 달러를 금으로 교환하려 했다. 다른 국가들도 이를 따라 하면서 금환본위제의 기본 원칙이 흔들리기 시작했다.

(3) 미국의 금 보유량 감소

미국은 다른 국가들이 달러를 금으로 교환하려는 움직임에 직면하면서 금 보유량이 급격히 줄어들었다. 미국이 금 보유량으로는 달러의 가치를 유지하기 어려운 상황에 놓이자, 닉슨 대통령은 1971년 8월 15일에 달러와 금의 교환을 중단하는 닉슨 쇼크를 발표했다. 이는 금환본위제의 붕괴를 촉발했다.

(4) 변동환율제 도입

금환본위제 붕괴 이후, 각국은 고정환율 대신 변동환율제를 도입하게 되었다. 달러는 더 이상 금과 교환되지 않게 되었고, 환율은 시장의 수요와 공급에 따라 변동하게 되었다. 이는 브레튼우즈 체제가 끝나고, 관리통화제도가 주류가 되는 새로운 국제통화질서가 확립된 계기가 되었다.

Ⅲ 1971년 닉슨의 신경제정책 선언

1. 의의

1971년 8월 15일, 미국의 리처드 닉슨 대통령은 닉슨 쇼크(Nixon Shock)로 알려진 신경제정책(New Economic Policy)을 발표하면서 달러의 금태환을 정지했다. 이 결정은 국제금융체제, 특히 금환본위제의 붕괴로 이어졌으며, 달러와 금의 연계가 끊기면서 관리통화제도로의 전환을 촉발했다.

2. 배경

(1) 달러의 과잉 발행과 인플레이션

1960년대 미국은 베트남 전쟁과 대규모 사회복지 프로그램(위대한 사회 프로그램) 등을 추진하면서 재정 적자가 심화되었다. 미국은 이를 해결하기 위해 달러를 과도하게 발행했고, 이에 따라 달러의 가치가 떨어지기 시작했다. 달러 가치의 하락은 미국 내 인플레이션을 촉발했고, 해외에서는 달러의 신뢰성이 점점 약화되었다.

(2) 국제 무역 불균형과 달러 유출

미국의 경제 상황이 악화되면서 국제 무역에서도 적자가 계속 누적되었다. 그 결과, 미국에서 유출된 달러가 많아졌고, 많은 국가들이 이 달러를 금으로 교환하려는 움직임을 보였다. 특히, 프랑스와 서유럽 국가들은 미국 달러를 금으로 교환하면서 미국의 금 보유량이 급격히 감소했다.

(3) 미국의 금 보유량 감소

브레튼우즈체제하에서 미국은 보유한 금에 기반해 달러와 금의 고정 비율을 유지해야 했다. 그러나 달러의 과잉 발행과 달러의 금태환 요구가 증가하면서 미국의 금 보유량이 크게 줄어들었다. 1950년대 말 미국의 금 보유량은 약 2만 톤이었지만, 1971년에는 1만 톤 이하로 감소했다. 금 보유량으로 달러를 충분히 뒷받침할 수 없는 상황에서 금태환을 지속하는 것이 불가능해졌다.

(4) 달러에 대한 신뢰 약화

유럽 국가들, 특히 프랑스는 미국이 계속해서 달러를 과도하게 발행하면서 금태환 약속을 지킬 수 없을 것이라는 불신을 가지게 되었다. 프랑스는 적극적으로 달러를 금으로 교환하려는 정책을 취했고, 이러한 압박은 미국의 금태환 능력을 더 위태롭게 했다. 이처럼 달러의 금태환을 요구하는 국가들이 늘어나면서 미국은 금 보유량을 유지하는 데 한계를 느꼈다.

3. 닉슨 신경제정책의 구체적 내용

(1) 달러와 금의 태환 중단

닉슨은 미국이 더 이상 외국 정부나 중앙은행이 보유한 달러를 금으로 교환하지 않겠다고 선언했다. 이로써 브레튼우즈체제하에서 유지되었던 달러와 금의 연계가 끊어졌으며, 사실상 금환본위제가 종료되었다. 이 결정은 달러가 이제 금에 고정되지 않고, 미국 정부가 더 이상 금으로 달러의 가치를 보증하지 않게 되었음을 의미했다.

(2) 임금 및 가격 동결

닉슨은 미국 경제 내에서 급증하는 인플레이션을 억제하기 위해 90일 동안 임금과 가격을 동결하는 조치를 발표했다. 이를 통해 물가 상승을 억제하고, 경제 안정화를 도모하려는 의도였다. 이 조치는 단기적으로 효과가 있었지만, 장기적인 해결책은 되지 못했다.

(3) 10% 수입 관세 부과

미국의 무역 적자를 줄이고, 미국 기업들의 경쟁력을 보호하기 위해 닉슨은 수입품에 대해 10%의 추가 관세를 부과했다. 이는 외국 제품이 미국 시장에서 너무 많은 점유율을 차지하는 것을 방지하고, 미국 산업을 보호하기 위한 보호무역적 조치였다.

(4) 달러 평가절하

달러와 금의 고정 환율이 깨지면서, 사실상 달러는 금에 비해 평가절하되었다. 닉슨은 달러의 가치를 금으로부터 분리함으로써 국제 시장에서 달러의 유동성을 높이고, 무역 적자를 줄이려 했다. 달러 평가절하는 미국의 수출 상품 가격을 낮추어 국제 시장에서 경쟁력을 강화하는 효과를 가져왔다.

4. 신경제정책의 파급효과

(1) 브레튼우즈체제의 붕괴

달러와 금의 태환이 중단됨으로써 브레튼우즈체제는 사실상 붕괴되었다. 이후 각국은 고정환율제를 포기하고, 환율은 시장의 수요와 공급에 의해 변동하는 변동환율제로 전환되었다. 이는 오늘날의 국제 통화 체제의 기반이 되었다.

(2) 인플레이션 문제 해결 지연

닉슨의 임금 및 가격 동결 정책은 단기적으로 인플레이션을 억제했으나, 이는 장기적인 해결책이 되지 못했다. 이후 인플레이션은 계속해서 미국 경제의 주요 문제로 남았다.

Ⅳ 스미소니언체제

1. 의의

스미소니언체제(Smithsonian Agreement)는 1971년 브레튼우즈체제가 붕괴한 후, 국제 통화 질서의 혼란을 막기 위해 1971년 12월에 미국 워싱턴 D.C.의 스미소니언 박물관에서 열린 국제회의에서 체결된 새로운 국제 통화 체제다. 이 체제는 미국 달러와 주요 통화들 간의 고정환율을 부분적으로 유지하면서, 금본위제를 이어받은 일종의 수정된 금환본위제였다. 그러나 이 체제는 오래 지속되지 못했고, 이후 변동환율제로 전환되는 과정에서 중요한 역할을 했다.

2. 내용

(1) 달러 평가절하 및 금 가격 인상

닉슨이 금태환을 중단한 이후, 스미소니언 협정에서는 미국 달러의 평가절하가 이루어졌다. 달러는 공식적으로 금에 대해 평가절하되었고, 금의 공식 가격은 1온스당 35달러에서 38달러로 인상되었다. 이는 금본위제의 종식을 의미하진 않았지만, 금의 가격을 조정함으로써 달러의 가치를 떨어뜨리려는 시도였다.

(2) 고정환율제 유지

브레튼우즈체제와 유사하게, 스미소니언체제도 고정환율제를 유지하려 했다. 그러나 이전의 고정환율보다는 더 유연한 형태로 운영되었으며, 각국 통화의 환율 변동폭을 2.25%로 확대했다. 이는 각국이 경제 상황에 따라 일정 범위 내에서 자국 통화의 가치를 조정할 수 있도록 허용한 것이다.

(3) 미국 달러를 중심으로 한 국제 통화 체제

스미소니언 협정은 달러를 기축통화로 유지하면서, 다른 국가들이 달러에 대한 고정환율을 유지하는 방식으로 작동했다. 달러는 여전히 중심적 역할을 했고, 다른 국가들은 자국 통화와 달러의 환율을 일정 범위 내에서 조정했다.

(4) 통화 협력 및 균형 무역 유지

스미소니언 협정은 국제 경제의 균형을 유지하기 위해 주요 국가들 간의 협력을 강화하는 방향으로 진행되었다. 무역 불균형이나 경제 불안정에 직면했을 때, 주요 국가들은 협력을 통해 문제를 해결하려고 했으며, 미국과 유럽, 일본 등 주요 국가들이 이에 동참했다.

3. 한계

(1) 달러 과잉 발행 문제 해결 실패

스미소니언체제는 브레튼우즈체제와 마찬가지로 달러를 중심으로 한 고정환율 체제를 유지하려 했다. 그러나 미국은 여전히 무역 적자와 재정 적자를 겪고 있었고, 이를 해결하기 위해 달러를 과잉 발행했다. 이는 국제사회에서 달러에 대한 신뢰를 더욱 약화시키는 결과를 낳았고, 다른 국가들이 금태환을 요구할 수 없는 상황에서도 달러의 과잉 공급 문제가 지속되었다.

(2) 미국 경제 문제

스미소니언체제는 달러 중심의 체제를 유지했지만, 미국 경제가 장기적으로 달러 가치를 뒷받침할 수 있을 만큼 강력하지 않았다. 미국의 무역 적자와 인플레이션 문제는 스미소니언체제하에서도 계속되었고, 달러 가치가 계속해서 하락하는 압박을 받았다.

(3) 고정환율 유지의 어려움

스미소니언체제는 각국 통화의 환율 변동 폭을 2.25%로 확대했지만, 이는 경제 상황에 따라 충분히 유연하지 않았다. 특히, 1970년대 들어 오일 쇼크와 같은 세계적인 경제 충격이 발생하면서, 고정환율제하에서는 각국이 자국 경제에 맞는 통화 정책을 유연하게 적용하는 데 어려움을 겪었다. 이러한 경제적 압박은 스미소니언체제의 지속 가능성을 약화시켰다.

(4) 달러와 금의 연계 종료

달러가 금과의 교환을 중단하면서, 금환본위제의 근본적인 뒷받침이 사라졌다. 스미소니언체제는 달러와 금의 연결을 복구하려 하지 않았고, 이는 금본위제에서 완전히 벗어나게 되는 과정의 일환이었다. 달러는 금으로 환산되지 않으면서 통화 가치를 유지하기 위한 근거를 잃게 되었고, 이는 고정환율체제의 신뢰성을 약화시켰다.

4. 스미소니언체제 이후의 상황

스미소니언체제가 무너지면서 1973년, 세계 주요 국가들은 변동환율제로 전환했다. 변동환율제는 시장의 수요와 공급에 따라 통화의 환율이 자유롭게 변동하는 체제로, 각국은 더 이상 고정환율을 유지할 필요가 없어졌다.

V 킹스턴체제

1. 의의

킹스턴체제(Kingston System)는 1976년 자메이카의 킹스턴에서 열린 국제통화기금(IMF) 회의에서 채택된 새로운 국제 통화 질서로, 이는 스미소니언체제가 붕괴된 후 국제통화체제를 재편하는 중요한 계기가 되었다. 킹스턴체제는 변동환율제의 공식화를 핵심으로 하며, 금환본위제를 완전히 종식시키고 달러 중심의 관리통화제도를 확립하는 국제금융체제의 기본 틀을 마련했다.

2. 내용

(1) 변동환율제의 공식화

킹스턴체제는 각국이 자국의 통화를 변동환율제로 운영할 수 있도록 허용했다. 즉, 각국의 통화 가치는 시장의 수요와 공급에 따라 자유롭게 변동되며, 고정환율제를 유지할 필요가 없어졌다. 이는 스미소니언체제하에서 고정환율제가 실패한 이후, 국제 통화 시스템을 보다 유연하게 만들기 위한 조치였다.

(2) 금본위제의 공식 종식

킹스턴체제는 금환본위제와의 연결을 완전히 끊었다. 1971년 닉슨의 금태환 중단 이후 금환본위제는 사실상 종식되었지만, 킹스턴 회의를 통해 금은 더 이상 국제 통화 시스템에서 공식적인 역할을 하지 않게 되었다. IMF는 금의 역할을 축소하고, 금 가격의 공식적인 고정 가격도 폐지했다. 그 결과 금은 국제통화체제에서 기축통화로서의 역할을 상실하게 되었다.

(3) IMF의 역할 재정립

킹스턴체제는 IMF의 역할을 변동환율제하에서 강화했다. 각국이 환율을 자유롭게 변동시키게 됨에 따라, IMF는 국제 경제의 안정성과 유동성을 지원하는 역할을 맡았다. IMF는 회원국들이 필요할 때 금융 지원을 제공하고, 국제 통화 시스템의 균형을 유지하는 데 기여했다.

(4) 특별인출권(SDR)의 강화

킹스턴체제는 IMF가 발행하는 특별인출권(Special Drawing Rights, SDR)을 보다 중요한 국제 준비 자산으로 인정했다. SDR은 IMF 회원국들이 보유할 수 있는 자산으로, 주로 환율 안정 및 국제 유동성을 촉진하는 데 사용된다. 이는 금본위제를 대신하는 새로운 준비 자산으로서의 역할을 강화한 것이다.

3. 장점

(1) 유연한 통화 정책

변동환율제를 공식화함으로써 각국은 경제 상황에 맞는 통화 정책을 유연하게 운영할 수 있게 되었다. 이전의 고정환율제하에서는 경제 충격에 대응하기 위해 환율을 인위적으로 조정하는 데 제약이 있었지만, 변동환율제에서는 시장의 수요와 공급에 따라 환율이 자연스럽게 변동되었다. 이는 경제 위기 시 적절한 조치를 취할 수 있는 유연성을 제공했다.

(2) 금본위제의 부담에서 벗어남

킹스턴체제는 금본위제와의 연계를 공식적으로 끊음으로써, 금 보유량에 의존하지 않고 통화를 발행하고 경제 정책을 운영할 수 있게 했다. 금 보유량의 제약에서 벗어난 각국은 통화 발행을 경제 성장에 맞춰 조정할 수 있었으며, 이를 통해 인플레이션과 디플레이션에 더 유연하게 대응할 수 있게 되었다.

(3) IMF의 역할 강화

킹스턴체제하에서 IMF는 국제 경제의 유동성 제공과 통화 안정성을 유지하는 데 중요한 역할을 하게 되었다. IMF는 금융 지원과 정책 조언을 통해 회원국들이 경제 불균형을 해결하고, 국제 금융 시스템의 안정성을 유지하는 데 기여했다.

(4) 특별인출권(SDR)의 확대

SDR의 역할을 강화함으로써, 국제 통화 시스템에서 새로운 준비 자산을 제공하게 되었다. 이는 금에 의존하지 않고도 국제 통화 간의 균형을 유지할 수 있는 대체 수단을 마련한 것으로, 국제 유동성을 보완하는 중요한 기능을 수행했다.

4. 문제점

(1) 환율 변동성 증가

변동환율제의 도입으로 환율이 시장의 수요와 공급에 따라 자유롭게 변동하면서, 환율 변동성이 크게 증가했다. 이는 국제 무역과 투자에서 불확실성을 높였고, 기업과 국가가 환율 변동에 따른 리스크를 더 많이 감수해야 했다. 환율 변동성은 특히 수출 의존도가 높은 국가들에게 큰 부담으로 작용했다.

(2) 투기적 자본 흐름

변동환율제 도입 이후, 국제 금융 시장에서는 투기적 자본의 흐름이 커지게 되었다. 환율 변동을 예측해 단기적인 이익을 노리는 투기적 거래가 활성화되었고, 이는 일부 국가의 경제에 불안정성을 초래했다. 변동환율제하에서는 외환 시장의 투기적 거래가 환율을 급격히 변동시킬 수 있는 위험이 있었다.

(3) 개도국의 불안정성

선진국과 달리 많은 개발도상국들은 변동환율제하에서 자국 통화의 가치를 안정적으로 유지하기 어려웠다. 환율 변동이 심하면 자본 유출이나 인플레이션 등 경제적 불안정성이 심화될 수 있으며, 특히 외채가 많은 국가들은 환율 변동에 취약할 수 있었다. 개도국들은 이러한 문제로 인해 고정환율제 또는 다른 형태의 관리환율제를 유지하려는 경향이 많았다.

(4) IMF의 제도적 한계

킹스턴체제에서 IMF의 역할이 강화되었으나, IMF는 각국의 경제적 문제를 해결하는 데 충분한 자원을 제공하지 못하거나, 때로는 지나치게 엄격한 조건을 요구하는 경우가 있었다. 특히, IMF가 제공하는 구조조정 프로그램은 많은 개발도상국에게 정치적, 사회적으로 어려움을 초래하기도 했다.

Ⅵ 플라자 합의

1. 의의

플라자 합의(The Plaza Accord)는 1985년 9월 22일, 미국 뉴욕의 플라자 호텔에서 열린 주요 5개국(G5) 회담에서 체결된 국제 경제 및 환율 조정 합의다. 이 합의는 미국의 무역 적자와 달러화 강세로 인한 글로벌 경제 불균형을 해소하기 위한 목적에서 이루어졌다. 주요 참가국은 미국, 일본, 독일(당시 서독), 영국, 프랑스였다.

2. 배경

(1) 미국 달러화의 강세

1980년대 초 미국은 금리 인상을 통해 인플레이션을 억제하고, 자본을 유치하려는 정책을 시행했다. 그 결과 달러화의 가치가 크게 상승했다. 강한 달러는 미국의 수입품 가격을 낮추고 소비를 촉진했지만, 동시에 미국의 수출품 가격을 상승시켜 미국의 무역적자를 악화시켰다.

(2) 무역적자의 급증

달러 강세로 인해 미국의 수출 경쟁력이 떨어졌고, 특히 일본과 독일로부터 수입이 급증하면서 미국의 무역 적자가 심각해졌다. 1985년 미국의 무역 적자는 당시 사상 최대 규모에 이르렀다. 이러한 무역 적자는 미국 경제에 부담이 되었고, 정치적으로도 큰 논란이 되었다.

(3) 일본과 독일의 무역 흑자

미국의 주요 무역 상대국인 일본과 독일은 달러 강세로 인해 자국 통화가 상대적으로 저평가되면서 무역 흑자를 누리고 있었다. 일본과 독일의 수출품은 미국에서 더 싸게 팔리게 되어, 두 국가의 경제는 미국과 달리 매우 강력한 성장을 보였다. 이는 글로벌 경제 불균형을 심화시켰다.

(4) 미국의 정치적 압박

미국은 무역 적자 문제를 해결하기 위해 일본과 독일에 자국 통화(엔화와 마르크화)의 절상을 요구했다. 미국은 수출 경쟁력을 높이고 무역 균형을 맞추기 위해 달러 약세를 유도하고자 했다. 이에 따라 주요 선진국들은 달러를 의도적으로 절하하고, 다른 국가들의 통화를 절상하는 합의를 마련하게 되었다.

3. 내용

(1) 달러화 가치의 절하

참여국들은 협조하여 미국 달러화의 가치를 절하하기로 합의했다. 이는 달러 강세를 완화하여 미국의 무역 적자를 줄이고, 미국의 수출 경쟁력을 회복하려는 목적이었다. 합의에 따라 주요 국가들은 외환시장 개입을 통해 달러를 매도하고, 엔화와 마르크화 등의 통화를 매입함으로써 달러의 가치를 인위적으로 낮추기로 결정했다.

(2) 엔화와 마르크화의 절상

일본과 독일은 자국 통화인 엔화와 마르크화의 가치를 절상하는 데 동의했다. 이는 미국의 무역 적자를 완화하고, 일본과 독일의 무역 흑자를 축소하기 위한 조치였다. 절상된 엔화와 마르크화는 이들 국가의 수출품 가격을 상승시켜 수출을 억제하고, 미국 제품의 상대적 경쟁력을 강화시키는 효과를 의도했다.

(3) 다자간 외환시장 개입

참여국들은 외환 시장에 적극 개입하여 달러화 절하와 엔화, 마르크화 절상을 유도하기로 합의했다. 각국 중앙은행들은 이를 실현하기 위해 협조적인 외환시장 개입을 통해 통화 가치를 조정하였다. 이 과정에서 달러 매도와 엔화·마르크화 매입이 이루어졌다.

4. 파급 효과

(1) 달러화 절하

플라자 합의 이후 미국 달러는 빠르게 절하되었다. 1985년부터 1987년까지 달러화는 주요 통화 대비 약 30% 이상 절하되었다. 이는 미국의 수출 경쟁력을 회복시키는 데 기여했으며, 무역 적자도 일부 완화되었다. 미국 내 제조업 부문은 달러 절하 덕분에 활기를 되찾았고, 수출이 증가했다.

(2) 엔화와 마르크화의 절상

플라자 합의 이후 일본 엔화와 독일 마르크화는 급격히 절상되었다. 엔화는 1985년 약 240엔에서 1987년에는 150엔 이하로 절상되었다. 이는 일본 경제에 큰 영향을 미쳤다. 엔화 절상으로 인해 일본 수출품의 가격이 상승하면서 수출이 감소했고, 일본 내 수출 산업은 타격을 입었다.

(3) 일본의 자산 버블 형성

엔화 절상 이후, 일본 기업들은 해외로 자금을 투자하거나 국내 자산에 투자하면서 대규모 자산 버블이 형성되었다. 절상된 엔화는 일본 내 유동성을 확대시키며 부동산과 주식 시장에서 투기를 부추겼다. 결과적으로 1980년대 후반 일본 경제는 부동산과 주식 버블로 인해 과열되었고, 1990년대 초에는 버블 붕괴로 경제 불황에 빠지게 되었다.

(4) 독일 경제의 안정과 유럽 통화 협력

독일은 플라자 합의 이후 마르크화 절상으로 인해 수출 경쟁력이 다소 약화되었으나, 독일 경제는 비교적 안정적인 성장을 유지했다. 독일은 이후 유럽 통화 협력 체제의 강력한 주축으로 자리매김하며, 유럽 경제 통합 과정에서도 중요한 역할을 하게 되었다.

(5) 세계 경제의 구조적 변화

플라자 합의는 단기적으로는 미국 무역 적자를 완화시키고, 달러 절하로 인한 수출 증가를 유도했지만, 장기적으로는 세계 경제에 구조적인 변화를 가져왔다. 특히, 일본 경제는 엔화 절상과 자산 버블로 인해 장기적인 경제 침체로 이어졌고,

미국은 이후에도 무역 적자 문제를 근본적으로 해결하지 못했다. 또한 플라자 합의 이후 국제 통화 시장에서 외환 시장 개입의 중요성이 부각되었으며, 환율 조정이 세계 경제 안정에 중요한 변수로 작용하게 되었다.

Ⅶ 1987년 루브르 회의

1. 의의

1987년 루브르 회담(Louvre Accord)은 1985년 플라자 합의 이후 계속된 국제 경제와 환율 변동을 안정시키기 위한 목적으로 개최된 회담이다. 루브르 회담은 미국, 일본, 독일(당시 서독), 영국, 프랑스, 캐나다 등 주요 6개국이 참여했으며, 플라자 합의에서 발생한 환율의 지나친 변동을 완화하고 안정적인 환율 시스템을 구축하려는 의도로 열렸다.

2. 배경

(1) 플라자 합의 이후의 환율 변동

플라자 합의 이후 달러화는 빠르게 절하되었다. 1985년부터 1987년까지 약 30% 이상의 절하가 이루어졌고, 이는 미국의 수출 경쟁력을 강화하는 데 기여했다. 그러나 달러화의 급격한 절하는 과도한 변동성을 초래했고, 일본과 서독의 통화는 반대로 큰 폭으로 절상되었다. 특히, 일본 엔화는 큰 폭으로 절상되어 일본 경제에 부정적인 영향을 미쳤다.

(2) 달러화 안정 필요성

달러화의 급격한 절하가 미국 무역 적자를 어느 정도 완화했지만, 지나친 절하는 글로벌 금융 시장의 불안정성을 초래할 수 있었다. 특히, 유럽과 일본의 통화 가치가 지나치게 높아지면서 이들 국가의 경제에도 부정적인 영향을 미쳤다. 이에 따라 달러 절하를 멈추고, 주요 통화들의 환율을 더 안정적인 수준에서 유지할 필요성이 제기되었다.

3. 세부 합의 사항

(1) 달러화의 추가 절하 중단

루브르 회담에서는 달러화의 추가 절하를 멈추기로 합의했다. 플라자 합의 이후 이미 달러가 크게 절하되었기 때문에, 더 이상의 절하가 불필요하다고 판단되었다. 따라서 달러 환율을 안정시키고, 과도한 변동성을 억제하기 위한 조치가 필요했다. 미국은 달러화의 가치를 더 이상 인위적으로 낮추지 않고, 환율을 안정적인 수준에서 유지하기로 약속했다.

(2) 주요 통화의 협조적 환율 관리

참여국들은 외환시장에서 협조적인 개입을 통해 주요 통화의 환율을 일정 범위 내에서 안정적으로 유지하기로 합의했다. 이를 통해 달러화가 지나치게 절하되거나, 엔화나 마르크화가 과도하게 절상되지 않도록 조정할 수 있었다. 이는 플라자 합의에서 발생한 급격한 환율 변동을 완화하려는 조치였다.

(3) 환율 조정을 위한 다자간 협력

G7 국가들은 외환 시장에서 통화의 과도한 변동을 억제하기 위해 협력할 것을 합의했다. 각국 중앙은행은 필요할 때 외환 시장에 개입해, 자국 통화가 지나치게 평가되거나 저평가되지 않도록 관리할 것을 약속했다. 이는 안정적인 환율을 통해 세계 경제의 균형을 유지하려는 목적에서 이루어졌다.

(4) 경제 정책 협력 강화

루브르 회담에서는 환율 조정뿐만 아니라 각국의 경제 정책에 대한 협력도 논의되었다. 참여국들은 각국의 경제 정책이 상호 충돌하지 않도록 조율하고, 글로벌 경제의 안정성을 유지하기 위해 공동의 노력을 기울이기로 했다. 특히, 미국은 재정 적자를 줄이기 위한 정책을 추진하고, 독일과 일본은 내수 확대를 통해 무역 불균형을 해소하려 했다.

4. 파급 효과

(1) 달러화 안정

루브르 회담 이후 달러화는 더 이상 급격하게 절하되지 않고 안정적인 수준에서 유지되었다. 이는 달러 가치의 급격한 하락으로 인한 글로벌 경제 불안을 완화하는 데 기여했다. 미국 무역 적자는 여전히 해결되지 않았지만, 환율의 급격한 변동성은 억제되었다.

(2) 글로벌 경제 안정화

루브르 회담은 플라자 합의 이후의 환율 변동성을 억제하고, 글로벌 경제를 안정시키는 데 기여했다. 주요 통화의 지나친 절상과 절하를 막기 위해 외환 시장에서의 개입이 이루어졌으며, 이는 세계 경제가 더 이상 큰 충격을 받지 않도록 하는 데 중요한 역할을 했다. 그러나 환율 조정의 장기적 효과는 제한적이었다.

Ⅷ 기축통화

1. 의의

기축통화(reserve currency)란 국제 무역 및 금융 거래에서 세계적으로 널리 사용되는 통화로, 주로 국가 간의 무역 결제, 외환 보유고, 국제 투자에서 표준으로 사용된다. 기축통화는 국제 통화 시스템에서 중심적 역할을 하며, 그 통화에 대한 수요는 세계 각국에서 발생한다. 현재 미국 달러(USD)가 대표적인 기축통화로 사용되고 있으며, 유로(EUR), 일본 엔(JPY), 영국 파운드(GBP), 중국 위안(CNY) 등도 기축통화로 부분적인 역할을 하고 있다.

2. 기축통화 발권국가의 장점

(1) 영향력

기축통화를 발행하는 국가는 세계 경제에 막대한 영향력을 행사할 수 있다. 그 나라의 통화가 국제 무역과 금융에서 널리 사용되기 때문에, 그 통화 발행국의 통화

정책은 전 세계 경제에 파급 효과를 미친다. 예를 들어, 미국의 통화 정책(금리 인상/인하 등)은 전 세계 경제에 큰 영향을 끼친다.

(2) 국제 거래에서 환율 리스크 회피

기축통화 발권국가는 자국 통화로 국제 거래를 할 수 있기 때문에 환율 변동에 따른 리스크를 회피할 수 있다. 예를 들어, 미국은 달러를 발행하고, 많은 나라들이 미국 달러로 국제 거래를 하기 때문에, 미국은 자국 통화를 사용하여 무역 거래를 할 수 있다.

(3) 무역 적자 해결에 유리한 위치

기축통화 발권국은 국제 무역에서 적자가 발생해도 상대적으로 유리한 상황에 놓인다. 다른 나라들이 기축통화를 필요로 하기 때문에 발권국은 자국의 통화를 발행하여 외부 자본을 유치할 수 있다. 예를 들어, 미국은 무역 적자를 겪더라도 달러를 발행해 외국에서 자본을 유입시키는 방식으로 재정 적자를 메울 수 있다.

(4) 저금리로 자금 조달 가능

기축통화에 대한 수요가 전 세계적으로 존재하기 때문에, 기축통화 발권국은 저금리로 자금을 조달할 수 있는 이점이 있다. 외국 정부와 기업들이 기축통화를 보유하려고 하기 때문에, 발권국은 상대적으로 낮은 금리로 채권을 발행하고, 자본을 조달하는 데 유리한 위치에 있다.

(5) 통화 정책의 자유

기축통화 발권국은 유연한 통화 정책을 시행할 수 있다. 그 나라의 통화는 세계적인 수요를 받기 때문에, 그 나라 중앙은행은 국내 경제 상황에 맞게 금리나 통화량을 자유롭게 조정할 수 있는 정책적 유연성을 가지고 있다.

3. 기축통화 발권국가의 단점

(1) 과도한 통화 발행 유혹

1기축통화 발권국은 무역 적자를 보완하거나 재정적 문제를 해결하기 위해 자국 통화를 과도하게 발행할 유혹에 빠질 수 있다. 지나치게 많은 통화 발행은 인플레이션을 유발하고, 국제사회에서 자국 통화에 대한 신뢰를 떨어뜨릴 수 있다. 이러한 문제는 장기적으로 경제에 부정적인 영향을 미칠 수 있다.

(2) 쌍둥이 적자 발생

기축통화 발권국가는 경상수지 적자와 재정적자라는 쌍둥이 적자에 직면할 수 있다. 무역 적자가 발생하면 달러(기축통화)를 해외로 보내고, 이는 자국 경제의 자금 유출을 의미한다. 그로 인해 국가 재정이 적자 상태에 빠지기 쉽고, 이를 해결하기 위해 대규모 재정 지출이 필요할 수 있다. 이는 미국이 자주 겪는 문제 중 하나이다.

(3) 자국 경제에 미치는 부담

기축통화 발권국은 세계 경제 불균형을 조정하기 위해 자국 경제를 희생해야 할 수도 있다. 예를 들어, 세계 경제가 불황일 때, 기축통화 발권국은 유동성을 공급하기 위해 통화 완화 정책을 펼쳐야 하고, 이는 자국 내 인플레이션 압력을 가중시킬 수 있다. 반대로 글로벌 경제가 과열될 경우, 발권국은 금리를 인상해야 하지만, 이는 자국의 경제 성장에 제약을 줄 수 있다.

(4) 국제 의존성 증가

기축통화 발권국은 자국 통화가 전 세계적으로 사용되기 때문에, 다른 나라의 경제 상황에 더 많은 영향을 받을 수 있다. 예를 들어, 달러가 전 세계적으로 쓰이기 때문에, 미국은 다른 나라의 경제 불황이나 통화 정책 변화로 인해 자국 경제가 영향을 받을 수 있다.

(5) 통화 가치 관리의 어려움

기축통화 발권국은 통화 가치를 안정적으로 유지해야 하는 압박을 받는다. 자국 통화의 가치가 지나치게 높아지면 수출 경쟁력이 약화되고, 지나치게 낮아지면 인플레이션과 외환 보유국들의 불만을 초래할 수 있다. 이러한 상황에서 기축통화 발권국은 통화 가치를 안정적으로 유지하기 위한 적절한 통화 정책을 찾는 데 어려움을 겪을 수 있다.

IX 특별인출권(SDR)

1. 의의

특별인출권(SDR: Special Drawing Rights)은 국제통화기금(IMF)이 1969년에 창설한 국제 준비 자산으로, 세계 여러 나라의 외환 보유고를 보충하고 국제 유동성을 제공하기 위해 도입되었다. SDR은 특정 국가의 통화가 아니며, IMF 회원국들이 사용할 수 있는 자산의 형태로 존재한다. SDR은 무역 결제나 외환 시장에서 직접적으로 사용되지는 않지만, 회원국 간에 자국 통화와의 교환, 국제 거래에 대한 지급 준비금으로 활용된다.

2. 도입 배경

SDR은 1960년대 후반에 국제 유동성 부족을 해결하기 위한 목적으로 도입되었다. 당시 브레튼우즈체제하에서 미국 달러는 금에 연계되어 있었고, 미국은 달러를 발행하면서 국제 무역에서 기축통화 역할을 맡았다. 그러나 미국이 금 보유량을 유지한 채로 무역 적자를 해결하기에는 한계가 있었고, 국제사회는 달러 이외의 추가적인 준비 자산이 필요했다.

3. 가치 계산

SDR은 특정 국가의 통화가 아니며, 여러 주요 통화의 가치를 바탕으로 그 가치가 결정된다. SDR 가치는 IMF가 지정한 통화 바스켓에 따라 정해지며, 이 바스켓은 주기적으로 조정된다. 2022년 기준 SDR 통화 바스켓에 포함된 통화는 미국 달러(USD), 유로(EUR), 중국 위안(CNY), 일본 엔(JPY), 영국 파운드(GBP)이다. SDR의 가치는 이러한 5개 통화의 가중치를 반영한 합산 가격으로 산정되며, IMF는 SDR의 환율을 매일 발표한다. SDR 환율은 국제 외환시장의 변동에 따라 달라진다. 각 통화의 가중치는 해당 통화가 국제 무역 및 금융 시장에서 차지하는 비중에 따라 결정되며, 이는 주기적으로 검토되어 조정된다.

4. 주요 기능

(1) 국제 준비 자산

SDR은 IMF 회원국들이 보유할 수 있는 국제 준비 자산으로, 외환 보유고의 일부로 사용된다. 국가가 외환 부족에 직면할 경우, SDR을 통해 추가적인 유동성을 확보할 수 있다. 회원국들은 SDR을 다른 회원국의 통화로 교환할 수 있으며, 이는 외환 위기를 극복하는 데 도움을 준다.

(2) 국가 간 결제 수단

IMF 회원국들은 SDR을 사용하여 국가 간 결제를 수행할 수 있다. SDR은 특히 IMF의 대출 프로그램에서 사용되며, 회원국들은 IMF에서 대출을 받을 때 SDR을 사용할 수 있다. 이로 인해 SDR은 국가 간의 금융 거래와 결제에서 중요한 역할을 한다.

(3) IMF 내에서 사용

SDR은 IMF에서 회원국들이 출자금을 납부하거나, IMF가 제공하는 금융 지원을 받을 때 내부 결제 수단으로도 사용된다. IMF는 SDR을 통해 회원국들 간의 금융 조정 역할을 수행하며, 국제 통화 체제의 안정성을 유지한다.

(4) 통화 스왑

IMF 회원국들은 자국이 보유한 SDR을 이용해 다른 회원국들과 통화 스왑을 할 수 있다. 이를 통해 SDR을 자국 통화로 교환하거나, 필요한 외환을 조달할 수 있다. SDR은 글로벌 유동성 문제를 완화하는 중요한 역할을 한다.

5. 장점

(1) 국제 유동성 공급

SDR은 IMF 회원국들이 외환 보유고를 보충할 수 있는 유동성 자산을 제공함으로써, 국제 금융 시스템의 안정성을 높인다. 이를 통해 외환 위기 시 국가들이 추가적인 유동성을 확보할 수 있다.

(2) 달러 의존도 완화

SDR은 달러화 의존도를 줄이는 대안으로 작용한다. IMF 회원국들은 SDR을 통해 자국 통화를 달러가 아닌 여러 통화로 교환할 수 있으며, 이는 특정 통화에 대한 의존도를 줄이는 역할을 한다.

(3) 금융 위기 대응

IMF는 글로벌 금융 위기 시 SDR을 배분하여 각국의 외환 보유고를 증대시켜 위기 대응을 지원한다. SDR은 특히 외환 부족으로 인한 위기를 겪고 있는 국가들에게 효과적인 대책이 될 수 있다.

6. 한계와 문제점

(1) 실제 사용 제한

SDR은 국제 거래에서 직접적으로 사용되지 않는 자산이다. SDR은 회원국들 간의 거래나 IMF 내부에서만 사용될 수 있으며, 일상적인 무역 결제에서는 사용되지 않는다. 이로 인해 SDR의 사용은 상대적으로 제한적이다.

(2) 기축통화 대체의 한계

SDR은 기축통화(미국 달러 등)를 대체할 수 있는 기능을 수행하지만, 그 범위가 매우 제한적이다. SDR은 국제 거래에서 달러화와 같은 기축통화를 대체할 수 없으며, 실제로 기축통화에 대한 의존을 완전히 해결하지는 못한다.

(3) 제한된 유동성 제공

SDR의 양은 IMF가 배분한 한정된 범위 내에서만 사용할 수 있기 때문에, 유동성 제공의 한계가 존재한다. 국제 유동성 문제를 해결하는 데는 SDR만으로는 충분하지 않을 수 있다.

X 2008년 미국발 금융위기

1. 2008년 금융위기의 원인

(1) 서브프라임 모기지 사태

서브프라임 모기지는 신용등급이 낮은(서브프라임) 차입자들에게 제공된 고위험 주택담보대출을 말한다. 2000년대 초반, 미국의 주택 가격이 빠르게 상승하면서 서브프라임 모기지가 급격히 늘어났다. 금융기관들은 신용이 낮은 사람들에게도 대출을 해주며 주택 가격이 계속 상승할 것이라는 기대를 바탕으로 위험을 간과했다. 그러나 2006년부터 주택 시장이 침체되기 시작하면서 서브프라임 모기지 차입자들이 대출 상환에 실패하는 경우가 급증했다. 주택 가격이 하락하자 담보 가치가 줄어들었고, 금융기관들은 손실을 피할 수 없었다.

(2) 금융 파생상품의 확대

서브프라임 모기지를 기반으로 한 파생상품(Collateralized Debt Obligations, CDO)의 급격한 성장은 위기의 중요한 원인 중 하나였다. 금융기관들은 서브프라임 모기지를 포함한 대출을 묶어 파생상품으로 판매했다. 이러한 파생상품은 고수익을 기대할 수 있는 매력적인 투자처로 보였지만, 그 기초 자산인 서브프라임 모기지의 위험성을 간과했다. 파생상품은 복잡한 구조를 가지고 있어 투자자들이 위험을 충분히 이해하지 못한 채 대규모로 투자하게 되었다. 이로 인해 금융기관들은 막대한 위험을 떠안게 되었고, 모기지 상환이 불가능해지자 파생상품의 가치는 급락했다.

(3) 과도한 레버리지

많은 금융기관들은 대출과 파생상품 투자를 통해 과도한 레버리지를 사용했다. 레버리지는 금융기관이 자기자본보다 훨씬 많은 금액을 차입해 투자를 확대하는 것을 의미한다. 이로 인해 금융기관들은 적은 손실에도 대규모 자산 감소를 겪게 되었고, 자본금이 급격히 소진되면서 파산 위기에 처했다.

(4) 금융 규제의 부실

2000년대 들어 금융 규제는 완화되었고, 금융 기관들은 자본 비율을 낮추고 위험을 감수하면서 이익을 추구했다. 규제 당국은 이러한 금융 기관들의 활동을 제대로 감독하지 못했으며, 신용평가 기관들도 파생상품의 위험성을 제대로 평가하지 못했다. 특히 파생상품 시장의 투명성 부족과 규제 공백이 금융 시스템 전반에 걸쳐 위험을 확대했다.

(5) 주택 버블

미국 주택 시장의 버블은 금융위기의 핵심 배경이었다. 2000년대 초반 저금리와 완화된 대출 기준으로 인해 주택 가격은 급등했으나, 이는 지속 가능한 경제적 기초 없이 부풀려진 가격이었다. 주택 가격이 하락하면서 주택 소유자들은 모기지 상환을 못하게 되었고, 금융 기관들이 보유한 주택담보대출 관련 자산의 가치가 급락하게 되었다.

2. 금융위기의 파급효과

(1) 금융기관 파산

위기의 가장 대표적인 사건은 2008년 9월 리먼 브라더스(Lehman Brothers)의 파산이다. 리먼 브라더스는 당시 세계 4위 규모의 투자은행이었지만, 서브프라임 모기지 관련 자산에서 발생한 손실로 파산하게 되었다. 이는 금융위기가 본격적으로 시작되었음을 알리는 상징적 사건이었다.

(2) 글로벌 금융시장 붕괴

미국 금융 시스템의 붕괴는 곧바로 글로벌 금융시장으로 확산되었다. 금융기관들이 신뢰를 잃고 자금을 빌려주는 것을 꺼리면서 신용 경색이 발생했고, 국제금융 시장에서 자금 유동성이 급격히 줄어들었다. 주식 시장도 급락했으며, 투자자들은 안전 자산을 찾아 자산을 대규모로 매도했다.

(3) 실물 경제 침체

금융위기는 금융 시장을 넘어 실물 경제에도 심각한 영향을 미쳤다. 미국과 유럽에서는 기업들이 자금 부족으로 투자와 고용을 줄였고, 소비자들도 대출을 받기 어려워지면서 소비가 감소했다. 그 결과로 미국을 포함한 많은 국가에서 실업률이 급증하고, 경제 성장률이 크게 하락했다. 특히, 제조업과 주택 건설 부문은 심각한 침체에 빠졌다. 미국뿐 아니라 유럽, 아시아의 주요 경제국들도 경기 침체를 겪었으며, 특히 유럽의 몇몇 국가(그리스, 스페인 등)는 재정위기로까지 번졌다.

(4) 주택 시장 붕괴

미국 주택 시장은 서브프라임 모기지 사태로 인해 심각한 타격을 입었다. 수백만 명의 주택 소유자들이 대출 상환을 못하게 되면서 주택 압류가 급증했고, 주택 가격은 빠르게 하락했다. 미국 전역에서 주택 시장은 붕괴되었고, 이는 금융 기관들이 보유한 주택 관련 자산의 가치를 더욱 악화시켰다.

(5) 세계 경제의 침체

금융위기는 미국뿐 아니라 전 세계 경제를 위축시켰다. 글로벌 무역과 투자 흐름이 위축되면서, 특히 수출 의존도가 높은 국가들은 심각한 경기 침체에 빠졌다. 세계 경제는 2008년부터 2009년까지 심각한 글로벌 경제 위축을 경험했으며, 이는 이후 수년간의 경기 회복에도 영향을 미쳤다.

3. 해결 과정

(1) 긴급 구제 금융

미국 정부는 금융위기에 직면한 대형 금융 기관을 구제하기 위해 TARP (Troubled Asset Relief Program, 부실자산구제프로그램)을 시행했다. 7000억 달러 규모의 구제금융을 통해 은행과 금융기관에 자본을 투입하고, 부실 자산을 매입해 금융 시스템의 붕괴를 막았다. 이 프로그램을 통해 AIG와 골드만삭스 등 주요 금융기관들이 정부의 지원을 받아 파산을 면할 수 있었다.

(2) 양적 완화 정책(QE: Quantitative Easing)

미국 연방준비제도(연준)는 금리를 대폭 인하하고, 양적 완화(QE)라는 비전통적인 통화 정책을 도입했다. 연준은 국채와 모기지담보증권(MBS)을 대규모로 매입하여 시중에 유동성을 공급했다. 이를 통해 신용 경색을 완화하고, 경제 회복을 촉진하려 했다. 양적 완화는 이후 유럽중앙은행(ECB)과 일본은행(BoJ) 등도 채택한 정책으로 확산되었다.

(3) 국제 공조

미국뿐 아니라 유럽연합(EU), 일본, 중국 등 주요국들도 금융위기 대응을 위해 금리 인하, 구제금융, 재정 지출 확대 등의 정책을 펼쳤다. G20 정상회의는 국제 경제 협력을 강화하고, 글로벌 금융 시스템의 안정을 도모하기 위한 대책을 논의했다. 세계 각국은 대규모 경제 부양책을 통해 침체된 경제를 회복하려 노력했다.

(4) 금융 규제 강화

금융위기 이후 금융 시스템의 투명성과 안전성을 강화하기 위해 여러 금융 규제 개혁이 이루어졌다. 미국은 도드-프랭크 법(Dodd-Frank Act)을 통해 대형 금융 기관의 리스크 관리를 강화하고, 파생상품 시장과 은행 자본 규제를 개선했다. 또한, 금융 안정성 위원회(FSB)와 같은 국제 기구가 설립되어, 글로벌 금융 시스템의 리스크를 감시하고 조정하는 역할을 수행했다.

XI 2008년 금융위기 이후 신브레튼우즈체제

1. 의의

신브레튼우즈체제(New Bretton Woods System)는 2008년 글로벌 금융위기 이후 새로운 국제 경제 질서를 설명하는 용어로 사용된다. 이 용어는 1944년 제2차 세계대전 직후에 수립된 브레튼우즈체제와 유사한 방식으로, 글로벌 경제의 안정과 성장을 위해 국가 간 협력과 규제를 강화하는 것을 목표로 하는 체제를 의미한다. 신브레튼우즈체제는 공식적으로 존재하는 체제는 아니지만, 위기 이후 국제 금융 및 통화 시스템에서 새로운 규범과 질서가 형성된 것을 설명하는 개념으로 사용된다.

2. 신브레튼우즈체제의 배경

브레튼우즈체제는 1944년 뉴햄프셔주 브레튼우즈에서 44개국이 모여 국제통화기금(IMF)과 세계은행을 설립하고, 고정환율제를 도입한 국제 경제 협력 체제였다. 당시 미국 달러는 금과 연계되어 있었고, 세계 경제의 안정성과 성장을 도모했다. 그러나 1971년 닉슨 쇼크로 달러의 금태환이 중단되면서 브레튼우즈체제는 붕괴했고, 이후 변동환율제가 도입되었다. 2008년 금융위기는 금융 시스템의 규제 부족과 글로벌 경제의 불균형을 극명하게 드러내면서, 새로운 글로벌 경제 질서에 대한 요구가 커지게 되었다. 이에 따라 2008년 이후 형성된 신브레튼우즈체제는 기존의 브레튼우즈체제처럼 국제 금융 시스템을 안정시키고, 경제 협력을 통해 위기를 예방하려는 노력이 반영된 질서로 볼 수 있다.

3. 주요 내용

(1) 국제 금융 규제 강화

2008년 금융위기 이후, 각국은 금융 시스템의 투명성을 강화하고 리스크를 줄이기 위해 금융 규제를 대폭 강화했다. 특히, 미국의 도드-프랭크 법(Dodd-Frank Act)은 대형 금융기관에 대한 자본 규제를 강화하고, 과도한 리스크를 감수하는 행위를 제한하는 데 중점을 두었다. 또한 바젤 III와 같은 글로벌 금융 규제 프레임워크가 도입되어 금융기관들이 더 많은 자본을 보유하고, 리스크 관리 능력을 강화하도록 요구되었다.

(2) IMF와 국제통화기금의 역할 강화

신브레튼우즈체제에서 IMF는 글로벌 금융 시스템의 안정성 유지와 위기 대응에서 중요한 역할을 맡았다. IMF는 위기 이후 글로벌 유동성 공급을 조율하고, 위기 상황에서 자금 지원을 통해 각국이 금융위기에 대처할 수 있도록 지원했다. 특히, IMF는 금융위기에 직면한 유럽 국가들과 개발도상국들을 구제하기 위해 대규모 자금을 지원했다. 또한 특별인출권(SDR)이 중요한 국제 준비 자산으로 역할을 확대하였다. SDR은 달러와 같은 기축통화에 대한 의존도를 줄이고, 국제 유동성 문제를 해결하는 수단으로 강화되었다.

(3) G20의 부상

2008년 금융위기 이후, G20 정상회의가 국제 경제 협력의 주요 플랫폼으로 부상했다. 과거에는 G7(주요 7개국)이 국제 경제 정책을 주도했으나, 글로벌 금융위기 이후 더 많은 국가들이 경제 협력에 참여해야 한다는 인식이 확산되었다. 이에 따라 중국, 인도, 브라질과 같은 신흥국들이 참여하는 G20이 국제 경제 협력과 글로벌 금융 시스템 개혁을 논의하는 주요 기구로 자리 잡았다. G20은 위기 해결을 위한 재정 자극책, 글로벌 금융 규제 강화, IMF 자금 확충, 보호무역주의 반대 등을 논의하고 합의하며 글로벌 경제의 회복을 촉진했다.

(4) 중앙은행 간의 협력 강화

2008년 금융위기 이후, 중앙은행 간 협력이 크게 강화되었다. 특히 미국 연방준비제도(Fed), 유럽중앙은행(ECB), 일본은행(BoJ) 등 주요 중앙은행들은 긴급 상황에서 통화 스왑 라인을 확장하여 글로벌 금융 시스템에 유동성을 공급하는 협력을 진행했다. 이는 국제 금융 시장에서 신용 경색을 완화하고, 금융 불안정을 억제하는 데 중요한 역할을 했다.

(5) 구제금융과 양적 완화 정책

신브레튼우즈체제는 각국 정부와 중앙은행이 대규모 구제금융과 양적 완화(Quantitative Easing, QE)를 통해 경제 회복을 도모한 과정을 포함한다. 미국은 TARP(부실자산구제프로그램)과 양적 완화 정책을 통해 금융 시스템을 안정시키고, 실물 경제의 회복을 촉진했다. 이후 유럽, 일본 등 다른 국가들도 비슷한 방식으로 대규모 자산 매입 프로그램을 도입해 경기 부양을

(6) 세계 금융 시스템의 개혁

글로벌 금융위기 이후 금융 시스템의 투명성과 안전성을 강화하기 위한 개혁이 추진되었다. 특히 금융 안정성 위원회(FSB)가 설립되어 국제 금융 규제와 감독을 강화하는 역할을 맡았다. FSB는 글로벌 금융 시스템의 취약점을 점검하고, 금융기관들이 위험 관리와 자본 기준을 충족하도록 조정하는 역할을 했다.

4. 장점

(1) 글로벌 협력 강화

금융위기 이후 각국은 국제 경제의 상호 의존성을 인식하고 협력을 강화했다. G20을 중심으로 한 국제 협력은 경제 위기에 대한 신속한 대응과 재정 자극책을 조율하는 데 중요한 역할을 했다. 이를 통해 금융 시스템의 불안정성을 완화하고, 글로벌 경제의 회복을 촉진했다.

(2) 금융 규제 강화

금융 시스템의 투명성과 안전성을 높이기 위한 글로벌 금융 규제가 강화되면서, 금융기관들은 과거보다 더 많은 자본을 보유하고 위험 관리를 철저히 하도록 요구받게 되었다. 이러한 규제는 금융위기 재발을 방지하고, 금융 시스템을 더욱 견고하게 만들었다.

(3) IMF와 국제금융기구의 역할 증대

IMF를 비롯한 국제 금융기구들은 위기 시 자금을 지원하고, 글로벌 유동성을 조절하는 역할을 수행했다. 이러한 국제 금융기구의 역할 증대는 위기 대응 능력을 강화하고, 경제 불안정성을 완화하는 데 기여했다.

(4) 유동성 공급 및 경기 부양

양적 완화와 같은 비전통적 통화 정책은 금융위기 이후 경기 부양에 중요한 역할

을 했다. 이를 통해 경제는 빠르게 회복할 수 있었고, 중앙은행 간의 협력으로 글로벌 금융 시장의 안정성이 강화되었다.

5. 문제점과 한계

(1) 글로벌 불균형 해결의 한계

신브레튼우즈체제는 글로벌 경제의 불균형 문제를 완전히 해결하지는 못했다. 미국과 같은 선진국은 여전히 무역 적자를 겪고 있으며, 신흥국과의 경제 불균형이 지속되고 있다. 이는 여전히 글로벌 경제의 취약성을 증가시키는 요소로 남아 있다.

(2) 자산 버블과 부채 문제

양적 완화 정책과 저금리는 자산 가격을 급격히 상승시켰으며, 부채 문제를 악화시키기도 했다. 이는 향후 금리 인상과 함께 자산 가격 하락이나 신용위기가 발생할 수 있는 잠재적 위험을 내포하고 있다. 이러한 부작용은 경제 회복을 저해할 수 있는 요인으로 작용할 수 있다.

(3) IMF와 G20의 한계

IMF와 G20이 글로벌 경제 관리에 중요한 역할을 하고 있지만, 이들 기구의 영향력에는 한계가 있다. 일부 국가들은 IMF의 구조조정 요구를 과도하다고 비판하고 있으며, G20은 협력의 한계와 각국의 정치적 이해관계로 인해 합의 도출에 어려움을 겪을 때가 많다.

XII IMF

1. 설립 배경

(1) 대공황과 세계 경제 불안정

1930년대 대공황은 세계 경제에 심각한 타격을 입혔다. 각국은 무역 장벽을 높이고, 자국 통화를 절하하여 경쟁적으로 무역을 촉진하려 했다. 이는 세계 경제를 더욱 불안정하게 만들었고, 금본위제가 붕괴하면서 환율이 큰 폭으로 변동하는 등 국제 금융 시스템이 붕괴 위기에 놓였다. 이러한 경험은 전후 경제 질서를 재정비할 필요성을 강화했다.

(2) 브레튼우즈 회의와 IMF 설립

1944년, 미국의 뉴햄프셔주 브레튼우즈에서 열린 브레튼우즈 회의에서 44개국은 전후 경제 재건과 세계 경제 안정을 위한 국제 금융 기구 설립에 합의했다. 이 회의에서 IMF와 세계은행이 설립되었으며, IMF는 주로 환율 안정과 국제 유동성 공급, 경제 위기 방지를 담당하는 역할을 맡게 되었다. IMF는 고정환율제를 바탕으로 회원국 간 협력을 통해 환율 안정을 도모하고, 무역 및 자본 흐름을 원활하게 유지하는 것을 목표로 했다.

2. 주요 업무

(1) 환율 안정 및 국제통화 협력

IMF는 회원국들이 안정적인 환율 정책을 유지하도록 지원하며, 각국 통화 간의 협력을 촉진한다. 환율이 지나치게 변동할 경우, 국제 무역과 투자에 큰 영향을 미칠 수 있기 때문에 IMF는 회원국들이 적절한 환율 정책을 운영하도록 감시하고 조언을 제공한다.

(2) 금융 및 경제 감시(Surveillance)

IMF는 회원국들의 경제 상황을 모니터링하고, 경제 정책에 대한 분석과 권고를 제공한다. 이를 통해 각국이 경제 불균형을 해결하고, 지속 가능한 경제 성장을 도모할 수 있도록 돕는다. IMF는 매년 각국의 경제를 분석하는 Article IV 협의를 통해 정책 권고를 발표하며, 글로벌 경제의 리스크를 평가한다.

(3) 대출 프로그램 및 금융 지원

IMF는 경제적 어려움에 처한 회원국들에게 긴급 대출과 구제금융을 제공한다. 주로 외환 위기나 재정적자를 겪는 국가들이 IMF의 금융 지원을 받으며, IMF는 자금을 제공하는 대가로 경제 구조조정 프로그램을 요구한다. 이러한 대출 프로그램에는 긴축 정책, 재정 개혁, 시장 개방 등의 조건이 포함될 수 있다.

(4) 기술 지원 및 역량 강화

IMF는 개발도상국 및 신흥국들에게 경제 관리 역량을 강화할 수 있도록 기술적 지원을 제공한다. 세금 제도 개선, 금융 시스템 구축, 통계 역량 강화 등을 통해 이들 국가가 지속 가능한 경제 발전을 이룰 수 있도록 돕는다.

(5) 국제 유동성 공급

IMF는 국제 유동성을 관리하는 역할도 한다. 특별인출권(SDR)을 발행해 회원국들이 외환 보유고를 보충할 수 있도록 하며, 글로벌 금융 위기 시 유동성을 확대해 위기를 완화하는 데 기여한다.

3. IMF에서의 미국의 역할

(1) 최대 출자국

미국은 IMF에서 가장 많은 출자금을 납부한 최대 회원국으로, 전체 IMF 자본에서 약 17%의 비중을 차지하고 있다. 이는 미국이 IMF에서 중요한 의사결정권을 가지고 있음을 의미한다. IMF에서 주요 결정을 내리기 위해서는 회원국들의 출자금 비율에 따라 85% 이상의 찬성이 필요하며, 미국은 단독으로 이러한 결정을 막을 수 있는 거부권을 사실상 보유하고 있다.

(2) 정책 결정에서의 영향력

미국은 IMF의 주요 정책과 프로그램에서 핵심적인 영향력을 행사한다. 예를 들어, IMF가 특정 국가에 구제금융을 제공하거나 경제 구조조정 프로그램을 권고할 때, 미국의 의견이 크게 반영된다. 이는 미국이 국제 금융 질서에서 중요한 역할을 하면서, 자국의 경제적 이익을 보호하는 데에도 활용된다.

(3) 글로벌 경제 리더십

미국은 IMF뿐만 아니라 G20, 세계은행 등 국제 경제 기구에서 글로벌 경제 리더십을 발휘해 왔다. 미국은 IMF를 통해 세계 경제의 안정성과 성장을 촉진하며, 특히 금융 위기 시 IMF를 통해 다른 국가들에 자금을 지원하고 국제 금융 시스템의 붕괴를 막는 역할을 수행해 왔다.

4. 문제점

(1) 구조조정 프로그램의 부작용

IMF는 대출을 제공할 때 주로 긴축 정책과 시장 개방을 요구한다. 이러한 구조조정 프로그램은 IMF가 제공하는 자금을 받기 위한 조건으로 시행되는데, 이는 수혜국의 경제에 큰 부담을 줄 수 있다. 예를 들어, 긴축 정책은 정부 지출을 줄이고, 공공 서비스에 대한 투자를 감소시키기 때문에 실업 증가, 빈곤 확대 등 사회적 불안을 초래할 수 있다. 또한, 시장 개방과 민영화는 외국 기업들의 이익을 우선시하면서 국내 산업의 경쟁력을 약화시킬 수 있다.

(2) 선진국 중심의 결정 구조

IMF의 결정 구조는 선진국에 유리하게 설계되어 있다. 미국, 유럽 등 선진국들이 출자금 비중이 높고, 의사결정 과정에서 강력한 영향력을 행사할 수 있는 반면, 개발도상국과 신흥국들은 상대적으로 의사결정에서 소외되는 경우가 많다. 이는 IMF가 선진국의 이익을 중심으로 운영된다는 비판을 받는 이유 중 하나이다.

(3) 정책 유연성 부족

IMF의 정책 권고는 일률적이고 경직된 경우가 많다는 비판이 있다. IMF는 주로 재정 적자를 줄이기 위해 긴축 정책과 공공지출 삭감을 권고하지만, 이는 각국의 상황을 충분히 고려하지 못한 처방일 수 있다. 특히, 경제적 불평등이 심한 국가에서 이러한 정책은 국민 생활 수준을 악화시킬 수 있다.

(4) IMF의 위기 예측 능력 부족

IMF는 금융 위기 발생 전 금융 시스템의 문제를 사전에 인식하지 못한 경우가 많았다. 1997년 아시아 금융위기나 2008년 글로벌 금융위기에서 IMF는 위기를 충분히 예측하지 못하고, 사후 대처에만 집중했다는 비판을 받았다. 이는 IMF의 감시 기능이 충분하지 않다는 지적이다.

5. 문제점 해결 방안

(1) 구조조정 프로그램의 유연성 강화

IMF는 수혜국에 요구하는 구조조정 프로그램을 유연하게 설계할 필요가 있다. 각국의 경제적, 사회적 상황을 충분히 고려하여 긴축 정책이나 개혁 프로그램을 시행할 수 있도록 하고, 국민들의 생활 수준을 크게 악화시키지 않도록 정책적 유연성을 발휘해야 한다. 특히, 장기적인 경제 성장을 위한 사회적 안전망을 강화할 수 있는 정책을 권고하는 것이 중요하다.

(2) IMF 의사결정 구조 개혁

IMF의 의사결정 구조는 선진국에 과도하게 집중되어 있다. 이를 해결하기 위해서는 개발도상국과 신흥국의 발언권을 강화하고, 출자금 비율을 재조정하는 것이 필요하다. 특히, 중국, 인도, 브라질 등 경제 규모가 큰 신흥국들이 글로벌 경제에서 더 큰 역할을 할 수 있도록 IMF의 거버넌스를 개혁해야 한다.

(3) 위기 예측 능력 강화

IMF는 글로벌 경제 위기를 더 효과적으로 예측하고 대비하기 위해 경제 감시 기능을 강화해야 한다. 특히, 금융 시스템의 리스크와 불균형을 조기에 감지할 수 있는 지표를 개발하고, 글로벌 경제 흐름을 면밀히 분석하여 조기 경보 시스템을 개선할 필요가 있다.

(4) 지속 가능한 성장 정책 강조

IMF는 각국의 경제 정책 권고에서 지속 가능한 성장을 더 중시해야 한다. 단기적인 재정 균형만을 강조하는 것이 아니라, 장기적인 경제 성장을 위해 필요한 교육, 인프라, 보건 등에 대한 투자를 촉진하는 정책을 권장해야 한다. 이를 통해 경제 성장과 사회적 안정이 조화를 이루는 방향으로 나아갈 수 있다.

XIII 국제금융체제의 불안정성 및 그 대응 전략

1. 국제금융체제의 불안정성

21세기 현재의 국제금융체제는 상당한 불안정성을 보이고 있다. 국제통화체제가 불안정하다는 것은 각국 통화의 환율이 크게 변동하거나 특정 국가의 통화가치가 급격히 하락 또는 상승하면서 세계 경제에 부정적인 영향을 미친다는 의미이다. 예를 들어, 미국 달러화의 가치가 급격히 하락했을 때, 달러를 많이 보유한 다른 국가들의 경제도 타격을 받는다. 수출입 가격이 급변하고, 금융시장이 흔들리며 물가와 이자율이 불안정해지는 상황이 발생한다. 또 다른 예로, 1997년 아시아 금융위기 당시 태국의 통화가치가 급락하면서 연쇄적으로 다른 아시아 국가들의 통화도 불안정해지고 자본이 급속히 빠져나가며 경제 위기가 촉발되었다. 이러한 상황에서 통화 가치나 환율의 큰 변동은 무역, 투자, 외환시장에 불확실성을 초래하고, 결국 경제 전반에 큰 혼란을 일으킨다. 결국, 국제통화체제가 불안정하다는 것은 한 국가의 통화정책이나 환율 변동이 다른 국가에 영향을 미쳐 글로벌 금융 시스템이 흔들리고, 경제적 불안이 확산되는 상황을 의미한다.

2. 국제금융체제의 불안정 요인

(1) 과도한 자본 이동과 투기적 금융 거래

글로벌화된 금융시장에서 자본이 매우 빠르게 이동하며, 단기적 이익을 목적으로 한 투기적 거래가 금융 시장의 변동성을 크게 증가시키고 있다. 이는 환율과 자산 가격의 급격한 변동을 초래하고, 전 세계적으로 금융 불안을 촉발할 수 있다.

(2) 미국 달러에 대한 지나친 의존

미국 달러가 국제 기축통화로서 주요 역할을 하면서, 미국 경제와 통화정책의 변화가 전 세계 금융시장에 직접적인 영향을 미치고 있다. 이는 특정 국가의 경제 불안정이 글로벌 경제에 연쇄적인 충격을 줄 수 있는 구조적 불안정을 야기한다.

(3) 글로벌 경제의 불균형과 정책 조율 부족

각국의 경제정책, 특히 금리 정책과 환율 정책이 조율되지 않으면서, 국가 간 무역 불균형과 금융 불안정이 발생한다. 특히 신흥국과 선진국 간의 경제 격차는 자본 유출입의 급격한 변동을 유발하며, 경제 위기를 심화시키는 요인이 된다.

(4) 국제 금융 규제의 불완전성

글로벌 금융시장에서 규제 체계가 통일되지 않거나 국가별로 상이하여, 금융 시스템 내에서 취약성이 존재한다. 특히 대형 금융기관들이 규제 회피를 통해 위험한 금융상품에 과도하게 노출되거나 레버리지를 사용하는 경우, 이는 글로벌 금융 위기의 위험을 증대시킨다.

3. 국제금융질서의 불안정성에 대한 삼위불일치 이론적 설명

(1) 삼위불일치 이론

삼위불일치(Trilemma) 이론은 국제 통화체제에서 한 국가가 세 가지 중요한 정책 목표 중 동시에 세 가지를 모두 달성할 수 없다는 것을 설명하는 개념이다. 이 세 가지 목표는 다음과 같다. 첫째는 자본 이동의 자유이다. 자본이 자유롭게 국경을 넘나들며 투자 및 거래되는 것을 허용하는 것을 말한다. 둘째는 고정 환율제이다. 국가 간 통화의 환율을 일정하게 유지하여 안정성을 보장하는 것이다. 셋째는 독립적인 통화정책이다. 국가가 자국 경제 상황에 맞게 금리와 통화량을 조정할 수 있는 자율성을 갖는 것을 의미한다. 삼위불일치 이론에 따르면, 한 국가가 이 세 가지 중 오직 두 가지를 선택할 수 있고, 나머지 하나는 포기해야 한다. 이론적으로 세 가지를 모두 동시에 달성하는 것은 불가능하다.

(2) 삼위불일치 이론에 따른 선택 조합

① **자본 이동의 자유 + 고정 환율제**: 이 경우 독립적인 통화정책을 포기해야 한다. 자본 이동이 자유로운 상태에서 고정 환율을 유지하려면, 금리와 같은 통화정책이 자국 상황에 맞춰 독립적으로 운영될 수 없다. 예를 들어, 유럽연합의 유로존 국가들은 유로화라는 공통 통화를 사용함으로써 고정 환율을 유지하고 자본 이동을 자유롭게 하였다. 그러나 이 국가들은 각국의 경제 상황에 맞는 독립적인 통화정책을 사용할 수 없다.

② **자본 이동의 자유 + 독립적인 통화정책**: 이 경우 고정 환율제를 포기해야 한다. 자본 이동이 자유롭고 독립적인 통화정책을 유지하려면, 환율은 시장의 수급에 따라 변동하게 된다. 미국이나 일본처럼 대부분의 선진국들은 이 선택을 하고 있다. 이들 국가는 자본 이동의 자유와 독립적인 통화정책을 유지하면서 환율은 시장에서 자유롭게 변동한다. 하지만 이는 환율 변동성이 커질 수 있는 위험을 동반한다.

③ **고정 환율제 + 독립적인 통화정책**: 이 경우 자본 이동의 자유를 포기해야 한다. 고정 환율을 유지하면서 독립적인 통화정책을 운영하려면 자본 이동을 통제해야 한다. 이는 자본 유입이나 유출을 제한해야 한다는 의미다. 20세기 중반 브레튼우즈체제가 이에 해당한다. 이 시기에는 자본 이동이 제한되었고, 각국은 고정 환율을 유지하며 독립적인 통화정책을 시행할 수 있었다. 그러나 자본 이동의 제한이 장기적으로 경제 성장에 부정적인 영향을 주었고, 결국 이 체제는 붕괴되었다.

(3) 현재의 상황

현재는 자본이동의 자유 + 변동환율제의 조합으로 볼 수 있다. 이 경우 개별국가의 금융정책의 효과성은 기대할 수 있지만, 환율의 급변으로 국제금융질서의 불안정이 야기될 수 있다. 자본이동의 자유로운 경우 다음의 메커니즘을 통해 환율의 급변이 발생할 수 있다. 첫째, 자본이 자유롭게 이동하는 경제 환경에서는 투자자들이 특정 국가의 경제 상황이나 금리 변동, 정치적 불안정성에 따라 대규모로 자본을 이동시킬 수 있다. 자본이 한꺼번에 들어오거나 빠져나가게 되면 해당 국가의 외환 수요와 공급이 급격하게 변하면서 환율이 크게 변동할 수 있다. 둘째, 자본의 자유로운 이동은 투기적 자본 흐름을 촉진한다. 특히, 단기적인 차익을 노리는 투자자들은 빠르게 자본을 이동시켜 환율 변동에 큰 영향을 미친다. 투기성 자본이 환율이 불안정한 상황을 악화시키거나, 오히려 새로운 불안정성을 유발할 수 있다. 이로 인해 통화 가치가 급등락하는 경우가 많아지며, 환율 변동성은 더욱 커진다. 셋째, 자본의 자유로운 이동과 환율 변동은 상호작용하면서 불안정을 심화시킬 수 있다. 예를 들어, 자본 유입이 증가해 환율이 상승하면 그에 따른 통화 강세로 인해 수출 경쟁력이 약화될 수 있고, 그로 인해 경제가 악화되면 다시 자본이 유출되어 환율이 급락할 수 있다. 이러한 순환이 반복되면 환율이 더욱 불안정해지며, 경제 전반에 부정적인 영향을 미치게 된다.

4. 국제금융체제의 불안정성의 관리 방안

(1) IMF 개혁

국제통화기금(IMF)은 국제 금융 안정을 위한 주요 기구로, 경제 위기를 겪는 국가들에 재정적 지원을 제공하고, 글로벌 경제 안정을 촉진하는 역할을 한다. 그러나 IMF의 운영 방식과 의사결정 구조가 일부 국가들에게 불평등하다는 비판을 받아왔다. 이에 따라 IMF 개혁은 국제 금융 불안정성을 관리하기 위한 중요한 노력으로 등장했다. 주요 개혁 방안으로는 첫째, IMF는 기존에 경제 위기에 처한 국가에 재정 지원을 제공하면서 엄격한 구조조정 조건을 요구했는데, 이는 경제적 부담을 가중시킨다는 비판을 받았다. 이를 개선하기 위해 IMF는 재정 지원 조건을 완화하거나, 유연한 대출 프로그램을 도입하는 등의 개혁을 추진해야 한다. 둘째, IMF는 글로벌 금융 시스템의 위험을 사전에 탐지하고 예방하기 위한 노력을 강화해야 한다.

(2) 기축통화체제의 개혁

현재의 국제금융체제는 미국 달러가 기축통화로서 핵심적인 역할을 하고 있는데, 이는 몇 가지 문제점을 초래한다. 미국 경제에 큰 변화가 있을 경우 전 세계적으로 파급 효과가 발생하며, 달러화의 강세나 약세가 세계 경제에 직접적인 영향을 미친다. 이에 따라 기축통화체제 개혁이 논의되고 있다. 첫째, 기축통화가 미국 달러에 지나치게 의존하는 문제를 해결하기 위해, 국제사회는 다극화된 통화 시스템을 모색하고 있다. 유로화, 중국 위안화, 엔화와 같은 다른 통화들의 국제적 역할을 확대함으로써, 기축통화 시스템을 다변화하려는 노력이 진행 중이다. 한편, IMF의 특별인출권(Special Drawing Rights, SDR)은 달러를 비롯한 여러 통화를 바탕으로 하는 인공 통화 자산이다. SDR을 국제 거래에서 보다 널리 사용하는 방안이 기축통화체제 개혁의 한 축으로 논의되고 있다. SDR의 사용을 늘리면 특정 국가 통화에 대한 의존도를 줄이고, 글로벌 금융 시스템의 불안정성을 완화할 수 있다.

(3) 국제금융거래에 대한 세금 부과

국제금융거래에서 발생하는 투기적 거래는 금융시장의 불안정을 가중시키는 요인이 될 수 있다. 이에 대응하기 위한 방법으로, 토빈세(Tobin Tax)와 같은 금융거래세 도입이 논의되어 왔다. 토빈세(Tobin Tax)는 짧은 기간에 이루어지는 투기적 외환 거래에 소액의 세금을 부과해, 이러한 거래를 억제하고 국제 금융시장의 변동성을 줄이는 것을 목적으로 한다. 투기적 거래는 환율 변동성을 심화시켜 경제에 불안정을 초래할 수 있기 때문에, 토빈세와 같은 금융거래세는 이러한 위험을 줄이는 데 중요한 역할을 할 수 있다.

(4) 국가 간 협력체제 강화

글로벌 금융 불안정에 대응하기 위해 국가 간 협력체제를 강화하는 것도 중요한 해결책으로 부각된다. 글로벌 경제는 상호 연결되어 있어, 한 국가의 경제 위기가 다른 국가로 쉽게 확산될 수 있기 때문이다. 이를 막기 위해 국가 간 경제정책 조율 및 협력은 필수적이다. G20과 같은 다자간 협의체는 국제 금융 안정을 위한 중요한 협력 기구로 작용하고 있다. G20 회의를 통해 주요 경제국들은 경제정책을 논의하고, 국제적인 금융 문제에 공동 대응하기 위한 방안을 모색한다. 이러한 협력은 국가 간 무역 갈등, 환율 문제 등 글로벌 금융 불안을 줄이는 데 기여한다. 또한 IMF와 세계은행, 지역 경제 협력체 등은 국제 금융 안전망을 구축하고 이를 강화하기 위한 노력을 하고 있다. 위기 발생 시 신속하게 자금을 지원할 수 있는 시스템을 마련하거나, 사전 경고 시스템을 강화해 글로벌 금융위기 발생 가능성을 줄이는 데 기여하고 있다. 그리고 국가 간 통화 스와프 협정은 경제 위기 시 자국 통화를 교환하여 유동성을 지원하는 시스템이다. 이는 글로벌 금융 불안정 상황에서 자금 유동성을 확보하고, 환율 불안정을 방지하는 데 효과적이다. 대표적인 사례로 한국과 중국, 일본 등 여러 국가들이 체결한 통화 스와프 협정이 있다.

제6절 지역무역협정(RTA)

I 지역무역협정의 개념

지역무역협정(Regional Trade Agreement, RTA)은 지리적으로 인접하거나 경제적 이해관계가 밀접한 국가들 간에 무역 장벽을 줄이거나 제거하는 협정이다. 이를 통해 회원국들은 상호간의 무역을 촉진하고, 경제적 협력을 강화하게 된다. 지역무역협정은 단순히 관세를 낮추거나 무역 규제를 완화하는 것을 넘어서, 투자 보호, 서비스 무역, 지식재산권, 환경 및 노동 기준과 같은 다양한 경제 협력 요소들을 포함할 수 있다.

II 지역무역협정 체결 배경

1. 다자간 무역 협상의 지연

세계무역기구(WTO)를 중심으로 한 다자간 무역 협상이 교착 상태에 빠지면서, 보다 구체적이고 신속한 성과를 내기 위한 지역 차원의 무역 협정이 활성화되었다. WTO의 다자간 협상에서는 여러 국가들이 다양한 이해관계를 가지고 있어 합의를 도출하기 어렵지만, 지역 차원의 무역협정은 협상 대상이 적고 이해관계가 상호 보완적일 수 있어 비교적 빠른 진전이 가능하다. 이는 국가들이 FTA, RTA와 같은 지역 차원의 협정에 더욱 주력하게 만든 배경이다.

2. 경제적 상호 의존성 증가

세계화와 함께 국가 간 경제적 상호 의존성이 급격히 증가함에 따라, 자유 무역과 경제 협력의 필요성이 커졌다. 지리적으로 인접한 국가들 간에 무역 협정이 체결되면, 무역비용이 절감되고 물류의 효율성이 높아지며, 상호 이익을 증대시킬 수 있다. 또한, 지역 내 공급망을 강화함으로써 글로벌 경제 불확실성에 대처할 수 있는 안정적인 경제적 협력체제를 구축할 수 있다.

3. 무역 보호주의에 대한 대응

최근 무역 보호주의의 확산에 대응하여, 국가들은 자유무역협정을 통해 경제 블록을 강화하고, 자국 시장의 경쟁력을 유지하려는 전략을 취하고 있다. 특히 미국, 유럽연합(EU), 중국 등의 대규모 경제 블록이 보호무역주의적인 경향을 강화하면서, 다른 국가들은 이를 상쇄하기 위해 지역 내 협력을 통해 경제적 이익을 보호하고 확대하려고 한다.

4. 지정학적·전략적 이해관계

지역무역협정은 단순한 경제 협력을 넘어서, 지정학적·전략적 이익을 달성하기 위한 수단으로도 활용된다. 국가들은 무역 협정을 통해 경제적 유대감을 강화하면서, 정치적·외교적 연대도 강화할 수 있다. 예를 들어, 중국은 RCEP를 통해 아시아에서 경제적 영향력을 강화하고, 미국의 영향력에 맞서기 위한 전략적 동맹을 형성하고 있다.

5. 다양한 무역 장벽 해소 필요

국가들은 무역 장벽을 줄이기 위해 지역무역협정을 활용한다. 특히, 비관세 장벽(규제, 표준, 인증 절차 등)을 완화하거나, 서비스 무역과 같은 새로운 영역에서의 협력이 필요하다. 지역무역협정은 이러한 다양한 경제 분야에서의 장벽을 줄이고, 상품과 서비스의 자유로운 이동을 촉진하는 데 중요한 역할을 한다.

Ⅲ RTA의 이익

1. 경제적 이익 차원

(1) 무역 확대와 경제 성장

RTA는 관세 및 비관세 장벽을 제거하여 회원국 간 무역을 촉진하고, 이를 통해 경제 성장을 이루는 데 기여한다. 지역 간 자유무역이 활성화되면 무역 비용이 감소하고, 상품과 서비스가 더 자유롭게 이동할 수 있으며, 이는 경제 전반에 긍정적인 영향을 미친다. 또한, RTA는 무역 장벽을 낮추거나 없애면서 회원국들 간의 무역 창출 효과를 발생시킨다. 이로 인해 무역 규모가 증가하고, 자원 배분이 효율적으로 이루어지면서 경제 성장에 기여한다. 예를 들어, NAFTA가 체결된 이후 미국, 캐나다, 멕시코 간 무역량이 급격히 증가했고, 이는 해당 국가들의 경제 성장에 긍정적인 영향을 미쳤다.

(2) 경제적 상호 의존성 증가

RTA는 국가 간 경제적 상호 의존성을 높인다. 상호 의존성이 증가하면, 각국은 경제적 이익을 공유하며, 상호 협력적인 관계를 구축하게 된다. 이는 경제적 안정성을 강화하고, 외부 충격에 대한 대응력을 높이는 데 기여한다. RTA는 회원국들 간 공급망 통합을 촉진하여, 생산 효율성을 극대화하고 무역 비용을 절감한다.

(3) 투자 유입 증가

RTA는 외국인 직접 투자(FDI)를 유치하는 데 중요한 역할을 한다. 무역 장벽이 낮아지면서 기업들은 더 넓은 시장에 접근할 수 있고, 지역 내 생산시설을 확충하는 데 유리한 환경을 조성하게 된다. 투자 유입은 경제 성장을 가속화하고, 고용 창출과 기술 혁신을 촉진할 수 있다. RTA가 체결된 국가들은 서로에게 더 쉽게 접근할 수 있는 시장을 제공하게 되며, 이는 해외 기업들이 그 지역에 투자할 유인을 증가시킨다.

2. 정치적 이익 차원

(1) 국가 간 외교적 협력 강화

RTA는 경제적 협력을 기반으로 정치적 연대를 강화하는 수단으로 작용한다. 경제적 상호 의존성이 증가함에 따라 국가들은 외교적으로 협력하고, 정치적 갈등을 평화적으로 해결하려는 경향이 강화된다. 국가들은 RTA를 통해 외교적 영향력을 확장하려 한다. 예를 들어, 중국은 RCEP를 통해 아시아-태평양 지역에서 경제적 협력을 증진하며, 동시에 정치적 영향력을 확대하는 전략을 구사하고 있다. 이는 중국이 지역 내 경제 강국으로서의 입지를 공고히 하고, 정치적 주도권을 확보하려는 목적도 포함된다.

(2) 정치적 안정성 증대

RTA는 회원국들 간 정치적 안정성을 증대시키는 역할을 한다. 무역과 경제적 협력이 강화되면, 회원국들 간의 정치적 갈등을 관리하고, 외교적 대화를 통해 문제를 해결하는 데 유리한 환경을 조성할 수 있다. RTA를 통해 각국은 협력적 규범을 형성하게 되며, 이는 정치적 불안정성을 줄이는 데 기여한다. 예를 들어, 유럽연합(EU)은 경제 통합뿐만 아니라 정치적 협력을 강화하면서 유럽 대륙에서 평화와 안정을 유지하는 데 중요한 역할을 했다.

3. 군사적 이익 차원

(1) 안보 협력과 경제적 연계

RTA는 단순한 경제 협력에 그치지 않고, 안보 협력을 촉진하는 수단으로도 활용될 수 있다. 경제적 협력이 강화되면, 안보 문제에서도 상호 의존성이 높아지며, 국가 간 군사적 갈등을 억제하는 요인으로 작용한다. 경제적 상호 의존이 커질수록 국가들은 무력 충돌을 피하려는 동기가 커진다.

(2) 군사적 비용 절감

경제적 협력은 군사적 경쟁보다는 협력적 안보 관계를 구축하는 데 기여할 수 있다. 이는 국가 간 군사적 긴장을 완화하고, 군비 경쟁을 줄이는 효과를 낳을 수 있다. RTA는 무역을 통한 상호 의존성을 높여, 군사적 충돌 대신 협력을 선택하도록 유도한다. RTA는 국가들이 군사적 자원보다 경제적 자원에 더 큰 비중을 두게 만든다. 경제적 성장이 안보와 직결되면서, 군사적 지출보다는 경제적 협력을 통해 상호 이익을 도모하려는 경향이 증가하게 된다.

(3) 안보 동맹 강화

RTA는 경제 협력을 넘어 안보 동맹을 강화하는 역할도 한다. 경제적 통합은 자연스럽게 정치적·군사적 협력으로 이어질 수 있으며, 이는 외부 위협에 대한 공동 대응력을 강화할 수 있다. RTA에 참여한 국가들은 외부 위협에 공동으로 대응할 수 있는 기반을 마련할 수 있다. 예를 들어, 유럽연합(EU)은 경제 통합을 바탕으로 공동 안보 및 방위 정책(CSDP)을 통해 회원국들의 군사적 협력을 강화했다. 이는 외부 위협에 대한 공동 방어 체제를 강화하는 데 기여했다.

Ⅳ RTA가 글로벌안보에 미치는 영향

1. 긍정적 측면

(1) 상호의존론

상호의존론은 국제 체제에서 국가 간 상호 의존성이 증대되면 협력과 평화가 가능하다고 본다. 이 이론의 관점에서, RTA는 국가들 간의 상호 의존성을 강화하고, 협력적 관계를 촉진하는 중요한 도구로 작용한다.

(2) 국제 제도를 통한 협력 촉진

신자유제도주의는 국제 제도의 중요성을 강조한다. RTA는 국제 제도의 일종으로, 회원국들 간에 분쟁 해결 메커니즘을 마련하고 협력 규범을 형성할 수 있다. 이는 글로벌 안보에 긍정적인 영향을 미친다. 예를 들어, 아세안(ASEAN) 회원국들은 RTA를 통해 경제 협력을 강화하면서도, 지역 안보 협력을 위한 메커니즘을 구축해왔다. 이는 동남아시아 지역의 군사적 긴장을 완화하는 데 기여하였다.

(3) 구성주의(Constructivism)

구성주의는 국제 정치에서 규범, 정체성, 그리고 아이디어가 중요한 역할을 한다고 본다. RTA는 국가들 간에 공동의 정체성과 규범을 형성하는 도구로 작용할 수 있으며, 이는 글로벌 안보에 긍정적인 영향을 미친다. 구성주의 관점에서, RTA는 회원국들 간에 협력적 규범을 형성하고 확산하는 역할을 한다. RTA를 통해 형성된 경제적 규범은 안보 협력으로도 이어질 수 있다. 또한, RTA는 국가들 간에 공동의 정체성을 형성하여, 안보 협력을 촉진하는 역할을 할 수 있다. 회원국들은 경제적 상호 의존성뿐만 아니라, 문화적·정치적 연대감을 형성하면서, 외부 위협에 대응할 수 있는 공통의 안보 정체성을 발전시킨다. 이는 집단 안보를 강화하는 효과를 가져올 수 있다.

2. 부정적 측면

(1) 신현실주의(Neo-Realism): 힘의 불균형과 안보 경쟁

신현실주의는 국제 정치가 무정부적 구조로 이루어져 있으며, 국가들은 자국의 생존과 이익을 위해 힘을 추구한다고 본다. 이 관점에서 RTA는 국가들 간의 힘의 불균형과 안보 경쟁을 초래할 수 있는 위험이 있다. 신현실주의에 따르면, RTA는 특정 국가나 세력이 경제적·정치적 영향력을 확대하는 도구로 사용될 수 있다. 이는 다른 국가들 간의 안보 경쟁을 심화시킬 수 있다. 예를 들어, RCEP는 중국이 아시아에서 경제적 패권을 강화하려는 전략적 수단으로 해석될 수 있으며, 이는 미국이나 일본 같은 국가들이 이에 맞서 세력 균형을 유지하기 위해 군사적·경제적 대응을 강화하게 만들 수 있다.

(2) 상대적 이득과 안보 딜레마

신현실주의는 국가들이 상대국에 비해 상대적으로 더 많은 이득을 얻는 것(상대적 이득)을 중시한다고 본다. RTA는 국가 간 경제적 협력을 증진하지만, 특정 국가가 더 많은 이익을 얻게 되면 다른 국가들은 이를 위협으로 간주할 수 있다. 이는 안보 딜레마를 촉발할 수 있으며, 국가들이 경제적 협력 속에서도 군비 경쟁을 벌이는 상황을 초래할 수 있다.

(3) 경제적 종속과 불안정

RTA는 경제적 협력을 통해 성장 기회를 제공하지만, 개발도상국이나 약소국은 경제적으로 강한 국가에 종속될 위험이 있다. 이러한 종속은 정치적·안보적 불안정성을 초래할 수 있다. 예를 들어, 중남미 국가들이 미국과의 경제 협정에서 종속적 위치에 놓이면서, 내부 경제적 불안정성이 커지고, 이는 정치적 불안정과 외교적 갈등으로 이어질 수 있다. 한편, RTA가 경제적 불평등을 심화시키면, 이는 안보 문제로 이어질 수 있다. 부유한 국가들은 경제적 혜택을 더 많이 누리는 반면, 가난한 국가들은 상대적으로 적은 이익을 얻거나 경제적 불이익을 받을 수 있다. 이러한 불평등은 국내적으로 정치적 불안정성을 초래하거나, 국제적으로 불만을 일으켜 안보에 부정적인 영향을 미칠 수 있다.

Ⅴ RTA 참여국 상호간 안보에 대한 영향

1. 긍정적 측면

(1) 경제적 상호 의존성 증가로 인한 갈등 억제

RTA는 적대적 국가들 간의 경제적 상호 의존성을 높여, 군사적 갈등을 억제하는 역할을 할 수 있다. 경제적으로 상호 의존하게 되면, 국가들이 무력 충돌을 피하려는 유인이 커지기 때문이다. 무역과 투자 협력이 강화되면, 적대적 국가들 간에도 경제적 손실을 우려해 갈등을 억제하고 협력적인 관계를 유지하려는 경향이 나타난다. 예를 들어, 중국과 일본은 역사적으로 영토 분쟁과 정치적 갈등이 존재하지만, RCEP를 통해 경제적 협력을 강화하면서 상호 의존성이 높아졌다. 이는 군사적 충돌보다는 경제적 협력을 유지하는 방향으로 갈등을 관리할 수 있는 기반을 제공한다.

(2) 경제 협력을 통한 신뢰 구축

RTA는 적대적인 국가들 간에도 경제 협력을 촉진함으로써, 신뢰를 구축할 수 있는 기회를 제공한다. 경제 협력을 통해 상호 이익을 창출하면서, 적대적 관계에 있던 국가들이 점차 정치적 긴장을 완화하고 신뢰를 형성할 가능성이 커진다. 이는 장기적으로 군사적 갈등을 줄이고, 외교적 대화를 촉진하는 데 기여할 수 있다.

(3) 제도적 메커니즘을 통한 분쟁 관리

RTA는 경제 협력뿐만 아니라 제도적 메커니즘을 통해 분쟁을 관리할 수 있는 구조를 제공한다. RTA에 참여한 적대적 국가들은 무역 분쟁이 발생할 경우, 무역 협정에 따른 제도적 절차를 통해 문제를 해결할 수 있다. 이는 군사적 갈등으로 비화되는 것을 방지하고, 평화적인 해결책을 모색하는 기회를 제공한다. 예컨대, 아세안(ASEAN)은 회원국들 간의 경제적 협력을 기반으로 정치적·군사적 분쟁을 관리하는 메커니즘을 구축해 왔다. 이를 통해 동남아시아 지역의 국가들은 군사적 충돌보다는 대화를 통한 분쟁 해결을 선택하게 되었다.

(4) 경제적 이익이 안보 협력으로 확장

적대적 국가들 간의 경제 협력이 성공적으로 이루어지면, 안보 협력으로 확장될 가능성도 있다. 경제적 유대가 강화되면, 군사적 충돌 대신 안보 협력을 통해 상호 이익을 보호하려는 경향이 나타날 수 있다. 유럽연합(EU)은 경제 통합을 바탕으로 회원국 간의 안보 협력을 강화한 사례이다. 과거 적대적이었던 유럽 국가들이 경제적 협력을 통해 갈등을 줄였고, 이는 정치적·군사적 협력으로 확장되었다.

2. 부정적 측면

(1) 정치·군사적 갈등과 경제 협력의 분리

RTA에 참여하더라도 적대적 국가들 간의 정치적·군사적 갈등이 경제 협력과 분리되어 여전히 지속될 가능성이 크다. 경제 협력은 강화되지만, 정치적 긴장이나 군사적 대립은 오히려 심화될 수 있다. 적대적 국가들은 경제적 이익을 유지하면서도, 군사적 경쟁을 통해 자국의 안보 이익을 추구할 수 있다. 중국과 인도는 RCEP와 같은 경제 협력에 참여하고 있지만, 여전히 국경 분쟁을 비롯한 군사적 긴장이 계속되고 있다. 경제적 협력이 안보 갈등을 완화하지 못하고, 두 국가 간의 경쟁은 군사적 영역에서 이어지고 있다.

(2) 상대적 이득 문제로 인한 불안정

RTA를 통해 적대적 국가들이 경제적 협력을 강화하더라도, 상대적 이득의 문제로 인해 안보 불안정이 발생할 수 있다. 경제 협력에서 한 국가가 상대적으로 더 많은 이익을 얻게 되면, 다른 국가는 이를 위협으로 간주하여 군사적 대응을 강화할 수 있다. 이는 안보 경쟁을 촉발시키고, 적대적 관계를 악화시킬 가능성이 있다. 중국과 일본은 RCEP를 통해 경제적으로 상호 협력하고 있지만, 중국의 경제적 부상이 일본에게 상대적 이익을 가져다주지 않는다는 인식이 존재할 수 있다. 이는 일본이 안보 차원에서 미국과의 동맹을 강화하고, 군사력을 증강하는 계기가 될 수 있다.

(3) 무역과 안보 연계로 인한 갈등 심화

적대적 국가들 간의 무역 협정이 정치적 도구로 사용되면, 경제 협력이 오히려 군사적 갈등을 심화시킬 수 있다. 특정 국가가 무역 협정을 위반하거나 정치적 이유로 경제 제재를 가하는 경우, 갈등이 군사적 충돌로 이어질 가능성이 커진다. 이는 RTA에 참여한 국가들 간의 경제적 분쟁이 군사적 분쟁으로 확대되는 부정적인 결과를 초래할 수 있다. 중국과 호주 간의 경제적 갈등은 무역 협정 위반이나 정치적 압력으로 인해 악화되었으며, 이는 양국 간의 외교적 갈등과 군사적 긴장으로 이어졌다. 경제적 협력에도 불구하고 정치적 갈등이 심화될 수 있다는 점을 보여준다.

VI 한국의 RTA 전략

1. 우리나라 RTA 현황

대한민국은 글로벌 경제에서 무역 의존도가 높은 국가로, 국제 경제 환경에 발맞추기 위해 다양한 지역무역협정(RTA)을 체결하고 있다. 한국은 자유무역협정(FTA)을 포함한 여러 형태의 RTA에 적극적으로 참여하고 있으며, 이를 통해 무역 파트너를 다변화하고 경제 성장을 촉진하는 데 중점을 두고 있다. 한국은 현재까지 58개국과 23건의 FTA를 체결하여 발효 중이다. 대표적인 협정으로는 한-EU FTA, 한-미 FTA, 한-중 FTA, 한-아세안 FTA, 한-호주 FTA 등이 있다. 또한 최근 RCEP(역내포괄적경제동반자협정)에 가입함으로써 아시아-태평양 지역에서의 경제 협력을 더욱 강화하고 있다.

2. 우리나라의 RTA 전략

(1) 무역 다변화 전략

한국은 RTA를 통해 무역 상대국을 다변화하는 전략을 추구하고 있다. 한국의 경제 구조는 수출에 크게 의존하고 있어, 글로벌 경제 변화나 특정 국가의 경제 변동에 취약한 구조를 보인다. 이를 해결하기 위해 다양한 국가 및 지역과의 자유무역협정을 체결하여 무역 상대국을 다변화함으로써 경제적 안정성을 도모하고 있다.

(2) 신흥 시장 개척

한국은 신흥 경제 시장으로의 접근을 강화하기 위해 RTA를 적극적으로 활용하고 있다. 중남미, 아프리카, 인도 등의 신흥국과 무역 협정을 통해 새로운 경제 기회를 창출하고, 경제 성장을 위한 글로벌 공급망을 구축하려는 전략을 취하고 있다.

(3) 디지털 · 서비스 분야 강화

한국은 전통적인 제조업 중심의 무역을 넘어, 디지털 경제와 서비스 산업 분야에서도 협력을 강화하는 RTA 전략을 추구하고 있다. 이를 통해 4차 산업혁명 시대에 맞춰 디지털 무역 규범을 선도하고, 지식재산권, 전자상거래, 데이터 유통과 같은 신흥 분야에서 국제 협력을 강화하고 있다.

3. 우리나라 RTA의 문제점

(1) 서비스 무역의 취약성

한국의 RTA는 주로 상품 무역에 집중되어 있으며, 서비스 무역 분야에서는 경쟁력이 상대적으로 떨어진다. 글로벌 무역 환경이 점차 디지털 경제와 서비스 중심으로 변화하고 있음에도 불구하고, 한국은 이러한 분야에서 상대적으로 뒤처져 있다. 이는 한국이 RTA에서 얻을 수 있는 경제적 이익을 제한하는 요인이 된다.

(2) 산업 구조 편중

한국의 RTA 전략은 대체로 제조업 중심으로 설계되어 있어, 특정 산업에만 집중된 경향이 있다. 이는 장기적으로 한국 경제의 산업 다변화를 저해할 수 있으며, 글로벌 경제 변화에 유연하게 대응하기 어려운 구조적 문제를 야기할 수 있다.

(3) 국내 이해관계의 충돌

RTA는 국내 여러 산업에 다양한 영향을 미치며, 산업 간 이해관계 충돌을 유발할 수 있다. 농업, 중소기업 등은 개방 경제 하에서 경쟁력을 유지하기 어려워질 수 있으며, RTA로 인한 개방화가 이들 산업에 부정적인 영향을 미칠 수 있다. 이로 인해 국내 산업 보호와 무역 자유화 간의 균형을 맞추는 것이 어려운 과제로 남아 있다.

4. 해결방안

(1) 무역 다변화 지속 추진

한국은 무역 상대국의 다변화를 지속적으로 추진해야 한다. 특히, 중국 의존도를 낮추기 위해 유럽, 중남미, 아세안, 중동 등 다양한 지역과의 RTA 체결을 확대해야 한다. 이를 통해 한국 경제의 무역 위험을 분산시키고, 글로벌 경제 변화에 보다 안정적으로 대응할 수 있다.

(2) 서비스 산업 및 디지털 무역 강화

RTA 전략을 서비스 무역과 디지털 경제 분야로 확대해야 한다. 한국은 지식 기반 경제와 디지털 무역 분야에서의 경쟁력을 강화할 필요가 있다. 디지털 무역 규범을 선도하고, 서비스 무역의 경쟁력을 높이기 위한 정책적 지원이 필요하다.

(3) 내부 산업 보호 및 조정 지원

RTA로 인한 개방화에 따라 피해를 입는 내부 산업에 대한 보호 정책을 마련해야 한다. 특히 농업과 중소기업을 보호하면서도 국제 경쟁력을 갖출 수 있도록 구조적 전환을 지원할 필요가 있다.

(4) RTA의 포괄적 전략 수립

한국은 단순히 경제적 협력을 넘어 정치적·외교적 관계까지 고려하는 포괄적인 RTA 전략을 수립해야 한다. RTA 체결 시 외교적 관계가 경제에 미치는 영향을 고려해, 장기적인 국가 이익을 보호하는 다각적인 접근이 필요하다.

참고 RTA 사례

1. **유럽자유무역연합(EFTA: European Free Trade Association)**
   OEEC(Organization for European Economic Cooperation: 유럽경제협력기구) 회원국들은 EEC(European Economic Community: 유럽경제공동체) 비가맹국들을 포함하는 자유무역권을 설정하고 유럽 지역의 경제공동체를 만들 것을 제안하였으나, 1958년 11월 협상이 결렬되었다. 1959년 11월 스톡홀름협약을 체결하고 이에 따라 1960년 5월에 영국·덴마크·노르웨이·스웨덴·스위스·오스트리아·포르투갈 7개국의 합의로 자유무역지역을 결성하였다. 당시 핀란드는 준가맹국이었다. 1970년 3월 아이슬란드가 가맹하였으나 1973년 1월 영국과 덴마크가 EC에 가입하면서 탈퇴하였다. 1986년에는 포르투갈이 탈퇴했다. 그러나 이 기구의 중심인 영국이 EC에 가입하면서 EFTA를 탈퇴함으로써 존재 의의가 없어지자, 잔류 각국은 각기 1972년 7월 EC와 자유무역협정을 체결하고 1973년 1월 1일 발효하였다. 그 후 상호 공업품 관세를 1973년부터 5년에 걸쳐 20%씩 삭감하고 약간의 적용 제외 품목을 남겼으며, 1977년 7월 EEC와 협정을 체결하여 양 회원국 간 공산품 자유무역 통로를 넓혔다. 1984년 1월에는 수량제한을 전폐하였다. 1994년 EC와 통합하여 EEA(European Economic Area: 유럽경제지역)를 결성하였다. 이 기구는 유럽 전체를 결집하는 자유무역지역 설립의 구상이 깨진 뒤 영국이 중심이 되어 EEC에 대항하여 결성한 것이며 각 회원국은 독자적인 통상정책을 구성한다. 행정기구에는 매년 2회 여는 장관급 회담과 격주간 여는 실무자급 회의가 있다. 결정사항들은 각국 정부들이 자발적으로 이행하며 EFTA가 권한을 행사하지는 않는다. 목적은 회원국의 경제 확대, 완전고용, 생산성향상, 역내무역에 있어서의 공정한 경쟁 조건의 확보 등이다. 기관으로는 본부, 이사회, 관세위원회, 무역위원회, 예산위원회, 농어업위원회, 경제개발위원회, 경제위원회 등이 있다. 본부는 제네바에 위치하고 있다. 초기 창설 회원국은 영국·덴마크·노르웨이·스웨덴·스위스·오스트리아·포르투갈 총 7개국이었으나, 이후 1970년 아이슬란드와 1971년 리히텐슈타인이 가입하였다. 그러나 1972년 영국과 덴마크, 1985년 포르투갈이, 1995년 스웨덴, 핀란드, 오스트리아가 EU에 가입하기 위해 탈퇴함으로써, 2007년 기준 아이슬란드, 리히텐슈타인, 노르웨이, 스위스 4개국이 활동하고 있다. 한국과는 2005년 7월 FTA협상을 타결하고 2006년 9월 1일 한-EFTA FTA협정이 발효되었다.

2. **북미지역**
   (1) 북미자유무역협정(NAFTA: North American Free Trade Agreement)
   북미자유무역협정(North American Free Trade Agreement: NAFTA)은 다자간 무역을 지

향하면서 지역적 경제통합을 허용하는 GATT 제24조에 부합하는 자유무역지대를 형성하기 위하여 미국, 캐나다, 멕시코 3국 간에 1992년 체결, 1994년 발효된 무역협정이다. 이는 미국의 자본과 기술, 캐나다의 풍부한 천연자원, 멕시코의 풍부한 노동력과 저렴한 임금을 상호보완적으로 결합시킨 것으로써 인구부문에서 전세계의 약 7%, GDP면에서 전세계의 약 25%를 차지하는 거대한 경제블록을 탄생시켰다. NAFTA를 출범시킨 요인을 각 국가별로 고려해보자면, 미국의 결정은 ① 기존의 캐나다 – 미국자유무역협정의 성공, ② 다자협상인 우루과이 라운드 협상의 지연, ③ 1980년대 이후 일본 및 아시아 신흥공업국의 급부상 및 사회주의 국가의 개방화로 세계시장에 대한 지배력 약화, ④ 유럽경제통합에 따른 지역주의의 확산 등을 배경으로 하였다. 이러한 환경 속에서 미국은 자국의 기술력과 자금력, 캐나다의 자원, 멕시코의 저임금 및 노동력을 결합시켜 북미지역의 경제발전을 도모하여 국제시장에서 잃어버린 시장지배력을 되찾고자 한 것이다. 그밖에 멕시코의 참여는 미국시장에 대한 접근 강화 및 멕시코로의 자본유입 촉진을 목표로 한 것이었으며, 캐나다는 양국에 비하여 소극적인 입장이었으나 미 – 캐나다 자유무역협정에 따른 기존이득을 확보하는 방어적 계기로서 NAFTA 출범에 동의하였다. 미국과 캐나다는 1988년 자유무역협정을 체결, 1989년에 이를 발효시킴으로써 통상협력을 강화시켜 나갔다. 한편 멕시코는 1985년부터 미국시장의 중요성을 인식하여 미국과 무역·투자부문에서 쌍무협정을 체결함으로써 통상협력을 강화하기 시작하였다. 이후 멕시코는 미국과 양자 간에 자유무역협정을 제의하였는데, 이를 다시 미국의 부시 대통령이 북미 3국 간의 자유무역협정 체결로 제의하였다. 이 제의를 1992년 캐나다가 수용하면서 FTA 협상이 본격화 되었고, 1994년 클린턴 정부 때 NAFTA가 공식 발효하게 되었다. NAFTA는 가맹국 상호간의 무역장벽의 제거에 목적을 둔 소극적 경제통합체이다. 이는 기존의 지역경제통합체를 대표하는 EU가 역내 국가 간 노동 및 자본 등의 생산요소의 자유로운 이동뿐만 아니라 금융 및 재정정책의 단일화를 도모하려는 적극적인 경제통합인 점과 비교하여 차이가 난다. 또한 NAFTA는 정치 및 군사적 결속까지 목표로 하는 완전경제통합까지는 고려하지 않은 경제통합체이다. NAFTA의 주요기관에는 자유무역위원회와 사무국이 있다. 자유무역위원회는 협정의 이행을 감독하고, 관련 분쟁을 해결하는 역할을 한다. 사무국은 위원회 및 패널을 보조하고 협정의 이행을 촉진시키는 역할을 한다. 한편 EU와 같은 상설사법기구나 의회는 NAFTA 내에 존재하지 않는다. NAFTA는 국제기구라기보다는 하나의 자유무역협정으로서 국제조직이나 기구로서의 고유한 업무를 가지고 있지 않다. 그러나 상품과 서비스 분야에서 역내무역 자유화를 추구하고, (WTO의 분쟁해결기구와 별도로 고유한) 분쟁해결절차를 운용하고 있다. EU가 통합의 심화와 확대를 계속하고 있는 상황에서 미국은 이에 대응하는 차원에서 NAFTA의 세력범위를 확대시킬 필요성을 느끼고 있다. 이에 따라 미국은 NAFTA를 범미주자유무역권으로 확대시킬 구상을 가지고 있으며, 이에 미치지는 않더라도 중미와 남미국가들 중에서 시장개방화 정도에 따라 단계적으로 자유무역협정을 확대하여 NAFTA플러스 협정의 체결을 추진할 가능성이 크다.

(2) USMCA

NAFTA를 업그레이드하여 2018년 9월 30일 최종 타결되었다. 주요 내용은 첫째, 협정 당사국들이 특혜관세 대상이 되기 위해서는 원산지 기준뿐 아니라, 철강·알루미늄 구매요건과 '노동 부가가치(labor value content)' 기준을 모두 충족시켜야 한다. 둘째, 분쟁해결에 있어서 미국은 NAFTA 당사국 간 반덤핑 및 상계관세 등 무역구제 조치와 관련하여 별도의 분쟁 해결 패널 설치 규정 폐지를 요구하였으나, 관철되지 않았다. 셋째, 미국이 폐지를 원했던 ISDS 규정도 USMCA 제14장(투자)에 포함돼 있으나, 이는 미국과 멕시코 사이에만 적용되고, 미국과 캐나다 간에는 3년 후에 폐지하기로 결정하였다. 넷째, 당사국에 대하여 국제수지의 효과적 조정 및 불공정한 경쟁우위를 확보하기 위한 환율 조작 행위를 자제할 것을 명시하고 있다. 다섯째, USMCA 제34.7조는 협정 발효 16년이 지난 시점에 각 협정 당사국이 협정 연장을 희망하지 않을 경우 종료할 수 있다고 명시하고 있다. 여섯째, 온라인으로 전송되는 디지털 제품의 수출입에 대한 무관세 적용을 규정하였다. 일곱째, 국영기업에 대한 정부 보조금 제공 금지를 규정하였다. 여덟째, 강제노동 사용 국가로부터의 수입 금지 등을 규정하고 있다. 아홉째, 북미지역을 통해 미국으로 유입되는 중국산 수출품의 미국 시장진입을 원천적으로 차단하고, 미국 기업들의 중국 등 제3국시장으로부터 미국 본토의 복귀를 유도하여 기존의 중국 중심의 글로벌 생산망을 붕괴시키는 데 그 부수적 목적이 있다. 열째, USMCA는 협정 당사국들에 대하여 비시장경제국과의 FTA 체결을 사실상 제한하는 내용의 규정을 도입하였다. 이는 캐나다와 멕시코가 앞으로 중국과 FTA를 체결하지 못하도록 하여 캐나다, 멕시코와 형성하고 있는 미국 중심의 지역 경제블록에 중국이 들어올 틈이 없도록 원천적으로 차단하기 위한 조치인 것으로 파악된다.

3. 중미공동시장(CACM: Central American Common Market)
1961년 7월 중미경제통합협정에 의거하여 창설되었으며 창설 목적은 역내무역 자유화와 관세동맹설립을 위한 협력과 역내 공동시장의 창설에 있다. 주요 기관으로는 정상회의, 외상협의회, 집행이사회, 입법이사회, 중미사법법원, 사무국 등이 있다. 본부는 과테말라에 소재하고 있다. 회원국은 엘살바도르, 니카라과, 온두라스, 과테말라, 코스타리카 등 5개국이다. 역내무역(域內貿易)의 자유화, 역외관세(域外關稅)의 통일화, 산업통합을 포함한 공동시장의 형성을 목적으로 하며, 이미 역내무역의 자유화, 역외관세의 통일화는 달성된 상태이다. 그러나 공동시장은 통합산업제도 개선 시점부터 역내 발전 격차에 대한 배려와 결여로, 처음부터 유리한 공업조건을 갖고 있던 나라만 더욱 유리해지는 결과를 나아 과테말라와 엘살바도르에만 이익이 집중됨으로써 균형 발전은 이루어지지 못했다. 1991년 멕시코·베네수엘라와 협정을 맺었고, 1993년에는 카라카스협정에 의거 G3와도 협력체제를 구축, 이들과 함께 거대 자유무역지대 결성을 목표로 활동하고 있으며, 1997년 8월 중미 5개국과 한국 외무장관들이 엘살바도르에서 제1차 대화협의체회의를 갖고 한국의 중미경제통합은행(ABEI) 가입 문제를 의논하기도 했다.

4. 남미공동시장(MERCOSUR)
1994년 8월 브라질, 아르헨티나, 파라과이, 우루과이 4개국 정상회담에서 1995년 1월 체결한 창설협정에 의거하여 발족하였다. 시작은 1980년대 브라질과 아르헨티나 두 나라의 경제협력 프로그램으로 출발하였으며 1991년 인접국 우루과이와 파라과이가 참여하고 파라과이에서 아순시온협약을 맺음으로써 성립하였다. 남아메리카지역의 자유무역과 관세동맹을 목표로 결성되었다. 대외 공동관세제도를 채택하여 관세동맹의 형태를 띠고 있으나 일정기간 예외품목 규정을 두고 있어 자유무역지역과 관세동맹의 중간단계로 볼 수 있다. 대외공동관세는 최고 20퍼센트까지 11단계로 나누어 적용된다. 최고기구로 회원국의 외무장관과 경제장관으로 구성되는 공동시장위원회는 1년에 한 번 이상 모이며 아순시온협약에 명시된 책임과 정책집행권을 갖는다. 집행기구인 공동시장그룹은 회원국의 외무·경제·중앙은행 대표로 구성되며 아순시온협약의 이행과 공동시장위원회에서 결정한 정책을 집행하는 데 필요한 조치를 취한다. 회원국별로 4명의 상임위원과 4명의 예비위원을 둔다. 회원국은 아르헨티나·브라질·파라과이·우루과이·베네수엘라 5개국이며 칠레와 볼리비아가 준회원국으로 참가하고 있다. 페루·에콰도르·콜롬비아·베네수엘라와도 남미자유무역지역 결성을 위한 협상을 진행중이며, 1995년에는 유럽연합(EU)과 협력을 합의하였다. 남미공동시장의 총인구는 1999년 현재 2억 700만 명, 국내총생산(GDP) 총액은 8,598억 달러에 이르는데, 아순시온협약 이후 지역 내 관세를 지속적으로 인하하고 회원국들의 인플레이션이 성공적으로 안정됨으로써 지역 내 교역량이 급속히 늘어나고 있다.

5. 안데스공동체
남아메리카의 콜롬비아 페루 에콰도르 볼리비아 칠레 5개국이 1969년 콜롬비아의 카르타헤나에서 조약 조인으로 발족한 지역적 경제통합이다. 약칭은 ANCOM이며, 본부는 페루의 리마에 있다. 1973년 베네수엘라가 가맹(2006년 탈퇴)하였고, 76년 외자규제에 반대하여 칠레가 탈퇴했다. 멕시코는 준가맹국이다. ANCOM은 라틴아메리카자유무역연합(LAFTA) 내의 중소국가인 안데스그룹이 브라질 아르헨티나 멕시코와 같은 LAFTA 내의 대국에 대항하여 그룹의 입장을 개선하고, 국내시장의 협소로 인한 불이익을 극복할 것을 목적으로 결성되었다. ANCOM의 특색으로는 ① 지역 내 무역 장애의 자동 철폐 및 공통 지역 외 관세설정 ② 산업통합, 즉 부문별로 지역 내 모든 산업의 계획적 분배 실시 ③ 대외공동제경정책, 특히 공동외자정책 실시를 들 수 있다.

6. 라틴아메리카자유무역연합(Latin American Free Trade Association)
1960년 발족한 지역적 경제통합조직이다. 당초 가맹국은 아르헨티나·브라질·칠레·파라과이·페루·우루과이·멕시코 등의 7개국이었는데, 그 후 콜롬비아·에콰도르·볼리비아·베네수엘라가 가입하였다. 역내무역에 대한 관세 및 기타의 제한을 12년 이내에 점차적으로 철폐하여 역내무역의 확대와 공업부문의 상호보완을 그 목적으로 한다. 본부는 우루과이 몬테비데오에 있다. 약어는 LAFTA이다. 성립 후 역내무역은 상당량 증가되어 한때 LAFTA와 CACM(Central American Common Market: 중미공동시장)을 통합하는 LACM(Latin American Common Market: 라틴아메리카공동시장)의 설립이 구상되기도 하였다. 그러나 가맹국 각국의 경제발전의 격차와 국내 정치적 사정 때문에 균형이 맞지 않아 LAFTA 가맹국의 반수는 LAFTA에 가맹한 채 따로 ANCOM(Andean Common Market: 안데스공동시장)을 발족시켰다. 1980년까지 연기되었던 역내관세의 철폐도 실현될 가능성이 없어 결국 현실의 경제정세에 맞추어서 LAFTA를 재편성하고 과도기를 재연장하자는 것으로 가맹국간에 의견이 모아졌다. 그리하여 LAFTA를 발전적으로 해체한 후 1980년 LAIA(Latin American Integration Association: 라틴아메리카통합연합)가 발족되었다.

7. 남미국가연합(Unasur)

2008년 5월 23일 창립된 남미국가연합체이다. 이는 메르코수르와 안데스공동체 12개국이 유럽연합형의 국가연합을 목표로 기구를 창설한 것이다. 남아메리카 국가 연합의 기초가 된 남아메리카 국가 공동체는 2004년 12월 8일 남아메리카 12개국 대표들이 페루 쿠스코에서 열린 제3차 남아메리카 정상 회의에서 출범을 결의하고, 남아메리카 연합으로 가기 위한 중간 단계로 남아메리카 국가 공동체(Comunidad Sudamericana de Naciones) 기본 헌장에 서명해 출범된 것이다. 회원국은 안데스공동체 회원국(볼리비아, 에콰도르, 콜롬비아, 페루), 메르코수르(MERCOSUR) 회원국(베네수엘라, 브라질, 아르헨티나, 우루과이, 파라과이), 가이아나, 수리남, 칠레 등 12개국이다. 남미국가연합의 사무국은 에콰도르, 의회는 볼리비아로 정해졌다. 초대의장은 비첼레 바첼렛 칠레 대통령이 맡았다.

8. FTAA

북미 알래스카에서 남미 아르헨티나에 이르는 아메리카대륙의 경제를 단일 자유무역체제로 통일하기 위하여 쿠바를 제외한 34개국 정상들이 1994년 12월 미국 마이애미에 모여 마이애미 정상선언문을 발표함으로써 추진되었으며 2005년까지 협정체결을 위한 협상을 끝내기로 합의하였다. 마이애미 미주정상회담은 기본선언과 행동강령을 채택하고 FTAA를 추진하기위한 실무협의기구로 미주통상장관회담과 미주통상차관회담, 그리고 12개 FTAA분과그룹을 두기로 하였다. 1998년 3월 칠레 산티아고에서 열린 제2차 미주정상회담에서 FTAA 창설협상을 개시하는 데 합의하였다. 미주정상회담에서는 시장개방, 투자, 서비스, 정부조달, 지적소유권, 농업, 덤핑 등 9개 분야의 실무협상그룹 구성에 합의하였는데 협상이 완결되면 8억 명의 인구와 총 경제규모 10조 달러에 이르는 세계최대의 자유무역지역이 된다. 그러나, 2021년 현재까지도 FTAA 창설은 실현되지 못하고 있다.

9. CPTPP

미국이 TPP에서 탈퇴한 이후 일본 주도로 창설되었다. 참가국은 일본, 캐나다, 멕시코, 호주, 뉴질랜드, 베트남, 말레이시아, 싱가포르, 칠레, 페루, 브루나이이다. 2018년 1월 23일 타결되고, 2018년 12월 30일 발효되었다. 가입의 경우 협정 발효 후 CPTPP회원국과 가입희망국 간 합의된 조건에 따라 가입할 수 있다. 미국의 주장으로 포함되었던 지식재산권, 투자, 서비스, 정부조달 등 상당부분이 적용 유예되었다. 미국이 CPTPP에 복귀할 경우 유예사항이 자동 복귀되는 '스냅백(snap back)'조항은 마련되지 않았다.

10. 일본 – EU 경제동반자협정(EPA)

2017년 12월 타결, 2019년 2월 발효되었다. 특히 서비스 시장 개방폭 확대에 합의했다.

11. 태평양동맹(PA)

PA는 2011년 4월 콜롬비아 · 칠레 · 멕시코 · 페루 4개국의 '리마 선언'에 의해 설립되었다. 리마 선언은 가르시아 페루 대통령이 주도하여, 4개국의 FTA에 기초한 통합 및 태평양동맹을 설립하고자 한 것이다. 2015년 7월 태평양동맹기본협정이 발효되어 법적 기반을 마련하였다. PA는 경제통합의 장을 마련하고, 회원국의 경제력을 제고하며, 아태지역에 중점을 둔 협력과 통합을 위한 발판(platform)을 모색한다. PA에 가입하기 위한 3대 조건은 '민주주의' '권력분립' '인권보장'이며, 신규 가입 희망국은 여타 회원국과 각각 FTA을 체결해야한다. 한국은 2013년 6월 PA 옵서버에 가입하고 2018년부터는 준회원국 가입을 추진하고 있다. 한국은 이미 PA 회원국인 칠레, 페루, 콜롬비아와 FTA를 체결하고 있다.

> 12. 프로수르(PROSUR)
> 2019년 3월 창설에 합의되었다. 창설에 참여한 국가는 아르헨티나, 브라질, 콜롬비아, 칠레, 에콰도르, 가이아나, 파라과이, 페루의 8개국이다. 8개국 모두 베네수엘라 니콜라스 마두로 독재정권과 대립하는 점에서 PROSUR는 사실상 '마두로 포위망'을 구축하는 성격을 띠고 있다. 인프라와 에너지, 국방, 범죄와 재해 대책 등 분야에서 지역 통합을 추진한다. 가입조건으로 민주주의와 헌정질서, 삼권분립을 완전히 실현하고 인권과 기본적인 자유를 보장해야 한다고 명기한 점에서 베네수엘라와 쿠바 등 사회주의 좌파 정권을 배척하는 모양새를 취하고 있다.

제7절 G20정상회의

I 서론

2008년 미국발 국제경제위기가 확대됨에 따라 프랑스, 미국 등 선진국에 의해 제안된 G20정상회의는 출범시의 우려와 달리 국제금융거버넌스체제로 자리를 잡아가고 있다. 그동안 국제경제거버넌스를 주도해 왔던 G8은 신흥개도국의 부상으로 경제거버넌스를 위한 포럼으로서의 한계를 노정하였으며, 2008년 미국에서 시작된 경제위기는 새로운 경제거버넌스체제의 형성을 촉발한 계기가 되었다. 신자유주의에 기초한 세계화의 확산은 국가들 간 시장의 통합을 촉진함으로써 자유와 번영의 확대기회를 제공하는 등 긍정적 역할도 하였으나, 투기자본세력에 의한 시장질서 교란과 이로 인한 국제경제차원의 위기 및 그 확대로 인한 전세계적 경기침체라고 하는 부작용도 초래하였다. G20체제는 21세기 세계질서로 자리 잡은 신자유주의질서의 문제점을 치유하고 조정하기 위한 글로벌 경제거버넌스로서 정착되어 갈 것으로 기대되고 있다. G20의 일원으로 포함된 한국은 글로벌 경제질서가 한국의 경제적 이익을 보장하는 방향으로 형성되도록 노력하는 한편, G20체제가 신자유주의질서의 한계를 극복하고 치유해 나가는 메커니즘으로 작동하도록 노력해 나가야 할 것이다.

II 글로벌 경제거버넌스체제의 역사적 전개과정

1. G7/G8

1973년 제1차 석유파동 이후 지스카르 데스탱 프랑스 대통령의 제창으로 설립되었다. 1975년 제1차 회의는 파리 교외 랑부예에서 개최되었다. 서방선진 7개국이 세계정세에 대한 기본인식을 같이하고, 선진공업국 간의 경제정책 조정을 논의하며, 자유세계 선진공업국들의 협력과 단결의 강화를 목적으로 한다. 정상회의는 연 1회 개최하며, 상설사무국은 없고, 회담개최주최국이 준비회의를 설치한다. 회원국은 미국, 영국, 프랑스, 독일, 이탈리아, 일본, 캐나다, EU 등 8개국이다. 1991년 이후 러시아는 G7과

정상회담 후에 회합을 가져왔다. 그러다가 1994년 나폴리 정상회담을 시작으로 G7과 러시아는 'Political 8(P8)'이란 이름으로 회담을 가졌으며, 1998년 버밍햄정상회담에서 러시아의 완전한 참가를 인정하여 G8이 탄생하였다. 러시아는 재정과 특정의 경제에 대한 논의에서 제외되며, 이러한 점에서 G7은 정상회담과 별도로 계속 가동되고 있다.

2. G20

G20이란 G8과 선발개도국을 합쳐서 부르는 명칭이다. 선발개도국에는 중국, 인도, 브라질, 멕시코, 남아프리카공화국, 한국, 호주, 인도네시아, 사우디아라비아, 터키, 아르헨티나가 포함된다. G20정상회의는 G20재무장관회의에서 출발하였다. G20재무장관회의는 1999년 12월 베를린에서 제1차 회의가 개최되었다. 2008년에는 프랑스 사르코지 대통령의 제안에 이어 미국 부시 대통령의 초청으로 G20정상회의가 개최되었다.

Ⅲ G20정상회의의 배경

1. 서설

서브프라임 모기지 사태로 촉발된 미국의 금융 위기가 전세계적 차원에서의 경제 위기로 확산되고 있는 가운데, 2008년 11월 15일 미국 워싱턴에서 세계 주요 경제국 정상들이 참석한 '금융 시장 및 세계 경제에 관한 정상회의'(Summit on Financial Markets and the World Economy: G20정상회의)가 개최되었다. 프랑스 사르코지 대통령의 제안에 이어 미국 부시 대통령의 초청으로 개최된 G20정상회의는 신자유주의질서 확산에 따른 위기의 발생, 미국발 경제위기의 확산에 대한 우려, 경제위기를 해결하고 예방하기 위한 기존 거버넌스체제의 한계 등이 그 배경이라고 볼 수 있다.

2. 신자유주의질서의 확산

제2차 세계대전 이후 형성된 브레튼우즈체제는 자본유동성의 증가, 미국 달러화의 신뢰성 약화, 주요국의 재정위기 심화 등을 원인으로 하여 1970년대 이후 신자유주의(Neo-Liberalism)질서로 전환되었다. 자본자유화, 무역자유화, 기간산업의 민영화, 노동시장의 유연성 강화, 탈규제 등을 주요 전략으로 하는 신자유주의질서는 탈냉전기 들어 강대국의 압력, 국가들의 자발적 개혁조치 추진 등을 배경으로 하여 전세계적 질서로 정착되어갔다. 확대된 신자유주의질서는 분배적 차원의 문제와 함께 금융질서의 불안정이라고 하는 시장적 차원의 문제를 배태하였다.

3. 미국의 경제위기

2008년 후반 발생한 미국발 경제위기는 G20정상회의체 출범의 결정적 계기를 마련해 주었다. G20정상회의는 미국에서 시작된 금융위기가 미국만의 문제가 아닌 전세계적 차원의 금융위기임을 인식하고, 또한 금융위기가 점차 실물 경제의 위기로 전이되어 전세계적인 경제 침체 가능성에 대한 우려가 심화되는 가운데 개최되었다.

4. G7/8체제의 한계

G20정상회의체가 출범한 배경에는 그동안 글로벌 경제거버넌스체제로 작동해 온 G7/8체제의 한계를 G7/8 국가들이 인식했기 때문이다. 그동안 G7/8 국가들은 그 밖의 국가들에 대해 통치의 대상으로 인식하고 통치 또는 협치의 파트너로 간주하지 않았다. 그러나 중국, 브라질, 인도, 러시아 등 신흥개도국들이 경제적으로 부상하면서 신흥개도국들이 협력 없이는 국제경제질서를 안정화하거나, 국제문제를 해결하기가 어렵다는 인식을 갖게 하였다.

Ⅳ G20정상회의의 주요 의제

1. 금융감독강화

미국의 금융위기가 금융회사의 도덕적 해이 및 무분별한 투자행태에서 비롯된 것으로 인식하고 금융기업에 대한 감독을 강화하기 위한 방안이 주요 의제로 다뤄지고 있다. 다만 금융감독의 강화 '정도' 및 '방안'에 대해서는 유럽국가들과 미국의 입장에 차이가 있다. 프랑스, 독일 등 유럽국가들은 국제적 차원에서 강력한 금융규제제도 창설을 주장하는 반면, 미국은 금융감독 및 규제체제의 개혁에 소극적인 것으로 평가된다. 오바마 행정부는 신용평가회사 및 모기지업체에 대한 규제 강화, 모기지업체와 헤지펀드 등의 금융상품 거래에 대한 감시체계 마련, 금융회사 최고경영자에 대한 성과급 제한 등을 금융감독 주요 방안으로 제시하고 있다. 이는 영국의 '국제금융감독단' 창설이나 독일의 'UN 경제이사회' 창설 제안에 비해 상당히 소극적 방안으로 평가된다.

2. 국제금융기구 개혁

국제금융체제의 안정성 확보를 위해 IMF, WB, FSF 등의 주요 국제금융기구의 역할 강화를 위한 개혁방안이 주요 의제가 되고 있다. 특히 IMF의 감시감독 기능 강화, IMF 재원 확충을 통한 개도국의 유동성 공급 능력 확대, 개도국의 지분 및 투표권 확대를 통한 지배구조의 개선 및 정당성 제고 등이 핵심쟁점으로 제기되고 있다. IMF 개혁에 대해서는 미국, 유럽, 신흥개도국들의 입장이 상이하다. 미국은 IMF 개혁에는 동의하나, IMF의 국제금융체제에서의 역할 확대 및 영향력 제고에는 소극적 입장을 견지하고 있다. 반면, 유럽국들은 IMF의 역할 및 영향력을 확대함으로써 IMF의 '탈미국화'를 주장하고 있으며, 중국 등 선발개도국들은 IMF의 지배구조 개혁을 통한 IMF의 '탈선진국화'를 추진하려는 의도를 가지고 있다.

3. 경기부양을 위한 거시경제정책 공조 및 보호주의 방지

G20정상회의 참가국들은 금융위기 이후 심화되고 있는 경기침체를 극복하기 위해 거시경제정책에 대한 공조체제를 구축하고, 자국 산업 보호를 위한 보호주의조치를 취하는 것을 방지하는 것에 대해 논의하고 있다. 구체적인 공조체제 구축에 있어서는 각국의 재정지출능력, 국내경제상황의 상이성 및 국내정치적 요인 등이 장애물이 되고 있다. 경제위기하에서 국내산업을 보호하기 위한 각국의 조치들이 자유무역질서를 위축시켜 위기를 심화시키지 않아야 한다는 점에 대해 동의하고 보호주의조치 방지를 위해 협의하고 있다.

4. G20정상회의의 위상 및 제도화

경제위기 극복을 위해 G20체제가 출범하기는 하였으나, 참여국의 범위, 대표성과 정당성, G8과의 관계 등 다양한 문제점들로 인해 글로벌 경제거버넌스체제로서 존속할 수 있을지에 대한 의문이 제기되고 있다.

Ⅴ G20정상회의의 의미

1. 국제경제체제 재편의 시작

G20정상회의체의 가장 큰 의미는 지난 수년간 꾸준히 제기되어 왔던 현 국제금융체제의 개혁 필요성에 대한 국제적 공감대가 형성되었다는 점이다. 제2차 세계대전 이후 형성되고 현재도 상당 부분 유지되고 있는 브레튼우즈체제는 국제경제질서를 안정화하는 데에는 한계가 있다는 점이 지적되어 왔다. 1980년을 전후로 강화되어 온 신자유주의에 입각한 금융자본에 대한 각국의 대내외적 규제 완화현상은 국제적 감시·감독과 협조체제가 작용하지 않는 가운데 외환시장의 안정성을 저해하고, 국가의 거시경제정책 운용의 자율성을 대폭 제약하면서, 다른 한편으로 급속히 증권화·유동화되는 각종 신규 금융상품들의 위험성을 대폭 증대시켰다. 결국 전세계적 차원의 금융·무역 위기를 야기한 것으로 평가되고 있다. G20정상회의는 현존 국제금융제도 개편을 통해 국제금융위기의 재발을 방지하기 위한 개혁을 위한 논의를 시작하게 되었다는 점에서 의의가 있다.

2. 현실적인 힘의 분포 변화를 반영

G20정상회의는 미국의 상대적 힘의 약화와 신흥강대국의 부상을 반영한 현상이라는 의미가 있다. 제2차 세계대전 이후 군사력, 무역, 금융 등 다양한 차원에서 주도국으로 부상한 미국은 1970년대 이후 군사적 차원에서 쇠퇴하였고, 무역 차원에서도 독일이나 일본 등의 부상으로 상대적 쇠퇴를 경험하게 되었다. 그러나 금융 차원에서는 미국식 신자유주의 사조의 세계적 확산, 선진금융기법의 개발 및 IT 산업의 발달 등으로 주도국의 입지를 현재까지 유지해 왔다. 그러나 미국발 금융위기는 탈규제하에서 이루어진 금융자본주의 발전이 무한하지 않다는 한계를 드러냄으로써 금융질서 차원에서의 미국의 지도력에도 상처를 입게 되었다. G20정상회의는 제2차 세계대전 이후 유지되어 온 미국의 지도력이 약화되었음을 단적으로 보여준다. 한편, G20정상회의에 신흥개도국이 대거 참여함으로써 신흥국들의 강화된 경제적 위상이 재확인되는 계기가 되고 있다.

3. 새로운 글로벌 거버넌스 체제의 부상

그동안 신자유주의 질서의 한계로는 신자유주의 질서 자체의 한계와 함께 신자유주의 질서의 한계를 보완하기 위한 거버넌스체제가 저발전되었다는 점이 지적되어 왔다. 돌이킬 수 없는 현상으로 정착되고 있는 세계화의 흐름은 위기의 상존과 전염 등의 문제를 일상화하고 있어 이를 관리하기 위한 메카니즘이 반드시 필요하다. 그러나, 기존의 G7이나 G8 메카니즘은 신흥개도국이 포함되지 못했다는 점에서 그 한계가 노정되었다. G20정상회의는 글로벌화된 세계체제에서 빈발하는 세계문제들을 다루어나가는 적절한 포럼으로서의 역할을 할 것으로 기대되고 있다.

Ⅵ G20정상회의와 한국의 대응전략

1. G20정상회의에 주도적 참여

한국이 G20 공동의장국을 수임한 것은 한국의 경제외교 지평 확대 및 국제적 위상 강화를 위한 매우 중요한 외교적 자원이다. 이를 최대한 활용하기 위해서는 G20정상회의가 실질적·구체적 성과를 낼 수 있도록 공동의장국으로서의 외교적 리더십을 발휘할 수 있어야 한다. 특히, 한국은 개도국으로서 공동의장국의 역할을 수임한 것이므로 G20정상회의에서 선진국과 개도국 간 입장조율을 위한 노력을 통해 선·후진국 간 가교 역할을 적극적으로 수행해야 한다.

2. 실현 가능한 대안 제시

한국은 G20정상회의 공동의장국으로서 의제 설정임무를 띠고 있다. 의제 설정에 있어서 선진국과 개도국들이 모두 수용할 수 있는 개혁방안을 제시해야 한다. 모든 참가국들이 동의하기 어려운 근본적이고 혁신적인 개혁방안보다는 점진적이고 가시적이며, 단기적으로 실현 가능한 방안을 강구해서 제시해야 할 것이다.

3. 지역차원의 금융협력 강화

G20정상회의에서는 IMF 개혁 및 재원 확충 등 IMF 개선·강화에 대해서는 활발하게 논의되고 있으나 지역 차원의 금융협력의 필요성에 대해서는 논의되지 않고 있다. 유사시 유동성 확보를 위한 필요성이 여전히 존재하는 우리나라에서는 국제유동성 공급구조가 다원화되는 것이 바람직하다. 따라서 CMI 다자화 및 역내 채권시장 활성화를 중심으로 하는 동아시아 금융협력도 적극적으로 추진하는 것이 필요하다.

Ⅶ 결론

G20정상회의는 지구화 및 자유화가 가속화되고 있는 국제정치경제 현실에서 빈번하게 발생할 가능성이 높은 금융·경제위기를 관리하기 위한 글로벌 거버넌스체제로 규정할 수 있다. 미국발 금융위기 와중에서 전격 추진된 측면도 있으나, 글로벌경제위기가 상존할 수 있으며 이를 관리하기 위한 메카니즘이 필요하다는 것에 대해 국가들이 공감함으로써 형성되었다고 볼 수 있다. 현재 G20체제에 대한 회의감이 있는 것도 사실이나, G20체제는 개별 국가의 이익을 위해서뿐만 아니라 지구화시대에 국제질서를 안정화시키기 위해서도 반드시 제도적 지속성이 확보되어야 한다. 이를 위해서는 패권국인 미국과 초강대국 반열에 오른 중국의 협력이 절실하며, 한국과 같은 선발개도국의 중재자적 리더십 발휘도 중요하다. G20정상회의체의 효율적 존속은 여러 차원에서 한국의 국가이익에 부합한다. 수출주도형 경제성장전략을 추진하는 한국으로서는 국제경제질서의 안정이 한국의 발전에 긴요하며, 한국이 중견강대국의 입지를 탄

탄히 하는 데 기여하는 것도 한국의 국가이익과 합치된다. 한국은 2010년 11월 개최되는 G20정상회의에서 실질적 성과를 낼 수 있도록 기여하여 G20체제의 제도적 지속성을 확보하고 글로벌 거버넌스체제로서의 위상을 확고히 하도록 해야 할 것이다.

제8절 국제환경 문제

I 서론

1960년대 말부터 그동안 물질적 풍요를 누리던 서구 선진사회는 이제 환경이나 여성 문제와 같은 새로운 문제들에 관심을 갖기 시작한다. 또한 특히 환경 문제는 경제발전과도 밀접한 연관을 가지고 있다는 인식이 생기면서 '지속 가능한 개발(Sustainable Development)'과 그린 GDP 등의 개념과 같이 환경파괴에 대한 사회적 비용을 반영한 경제지표들이 사용되고 있다. 한편, 환경과 개발의 조화를 도모하는 선진국과는 달리, 개발도상국들은 자국의 경제발전을 추구하기 위해 개발에 중점을 두고 있다. 하지만 환경 문제는 그 문제의 특성상 국가 간 협력 없이는 해결될 수 없으므로 선후진국의 입장 차이가 국가 간 갈등 및 대립까지도 초래하는 국제정치적 문제가 되었다.

II 환경 문제의 특징

1. 초국가적 성격

많은 환경 문제는 설사 완전히 지구적이지 않더라도 국가의 경계를 넘어선다는 점에서 본질적으로 초국가적 성격을 지닌다. 일국에서의 이산화황의 방출이 타국에서 산성비를 내리게 하고, 폐쇄형 해역에 투기된 폐기물은 인접연안국에 피해를 미치는 등 피해 범위가 한정되어 있지 않다. 이러한 특성으로 인해 지구적 차원의 협력이 필요하다.

2. 회복 불가능성

자원과 환경은 모든 인간생활에 필수적이지만 그 양이 한정되어 있다. 그러므로 일단 파괴 및 오염되면 회복이 불가능하거나 여러 세대에 걸친 노력을 필요로 한다.

3. 국제정치적 성격

과도한 개발이나 환경훼손에 이르는 과정은 지구적 차원에서 이루어지는 폭넓은 정치적·사회적·경제적 과정과 밀접히 관련되어 있다. 즉, 대부분의 환경 문제들의 원인은 부의 창출과 분배, 지식과 권력, 에너지 소비, 산업화, 인구 증가, 부와 빈곤 등의 문제와 밀접히 관련되어 있어 환경 자체의 파괴에서 나아가 국제정치적 성격을 지닌다.

4. 높은 갈등 가능성 내포

환경 문제는 자연의 구성요소를 통해 전파된다. 그러므로 문제의 발생원인이 불분명하고 그 피해가 불특정 다수에게 전가된다. 따라서 문제 발생에 대한 책임과 이의 해결에 소요되는 비용의 부담이 불분명하므로 환경 문제와 관련된 국가 간의 갈등이 일어날 소지가 많다.

Ⅲ 환경 문제의 역사적 개관

1. 초기 단계

오염과 자연환경의 보존에 대한 국제적 관심이 특히 선진국 중심으로 고조된 것은 1960년대 레이첼 카슨(Rachel Carson)의 저서 『침묵의 봄』이 발간되면서부터였다. 카슨(Carson)은 이 책에서 DDT를 비롯한 살충제의 남용에 대해 강한 우려를 촉발했으며, 현대환경운동이 출범하는 계기를 제공했다. 또한 1967년 유조선 Torrey Canyon호의 석유유출사고, 대기오염물질의 월경 및 산성비 등의 문제가 출현하여 환경에 대한 국제적 관심이 서서히 높아지기 시작했다.

2. 스톡홀름회의

1960년대 급속히 고조된 국제환경 문제에 대한 관심을 배경으로 1972년 UN인류환경회의가 스톡홀름에서 개최되었다. 스톡홀름회의는 폭넓은 대중적 관심의 대상이 되었으며 6개 분야에 걸친 109개 권고사항을 담은 행동강령과 제도적, 재정적 사항에 관한 결의안이 채택되었다. 나아가 동 회의로 UN환경계획(UNEP)이 창설되었다. UNEP은 창설 이후 환경 문제의 중요성에 대한 정치적 인식을 증진시키고, 문제의 성격과 대응방안에 관한 과학적 합의의 형성을 돕고, 협상을 촉진하며, 국가들의 환경관리능력을 증대시키는 데 핵심적 역할을 수행했다. 한편 스톡홀름회의로 인해 주로 유럽과 북미에 기반을 두고 있었던 NGO들이 회의 이후 개발 문제와 개도국들에 대해 보다 적극적이고 체계적으로 접근하기 시작하는 등 정치적, 제도적 변화를 자극했다.

3. 리우회의

1992년 리우회의는 약 150개국의 국가와 135개국 정상, 그리고 1500여 개의 NGO 대표단들이 참가한 사상 최대 규모의 정상회의였다. 리우회의에서는 리우선언, 의제 21, 삼림원칙선언이 모두 합의되었으며 기후변화협약과 생물다양성에 관한 협약에 각각 154개국과 150개국이 조인하는 등 전체적으로 성공적이라 평가된다. 하지만 동 회의의 진정한 영향은 이러한 합의들이 어떻게 발전, 실행되는가에 의해 판단될 것이다. 동 회의에서의 합의를 간략히 살펴보면 리우선언은 환경보호에 대한 국가의 책임, 국제적 협력, 빈곤퇴치 등 환경과 개발에 관한 행동을 가이드할 27개 항의 일반원칙을 천명했다. 한편 의제21은 지속 가능한 개발, 사막화 방지, 유해폐기물 관리 등 광범위한 주제에 관한 행동계획 제공을 목표로 한다. 기후변화협약은 다음에서 자세히 살펴볼 것이며, 생물다양성협약은 생물종과 생태계 및 서식지 보호를 통해 생물학적 다양성을 보존하고 생명공학기술 사용에 대한 원칙을 수립하기 위한 기본협약이다. 삼림

선언은 국가가 자국 영토 내 삼림자원에 대해 주권적 권한을 갖는다고 강조하는 한편, 삼림 보호와 관리원칙을 천명했다.

4. 요하네스버그 세계정상회의

동 회의는 우선 106개국의 정상급 대표와 189개 UN 회원국의 정부 및 비정부기구의 대표단 6만여 명이 참여하는 사상 최대의 환경회의란 점에서 의의가 크다. 이번 회의의 쟁점은 크게 세 가지로 요약할 수 있다.

(1) ODA(정부개발원조) 문제

1992년 리우회의 당시 선진국의 원조액을 GNP의 0.7%로 올리기로 합의했으나 제대로 이행되지 못하였다. 이번 회의에서는 동 사안에 대해 GNP의 0.7% ODA 목표 달성을 위한 노력을 촉구하되 개도국들에게 ODA의 효율적 사용을 권장하는 수준에서 합의했다.

(2) 교토의정서 비준 문제

미국, 호주는 선진국들만이 배출량 감소의무를 부담하는 것이 불공평하다고 주장했으나 일본, EU, 중국이 비준했고 러시아 또한 비준의사를 밝혔다. 이번 회의에서는 '의정서 비준을 강력히 권고한다'는 문안의 이행계획을 담는 선에 그쳤다.

(3) 에너지 문제

EU는 2010년까지 화석연류 의존도를 10% 감축하고 대체에너지를 15%까지 확대하자는 안을 내놓았으나 미국과 산유국들이 이에 반대했다. 결국 재생에너지 기술이전, 에너지 공급 다양화, 재생에너지 비율을 확대하자는 수준의 합의에 그쳤다. 결국 동 회의에서는 '권고'나 '촉구' 등과 같은 타협을 보는 데 그쳐 환경 문제를 해결할 의지가 없었다는 부정적 평가를 받고 있다.

Ⅳ 환경 문제와 남북 문제

1. 개도국의 입장

후진국의 입장에서는 선진국들이 과도한 에너지, 자원 소비를 줄여서 환경 문제를 해결해야 하며 후진국의 환경오염 감소 노력을 기술적, 재정적으로 지원해야 한다는 입장이다. 나아가 선진국이 주도하는 각종 국제환경협약은 기술수준이 높은 선진국의 이익을 대변하고 있으며 선진국들이 환경협약 미가입 혹은 위반을 빌미로 개도국의 자원, 생산 공정, 상품의 국제교역에 제약을 가하는 것은 부당하다는 입장이다.

2. 선진국의 입장

선진국들은 지구환경 문제의 원인이 후진국들의 책임이라는 인식을 가지고 있다. 또한 문제의 근원이 후진국에 있는 만큼 그 해결도 후진국이 해야 한다는 입장으로, 환경기술 이전에 소극적이며, 스스로가 환경 문제를 개선하기 위해 오염물질 배출을 줄이고, 환경기준을 엄격히 하는 등의 노력을 기울여야 한다는 입장이다.

3. 평가

선진국과 후진국은 환경 문제의 책임소재뿐만 아니라 환경 문제의 해결방법, 그리고 그 비용의 분담 문제에서도 상반된 견해를 보이고 있다. 이러한 선·후진국 간 갈등은 요하네스버그 세계정상회의가 사실상, 성과 없이 끝난 주요인으로 지적되고 있다. 한편, 성공적인 환경협력 사례로 꼽히는 오존층보존협약이 미국의 적극적 참여로 인해 가능했던 점을 고려할 때, 풍부한 자금력과 높은 환경기술수준을 보유한 선진국의 참여는 추후 환경 문제 해결에 불가결할 것이다. 이러한 점에서 강대국들의 참여를 제도 형성의 원동력으로 인식하는 현실주의적 관점이 적실성을 가진다고 평가된다.

V 환경 문제에 대한 대응

1. 개별 국가에 의한 대응

환경 문제에 대응하는 국가들의 태도는 선·후진국 혹은 해당 문제에 대한 국가의 지위에 따라 각각 상이하게 나타난다. 특히 포스트 교토체제 논의에서 이러한 국가 간 균열이 첨예하게 노정된다. EU는 온실가스 감축을 통한 지구온난화 방지를 목표로 강제적 감축방식을 지향하고 있는 반면 미국은 경제성장, 에너지 안보 등을 통합적으로 고려하여 비구속적 감축방식을 선호한다. 한편, 중국과 인도 등의 개도국은 선진국의 과거 역사적 책임을 근거로 한 공동의 차별적인 책임논리에 입각하여 감축의무 최소화를 지향하고 있다. 환경 문제는 그 본질상 국제적인 협력이 필수적이므로 이렇듯 상이한 개별 국가 각각의 대응으로는 한계가 있다.

2. 국제거버넌스에 의한 대응

국제거버넌스란 국제기구나 국제레짐 등 국제제도를 통해 환경문제를 관리해나가는 것을 지칭한다. 실제로 환경문제에 있어 UN, 그 산하기구로서의 UN환경계획(UNEP), 기후변화에 관한 정부 간 패널(IPCC) 등 국제레짐들이 상당한 역할을 수행하고 있다. 글로벌 거버넌스가 정착되지 못한 현 질서에서 주요한 수단으로 평가되고 있으나, 주권국가의 이기적인 태도로 협력이 지속되거나 협력을 통해 구체적인 성과를 얻어내기 쉽지 않다는 한계를 지닌다.

3. 글로벌 거버넌스를 통한 대응

환경 문제 해결이라는 지구공공재 공급을 위해 국가, 국제기구, NGO, INGO, 다국적기업, 전문가집단 등이 네트워크를 구축하여 대응하는 방식을 지칭한다. 지구적 차원의 협력이 필요한 환경 문제 해결에 있어 적실성을 가지며 국제거버넌스의 한계를 극복할 수 있다는 장점이 존재한다. 하지만 현 국제질서에서는 이러한 거버넌스가 초보적 수준으로 존재하고 있으며 개도국 및 저발전국 등에서 NGO가 저발전되어 있어 한계가 존재한다.

Ⅵ 추후 환경 문제에 대한 대응전략

1. 산업경쟁력 제고의 관점에서 환경 문제에 적극 대응

우리나라는 에너지 다소비 업종 중심의 경제구조를 가지고 있기 때문에 온실가스 감축 등 환경보존에 많은 경제적 비용과 어려움이 수반될 것으로 평가된다. 하지만 향후 환경협약협상에서 개도국 지위를 고수하여 국가차원에서 강제적인 의무 이행으로부터 제외되더라도 국제적인 환경규제 강화에 따라 기업 차원의 적극적 대응이 필요하다. 이미 반도체와 자동차 분야에서는 EU 등의 강화된 규정에 영향을 받고 있다. 아울러 배출권 거래시장을 포함한 환경 관련 시장이 확대됨에 따라 새로운 경제적 기회가 확대되고 있으므로 환경 문제에 대해 긍정적이고 적극적으로 접근하는 것이 장기적으로 국가경쟁력 제고에 도움이 될 것이다.

2. 한국의 국제적 지위를 고려한 기여 관점에서의 접근

환경 문제에 대한 대응을 경제적 관점에서뿐만 아니라 한국의 국제정치적·경제적 위상에 상응하는 국제사회에 대한 기여의 관점에서 접근할 필요가 있다. 국내적 여건을 고려할 뿐만 아니라 국제사회의 한국에 대한 기대도 동시에 고려하여 전지구적 문제인 환경 문제에 대해 능동적·적극적으로 대처하는 리더십을 발휘함으로써 한국의 위상을 높이고 긍정적인 국가 이미지를 넓혀나가야 한다.

3. 동북아시아지역의 사전 예방적 환경협력의 필요성

환경 문제는 지구적 문제일 뿐만 아니라 황사 문제 등과 같이 지역 국가에게 직접적인 피해를 발생시키는 경우가 존재하는 바 지역현안으로서의 성격도 함께 가진다. 특히 동북아시아지역은 어느 지역보다 급속한 경제 성장 및 이에 따른 초국경 환경 문제의 대두로 국가 간 갈등이 증폭될 가능성이 크게 존재하므로 지역 차원의 환경 위험에 대한 사전 예방적 성격의 환경 협력을 강화할 필요가 있다.

제9절 기후변화(지구온난화) 문제

Ⅰ 지구온난화의 의미

1. 지구온난화의 개념

지구온난화는 지구의 평균 기온이 점차 상승하는 현상을 의미한다. 이는 주로 인간 활동으로 인해 발생한 온실가스가 증가하면서 대기의 온실효과가 강화된 결과이다. 온실가스는 태양에서 받은 열을 대기 안에 가두어 지구의 온도를 높인다.

2. 지구온난화의 주요 원인

(1) 화석연료 사용

지구온난화의 가장 큰 원인은 화석연료(석탄, 석유, 천연가스)의 연소다. 산업혁명 이후 화석연료 사용이 급격히 증가하면서 대량의 이산화탄소(CO_2)가 대기 중으로 배출되었다. 이산화탄소는 지구 대기 중에 머물며 태양으로부터 받은 에너지를 열로 바꾸고, 이를 대기 안에 가둠으로써 지구의 온도를 높인다. 화석연료의 사용은 전력 생산, 교통, 산업 활동 등에 널리 퍼져 있으며, 이는 지구온난화에 매우 큰 영향을 미친다.

(2) 산업화와 공장 배출

산업화는 에너지 소비를 증가시켜 많은 온실가스를 배출했다. 특히 철강, 시멘트, 화학공장 같은 산업에서 다량의 이산화탄소와 메탄(CH_4)이 발생한다. 이들 가스는 대기 중에서 오랜 시간 동안 열을 가두어 지구온난화를 가속화시킨다.

(3) 농업과 가축 사육

농업에서 사용하는 비료는 질소산화물(N_2O) 같은 강력한 온실가스를 방출한다. 또한 가축(특히 소와 양)의 소화 과정에서 메탄이 배출된다. 메탄은 이산화탄소보다 훨씬 강한 온실효과를 일으키기 때문에 상대적으로 적은 양이라도 큰 영향을 미친다.

(4) 삼림 파괴

나무는 이산화탄소를 흡수해 산소를 배출하는 중요한 역할을 한다. 하지만 삼림 벌채가 진행되면서 이산화탄소를 흡수할 수 있는 숲의 면적이 감소했다. 나무를 태우거나 벌목하면 저장된 탄소가 대기 중으로 방출되면서 지구의 온실가스 농도를 더욱 높인다. 특히 아마존 같은 열대 우림의 파괴는 매우 심각한 영향을 미친다.

(5) 도시화와 인프라 확장

도시화는 자연적인 공간을 인공구조물로 대체한다. 아스팔트와 콘크리트는 태양열을 흡수하고 그 열을 방출해 도시 지역의 온도를 높인다. 이 현상은 도시 열섬 효과라고 하며, 주변 환경에 비해 도시 내부의 온도가 높아지게 된다. 이는 추가적인 에너지 사용(에어컨 등)을 유도해 더 많은 온실가스를 배출하게 한다.

(6) 화학물질과 냉매 사용

냉매로 사용되는 화학물질(예 프레온가스, CFCs)은 대기 중으로 방출될 때 지구온난화뿐만 아니라 오존층 파괴에도 기여한다. 비록 국제적으로 CFC 사용이 규제되었지만, 다른 냉매와 화학물질들도 여전히 온실효과에 기여하고 있다.

3. 지구온난화가 야기하는 문제

(1) 극단적인 기후 변화

지구온난화로 인해 폭염이 빈번해지고 강도가 증가하고 있다. 고온 현상은 농업 생산성을 감소시키고, 물 부족 문제를 악화시킨다. 일부 지역에서는 가뭄이 길어지며 식량과 물 자원이 크게 줄어든다. 또한, 온도가 상승하면서 대기의 수증기량이 증가하여 강수량의 변동성이 커진다. 그 결과로 폭우와 홍수의 빈도가 증가하고 있으며, 이는 도시와 농촌 지역 모두에서 인프라와 주거지에 큰 피해를 준다. 한편, 지구온난화는 열대성 폭풍(허리케인, 태풍 등)의 빈도와 강도를 증가시키는 경향이 있다. 따뜻한 바다에서 더 많은 열 에너지를 흡수한 폭풍은 더 강력해지고, 더 큰 피해를 유발한다.

(2) 해수면 상승

지구온난화로 인해 극지방의 빙하와 그린란드, 남극의 빙상이 녹으면서 해수면이 상승하고 있다. 해수면 상승은 저지대 해안 지역과 섬 국가에 심각한 영향을 미치며, 이 지역에서 거주하는 수백만 명의 사람들이 홍수 위험에 노출된다. 많은 도시들이 해안에 위치해 있어 이주와 경제적 손실이 발생할 수 있다. 한편, 해수면 상승은 지하수와 담수 자원에 염수 침투를 일으킬 수 있다. 이는 농업용 물과 식수 자원을 오염시켜 사람들과 동식물의 생존에 큰 위협이 된다.

(3) 생태계 파괴와 종의 멸종

기온 상승은 생물들의 서식지를 파괴하거나 변화시켜 많은 종이 적응하지 못하고 멸종 위기에 처하게 된다. 특히, 북극곰 같은 북극 동물들은 빙하가 녹아가면서 서식지를 잃고 있으며, 산호초 역시 바다 온도의 상승과 산성화로 인해 죽어가고 있다. 또한, 기후 변화로 인해 많은 동물과 식물들이 생존하기 위해 더 시원한 지역으로 이주하고 있다. 하지만 이주할 수 없는 생물들은 서식지를 잃고 멸종 위험에 직면한다. 또한 생물의 이동은 생태계의 균형을 깨뜨려 새로운 경쟁 관계나 질병의 확산을 초래할 수 있다.

(4) 식량과 물 부족

기후 변화는 농업에 직접적인 영향을 미친다. 극단적인 날씨 변화, 가뭄, 폭염 등은 작물의 성장과 수확을 방해한다. 특히, 가뭄과 고온은 물 부족을 악화시켜 농작물의 생산량을 줄이고, 이는 전 세계 식량 공급망에 위협을 가한다. 한편, 해수 온도가 상승하고 바다가 산성화되면서 어류와 해양 생물의 서식지가 변화하거나 감소하고 있다. 이는 전 세계적으로 어업 종사자와 해양 생태계를 의존하는 지역 사회에 심각한 경제적 타격을 줄 수 있다.

(5) 건강 문제

온난화로 인해 더운 기후를 선호하는 질병(예 말라리아, 뎅기열, 지카바이러스 등)을 옮기는 모기나 곤충들의 서식 범위가 확대되고 있다. 이는 전염병의 확산을 가속화시켜 공중 보건에 심각한 위협이 된다. 한편, 폭염은 인간의 건강에도 직접적인 영향을 미친다. 고온 환경에서는 열사병, 탈수, 심혈관 질환 등의 건강 문제가 발생할 가능성이 크다. 특히, 노약자나 어린이 등 취약한 계층에게 더욱 위험하다.

Ⅱ 지구온난화 문제에 대한 주요 국제 협력

1. 1979년 제1차 세계기후회의(World Climate Conference, 1979)

스위스 제네바에서 열린 이 회의는 과학자들이 지구온난화와 관련된 문제를 처음으로 국제무대에서 논의한 자리였다. 당시 기후변화에 대한 과학적 증거가 충분하지 않았지만, 온실가스 증가가 지구 기후에 악영향을 미칠 수 있다는 경고가 있었다. 이 회의는 기후 연구와 협력을 촉진하는 〈세계기후계획(World Climate Programme)〉을 창설했으며, 기후 변화 문제를 논의하는 중요한 기반을 마련했다.

2. 1988년 IPCC(기후변화에 관한 정부간 협의체) 설립

기후변화 문제를 과학적으로 연구하고 정책적 대응을 위한 협력을 촉진하기 위해 유엔환경계획(UNEP)과 세계기상기구(WMO)가 공동으로 IPCC를 설립했다. IPCC는 기후변화에 대한 과학적 데이터를 수집, 분석하여 보고서를 발간한다. IPCC는 이후 여러 차례의 평가 보고서를 통해 기후변화에 대한 과학적 근거를 제공하고, 국제 협약의 체결과 정책 수립에 중요한 역할을 해왔다.

3. 1992년 유엔 기후변화협약(UNFCCC) 채택

기후변화협약은 1994년 3월 발표되었고 188개국(2004년 2월 기준)이 가입되어 있다. 이 협약에서는 차별화된 공동부담원칙에 따라 가입 당사국을 부속서Ⅰ(Annex Ⅰ) 국가와 비부속서 국가Ⅰ(Non-AnnexⅠ)로 구분하여 각각 다른 의무를 부담하기로 결정했다. 한국은 현재 비부속서 국가로 분류되어 있어 실질적인 감축의무는 부담하고 있지 않다. 기후변화협약은 기후변화의 예측, 방지를 위한 예방적 조치의 시행, 모든 국가의 지속가능한 성장의 보장 등을 기본원칙(제3조)으로 하고 있다. 나아가 선진국은 과거 발전을 도모하며 대기 중에 온실가스를 배출한 역사적 책임이 있으므로 선도적 역할을 수행하도록 하고 개도국에는 현재 개발상황에 대한 특수사정을 배려한 '공동의 그러나 차별된 책임의무 부담'(제4조)을 요구하고 있다.

4. 교토의정서

(1) 주요 내용

1997년 제3차 기후변화협약 회의가 열려 교토의정서가 채택되었다. 교토의정서에는 온실가스 대상 물질이 명시되어 있으며 온실가스 감축을 위해 경제적이고 유연성 있는 수단의 채택을 인정하고 있다. 우선, 기후변화협약 AnnexⅠ 국가들은 1차 의무감축 기간인 2008~2012년 기간 중 자국 내 온실가스 배출 총량을 1990년 수준 대비 평균 5.2% 감축해야 한다. 이를 달성하기 위해 유연한 교토메카니즘, 즉 선진국 간 공동사업을 통해 다른 국가에 투자하여 감축한 온실가스 감축분의 일부분을 투자국의 감축실적으로 인정하는 공동이행제도(Joint Implementation), 선진국이 개도국에서 온실가스 감축사업을 수행하여 달성한 실적의 일부를 선진국의 감축량으로 인정하는 청정개발제도(Clean Development Mechanism)와 의무감축량을 초과달성하는 경우, 이 초과분을 다른 국가와 거래하도록 허용하는 배출권거래제도(Emission Trading)를 도입하고 있는 것이 특징이다.

(2) 교토의정서의 한계

1997년 체결된 교토의정서에도 불구하고 지구온난화 문제가 완화되지 않았다고 보는 것이 일반적이다. 그 이유로는 첫째, 미국은 교토의정서의 주요 서명국 중 하나였지만, 2001년 조지 W. 부시 대통령하에 이 조약에서 탈퇴했다. 이로 인해 전 세계 온실가스 배출량의 상당 부분을 차지하는 국가가 협약에 참여하지 않게 되면서, 효과적인 감축이 어려워졌다. 둘째, 많은 국가에서 경제 성장을 위해 산업화를 추구하였고, 이로 인해 에너지 소비가 급증했다. 특히, 중국과 인도의 경제 성장은 이들 국가의 온실가스 배출량을 증가시켰다. 따라서 교토의정서에서 설정된 목표를 달성하는 데 한계가 있었다. 셋째, 기후 변화의 심각성과 그 결과에 대한 사회적 인식이 부족했다. 많은 국가의 국민들이 기후 변화의 위험을 심각하게 받아들이지 않았고, 이는 정부 차원의 대응을 저해했다.

5. 코펜하겐 UN기후변화총회

발리 로드맵에 따라 UN기후변화총회가 2009년 12월 덴마크 코펜하겐에서 개최되었다. 당 총회의 중심 주제는 2012년 이후 각국의 기후변화 대처방안이었으나 참가국들은 합의를 형성하는 데 실패했다. 미국 등 산업국들은 감축이행에 대한 '약속과 검증(pledge and review)'방식을 주장했으나 개도국들은 강제성을 부과하는 데 반대했다. 또한 중국과 인도 등은 GDP 한 단위당 탄소배출량을 측정하는 '탄소배출강도(carbon emission intensity)'를 온실가스 감축의 측정기준으로 삼을 것을 주장했으나, 산업국은 탄소배출량이 오히려 증가할 수 있다고 반대했다. 합의가 이뤄진 사항은 산업화 이전보다 2도 높은 온도를 목표로 설정하자는 것과, 2012년까지 개도국에 300억 달러의 '코펜하겐 녹색 기후 기금(Copenhagen Green Climate Fund)'을 지원한다는 것이다.

6. 더반 플랫폼 출범

2011년 11월 남아프리카공화국 더반(Durban)에서 제17차 기후변화 당사국총회가 개최되었다. 더반총회의 합의사항은 다음과 같다. 첫째, 2012년 말에 종료되는 교토의정서를 2017년 또는 2020년까지 연장하기로 하였다. 둘째, 2020년부터 선진국뿐만 아니라 개도국에도 적용되는 새로운 법적 감축체제의 출범을 위한 '더반 플랫폼(Durban Platform)' 협상을 개시하기로 하였다. 셋째, 매년 1000억 달러 규모의 개도국 재정지원을 위한 새로운 재정기구인 '녹색기후기금(Green Climate Fund)'의 이사회 및 사무국 설치를 합의하였다. 그러나 더반회의는 핵심 이슈의 향후 추진방향에 대한 대강의 합의만 도출한 것에 불과하고, 주요국들이 협상에서 격렬하게 대립해온 세부적 쟁점사항에 대한 합의는 이끌어내지 못하고 향후 협상으로 미루어졌다.

7. 제18차 도하(Doha) 당사국총회(2012년 11월 26일)

195개국이 참가한 카타르 도하의 제18차 당사국총회(COP18)는 도하 기후 게이트웨이(Doha Climate Gateway)로 불리는 최종합의를 통해 교토의정서의 효력을 2020년까지 연장하기로 하였다. 본 총회에서 2차 온실가스 감축기간을 2013~2020년의 8년으로 하였으나 일부 국가들이 2차 기간 참여를 거부함으로써 교토의정서의 실효성에 의구심을 낳게 되었다. 도하총회는 더반 플랫폼협상 합의(2011)의 이행을 위해 매년 두 번 이상 회의를 열어 신국제기후변화체제를 논의하고 온실가스 감축목표를 높이기로 하였다. 한편, 도하총회에서는 녹색기후기금(GCF: Green Climate Fund) 사무국을 인천 송도에 설치하기로 한 GCF 이사회의 결정이 인준되어 GCF의 운영을 가시화하였다. 총회는 선진공여국들로 하여금 2020년까지 1천억 달러의 GCF기금 조성을 위한 계획서를 2013년 폴란드 COP19에서 제출할 것을 결정하였다. GCF재원은 당분간 세계은행이 관리하며 저개발국의 온실가스 감축과 기후변화 적응을 위해 분배된다.

8. 제19차 바르샤바 당사국총회(2013년)

2013년 바르샤바에서 개최된 기후변화협약 당사국총회는 2020년 이후의 온실가스 감축의무를 규정하는 신 기후체제 출범을 위해 당사국의 자발적 감축목표 설정을 전제로 하는 '의도된 국가 결정 공약'이라는 새로운 개념을 채택하였다. 다만, 선진국들은 이 개념을 온실가스 감축의무 부담, 감축목표와 감축행동 등과 같은 감축 분야에만 국한되어야 한다고 주장하는 반면, 중국을 비롯한 개도국 진영은 교토의정서가 만료되는 2020년 이후의 신기후체제에서도 온실가스 배출에 대한 선진국의 역사적 책임은 사라지지 않고 그대로 존재하며, 기후변화의 피해자인 개도국의 감축 및 적응에 대한 선진국의 지원의무는 지속되어야 한다는 입장을 보이고 있어 이견이 있다.

9. 파리협정(Paris Agreement)(2015년)

(1) 목표

파리협약은 지구의 평균 온도 상승을 산업화 이전대비 2℃ 이하로 억제한다는 기후변화협약의 장기목표를 재확인하고, 기후변화 취약국들의 최대 요구 사항인 1.5℃ 내 목표 제한을 위해서도 노력한다는 점을 명기함으로써 기후변화 대응을 위한 국제사회의 광범위한 공감대를 구축하고, 온실가스 감축목표를 이전보다 한층 더 강화할 수 있는 토대를 마련하였다.

(2) 신(新)기후체제의 법적 성격

파리협약은 국제법상 협약(treaty)에 해당하지만, 협정문이 포함하고 있는 모든 요소가 국제법적 구속성을 띠고 있지는 않으며, 전체 협정문의 요소 중 특정한 요소들만을 국제법적 의무로 규정하고 있다. 파리협약에서는 온실가스 감축목표 및 개도국에 대한 재정지원이 국제법적으로 구속적 의무가 아니라는 점을 명확히 하고 있다. 교토의정서에서 하향식으로 선진국에만 국제법적 의무로서 강제적 할당되었던 국가별 온실가스 감축목표는 신(新)기후체제에서는 국가별로 자국의 사정에 맞게 자발적으로 설정하고, 이를 UN기후변화협약 사무국에 설치될 별도의 감축등록부(public registry)에 5년마다 주기적으로 제출하도록 하고 있다. 국가별로 자국의 사정에 맞게 자율적으로 작성하는 기후변화 대응 행동계획인 '국가결정공약(NDC)'에 포함될 국가별 온실가스 감축목표는 국제 법적 의무로서의 성격을 가지지 않고, 전적으로 비구속적인 자발적 감축목표로서의 성격을 가진다. 따라서 당사국들은 국가별 감축목표 달성에 대한 국제법적 의무가 없고, 향후에 목표를 달성하지 않더라도 어떠한 법적인 제재를 받지 않는다. 다만, 당사국들은 5년마다 주기적으로 국가결정공약(NDC)을 제출해야 하는 법적 의무만 가지게 된다. 즉,

당사국들은 국가결정공약(NDC)의 내용 구성 및 그 이행에 대해서는 명확한 법적 의무가 없지만, 국가결정공약(NDC)을 5년마다 주기적으로 제출해야 하는 법적 의무는 가지게 된다.

(3) 차별화(Differentiation)

신기후체제의 구성의 핵심 쟁점 중 하나는 공통의 차별화된 책임과 상대적 국가능력(CBDR-RC)의 원칙을 신(新)기후체제에서 어떻게 반영하느냐의 여부였다. 파리협약은 교토의정서와 같이 명확한 선진·개도국의 이분법이 아니라, 단일한 법적 원칙에 따라 각 조항을 선진·개도국 구별 없이 적용하는 것을 원칙으로 하여 구성되었다. 다만 개별 조항에서 선진·개도국의 능력에 따른 차별화를 부분적으로 인정하는 유연한 접근법(built-in flexibility)을 채택하고 있다. 즉, 파리협약은 '선진국(developed countries)'과 '개도국(developing countries)'이라는 용어를 개별 조항들에서 명시적으로 사용하고 기후변화 대응을 위한 선진국의 선도적 역할(take lead)의 필요성에 대해 언급하고는 있다. 하지만 교토의정서처럼 선진국과 개도국을 법적으로 명확히 구분하는 UN기후변화협약상 '부속서 I 국가군(annex I parties)'과 '비부속서 I 국가군(non-annex I parties)'이라는 용어를 전혀 사용하지 않고 있다.

(4) 온실가스 감축(Mitigation)

파리협약은 감축과 관련하여 두 가지 장기목표를 명시하고 있다. 첫째는 지구적 차원의 온실가스 배출정점을 가능한 최대한 빨리 달성하도록 노력한다는 목표이다. 다만, 이 목표를 달성함에 있어 개도국의 배출정점 달성이 선진국보다 더 오래 걸릴 것이라는 점은 인정하고 있다. 둘째는 금세기 후반부에 인간활동에 의한 온실가스 배출과 흡수원(sinks)을 통한 온실가스 제거의 균형을 통해 온실가스 중립의 목표(a goal of net greenhouse gas neutrality)를 달성한다는 것이다. 개별 국가의 감축노력과 관련하여 파리협약은 국제법적으로 구속적인 절차적 의무를 제시하고 있다. 파리협약은 감축목표의 설정과 이행방법의 선택 등은 전적으로 개별 국가가 자율적으로 결정할 사항이지만, 국가결정공약(NDC) 관련 절차적 사항은 국제법적 의무로 규정하고 있다. 즉 국가결정공약(NDC)의 준비, 제출 및 유지, 국가결정공약(NDC)의 명확성과 투명성을 위해 필요한 정보의 제공, 그리고 5년마다 새로운 국가결정공약(NDC)의 제출 등은 파리협약상 구속적 의무로 규정되고 있다. 또한, 파리협약은 법적 의무는 아니지만, 새로운 국가결정공약(NDC)은 이전에 제출한 국가결정공약(NDC)보다 더 진전된 내용(a progression beyond the previous one)을 담고 있어야 하며, 당사국이 할 수 있는 최고 의욕수준(highest possible ambition)을 설정해야 함을 명시하고 있다.

(5) 글로벌 종합검토(Global Stocktake)

파리협약은 당사국들이 제출하는 국가결정공약(NDC)의 감축목표를 향후 점진적으로 상향하도록 촉진하기 위해 5년 단위의 주기적인 글로벌 종합검토(global stocktake)의 개념을 도입하고 있다. 글로벌 종합검토는 개별 국가의 국가결정공약(NDC)을 대상으로 하는 것이 아니라 당사국들이 제출한 국가결정공약(NDC)을 모두 종합하여 글로벌 차원에서 온실가스 감축노력이 장기목표 달성에 얼마나 근접한지의 여부를 과학적으로 검토하는 절차이다. 첫 번째 글로벌 종합검토는 2023년으로 예정되어 있었는데, 2018년부터 2023년까지 5년 동안의 감축노력을 검토하였다.

(6) 기후재원(Finance)

첫째, 선진국들은 개도국의 감축 및 적응을 위한 재정지원을 제공하기로 약속하였다. 또한, 파리협약은 선진국이 아닌 개도국들도 자발적으로 재정지원을 하도록 권장하고 있다. 하지만 선진국의 재정지원에는 '기후변화협약하 선진국의 기존 의무의 연속선상(in continuation of their existing obligations under the Convention)'이라는 단서 조건이 붙어 있는데, 이는 앞서 지적한 바와 같이 파리협약이 국제법적으로 구속적 성격의 새로운 재정지원의무를 선진국에 부과하지 않는 방향으로 협정문 조항을 구성하도록 강력하게 요구한 미국의 의견을 반영한 것이다. 미국은 파리협약의 미 의회의 추가 비준절차를 피하고자 파리협약에서 새로운 구속적 재정지원의무의 신설을 강력히 반대하였고, 이러한 미국의 입장이 파리협약 최종 문안에 반영되었다. 재정지원 문제는 5년 주기의 글로벌 종합검토(global stocktake)의 대상으로 포함되도록 하고 있다.

(7) 적응(Adaptation)

신(新)기후체제의 새로운 특징 중 하나는 온실가스 감축뿐만 아니라 기후변화의 영향에 대한 적응(adaptation) 노력도 중요한 요소로서 다루고 있다는 점인데, 이는 기후변화에 상대적으로 취약한 개도국들의 강력한 요구가 반영된 결과라고 할 수 있다. 따라서 파리협약에서는 기후변화협약에서 규정하고 있는 적응노력의 강화가 특히 강조되고 있는데, 이를 위한 다양한 조치들이 제시되고 있다. 파리협약은 적응능력의 향상, 복원력의 강화 및 기후변화에 대한 취약성의 감소를 신(新)기후체제에서 개도국 및 선진국 공히 모든 당사국이 추구해야 할 중요한 목표로 설정하고 있다. 이에 따라 모든 당사국은 국가적 차원의 기후변화 적응 계획을 수립하고 이행해야 하며, 자국의 적응노력 또는 (개도국의 경우 재정지원을 받기 위한) 적응 필요성에 대한 보고서를 제출하도록 권고되고 있다. 또한, 개도국의 적응노력에 대한 선진국의 재정 지원을 강화하고, 적응분야의 진전 및 적응분야에서 선진국의 재정지원 적절성과 효과성에 대한 검토를 진행하고, 이를 매 5년 주기의 글로벌 종합검토에 포함하기로 하였다.

(8) 손실과 피해(Loss and Damage)

파리협약은 '손실과 피해에 관한 바르샤바 국제 메카니즘(Warsaw International Mechanism for Loss and Damage)'을 계승한 조항을 포함하고 있는데, 이는 기후변화에 취약한 군소도서국가 및 최빈개도국들의 요구가 반영된 결과이다. 손실과 피해에 관한 바르샤바 메카니즘은 가뭄 및 홍수와 같은 이상기후 현상과 해수면 상승과 같이 피할 수 없는 기후변화의 영향에 취약한 국가들을 돕기 위한 방안들을 모색하기 위한 프로세스라 할 수 있다. 다만, 이번 파리 당사국총회 결정문 및 파리협약문은 손실과 피해 분야에서 구체적 지원조치를 명시하지는 않고, 향후 기후변화 취약국들을 돕기 위해서 조기경보체제 구축, 응급대응체제 구축, 기후변화 관련 위험보험제도 구축 등을 포함한 다양한 협력방안들을 향후 모색해 나가기로 하는 선에서 그치고 있다.

10. 2021년 글래스고 기후 회의(COP26)

스코틀랜드 글래스고에서 열린 COP26은 파리 협정 이후 처음으로 각국의 NDC(국가 온실가스 감축 목표)를 강화하고, 1.5도 목표 달성을 위한 구체적인 계획을 논의하는 자리였다. 이 회의에서는 석탄 사용 단계적 감축, 메탄 감축 협약, 그리고 기후변화로 인한 손실과 피해 문제에 대한 논의가 이루어졌다. COP26에서 각국은 온실가스 감축 목표를 더욱 강화하였으며, 2023년까지 기후 재정 지원 목표를 달성하기로 합의했다. 그러나 석탄 감축에 대한 논의에서 '단계적 퇴출' 대신 '단계적 감축'이라는 완화된 문구로 합의되며 비판을 받기도 하였다.

11. 2023년 두바이 COP28

2023년 UAE 두바이에서 열린 COP28은 파리 협정 이후 기후 대응을 종합적으로 평가하는 첫 번째 '글로벌 종합검토(Global Stocktake)'를 실행하였다. 이는 각국의 기후 목표와 이행 상황을 종합적으로 점검하고, 향후 기후 행동을 강화하는 기회로 사용되었다.

III 지구온난화 문제 협력에 대한 이론적 접근

1. 현실주의(Realism) 관점

현실주의는 국제 체제를 '무정부 상태'로 보고, 각국은 자국의 이익과 생존을 최우선시하는 행위자라고 가정한다. 따라서 현실주의는 기본적으로 국가 간 협력에 대해 회의적인 시각을 가지며, 협력이 이루어지더라도 그것은 국가의 이익에 부합할 때만 가능하다고 본다. 지구온난화 문제에 대해서도, 현실주의는 국가들이 온실가스 감축이나 기후 변화 대응을 통해 자국의 경제적·안보적 이익을 극대화할 수 있는 경우에만 협력할 것이라고 주장한다. 현실주의적 관점에서는 국제 협력이 어렵다고 보는 이유 중 하나는 '상대적 이익'의 문제다. 즉, 각국은 협력 과정에서 타국이 자국보다 더 큰 이익을 얻는 것을 우려한다. 지구온난화 문제에서도 온실가스 감축을 위한 비용 분담이나 기술 이전 문제에서 상대적 이익의 논리가 작용할 수 있다. 선진국과 개발도상국 간의 협력에서 선진국이 개발도상국에게 기술을 이전하는 경우, 선진국은 개발도상국이 더 많은 이익을 얻고 자국의 경제적 이익이 상대적으로 감소할 것을 우려할 수 있다. 그러나 현실주의 이론에서도 지구온난화가 전 세계적으로 안보에 직접적인 위협을 미친다는 점에서 협력의 필요성을 인정할 수 있다. 기후 변화로 인해 발생하는 자연재해, 식량 및 물 부족, 기후 난민 등의 문제는 개별 국가의 안보와 생존을 위협할 수 있으며, 이러한 위협에 대응하기 위해 국가들이 협력할 가능성이 있다. 현실주의에서 협력이 이루어질 수 있는 중요한 조건은 '안보 위협'이기 때문에, 지구온난화로 인해 발생하는 안보 위협이 협력의 계기가 될 수 있다.

2. 구성주의(Constructivism) 관점

구성주의는 국제사회의 행위자들이 단순히 물질적 이익이 아닌 규범, 아이디어, 정체성에 의해 영향을 받는다고 본다. 기후변화 문제와 관련하여, 국가들은 기후변화의 위협을 단순히 과학적 사실로만 인식하는 것이 아니라, 그에 대한 국제적 규범과 도덕적 의무를 통해 행동한다. 예를 들어, 파리협정과 같은 협정은 기후변화에 대한 책임감을 전 세계 국가들이 공유하게 만들었으며, 이는 국제사회가 지구온난화 문제에 대해 협력해야 한다는 강력한 규범적 압력으로 작용했다.

3. 신자유제도주의(Neoliberal Institutionalism)

(1) 국제 제도의 역할: 협력을 촉진하는 구조

신자유제도주의는 국가 간 협력을 가능하게 하는 가장 중요한 요소로 국제 제도(institutions)를 강조한다. 국제 제도는 국가들이 무정부적 국제체제 속에서 발생하는 정보의 비대칭성, 상호 신뢰 부족, 협력의 불확실성 등의 문제를 해결하고 협력을 촉진할 수 있는 메커니즘을 제공한다고 본다. 지구온난화 문제 해결을 위한 국제 협력에서도 UNFCCC(유엔기후변화협약), 파리협정, IPCC(기후변화에 관한 정부간 협의체)와 같은 국제 제도와 협정들이 핵심적인 역할을 하고 있다. 한편, 기후 변화 문제와 같이 국가 간 이해관계가 얽힌 복잡한 문제에서 국제 제도는 합의를 도출하는 플랫폼 역할을 한다. 파리협정에서 각국이 자발적으로 국가별 기여 계획(NDC)을 제출하고, 이를 기반으로 협력할 수 있었던 것은 협상이 이루어지는 구조적 틀을 국제 제도가 제공했기 때문이다. 또한, 신자유제도주의는 국제 제도가 갈등이 발생했을 때 이를 조정하고 해결하는 분쟁 해결 메커니즘을 제공함으로써 협력을 지속시킬 수 있다고 본다.

(2) 장기적인 이익 극대화

신자유제도주의에 따르면, 국가들은 단기적인 이익보다는 장기적인 이익을 고려하며 행동한다. 온실가스 감축과 같은 기후변화 대응은 단기적으로는 비용이 발생할 수 있지만, 장기적으로는 기후 재난을 예방하고 경제적 손실을 줄이는 데 기여한다. 따라서 국가들은 장기적인 상호 이익을 위해 협력할 유인이 크다.

(3) 반복적인 상호작용과 신뢰 구축

국제 제도는 국가들이 반복적으로 협력할 수 있는 기회를 제공한다. 예를 들어, UNFCCC는 매년 COP(당사국 총회)를 열어 각국의 기후 대응 현황을 점검하고 협력을 이어가도록 한다. 이러한 반복적인 상호작용을 통해 국가들은 서로에 대한 신뢰를 구축할 수 있으며, 이는 협력의 지속 가능성을 높인다.

(4) 상대적 이익보다는 절대적 이익 중시

신자유제도주의는 현실주의와 달리 절대적 이익(absolute gains)을 중시한다. 현실주의는 국가들이 협력할 때 상대적 이익(relative gains), 즉 타국이 자국보다 더 많은 이익을 얻는 것을 우려한다고 보지만, 신자유제도주의는 국가들이 협력에서 얻는 절대적 이익에 더 주목한다고 본다. 지구온난화는 전 세계가 공통으로 직면한 문제이므로, 각국은 협력을 통해 얻는 절대적 이익을 중시하게 된다. 즉, 한 국가가 온실가스를 감축하더라도, 다른 국가들이 감축하지 않으면 그 효과가 제한적이다. 따라서 각국은 협력을 통해 모든 국가가 온실가스를 줄이는 것이 궁극적으로 자국에게도 더 큰 이익이 된다고 판단한다. 이는 파리 협정에서 볼 수 있듯이, 다수의 국가들이 자발적으로 온실가스 감축 목표를 설정하고 협력하게 만든 동기다.

(5) 비용 분담과 신뢰 문제 해결

기후변화 문제 해결에서 각국이 부담해야 할 비용은 크다. 특히, 개발도상국과 선진국 간에는 책임 분담과 비용 분담 문제가 큰 쟁점이다. 선진국들은 과거에 더 많은 온실가스를 배출해 기후변화에 대한 역사적 책임이 크기 때문에, 개발도상국들은 선진국들이 더 많은 감축 노력을 해야 한다고 주장한다. 신자유제도주의적 관점에서는 이러한 갈등을 국제 제도를 통해 해결할 수 있다고 본다.

4. 패권안정론

패권안정론에 따르면, 패권국은 국제질서를 유지하고 공공재를 제공하는 중요한 역할을 맡는다. 지구온난화와 같은 전 지구적 문제는 패권국이 주도적으로 해결해야 할 과제가 된다. 미국은 역사적으로 지구온난화 문제에 대한 국제적 협력을 이끌어왔다. 미국은 UNFCCC와 같은 국제 협약의 주도국으로서 기후 변화 대응에 필요한 규칙과 규범을 설정하고, 다른 국가들이 이를 따르도록 유도한다. 패권국으로서의 책임감을 느끼는 미국은 자국의 이익을 위해서도 지구온난화 문제에 적극적으로 대응해야 한다.

5. 집단행동이론(Group Behavior Theory)

집단행동이론은 개인이 집단의 이익을 위해 행동할 때 발생할 수 있는 문제를 다룬다. 이론에 따르면, 공공재(예 깨끗한 환경, 기후 안정성)는 모든 구성원이 이익을 얻지만, 그 혜택을 위해서는 각자가 기여해야 한다. 그러나 개인은 자신의 이익을 극대화하려는 경향이 있어, 기여를 미루거나 아예 하지 않으려는 유인이 있다. 이로 인해 집단 전체의 이익이 감소하게 된다. 개인이 다른 이들이 기여한 결과로 얻는 혜택을 누리면서 자신의 기여를 회피하려는 경향이 있다. 이는 협력의 지속 가능성을 위협하며, 집단 전체의 목표 달성을 어렵게 만든다. 기후변화 문제를 해결하는 국제협력을 위해서는 집단행동딜레마를 해결하는 것이 중요하다. 신자유제도주의자들은 국제협력에 참여하는 국가들이 축소되는 경우 집단행동딜레마를 해결할 수 있다고 하였다.

Ⅳ 지구온난화 문제에 대한 주요국 입장

1. 미국의 입장

미국은 세계에서 가장 큰 온실가스 배출국으로, 역사적으로 산업화 과정에서 많은 배출을 해왔다. 이러한 배경은 미국의 지구온난화 문제에 대한 입장에 영향을 미친다. 도널드 트럼프 대통령하에서 미국은 파리협정에서 탈퇴했으며, 기후 변화 문제를 경제적 부담으로 간주했다. 이 정부는 규제를 완화하고 석유 및 석탄 산업을 보호하려는 정책을 추진했다. 이는 미국의 에너지 자원 개발을 촉진하고, 고용 창출을 목표로 했다. 한편, 조 바이든 대통령은 기후 변화를 국가안보의 핵심 문제로 삼고, 파리협정에 재가입했다. 그는 기후 변화 대응을 위한 대규모 인프라 투자와 청정 에너지 개발을 추진하고 있으며, 2030년까지 온실가스를 2005년 대비 50-52% 감축하겠다는 목표를 세웠다. 이를 통해 미국이 기후 변화 대응에 앞장서겠다는 의지를 나타내고 있다.

2. 중국의 입장

중국은 세계에서 가장 많은 온실가스를 배출하는 국가로, 급속한 산업화와 도시화가 주된 원인이다. 그러나 중국은 선진국에 비해 상대적으로 낮은 1인당 배출량을 유지하고 있다. 중국은 경제 발전을 우선시하여, 기후 변화 문제 해결을 위한 국제적 의무에 대한 회의적인 입장을 보였다. 중국 정부는 자국의 발전 필요와 국제적 규범 간의 균형을 강조한다. 한편, 중국은 최근에는 기후 변화 대응에 대한 의지를 보이며 2030년까지 탄소 배출 정점을 찍고, 2060년까지 탄소 중립을 달성하겠다는 목표를 세웠다.

3. 유럽연합(EU)의 입장

EU는 기후 변화 문제 해결에 있어 선도적인 역할을 자처하고 있으며, 국제 기후 협약에서 주도적인 입장을 취하고 있다. EU는 파리협정의 주요 지지국으로, 강력한 온실가스 감축 목표를 세우고 이를 실천하고 있다. EU는 2030년까지 온실가스를 1990년 대비 최소 55% 감축하겠다는 목표를 설정했다. 이는 유럽 그린딜(European Green Deal)이라는 포괄적인 정책의 일환으로, 경제의 녹색 전환을 목표로 한다. EU는 탄소세 도입, 재생 에너지 확대, 에너지 효율 개선 등의 다양한 정책을 추진하고 있으며, 회원국들이 이러한 목표를 달성하도록 지원하고 있다. EU는 기후 변화 대응을 위해 다른 국가들과의 협력을 강조하며, 기후 자금을 통해 개발도상국을 지원하는 방안도 모색하고 있다.

Ⅴ 최근 지구온난화 관련 쟁점

1. 탄소 배출 감축 목표와 이행

국가마다 설정한 탄소 배출 감축 목표가 다르며, 이를 이행하는 데 있어 진전이 부족하다는 비판이 있다. 특히 선진국과 개발도상국 간의 차별적 책임 문제도 대두되고 있다. 한편, 많은 국가가 2030년 또는 2050년까지 탄소 중립 목표를 세웠지만, 이행 계획이 불투명하거나 충분하지 않다는 우려가 커지고 있다.

2. 재생 가능 에너지와 전환

석탄, 석유 등 화석 연료에서 재생 가능 에너지로의 전환이 요구되지만, 이 과정에서의 경제적 부담과 기술적 도전이 큰 쟁점으로 떠오르고 있다. 재생 가능 에너지의 비중이 높아짐에 따라 전력망의 안정성 및 신뢰성을 유지하는 문제도 중요한 이슈로 제기되고 있다.

3. 기후 정의와 공정성

기후 변화의 영향을 가장 많이 받는 개발도상국이 기후 변화 대응에 필요한 자원과 기술에 접근하기 어려운 상황이 문제가 되고 있다. 기후 재정 지원 및 기술 이전에 대한 논의가 필요하다. 한편, 기후 변화 대응을 위한 정책이 특정 산업(예 석유, 석탄 산업)에 미치는 영향으로 인해 노동자와 기업 간의 갈등이 발생하고 있다.

4. 기후 변화의 영향

기후 변화로 인해 극단적인 기후 현상(예 폭염, 홍수, 가뭄 등)의 빈도와 강도가 증가하고 있어 이에 대한 적응 및 대비가 필요하다는 논의가 활발하다. 기후 변화는 농업 생산성에 영향을 미치고, 생태계의 다양성을 위협하고 있다. 이는 식량 안보 및 생태계 보호와 관련된 문제를 유발하고 있다.

Ⅵ 지구온난화 문제에 대한 우리나라 입장

1. 온실가스 감축 목표

한국 정부는 2030년까지 온실가스를 2018년 대비 40% 감축하겠다는 목표를 세웠다. 이 목표는 2030 국가 온실가스 감축 목표(NDC)로 공식 발표되었으며, 한국의 기후 변화 대응 의지를 반영한다. 한편, 10월, 한국 정부는 2050년까지 탄소 중립을 목표로 하겠다고 선언하였다. 이는 기후 변화에 대한 국제적 대응을 강화하고 지속 가능한 발전을 위한 기반을 마련하는 의미를 가진다.

2. 기후 정책 및 계획

2020년 7월, 한국 정부는 한국판 그린 뉴딜을 발표하여 지속 가능한 경제 전환을 추진하고, 기후 변화 대응을 위한 다양한 정책을 포함하였다.

3. 재생 가능 에너지 확대

한국 정부는 재생 가능 에너지의 비중을 확대하기 위해 다양한 정책을 추진하고 있다. 2030년까지 신재생에너지 비중을 20%로 늘리겠다는 목표를 세우고, 태양광, 풍력 등의 발전을 활성화하고 있다.

4. 국제 협력

한국은 파리협정 및 다양한 국제 기후 협약에 적극적으로 참여하며, 국제사회와의 협력을 통해 기후 변화 대응을 위한 노력을 강화하고 있다. 한국은 기후 변화 대응을 위한 국제 재정 지원과 기술 협력을 통해 개발도상국의 기후 변화 적응 및 완화 노력을 지원하고 있다.

제10절 공적개발원조

Ⅰ 정의

OECD/개발원조위원회는 공적개발원조의 개념을 중앙 및 지방정부를 포함한 공공기관이나 이를 집행하는 기관이 개도국 및 국제기구에 제공한 자금의 흐름(Resource Flows)을 의미하며, 각각 다음의 조건을 충족하여야 한다.

① 중앙정부와 지방정부를 포함한 공공부문 또는 그 실시기관에 의해 개발도상국, 국제기구 또는 개발NGO에 공여될 것
② 개발도상국의 경제 개발 및 복지 증진에 기여하는 것이 주목적일 것
③ 차관일 경우, 양허성이 있는(concessional) 재원이어야 하며 증여율(Grant Element)이 25% 이상이어야 할 것
④ 개발원조위원회 수원국 리스트에 속해 있는 국가 및 동 국가를 주요 수혜대상으로 하는 국제기구를 대상으로 할 것

Ⅱ 유사개념

1. 국제협력

일반적으로 국제협력이란 국가 간 및 국가와 국제기관 간의 모든 유·무상 자본협력, 교역협력, 기술·인력협력, 사회문화협력 등 국제사회에서 발생하는 다양한 형태의 교류를 총체적으로 지칭하는 개념이다. 이 경우 국제협력은 원조나 경제협력에 비해 더욱 상호주의적이며 평등한 관계를 강조하고 아울러 협력 분야를 경제영역으로 한정하지 않고 사회, 문화 분야로까지 확대하고자 하는 의지를 담고 있다. 또한, 국가 간에 재원이 이전되는 경우도 있지만 단순한 교류 차원의 협력일 경우에는 실질적인 재원이 이전되지 않는 경우도 있다는 점에서 경제협력, 개발협력 및 개발원조와 차이점이 있다.

2. 경제협력

경제협력은 보통 투자 및 자본협력 등을 일컫지만 광의로는 무역을 포함한 모든 경제교류를 지칭하는 개념으로 쓰이기도 하며, 때로는 대개도국 경제협력의 줄임말로 이해되기도 한다. 경제협력은 정부 차원의 개발원조, 상업차관, 수출신용, 민간 부문에 의한 직·간접투자, 해외건설, 무역, 해외이주 및 해외취업 등을 포함하며, 국가 상호 간에 이전되는 재원을 포함한다. 따라서 선진국 간, 개도국 간 그리고 선진국과 개도국 간 경제 분야의 제반 협력관계를 경제협력이라 할 수 있다.

3. 개발협력

개발협력은 개발도상국의 경제 성장이나 복지에 기여할 수 있는 '개발재원의 이전(transfer of resources for development)'을 말하며 주로 선진국이나 국제기구로부

터 개도국에게 일방적으로 이전되는 재원을 말한다. 따라서 군수물자 구매에 필요한 재정 지원, 종교적 목적이나 예술 및 문화활동에 필요한 원조, 다른 수출국에 비해 유리한 가격으로 개발도상국에 물품을 판매하는 데 따른 비용은 개발협력에 포함되지 않는다. 또한, 개발도상국으로부터의 자금의 흐름은 당연히 개발협력에서 제외된다. 공적원조개발원조위원회는 1990년대 들어 구 사회주의 국가에 대한 시장경제체제 이행 지원 등 새로운 원조 수요가 발생함에 따라 1996년 12월, 개발원조 대상국을 Part Ⅰ(일반 개도국) 국가와 Part Ⅱ(구 사회주의 국가 및 선발 개도국) 국가로 구분하였다. 이 경우 공적개발원조로 분류하되 특수 목적의 구 사회주의 국가 및 선발 개도국에 대한 원조는 공적개발원조와는 별도로 공적원조(OA: Official Aid)로 산정한다.

4. 공적개발금융

공적개발금융은 개도국에 대한 자금 흐름을 측정하는 데 사용되는 개념으로 양자 간 공적개발원조와 다자 간 증여 및 양허성·비양허성 차관, 리파이낸싱(Refinancing) 차관 등을 포함한다.

Ⅲ 개발원조의 동기

1. 인도주의적 동기

인도주의적 동기는 민주주의와 인권과 같은 인간의 보편적 기본가치의 실현을 통해 절대빈곤 해소를 위한 필요할 뿐만 아니라 도덕적 의무라는 생각에서 비롯되었다. 비록 제2차 세계대전 이후 사회개발 측면에서 인류사회는 역사상 가장 괄목할 만한 성과를 거두었으나 아직까지도 극심한 빈곤 문제는 해결하지 못했다. 이러한 현실 앞에 인간이 인간답게 살아야 한다는 것은 인류 보편적인 가치이며 잘사는 국가들이 어려움을 겪고 있는 사람들이 인간다운 기본적인 생활을 유지할 수 있도록 돕는다는 것은 도덕적인 의무라는 것이다. 이러한 인도주의적 고려의 관점은 1969년 인류는 하나의 세계사회에 살고 있다는 세계공동체라는 관념을 기조로 하고 있는 피어슨 보고서(Pearson Report)가 발표된 이후 개발원조 사회에서 크게 확산되기 시작했다.

2. 정치·외교적 동기

과거 냉전체제하에서 공적개발원조의 정치적 목적은 공산화 방지 또는 국제질서의 안정이라는 의견이 많았다. 이러한 정치·외교적인 동기에 의한 원조의 대표적인 예로 서유럽의 공산화를 막기 위한 제2차 세계대전 후 경제부흥계획인 마셜플랜(Marshall Plan)을 들 수 있다. 우리나라도 같은 이유로 과거 서방국가들로부터 많은 원조를 받은 바 있다. 오늘날도 많은 국가들이 국가안보이익 차원에서 전략적 원조를 제공하고 있다.

3. 경제적 동기

경제적 동기는 장기적인 안목에서 개발도상국에 원조를 공여하여 그 나라의 경제가 발전하면 수출시장이 확대되며 자국 기업들의 해외진출발판이 되고 나아가 자원 확보에 기여할 수 있다는 논리에서 비롯된 것이다. 실질적으로 우리나라도 중국, 동남아시아 등을 비롯한 대개발도상국 수출이 전체 수출의 매우 큰 비중을 차지하고 있는 만큼 개발도상국들의 발전을 통해 선진국들도 많은 이득을 볼 수 있다. 뿐만 아니라 자국 물품 및 용역으로 개발원조를 실시하여 수출을 촉진시키는 타이드 원조(Tied Aid)를 통해 경제적인 이익을 추구하는 관행도 있다. 그러나 이는 수원국 경제발전을 왜곡시키고 원조비용의 증가시키는 문제를 감안하여 공여국들은 이런 관행을 지양하는 추세다.

4. 상호의존의 인식

상호의존의 인식은 1960년대에 대두되기 시작한 남북 문제가 1970년대 제1차 석유파동, 신국제경제질서 선언 등으로 대두되어 남북대결 양상으로 심화되어감에 따라 생겨나게 되었다. 오늘날과 같이 정보와 인구의 유동성이 높고 국가·지역 간 연계성이 높아지는 사회에서 한 지역이나 국가에서 발생한 사건이 다른 지역 및 국가에 미치는 영향이 커지고 있다. 개발도상국에서 일어나는 환경파괴 및 기후 변화와 질병 확산 등 선진공업국가에 지대한 영향을 미칠 수 있다. 뿐만 아니라 빈곤과 정치적 불안정은 9·11테러와 난민 사태 등 안보 문제로 이어질 수 있다는 인식이 확산되고 있다. 이런 변화된 지구촌 환경 속에, 선진공업국들은 개발도상국을 공업제품 수출시장 및 원료 공급원이라는 종래의 인식에서 자신들의 생존과 번영을 유지하기 위한 국제정치적 역학관계와 경제적 필요성에 의해서 남북 간 상호의존관계로 인식을 전환하게 된 것이다.

Ⅳ 공적개발원조가 수원국에 미치는 효과 논쟁

1. ODA가 수원국에 도움이 된다는 입장

(1) 제프리 삭스(Jeffrey Sachs)

제프리 삭스는 공적개발원조가 개발도상국의 빈곤 문제 해결에 매우 중요한 역할을 한다고 주장한다. 특히, 극심한 빈곤을 겪는 국가들이 초기 발전 단계를 넘어서기 위해서는 외부의 재정적 지원이 필수적이라고 본다. 그는, 특히 보건, 교육, 인프라와 같은 분야에서 ODA가 효과적으로 사용될 수 있으며, 이를 통해 경제적 성장을 촉진하고 빈곤 문제를 완화할 수 있다고 본다. 삭스는 그의 책 〈빈곤의 종말(The End of Poverty)〉에서 ODA를 통해 말라리아와 같은 질병을 통제하고, 기본 인프라를 개선하며, 교육과 보건 서비스를 확장하는 사례를 들어 ODA의 효과를 강조한다.

(2) 폴 콜리어(Paul Collier)

폴 콜리어는 저서 〈The Bottom Billion〉에서 개발도상국, 특히 극빈국(저소득국가)은 외부 지원 없이는 극복하기 어려운 구조적 빈곤에 처해 있다고 주장한다. 그는 이들 국가가 '빈곤의 덫'에 빠져 있는데, ODA는 그들이 자립할 수 있는 기반을 마련하는 데 기여할 수 있다고 본다. 콜리어는 적절하게 관리된 원조가 분쟁 후 국가의 재건이나 경제적 회복에 매우 중요한 역할을 할 수 있다고 본다. 그러나 ODA가 효과적이기 위해서는 투명성과 책임성이 보장되어야 하며, 이를 위한 제도적 지원이 필요하다고 강조한다.

(3) 아마르티아 센(Amartya Sen)

아마르티아 센은 개발의 개념을 단순한 경제적 성장에 국한하지 않고, 인간 개발과 자유의 확장에 초점을 맞추었다. 그는 ODA가 개발도상국 국민들의 기본적 능력(capability)을 확대하는 데 기여할 수 있다고 주장한다. 특히, 보건과 교육 분야에서의 원조는 인간 개발에 큰 도움이 된다고 본다. 센은 원조가 단기적 경제 성과에만 초점을 맞추는 것이 아니라, 수원국 국민들의 삶의 질을 향상시키는 방향으로 사용될 때 장기적으로 더 큰 혜택을 가져올 수 있다고 본다.

2. ODA의 효과성에 회의적인 입장

(1) 윌리엄 이스털리(William Easterly)

이스털리는 공적 개발 원조에 대해 매우 비판적이다. 그의 책 〈The White Man's Burden〉에서 그는 원조가 종종 수원국에 긍정적인 결과를 가져오지 못하며, 비효율적이라고 주장한다. 그는 원조가 자주 부패, 비효율적인 관료주의에 의해 낭비되고, 경제적 발전에 실질적인 기여를 하지 못한다고 본다. 이스털리는 시장 메커니즘과 자율적인 경제 발전이 더 중요한데, 원조는 이를 방해하고 수원국의 의존성을 심화시킨다고 주장한다. 그는 지속 가능한 발전은 외부 원조가 아니라, 내부에서 자생적인 경제 성장을 촉진해야 가능하다고 본다.

(2) 담비사 모요(Dambisa Moyo)

담비사 모요는 원조가 수원국의 경제적 자립을 저해하고, 오히려 부패와 비효율성을 조장한다고 비판한다. 그녀는 저서 〈Dead Aid〉에서 원조가 아프리카의 발전을 방해하는 주요 요인이라고 주장하면서, 외부 원조보다는 민간 투자와 시장 중심의 개발 전략이 더 중요하다고 주장한다. 모요는 원조가 아프리카 정부들을 부패와 책임성 결여로 이끌고 있으며, 수원국 국민들 또한 원조에 의존하게 되어 경제적 독립을 이루지 못한다고 본다. 그녀는 민간 투자를 통해 경제 성장을 이끄는 것이 더 효과적이라고 주장한다.

(3) 앵거스 디턴(Angus Deaton)

노벨 경제학상 수상자인 앵거스 디턴은 ODA가 수원국의 정치적 구조를 왜곡시키고, 부패와 비효율성을 부추긴다고 비판한다. 그는 공적 원조가 수원국 정부가 국민에 대한 책임을 다하지 않도록 만들며, 오히려 내부 정치적 문제를 악화시킬 수 있다고 본다. 디턴은 특히 원조가 수원국의 정치적 책임성을 약화시킨다고 지적한다. 원조로 인해 정부는 국민이 아닌 외부 원조 제공국에 더 의존하게 되며, 이는 수원국 내부의 정치적 구조를 왜곡할 수 있다는 것이다.

V 공적개발원조 제공국의 이익

1. 기대 이익

(1) 수출증대

원조를 제공하는 국가는 수원국에 대한 경제적 영향력을 증가시킬 수 있다. 수원국이 경제적으로 성장하고 인프라를 확충하게 되면 원조국의 기업들이 해당 시장에 진출하거나 수출 기회를 확대할 수 있다. 특히, 원조가 인프라, 교육, 보건 등

성장 잠재력이 큰 분야에 집중될 경우, 수원국은 장기적으로 원조국의 상품 및 서비스에 대한 수요를 증가시킬 수 있다. 예를 들어, 일본과 독일은 원조 제공과 동시에 인프라 프로젝트나 건설 사업을 통해 자국 기업들이 해외에서 사업 기회를 얻도록 지원했다.

(2) 외교적 영향력 확대

ODA는 수원국에서 원조국의 외교적 영향력을 높이는 수단으로 사용될 수 있다. 원조를 제공함으로써 수원국 내에서 정치적 우위를 점하고, 국제 외교 무대에서 우호적인 관계를 형성할 수 있다. 수원국은 원조국의 지지를 얻게 되며, 이는 국제기구(UN, WTO 등)에서 정치적 지지나 협력을 확보하는 데 유리하게 작용할 수 있다. 예를 들어, 미국과 중국은 아프리카, 아시아 등의 개발도상국에 대한 ODA를 통해 영향력을 확대하고 있으며, 이를 통해 해당 지역에서 정치적, 외교적 이익을 얻고 있다.

(3) 안보 및 지역 안정

개발도상국이 경제적 불안정, 빈곤, 정치적 혼란에 직면하면 그 지역의 안보 불안이 고조될 수 있으며, 이는 테러리즘, 난민 문제, 범죄 증가 등으로 이어질 가능성이 있다. 원조국은 ODA를 통해 해당 지역의 경제적 안정과 정치적 안정을 도모함으로써 자국의 안보를 강화하고 불법 이민이나 난민 문제를 예방할 수 있다. 예를 들어, 유럽 연합(EU)은 중동과 아프리카 지역에 대한 원조를 통해 난민 유입을 방지하고 지역 안정을 도모하려는 정책을 추진해 왔다.

(4) 소프트 파워 증대

ODA는 국제적으로 원조국의 소프트 파워를 강화하는 수단이 된다. 자국의 경제적 번영을 다른 국가와 공유하고, 인도적, 개발적 지원을 제공함으로써 국제사회에서 긍정적인 이미지를 구축할 수 있다. 이는 국제적 인식과 신뢰를 높이며, 외교 무대에서의 발언권을 강화하는 데 기여할 수 있다. 예를 들어, 노르웨이나 스웨덴과 같은 국가는 인도적 지원 및 ODA를 통해 국제사회에서 평화적 중재자로서의 역할을 부각하며, 외교적 위상을 높이고 있다.

2. 공적개발원조의 이익에 대한 이론적 접근

(1) 현실주의(Realism) 관점

현실주의는 국제정치를 힘의 경쟁과 자국의 이익 극대화로 설명하며, 국가들은 생존과 안보를 위해 권력을 추구한다고 본다. 따라서 ODA를 제공하는 공여국은 원조를 통해 자국의 이익과 국제적 영향력을 강화하고자 한다. 보다 구체적으로 보면, 첫째 현실주의 관점에서, ODA는 공여국의 안보와 전략적 이익을 증진시키는 도구로 사용된다. 원조를 제공하는 목적은 주로 수원국을 안정화시켜 자국의 안보에 기여하는 것이다. 예를 들어, 개발도상국에 원조를 제공함으로써 정치적 불안이나 내전, 테러를 예방할 수 있으며, 이는 공여국의 국경 밖에서 발생할 수 있는 안보 위협을 감소시키는 데 기여한다. 현실주의는 특히 원조가 지정학적 목적을 가지고 제공된다고 본다. 원조국은 전략적으로 중요한 위치에 있는 국가나 자국의 안보 동맹국에게 더 많은 지원을 제공함으로써 영향력을 행사하고, 지역 내에서 세력 균형을 유지하려고 한다.

둘째, 현실주의 관점에서 ODA는 공여국이 힘과 영향력을 강화하는 수단으로 이해된다. 원조국은 ODA를 통해 수원국에 대한 정치적, 외교적 지렛대를 확보하고, 이를 통해 수원국의 의사결정에 영향력을 행사할 수 있다. 이로써 공여국은 국제정치 무대에서 지배적인 위치를 차지할 수 있게 된다. 예를 들어, 미국은 냉전 기간 동안 아프리카와 라틴아메리카에서 공적 개발 원조를 통해 반공국가들을 지원하며, 소련과의 세력 경쟁에서 우위를 점하려 했다.

셋째, 현실주의는 국가 간 경쟁을 자원 확보의 맥락에서 해석할 수 있다. 공여국은 ODA를 통해 수원국 내 자원에 접근하거나 시장 진출 기회를 확대하려고 할 수 있다. 특히, 천연자원이 풍부하거나 경제적 잠재력이 높은 국가에 원조를 제공함으로써, 자국의 경제적 이익을 증대시키고 국가 경쟁력을 강화하려는 목표를 가진다. 예를 들어, 중국은 아프리카 국가들에 ODA를 제공하고 그 대가로 에너지와 원자재를 확보하려는 정책을 펼쳐왔다.

(2) 자유주의(Liberalism) 관점

자유주의는 협력과 상호 의존을 강조하며, 국가들이 상호 이익을 위해 협력할 수 있다는 전제를 기반으로 한다. 이 관점에서 ODA는 상호 이익과 국제 평화를 촉진하는 수단으로 이해된다. 자유주의적 관점에서, ODA는 공여국과 수원국 간의 경제적, 정치적 상호 의존성을 강화하는 역할을 한다. 공여국은 수원국의 경제 성장을 지원함으로써, 장기적으로 수원국과의 무역 및 투자 관계를 강화할 수 있다. 이는 공여국과 수원국 모두에게 이익이 되며, 상호 의존성을 통해 국제 평화를 증진시킬 수 있다는 믿음에 기반한다. 자유주의는 국제 관계가 제로섬 게임이 아니라 윈-윈 관계로 발전할 수 있다고 본다. ODA를 통해 수원국의 경제가 성장하면, 공여국도 새로운 시장을 확보하게 되어 경제적 이익을 얻을 수 있다.

또한, 자유주의는 국제 규범과 제도의 중요성을 강조하며, ODA는 이러한 국제 규범을 확산하는 도구로 볼 수 있다. 공여국은 원조를 통해 수원국에 민주주의, 인권, 법치와 같은 가치를 전파하려고 할 수 있다. 이는 국제사회에서 보편적 규범을 확산시키는 데 기여하며, 더 안정적이고 평화로운 국제 질서를 만드는 데 이바지한다. 예를 들어, 유럽연합(EU)은 개발도상국에 ODA를 제공할 때 민주주의 확립과 인권 보호와 같은 조건을 내세우며, 수원국이 이를 준수하도록 유도한다.

(3) 구성주의(Constructivism) 관점

구성주의는 국제 정치에서 아이디어, 가치, 정체성이 중요하다고 본다. 국가들은 단순히 물질적 이익을 추구하는 것이 아니라, 자신들이 어떻게 정체성을 규정하고 규범을 따르느냐에 따라 행동이 결정된다. 따라서 ODA는 국가의 정체성과 가치 확산의 수단으로 해석된다. 구성주의적 관점에서, 공여국은 ODA를 통해 자신을 도덕적 지도자나 글로벌 리더로 자리매김하려는 목표를 가질 수 있다. 즉, ODA는 자국의 국가 정체성을 형성하고 이를 국제사회에서 보여주는 수단이다. 공여국은 인도주의적 원조나 개발 지원을 통해 자국이 책임 있는 국가임을 국제사회에 알리며, 이러한 이미지 구축을 통해 국제적 위상을 높일 수 있다. 예를 들어, 스웨덴과 노르웨이는 인도주의적 원조에 큰 비중을 두며, 이를 통해 자신들을 평화와 인권의 수호자로 정체화하고 있다.

(4) 한스 모겐소(Hans Morgenthau)

모겐소는 현실주의 국제정치 이론의 대표적인 학자로, 국가의 행동을 힘과 자국 이익을 중심으로 설명했다. 그는 국가들이 국제정치에서 도덕적 의무보다 자국의 국익을 우선시한다고 보았으며, 공적개발원조(ODA)도 예외가 아니라고 생각했다. 모겐소는 1960년에 발표한 〈공적 원조의 정치적 도덕성(A Political Theory of Foreign Aid)〉에서 ODA에 대한 비판적인 입장을 밝혔다. 그의 핵심적인 주장은 ODA가 인도주의적 목적보다는 공여국의 정치적, 전략적 이익을 위한 수단이라는 점이었다. 보다 구체적으로 보면 다음과 같다.

첫째, 모겐소는 국가들이 ODA를 제공하는 이유가 단순히 도덕적 의무나 인류애에 기반한 것이 아니라, 자국의 정치적, 경제적, 전략적 이익을 추구하기 위해서라고 보았다. 모겐소는 특히 ODA가 강대국들의 군사적·전략적 목적을 위한 도구로 사용된다고 강조했다. 공여국은 원조를 제공함으로써 수원국에서 정치적 안정을 유지하거나, 지역에서 군사적 영향력을 강화할 수 있다고 보았다. 즉, ODA는 공여국의 국가 안보와 외교적 영향력을 증대시키기 위한 수단이라는 것이다. 예를 들어, 미국이 개발도상국에 원조를 제공할 때 그 목적은 수원국의 경제 발전보다는 공산주의 확산을 저지하거나 전략적 요충지를 확보하려는 것과 관련이 있었다고 해석했다.

둘째, 모겐소는 공여국이 ODA를 통해 수원국을 경제적으로 종속시키고, 그를 통해 정치적 통제를 확립하려는 경향이 있다고 보았다. 원조는 수원국의 의존성을 강화하여, 공여국이 수원국의 국내 정책에 직·간접적으로 개입할 수 있는 기회를 제공한다. 이는 궁극적으로 수원국의 자주성을 저해하고, 공여국의 이익에 맞춰 수원국의 행동을 조종하려는 목적을 가진다고 해석했다.

셋째, 모겐소는 많은 국가들이 ODA를 제공할 때 이를 인도주의적으로 포장하지만, 실제로는 정치적 이익을 추구하는 위선적인 행동이라고 비판했다. 그는 ODA가 종종 권력 게임의 일환으로 사용되며, 개발도상국의 빈곤 해소나 인권 증진보다 권력 균형을 유지하거나 외교적 우위를 확보하는 데 더 큰 목적이 있다고 지적했다.

기출 및 예상문제

1. 한스 모겐소(Hans Morgenthau)는 대외원조를 군사적인 수단에 의해 달성될 수 없는 목표를 위한 비군사적 외교정책 수단이라고 주장하였다. 한편 2015년 영국의 국제개발부(Department for International Development)는 보고서에서 글로벌 평화, 안보, 거버넌스 강화 그리고 저개발국의 빈곤을 타파하는 것이 국익에 도움이 된다는 주장을 하였다. 다음 물음에 답하시오.(총 30점) 2019 국립외교원

    (1) 대외원조에 관한 한스 모겐소의 주장을 자유주의 시각에서 비판하시오. (20점)
    (2) 영국 국제개발부의 주장을 참고하여 저개발국의 빈곤을 해소하는 것이 왜 공여국의 국익에 도움이 되는지를 설명하시오. (10점)

2. 각국 정부의 탈규제정책과 정보통신기술의 발전으로 막대한 돈이 국경을 넘어 국제금융시장에서 거래되고 있다. 국제적으로 투자와 투기의 경계가 모호해지고 단기 투기자본의 규모가 확대되고 있다. 이와 같은 금융의 세계화로 인해 현 단계 국제통화체제는 근본적으로 불안정한 상황에 놓여 있으며, 각국 정부의 금융통화 안정화정책 또한 점차 효과를 내기 어려운 상황에 이르렀다. 다음 물음에 답하시오. (총 30점) 2018 국립외교원

    (1) 현 단계 국제통화체제가 불안정한 이유를 먼델(Mundell)과 플레밍(Flemming)의 '삼위불일체'(unholy trinity) 모델로 설명하시오. (20점)
    (2) 국제금융체제의 안정적 관리를 위한 국제사의 노력을 IMF 개혁, 기축통화체제의 개혁, 국제금융거래에 대한 세금부과, 국가 간 협력체제 강화 영역으로 구분하여 설명하시오. (10점)

3. 2008년 발생한 세계금융위기는 국제통화 질서의 안정성에 관한 논란을 일으켰다. 현재의 국제통화 질서는 '브레튼우즈 II(Bretton Woods II)' 질서로 불려진다. 이 질서 하에서, 미국은 막대한 무역수지와 경상수지 적자를 감수하고, 기축통화와 정부채권 발행을 통하여 적자 문제를 해결하고자 한다. 다음 물음에 답하시오. (총 30점) 2017 국립외교원

    (1) '브레튼우즈 II' 질서의 특징을 설명하시오. (10점)
    (2) 1970년대 초까지 유지되었던 '브레튼우즈 I'과 비교하여, '브레튼우즈 II' 질서의 지속가능성에 대하여 논하시오. (20점)

4. 19세기 후반부터 제1차 세계대전 이전까지 유지되었던 금본위제도는 고정환율제, 국가 간 자유로운 자본 이동, 그리고 고도로 통합된 국제통화금융체제를 특징으로 한다. 제1차 세계대전 이후 미국과 영국 등 주요 국가들은 붕괴된 금본위제도를 복구하려 했으나 실패하였다. 이와 관련하여 다음 질문에 답하시오. (총 50점) 2016 국립외교원

    (1) 금본위제도가 유지되었던 기간 동안 국제통화금융체제를 주도했던 영국의 역할을 패권안정론의 관점에서 설명하시오. (20점)
    (2) 제1차 세계대전 이후 미국과 유럽 국가들에서는 참정권이 확대되고 국가정책에 대한 시민들의 영향력이 증대되었다. 이러한 국내정치적 변화는 금본위제도 붕괴의 주요 원인이었다. 그 이유를 설명하시오. (30점)

5. 지구온난화 문제에 대한 국제사회의 대응이 중요해지고 있다. 이와 관련하여 다음 질문에 답하시오. (총 30점) [2015 국립외교원]

   (1) 지구온난화는 집단행동문제(collective action problem)라고 할 수 있다. 그럼에도 불구하고 거의 모든 국가들이 UN기후변화협약(UNFCCC)에 서명하였다. 그 이유에 대해 교토의정서의 성격을 중심으로 설명하시오. (15점)
   (2) 교토의정서 체결 이후에도 지구온난화가 완화되지 않았다는 것이 일반적인 평가이다. 기존 다자간 협약의 한계를 지적하고, 지구온난화를 해결할 수 있는 대안적 협력 방안에 대해 논하시오. (15점)

6. 2008년 미국발 세계 금융위기는 국제정치경제 질서에서 미국 패권에 대한 다양한 논쟁을 야기했다. 주요 쟁점 중의 하나는 국제 기축통화로서 달러 지위의 지속 여부이다. 이와 관련하여 다음 물음에 답하시오. [2013 5급공채(외교직)]

   (1) 세계 금융위기 이후 미국 패권의 쇠퇴에 대한 논쟁을 평가하시오.
   (2) 달러 지위에 대하여 달러 패권 시대의 종식과 달러 지위의 지속을 주장하는 상반된 두 입장이 있다. 달러 지위의 지속을 주장하는 입장을 브레튼우즈체제와 비교하여 설명하시오.

7. 국제관계 행위자로서의 다(초)국적기업의 역할에 관한 다음 질문에 답하시오. [2010 외시]

   (1) 다(초)국적기업이 해외에 진출하는 이유를 설명하시오.
   (2) 다(초)국적기업의 활동이 국제관계에 미치는 긍정적 효과와 부정적 효과를 서술하시오.
   (3) 약소국이 다(초)국적기업의 부정적 효과를 최소화하면서 자국의 경제발전을 이룰 수 있는 방안에 대해 논하시오.

8. 21세기 세계질서의 중요한 흐름 중의 하나는 전세계적인 경제적 통합현상이다. 이러한 경제적 통합현상을 '세계화' 내지는 '지구화'라고 한다. 21세기 들어 세계화는 국제정치경제질서 또는 국제정치질서에 상대적으로 부정적 영향을 미치고 있다는 이론적·실증적 주장과 증거들이 제기되고 있다.

   (1) 21세기 들어 세계화가 확대·심화되고 있다. 세계화가 국제정치경제질서에서 지배적인 질서로 자리 잡게 된 원인에 대해 분석하시오.
   (2) 세계화의 확대·심화가 국제질서 또는 국제체제에 미치는 부정적 영향에 대해 이론적·실증적 근거에 기초하여 설명하시오.
   (3) 21세기 세계경제질서를 안정화하기 위한 전략적 방안에 대해 논하시오.

9. 1990년대 이후 국제무역체제에 있어서 중요한 특징은 '지역무역협정'(RTA)이 지속적으로 증가하고 있다는 것이다. 각 지역 및 국가들은 경쟁적으로 RTA를 체결하고 있으며 앞으로도 지속적으로 RTA체결이 늘어날 것으로 전망된다.

   (1) RTA의 개념 및 유형을 설명하고, 최근 RTA 체결에 있어서 특징을 설명하시오.
   (2) 1990년대 이후 다양한 RTA가 급격히 증가하고 있는 것으로 평가되고 있다. 전세계적으로 RTA가 증가하고 있는 원인에 대해 설명하시오.
   (3) RTA의 지속적인 증가가 국제질서의 안정성에 미치는 영향을 국제정치경제론의 주요 패러다임인 현실주의, 자유주의, 마르크스주의 관점에서 설명하시오.

10. 국가 간 상호의존과 통합이 가속화 하고 있는 21세기 세계질서에서는 개별 국가를 넘어서 모든 국가들의 협력을 필요로 하는 국제문제들이 지속적으로 등장하고 있다. 1970년대 이래 중요한 국제문제로 부상한 국제환경문제는 그 사안의 심각성에도 불구하고 국가들 간 이견이 적지 않아 국가들 간 협력을 통한 공동대응이 난항을 겪고 있다. 특히 기후변화를 초래하는 온실가스 사용의 규제를 두고 국가들 간 첨예한 갈등을 겪고 있다.

   (1) 기후변화를 관리하기 위한 국제협력체제에 대해 설명하시오. (Post-Kyoto 체제에 관한 논의를 포함하시오)
   (2) 국내정치체제에서 정부와 같은 역할을 하는 행위자가 존재하지 않는 국제체제에서 국가 간 협력이 가능한지 여부에 관해 현실주의와 자유주의 진영은 각각 다른 입장을 제시하고 있다. 국제환경협력의 가능성에 대해 논의하시오.
   (3) (2)의 논의에 기초하여 'Post-Kyoto' 체제가 성립하여 기후변화문제를 효율적으로 관리하기 위한 조건에 대해 논의하시오.
   (4) 한국은 'Post-Kyoto' 체제에 있어서 온실가스 감축의무를 부담하도록 국제사회로부터 강력한 압력을 받고 있다. 자신이 외교통상부의 담당 관료라고 가정하고 한국의 대응방향과 전략을 제시하시오.

11. 21세기 세계질서에 있어서 기후변화 및 그로 인한 파생문제들이 심각한 국제문제로 등장하고 있다. 1970년대 이래 중요한 국제문제로 부상한 이 사안은 그 심각성에도 불구하고 국가들 간 이견이 적지 않아 국가들 간 협력을 통한 공동대응이 난항을 겪고 있다. 'post-Kyoto 체제' 창설을 위해 2009년 12월 개최된 코펜하겐 정상회의 역시 주요국간 입장 차이로 구속적 레짐 창출에는 실패하였다.

    (1) 무정부적 국제체제에 있어서 국가 간 협력가능성에 관한 국제정치이론논쟁을 설명하시오.
    (2) 위의 논의에 기초하여 코펜하겐 정상회담이 실패한 요인에 대해 분석하시오.
    (3) (2)의 논의에 기초하여 'Post-Kyoto' 체제가 성립하여 기후변화문제를 효율적으로 관리하기 위한 조건에 대해 논의하시오.

12. 정보 통신 기술의 발달은 국제관계에도 근본적인 변화를 초래하고 있다는 분석이 제기되고 있다. 정보 통신 기술의 변화가 국제정치에 미치는 영향을 구조, 과정 및 행위자로 대별하여 설명하고, 이러한 변화가 근대 국제정치 질서에 근본적인 변화를 초래할 것인가에 대해 현실주의, 자유주의, 구성주의 입장에서 논의하시오.

13. 제2차 세계대전 이후 형성·유지되어 온 국제금융질서는 최근 미국 발 금융·경제위기로 중대한 도전에 직면해 있다는 분석이 제기되고 있다. 이와 관련하여 다음 물음에 답하시오.

    (1) 제2차 세계대전 이후 국제금융질서의 역사적 전개과정에 대해 설명하시오.
    (2) 최근 국제금융질서의 불안정성에 대해 현실주의와 자유주의 입장에서 그 원인을 분석하시오.
    (3) 국제금융질서의 불안정성이 국제정치질서에 미칠 영향에 대해 논하시오.
    (4) 국제금융질서 안정을 위한 대응방안에 대해 논하시오.

14. 21세기 들어 국제문제해결을 위한 방식으로 이른바 '글로벌 거버넌스(Global Governance)'가 부상하고 있다. 글로벌 거버넌스는 다양한 영역에서 작동할 수 있으나, 최근 국제경제영역에서 'G20'이 글로벌 경제거버넌스기제로서 주목을 받고 있다.

    (1) 글로벌 거버넌스의 개념을 설명하고, 국제거버넌스(International Governance)와 비교하시오.
    (2) 글로벌 경제거버넌스의 역사에 대해 설명하고, 최근 G20정상회의체제가 형성된 요인에 대해 분석하시오.
    (3) G20체제가 21세기 국제문제를 포괄적으로 해결해 나가는 국제거버넌스 기제로서 효율적으로 작동할 수 있을 것인지에 대해서는 낙관적 견해와 비관적 견해가 대립하고 있다. 각각의 주장에 대해 이론적 또는 실증적 논거에 기초하여 평가하시오.
    (4) G20체제에 대해 전망하고, 한국의 국가이익과 관련하여 한국의 대응전략에 대해 논의하시오.

MEMO

해커스공무원 학원·인강
gosi.Hackers.com

제4편
지역이슈

제1장 동아시아지역
제2장 동아시아국제관계
제3장 동아시아 영토분쟁
제4장 유럽지역

제1장 동아시아지역

제1절 북핵문제

I 북핵문제의 전개과정

1. 1994년 제네바 합의

1990년대 초반, 북한의 핵무기 개발 의혹이 제기되자 국제사회는 긴장했다. 이를 완화하기 위해 1994년, 북한과 미국은 제네바에서 협상하여 합의를 도출했다. 이 합의에 따르면 북한은 핵개발을 중단하고, 대신 미국은 경수로를 제공하며 경제적 지원을 약속했다. 이로 인해 한동안 긴장이 완화되는 듯 보였다.

2. 2002년 우라늄 농축 프로그램 의혹

2002년, 미국은 북한이 비밀리에 우라늄 농축 프로그램을 개발하고 있다고 주장했다. 이로 인해 제네바 합의는 파기되었고, 북한은 핵무기 개발을 재개했다. 이 시점부터 북핵 문제가 다시 국제사회의 주요한 안보 위협으로 떠올랐다.

3. 2003년 6자회담 시작

북핵 문제 해결을 위해 중국, 러시아, 일본, 한국, 미국, 북한이 참여한 6자회담이 2003년 시작되었다. 이 회담은 북핵 문제를 외교적으로 해결하려는 다자간 협상의 중요한 기회로 여겨졌지만, 지속적인 합의에 이르지는 못했다.

4. 2006년 첫 핵실험

북한은 2006년 10월 첫 핵실험을 강행하며 국제사회의 우려를 현실화했다. 이는 유엔을 비롯한 국제사회의 강력한 제재를 불러왔으며, 한반도와 동북아시아의 안보 상황은 크게 악화되었다. 이후 북한은 총 6차례에 걸쳐 핵실험을 단행하였다.

5. 2018년 북미 정상회담

2018년, 북한의 김정은과 미국의 도널드 트럼프 대통령 간의 첫 정상회담이 싱가포르에서 열렸다. 이 회담은 북핵 문제 해결을 위한 중요한 외교적 진전으로 평가받았으나, 구체적인 비핵화 계획이나 합의는 도출되지 않았다. 이후에도 두 차례의 북미 정상회담이 더 있었으나, 핵문제에 대한 근본적인 해결에는 이르지 못했다.

6. 2020년 이후 교착 상태

북미 간의 대화는 2019년 하노이 정상회담 결렬 이후 교착 상태에 빠졌다. 북한은 이후에도 미사일 발사와 핵무기 개발을 지속하고 있으며, 국제사회는 제재와 외교적 압박을 통해 북한의 비핵화를 유도하려고 노력하고 있다.

Ⅱ 북한 핵개발 동기

1. 체제 유지와 안전 보장

북한은 핵무기를 정권의 생존을 보장하는 핵심적인 수단으로 보고 있다. 핵무기는 외부의 군사적 개입을 억제하고, 국제적으로 체제를 보장받기 위한 방어 수단으로 여겨진다. 북한은 이라크나 리비아 같은 사례에서 비핵화를 선택한 후 정권이 붕괴한 것을 보고, 핵무기를 개발해 외부 압력으로부터 안전을 보장받으려 한다.

2. 국제 협상에서의 지렛대

북한은 핵무기를 협상에서 중요한 카드로 활용해왔다. 핵개발을 통해 국제사회와 협상 테이블에 앉을 수 있는 지렛대를 마련하고, 경제적 지원이나 제재 완화를 얻어내려는 목적이 있다. 특히, 미국과의 직접 협상에서 핵무기는 중요한 협상 수단으로 작용했다.

3. 군사적 자주권 및 강국 이미지 구축

북한은 핵무기를 통해 군사적 자주권을 확보하고, 강대국으로서의 입지를 다지려는 목표를 가지고 있다. 특히 김정일, 김정은 정권 아래에서 북한은 내부적으로 체제 결속을 다지고, 외부적으로는 군사적 강국임을 과시하기 위해 핵개발을 지속해왔다.

4. 억제력 확보

핵무기는 북한에게 잠재적인 적국들에 대한 억제력을 제공한다. 미국과 한국, 일본을 포함한 외부 세력들이 군사적으로 북한을 압박하거나 공격할 가능성을 낮추기 위해, 핵무기는 중요한 역할을 한다. 이는 "공포의 균형"으로 작용하여, 북한의 핵 보유가 군사적 충돌을 억제하는 방어적 수단으로도 해석된다.

Ⅲ 북핵문제에 대한 미국의 입장

1. 빌 클린턴 행정부(1993 ~ 2001년): 외교적 접근과 제네바 합의

클린턴 행정부는 북한의 핵개발을 외교적 수단으로 해결하려고 했다. 북한과 미국 간의 직접 협상을 통해 갈등을 해결하려는 입장이었다. 1994년 제네바 합의를 통해 북한이 핵개발을 중단하는 대가로 경수로 제공과 경제적 지원을 약속했다. 이를 통해 북한 핵문제를 일시적으로 억제하는 데 성공했다. 그러나 이 합의는 2002년 조지 W. 부시 행정부 초기 북한의 우라늄 농축 프로그램 의혹으로 인해 파기되었다.

2. 조지 W. 부시 행정부(2001 ~ 2009년): 강경 정책과 6자회담

부시 행정부는 북한에 대해 강경한 입장을 취했다. 부시는 북한을 "악의 축(Axis of Evil)"의 하나로 규정하고, 핵개발을 억제하기 위해 대북 제재와 압박을 강화했다. 한편, 부시 행정부는 다자간 외교를 통해 북핵문제를 해결하려고 했으며, 이를 위해 6자회담(미국, 중국, 일본, 러시아, 한국, 북한)을 추진했다. 2003년에 시작된 6자회담은 북한의 핵문제 해결을 위한 주요 외교적 틀로 기능했지만, 2006년 북한이 첫 번째 핵실험을 감행하면서 협상은 교착 상태에 빠졌다.

3. 버락 오바마 행정부(2009 ~ 2017년): "전략적 인내" 정책

오바마 행정부는 북한의 핵개발을 막기 위해 강력한 제재를 지속하면서, 북한이 스스로 대화의 테이블에 나오길 기다리는 "전략적 인내"(Strategic Patience) 정책을 채택했다. 오바마 행정부는 북한이 비핵화에 대한 진정한 의지를 보여주기 전까지 협상을 거부하고, 동시에 국제사회의 제재를 강화했다. 그러나 이 시기에 북한은 핵과 미사일 기술을 계속 개발하여 2016년과 2017년 핵실험과 미사일 시험을 감행했다. 이는 전략적 인내 정책이 북한의 핵개발을 막지 못했다는 비판을 불러일으켰다.

4. 도널드 트럼프 행정부(2017 ~ 2021년)

트럼프 행정부는 초기에는 매우 강경한 입장을 취했으나, 이후 역사상 처음으로 북한 지도자와의 정상회담을 추진하며 외교적 해결을 모색했다. 트럼프는 2017년 북한이 대륙간탄도미사일(ICBM) 시험 발사와 6차 핵실험을 강행하자 "화염과 분노"로 대응하겠다고 경고하며 군사적 옵션도 검토했다. 그러나 이후 2018년 싱가포르에서 김정은과의 첫 정상회담을 개최하고, 북한과의 직접 대화를 시도했다. 이는 북미 관계에서 중대한 전환점이 되었지만, 구체적인 비핵화 합의는 도출되지 않았다. 이후 하노이 정상회담(2019년)은 합의 없이 종료되었고, 실질적인 성과는 제한적이었다.

5. 조 바이든 행정부(2021년 ~ 현재): 실용적 접근과 동맹 강화

바이든 행정부는 트럼프의 일대일 정상 외교에서 벗어나 동맹국과의 협력을 중시하며 북한 문제에 대해 실용적이고 다자적인 접근을 취하고 있다. 바이든 행정부는 북한의 비핵화를 목표로 하되, 단계적이고 실질적인 협상을 선호하고 있다. 북한이 의미 있는 조치를 취하면 이에 상응하는 보상을 제공하는 방식으로 접근하고 있다. 또한 한미 동맹을 강화하고, 일본 및 다른 국제 파트너들과의 협력을 통해 대북 압박을 강화하고 있다. 그러나 북한은 바이든 행정부의 대화 제안에 대해 아직까지 응답하지 않고 있으며, 미사일 시험 발사와 같은 도발을 지속하고 있다.

Ⅳ 6자회담 전개 과정

1. 6자회담의 배경(2002년)

1994년 미국과 북한이 체결한 제네바 합의는 북한이 핵개발을 동결하고, 대신 경수로를 제공받는 등의 경제적 지원을 받는 것을 주요 내용으로 하고 있었다. 그러나 2002년, 미국이 북한이 비밀리에 우라늄 농축 프로그램을 진행하고 있다고 주장하면서 제네바 합의는 파기되었다. 이후 북한의 핵개발을 저지하고 한반도 비핵화를 논의하기 위한 다자간 협상이 필요하다는 인식이 확산되었고, 중국의 주도로 6자회담이 제안되었다.

2. 제1차 6자회담(2003년 8월)

2003년 8월 27일부터 29일까지 중국 베이징에서 제1차 6자회담이 열렸다. 북한의 핵개발 프로그램을 중단시키고, 한반도의 비핵화를 추진하는 것이 주요 목표였다. 회담에서는 각국이 입장 차이를 드러냈고, 합의에 이르지 못했다. 특히, 북한은 미국의 적대 정책 철회를 요구했으며, 미국은 북한의 핵 폐기를 요구했다. 그러나 이 회담을 통해 지속적인 외교적 대화를 유지하는 기초가 마련되었다.

3. 제4차 6자회담(2005년 7월~9월)

제4차 회담은 두 차례로 나뉘어 2005년 7월 26일부터 8월 7일까지, 그리고 9월 13일부터 19일까지 열렸다. 이번 회담에서는 중요한 진전이 있었다. 2005년 9월 19일 합의문에서 북한은 핵 프로그램을 포기하고, NPT(핵확산금지조약)와 IAEA(국제원자력기구) 사찰에 복귀할 것을 약속했다. 이에 대해 미국은 북한의 체제 안전을 보장하고, 에너지 지원을 제공할 것을 약속했다. 이 합의는 6자회담의 중요한 성과로 평가받았다. 그러나 합의 후 불과 몇 주 만에 미국이 북한의 금융 거래를 동결하는 방코 델타 아시아(BDA) 사건이 발생하면서, 합의는 이행되지 못했다.

4. 제6차 6자회담(2007년 2월, 9월)

제6차 회담은 두 차례에 걸쳐 2007년 2월과 9월에 열렸다. 2007년 2월의 회담에서는 중요한 돌파구가 마련되었다. 북한은 영변 핵시설을 폐쇄하고, 국제 사찰을 허용하기로 합의했다. 이 대가로 미국과 한국은 북한에 대한 에너지 지원을 제공하기로 했다. 9월 회담에서는 북한이 핵 신고 및 핵시설 불능화에 동의했다.

5. 6자회담의 교착 상태(2008~2009년)

북한은 영변 핵시설을 불능화하는 절차를 진행하며, 한동안 긍정적인 분위기가 이어졌다. 2008년 6월에는 북한이 핵 프로그램의 일부를 신고했고, 이에 따라 미국은 북한을 테러지원국 명단에서 제외했다. 그러나 2008년 후반에 북한의 핵 신고 범위와 검증 문제를 둘러싼 이견이 발생하면서 협상이 교착 상태에 빠졌다. 특히, 검증 방식을 두고 북한과 미국 간의 입장 차이가 컸다. 2009년 4월, 북한은 장거리 로켓 발사를 강행했고, 이에 대한 국제사회의 제재에 반발하여 6자회담에서 탈퇴를 선언했다. 이후 6자회담은 공식적으로 중단되었다.

Ⅴ 북핵문제에 대한 중국, 일본, 러시아의 입장

1. 중국의 입장

(1) 북한의 비핵화 지지

중국은 한반도의 비핵화를 공식적으로 지지하며, 북한의 핵개발이 지역 안정과 중국의 안보에 부정적인 영향을 미친다고 보고 있다. 중국은 한반도에서 핵무기 확산이 발생할 경우, 일본이나 한국의 핵무장 가능성도 높아질 수 있다고 우려하고 있다.

(2) 북한 체제 유지

중국은 북한의 급작스러운 붕괴를 원하지 않는다. 북한이 붕괴할 경우, 한반도에서의 난민 유입, 미국과의 직접적인 국경 접촉, 그리고 한반도의 통일 가능성이 중국의 안보에 위협이 될 수 있다고 보고 있다. 따라서 중국은 북한의 정권 붕괴를 방지하면서도, 북한이 국제사회의 규범을 따르도록 유도하는 미묘한 균형을 유지하려 한다.

(3) 6자회담 중재

중국은 북핵 문제 해결을 위한 다자적 접근을 선호하며, 6자회담을 주도적으로 이끌었다. 중국은 북한과 미국 사이에서 중재자 역할을 맡아 한반도 비핵화를 목표로 하는 외교적 해결책을 모색해왔다.

(4) 제재에 대한 제한적 협력

중국은 유엔 제재에 동의하며 북한의 도발을 제재했지만, 제재의 강도나 이행에 있어서는 제한적인 협력을 보여왔다. 이는 북한이 너무 강하게 압박받아 체제 붕괴로 이어질 가능성을 우려하기 때문이다. 또한 중국은 북한과의 경제적 연결을 유지하면서 북한의 안정을 보장하려는 이중적인 전략을 취하고 있다.

2. 일본의 입장

(1) 북한의 핵 및 미사일 위협에 대한 우려

일본은 북한의 핵무기와 미사일 프로그램이 자국의 안보에 큰 위협이 된다고 보고 있다. 북한의 미사일 시험 발사 중 일부가 일본 상공을 통과하는 등 북한의 도발이 일본에 직접적으로 영향을 미치기 때문이다.

(2) 비핵화 요구

일본은 한반도의 완전한 비핵화를 강력히 지지하며, 북한의 핵무기 및 미사일 개발을 용인하지 않겠다는 입장을 취하고 있다. 이를 위해 일본은 유엔을 비롯한 국제사회에서 적극적으로 제재와 압박을 가하는 정책을 지지하고 있다.

(3) 미국과의 안보 협력

일본은 북핵 문제 해결에 있어 미국과의 긴밀한 협력을 유지하고 있으며, 미국의 핵우산 아래에서 안보를 보장받고 있다. 미국과의 군사적 협력 강화를 통해 북한의 도발에 대비하고 있으며, 미사일 방어 시스템도 확충하고 있다.

3. 러시아의 입장

(1) 한반도 비핵화 지지

러시아는 북한의 핵개발을 반대하며, 한반도 비핵화의 필요성을 강조해왔다. 북한의 핵무기 보유는 동북아시아의 안정을 저해하며, 러시아의 국익에도 부정적인 영향을 미친다고 본다.

(2) 북한과의 관계 유지

러시아는 한반도에서의 영향력 확보를 위해 북한과의 관계를 유지해왔다. 소련 시절부터 이어진 전통적인 관계를 바탕으로, 러시아는 북한의 경제적 지원을 제공하고, 외교적 채널을 유지해왔다. 이는 러시아가 동북아시아에서의 전략적 영향력을 확보하려는 의도로 해석된다.

(3) 6자회담지지

러시아는 6자회담을 통한 다자간 외교를 선호하며, 북핵 문제를 외교적으로 해결하려는 노력을 지속해왔다. 러시아는 북한과 미국 간의 갈등을 완화하고, 한반도에서의 안정을 위해 중재자 역할을 자처해왔다.

(4) 제재에 대한 신중한 태도

러시아는 북한에 대한 국제사회의 제재에 공식적으로 동의했지만, 중국과 마찬가지로 제재 이행에 있어서는 신중한 입장을 취하고 있다. 러시아는 북한과의 경제 협력을 유지하려는 의도가 있으며, 제재가 북한을 지나치게 압박해 체제 붕괴로 이어지는 것을 원하지 않는다.

VI 북핵문제에 대한 국제정치이론적 접근

1. 현실주의 관점

현실주의는 국제정치를 무정부적 상태(anarchy)에서의 국가 간 권력 경쟁으로 본다. 북핵문제에 대해서도 북한이 자국의 생존과 안보를 위해 핵무기를 개발하는 것으로 해석한다. 현실주의자들은 강대국 간의 힘의 균형과 핵 억제력이 중요하다고 주장한다. 현실주의자들은 북한이 핵무기를 통해 외부의 군사적 개입을 억제하고, 정권의 생존을 보장하려 한다고 본다. 따라서 북핵 문제는 힘의 논리에 의해 형성된 문제로, 제재나 군사적 압박만으로는 해결하기 어렵다는 입장이다. 존 미어샤이머(John Mearsheimer)는 현실주의적 관점에서 북한이 핵무기를 통해 미국과 동맹국(한국, 일본) 간의 힘의 균형을 맞추려 한다고 본다. 미어샤이머는 북한이 자국의 생존을 위해 합리적으로 행동하며, 핵무기는 이를 보장하는 수단이라고 주장한다. 따라서, 북한에 대한 군사적 압박은 오히려 북한의 반발을 초래할 수 있다고 본다.

2. 자유주의 관점

자유주의는 국제 협력과 제도, 규범을 통해 문제를 해결할 수 있다는 입장을 취한다. 자유주의 학자들은 북핵 문제 해결을 위한 다자주의, 외교 협상, 국제 제도를 강조하며, 북한이 국제사회에 더욱 적극적으로 참여할 수 있는 방안을 모색해야 한다고 본다. Robert Keohane은 국제 제도의 역할을 강조하며, 북한이 국제 제도에 참여함으로써 비핵화의 혜택을 얻을 수 있도록 해야 한다고 주장한다. 이를 위해서는 북한에 대해 경제적 인센티브를 제공하고, 외교적 관계를 정상화하는 노력이 필요하다고 본다. 한편, Joseph Nye는 북한이 경제적 고립에서 벗어나고 자국의 안보를 보장받기 위해 핵무기를 협상 카드로 활용하고 있다고 본다. 나이는 경제적 유인을 제공함으로써 북한이 비핵화에 동의할 수 있는 환경을 조성해야 한다고 주장한다.

3. 구성주의 관점

구성주의는 국제 관계가 사회적 구성물이며, 국가의 정체성과 규범이 중요한 역할을 한다고 본다. 구성주의 학자들은 북핵문제를 단순히 권력 경쟁으로 보지 않고, 북한의 정체성, 인식, 국제 규범이 해결에 있어 중요한 역할을 한다고 분석한다. 알렉산더 웬트(Alexander Wendt)는 북한의 정체성과 위협 인식이 핵개발의 주요 요인이라고 분석하며, 북한의 인식을 변화시키는 것이 문제 해결의 핵심이라고 주장한다. 구성주의 학자들은 북한을 국제사회로 사회화시키는 것이 중요하다고 본다. 국제 규범에 대한 북한의 수용이 비핵화를 위한 전제 조건이라고 보고, 이를 위해 국제사회가 북한을 사회적 네트워크에 더 깊이 포함시켜야 한다고 주장한다. 예를 들어, 국제기구에 대한 북한의 참여를 장려하고, 북한이 규범을 받아들이는 과정을 촉진할 필요가 있다.

Ⅶ 북핵문제가 오랜 시간 동안 해결되지 못한 이유

1. 북한의 체제 생존 전략

북한은 핵무기를 체제 생존을 위한 필수적인 수단으로 보고 있다. 북한은 전 세계적으로 군사적, 경제적 압박을 받는 상황에서 정권의 안전을 보장하기 위해 핵 억제력을 필수적인 전략 자산으로 간주한다. 이 때문에 북한은 핵 프로그램을 외부의 압력에 의해 쉽게 포기하지 않는다. 북한은 핵무기를 통해 외부로부터의 군사적 공격, 특히 미국과 같은 강대국의 개입을 억제할 수 있다고 믿는다. 과거 리비아나 이라크 같은 사례에서 비핵화를 선택한 후 정권이 붕괴한 것을 보고, 북한은 핵무기를 포기하면 자국의 안전이 위협받을 수 있다고 생각한다. 한편, 북한은 핵무기를 외교 협상에서 중요한 카드로 사용하고 있다. 핵무기를 통해 국제사회에서 영향력을 유지하고, 경제적 지원이나 제재 완화와 같은 양보를 얻으려는 전략을 구사하고 있다. 북한은 핵 프로그램을 지속하면서 협상에서 더 나은 조건을 얻기 위해 이를 조정하는 전술을 사용해왔다.

2. 국제사회의 입장 차이

(1) 미국과 중국의 대립

미국은 북한의 비핵화를 강하게 요구하며, 이를 위한 경제 제재와 외교적 압박을 가하고 있다. 반면 중국은 북한의 비핵화에 동의하지만, 북한 정권의 붕괴를 원하지 않기 때문에 지나친 압박을 가하지 않으려 한다. 중국은 북한의 안정이 한반도에서의 안보 균형을 유지하는 데 중요한 요소라고 보고 있다.

(2) 한미일과 북러중 구도

한미일(한국, 미국, 일본)은 북한의 비핵화를 요구하며 강력한 경제 제재와 군사적 대응을 강조하지만, 북한과 가까운 러시아와 중국은 제재보다는 외교적 해결을 선호하고 있다. 이러한 구도는 북핵 문제에 대한 국제사회의 일관된 대응을 방해한다.

3. 북한의 전략적 모호성

(1) 비핵화 약속과 반복되는 위반

북한은 과거 여러 차례 비핵화 약속을 했으나, 이를 반복적으로 어겨왔다. 1994년 제네바 합의, 2005년 6자회담 합의 등에서 비핵화를 약속했으나, 이후 다시 핵개발을 재개하며 국제사회를 기만했다. 이는 북한이 일관된 행동을 취하지 않음으로써 협상 상대국들에게 신뢰를 주지 못하게 만들었다.

(2) 도발과 협상 병행

북한은 외교적 협상 과정에서도 미사일 시험 발사나 군사적 도발을 지속하며 협상 상대국들에게 압력을 가하는 전술을 사용해왔다. 이러한 도발적 행동은 문제 해결을 복잡하게 만들고, 협상의 신뢰를 저하시킨다.

4. 북한 내부의 정치 및 경제 구조

(1) 김정은 정권의 정당성

북한 지도부는 핵개발을 내부적으로 정권의 정당성을 강화하는 수단으로 활용하고 있다. 김정은은 핵무기를 개발함으로써 국내적으로 강력한 지도자로서의 이미지를 구축하고, 내부 결속을 다지고 있다. 이는 핵 프로그램이 단순한 외교적 문제가 아니라, 북한 내부 정치의 중요한 요소라는 것을 의미한다.

(2) 경제적 압박과 자구책

북한은 오랜 기간 경제 제재 속에서 자국의 경제를 유지하기 위한 여러 방법을 모색해왔다. 제재에도 불구하고 북한은 제한적인 경제 성장을 이루었으며, 이는 제재만으로 북한이 핵 프로그램을 포기하지 않을 것임을 시사한다.

5. 군사적 해결 옵션의 어려움

(1) 북한의 보복 능력

북한은 대량의 장거리 미사일과 포병을 한국과 일본을 대상으로 배치하고 있다. 만약 미국이 북한에 대해 군사적 행동을 감행할 경우, 북한은 즉각적으로 남한과 일본에 치명적인 보복 공격을 가할 수 있다. 이는 군사적 옵션이 전면적인 전쟁으로 번질 가능성을 높인다.

(2) 주변국의 반대

중국과 러시아는 한반도에서의 군사적 충돌을 원하지 않으며, 군사적 행동은 동북아시아 지역 전체의 불안정을 초래할 수 있다. 따라서 미국과 동맹국들이 군사적 옵션을 실행하기 어렵게 만드는 주요 요인이다.

6. 북핵 문제의 국제적 복잡성

(1) 미국과 중국의 패권 경쟁

북핵 문제는 단순히 한반도의 비핵화 문제를 넘어, 미국과 중국 간의 패권 경쟁의 일환으로 해석될 수 있다. 중국은 한반도에서 미국의 영향력을 억제하려 하고, 미국은 중국의 확장을 견제하려 한다. 이 과정에서 북한은 자신만의 공간을 확보하고자 하며, 핵무기를 통해 외교적 중요성을 유지하려 한다.

(2) 남북 관계의 불안정성

남북한 간의 관계는 지속적으로 변화하며, 북핵 문제 해결에 영향을 미친다. 남한은 북한과의 대화와 협상을 통해 문제를 해결하려 하지만, 북한은 종종 남한을 경시하고 직접적으로 미국과 협상하려 한다. 이는 남북 대화가 제한적이며, 문제가 국제적 차원에서만 해결되기를 바라는 북한의 입장과도 연결된다.

Ⅷ 핵확산 문제 해결 사례

1. 우크라이나(1994년 핵 포기)

(1) 배경

우크라이나는 소련이 붕괴한 후, 독립 당시 세계에서 세 번째로 많은 핵무기를 보유하게 되었다. 우크라이나는 약 1,900개의 전략적 핵탄두와 수많은 전술 핵무기를 소유하고 있었으며, 이는 모두 구소련의 유산이었다. 우크라이나는 독립 후, 이 핵무기들을 포기할지, 아니면 독자적인 핵 보유국이 될지 선택해야 하는 상황에 처했다.

(2) 해결 과정

1994년, 우크라이나는 부다페스트 양해각서(Budapest Memorandum)에 서명하여, 자국이 보유한 핵무기를 포기하고, 핵확산금지조약(NPT)에 가입하며 비핵국으로서의 지위를 확립했다. 이에 따라 미국, 영국, 러시아는 우크라이나의 주권과 영토 보전을 보장하며, 우크라이나에 대한 외부의 군사적 위협이나 침략이 발생할 경우 이를 보호할 것을 약속했다.

(3) 해결 요인

첫째, 우크라이나는 경제적, 정치적 안정이 부족한 상황에서 자국의 안보를 국제사회, 특히 미국과 러시아 등의 강대국에 의존할 수밖에 없었다. 부다페스트 양해각서에서 제공된 안전 보장과 외교적 지원은 핵무기 포기의 주요 이유 중 하나였다. 둘째, 우크라이나는 경제적으로 어려운 시기를 겪고 있었으며, 핵무기 포기는 서방 국가들로부터 경제적 지원을 받을 수 있는 기회를 제공했다. 미국과 유럽연합(EU)은 우크라이나의 비핵화 대가로 경제적 원조와 지원을 약속했다. 셋째, 우크라이나는 핵무기를 포기함으로써 국제사회에서 신뢰할 수 있는 국가로 인정받고자 했다. 이를 통해 국제 기구에 대한 참여와 외교적 신뢰를 얻으려는 동기도 있었다.

(4) 한계

2014년 러시아의 크림 반도 병합과 동부 우크라이나에서의 분쟁은 부다페스트 양해각서의 실효성에 대한 의문을 제기했다. 이는 우크라이나가 핵무기를 포기한 이후 외부의 침략으로부터 충분히 보호받지 못했다고 느끼게 만든 사례이다.

2. 리비아(2003년 핵 포기)

(1) 배경

리비아는 1970년대부터 핵무기 프로그램을 추진했다. 리비아의 지도자 무아마르 카다피는 자국의 군사력을 증강하고 중동에서 강대국으로 자리 잡기 위해 핵무기를 개발하려 했다. 리비아는 비밀리에 핵무기 개발을 위해 외부로부터 원자재와 기술을 들여왔으나, 실제 핵무기 개발에는 실패했다.

(2) 해결 과정

2003년, 리비아는 미국과 영국과의 비밀 협상을 통해 핵무기 프로그램을 포기하기로 합의했다. 카다피는 리비아의 핵, 화학, 생물학 무기 프로그램을 전면적으로 포기하고, 국제 원자력기구(IAEA)의 사찰을 받아들이겠다고 발표했다. 리비아는 핵확산금지조약(NPT) 체제에 복귀하며, 비핵국으로서의 지위를 확립했다. 핵무기 개발에 필요한 자재와 장비들은 외부로 반출되었으며, 이는 리비아가 핵무기를 보유하지 않겠다는 확고한 의지를 보여주는 신호였다.

(3) 해결 이유

첫째, 1980~1990년대 동안 리비아는 테러 지원국으로 분류되어 국제사회의 강력한 경제 제재를 받고 있었다. 리비아는 1988년 로커비 사건(리비아가 연관된 항공기 테러)으로 인해 서방 국가들의 외교적, 경제적 제재를 받았으며, 이러한 제재는 리비아 경제에 큰 타격을 주었다. 핵무기 포기를 통해 리비아는 이 제재를 완화하고, 국제사회로 복귀할 수 있는 기회를 얻었다. 둘째, 카다피는 서방과의 관계를 개선하고, 국제사회의 일원이 되기 위해 핵 프로그램 포기를 선택했다. 특히, 미국과의 관계 정상화는 리비아에게 중요한 목표였다. 리비아는 핵무기 포기를 통해 외교적 고립에서 벗어나려 했다. 셋째, 리비아는 핵무기 포기를 통해 서방 국가들로부터 경제적 지원과 투자 유치를 기대했다. 리비아는 자국의 경제를 부흥시키기 위해 국제 자본과의 관계를 회복할 필요성을 느꼈다.

(4) 한계

2011년 아랍의 봄과 함께 리비아 내전이 발생했고, 결국 카다피 정권이 붕괴했다. 이는 비핵화 이후 리비아가 국제사회의 보호를 충분히 받지 못했다는 비판을 불러일으켰다. 카다피 정권의 붕괴는 다른 국가들에게 핵 포기의 리스크를 상기시키는 사례가 되었다.

3. 남아프리카공화국(1990년대 초반 핵 포기)

남아프리카공화국은 1970년대와 1980년대 동안 독자적인 핵무기 프로그램을 통해 총 6기의 핵무기를 개발했다. 그러나 1990년대 초반, 아파르트헤이트 종식과 함께 남아프리카공화국은 핵무기를 포기하기로 결정했다. 1991년, 남아프리카공화국은 핵확산금지조약(NPT)에 가입하며 핵무기를 포기했다. 1993년, 당시 대통령 F. W. 데 클레르크는 남아프리카공화국이 자체적으로 핵무기를 개발했음을 인정하며, 이미 이를 모두 폐기했다고 발표했다. 이후 국제 원자력기구(IAEA)의 검증을 받았다. 남아프리카공화국은 아파르트헤이트 체제 하에서 국제적으로 고립되어 있었고, 이를 종식시키기 위해 핵무기를 포기하고 국제사회의 신뢰를 회복하려 했다. 또한, 아파르트헤이트 체제가 끝나고 민주화가 진행되면서, 새로 들어선 정부는 핵무기를 국가안보의 필수 수단으로 보지 않았다. 민주 정부는 비핵화를 통해 국제사회와의 관계를 정상화하고자 했다. 남아프리카공화국은 핵무기 포기를 통해 국제사회에서 신뢰를 회복하고, 새로운 민주 정부가 외교적으로 고립되지 않도록 하려는 전략을 선택했다.

Ⅸ 안보리 대북 제재조치 및 그 한계

1. 대북 제재조치

(1) 유엔 안보리 결의 1718호(2006년)

북한이 2006년 첫 핵실험을 실시하자, 유엔 안전보장이사회는 결의 1718호를 채택했다. 이 결의는 북한의 핵무기 개발 프로그램을 규탄하고, 북한에 대한 경제 제재와 무기 금수 조치를 도입했다. 또한 북한이 비핵화 협상에 복귀할 것을 촉구했다.

(2) 유엔 안보리 결의 1874호(2009년)

2009년 북한의 두 번째 핵실험 이후, 안보리는 결의 1874호를 채택했다. 이 결의는 기존 제재를 강화하고, 북한 선박에 대한 검색을 허용했다. 또한, 대량살상무기(WMD) 관련 물자와 기술의 이전을 차단하기 위한 추가 제재가 포함되었다.

(3) 유엔 안보리 결의 2087호(2013년)

2012년 북한의 장거리 미사일 발사에 대응하여 결의 2087호가 채택되었다. 이 결의는 기존 제재의 이행을 강화하고, 북한의 미사일 기술 개발을 제재 대상에 추가했다. 또한 북한에 추가적인 핵 도발을 자제할 것을 경고했다.

(4) 유엔 안보리 결의 2094호(2013년)

2013년 북한의 세 번째 핵실험에 대응하여 결의 2094호가 채택되었다. 이 결의는 금융 제재를 강화하고, 북한의 무기 수출입에 대한 감시를 더욱 강화했다. 또한 북한의 외교 인력과 기업들에 대한 제재를 포함시켜 북한의 핵개발 자금 조달을 막고자 했다.

(5) 유엔 안보리 결의 2270호(2016년)

북한의 4차 핵실험과 장거리 미사일 발사에 대응하여 결의 2270호가 채택되었다. 이 결의는 북한과의 광물 거래 금지를 포함해 전례 없는 강력한 경제 제재를 도입했다. 또한 북한의 민간 항공기와 선박에 대한 검색을 허용하는 조치도 포함되었다.

(6) 유엔 안보리 결의 2375호(2017년)

2017년 북한의 6차 핵실험 이후 채택된 결의 2375호는 북한의 석유 수입을 제한하고, 섬유 제품 수출을 금지했다. 이는 북한 경제에 큰 타격을 줄 수 있는 조치로, 기존 제재를 더욱 강화했다. 또한 해외 노동자의 송금 제한 등을 통해 북한의 자금 유입을 차단하려 했다.

2. 안보리의 대북 제재의 비실효성 요인

(1) 북한의 경제 구조와 제재의 한계

북한은 이미 경제적으로 국제사회에서 고립되어 있는 상태이다. 주요 교역 파트너가 거의 없고, 내부적으로 자급자족 체제를 강조하면서 제재로 인한 경제적 타격을 최소화하려 하고 있다. 제재는 대외 무역과 금융에 대한 제약을 가하지만, 북한은 불법적인 무역, 해상에서의 불법 선박 간 환적, 가상화폐 해킹 등의 수단으로 제재를 우회해왔다. 이러한 회피 전략은 북한의 정권 유지에 충분한 자원을 제공할 수 있게 하여 제재의 실질적 효과를 약화시켰다.

(2) 제재 이행의 불완전성

국제사회의 주요 강대국인 중국과 러시아의 입장이 중요하다. 중국은 북한의 최대 무역 파트너로서 북한 정권의 급격한 붕괴를 원하지 않기 때문에, 대북 제재에 있어 비교적 유화적인 입장을 취하는 경우가 많다. 중국과 러시아는 대북 제재 결의에 찬성하면서도, 실제로는 제재 이행에 소극적인 모습을 보이기도 한다. 이는 제재의 실효성을 약화시키는 주요 요인 중 하나다.

(3) 정권의 내부 결속 강화 수단

북한은 도발 행위를 통해 외부 위협을 부각시켜 정권의 내부 결속을 다지는 전략을 구사한다. 북한 정권은 핵과 미사일 개발을 통해 국제사회로부터 양보를 이끌어내거나 정권의 생존을 보장받으려는 외교적 수단으로 사용한다. 제재로 인해 경제적 압박이 가해질수록, 북한은 더 강력한 군사적 도발을 통해 외부의 주목을 끌고, 동시에 내부적으로는 외부 위협을 강조하며 주민들의 충성심을 강화하는 방식으로 제재에 대응한다.

X 북핵문제 해결 방안

1. 외교적 해결과 협상

(1) 다자 회담 재개

북핵문제를 해결하기 위한 다자 회담, 예를 들어 6자회담과 같은 다자간 협상 테이블을 재개하는 것이 중요하다. 미국, 중국, 일본, 러시아, 한국, 북한이 모두 참여하는 다자 회담은 각국의 입장을 조율하고, 협력을 통한 비핵화 가능성을 높일 수 있다. 북한이 외교적 고립에서 벗어나기 위한 동기를 부여하는 협상 환경을 조성하는 것이 중요하다.

(2) 북미 양자 회담

북미 간의 직접 대화는 중요한 외교적 수단이다. 트럼프 행정부에서의 북미 정상회담은 비록 궁극적인 비핵화 합의에는 도달하지 못했지만, 외교적 대화의 가능성을 보여준 사례이다. 미국은 북한과의 신뢰를 쌓고, 단계적인 비핵화 협상을 진행할 수 있는 외교적 기회를 모색해야 한다.

(3) 경제적 인센티브

북한의 경제적 어려움을 해결할 수 있는 경제적 인센티브 제공은 중요한 협상 카드이다. 과거 협상에서 북한은 핵 프로그램 동결 또는 폐기를 대가로 에너지 지원이나 경제적 원조를 받는 데 관심을 보여왔다. 국제사회는 북한이 경제 제재 완화와 경제적 지원을 통해 실질적인 비핵화 조치를 취하도록 유도할 수 있다.

2. 단계적 비핵화(Action-for-Action)

(1) 동결부터 시작

북한의 핵무기 프로그램을 바로 폐기하는 것은 현실적으로 어려운 목표일 수 있다. 대신, 먼저 핵 프로그램 동결을 이끌어내는 것이 중요하다. 북한이 추가적인 핵 실험과 미사일 시험 발사를 중단하고, 핵 시설의 가동을 중지하도록 하는 것이 첫 단계가 될 수 있다.

(2) 검증 가능한 비핵화

비핵화 과정에서 가장 중요한 부분은 검증 가능성이다. 북한의 비핵화는 국제 원자력기구(IAEA)와 같은 국제기구의 검증 하에 이루어져야 하며, 국제사회는 북한이 합의를 충실히 이행하고 있음을 확인할 수 있어야 한다. 과거 북한과의 협상에서 검증 문제는 주된 쟁점이었기 때문에, 철저한 검증 체계가 구축되어야 한다.

(3) 상응 조치 제공

비핵화의 단계마다 북한이 진전된 조치를 취할 경우, 이에 대해 경제적 지원, 제재 완화, 외교적 관계 정상화 등의 상응 조치를 제공해야 한다. 이로써 북한이 비핵화 과정에서 실질적인 혜택을 얻도록 만들어야 한다.

3. 경제 제재와 압박

(1) 제재 강화와 이행

유엔을 비롯한 국제사회는 북한의 핵 프로그램을 억제하기 위해 다양한 경제 제재를 부과해 왔다. 하지만 제재의 실효성을 높이기 위해서는 제재 이행이 중요하다. 특히, 북한의 제재 회피 전략(불법 무역, 암호화폐 해킹 등)을 차단하는 것이 필요하다. 중국과 러시아의 협조도 필수적이며, 이들 국가가 제재 이행을 철저히 하도록 압박하는 것이 중요하다.

(2) 제재 완화 조건 제시

북한이 비핵화 과정에서 일정한 성과를 보일 경우, 국제사회는 단계적으로 제재를 완화하는 조치를 취할 수 있다. 북한이 비핵화를 통해 경제적 제재에서 벗어날 수 있는 실질적인 유인을 제공하는 것은 중요한 협상 전략이다.

4. 북한 체제 보장과 신뢰 구축

(1) 정권 안전 보장

북한이 핵무기를 포기할 경우, 국제사회는 북한 정권의 안전을 보장해야 한다. 이는 북한이 외부의 침공을 두려워하지 않고 비핵화를 선택할 수 있도록 만드는 중요한 요소이다. 과거 리비아나 이라크의 사례에서 정권이 붕괴된 경험을 통해 북한은 핵 포기 이후의 안보에 대한 불안을 가지고 있으므로, 이 부분에 대한 신뢰를 제공하는 것이 필요하다.

(2) 평화 협정 체결

한반도에서의 지속적인 긴장을 완화하기 위해 평화 협정을 체결하는 것도 중요한 방법이다. 정전 상태로 남아 있는 한반도에서 정식 평화 협정을 맺음으로써, 군사적 갈등의 가능성을 줄이고 북한과의 외교적 신뢰를 쌓는 것이 필요하다.

5. 국제사회의 통합된 대응

(1) 중국과 러시아의 역할

중국과 러시아는 북핵문제 해결에 중요한 역할을 할 수 있는 국가들이다. 이들 국가는 북한과의 경제적, 정치적 관계가 깊기 때문에, 북한에 대한 영향력을 행사할 수 있다. 중국과 러시아가 비핵화 협상에 적극적으로 참여하고, 북한에 대한 압박과 인센티브 제공에 동참해야 한다.

(2) 유엔과 다자 외교

유엔을 중심으로 한 다자간 외교 노력도 북핵문제 해결에 중요한 역할을 한다. 국제사회는 북한이 핵 프로그램을 포기하고 비핵화 과정을 신뢰할 수 있도록 국제기구와 협력하며 다자적 외교적 노력을 강화해야 한다.

XI 북핵문제에 대한 한국의 입장

1. 한반도 비핵화 목표

한국은 한반도의 완전한 비핵화를 최우선 목표로 삼았다. 이는 북한의 핵무기를 제거하고, 한반도에서의 군사적 긴장을 완화하며 평화를 구축하는 것을 의미한다.

2. 대북 억제력 강화

한국은 북한의 핵 위협에 대응하기 위해 강력한 군사적 억제력을 유지했다. 특히, 한미동맹을 통해 미국의 확장 억제(extended deterrence)에 의존하며, 한국에 대한 핵 우산을 강화해왔다.

3. 대화와 외교적 노력

한국은 북한과의 대화를 통해 문제를 해결하려는 외교적 노력을 지속해왔다. 남북 정상회담을 통해 긴장을 완화하고, 비핵화 협상을 촉진하려는 노력을 기울였다.

4. 경제적 협력과 인센티브 제공

한국은 북한이 비핵화를 이행할 경우 경제적 지원과 협력을 제공할 수 있다는 입장을 취했다. 개성공단과 같은 남북 경제 협력 사업을 통해 북한과의 신뢰를 쌓으려 했다.

5. 제재와 압박 병행

한국은 국제사회와 함께 대북 제재를 강화하여 북한의 핵개발을 억제하고, 동시에 외교적 협상을 촉진하기 위한 전략을 병행했다.

XII 북핵문제 해결을 위해 한국이 앞으로 취해야 할 전략

1. 한반도 비핵화 목표 유지

한국은 한반도의 완전한 비핵화 목표를 지속적으로 추구해야 한다. 이는 한국의 외교적, 안보적 이익을 위해 중요한 과제이므로, 북한의 비핵화 없이는 한반도의 평화와 안정이 유지되기 어렵다. 한국은 미국, 중국, 러시아, 일본 등 주요 국가들과 협력하여 비핵화 협상을 지속적으로 추진해야 한다. 특히 국제사회의 지지를 얻어 다자 회담 또는 새로운 협상 틀을 통해 북한을 비핵화의 길로 유도해야 한다.

2. 강력한 억제력 유지

한국은 북한의 핵 위협에 맞서 강력한 군사적 억제력을 유지해야 한다. 억제력을 강화하여 북한이 핵무기를 사용할 경우 즉각적인 보복이 가능하다는 강력한 메시지를 전달해야 한다. 한국은 미국과의 동맹을 더욱 강화하고, 미국의 핵우산과 확장 억제를 통해 북한의 핵 위협을 억제해야 한다. 한미 연합 훈련과 방어 시스템을 강화하고, 미사일 방어체계를 확충해 북한의 미사일 위협에 대응해야 한다. 한편, 한국은 자주국방을 강화하기 위해 독자적인 미사일 방어체계와 첨단 무기체계를 개발하고, 국방력을 확충해야 한다. 북한의 핵과 미사일 위협에 대비한 킬 체인(선제 타격)과 한국형 미사일 방어체계(KAMD)를 발전시켜 억제력을 유지해야 한다.

3. 경제적 인센티브와 압박의 병행

한국은 북한의 비핵화를 유도하기 위해 경제적 인센티브와 제재를 병행하는 전략을 취해야 한다. 북한이 실질적인 비핵화 조치를 취할 경우 이에 대한 경제적 혜택을 제공할 수 있는 환경을 조성해야 한다. 북한이 비핵화를 실행할 경우, 한국은 북한에 경제적 지원을 제공하고 남북 경제 협력을 확대할 수 있는 인센티브 패키지를 마련해야 한다. 이를 통해 북한이 비핵화로 얻을 수 있는 경제적 이익을 명확히 제시해야 한다.

4. 대화와 신뢰 구축

한국은 북한과의 대화 채널을 유지하고, 상호 신뢰를 구축하는 것이 중요하다. 군사적 긴장을 줄이고 외교적 협상 테이블에 북한을 유도하는 것이 핵심적인 전략이다. 북한과의 대화 채널을 유지하고, 남북 정상회담이나 고위급 회담을 통해 신뢰를 구축해야 한다. 이를 통해 남북 간 군사적 긴장을 완화하고, 평화적 해결의 기반을 마련할 수 있다. 또한, 북한이 경제적 어려움을 겪을 때 인도적 지원을 제공함으로써 신뢰를 쌓고, 대화를 유도할 수 있는 계기를 마련해야 한다. 식량 지원이나 보건 협력 등 비정치적 차원의 지원을 통해 남북 관계를 개선할 수 있다.

5. 한반도 평화체제 구축

북핵문제를 근본적으로 해결하기 위해서는 한반도 평화체제 구축이 필요하다. 이는 정전협정을 평화협정으로 전환하고, 지속 가능한 평화 체제를 마련하는 것을 목표로 한다. 한반도에서 정전 상태를 종식하고 평화 협정을 체결하는 것이 필요하다. 이를 통해 북한과의 군사적 대결 구도를 완화하고, 외교적 신뢰를 바탕으로 비핵화를 추구할 수 있다. 한국은 북한에 대한 정권 안전 보장을 제공할 수 있는 국제적 협의체를 구축할 필요가 있다. 북한이 외부의 군사적 위협을 느끼지 않도록 국제사회의 안보 보장을 통해 비핵화에 대한 불안을 해소해야 한다.

6. 중국과 러시아의 역할 강화

한국은 북핵문제 해결을 위해 중국과 러시아와의 협력을 강화해야 한다. 두 나라는 북한에 대한 경제적, 외교적 영향력이 크기 때문에, 이들과의 협력을 통해 북한을 비핵화 협상으로 이끌어낼 수 있다. 중국은 북한의 주요 경제적 파트너이자 정치적 후원국이다. 한국은 중국과의 외교적 협력을 강화해 북한에 대한 제재와 인센티브 제공 과정에서 중국이 적극적인 역할을 할 수 있도록 유도해야 한다. 또한, 러시아는 북한과의 전통적인 우호 관계를 가지고 있으며, 한국은 러시아와의 외교 관계를 강화하여 북핵문제 해결에 러시아의 협력을 얻어야 한다.

> **참고** 제1차 북핵위기와 제2차 북핵위기 비교
>
> 1. 공통점
>   (1) 국제체제의 구조 – 미국 중심의 단극체제
>   우선 탈냉전 국제체제의 구조적 유사성이 있다. 현재 미국은 최소한 군사력 차원에서는 강대국들에 의한 대항균형 형성이 어려운 패권국의 지위를 차지하고 있다. 미국은 제1차 위기 당시에도 객관적 힘의 차원에서 보면 패권국이었고, 이러한 속성은 제2차 위기에서도 지속된 측면이다.
>   (2) 위기의 성격 – 패권체제에 대한 도전
>   단극질서하에서 발생한 북핵문제는 미국의 패권체제에 대한 도전적 성격을 갖는다는 점에서 유사하다. 북한의 핵보유는 동북아시아에서 핵확산을 통해 미국의 동북아시아에서의 상대적 영향력을 약화시킬 뿐 아니라, 잠재적 도전국인 중국의 영향력을 강화시킬 우려가 있다. 뿐만 아니라, 북한이 미국에 적대적인 국가들이나 테러세력들에게 핵을 확산하는 경우 미국의 패권적 지위뿐 아니라 미국의 안보마저 위태롭게 할 수 있다. 이러한 점이 미국으로 하여금 북핵문제에 적극성을 띠게 하는 이유라 볼 수 있다.
>   (3) 당사자 간 관계 – 양자회담과 다자회담의 병존
>   제1, 2차 위기의 해결과정을 보면, 주요국과 관련국 간 관계 구조가 유사하다. 두 위기에서 핵심 당사자는 미국과 북한이었으나, 동북아시아 주요국들이 관련국가로서 참여하여 이행비용을 분담하는 차원에서 유사하다. 동북아시아 주요 국가들이 이행비용을 분담하는 것은 이들이 기본적으로 동북아시아 세력질서의 현상유지를 옹호하기 때문이다.
>   (4) 북한의 대응전략 – Brinkmanship
>   제2차 위기에서는 미국이 대북 강경기조로 일관함으로써 북한의 대미 위협전술이 무산될 조짐을 보였으나, 미국의 대내외 정세의 변화로 또다시 북한의 강경책이 성공할 가능성이 높아지고 있다. 북한은 제1차 위기에서도 NPT 탈퇴라는 강경책을 구사함으로써 플루토늄 핵개발 동결 대신, 체제 보장, 경제원조, 경수로 건설 지원 등 포괄적 지원을 얻어낼 수 있었다. 제1, 2차 위기에서 북한의 협상전술은 '벼랑 끝 전술'로 일관되었다는 점에서 유사하다.

2. 차이점

(1) 국제정세
우선 국제정세 차원에서 보면, 2001년 발생한 9·11테러로 북한의 핵문제는 미국의 직접적인 안보문제가 되었다. 즉, 9·11테러가 미국의 본토방위(homeland security)를 와해시켰고, 핵확산을 통해 유사한 사태가 발생할 수도 있었다. 제1차 위기는 미국의 생존위협 차원보다는 미국의 패권체제에 대한 도전적 성격이 상대적으로 강했다는 점에서 제2차 위기보다 미국의 민감성이 덜했다. 이러한 국제정세적 차이는 제2차 위기에서 미국이 대북강경책에 보다 중점을 두게 된 배경으로 작용하였다.

(2) 대상문제
제1차 위기에서는 플루토늄 핵이 문제되었으나, 제2차 위기에서는 우라늄핵도 문제시되었다. 한편, 제1차 위기에서는 북한의 현재의 핵이 문제되었으나, 제2차 위기에서는 제1차 위기관리 메카니즘의 한계를 인식하여 과거의 핵 및 미래의 핵 프로그램까지 폐기하는 것을 목적으로 추진되고 있다.

(3) 문제해결 방식 - 양자회담 대 다자회담
제2차 위기에서는 미국 및 중국의 의사가 관철되어 다자회담 방식이 채택되었다. 다자회담 방식이 채택된 것은 중국의 국제정치적 위상 강화와 관련이 더 많지만, 북핵문제와 동북아시아 핵확산 문제가 북한과 미국 이외에 일본, 중국, 러시아에게도 사활적 이익인 측면이 많았기 때문이었다. 다만, 당사자 수가 많아져 오히려 문제해결이 지연될 수도 있다는 점을 고려하여 북미양자 간 해결을 중개했다는 점은 제1차 위기와 유사한 점이다.

(4) 미국의 국내정치
제1차 위기는 민주당 집권기에, 제2차 위기는 공화당 집권기에 발생하였다. 핵문제를 패권체제에 대한 도전이자, 미국의 생존과 관련된 문제로 인식하는 것은 유사하나, 민주당은 보상에 의한 해결을, 공화당은 강압에 의한 해결책을 추구하였다. 다만, 최종적으로는 민주당과 공화당 모두 외교에 의한 해결책을 모색하였다는 점에서는 유사하다. 다만, 클린턴은 '포용정책'(engagement policy) 기조를 유지하고 있었으나, 부시는 '신보수주의'(neo-conservativism) 전략의 한계로 인한 정책 전환에서 외교적 해결책으로 전환하였다는 점은 다르다.

(5) 중국의 역할
중국은 강화된 자국의 힘과 '유소작위'의 전략적 기조, 반테러전으로 북한에 대한 추가적 공격 능력이 미흡한 상황으로 인한 미국의 요청으로 6자회담의 주재국으로서 적극적인 중재역할을 수행하였다. 이는 제1차 위기 시 국내경제발전 문제로, 적극적인 조치를 취하지 못했던 것과 대비된다. 중국은 북한의 핵보유 및 핵확산은 동북아시아정세를 불안정화함으로써 자국의 도광양회전략에 부정적 영향을 미칠 것을 고려한 것으로 볼 수 있다.

3. 평가
전반적으로 볼 때, 미국의 패권전략에 대한 도전적 성격을 띠는 북핵문제의 성격은 제1, 2차 위기 모두 유사하다고 볼 수 있으나, 미국의 정부 변경, 9·11테러, 중국의 부상 등의 변수로 미국의 해결전략적 차원에서 차이가 있었다고 볼 수 있다.

참고 제4차 6자회담 공동성명(2005.9.19. 베이징)

제4차 6자회담이 베이징에서 중화인민공화국, 조선민주주의인민공화국, 일본, 대한민국, 러시아연방, 미합중국이 참석한 가운데 2005년 7월 26일부터 8월 7일까지 그리고 9월 13일부터 19일까지 개최되었다.

우다웨이 중화인민공화국 외교부 부부장, 김계관 조선민주주의인민공화국 외무성 부상, 사사에 켄이치로 일본 외무성 아시아대양주 국장, 송민순 대한민국 외교통상부 차관보, 알렉세예프 러시아 외무부 차관, 그리고 크리스토퍼 힐 미합중국 국무부 동아태 차관보가 각 대표단의 수석대표로 동 회담에 참석하였다.

우다웨이 부부장은 동 회담의 의장을 맡았다.

한반도와 동북아시아 전반의 평화와 안정이라는 대의를 위해, 6자는 상호 존중과 평등의 정신하에, 지난 3회에 걸친 회담에서 이루어진 공동의 이해를 기반으로, 한반도의 비핵화에 대해 진지하면서도 실질적인 회담을 가졌으며, 이러한 맥락에서 다음과 같이 합의하였다.

1. 6자는 6자회담의 목표가 한반도의 검증 가능한 비핵화를 평화적인 방법으로 달성하는 것임을 만장일치로 재확인하였다. 조선민주주의인민공화국은 모든 핵무기와 현존하는 핵계획을 포기할 것과, 조속한 시일 내에 핵확산금지조약(NPT)과 국제원자력기구(IAEA)의 안전조치에 복귀할 것을 공약하였다. 미합중국은 한반도에 핵무기를 갖고 있지 않으며, 핵무기 또는 재래식 무기로 조선민주주의인민공화국을 공격 또는 침공할 의사가 없다는 것을 확인하였다. 대한민국은 자국 영토 내에 핵무기가 존재하지 않는다는 것을 확인하면서, 1992년도 「한반도의 비핵화에 관한 남북 공동선언」에 따라 핵무기를 접수 또는 배비하지 않겠다는 공약을 재확인하였다. 1992년도 「한반도의 비핵화에 관한 남북 공동선언」은 준수·이행되어야 한다. 조선민주주의인민공화국은 핵에너지의 평화적 이용에 관한 권리를 가지고 있다고 밝혔다. 여타 당사국들은 이에 대한 존중을 표명하였고, 적절한 시기에 조선민주주의인민공화국에 대한 경수로 제공 문제에 대해 논의하는 데 동의하였다.

2. 6자는 상호 관계에 있어 UN헌장의 목적과 원칙 및 국제관계에서 인정된 규범을 준수할 것을 약속하였다. 조선민주주의인민공화국과 미합중국은 상호 주권을 존중하고, 평화적으로 공존하며, 각자의 정책에 따라 관계정상화를 위한 조치를 취할 것을 약속하였다. 조선민주주의인민공화국과 일본은 평양선언에 따라, 불행했던 과거와 현안사항의 해결을 기초로 하여 관계 정상화를 위한 조치를 취할 것을 약속하였다.

3. 6자는 에너지, 교역 및 투자 분야에서의 경제협력을 양자 및 다자적으로 증진시킬 것을 약속하였다. 중화인민공화국, 일본, 대한민국, 러시아연방 및 미합중국은 조선민주주의인민공화국에 대해 에너지 지원을 제공할 용의를 표명하였다. 대한민국은 조선민주주의인민공화국에 대한 2백만 킬로와트의 전력공급에 관한 2005.7.12자 제안을 재확인하였다.

4. 6자는 동북아시아의 항구적인 평화와 안정을 위해 공동 노력할 것을 공약하였다. 직접 관련 당사국들은 적절한 별도 포럼에서 한반도의 항구적 평화체제에 관한 협상을 가질 것이다. 6자는 동북아시아에서의 안보협력 증진을 위한 방안과 수단을 모색하기로 합의하였다.

5. 6자는 '공약 대 공약', '행동 대 행동' 원칙에 입각하여 단계적 방식으로 상기 합의의 이행을 위해 상호 조율된 조치를 취할 것을 합의하였다.

6. 6자는 제5차 6자회담을 11월초 북경에서 협의를 통해 결정되는 일자에 개최하기로 합의하였다.

참고 9·19공동성명 이행을 위한 초기조치(2007.2.13.)

제5차 6자회담 3단계 회의가 베이징에서 중화인민공화국, 조선민주주의인민공화국, 일본, 대한민국, 러시아연방, 미합중국이 참석한 가운데, 2007년 2월 8일부터 13일까지 개최되었다.
우다웨이 중화인민공화국 외교부 부부장, 김계관 조선민주주의인민공화국 외무성 부상, 사사에 켄이치로 일본 외무성 아시아대양주 국장, 천영우 대한민국 외교통상부 한반도평화교섭본부장, 알렉산더 로슈코프 러시아 외무부 차관, 그리고 크리스토퍼 힐 미합중국 국무부 동아태 차관보가 각 대표단의 수석대표로 동 회담에 참석하였다.
우다웨이 부부장은 동 회담의 의장을 맡았다.

1. 참가국들은 2005년 9월 19일 공동성명의 이행을 위해 초기 단계에서 각국이 취해야 할 조치에 관하여 진지하고 생산적인 협의를 하였다. 참가국들은 한반도 비핵화를 조기에 평화적으로 달성하기 위한 공동의 목표와 의지를 재확인하였으며, 공동성명상의 공약을 성실히 이행할 것이라는 점을 재확인하였다. 참가국들은 '행동 대 행동'의 원칙에 따라 단계적으로 공동성명을 이행하기 위해 상호 조율된 조치를 취하기로 합의하였다.

2. 참가국들은 초기 단계에 다음과 같은 조치를 병렬적으로 취하기로 합의하였다.
   (1) 조선민주주의인민공화국은 궁극적인 포기를 목적으로 재처리 시설을 포함한 영변 핵시설을 폐쇄·봉인하고 IAEA와의 합의에 따라 모든 필요한 감시 및 검증 활동을 수행하기 위해 IAEA 요원을 복귀하도록 초청한다.

(2) 조선민주주의인민공화국은 9·19공동성명에 따라 포기하도록 되어 있는, 사용후 연료봉으로부터 추출된 플루토늄을 포함한 공동성명에 명기된 모든 핵프로그램의 목록을 여타 참가국들과 협의한다.

(3) 조선민주주의인민공화국과 미합중국은 양자 간 현안을 해결하고 전면적 외교관계로 나아가기 위한 양자대화를 개시한다. 미합중국은 조선민주주의인민공화국을 테러지원국 지정으로부터 해제하기 위한 과정을 개시하고, 조선민주주의인민공화국에 대한 대적성국 교역법 적용을 종료시키기 위한 과정을 진전시켜 나간다.

(4) 조선민주주의인민공화국과 일본은 불행한 과거와 미결 관심사안의 해결을 기반으로, 평양선언에 따라 양국관계 정상화를 취해 나가는 것을 목표로 양자대화를 개시한다.

(5) 참가국들은 2005년 9월 19일 공동성명의 제1조와 제3조를 상기하면서, 조선민주주의인민공화국에 대한 경제·에너지·인도적 지원에 협력하기로 합의하였다. 이와 관련, 참가국들은 초기 단계에서 조선민주주의인민공화국에 긴급 에너지 지원을 제공하기로 합의하였다. 중유 5만 톤 상당의 긴급 에너지 지원의 최초 운송은 60일 이내에 개시된다.

참가국들은 상기 초기 조치들이 향후 60일 이내에 이행되며, 이러한 목표를 향하여 상호 조율된 조치를 취한다는 데 합의하였다.

3. 참가국들은 초기 조치를 이행하고 공동성명의 완전한 이행을 목표로 다음과 같은 실무그룹(W/G)을 설치하는 데 합의하였다.

(1) 한반도 비핵화

(2) 미·북 관계정상화

(3) 일·북 관계정상화

(4) 경제 및 에너지 협력

(5) 동북아시아 평화·안보 체제

실무그룹들은 각자의 분야에서 9·19공동성명의 이행을 위한 구체적 계획을 협의하고 수립한다. 실무그룹들은 각각의 작업진전에 관해 6자회담 수석대표 회의에 보고한다. 원칙적으로 한 실무그룹의 진전은 다른 실무그룹의 진전에 영향을 주지 않는다. 5개 실무그룹에서 만들어진 계획은 상호 조율된 방식으로 전체적으로 이행될 것이다.

참가국들은 모든 실무그룹 회의를 향후 30일 이내에 개최하는 데 합의하였다.

4. 초기 조치 기간 및 조선민주주의인민공화국의 모든 핵프로그램에 대한 완전한 신고와 흑연감속로 및 재처리 시설을 포함하는 모든 현존하는 핵시설의 불능화를 포함하는 다음 단계 기간 중, 조선민주주의인민공화국에 최초 선적분인 중유 5만 톤 상당의 지원을 포함한 중유 100만 톤 상당의 경제·에너지·인도적 지원이 제공된다.

상기 지원에 대한 세부 사항은 경제 및 에너지 협력 실무그룹의 협의와 적절한 평가를 통해 결정된다.

5. 초기 조치가 이행되는 대로 6자는 9·19공동성명의 이행을 확인하고 동북아시아 안보협력 증진방안 모색을 위한 장관급 회담을 신속하게 개최한다.

6. 참가국들은 상호신뢰를 증진시키기 위한 긍정적인 조치를 취하고 동북아시아에서의 지속적인 평화와 안정을 위한 공동노력을 할 것을 재확인하였다. 직접 관련 당사국들은 적절한 별도 포럼에서 한반도의 항구적 평화체제에 관한 협상을 갖는다.

7. 참가국들은 실무그룹의 보고를 청취하고 다음 단계 행동에 관한 협의를 위해 제6차 6자회담을 2007년 3월 19일에 개최하기로 합의하였다.

참고 세컨더리 보이콧(secondary boycott)

'boycott'은 사전적으로는 항의의 의미로, 구매를 거부하는 것을 뜻한다. 따라서 항의 대상에 대한 직접적인 불매운동은 1차 보이콧이라고 하고, 1차 보이콧 대상과 관계된 대상까지 거부하는 것을 2차 보이콧이라고 한다. 세컨더리 보이콧은 제재 국가와 거래하는 제3국 정부뿐 아니라 기업·금융기관·개인까지 제재하는 행위를 말한다. 세컨더리 보이콧은 제3국이 그 제재에 동의했는지와 관련이 없고, 제재발동국의 일방적 조치이다. 세컨더리 보이콧은 제재 대상국과의 거래 방식이 합법이든 불법이든 관계없다. 석유가 제재 대상 품목이라고 한다면 석유 밀수뿐 아니라 합법적으로 석유 거래를 주고받았다고 하더라도 세컨더리 보이콧 대상이 된다. 세컨더리 보이콧 제재의 대상 국가가 되면 사실상 세계 전체로부터 거의 모든 분야에 걸쳐 거래가 끊기게 된다. 대북 제재의 경우 핵·미사일을 포함한 대량살상무기(WMD) 개발 중단에 초점을 맞췄지만, 단순히 직접 관련된 품목이나 기술뿐 아니라 그를 위한 자금줄이나 원자재까지 모조리 봉쇄할 수 있도록 설계되어 있다. 세컨더리 보이콧은 주로 미국이 주도하므로 미국 금융기관과 거래를 계속하려면 세계 모든 나라들은 미국이 지정하는 제재 대상 국가와의 거래를 끊을 수밖에 없다. 오바마 미국 행정부는 2010년 6월 이란 원유를 수입하는 제3국에 대해 미국 내 파트너와 거래하지 못하도록 하는 내용의 세컨더리 보이콧 조항을 담은 '이란 제재법'을 통과시켰다. 이란은 이 결과 2013년 경제성장률이 −6%대까지 추락하고 통화 가치가 2012년 대비 3분의 1 수준으로 하락하는 등 극심한 민생고에 시달렸고, 오바마 행정부는 결국 2015년 이란을 협상 테이블로 끌어내 이란 핵협상(JCPOA)을 타결시키게 되었다. 도널드 트럼프 미국 대통령은 미국의 독자 대북 제재이자 세컨더리 보이콧에 해당하는 '행정명령 13810호'에 서명했다. 이는 북한과 재화와 용역을 거래하는 어떤 개인이나 기업의 자산도 미국 정부가 압류할 수 있도록 했다.

참고 캐치올(catch-all) 규제

캐치올제도란 국제수출통제체제에서 규정하고 있는 Control List상의 통제품목 여부와 상관없이 대량살상무기(WMD) 및 이의 운반수단인 미사일 개발에 전용될 수 있는 모든 품목(all)을 통제(catch)하는 제도를 말한다. 캐치올규제에 따라 非전략물자라도 대량파괴무기(WMD) 등으로 전용될 가능성이 높은 물품을 수출할 경우 정부의 허가를 받아야 한다. 캐치올제도는 미국이 1994년 시행한 이래 유럽연합(EU)이 2000년 6월부터 시행해 오고 있으며, 9·11테러 이후 WMD 비확산 문제가 국제안보분야의 핵심 현안으로 부상하자 2002년 일본, 캐나다 등이 뒤이어 도입했다. 만약 우리 수출기업이 최종 용도와 사용자를 확인하지 않고 수출한 물품이 WMD 개발에 이용될 경우, 해당 기업은 캐치올 시행국가로부터 수출입금지조치를 당할 수 있다. 미국의 '거래부적격자목록'(Denial Persons List)에 등재되는 경우, 당해기업은 1~20년간 미국과의 수출입이 금지된다. 우리나라는 1989년 대외무역법시행령에 전략물자 수출허가제도를 도입한 이래 1992년 대외무역법상에 전략물자의 고시 및 수출허가 등 수출통제를 법제화했다. 한국은 2003년부터는 캐치올(Catch-all)제도를 시행하고 있으며, UN 안전보장이사회결의 1540을 이행하기 위해 중개 허가제를 도입하였고, 2009년 10월부터는 전략물자에 대한 경유·환적 허가제를 도입했다. 일본은 2019년 7월 1일 신뢰관계 훼손 및 부적절한 사안 발생 등 모호한 사유를 들어 우리나라에 대한 수출통제 강화조치를 발표했다. 일본은 한국을 '화이트국가'에서 배제하고, 한국으로 수출하는 비전략물자에 대해 캐치올(Catch-all) 통제 적용대상으로 전환했다. 국가별 적용 기준을 보면 한국은 화이트국가에도 캐치올 통제를 부분 적용하고 있는 반면, 일본은 화이트국에 대해서는 적용을 제외하는 등 한국이 일본에 비해 더 엄격한 요건을 적용하고 있으며, 재래식 무기 캐치올 통제에 있어서도 한국의 요건이 일본보다 더 엄격하다. 한국은 바세나르체제(WA), 핵공급국그룹(NSG), 호주그룹(AG), 미사일기술통제체제(MTCR) 등 4대 국제수출통제체제에서 회원국에 캐치올 통제 도입을 권고하는 지침을 모두 채택했다.

제2절 6자회담

I 의의

6자회담은 제2차 북핵위기를 관리하기 위한 미국, 북한, 중국, 일본, 러시아, 한국 등 6개국의 다자회담을 말한다. 미국의 주도와 중국의 중재로 형성되어 2003년 8월 제1차 회담이 개최되었다. 6자회담은 북핵문제 해결을 넘어서 동북아시아 새로운 안보질서를 형성해 나가는 계기가 될 것인지 주목을 받고 있다.

II 형성요인 – 국제협력(제도)론의 관점

1. 서설

북핵 6자회담은 하나의 국제협력사례로서 동북아시아의 관련 당사국들이 북핵문제를 평화적으로 해결하기 위한 거버넌스 메카니즘으로 볼 수 있다. 국제협력의 가능성 및 지속성에 대해서는 이론적으로 크게 현실주의의 비관론과 자유주의의 낙관론이 대립하고 있다. 최근 구성주의에서도 협력에 대한 견해를 제시하고 있다. 북핵 6자회담을 하나의 다자협력 사례로 보고 그것이 가능한 요인을 이론적 관점에서 검토해 보자.

2. 신현실주의

왈츠(Kenneth Waltz)는 무정부적 국제체제에서 국제협력은 어렵다고 보는데, 이는 배반가능성과 상대적 이익(relative gains) 때문이다. 다만, 신현실주의자인 고와(Joanne Gowa)는 공동의 위협이 존재하거나 세력균형을 위해서 일시적 협력이 달성될 수 있다고 본다. 신현실주의에 따르면, 북핵 6자회담은 미국의 북한에 대한 영향력이 강화되는 것을 막기 위해 중국과 러시아가 세력균형적 관점에서 대응한 것으로 해석할 수 있다. 그러나 이러한 해석은 미국이 중국의 적극적인 중재를 요청했다는 점에서 한계가 있다.

3. 패권안정론

길핀(Robert Gilpin), 크라스너(S. Krasner) 등 패권안정적 레짐이론가들은 패권국이 존재할 때 패권국의 리더십이나 강압에 의해 국제협력이나 국제레짐 형성이 가능하다고 본다. 패권국은 공공재 공급비용을 떠안거나 관련국들에게 부과하는 역할을 통해 국제협력을 가능하게 한다. 이에 따르면, 북핵 6자회담은 패권체제에 대한 도전적 성격을 갖는 북핵문제 해결을 위해 미국이 주도하여 형성된 것으로 풀이된다. 미국은 중국의 중재를 인정하여 북한을 다자회담에 참여시킴으로써 6자회담 형성에 주도적 역할을 하였다. 다만 중국, 러시아, 일본, 한국 등 다른 국가들도 자국의 이익을 위해 자발적으로 참여하고 자발적으로 비용을 분담하고자 한다는 점에서 미국의 강압에 의해 6자회담이 형성되었다고 보는 것은 한계가 있다.

4. 신자유제도주의

엑셀로드(R. Axelord), 코헤인(R. Keohane) 등 신자유제도주의자들은 레짐 형성에 있어서 개별 국가들의 절대적 이익(absoulte gains)을 중요한 변수로 본다. 합리적 이기주의자들인 국가들은 레짐 형성을 통한 주권제약 등의 비용에도 불구하고, 이를 초과하는 이익이 있다고 판단하면 국제협력에 나선다고 본다. 이에 따르면, 북핵 6자회담은 6개 국가들의 공동이익 또는 개별적 이익을 실현하기 위해 형성된 것이다. 미국은 핵확산을 막고 패권을 공고화하고자 하였고, 북한은 핵폐기에도 불구하고 체제보장과 국제적 고립 탈피라는 이익을 확보할 수 있다고 보았다. 중국은 경제성장을 위한 국제정세의 안정과 책임대국의 역할로 이미지 제고와 중국위협론 불식을 실현하고자 하였다. 일본은 안보위협 제거와 북일 국교정상화를 도모했으며, 러시아는 핵확산을 막고 미국과 반테러연대를 견고하게 유지하고자 하였다. 한국 역시 한반도 비핵화, 남북관계 발전, 한반도 평화체제 구축, 동북아시아 다자안보 등 다차원적 이익을 위해 6자회담에 응하였다. 무엇보다 한반도 비핵화라는 공동의 이익(common interest)이 6자회담 형성의 결정적 계기라고 설명할 수 있다. 신자유제도주의적 설명은 6자회담의 지속과 정체를 일관되게 설명하는 데 한계가 있다. 즉, 국가들의 이익은 6자회담이 지속되는 과정에서 변화가 있다고 볼 수 없으나, 6자회담은 지속과 정체를 반복했다. 따라서 핵심국가의 입장 변화, 국내적 여론의 변동 등 다른 요인들을 고려해야 할 것이다.

5. 구성주의

구성주의는 제도형성에 있어서 공동의 관념(idea), 문화 또는 정체성(identity)을 중요한 변수로 본다. 즉, 정치, 경제, 사회, 문화적 동질성이 국제협력이나 제도 형성을 촉진시킨다는 것이다. 구성주의는 6자회담의 형성을 설명하는 데는 한계가 있다. 6개 국가들은 정치, 경제, 문화, 관념 등에서 다차원적 이질성을 갖고 있기 때문이다.

6. 평가

6자회담의 형성에는 신현실주의, 패권안정론, 신자유제도주의가 모두 부분적 타당성을 갖고 있다. 다만, 미국의 패권이라는 변수가 상대적으로 중요한 역할을 한 것으로 보인다. 6자회담 형성에 있어서 핵심 장애물은 북한의 북미양자회담 주장이었으나, 결국은 미국의 다자회담 주장이 받아들여졌다. 이 과정에서 중국이 북한을 설득하는 역할을 맡았으나, 여기에는 중국에 대한 미국의 패권적 영향력이 중요한 역할을 했다. 중국은 다극화를 꾀하면서도 힘의 상대적 열세를 고려하여 미국에 대한 편승기조를 유지하고 있다.

III 전개과정

1. 제1차 6자회담: 2003년 8월 27 ~ 29일

북미 간 그간의 입장 차이를 좁히지 못해 별다른 성과 없이 끝났다. 북한은 북핵문제 해결을 위해서는 북미 간 필요한 조치들을 '동시행동의 원칙'에 의거·이행해야 한다고 강조하였으나, 미국은 북한의 선핵폐기를 주장하였다. 미국은 한발 더 나아가 북한의 미사일, 재래식 무기, 위조화폐, 마약 문제까지 제기하면서 북한을 자극하였다.

2. 제2차 6자회담: 2004년 2월 25 ~ 28일

기존의 입장 이외에 북한의 평화적 핵 활동 보장 문제, HEU의 존부와 폐기, 북한에 대한 에너지 지원 문제 등이 논의되었다. 미국은 CVID방식으로 HEU를 포함한 모든 핵을 폐기하는 경우 에너지 공급에 반대하지 않는다는 입장을 내놓았다. 북한은 HEU 존재 자체를 부정하였으며, 평화적 핵 이용권 보장을 요구하였다.

3. 제3차 6자회담: 2004년 6월 23 ~ 26일

미국과 북한이 구체적인 안을 내놓고 해결의지를 보임으로써 진일보한 회담이었다. 북한은 HEU 존재를 부인하면서도 기존 핵무기 관련 모든 시설물과 재처리 결과를 포함해서 핵동결에 들어갈 것이며, 여건이 갖춰지면 영변 5MW 원자로를 포함한 모든 핵무기 관련 계획을 폐기할 수도 있다고 밝혔다. 미국은 '단계적인 상응조치 이행방안'을 제안하였다. 즉, 3개월 내에 북한이 HEU핵 프로그램을 포함한 핵폐기 선언을 하고, 핵 프로그램 및 시설 제거를 위한 준비 등의 조치를 이행하면 그에 상응한 조치를 하겠다는 것이었다.

4. 제4차 6자회담 - 1단계: 2005년 7월 26일 ~ 8월 7일, 2단계: 9월 13 ~ 19일

3차 회담 이후 미국의 대선과 부시의 재선, 북한인권법안 통과, 이에 대한 북한의 핵보유 선언 등으로 6자회담은 장기 표류하였다. 중국의 중재로 북한이 6자회담에 복귀함으로써 4차 6자회담이 열리고 6개항의 공동성명을 채택하는 성과를 거두었다. 북한의 평화적 핵이용 인정문제가 걸림돌이 되었으나 북한의 입장이 관철되었다. 그러나 이는 미국의 입장과 배치되는 것으로, 북한과 미국은 경수로 제공시기를 놓고 공방을 벌였으며, 미국은 금융제재라는 새로운 수단으로 맞섰다.

5. 제5차 6자회담 - 1단계: 2005년 11월 9 ~ 11일, 2단계: 2006년 12월 18일, 3단계: 2007년 2월 8 ~ 13일

2005년 9월 미국의 대북 금융제재 이후 열린 1단계 제5차 6자회담에서는 북한이 금융제재 해제를 우선 요구하면서 성과 없이 결렬되었다. 이후 북미 간 긴장이 지속적으로 고조되었다. 미국은 안전보장이사회를 동원하여 대북 경제제재를 취했으나, 북한은 2006년 10월 9일 핵실험으로 맞섰다. 양자 간 긴장은 중국의 중재, 미국의 대북전략 선회 등의 요인으로 완화되고, 2006년 12월 18일 2단계 제5차 회담을 재개하고, 3단계 회담 마지막 날인 2월 13일 9·19공동성명의 초기이행조치에 합의하였다.

Ⅳ 6자회담과 다자주의

1. 서설

북핵 6자회담과 관련하여 학계의 관심사 중의 하나는 6자회담이 이념형(ideal type)

적 측면에서 다자주의적 요소를 가지고 있는가 하는 것이다. 이는 동북아시아 질서 안정화의 대안으로 제시되고 있는 동북아시아 다자안보협력으로 발전할 가능성이 있는가를 타진해 보기 위한 목적을 함축한다. 러기(Ruggie)와 카포라소(Caporaso)에 의해 제시된 다자주의 개념에 기초하여 6자회담의 다자주의적 요소 및 한계를 검토하고, 발전과제를 제시한다.

2. 다자주의 개념

러기(John Ruggie)는 다자주의를 3개국 이상의 국가들이 '일반화된 행위원칙'에 따라 정책을 조정하는 방식으로 정의하고 있다. 러기는 '일반화된 행위원칙'을 특정 국가의 특정 이익과 특정 상황에 따른 임기응변식 대응이 배제된 행위원칙으로 인식하고 있다. 또한 일관성(consistency), 불편부당(impartiality) 및 국제법의 존중의 요소를 일반화된 행위원칙 구성의 주요 요소로 보고 있다.

3. 다자주의의 특징

(1) 불가분성(indivisibility)

다자간 협력체 내의 일국에 대한 외부 행위자의 공격을 참여국 모두에 대한 공격으로 간주하는 것을 말한다. 또는 한 영역의 구성단위 내부 또는 그 사이에서 발생한 행위가 초래하는 이익과 손실, 즉 관련가치가 지리적으로나 기능적으로 공유되는 것을 의미한다.

(2) 일반화된 행위원칙(generalized principles of conduct)과 비차별성(nondiscrimination)

국가 간의 관계를 개별적인 선호나 상황적인 조건 또는 선험적인 특수한 근거에 의해 각각의 사례에 따라 차별화하는 것이 아니라 일반적인 규범의 형태에 따라 규율하는 것을 말한다. 일반화된 규범이 보편적으로 적용되면 참여국가들 간의 수평성은 당연히 확보된다.

(3) 포괄적 호혜성(diffuse reciprocity)

관련국가들이 항상 모든 이슈에 있어서 단기적이고 개별적인 이득을 기대하기 보다는 장기적인 측면에서 공동의 이익을 도모하는 것이다. 포괄적 호혜성은 참여국들이 협력관계의 지속을 확신하고 이익의 동시성에 대한 유연한 태도를 가질 때 확보될 수 있으며, 포괄적 호혜성에 대한 공감대의 형성은 참여국들 간 신뢰의 구축과 밀접한 관련성을 갖는다.

4. 다자주의의 장점

다자주의는 첫째, 국가들 간 국제문제에 대하여 공통의 의견을 도출할 수 있는 기회를 제공한다. 둘째, 쌍무관계에서 발생하는 거래비용의 절감효과를 가져다준다. 이러한 거래비용에는 협상비용, 합의된 내용의 준수 여부를 감시하는 비용이 포함된다. 셋째, 강대국 등 특정 국가에 의해 협상이나 회담이 주도되는 일방주의를 견제할 수 있다. 넷째, 쌍무적 문제를 공론화하여 문제 해결을 용이하게 한다.

5. 6자회담의 다자주의적 요소

6자회담은 행위자, 공통의 목표와 상호조정, 예방외교라는 관점에서 다자주의적 요소를 충족시키고 있다. 우선 6자회담은 특정의 안보 이슈를 중심으로 3개국 이상이 모인 협의체라는 점에서 다자주의 형태를 취하고 있다. 둘째, 6개국은 북핵문제 해결이라는 공통의 목표를 중심으로 상호간의 행동을 협상을 통해 조정해 가고 있다는 측면도 다자주의적 요소로 평가할 수 있다. 셋째, 6자회담은 다자주의의 기능적 특징인 예방외교(preventive diplomacy) 기능을 수행하고 있다. 2003년 8월 제1차 6자회담 이전 북미 양국은 지속적으로 긴장을 높여갔으나, 6자회담 틀이 형성되면서 긴장을 관리하고 극단적 상황을 조성하는 것을 예방하였다.

6. 6자회담에 대한 다자주의적 분석의 한계

6자회담은 다자주의의 핵심요소들을 결여하고 있어 다자주의로 보는 데는 한계가 많다. 우선, 일반화된 행위원칙이 존재하지 않았다. 6자회담은 관련국이 모두 동의한 원칙보다는 미국과 북한의 일방성에 바탕을 두고 있었다. 특히 본 회담에 앞서 북미 간 잦은 비공식적 접촉은 일반화된 행위원칙과 거리가 멀다. 둘째, 비차별적이기 보다는 당사자 간 차별성이 두드러진다. 북한과 미국을 제외한 나머지 4개국은 회담의 주요 당사자라 보기 어렵다. 의제 역시 북미 양자관계 관련 문제의 해결에 무게 중심을 두고 있다. 셋째, 포괄적 호혜성이 충족되지 못하고 있다. 포괄적 호혜성을 위해서는 다양한 요구나 의제가 반영되어야 하고, 참여자들 간 신뢰가 형성되어 있어야 한다. 그런데 6자회담은 북미 간 대결구도 완화와 북한의 핵을 제거하는 데 포커스를 맞추고 있다. 또한, 참여국 간 신뢰가 전제되지 못하여 회담 결렬의 핵심요인이 되고 있다.

7. 6자회담을 다자주의적 제도화하기 위한 과제

우선, 상호 신뢰를 기반으로 비차별성과 포괄적 호혜성을 확보해야 한다. 비차별성을 확보하기 위해서는 관련국 간 수평적이고 자발적인 협력이 필요하다. 또한 관련국들이 6자회담의 단기적인 이익에 함몰되어서는 안된다. 즉, 핵문제 해결을 넘어 궁극적으로는 이 지역의 항구적인 다자안보 협력기제로 발전·정착되어야만 한다는 포괄적 호혜성의 인식 공감대가 형성되어야 할 것이다.

Ⅴ 6자회담과 동북아시아 다자안보

1. 서설

6자회담의 다자주의적 분석은 궁극적으로 6자회담을 동북아시아 다자안보틀로 만들어 갈 수 있을 것이라는 기대에 기초하고 있다. 6자회담 틀 자체는 다자주의적 요소를 많이 결여하고 있어 그 자체로 다자안보 틀이라고 보기는 어렵지만, 다자안보를 위해 필요한 부정적인 요소들을 완화하거나 제거하는 기능을 함으로써 다자안보에 긍정적 효과를 가져오는 측면도 있다. 몇 가지 요인들을 검토해 보자.

2. 6자회담의 동북아시아 다자안보에 대한 긍정적 요인

(1) 북한요인에 대한 해소

동북아시아 다자안보와 관련하여 핵심 불안(부정적)요소는 북한이 다자안보에 소극적인 점과, 다른 국가, 특히 미국이 북한을 평등한 당사자로 참여시킬 것인가의 문제였다. 그러나 북한이 6자회담을 결국 수용함으로써 북한 문제가 다자틀에서 다뤄지는 것에 대한 거부감이 완화되었다. 북한은 다자적 틀이 반드시 자신들에게 불리한 것만은 아니라는 점을 학습했다. 한편, 9·19공동성명 전문에서 상호존중과 평등정신이란 표현을 사용함으로써 미국이 북한을 주권국가로 인정하였음을 함축하였다. 요컨대, 북한이 다자틀에 대한 거부감이 약화되었다는 점과 미국이 북한을 다자안보 파트너로 인정했다는 점은 동북아시아 다자안보에 긍정적인 효과를 줄 것이다.

(2) 다자협력의 경험과 학습효과

그동안 동북아시아 다자안보의 저발전 이유 중의 하나로 이 지역에서 다자협력의 경험이 부재하다는 것이 지적되었다. 그런데 6자회담은 다른 이해관계를 가진 여러 나라가 공통의 목표를 설정하고 달성을 위해 협력, 타협, 양보 등을 학습한 중요한 경험이 되었다. 이러한 경험은 향후 다자안보 협력체 형성에 긍정적 요소로 작용할 것이다.

(3) 다자안보의 공급 측면의 요인 – 6자회담에서 다자안보에 대한 국가들의 입장 표명

다자안보레짐이 공급되기 위해서는 무엇보다 참여대상국들이 다자안보에 대한 의지를 갖는 것이 중요하다. 그런데 6개 국가들은 6자회담 진행과정에서 다자안보에 대한 긍정적인 언급들을 내놓았다. 그리고 그것이 9·19공동성명 제4항에 규정되었다. 그동안 특히 일본과 미국의 입장이 소극적인 것으로 분석되었다. 그러나 21세기 들어 일본은 동맹과 다자안보의 병행론 기조하에 동북아시아 다자안보협력에 긍정적인 입장을 취하고 있다. 또한, 미국 역시 클린턴 행정부 시기부터 지속적으로 동맹안보의 보완 차원에서 다자안보를 지향해 오고 있다. 2001년 부시 행정부 들어서 다자주의보다는 일방주의를 선호하는 듯한 인상을 주었으나, 최근 미국 고위급 관리들이 6자회담을 다자안보틀로 전환할 뜻을 밝히고 있다. 이는 두 가지 요인 때문인데, 하나는 북핵문제를 지속적으로 6자회담의 틀에서 관리를 해나가야 할 필요성 때문이다. 이행에 대한 부담을 줄이고 이행을 보장하기 위해서도 6자회담의 틀을 유지해 나가고자 한다. 또한, 최근 중국의 부상과 영향력 강화라는 동북아시아 질서의 변화도 미국이 다자안보에 적극성을 띠게 하는 요인이 되고 있다. 미국 국무부를 중심으로 중국 봉쇄보다는 중국의 힘과 영향력을 유지하고 중국과 협력을 통해 동북아시아 질서를 안정화해 나가야 한다는 주장이 힘을 얻고 있다. 결국 6자회담은 동북아시아 국가들에게 다자안보에 대한 공약과 의지를 표명하고 필요성을 인식하게 한 계기가 되어 동북아시아 다자안보 형성에 긍정적인 역할을 하고 있다.

> **참고** 19세기 회의외교와 21세기 6자회담 비교
>
> 1. **국제구조**
> 힘의 배분 차원에서 정의되는 구조적 관점에서 양자를 비교하면, 당시 유럽과 현 동북아시아 체제는 모두 패권국이 존재한다는 점에서 유사하다. 즉, 당시는 나폴레옹전쟁 이후 영국이 패권으

로 상승한 시기였다면, 현재는 냉전에서 승리한 미국이 패권국으로 자리 잡고 있는 시기이다. 회의외교와 6자회담 모두 패권안정론적 관점에서 그 형성을 설명할 수 있는 가능성이 여기서 발견된다.

2. 주요 행위자
회의외교에는 당시의 약소국들 또는 문제의 당사국들은 배제되었으나, 6자회담에는 문제의 핵심 당사국인 북한이 포함되어 있는 점이 다르다. 예컨대, 1820년대 민족주의 운동을 억압함에 있어서 이탈리아 등 관련국가들은 회의에 참석시키지 않았고, 벨기에 독립 때에도 당사국인 벨기에는 회의에 참석시키지 않고 철저하게 강대국 중심으로 문제를 풀어 나갔다. 반면, 북핵 6자회담에는 북한이 포함되어 있다. 한편, 당시에는 오스트리아, 현재는 중국이라는 중재국이 존재한다는 점이 유사하다.

3. 회의의 성격
회의외교와 6자회담은 강대국의 이해관계를 약소국들에게 강요 내지는 부과하려는 성격을 갖는다는 점에서 유사하다. 회의외교는 민족주의 억압과 빈체제의 국경선 및 정통왕조 유지, 식민지 분할 등 강대국의 이해관계를 조정하는 메커니즘이었고, 6자회담 역시 동북아시아의 약소국인 북한의 비핵화를 주요 핵 강국들인 미국, 러시아, 중국이 공동으로 강요하고 있다는 점에서 유사하다.

4. 이슈
회의외교는 애초에 프랑스 재흥 방지를 주요 의제로 삼았으나, 엑스라샤펠회의 이후에는 점차 확대되어 갔다. 즉, 유럽전역의 자유주의 운동 제압, 발칸에서의 현상 유지, 유럽 이외의 지역에서의 식민지 조정 등이 의제가 되었다. 반면, 6자회담은 2003년부터 지금까지 지속적으로 북핵문제를 주요 의제로 삼고 있다. 다만, 6자회담이 동북아시아 다자안보 포럼으로 전환되어 의제가 확대될 가능성도 있다.

5. 제도화
회의외교는 1815년 4국동맹 조약 제6조에서 규정되어 정기적 회합이 보장되어 있었다. 그러나 6자회담은 국가들이 합의를 통해 다음 회담 일시를 정하는 등 제도화되어 있지 못하다. 따라서 6자회담은 지속성과 안정성을 보장하기 어렵다.

6. 평가
회의외교와 6자회담은 패권의 존재, 중재국의 존재, 강대국들의 공동의 이해에 기초하는 점 등은 유사하나, 이슈의 포괄성, 문제 당사국의 참여 여부, 제도화와 지속성 등에 있어서는 차이가 있다.

참고 2·13합의

1. 의의
2007년 2월 8일부터 13일까지 베이징에서 개최되었던 제5차 6자회담 제3단계 회담에서 참여국들은 9·19공동성명 이행을 위한 '초기조치'를 '행동 대 행동' 원칙에 따라 '병렬적으로' 취하기로 합의하였다. 2006년 하반기는 북한의 미사일 발사 실험, 안전보장이사회의 대북 경제제재 조치, 북한의 핵실험으로 한반도에서 긴장도가 최고조에 달하는 시기였으나, 2007년에 들어 북미양자회담을 통해 BDA문제 해결, 북한의 핵폐기 등이 극적으로 합의되면서 '초기이행조치'에 합의하기에 이르렀다. '2·13합의'에 대해 관련당사국들이 진지하게 이행해 나가는 경우 한반도와 동북아시아는 탈냉전체제로의 급격한 진전을 보게 될 것이라는 점에서 중요한 분수령이 되고 있다. 그러나 미국의 대외전략 기조가 패권의 공고화라면 북핵문제가 해결될지라도 동북아시아에 탈냉전적 질서가 형성될 것인지는 의문이다. '2·13합의'를 도출하게 된 주요 배경을 고찰하고, 그 내용, 쟁점, 전망 등에 대해 차례대로 검토해 보자.

2. 배경

(1) 미국변수

북핵문제와 6자회담에서 지속과 정체를 결정하는 변수는 미국변수이다. 2·13합의 역시 미국변수가 결정적인 역할을 하였다. 부시 행정부는 불량국가와는 대화할 수 없으며, 북한이 먼저 CIVD방식으로 핵폐기를 해야 체제보장과 경제제재를 해제할 수 있다고 밝혀왔으나, 북한과 양자회담에 응함으로써 북한을 대화상대로 인정하는 한편, 행동 대 행동 원칙에 합의함으로써 스스로 그 원칙을 무너뜨렸다. 미국이 자신의 원칙을 양보하면서도 북핵문제 해결에 적극적으로 나선 이유는 무엇인가? '정권안보'에 대한 고려가 가장 큰 이유다. 부시 행정부는 당시 3대 외교정책적 난제에 직면하고 있었으며, 그로 인해 지지도가 전반적으로 하락하고 결국 중간선거에서 패배하였다. 3대 난제란 이라크 전쟁의 장기화와 실패가능성, 이란의 핵개발 의지 강화 및 북한의 핵보유를 말한다. 부시 행정부가 이들 문제를 해결하고 2년여 후의 정권 재창출에 성공하기 위해서는 다루기가 비교적 쉬운 북핵문제를 해결함으로써 지지도의 반전을 꾀했던 것이다. 미국은 '2·13합의'를 통해 북한이 핵문제를 더 악화시키거나 핵물질을 확산시키는 것을 저지하고, 가시적 성과를 냄으로써 여론을 반전시키는 한편, 이란 핵문제에 힘을 집중시킬 수 있는 긍정적 효과를 기대했을 것이다.

(2) 북한변수

북한은 미국과의 협상을 통해 체제보장과 에너지 지원 등을 얻는 대신 핵폐기를 추진해왔으나, 미국이 이에 응하지 않자 또 다시 '벼랑끝전술'을 구사하였다. 2006년 9월과 10월에 미사일 발사와 핵실험을 강행함으로써 핵보유의 의지와 사실을 명확하게 보여주었다. 그러나 북한의 강경전략은 국제적 고립과 이로 인한 경제적 곤경을 초래하였다. 따라서 북한 역시 이러한 고립과 경제적 어려움을 타개할 목적으로 합의에 응한 것이다.

3. 주요 내용

(1) 북핵문제

북핵문제와 관련해서는 60일 이내에 핵시설을 폐쇄 및 봉인하고 IAEA 요원을 복귀시키며, 모든 핵프로그램의 목록 작성을 위한 협의를 시작한다. 60일 이내에 중유 5만 톤 상당의 긴급 에너지를 지원한다.

(2) 관계정상화

미국 및 일본은 60일 이내에 북한과 관계정상화를 위한 양자 대화를 개시한다. 미국 측은 테러지원국 목록에서 북한을 삭제하고, 적성국 교역법 적용 종료 과정을 개시한다.

(3) 대북지원

북한이 모든 핵계획을 완전 신고하고 모든 현존하는 핵시설을 불능화(disablement)하는 기간 중에 중유 95만톤을 지원한다. 지원부담은 한국, 미국, 중국, 러시아가 균등 및 형평의 원칙에 따라 분담한다.

(4) 실무회의 등

6자회담 내에서 5개 실무그룹을 30일 이내에 구성한다. 실무그룹은 한반도 비핵화, 미·북 관계정상화, 일·북 관계정상화, 경제·에너지 협력, 동북아시아 평화·안보체제를 각각 다룬다. 초기단계 조치 이행 완료 이후, 6자 장관급 회담 개최한다. 또한, 직접 관련 당사국 간 적절한 별도 포럼에서 한반도 평화체제 협상을 개시한다.

참고 미국의 대북정책과 2·13합의

1. 문제 제기

제2단계 5차 6자회담(2006.12.18 ~ 22)까지만 해도 전망이 보이지 않았던 회담이 돌파구를 찾은 것은 북미 베를린 회동이 결정적인 계기였으며, 미국은 이 회동을 전격 제안함으로써 협상의 물꼬를 텄다. 미국은 2·13합의 이후 '방코델타아시아'(BDA)에 동결된 2500만불의 불법자금을 전액 동결 해제한다고 발표하였고, 제2차 북핵위기의 발단이었던 '고농축우라늄'(HEU) 문제에서도 과거의 엄격한 입장에서 한발 물러서는 모습을 보여주었다. 부시 행정부가 대한반도 및 대북 정책을 전격적으로 변화시킨 이유는 무엇인가? 이러한 변화는 미국의 대외전략과 관련하여 어떻게 평가할 수 있는가? 향후 북핵문제는 어떻게 전개될 것인가?

2. 미국의 북핵정책 변화 배경

(1) 부시 행정부의 대내외적 입지 약화

임기를 2년여 남겨둔 부시 행정부가 처한 대내외 상황이 지난 6년간 견지해 온 북핵정책의 원칙을 일부 바꿔서라도 가시적인 성과를 내야 할 정도로 악화되었다. 이라크 전쟁의 실패, 이스라엘을 둘러싼 중동정세의 불안, 이란의 핵무기 개발 및 북한의 핵보유 등으로 인해서 외교정책의 총체적인 실패라는 비난을 면하기 어려운 처지였다. 따라서 그나마 해결이 용이한 북핵문제에서 기존의 정책을 일부 수정하여 가시적인 성과를 내려한 것이다.

(2) 북한 핵실험

2006년 10월 9일 북한 핵실험 이후 미국은 사태악화를 방지하기 위한 고육지책으로 북미 직접대화를 추진하여 북핵문제를 현 상태에서 봉합하고자 하였다. 북한이 추가 핵실험을 하여 핵보유국 지위를 공고하게 만드는 경우 동북아시아의 핵도미노 현상을 유발할 것을 우려하였다.

(3) 미국의 대북 영향력 증대

2006년 북한의 미사일 발사와 핵실험으로 미국의 대북 영향력이 증대되었는바, 이를 대북 협상의 지렛대로 활용하여 '핵물질의 추가 생산과 확산 방지'라는 제한된 목표를 달성할 수 있다고 판단하였다. 북한의 미사일 발사와 핵실험으로 6자회담 5개국 간 북핵문제 해결을 위한 결속력이 강화되었고, 안전보장이사회결의 1718호에 의한 대북 경제제재가 시작되어 미국의 대북영향력이 증가하였다.

3. 미국의 대북정책 변화의 성격 – 전술적 접근방법의 변화

핵무기를 포함한 북한 핵능력의 완전 폐기라는 전략적 목표에는 변화가 없으나, 이 목표를 달성해 가는 과정에서 구사하는 전술적 차원의 접근방법에서 몇 가지 변화가 있다.

(1) 일부 원칙 양보

우선 부시 행정부 초기부터 유지해 온 몇 가지 원칙을 양보하였다. 즉, '선 핵포기 · 후 보상' 원칙, '북미 양자회담 불가' '금융제재 및 북핵문제 분리' 원칙 등에 있어서 한발 물러섰다.

(2) 핵폐기를 점진적인 과정으로 인식

북핵폐기를 몇 개의 요소로 구성된 과정으로 인식하고, 점진적 · 단계적인 방법을 통해 순차적으로 북한의 핵능력을 제거하고자 한다. 미국은 핵시설 폐쇄 ⇨ 플루토늄 생산 중단 ⇨ HEU 프로그램 폐기 ⇨ 핵무기 해체의 수순을 상정하고 있었다.

4. 미국의 대북 정책 변화의 목표

(1) 북한 핵능력의 동결에 주력

미국은 정책의 최우선 순위를 북한 핵능력의 동결에 두고, 추가 핵실험을 방지하고 플루토늄 보유량을 현 수준으로 묶어 두면서 핵물질 및 핵기술의 해외유출을 막는 데 주력하고자 하였다.

(2) 부시 행정부의 정치적 업적 확보

역사상 최악의 대통령이라는 평가를 받을 수도 있는 다급한 상황에서 북핵문제에서 정책을 전환하여 외교적인 성과를 도모하고자 하였다.

(3) 핵비확산 체제에 대한 손상 최소화

특단의 조치를 취하지 않는 경우 북한이 핵실험을 계속하여 상황을 악화시키는 경우 이란 핵문제 뿐만 아니라 범세계적인 비확산 체제에도 부정적인 영향을 미칠 수도 있다고 판단하고, 북핵문제를 봉합하는 쪽으로 정책을 전환하였다.

5. 2 · 13합의 관련 주요 현안별 미국의 입장

(1) 종전선언과 평화협정

부시 행정부는 '선 비핵화 실현 · 후 평화체제 구축'이라는 기본 전제하에, 비핵화 과정에서 평화체제 구축을 위한 프로세스를 가동하는 것이 비핵화 실현에 도움이 될 것이라는 생각을 갖고 있었다. 이는 핵문제 하나만 해결하려는 협상방식으로는 비핵화를 달성할 수 없다는 인식하에, '포괄적 협상방식(Broader Approach)'을 추진하고자 한다는 것이다. 다만, 평화체제 구축에 대한 부시 행정부의 입장은 비핵화 실현을 촉진하는 하나의 수단으로써 평화체제 구축 논의를 시작할 수 있다는 의사표명 수준 이상은 아니라는 점에 유의해야 한다.

(2) 비핵화와 북미수교의 상관관계

'선 비핵화 실현 · 후 북미수교'라는 기본 구도 속에서 양국 간 현안을 해결하고 최종적으로 평화협정을 체결하는 것이 부시 행정부 내의 지배적인 견해였다.

(3) 고농축 우라늄 문제

부시 행정부는 북한이 '2·13합의' 이행 과정에서 HEU 프로그램을 철저하게 신고해야 한다는 확고한 입장을 갖고 있었다. 부시 행정부는 2002년 10월 이후 북한이 HEU 활동을 지속하고 있다는 추가 증거가 확보되지 않은 점을 고려하여 북한의 HEU 프로그램이 가동 중지 상태에 있는 것으로 추정하였다. 2·13합의 이행 과정에서 북한이 신고한 내용과 미국이 확보한 정보 사이에 큰 차이가 없는 경우 문제시 되지 않을 것이나, 큰 차이가 있는 경우 북핵협상이 파국을 맞을 가능성도 있었다.

제3절 동아시아 해군 군비경쟁

I 서론

1990년대 초반 이후 범세계적 냉전 종식에도 불구하고 군사력 증강이 지속되던 동아시아는 2000년대 중후반에 들어서도 특히 해군력 분야에서 군사력 증강이 지속되고 있다. 중국의 경우 2001년부터 2008년까지 지속적으로 15% 이상의 연평균 증가율을 기록 중이며, 아세안, 인도, 호주 등도 세계적 평균 수치를 넘는 7% 이상을 기록하고 있다. 역내 주요국의 군사비 지출 증가와 함께 최근 동아시아 지역이 군함을 포함한 첨단 재래식 무기의 최대 수요처로 부각되고 있는 점 역시 역내 해군력 증강의 중요한 지표가 되고 있다. 동아시아 지역은 중동 다음으로 재래식 무기 분야에 있어서 거대시장이며(2000~2007년간 총 670억 달러 수입), 2003~2007년을 기준한 세계 10대 무기수입국 중 중국, 인도 등 아시아 지역 국가가 4개국이나 포함되어 있다. 러시아의 경우 2000~2007년간 전체 무기 수출의 75% 이상을 동아시아 지역 국가들에게 집중하였으며, 미국도 같은 기간 해외 무기 수출의 3분의 1 이상을 동아시아 지역에 판매하였다. 이러한 과도한 군사비 지출 양상은 역내 해군군비경쟁(naval arms race) 논쟁을 야기하고 있으며, 이는 단순한 무기 현대화 수준을 넘어 지역안보에 영향을 미칠 수 있는 우려할 만한 수준이다.

II 동아시아 해군력 증강의 현황과 특징

1. 잠수함 세력의 확대

중국을 필두로 은밀성을 지닌 공격용 무기인 잠수함 세력이 확대일로에 있다. 중국은 주로 러시아로부터 디젤-전기 잠수함을 구입하고 자체적 건조능력을 보유하는 한편, 진급 핵추진 잠수함을 추가 획득하였다. AIP 기능을 갖춘 중국의 신형 잠수함은 활동영역 확대 및 잠수함 기지를 통한 활동지원에 이용된다. 기타 역내국(일본, 인도 및 동남아 국가들)들도 신형 AIP 잠수함 획득을 계획 혹은 건조 중이며 인도는 핵잠수함을 진수한 바 있다.

2. 항공모함 보유 추구

대형함정의 상징인 항공모함의 경우 중국은 대국으로서 필수적인 것으로 인식하고 있으며, 일본 역시 초대형 구축함 및 대형 호위함을 건조계획 중이고, 인도 역시 자체건조의 계획을 밝혔으며 이미 3척을 보유한 것으로 보인다. 항공모함 보유 추진의 주된 이유는 해양에서 대규모 장거리 및 장기 작전을 가능케 할 뿐만 아니라 자국의 국력 및 군사력 성장을 과시하는 정치적 상징이 되기 때문이다.

3. 원정 및 힘의 투사용 무기 강화

과거 해군력은 연안방어 위주였으나 최근에는 장거리 원정작전과 힘의 투사 또는 상륙작전을 염두에 둔 체계를 강화하고 있다. 이러한 유형의 해군 무기체계는 과거에 볼 수 없었던 새로운 유형의 무기체계들로써 일부 국가들의 대형 수송함 및 최신형 구축함 보유는 해군력에 대한 새로운 역할과 임무 부여를 반영하고 있다.

4. 해상 감시정찰 능력의 증대

주로 C4IRS 능력 개선에 집중된 이러한 노력은 조기경보통제기 보유 계획 등으로 두드러지게 나타난다. 일본의 경우 이미 4척의 이지스 구축함을 보유하고 감시요격체계를 구축하려는 노력 또한 이루어지고 있다.

Ⅲ 해군력 증강의 전략적 함의

1. 역내국의 해양 중요성 인식 반영

역내 주요국들의 해군력 증강은 역내 해양분쟁에 대비한 군사대응태세 강화, EEZ 도입에 따른 해양자원 보호, 해상교통로 확보를 통한 원유 등 전략교역물자 원활수송 확보 등을 반영한다. 동아시아 역내국들의 해양의존도는 타지역에 비해 매우 높은 편으로 해상교통로 보호 필요성을 적극적으로 인식하고 있다. 한편 도서영유권 분쟁이 상존하는 동아시아에서 해양의 중요성은 더욱 중요해지며, 그 결과 에너지 문제 – 해군력 증강 – 불안감 조성이라는 죽음의 3각관계가 형성·발전되고 있다.

2. 해양안보 불안정성의 증대

역내 해군력 증강은 해양에서의 군사활동 확대뿐만 아니라 군사적으로 이용되는 함정의 절대수를 증가시켜 군사적 대치 및 조우 가능성을 높임으로써 해양안보 환경의 불안정성을 증대시킨다. 특히 최근의 신형 구축함과 잠수함은 유사 시 무력시위 및 선제공격에 이용될 수 있으며, 동아시아 역내 독특한 안보환경으로 인해 해양은 항상 총성의 진원지가 될 수 있다.

3. 중국의 공세적 전략 노정

중국은 '대양해군' 건설을 목표로 2000년대 중반 이후 잠수함 확장 및 항공모함 건조 의사를 공식화하고 있으며, 이는 단기적으로 대만과의 무력충돌 시 미국의 개입 가능성 차단이 목적이나 궁극적으로는 국제사회에서 중국의 발언권과 위상을 높이려는 국가전략과 맞물려 있다. 또한 해군운용을 통한 국제적 위상과 발언권 확대 및 해외항만 및 보급기지 확보에 중점을 두고 스리랑카 남부에 항구건설을 지원하고 파키스탄 남서부 과다르 항의 개선 사업을 원조하고 있다. 또한 중국 해군의 소말리아 해역에서의 해적퇴치 작전도 상기 목적으로 해석 가능하다. 아울러 2009년 3월 남중국해 하이난섬 부근 EEZ에서 미국 해군 조사선을 방해한 사건 역시 이러한 공세적 성격을 드러낸다.

4. 역내 해양 신뢰구축조치의 필요성 제기

대다수 지역 국가들에 의한 해군력 증강 추세는 역내 해양에서의 군사적 대결 심화와 무력충돌 가능성의 증대 등 부정적인 시사점이 대체적이나 긍정적 부수효과, 예를 들면 해양신뢰구축조치 도입 및 함정 간 상호방문, 공동훈련 등과 같은 조치는 국가 간 상호이해 및 지역안정에 기여한다. 또한 WMD 및 테러활동 억제에 기여하며 해양재난 구조능력 및 탐색력 증대에 공헌할 수 있다.

Ⅳ 결론 - 전망 및 한국의 대외전략적 함의

1. 전망

동아시아는 지정학적으로 해양으로 둘러싸여 있는데다 역내국들의 해양의존도 및 중요성 증대로 각국의 해군력 증강 추세는 계속될 것으로보인다. 특히 중국은 국가적 목표로 대양해군을 지향하여 이른바 '안보딜레마'를 제공하게 될 것으로 보인다. 이는 기존 해양강대국과의 이해 충돌을 불가피하게 할 것이다. 특히 미국은 이미 임페커블호 사건을 계기로 중국의 EEZ 정책을 문제삼기 시작했다. 한편 중국은 병참 및 항만시설 지원을 통한 원양운용능력 증대를 꾀하며, 이는 미국과의 인도양에서의 우위권 확보를 둘러싼 충돌로 이어질 수 있다.

2. 한국의 대외전략적 함의

우리나라는 3면이 바다로 둘러싸인 지정학적 여건에서 해양에 대한 중요성을 감안하여 역내 해양안보 환경 변화에 대응할 수 있는 적정한 해군력을 유지하고 동맹국과의 협력을 강화할 필요가 있다. 이를 위하여 해군함정 건조에 10년 이상이 소요되는 점을 감안하여 치밀한 계획을 수립해야 하며 제주 해군기지 건설 역시 이러한 맥락에서 바라보아야 한다. 한편 해양 관련 지역 신뢰구축조치 모색을 주도하여 해양안보환경의 안정성을 증대시켜야 한다. 함정 간 상호방문, 해상재난탐색 및 구조 공동훈련, 잠수함 금지구역 설정 등 다자안보 협의체에서 이러한 의제를 제기할 수 있을 것이다. 나아가 포괄안보 개념에 따른 해양문제 접근이 필요하다. 해양의존도가 매우 높은 우리나라로서는 해양 문제 영향의 파급성을 재인식하여 북핵문제에만 매몰될 것이 아니라 소말리아 해역 파견을 통한 해양문제 인식 제고 사례와 같이 한반도 주변 및 이원의 해양 문제에 지대한 관심을 갖는 것이 필요하다.

제4절 미중경쟁시대 동북아 안보

I 서설

동북아시아에서의 만성적 양자 갈등에 더해 최근 북한의 핵무장과 미중 경쟁의 심화로 진영화 현상까지 더해져 동북아시아의 평화와 번영이 위협받고 한국의 국익도 훼손되고 있다. 이에 한국은 탈냉전기 들어 역내에서 지속적으로 역내 지역협력과 안보대화의 필요성을 제기해왔다. 예를 들면 2008년 한중일 삼국 정상회의를 개최했고, 2011년 서울에 한중일 삼국협력사무국(TCS)을 유치했으며, 2014년부터 연례적으로 동북아시아 평화협력포럼을 개최하고 있다. 문재인 정부는 최근 미중 경쟁이 더욱 치열해지면서 미중 양측으로부터 선택의 압박이 더욱 강해지자, 대응전략의 하나로서 지역 평화협력을 더욱 강조하고 있다.

II 동북아시아 안보협력 저발전 요인

1. 구조적 배경 요인의 부재

대부분 다른 지역에서 지역안보협력을 가능하게 했던 구조적 배경 요인인 공통의 외부적 안보위협(적)의 존재, 지역 공통의 역사적 경험의 공유(식민지 경험, 제국주의 피해 등), 역내 경쟁과 전쟁으로 인한 공멸의 위험성 등이 동북아시아지역에는 부재하여, 지역안보협력을 위한 강한 추동력이 발생하지 않았다. 오히려 내부 경쟁적 요소가 현저히 우세하고, 역외국인 미국이 지역정치에 큰 영향력을 행사하는 등 지역안보협력의 동력이 창출되지 못하는 실정이다.

2. 강력한 민족주의적 경향

동북아시아의 한 지리적 공간에서 1,500년 이상 존재했던 한중일의 국가체제 및 상호 경쟁관계의 경험으로 인한 강력한 전통적 국가주의적, 민족주의적 성향이 지역 안보협력에 장애가 되고 있다. 역내에서 중일 간 전통적 경쟁구도, 일본의 침략과 점령에 대한 한국의 기억, 한국과 일본의 중국 패권 부상에 대한 공포, 상호 문화적 멸시 등이 상호 동등한 지위에서 지역 안보협력을 추구하는 데 장애요인이 되고 있다. 또한 국가 주도의 강력한 국가주의와 민족주의 전통은 지역 공통의 공동 안보와 포괄 안보를 외면하게 만들었고, 자생적인 개인과 시민사회, 지자체의 지역협력 운동마저 저해하는 결과를 초래했다.

3. 양자적 갈등구조

제2차 세계대전의 전후 처리과정에서 남북이 분단된 데에 더해, 미국이 주도한 샌프란시스코체제가 전후 처리를 불완전하게 함으로써 역내 국가들이 주권게임의 함정에 빠져 양자적 갈등이 만성화되는 결과를 초래했고, 이런 갈등구조가 지역안보협력에 큰 장애가 되고 있다. 미국이 한국 및 일본과 동맹을 체결하여 동북아시아에서 Hub

& Spoke 안보체제를 견고히 한 결과 역내에 군사적 갈등과 안보를 동시에 제공하였고, 이런 안보구도가 역내에서 안보문제를 해결하기 위한 별도의 지역안보협력 필요성을 무력화시키는 결과를 초래했다. 미국은 역내에서 지역안보협력 요구가 분출할 때 동참을 고려하면서 이를 견제하여 왔다.

4. 비전과 리더십의 부재

다른 지역에서도 역내 경쟁과 갈등의 역사적 유산이 있었지만 지역협력의 비전과 리더십으로 이를 극복했다는 점을 감안할 때, 동북아시아에서 아직 지역주민의 공감대를 얻을 수 있는 강력한 비전과 리더십이 부재했다는 점도 지역협력 부재의 요인으로 들 수 있다. 동북아시아국들이 종종 지역협력과 통합의 기치를 내걸기도 했지만 진정으로 평화공존과 공영과 지역주민들의 안녕을 위한 것이 아니라, 자신의 세력 확장과 역내 패권적 위상을 강화하는 차원에서 제기되어 오히려 역내의 분열과 갈등을 조장하는 결과를 초래했다.

Ⅲ 동북아시아 지역 평화협력의 필요성

1. 역내의 만성적 양자 갈등의 악순환 구조

샌프란시스코체제가 전후 처리를 불완전하게 봉합함으로써 대다수 역내국들은 단기간 내 해결되기 어려운 영토 분쟁, 역사 분쟁, 분단, 독립, 과거사 치유 등과 같은 매우 민감한 정치안보적 갈등에서 벗어나지 못하고 있다. 대다수 동북아시아국들은 불완전한 주권의 비정상 상태에서 벗어나 영토통일, 영토분쟁종결, 과거사 정리, 보통국가화 등을 통해 정상적인 국가가 되려는 강력한 욕망을 갖고 있다. 하지만 현실적으로 전쟁을 동반하지 않고서는 현상변경이 불가능하여 앞으로도 장기간 갈등적 요소를 내포한 비정상적인 상태가 지속될 가능성이 높다.

2. 미중 경쟁으로 인한 역내 진영화 추세

21세기 들어 저명한 국제정치 이론가와 역사가들이 미중 충돌과 제3차 세계대전 발발을 예견하고 동아시아와 서태평양을 전쟁터로 지목한바, 그러한 지정학적 단층선상에 놓인 한국과 동북아시아국가들은 전쟁의 위험에서 벗어나기 위해 미중 경쟁을 완화시켜야 하는 역사적 과제를 안게 되었다. 미중 경쟁이 점차 영합적 패권경쟁의 양상을 띰에 따라, 일방에 동조하는 중소국·중견국들은 타방으로부터 정치·안보·경제적으로 감당하기 어려운 보복을 받을 가능성이 커졌다.

3. 코로나19 팬데믹 이후 동북아시아국의 각자도생 추세

코로나19 이후 동북아시아국가들의 민족주의·국가주의·각자도생 추세가 더욱 심화되었다. 만성적인 한일, 중일 갈등은 21세기 들어 더욱 악화되는 추세여서, 동북아시아 평화번영과 지역협력에 주요 장애요인이 되고 있다. 2021년 출범한 바이든 행정부는 트럼프 전 대통령의 미국제일주의를 부정하고 국제적 리더십의 회복을 약속했지만, 코로나19 팬데믹 지속, 내부 정치양극화와 인종 문제, 경제위기 등으로 인해 국제적 리더십을 회복하기 위한 내부 지지와 역량을 확보하기 어려운 실정이다.

Ⅳ 동북아시아 평화협력 활성화 전략

1. 한반도 평화체제와 동북아시아 평화협력의 연계 추진

한국에게 최대 안보 위협 요인이 북한 핵문제와 군사적 대치문제를 해결하기 위한 정책적 수단으로 지역적 접근을 적극 활용해야 한다. 한미 정부는 지난 30년 간 북한과 남북대화와 북미대화를 꾸준히 추진했음에도 불구하고, 남북 분단 및 북미 적대 관계의 본질상 신뢰구축이 거의 불가능했고, 작은 사건사고에도 대화와 합의체제가 훼손되거나 더욱 후퇴하는 것이 현실이다. 따라서 매우 불안정하고 정치적인 양자관계에 전적으로 의존하기보다는 안정적이고 지속성이 높은 지역적 접근법으로 보완한다면, 북미 및 남북관계에서 완충의 효과가 있을 것이다. 과거 6자회담에서 '동북아시아 안보협력체제'를 모색했던 것도 불안정성이 높은 남북 및 북미의 양자관계를 지역적 접근으로 보완한다는 취지가 있었다. 따라서 한미 정부가 한반도 비핵화 로드맵을 작성할 때, '한반도 평화체제 구축'에 더하여 '동북아시아 평화체제 구축' 차원을 포함해야 할 것이다.

2. 한중일 삼국 협력사무국(TCS)의 역량 강화 및 활성화

이미 설치된 한중일 삼국 협력체제를 동북아시아 평화협력 증대의 핵심 축으로 활용하기 위해, TCS 역량을 강화시키고 평화협력을 위한 지역사업 활성화를 해야 할 것이다. 첫째, 동북아시아의 강한 국가주의적·민족주의적 전통을 감안할 때, 지역협력을 진전시키기 위해 국가의 주도적 역할이 불가피하므로 이를 위해 한중일 정상회의와 외교장관회의를 정례적으로 개최하여 지역협력과 평화협력의 대원칙을 반복적으로 재확인하고 전파해야 할 것이다. 둘째, 2011년 서울에서 설립된 한중일 삼국 협력사무국(TCS)은 동북아시아에서 유일한 정부 간 지역협력기구인데 아직 잠재력을 충분히 발휘하지 못하고 있어, 이를 활성화하기 위한 삼국의 추가 노력이 필요하다.

3. '동북아시아 평화협력포럼'을 지역협력 플랫폼 및 연구 허브로 발전

문재인 정부는 100대 국정과제인 '동북아시아플러스 책임공동체 형성'의 세부 실천과제의 하나로서 '동북아시아 평화협력 플랫폼'을 추진하고 있다. 동 플랫폼 과제의 목표로 역내 평화와 협력을 위해 관련 이해당사자들이 자유롭게 모여 다양한 협력 의제를 논의하는 장을 만들고, 국가 간 이견과 갈등을 다룰 다자협력체제를 구축하고, 대화와 협력의 관행을 지속적으로 축적함으로써 대립과 갈등의 구도를 대화와 협력의 질서로 전환시키며, 초국가적 위협(전염병, 테러, 자연재난, 사이버범죄 등)에 대해 지역적으로 공동 대처하며, 지역협력을 통해 줄어든 안보 비용을 경제에 투자하여 공동번영을 추구하고자 한다. 동 플랫폼은 한국, 중국, 일본, 미국, 러시아, 몽골 등 동북아시아지역국과 협력을 우선 추구하고, 호주, 뉴질랜드, UN, EU, OSCE, ASEAN, NATO 등 동북아시아 평화협력에 관심과 의지가 있는 국가, 국제기구, 지역기구 등과도 파트너십을 확대하고자 한다. 이를 위해 매년 정부 간 협의회 및 학술포럼을 개최하고, 동 회의체의 점진적 제도화를 추진하며, 정부 간 협력과 민간 협력을 병행함으로써 협력의 저변을 확대하고자 한다.

4. 동북아시아 평화협력의 시범 사업 추진

한국 정부가 제안했거나 역내국과 주민들의 관심이 높은 소수의 사업을 중심으로 평화협력 시범사업을 추진토록 한다. 첫째, '동아시아 철도공동체' 구상은 2018년 광복절 경축사에서 문재인 대통령이 '신북방경제협력' 사업구상의 하나로 제안했는데, 성사되면 북한을 개방시키는 정치적 효과가 있으나, 현실적으로 북한 때문에 동아시아 철도망 사업이 단기간 내 실현되기 어려울 전망이다. 둘째, 2020년 9월 코로나19 대유행 속에서 열린 UN 총회에서 문재인 대통령은 '동북아시아 방역, 보건 협력체'를 제안했고, 동 제안에 따라 같은 해 12월 한국, 미국, 중국, 러시아, 몽골 5개국 외교·보건 과장급 당국자와 민간 전문가 등이 참석한 첫 국제회의가 열렸다.

V 동북아시아정세 안정을 위한 한국의 전략 방향

1. 한국의 '동북아시아 평화협력' 국익에 대한 인식 재정립

정부와 학계에서 정책적 초점은 북한과 주변 4국과 양자관계에 집중되어 있고, 동북아시아지역 및 지역주의에 대한 관심도는 낮은 실정이므로, 동북아시아 평화협력이 왜 중요한지, 우리 국익에 어떤 영향을 미치는지에 대한 인식을 재정립하고, 한국의 '동북아시아적 국익'을 재정의해야 할 것이다. 한반도 문제의 경우 주변국과 북한은 대체로 한반도와 역내의 현상 유지 및 세력균형을 목표로 역내 모든 양자관계와 다자관계를 유기적·종합적으로 접근하고 활용하고 있는데 한국도 한반도 문제에 효과적으로 대응하기 위해서는 양자적 접근을 넘어 지역적 접근법이 필수적이다. 특히 한국은 강대국 사이에 끼어있는 데다가 높은 경제적 대외의존도로 인해, 동북아시아국 누구보다 역내의 군사외교적·경제통상적 갈등에 크게 노출되어 있어 국가생존과 국민복지의 차원에서 역내의 평화협력이 절실하므로, 지역협력정책에 대한 국민합의를 조성해야 할 것이다.

2. 동북아시아 평화협력포럼의 활성화와 지속적 보장

한국의 동북아시아지역협력정책의 상징적인 대표적 성과물로 동북아시아 평화협력포럼이 있지만 정부와 정책공동체의 낮은 관심으로 인해 성과물의 축적이 미미하므로, 이를 활성화하여 동북아시아의 대표적인 지역협력대화 또는 다자안보대화로 발전시킬 것을 제기한다. 동북아시아 평화협력포럼의 플랫폼화를 위해 국립외교원의 인터넷 홈페이지 내 동북아시아 평화협력포럼의 미니 홈페이지를 개설하여, 각종 지역협력에 대한 연구물 및 협력사업의 정보교류를 하며 국립외교원 외교안보연구소에 동북아시아 연구센터를 설치하여, TCS에 동북아시아 협력센터로 등록하고, 국내 지역협력 연구기관 및 동북아시아지역협력 연구자 네트워크의 허브 기능 수행을 한다. 이외에도 동북아시아 방역보건 공동체, 철도 공동체, 재난재해 공동체 등의 정보교류, 동북아시아 평화협력포럼 개최시 부대행사로 학회, NGO, 지자체가 참여하는 협력대화 및 협력사업 전시회 개최, 동북아시아 정치인, 청년들이 참가하는 회의를 개최한다.

3. 동북아시아 평화협력을 위한 인식공동체 구축과 공동안보, 포괄안보의 신안보 개념 도입

동북아시아에서 아직 지역갈등과 불신이 만연한 상태에서 지역협력을 지속적으로 주창하고 실행하기 위해 이론과 담론이 먼저 개발·확산되어 공감을 얻어야 하는데, 이를 위한 학계, 정치인, NGO의 선도적 역할이 필수적이다. 또한 동북아시아에서 강대국 정치, 군사안보, 세력 경쟁, 세력균형 등과 같은 강대국 중심의 현실주의적, 국가주의적 담론이 지배적이고 타 지역에서 지역협력과 집단안보를 가능하게 했던 공동안보, 포괄안보, 협력안보, 인간안보와 같은 신안보 개념이 미발달하여 이에 대한 관심과 연구가 필요하다.

제5절 동북아시아 다자안보

I 서론

명확하게 그어져 있는 국경을 기반으로 형성된 민족국가들(nation-state) 간 병존체제로서 국제정치체제에서 개별 국가들의 생존(survival) 또는 안보(security)의 확보는 최우선적으로 중요한 문제이다. 따라서 국제정치학의 일차적 관심사도 국가들 간 안보 또는 전쟁과 평화의 문제였다. 역사적으로 보면 안보의 목표와 달성방법은 변천해 오고 있다. 목표측면에서는 국가의 안보를 넘어서 인간안보로 확대되고 있다. 또한 달성방법 측면에서도 세력균형과 동맹 또는 군비증강에 기초한 일방적이고 현실주의적 방법의 한계를 인식하고, 집단안보, 집단적 자위, 공동안보, 협력안보, 다자안보 등 다양한 방법들을 발전시키고 있다. 최근에는 구성주의적 안보개념도 발달하고 있다. 그러나 이렇게 발달된 안보개념들은 주로 유럽지역에 적용될 뿐, 동북아시아 국가들은 동맹안보 및 현실주의적 안보를 확대재생산하고 있을 따름이다. 다자안보 개념과 동북아시아에의 적용가능성 및 과제에 대해 논의해 보자.

II 다자안보

1. 다자안보의 개념

안보와 다자주의의 개념을 결합하면, 다자안보의 개념이 도출된다. 즉, 다자안보는 국가의 독립 및 영토 보전이나 개인의 안위 등에 대한 위협을 제거하기 위해 셋 이상의 국가들이 사전에 합의된 원칙에 따라 안보문제를 상호 조정해 나가는 방식으로 정의할 수 있다.

2. 다자안보와 구별되는 안보개념

(1) 집단안보(collective security)

1919년 베르사유조약에서 최초로 등장한 집단안보는 국가안보를 위한 사후적 수단으로서, 무력을 수반한다. 반면, 다자안보는 인간안보를 지향할 수도 있고, 사전예방적이며, 대화를 통한 신뢰구축을 주요 수단으로 한다.

(2) 협력안보(cooperative security)

다자안보의 주요 내용은 협력안보와 상당부분 중첩된다. 즉, 다자안보와 협력안보는 모두 적대국 상호간 안보딜레마를 제거하는 것을 목표로 하고, 안보대화를 통해 사전에 분쟁을 예방하고, 신뢰구축조치 시행을 중요시 한다. 그러나 협력안보는 쌍무적일 수도 있으나, 다자안보는 개념적으로 셋 이상의 행위자들을 대상으로 한다는 점에서 양자는 구별된다.

(3) 포괄적 안보(comprehensive security)

포괄적 안보란 안보를 군사적 차원에 한정해서 보는 것이 아니라 경제안보, 에너지안보, 환경안보 등을 포함한 거시적 차원에서 이해해야 한다는 개념이다. 즉, 안보를 위협 차원에서 정의하되, 군사적 위협 이외에 국제관계를 위협할 수 있는 그 밖의 다양한 위협 요소들 역시 안보 개념에 포함시키는 개념이다. 다자안보 개념은 포괄적 안보에서 다루는 비재래식 위협이 탈냉전기에 급격히 증가하고 있는 사정을 배경으로 대두되었다. 따라서 다자안보 역시 포괄적 안보를 지향한다는 측면에서 양자는 공통적이다. 다만, 다자안보는 안보 '달성 방법'에 보다 초점을 둔 개념인 반면, 포괄적 안보는 안보 '위협'에 초점을 둔 개념이라는 점에서 구별된다.

(4) 인간안보(human security)

인간안보는 '가치'(value) 측면에서 정의되는 안보개념이다. 인간안보는 인간의 복지(welfare)나 안위(well-being)에 대한 다양한 위협이 부재한 상태를 추구한다. 다자안보가 관련 국가들의 인권 문제 등을 다룸으로써 인간안보를 지향할 수 있겠지만, 다자안보의 일차적 관심사는 '국가안보'이다.

(5) 국가안보

국가안보는 안보를 '가치' 차원에서 정의하는 개념이다. 전통적 안보개념은 국가안보에 포커스를 맞춘 것이었다. 다자안보는 가치적 차원에서 우선은 국가안보를 목표로 하고 있으나, 인간안보로 확대될 수도 있다. 또한, 다자안보는 안보달성 '수단'적 관점에서 정의된다는 점은 국가안보가 '가치'적 차원에서 정의되는 것과 구별된다.

(6) 집단적 자위(collective self-defense)

집단적 자위는 UN헌장 제51조에서 새롭게 등장한 개념으로서 무력공격이 발생한 경우 침략국을 격퇴하기 위해 UN 회원국들이 무력을 사용해서 개입하는 것을 말한다. 집단적 자위는 UN안전보장제도를 보완하기 위한 제도로서, 국가안보에 대한 군사적 위협과 공격을 사후적으로 격퇴하는 개념이다. 반면 다자안보는 국가안보 또는 인간안보에 대한 포괄적 위협을 사전예방적으로 관리해 나가는 개념이므로, 집단적 자위와는 구별된다.

(7) 동맹안보

① **공통점**: 동맹안보란 전통적 안보달성방법으로서, 개별 국가가 독자적으로 외부의 적의 위협으로부터 안보를 달성할 수 없을 때 다른 국가의 힘을 끌어들여 자국의 안보를 보장하는 것을 말한다. 동맹안보와 다자안보는 모두 국가안보를 목표로 한다는 점에서 같다.

② **차이점**: 우선, '가치' 차원에서 보면 다자안보는 '인간안보'로 확대될 수 있으나, 동맹안보는 국가안보를 목표로 한다. 둘째, 동맹안보는 동맹체제 밖에 적이 존재한다는 점에서, 잠재적 적과의 공동으로 안보를 달성하고자 하는 다자안보와 구별된다. 셋째, 동맹안보에서 위협은 '타국의 군사력'이나 다자안보에서 위협은 타국의 군사력뿐만 아니라 환경, 테러, 난민, 경제위기 등 다양하게 존재할 수 있다. 즉, 동맹안보는 재래식 위협을 대상으로 하나, 다자안보는 재래식 안보위협뿐만 아니라 비재래식 안보위협도 대상으로 한다. 넷째, 동맹안보는 '군사력'을 수단으로 하나 다자안보는 안보대화, 신뢰구축 조치 등 군사력 외적 요소를 수단으로 한다. 다섯째, 동맹안보는 사후구제적이나 다자안보는 사전예방적이다. 즉, 동맹은 적의 공격을 받았을 때 군사력을 사용해서 격퇴하는 데 초점이 있으나, 다자안보는 안보위기가 발생하지 않도록 사전에 관리하는 것을 목적으로 한다.

◆ 동맹안보와 다자안보의 비교

비교기준	동맹안보	다자안보
가치	국가안보	국가안보 + (인간안보)
위협	재래식 위협	재래식 위협 + 비재래식 위협
수단	군사력	안보대화, 신뢰구축조치
목표	사후구제	사전예방
잠재적 적	제도 밖에 존재	제도 안에 존재

③ **동맹안보와 다자안보의 양립가능성**: 동맹안보가 다자안보와 동시에 한 지역에서 성립할 수 있는가? 학자들은 양자관계를 대체관계로 보기도 하고 보완관계로 보기도 한다. 동북아시아에서 양자동맹관계 지속이 다자안보협력을 방해한다고 보는 견해는 양자의 양립불가능과 대체관계를 주장하는 견해이다. 그러나 역사적 사례를 보면, 양자가 반드시 대체관계는 아니다. 예컨대, 유럽지역에서는 WTO와 NATO가 대립하는 상황에서도 CSCE가 성립하고 효과적으로 작동했다. 따라서 동맹과 다자안보가 동시에 작동할 수 있는가의 문제는 '국가들의 의지'의 문제라고 본다. 만약 미국이 미일동맹, 한미동맹을 통해 중국 봉쇄를 목적으로 한다면, 동북아시아 국가들 간 신뢰형성이 어렵기 때문에 다자안보협력이 시작되거나 효율적으로 작동하기 어려울 것이다. 그러나 미국의 양자동맹이 지역안정을 추구하거나, 반테러 등 포괄적 안보위협에 대응하는 기능을 수행하는 경우, 양자동맹과 다자안보가 동시에 작동할 수 있을 것이다. 현재 미국의 경우 명분상 반테러를 목적으로 동맹관계를 재편 및 강화하고 있으나, 사실상 중국위협론에 기초하여 중국봉쇄를 목적으로 하는 것으로 받아들여지고 있어 다자안보 제도가 성립하거나 또는 성립하더라도 효율적으로 작동할 수 있는 여건이 성숙되어 있지 않은 것으로 보인다.

3. 다자안보의 특징

(1) 위협 측면

다자안보는 포괄적 위협(comprehensive threats)에 대응하는 것을 목적으로 한다. 즉, 군사적 위협뿐만 아니라 비군사적 위협, 예컨대, 환경·경제위기·난민·테러·국제범죄조직으로부터 오는 국가 간 갈등 가능성 역시 다루어야 할 위협으로 상정한다. 세계화로 인해서 비군사적 위협이 광역화되면서 다자안보의 필요성은 점점 높아지고 있다.

(2) 가치 측면

다자안보는 일차적으로 국가안보에 관한 개념이다. 즉, 가치에 있어서 '국가'의 영토보전과 정치적 독립에 대한 위협에 대응하는 것이다. 그러나 다자안보는 인간안보를 대상으로 하여 확장될 수도 있다. 다자안보는 포괄적 안보위협에 대응하는 개념이므로 인간의 안위에 복지에 대한 위협의 제거를 목적으로 하는 인간안보와 친화적이다.

(3) 수단 측면

다자안보는 수단적 차원에서 협력안보를 특징으로 한다. 따라서 협력안보를 위한 수단이 곧 다자안보를 위한 수단이라고 볼 수 있다. 협력안보의 수단은 공격에 대한 규제, 방어지향적인 구조개편, 상호투명성, 기능의 통합 등이다. 첫째, 공격에 대한 규제(offensive regulation)란 병력과 화력에 대한 상한치를 정하거나 부대배치 혹은 예비군의 동원과 같은 것을 규제하는 규칙을 수립함으로써 위협적인 공격력을 감소시키는 것을 말한다. 둘째, 방어지향적인 구조개편(defensive restructuring)은 병력의 훈련이나 군사력의 하부구조를 공격보다 방어를 목적으로 하게 함으로써 다른 국가에게 덜 위협적이 되도록 하는 것을 말한다. 셋째, 상호투명성(mutual transparency)은 공개적인 사찰과 군사비 지출 등에 관한 자료의 상호교환 그리고 고위관료의 정규적인 회합 등을 통해 자국의 비적대적인 의도를 타국에게 확실하게 하고 타국의 이해관계와 관심사를 이해하게 하는 것을 말한다. 넷째, 기능의 통합(functional integration)은 안보와 관련된 광범위한 일들을 가능한 한 통합된 다국적 연계망을 통해 수행하는 것을 말한다.

(4) 목표 측면

다자안보는 예방외교(preventive diplomacy), 위기관리(crisis management), 상호안심(mutual reassurance) 수준 증대를 목표로 한다. 예방외교란 구성원들 간의 정치 군사적 신뢰를 구축하여 분쟁을 사전에 예방하는 것을 말한다. 위기관리란 기존 분규(disputes)가 분쟁(conflicts)으로 확대되는 것을 막는 한편 분쟁이 이미 발생한 경우 이의 확산을 막는 것을 말한다. 또한, 다자안보는 특히 예방외교를 핵심으로 하여 상호안심의 수준을 증대시키는 것에 초점을 맞추고 있다. 상호안심의 수준이 증대되기 위해서는 군사적 투명성이 제고되어야 하고, 이를 위해서는 대화, 정보교환, 그리고 의도의 정확한 전달을 실현할 수 있는 다자 간 안보협력의 제도화가 필수적이다.

4. 다자안보의 사례: CSCE를 중심으로

(1) 의의

'유럽안보협력기구'(OSCE: Organization for Security and Cooperation in Europe)는 범유럽 안보레짐으로서 원래 1975년 8월 헬싱키 선언에 기초하여 미국과 캐나다를 포함한 35개국의 유럽국가들이 참여한 '유럽안보협력회의'(CSCE: Conference on Security and Cooperation in Europe)에서 출발하였다. 1989년 이래 동구권이 붕괴되면서 새로운 안보상황에 대처하기 위해 1995년 1월 OSCE로 개칭되어 미국과 캐나다를 포함한 유럽 55개국이 참여하는 다자 간 안보협력체로 발전하여 유럽안보에서의 역할이 증대되고 있다.

(2) 형성배경

CSCE는 소련, 폴란드 등 동구권 국가들로부터 제기되었고, 미국 등 서방권 국가들이 받아들임으로써 형성되었다. 그 배경에는 무엇보다 동서 데탕트 및 각 진영 내부에서의 균열로 양극체제가 이완된 사정이 자리 잡고 있었다. 1962년 쿠바 미사일 위기 이후 미·소 간 화해무드가 조성되었고, 동구권에서는 소련과 중국의 분쟁으로, 서방권에서는 미국과 프랑스의 갈등으로 각 진영이 균열되고 있었다. 한편, 미·소 간 핵균형이 형성된 상황에서 우발적 핵전쟁을 회피하기 위한 전략적 고려도 있었다. 요컨대, CSCE는 1970년대 초 동서 양진영 간 관계가 일정한 균형과 안정을 이룬 후 우발적 충돌 예방 등을 통해 이를 안정적으로 관리 및 유지해 나가기 위한 차원에서 추진되었다.

(3) 헬싱키 의정서의 주요 내용

헬싱키 의정서는 미국과 캐나다를 포함한 35개국의 전략적 이익을 수렴한 포괄적인 국가 간의 관계 사항을 담고 있는 것으로, 정치안보, 경제 및 인권 문제 등의 분야에 걸쳐 국가 간 협력의 기반이 되는 일반적 규범, 원칙, 행동규칙 등을 제시하고 있다. 동 합의서는 의제를 크게 3개의 '바스켓'(basket)으로 분리하여, 제1바스켓은 유럽의 안보문제, 제2바스켓은 과학기술 및 경제협력 문제, 제3바스켓은 인도주의적 문제를 다루고 있다. 첫 번째 바스켓은 '참가국 간 관계를 규정하는 제원칙 선언'과 '신뢰구축과 안보 및 군축의 제측면에 관한 문서'로 구성되어 있다.

(4) 성과

① **신뢰구축**: 1986년 스톡홀름 문서와 1990년 비엔나 문서를 통해 군사정보교환, 군사위험방지, 군사적 투명성, 영공개방 문제 등에 있어서 회원국 간 신뢰구축을 이룰 수 있게 되었다. 신뢰구축 조치들은 유럽국가 간 군사활동의 투명성을 보장함으로써 궁극적으로 상호 기습공격의 위협을 감소시켜 '위기의 안정성'(crisis stability)을 제고시키게 되었다.

② **군축**: 냉전종식과 더불어 유럽재래식무기감축협정(Conventional Armed Forces in Europe, CFE)을 1990년 11월에 체결하고 1999년 11월 이를 갱신하여 세계 최초의 군축을 위한 실현, 다자기구를 중심으로 한 군축의 성공가능성을 보여주었다.

③ **예방외교**: OSCE는 위기관리와 분쟁방지를 위한 다양한 메카니즘과 절차를 창출하여 역내의 분쟁지역 혹은 분쟁 예상지역에 사절단(Mission)을 파견하고 있다. 사절단은 파견 당사국 정부와의 긴밀한 접촉을 통하여 분쟁 당사자 간의 대화를 촉진하고 분쟁의 원인과 과정에 대한 포괄적이고 공정한 정보를 획득하여 중재를 통한 분쟁확대를 억제하는 임무를 띠고 있다.

(5) 한계

CSCE/OSCE는 구성원 간에 복잡한 이해관계가 존재하고 다루는 의제도 다양하며, 컨센서스에 따른 의사결정 방식을 채택하고 있다. 따라서 효율적인 토론이 어려우며 분쟁이 발생했을 경우 신속하고 체계적인 대응이 어렵다는 비판을 받고 있다. 또한, 구속력과 물리적 수단을 확보하고 있지 못해 NATO 등 집단방위체제에 비해 효과적 위기 및 분쟁 관리수단이 되지 못한다는 비판도 있다. 한편, CBMs에 있어서도 몇 가지 문제가 제기된다. 첫째, 조치이행에 대한 구속력이 없고, 25,000명을 초과하는 대규모 기동훈련의 경우에만 사전통보의무가 부여되고 나머지는 해당 국가의 자유재량에 맡기고 있다. 둘째, 사전통보기간도 훈련개시 21일 전으로 규정되어 있으나, 불가피한 경우 '연습 개시 전 조속한 기회'로 규정하고 있어 사전 예측에 취약점이 있다. 셋째, 적용지역에 있어서 소련의 거의 전역과 미국이 배제되어 있다. 넷째, 훈련 참관의 경우 관련국의 자발적인 의사에 의존할 뿐만 아니라, 훈련에 대한 구체적인 검증 절차 규정이 미비하여 실질적인 참관의 효과를 기대하기 어렵다.

(6) 공헌

CSCE/OSCE는 다자안보레짐으로서 첫째, 역내 국가 간 대화 및 협상의 틀을 제공하며, 둘째, 상호안보에 대한 공감대를 형성하는 학습의 장으로서 기능하며, 셋째, 역내 국가 간 정치적인 변화과정을 조정하고 통제하는 정치적인 기능을 수행하는 이외에도 안보뿐만 아니라 정치, 경제, 사회, 문화, 인권 문제를 포함하는 포괄적 지역 안보기구의 모델이 되고 있으며, 예방외교 활동의 전형을 보여주어 탈냉전 시대에 예방외교의 좋은 모델이 되고 있다.

5. 다자안보의 효과

다자안보협력은 다음과 같은 긍정적 효과를 기대할 수 있다. 첫째, 참여국들의 안보와 관련된 공동 관심사에 대한 논의를 통해 이해관련 국가들 간의 대화관습을 축적하고 규범의 공유를 추구하며 국가행동양식의 예측가능성을 높인다. 둘째, 안보적 불안요인들을 협력을 통한 제도적 장치를 통해 지속적으로 해소함으로써 국제사회의 평화와 안보에 기여하고 안정된 국제체제의 유지에 이바지한다. 셋째, 참여국들 간의 교류와 협력의 증진을 통해서 상호의존의 증대와 공존공영에 이바지한다. 넷째, 군축 및 군비절감으로 발생되는 여유자본을 각 국가들의 경제발전에 투자하여 경제발전과 각국 국민들의 복지 향상에 이바지한다. 다섯째, 강대국 혹은 특정 국가의 패권추구나 일방주의를 견제할 수 있다.

6. 다자안보의 한계

(1) 국력 격차
실질적으로 존재하는 참여대상국 간 국력 격차는 다자안보에 대한 선호도에 영향을 미쳐 형성을 어렵게 한다. 예컨대, 상대적 강대국들은 자력으로 안보를 달성할 수 있기 때문에 다자안보에 소극적인 반면, 상대적 약소국들은 강대국들로부터의 안보위협을 약화시키고, 자신들의 발언권을 강화시킬 수 있으므로 다자안보에 적극적이다. 강대국들이 자국의 이익에 따라 다자안보에 동의하지 않는 한 다자안보 형성 자체가 어렵다.

(2) 신뢰형성의 난점
다자안보는 군사적 측면에서 군비축소, 군부대의 후방배치, 방어지향적 구조개편 등 공격적 군사능력을 상호적으로 약화시키는 조치들을 포함한다. 그러나 무정부적 국제체제에서는 '수인의 딜레마'(prisoners' dilemma) 비유에서 보듯이 상호배반의 유인이 있으므로, 다자안보가 형성되더라도 검증문제가 해결되지 않는 한 다자안보의 기반이 매우 취약할 수 있다. 협력안보 사례로서 북미 간 제네바합의가 양국 간 신뢰형성의 어려움으로 무산되고 제2차 핵위기를 촉발시킨 것은 신뢰형성의 어려움을 잘 보여준다.

(3) 조정비용과 의사결정 지연
다자주의는 일방주의나 쌍무주의에 비해 다수의 주권국가의 의사를 상호 조정하는 제도이므로 조정비용이 상대적으로 높게 소요된다. 따라서 긴급한 판단을 요하는 문제에 대해서 결정이 지연됨으로써 피해가 확대될 가능성이 있다.

(4) 안보의 불확실성
다자안보의 근본적 한계는 집단안보와 마찬가지로 주권국가들의 안보불안을 근본적으로 해소할 수 있을 것인가가 명확하지 않다는 점이다. 집단안보가 무력화된 근본요인은 윌슨(W. Wilson)의 의도와 달리 국가들은 집단안보를 신뢰하지 않고, 동맹과 군비증강을 통한 안보달성을 보다 선호하였기 때문이다.

> **참고** 다자안보레짐 형성에 대한 국제레짐이론적 접근
>
> **1. 서설**
> 국제레짐의 형성 및 효과에 대해서는 크게 현실주의, 자유주의, 구성주의 입장에서 견해 차이가 있다. 현실주의 내부에서도 왈츠류의 구조적 현실주의와 패권안정론의 입장이 대립된다. 자유주의는 현실주의적 존재론에서 국제레짐에 긍정적인 입장을 취하는 신자유제도주의와 자유주의 존재론하에서 제도를 분석하는 자유주의 정부 간주의로 대별된다. 구성주의 역시 레짐의 형성 및 변화에 대한 입장을 개진하고 있다.
>
> **2. 구조적 현실주의 - 공동위협**
>
> (1) 일반적 입장
> 왈츠(K. Waltz) 등 구조적 현실주의(또는 신현실주의)입장에서는 국제협력, 국제제도 또는 국제레짐의 형성가능성에 대해 비관적이다. 또한, 형성된 레짐이라 할지라도 그것이 국가주권을 제약하고 국제질서를 안정화시키는 변수로서의 역할에 대해 회의적이다. 국제체제의 무정부성을 전제하는 이 입장에서는 국가들의 일차적 관심사는 '생존'인 바, 국제협력은 국가의 생존을 위협할 수 있다고 본다. 그 이유는 타국이 구조적으로 갖는 배반의 유인을 제거할 수 없고, 협력을 통해 이익이 불균등하게 배분되는 경우에도 자국의 안보를 위

협할 수 있다. 후자를 상대적 이익(relative gains)의 문제 또는 안보외부재효과(security externalities)라 한다.

(2) 레짐 형성요인

그러나 구조적 현실주의 입장에서도 국제레짐 형성을 가능하게 하는 요인이 있다. 고와(Joanne Gowa)는 유럽통합을 설명함에 있어서 소련이라는 외부 위협의 존재를 핵심변수로 생각하였다. 즉, 공동의 위협에 대응하기 위해 유럽국들 간 제도형성이 가능했다는 것이다. 또한, 유럽국가들을 결속시킨 NATO의 존재 역시 유럽 통합의 근본요인이라고 보았다.

3. 패권안정론 – 패권국의 존재

국제체제가 무정부(anarchy)라기 보다는 '위계체제'(hierarchy)라고 보는 패권안정론자들은 국가 간 레짐을 통한 제도화된 협력이 항상 불가능한 것만은 아니라고 본다. 즉, 패권국이 강제력 또는 지도력을 사용하여 레짐 형성 또는 협력을 강제함으로써 가능하다고 본다. 다만, 패권국의 능력이나 의사에 레짐의 지속성이 달려있으므로 패권국이 쇠퇴하면 국제레짐 역시 쇠퇴한다고 본다.

4. 신자유제도주의 – 공동이익(common interest)

신현실주의와 국제체제 및 국가에 대한 존재론과 같은 입장을 취하는 신자유제도주의자들은 무정부적 국제체제하에서도 합리적 이기주의자들인 국가들의 전략적 판단에 의해 레짐이 형성될 수 있다고 본다. 이들은 기본적으로 국가들이 행동을 결정함에 있어서 중요시하는 요소는 국가이익, 특히 '절대적 이익'(absolute gains)이라고 본다. 따라서 비용을 초과하는 순이득으로서의 절대적 이익이 있는 경우 협력이 발생할 수 있다고 본다. 레짐은 배반가능성을 통제하고 상대적 이득분포에 대한 교정 기능을 함으로써 협력을 매개한다.

5. 자유주의 정부 간 주의

자유주의 정부 간 주의는 신자유제도주의와 유사한 입장을 취하나, 국내정치 과정을 분석에 포함하여 개별 국가의 선호가 형성되는 메커니즘을 고려한다는 점에서 구별된다. 모라프칙에 따르면, 레짐 형성은 3단계를 거쳐 진행된다. 우선 국내적으로 선호가 형성되고 이것이 국가의 선호에 반영된다. 2단계에서는 국제협상과정을 통해 대상 국가들 간 레짐에 대한 선호를 수렴한다. 셋째, 구체적인 제도화를 통해 레짐 형성을 완성한다.

6. 구성주의 – 공동정체성(common identity)

구성주의자들은 제도나 레짐은 관념적 속성을 갖고 있으며, 사회적 구성물(a social construct)이라고 본다. 따라서 특정 레짐이 형성되는 데 있어서 가장 중요한 요인은 참여국가들의 문화나 가치관 등에 있어서의 유사성이다. 즉, 공동정체성(common identity) 또는 집합정체성(collective identity)이 핵심변수라고 본다.

Ⅲ 동북아시아(동아시아) 다자안보 현황

1. ARF

(1) 의의

ARF(ASEAN Regional Forum)는 아세안의 주도적 역할에 의해 1994년 7월에 창설되었다. 이는 1974년 베트남 통일 이후 급격히 증가한 동남아지역의 불안정성을 관리하기 위한 노력이 결실을 맺은 것이다. ARF는 정치 및 안보 문제에 있어서 공동의 이익과 관심사에 관한 건설적인 대화와 협력을 추구하는 한편, 아태지역에서의 신뢰구축과 예방외교를 위한 다양한 노력에 의미 있는 기여를 하기 위한 것이다. ARF는 동아시아 지역 최초의 정부레벨(Track I)의 다자안보대화체로서 협력안보를 지향한다. 현재 ASEAN, 인도, 러시아, 중국, 한국, 미국, 북한 등 25개국이 참여하고 있다.

(2) 특징

① **Two-Track 방식**: ARF는 연 1회 개최되는 각료회의에 한정되어 있는 것이 아니라 다양한 연계망을 갖고 있으며, 그 기능적 연계구조들이 상호작용을 하면서 ARF의 활동에 직접 또는 간접적으로 기여하고 있다. ARF는 제1트랙(정부차원)과 제2트랙(민간차원)으로 분리되어 보완적으로 운영된다. 제1트랙은 ARF 각료회의, ARF 고위관료회의 및 회기간 회의 등으로 구성되어 있다. 제2트랙은 정부레벨의 공식회의가 갖는 결함과 민감성을 보완하기 위해 마련된 비공식적 민간 포럼으로서 CSCAP, ASEAN-ISIS, 아태지역 두뇌집단들(think tanks)이 있다.

② **ASEAN 주도**: ARF에는 아태지역의 25개 국가가 참여하고 있으나, 아세안의 이니셔티브에 의해 창설되었기 때문에 아세안의 경험과 양식이 투영되고 있으며, 아세안에 의해 주도되고 있다. 아세안은 동남아지역의 신뢰구축과정에서 축적한 자신의 성공적 경험들을 보다 광역의 아태지역에 확대 적용해 가고 있다. 정책결정에서의 합의제, 점진적 접근법 등이 아세안 방식의 특징이다.

③ **포괄적 협력안보레짐**: ARF는 솔리덤(E. D. Solidum)의 지적처럼 '정치, 안보문제에 관한 건설적 대화와 협의의 습관을 조성하기 위한 고위협의포럼(high-level consultative forum)'의 성격을 갖고 있다. 즉, ARF는 집단안보가 아니라 협력안보를 지향하여 지역안보대화를 통해 관련당사국 모두가 자신의 견해를 밝힐 수 있는 기회를 제공하고 군사적 대결과 전쟁을 방지하기 위해서 대화의 습관을 가지도록 하는 것이다. 또한 ARF는 포괄적 안보 개념에 입각하여 안보협력을 논의하고 있으며, 지역안정과 평화에 대한 비군사적 조치의 의의를 인식하고, 만남과 대화 자체가 신뢰구축에 기여함을 중시하고 있다.

(3) 평가

첫째, ARF의 가장 큰 의의는 아태지역 최초의 공식적인 다자안보대화체로서 동남아시아를 위한 평화, 안정 및 협력의 새로운 장을 열었다는 것이다. 문제해결에는 시간이 걸리겠지만, 논의과정이 시작되었다는 것이 큰 의미가 있다. 둘째, ARF는 예방외교 수단이 되고 있다. ARF는 신뢰구축, 예방외교, 문제해결이라는 3단계의 점진적 발전방안을 제시해 주고 있다. 참여자의 '건설적 개입(constructive engagement)'이 이해와 신뢰, 커뮤니케이션과 안정을 촉진시킴으로써 지역안보에 기여하게 된다. 셋째, ARF의 가장 큰 실질적 성과는 동남아 지역의 최대 불안정 요인이 될 수 있는 중국을 안보대화의 광장으로 끌어들인 것이다. 중국은 최근 양자접근 선호에서 다자접근 중시로 정책이 변화되었다. 이는 전략환경의 변화와 중국의 부상에 따른 국제사회의 책임있는 강대국으로서의 역할을 전제로 한 진정한 변화의 과정으로 볼 수 있다. 중국이 다자안보체제에 참여함으로써 외교행태에 영향을 준 것으로 해석할 수 있다.

2. CSCAP

CSCAP(아시아태평양안보협력이사회, Council for Security Cooperation in the Asia-Pacific)는 1993년 6월 아태지역 10개국의 정부와 연계된 연구소를 이끌고 있는 두뇌집단들을 중심으로 창설되었다. CSCAP의 주요 기능은 ARF를 지원하기 위한 자료 축적과 연구기능이다. 실질적인 활동은 4개 분야의 working group을 통해 이뤄지며, 현재 해양안보협력, 포괄적 협력안보, 신뢰 및 안보구축조치 및 북태평양 워킹 그룹이 있다.

3. NEACD/NEASED

동북아시아 다자안보대화(NEASED: Northeast Asia Security Dialogue)는 한국이 1993년 5월 제26차 태평양경제협의회 및 1995년 5월 제1차 ARF-SOM(Senior Official Meeting)에서 제의하였으나, 아직까지 구체화되지 못하였다. 한편, 북한을 제외한 동북아시아 5개국이 참가하는 비정부 협의체인 '동북아시아협력대화(NEACD: Northeast Asia Cooperation Dialogue)'는 현재 지속되고 있다.

4. 샹그릴라 대화

정식명칭은 아시아 안보회의(Asian Security Summit)이며, 매년 싱가포르 샹그릴라 호텔에서 개최되기에 '샹그릴라 대화'라는 별칭이 붙었다. 아태지역에 국방·군사분야 최고위급 협의체를 설립하고자 하는 영국 국제전략문제연구소(IISS: International Institute for Strategic Studies)의 구상과, 지역 다자안보협력을 주도하려는 싱가포르 국방부의 전략이 결합되어 2002년 싱가포르에서 출범했다. 아태 및 유럽지역 30여 개국의 국방장관, 고위관료, 안보전문가 등이 참가하여 국방정책·안보현안에 대해 의견을 교환한다. 아태지역 최고 권위의 국방장관급 다자 간 안보협의체로서 정부인사와 민간인사가 같이 참여하는 Track 1.5에 해당한다.

Ⅳ NEASED에 대한 주요국 입장

1. 미국 - 원칙적 지지, 실현에는 미온적

미국은 탈냉전기 아태지역에 대한 전략방향을 참여와 확대(engagement and enlargement)로 설정하고 동아시아 지역에 대한 개입을 강화하였다. 그 수단으로서 다자안보협력을 상정하였으나, 실현에는 적극적 입장을 보이지 않았다. 현재 미국의 기본입장은 기존 양자동맹관계를 강화하는 가운데 다자안보대화를 추진하되, 그 수준과 파급효과를 상징적 차원에 국한하거나 선택적 협력을 도모하는 것이다. 테러와의 전쟁, 대량파괴무기 확산 저지 등의 문제가 선택적 협력의 대상이다. 특히 미국은 중국이 다자안보협력을 적극적으로 추진하는 점에 대해 부정적인 입장인 바, 이는 다자안보협력이 중국의 지위와 영향력의 제도화를 위한 장치로 작용할 가능성을 우려하기 때문이다. 오바마 행정부 들어서도 다자안보에 대한 구체적 진전은 이뤄지지 않고 있다.

2. 중국 - 유보적 입장에서 적극적 지지 및 선도 입장으로 선회

1990년대 중반까지 중국은 다자안보에 유보적 입장이었다. 중국은 다자안보협의체 창설을 중국에 대한 포위전략(encirclement)으로 인식하였고, 중국의 이해관계가 걸려 있는 문제도 국제화되기 보다는 당사자 사이의 협의에 의해 해결되는 것이 바람직하다고 보았다. 그러나 중국은 1990년대 중반부터 다자안보협력에 적극성을 띠면서 주도하기 시작하였다. 중국은 첫째, 중국이 배제된 상태에서 중국과 관련된 문제가 논의되는 것을 예방하고, 둘째, 중국의 지속적인 성장과 발전에 필요한 우호적 외부환경을 조성하며, 셋째, 미국 중심의 지역구도와 일본의 부상에 대한 견제 필요성 등으로 인해 다자안보에 적극성을 띠고 있다.

3. 일본 – 적극적 지지에서 양자동맹 중심으로 전환

탈냉전 초기 일본은 미일동맹관계를 강화함과 동시에 다자안보에 적극성을 띠었다. 탈냉전기 동북아시아의 다양한 안보불안을 관리하는 한편, 일본의 군사대국화나 보통국가화에 대한 아시아국가들의 우려를 해소하고, 정치적 영향력을 제고시키고자 했기 때문이다. 그러나 9·11테러 이후 일본은 다자안보대화에 대한 적극적 입장을 유보한 채, 미일 양자동맹강화 방향으로 급격히 선회하였다. 일본이 다자안보의 효용성을 부인하는 것은 아니나, 전면적 다자안보협력의 실현 가능성이 불확실하고 미국 중심의 세계 및 지역 질서가 상당기간 지속될 것이라는 판단하에 다자안보 보다는 미국과의 동맹관계 강화를 통해 자국 입지와 위상 강화를 추구하고 있다.

4. 러시아 – 일관된 지지

러시아는 탈냉전기 동아시아 지역에서의 안보확보와 자국의 영향력 확대를 위해 다자안보협력체 창설을 지속적으로 제의하였으나, 별다른 호응을 얻지는 못했다. 현 푸틴 대통령도 경제이익 우선 추구라는 정책과 병행하여 국제질서의 다극화를 통한 영향력 확대 차원에서 다자안보협력을 강조하고 적극적인 지역으로의 접근을 추진하고 있다.

5. 북한 – 지속적 거부

북한은 국제적 고립 탈피 차원에서 다자협의에 최소한의 참여를 유지해 오고 있으나, 다자안보협력에 대해서는 매우 부정적 입장을 견지해 오고 있다. 북한은 기본적으로 양자관계, 특히 미국과의 관계 개선을 우선적 목표로 하고 있다. 제4차 6자회담에서 다자협력에 합의하였으나, 근본적으로 양자관계의 정상화를 다자협력의 전제로 하는 기존 입장에는 변화가 없는 것으로 평가된다.

Ⅴ NEASED의 형성 가능성

1. 서설

동북아시아 다자안보 가능성은 다자안보제도 형성 요인관점에서 전망해 볼 수 있다. 다자안보 형성에 영향을 주는 변수는 패권, 이익, 정체성, 세력균형 등이다. 이러한 변수들이 다자안보에 긍정적으로 움직여주어야 다자안보협력이 가능해 질 것이다.

2. 패권 – 미국의 전략기조 변화

미국은 동북아시아 다자안보제도에 부정적이다. 이는 다자안보제도가 미국의 패권적 힘의 강화와 투사에 장애물이 될 것으로 평가하기 때문이다. 따라서 다자안보보다는 일본과 한국을 중심으로 하는 동맹체제를 안보수단이나 패권수단으로 활용하고자 한다. 패권전략의 기조와 정책에 변화가 없는 경우 미국이 다자안보를 통해 동북아시아 안보질서를 형성해 나갈 가능성은 높지 않을 것이다.

3. 공동이익 – 경제성장, 동북아시아 질서 안정

(1) 지역 안보구도의 안정성 및 예측성 확보

현재 동북아시아지역의 안보구도와 정세의 유동성 및 예측불가능성이 주요 불안정 요인으로 작용하여 역내 국가 간 경쟁적 관계와 의혹을 증폭시키는 작용을 하고 있다. 다자안보 대화와 협력을 통해 전략구도에 대한 대화와 협력을 증진하고 전략구도의 안정화와 예측 가능성을 제고하여 지역질서를 안정화시킬 수 있다.

(2) 다양한 비재래식 안보위협에 대응

탈냉전기 새롭게 대두되는 초국가적이고 비재래식 안보위협에 대응함에 있어서 기존의 양자동맹관계는 적절하지 못하다. 대량파괴무기 확산, 무기밀매, 국제조직범죄, 마약, 해로의 안전, 불법이민, 인권 및 환경 문제 등의 비재래식 안보위협은 역내 모든 국가가 노출되어 있는 문제이다. 이에 효율적으로 대응하기 위해서는 다자안보가 요구된다.

(3) 북한 및 한반도 상황의 안정적 관리

북핵문제와 북한의 안정화는 동북아시아 국가들의 공동관심사항이다. 다자안보를 통해 북한의 돌출행동을 막고, 정책적 변화를 유도하기 위한 건설적인 외부 여건을 창출해 줄 수 있다.

4. 공동정체성 – 지역정체성, 시장경제, 민주화

장기적으로 경제적 상호의존의 심화, 러시아와 중국의 시장경제화와 정치적 민주화, 북한의 개혁, 개방과 체제 전환 등으로, 동북아시아 6개 국가들 간 공동의 정체성이 형성될 조건은 만들어질 수 있을 것으로 생각한다. 그러나 공동정체성 형성에서 가장 중요한 측면은 군사적 상호관계라 전제할 때, 현재는 냉전적 정체성을 확대재생산해 내고 있다고 볼 수 있으므로, 장기적으로도 공동정체성이 조화적으로 형성될 가능성이 높지 않다고 생각한다.

5. 세력균형 – 중국의 부상과 세력균형

신현실주의자들의 주장에 따르면, 세력균형체제가 형성되어 국가들이 상호 현상유지적 전략을 유지하는 경우 다자안보가 가능할 수 있다. 현재의 동북아시아 체제는 미국과 그 동맹국들을 중심으로 하는 패권안정체제라 볼 수 있는데, 장기적으로는 중국의 부상과 러시아의 성장 및 중러 간 동맹 형성이라는 변수에 의해 동북아시아 균형체제 형성될 수 있을 것이다. 특히 미국이 MD체제 구축에 성공하더라도, 중국과 러시아가 이를 충분히 방어해 낼 수 있는 기술을 발전시키는 경우, 양 세력은 더 이상 군비경쟁이 의미가 없다고 보고, 다자안보에 동의할 수도 있을 것이다.

6. 평가

동북아시아 다자안보 형성에 핵심변수는 단기적으로는 미국변수, 장기적으로는 중국변수로 생각할 수 있다. 단기에는 미국이 동북아시아 다자안보에 부정적인 점을 고려하면, 다자안보 형성 가능성은 낮다고 본다. 물론 연성제도화는 가능할 수도 있으나, 이념형(ideal type)으로서의 다자안보제도라 보기는 어렵고, 미국의 영향력 투사의 수단으로 삼고자 할 것이다. 다만, 장기에는 중국세력과 미국세력 간 균형이 형성되고, 양자가 현상유지에 합의하는 경우 1970년대 CSCE 형태의 다자안보가 형성될 수 있을 것이다.

Ⅵ NEASED에 대한 한국 입장 및 전략

1. 한국의 입장

한국은 1990년대 초반부터 동북아시아 다자안보대화 및 협력을 지속적으로 추진해 오고 있다. 1988년 10월 노태우 대통령이 UN 총회 연설을 통해 다자안보를 제안했고, 1994년에는 ARF-PMC에서 동북아시아안보대화(NEASED)를 제안하였다. 노무현 정부 역시 6자회담을 동북아시아 다자안보 협력체로 전환하기 위한 다각적인 노력을 구사하였다. 2006년 9월 ASEM 정상회의에서 당시 노무현 대통령은 다자안보의 구체적인 방향으로 협력안보, 포괄적 안보, 인간안보를 제시하였다.

2. 한국의 국가이익

한국이 다자안보를 적극적으로 추진하는 것은 한반도 질서 및 동북아시아 질서 안정화에 이익이 있기 때문이다. 우선 한국은 다자안보를 통해 북핵문제 해결 이후 북한의 안정 및 개혁 개방을 위한 분위기 조성을 위해 다자안보가 필요하다고 본다. 즉, 북한이 안심하고 변화를 추구할 수 있는 여건을 만들어 줄 수 있다는 것이다. 북핵문제 해결 과정에서 지원, 검증 등의 절차의 효율적 운용을 위해서도 다자안보제도가 필요하다. 둘째, 동북아시아 질서를 안정적으로 관리하는 메커니즘으로서 다자안보는 유용한 틀이 될 것이다. 한국의 평화 및 통일 전략에 있어서 핵심변수는 동북아시아 질서의 안정성이다. 동북아시아 국가들이 군비경쟁이나 경쟁적 동맹형성에 나선다면 동북아시아 질서의 불안정성과 불가측성이 고조될 것이다. 셋째, 한국의 동북아시아 질서에 대한 영향력 확대 차원에서도 다자안보는 유익하다. 그리에코(Joseph Grieco)에 의하면, 다자제도는 상대적 약소국들의 영향력과 발언권을 강화시켜 준다. 동북아시아에서 중견국인 한국은 다자안보를 통해 동북아시아 질서 형성에 영향력을 행사할 수 있는 기회를 얻게 될 것이다.

3. 한국의 전략

(1) 장기적 관점과 일관된 추진 및 충분한 사전정지 작업

제4차 6자회담에서 동북아시아 다자안보 추진을 명시하였으나, 상징성과 선언적 의미를 부여할 수 있을지언정 국가들이 적극적인 실천의 의지를 표명한 것으로 보기는 어렵다. 따라서 장기적인 관점에서 다자안보의 분위기를 일관되게 조성해 나가는 것이 보다 중요한 전략이다. 한국이 주도하여 고위급 안보대화의 활성화 및 민간 차원의 공동연구나 대화체 설립을 고려해 볼 수 있다.

(2) 기존 체제의 보완적 차원에서 접근

다자안보협력의 근본적 한계와 제약을 고려하여 기존 질서를 인정하는 가운데 협의와 합의에 따라 점진적이고 안정적인 전환을 모색하는 한편, 기존 안보체제를 대체하는 것이 아니라 보완하는 차원에서 접근해야 한다. 기존 체제의 재편으로 인식되는 경우 미국이 반발할 것이며, 한미동맹의 이완 및 약화로 간주될 위험이 있다. 한국은 미국과 미래지향적 한미동맹의 모습을 공유하고, 다자안보에 대한 공감대를 형성해 나가면서 다자안보를 추진해야 할 것이다.

(3) 당면 현안의 우선적 처리에 집중

한국은 우선 당면한 북핵문제 해결에 최우선적인 노력을 경주하고, 다자안보는 북핵문제 해결 이후에 점진적으로 추진해 나가는 것이 바람직하다. 그렇지 않은 경우 북핵문제 해결의 초점이 흐려질 수 있다. 한반도 비핵화 실현 ⇨ 국가들 간 관계 정상화 ⇨ 한반도 평화체제 구축 ⇨ 동북아시아 다자안보대화와 협력의 수순을 상정해 볼 수 있다.

(4) 의제 협력 확대를 통한 협력 경험과 습관 배양

포괄적 협의 및 협의체 구성 이전에 테러, 조직범죄, 불법 무기거래, 인신 매매 등과 같은 비전통적 안보문제에 관한 협력을 추진하여 협력의 구체성을 확보하는 동시에 다자안보 협력의 효용성을 확인해 나가는 작업을 병행 추진해야 한다.

VII NEASED 추진 전략

1. 연성제도화

동북아시아 다자안보 레짐은 연성제도화 형식을 띠는 것이 바람직하다. 이는 크로포드(N. C. Crawford)가 분류한 안보레짐 유형 중 참여자 간의 결속정도가 상당히 약한 '제한적 안보레짐(limited security regime)' 형식으로서 ARF가 이에 해당한다. 동북아시아 국가들 역시 그 밖의 동아시아 국가들과 같이 국가주권에 대한 민감도가 높기 때문에 구속력 있는 결정을 목표로 하는 행동지향형 레짐보다는 대화지향형 레짐을 구축하는 것이 바람직하다.

2. 기능주의적 접근

기능주의적 접근이란 우선 비정치적 기능적 이슈에서 레짐 형성을 추진한 다음, 안보 레짐 형성을 추진하는 접근전략을 말한다. 경제레짐은 안보레짐에 비해 국가들의 생존을 위협하지 않고 공유되는 이익이 크기 때문에 비교적 쉽게 형성될 수 있다. 따라서 경제레짐 등을 통해 정부 간 협력 습관을 고양한 다음, 이를 점진적으로 안보레짐으로 확산해 나가는 것이 국가들의 거부감을 완화시킬 수 있다.

3. 구성주의적 접근

구성주의적 접근은 국가들 간 상호 인식이나 문화, 가치 등에 있어서 공감대를 우선적으로 형성하는 전략을 말한다. 칼 도이치(Karl Deutsch)는 국가 또는 민간 차원의 거래의 증가를 통해 궁극적으로는 안보공동체(security community)를 형성할 수 있다고 본다. 동북아시아 공동체가 형성되기 위해서는 우선적으로 동북아시아 국가들 사이의 역사·문화적 갈등요인을 해소하고, 상호 신뢰가 기반이 된 지역적 정체성을 확립하는 것이 중요하다. 지역적 정체성 형성을 위해서는 특히 정서적이고 심리적인 측면에서 상호 이해와 협력을 유도할 수 있는 문화적 교류와 접근방법이 추진되어야 한다.

4. 의제선택의 문제

다자안보대화를 추진함에 있어서 핵무기나 재래식 무기의 군축, 신뢰구축 조치 등의 재래식 안보이슈보다는 테러, 환경, 난민, 국제조직범죄 등 비재래식 안보 이슈를 우선적으로 의제로 삼는 것이 국가들의 참여를 확보함에 있어서 바람직하다. 다자안보가 제도화되면 좀 더 의제를 확대하여 재래식 안보 이슈나 신뢰구축 조치 등을 논의할 수 있을 것이다.

5. 6자회담과 다자안보

6자회담을 통해 북핵문제를 해결한 다음, 그것을 모멘텀으로 하여 다자안보제도로 발전시켜 나가는 것이 효율적이다. 6자회담은 행위자 차원에서만 다자주의적 형태를 띠고 있을 뿐, 일반화된 행위원칙, 비차별성, 포괄적 상호주의, 불가분성, 신뢰성 등의 요소는 결여되어 있다. 따라서 6자회담을 다자안보제도로 발전시켜 나가기 위해서는 이러한 부분에서 합의가 이루어져야 할 것이다.

6. 동맹안보와 다자안보 병행

동맹을 유지한 채 다자안보를 구축하는 것은 일견 모순되어 보인다. 그러나 현실적으로 동맹을 대체하는 다자안보의 추진은 쉽지 않을 것이다. 미국이 동아시아에서 동맹전략을 포기할 가능성은 희박하기 때문이다. 중국과 러시아가 미국의 동맹에 직접적인 문제 제기를 하지 아니한 채 다자안보를 적극 추진하고 있기 때문에 반드시 양자가 양립하기 어려운 것은 아니다. 다만 동북아시아에서 미군 및 그 동맹으로서의 지위를 대중국 포위수단이 아닌, 동북아시아 질서안정세력임을 명확히 해야 실질적인 진전을 이룰 수 있을 것이다.

7. Two Tracks 방식

동북아시아 다자안보협력은 ARF와 같이 민간 차원과 정부 차원의 병행방식(two tracks)이 적합하다. 국가들의 주권에 대한 민감성, 외교관계가 수립되지 않은 국가들의 존재 등을 고려할 때 정부 간 공식 대화에 앞서 민간차원의 대화를 우선적으로 진전시킨 다음, 이를 토대로 정부차원의 대화로 발전시켜 나갈 필요가 있다. 구체적으로는 NEACD와 같은 민간차원의 안보협력을 통해 대화와 토론의 습관을 키워나가면서 NEASED와 같은 정부차원의 다자 간 안보협력체를 발전시켜 나가는 전략을 구사해야 한다.

VIII 결론

다자안보가 동북아시아 질서를 탈냉전적 질서로 만들어 갈 수 있는 좋은 수단이 될 수 있다는 점은 자명하다. 즉, 다양한 재래식·비재래식 안보위협이 현실화되기 전에 국가들 간 대화를 통해 사전에 조정해 냄으로써 위협이 현실화되는 것을 방지하는 것이다. 다자안보가 제도화되고 습관화되면 국가들은 안보문제 해결에 있어서 힘에 의존하기 보다는 대화와 상호 존중 및 타협에 의존하게 될 것이다. 동북아시아에는 국가 간 갈등적 요소가 상당히 많이 남아 있고, 효율적인 제도가 존재하지 않아 언제든지 열전으로 진행될 위험성이 매우 높다. 국가 간 영토분쟁, 남북 간 긴장, 중국과 대만 간 전쟁 가능성, 나아가 중일·미중 패권경쟁이 그러한 위협요소들이다. 이러한 위험요소와 불안정성은 역설적으로 다자안보에 대한 필요성을 높여주는 요인이기도 하다. 문제는 국가들의 의도이다. 특히, 미국이 중국위협론에 기초하여 미일동맹, 한미동맹, 미호주동맹을 강화시켜 나가고자 한다면, 동북아시아 다자안보는 시작되기 어렵다. 그러나 미국이 중국을 동북아시아의 이해상관자(stakeholder)의 하나로서 인정하고, 중국과 공동리더십을 발휘하는 경우 다자안보 형성에 낙관적 전망을 할 수 있을 것이다.

제6절 동아시아지역주의

I 서론

세계화와 탈냉전이라는 국제체제의 구조적 변화는 동아시아에도 심도있는 변화를 초래하고 있다. 동아시아 국가들은 잔존하는 냉전적 정체성을 반영하여 주도권 경쟁을 하는 한편, 국가 내적 경제발전을 국가적 우선순위로 설정하고 역내 국가 간 다양한 상호의존을 강화해 나가고 있다. 경제발전을 위한 해외직접투자 유치에 적극적일 뿐만 아니라, 다자주의 또는 쌍무주의에 기초하여 무역장벽을 제거해 나가고 있다. 이러한 노력들은 결국 동아시아 지역주의 또는 동아시아 공동체 논의를 촉발시켰고, 1990년대 후반의 동아시아 금융경제위기는 그러한 논의를 한층 강화하고 있다. 동아시아 공동체 논의는 동아시아 개별 국가들의 경제적 이익을 증가시킬 것이라는 기대 이외에도 상호의존론이 제시하는 결론대로 동아시아 국가들 간 안보 불안을 근본적으로 해소할 것이라는 기대 때문에 더욱 주목을 받고 있는 것으로 보인다.

II 논의배경

1. 역내 상호의존 강화

(1) **무역**

공동체는 경제적·안보적·문화적 성격을 함께 갖는다. 따라서, 우선 공동체가 형성되기 위해서는 다차원적 상호의존이 강화되어야 한다. 역내 국가들 간 경제통합 정도를 측정하는 지표로 사용되는 역내 교역 비중을 보면, 동아시아 역내 교역 비중은 1990년 이래 아시아 금융위기 시기인 1997~1998년을 제외하고는 지속적으로 증가하였다.

(2) **직접투자**

동아시아지역에 대한 전세계의 직접투자 중 동아시아 국가들에 의해 이루어진 역내 투자의 비중은 지속적으로 증가하고 있다. 동아시아 직접 투자에 있어서 역내 투자 비중이 높아진 것은 높은 성장잠재력으로 인한 동아시아 내수 시장 증대 가능성 및 우회 수출 증가 가능성을 감안하여 홍콩, 대만, 싱가포르, 일본으로부터 대 ASEAN 및 중국 투자가 증가한데서 기인한 것이다.

2. 1997년 아시아 경제위기

오랫동안 세계적인 지역주의 흐름 속에서 침묵을 지켜왔던 동아시아에서 지역주의 논의가 활성화된 것은 1997년 경제위기 이후이다. 경제위기와 동아시아공동체 논의와의 관계는 몇 가지로 정리할 수 있다. 첫째, 동아시아 경제위기를 극복하는 과정에서 일부 동아시아 국가들은 기존의 중상주의적·국가주의적인 경제정책을 포기하고 영미식 경제관리 모델을 실험하기 시작하였다. 이는 대외적으로 경제장벽을 완화함으로써 역내 상호의존을 증가시켰다. 둘째, 금융위기 재발을 방지하기 위한 지역제도의 필요성에 대한 인식을 공유하게 되었다. 경제위기는 동아시아 국가들이 과도하게 국제금융기구에 의존하고 있다는 사실을 자각하도록 했고, IMF나 미국과 같은 국제금융의 실세들에 대항하기 위해서는 자신들의 힘을 모을 필요가 있다는 점을 인식하게 되었다. 셋째, 경제위기는 공동의 정체성을 만들어 내는 데 기여했다. 지역차원의 경제위기에 직면해서 외국기관이나 미국 정부에 의해서 억울하게 협박당하거나 착취당하고 있는 동아시아라는 역경에 처한 지역 이미지는 자신을 공동 운명체로 인식하도록 만들었다.

3. 타 지역주의에 대응

1990년대 초반 유럽지역에서는 그동안 정체되어 있던 EU 통합이 가속화되고, 북미지역은 NAFTA로 제도화 수준을 높이게 되면서, 동아시아 국가들 역시 대응블록을 형성해야 할 필요성에 대해서는 공감하고 있었다. 대응블록 형성을 통해 타 지역과의 협상에서 협상력을 강화시킬 뿐 아니라, 역내 자유무역협정을 통해 무역전환을 상쇄시킬 수 있을 것으로 기대하였다.

4. 중일 지역 패권 경쟁

중일 간 지역 패권 경쟁 역시 동아시아 지역주의 담론을 활성화시키는 계기가 되고 있다. 중국은 미국의 중국 포위전략에 대응하고 자국의 영향력을 강화하기 위해 ASEAN에 대한 적극적 접근 전략을 강화하고 있다. 한편, 일본도 기존의 동남아 국가에 대한 정치·경제적 영향력을 유지하기 위해 ASEAN에 대한 접근을 강화하고 있다. ASEAN을 사이에 둔 중일 양국의 패권 경쟁은 양자 FTA를 활성화시킬 뿐만 아니라, 중일 간 패권경쟁을 완화시키기 위한 수단으로서 동아시아경제공동체논의를 가속화시키고 있다.

Ⅲ 개념 및 비교개념

1. 개념

(1) 공동체

'공동체'라는 개념이 그 중요성을 인정받은 계기는 1957년 칼 도이치에 의해 안보공동체 개념이 제시된 이후이다. 어떤 것이 공동체라고 불릴 수 있기 위해서는 첫째, 구성원들이 민주주의, 문화, 인권, 주권 존중 등과 같은 신념이나 가치를 어느 정도 공유해야 한다. 둘째, 정부 대표만이 아니라 개인, 기업, 민간단체 등이 직접적이고, 다면적으로 긴밀한 교류관계를 가져야 한다. 셋째, 구성원들 사이에 상호성(reciprocity)이 존재해야 한다. 서로 이득을 주며, 장기적인 이득을 위해서 단기적으로 손해를 볼 수도 있으며, 개별 구성원들의 단기적 희생을 통해 전체가 이득을 볼 수 있어야 한다. 공동체라는 인식은 안보적·물질적 이익의 공유와 함께 관념적 일체성이 어느 정도 존재해야만 가능하다.

(2) 경제공동체

경제공동체란 공동체의 여러 가지 요소 중 특히 경제적 이익 측면이 강조된 공동체를 말한다. 즉, 교역, 투자, 금융 등 경제적 차원에서 국가들 간 상호의존이 두드러지고, 상호성에 기초한 협력이 이루어지고 있는 국가들의 집합을 말한다. 동아시아 경제공동체란 동아시아 국가들 간 경제적 상호의존이 심화되고, 경제적 협력이 지속적·일상적으로 유지된 상태를 말한다. 공동체가 반드시 공식적인 조약에 근거해야만 하는 것은 아니다. 비공식적인 형태로 존재할 수도 있다. 다만, 최근 동아시아 공동체 논의는 우선적으로 동아시아 FTA 창설을 목표로 하고 있는 것으로 보인다.

2. 비교개념

(1) 지역통합

무엇이 통합인가에 대한 합의는 존재하지 않으나, 일반적으로 통합을 상태(condition)로 정의하기도 하고, 하나의 과정(process)으로 보기도 한다. 또한 통합을 상태로 볼 경우에도 칼 도이치의 분류에 따르면, '다원적 안보공동체'로 볼 수도 있고 '융합된 안보공동체'로 볼 수도 있다. 신기능주의 이론을 제시한 하스는 통합을 '여러 개별 국가 내의 정치적 행위자들이 이전의 국민국가에 대해 관할권을 보유하게 되었거나 관할권을 요구하고 있는 새롭고 좀 더 큰 중심으로 충성심, 기대, 그리고 정치적인 활동을 이전시키도록 설득되어지는 과정'이라고 정의하여 통합을 과정적 측면에서 정의하였다.

(2) 지역주의 및 지역화

지역화(regionalization)란 경제교류의 지역적 집중현상을 지칭하는데, 이는 지역 내의 경제 상호의존의 심화와 상호 대체 가능한 개념이다. 지역주의(regionalism)란 경제정책의 협조나 조정을 기본 내용으로 하는 정치적 과정으로 정의될 수 있으며, 그 최고의 단계가 정치적 통합이다.

Ⅳ 형성요인 - 이론적 접근

1. 신기능주의

지역통합 또는 지역공동체 형성에 있어서 민간부문과 초국가적 제도의 역할을 강조하는 이론이 신기능주의(Neo-functionalism)이다. 즉, 공통의 문제가 존재하고, 민간부문에서 이익집단, 전문가단체, 생산자집단, 노동조합 등이 문제해결을 위한 강력한 요구를 정부부문에 투사함으로써 지역통합이 추동된다고 본다. 또한, 초국가적 제도 역시 지역통합을 추동해 나가는 중요한 역할을 한다고 본다. 기능주의 접근법에서는 발달된 자본주의나 민주주의 등의 배경조건, 다차원적 상호의존의 심화라는 과정조건, '파급효과'(spill over)를 만들어 내는 조건 등이 통합을 위해 필요하다고 본다.

2. 자유주의적 정부 간 주의

모라프칙(Andrew Moravcsik)에 의해 제안된 자유주의적 정부 간 주의는 통합이 정부 간 협상에 의해 형성됨을 강조하면서도, 정부의 선호 형성에 대한 시민사회의 영향력을 추가적으로 고려하고 있다. 이 입장에서는 통합이 3단계로 진행된다고 본다. 즉, 사회적 선호형성단계, 정부 간 협상단계, 제도형성단계가 그것이다. 이 입장은 통합이 개별 국가들의 이익 추구라고 규정함으로써 현실주의 입장과 친화적이다.

3. 구조적 현실주의

현실주의입장은 지역협력이나 지역통합과는 친화적이지 않다. 무정부적 국제체제를 국가선호와 선택에 핵심변수로 상정하고, 무정부 상황으로 인한 안보불안 및 수인의 딜레마 상황(prisoner's dilemma)때문에 국가들이 협력에 소극적일 것이라고 본다. 다만, 현실주의 입장에서는 국가 간 안보불안이 매우 감소되어 있는 상황이나 경제적 다극화 상황에서는 지역통합이 발생할 수 있다고 본다. 유럽통합의 경우 소련이라는 공동의 적이 존재하고, 유럽국가들이 NATO에 가입하여 안보불안이 약화되었기 때문에 가능했다고 해석한다. 한편, 왈츠(Kenneth Waltz)는 1970년대 이후 경제적 다극체제 등장과 이들 상호간 경쟁의 격화가 지역주의의 요인이라고 본다. 즉, 경제적 다극화 및 경쟁의 격화 상황에서 강대국은 자신과 밀접하게 연계된 국가들에 대한 영향력을 강화하기 위한 지역적 기반을 형성하고자 한다고 본다.

4. 패권안정론

패권안정론은 패권체제의 붕괴가 경제의 블록화를 초래한다고 본다. 즉, 국제경제체제의 개방과 안정은 패권국가가 존재할 때 가능하다는 전제하에 패권의 하락은 경제적 불안정과 차별적 무역협정(PTA: preferential trading agreement)을 초래한다고 본다. 맨스필드(Edward E. Mansfield)는 미국의 패권이 하락함에 따라 PTA 및 이에 가입하는 국가의 수가 증가했음을 실증적으로 보여주었다.

5. 구성주의

구성주의는 통합이나 국제제도 형성에 있어서 '관념'이나 '의식' 또는 '문화'의 역할을 강조한다. 즉, 통합에 앞서 대상국가들이나 시민사회에서 정치·경제·사회·문화적 이질성이 약하고, '우리의식'(We-Feeling)이 강한 경우 통합이 용이하다고 본다. 반대로 대상 국가들 간 동질성이나 공동체 의식이 결여되어 있는 경우 제도적 통합이 어렵다고 본다.

⬇ 지역통합에 대한 이론적 접근

구분	신기능주의	자유주의적 정부 간 주의	현실주의	구성주의
목적	거래비용 삭감	거래비용 삭감	전략적 필요	공동의 문제 해결
주체	초국가적 사회 및 제도	국가(행정부)	국가	엘리트
성공조건	민주주의, 발전된 자본주의	국가 간 선호도의 공유	양극체제, 공동의 안보위협	정체성, 의식, 규범의 공유
안정성	안정적·점진적 발전	제도화 여부에 좌우 (lock-in effect)	낮음	높음

V 동아시아 지역주의 현황

1. 동아시아 국가 간 FTA 체결

동아시아 경제통합에 대한 관심은 우선 동아시아 국가들 간 FTA로 현실화되고 있다. ASEAN 국가들은 경제위기 이후 조기에 자유무역지대를 형성하기로 합의하였다. 중국과 ASEAN은 향후 10년 이내에 FTA를 체결하기로 합의하고 논의 중이다. 일본은 싱가포르와 FTA를 체결하였고, ASEAN과도 FTA를 위한 전문가 그룹 설치를 합의하고 논의 중이다. 한국 역시 싱가포르와 협상을 마치고 국회 비준동의를 받았으며, ASEAN, 일본과 FTA를 위한 협의를 진행하고 있다.

2. ASEAN+3

말레이시아의 이니셔티브에 의해 1997년 출범하였다. 동남아 10개국과 한, 중, 일이 참가하여 연례 정상회의 및 외무, 재무, 통상장관 등 13개 각료회의, 각국의 중앙은행장과 기타 17개 고위급 관리회의 등이 주기적으로 개최되고 있다. ASEAN+3은 아직 높은 수준의 제도화를 이룩했다고 볼 수는 없지만, 상대적으로 짧은 기간 내에 예상보다 큰 성과를 거두고 있는 것으로 평가된다.

3. EAS(East Asian Summit, 동아시아 정상회의)

2001년 ASEAN+3 정상회의에서 채택된 EAVG(East Asian Vision Group) 보고서의 제안에 따라 추진되었다. ASEAN과 동북아시아 국가들 간 주도권 다툼 속에서 중국이 ASEAN의 입장을 지지함으로써 2005년 12월 제1회 EAS가 개최되었다. 제1회 EAS에서 채택된 '쿠알라룸푸르 EAS 선언'에 따르면 EAS는 향후 참여국들 간의 폭넓은 정치, 경제, 전략적 쟁점 등 공동의 이해와 관심사를 다루는 포럼이 될 것이며, 이 과정에서 ASEAN이 주도적 역할을 담당해 나가야 한다는 점을 분명히 밝혔다.

4. AMF와 미야자와 플랜

아시아 경제위기 이후 일본이 주도적으로 제안한 아시아 지역 국가들 간 금융협력 논의가 아시아통화기금(AMF: Asian Monetary Fund)과 미야자와 플랜이다. AMF 구상에 대해서는 중국을 제외한 아시아 국가들의 지지를 받았으나, 미국 및 IMF의 강한 반대에 부딪혔다. 한편, 미야자야 플랜은 일본이 금융위기를 겪고 있는 아시아 국가들을 위해 300억 달러를 지원하는 구상을 말한다. 이 플랜은 아시아 국가들의 경제위기 원인 중 하나가 달러화에 대한 지나친 의존이라고 분석하고, 일본 엔화의 적극적인 역할을 추구한 것이다. AMF가 통화 안정에 목표를 두고 있다면, 미야자와 플랜은 경제위기를 겪고 있는 아시아 국가들을 구제하고 국제금융시장을 안정화하는 데 목표를 두고 있다.

5. 치앙마이 이니셔티브(CMI)

(1) 배경

2000년 5월 태국 치앙마이(Chiang Mai)에서 개최된 제33차 아시아개발은행(ADB: Asian Development Bank) 연차 총회를 계기로 개최된 ASEAN+3 재무장관회의는 AMF의 대안으로 기존의 ASEAN 통화스와프협정(ASA: ASEAN Swap Agreements)을 확대하고, 한·중·일 3국이 참여하는 양자 간 통화스와프협정(BSA: Bilateral Swap Agreements)을 별도로 체결하는 방식으로 AMF와 같은 기구의 창설 없이 유동성을 지원하는 장치를 만들기로 합의한바, 이것이 동아시아 경제협력의 대표적 성공 사례라 할 수 있는 치앙마이 이니셔티브(CMI)이다. CMI는 아세안 5개국이 체결한 ASA를 아세안 10개국으로 확대하고 한국, 중국, 일본이 참여하여 동아시아(아세안+3) 차원의 양자 스와프협정 네트워크(network of BSAs)를 구축하는 것이다.

(2) 주요 내용

BSA의 발동에 있어서 스와프 자금 규모의 90%는 긴급 유동성이 필요한 국가가 IMF와 합의하여 IMF 프로그램을 체결하는 경우에만 인출(IMF link)되며, 인출국의 IMF conditionality(대출조건)의 이행을 전제로 제공된다. 즉, 스와프 금액의 10%만이 당사국의 합의에 따라 즉시 제공된다. 이러한 이유로 CMI의 자금 지원은 현실적으로 IMF로부터 자금 지원에 대한 승인이 확정되거나 자금 지원에 대한 승인이 예상되는 경우에만 가능하여, 실질적으로는 IMF 긴급 유동성 지원의 부속적 성격을 가지게 된다.

(3) IMF Link

IMF link를 설정한 표면적인 이유는 CMI에 효과적인 모니터링 및 감시 장치가 마련되어 있지 않은 상황에서 CMI 자금 인출에 수반되는 리스크인 도덕적 해이를 방지하기 위해서는 강력한 감시·감독 체제를 갖추고 있는 IMF에 의존할 수밖에 없기 때문이다. 그러나 IMF link를 설정한 보다 현실적인 이유는 미국과 IMF의 반대로 무산된 AMF의 전철을 밟지 않기 위한 정치적 고려이다. 즉, CMI 긴급 유동성 공급 체제를 IMF 긴급 구제금융 제공의 부속적 성격으로 만들어 IMF를 대체하는 독자적 지역 금융체제로서의 색채를 희석시킴으로써, 미국의 이익을 침해하거나 금융 영향력을 약화시키고자 하는 의도가 없음을 명백히 하고자 한 것이다.

6. CMI 다자화

(1) 배경

2007년 5월 개최된 제10차 ASEAN+3 재무장관회의는 CMI를 보다 결속력 있는 단일의 공동 펀드로 만드는 CMI 다자화에 관해 합의하고, 공동 펀드의 재원을 각 회원국이 자국의 외환보유고에서 출자하고, 해당 출자금은 각국 중앙은행이 직접 관리·운영하는 방식(self-managed reserve pooling)을 채택하였다. 즉, 기존 CMI의 양자 간 통화스와프 계약은 위기 시 자국 통화를 상대국에게 맡기고 외국 통화(주로 미달러)를 단기 차입할 것을 약정하는 느슨한 형태의 중앙은행 간 계약이기 때문에, 자금 공여국이 자금 제공을 거부할 수 있는 권한(opt-out option)을 보유하였다. CMI 다자화는 긴급 유동성 공급에 관한 이러한 CMI의 제도적 취약성을 제거하고, 자금 공급의 결정을 법적 구속력을 갖는 단일의 다자간 협약으로 제도화시킴으로써 자금 지원의 확실성을 확보하고자 하였다.

(2) 분담금 배분

분담금 배분에 관해서는 한국 16%, 중국 32%, 일본 32%, 아세안 20%씩 분담하기로 합의하였으며, 위기 시 인출 가능 금액은 '분담금 × 인출 배수(borrowing multiple)'로 결정하였는데, 분담금 대비 인출 배수는 중국과 일본 각각 0.5, 한국 1.0, 아세안 Big 5국가 2.5, Small 5국가 5.0으로 결정하였다.

(3) 의사 결정 방법

근본적인 사안인 경우에는 합의제로 결정하고, 자금 지원 관련 사안인 경우에는 다수결 방식으로 하기로 하였다.

(4) 기금 규모

CMIM 기금 규모는 초기의 800억 달러에서 1,200억 달러로 50% 확대하고, 이어서 2012년 5월 아세안+3 재무장관 회의에서 다시 100%인 2,400억 달러로 증액하기로 합의하였다. IMF link는 80%에서 70%로 축소되어 IMF 비연계 인출 비중이 30%로 확대되었다.

각국별 분담금 및 인출 가능 규모(2015년 12월 기준)

구분	한국	중국	일본	아세안	계
분담금 규모 (비중)	384억 달러 (16%)	768억 달러 (32%) • 중국: 28.5% • 홍콩: 3.5%	768억 달러 (32%)	480억 달러 (20%)	2,400억 달러 (100%)
인출배수	1	0.5(홍콩 2.5)	0.5	• Big 5: 2.5 • Small 5: 5	
인출가능 규모	384억 달러	405억 달러	384억 달러	1,262억 달러	2,435억 달러

(5) CMIM 협정문 개정

CMIM 협정문이 2019년 5월 개정되어 2020년 6월 발효되었다. 개정내용은, 첫째 IMF 지원 프로그램 도입이 조건으로 제시되는 IMF 연계자금에 대해서는 연장 횟수와 지원 기한을 폐지했다. 기존 협정문에는 위기발생 때 쓸 수 있는 위기해결용 자금인출의 경우 만기가 1년이고, 2회까지만 연장할 수 있도록 돼 있었다. 둘째, 위기발생 전에 예비적 성격으로 지원체계를 구축해 놓는 위기예방용 스왑라인은 만기가 6개월이고 3회까지 연장이 가능하다. 그동안 CMIM의 자금지원 기간이 IMF에 비해 짧았는데 이번 개정을 통해 CMIM이 IMF에 대응해서 충분히 자금을 지원하도록 한 것이다. 셋째, 위기예방용 지원제도(PL: Precautionary Line) 외에 위기해결용 지원제도(SF: Stability Facility)에도 신용공여 조건을 부과할 수 있도록 강화되었다. 신용공여 조건은 자금지원 프로그램을 제공하는 대가로 해당국에 제시되는 경제·금융 분야의 정책조건을 의미한다. 넷째, IMF와 공동 자금지원이 원활히 이뤄질 수 있도록 CMIM과 IMF의 조기 정보 공유를 위한 절차가 마련되었다. 넷째, CMIM 자금지원 시 회원국에 대한 시장의 신뢰를 확보하기 위해 필요한 경우 관련정보를 언론에 제공할 수 있도록 하였다.

7. 아시아 거시경제 조사 기구(AMRO)

(1) 배경

CMI의 다자화와 더불어 동아시아 금융협력 제도화의 최근 가장 중요한 성과는 CMI의 부속기구인 동아시아 역내 거시경제 조사기구(AMRO)가 2016년 2월 다자간 협약에 기초한 국제기구로 승격되었다는 점이다. 2010년 5월 아세안+3 재무장관회의에서 합의되어 2011년 5월부터 활동을 시작한 AMRO는 동아시아 금융협력의 틀에서 설립된 역내 거시경제 모니터링 기구로서, CMIM 기금이 위기 시 긴급 유동성을 공급하기 위해서 필요한 감시 체제(surveillance mechanism)의 기능을 지향하고 있다.

(2) 기능

AMRO가 지향하는 주된 기능은 아세안+3 국가들의 금융 위기 시 CMIM 기금으로부터 달러 유동성 지원에 필요한 감시·분석 기능을 수행하여 치앙마이 이니셔티브 다자화 기금 운영에서 발생할 수 있는 도덕적 해이 행위를 방지하는 것이다. 보다 구체적으로 AMRO는 크게 세 가지 기능을 부여받았는데, 첫 번째는 아세안+3 회원국의 거시경제 상황과 금융시장의 건전성을 감시·평가하고 분기별 보고서를 발간하는 것이다. 두 번째는 아세안+3 회원국 중 거시경제 및 금융시장의 취약성이 높은 국가의 상황을 평가하고, 필요하다고 판단되는 경우에 신속하게 위험 요인을 극복할 수 있는 정책 방안을 마련하여 해당 국가에게 적절한 방식으로 권고하는 것이다. 세 번째는 스와프를 요청하는 회원국이 CMIM 기금의 협약상 명시된 유동성 제공 관련 규정을 준수하도록 감시하는 것이다.

8. RCEP

(1) 의의

동아시아FTA(EAFTA)를 위한 정상 간 협의체인 APT가 상당한 기간 동안 진행되었으나 진척을 보지 못했다. 이는 참여국 범위를 둘러싼 대립, 즉 EAFTA를 선호하는 중국과 CEPEA(Comprehensive Economic Partnership in East Asia)를 선호하는 일본 간의 입장 차이가 주요 원인이었다. 이러한 상황이 지속됨에 따라 2011년 11월 아세안 정상회의에서 역내포괄적경제동반자협정(RCEP: Regional Comprehensive Economic Partnership)에 관한 아세안 기본 틀(ASEAN Framework)이 제시되었다. 아세안 기본 틀에는 동아시아 차원의 FTA에 대한 아세안 입장에서의 기본원칙이 제시되어 있는데, 아세안과 FTA를 이미 체결한 6개국(한국, 중국, 일본, 호주, 뉴질랜드, 인도)이 RCEP대상국으로 설정되었다. 이후 2012년 4월 프놈펜에서 개최된 아세안 정상회의에서 각국 정상은 차기 정상회의(2012년 11월)에서 RCEP 협상 시작을 선언하기로 합의하였으며, 11월 정상회의에서 RCEP 협상 개시가 공식적으로 선언되었다. RCEP 협상은 2020년 11월 15일 타결되고 최종서명되었다.

(2) 추진배경

RCEP의 추진배경에는 동아시아 및 아태지역 내의 복잡한 정치·경제적 상황이 자리 잡고 있다. 첫째, RCEP 출범의 직접적인 원인은 아세안+3 차원의 EAFTA를 주장하는 중국과 아세안+6 차원의 CEPA를 선호하는 일본 간의 갈등이 지속됨에 따라 동아시아 차원의 FTA 추진이 지연된 데 있다. 둘째, 한중일 3국 간 FTA 추진이 가시화되면서 아세안에서는 아세안 중심주의(ASEAN Centrality)가 위협받을 수 있다는 우려가 조성되었다. 셋째, 환태평양경제동반자협정(TPP: Trans-Pacific Partnership)이 빠른 속도로 진행되고 아세안 10개국 중 4개국(싱가포르, 브루나이, 말레이시아, 베트남)이 참여하면서, TPP가 동아시아 차원의 FTA 협상에 경쟁자로 부상하였고, 아세안 내 균열을 초래할 수 있는 잠재적 요인으로 등장하였다. RCEP에는 ASEAN+6 회원국이 모두 협상에 참여하기로 선언함에 따라 결국 자유화 수준이 높은 지역 차원의 FTA는 어려울 것으로 전망되고 있다.

Ⅵ 동아시아 지역주의의 필요성(기대효과)

1. 경제적 이익

동아시아 지역주의 또는 지역공동체는 우선 역내 국가 간 경제적 통합을 심화시킴으로써 역내 국가들의 경제적 이익을 증가시킨다. 국가경제체제의 개방은 무역을 활성화시키고, 자원배분의 효율성을 강화시켜 역내 국가들의 경제적 이익을 증가시킬 수 있다. 투자의 활성화나 금융 자본이동의 활성화 역시 역내 국가의 성장을 견인할 것이다.

2. 안보이익

(1) 상호의존과 평화

상호의존론에 의하면, 경제적 상호의존의 활성화는 국제평화를 견인한다고 본다. 이는 상호의존이 활성화될수록 의존관계에 있는 국가들은 의존관계를 철회함으로써 얻는 이익보다 비용이 커지기 때문에 무력 사용보다는 분쟁의 평화적 해결을 의도하게 된다고 본다.

(2) 신기능주의

신기능주의에서는 경제통합에서 시작된 지역통합이 점차 안보분야에서의 협력이나 통합으로 확산되는 효과(spill-over effect)가 있다고 본다. 이에 따르면 동아시아 경제통합이나 경제공동체가 활성화되면, 이것이 자연스럽게 다자안보협력이나 안보공동체로 확대되면서 동아시아 국제체제를 보다 안정화시킬 수 있다.

(3) 구성주의

구성주의자들은 국제체제를 구성하는 규범이나 관념이 고정되어 있지 않고, 행위자들 간 상호작용과정에서 내생적으로 생성 및 변화된다고 본다. 동아시아경제공동체가 확대·심화되어 가는 경우 국가들 간 새로운 정체성을 내면화할 가능성이 있다. 만약, 새로운 정체성이 서로를 공동체 구성원으로 인식하게 되는 경우 동아시아 질서의 안정성은 높아질 것이다.

Ⅶ 결론 – 한국적 함의 및 전략

동아시아 FTA가 체결되는 것은 한국의 경제이익 뿐만 아니라, 동아시아 질서의 안정을 통한 안보이익에도 긍정적인 영향을 줄 것이다. 따라서 한국은 적극적인 FTA 정책을 통해 동아시아 FTA 형성에 기여하고 한국의 국가이익을 실현하기 위해 몇 가지 전략적 선택이 필요하다.

첫째, 한국은 역외국가들과 FTA를 적극적으로 모색해야 한다.

둘째, 한국은 양자 간 FTA 외에도 동아시아 차원에서의 경제협력 논의에 능동적으로 참여해야 한다. 중일 간의 갈등이 표출될 가능성을 배제할 수 없는 상황에서 동아시아는 동북아시아에 비해 부정적 파급효과를 최소화하는 데 적합한 틀을 제공할 수 있을 것이다. 그리고 한국이 동아시아 차원에서 효과적인 역할을 담당하기 위해서는 아세안 국가들과의 협력증진에 보다 많은 노력을 경주해야 한다.

셋째, 한국이 동아시아 경제공동체 형성에 주도적으로 참여하기 위해서는 무엇보다 한국 정부가 적극적인 FTA 정책을 추진해야 하며, 이는 우리 정부가 주도적인 자유화 정책을 경제정책의 기조로 삼을 때 비로소 실현될 수 있을 것이다.

제7절 ASEAN+3(APT)

Ⅰ 서론

1990년대 후반 동아시아 경제위기 이후 동아시아 지역공동체 형성에 대한 논의가 활성화되는 가운데 ASEAN+3 체제가 출범하면서 그 실현 가능성에 대한 기대감이 고조되고 있다. 현재 ASEAN+3은 ASEAN의 10개국과 한중일 정상이 참석하여 경제, 안보 및 기타 역내의 다양한 이슈에 대한 견해를 주고받는 포럼의 수준을 벗어나지 못하고 있어서 제도화 수준은 매우 낮은 상황이다. 또한 미국의 견제, 중국과 일본의 주도권 다툼, ASEAN의 주도권 요구 등으로 제도화 수준을 높여가는 데는 다양한 장애물이 놓여져 있다. 그럼에도 불구하고, 지역공동체 형성에 대한 비관적 전망이 지배하던 동아시아지역에서 초보적인 형태이지만 지역공동체에 대한 논의가 시작되었다는 것 자체가 매우 귀중한 자산임은 분명하다. 주권국가들 간 단순한 교류를 넘어 제도화된 협력, 나아가 공동체를 형성하는 것은 본질적으로 매우 어려운 문제이다. 중요한 것은 국가들이 어떻게 그러한 난점들을 조정해 내고, 어디에서 모멘텀과 동력을 창출해 낼 것인가의 문제일 것이다.

Ⅱ ASEAN+3의 발전과정

1. ASEAN+3 정상회의

ASEAN+3 협력체제는 말레이시아의 이니셔티브에 의해 1997년 출범하였다. 여기에는 아세안 10개국과 한국, 중국, 일본이 참여하여 연례적 정상회의를 개최하고 있다. 그 밖에도 외무, 재무, 통상장관회의 등 13개 각료회의도 주기적으로 개최되고 있다. 동아시아 정상들은 1999년 제3차 ASEAN+3 정상회의에서 동아시아 지역협력에 대한 강력한 정치적 의지를 표명한 바 있다. 또한, 2000년 5월 ASEAN+3 재무장관회의에서는 '치앙마이 이니셔티브'(CMI: Chiang Mai Initiative)에 합의하고, 금융위기 시 역내 국가 간 공동대응방안을 제시하였다.

2. 한중일 3국 정상회의

ASEAN+3 정상회의와 연계하여 1999년 한국, 중국, 일본 등 동북아시아 3국 간 정상회의가 처음 개최되고, 이후 지속되고 있다. 한중일 3국 정상회의는 동아시아 지역협력 및 동북아시아지역협력의 중요한 전기를 제공하고 있다. 3국 정상회의는 애초 비공식적 협의체로 출범하였으나, 2002년부터 공식회의 형태로 격상되어 3국 간에 보다 공식적이고 포괄적인 협의체로 발전하였다.

3. 동아시아 비전그룹(EAVG)

동아시아 비전그룹(East Asia Vision Group)은 한국이 주도한 민간 차원의 연구그룹으로서 2001년 최종보고서를 제출하였다. EAVG 보고서가 제시하고 있는 동아시아 협력의 비전은 동아시아 국가들 간 정치, 경제, 사회, 문화 등 다양한 분야의 협력을 통해 궁극적으로 역내 국가들 간 '동아시아공동체'(EAC: East Asian community)를 형성하는 것이다. 동 보고서는 동아시아 지역협력에서 가장 중요한 기능적 협력분야는 무역, 투자, 금융 부문이라고 밝히고, 동아시아 자유무역지대, 동아시아 투자지역, 동아시아 통화기금 등의 설립을 제안하고 있다.

4. 동아시아 연구그룹(EASG)

한국에 의해 주도된 프로젝트로서 EAVG와 달리 정부차원의 연구그룹이다. 2002년 제6차 ASEAN+3 정상회의에서 채택된 EASG보고서는 ASEAN+3 국가들이 동아시아공동체를 구현하기 위한 구체적인 행동계획을 제시하고 있다. 단기적으로는 동아시아 비즈니스 협의회(East Asia Business Council) 형성, FDI를 위한 우호적 투자환경 조성, 동아시아포럼(EAF: East Asia Forum) 설립 등을, 중장기적으로는 동아시아 자유무역지대(EAFTA: East Asia Free Trade Area) 형성, 역내 금융 협력기구 설립, 동아시아 투자지역 추진 등을 과제로 제시하고 있다.

5. 동아시아 정상회의(EAS: East Asian Summit)

동아시아 정상회의는 아세안+3와 달리 한중일 3국이 동남아국가들과 동등하게 정상회의를 개최할 수 있는 새로운 정상회의 체제로서 동아시아 협력의 궁극적인 목표인 동아시아 공동체(EAC) 형성을 본격화하는 가시적 조치이다. 2004년 11월 제8차 ASEAN+3 정상회의에서 결정되었고, 2005년 12월 제1차 동아시아 정상회의가 개최되었다. ASEAN은 현재 내부적으로 EAS 출범으로 인한 ASEAN+3 협력 틀에서 ASEAN의 위상 약화를 우려하고 있다. 특히 ASEAN의 리더십을 자처하는 인도네시아, 싱가폴, 베트남의 거부감이 강한 것으로 알려지고 있다.

Ⅲ ASEAN+3 협력의 과제 및 쟁점

1. 주요 과제

(1) 역내 자유무역지대 결성

향후 ASEAN+3 국가들이 추진해 나가야 할 가장 중요한 중장기적 과제는 역내 경제통합의 초석이라 할 수 있는 동아시아 자유무역지대(EAFTA) 결성 문제이다. 이를 실현하기 위해서는 일차적으로 역내 최대 경제대국인 일본과 중국 간 경제통합이 전제되어야 하나, 중일 간 패권경쟁과 이에 따른 일본의 유보적 태도로 단기에 실현될 가능성이 거의 없다. 다만, ASEAN이 역내 다양한 FTA 연계망의 중심축으로 부상하면서 중장기적으로 ASEAN을 중심으로 한 EAFTA 형성 가능성이 높은 것으로 평가된다.

(2) 역내 금융협력기구 설립

역내금융협력은 자유무역지대 결성과 함께 동아시아 지역협력의 가장 핵심적인 중장기 과제이다. 1997년 동아시아 외환위기 이후 ASEAN+3 국가들 간 역내 금융협력 필요성에 대한 인식이 높아지면서 금융지원, 정책협의, 채권시장 육성 등 다양한 형태의 협력 방안에 대한 논의와 실천이 이루어지고 있다.

2. 주요 쟁점

(1) 동아시아 경제공동체 형성 가능성

동아시아 공동체는 안보공동체, 경제공동체, 문화공동체 등 3가지 축을 중심으로 추진될 것으로 보이나, 동아시아 국가들의 다양한 이질성을 고려할 때, 경제공동체의 가능성이 가장 높은 것으로 평가되고 있다. 무엇보다 역내 국가들이 최소한 경제체제 차원에서는 시장경제체제로의 전환을 서두르고 있어서 경제공동체 형성 전망을 밝게 하고 있다. 그러나 높은 수준의 경제통합은 정치적 동질성을 전제로 하기 때문에 유럽과 같은 높은 수준의 경제공동체 형성에는 회의적이다. 따라서 동아시아에서 기대할 수 있는 경제공동체는 경제통합의 가장 초보적 수준인 역내 자유무역지대 결성과 역내 금융협력기구 설립 등의 수준이 될 것으로 보인다.

(2) 역내 리더십 부재

ASEAN+3는 ASEAN이 주도하고 있으나, 동남아 중소국가들의 연합체인 ASEAN의 리더십만으로는 동아시아 지역통합에 한계가 있을 수밖에 없다. 통합을 위해 필요한 공공재를 제공해 줄 수 있는 주도국의 리더십이 요구된다. 현재 지도력을 발휘할 가능성이 있는 나라는 중국과 일본이다. 그러나 일본은 경제력을 갖추고 있으나, 과거사와 관련하여 주변국들과의 신뢰구축이 미비되어 정치적 리더십이 결여되어 있다. 반면, 중국은 아시아 강대국으로서 정치적 리더십을 보이려는 노력은 하고 있으나, 경제력이 충분하지 못한 것으로 평가된다. 나아가 중국과 일본이 주도권 다툼을 벌이면서 ASEAN에 경쟁적으로 접근함으로써 어느 한 국가 또는 두 국가 공동의 리더십을 기대하기 어렵다. 중일 간 경쟁관계는 역내 협력에 부정적 요인으로 작용하고 있다.

(3) 동아시아 정상회의(EAS) 개최 문제

동아시아 정상회의 개최가 합의되었으나, 세부사항에 대해서는 관계국 간 다양한 이견이 존재하고 있다. EAS와 관련 최대 쟁점은 회원국 확대 문제이다. 즉, EAS에 역외국인 호주, 뉴질랜드, 인도, 미국을 포함시킬 것인가의 문제이다. 중국과 ASEAN은 회원국 확대보다는 기존 회원국을 중심으로 역내 협력의 심화(deepening)를 추구하는 반면, 일본은 미국 등 역외국들로 외연의 확대(widening)를 추구하고 있다. 특히 미국을 참여시킬 것인가가 핵심쟁점으로 볼 수 있다.

(4) 사무국 설치 문제

역내 국가들 중 어느 국가가 사무국을 유치할 것인가의 문제는 동아시아 지역협력의 외교적 주도권 문제와 관련하여 정치적으로 매우 민감한 사안이다. ASEAN+3 협력의 효율적 운영을 위해서는 사무국 설치문제가 공식 제기될 가능성이 높아지고 있다. ASEAN은 자신의 주도를 이유로 ASEAN에 유치하기를 희망하나, ASEAN 내부에서도 말레이시아와 인도네시아 및 싱가폴을 중심으로 의견 대립이 있다.

(5) 한중일 3국 공조 문제

ASEAN+3 협력체 내에서 동북아시아 3국의 입장을 조율하기 위한 협의체의 내실있는 운영이 문제가 되고 있다. 한중일 3국 간 정상회의체가 발족했으나, 한중일 3국 간 외교적 마찰로 원활하게 운영되지 못하고 있다. 또한 EAS 출범 이후 중국과 일본의 대립이 첨예화되면서 더욱 한계에 부딪히고 있다.

Ⅳ 주요 국가들의 입장

1. ASEAN – 주도

ASEAN이 ASEAN+3협력을 추진한 배경은 경제적으로 독자적 생존이 어려운 동남아 국가들이 한중일 동북아시아 3국의 협력과 지원을 확보하여 내부적 취약성을 극복하고자 한 것이었다. 따라서 이들은 ASEAN+3과 EAS에서 주도권을 유지해야 한다는 것이 기본 입장이다. ASEAN은 한국·중국·일본과 양자 FTA를 체결함으로써 동아시아 FTA 형성을 주도해 나가고자 한다. 또한, 동아시아 지역통합에 선행하여 'ASEAN 공동체(ASEAN Community)'를 조기 구축하여 자신들의 정체성의 공고화와 대외 협상력 강화를 도모하고 있다. 나아가 중일 간 패권경쟁을 적절히 활용함으로써 양측으로부터 최대한의 실리를 확보하고자 한다. 그러나 ASEAN 내부 국가들 간 다양한 이해관계로 ASEAN이 계속해서 단일한 목소리를 낼 수 있을지 주목된다. 특히 역외 국가와의 친소관계에 따라 입장을 달리하고 있다. 예컨대, 필리핀은 친미, 베트남은 반중국, 태국은 친중국 등 다양하게 균열이 형성되어 있다.

2. 중국 – 미국 배제

동아시아지역 경제통합에 가장 적극성을 띠는 국가가 중국이다. 중국은 ASEAN+3, EAS 형성을 적극 지지할 뿐만 아니라, 그 과정에서 ASEAN 주도를 지지함으로써 ASEAN과 관계 강화에 노력하고 있다. 중국의 대 ASEAN 접근 강화 이유는 명백하다. 중국은 미국의 대중국정책의 핵심이 중국봉쇄에 있다고 본다. 이를 위해 미국이 기존 동맹국 및 군사협력국을 묶어 아시아판 mini-NATO와 같은 집단방위동맹체를 구상하고자 한다고 생각하고 있다. 중국은 이에 대응하여 ASEAN 국가들을 최소한 중립화, 최대한 친중국화하는 것을 목표로 ASEAN에 대한 외교적 노력을 강화해 나가고 있다. 이러한 노력이 성공하는 경우 일본과의 지역패권 경쟁에서도 쉽게 일본을 극복할 수 있을 것으로 본다.

3. 일본 – 중국 견제

일본은 1980년대 이후 ASEAN 국가들에 대한 대규모 직접투자와 대외원조 등 경제적 지원을 바탕으로 양자차원에서 동남아시아 국가들에 대한 정치적 영향력을 증대시키려는 노력을 꾸준히 해오고 있으나, 일본은 동아시아 지역통합보다는 APEC과 같은 광역 아태협력에 보다 중점을 두고 있다. 2000년대 이후 중국의 아세안 접근에 대응하여 이를 상쇄하기 위한 노력을 하고 있으나, 적극적인 조치는 취하지 않고 있다. 일본은 중국 주도의 지역경제통합이 가속화되는 상황을 우려하여 EAS에 미국, 호주를 포함한 역외국을 포함시키기 위한 노력을 지속하고 있다. 일본은 자신이 동아시아 지역협력을 주도하지 못할 바에야 차라리 이를 희석시키는 것이 바람직하다는 판단을 하고 있다.

4. 미국 – 관망에서 무산 시도 가능

미국은 ASEAN+3 협력에 대해 관망하면서 상대적으로 유연한 태도를 견지해 왔다. 이는 ASEAN 내부의 다양성으로 지역협력이 진전될 가능성이 거의 없다고 보았고, 일본이 주도함으로써 개방적 지역주의화해 나갈 것으로 기대했기 때문이다. 또한, 미국이 FTAA, 양자 FTA 등 지역주의를 추진하고 있기 때문에 지역협력을 거부할 명분이 없었기 때문이다. 그러나 최근 중국 주도로 ASEAN+3 및 EAS 협력이 가속화되는 것을 보면서 동아시아지역에서 중국의 영향력이 강화되어 나가는 것에 경계심을 늦추지 않고 있다. 미국은 ASEAN이 주도해야 한다는 입장을 천명하면서 EAS에 가입을 추진하고 있다. 향후 동아시아 지역통합이 중국의 일방적 주도로 전개되거나 반미 또는 탈미적 성향을 띨 경우, 직접적인 개입을 통해 이를 저지 또는 무산시키려 할 가능성도 완전히 배제할 수는 없다.

V 한국의 대응 전략

1. 한미관계의 중요성 재인식

한국이 동아시아 지역협력을 추진해 나감에 있어서 미국변수를 고려하지 않을 수 없다. 한미동맹은 한국의 안보·경제적 이익 및 동북아시아에서 일본과 중국의 교량적 역할을 위한 중요한 자산이며, 이를 손상시킬 가능성이 있는 한국의 전략은 배제되어야 한다. 이러한 관점에서 한국은 미국의 동아시아에서의 정치·경제적 이익을 고려해야 한다. 미국이 ASEAN+3에 직접 참여할 방법은 없으나, 간접적 방법을 통해 참여할 수는 있을 것이다. 미국의 참여는 동아시아 지역통합의 성공 가능성을 높여줄 것이다. 한국은 동아시아 경제통합에 미국의 간접적 참여를 유도·보장하는 방안들을 모색해 나가야 한다.

2. 중국 – 일본 간 교량적 역할 모색

동아시아 협력 또는 동북아시아 협력에 있어서 한국은 중국과 일본의 교량적 역할을 모색해야 한다. 중국과 일본은 과거사와 영토 문제 및 지역 패권 추구, 상호적으로 인식하는 정체성의 문제로 숙명적 경쟁관계에 있다. 문제는 중국과 일본의 화해 또는 협력 없이는 동북아시아 공동체나 동아시아 공동체 건설은 요원하다는 것이다. 한국은 동아시아 지역협력에 있어서 중국경제와 일본경제를 연계함으로써 역내 경제통합을 촉진해 나가야 한다. 한국의 지정학적 위치, 지역 내 유일의 중위권 세력, 중일 간 패권 경쟁 상황은 한국이 교량적 역할을 해낼 수 있는 자산이다.

3. ASEAN과의 전략적 제휴 강화

중일 패권경쟁 상황은 한국이 ASEAN 국가들과 전략적 제휴를 강화할 수 있는 정치적 지형을 형성시켜 주고 있다. 전통적으로 비동맹 중립 외교 노선을 지향해 온 다수 ASEAN 국가들은 동남아시아지역에 대한 역외강대국들 간 세력균형을 모색하고 있으며, 이러한 측면에서 한국과의 관계를 설정하려는 전략적 사고를 하고 있다. 중국과 일본에 대한 정치·군사·경제·심리적으로 위협인식을 갖고 있는 동남아시아 국가들과의 전략적 제휴를 강화해 나감으로써, 역내 세력균형 유지에 중심추 역할을 담당해 나갈 수 있는 방안들을 모색해야 한다.

4. 우회 지역주의로 활용

한국은 ASEAN+3 협력체제를 동북아시아 구상 실현을 위한 우회지역주의(detour regionalism)의 유효한 기제로 활용해 나가는 방안을 모색해야 한다. 즉, 동북아시아 FTA가 동북아시아 3국 간 정치적 문제들로 난항을 겪고 있음을 고려하여 ASEAN+3 협력 틀을 적절히 활용하여 간접적으로 동북아시아 협력의 모멘텀을 유지·증진시켜 나갈 수 있는 방안들을 강구해야 한다.

Ⅵ 결론 – 한국의 외교적 대응방안

ASEAN+3을 통한 동아시아공동체 형성은 한국의 경제적·안보적 이익 차원에서 외교력을 발휘해야 하는 사안임은 명백하다. 또한, 한국이 그 과정에서 실용적 세력으로서 기능하는 경우 한국의 정치적 위상을 강화할 수 있는 기회이기도 하다. 이를 고려하여 한국은 다음과 같은 방향에서 외교적 대응을 해 나가야 할 것이다. 첫째, 한미동맹, 한미 FTA 체결 국가로서 역외국인 미국의 반감을 완화할 수 있다는 논리를 펴 나갈 필요가 있다.

둘째, 한중일 3국 간 공조체제를 강화하는 방안을 모색해야 한다. 한중일 3국 간 입장이 조율되지 않는 경우 ASEAN의 이니셔티브에 의해 피동적으로 끌려 다닐 수밖에 없을 것이다.

셋째, 미국변수를 고려해야 한다. 미국이 자신이 배제된 동아시아 지역협력에 적극 반대할 경우 성공 가능성은 낮아질 것이다. 한편, 한국이 중국과 일본을 연결하는 교량 역할을 하기 위해서도 미국과 동맹관계를 견고하게 유지해 나가야 한다.

기출 및 예상문제

1. 북한 핵문제 해결을 위해 미국과 북한은 두 차례(2018년 6월과 2019년 2월)에 걸쳐 정상회담을 개최하였으나 여전히 해법을 도출하지 못하고 있다. 북한 핵문제와 관련해서 다음 물음에 답하시오. (총 30점) [2019 국립외교원]

   (1) 국제정치학에서 논의되고 있는 대표적 핵확산 이론의 낙관론과 비관론을 북한의 상황에 적용하여 설명하시오. (16점)

   (2) 적대적 쌍방 간 핵전력 균형이 달성되는 경우에 초래될 수 있는 글렌 스나이더(Glenn Snyder)의 '안정–불안정 역설(stability–instability paradox)'의 개념을 설명하고, 이 개념을 북한과 파키스탄 사례에 적용하여 논하시오. (14점)

2. 1990년대 이후 동북아시아지역의 국제관계 현상은 매우 복잡하게 전개되고 있다. 정치군사 측면에서는 민주화 현상이 확대되고 있는 반면에 냉전질서 유지의 기본 축이었던 핵억지와 동맹체제를 통한 대립현상이 지속되고 있다. 경제·문화 측면에서는 세계화가 가속화되고 국가 간 상호의존이 심화되는 반면에 기업 간 경쟁이 치열해지고 과거사 문제와 교과서 왜곡문제 등으로 국가 간 갈등이 심화되고 있다. 이러한 동북아시아지역의 국제관계 현상을 가장 잘 설명할 수 있는 국제정치이론을 하나 선택하고 다음 물음에 답하시오. [2005 외시]

   (1) 동북아시아지역의 국제관계 현상을 각자 선택한 국제정치이론을 분석틀로 삼아 정치군사 측면과 경제문화 측면으로 나누어 설명하시오.

   (2) 동북아시아지역의 국제관계 현상을 둘러싼 한국 국내 행위자들 간의 협력 또는 대립양상을 각자 선택한 국제정치이론의 명제에 따라 설명하시오.

   (3) 각자 선택한 국제정치이론은 '중국의 급속한 경제성장이 동북아시아지역의 국제관계에 현상에 미치는 영향'을 설명하는 데 얼마나 효과적인지 논술하시오.

3. 과거에도 그랬듯이, 21세기 동북아시아 국제질서도 미국, 러시아, 중국, 일본등 강대국 간의 관계에 크게 영향을 받고 있다. 여기에 한반도 문제가 더해져 매우 복잡한 양상을 보여주고 있다. [2002 외시]

   (1) 탈냉전기 세계 및 동북아시아 질서의 재편과정을 설명하시오.

(2) 21세기 초 동북아시아 질서가 안정될 가능성과 불안정해질 가능성에 대해 각각 그 요인을 들어 설명하시오.

4. UN(United Nations)은 제2차 세계대전이 끝난 직후인 1945년 10월 창설되었다. UN 창설 과정에서 주요 강대국들은 과거 국제연맹이 제 기능을 다하지 못했던 점을 교훈삼아 『안전보장이사회』를 구성하였다. 현재까지 『안전보장이사회』는 세계평화와 안전보장 문제를 다루는 UN의 핵심 기관으로 운영되고 이다. 이와 관련하여 다음 물음에 답하시오. [2013 5급공채(외교직)]

(1) 『안전보장이사회』가 구성된 과정과 냉전 종식 이후 『안전보장이사회』의 개혁 필요성이 제기되는 이유를 적절한 국제정치이론을 이용하여 설명하시오.
(2) 『안전보장이사회』가 북한의 핵실험에 대해 치한 조치사항을 제시하고 이를 실행하는 데 드러나는 한계점에 대해 논하시오.

5. 21세기 초 동북아시아 국제정세는 구조적 안정성을 보유하고 있는 유럽지역이나 북미지역 등 여타 지역과는 달리 다차원적 안보불안요인들이 상존하고 있으나, 이들을 관리하기 위한 다자주의적 틀이 결여되어 있어 구조적 불안정성이 매우 높은 것으로 평가되고 있다. 21세기 동북아시아 질서의 안정성에 관한 다음 물음에 답하시오.

(1) 21세기 동북아시아 질서의 불안정요인에 대해 논의하시오.
(2) 동북아시아 질서의 불안요인을 관리하기 위한 현실주의적 처방을 제시하고, 적실성과 한계에 대해 논의하시오.
(3) 동북아시아 질서의 불안정요인을 관리하기 위한 방안을 현실주의의 대안적 패러다임의 관점에서 논의하고, 그 가능성과 한계에 대해 논의하시오.
(4) 이상의 논의에 기초하여 21세기 한국의 동북아시아 안보전략에 대한 함의를 논의하시오.

6. 탈냉전 이후 초래된 북한 핵문제는 상당히 오랜 기간 동안 동북아시아 및 한반도 질서의 불안정 요인으로 지속되고 있다. 북한의 핵폐기를 위해 미국을 비롯한 동북아시아 5개국이 양자차원 또는 다자차원에서 다양한 노력을 기울였음에도 불구하고 북한의 핵실험과 미사일발사 실험이 반복되면서 국제사회에서는 북한의 핵보유를 기정사실화하는 분위기마저 조성되고 있다. 북한핵문제와 관련하여 다음 물음에 답하시오.

(1) 핵확산을 막기 위한 국제사회의 지속적인 노력에도 불구하고 국가들의 핵보유 의지는 약화되지 않고 있는 것으로 평가할 수 있다. 국가들이 핵무기를 보유하고자 하는 이유를 탈냉전기 이후 구체적 사례를 통해 분석하고 북한의 핵개발 동기에 대해 논하시오.
(2) 국가들의 핵보유 의지에 대해 미국을 비롯한 주요국들은 강력하게 반대하면서 다양한 방식을 동원하여 핵무기를 폐기하도록 하였거나 통제하는 데 성공하였다. 탈냉전 이후 사례에 기초하여 핵폐기 또는 통제에 성공할 수 있었던 요인에 대해 분석하시오.
(3) 그동안 국제사회에서 핵폐기에 적용했던 방식이 북핵문제 해결에 있어서 갖는 한계가 무엇인지 탈냉전기 이후 전개된 북핵문제를 대상으로 하여 논의하시오.
(4) 이상의 논의에 기초하여 북핵문제 해결을 위한 전략에 대해 논의하시오.

7. 동북아시아 항구적 평화는 국제정치학의 주요 과제 중의 하나라고 볼 수 있다. 이를 위한 중요한 제도로 주목을 받는 것이 이른바 '동북아시아 다자안보'라고 할 수 있다. 그러나 냉전적 정체성이 강하게 작동하고 있는 동북아시아정치지형에 있어서 다자안보에 대한 낙관론에 비관론이 첨예하게 대립하고 있다. 동북아시아 다자안보와 관련하여 다음 물음에 답하시오.

(1) 안보달성수단으로서 다자안보와 동맹안보를 비교하여 설명하고, 다자안보와 동맹안보의 장단점에 대해 논의하시오.
(2) 동북아시아지역은 유럽지역과 달리 다자안보의 제도화가 저발전 또는 정체되고 있는 것으로 평가되고 있다. 유럽지역의 사례 및 이론들을 고려하여 동북아시아지역의 다자안보가 정체된 원인을 분석하시오.
(3) 이상의 논의에 기초하여 동북아시아 다자안보 제도화를 위한 전략에 대해 논의하시오.

8. 중국의 부상으로 미국과 중국이 상호 협력과 경쟁을 지속하는 G2 시대가 도래하고 있다. 미국과 중국 간의 갈등 및 협력 가능성과 관련하여 다음 질문에 답하시오. [2012 5급공채(외교직)]

(1) 세력전이(power transition)이론의 관점에서 미국과 중국 간의 갈등 가능성에 대해 설명하고, 양국 간 평화적 세력전이가 발생하기 위한 조건을 제시하시오.
(2) 세력균형(balance of power)이론과 민주평화(democratic peace)이론의 관점에서 미국과 중국 간 협력적 공존을 위한 방안을 도출하고, 그 대안적 이론을 활용하여 새로운 방안을 제시하시오.

9. 1997년 동아시아 금융위기 이후 아세안 10개국과 한국, 중국, 일본은 2000년 태국 치앙마이 재무장관회의에서 역내 금융위기 방지와 금융위기 시 효과적인 대응을 위해 긴급구제용 양자 통화스왑인 '치앙마이 이니셔티브'(CMI)를 체결하였다. 이후 지속적으로 통화스왑 협정을 확대하여, 2009년 기존의 양자 및 삼자 통화스와프를 다자화한 총 기금 규모 1천 200억 달러의 '치앙마이 이니셔티브 다자화'(CMIM)에 성공하여 역내 외환 안전망을 강화하였다. '치앙마이 이니셔티브 다자화'는 궁극적으로 아시아판 '국제통화기금'(IMF)인 '아시아통화기금'(AMF)으로의 이행을 목표로 하고 있다. 미국이 동아시아 금융협력과정에서 배제되어 있는 점이 2000년 이후 '치앙마이 이니셔티브'의 제도적 발전에서 주목할 만하다. 다음 질문에 답하시오. [2011 외시]

(1) 국제정치경제 현상을 설명하는 현실주의, 자유주의, 구성주의 시각에 기초하여 '치앙마이 이니셔티브'의 제도적 발전을 각각 설명하시오.
(2) 국제레짐(international regime)의 형성과 제도적 발전을 설명하는 국제정치이론 중 하나인 신자유제도주의에 근거하여 '치앙마이 이니셔티브 다자화'의 '아시아통화기금'으로의 이행에 대한 전망을 평가하시오.

10. 지역통합에 관한 다음 질문에 답하시오. [2010 외시]

(1) 국제관계를 보는 관점은 홉스(Thomas Hobbes)적 시각, 칸트(Immanuel Kant)적 시각, 그로티우스(Hugo Grotius)적 시각 등으로 구분되기도 한다. 이러한 시각들을 원용하여 지역공동체 단위의 등장에 대해 설명하시오.
(2) 동아시아 여러 다자협의체들의 역사와 현황을 설명하고, 동북아시아지역에서 다자협의체의 효과와 한계를 논하시오.
(3) 동북아시아 안보(평화)공동체, 경제(시장)공동체, 문화(신뢰)공동체에 관한 한국 정부의 정책방향을 제시하시오.

11. 1997 ~ 1998년의 외환위기 이후 동아시아 지역에서도 지역주의 움직임이 활발하다. ASEAN plus Three(APT)를 통하여 동아시아 차원의 경제협력체 설립이 논의되는가 하면, 개별 국가들 사이에서도 자유무역협정(FTA) 등이 활발하게 추구되고 있다. 그런데 이러한 시도들은 동아시아 지역의 경제질서 뿐만 아니라 안보질서에도 상당한 영향을 미칠 수 있다. 이러한 상황을 염두에 두고 다음 물음에 답하시오. [2007 외시]

(1) 무역과 안보의 관계에 대한 자유주의 시각과 현실주의 시각의 차이를 설명하시오.
(2) FTA의 본질적 특성과 이에 따른 안보적 외부효과(security externalities)를 설명하시오.
(3) 개별 국가들 차원에서의 경쟁적 FTA 체결이 동아시아 지역 차원에서의 협력체 건설에 미칠 영향에 대하여 설명하시오.
(4) 동아시아 국제질서의 미래와 관련하여 자유주의 시각 또는 현실주의 시각 중 하나를 선택하여 자신의 전망을 제시하고 설명하시오.

12. 21세기 초 현재 국제질서에 있어서 세계화와 함께 지역화(regionalization) 또는 지역주의(regionalism) 현상이 매우 두드러진 국제정치경제 현상으로 자리매김 되고 있다. 특히 지역경제통합이 매우 활발하게 전개되고 있다. 지역통합 시도는 유럽에서 시작되었고 현재 동아시아 국가들도 경제통합 논의를 본격화하고 있으나 유럽지역에 비해 제도화 수준은 현저하게 낮은 것으로 평가되고 있다. 이와 관련하여 다음 물음에 답하시오.

(1) 유럽지역에 비해 동아시아 지역통합의 진척이 더디고 제도화 수준이 낮은 원인에 대해 분석하시오.
(2) 유럽지역에 비추어 볼 때 동아시아지역 통합의 제도화 수준이 높아지기 위한 조건에 대해 설명하시오.
(3) 동아시아지역 경제통합이 동아시아지역 안보질서에 긍정적 영향을 줄 것이라는 견해가 있다. 이러한 견해에 대해 국제정치 이론을 원용하여 평가하시오.

13. 21세기 초 현재 국제질서에 있어서 세계화와 함께 지역화(regionalization) 또는 지역주의(regionalism) 현상이 매우 두드러진 국제정치경제 현상으로 자리매김 되고 있으며 특히 지역경제통합이 매우 활발하게 전개되고 있다. 지역통합 시도는 유럽에서 시작되었으나 현재 전세계적 현상으로 확대·심화되고 있다. 이와 관련하여 다음 물음에 답하시오.

(1) 전세계적으로 지역통합이 활성화되고 있는 원인에 대해 설명하시오.
(2) 동아시아지역의 경우 1990년대 후반 이후 지역주의 논의가 활성화되었으나 현재 답보상태를 보이는 것으로 평가된다. 이에 대해 주요국가(군)들의 이해관계에 기초하여 분석하시오.
(3) 동아시아 지역주의와 관련한 한국의 국가이익을 설명하고, 주요국의 이해관계를 고려하여 한국의 지역주의 전략방향에 대해 논의하시오.

14. 1990년대 후반 동아시아 경제 위기 이후 동아시아 국가들은 동아시아 지역을 기반으로 한 다양한 경제협력을 시도하고 있으며, 최근 전세계적인 금융시장 불안정성이 고조된 이후 금융 분야의 협력 노력이 강화되고 있다. 이와 관련하여 다음 물음에 답하시오.

(1) 1990년대 후반 이후 동아시아 국가들 간 금융통화 협력이 전개되고 있는 원인에 대해 분석하시오.
(2) 동아시아 금융통화 협력의 진전에 있어서 다양한 제약조건이 존재한다. 이에 대해 논의하시오.
(3) 동아시아 금융통화 협력의 진전가능성에 대해 분석하시오.

제2장 동아시아국제관계

제1절 북미관계

I 상호전략

1. 북한

냉전 시대 북한의 대미정책 목표는 한반도에서 6·25전쟁을 조속히 종료하고 정전체제를 평화체제로 전환함으로써 한반도에서 미군을 철수시키고 UN군 사령부를 해체시키는 것이었다. 북한은 미국을 한반도의 분단을 고착시킨 제국주의 세력으로 간주하며, 적대적·부정적으로 인식하였다. 북한은 진영 외교를 기반으로 하여 중국 및 소련과 우호적인 관계를 유지하면서, 미국은 적으로 규정하였다.

그러나 냉전이 종식되면서 북한의 대미정책 목표는 적대적 대립에서 적극적 관계 개선으로 전환되었다. 사회주의권이 붕괴되고 미국이 단극패권으로 대두되고 러시아와 중국이 한국과 관계를 개선하는 가운데, 북한은 군사안보 및 경제 측면에서 생존의 위협을 인식한다. 전통적으로 적으로 상정했던 미국에 비해 북한의 국력은 매우 약한 비대칭 관계였고 한국의 군사력은 현대화되어가고 있는 데 비해 북한의 군사는 노후화되었다. 무엇보다 그 동안 의존해왔던 러시아와 중국이 자본주의를 적극 받아들이고 여러 사회주의 국가에서 체제 전환이 일어나며 북한에게 체제 유지가 절실한 목표가 된다. 체제 유지를 위해서는 패권국인 미국의 체제 보장 약속, 경제 발전을 위한 자체적인 동력이 결여된 상황에서 외부의 경제적 지원이 필요했다. 따라서 북한은 미국과의 관계 개선에 역점을 두고 세부적으로는 핵문제 해결을 통한 경제문제 해결(경제지원 및 협력 유도, 경제제재 해제 등)과 미국으로부터의 체제보장 약속, 테러지원국 해제를 통한 국제고립 탈피 및 대외경제 활성화에 두고 있다.

2. 미국의 대북한정책

탈냉전기 미국의 대북한 정책의 기본구도는 세계 및 동북아시아전략적 차원에서 그려지고 있다. 미국의 목표는 초강대국의 지위를 유지하면서 역내에서 자국에 대한 도전국의 부상을 견제하며 자국에게 유리한 국제질서를 안정적으로 유지하는 것이다. 따라서 미국에 적대적인 북한의 핵 및 미사일 개발을 억제하려 하여 동북아시아의 안정을 유지하려 한다. 동시에 한반도에서의 전쟁 예방과 억지에 초점을 두고 이를 위해 북한의 군사적 위협을 억제해 지역 긴장을 완화시키려 한다. 요컨대 핵확산 방지와 지역적 분쟁의 억지를 통해서 한반도의 안정과 평화를 유지하면서, 궁극적으로는 북한을 자유시장 경제체제로 유도하여 지역국가의 일원으로 편입시키고자 한다.

Ⅱ 북미관계 주요 쟁점

1. 평화협정 체결과 관계 정상화

북한은 체제 생존을 위해 미국과의 관계 정상화를 추진하며 그 과정에서 정전 상태를 종전 상태로 전환하여 안보적 위협을 완화하기 위한 평화협정 체결을 추진하고자 한다. 미국의 입장에서도 동북아시아 질서의 안정적인 관리를 위해 평화협정 체결 및 북한과의 관계 정상화가 국익에 부합한다. 그러나 평화협정 체결 및 관계 정상화를 위해서는 우선 북한의 핵 문제가 먼저 해결되어야 한다는 입장이다.

2. 북한 핵 문제

(1) 전개

북한 핵 문제는 1993년 북한이 핵확산방지조약(NPT) 탈퇴를 선언하면서 본격화되었다. 1994년 미국과 북한은 북한의 핵 동결, 미국의 경수형 원자로 발전소 2기 건립과 중유 지원, 관계 정상화 추진을 내용으로 하는 제네바합의(Agreed Framework)를 체결했다. 그러나 2002년 새롭게 제기된 북한의 우라늄 핵개발 의혹이 미국과 북한 간의 협의에서 해결점을 찾지 못하면서 북한은 기존 플루토늄 핵시설의 동결을 해제하게 되고, 결국 제네바합의는 사실상 폐기된다.

2003년 6자회담이 시작되고 2005년 북한의 핵무기 파괴와 NPT, IAEA로의 복귀, 한반도 평화협정 체결, 단계적 비핵화, 북한에 대한 미국의 핵무기 불공격 약속, 북미 간의 신뢰구축 등을 골자로 하는 9·19공동성명을 채택했다. 이후 미국의 방코델타아시아(BDA)은행의 북한계좌 동결 및 2006년 북핵 실험 등 대결국면을 거쳐 2007년 후속 합의들(2.13, 10.3 합의)이 채택되고 일부 플루토늄 시설을 불능화하였다. 그러나 신고와 검증 문제에 있어 참가국 간 이견이 좁혀지지 않은 채 6자회담은 2008년 12월을 마지막으로 중단되었다. 이후 북한은 2009년 2차 핵실험(2006년 1차 핵실험 실시)을 감행하고 국제원자력기구(IAEA) 사찰단을 추방하였으며, 2010년에는 우라늄 농축 시설을 전격 공개하였다.

(2) 북한의 핵개발 동기 및 대미 핵전략

북한은 낮은 비용으로 확실히 안보를 확보하는 수단으로, 그리고 미국으로부터 체제 보장을 받기 위한 협상 테이블로 미국을 유도하기 위한 도구로서 핵을 개발해왔다. 공산권이 붕괴되고 북한이 적으로 상정해왔던 미국이 단극 패권으로 부상하면서 북한은 체제 생존에 위협을 느꼈다. 한국과의 체제 경쟁에서는 패배하고 러시아 및 중국은 한국과 수교하면서 국제적 고립도 심화되었다. 이러한 배경에서 핵무기의 성격 상 소량의 핵무기로도 적대국의 핵전력을 무력화시키고 재래식 전력의 극대화를 달성하며 경제적으로 우세한 남한과의 군사력 경쟁에서도 뒤처지지 않을 수 있다고 판단했을 것이다. 동시에 핵개발은 체제가 당면한 문제를 미국과의 관계 개선을 통해 해결하기 위해 '대미 협상용'으로 기능하는 것으로 증명되었다. 그 외에도 핵 보유 시 동맹국들에 대한 안보의존도를 줄여 자주성을 제고할 수 있으며 북한의 과학능력을 대내외에 과시하는 효과도 있다.

북한의 대미 핵전략을 보는 시각은 북한의 핵 포기 여부를 기준으로 크게 두 종류로 나뉠 수 있다. 첫째, 북한은 미국이 체제 생존을 보장해줄 경우 핵을 폐기할 의사가 있을 것이란 견해다. 둘째, 북한의 목표는 체제 보장뿐 아니라 핵 보유국 지위에 대한 미국의 묵인까지 얻어내는 것이라는 시각이다. 북한의 국제정치에 대한 인식, 미국의 과거 사례에 대한 기억 등을 고려할 때 북한의 목표는 두 번째 시각에 가까울 가능성이 높다. 북한 정권은 그 동안 현실주의적 시각으로 국제 정치를 바라보고 생존을 위해서는 힘을 길러야 한다는 인식을 가지고 '자주성'에 큰 가치를 두어왔다. 또한 미국에 대해서는 여전히 부정적인 시각과 불신이 존재한다. 아울러 핵사찰 요구에 응한 후 결과적으로 무장해제를 당한 채 붕괴된 이라크를 보면서 핵 협상은 무용하다는 인식을 갖고 핵 보유를 선호하게 되었을 가능성이 높다. 미국은 과거 인도, 파키스탄, 이스라엘의 핵 보유를 막지 못하고 결국 묵인한 사례가 있는 바, 북한은 이들 사례를 따르려고 하는 것으로 보인다. 2012년 북한이 핵 보유국임을 헌법에 명시했다는 것은 핵을 포기하지 않겠다는 의지의 표명으로 해석될 수도 있다.

(3) 미국의 북핵정책

북핵에 대한 미국의 정책 기조는 국제 핵 비확산 레짐의 수호와 북한 핵무기 및 대량살상무기의 통제이다. 이러한 공통된 기조하에 정권에 따라 접근법에 차이가 있다. 클린턴 행정부 때는 개입과 관계 개선을 목표로 최초로 북한과 고위급회담을 시작해 핵 프로그램의 동결과 경제원조, 관계 정상화 추진을 교환했다. 부시 행정부하에서는 철저한 상호주의 원칙을 기반으로 북핵에 대한 근본적인 해결책을 모색했지만 열매를 거두지 못했다. 오바마 행정부는 '전략적 인내'라는 모호한 정책을 사용했으나 결과적으로 북핵문제 해결에 진전을 이루지 못했다. 우선 현재 미국은 금융위기로 인한 국내 경제문제, 이라크와 아프가니스탄 사태 해결이 우선순위여서 북한 핵문제에 많은 여력을 쏟지 못한다. 게다가 잘못된 행동을 하면서 보상만 얻으려는 북한에 대해 근본적인 태도 변화가 없는 한 대화나 관여(engagement)를 하지 않겠다는 '전략적 인내' 정책은, 사실 제재의 틀 안에서 북한의 자발적 비핵화 또는 북한 정권의 붕괴를 마냥 기다리는 무정책에 가까운 노선이라고 볼 수 있다.

최근 문제가 되고 있는 것은 미국이 북한의 핵 보유를 묵인하고 비확산에만 초점을 맞추지 않을까 하는 우려이다. 미국은 NPT 체제를 유지하는 것이 장기적 국익에 부합하고, 북한이 중동의 반미 국가에 무기를 수출했던 경험을 상기할 때 북한의 핵 보유가 미국의 안보에 위협이 될 수 있음을 고려할 것이다. 이러한 점에서는 미국이 북한의 핵 보유를 인정하지 않을 것으로 보인다. 그러나 북한의 핵 문제가 20년간 지루하게 이어졌고, 일단 북한이 핵을 가진 이상 미국은 수사적으로는 용인할 수 없다고 하지만 실제적 대응 조치에는 제한이 있을 수밖에 없다. 따라서 실제적으로 가능한 방안이 북한 핵의 통제 및 비확산뿐이라는 전망도 가능하다.

3. 미사일 문제

(1) 배경과 북미 미사일회담

1998년 사정거리 6,000km의 대포동 미사일 시험발사를 계기로 북한의 미사일 능력이 상당한 수준에 올라와 있다는 사실이 증명되면서 북한의 미사일이 핵 문제와 더불어 탈냉전기 북미 간 2대 현안이 되었다. 특히 북한은 대량살상무기 보유

가능성이 높은 국가로 인식되는 가운데, 장거리 운반수단까지 보유하게 된다면 미국에게는 새로운 위협이 될 수밖에 없다. 이후에도 2006년 대포동 2호 발사, 2009년 장거리 로켓 발사를 단행했다.

이를 해결하기 위해 1996년부터 2000년까지 7차례의 북미미사일회담이 개최되었으나 합의는 이루어지지 못했다. 미국은 북한에 대해 시리아·이란 등 중동지역 국가들에 대한 미사일의 기술, 부품 또는 완제품의 수출을 중지하고 조속한 시일 내에 미사일수출통제체제(MTCR) 가입을 촉구해왔다. 이에 대해 북측은 미사일수출 중지조건으로 미국의 대북(對北)제재 추가완화, 미사일수출 중지에 상응하는 금전적 보상 등을 요구해왔다.

(2) 미국의 입장

미국이 북한의 미사일 문제에 민감하게 반응하는 이유는 첫째, 북한의 미사일은 주한 미군 및 주일 미군을 겨냥하고 있는 점에서 한반도 안보는 물론 동북아시아 안보에 위협이 된다. 둘째, 북한의 미사일과 미사일 기술이 중동 지역의 반미국가들에게 이전될 경우, 미국의 이들 국가에 대한 대응에 제한을 가할 수 있다. 셋째, 북한의 미사일이 테러세력에게 유입되면 9·11테러와 같이 미국 본토가 공격을 받는 등 미국의 안보에 지대한 위협이 될 수 있고, 나아가 현재 세계 도처에서 발생하는 테러의 양상이 심화되어 미국의 세계전략에 차질을 빚을 수 있다. 따라서 미국은 북한의 MTCR 가입과 검증 가능한 개발규제 및 수출금지를 원한다.

(3) 북한의 입장

북한은 안보용, 내부 단속용, 대미 협상용으로 미사일 기술을 발전시켜왔다. 소련 및 동구권이 무너지고 한국에는 미군이 계속 주둔하고 있으며 군의 현대화 측면에서 한국에 뒤처진 가운데, 안보를 위해 미사일 개발을 해왔다. 동시에 미사일 개발 및 시험발사는 선군정치라는 정치담론을 뒷받치며, 경제난으로 힘들어하는 주민들을 경각시키며 결속력을 다질 수 있는 수단이다. 미국을 북한의 체제 생존과 밀접한 관계를 맺는 북미관계 정상화를 위한 협상 테이블로 유도할 수 있는 도구도 된다. 북한은 미사일은 자주권에 관한 문제로 미국이 관여할 문제가 아니며, 미국이 MCTR 가입이나 수출 중단을 강요할 수 없다는 입장이다. 이러한 요구를 관철시키려면 그에 상응하는 보상, 특히 현금보상이 필요하다는 주장이다.

4. 인권 문제

(1) 미국의 대북 인권정책의 목표

미국의 대북 인권정책의 목표에 대해 다양한 시각이 있다. 첫째, 군사적 침공의 명분을 쌓기 위한 것이라는 '음모론'적 해석이다. 그러나 군사적 개입은 막대한 정치, 경제적 비용을 요구하고 동북아시아 주변 국가의 반발을 야기할 것이다. 이라크와 아프가니스탄의 전후 처리로 많은 물질과 시간, 국가 위상을 상실한 미국이 북한에 대해서도 군사적 접근을 취할 것이라 생각하기는 어렵다. 둘째, 장기적인 관점에서 북한 민주화 내지 정권교체를 노리는 '외교적 압박 전술'이라는 견해다. 미국이 군사력을 동원하지 않고도 북한 내부에서 체제 변화가 일어나도록 유도하는 전략이다. 셋째, 북한 핵 문제 해결 및 동북아시아 질서형성 과정에서 외교적

다면카드로 사용하려는 의도로 해석될 수 있다. 국제적 관심대상으로 부상한 탈북자 문제, 납치자 문제를 주도함으로써 미국은 중국, 일본과의 새로운 협상의제를 확보하고 향후 역내 패권 경쟁에서 중요한 역할을 할 수 있는 헤게모니적 연성파워(soft power)를 획득하고자 하는 것이다.

(2) 미국의 대북 인권정책의 수단

첫째, 국가 간의 공식 혹은 비공식 협상에서 인권 문제를 제기하는 인권 외교를 시행해왔다. 6자회담 의제로 일본이 제시한 납치 문제를 지지해 왔으며, 북한과의 관계 정상화 논의 과정에서 인권 문제를 짚고 가겠다는 입장을 분명히 했다. 둘째, 정부기관 또는 민간단체의 인권보고서를 통해 북한의 인권 실태를 국제사회에 공표함으로써 북한의 이미지를 실추시키고, 통치 세력의 정통성에 타격을 입히는 방법을 이용한다. 셋째, 국내 입법을 통해 북한을 압박하기도 한다. 미국 의회는 탈북자들의 미국 내 수용을 위한 '2004북한인권법'을 제정했다. 넷째, 미국은 미디어를 통한 북한 주민 접촉을 중요한 인권 압력 수단으로 고려하고 있다. 북한을 겨냥한 한국어 라디오 방송인 아시아자유방송(Radio Free Asia)을 통해, 언론 자유가 제한된 북한 내부의 정세와 국제사회 소식을 전달하여 북한 주민들에게 정치적 영향력을 미칠 수 있다고 생각한다. 다섯째, UN 기구 및 국제인권포럼에 북한 인권 문제를 적극적으로 제기할 가능성이 높다.

(3) 북한의 대응

수사적으로는 강경히 맞서고 있지만, 경제적 지원 확보와 같은 실리 추구와 대외 이미지 개선을 위해서 인권 압력에 대해 선택적으로, 형식적인 차원에서 순응을 보이는 이중적인 태도를 유지하고 있다. 북한은 미국이 북한 인권 문제를 제기하는 것을 북한 체제를 붕괴시키려는 신식민주의적·제국주의적 침탈 수법으로 인식하고 강력하게 대응한다. 인권 문제를 체제 안보와 직결된 민감한 문제로 간주하는 북한은 미국 및 국제사회의 인권 향상 요구에 대해 주권 침해라고 규정하며 강력히 비난해왔다. 동시에 북한은 '인권 상무조'를 구성하고 필요한 경우 통계자료를 조작하고 국제인권단체도 북한에 초청해 참관하도록 할 것을 지시하였다. 이는 미국 및 서방국들이 북한 인권문제 제기를 계속 제기할 것을 예측하고 인권 문제로 UN 등 국제사회에서 고립되지 않고 경제적 지원을 받기 위함으로 풀이된다.

제2절 북중관계

I 제2차 세계대전 이후 북중관계 전개

중국은 건국 초기부터 북한과 국교를 수립하였으며(1949.10.7), 지난 60년 동안 전략적 상호관계를 유지해 오고 있다. '순치(close as lips and teeth)'관계로까지 일컬어지던 북·중관계는 1992년 한·중 수교 이후 중국이 '두 개의 한국 정책(Two Koreas

Policy)'과 '등거리 외교정책'을 추진하면서 급속하게 경색되었다. 그러나 1999년 중국 주도로 양자 관계가 개선되었으며, 2002년 출범한 후진타오 정부에서는 북한을 '국가 대 국가'의 보편성으로 규정하고, 이념적·군사적 협력보다는 경제적 지원과 협력이 두드러지는 현상을 보여주고 있다.

Ⅱ 중국의 대북정책

1. 중국의 대외정책 기조 – 화평발전

2003년 3월 제10차 최고인민대표대회에서 주석으로 선출된 후진타오는 대외정책 기조로 '화평굴기'를 제시하였다. 2004년 3월 제11차 전국인민대표대회에서 원자바오는 '화평굴기'의 의미를 다섯 가지로 정리하였다. 국제사회의 평화, 개혁과 체제 개편, 개방정책과 호혜적인 경제교류, 수 세대에 걸친 장기적 노력의 필요, 중국은 어떤 나라에 대해서도 위협을 가하지 않으며 내정불간섭 할 것임 등이 그것이다. 후진타오 역시 2004년 4월 개최된 보아오 아시아 포럼에서 '3린' 정책을 표방하였다. '3린'이란 '목린', '안린', '부린'을 말하며 자국의 경제발전에 유리한 안정된 국제환경을 조성하기 위하여 주변국과의 관계개선에 노력하고 공동발전을 추구하는 것을 골자로 한다. 중국은 화평발전이라는 표현을 선호하나, 의미상 화평굴기와 화평발전은 유사하다.

2. 중국의 대북정책

(1) 목린정책(선린관계 유지)

3린정책은 중국의 대북정책에도 투영되고 있다. 우선 중국은 북한과의 관계 정상화 및 우호관계를 유지하기 위하여 양국의 고위급 인사들의 왕래가 빈번하게 이뤄지고 있다. 중국은 선린관계에 기초하여 북한에 대한 정치·경제적 영향력을 발휘하는 한편, 북핵문제 해결에 있어서 '책임대국'(responsible great power)의 이미지를 강화하고 있다. 북핵문제에 대해서는 전략주의자(strategists)와 전통주의자(traditionalists)의 대립이 있었으나 2008년 말에 와서 내부적으로 북한체제의 존속이 비핵화·핵확산 방지보다는 중국에게 이익이 된다는 결론에 이른 것으로 평가된다. 향후 '북한과의 관계'와 '북핵문제'는 서로 분리하여 접근한다는 것이 기본방침이다.

(2) 안린정책(주변정세의 안정적 유지)

중국은 동북아시아 정세의 안정을 위하여 '북핵문제 해결'과 '북한체제의 유지·존속' 사이에서 적절히 대처해 왔다. 한반도의 비핵화가 중국에게 중요한 사인이나, 북한의 완충지대로서의 전략적 유용성을 감안할 때 북한 붕괴 역시 중국에게 잠재적 위협요인이라고 보고 있다. 중국은 비핵화와 북한과의 관계유지가 상호 모순된 점이 있음에도 불구하고 둘 다 포기할 수 없는 정책 목표로 보고 있다.

(3) 부린정책(주변국들과의 공동 발전 추구)

중국은 북한과의 연계를 통한 발전을 강조하고 있다. 중국은 조화사회건설의 기치하에 동북3성 개발에 박차를 가하고 있다. 동북3성 개발에 있어서 선박이 내왕할 수 있는 항구가 없다는 점, 자원의 수급과 생산품 수송이 곤란하다는 점 등이 난점으로 제기되었으나, 북한의 나진항과 풍부한 지하자원 등이 이를 해결해 주고 있다. 중국은 교통 인프라 개발, 지하자원 개발, 항만 개발사업에 적극적으로 투자하고 있다.

Ⅲ 북중관계와 중국의 국가이익

1. 북한체제의 안정과 지속

중국은 북한체제가 안정적으로 지속되는 것이 이익이라고 본다. 첫째, 북한이 붕괴되는 경우 북한 내부에서 친중파와 친미파 간에 무력충돌이 발생하고, 이에 중국과 미국이 개입하여 혼란이 발생할 수 있다. 둘째, 북한 붕괴 시 북한 난민의 중국 유입으로 동북3성 지역이 혼란에 빠질 수 있고, 북중관계에도 갈등요인으로 작용할 수 있으며, 인권 문제와 맞물려 중국의 입장을 곤란하게 할 수 있다. 셋째, 북한 붕괴 시 중국이 미국과 국경을 마주보게 되는 상황이 형성될 수 있고, 이 경우 중국은 동북아시아 안보질서를 새롭게 설계해야 한다는 부담이 생길 수 있다. 북한의 핵실험과 미사일 발사에도 불구하고 대북 경제지원과 투자를 확대하는 것은 비핵화보다 북한체제 안정을 더욱 중요한 목표로 설정한 것으로 평가할 수 있다.

2. 한반도 비핵화

북한의 핵보유는 중국에게 묵과할 수 없는 안보위협이므로 북한의 비핵화 역시 중국의 국가이익이다. 북한 핵보유가 중국에게 직접적인 위협인 것은 아니나, 한국과 일본에게 핵무장의 명분을 제공할 수 있고, 핵실험이 중국과의 국경지역에서 이뤄지기 때문에 동북3성 개발에 심각한 도전이 될 수 있으며, 미국이 북한에 대해 군사적 제재조치를 취할 경우 동북아시아 질서의 안정성이 약화될 것이다.

3. 대북 영향력 확대

중국은 한반도에서 미국보다 강한 영향력을 행사하고자 한다. 북한의 대중의존도 강화는 동북아시아지역에서 미국의 역할을 축소시킴으로써 중국의 주도권 행사에 핵심적인 요소가 될 수 있기 때문에 정치·경제적 측면에서의 중·북관계 강화는 중국이 우선시하는 국가이익이다. 현재 중국은 최소한의 정치·경제적 지원을 통해 동북아시아에서 영향력을 극대화하고자 하기 때문에 북한체제 붕괴와 관련된 사안에서는 무제한적 지원을 제공하는 반면, 그 이외의 사안에 대해서는 선택적으로 협조하거나 북한의 경제적 자족과 개혁·개방을 강조한다.

4. 경제교류를 통한 연계발전

중국의 동북지역은 중소분쟁 이전까지는 대표적 중공업 지대였으나 중소분쟁 이후 공업기지를 내륙으로 이전하면서 낙후되었다. 그러나 후진타오 집권 이후 지역 불균형을 해소하고 조화사회를 건설하기 위해 동북지역 경제성장 전략을 추진하고 있다. 그러나 광물자원 부족, 해상 수송로 확보 등이 문제로 부각되었다. 이러한 상황에서 북한의 풍부한 지하자원과 두만강 지역을 비롯한 환동해경제권은 동북지역 발전의 발판을 제공해 줄 수 있는 요충지로 인식되고 있다.

Ⅳ 중국과 북한의 경제교류협력

1. 대북 경제원조

중국은 북한체제의 안정성을 위해 공식·비공식원조를 제공하고 있다. 경제원조 규모는 중국과 북한이 모두 기밀사항으로 관리하고 있어 정확한 액수를 파악하기는 어렵다. 다만, 공식지원보다는 비공식지원이 더 많은 것으로 평가된다. 중국은 '시장원리'와 '무상원조'를 병행하는 방향으로 대북정책을 추진하고 있다.

2. 중·북 무역

중국과 북한 간 무역은 2000년 이후 지속적으로 증가하였고 북한의 핵도발 행위가 발생한 2002년과 2006년을 제외하면 높은 증가율을 보여 왔다. 북한의 대중 무역의존도는 계속해서 증가하고 있다. 북한은 주로 원유와 식료품 수입을 중국에 의존하고 있다. 북한의 주요 대중 수출품 중에서 무연탄·철광석 등 광물성 생산품이 높은 비중을 차지하고 있다. 북한의 수출은 수입품에 대한 '보상무역(barter system)'에 해당하는 것으로 평가된다. 이로써 중국은 북한의 지하자원 개발에 적극적인 입장을 취하고 있다.

3. 대북투자

중국은 전략적 차원에서 해외투자를 확대하고 있다. 즉, 해외투자를 통해 국가 간 우호와 신뢰관계를 강화하고자 하는 것이다. 중국은 2003년부터 '주출거정책'을 실시하여 중국 자본의 해외투자를 적극적으로 장려하고 있다. 대북 투자 초기에는 유통 분야 중심의 소비재 판매를 위한 백화점, 마트 부문의 투자가 주류를 이루고 있었으나 최근에는 제조업, 자원개발사업 및 인프라 구축사업, 기업투자 등으로 다양화되고 있으며, 규모도 확대되고 있다.

Ⅴ 북중 협력관계 영향 요인

1. 촉진요인

(1) 양국의 이해관계 일치

중국과 북한은 상호 이해관계가 일치한다. 중국은 북한체제의 안정과 북한의 경제발전을 통한 공동발전을 추진하고 있는 바, 이는 북한이 2012년까지 사상·군사·경제 차원에서 강성대국을 건설하고자 하는 전략과 합치된다.

(2) 북한의 전략적 가치

한반도 질서와 동북아시아 질서에 있어서 북한은 중국에게 전략적 가치가 높다. 대북 영향력 강화는 중국의 책임대국 이미지 제고에 기여한다. 또한 한반도는 중국이 미국과 대등한 입장에서 경쟁하거나 협력할 수 있는 유일한 지역이다. 나아가 북한은 중국이 미국과 대등한 발언권을 가질 수 있는 최고의 협상카드이며, '대만의 독립'에 관하여 미국과의 관계유지에 있어서도 전략적 활용도가 높기 때문이다.

(3) 북한의 유일한 협력파트너로서의 중국

북한은 핵실험 이후 UN의 제재를 받아오고 있으나, 중국은 대북 지원조치를 계속하고 있다. 중국의 대북 입장은 북한이 핵을 보유하면서도 경제발전을 도모할 수 있는 유익이 있다. 또한 대중 높은 의존도를 보이고 있는 북한으로서는 대체 수단을 찾기도 어려워 중국과의 협력을 강화할 수 밖에 없다.

2. 저해요인

(1) 불신과 갈등의 존재

경제적 상호의존관계를 맺고 있는 국가 상호관계에서 경제관계 긴밀화를 위해서는 상호간의 '신뢰구축'이 중요하다. 그러나 중국과 북한은 서로에 대해 불신을 갖고 있다. 우선 북한은 중국이 두 개의 조선을 인정하고 등거리 외교정책을 유지하는 것에 대해 의구심을 보이고 있다. 또한 북한은 중국이 국제사회의 대북 제재조치에 동참한 데 대하여 불만을 품고 있으며, 중국지도자들이 북한에 대하여 지속적으로 경제 개혁과 개방을 요구하면서도 신의주특별행정구를 무력화시킨 것과 관련하여 그 진의를 의심하고 있다. 한편, 중국은 탈냉전 이후 각종 경제적 지원을 해 오고 있으나, 북한은 이를 중국의 이익(영향력 확대, 동북아시아 안정)을 위한 것으로 폄하하고 있는 것에 불쾌감을 가지고 있다. 북한의 개혁·개방의지가 부족하고, 이로 인해 양국 간 무역 확대가 저해될 수 있는 것에 대해 불만을 갖고 있다. 중국은 북한의 개혁·개방을 유도하기 위해 채찍보다는 당근정책을 추구하고 있다. 그러나 북한은 이에 대해 가시적 움직임이 없는 상태이며, 오히려 '우리식 사회주의'를 존중해 달라는 반감을 갖고 있다. 또한, 북한이 핵문제에 대하여 도발적·호전적 태도를 견지하여 중국의 신뢰를 잃고 있다.

(2) 북한 경제의 구조적 취약성

북한의 열악한 생산·교통 인프라와 법제 인프라는 북중 경제협력의 장애요인으로 작용한다. 중국은 북한의 재정적 취약성으로 물적 인프라 구축을 대신해 주고 있다. 법제 인프라의 경우 '라선경제무역지대법'과 같이 기업친화적 법제 정비가 이루어졌으나, 여전히 지도자의 교시에 따라 행정기관이 움직이는 등의 불확실성이 있다.

(3) 지도층의 교체

중국과 북한의 지도자 교체는 양국 관계를 소원하게 만드는 주요한 원인으로 평가된다. 김일성 시대 북중관계는 이념적·인적 유대가 강하게 지배하고 있었으나, 김일성 사후 이러한 유대관계는 약화되었다. 모택동과 등소평은 김정일 후계체제에 강력히 반발하기도 하였다.

Ⅵ 향후 북중관계 전망

1. 낙관적 측면

중국과 북한의 기본적 이해관계가 일치한다는 점에서 향후에도 경제협력은 지속될 것으로 보인다. 북한체제의 안정을 통한 동북아시아지역의 안정뿐 아니라 북한의 악화된 내부 경제상황과 중국의 동북 3성 개발계획 등 경제적 요인들도 양국의 경제협력을 부추기는 변수가 될 것이다. 또한 북한으로서는 만성적인 무역적자, 식료품 부족, 화폐개혁 등의 실패로 극악의 경제상황에 직면해 있으므로 중국과의 경제협력에 적극성을 보일 것이다.

2. 비관적 측면

북한이 중국에 대한 지나친 의존 경향에 거부감을 갖고 있고, 결정적 순간에 중국의 배신을 염두에 두고 있다는 점은 양자 관계 강화에 걸림돌이 될 것으로 전망된다. 또한 양국의 지도층 교체 역시 양국의 미래에 큰 영향을 미칠 수 있으며, 경제 개혁과 개방의 의지가 보이지 않는 북한에 대하여 중국이 얼마나 인내심을 가지고 일방적 지원과 투자가 이루어질지도 중요한 변수가 될 것으로 보인다.

VII 북중관계 긴밀화가 한국에 미치는 영향

1. 긍정적 측면

중국과 북한의 경제협력은 생필품 부족으로 고통받는 북한 주민의 생존을 확보해 주고, 장기적으로는 북한지역의 경제재건을 통해 통일비용을 감소시키고 북한을 대외개방과 체제개혁의 길로 인도할 수 있다는 긍정적 효과도 있다.

2. 부정적 측면

첫째, 우리 정부의 대북정책에 걸림돌이 되고 있다. 한국은 대북 강경책을 중심으로 하여 국제사회의 대북제재에 적극 동참하고 있으나, 중·북 경제협력 강화로 그 효과가 반감되고 있다.
둘째, 우리 정부는 금강산 관광지구와 개성공업지구를 중심으로 지속적인 남북교류를 추진해 왔으며, 이들 사업을 통해 한반도 내 한민족 경제공동체 건설을 도모하였다. 그러나 지난 2010년 4월과 5월 북한은 금강산 관광사업과 개성공업지구 사업의 폐지 의향을 밝힌 바 있다. 이는 중국과의 경제협력이라는 대안이 있기 때문일 것이다.
셋째, 중·북 경제협력 강화는 한반도 문제 해결에 있어서 우리 정부의 입지를 약화시켜 주도권을 축소시킬 우려가 있다. 중·북 경제협력 강화로 중국의 대북 영향력이 강화되는 경우 한반도 문제 해결에 있어서 중국의 영향력이 강화됨과 동시에 우리 정부의 주도권이 약화될 수 있기 때문이다.

VIII 한국의 대응방향과 구체적 전략

1. 대응방향

우리 정부가 주도권 강화를 통하여 성공적인 대 한반도정책을 추진하기 위해서는 중국과 북한의 관계를 약화시킬 수 있는 방안이 모색되어야 하며, 이는 양국 관계 발전을 촉진시키는 변수들을 최대한 축소시키고 저해할 수 있는 변수들을 충분히 활용하는 형태가 되어야 할 것이다.

2. 구체적 전략

중·북관계 약화를 위해서는 남북경제협력의 재개와 강화, 북한과의 경제협력 가능대상국 확대 방안 모색방안이 있으나, 전자의 경우 북한의 의지에 따라 언제든지 중단될 수 있으므로 한계가 있고, 후자의 경우 국제사회의 대북제재로 인해 현실성이 없다. 따라서 한국이 중국 정부와 관계개선을 통한 대응이 현실적인 방안이 될 것이다. 남한과 중국의 관계가 보다 긴밀화된다면, 위기 상황에서 중국의 협력을 얻어내기 힘들다는 인식을 북한에 심어줄 수 있게 되고 이로써 북한의 동북아시아 안보 저해 행위를 저지할 수 있게 될 것이기 때문이다. 한중관계 강화를 위해서는 한중 FTA 체결을 가속화 시키고, 중국의 제5세대 지도부 인사들과 우호적 관계 유지를 위해 노력해야 할 것이다. 장기적 안목에서 시진핑, 리커치앙 등 차세대 권력 엘리트의 성향과 정치적 견해를 분석하여 중국과의 '전략적 협력 동반자' 관계를 보다 강화시킬 수 있는 정책을 모색해야 한다.

제3절 북일관계

I 상호전략

1. 북한의 대일정책 방향 및 목표

냉전기 북한은 일본에 대해 미국 제국주의에 편승하는 국가라는 부정적이고 적대적인 인식을 가지고 있었지만, 냉전 종식 이후에는 국제적 고립 탈피와 경제난을 타개를 위해 일본과의 관계 개선을 적극적으로 모색해왔다. 북한의 대일정책 목표와 방향은 다음과 같다. 첫째, 외교적 고립을 탈피함과 동시에 일본으로부터 식민통치 배상이나 전후보상을 받아 경제·기술 협력을 진전시킴으로써 심각한 경제난을 해결하고자 한다. 둘째, 일본과의 관계 개선을 이용해 주변국들과의 관계도 재정립한다. 특히 동북아시아에서 일본과 패권경쟁을 벌이고 있는 중국이 북일 관계 긴밀화를 경계하며 북한에 대해 더 많은 지원을 하도록 획책할 수 있다. 또한 북일 관계 정상화를 통해 북한에 대한 이미지가 개선되어 미국 및 서방 국가들의 대북 태도도 우호적인 방향으로 변할 수 있다. 셋째, 남북대결에서 일본을 중립화함으로써 핵문제나 미사일 문제 등과 관련해 한일 간 및 한미일 간의 공조체제를 방해한다. 넷째, 체제 유지에도 도움이 될 수 있다. 체제 생존을 위해서는 미국으로부터의 보장이 필수적이나 핵문제 등으로 미국과 관계 개선이 용이하지 않으므로, 안전보장의 차선책으로 일본과의 관계 개선을 먼저 도모한 후 대미 관계 개선의 효과를 노릴 수 있다.

2. 일본의 대북 정책 방향 및 목표

첫째, 전후 처리 종결과 역내 영향력 확보라는 전략적 관점에서 북한과의 관계 정상화를 추구한다. 제2차 세계대전의 전후 처리 차원에서 북한과의 국교 정상화는 러시아와의 북방 영토 문제와 함께 대외관계에서 마지막으로 남은 미해결 과제이다. 전후 처리 외교를 종결짓는 것은 일본의 UN 안선보상이사회 상임이사국 진출 등 국제사회 복귀 작업의 기반이 된다. 또한 일본은 탈냉전기에 아시아에서의 국제적 역할 증대를 모색하면서, 북한과의 관계 개선을 통해 동북아시아 신질서 형성의 유리한 지점을 차지하겠다는 장기적인 전략적 사고를 하게 된다. 둘째, 북한의 핵무기와 미사일 개발을 자국 안보에 대한 위협으로 인식하며 이 문제 해결에 주력한다. 셋째, 국민 여론을 고려할 때 납북자 문제와 군사적 위협 요인이 해소되지 않는 한 관계 정상화가 어렵다.

Ⅱ 북일관계 정상화

1. 북일관계 정상화 논의 과정

(1) 냉전 시대와 초기 적대 관계

북한과 일본 간의 관계는 한국 전쟁(1950 ~ 1953년) 이후 냉전 시기에 크게 악화되었다. 일본은 한국전쟁 중 미국의 동맹국으로서 반공 진영에 속해 있었고, 북한은 소련과 중국의 지원을 받는 공산 진영의 일원으로 적대적 관계가 형성되었다. 이로 인해 북일 간의 외교적 교류는 거의 이루어지지 않았다.

(2) 1970 ~ 1980년대: 간헐적인 접촉

1970년대 이후 일본과 북한은 비공식적 접촉을 시도하기 시작했다. 1980년대에 들어서 일본 내에서는 북한과의 관계 정상화가 필요하다는 목소리가 점차 증가했다. 특히, 북한에 거주하고 있는 재일교포의 문제나, 일본 내에서 활동하는 조총련(북한을 지지하는 재일본조선인총연합회)의 존재가 두 나라 간의 교류에 중요한 변수로 작용했다.

(3) 1990년대: 교착 상태 속에서의 협상 시도

1990년대 초반, 냉전의 종식과 더불어 북일 관계 정상화를 위한 본격적인 논의가 시작되었다. 특히, 1991년 9월에는 일본과 북한이 비공식 회담을 통해 외교 관계 수립을 위한 기초적인 논의를 시작했다. 그러나 주요 쟁점 중 하나였던 북한의 일본인 납치 문제와 북한의 핵개발 문제가 부각되면서 협상은 교착 상태에 빠졌다. 1990년대 후반에는 북한의 경제난이 심화되면서 북한은 일본과의 관계 개선을 통해 경제적 지원을 받으려는 의도를 강하게 드러내었다. 하지만 일본은 납치 문제를 해결하기 전에는 관계 정상화가 어렵다는 입장을 고수하며 협상은 별다른 진전을 보지 못했다.

(4) 2000년대: 고이즈미 총리의 방북과 협상 진전

2002년 9월, 일본의 고이즈미 준이치로 총리가 북한을 방문해 북한의 김정일 국방위원장과 정상회담을 개최하면서 북일 관계 정상화 논의가 급진전되었다. 이 회담에서 평양 선언이 발표되었으며, 북한은 일본인 납치 문제에 대해 일부 사실을 인정하고 사과했다. 또한 일본은 북한에 대한 식민지 지배에 대해 사과하고, 경제 지원을 제공할 용의가 있음을 표명했다. 그러나 이후 북한의 핵 문제와 납치 문제를 둘러싼 갈등이 다시 불거지면서 협상은 난항을 겪었다. 특히, 납치 문제에 대한 일본 내 여론이 매우 강경해지면서, 일본 정부는 북한과의 관계 개선에 있어 납치 피해자들의 귀환과 납치 사건에 대한 전면적인 해명을 요구했다. 이로 인해 2000년대 중반 이후 북일 간의 관계는 다시 긴장 상태로 돌아갔다.

(5) 2000년대 후반: 교착 상태 지속

2006년 북한의 첫 핵실험 이후, 일본은 북한에 대한 제재 조치를 강화했다. 북핵 문제와 납치 문제에 대한 해결 없이 일본은 북한과의 관계 정상화를 논의할 수 없다는 입장을 고수하였고, 북한은 일본의 제재에 반발하며 협상 재개에 소극적인 태도를 보였다. 2008년, 일본과 북한은 납치 문제와 관련된 재조사에 합의했으나, 이 역시 별다른 성과를 내지 못했다.

(6) 2010년대: 북한의 핵·미사일 도발과 대화 중단

2010년대 들어 북한의 핵과 미사일 개발이 가속화되면서 북일 관계는 더욱 악화되었다. 북한은 일본을 향해 여러 차례 탄도미사일을 발사하면서 일본 정부의 경계를 불러일으켰고, 이에 대한 대응으로 일본은 더욱 강경한 대북 제재와 국제사회와의 공조를 강화했다.

그러나 2014년, 북한은 납치 문제에 대한 재조사를 시작하겠다고 발표하면서 다시금 대화의 가능성이 열리기도 했다. 일본은 이에 따라 일부 대북 제재를 완화했으나, 북한이 납치 문제에 대해 추가적인 진전을 보이지 않으면서 대화는 다시 중단되었다.

(7) 최근 상황과 전망

2020년대 들어서도 북일 관계는 여전히 경색 상태를 유지하고 있다. 북한의 비핵화 문제와 납치 문제는 여전히 북일 관계 정상화의 가장 큰 걸림돌로 작용하고 있다. 일본은 미국과의 동맹을 통해 대북 정책을 강화하는 한편, 납치 문제 해결을 위해 외교적 노력을 지속하고 있으나, 북한의 미사일 도발과 비핵화 협상 교착 상태가 계속되면서 관계 정상화는 요원한 상황이다. 북일 관계 정상화는 한반도 및 동북아시아의 평화와 안정을 위해 중요한 문제로 여겨지며, 양국 간의 갈등 해결 여부는 앞으로도 동북아시아 국제 관계에서 중요한 변수로 작용할 것이다.

2. 북일관계 정상화 주요 쟁점

(1) 일본인 납치 문제

가장 중요한 쟁점 중 하나는 일본인 납치 문제다. 1970년대와 1980년대에 북한은 일본인들을 납치하여 정보원으로 활용하거나 외국어 교사로 이용한 사건이 있었다. 일본 정부는 북한이 이 사건에 대한 전면적인 해명을 요구하고, 납치된 일본인들이 모두 귀환할 때까지 관계 정상화 협상이 진전될 수 없다는 입장을 고수해왔다. 북한은 2002년 고이즈미 총리의 방북 당시 일부 납치 사실을 인정하고, 5명의 일본인 납치 피해자를 송환했지만, 일본 측은 여전히 추가적인 피해자들이 남아 있다고 주장하고 있으며, 이로 인해 협상은 계속해서 교착 상태에 빠져 있다.

(2) 북한의 핵·미사일 개발

북한의 핵무기 및 탄도 미사일 개발은 북일 관계 정상화의 또 다른 핵심 쟁점이다. 일본은 북한의 핵개발과 미사일 발사를 직접적인 안보 위협으로 간주하고 있으며, 이를 해결하기 전에는 정상화 논의가 어렵다는 입장이다. 북한이 일본을 겨냥해 여러 차례 미사일 실험을 한 것은 일본의 대북 강경 대응을 강화시키는 요인이 되었다. 일본은 북한의 완전한 비핵화를 요구하고 있으며, 이 문제는 국제사회와의 협력을 통해 해결해야 한다는 입장을 취하고 있다.

(3) 일본의 식민지 지배와 보상 문제

역사적 문제도 중요한 쟁점이다. 일본의 한반도 식민지 지배(1910~1945년)에 대해 북한은 사과와 보상을 요구하고 있다. 북한은 한국과는 달리 일본과 정식 국교를 수립하지 않았기 때문에, 이 문제를 해결하는 것이 관계 정상화의 필수 조건이라고 보고 있다. 북한은 일본이 한국과 1965년에 체결한 한일 기본조약과 유사한 형태로 식민지 지배에 대한 보상과 전쟁 배상 문제를 해결하기를 원하고 있으나, 일본 측은 이와 관련된 구체적인 협상이 진전되지 않고 있다.

(4) 경제 지원과 보상

북한은 일본과의 관계 정상화 이후 경제적 지원을 기대하고 있다. 일본은 북한과의 관계가 정상화될 경우 경제 원조를 제공할 가능성을 제시했으며, 이를 통해 북한의 경제 회복을 도울 수 있다는 입장을 밝힌 바 있다. 그러나 이 역시 납치 문제와 비핵화 문제에 대한 해결이 선행되어야 한다는 조건이 붙어 있다. 북한은 경제적 지원과 협력을 위해 일본과의 관계 개선을 원하지만, 이러한 조건들이 해결되지 않아 협상은 지지부진한 상황이다.

(5) 안보와 군사적 긴장

북한과 일본 간의 군사적 긴장 역시 관계 정상화에 있어 중요한 쟁점이다. 북한은 일본이 미국과의 동맹을 바탕으로 자국에 대한 적대 정책을 펼치고 있다고 비난하며, 이를 관계 정상화의 장애물로 보고 있다. 일본은 북한의 미사일 도발과 핵개발을 안보 위협으로 간주하고, 미국과 협력하여 북한에 대한 제재와 압박을 강화해왔다. 이러한 군사적 긴장은 양국 간 신뢰를 구축하는 데 큰 걸림돌이 되고 있다.

(6) 재일조선인 문제

재일조선인 문제도 북일 관계에서 중요한 쟁점이다. 일본 내에 거주하는 재일조선인들은 북한과 긴밀한 관계를 유지하고 있으며, 조총련과 같은 단체가 북한과 교류하고 있다. 북한은 재일조선인의 인권 문제와 권리 보장을 일본 정부에 요구해왔다. 이는 일본과 북한 간의 관계에 중요한 요소로 작용하고 있으며, 재일조선인 문제는 양국 간의 관계 정상화 협상에서 지속적으로 다뤄져 왔다.

3. 북일관계 정상황에 대한 북한의 입장

(1) 경제적 지원 기대

북한은 일본과의 관계 정상화가 이루어질 경우, 일본으로부터 대규모 경제 지원을 받을 가능성이 있다고 기대하고 있다. 1965년 한일 수교 당시 일본이 한국에 제공한 경제 원조를 모델로 삼아, 북한 역시 비슷한 형태의 지원을 받을 수 있을 것이라고 보고 있다. 특히, 일본의 기술력과 자본을 통해 북한 경제를 재건하고 현대화할 수 있는 기회로 보고 있다.

(2) 과거사 청산 요구

북한은 일본의 식민지 지배에 대한 사과와 배상을 강력히 요구하고 있다. 일본의 한반도 지배로 인해 발생한 피해에 대한 보상 문제는 북한의 주요 외교적 요구 중 하나이다. 이 문제에 대한 해결 없이 관계 정상화는 어렵다고 주장하고 있다.

(3) 납치 문제의 완화

북한은 2002년 평양 선언을 통해 일본인 납치 문제를 일부 인정하고 사과했지만, 이후 추가적인 피해자 문제에 대해서는 소극적인 태도를 보이고 있다. 북한은 납치 문제가 북일 관계 정상화의 가장 큰 걸림돌이 되고 있다고 인식하고 있으나, 이 문제를 완전히 해결하려는 의지는 낮다.

(4) 미국과의 관계 개선과 연계

북한은 북일관계 정상화를 미국과의 관계 개선과 연계하려는 경향이 있다. 일본과의 관계가 개선될 경우, 이는 북한이 국제사회에서 고립을 벗어나는 데 중요한 역할을 할 수 있기 때문에, 북한은 일본과의 관계 정상화를 장기적인 전략으로 보고 있다.

4. 북일관계 정상화에 대한 일본의 입장

(1) 납치 문제 해결 우선

일본은 북한과의 관계 정상화의 전제 조건으로 납치 문제의 완전한 해결을 요구하고 있다. 일본은 북한이 추가적인 일본인 납치 피해자들을 반환하고, 납치 사건에 대한 전면적인 해명을 제공할 것을 촉구하고 있으며, 이를 해결하지 않는 한 관계 정상화가 불가능하다는 입장을 고수하고 있다.

(2) 북한의 비핵화 요구

일본은 북한의 핵개발과 미사일 발사를 자국의 안보에 대한 직접적인 위협으로 간주한다. 따라서 북한의 비핵화와 미사일 개발 중단이 관계 정상화 협상의 중요한 조건으로 제시되고 있다. 일본은 미국과의 동맹을 통해 대북 제재와 압박을 강화하면서, 북한의 비핵화를 목표로 하고 있다.

(3) 경제 지원 가능성

일본은 북한과의 관계 정상화가 이루어질 경우, 경제적 지원을 제공할 수 있다는 입장을 취하고 있다. 1965년 한일 수교 당시 한국에 제공된 원조처럼, 북한에도 경제 원조를 제공할 가능성이 있지만, 이는 납치 문제와 비핵화 등 주요 쟁점이 해결된 후에 가능하다는 입장을 명확히 하고 있다.

5. 북일관계 정상화에 대한 미국의 입장

(1) 일본의 안보 보장

미국은 일본의 중요한 동맹국으로서, 일본의 안보를 보장하기 위해 북한과의 관계에서 일본의 입장을 강하게 지지하고 있다. 미국은 북한의 핵 및 미사일 개발이 일본뿐만 아니라 동북아시아 전체의 안정에 위협이 된다고 보고, 이를 막기 위해 일본과 함께 북한에 대한 제재와 압박을 지속적으로 추진해왔다.

(2) 북한 비핵화와 연계

미국은 북일 관계 정상화를 북한 비핵화 프로세스와 연결짓고 있다. 미국은 북한이 비핵화를 실질적으로 이행할 경우, 일본과의 관계 정상화가 더 원활해질 수 있다고 보고 있으며, 이를 통해 동북아시아에서의 안정과 평화를 도모하려 하고 있다. 북일 관계 정상화가 북한의 국제적 고립을 완화시켜, 비핵화 협상을 더욱 진전시킬 수 있을 것이라는 계산도 있다.

(3) 동북아시아 내 균형 유지

미국은 북일 관계 정상화를 통해 동북아시아 내에서 중국의 영향력을 견제하는 한편, 북한과의 대립을 완화하고자 한다. 일본과 북한 간의 관계 개선은 동북아 지역 안보와 경제 협력에 긍정적인 영향을 미칠 수 있다고 본다.

6. 북일관계 정상화에 대한 중국의 입장

(1) 북한의 우방국으로서의 입장

중국은 오랫동안 북한의 주요 동맹국이자 지원국으로서의 역할을 해왔기 때문에, 북일 관계 정상화에 대해 신중한 입장을 취하고 있다. 중국은 일본과의 관계가 북한의 지나친 친일 행보로 이어질 경우, 북한에 대한 자국의 영향력이 약화될 수 있다고 우려하고 있다. 따라서 북일 관계 정상화가 이루어진다 해도, 중국은 이를 자국의 영향력이 유지되는 범위 내에서 이루어지길 바라고 있다.

(2) 지역 안정을 위한 지지

그러나 중국은 동북아시아의 안정을 중요하게 생각하기 때문에, 북일 관계 정상화가 지역의 안정을 도모하는 데 기여할 수 있다고 보고 있다. 북한이 일본과 관계를 개선함으로써 국제적 고립에서 벗어나고, 이를 통해 경제적 발전과 안보적 안정을 확보한다면, 이는 중국에도 유리하게 작용할 수 있다.

(3) 일본 견제

한편, 중국은 일본이 북한과의 관계를 통해 동북아시아에서 더욱 강한 영향력을 행사할 가능성에 대해 우려하고 있다. 일본의 군사력 증강과 정치적 영향력 확대는 중국의 이익과 충돌할 수 있기 때문에, 중국은 북일관계 정상화가 일본의 지역 내 영향력 확대로 이어지는 것을 경계하고 있다.

7. 북일관계 정상화 전망

(1) 주요 쟁점 해결의 어려움

북일관계 정상화의 가장 큰 걸림돌은 일본인 납치 문제와 북한의 핵·미사일 문제다. 일본은 납치 문제의 완전한 해결 없이는 북한과의 관계 정상화가 불가능하다는 입장을 지속하고 있으며, 북한은 이미 납치 문제에 대해 일부 해명을 했다고 주장하며 추가 양보를 꺼리고 있다. 이와 더불어 북한의 핵무기 개발과 미사일 발사는 일본의 안보를 위협하는 중대한 요소로, 일본은 비핵화가 관계 정상화의 필수 조건임을 강조하고 있다.

이 두 가지 쟁점은 서로 강하게 연계되어 있으며, 해결되기까지 시간이 오래 걸릴 수 있다. 북한이 납치 문제에서 추가적인 양보를 할 가능성이 적고, 핵개발을 계속하는 상황에서 일본이 관계 정상화에 적극적으로 나설 가능성은 낮다.

(2) 미국과 국제사회의 대북 제재

미국과 국제사회는 북한의 핵개발과 미사일 도발에 대해 강력한 제재를 유지하고 있다. 일본은 미국과의 동맹 관계 속에서 대북 정책을 조율하고 있으며, 미국과의 긴밀한 협력이 북일 관계 정상화의 핵심 변수다. 만약 북미 관계가 개선되거나 비핵화 협상이 진전을 보일 경우, 일본도 북한과의 관계를 개선하려는 움직임을 보일 가능성이 있다.

그러나 현재까지 북한의 비핵화에 대한 구체적 진전이 없고, 미국과의 관계가 여전히 교착 상태에 머물러 있기 때문에, 일본도 이를 지켜보며 신중한 태도를 유지하고 있다. 미국의 대북 제재가 유지되는 한, 일본의 독자적인 정상화 추진은 어려울 것으로 예상된다.

(3) 북한의 경제적 필요

북한의 경제 상황은 북일관계 정상화의 중요한 변수로 작용할 수 있다. 북한은 경제 제재로 인해 심각한 경제적 어려움을 겪고 있으며, 일본과의 관계 정상화는 북한이 경제적 지원을 받을 수 있는 중요한 경로로 여겨질 수 있다. 만약 북한이 경제 위기를 해결하기 위해 외교적 관계 개선을 모색한다면, 일본과의 협상이 재개될 가능성도 있다.

특히, 북한이 경제적 어려움 속에서 외교적으로 고립된 상황을 타개하려는 의지를 보일 경우, 일본과의 관계 정상화를 통해 새로운 외교적 돌파구를 마련할 수 있다. 그러나 이러한 변화가 발생하기 위해서는 북한의 핵 문제와 일본인 납치 문제가 동시에 해결되어야 하는 복잡한 조건이 있다.

(4) 중국의 역할과 지역 정세

북일 관계 정상화에 있어 중국의 역할도 중요한 변수다. 중국은 북한의 주요 동맹국이자 경제적 후원국으로서, 북한이 일본과의 관계를 개선하는 데 있어 일정한 영향을 미칠 수 있다. 중국이 동북아시아의 안정과 균형을 위해 북일 관계 정상화를 지지할 가능성도 있지만, 일본이 동북아시아에서 정치적 영향력을 확대하는 것을 경계할 가능성도 있다.

또한, 동북아시아의 전반적인 정세 변화, 예를 들어 한반도 평화 프로세스의 진전, 북미 관계 개선 등은 북일 관계 정상화에 긍정적인 영향을 미칠 수 있다. 지역 내 안보 환경이 안정되고 북한이 국제사회와의 관계 개선을 적극적으로 추구할 경우, 일본도 이를 계기로 북한과의 관계 정상화를 고려할 수 있다.

Ⅲ 북한의 핵무기 및 미사일 문제

1. 북한 핵문제

(1) 일본의 입장

첫째, 다자회담의 틀 내에서 북핵문제 해결에 참여하고 주변국들과 협력해 한반도 비핵화를 실현하고자 한다. 둘째, 반복되는 북한의 핵 실험 및 미사일 발사를 자국 안보에 대한 위협이자 국제사회 평화와 안전에 대한 위협으로 인식하고, 북한의 핵개발·보유·이전을 결코 용인하지 않는다는 입장이다. 핵, 화학, 생물 무기나 미사일의 개발·보유·배치를 폐기시키기 위해 한국, 미국, 중국, 러시아 등 국제사회와 협력하면서 화물 검사를 포함한 단호한 조치를 취하고자 한다. 북한은 모든 국제합의 준수하여야 하며, 모든 핵 프로그램을 완전히 불가역적이며 검증 가능한 형태로 조속히 폐기하여야 한다. 셋째, 핵 문제 해결 과정에서 일본 국내 여론이 중시하는 납치 문제와 관계정상화를 연계시킨다. 6자회담에서 일본은 북한에 대해서는 납치 문제를 논의할 것을, 다른 참가국들에게는 납치 문제를 핵, 미사일과 함께 6자회담 의제로 다룰 것을 요구했다. 넷째, 북핵이라는 안보 위협을 이용해 미일동맹을 강화하고 일본의 군사력을 강화하여 경제력에 걸맞는 정치적 영향력을 행사하기 위한 기반을 마련한다.

(2) 북한의 입장

북한에게 있어 핵개발은 '자위 수단'이자 '대미협상용'이다. 과거에 북한은 핵 폐기와 체제 보장의 교환을 원했지만, 근래에는 핵 비확산 대신 미국으로부터 핵 보유 묵인 및 체제 보장을 받기를 바라는 것으로 보인다. 북한은 기본적으로 다자회담보다 미국과의 협상을 중시한다. 결국 북한에게 가장 절실한 체제 생존 유지는 미국과의 관계에 직접적으로 연관되기 때문이다.

2. 북한 미사일 문제

(1) 갈등의 배경

1990년대 이래 북일 정치안보관계에 있어 초미의 관심사가 되고 있는 것은 북한의 미사일일 것이다. 1993년 북한의 핵실험을 계기로 북한을 자국의 안보에 대한 위협 요소로 인식하기 시작한 일본은, 1998년 대포동 1호 발사로 충격에 휩싸인다. 자국의 영토 전역이 북한의 미사일 사정거리 안에 놓이게 되었기 때문이다. 북한은 1980년대 이란에서 수입한 스커드 미사일을 변형 발전시켜왔고, 1993년에는 사정거리 1,000km의 노동 미사일을 발사, 실전 배치했다. 당시 일본은 한반도에 대한 중국의 영향력을 견제하기 위한 카드로서 북한과의 관계 개선을 고려하고 있었기 때문에 이 문제는 양측 간 중대한 이슈로 부각되지 못했다. 그러나 1993년 북한 핵실험, 1998년 대포동 1호 발사, 2006년 대포동 2호 발사, 2009년 장거리 로켓 발사로 인해 북한의 미사일은 일본에게 심각한 안보 위협으로 간주되었다.

(2) 일본의 입장

일본은 안보 위협으로 인식되는 북한의 미사일 개발을 저지하기 위한 외교적 노력과 함께, 미사일 문제를 활용해 자국의 보통국가화를 추진하는 전략을 취한다. 2009년 북한의 장거리 로켓 실험 직후, 일본은 북한의 미사일 실험 및 개발을 금지한 안전보장이사회결의 1718호에 위반을 이유로 UN안전보장이사회에서 북한에 대한 추가제재 논의를 적극 주도했다.

일본은 북한의 일련의 미사일 발사는 전후 평화헌법과 미일동맹체제하에서 형성된 '특수국가'의 한계를 체감하는 계기가 되기도 하였다. 그래서 첫째, 북한의 미사일 문제를 최대한 이용하여 대내적으로는 호헌·평화 세력과 주변국들의 반대로 추진할 수 없었던 보통국가로의 변모를 이루고자 하였다. 북한의 미사일 위협을 과장해 국민들의 안보 불안을 고조시키면서 '강한 국가'에 대한 동경과 보수우경화를 가속화시켰다. 또한 이러한 정서를 이용해 보통국가화를 위한 법·제도를 마련했다. 1998년 대포동 1호 발사 이후 미일신방위협력지침인 신가이드라인체제를 지원하기 위한 주변사태안전확보법(주변사태법)을 제정했다. 2009년 장거리 로켓 발사 직후 집단적 자위권 해석변경을 검토했다. 군사적 차원에서도 미일동맹 강화, 자위대 전력 확대, MD 보강 움직임이 나타났다. 둘째, 대외적으로는 일본의 군사대국화에 대한 주변국들의 우려를 불식시키는 수단으로 활용했다. 즉, 일본의 전력 증강이 군사대국의 의도에서 비롯된 것이 아니라, 북한의 안보 위협에 대한 대응이라는 명분을 내세웠다.

(3) 북한의 입장

미사일 개발은 자국의 주권 문제로, 이에 대해 간섭하고 저지하려는 일본의 시도에 대해 일체 반대한다. 북한에게 있어 미사일은 안보적 측면에서 자위의 수단 및 주변국의 공격을 억지하는 수단이다. 또한 미국의 대북 협상을 유도해 미국으로부터 체제 안전을 담보 받으려는 북한의 목적을 달성하기 위한 수단이 되기도 한다. 동시에 대내적으로 주민들의 단속을 강화하고, 선군통치라는 정치 담론을 뒷받치는 정책이기도 하다.

제3장 동아시아 영토분쟁

제1절 독도

I 독도의 중요성

독도는 행정구역상 울릉군 울릉읍 독도리 산42번지에 속하는 비교적 큰 동·서 두 개의 섬과 작은 바위섬들로 형성된 화산도이다. 일본은 독도의 영유권 문제를 한국에 지속적으로 제기하고 있다. 이는 독도의 경제적, 군사적, 정치지리적 중요성에 기인한다. 독도 주위의 수역은 한류와 난류의 교차수역으로 풍성한 황금어장을 형성하고 있다. 이와 더불어, 아직 개발은 되지 않았으나 인광(燐鑛) 매장량이 약 160,000톤으로 추산되며, 천연 가스층 또한 매장되어 있는 것으로 알려져 있다. 독도의 해양법적 지위가 유인도(有人島)로 인정되는 경우 기선 획정의 준거점으로 활용될 수 있기 때문에 독도의 경제적으로 잠재력이 크다.

독도의 군사적 중요성은 러일전쟁 중에서도 증명되었다. 일본은 독도를 강제로 시마네현으로 편입한 후 이를 해군 기지로 사용하여 러일 전쟁에서 승리했다. 오늘날에도 한국 정부는 독도에 레이더 기지를 구축하여 러시아, 일본, 북한의 해군과 공군의 이동 상황을 손쉽게 파악하고 있다. 즉, 독도는 마치 영국의 지브롤터섬(Gibraltar Island)과 같은 세력선(power line)의 역할을 담당하고 있는데, 이는 러시아의 태평양 함대가 대한해협 통과 시 사실상 독도 주변을 통과할 수밖에 없는 지리적 구조에 기인한다. 독도는 교통과 무역의 기능을 겸비하고 있으며 '해로의 결정점'(nodal point)으로서 동해의 중심지 역할을 수행하고 있다.

II 일본의 독도 강제편입 과정

일본의 20세기 들어 러일전쟁을 유리하게 수행하기 위한 전략적 필요에 따라 독도의 강제 편입을 수행했다. 공식적으로는 일본은 1904년 한일의정서를 통해 "한국 내의 전략적 요충지를 일본이 필요로 할 경우 임의로 수용할 수 있다."는 조문을 명시함으로써 정치적·군사적 간섭을 합리화했다. 이후 1904년 한일협정서를 통해 일본은 고문정치를 통해 한일합방의 기초를 다진다. 1905년 일본의 외무성은 러시아와의 전쟁을 위해 리앙쿠르島(Liancourt Rocks)의 영토 편입 및 대하원(貸下願)을 내각회의에 상정하였다. 본 안건은 국제법상 선점이론에 근거한 것으로, 이후 지방자치단체장의 고시인 시마네현 고시 제40호의 법률상 기초를 제공한다. 시마네현 고시 제40호는 독도를 다케시마로 명명하고 시마네현 소속으로 편입하는 것을 내용으로 한다. 일본은 러일전쟁의 강화조약인 포츠머스조약을 통해 러시아의 간접을 배제하고 한국에 대한 일본의 배타적인 주권선을 보장을 약속받는다.

Ⅲ 독도 관련 국제적 선언 및 조약

1943년 카이로선언에 의하면 미·영·중 3대국은 한국의 독립을 약속하며, 일본의 독도 강점에 대해서도 "일본국 시마네현으로부터의 영토 편입조치는 일개 지방 관청의 고시로, 자의로 이루어진 '폭력과 탐욕에 의한 약취 행위'임"을 명시한 바 있다. 1945년 포츠담선언에서도 카이로선언의 이행을 재확인한다. "일본국의 주권은 혼슈, 홋카이도, 큐슈, 시코쿠 및 연합국이 정하는 제 소도(小島)에 국한된다."고 명시한 바 있다. 미국은 1945년 10월의 맥아더라인(MacArthur Line), 11월에 점령을 위한 기본 지령, 12월의 맥아더 사령관 훈령, 1946년 1월의 연합국 최고사령부각서(SCAPIN 제677호)의 일련의 전후처리 문서를 통해 울릉도, 독도, 제주도, 그리고 북위 30도 이남의 유구 남서제도와 쿠릴열도, 치무군도 등은 일본의 통치권에서 배제됨을 명시한 바 있다.

또 1951년 9월의 상해(桑港)강화조약은 "일본국은 한국의 독립을 승인하고, 제주도·거문도·울릉도를 포함한 한국에 대한 모든 권리·권원 및 청구권을 포기한다."고 규정하고 있다. 위의 세 섬의 언급은 망라적인 것이 아니라 예시적인 것으로 독도는 당연히 이 섬들 중의 하나로 일본과는 분리된다.

Ⅳ 한일 간 영유권 분쟁 과정

1. 한국의 평화선 선언

한국 정부는 1954년 1월 18일에 대한민국 인접해양의 주권에 대한 대통령 선언(일명 '평화선 선언')을 선포하여 독도에 대한 한국의 영토권을 확립했다. 이에 일본은 바로 외무성 구상서와 후속적인 항의각서를 통해 독도가 1905년 한·일 쌍방의 합의에 의해 일본 영토로 편입된 바, 위와 같은 한국의 주장은 일본 영토에 대한 한국의 불법적 주권행사라며 강경한 항의를 제기한다. 이를 계기로 한일 간 독도 영유권 분쟁이 야기된다.

2. 한일갈등

일본 정부는 1954년 9월 독도 문제를 영유권에 관한 법적 분쟁으로 간주하여 국제사법재판소에 제소할 것을 결정한 후, 주일 한국대표부를 통해 구상서를 전달한다. 한국은 즉각 반박하고 국제사법재판에 의해서 주권을 증명해야 할 하등의 이유가 없다는 입장을 전달한다. 1960년대에도 일본의 고위 관료들과 정치인은 독도 문제의 국제재판소 제소를 지속적으로 요구했다. 그러나 한국은 독도문제를 제소는 물론이고 한·일 회담의 의제로 상정하는 것조차 반대했다. 대한민국 정부는 1963년 12월 일본의 위와 같은 요구는 대한민국에 대한 내정간섭이라는 엄중한 항의문을 발송한다.

3. 한일협정 체결

1965년 6월 22일 한-일 국교관계 정상화를 위한 한일협정이 정식으로 조인된다. 협정 이후 독도 문제에 관해서 일본이 사실상 현상 유지를 일정하고, 독도 주변 12해리를 어업전관수역으로 설정함으로써 독도 영유권 문제는 일시적으로 교착상태에 접어든다. 그러나 1977년 일본 수상이 독도가 일본의 영토라는 발언을 함으로써 다시금 독도 문제는 현안으로 등장하게 되고, 이후 간헐적인 일본 어선과 해상보안청 순시선의 영해 침범은 독도의 영유권 분쟁을 재연하고 있다.

V 일본의 영유권 주장 논리

1. 원시적 권원

일본은 독도에 대한 원시적(原始的) 권원(權原)을 주장한다. 일본은 독도를 먼저 발견했으며 1618년 막부의 공인하에 독도를 중간 기항지와 어장으로 전용함으로써 원시적 권원을 취득했다는 주장이다. 일본은 한국이 독도에 대한 실효적인 증거는 제시하지 못할 뿐 아니라, 비록 일본의 권원이 불완전하더라도 상대적으로 일본보다 강한 권원이 존재하지 않으므로 영유권을 향유한다고 주장한다.

2. 시마네현 고시 제40호

일본은 1905년 2월 22일 시마네현 고시 제40호를 통해, 한국령 독도를 '죽도(竹島)'로 개명하여 영토 편입 조치를 취했으며, 이는 선점 행위로서 죽도(竹島)에 대한 영유권은 국제법에 의한 확정적 권원으로부터 확립된다고 주장한다. 일본은 이후 죽도에 관하여 일련의 국가 기능을 구체적으로 발현함으로써 지배를 계속해왔다고 주장한다.

3. 제2차 세계대전 이후 전후 처리과정

제2차 세계대전 후 연합국에 의하여 취해졌던 일련의 조치는 영유권 배제가 아닌 행정권 배제의 문제이므로 일본의 독도에 대한 영유권엔 문제가 없으며, 샌프란시스코조약은 독도를 영토주권 포기 대상으로 명시하지도 않았다는 점[일본은 한국의 독립을 승인하고 제주도, 거문도 및 울릉도를 포함한 한국에 대한 모든 권리, 권원, 청구권을 포기한다(샌프란시스코조약 제2조 제(a)호)]을 들어 일본은 독도에 대한 주권을 주장한다.

VI 일본의 영유권 주장 논리에 대한 비판

1. 원시적 권원 주장의 문제

일본은 일본이 일찍부터 독도를 발견했음을 들어 원시적 권원을 주장하나 이는 허구이다. 일본은 1667년이 되어서야 비로소 울릉도와 독도를 인지했으며, 독도는 우산도, 울릉도는 현재의 이름대로 표기되어 있는 것을 미루어 보아 일본인들은 울릉도의 속도로서 독도를 이해하고 있었다. 또한, 고지도와 지리서는 한결같이 울릉도는 '竹島', 독도는 '松島'로 표기하여, 오늘날 일본측이 독도를 '竹島'로 부르는 것과는 차이를 보인다. 또한, 1849년부터 1905년간 일본에서 독도는 프랑스 포경선이 명명한 "리앙쿠르도"로 통용되었다. 따라서 역사적 지도와 지리서를 통해 일본이 독도를 고유영토로서 일관적으로 인식해왔다는 주장은 받아들일 수 없다.

2. 시마네현 고시의 문제

선점이론에 기반한 시마네현 고시 제40호를 통한 독도의 강제편입은 원천적으로 무효이다. 선점이란 '어떤 국가가 타국에 속하지 않은 무주물에 대하여 실효적인 점유를 함'을 의미한다. 선점은 국가의 영토취득의사, 실효적 지배, 국가 의사의 대외적 공표의 세 가지 실효적 점유의 요건을 취득해야 정당하다. 그러나 ① 신라 지증왕 이래 독도는 울릉도의 부속 도서로서 무주지가 아닌 대한 제국의 영토였음이 63종의 고문헌에 의해 증명되었고, ② 시마네현 고시 제40호은 국가가 아닌 일개 지방관청의 일방적인 은밀한 고시이므로 국가 의사의 대외적 공표로 볼 수 없으며, ③ 대한민국 정부가 1900년 독도를 울릉군수의 행정 관할하에 둔 것에 비하여, 일본이 취한 사인에게 해구엽업을 허용한 행위는 정부에 의한 영유의사로 보기 어려우며, ④ 일본 정부가 시마네현 고시 제40호를 경쟁적 주권자인 대한제국 정부에 통지하지 않은 것은 통지의무 위반으로 절차적 하자를 의미하기 때문에, 일본의 선점이론에 기반한 독도의 강제편입은 원천적으로 무효이다. 이와 더불어 시마네현 고시 제40호를 한국이 묵인했다는 주장 역시 허구인데, 당시 한일의정서와 한일 협약으로 대한제국은 실질적으로 외교권을 박탈당했기 때문에 독도 편입 조치에 대해 항의할 수 없었다.

3. 샌프란시스코 강화조약 문제

샌프란시스코조약 제2조 제(a)호에서 독도가 명시적으로 언급되어 있지 않다고 해서 일본이 독도에 대한 권리를 종전후에도 유지한다는 것은 잘못된 해석이다. 1946년 작성된 연합국 최고사령부각서(SCAPIN 제677호)는 일본의 영토를 정의할 때 일본은 4개 본도와 약 1,000개의 작은 인접 섬들을 포함한다고 정의한 다음, 제3항에서 일본 영토에서 제외되는 섬들의 그룹으로서 울릉도·독도·제주도를 들었다. 이는 독도와 일본을 분리시키는 인식을 갖고 있었음을 보여준다. 또 샌프란시스코조약 제2조 제(a)호에서 언급된 제주도, 거문도, 울릉도는 망라적으로 해석할 수 없으며 예시적인 조문으로 볼 수 있다. 왜냐하면 만약 제주도 거문도 울릉도가 국토의 최외측에 있기 때문에 언급되었다는 일본의 논리를 따르면 마라도 역시 우리나라에 귀속되지 않는 것이 일관성 있기 때문이다. 엄연히 마라도는 우리나라의 영토이며 같은 맥락에서 독도 역시 그렇다. 게다가 해당 조약이 명시적으로 일본의 영토로 독도를 언급하고 있지 않다는 사실 역시 일본의 주장이 독도 영유권을 주장하는 데 결정적 증거가 될 수 없다는 것을 보여준다.

4. 한국의 실효적 지배

한국 정부는 독도에 대한 실효적 점유를 계속하고 있다. 미 군정청 시절에도 독도에 관한 실황 연구를 한 기록이 있고, 대한민국 정부 수립과 함께 경상북도 울릉군에 독도를 편입시키는 행정적인 조치를 취했다. 1953년에는 미국과 일본의 군사합동 작전영역에서 독도를 제외해줄 것을 요청하여 인정받은 바 있다. 1955년에는 독도에 새로이 등대를 설치하였고, 1965년 이후 독도에 주민등록을 준 주민이 계속해서 존재하고 있는 바이다.

Ⅶ 결론

21세기 들어 한·일 양국 간에는 독도의 영유권을 둘러싼 공방이 더욱 치열해지고 있다. 일본의 우경화와 함께 일본의 영유권 주장은 역사교과서 문제와 양국의 가장 민감한 현안으로 자리 잡고 있다. 외무성과 일본 총리들의 강경한 발언과 2005년 '다케시마의 날' 조례안 제정은 양국의 대치상황을 초래하는 등 양국 관계를 거의 교착상태에 이르게 하고 있다. 그러나 독도는 현재 국제법적으로 엄연히 한국의 통치가 이루어지고 있기 때문에, 독도 거주민의 증가와 독도의 관리와 개발에 보다 근본적인 대책을 강구해야 할 것이며, 독도를 청정 해상의 주거지 및 관광지로 개발하여 국내외에 널리 홍보하여야 할 것이다. 아울러 한국의 고유영토로서 확고한 국제법적 구비 조건을 철저하게 보완하는 작업 역시 필수적일 것이다.

제2절 센카쿠열도(조어대열도)

Ⅰ 조어대열도의 중요성

조어대열도는 중국·일본·대만이 각각 영유권을 주장하는 동중국해에 위치한 작은 도서군으로 중국명, '댜오위다오(釣魚島, Tiaoyu Dao)', 일본명 '센카쿠열도(尖閣列島, Senkaku Islands)', 대만명 '釣魚臺(Tiaoytai)'로 불리운다. 조어대열도는 주변 해역에 고등어·정어리 등과 같은 어족자원이 풍부한 황금어장이 산재해 있고, 동중국해의 대륙붕에는 석유 및 천연가스와 같은 해저 광물자원의 부존 가능성이 높아 높은 경제적 가치를 지니고 있는 것으로 알려져 있다. 뿐만 아니라 조어대열도는 중동으로부터 동아시아 국가들에 이르는 석유 수송로의 길목에 위치하고 있어 전략적으로 중요하다. 현재 센카쿠열도를 실효적으로 지배하고 있는 것은 일본으로 1972년 5월 15일 오키나와현의 일부로 편입하였다. 한편 중국은 일본이 센카쿠열도를 청일전쟁을 통해 약취했다며 중국의 영역으로 포함할 것을 주장하고 있다.

Ⅱ 조어대열도의 분쟁 경위

1. 청일전쟁

중·일 간에 영유권 문제로 외교 쟁점화된 조어대열도는 옛날부터 중국의 영토였으며, 15세기 명조 당시 저술된 사료에서 복건성과 오키나와를 연결하는 해상항로의 지표였다는 기록이 있다. 일본은 청일전쟁에 승리한 후 중국으로부터 대만과 팽허도를 일본에게 할양하고 일본은 조어대열도를 오키나와에 귀속시킨다.

2. 제2차 세계대전 이후 관련 문서

1945년 7월 28일 발표된 포츠담선언의 무조건 수락은 조어대열도의 반환 의무를 발생시킴에도 불구하고, 미국 군정청이 조어대를 제외한 일본의 점령 영토를 중국에게 반환한다. 센카쿠열도는 제2차 세계대전 연합국들과 일본 사이에 발효된 1951년 샌프란시스코 강화조약에서 명시적으로 규정되지는 않았으나 류구열도(Nansei-shoto)에 포함된 신탁통치 지역의 지위였다가 1972년 일본이 미국과 오키나와반환협정을 맺고 오키나와, 즉 류구가 일본에게 반환되면서, 센카쿠열도는 일본으로 편입된다.

3. UN 아시아극동경제위원회(ECAFE)의 보고서

조어대열도의 영토분쟁은 1968년 UN 아시아극동경제위원회(ECAFE)가 조어대 인근에 다량의 석유가 매장되어 있을 가능성을 발표하면서 시작된다. 대만 정부는 걸프(Gulf)사에 이 조어대 부근 대륙붕의 해저자원 탐사권을 부여하면서 센카쿠열도 문제가 가시화된다. 일본 정부는 곧바로 센카쿠열도가 오키나와현에 속한다는 사실상의 영유선언을 발표한다. 1978년 10월, 중국 어선단이 조어대수역 내에서 조업을 단행함으로써 영유권 분쟁이 발생하고, 이에 대응하여 일본의 극우단체인 일본청년사가 이곳에 등대를 설치함에 따라 분쟁의 정도가 더욱 심해졌다.

4. 탈냉전기

1992년 2월 중국은 '영해 및 접속수역법'을 제정하면서 조어대열도를 중국 영토에 포함시키면서 분쟁은 재점화된다. 이에 일본 정부는 주일 대사를 외무성으로 소환하여 센카쿠열도는 역사적으로 국제법의 선점이론상 일본의 고유 영토임을 분명히 한다. 이후 중·일 양국 정부의 노력으로 영유권 주장의 대립으로 인한 격화된 논쟁은 잠시 진정되는 듯 하였으나, 1997년 4월 27일 오키나와현 의원이 이 섬에 상륙을 시도함으로써 분쟁이 다시 시작된다. 일본은 유감의 뜻을 표명하였으나 중국의 분노는 가라앉지 않고 홍콩 및 대만 과격파 청년단원이 조어대 상륙시도를 한다. 일본은 해상자위대 대신 순시선을 파견하여 상륙시도를 저지하나 선박 간의 충돌은 피할 수 없게 되고 인명피해까지 발생한다.

Ⅲ 영유권 주장 근거

1. 중국

중국이 영유권을 주장하는 근거는 다음과 같다. 첫째, 중국은 시기적으로 일본보다 앞서 조어대를 발견·선점했다. 둘째, 1895년 시모노세키조약 제2조의 '대만에 인접하거나 부속된 도서'를 할양하는 조항은 조어대에 대한 일본의 약취행위를 뒷받침한다. 또한, 카이로선언 및 포츠담선언에 의거, '일본이 중국으로부터 빼앗은 모든 영토' 또는 '탐욕과 폭력의 수단으로 빼앗은 모든 다른 지역'에 조어대열도가 당연히 포함된다. 게다가 1952년 중·일 간의 대만강화조약에 따라 1941년 이전에 일본의 강압에 의하여 체결된 모든 조약들이 본질적으로 무효인 것으로 합의되었으므로, 시모노세키조약이 합법적으로 성립되었다 하더라도 무효이다.

2. 일본

일본은 선점이론에 근거하여 영유권을 주장한다. 일본의 센카쿠열도연구회의 주장으로 대변되는 일본의 선점 주장은 다음과 같다. "중·일 간의 분쟁의 대상인 센카쿠열도는 본래 무주지역이었으므로, 1895년 1월 14일 일본이 각의 결의, 그리고 1896년 4월 1일 칙령 제13호에 입각하여 4월의 시모노세키조약을 통해 센카쿠열도의 선점 및 강제할양이라는 순서에 따라 오키나와현의 관할하에 두고 관리하였다. 이와 같은 일본의 센카쿠열도 선점에 대하여 청국을 비롯하여 세계 어느 나라도 전혀 항의나 이의를 신청한 국가는 없었다." 그러나 일본의 주장은 설사 중국에 의해 조어대열도가 주의 깊게 통치되지 못했다 하더라도, 선점의 요건에 해당될 만한 무주지역은 아니었고 중국 고유의 영토였다라는 점에서 정당화되기 어렵다. 메이지 정부의 각의결정과, 영토 편입 칙령 자체는 공시된 바가 없기 때문에 중국은 당연히 이의를 제기할 수 없었다. 게다가 조어대열도를 최초로 발견한 것은 사료에 따르면 중국인이고 그 시기는 일본이 처음 발견한 것으로 밝히는 1884년보다 이르다. 따라서 선점을 근거로 일본이 조어대열도에 대한 영유권을 주장하는 것은 무리가 있다.

3. 평가

중국과 대만의 조어대열도에 대한 영유권 주장이 석유 매장 가능성이 있다는 발표가 있은 후인 1970년경부터 시작되었고, 미국 관할 기간을 포함하여 1970년 이전에는 중국과 대만이 일체의 영유권을 주장을 하지 않았다는 점은 문제를 복잡하게 만든다. 설사 조어대열도가 중국의 영토였음을 증명할 수 있는 역사적 자료가 충분하더라도 국제법상 시효의 문제가 추가적으로 발생할 수 있기 때문이다.

Ⅳ 조어대열도의 분쟁 전망과 한국적 함의

1. 전망

조어대열도를 둘러싼 영토분쟁은 많은 불확실성과 매우 논쟁적이고 밝혀지지 않은 사실들을 내포하고 있다. 현 단계에서, 일본이 이 문제의 해결을 위한 어떤 회담이나 독립적인 제3자에 의한 해결에도 호소할 조짐은 전혀 없을 것으로 보인다. 중국 역시 국제사법적 절차를 신뢰하지 않고 있으며, 일본이 이를 주도한다 하더라도 이 조어대열도 문제가 제3자인 국제사법기관에 제소될 가능성은 전혀 없다고 본다. 따라서 중국과 일본이 조어대에 대한 영유권을 주장함으로써 이루는 상호 대립 국면은 장기화 될 가능성이 높다. 일본이 조어대열도에 대한 현실적인 영유 및 지배를 유지하고 있기 때문에 중국은 좀 더 공세적인 입장을 펼 가능성이 높으며, 일본은 분쟁상태의 확대나 심화를 적극적으로 회피하는 정책기조를 유지할 것으로 보인다.

중국과 일본이 양국관계에 있어 역내 안정 및 경제협력을 최선 순위에 두고 있기 때문에 동 문제로 인한 양측의 직접적인 무력충돌 가능성은 높지 않다. 양국은 장기적인 역사의 안목에 따라 충분한 상호간의 합의와 협력을 통해 평화적·정치적인 방식으로 조어대 문제 해결에 참여해야 할 것이다. 중국은 피해자라는 인식을 버리고 보다 적극적인 주도권을 잡고 중·일 간 영토분쟁 협상회담에 임하는 것이 바람직할 것이다.

2. 한국적 함의

조어대 문제는 비록 한국이 직접 당사자는 아닐지라도 예의주시해야 할 필요가 있을 것으로 보인다. 조어대열도는 한국의 주요 통항로이므로 한국의 국익과 밀접한 연관이 있다. 그리고 독도 문제와 조어대 문제의 유사성을 감안할 때 한국에 좋은 본보기를 제공할 수 있다. 한국 정부는 1990년대 중반 이후 조어대열도 사태에서 일어난 일련의 물리적 충돌이나 일본의 대응을 통해 중국과는 달리 독도 문제와 관련한 예상 시나리오를 세우고 치밀한 대응책을 마련해야 할 것이다.

제3절 북방4도

I 북방4도의 중요성 및 현황

1. 위치

러일 양국 간에 영유권을 둘러싸고 분쟁 중인 이른바 북방4도는 홋카이도 북쪽 러시아 쿠릴열도 남쪽에 위치한 전체적으로 약 5,000km²에 이르는 지역으로서 시코탄섬, 하보마이섬, 쿠나시리섬, 에토로후섬의 네 개의 섬으로 구성되어 있다.

2. 중요성

첫째, 경제적으로 중요한 가치를 지니고 있다. 러시아의 어획고의 약 50%는 이 부근에서 기록하고 있으며, 시코탄 섬은 러시아의 극동 포경기지이고, 에토로후 섬은 세계 최대의 연화 부화장이 있으며, 북방4도는 황금 어장을 형성하고 있다. 둘째, 군사전략상의 가치 측면에서도 중요하다. 북방4도는 러시아의 극동과 미국 본토를 연결하는 육교적인 위치를 차지하고 있다. 또한 러시아의 동북아시아 전략의 교두보로 간주되어오고 있다. 태평양에서 사할린으로 진출하기 위해서는 반드시 쿠나시리도를 통과해야 하므로 러시아에게 군사전략상 매우 중요한 해로이다. 게다가 북방4도는 육·해·공군 및 특수부대의 군사기지로 사용되고 있으며 구소련 시대에는 델타급 핵잠수함을 배치하기도 했으며 이는 일본과 미국에 대한 정치적 심리적 압박으로 사용되었다.

3. 양국의 입장

일본 정부는 러시아가 제2차 세계대전 이후 북방4도를 강제점령하고 있다고 주장하며, 이를 일괄반환할 것을 요구하고 있다. 러시아는 강력한 군사력을 바탕으로 구소련의 '현상고정론'을 답습하여 북방4도 문제만은 절대 일본 정부와 타협하지 않겠다는 입장을 고수하고 있다.

Ⅱ 영유권 분쟁의 배경

1. 제2차 세계대전 이전

(1) 시모다조약

제2차 세계대전 이전 러일 간의 북방4도 귀속 주체를 밝혀주는 중요한 역사적 사건에는 1855년 시모다 조약, 1875년 사할린 – 치시마 교환조약, 1905년 포츠머스 강화조약이 있다. 1855년 흔히 시모다조약으로 불리우는 러·일 통상우호조약은 러·일 양국의 정치외교사상 최초의 국경협정이다. 시모다조약 제2조에는 '금후 러·일 양국의 국경은 에토로후섬과 우르프섬 사이로 결정하여, 에토로후 이남은 일본의 영토로 하고, 우르프 이북의 쿠릴열도는 러시아의 영토로 각각 확인하였으며, 사할린은 양국이 공유하는 양국의 잡거지'로 확정한다. 이로써 이전부터 일본의 영토였던 시코단섬, 하보마이섬과 더불어 에토로후섬과 쿠나시리섬까지 소위 북방4도는 모두 법적으로 일본의 고유 영토로 인정되게 된 것이다.

(2) 사할린 – 치시마교환조약

1875년에 러시아와 일본은 오랫동안 갈등해 온 사할린 문제와 쿠릴열도 문제를 사할린은 러시아가 차지하고 대신 쿠릴열도에 대해서는 일본 영토로 인정하는 취지의 조약, 즉 사할린 – 치시마교환조약을 성사시킴으로서 일단락시킨다.

(3) 포츠머스 강화조약

러일전쟁의 전후처리 과정의 일환인 포츠머스 조약이 성립하면서 문제가 복잡해진다. 러일전쟁에서 승리한 일본은 포츠머스조약 제9조에서 러일전쟁의 전리품으로 북위 50도 이남의 남사할린과 그 부근에 산재되어 있는 모든 도서를 러시아로부터 강제 할양받게 된 것이다.

2. 제2차 세계대전 이후

(1) 카이로선언

제2차 세계대전 이후 미·영·중이 합의한 카이로선언에는 일본이 청일전쟁과 러일전쟁을 포함한 전쟁에서 전리품으로 약취한 영토에 대해서는 원래의 소유자에게 돌려주는 취지의 원칙이 담겨있다. 따라서 일본은 러일전쟁의 결과 전리품으로 약취한 남사할린은 반환할 수밖에 없는 입장이었다. 물론 사할린 – 치시마교환조약이 여전히 성립했으므로 쿠릴열도에 대해서는 여전히 일본이 영유권을 유지할 수 있었다.

(2) 얄타협정

1945년 2월 11일 체결된 얄타협정은 소련의 참전 대가로 남사할린과 쿠릴열도에 대한 영토권을 보장받는다. "만일 소련이 구주전쟁이 종료된 후 2~3개월 이내에 대일전에 참전한다면, 그 대가로 1905년 러일 강화조약의 전리품으로 약취 당한 북위 50도 이남의 남사할린 및 그에 소속된 도서들을 소련이 반환 받을 것이며, 북해도 동부 첨단에서 북쪽으로 캄차카 반도에 이르는 쿠릴열도의 영토권 및 뤼순의 조차권을 소련에 이관시키겠다."는 내용을 루스벨트와 처칠이 스탈린에게 약속했다. 따라서 스탈린은 러일전쟁 패배에 대한 복수심과 극동 변경의 안전 확보라는 이유로 1945년 8월 8일 일본의 포츠담선언 거부를 참전 구실로 내세워 150만의 대군을 거느리고 남사할린과 우르프섬 그리고 남쿠릴열도와 에토로후섬에 상륙하여 주둔준인 일본군 병력을 강제로 무장해제 시키고 북방4도를 강제로 점령한다.

(3) SCAPLIN 제677호

소련은 연합군 지령인 SCAPLIN 제677호에서 "일본은 4대 도서와 약 1천개에 달하는 인접 도서들을 포함할 뿐 쿠릴열도 하보마이군도와 시코단 섬을 포함하지 않는다."고 기술한 것을 들어 점령을 정당화한다. 또한 상해평화조약 제2조 C항에서 "일본국은 쿠릴열도와 포츠머스조약의 결과로써 약취한 사할린 일부 및 이에 인접한 도서들에 대한 모든 권리·권원 및 청구권을 포기한다."고 규정하고 있는 바를 들어 쿠릴열도 전체에 대한 영유권 논리를 강화한다.

(4) 일·소 공동선언

양국의 대립은 1956년 일·소 공동선언을 통해 일시적으로 타협점을 찾는 것으로 보였다. 일본은 50년대 초반부터 수차례 쿠릴열도의 해석을 제한적으로 할 것을 주장하며, 북방4도에 대해서는 일본의 영유권이 인정된다는 입장을 고수했다. 장기간의 교섭 끝에 일·소 공동선언 제9단은 "소련은 일본의 희망과 이익을 충분히 고려하여, 남쿠릴의 북방4도 중 하보마이군도와 시코탄섬을 일본에 실제 인도하기로 동의한다. 단, 이들 도서는 일·소간의 평화조약이 체결된 이후에 인도될 것이다. 평화조약은 일본에서 외국 군대가 완전히 철수한 후에 체결된다."라고 규정하며 북방4도 중 하보마이군도와 시코탄섬, 즉 2개의 도서를 소련이 일본에게 반환한다는 규정을 명문화하고 있다.

그러나 소련은 미국과 일본의 새로운 안보조약을 의식하여 일본과 소련 사이에 영토 반환 조건으로서의 평화조약이 성립하지 않았음을 들어 약속 이행을 번복한다. 일본 역시 미군 철수를 조건으로 2개의 도서를 반환하겠다는 러시아의 입장은 내정간섭이라 결론을 내린다. 1960년대와 1970년대 양측의 대립은 계속되었으며, 1971년 오키나와가 일본에게 반환되어 미군이 미군의 영향력이 줄어들자 일본은 더욱 적극적으로 북방4도의 일괄반환론을 고수하게 되고 이와 같은 대립양상은 오늘날까지 이어지고 있다.

Ⅲ 양국 영유권 주장의 분석과 비판

1. 러시아

러시아 측은 앞서 살펴본 바와 같이 카이로선언, 얄타협정, 포츠담선언, SCAPIN 제667호, 상해평화조약, 일·소공동선언 제9단 등 일련의 국제협정에 의해 쿠릴열도는 합법적으로 소련의 영토가 되었고, 북방4도도 쿠릴열도의 일부이므로 이들 조약에 의해 이미 영토문제는 해결되었다고 주장한다. 러시아는 포츠담선언에서 쿠릴열도는 일본의 주권하에 남아 있는 영토를 명시하는 규정에서 제외되었고, 상해평화조약 제2조 제(c)항에 의하여 일본이 권리를 포기한 쿠릴열도는 북방4도를 포함한다는 점을 들어 자국의 영유권을 정당화하며, 오늘날까지 러시아에서 간행된 지도에서 쿠릴열도는 하보마이군도와 시코단을 포함하여 넓게 해석되고 있다.

2. 일본

일본은 북방4도의 일괄반환을 요구하고 있는데 그 근거로 역사적으로 북방4도가 일본의 영토였으며, 결정적으로 사할린 – 치시마교환조약으로 1875년 사할린과 쿠릴열도가 일본과 소련 간에 상호 교환된 영토이므로 북해도의 일부로서 일본의 영토라는 것이다. 둘째로, 얄타협정은 영·미·소 3국 수뇌들이 소련을 대일전에 참전시키기 위해 그 유인책으로 일본 영토인 남사할린과 쿠릴열도를 반환하기로 비밀협의한 것이므로, 제3국인 일본에게는 무효라는 것이다. 게다가 얄타협정 체결 당시 루스벨트 대통령이 러일전쟁으로 일본이 약취한 지역은 남사할린에 제한됨에도 불구하고 이를 쿠릴열도까지로 착오로 인식하여 러시아의 참전대가로 포함했기 때문에 일본은 얄타협정을 거부하는 바임을 밝혔다. 셋째, 일본이 상해평화조약에서 포기하기로 한 쿠릴열도의 범위가 불분명하다는 점을 근거로 제시한다. 일본이 포기하기로 한 쿠릴열도의 범위가 러시아가 채택하는 광의가 아닌 일본 고유의 영토인 남쿠릴의 북방4도는 제외된다는 입장인 것이다. 마지막으로, 일·소 공동선언은 일·소 국교 정상화 이후 영토 문제를 포함하여 평화조약 체결 교섭을 계속 추진할 것임을 확인하는 조약이므로, 러시아의 "일·소 간에는 영토 문제가 전혀 존재하지 않고 있다."는 주장은 억지이다.

Ⅳ 결론

위에서 살펴본 바와 같이 러시아와 일본 사이에 분쟁 중인 북방4도는 역사적으로나 지리적으로나 연합국의 일련의 제 선언 및 조약에 의해서 일본의 고유 영토임이 확실함에도 불구하고, 제2차 세계대전 이후 구소련에 의해 불법으로 강점당하여 현재에 이르기까지 일본이 반환받지 못하고 있는 영토이다. 러시아는 북방4도를 반환할 경우 남사할린마저 일본이 반환을 요구할 것으로 판단하고 있으며 현상유지원칙을 고수하고 있다. 비록 러시아가 세계에서 가장 긴 국경선을 자랑하고 있지만, 쿠릴열도가 사실상 유일한 부동항이며 태평양으로의 출구를 확보하는 것은 군사·정치적으로 매우 중요하다. 이외에도 반환을 받아들일 경우 중국 및 핀란드, 폴란드, 체코 루마니아와의 국경 문제로 확대될 수 있기 때문에 실지회복을 전제로 한 영토분쟁을 가능한 한 억지하려 하고 있다. 현재 북방4도에는 과거 스탈린의 강제추방으로 인해 일본인이 단 한 명도 거주하고 있지 않고 국제법 관례상으로 러시아가 점유하는 기간이 길어지고 있어 시효에 따른 영유권 주장 가능성도 배제할 수 없기 때문에 러시아는 현상유지원칙을 고수한다. 반면 일본은 역사적으로, 군사전략적 측면과 경제적 측면에서 북방4도 반환을 중요한 정책으로 추진하고 있으며 오늘날까지도 북방4도의 전시 점령 상태의 종료 및 반환을 강력하게 추진하고 있다.

제4절 남사군도

I 남사군도의 개관 및 중요성

1. 위치

남사군도는 지리적으로 남중국해의 남단에 위치한 80만km²의 해역으로서, 약 100여 개의 소도·사주·환초·암초로 구성되어 있는 군도이다. 남사군도는 중국, 베트남, 말레이시아, 필리핀, 인도네시아, 브루나이, 대만 등 주변 여러 나라의 한가운데에 위치하는 지리적 특성 때문에 영유권 분쟁이 가장 치열한 곳이다. 이곳의 국제적 명칭은 영국의 고래잡이 어선의 선장의 이름을 따서 'The Spratly Islands'로 표기되며 영유권을 주장하는 분쟁당사국들이 각자 명명한 다양한 명칭들이 존재한다. 중국은 '난샤(南沙)'로 통칭하며, 베트남인들은 '트루옹 사'(truong Sa), 필리핀인들은 '칼라얀'(Kalayaan)군도로 부르고 있다. 이처럼 남사군도의 영유권 분쟁은 단일 섬 아닌 군도로 이루어진 지역의 분쟁으로서, 영유권 분쟁에 개입하고 있는 당사국이 다수이면서, 국력의 분포로는 강대국 및 약소국들과의 힘의 역학관계, 영유권 주장의 범위로는 전면적 영유와 부분적 영유가 중층적으로 복합되어 있는 성질을 보인다.

2. 중요성

남사군도의 중요성은 그 지리적·경제적·군사적 차원의 가치에서 발견된다. 첫째, 남사군도는 지리적으로 중요성을 차지한다. 남사군도는 위에서 언급했듯이 주변 다수 국가가 해양으로서 접하고 있는 유역의 중심에 자리 잡고 있다는 점에서 중요하다. 둘째, 경제적으로 가치가 높다. 남사군도에는 어족자원은 물론 석유 및 가스와 같은 천연자원이 매장되어 있다. 셋째, 전략적으로 중요성을 갖는다. 남사군도가 위치한 남중국해는 해상교통로의 요충지이다. 이 해역은 해상교통 및 군사전략상의 수송을 포함하여 전세계 해상수송의 25%, 아시아 수입 석유의 70% 이상이 이 해로를 통과하고 있다. 한국의 입장에서도 전체 원유 수입의 3분의 2를 중동산에 의존하고 있기 때문에 해상 수송로의 테러로부터의 안전성을 보장받는 것은 국익과 직결되어 있다.

II 영토분쟁의 전개과정

1. 분쟁 발발

남사군도의 영유권 문제는 1970년대 이전에는 제기되지 않았다. 그러나 이 지역에 석유와 천연가스의 부존 가능성이 제기되면서 분쟁이 시작되었다. 남사군도가 국제적인 관심을 끌게 된 것은 지난 1966년 발족한 아시아 연안지역 광물합동탐사조정위원회가 이곳을 석유와 천연가스 등 지하자원의 보고임을 확인했기 때문이다. 군도의 석유 추정 매장량은 177억 톤으로 쿠웨이트 석유 매장량보다 47억 톤 많은 규모로 세계4위의 매장량을 보이며, 이 외에도 천연가스, 구리, 알루미늄, 주석과 같은 자원과 어족이 풍부하다.

2. 분쟁 가시화

최초로 분쟁이 가시화된 것은 1988년 3월 14일 남사군도 적과초(Johnson Reef)에서 중국과 베트남 간의 무력충돌이 발생했을 때이다. 이 사건 이후 어선 조업 및 석유 시추활동을 둘러싸고 두 나라 사이의 외교 공방은 오늘날까지 지속되고 있다. 이 때 베트남 국방장관이 방문을 하고, 양국이 서로 해·공군 훈련을 실시하기도 하면서 초기에는 중국과 베트남의 개별 국가 사이의 영토분쟁으로 진행됐다.

3. 중국의 영해법 제정

1992년 중국이 남사군도 전체를 자국의 영토로 귀속시키는 영해법을 제정하면서 이 지역 분쟁은 국제법적인 논쟁이 되었다. 이윽고 1994년 베트남은 미국의 석유회사와 분쟁지역 내 석유시추를 계약하고 유사 시 해군의 지원을 약속함으로써 외교 분쟁으로 격화되었다. 필리핀 역시 미국의 발코에너지사에게 석유 시추권을 부여한다. 1995년 베트남이 아세안 회원국으로 정식 가입하고, 아세안이 남중국해 문제의 중재자로 개입하면서 남사군도 문제가 국제정치상의 공식의제로 떠오르게 된다.

4. 중국의 구조물 설치

1995년 필리핀은 미스취프초(Mischief Reef)에서 중국의 구조물을 발견하고 관련 6개국이 회동하여 공동사업을 추진하기로 한다. 그러나 1999년 중국은 미스취프를 포함한 모든 남사군도의 영유권을 주장한다. 중국은 이후 인근에 전투함을 주둔시키고, 새로운 구조물을 설치하면서 긴장이 고조시키고 미국은 6개 당사국 회의를 통해 분쟁 해결을 시도하나 이는 거부된다. 필리핀은 이 문제를 해결하기 위한 국제재판소 창설을 제의한다. 그럼에도 불구하고 중국이 미스취프 암초에 구조물을 추가로 건설하면서 필리핀의 추가적인 공동사용 협정 제안마저 거부한다. 이에 필리핀은 미스취프 주변에서 해·공군 초계활동을 유지하고, 미국의 개입을 암시하는 외국군 방문협정을 비준하면서 남사군도에서 긴장이 고조된다.

5. 대만의 미사일 설치

2000년 대만은 중국을 포함한 다수 국가의 영유권 주장이 존재하는 남중국해 기지에 단거리 대공미사일을 배치하고 중국 해군은 사상 최초로 미사일 함정을 동원한 해상 훈련을 실시한다. 이에 필리핀 해군은 중국과의 분쟁수역에서 초계활동을 강화하고, 중국 어선은 베트남 무장선박에 피격되는 사건이 일어난다.

6. 남중국해 당사국 행동 선언문

2000년 11월 2일 아세안과 중국은 남중국해 당사국 행동 선언문에 합의함으로써 분쟁의 평화적 해결을 위한 진전을 보인다. 이 합의는 정치외교적인 돌파구의 성격을 지니며 행동선언문 초안에는 아세안 회원국과 중국이 남중국해에서 당사국 간에 긴장을 고조시키거나 상황을 복잡하게 하는 행위를 스스로 자제할 것을 규정하고 있다. 그러나 같은 해 중국 외교부가 서사군도와 남사군도는 엄연히 중국의 영토임을 확인하다고 발표하고 잇달아 베트남 외무부도 역사적으로나 현실적으로나 베트남의 영토가 분명하다고 주장했다.

Ⅲ 영유권 주장논리

1. 중국과 대만

중국은 역사적 이유를 들어 남중국해 대부분에 대한 영유권을 주장하고 있다. 중국은 이미 전한(前漢) 때 남사군도를 발견했다고 주장하고 있으며, 1868년 영국에서 발간된 지도에 언급된 남사군도 관련 기록을 증거로 내세운다. 이외에도 조약 역시 영유권 주장을 뒷받침하는 것으로 제시하는데, 구체적으로 샌프란시스코 강화조약을 통해 일본이 상실한 남사군도와 서사군도에 대한 지배권은 카이로선언과 포츠담선언에 의거하여 중국에게 환원되었다는 주장이다. 대만 역시 자국이 전통 중국임을 내세우며 중국과 동일한 논리를 주장한다.

2. 베트남

중국이 가장 경계하는 국가인 베트남 역시 역사적 증거 및 대륙붕원칙에 입각하여 남사군도 전체가 자국 칸호하성(Khanh Hoa)성 근해지역이라고 주장한다. 베트남은 현재 25개의 섬을 점령하고 있다. 베트남은 17세기 베트남의 남사군도에 관한 영유권이 공식적으로 인정되었다고 주장한다. 프랑스의 베트남 식민지 지배 당시에 프랑스 역시 남사군도 가운데 9개 섬에 대해 실질적 지배와 점유를 유지했다는 점에서 베트남의 영유권을 뒷받침해준다고 주장한다.

3. 필리핀

필리핀은 위치상의 근접성과 1947년 필리핀인에 의해 남사군도에 대한 탐사가 이루어진 사실에 입각하여 남사군도에 대한 영유권을 주장하고 있다. 필리핀은 '발견에 의한 선점'이론을 영유권의 권원으로 주장한다. 필리핀은 클로마(Tomas Cloma)라는 사인에 의해 개발된 남사군도의 일부(8개의 섬)를 '카라얀(Kalayaan) 자유지역'으로 명명하고, 이 섬들은 남사군도의 일부가 아니며, 어느 나라에도 소속된 적이 없고 영유권이 주장된 적도 없다. 따라서 이 지역은 필리핀에 의한 '발견에 의한 선점'이 이루어진 곳으로 필리핀의 영유권이 인정된다고 주장한다. 필리핀은 1972년 이 섬들을 팔라완 주로 편입시켰으며, 오늘날까지 사실상 점유를 유지하고 있다.

4. 말레이시아

말레이시아는 '대륙붕 연장이론'과 '무주물선점'을 영유권 주장의 근거로 내세우고 있다. 말레이시아는 자국의 대륙붕 지역에 속한다고 생각되는 5개의 섬을 점령하고 있다.

5. 인도네시아 및 브루나이

인도네시아는 남사군도에 대한 영유권을 주장하지는 않으나 중국과 대만이 주장하는 해양 경계선이 인도네시아의 배타적 경제수역과 대륙붕에까지 연장되어 논쟁의 여지가 있으며, 브루나이 배타적 경제수역을 선포하여 자국에 인접한 도서에 대한 영유권을 주장하고 있다.

Ⅳ 분쟁의 해결 방식

1. 군사력 확충

영유권 주장에 있어서 역사 또는 유물 발굴보다 훨씬 효과적인 것은 군사력이다. 1997년 중국은 필리핀이 점유하고 있던 로아이타와 란키엠을 점령하는 강제적 해결방식을 보여줬다. 이처럼 분쟁 국가 중 중국은 단연코 가장 높은 군사적 투사력을 보인다. 중국은 항공모함 구축계획을 수립하고 전략 중점을 '연안방어'에서 '원거리 전력투사능력 확대'로 전환하여 제해권 장악을 위한 공세적 입장을 보이는 것으로 보인다. 이에 비해 다른 영유권 주장국들은 군사적 투사력이 극히 제한되어 있으며, 브루나이를 제외한 모든 국가들이 이 군도에 초계소를 설치하고 있다. 필리핀은 수비(Subi Reef)에 활주로를 보유하고 있으며, 베트남은 어뢰 발사함을 보유하고 있으며, 말레이시아는 가장 현대화된 무기를 보유하고 있으나 이들 국가 모두 중국에 비하면 취약한 군사력을 가지고 있다.

2. 공동개발

군사력 확장 추세 속에서도 남사군도 분쟁당사국은 공동개발이라는 형태로 꾸준히 경제적 실리를 추구하고 있다. 중국은 공동개발이라는 명분을 내세우며 가능한 한 양자협상의 형태로 분쟁 관련 국가들과 개별 접촉을 시도하고 있다. 현재 태국과 군사 교류 협력을 통한 대화 메카니즘을 확립하려는 시도를 하고 있으며, 이와 유사한 노력이 베트남, 말레이시아, 인도네시아와의 관계에서도 시도되고 있다. 형태는 공동채굴계약 성사, 공동탐사활동과 같은 형태로 이루어지고 있으며, 이는 선도적 투자를 통해 남사군도 개발의 주도권을 장악하려는 중국의 정책 기조에 바탕을 두고 있다.

3. 외교적 노력

(1) 아세안지역포럼(ARF)

ARF의 설립은 남사군도 문제를 평화적으로 해결하려는 아세안 회원국들의 노력의 결과이다. 아세안 주도의 ARF 성립을 통하여 아시아태평양지역의 국가들 간의 신뢰구축과 예방외교를 증진시킴으로서 궁극적으로 안보이슈를 평화적으로 해결하고자 한다. 1990년 '남중국해 잠재적 갈등처리에 관한 워크숍'은 인도네시아의 주도로 이루어졌으며, 남중국해 연안국가들 사이의 협력관행을 축적하고, 신뢰구축과 평화적 해결을 촉진시키기 위해 개최되었다. 이러한 노력은 1992년에는 남중국해에 대한 아세안 선언이 이루어짐으로써 결실을 맺었다. 이 선언은 남사군도 문제 해결 원칙들에 대한 합의를 이끌어내는 데 성공했고, 오늘날 이것이 남중국해 연안 국가들의 행동준칙이 되고 있다. 1999년에는 필리핀을 중심으로 한 남중국해 행동 규범안이 ARF에 제출되었지만 의장 성명에는 포함되지 못했다. 2002년 아세안 정상회담에서도 남중국해에 대한 당사국 행동 선언이 이루어졌으며 중국, 말레이시아, 브루나이, 필리핀, 베트남, 인도네시아 등 주요 당사자들이 가입되어 있다.

(2) 중국

중국은 주요 행위자로서 남중국해 영유권 문제를 둘러싸고 일어났던 무력 충돌 및 긴장의 완화를 위한 일련의 군사적 신뢰구축 조치를 취하기 위한 일환으로 동아시아 지역협력을 중시하고 있다. 그러나 이는 미국이 제외된 아세안+3를 통해 미국의 영향력을 약화시키고 아세안을 친중국화하려는 정치적 목표와 무관하지 않다. 이런 일련의 과정은 남중국해 문제 해결을 위한 최종 세부 행동강령을 포함하고 있는 것은 아니나 다음 단계의 과제 특히 행동규약의 초석이 될 수 있는 원칙을 마련할 수 있다는 점에서 의의가 있다.

4. 사법적 평가와 실효적 점유

남사군도 분쟁에 대한 사법적인 판단에 대한 요청에 대해서 중국은 거부의 의사를 분명히 밝히고 있다. 따라서 중국의 방침이 변하지 않는 한 남사군도의 영유권 분쟁이 사법적 판단에 맡겨질 일은 없을 것으로 보인다. 하지만 분쟁 당사국들이 분명하게 사법적 판단의 근거가 될 수 있는 실효적 점유를 위한 각종 조치를 취하고 있다는 점은 주지해야 할 사실이다.

중국이 남중국해 도서와 그 인근 해역에 대해 주장하고 있는 영유권의 근거는 실효적 점유나 국가의 행정적 지배권의 행사로 인정하기에는 불완전하고 간헐적이며 영유권을 인정할 수 있을만큼 결정적이지 못하다. 베트남의 경우도 마찬가지로 일부 역사적 기록이 존재하나 확정적으로 영역권을 성립시킬 정도의 지속적인 실효적 점유는 없다. 다만, 베트남은 현실적으로 가장 많은 섬을 보유하고 있다. 필리핀의 영유권 주장의 경우 '발견에 의한 선점'과 '시효취득'의 이론에 근거하나 필리핀이 섬을 발견했을 당시 과연 그 섬과 암초들이 무주물이었는지는 법적으로 검토되어야 할 문제이다. 또한, 선점을 주장할 경우 사인의 자격으로 이루어진 개발활동을 국가의 영유의사로 보기에 무리가 있다. 말레이시아와 브루나이는 '대륙붕 연장이론'을 주장한다. 그러나 대륙붕이 그 상층육지에 대한 영유의 근거를 제공할 수 없다는 것은 분명한 해양법적 사실이다.

분쟁당사국의 영유권 주장들을 사법적으로 검토해보면 모든 영유권 주장이 결정적인 사법적 판단의 근거로 사용되기에는 무리가 있음을 알 수 있다. 따라서 분쟁당사국은 영토로서 인정받을 수 있도록 각종 조치와 행동을 취하고 있다. 영유권을 굳히기 위한 방식은 예전의 함포외교 방식에서 민간 관광, 과학 활동 등 우회적인 방식으로 영유권을 주장하려는 방식으로 변모하고 있다. 그러나 사법적 접근을 통한 강제적 해결은 중국이 영유권 문제의 국제재판소 회부에 강렬히 반대하고 있고, ICJ에의 제소는 분쟁 당사국인 중국과의 합의 없이는 불가능하기에 사법적 해결 방식은 여전히 현실과는 거리가 있다고 볼 수 있다.

V 결론

남사군도의 분쟁 당사자들은 자국의 영유권 주장을 강화하기 위한 실제적 조치와 평화적 해결방안을 동시에 추구하고 있다. 중국과 베트남이 남사군도 문제로 첨예하게 대립하자, 아세안에서는 분쟁의 평화적 해결을 위해 남사군도 공동 개발안을 제시했다. 남사군도는 현실적으로 어느 한 국가가 독점하기 어렵다. 그리고 중국은 아세안과의 협력을 강화하고 있다. 남사군도 분쟁은 영토 그 자체보다는 해양자원의 개발과 이용이 주목적이기 때문에, 해양자원의 공동개발이라는 이해관계가 일치하면 평화적으로 해결할 여지가 마련될 수 있을 것이다. 남사군도 분쟁의 이해 당사국은 미국, 일본, 한국을 포함하여 일부 유럽 국가들까지 끌어들여 국제문제화를 무릅쓰고 자원의 다국적 공동개발을 모색하고 있기 때문에 우리 정부는 남사군도 분쟁의 직접 당사자는 아니지만 이를 예의 주시할 필요가 있을 것이다.

제4장 유럽지역

제1절 유럽연합

I 역사

1. 유럽 석탄·철강공동체(European Coal and Steel Community, ECSC)의 창설

1949년 NATO 설치, 1948년 유럽경제협력기구(OEEC: Organization for European Economic Cooperation) 설치, 1949년 유럽평의회(Council of Europe)설치에 이어서 1951년 유럽 석탄·철강공동체(ECSC)가 설치되었다. ECSC는 당시 프랑스와 독일의 최대 산업인 석탄과 철강산업 부흥을 통해 전후복구를 이룩한다는 경제적인 목적 외에 두 나라 간 협력을 통해 적대관계를 해소한다는 정치적 목적을 가지고 있다. ECSC는 프랑스인 모네가 '슈만플랜'이라는 이름으로 1950년에 제출하였다. 이 플랜은 철강·석탄 공동시장을 만들고 이 공동시장은 초국가적 기구에 의해 공동관리하자는 것이었다.

2. 유럽경제공동체(EEC) 및 유럽원자력공동체(EURATOM) 설립

ECSC는 석탄과 철강 생산에 크게 기여하였으나, 1950년대 후반 원유의 도입과 함께 위기를 맞았다. 이에 석탄·철강공동체 6개국은 1957년 유럽경제공동체와 유럽원자력공동체를 설립하는 로마조약에 서명하였다. 로마조약은 1958년 발효되어 유럽경제공동체(EEC)가 브뤼셀에 설치되었다. 경제공동체는 발족되자마자 대대적인 관세인하를 추진하였고, 공동 대외관세를 실시하였다. EEC, ECSC, Euratom 세 공동체는 1967년 7월 1일부터 공동체의 제 기관이 통합되어 EC(European Communities 또는 European Community)라고 총칭되었다.
이는 1965년 체결(1967년 발효)된 통합조약(Merger Treaty)에 기초한 것이며, 통합조약은 세 공동체 자체를 통합한 것이 아니라, 고등관청(High Authority)과 두 위원회(Commissions)를 하나의 위원회로 그리고 세 이사회(Councils)를 하나의 이사회로 통합시킨 것이었다.

3. 단일시장의 완성

EEC는 1968년 역내 교역관세 철폐 및 역외 공동관세를 실시하는 관세동맹(Customs Union)을 완성하였다. 그러나 이는 로마조약이 규정한 상품·사람·자본·서비스의 자유이동을 통한 공동시장(Common Market) 달성과 거리가 먼 것이었다. 공동시장의 달성을 위해서 1986년 단일유럽의정서(Single European Act, SEA)가 채택, 1987년 발효되었다. SEA는 상품·사람·자본·서비스 등 4대 생산요소의 자유이동을 보장하기 위해 물리적·기술적·재정적 장벽을 제거·단일유럽시장을 완성하였다. 의사결정방식을 만장일치에서 가중다수결로 전환하였다.

4. 유럽연합(European Union, EU)으로 개편

(1) 마스트리히트조약(Treaty on European Union, TEU)의 주요 내용

단일유럽의정서로 4대 생산요소의 자유이동이 보장되었으나, 각국은 독자적인 통화단위를 사용함으로써 광범위한 환율변경이 인정되어 역내 가격체계가 왜곡되었다. 이를 시정하기 위해 경제·통화동맹조약인 TEU가 채택, 1993년 발효되어 유럽공동체(EC)는 유럽연합(EU)으로 개편되었다. 이로써 유럽은 단일시장에서 정치·경제·안보동맹으로 격상되었다. TEU는 유럽시민권 제도를 도입하여 회원국 국민은 국적에 관계없이 거주지 지방선거 및 유럽의회 선거에 참여할 수 있도록 하였고, 의회의 입법기능과 집행위원회 견제기능을 대폭 강화하였다. TEU에 의해 창설된 EU는 광범위한 공동목표를 지붕으로 하여 세 기둥(기존 세 개의 공동체에 의한 EC의 여러 가지 활동, 공동외교안보정책, 사법 및 내무업무)으로 형성되었다. 공동결정절차를 도입하여 의회의 권한을 강화하였다. 의회는 각료이사회가 지지하는 법안에 대해 거부권을 행사할 수 있다. 의회에 신규회원국 가입 및 공동체 예산 집행에 대한 승인권을 부여하였으며, 공동외교안보정책을 처음으로 명문화하였다.

(2) 경제통화동맹(Economic and Monetary Union, EMU)

TEU는 '들로르보고서'에 기초하여 EMU를 3단계로 나누어 시행하기로 결정하였다. 1단계는 1990년 7월 1일부터 시작되었고, 2단계는 1994년 1월 1일부터 시행되었다. 그리고 3단계는 1999년 1월 1일부터 실시되었는데, 유럽중앙은행이 1998년에 설립되고 공동화폐(Euro)가 2002년부터 발행되었다. 영국과 덴마크는 이 단계에 대한 '선택적 참가(Opt-out)'가 인정되고 있다. 그리스는 당초 조건을 충족하지 못해 유로존에서 배제되었으나, 이후 조건을 충족시켜 2001년 1월부터 유로존 회원국이 되었다. 이후 슬로베니아, 슬로바키아, 에스토니아, 라트비아, 리투아니아(2015)가 유로화를 도입하여 총 19개국이 유로존을 형성하고 있다.

5. 유럽의 확대

1958년 경제공동체(EEC, 당시 6개국)가 설치되고 1960년 자유무역연합(EFTA)이 발족되어 서유럽은 양분되어 있는 상황이었다. 그러나 1973년 영국, 덴마크, 아일랜드 등 3개 국가가 공동체에 가입하고(총 9개국) 이후 1981년 그리스의 가입으로(10개국) 공동체의 남진정책이 본격화 되었으며, 1981년에는 포르투갈과 스페인 등 상대적으로 소득이 낮은 국가들이 가입하였다(총 12개국). 공동체는 1993년부터 단일시장을 실시하며 유럽통합을 구체화시켰으며(EC ⇨ EU로 전환), 이에 따라 기존 EFTA 국가들도 유럽연합쪽으로 전환하여 되어, 1995년 스웨덴, 핀란드, 오스트리아가 유럽연합에 가입하였다(총 15개국). 1999년 공산권의 붕괴와 함께 몰타, 슬로베니아, 헝가리, 체코 등 동구권 10개 국가들이 유럽연합에 대거 가입하였으며(총 25개국), 근래 들어 2007년 1월 루마니아와 불가리아 두 국가가 가입하여 오늘날 유럽연합이 완성되었다. 한편, 2013년 7월부터 크로아티아가 EU 회원이 됨으로써 EU 회원국은 2013년 11월 현재 총 28개국이 되었다. 또한, 2004년 12월 정회원 후보국의 지위를 획득한 터키는 2013년 11월 5일부터 EU 가입을 위한 협상을 재개하였다.

> **참고** 코펜하겐기준
>
> 중동부유럽으로의 EU 확대를 위해 1993년 6월 코펜하겐 유럽이사회는 소위 코펜하겐기준이라 부르는 EU 가입기준을 제시하였다.
> 1. 정치적 기준으로 정치적 민주주의, 법치주의, 인권 존중 및 소수자의 권리 보호
> 2. 경제적 기준으로 공동시장에서 경쟁력을 유지할 수 있는 시장경제체제
> 3. 법적 기준으로 가입과 동시에 EU의 법적 권한과 의무의 준수
> 4. 정치적 공동체, 경제통화동맹의 목표에 대한 동의
> 5. 기존 EU의 흡수 능력, 즉 신규회원국을 수용해도 문제가 없을 것

6. 암스테르담조약

(1) 체결 배경

1997년 유럽연합(EU) 15개국 사이에 체결된 유럽 통합에 관한 기본협정으로, 신유럽연합조약이라고도 한다. 1997년 6월 유럽연합(EU) 15개국 정상들이 암스테르담에 모여 회의를 열고 체결한 협정이다. 마스트리히트조약이 1992년 6월부터 시작된 각국에서의 조약 비준단계에서, 덴마크가 국민투표에서 비준을 얻는 데 실패하고, 프랑스에서는 근소한 차이로 가까스로 과반수 찬성을 얻는 데 그치는 등 커다란 장애에 부딪쳤다. 이로 인해 이 조약에 대한 개정론이 대두되자 암스테르담조약이 체결된 것이다.

(2) 주요 내용

① 다단계 통합의 방안을 도입하여 과반수의 국가들 사이에서 합의가 성립되면 이들 국가 간에서 먼저 통합을 실시할 수 있다는 것을 명문화하였다.
② 사회헌장(社會憲章)을 부속문서에서 조약 본문으로 옮겨 넣고, 조약에 참가하지 않았던 영국도 여기에 참가시킨다.
③ 공통외교·안보정책에 관한 의사결정에 관해서는 전 회원국의 일치를 원칙으로 하지만, 다수결로 공동행동을 결정할 수 있는 경우도 있도록 한다.
④ EU의 법적 성격을 확인하고, 유럽위원회와 유럽위원장이 이 권한을 대표한다는 것을 정하여 집행력에 법적 근거를 부여하였다.
⑤ 서유럽연합(WEU)과의 관계를 강화한다.
⑥ 신규 가맹국이 6개국 이상인 경우에는 가맹 1년 전까지 기구 개혁을 하기 위한 정부 간 협의를 한다.

> **참고** 솅겐조약(Schengen agreement, 1985년 6월 14일)
>
> 솅겐조약은 유럽 각국이 공통의 출입국 관리정책을 사용하여 국경시스템을 최소화해 국가 간의 통행에 제한이 없게 한다는 내용을 담은 조약이다. 이 조약은 벨기에, 프랑스, 독일, 룩셈부르크, 네덜란드 5개국이 1985년 6월 14일에 프랑스, 독일과 국경을 접하고 있는 룩셈부르크의 작은 마을 솅겐 근처 모젤 강에 떠 있던 선박 프린세스 마리아스트리드 호(Princesse Marie-Astrid) 선

상에서 조인하였다. 또한 그 5년 후에 서명 된 솅겐조약 시행협정은 솅겐조약을 보충하는 내용이며, 협정 참가국 사이의 국경을 철폐할 것을 규정하고 있었다. 솅겐조약이라는 용어는 이 두 문서를 총칭하는 것으로도 사용된다. 아일랜드와 영국을 제외한 모든 유럽연합 가입국과 유럽연합 비가입국인 EFTA 가입국 아이슬란드, 노르웨이, 스위스, 리히텐슈타인 등 총 26개국이 조약에 서명하였다. 솅겐조약 가맹국들은 국경 검사소 및 국경 검문소가 철거되었고, 공통의 솅겐 사증을 사용하여 여러 나라에 입국할 수 있다. 조약의 목표는 솅겐 국가(Schengenland)란 이름으로 알려진 솅겐 영역 안에서 국경 검문소, 국경 검사소를 폐지하는 것이다.

7. 니스조약

2000년 12월 7일부터 11일까지 프랑스 니스에서 유럽연합(EU) 15개국 정상이 모여 신규 회원국의 가입과 유럽연합의 확대에 따른 제도개혁을 논의하고, 이 논의에 따라 합의된 내용을 규정한 국제조약이다. 조약의 주요 내용은 다음과 같다.

(1) 유럽연합이사회에서 회원국들의 가중치 투표수의 결정과 유럽위원회 위원수의 결정을 들 수 있다. 이 조약에서는 만장일치의 적용범위를 축소하고 가중다수결제도를 채택하였다.

(2) 유럽연합의 집행기관인 유럽위원회의 위원수를 20명으로 제한하고, 현재 2명의 위원을 보유하고 있는 5개 회원국이 자국 위원을 2005년까지 1명으로 감축하되, 이후 신규 회원국의 수가 증가하게 되면 순번제를 도입해 회원국들이 번갈아 가며 위원을 보유하도록 하였다.

(3) 중동부유럽(CEE)의 신규 회원국 가입을 위한 제도적 개혁에 대한 합의를 들 수 있다. 이와 같이 니스조약은 유럽연합의 확대와 내부기구 개혁, 유럽의회 의석 재할당 등을 규정한 조약으로, 유럽 대륙의 첫 평화적 통일을 위한 길을 마련하였다는 평가를 받는다.

8. 유럽헌법조약

2004년 6월 채택되었으나 발효되지 않았다. 주요 내용을 보면 다음과 같다.

(1) EU 대통령직을 신설하여 EU를 대표하는 역할을 한다.

(2) EU 외무장관직을 신설하여 공동외교안보정책을 담당한다.

(3) 유럽의회 의석을 조정하고 권한을 강화한다. 입법과정에서 유럽의회의 공동결정권한을 확대하고 유럽위원장 및 위원에 대한 임명동의권을 부여한다. 소규모 국가의 의석을 4석에서 6석으로 상향조정하고 한 국가의 최대의석은 96석으로 제한한다.

(4) 신속한 의사 결정을 위해 가중다수결을 도입한다.

(5) 니스 정상회의에서 채택된 기본인권헌장을 유럽헌법 제2부에 포함하여 법적 구속력을 부여한다.

(6) EU 탈퇴규정을 둔다.

9. 리스본조약

(1) 의의

리스본조약의 정식 명칭은 '유럽연합조약과 유럽공동체 창설조약을 개정하는 리스본조약'이다. 리스본조약은 기존의 EU와 완전히 차별화되는 EU라기보다는 EC를 승계하여 EU가 보다 확대되고 심화된 통합의 기능을 수행하도록 EU를 개혁하는 조약이라 할 수 있다.

(2) 조약명칭의 변경

리스본조약은 기존의 조약들을 개정하였다. EU조약은 동일명칭을 유지하였으나, 유럽공동체(EC) 설립조약은 EU기능조약(Treaty on the Functioning of the European Union)으로 명칭을 변경하였다. EU기능조약은 연합의 기능을 조직하고, 그 관할권 행사 분야, 한계 결정 및 관할권 행사방식을 결정한다. EU는 동일한 법적 가치를 갖는 EU조약과 EU기능조약에 근거하며, EC는 EU로 대체·승계되었다. 유럽원자력공동체설립조약은 리스본조약에 부합되도록 개정되어 계속 존재한다.

(3) EU의 법인격

EU는 리스본조약하에서 단일한 법인격을 가지게 되었다. 기존 EU체제에서는 EC조약 제281조에 EC의 법인격이 명시적으로 규정되었으나, EU의 법인격은 리스본조약에서 처음 명시되었다. 리스본조약에 의해 EU는 EC를 대체하며, EC의 모든 권리와 의무를 승계하게 되었다.

(4) 의사 결정방식의 변화

이사회 결정에 있어서 만장일치 대신 가중다수결(Qualified Voting System)로 의결하는 분야를 확대함과 동시에 가중다수결방식에 변화를 주었다. 변화된 가중다수결은 '이중다수결(Double Majority)'이라고 한다. 이중다수결하에서는 적어도 이사회 구성원의 55%에 해당되고, 적어도 27개 회원국 중 15개국을 포함하고, EU인구의 65% 이상 포함하는 회원국을 대표하면 가결된다.

(5) 협력의 새로운 분야

리스본조약은 국경 간 범죄, 불법 이주, 인신매매, 마약 및 무기 매매문제에 대처하기 위해 EU 능력을 강화하는 다수의 새로운 정책 분야를 포함하고 있다. 그리고 이들 분야 외에 기후변화와 에너지 분야를 새로운 협력 분야로 설정하였다.

(6) 유럽이사회 의장 신설

기존의 순회의장국제도 대신 임기 2년 6개월에 1차례 연임할 수 있는 유럽이사회 의장직을 신설하였다. 이사회 회의 관장, 유럽이사회 내 일관성과 총의 촉진 노력, 이사회 회의 이후 유럽의회에 보고서 제출 등의 기능을 수행한다. 국내 공직을 겸임할 수 없다.

(7) 외교안보정책 고등대표 신설

임기는 5년이다. 외교이사회를 주재한다. EU 대외조치의 일관성을 확보하고 유럽위원회 내에서 대외관계에 있어서 자신에게 주어진 책임을 수행한다. 공동 대외정책 및 안보정책과 관련된 사안에 대하여 EU를 대표하고 EU를 대표하여 제3국과 정치적 회담을 수행할 수 있다.

(8) 유럽의회 권한 강화

이사회와 공동결정절차로 입법하는 분야의 수를 확대하고, 예산권한을 강화하였다. 공동결정절차가 리스본조약에 의해 '통상적인 입법절차'가 되었다. 유럽위원회 의장을 선출한다. 의원수를 의장 외에 750명으로 한정하였다. 의석 수 배분은 체감비례대표에 의한다. 이에 따르면 회원국의 최소의원수는 6명, 최대의원수는 96명이다.

(9) 유럽이사회

리스본조약에 의해 EU의 공식적 기관의 지위를 가지게 되었다. 입법권한을 갖는 이사회와는 법적으로 구별된다. 이사회는 정상, 이사회 의장, 유럽위원회 위원장으로 구성된다. 상임의장을 가중다수결로 선출한다. 6개월에 2회 회합한다. 유럽이사회 결정은 달리 규정된 경우가 아니면 총의(Consensus)에 의한다. 표결 시 유럽이사회 상임의장과 집행위원장은 표결에 참여하지 않는다.

(10) 탈퇴조항 신설

> **참고** EU 탈퇴 절차
>
> **1. 국내 헌법절차에 따른 탈퇴 결정**
> 리스본조약 제50조는 탈퇴규정을 처음으로 신설하였다. 탈퇴의 첫 단계는 각 회원국이 자국 헌법에 따라 탈퇴를 결정하는 것이다. 탈퇴 결정은 회원국의 자율적 판단에 맡겨져 있으며, 동 조약에서는 탈퇴요건이나 심사기준을 명시하지 않았다.
>
> **2. 탈퇴의사 통고**
> 탈퇴를 결정한 회원국은 유럽이사회(European Council)에 그 의도를 통고해야 하며, 통고에 의해 비로소 EU가 유럽이사회의 방침에 따라 당해국과 탈퇴협정에 관한 공식적인 교섭을 개시한다.
>
> **3. 탈퇴협상의 개시**
> 탈퇴협정 체결을 위한 협상은 EU와 탈퇴국 간의 장래의 관계를 위한 틀을 고려하면서 유럽이사회의 협상방침(Guidelines)에 따라 진행되어야 한다. 유럽이사회는 컨센서스를 통해 탈퇴협상을 위한 협상방침을 제공한다. 탈퇴의사를 표현한 국가는 유럽이사회의 심의와 결정과정에 참여할 수 없다. 탈퇴협상 개시의 승인, 협상책임자 또는 협상단장의 지명 등은 유럽이사회의 권한이다.
>
> **4. 탈퇴협정 체결**
> EU 탈퇴의 법적 절차는 원칙적으로 유럽의회의 동의를 얻은 이사회의 가중다수결을 통하여 탈퇴협정을 체결함으로써 완료된다. 탈퇴협정 체결을 위한 이사회의 가중다수결(이중다수결)은 회원국의 72% 및 EU 회원국 총 인구의 65% 이상을 만족해야 한다. 탈퇴의사를 표명한 회원국은 표결에 참여할 수 없으므로 총 27개 회원국 중 20개 이상이 찬성하여야 탈퇴협정이 체결될 수 있다. 한편, 탈퇴협정 체결을 위한 유럽의회의 동의는 단순한 과반수 찬성으로 결정된다. 리스본조약 제50조는 탈퇴 통고국의 유럽의회 표결에서의 배제를 명시하지 않았으므로 당해 국가도 유럽의회 표결에 참여할 수 있다. 주의할 점은 탈퇴의사를 통고받는 주체는 유럽이사회인 반면, 탈퇴협정을 체결하는 주체는 이사회라는 것이다.
>
> **5. 협상기한**
> 탈퇴의사를 통고한 국가에 대해 유럽연합조약과 기능조약은 탈퇴협정의 발효일로부터 또는 그렇지 않은 경우에는 유럽이사회가 해당 회원국과 합의하여 이 기간을 연장하는 것을 만장일치로 결정하지 않는 한, 탈퇴의사의 통지 후 2년이 되는 해에 적용이 중단된다.

Ⅱ 기관

1. 서설

EU의 기관은 크게 '1차 기관(Institutions)'과 '2차 기관(Bodies)'으로 나뉜다. 리스본조약에 의하면, 전자에는 유럽의회(European Parliament), 유럽이사회(European Council), 이사회(Council), 유럽집행위원회(European Commission), EU 사법재판소(Court of Justice of the European Union), 유럽중앙은행(European Central Bank), 감사원(Court of Auditors) 등이 있다. 1차 기관은 입법권을 가지고 있고, 유럽재판소에서 당사자적격을 향유하며, 그 행위는 선결적 부탁의 대상이 된다. 2차 기관은 유럽의회, 이사회 및 집행위원회에 대한 자문기능을 수행하며 경제사회위원회(Economic and Social Committee), 지역위원회(Committee of the Regions), 유럽투자은행(European Investment) 등이 있다.
한편, 유럽이사회와 이사회는 정부 간 기구로서 각 회원국을 이익을 대표하고, 유럽집행위원회, 유럽의회, 유럽사법재판소 등은 초국가적 기구로서 유럽연합 전체의 이익을 대표한다.

2. 유럽의회

(1) 구성

유럽의회는 EU 시민들의 대표로 구성되며, 의원총수는 의장 외에 750명을 넘을 수 없다. 회원국 간 의석할당은 '체감비례대표(Degressively Proportional Representation)'원칙을 적용하여 국가 간 인구비례를 원칙으로 하되 어떤 회원국도 96석을 넘을 수 없고 아무리 작은 국가도 최소 6석은 보장받는다. 의원의 임기는 5년이며, 출신국별로 행동하지 않고 '정치단체(Political Group)'를 형성하여 행동한다. 유럽의회 의원은 원칙적으로 겸직이 금지된다.

(2) 주요 기능

유럽의회는 이사회와 공동으로 입법 및 예산기능을 수행하며, 제조약에 규정된 바에 따라 정치적 통제와 협의기능을 수행한다. 또한 집행위원회 의장을 인준한다. 최근의 EU헌법 개정에도 불구하고 유럽의회는 제한된 입법권만을 가진, 주로 자문역할을 하는 기관으로 남아 있다. 유럽의회는 EU의 제반 사안을 통의하고, 각료이사회와 집행위원회에 권고하며 공동정책의 이행을 감시한다. 그러나 마스트리히트조약에 공동결정절차조항이 도입된 후 의회는 그 기능을 강화하였다. 이에 따라 의회는 정책결정의 15개 분야에서 각료이사회가 승인한 입법을 거부할 수 있다. 유럽의회는 집행위원회 불신임권, 예산의결권, 신규 가입국에 대한 동의권을 가진다.

3. 유럽이사회

유럽이사회는 회원국의 국가 또는 정부 수반과 유럽이사회 상임의장 및 집행위원회 의장으로 구성된다. 유럽이사회 상임의장은 리스본조약에서 신설되어 구성원으로 포함되었다. 유럽이사회 의장은 EU의 공동외교안보정책에 관련된 문제에 있어서 EU를 대외적으로 대표한다. 유럽이사회에서 가중다수결로 선출되며 임기는 2년 6개월이고

1차에 한해 연임할 수 있다. 유럽이사회는 EU의 발전을 위해 필요한 자극을 제공하고, EU의 일반적인 정치적 방향과 우선순위를 분명히 하는 것이 그 기능이다. 유럽이사회의 결정은 컨센서스가 원칙이나 가중다수결이나 만장일치가 적용되는 경우도 있다. 유럽이사회 의장과 집행위원회 의장은 표결에 참여하지 않는다.

4. 각료이사회

(1) 구성

각료이사회는 각 회원국의 장관급 대표로 구성된다. 이사회 의장직은 두 부류로 구분된다. 외무이사회(Foreign Affairs Council)의 의장은 'EU 외교안보정책 고등대표'가 맡으며, 외무이사회를 제외한 다른 이사회 의장직은 회원국 대표들이 돌아가며 맡는다. 이사회 결정은 제조약에서 특별히 정한 바가 아닌 한 가중다수결(Qualified Majority)로 의결한다. 각료이사회는 하나의 기구이나 실제로는 안건에 따라 총괄, 대외관계, 경제·재무, 법무·내무, 고용·사회정책·보건, 경쟁력, 수송, 통신·에너지, 농업·수산, 환경, 교육·청소년·문화의 9개 부문에 걸쳐 회원국 장관들로 각각 구성된다.

(2) 주요 기능

각료이사회는 EU 내 주된 의사 결정기구이다. 집행위원회의 제안에 기초하여 원칙적으로 최종결정권을 행사할 수 있는 EU의 입법기관이다.

5. 유럽집행위원회

(1) 구성

유럽집행위원회는 의장, EU 외교안보정책 고등대표, 부의장, 위원으로 구성된다. 집행위원장은 유럽이사회가 제안하여 유럽의회에서 인준하며 임명은 유럽이사회가 한다. 나머지 세 구성원은 유럽이사회가 임명권을 행사한다. EU 외교안보정책 고등대표는 유럽이사회가 집행위원회 의장과 합의하여 임명하며 그는 집행위원회 부의장(Vice-Presidents) 중의 한 명이다. 회원국은 1명씩 집행위원을 지명한다. 집행위원의 임기는 5년이다.

(2) 역할

집행위원회는 초국가적 기관으로서 제조약과 EU 1차 기관들이 채택한 조치의 적용을 확보하고 EU 사법재판소의 통제 아래 EU법의 적용을 감독하는 것이다. EU의 입법적 행위는 제조약에서 달리 규정한 경우를 제외하고 집행위원회의 제안(Proposal)에 기초해서만 채택할 수 있다. 대외적으로는 양자 또는 다자협상 시 회원국들을 대표하여 협상한다. 공동농업정책이나 공동통상정책을 비롯한 모든 공동정책의 운영을 책임지며, 예산을 관리하고, 공동체 프로그램의 추진을 담당한다.

6. EU 사법재판소

리스본조약에 따라 EU 사법재판소는 사법재판소 또는 유럽재판소(Court of Justice), 일반재판소(General Court), 전문재판소들(Specialised Courts)로 구성된다. EU 사법재판소들은 제조약을 해석하고 적용함에 있어 법이 준수됨을 확보하는 것이 임무이며, 사법재판소는 각 회원국으로부터 1명의 재판관으로 구성된다. 일반재판소는 회원국당 적어도 1명의 재판관을 포함한다. 사법재판소 및 일반재판소의 재판관 임기는 6년이며 회원국정부의 일치된 합의에 의해 임명되며, 재임명될 수 있다.

Ⅲ 유럽통화협력

1. 전개과정

(1) 베르너보고서(1970년 10월)

1960년대 말 브레튼우즈체제가 동요되고 있었을 때 관세동맹을 조기 완성하고 CAP(공동농업정책)를 실시하고 있던 EU는 헤이그 정상회담(1969)에서 경제통화동맹 결성의지를 확인하였으며, 이듬해 베르너보고서가 발표되었다. <u>베르너보고서는 3단계로 나눠서 경제통화동맹을 형성하도록 하였다.</u> 제1단계는 외환시세 변동폭 축소와 유럽통화기금(European Monetary Cooperation Fund: EMCF)설립, 제2단계는 각국의 단기 및 중기에 걸친 경제정책의 조정과 중기 금융원조기구의 설립, 제3단계는 회원국 중앙은행 간 협력체제 강화와 공동중앙은행제도 설립을 목표로 하였다.

(2) 공동변동환율제(1972년 4월)

브레턴우즈체제 붕괴 이후에도 베르너 보고서의 몇 가지 내용은 실천되었다. <u>1972년 4월 터널 속의 뱀[Snake in the (dollar) Tunnel]이라는 공동변동환율제도가 실시되었다.</u> 그러나 1973년 3월 달러가 변동되기 시작하자 터널(상하 2.25%) 없는 공동변동환율제도가 실시되었다. 그러나 1970년대 중반 이후 국가들 간 이견으로 통화통합노력은 중단되었다.

(3) EMS와 유럽통화단위 창설(1979년)

1979년 EMS와 유럽통화단위(European Currency Unit, ECU)의 창설로 통화통합과정이 재개되었다. EMS의 성공적 운영으로 SEA(단일의정서) 작성 시 진전된 통화통합조항의 삽입을 가능하게 하였다. <u>1989년 4월에는 들로르(Delors)집행위원장이 주도하는 통화문제위원회는 경제통화동맹을 위한 '들로르보고서'를 제출하였다.</u>

(4) EMU의 단계별 실시 합의

1991년 12월 EU 정상은 EMU의 단계별 실시에 합의하였다. 제1단계에서는 경제 및 통화정책의 협력을 강화하며, 모든 회원국의 환율조정메커니즘(Exchange Rate Mechanism, ERM) 가입을 실현시키고, 제2단계는 1994년 1월부터 시작되는데, 이 기간의 초기에 유럽통화기구(European Monetary Institute, EMI)를 창설하기로 하였다. 1999년 1월부터 출범한 제3단계에서는 유럽중앙은행제도(European System of Central Bank, ESCB)와 유럽중앙은행(European Central Bank, ECB)의 창설과 단일통화를 창출하기로 합의하였다.

(5) 마드리드 정상회담(1995년 12월)

1995년 12월 개최된 마드리드 정상회담에서는 단일통화의 명칭을 '유로(Euro)'로 확정하고 향후 일정을 조정하였다.

(6) 유럽중앙은행 출범(1998년 1월)

1994년 EMU 2단계로의 이행과 함께 출범한 유럽통화기구(EMI)를 계승하여 1998년 1월에 유럽중앙은행(ECB)이 출범함으로써 본격적인 단일통화체제가 시작되었다. <u>1999년 1월 EMU의 3단계가 시작되고, 2002년 1월부터 EU 12개국에서 단일통화인 유로가 사용되기 시작하였다.</u>

> **참고** 유로존(Eurozone)
>
> **1. 유로존의 개념**
> 유로존이란 EU 회원국 중 유로화를 사용하는 국가를 말한다. 현재 유로존은 독일, 프랑스, 이탈리아, 벨기에, 네덜란드, 룩셈부르크, 스페인, 포르투갈, 오스트리아, 핀란드, 아일랜드(이상 1999년), 그리스(2001), 슬로베니아(2007), 키프러스, 몰타(2008), 슬로바키아(2009), 에스토니아(2011), 라트비아(2014), 리투아니아(2015) 총 19개국이다.
>
> **2. 유로존 미가입국**
> <u>EU 회원국 중 비유로존 국가는 1999년 1월 당시 유로화 불채택 10개국 중 예외적 지위를 인정받은 영국과 덴마크를 제외하면 불가리아, 체코, 크로아티아, 헝가리, 폴란드, 루마니아, 스웨덴 등 7개국이 남게 되었다.</u>
>
> **3. 유로화 도입을 위한 수렴조건(Convergence Criteria)**
> ① 명목 GDP 대비 정부부채비율 60% 이내
> ② 명목 GDP 대비 재정적자비율 3% 이내
> ③ 장기금리가 최근 1년간 물가상승률이 가장 낮은 3개 EU 회원국 장기금리 평균의 2%p 이내
> ④ 물가상승률이 최근 1년간 물가상승률이 가장 낮은 3개 EU 회원국 물가상승률 평균의 1.5%p 이내
> ⑤ 과거 2년 동안 ERMⅡ 내에서 ±1% 유지
> ⑥ 중앙은행의 독립성 확보

2. 마스트리히트조약과 EMU의 제3단계

(1) EMI

마스트리히트조약에 기초하여 1994년 1월부터 EMU의 제2단계가 시작되었다. 이 기간에는 EMI가 ESCB와 ECB를 대리하여 업무를 수행하였다. EMI의 주된 업무는 가격안정을 기본틀로 하는 회원국 간 경제실적의 수렴을 용이하게 하는 것이다. 이를 위해 EMI는 금융정책과 환율정책에 관한 권고를 할 수 있다.

(2) 제3단계로의 이행

통화통합 제3단계로의 이행은 집행위원회와 EMI가 수렴과정과 실적을 충분히 검토한 후 내려야 할 사항이었다. 제3단계로의 이행은 가격안정성, 금리, 재정적자, 공공채무, 통화안정성 등 다섯 가지 기준을 충족시키는 회원국이 7개국 이상에 이를 경우 1996년 말까지 이사회의 다수결투표방식에 의해 결정하기로 합의되었다.

(3) ECB

ECB는 가격안정을 위주로 한 금융정책을 독자적으로 수행하며, 공동체 내에서 은행지폐의 발행을 허가할 배타적 권리를 갖는다. ECB와 국내 중앙은행이 발행하는 지폐는 EU 내에서 법정화폐(Legal Tender)의 지위를 가지는 유일한 은행권이다.

제2절 EU 외교안보정책

I EU 외교정책의 태동기: 초창기 외교안보협력의 실패와 유럽정치협력의 등장

1. ECSC

유럽통합은 무엇보다 독일과 프랑스의 화해를 통해 유럽지역에 항구적 평화를 정착시키기 위한 노력의 일환이었다. 프랑스는 1949년 슈만선언을 통해 독일과의 적대관계를 청산하고 유럽통합의 구도 속에서 유럽의 평화를 구현하고자하는 노력을 구체화하였다. 그 결과 ECSC가 탄생했다. 유럽통합은 제2차 세계대전 종전 이후 냉전체제의 등장과 밀접한 관련이 있다. 냉전체제가 형성되면서 미국은 소련에 효과적으로 대항하기 위해서는 서유럽국가들의 내적 결속이 우선적으로 필요하다는 판단하에 서유럽국가들의 지역통합을 적극 찬성하였다.

2. EDC와 EPC

ECSC 창설에 고무된 유럽인들은 1952년 유럽방위공동체(EDC)와 유럽정치공동체(EPC) 창설을 시도했으나, 1954년 제안당사국이었던 프랑스가 의회 비준에 실패함으로써 조약의 발효가 무산되었다.

3. 푸쉐플랜

1961년 유럽정치협력위원회의 설립과 이 위원회의 활동 결과로 프랑스의 주도하에 푸쉐플랜이 제안되었으나, 무산되었다. 푸쉐플랜은 모든 자유민주주의국가들과의 협력을 바탕으로 유럽의 외교방위공동정책 설정과 유럽국가 간의 과학 및 문화 분야 협력 증진을 주요 내용으로 담고 있었다. 이후 1965년 공석의 위기(empty chair crisis)가 발생하고 1980년대 중반 단일유럽의정서 제정기까지 유럽통합의 암흑시대로 접어들었다.

4. 유럽정치협력(EPC)

푸쉐플랜 무산 이후 프랑스대통령 죠르쥬 퐁피두의 제안으로 유럽정치협력(EPC: European Political Cooperation)이 지속되었다. 1969년 헤이그정상회담에서 제안된 EPC는 국제관계상의 중요문제에 대해 회원국 간 정보와 의견을 교환하고 나아가 공동대응방안도 강구할 수 있도록 회원국 간 사전협의를 제도화하고자 한 시도였다. 이 제안에 대해서도 회원국은 냉소적으로 반응하여 궤적 성과를 낸 것은 아니었다. EPC는 EU공식기관이 아니었으며 유럽공동체 설립조약과는 무관하게 존재했었다. 그러나 1986년 단일유럽법안에 규정되어 조약상 근거를 갖게 되었고, 브뤼셀에 사무국이 설치되었다. 그러나 EPC 틀 내에서 구속력있는 결정을 내릴 수는 없었고, 모든 결정은 합의에 의해 이뤄졌으며, 회원국이 개별행동을 취했을 때 제재조치를 취할 수 없다는 한계가 있었다.

5. 대서양주의와 유럽주의 대립

EU공동외교정책이 순조롭게 발전하지 못한 것은 냉전의 환경 속에서 유럽의 안보문제가 철저히 미국이 주도하는 NATO의 틀 속에서 다루어졌기 때문에 상대적으로 EU가 차지할 수 있는 공간 자체가 존재하지 않았기 때문이었다. NATO를 주축으로 하는 대서양주의적 외교안보시스템을 유럽의 독자적 역량의 구축을 필요로 하는 유럽주의적 시스템으로 대체할 수 있는 의지와 능력을 EU 회원국들은 갖고 있지 않았다.

6. 대외정책 협력 필요성 고조와 TEU

1990년대 들어 유럽의 공동 외교안보정책의 필요성이 커졌다. 필요성이 커진 계기는 냉전의 종식, 독일 통일, 걸프전 발발, 유고연방 해체, EU의 창설을 위한 노력 등이다. 특히, 걸프전과 유고슬라비아사태를 맞아 EPC의 허약성이 드러나자 EC회원국들은 대외정책에서 좀 더 긴밀한 결합을 보장할 수 있는 강화된 협력체계의 필요성을 절감하게 되었다. 이러한 필요성에 의해 EU회원국들은 마침내 1993년 발효한 유럽연합조약에서 공동외교안보정책의 기틀을 마련하게 되었다.

Ⅱ EU 외교정책의 제도적 기반 조성

1. 유럽연합조약과 공동외교안보정책

첫째, 유럽연합조약의 두 번째 기둥인 공동외교안보정책(CFSP: Common Foreign and Security Policy)은 EPC가 발전된 것으로 EPC 틀 속에서 이루어져 오던 협의 및 조절 기능을 넘어 공동입장의 채택과 공동조치를 추구한 것이다.

둘째, 유럽연합조약상 EU 외교정책 목표는 다섯 가지이다. ① EU의 공동의 가치, 기본 이익, 독립성의 보호, ② EU와 회원국의 안보 강화, ③ UN헌장 및 CSCE 헬싱키 선언 원칙과 파리헌장의 목적에 따른 국제평화 및 안보 유지 강화, ④ 국제협력 증진, ⑤ 민주 법치 발전 및 인권과 기본자유 존중이다.

셋째, 이러한 목표는 공동입장(Common Position)과 공동조치(Common Action)를 통해 수행된다. 공동입장은 외교정책의 수행에 있어서 회원국 간의 체계적인 협조를 도모하는 것으로서 회원국의 외교정책방향은 공동입장과 일치해야 하며 국제회의에서 발언하거나 표결할 때에도 공동입장과 일치해야 한다. 공동조치는 회원국의 공통이해가 있는 국가에 대해 경제제재 등 구체적 행동을 취하는 것으로서 회원국을 구속한다. 각 회원국은 이사회에서 합의되지 못한 사안이나 긴급한 상황일 경우 예외적 조치를 취할 수 있으나 이사회에 사전통보해야 한다. 이스라엘-팔레스타인 평화협상(1994.12), 보스니아 평화정착과 인도적 지원(1995.12), 가자지구와 이집트 국경지대 통제 감시단 파견(2005.11) 등에 관한 공동조치를 취한 바 있다.

넷째, 마스트리히트조약(유럽연합조약)은 EU 외교정책 수행에 있어서 다섯 가지 중요한 제도적 변화를 가져왔다. ① 유럽이사회는 공동외교안보정책의 원칙과 일반적 방향을 정하는 역할을 부여받았다. ② 각료이사회는 필요하다고 판단될 시 언제라도 공동입장을 수립하는 책임과 함께 공동조치의 대상이 되는 사안을 결정하고 집행하는 권한을 갖게 되었다. ③ 공동외교안보정책 관련 각료이사회 의장국 역할이 강화되었다. 의장국은 공동외교안보정책에 해당하는 사안에 있어서 EU를 대표하고 공동조치의 집행을 책임진다. ④ 집행위원회가 공동외교안보정책에 대해서도 처음으로 발안권을 가지게 되었다. ⑤ 유럽의회가 공동외교안보정책과 관련하여 자문하거나 협의를 하는 등 위상이 제고되었다.

다섯째, 공동외교안보정책의 수립과 이행에 있어 중추적 역할을 담당하게 된 각료이사회 의결에 있어서 다수결방식이 적용될 여지를 마련하였다. 유럽 외교안보 협력 분야가 정부간 협상의 골격을 유지하면서도 다수결 방식을 도입함으로써 초국가적 성격이 가미된 것이다.

여섯째, 암스테르담조약(1997/1999)에서는 공동외교안보정책에 세 가지 중요한 변화를 규정했다. ① 공동외교안보정책에 관련된 정책을 준비할 책임을 진 고위급대표(High Representative)를 임명한다. ② 각료이사회 사무국 내에 정책 수립 및 조기경보 기능을 담당할 부서를 신설하고 고위급대표의 관할하에 두었다. ③ 기존의 공동입장, 공동 조치에 추가하여 공동전략(Common Strategies)을 도입하여 회원국들의 공동 이익이 존재하는 사안에 있어 목표 설정, 정책집행 기간, 그리고 집행 수단에 대한 합의를 도출하는 메커니즘을 신설하였다.

2. 발칸사태와 공동외교안보정책의 한계

첫째, 제도적 발전과 맞물려 발생한 발칸 위기는 EU 회원국들로 하여금 공동외교안보정책의 강화를 모색하게 하는 강력한 동기를 제공했다.

둘째, 발칸사태는 여섯 단계로 나눠볼 수 있다. 첫 번째 단계는 1987년부터 1991년까지 시기로서 세르비아의 밀로세비치가 유고슬라비아를 대세르비아 국가로 전환하고자 하면서 슬로베니아, 크로아티아가 독립을 시도하는 시기이다. 이 단계에서 미국이나 유럽국가들은 개입 의지를 보이지 않았다. 두 번째 단계는 슬로베니아가 분리독립하는 1991년 시기이다. 세 번째 단계는 1991년에서 1992년까지 시기로서 크로아티아 분리독립시도로 세르비아와 유혈 충돌이 발생하여 UN평화유지군이 파견되었다. 네 번째 단계는 1992년부터 1995년까지로서 보스니아가 독립을 선언하면서 보스니아의 분점을 둘러싼 유혈사태가 지속된 시기이다. 이 단계에서 EU와 UN의 외교적 노력이 시도되었으나 실패하고 미국 주도하에 군사개입으로 데이튼협정 체결이 체결되어 휴전에 돌입하게 되었다. 다섯 번째 단계는 데이튼협정 체결 이후 협정 이행기로서 보스니아 정세를 복원시키기 위한 노력이 경주되는 시기이다. 여섯 번째 단계는 보스니아 사태 진정 후 코소보 사태 발발과 NATO의 무력 개입을 통해 코소보 지역을 세르비아의 영향력으로부터 보호하게 되는 시기이다.

셋째, 보스니아 내전과 코소 사태 해결과정에서 EU는 무엇보다 내부조율의 어려움을 극복하지 못하고 분쟁해결을 위한 별다른 실질적 역할을 하지 못했다. 마스트리히트조약으로 제도적 기반을 마련한 EU가 보스니아 사태에 실효적 역할을 할 것으로 기대되었으나 몇 건의 공동입장이나 선언을 발표하는 데 그치고 말았다.

넷째, EU가 실효적 조치를 취하지 못한 이유는 무엇보다 EU가 어느 정도로 국방정책이나 군사정책을 수행할 것인지에 대한 합의가 결여되었기 때문이었다. 영국은 일관되게 대서양주의를 취하여 NATO의 위상과 역할을 약화시키거나 미국과의 동맹관계를 훼손할 수 있는 어떤 조치에도 합의하지 않았다. 유럽주의 성향이 강했던 프랑스마저 자국의 군사주권을 제약할 가능성을 우려하여 EU의 군사분야 역할 확대에 소극적 태도를 보여 주었다.

III EU 독자적 안보 역량 구축

1. 유럽안보방위정책의 태동

첫째, EU가 독자거 군사행동을 취할 수 없었던 데는 군사력의 미비도 원인이 있었다. 병력을 해외파견할 여력이 있는 나라는 영국과 프랑스 정도였다. 이는 유럽의 국방군사정책 목적이 냉전시대 소련의 침공에 대비한 방어적 개념에 입각하여 수립된 결과였다.

둘째, 발칸사태 해결 과정에서 EU는 철저하게 미국에 의존적이었고 미국과의 군사기술 격차의 확대를 목도하면서 유럽지도자들은 강력한 공동방위정책 수립이 필요하다는 점에 공감대를 형성하게 되었다.

셋째, 1999년 6월 독일의 쾰른에 모인 EU 회원국들의 정상들은 EU를 군사적 실체로 발전시키는 데 합의했다. 향후 코소보나 보스니아와 같은 분쟁지역이 발생했을 때 평화유지나 평화창출의 임무를 수행할 수 있도록 EU 자체의 사령부, 참모진, 그리고 병력을 갖추기로 했다.

넷째, 이를 위해 EU정상들은 NATO 설립 이전에 창설되었으나 NATO의 그늘에 가려 거의 아무런 활동을 하지 않고 있던 서유럽연합(WEU)의 기능을 EU가 흡수할 것에 합의하였다. 이러한 결정은 EU가 미국 주도의 군사동맹 활동과는 별도의 군사력을 전개할 수 있는 능력을 갖추는 것이 필수적이라는 인식에서 비롯된 것이었다.

다섯째, 서유럽연합(WEU)은 1948년 영국, 프랑스, 벨기에, 네덜란드, 룩셈부르크 5개국이 독일의 유럽 국가 침략 정책의 부활 저지를 목적으로 브뤼셀 조약을 체결, 지역안보 체제로서 발족되었으며, 1954년 10월 21일 서독, 이탈리아가 추가된 파리 협정이 체결됨으로써 서유럽연합으로 확대 개편되었다. 1990년에는 스페인과 포르투갈이, 1995년에는 그리스가 가입하면서 회원국은 10개국으로 확대되었다. 서유럽연합의 집단방위 정책은 2009년에 발효된 리스본 조약에 편입되었다. 2010년 3월 31일을 기해 브뤼셀 조약의 효력이 정지되었고 2011년 6월 30일을 기해 공식적으로 해체되었다.

여섯째, 유럽연합의 독자적 방위태세 구축 노력의 결과 유럽안보방위정책(ESDP: European Security and Defense Policy)의 수립과 신속대응군 창설, 그리고 공동외교안보 고위대표 임명이었다.

2. 쌩말로 선언과 쾰른 정상회담: 영국-프랑스의 대타협과 유럽안보방위정책의 발전

첫째, 쾰른 정상회담에서 EU의 방위능력 구비에 대한 합의가 태동하게 된 것은 코소보 사태의 영향이었다. 특히, EU 공동외교안보정책 발전에 소극적이던 영국이 적극적 태도로 변화하게 되었다.

둘째, 1998년 영국과 프랑스는 쌩말로 정상회담을 하고 공동선언문(쌩말로 선언)을 발표하였다. EU가 독자적 군사 역할을 수행하기 위해 수단과 준비태세를 갖춰야 한다는 데 합의하고, 새로운 위기 상황이 발생했을 때 신속히 대응할 수 있는 강화된 군사력을 보유할 필요성이 있음을 밝혔다. 대서양주의를 견지하던 영국과 유럽주의를 주장했던 프랑스가 타협함으로써 EU의 독자적 역외 군사활동에 대해 큰 걸림돌이 제거된 것이다.

셋째, 쌩말로 선언과 쾰른 정상회담을 거쳐 수립된 유럽안보방위정책(ESDP)은 EU의 공동외교안보정책을 획기적으로 발전시키는 계기가 되었다. ESDP는 서유럽연합이 수행하고자 상정되었던 페테르스베르크 과업(Petersberg tasks)의 이행을 공동외교안보정책의 영역 속으로 포함시킨 것으로, 이를 계기로 서유럽연합은 그 역할을 마치게 되고 사실상 역사 속으로 사라지게 된다.

넷째, 페테르스베르크 과업이란 군사력의 활용을 통해 인도적 지원과 구조활동, 평화유지, 평화조성을 포함한 위기관리의 임무를 수행하는 것을 말한다.

다섯째, EU는 ESDP의 틀 속에서 구유고연방, 콩고, 수단의 다르푸르, 가자지구와 이집트의 국경지대 드에서 페테르스베르크 과업에 해당하는 임무를 수행하였다.

여섯째, 9·11테러 이후 EU는 2003년 브뤼셀 정상회담에서 더 나은 세계의 안전한 유럽을 기치로 내건 유럽안보전략(ESS: European Security Strategy)을 발표했다. 이 문서는 21세기 새로운 안보위협으로 테러리즘, 대량살상무기 확산, 지역분쟁, 실패국가, 조직범죄 등을 들고, 이러한 위협에 대한 대응으로 다자주의적 협력의 필요성을 역설했다.

Ⅳ EU의 법인격 획득과 외교안보정책의 강화

1. 유럽헌법조약과 리스본조약

EU의 대외적 역할 강화를 위해 EU에 법인격을 부여하는 유럽헌법조약을 체결하였으나 프랑스와 네덜란드에서의 비준 실패로 무산되었다. 후속 조약으로 2007년 리스본조약이 체결되어 2009년 12월 1일 발효되었다.

2. 유럽이사회상임의장과 외교안보정책고위대표

리스본조약은 유럽이사회 상임의장(EU 대통령)과 외교안보정책 고위대표를 신설했다. 상임의장은 외교안보정책 고위 대표의 권능을 침해하지 않는 범위 내에서 EU를 대외적으로 대표한다. 초대 상임의장으로 헤르만 반 롬푸이(Herman Van Rompuy)를 선출했다. 외교안보정책고위대표는 기존의 이사회 소속 공동외교안보정책 고위대표의 업무와 집행위원회의 대외관계 담당 집행위원의 업무를 통합해 맡는 동시에 집행위원회 부위원장직을 겸직토록 함으로써 명실공히 EU의 외교장관의 직무를 수행하게 된다. 리스본조약은 고위대표의 업무를 지원하기 위해 유럽대외관계청을 신설했다.

3. 의사결정

리스본조약에서도 공동외교안보정책은 과거와 같이 정부 간 절차의 성격으로 존재하며 기본적으로 정책결정은 회원국의 만장일치를 요구한다. 다만, 예외적으로 EU 정상회의 결정사항의 이행과 특별 대표 임명과 같은 경우 가중다수결을 적용할 수 있다.

4. 법규범의 일원화

리스본조약은 과거 공동외교안보정책의 맥락에서 채택되어 온 다양한 형태의 법규범(공동행동, 공동입장, 공동전략 등)을 결정(decision)으로 일원화하였다. 또한 공동외교안보정책의 범위 내에서 공동방위정책을 강화하기 위해 공동외교안보정책(CFSP)이 공동방위정책을 포함하는 것으로 규정하고 있다.

V EU의 대한반도정책

1. 외교관계 수립

한국은 6개 EU 창설국가들과 1962년 수교를 완료하고, EU와는 1963년 7월 외교관계를 수립하였다. 1949년 프랑스, 1955년 서독, 1956년 이탈리아, 1961년 벨기에, 1961년 네덜란드, 1962년 룩셈부르크와 수교하였다. 2010년 한-EU 간 전략적 동반자관계가 구축되었다.

2. 한-EU기본협력협정

첫째, 한국과 EU 사이에 정치, 경제, 문화 등 포괄적 협력을 가능케 하는 한-EU기본협력협정이 1996년 체결되었고, 2001년 4월 1일 발효되었다. 둘째 무역, 산업협력, 과학기술, 정치 등 다양한 분야에서 양측 간의 포괄적 협력을 규정하고 있다. 셋째, 2010년 5월 개정안이 서명되었다. 개정에서는 대량살상무기 비확산 및 소형 무기 관련 협력 등이 추가되었다. 넷째, 분쟁해결을 위해 중재절차가 도입되었다.

3. EU의 대북정책

(1) 국교수립

EU와 북한 간 공식 외교관계는 2001년 5월 14일 수립되었다. 한편, 북한은 1971년 몰타, 1973년에 덴마크, 핀란드, 아이슬란드, 노르웨이, 스웨덴, 1974년에 오스트리아, 스위스, 1975년에 포르투갈과 수교했다. 또한, 북한은 2000년 이탈리아를 시작으로 대부분의 EU 국가들과 수교했으며, 2001년에는 유럽연합과 공식외교관계를 수립했다.

(2) 주요 사례

첫째, 1990년대 북한이 심각한 경제난에 봉착하자 EU는 북한에 식량원조와 인도적 지원을 제공하였다. 둘째, 1993년 발생한 제1차 북핵위기 해결을 위해 KEDO가 설립되자 EU는 1995년 12월 KEDO에 참여할 것을 결정하고 1996년부터 KEDO에 대한 재정지원을 시작하였다. 셋째, 1998년부터 EU와 북한 사이에 정치대화가 시작되고 2001년에는 유럽연합이 KEDO에 대한 지원을 확대하였다. 넷째, 2001년 5월 스웨덴의 페르손 총리가 유럽연합 의장국 대표의 자격으로 북한을 방문했으며, 북한에 대한 지원의 목적과 전략을 담은 대북한국가전략보고서를 작성했다.

제3절 중동 외교정책

I 서설

중동(Middle East)지역은 북아프리카서단 모리타니아로부터 이란까지 25개 국가를 포괄하는 지역이다. 지리적으로 광범할 뿐 아니라 다양한 인종, 민족, 부족, 종교, 종파 등 복합적인 정체성을 구성하는 요인들이 넓게 분포하고 있다. 한편, 종교는 이슬람이 다수이지만 유대교, 기독교, 정교, 조로아스터 등 소수 종파가 지역에 따라 흩어져 있다. 또한, 제1차 세계대전 종전 이후 중동의 다양한 정체성과는 상관없는 국가들이 형성됨으로써 큰 문제가 되었다. 하나의 공동체가 여러 나라로 분리되거나, 갈등관계에 있는 문화적 공동체들이 하나의 나라로 묶이기도 하였다. 영국과 프랑스 등 제1차 세계대전 승전국들의 자의적 국가수립과 이에 따른 국경획정에 따라 혼란의 씨앗이 배태되었다.

II 중동지역 외교 환경

1. 분쟁의 만연화

(1) 이스라엘-팔레스타인 분쟁

냉전 종식 후 미국의 중재로 양자 간 오슬로협정을 체결하고 팔레스타인 분리독립의 가능성을 열었으나 여전히 상황은 불안정하고 양자는 적대적이다. 오슬로협정은 양국가 해법(two states solution)에 기초하여 서안지구와 가자지구를 중심으로 팔레스타인은 독립하고, 이스라엘과 공존함을 규정하였다. 이-팔 분쟁은 유대-기독교문명을 상징하는 시온주의에 반대하는 범아랍, 범이슬람권의 분노가 결집된 싸움이다.

(2) 수니-시아 종파분쟁

이슬람공동체를 이끌었던 선지가 무함마드가 632년 사망하자, 권력승계를 둘러싸고 수니(Sunni)파와 시아(Shiite)파 간의 갈등구조가 현대 중동 정치에 중요한 이슈로 작동하고 있다. 역내 강국을 자처하는 수니파 사우디아라비아와 시아파 이란 간 갈등이 심화되었다. 이슬람권에서는 수니파가 약 85%로 압도적이다. 시아파는 13% 내외로 이란, 이라크, 바레인, 아제르바이잔 4국에서만 인구의 다수를 점하고 있다. 2015년 7월 이란핵협상 타결 이후 이란이 패권국으로 부상할 가능성이 우려되자 수니파 국가들의 견제가 심화되었다.

(3) 내전 및 테러리즘 확산

이슬람교조주의에 근거한 중동의 폭력적 극단주의는 알카에다의 확산 및 변환과정에서 더욱 심화되었다.

2. 정치체제의 다양성

왕정, 공화정, 신정(theocracry)가 혼재하고 있다. 사우디아라비아와 오만은 절대왕정체제이나 UAE, 카타르, 쿠웨이트, 요르단, 모로코 등은 입헌왕정이다. 이집트, 리비아, 예멘 등이 권위주의적 공화정이라면 이스라엘, 튀니지, 터키는 민주주의 공화정으로 부를 수 있다. 신정체제로는 이슬람의 절대적 가치를 수호하는 통치이념을 명시한 사우디아라비아(신정주의 절대왕정)와 반대로 이슬람 공화주의를 설파하며 이슬람 법학자 통치를 통해 신이 다스리는 공화국을 만들겠다는 이란을 들 수 있다. 정치체제의 다양성 때문에 왕실 비밀주의, 도덕적 절대주의, 민주주의 등이 외교형태에 혼재되어 나타나게 되었다.

3. 복합적 정체성

중동국가들의 외교는 국가형성 이전에 이 지역에 뿌리내린 부족, 종족 및 종교 등 다양한 정체성의 구조에 기반한다. 개인이 아닌 집단성을 바탕으로 한다. 중동지역의 집단적 문화를 아싸비야(Assabiyyah, 연대의식, 집단의식)라고 한다. 아싸비야의식을 통해 사막에서 유목의 삶을 영위할 수 있었고 외부세력의 위협을 이겨 내기 위한 내부 결속이 가능했다. 아싸비야는 다양한 층위로 대별할 수 있다. 부족단위의 그룹인 까빌리야, 아랍대의(Arab cause)를 추구하는 까우미야, 이슬람 정체성을 준거로 삼는 움마(Ummah) 등이다. 최근에는 이슬람을 중심으로 하는 연대의식이 강화되고 있다.

4. 미국 중동정책의 변화

(1) 냉전기

냉전기에는 바그다드조약을 통해 소련 봉쇄를 주도했다. 바그다드조약은 소련의 남진을 봉쇄하기 위한 중동-서남아권 방어망으로 파키스탄부터 영국에 이르는 안보조약이다. 중동조약기구(Middle East Treaty Organization)로도 불렸다.

(2) 탈냉전기

탈냉전기 문명 담론이 부상하면서 미국은 중동에서 기독교 문명권을 대표하면서 균형자 역할을 하는 존재로 인식되었다. 이-팔 분쟁 등 주요 갈등의 중재자 역할을 자임했고, 걸프지역과의 연대를 통해 이란을 견제해 왔다.

(3) 9·11테러 이후

9·11테러 이후 테러와의 전쟁 국면에서 부시독트린이 설정되어 미국은 중동 전역을 민주화하여 분쟁 및 테러의 단초를 원천차단하고자 하였다.

(4) 오바마 정부

미국 중동정책의 핵심은 두 가지로 압축할 수 있다. 이스라엘-팔레스타인 평화협상과 석유와 관련된 걸프지역 안보 두 축이다. 이 과정에서 미국은 역내 최대 우방국인 이스라엘과 사우디아라비아의 안보를 책임져왔다. 그런데 오바마 정부는 중동정책에 변화를 가져왔다. 중동에 대한 관여를 줄이고 해외투사 전력의 상당부분을 아시아로 이동시킨다는 아시아재균형(Asia rebalancing) 전략을 추구하였다. 오바마 행정부는 이스라엘을 압박하여 서안지구 정착촌 확장의 동결을 요구하며 평화협상 추진을 압박했다. 네타냐후 수상이 반대하면서 양국은 갈등을 빚었다.

Ⅲ 중동 국가들의 다자외교

1. 부족(까빌리야)기반 외교: GCC

첫째, 부족이 주도하는 국가는 주로 아라비아 반도에 위치한 절대왕정국가들이다. 사우디아라비아를 위시한 걸프 연안의 산유국가들이며 이들 국가들은 걸프협력회의(GCC: Gulf Cooperation Council)를 결성하여 부족 왕정의 연합체 차원에서 대외정책을 펼치고 있다. GCC는 1981년 5월 25일 사우디아라비아, 아랍에미레이트(UAE), 카타르, 쿠웨이트, 오만, 바레인이 결성했다.

둘째, 통화이사회가 설치되어 GCC 역내 단일통화 도입을 추진하고 있다. 반도방위군이 1984년 조직되었으나 존재감이 미약하다 2011년 바레인 사태 발생 이후 사우디 및 UAE의 적극적 역할로 재가동되었다.

셋째, GCC는 냉전기 이란의 호메이니 이슬람혁명과 이란-이라크 전쟁의 위협에 공동대응하기 위해 설립되었다. 신정주의(theocracy)의 성격을 갖는 이란의 고유한 정치체제는 걸프 지역 왕정에게는 심각한 위협이었다. 또한 아랍민족주의를 주창하며 세속적 공화정을 추구하는 이라크 사담 후세인 역시 왕정국가에는 부담이었다. 이러한 이중 위협은 왕정 간 결속력을 이끌어냈고, 이후 GCC의 주요 외교정책 기조는 왕실의 안정으로 수렴되었다.

2. 아랍(까우미야)기반 외교: 이집트 주도 아랍연맹(AL)

첫째, GCC가 부족단위의 왕정 연합체로 특정한 지역 및 정권유형의 안보 이익을 외교적으로 추진해왔다면, 아랍연맹은 까우미야(Qawmiyyah)에 기반한 아랍 대의(Arab Cause)를 추구하고 있다. 전체 아랍 22개국의 공동이익 달성을 목표로 1945년 3월 22일 설립되었다.

둘째, 까우미야는 언어적, 문화적 동질성을 지닌 아랍전체와 연관된 연대의식을 말한다. 특정 부족이나 특정 국가에 대한 귀속 의식을 넘어서는 아랍 대의가 포괄적인 정체성으로 자리 잡은 것이다.

셋째, 까우미야의 근저에는 박탈감과 피해의식이 자리 잡고 있다. 제1차 세계대전 이후 오토만제국이 패망하고 현재 아랍의 주요지역인 샴(Sham)지방 및 북아프리카 지역에서 신생 아랍국이 등장했지만 결국 식민주의의 산물이었기 때문이다. 전후 처리 과정에서 단일 아랍국가가 형성되지 못하고 자의적 국경획정에 따라 사분오열되면서 생겨난 현재의 분쟁과 갈등구도에 대한 박탈감이다.

넷째, 아랍연맹은 제2차 세계대전 종전 직전인 1945년 3월 22일 이집트, 이라크, 요르단, 레바논, 시리아, 사우디아라비아 6개국을 중심으로 출범했다. 설립 초반에는 안보적 관심사보다는 경제분야에 역점을 두었다.

다섯째, 아랍 연맹의 설립 강령은 중동의 평화와 안보 및 아랍 각국의 주권과 독립 및 공공이익의 수호이다.

여섯째, 1948년 이스라엘의 국가수립 및 1952년 이집트 낫셀 군사혁명이 발발하면서 정치, 군사분야의 활동을 강화하기 시작했으나 아랍민족주의인 낫세리즘(Nasserism)과 바티즘(Baathism)이 점차 약화되자 통합의 구심점이 사라졌다.

일곱째, 아랍연맹 국가들의 가장 중요한 의제는 이스라엘-팔레스타인 문제이다. 1967년 제3차 중동전쟁 이후 이스라엘이 서안지구 및 가자지구를 점령하자 대이스라엘 3대 불가원칙을 천명했다. 화해불가, 승인불가, 교섭불가. 1979년 카터의 중개로 이집트 사다트대통령과 이스라엘 베긴 수상 간에 캠프데이비드협정 체결로 아랍연맹은 위기를 맞았다.

3. 종교(Ummah)기반 외교: 사우디 주도 이슬람협력기구(OIC)

첫째, 이슬람에 귀의하고 가르침에 복종하는 모든 구성원들은 자동적으로 움마 공동체의 성원이 된다. 이슬람의 궁극적 목표는 움마 공동체의 확장이며 신성한 이슬람법 샤리아에 의해 통치되는 국가체제 및 외교관계를 상정하고 있다.

둘째, 부족주의와 범아랍주의라는 양대기반을 중심으로 GCC와 아랍연맹이 활동하고 있다면, 가장 폭넓은 정체성의 축인 이슬람 종교 공동체의 이익을 위한 중동 내 행위자는 이슬람협력기구(OIC: Organization of Islamic Cooperation)이다.

셋째, 이슬람은 이분법적 세계관을 가지고 있다. 이슬람의 영역(Dar al-Islam)개념과 전쟁의 영역(Dar al-Harb)개념의 대립구도로 세계를 이해한다. 이슬람의 가르침이 받아들여지지 않은 모든 전쟁의 영역은 선교(dawa)와 투쟁(Jihad)의 대상이 된다.

넷째, OIC는 1969년 이슬람의 3대 성지 중 하나인 예루살렘의 알 아크사 성원(Masjid al Aqsa)방화사건을 계기로 동년 9월 25일 이슬람세계의 연대와 권익보호 차원에서 결성되었다. 현재 57개 회원국이 가입해 있고, 중동, 아프리카, 동남아, 중앙아시아를 포괄하는 거대기구이다. 사우디의 영향력이 가장 크며, 본부도 사우디의 젯다(Jeddah)에 위치하고 있다.

다섯째, 이슬람 공동체의 이념을 증진시키고 회원국의 종교적 자유보장을 목표로 하는 OIC의 외교분야는 군사안보나 경제협력과는 거리가 있고, 문화, 종교, 교육 분야에 중점을 두어 왔다.

IV 중동 주요 국가의 외교정책

1. 사우디아라비아

걸프 왕정 및 이슬람권에서 선두 국가 위상을 유지해 온 사우디아라비아의 외교목표는 역내 패권의 유지에 있다. 사우디의 위상의 기초는 세 가지이다. 이슬람의 양대 성지를 관할하는 소프트파워, 막대한 석유수입을 바탕으로 한 재정 능력, 미국과의 견고한 안보동맹. 사우디는 미국과의 고전적 우호관계 구축을 통해 중동지역 내 외교적 주도권을 유지하는 데 역점을 두고 있다.

2. 이란

이란은 지역 패권 추구세력이다. 특히, 2015년 7월 핵협상 타결을 기점으로 경제적 어려움을 타개하고 경제성장에 기반한 정치적 영향력을 확보하고자 한다. 이란은 페르시아의 후예라는 자존감을 계승시켜 왔고, 걸프와 카스피해를 아우르는 원유 매장량과 천연가스 부존량으로 자원강국이다. 이점이 패권이 될 역량이다. 또한 이란은 자국의 고유한 정치체제인 이슬람 법학자의 통치 구조를 전 이슬람권에 확장하고자 한다. 한편, 이란은 미국이나 유럽에 편중되는 것을 피하고 독자적 외교노선이나 러시아와 연대하는 구도를 선호하고 있다.

3. 터키

유럽연합 가입을 국가의제로 설정하고 있는 터키는 동시에 중동 및 중앙아시아 외교에도 역점을 기울이고 있다. 국가정체성은 유럽으로 설정하되, 외교활동 주무대는 중동 이슬람권에 무게중심을 둔 것이다. 터키는 중동지역 내 중재자 역할 및 동서양의 문명 교류의 허브역할 외교를 천명하고 있다. 터키는 수니파 국가임에도 시아파 이란과의 경제관계가 돈독한 편이며, 팔레스타인 문제에도 깊이 관여해 와서 중동내 존재감이 높은 편이다. 한편, 유럽과 아시아를 아우르는 지정학적 입지를 활용하여 기독교 문명권과 이슬람 문명권을 화해시키는 조정자적 역할에 대한 외교목표를 갖고 있다.

4. 이스라엘

이스라엘의 외교적 당면과제는 어떻게 팔레스타인 자치정부를 분리독립시킬 것인가의 문제이다. 궁극적으로 이스라엘은 자신들이 점령한 서안지구와 가자지구에서 팔레스타인을 주권국가로 분리, 독립국가로 전환하는 원칙에는 동의하고 있다. 그러나 독립 이후 팔레스타인의 최종 지위, 난민 귀환문제, 동예루살렘 영유권, 정착촌 철수문제 등의 협상에서 진척이 없다. 한편, 이스라엘은 미국과의 우호관계 유지를 축으로 중동지역 내 일부국가들과 우호관계를 맺는 데 관심을 기울이고 있다. 현재 이집트, 요르단, 터키와 수교하고 있으나, 수교범위를 확대하고자 한다.

제4절 이스라엘-팔레스타인 분쟁

I 이스라엘의 건국

1. 시온주의 운동의 시작

19세기 유럽에서 유대인들은 오랜 박해와 차별을 겪으며 민족적 자각을 가지게 되었다. 이를 바탕으로 유대 민족은 고대 이스라엘 왕국이 존재했던 팔레스타인 지역에 독립 국가를 재건하고자 시온주의(Zionism) 운동을 시작했다. 시온주의는 1897년 테오도어 헤르츨(Theodor Herzl)의 주도로 바젤에서 열린 첫 시온주의 회의에서 본격화되었다. 이 회의에서 유대인들은 팔레스타인에 유대인 국가를 세우겠다는 목표를 공식화했다. 이후 유럽과 러시아 등지에서 유대인들이 팔레스타인으로 이주하면서 첫 번째 이주 물결인 알리야(Aliyah)가 시작되었다.

2. 제1차 세계대전과 영국의 외교적 약속

제1차 세계대전 중 팔레스타인 지역을 차지한 영국은 유대인과 아랍인에게 상반된 약속을 했다. 1915년 후세인-맥마흔 서한에서 영국은 아랍인에게 독립국을 세울 수 있도록 돕겠다고 약속했다. 1917년에는 아서 밸푸어(Arthur Balfour)가 유대인에게 팔레스타인에 "민족적 고향"을 세우는 것을 지원하겠다는 밸푸어 선언을 발표했다. 이는 유대인들에게 큰 희망을 주었지만, 팔레스타인에 살고 있던 아랍인들에게는 큰 불안감을 초래했다.

3. 영국의 팔레스타인 위임통치와 갈등 심화

제1차 세계대전 후 국제연맹은 영국에 팔레스타인 지역의 위임통치권을 부여했다. 영국은 이 지역을 통치하며 유대인의 이주를 허용했다. 1920년대부터 유대인의 이주가 증가하면서 아랍인과의 갈등이 고조되었다. 1936년부터 1939년까지 팔레스타인 아랍인들은 대규모 반란을 일으키며 영국과 유대인 이주에 저항했다. 영국은 이 반란을 진압하고 유대인 이주를 제한하는 정책을 발표했지만, 제2차 세계대전 중 유대인 학살(홀로코스트)이 발생하면서 유대인의 이주 압력은 더욱 커졌다.

4. 유엔 분할안 채택

제2차 세계대전 후 국제사회는 유대인의 고통과 팔레스타인 문제 해결의 필요성을 인식했다. 1947년 유엔은 팔레스타인을 유대인 국가와 아랍 국가로 나누고 예루살렘은 국제 관할 아래 두는 분할안을 제안했다. 유대인 공동체는 이 분할안을 수용했으나 팔레스타인 아랍인과 주변 아랍 국가들은 이를 거부했다. 이로 인해 팔레스타인에서 유대인과 아랍인 간의 충돌이 더욱 격화되었다.

5. 이스라엘 독립 선언과 제1차 중동 전쟁

1948년 5월 14일, 영국이 팔레스타인에서 철수하기 직전, 유대인 지도자 데이비드 벤구리온(David Ben-Gurion)은 이스라엘의 독립을 선언했다. 독립 선언 직후 이집트, 요르단, 시리아, 이라크, 레바논 등 주변 아랍 국가들이 이스라엘을 공격하면서 제1차 중동 전쟁이 발발했다. 이스라엘은 이 전쟁에서 승리하여 유엔이 할당한 영토보다 넓은 지역을 확보하게 되었다.

Ⅲ 이스라엘 건국 관련 주요 선언

1. 후세인-맥마흔 선언(1915 ~ 1916년)

제1차 세계대전 중, 영국은 오스만 제국을 무너뜨리고 중동에서 영향력을 확대하려 했다. 이를 위해 영국은 아랍 민족주의 세력과 손을 잡고 오스만 제국에 맞선 아랍인들의 반란을 유도하려 했다. 영국의 맥마흔 대사와 메카의 아랍 지도자 후세인 빈 알리 사이에 서한이 교환되었고, 이 과정에서 맥마흔은 전쟁 후 아랍인들이 오스만 제국으로부터 독립을 얻을 수 있도록 지원하겠다는 약속을 했다. 후세인은 이 약속을 믿고 아랍 반란을 일으켜 오스만 제국에 맞섰다. 그러나 후세인-맥마흔 선언에서 구체적으로 약속된 영토의 범위가 명확하지 않았고, 이로 인해 영국은 이 선언을 유연하게 해석했다. 이후 영국이 유대인과도 별도의 약속을 하면서 아랍인들의 기대와 달리 팔레스타인 지역의 독립 약속은 지켜지지 않았다.

2. 사익스-피코 협정(1916년)

제1차 세계대전 중 영국과 프랑스는 오스만 제국이 붕괴할 경우 중동을 어떻게 분할할지에 대한 논의를 비밀에 진행했다. 양국은 각각의 이익을 확보하기 위해 사익스-피코 협정을 체결했다. 이 협정에 따라 영국은 팔레스타인 남부, 요르단, 이라크를, 프랑스는 시리아와 레바논을 차지하는 것으로 합의했다. 또한 팔레스타인은 영국, 프랑스, 러시아의 공동 관리하에 두기로 결정되었다. 그러나 이 협정은 아랍인들이 기대했던 독립을 무시한 것으로, 후세인-맥마흔 선언과도 모순되었다.

3. 밸푸어 선언(1917년)

제1차 세계대전 중 영국은 유대인들의 정치적, 경제적 지지를 확보하기 위해 팔레스타인 지역에 유대인 민족 국가를 세우겠다는 약속을 하게 되었다. 영국은 특히 유럽과 미국 내 유대인들의 지원을 이끌어내기 위해 이 선언을 발표했다. 1917년 11월 2일, 영국 외무장관 아서 밸푸어는 유대인 지도자 라이오넬 월터 로스차일드에게 서신을 보내 "팔레스타인에 유대인 민족적 고향을 세우는 것을 지지한다"고 밝혔다. 단, 팔레스타인에 살고 있던 아랍인들의 권리와 지위를 해치지 않는다는 조건이 붙었다. 밸푸어 선언은 아랍인들에게 독립국을 약속했던 후세인-맥마흔 선언과 상충되었고, 아랍인들에게는 자신들의 땅에서 자신들 모르게 유대인 국가가 세워지는 상황을 맞이하게 되었다. 이후 팔레스타인 지역에서 유대인들의 이주가 급격히 증가하며 아랍인들과의 갈등이 심화되었고, 이 갈등은 오늘날 이스라엘-팔레스타인 분쟁의 중요한 배경이 되었다.

Ⅲ 중동전쟁

1. 제1차 중동전쟁(1948~1949년): 이스라엘 독립 전쟁

유엔이 1947년 팔레스타인을 유대인 국가와 아랍 국가로 나누는 분할안을 제안하면서 양측의 갈등이 심화되었다. 유대인들은 분할안을 받아들였으나, 아랍 국가들은 이를 거부했다. 1948년 5월 14일 이스라엘이 독립을 선언하자 이집트, 요르단, 시리아, 이라크, 레바논 등 아랍 연합군이 이스라엘을 공격하며 전쟁이 시작되었다. 이스라엘은 초기에는 열세였으나, 결국 전세를 역전시켜 유엔이 할당한 영토보다 더 넓은 지역을 차지하게 되었다. 전쟁 과정에서 팔레스타인 아랍인들 중 수십만 명이 난민이 되었고, 이스라엘과 팔레스타인 간의 난민 문제의 시발점이 되었다.

2. 제2차 중동전쟁(1956년): 수에즈 위기

1956년 이집트의 가말 압델 나세르 대통령이 수에즈 운하를 국유화하면서 영국과 프랑스의 반발을 불러일으켰다. 수에즈 운하는 영국과 프랑스에 중요한 경제적, 전략적 통로였기 때문에 양국은 이를 되찾기 위해 이스라엘과 동맹을 맺게 되었다. 이스라엘은 이집트를 공격하며 시나이 반도를 점령했고, 영국과 프랑스는 이집트에 압박을 가하며 수에즈 운하를 탈환하려 했다. 이로 인해 이집트와의 전면전이 벌어졌다. 그러나, 미국과 소련의 개입으로 인해 영국과 프랑스, 이스라엘은 철수하게 되었으며, 수에즈 위기는 종결되었다. 이 전쟁을 계기로 중동에서 영국과 프랑스의 영향력은 크게 줄어들었고, 나세르 대통령의 위상은 아랍 세계에서 높아지게 되었다.

3. 제3차 중동전쟁(1967년): 6일 전쟁

이스라엘과 주변 아랍 국가들 간의 긴장이 계속되던 중, 이집트가 티란 해협을 봉쇄하고 시나이 반도에 병력을 집결시키며 이스라엘을 압박했다. 시리아와 요르단도 이집트와 협력하며 전쟁 준비에 나섰다. 이스라엘은 1967년 6월 5일 선제 공격을 감행해 이집트, 시리아, 요르단을 단기간에 제압했다. 이 전쟁은 6일 만에 끝났고, 이스라엘은 압도적인 승리를 거두었다. 이 전쟁으로 스라엘은 시나이 반도, 가자 지구, 서안 지구, 동예루살렘, 골란 고원을 점령했다. 이로 인해 이스라엘의 영토가 크게 확장되었고, 점령지에서의 영토 문제는 이스라엘-팔레스타인 및 이스라엘-아랍 국가 간 갈등의 핵심 요소로 자리 잡았다. 국제사회는 이 점령지 문제를 해결하기 위해 유엔 결의 242호를 채택하며, 점령지 반환을 통한 평화를 촉구했다.

4. 제4차 중동전쟁(1973년): 욤키푸르 전쟁

제3차 중동 전쟁의 패배로 이집트와 시리아는 이스라엘의 영토 점령에 불만을 품고 있었다. 특히, 이집트의 안와르 사다트 대통령은 외교적 방법이 실패하자 군사적 수단을 선택했다. 이집트와 시리아는 유대교의 성일인 욤키푸르에 맞춰 기습 공격을 계획했다. 1973년 10월 6일 이집트와 시리아는 이스라엘을 기습 공격해 전쟁을 개시했다. 이스라엘은 초기에는 전선이 밀렸으나, 결국 반격에 성공해 전쟁을 종료했다. 전쟁이 끝난 후 미국과 소련이 중재에 나서 휴전이 이루어졌다. 이후 이집트와 이스라엘은 관계 개선을 시도했으며, 1979년 이집트와 이스라엘은 캠프 데이비드 협정을 통해 평화 조약을 체결했다. 이 협정으로 이집트는 이스라엘을 인정한 첫 번째 아랍 국가가 되었고, 이스라엘은 시나이 반도를 반환했다.

5. 중동전쟁의 여파와 현재

중동전쟁은 중동 지역의 불안정성을 심화시켰으며, 이스라엘과 팔레스타인 문제는 여전히 해결되지 않은 상태로 남아 있다. 특히 제3차 중동 전쟁 이후 이스라엘이 점령한 서안 지구와 가자 지구의 문제는 오늘날까지도 이스라엘과 팔레스타인 간의 갈등의 주요 원인이 되고 있다.

Ⅳ 평화협정

1. 캠프 데이비드 협정(1978년)

제4차 중동 전쟁 이후 이집트와 이스라엘은 미국의 중재하에 관계 개선을 시도했다. 이스라엘이 시나이 반도를 점령한 후 양국 간 긴장은 계속되었고, 이집트 대통령 안와르 사다트는 평화를 위한 외교적 노력을 기울였다. 1978년 미국 대통령 지미 카터의 초청으로 이집트의 사다트 대통령과 이스라엘의 메나헴 베긴 총리가 메릴랜드의 캠프 데이비드에서 회담을 가졌다. 이 협정에서 이스라엘은 시나이 반도를 이집트에 반환하기로 합의했고, 이집트는 이스라엘을 공식적으로 인정하기로 했다. 협정은 또한 팔레스타인의 자치권 문제를 해결하기 위한 틀을 마련했다. 1979년 이집트와 이스라엘은 정식 평화 조약을 체결했으며, 이집트는 이스라엘과 평화 조약을 체결한 첫 번째 아랍 국가가 되었다. 이로 인해 이집트는 아랍 세계에서 일시적으로 고립되었으나, 협정은 중동 평화에 중요한 기여를 했다.

2. 오슬로 협정(1993년)

1987년 제1차 인티파다(팔레스타인 봉기) 이후 이스라엘과 팔레스타인 간 갈등이 격화되었고, 국제사회는 평화적인 해결을 위해 개입했다. 비밀리에 시작된 노르웨이의 중재로 이스라엘과 팔레스타인 해방기구(PLO) 간 협상이 진행되었다. 1993년 이스라엘 총리 이츠하크 라빈과 PLO 지도자 야세르 아라파트는 오슬로에서 협정에 서명했으며, 이 협정에 따라 PLO는 이스라엘의 존재를 공식 인정했고, 이스라엘은 PLO를 팔레스타인 민족의 대표로 인정했다. 협정은 또한 가자 지구와 서안 지구의 일부에 팔레스타인 자치정부를 수립하고, 팔레스타인 주민들에게 제한적인 자치권을 부여하는 내용이 포함되었다. 1993년 9월 백악관에서 라빈과 아라파트가 공식적으로 악수를 나누었고, 오슬로 협정은 이스라엘과 팔레스타인 간의 첫 공식적인 평화 합의로 큰 주목을 받았다. 그러나 주요 영토 문제와 정착촌 문제 등에서 양측이 합의하지 못하면서 오슬로 협정은 실질적 성과를 거두지 못했다.

3. 와이 리버 협정(1998년)

오슬로 협정이 제대로 이행되지 않고 갈등이 재발하자, 미국은 다시 중재에 나섰다. 당시 미국 대통령 빌 클린턴은 메릴랜드의 와이 리버 농장에서 이스라엘과 팔레스타인 지도자 간의 협상을 주선했다. 이스라엘과 팔레스타인은 가자 지구와 서안 지구에서 팔레스타인 자치권을 확대하는 방안을 논의했다. 협정에 따라 이스라엘은 서안 지구의 일부 지역에서 철수하고, 팔레스타인은 반(半)독립적 자치권을 행사할 수 있도록 했다. 이스라엘과 팔레스타인은 협정 이행에 동의했으나, 양측의 불신과 정치적 갈등이 심화되면서 협정은 부분적으로만 이행되었다.

4. 아브라함 협정(2020년)

2010년대 후반, 이스라엘과 일부 아랍 국가들은 안보와 경제적 협력의 필요성으로 인해 관계 개선을 모색했다. 특히, 미국의 트럼프 행정부는 이스라엘과 아랍 국가 간 관계 정상화를 중재하고자 했다. 2020년 8월과 9월에 아랍에미리트(UAE)와 바레인이 이스라엘과 외교 관계를 공식적으로 수립하는 협정인 아브라함 협정에 서명했다. 이후 수단과 모로코도 이스라엘과 관계를 정상화했다. 이 협정은 팔레스타인 문제 해결 없이도 이스라엘과 아랍 국가들이 관계를 맺을 수 있음을 보여주는 전환점이 되었다. 아브라함 협정으로 이스라엘은 아랍 국가들과 경제적, 외교적 협력을 확대했으나, 팔레스타인 지도부는 이를 비판하고 아랍 세계가 팔레스타인을 외면했다고 평가했다.

Ⅴ 이스라엘-팔레스타인 분쟁 원인

1. 영토와 주권 문제

(1) 이스라엘 건국과 팔레스타인 영토 분할

1947년 유엔이 팔레스타인을 유대인 국가와 아랍 국가로 나누는 분할안을 제안하면서 갈등이 본격화되었다. 유대인들은 이를 수락했지만, 아랍 국가들과 팔레스타인 아랍인들은 이를 거부했다. 1948년 이스라엘이 독립을 선언하고, 제1차 중동전쟁에서 승리하며 이스라엘은 유엔 분할안에서 정한 영토보다 넓은 지역을 차지하게 되었다. 팔레스타인 아랍인들은 이 과정에서 강제 이주와 난민이 되었으며, 영토와 주권에 대한 권리를 잃었다고 인식하게 되었다.

(2) 서안 지구와 가자 지구 점령 문제

1967년 6일 전쟁에서 이스라엘은 서안 지구, 가자 지구, 동예루살렘, 골란 고원을 점령했다. 이로 인해 팔레스타인은 자신들의 영토로 간주하는 서안 지구와 가자 지구에서의 통제권을 상실하게 되었고, 이 지역의 주권 문제는 오늘날까지도 분쟁의 중심이다. 이스라엘은 안보와 역사적, 종교적 이유를 들어 이 지역에 대한 통제를 지속하고 있으며, 팔레스타인은 이 지역에 대한 독립적 권리를 요구하고 있다.

2. 유대인 정착촌 문제

이스라엘은 서안 지구와 동예루살렘에 유대인 정착촌을 계속해서 확장해 왔고, 이를 통해 점령지를 사실상 자국 영토로 통합하려는 정책을 이어가고 있다. 이스라엘은 이러한 정착촌이 자국 안보와 종교적 이유에서 필요하다고 주장하지만, 팔레스타인 측은 이를 팔레스타인 국가 수립을 방해하는 행위로 보고 반발하고 있다. 유엔과 국제사회는 이스라엘의 정착촌 확장을 국제법 위반으로 간주하며, 정착촌 철거를 요구하고 있다. 이 정착촌 문제는 이스라엘과 팔레스타인 간의 협상에서 가장 큰 장애물 중 하나로 남아 있다.

3. 예루살렘 지위 문제

예루살렘은 유대교, 이슬람교, 기독교 모두에게 성스러운 도시로 여겨지며, 이스라엘과 팔레스타인 양측 모두 예루살렘을 자신들의 수도로 삼고자 한다. 이스라엘은 예루살렘 전체를 자국의 수도로 선언했지만, 팔레스타인은 동예루살렘을 미래의 수도로 삼으려 한다. 대부분의 국가들은 예루살렘을 이스라엘의 수도로 인정하지 않으며, 미국과 몇몇 국가를 제외하고는 대사관을 예루살렘이 아닌 텔아비브에 두고 있다.

4. 팔레스타인 난민 문제

이스라엘 건국과 제1차 중동 전쟁으로 인해 수십만 명의 팔레스타인 아랍인들이 난민이 되었다. 이후에도 갈등과 전쟁이 반복되면서 많은 팔레스타인인들이 고향을 떠나 주변국으로 피신하게 되었다. 팔레스타인 측은 난민들의 귀환을 요구하고 있지만, 이스라엘은 이를 반대하고 있다. 이스라엘은 팔레스타인 난민의 귀환이 자국의 유대인 정체성을 위협할 수 있다고 보고 있으며, 난민 문제는 이스라엘-팔레스타인 평화 협상에서 가장 큰 쟁점 중 하나이다.

5. 종교적 갈등

예루살렘은 유대교와 이슬람 모두에게 신성한 장소로 여겨지며, 특히 템플 마운트(Temple Mount)와 하람 알 샤리프(Haram al-Sharif)지역은 유대교와 이슬람교 모두의 성지로 인정된다. 이곳은 유대인들에게는 솔로몬 성전과 제2성전이 있었던 장소로, 이슬람에서는 무함마드가 승천한 장소로 여겨진다. 이스라엘과 팔레스타인 간의 영토 분쟁은 종교적 정체성과 깊은 연관이 있으며, 서로의 정체성을 인정하려 하지 않는 태도가 갈등을 지속시키고 있다. 양측의 극단주의자들은 성지를 둘러싼 갈등을 심화시키며 타협을 거부하고 있다.

6. 팔레스타인 자치와 정치적 분열

1993년 오슬로 협정 이후 팔레스타인 자치정부(PA)가 설립되어 팔레스타인은 서안 지구와 가자 지구에서 제한적 자치를 누리고 있다. 그러나 2006년 하마스가 가자 지구의 통제권을 장악한 이후, 팔레스타인 내부는 파타(Fatah, 서안 지구)와 하마스(Hamas, 가자 지구)로 분열되었다. 하마스는 이스라엘과 평화 협상을 거부하고 무장 투쟁을 고수하고 있어, 이스라엘과의 주기적인 무력 충돌이 발생하고 있다. 이 분열로 인해 팔레스타인 측은 통일된 정치적 목소리를 내기 어렵고, 이스라엘과의 협상에도 큰 장애물이 되고 있다.

7. 안보와 무력 충돌 문제

이스라엘은 건국 이후 주변 아랍 국가들과의 여러 차례 전쟁을 겪으면서 안보를 매우 중시하게 되었다. 특히, 하마스와 같은 무장 단체가 가자 지구에서 로켓 공격을 감행하고 있어, 이스라엘은 이에 대한 강경한 군사 대응을 이어가고 있다. 팔레스타인은 이스라엘의 점령과 통제에 저항하며 무장 투쟁과 인티파다(대규모 봉기)를 벌여 왔다. 이러한 저항 운동은 팔레스타인인들에게 정체성과 자유를 위한 투쟁으로 여겨지지만, 이스라엘은 이를 국가 안보에 대한 위협으로 간주하고 있다.

Ⅵ 이스라엘-팔레스타인 갈등의 핵심 쟁점

1. 영토와 국경 문제

(1) 서안 지구와 가자 지구

이스라엘은 1967년 6일 전쟁에서 서안 지구, 가자 지구, 동예루살렘을 점령했다. 팔레스타인은 이 지역들을 미래 독립 국가의 영토로 간주하고 있으며, 점령지에서 이스라엘이 철수해야 한다고 주장한다. 그러나 이스라엘은 안보를 이유로 이 지역의 일부에 대한 통제를 유지하려 하고 있다.

(2) 1967년 이전 국경(그린 라인)

팔레스타인은 1967년 이전 국경선(그린 라인)을 기준으로 국경을 설정하고 이스라엘이 철수해야 한다고 주장하고 있다. 하지만 이스라엘은 그린 라인을 반드시 기준으로 삼을 필요는 없다고 주장하면서 협상에 난항을 겪고 있다.

2. 예루살렘의 지위

이스라엘은 예루살렘 전체를 자국의 수도로 선언했고, 1980년 이를 법으로 공식화했다. 반면, 팔레스타인은 동예루살렘을 미래 팔레스타인 국가의 수도로 삼기를 희망하고 있다. 예루살렘은 유대교, 이슬람교, 기독교 모두에게 중요한 성지가 있다. 특히, 템플 마운트와 하람 알 샤리프(알 아크사 사원과 바위 돔이 위치한 곳)는 유대교와 이슬람 모두에게 성스러운 장소다. 양측 모두 예루살렘을 자신들의 역사적, 종교적 정체성의 중심으로 간주해 왔기 때문에 이 문제는 매우 민감하게 생각하고 있다.

3. 유대인 정착촌 문제

이스라엘은 서안 지구와 동예루살렘에 유대인 정착촌을 지속적으로 확장해 왔다. 현재 이 지역에는 수백 개의 정착촌과 60만 명이 넘는 유대인들이 거주하고 있다. 이스라엘은 이 정착촌이 안보상 필요하며 역사적으로 유대인의 땅이라고 주장한다. 국제사회와 유엔은 이스라엘의 정착촌 건설을 국제법 위반으로 보고 철회를 요구하고 있다. 또한, 팔레스타인은 정착촌 확장이 자신들의 국가 건설을 방해한다고 주장하고 있으며, 정착촌 철거를 요구하고 있다.

4. 팔레스타인 난민 문제

1948년과 1967년 전쟁을 거치며 팔레스타인인들은 대규모로 고향을 떠나 주변 아랍국가로 피난을 가야 했다. 이들은 난민이 되어 현재까지 요르단, 레바논, 시리아 등지에서 거주하고 있다. 팔레스타인은 난민들이 고향으로 돌아갈 권리를 가져야 한다고 주장한다. 반면, 이스라엘은 난민들의 대규모 귀환이 자국의 유대인 정체성을 위협할 수 있다고 주장하며 반대하고 있다. 이스라엘은 난민 문제는 현지에서 정착을 통해 해결해야 한다는 입장을 고수하고 있다.

5. 안보 문제

이스라엘은 팔레스타인과의 분쟁 지역에서의 안보를 매우 중시하고 있다. 특히, 하마스와 같은 무장 단체가 가자 지구에서 로켓 공격을 감행하면서, 이스라엘은 강경한 군사 대응을 통해 이 지역의 안정을 확보하려고 한다. 팔레스타인인들은 이스라엘의 군사적 통제와 검문소, 봉쇄 조치를 억압으로 인식하며 저항 운동을 벌이고 있다. 팔레스타인은 독립을 위한 정당한 저항이라고 주장하지만, 이스라엘은 이를 자국 안보에 대한 심각한 위협으로 간주하고 있다.

6. 정치적 분열

현재 팔레스타인 지역은 팔레스타인 자치정부와 하마스로 분열되어 있다. 팔레스타인 내부에서 파타(서안 지구)와 하마스(가자 지구) 간의 분열이 심화되면서 통일된 협상 대표를 내기 어려운 상황이다. 팔레스타인 자치정부는 이스라엘과의 협상을 지지하지만, 하마스는 강경한 저항을 고수하고 있다. 한편, 이스라엘 내부에서도 팔레스타인 문제를 둘러싼 여론이 양분되어 있다. 일부 보수파는 정착촌 확장과 강경한 안보 정책을 지지하지만, 진보파는 두 국가 해법을 지지하며 팔레스타인과의 평화를 선호하는 입장이다.

VII 주요국 입장

1. 미국

미국은 이스라엘의 가장 강력한 동맹국으로, 이스라엘에 군사적, 경제적 지원을 아끼지 않고 있다. 특히, 이스라엘의 안보를 매우 중시하며, 중동에서 이스라엘을 지지하는 정책을 펼친다. 현재 미국은 이스라엘과 팔레스타인이 독립적인 두 국가로 공존하는 '두 국가 해법'을 공식적으로 지지하고 있다. 하지만 미국의 정책은 이스라엘을 우선시하는 경향이 강하다. 2017년 트럼프 행정부는 예루살렘을 이스라엘의 수도로 인정하고 대사관을 예루살렘으로 이전했다. 이는 팔레스타인과 아랍 세계의 큰 반발을 불러일으켰다. 이후 바이든 행정부는 두 국가 해법을 강조하며, 이스라엘에 대한 지지를 유지하면서도 팔레스타인과의 관계 회복을 시도하고 있다. 미국 내부적으로 보수파와 기독교 복음주의자들은 이스라엘 지지 성향이 강하며, 이에 따라 미국의 대중동 정책에 이스라엘 편향적 요소가 반영되기도 한다. 일부 진보파는 팔레스타인의 인권과 독립을 지지하는 목소리를 내고 있지만, 전체적으로 미국의 주류 입장은 이스라엘 지지를 공고히 하고 있다.

2. 러시아

러시아는 이스라엘과 팔레스타인 양측 모두와 외교적 관계를 유지하며 중립적 입장을 취하고자 한다. 러시아는 유엔 결의에 따라 두 국가 해법을 공식적으로 지지하며, 팔레스타인 독립국의 권리를 인정한다. 러시아는 이스라엘과 팔레스타인 양측과 관계를 유지함으로써 중동에서의 외교적 영향력을 확대하고자 한다.

3. 중국

중국은 팔레스타인 독립과 이스라엘의 안보를 모두 존중하는 입장을 유지하며 두 국가 해법을 지지하고 있다. 중국은 중동 문제에 대해 전통적으로 중립적이고 비개입적인 입장을 견지해 왔다. 이스라엘이나 팔레스타인 어느 한쪽에 대해 강력히 편을 들지 않으며, 외교적 관계를 균형 있게 유지하고 있다. 최근 중국은 '일대일로' 프로젝트를 통해 중동 지역과 경제적 관계를 확대하고 있다. 이를 위해 이스라엘과 팔레스타인 모두와 협력하면서 중동 내 영향력을 강화하고 있다.

4. 유럽연합(EU)

유럽연합은 두 국가 해법을 강력히 지지하며, 팔레스타인 독립과 이스라엘 안보를 동시에 보장하는 방안을 선호한다. 유럽연합은 특히 인권과 국제법을 중시하며, 팔레스타인 자결권을 강조한다. 유럽연합은 이스라엘의 서안 지구와 동예루살렘 정착촌 건설을 국제법 위반으로 간주하며 강하게 반대하고 있다. 유럽연합은 팔레스타인 자치정부에 대한 경제적 지원을 제공하고 있으며, 이스라엘과 팔레스타인 간 평화협상을 중재하려고 노력해 왔다. 유럽연합은 이스라엘의 군사적 대응에 대해서는 비판적인 입장을 유지하고, 인도적 차원에서 팔레스타인의 권리를 옹호하는 입장을 견지하고 있다. 유럽내부적으로 독일은 역사적 이유로 이스라엘에 대한 지지를 강하게 표명하는 반면, 프랑스와 스페인 등은 팔레스타인 문제에 더 적극적으로 개입하려는 경향이 있다.

Ⅷ 주요 아랍국가들의 입장

1. 사우디아라비아

사우디아라비아는 오랫동안 팔레스타인의 독립을 지지하며, 이스라엘이 1967년 이전 국경으로 돌아가야 한다는 입장을 견지해 왔다. 사우디아라비아는 팔레스타인에 대한 인도적 지원을 제공하며, 팔레스타인 민족 자결권을 중시한다. 사우디아라비아는 2002년 아랍 연맹 정상회의에서 이스라엘이 1967년 이전 국경으로 철수하고 팔레스타인 국가를 인정할 경우 아랍 국가들이 이스라엘을 인정하고 관계를 정상화할 수 있다는 아랍 평화 계획을 제안하기도 하였다. 한편, 최근 사우디아라비아는 이스라엘과 비공식적인 접촉을 늘려왔으며, 특히 이란 견제와 경제적 협력을 이유로 이스라엘과 관계 정상화를 검토하고 있다.

2. 이집트

이집트는 중동에서 이스라엘과 팔레스타인 간의 평화 중재자로서 역할을 해왔다. 특히 가자 지구를 통한 물품 통제와 이스라엘과 하마스 간 충돌 중재 등을 통해 팔레스타인 평화를 위해 노력하고 있다. 이집트는 아랍 국가 중 최초로 1979년 이스라엘과 평화 조약을 체결하고 공식 외교 관계를 수립하였다. 이로 인해 일시적으로 아랍 세계에서 고립되었지만, 이후 중동 평화 과정에서 중요한 역할을 담당하게 되었다. 기본적으로 이집트는 이스라엘과 평화 조약을 체결했지만, 팔레스타인의 독립과 자결권을 지지하며, 팔레스타인 국가 수립을 지지하는 입장을 지속하고 있다.

3. 요르단

요르단은 전체 인구 중 상당수가 팔레스타인 출신이기 때문에 팔레스타인 문제에 대해 민감한 입장을 가지고 있다. 요르단 정부는 팔레스타인의 독립을 강하게 지지하며, 두 국가 해법을 옹호하고 있다. 요르단은 1994년에 이스라엘과 평화 조약을 체결하며 외교 관계를 수립했다. 그러나 요르단은 예루살렘의 종교적 성지 관리권을 가지고 있어 이스라엘과의 관계에서 갈등 요소가 남아 있다. 요르단은 이슬람 성지인 알 아크사 사원 관리권을 보유하고 있으며, 예루살렘 문제에 대해 매우 민감하게 반응하고 있다. 요르단은 이스라엘이 예루살렘을 통제하는 것에 반대하며, 팔레스타인의 수도로 동예루살렘을 지지하고 있다.

4. 시리아

시리아는 이스라엘에 대해 강경한 반대 입장을 유지하고 있으며, 이스라엘이 점령한 골란 고원을 반환할 것을 요구하고 있다. 시리아는 이스라엘과의 관계 정상화를 거부하고 있으며, 팔레스타인과의 연대 의식을 강조하고 있다. 시리아는 이란과의 동맹 관계를 통해 팔레스타인 저항 단체들에 대한 지지를 표명하며, 이스라엘을 견제하려는 입장을 보인다.

5. 레바논

레바논은 공식적으로 이스라엘과 적대 관계에 있으며, 이스라엘과의 평화 협정을 맺지 않고 있다. 레바논에는 팔레스타인 난민이 다수 거주하고 있으며, 팔레스타인 독립을 지지하고 있다. 레바논의 시아파 민병대인 헤즈볼라는 이란의 지원을 받아 이스라엘에 대한 강경 저항 노선을 이어가고 있다. 헤즈볼라는 팔레스타인 저항 운동의 일부로 이스라엘에 대한 공격을 감행하며 이스라엘-레바논 국경의 긴장을 유지하고 있다.

6. 아랍에미리트(UAE)와 바레인

아랍에미리트(UAE)와 바레인은 2020년에 아브라함 협정을 통해 이스라엘과 공식 외교 관계를 수립했다. 이들 국가는 이란의 위협과 경제적 협력 강화를 이유로 관계 정상화를 결정했다. UAE와 바레인은 관계 정상화 후에도 팔레스타인 독립과 두 국가 해법에 대한 상징적 지지를 표명하고 있다. 그러나 실질적으로는 팔레스타인 문제보다 자국의 경제적, 군사적 이익을 우선시하고 있다.

7. 카타르

카타르는 팔레스타인 가자 지구의 재건을 위해 많은 인도적 지원을 제공하고 있으며, 팔레스타인 주민들에게 재정적 지원을 계속하고 있다. 카타르는 이스라엘과 비공식적 관계를 유지하면서도, 팔레스타인 독립을 지지하고 있다. 중동 문제에 있어 독자적인 외교 노선을 유지하며, 팔레스타인 문제에 대한 지원을 지속하고 있다.

Ⅸ 이스라엘-팔레스타인 분쟁에 대한 주요 국제정치학자의 견해

1. 에드워드 사이드(Edward Said): 팔레스타인 자결권 옹호

팔레스타인 출신의 저명한 지식인인 에드워드 사이드는 팔레스타인의 자결권과 독립을 강력히 옹호했다. 그는 팔레스타인인들이 자국 영토와 주권을 가질 권리가 있으며, 이스라엘의 점령을 끝내고 평화롭게 공존하는 것이 분쟁 해결의 핵심이라고 주장했다. 사이드는, 특히 "두 민족, 한 국가" 방안을 제안하며, 하나의 국가에서 유대인과 팔레스타인이 평등하게 공존할 수 있는 가능성을 논의했다. 그는 두 국가 해법이 오히려 민족 갈등을 고착화할 수 있다고 보았으며, 평등한 민주주의적 국가에서의 공존을 이상적인 해결책으로 강조했다.

2. 존 미어샤이머(John Mearsheimer): 실리적 관점에서의 두 국가 해법

현실주의 학자로 잘 알려진 미어샤이머는 이스라엘-팔레스타인 분쟁을 제로섬 게임으로 보며, 두 국가 해법을 지지한다. 그는 분쟁의 지속이 이스라엘과 팔레스타인 모두에게 비용을 초래한다고 지적하며, 안정된 평화는 두 국가 해법을 통해서만 달성될 수 있다고 주장했다. 미어샤이머는 두 국가 해법이 현실적 타협으로 최선이라고 보고, 서안 지구와 가자 지구에 팔레스타인 국가를 수립해 이스라엘과 공존하는 방안을 지지했다. 그는 정착촌 문제와 팔레스타인 난민 문제의 해결을 위해 국제사회가 강력한 중재자 역할을 해야 한다고 강조했다.

3. 노암 촘스키(Noam Chomsky): 이스라엘의 점령 종식과 국제법 준수 강조

언어학자이자 정치학자인 촘스키는 이스라엘이 국제법을 준수해야 하며, 팔레스타인 영토에서의 군사적 점령을 종식해야 한다고 주장했다. 그는 이스라엘이 강대국들의 지원을 받아 팔레스타인 땅을 점령하고 있다며, 팔레스타인인의 권리 보장을 강력히 촉구했다. 촘스키는 두 국가 해법을 지지하며, 이스라엘이 1967년 이전 국경으로 돌아가야 한다고 주장했다. 그는, 특히 유엔 결의 242호와 같은 국제법적 결정을 기반으로 한 해결책을 강조하며, 국제사회의 역할이 매우 중요하다고 보았다.

4. 프랜시스 후쿠야마(Francis Fukuyama): 정치적·경제적 통합을 통한 평화 구축

후쿠야마는 팔레스타인과 이스라엘 간의 정치적·경제적 통합이 분쟁 해결에 중요하다고 강조했다. 그는 팔레스타인과 이스라엘이 경제적 협력을 통해 상호의존적 관계를 형성하고, 궁극적으로 평화적인 공존을 도모할 수 있다고 보았다. 후쿠야마는 두 국가 해법을 기본으로 하되, 양측이 경제적 공동체를 구축함으로써 상호 이해를 증진하고, 경제적 이익을 통해 평화적인 공존을 강화할 수 있다고 주장했다. 그는 경제적 통합이 갈등을 완화시키고 신뢰를 형성하는 중요한 수단이 될 수 있다고 보았다.

X 전망

1. 두 국가 해법의 약화

전통적으로 국제사회는 두 국가 해법을 지지해 왔으나, 서안 지구의 유대인 정착촌 확대로 인해 두 국가 해법의 실현 가능성이 약화되고 있다. 이스라엘은 서안 지구와 동예루살렘에 정착촌을 확장해 왔으며, 현재는 팔레스타인 독립국을 세울 수 있는 영토가 점차 축소되고 있는 상황이다. 이러한 영토 현실로 인해 두 국가 해법이 실현될 가능성은 점차 줄어들고 있다. 두 국가 해법의 실현 가능성이 줄어들면서 하나의 국가 내에서의 공존이나 자치권 확대와 같은 대안적인 해결 방안이 제시되기도 하지만, 이러한 방안은 민족적, 종교적 갈등을 내포하고 있어 현실적으로 어려운 과제로 남아 있다.

2. 이스라엘과 아랍 국가들의 관계 정상화

2020년 아랍에미리트(UAE), 바레인, 수단, 모로코가 이스라엘과 아브라함 협정을 통해 관계를 정상화하면서 중동 내 지정학적 변화가 발생했다. 이러한 관계 정상화는 팔레스타인 독립 문제를 해결하지 않은 상태에서 이루어졌으며, 아랍 국가들의 팔레스타인 지지 의지를 약화시키는 요인으로 작용하고 있다. 아랍 국가들이 자국의 경제적, 군사적 이익을 위해 이스라엘과 협력하려는 실리적 접근을 취하면서 팔레스타인 문제는 중동 내 주요 외교 과제로서의 위상이 다소 낮아졌다. 이로 인해 팔레스타인의 독립 국가 수립 가능성은 더욱 약화될 수 있다.

3. 미국과 국제사회의 역할

미국은 이스라엘의 최대 동맹국으로, 이스라엘의 안보를 강력히 지지하고 있다. 미국은 공식적으로 두 국가 해법을 지지하지만, 이스라엘에 대한 편향적 입장으로 인해 팔레스타인 측에서는 미국을 중재자로 신뢰하지 않는 것으로 평가된다. 미국이 중동에서 공정한 중재자로서의 역할을 할 수 있을지에 따라 분쟁 해결의 전망이 크게 좌우될 것이다. 유럽연합과 유엔은 두 국가 해법을 지지하며, 팔레스타인 자치 정부에 인도적, 경제적 지원을 제공하고 있다. 국제사회는 이스라엘의 정착촌 확장과 팔레스타인 권리 문제에 대해 이스라엘에 압력을 가하고 있지만, 이스라엘의 정책을 바꾸는 데는 큰 한계를 보이고 있다.

4. 내부 정치적 갈등과 분열

팔레스타인 자치정부와 하마스 간의 내부 정치적 갈등과 분열이 분쟁 해결의 큰 장애물이 되고 있다. 서안 지구를 통제하는 팔레스타인 자치정부와 가자 지구를 통제하는 하마스 간의 대립이 해결되지 않는 한 팔레스타인은 통일된 협상 대표로 나서기 어려우며, 이는 이스라엘과의 협상에서도 큰 난관으로 작용한다. 이스라엘 내부에서도 팔레스타인 문제와 관련한 여론이 양분되어 있다. 보수적인 세력은 정착촌 확장과 강경한 안보 정책을 지지하는 반면, 진보 세력은 두 국가 해법을 지지하고 팔레스타인과의 평화 협상을 촉구하고 있다. 이스라엘 정치권의 양극화로 인해 정부가 일관된 해결 정책을 수립하기 어려운 상황이다

MEMO

해커스공무원 학원·인강
gosi.Hackers.com

제5편
한반도이슈

제1장 한국의 대외정책
제2장 우리나라 주변국과의 상호관계
제3장 대북정책
제4장 남북한관계 현안

제1장 한국의 대외정책

제1절 우리나라의 공공외교

Ⅰ 공공외교의 부상 배경

21세기 들어 공공외교가 주목을 받는 이유는 다음과 같다. 첫째, 9·11테러와 이라크전쟁, 아프가니스탄전쟁, 세계경제위기 등 21세기 초엽의 일련의 사건들은 전통적 국력의 핵심 요소인 '군사력'과 '경제력'을 근간으로 하는 '하드파워'의 한계를 여지없이 노정시켰다. 둘째, 20세기 후반 이래 정보통신기술의 혁명적 변화는 국경을 넘어서는 전세계적인 정보 네트워크의 형성을 가능케 하였다. 셋째, 정보의 민주화, '접속의 자유(freedom to connect)'는 일반 개인들조차 공간을 초월하는 사이버 공동체나 네트워크를 구축하여 자신들의 의견을 표출하고 교환할 수 있게 해주었는데, 이는 최근 중동 민주화 물결에서 드러났듯 아래로부터의 자발적 조직화를 가능케 하였다. 21세기 세계화의 역사적 맥락에서 외교의 주체와 대상, 자산 및 매체라는 전 국면에 걸쳐서 동시에 일어나고 있는 이와 같은 일련의 변화로 인해 오늘날의 외교는 기존의 틀을 뒤바꾸는 '패러다임 쉬프트(paradigm shift)'의 요구에 직면하고 있다. 이러한 맥락에서 21세기 공공외교의 의미와 중요성이 부각되고 있다.

Ⅱ 한국에 있어서 공공외교의 중요성

1. 중견국의 이익 실현 수단

한국은 하드파워의 핵심 축인 군사력과 경제력의 차원에서 이미 세계 10위권 내외에 진입함으로써 이른바 '선도적 중견국'의 입지를 확고히 하고 있다. 하드파워를 근간으로 세계질서를 주도해 나가는 강대국과의 경쟁에서 우위를 점하기는 어렵지만, 역사적 발전 경험에 기반한 소프트파워를 자산으로 국가이익을 실현시키는 공공외교 분야에서 한국은 충분한 잠재성과 경쟁력을 보유하고 있다.

2. 강대국에 대한 의존도 축소

중국이 한국에 제1무역대상국으로 등장하면서 중국에 대한 경제의존도, 무역의존도가 높아지고 있는 한편, 안보차원에서는 북핵문제가 악화되면서 미국에 대한 의존도가 높아지고 있다. 정무안보와 경제통상 차원에서 이와 같은 '이중의 의존'(double dependency)에 직면해 있는 한국에게 무엇보다 절실히 필요한 것은 공공외교를 통해 다른 중견국들과 약소국들의 마음을 사는 제3의 길이다.

3. 효율적 외교수단

하드파워 경쟁이 막대한 비용을 수반하는 데 비해 소프트파워는 무형의 자산을 외교의 자산으로 사용함에 따라 비용 대비 효과의 측면에서 월등한 우월성을 가진다. 특히 한국과 같이 하드파워 차원에서는 한계가 있으나 소프트파워의 차원에서는 상당한 잠재력을 가지고 있는 국가들에게 소프트파워를 근간으로 하는 공공외교는 상당히 승산이 있는 영역이 아닐 수 없다.

Ⅲ 한국 공공외교의 문제점

1. 이중의 의존 심화

해방 이후 한국의 외교를 시기별로 살펴보면, 1945~1980년대는 정무(안보)외교 중심의 특징을 보였고, 1980~
1990년대에는 경제통상외교가 제2의 축으로 부상했다는 특징을 보였다. 2000년대에는 외교 대상국이 전지구화되었으나, '이중의 의존'이 심화되기도 하였다. 2010년대에는 한국외교의 패러다임 쉬프트, 즉 신공공외교를 제3의 축으로 삼을 필요성이 제기되고 있다.

2. 문화외교 편중

공공외교는 문화외교 이외에도 공공외교에 사용되는 자원·자산의 종류에 따라 지식외교, 과학기술외교, 기업외교, 미디어외교 등을 포괄한다. 그러나 오늘날 한국의 공공외교는 문화외교의 틀에 갇혀 있다고 해도 과언이 아니며, 문화외교에서도 '한류 과용'현상이 두드러지고 있다.

3. 공공외교 추진체계의 구심점, 조율기관의 부재

국가적 자산의 효율성을 높이기 위해서는 정부차원의 제도적 구심점을 설정하고 공공외교 추진체계를 구축하는 일이 중요하다. 또한 정부와 시민사회, 그리고 시민사회 내부의 다양한 공공외교 주체들 간의 횡적 연계 역시 중요하다. 21세기 신공공외교의 중요한 영역 중의 하나가 시민사회의 다양한 행위자들이 국경을 넘어서 벌이는 '민간외교'의 영역이기 때문이다.

4. 외교통상부 내 공공외교 주무부서의 '주변부화'

외교통상부 업무나 조직에서 공공외교는 아직도 주변부적 영역에 머무르고 있는 것이 현실이다.

Ⅳ '한국형 공공외교'를 위한 새로운 접근

1. 공공외교 주체 및 대상의 차원

외교의 주체와 대상을 수평적 네트워크로 연계시키고 관리하는 '네트워크 외교'로의 전환이 필요하다. 이를 위해서는 우선 정부조직 내부 및 정부기관 간, 그리고 민간섹터 기관 간 수평적 네트워크를 구축하고, 다음으로 정부 및 민간 네트워크를 상호 연결시키며, 마지막으로 이러한 광범한 네트워크를 관리하는 조정 메커니즘을 구축하는 것이 필요하다. 조정 메커니즘 구축 시 핵심적으로 고려해야 할 사항은 첫째, 네트워크의 조정과 관리는 명령이나 통제가 아닌 사실상의 정보의 흐름과 공유를 통해서 이루어져야 하며, 둘째, 정부의 역할은 정보의 흐름과 공유를 원활하게 하기 위한 인센티브를 제공하는 데 한정시켜, 근본적으로 '민간주도형', '민간참여형' 네트워크 거버넌스를 구축해야 한다는 점이다.

2. 공공외교의 자원 및 자산의 차원

공공외교의 자원과 자산인 소프트파워의 '선천성'과 '후천성'의 관점에서 볼 때, 한국의 경우는 선천적 자원이 상대적으로 풍요롭다고 할 수 없으며, 이러한 자원을 후천적 자산으로 집중적으로 가공하고 개발해야 한다. 오늘날 한류 현상이 시사하는 바는 전략적 고려를 통해서 소프트웨어 자산을 가공하고 개발하는 '경쟁우위'에 입각한 공공외교 모델을 선택해야 한다는 것이다. 또한 한국적 가치나 제도, 경험과 정책을 소프트파워 자산화하고 전파하는 과정에서 국제사회에 통용될 수 있는 '보편적 가치'를 염두에 두고 이들 가치와의 연계선상에서 추진되어야 한다. 보편적 가치 접근에 있어서는 중견국으로서 한국이 국제사회에서 추구하고 기여할 수 있는 적절하고 구체적인 가치와 역할에 초점을 맞추는 '역할외교'에 주목해야 하는데, 선진국과 개도국, 부국과 빈국, 강대국과 약소국을 연결시켜주는 중재자로서의 가치와 역할이 대표적이다.

3. 공공외교 매체의 차원

21세기에는 신정보통신기술의 하드웨어와 소프트웨어를 결합시킨 '디지털 플랫폼'을 공공외교의 핵심 매체로 적극 활용하는 것이 필수적이다.

4. 공공외교 대상의 차원

과거의 일방향적 공급자 중심 접근보다는 외교대상의 필요와 수요에 부응하는 수요자 중심 접근이 요청된다. 이를 보다 체계화시키기 위해서는 외교목표의 설정과 그 실천을 공공외교 대상 국가·지역 및 공공외교 자원·자산의 이슈영역에 의거하여 세분화시키는 '지역-테마 접근'을 채택하는 것이 유용하다. 지역-테마 접근을 보다 효율적으로 활용하기 위해서는 무엇보다도 특정 외교목표와 대상, 이슈에 따른 '모듈 접근'이 필요하다. 외교목표와 주체 및 대상, 자산과 자원, 매체에 따른 규격화된 공공외교 정책 및 프로그램 모듈을 사전에 개발하고, 이러한 모듈을 현실에 맞추어 수정하여 적용하려는 접근이 필요하다.

Ⅴ 한국 공공외교 강화 전략

1. 외교목표의 설정

외교목표의 설정은 '지역-테마 접근'에 의거 구체적이고 실행 가능한 형태로 제시되어야 한다. 예컨대 에너지외교, 자원외교의 경우, 대상 지역·국가로서 중앙아시아 지역과 카자흐스탄 등의 개별 국가가 선정되면, 당해 지역·국가에서 공공외교의 대상이 되는 타깃 그룹들을 설정하고 이들의 수요와 관심에 부응하는 구체적인 공공외교 프로그램을 선정해야 한다.

2. 공공외교의 주체

공공외교 거버넌스의 첫 번째 차원으로 정부부처들의 전문성과 특성을 최대한 살리면서 부처들 간 분산되어 중복·중첩되어 있는 다양한 공공외교 기능과 활동을 조율하는 '메타 거버넌스'를 구축하는 것이 바람직하다. 두 번째 차원으로는 한국외교의 주무부처인 외교통상부 내의 공공외교 추진체계를 정비할 필요가 있다. 공공외교 자체가 다양한 분야를 포괄하는 만큼 각 분야의 구체적인 정책수립과 집행을 외교통상부가 전담하는 것은 바람직하지 않지만, 공공외교 국가전략을 기획하고 이를 총괄 관리·지휘하는 기능을 수행하는 것은 필요하다. 외교통상부 스스로가 문화외교라는 국지적 트랩에서 벗어나서 공공외교 본연의 포괄적 정책개념을 받아들이고 이를 적극적으로 조직과 직제에 반영해야 한다.

삼중 거버넌스의 마지막 차원은 국가와 시민사회를 이어주는 공적 영역에서 정부 차원과 민간 차원의 조율 기능을 수행하는 것이다. 정부－공공부문－민간부문 삼자 간 협업 및 조정체계의 제도적 구심점으로서 공적 영역에 기관 간 콘소시엄의 형태로 '공공외교센터'를 설립할 필요가 있다. 여기서는 연구와 교육을 시행하고, 구체적인 공공외교 프로그램을 개발·시행하며, 주체와 대상의 네트워킹, 그리고 정부와 민간부문 간의 소통과 조정이라는 4대 핵심 업무를 수행해야 한다.

3. 공공외교의 자원과 자산

소프트파워 자원을 가공하여 공공외교 전선에 바로 투입할 수 있는 소프트웨어 자산을 창출해내야 한다. 한국의 경험에 근거한 가치, 제도, 정책 자원을 공유 가능한 형태로 가공하여 전달하는 것이 지식외교의 핵심과제이다. 정책 및 프로그램 모듈 접근의 차원에서 경제발전 경험에만 국한되지 않는 보다 다양한 지식외교 자산이 개발되어야 하며, 이를 위한 전문기관 간 협업시스템의 구축이 필요하다. 지식외교는 일방적인 전달, 전파가 아닌 공유의 형태로 이루어져야 하며, 따라서 보편적 가치 접근과 병행되어야 한다. 한국의 경제발전 그 자체만이 아니라 지속성장, 공동번영, 빈곤의 종식 등 보다 보편적인 가치가 지식외교의 주요 부분을 구성해야 하며, 이러한 점에서 국제사회에서 한국의 역할과 기여를 포지셔닝하여 실행하는 역할외교가 중요하다. 분단국인 한국으로서는 비확산이나 평화와 같은 가치 역시 지식외교와 역할외교의 좋은 자산이다. 이 밖에도 한국의 인적 자산의 핵심을 이루고 있는 교육시스템, 전자정부, 도시건설 등의 노하우 역시 지식외교의 중요한 프로그램이 될 수 있다. 문화예술 자원의 소프트파워 자산화의 대표적인 예는 역시 한류이지만, 근본적으로 상업적 이익에 의해서 추진되고 있는 한류를 외교자산으로 지속적으로 재생산하는 데에는 어려움이 있다. 여기서 정부의 역할은 한류의 확산에 도움이 되는 정책적·제도적 인센티브 제공은 물론, 한류가 열어 놓은 한국에 대한 관심을 한국어·한국학, 스포츠 및 관광 분야 등에서의 후속 자산으로 충족시켜주는 '패키지형 프로그램' 개발을 촉진하는 데에 모아져야 한다. 현재의 한류는 외국에서 한국에 대한 관심을 고조시키는 역할을 하고 있고, 이렇게 생성된 기회의 토양에 후속 프로그램을 시행함으로써 한류의 효용을 극대화하는 '경작모델'로서의 공공외교 실행이 중요하다.

4. 공공외교의 매체

공공외교의 매체는 프로그램과 플랫폼의 두 가지로 세분하여 고려할 수 있다. 가공된 소프트파워 자산이 산출되면 이들 자산을 대상 그룹에 적절한 수단과 매체를 통해서 전파하게 되는데, 여기엔 다양한 공공외교 프로그램들이 필요하다. 지식외교의 경우 강연, 세미나, 포럼 등 국제회의체와 특정 그룹 대상의 교육 프로그램, 인사교류 프로그램 등이 대표적이다. 다양한 프로그램들의 공통 플랫폼으로서 디지털 매체의 도입은 21세기 신공공외교의 중요한 특징 중의 하나이다. 민간외교단체와 외교관들을 대상으로 소셜미디어를 사용하여 현지인들과 직접 소통하는 방법에 대한 체계적인 교육 프로그램을 개설하는 것이 바람직하다. 디지털 플랫폼은 전달 매체로서의 활용성을 넘어서 공공외교 주체와 대상의 네트워킹에도 활용될 수 있다. 디지털 플랫폼의 도입은 공공외교의 일선에서 주체와 대상 사이의 벽을 낮추어 주고, 주체가 대상을 직접 찾아가는 데에 있어 매우 유용하다 할 수 있다.

5. 공공외교대상의 네트워킹

공공외교대상의 네트워킹은 특히 대상그룹들에 대한 관리를 핵심으로 하는데, 공공외교 주체 행위자들이 사전에 개발된 '정책 및 프로그램 모듈'과 개별적으로 구축한 대상 네트워크 데이터베이스 정보를 공유하는 시스템이 바람직하다.

제2절 안보전략

I 의의

국가안보전략은 국가가 자국의 안보를 달성하기 위한 다양한 방안들을 총칭하는 개념으로서 국가목표나 국가이익을 달성하기 위한 수단적 성격을 띤다. 21세기 들어 안보의 개념은 전통적인 국가안보의 개념을 넘어 포괄적 안보, 인간안보로 확대되고 있으며, 안보에 대한 위협에 대한 인식도 점차 확대되어 가고 있다. 한국의 국가안보전략은 일차적으로는 한국의 국가안보에 대한 위협을 제거하거나 관리함으로써 한국의 생존을 유지하는 것이 목표라 할 수 있다. 나아가 좀 더 포괄적으로는 한국의 성장과 통합을 위한 안정적 질서를 창출해 내는 것도 국가안보전략의 목표이다. 한국은 한국 자체의 역량, 안보위협 등을 면밀하게 분석하여 적절한 안보전략을 수립하고 시행해 나가야 할 것이다.

II 21세기 한국의 국가이익과 국가안보전략

1. 의의

국가안보전략은 개념적으로 국가목표, 국가이익, 국가정책, 국가전략 등의 하위개념으로 분류할 수 있다. 따라서 국가의 안보전략을 수립하기 위해서는 국가의 목표 및 그로부터 도출되는 국가이익을 정의해야 한다. 국가전략이나 안보전략은 국가목표나 국가이익을 달성하기 위한 수단적 성격을 갖는다.

2. 국가이익

국가이익이란 주권국가의 존재 이유와 관련된 추상적인 가치로서 '한 국가의 최고정책 결정과정을 통하여 표현되는 국민의 정치적·경제적 및 문화적 욕구와 갈망'을 말한다. 국가이익의 내용과 우선순위는 시대상황과 각 국가가 처한 지정학적 여건에 따라 다르지만 기본적으로 국가안보, 경제번영, 자국의 가치증진, 유리한 국제질서의 창출 등은 모든 국가들이 공통적으로 추구하는 것들이다. 이러한 맥락에서 한국의 국가이익은 독립국가로서의 생존, 자유민주적 기본질서의 유지, 평화 통일, 국민생활의 균등한 향상, 국위 선양, 인류공영 등을 들 수 있다.

3. 국가전략

국가전략이란 국가목표를 최대한으로 달성하기 위하여 국가가 처한 지정학적 환경하에서 국가의 제한된 가용수단과 능력을 최대한 효율적으로 배분·운영하는 방법을 말한다. 국가전략은 자국의 능력과 국가에 대한 위협을 기초로 수립해야 하고, 국가전략의 설정단계에서는 정치·외교적, 경제적, 사회·심리적, 과학기술적, 군사적 역량을 통합하여 효과적 사용 등을 고려해야 하며, 국가의지가 반영되어야 한다.

4. 국가안보전략

국가전략이 안보를 포함하는 다양한 국가이익을 추구한다면 국가안보전략은 안보라는 특정한 국가이익 내지는 가치를 추구한다. 볼드윈(Baldwin)에 의하면 안보란 '획득된 가치에 대한 손상의 가능성이 낮은 상태(the low probability of demage to acquired values)'를 말한다.

Ⅲ 21세기 안보환경의 변화 추세

1. 세계질서 차원

(1) 미국 패권체제의 심화와 국제질서의 불안정

미국의 국제체제에서의 위상에 대해서는 다양한 견해가 있으나, 일반적으로 미국은 군사적 차원에서는 단극구조를 보이고 있으나, 경제적으로는 다극적 구조를 보이는 중층구조로 규정되고 있다. 현재 미국은 압도적으로 우세한 핵전력, 공군력, 해군력을 보유하고 있으며, 전세계에서 유일하게 지구상의 어디든 군사력을 전개할 수 있는 능력을 지니고 있다. 이러한 미국이 추구하는 정책은 국제사회에 엄청난 파급효과를 가져온다. 9·11테러 이후 부시 행정부가 신보수주의적 일방주의 군사전략을 추진함에 따라 국제질서의 불안정성이 고조되었다.

(2) 세계화 - 국가주권의 쇠퇴와 초국가적 안보위협의 부상

세계화는 대체로 지구 전체를 하나의 단위로 하여 국가의 경계에 의해 정의되어 온 전통적 공간을 넘어서 국가 간 상호작용, 조직 및 협력의 형태가 점진적으로 확대되는 공간적 현상으로 이해할 수 있다. 세계화는 안보적 차원에서 대량살상무기, 사이버 범죄, 종족분규, 마약밀매, 환경파괴, 전염병의 확산 등 초국가적 안보위협의 범위와 유형을 확대·심화시키고 있다.

(3) 정보화

컴퓨터와 통신 및 소프트웨어 기술이 하루가 다르게 발전하고 있는 현상을 정보화 또는 정보혁명이라 한다. 정보혁명에 따라 정보를 저장하고 전달하는 수단, 정보를 사용하고 획득하고 배포하는 속도 및 규모가 과거에 비해 폭발적으로 증가했다. 정보혁명은 안보환경에도 중대한 변화를 초래하고 있다. 정보화와 세계화의 진전으로 금융의 흐름이나 마약 밀거래, 기후 변화, 환경 문제, 에이즈, 난민 문제, 테러행위 등 국가들이 영토 내에서 관리하거나 통제하기 어려운 문제들이 점차 늘어나고 있다. 한편, 정보화는 컴퓨터와 통신망을 기반으로 가상세계에서 펼쳐지는 '정보전(Cyberwar 또는 Information Warfare)'이라는 새로운 유형의 전쟁을 파생시키고 있다. 정보전은 인명살상이나 물리적 파괴뿐만 아니라 컴퓨터망 교란, 전자폭탄 등을 이용하여 국가 주요기반구조를 무력화 또는 파괴시켜 국가 경제에 막대한 손실을 초래하는 활동을 포함한다. 정보전은 재래식 전쟁과는 달리 별도의 전투지역이 없고 통신망이 깔려 있는 곳이면 어디서든지 공격이 가능하며, 은밀한 공간에서 단순히 컴퓨터 조작만으로 공격이 가능하기 때문에 사전예측이 불가능하다.

(4) 국제테러리즘의 확산

9·11테러는 '자살공격'과 '대량살상'이라는 테러의 새로운 양상을 극적으로 보여주면서 전세계에 뉴테러리즘의 공포를 확산시켰다. 오늘날 국제테러리즘은 국경을 초월하여 한 국가의 정치·사회적 통합이나 국가 구성원의 생명을 위협하는 비군사적 도전의 대표적 사례로 지목된다. 국제테러리즘은 여러 가지 측면에서 전통적인 안보위협과는 구분된다. 우선, 행위자가 국가가 아니라 비국가행위자이다. 또한, 국제테러리즘은 전통적인 방식으로는 해결하기 어렵다. 즉, 20세기의 억제력에 바탕을 둔 군사력은 21세기형 안보위협으로서 국제테러리즘에 대응하는 데 효과적이지 않다.

2. 동북아시아 질서 차원 – 중국의 부상과 중러관계 강화

20년 이상 연평균 10% 가까운 급성장을 보여준 중국 경제의 상승세가 지속되고 있고 이에 기초하여 군사력 측면에서도 급속도로 강대국으로 성장하고 있다. 중국의 부상으로 중국과 일본 간 지역 패권경쟁이 가열되고 있고 이 구도에서 미국은 일본을 적극적으로 돕고 있다. 한편, 중국과 러시아는 전략적 동반자관계를 강화하여 미국의 패권을 견제하려 하고 있다. 중국은 러시아로부터 계속 첨단무기를 들여오는 한편 러시아와 에너지·경제·우주 부문의 협력을 증진하고 있다. 중국의 부상, 미국의 견제, 중일 패권경쟁, 중러 연대강화 등은 동북아시아 질서에 대한 가장 중대한 위협요인으로 작용할 가능성이 있다.

Ⅳ 21세기 한국의 안보에 대한 위협

1. 전통적 안보위협

(1) 북한의 대량살상무기 위협

대량살상무기(WMD)란 재래식 무기에 대비되는 무기체계로서 일반적으로, 핵·화학·생물무기와 함께 이들의 운반수단인 탄도미사일이 포함된다. 북한은 현재 핵무기와 더불어 생물무기, 화학무기 등 대량살상무기를 보유하고 있는 것으로 추정되며, 북한의 대량살상무기는 한국의 안보에 가장 심각한 위협요인이다. 북한이 단 한발의 핵폭탄을 보유하고 있다고 하더라도 남북한 간 군사력의 균형에서 남한은 북한에 절대적 열세를 면하지 못하는 것으로 평가되고 있다.

(2) 동북아시아 주변 강대국들의 군비증강과 지역불안정의 심화

미래의 동북아시아 안보환경에 대해 자유주의적 낙관론과 현실주의적 비관론이 교차하고 있으나 동북아시아지역 국가들의 군비증강 양상, 영토분쟁의 가능성, 내부 정치적 혼란의 심화 가능성, 안보대화협의체의 부재 등을 고려해 볼 때 비관적 견해가 다소 설득력이 있는 것으로 평가된다. 동북아시아지역 내 불안정 요인들이 지속적으로 존재하고 있으나, 이를 통제·조절할 수 있는 효과적인 메카니즘이 존재하지 않아 언제든지 국지전이나 제한전이 발생할 수 있다.

(3) 한미동맹관계의 변화

냉전기에 이념적 유대, 자치 – 안보교환 등에 기초하여 비교적 공고하게 유지되어 온 한미동맹관계는 미국의 패권안정전략, 한국의 국력신장, 북한의 위협 또는 위협 인식의 변화 등의 요인에 기초하여 재조정되고 있다. 재조정 과정에서 주한미군의 감축, 주한미군의 전략적 유연성, 전시작전통제권 전환 등의 문제가 노정되었고, 이로 인한 대북억지력의 약화, 한미동맹의 신뢰관계의 손상 등이 우려되고 있다. 중장기적으로 한미동맹관계가 약화되면 자주국방력이 여전히 취약한 한국으로서는 안보에 중대한 위협을 받게 될 것이다.

2. 비전통적 안보위협

전통적인 안보위협과 함께, 비전통적 안보위협요인들도 21세기 한국의 안보전략에서 중요하게 고려되어야 할 것이다. 비전통적 안보위협에는 경제안보위협, 환경·생태 및 자원 안보 문제, 마약거래, 총기류 밀매 등과 국제조직 범죄, 국제테러리즘의 위협, 정보전 또는 사이버테러의 위협 등이 있다.

Ⅴ 한국의 국가안보전략

1. 의의

한국의 국가안보전략의 목표는 한국의 다차원적 국가이익을 달성하는 것이다. 21세기 한국의 국가목표는 생존, 번영, 통합, 동북아시아 질서의 안정 등으로 설정할 수 있을 것이다. 이러한 국가안보전략의 목표를 달성하는 방안은 각 패러다임 진영에서 다양하게 제시될 수 있다. 한국의 안보가 전통적 안보와 함께 비전통적 안보를 지향한다고 할 때 현실주의적 안보전략만으로 21세기 안보위협을 모두 제거하기는 어려울 것이다. 따라서 자유주의적 수단이나 구성주의적 수단이 병행되어야 할 것이다.

◐ 국가안보전략의 종류

분류기준	힘에 의한 전략		협력에 의한 전략	
종류	자주국방	동맹	공동안보	군비통제
내용	스스로의 힘에 의존	다른 국가와 힘을 합침	이해당사국들과 안보문제 공동관리	군사력의 직접 조정

2. 현실주의 전략

(1) 자주국방

자주국방이란 '한 국가의 사활적·핵심적 이익을 보호 및 관철하기 위한 방법으로, 자체적인 힘의 사용을 우선순위에 두는 국가안보전략의 한 종류'를 말한다. 자주국방은 유사 시 동맹을 비롯한 외부 세력의 지원 가능성을 포함시키느냐의 여부를 기준으로 '단독방어'(Sole Defense)와 '능력자립'(Self-sustenance in Capability)으로 구분된다. 한국의 국가안보전략으로서 자주국방전략은 한국의 안보를 달성할 수 있는 가장 확실한 방안일 것이나, 비용면에서 효과적인 전략이라 볼 수는 없을 것이다. 더구나 핵전력을 보유하지 않은 상황에서 자주국방에는 근본적인 한계가 있다. 북한을 포함하여 대부분의 주변국가들이 핵무장을 하고 있기 때문이다.

◐ 자주국방의 유형

단독방어	타국의 도움을 상정하지 않고 100% 스스로의 능력에만 의존하여 국가 생존을 책임지는 것
능력자립	평시 혹은 무력충돌이 발생한 직후부터 외부의 지원이 도착하는 시점까지 자국의 안전보장을 달성할 수 있는 힘을 갖추는 것

(2) 동맹

동맹이란 2개국 이상의 주권국가 간에 명확하게 맺어진 상호 군사 협력의 약속을 말한다. 동맹이란 자주국방의 가능성 여부를 떠나서 보다 적은 비용으로 안보를 달성할 수 있는 수단이다. 그러나 동맹의 형성이 언제나 안보를 확실하게 해 주는 것은 아니다. 의도하지 않은 분쟁에 연루될 수도 있고, 결정적인 순간에 동맹국으로부터 배반을 당할 가능성도 있다. 또한, 잠재적 적대국의 군비증강이나 대항동맹 형성을 초래하여 안보딜레마에 직면할 수도 있다. 한국은 현재 한미동맹을 국가안보전략의 근간으로 삼고 있으나 미국의 패권안정전략 추구로 재조정 국면에 들어서 있다. 21세기에도 한미동맹은 유지할 필요가 있으나, 한국의 다차원적 국가이익을 반영할 수 있는 방향으로 재조정되어야 할 것이다.

3. 자유주의 전략

자유주의자들은 현실주의적 안보전략이 오히려 안보딜레마를 통해 안보를 저해할 수 있다고 보고, 다양한 대안들을 제시하고 있다. 자유주의 전략은 국가 간 무력분쟁 가능성 자체를 낮추는 한편, 무력분쟁 가능성을 사전적으로 예방하는 전략이라 평가할 수 있다. 대표적인 전략으로는 다자안보, 협력안보, 통합, 경제적 상호의존의 심화, 민주정체로의 전환의 지원 등을 들 수 있다. 한국이 전적으로 자유주의 전략에 집중하는 것은 가능하지도 바람직하지도 않을 것이나, 동북아시아 정세나 양자관계의 안정화를 위해 안보전략적 관점에서 이러한 방안들을 구체적으로 집행할 필요도 있다.

4. 구성주의 전략

최근 대안적 안보론으로 부상하고 있는 구성주의 안보론에서는 안보위협의 요인을 재평가하고 새로운 안보패러다임을 제시하고 있다. 구성주의 안보론은 안보위협이 물리적 실재라기보다는 관념적 요소라고 본다. 또한 안보위협은 주체들 간 상호작용과정에서 간주관적으로 형성된 것이라고 주장한다. 따라서 상호 내면화하고 있는 관념의 변화를 통해 안보위협을 제거하거나 완화할 수 있다고 본다. 구성주의 안보 패러다임에 따르면 한국은 현재 적대국으로서 적대적 정체성을 공유하고 있는 북한, 중국과의 관계에 있어서 조화적 집합정체성을 형성하는 것이 중요하다.

Ⅵ 한국의 국가안보전략 과제

1. 북핵위기 해결과 한반도 평화체제 구축

현재 한국의 국가안보전략에 있어서 최우선적 과제는 북핵위기를 해결하는 것이다. 한국은 적극적인 중재를 하는 동시에 북한의 핵무장화를 막으려는 주변 강대국들이 나름의 역할을 발휘하도록 측면지원하여 결과적으로 북핵문제가 평화적으로 해결되도록 최선을 다해야 한다. 한편, 북핵위기 해결 이후 한반도 평화체제 구축을 추진해야 한다. 한반도 평화체제란 '한반도에서 전쟁의 위협을 제거하고, 남북한 간에 상호불신과 군비경쟁으로 초래된 적대관계를 청산하며, 상호간에 공존과 항구적인 평화 및 번영을 추구하기 위해 협력해 나가도록 남북한 간 또는 남북한과 관련국 간에 합의된 절차, 원칙, 규범, 규칙, 그리고 그것을 관할하는 기구' 등을 말한다.

2. 포괄적·역동적·호혜적 한미동맹 구축

한미동맹 재조정을 통해 포괄적·역동적·호혜적 한미동맹을 구축해야 한다. 이는 민주주의와 시장경제라는 기본가치를 공유하고, 동북아시아지역 평화를 주도하는 동맹, 각국 정책의 유연성과 독자성이 제고되는 가운데 수직적 관계보다는 수평적 관계를 실현하는 동맹, 새 시대의 협력 정신에 더 잘 적응해 나가는 역동적인 동맹, 상호신뢰에 기반하여 이익을 상호적으로 증진해가는 동맹, 상호 운용성이 더 확대된 동맹관계를 지향하는 것이다.

3. 주변국과의 우호관계 수립

한국의 국가목표를 원활하게 달성하기 위해서는 주변 국가들이 우리의 국가전략을 방해하지 않아야 한다. 따라서 한국은 주변 강대국들의 우호적인 입장을 확보하는 것이 필요하다. 나아가 이웃 강국들의 지원과 협력을 얻도록 최대한의 노력을 기울여야 할 것이다.

4. 평화통일 기반강화 외교

평화적인 방법으로 자유민주주의체제로의 통일조국을 건설하는 것은 21세기 한국의 중요한 국가목표이다. 평화통일은 비단 국가목표일 뿐 아니라 국가안보전략적 수단으로서의 성격도 갖는다. 북한으로부터의 위협이 제거될 뿐만 아니라 통일한국의 힘이 증강됨으로써 자주국방에 한 걸음 더 가까이 나아가게 될 것이기 때문이다. 한국은 내부적으로는 대북 포용정책을 지속적으로 구사하여 화해·협력의 수준과 제도화 수준을 높여가야 할 것이며, 대외적으로는 통일을 지원 내지는 방해하지 않는 세력을 구축해 나가야 할 것이다.

5. 동북아시아 다자안보협력체제 구축

동북아시아 다자안보협력의 제도화는 남북대화 촉진, 한반도의 군사적 대치 완화 및 군비축소 등을 통해 지역분쟁을 억지하고, 지역 국가들의 과잉군사화를 통제하며 한반도의 통일과정에서 발생할 수 있는 갈등이나 분쟁을 평화적으로 통제해 줄 수 있는 기제일 뿐 아니라 통일한국의 안보를 집단적으로 보장할 수 있는 효율적 방안이다. 따라서 한반도의 냉전구조를 해체하고 미국과의 동맹관계에 치중된 우리 외교의 편향성을 개선하며 자주성을 회복하면서 한반도를 비롯한 동북아시아지역의 평화와 안정을 제도적이고 지속적으로 보장하기 위한 장기적인 관점에서 한국은 남북한과 주변 4강을 포함한 동북아시아 다자안보협력을 한미동맹의 보완 차원에서 추진하는 것이 바람직하다.

제3절 중국의 부상과 한국의 안보

I 긍정적 측면

1. 상호의존 심화와 양자관계 안정

중국의 경제적 부상은 한국의 경제에 부정적 영향도 있으나, 안보적 차원에서는 긍정적 측면도 있다. 코헤인(R. Keohane) 및 나이(Joseph Nye)에 의해 제시된 상호의존론에 의하면, 국가 간 경제적 상호의존의 증가는 안보에 긍정적 외부재효과(positive security externalities)를 강화한다. 즉, 경제적 상호의존이 증가하는 경우 국가들은 갈등의 폭력적 해결에 드는 비용을 고려하여 평화적 해결을 선호하게 되어 양자관계가 안정된다는 것이다. 중국의 경제적 부상이 한국과의 경제적 상호의존을 강화한다고 전제하면, 상호의존론적 관점에서 양자관계가 안정될 수 있다.

2. 동북아시아 다자안보에 공동보조

현재 한국과 중국은 모두 동북아시아 다자안보를 적극적으로 주창하는 세력들이다. 중국의 부상과 영향력 강화에 기초하여 동북아시아 다자안보를 주도해 나가는 경우 한국과 중국의 이해관계를 공유함으로써 양자안보관계에 긍정적 영향을 줄 수 있다. 한중 간 발생할 수 있는 안보위협요인들을 다자안보의 틀 내에서 대화와 협력을 통해 해결함으로써 분쟁을 예방할 수 있을 것이다.

3. 세력균형 형성과 동북아시아질서 안정

중국의 부상으로 중일 간, 미중 간 세력균형이 형성되고, 미중이 모두 현상유지세력이 되는 경우 세력균형론적 관점에서 동북아시아질서는 안정될 수 있다. 세력균형과 현상유지세력화가 한국의 남북통합전략에는 부정적인 영향을 줄 수도 있을 것이나, 한국의 안보에는 긍정적인 영향을 미칠 수 있다.

Ⅱ 부정적 측면

1. 세력전이전쟁 가능성

세력전이론에 따르면, 중국이 부상하여 미중 간 국력격차가 좁혀지고, 미중 간 불만족도가 높은 경우 중국은 미국에 대해 세력전이전쟁을 도발한다. 한국은 한미동맹에 기초하여 개입해야 하므로 한국의 안보에는 부정적이다. 다만, 세력전이전쟁이 핵전쟁을 의미한다고 볼 때 그 실현가능성은 높지 않다고 생각한다.

2. 미중패권경쟁

세력균형이 형성된다고 해도, 반드시 동북아시아 질서가 안정된다고 볼 수 없다. 힘의 배분 관점에서는 안정적일 수 있으나, 미국과 중국이 상호 경쟁세력화하는 경우 동북아시아 질서는 지속적인 불안정의 위험에 처할 수 있다. 현재와 같이 미국의 대중국 봉쇄전략이 지속되는 가운데 중국이 계속 부상한다면, 세력경쟁 속의 균형화 시나리오가 현실화될 가능성이 높다. 동북아시아의 구조적 불안정성은 한국의 대외전략의 입지를 축소시킴으로써 한국의 외교안보전략에는 부정적 함의를 갖는다.

3. 한반도 통합 저해

중국의 부상으로 대북영향력이 강화된다면, 한국의 남북통합이라는 장기전략은 실패로 돌아갈 가능성이 크다. 남북통합을 위해서는 중국과 미국이 남한에 의한 현상변경을 용인해 주어야 하기 때문이다. 미중 간 갈등 속에 중국이 부상하면서 대북한 영향력을 강화하고자 하는 경우 한반도 통합은 실현될 가능성이 낮아진다.

Ⅲ 결론

결론적으로 중국의 부상은 한국 안보에 긍정적 측면도 있고, 부정적 측면도 있으나, 중요한 것은 중국의 부상이라는 구조변수 자체라기보다는 중국의 대외전략이나 미국의 대중전략 등 행위자변수이다. 중국이 부상하여 미국의 상대적 국력이 약화되고 경쟁체제가 형성되어도 양자가 현상유지 및 다자안보를 지향한다면, 동북아시아 질서는 안정되고, 한국의 안보나 대외전략에도 긍정적일 수 있다. 그러나 중국이 수정주의세력화가 된다면, 한국의 안보에도 위협적일 수 있는 것이다.

제4절 한미동맹

I 한국의 안보전략과 한미동맹의 필요성

1. 복합화된 국가이익의 공유

1950년대에서 1980년대에 이르는 한미동맹관계에서 한미 양국의 최대 이익은 한반도의 전쟁 방지와 한국의 방위였다고 할 수 있다. 그러나 1990년대부터 본격화된 한국의 국력신장과 한국사회의 민주화 그리고 세계적 냉전구도의 붕괴 과정에서 한미관계도 과거와 같이 일방적인 수혜 – 피수혜관계에서 벗어나고 있다. 한국도 독자적인 국가전략을 세우고 동맹전략 및 대외전략을 추진하려는 노력을 하고 있으며, 이 같은 노력은 기존 한미동맹에 대한 중요한 변화의 동인으로 작용하기도 하고 한미 간 전략적 인식의 차이를 부각시키기도 했지만, 결과적으로 한미 간에 공유할 수 있는 이익은 오히려 증대하였다고 볼 수 있다.

한미 양국은 현재뿐만 아니라 미래 안보환경에서도 자유민주주의, 시장경제, 인권, 국제평화 등의 핵심가치에서 폭넓은 공감대를 가지고 있다. 새로운 가치에 대한 합의 여부가 친구와 적을 가르는 새로운 기준으로 등장한 현 상황에서 한미 양국이 민주주의와 시장경제, 인권과 평화라는 보편적 가치에 합의하고 있다는 것은 적이 아닌 동맹관계의 근거를 충분히 보여주는 것이다. 또한 실용적인 차원에서 보더라도 미국과의 '가치 동맹'의 명분을 확보하는 것은 한국의 국제적 위상 증대에 보탬이 될 수 있다. 한국의 국력이 증대할수록 유형적 이익 이상으로 국제사회의 신망이 중요한 국가이익의 범주에 포함되는데, 한국이 미국과의 '가치 동맹'을 통하여 '자유민주주의 수호국' 내지 '평화와 인권의 전도국' 등의 명망을 획득한다면 이는 한국의 국가브랜드 가치를 현격히 높이고 한국의 경제교류나 외교적 실리를 확대해 나가는 데 적지 않게 기여할 것이다.

2. 동맹파트너를 필요로 하는 안보상황

(1) 한반도 – 현존하는 군사적 위험성·미래의 전략적 유동성

남북 화해·협력과 평화공존에 대한 기대에도 불구하고, 한반도는 여전히 전세계에서 군사적 대치상황이 지속되고 있는 대표적 지역이다. 북한의 군사력에 대해서는 상이한 분석이 존재하지만 분명한 것은 북한이 최소한 양적 규모에서 세계 10위권 내에 속하는 군사강국이라는 점이며, 한국이 북한의 군사공격을 '방어'할 수 있는 수준이 아니라 '억지'할 수 있는 능력을 확보하지 못한다면 한반도전쟁 발발시 결국 양쪽 모두 패배자가 되는 결과를 초래할 것이라는 점이다. 그러나 한국은 점차 증대되는 복지 지출과 지속적인 경제 발전에 필요한 사회적 비용으로 인해 국가자원을 무한적 군사력 확보에 투입하는 것은 가능하지도, 바람직하지도 않다. 이는 결국 신뢰할 만한 동맹국을 통해 군사적 억지능력을 보완함으로써 해결할 수밖에 없는 문제일 것이다.

또한 남북평화공존시대의 불확실성과 통일을 전후한 전략적 상황변화를 감안하면 한국은 독자적인 역량만으로 통일한국의 건설과정에서 직면하게 될 동아시아세력 재편경쟁에서 주도권을 행사할 수 있을지 의문이며, 결국 신뢰할 만한 파트너에 대한 필요성이 제기되지 않을 수 없다. 그 신뢰할 만한 파트너로서 가장 최적의 국가는 바로 미국이라고 할 수 있다.

(2) 동아시아지역 – 세력 확장 경쟁과 불안정성 증대

동아시아는 주요국 간에 영토분쟁이 존재하고 세력 확장 경쟁이 이루어지고 있으며 이에 따라 불안정성이 증대되고 있는 상황에 있다. 일본은 미국과의 동맹강화를 통해 자국의 안보역할 및 영역을 확장하고 아태 지역의 정치·외교적 영향력을 확고히 한다는 '통미입아(通美入亞)'정책을 추진해왔으며, 동 정책의 연장선상에서 중국과의 경쟁적 관계에서 우위를 점하기 위한 노력을 계속할 것이다. 중국은 '화평발전'의 대외정책 기조하에서 안정적이고 평화로운 주변환경 조성을 통해 국가 경제발전과 내부적 역량확충을 이룩하고, 향후 일본의 재무장과 미일동맹의 영향력 확장을 견제하는 가운데 경제적 이익의 극대화와 동아시아 지역 내에서의 우월적 지위 확보를 위한 행보를 가속화할 것이다. 러시아는 푸틴 대통령 취임 이후 강력한 국가건설과 강대국 지위 회복을 국정의 최우선 목표로 설정하고 실리 추구의 활발한 정상외교를 추구해 왔으며, 향후에도 상당기간 동안은 정치적 안정과 경제발전에 역량을 집중할 것으로 예상된다. 다만 경제발전에 있어 현 추세가 지속될 경우 머지않아 러시아는 첨단 군사력 증강을 추진을 통해 동아시아에서 옛 위상을 회복할 수 있을 것으로 예상된다.

한국은 이와 같은 동아시아 안보환경에 대처하기 위해 강력한 파트너를 필요로 한다. 한국은 압도적인 주변국들과의 국력 및 군사력 격차를 상쇄해줄 만한 안정적 전략을 마련해야 한다. 반대로 미국 역시 급성장을 거듭하는 중국과 여전히 거대 강국인 러시아의 존재는 미일동맹만으로 안심하기 어렵다. 더구나 세계 최강대국 미국과 체제 생존을 건 핵도박을 하고 있는 북한의 위협이 동아시아 질서를 불안정하게 만드는 상황에서, 일본과 함께 미국의 활동에 공조하면서 새로운 변화의 네트워크를 구축해야 한다.

(3) 지구 – 미국주도 세계질서의 불안정성

미국의 독점적이고 압도적인 지위에도 불구하고 세계 차원의 안보 불안정성이 짧은 시간 내에 해소되기 어렵다. 즉, 군사 분야에서 유일한 초강대국의 위치에도 불구하고 미국 대 비대칭적 불특정 위협세력의 대결구도는 갈수록 심화되고 있다. 경제·민족주의·이데올로기 혹은 인종적 이유로 미국을 주적(principal enemy)으로 인식하는 국가들의 적대행위 또한 꾸준히 증가하고 있다. 미국과 이슬람권의 대립은 대표적인 예라 할 수 있으며, 그 잠재적 위험성은 9·11테러를 통해 충분히 입증되었다. 미국으로서는 세계 각 지역에서 동시다발적으로 발생하는 모든 사태를 혼자서 관리해 나간다는 것은 현실적으로 불가능하며, 따라서 미국이 21세기 세계안보를 주도적으로 운영하기 위해서는 동참할 파트너를 확보해야 한다. 한국으로서도 미래의 경제적 번영과 사회적 안정을 위해서 테러, 마약, 국제범죄, 환경파괴, 해킹 등 새로운 비전통적 위협에 대한 대응책을 마련해야 하며, 결국 미국과의 파트너십을 통해 군사변환 전략을 함께 추진해 나가는 것이 바람직할 것이다.

> **참고** 한국의 안보전략에 대한 논쟁구조
>
> 현재 한국사회에서는 한미동맹의 당면 문제들을 해소하고, 미래의 안보협력을 추진하기 위한 다양한 대안들이 각축을 벌이고 있다. 그 대안들을 정리해보면 크게 다음과 같은 네 가지로 요약할 수 있다.
>
> **1. 중립화 방안**
>
> 첫 번째 대안은 한국이 미국과의 동맹관계에서 이탈한 후 스위스나 오스트리아와 같은 '중립화'를 안보의 대안으로 선택해야 한다는 것이다. 그러나 이 대안은 현실적으로 가능성이 희박하다. 스위스와 오스트리아의 중립화는 이들 국가들이 군사력 전개의 유일한 통로는 아니라는 지정학적 고려와, 이 국가들에 대한 군사적인 점령이나 강압이 다른 국가들을 결집시켜 오히려 안보상 불이익을 초래할 수 있다는 점에 대한 유럽 내 강국들의 묵시적 합의 위에 이루어졌다. 이러한 관점에서 스위스나 오스트리아와는 달리 벨기에나 룩셈부르크와 같은 유럽의 소국들은 왜 중립화에 실패했는지를 고려해야 할 것이며, 또한 스위스나 오스트리아의 중립화 유지비용은 한국의 '자주국방'비용과 비교하여 결코 낮지 않다는 점도 유념해야 한다.
>
> **2. 대체동맹 구축 – 중국대안론**
>
> 두 번째 대안은 한미 양국이 동맹 해체 이후에 서로 다른 동맹파트너를 선택하거나, 혹은 느슨한 동맹체제를 유지하면서 다른 역내 국가들과 추가적으로 동맹체제를 형성하는 것이지만 이 역시 가능성이 낮다. 우선 한국은 역사적으로나 현실적으로나 미국을 대체할 만한 신뢰성 있는 파트너를 찾기 어렵다. 미국은 50여 년간의 동맹관계로부터 역사적 검증을 거쳐 온 21세기 최강의 파트너이고, 대안으로 검토할 수 있는 중국은 검증이 되지 않은 신흥 파트너이다. 또한 미국과의 동맹 체제를 유지하면서 동시에 중국과 중·러 수준의 군사동맹을 형성한다는 구상은 미국의 입장에서 받아들이기 어려울 뿐 아니라, 미국과의 동맹관계를 청산하고 중국과의 동맹을 택한다는 구상에 있어서는 중국은 미국과는 달리 우리나라와 민주주의, 시장 경제, 인권 존중 등의 가치를 공유하고 있지 않으므로 과연 신뢰성 있는 동맹관계로 발전할 수 있을지에 대해 회의적인 시각이 많다.
>
> **3. 동아시아지역안보협력체 구상**
>
> 세 번째 대안은 한미 양국 간 양자동맹을 대체하는 다자안보협력체를 구성하는 것이다. 다자안보협력체가 구성되어 제대로 기능을 발휘하기 위해서는 공통의 안보이익, 공동체 인식, 안보구도나 질서에 대한 공감대와 원칙에 대한 합의가 있어야 하는데 동아시아에는 이러한 조건들이 존재하고 있지 않으며 앞으로 이러한 조건들이 충족되기 까지는 상당한 기간이 필요할 것이다. 또한 미국의 일방주의에 불만을 가진 사람들은 미국을 제외한 동아시아 다자안보협력체의 창설을 주장하나, 현실적으로 미국과 일본이 배제된 동아시아 다자안보협력체제는 신뢰성 있는 동아시아 안전보장 장치의 역할을 하기 어려울 것이다. 이를 감안할 때 현재뿐만 아니라 미래에도 동아시아 다자안보협력체는 동맹의 보완적 기제가 될 수는 있을지언정 이를 대체하기는 어렵다고 보아야 할 것이다.
>
> **4. 동맹의 변환**
>
> 마지막 대안은 한미동맹의 큰 틀을 유지하며 동맹의 임무와 역할을 변환하고 있는 국내외 여건에 맞게 조정하는 것이다. 이 대안은 앞에서 제시한 세 가지 대안의 한계를 해소시켜 줄 수 있을 뿐만 아니라 그 동안 확대된 한미 국가이익의 공통분모에 부합한다는 면에서도 이점이 있다. 변화된 국내외 여건과 한미양국의 국내 여론을 적절히 반영하여 한미동맹을 유지·발전시켜 나갈 경우 한국과 미국은 서로 이익을 얻을 수 있다. 한국은 '한반도 방위의 한국화', 즉 한국의 자체 방위역량을 강화할 수 있게 될 것이며 미국 역시 한반도 안정을 통해 지역의 주도적 지위를 공고히 하는 한편 여타의 잠재적 갈등 관리에 노력을 집중할 수 있게 될 것이다.

Ⅱ 한미동맹변환의 쟁점과 합의사항

1. 한·미 유대강화 노력

1990년대 이후 한국 사회의 민주화와 개방화는 국가 주요 정책에 대한 국민들의 참여와 의견 개진의 기회를 증대시켰다. 특히 외국에 비해서 불공평한 것으로 인식된 SOFA 개정문제, 미2사단 훈련 중 여중생 사망사고 등에 국민들의 관심이 집중되어 한·미동맹에 부담요인이 되었고 이 과정에서 한·미동맹과 주한미군에 대한 일부 부정적인 시각이 제기되기도 하였다. 이에 따라 국방부는 '한·미동맹강화대책'(2002.8.24), 주한미군사는 '한국 – 주한미군 관계강화 전략(Good Neighbor Program)'(2002.11.15)을 수립하여 시행하고 있다. 현재 이들 계획에 따라 시행되고 있는 시책들은 주한미군 및 한·미동맹의 중요성 등에 대한 홍보, 한·미 군부대 간 상호교류, 부대초청 행사, 지역 학생들에 대한 영어학습 지원 등 친선 교류활동에 중점을 두고 있다.

2. 용산기지 이전 사업

용산기지 이전사업은 서울 도심에 주둔하고 있는 외국 군대의 이전을 원하는 국민의 여망에 부응하고, 이전 후 서울 도심의 균형 발전과 주한미군의 노후화된 시설을 개선하여 안정적인 주둔여건을 보장함으로써 미래지향적 한미안보동맹관계를 구축하기 위해 우리 정부와 미국 간에 1988년 3월부터 논의를 시작하였다. 한·미 양국은 '미래 한·미동맹 정책구상'(FOTA)을 통해 2008년까지 용산기지를 평택지역으로 이전하기로 합의하여 용산기지이전협정(UA/IA)을 체결하였고, 2004년 12월 국회 비준 동의를 받았다.

3. 방위비 분담

동맹국 간에 안보비용을 적절히 분담하는 것은 국제사회의 일반적인 추세이며, 일본·독일 등 미군이 주둔하고 있는 모든 국가들은 일정 수준의 방위비를 분담하고 있다. 주한미군은 전쟁 억제전력으로서, 한국의 방어에 있어 중요한 역할을 하고 있으며, 한국의 안보 부담을 경감해주고 있다. 그러므로 주한미군에 대한 적정수준의 방위비 분담은 한국의 안보를 보장하기 위해 필요한 투자로 볼 수 있다. 한국 정부는 우리의 재정적 능력, 주한미군의 한국방위에 대한 기여도 및 주한미군의 안정적 주둔여건 등 제반요소들을 종합적으로 고려하여 1991년부터 주한미군의 주둔비용 중 일부를 분담해오고 있다.

4. 한미동맹 미래비전 선언

2009년 6월 16일 이명박 대통령과 오바마 대통령은 한·미동맹을 위한 공동비전(Joint vision for the Alliance of the Republic of Korea and the United States of America)을 채택함으로써 한·미동맹의 미래지향적 발전의 청사진을 담은 전략적 마스터 플랜을 제시하였다.

(1) 한·미동맹 평가

한·미는 한반도, 아태지역 및 세계의 평화·안정·번영을 보장하기 위한 동맹을 구축 중이며, 자유민주주의·시장경제라는 공동의 가치를 기반으로 더욱 긴밀한 유대관계 구축을 위해 노력하고 있다.

(2) 한·미안보협력

한·미안보관계의 초석인 한·미상호방위조약을 기반으로 한미동맹은 발전해왔으며, 양자·지역·범세계적 범주의 포괄적 전략동맹을 구축해 나갈 것이다. 핵우산을 포함한 확장억제에 대한 미국의 지속적인 공약을 통해 강력한 방위태세를 유지할 것이며, 동맹 재조정을 통해 한국이 한국방위를 주도하고 미국은 지속적이고 역량을 갖춘 군사력으로 지원하게 될 것이다.

(3) 경제협력

한·미FTA의 중요성을 인식하고 진전을 위해 함께 노력할 것이고 미래 첨단 과학기술분야에서의 협력을 강화할 것이다.

(4) 한반도 문제

동맹을 통해 한반도의 공고한 평화를 구축하고 자유민주주의와 시장경제원칙에 입각한 평화통일을 추진할 것이다. 또한 북한 핵무기와 현존 핵 및 탄도미사일 프로그램의 완전하고 검증 가능한 폐기와 북한 주민들의 기본적인 인권 존중과 증진을 위해 협력할 것이다.

(5) 지역 및 범세계적 협력

아태지역 평화·번영 및 역내 삶의 질 개선을 위해 협력하고, 역내 안보 문제에 대한 상호 신뢰 및 투명성 제고를 위해 노력하며, 테러·WMD 확산·해적 등과 같은 범세계적 도전에 대처하기 위한 협력을 강화할 것이다.

5. 주한미군의 전략적 유연성

주한미군의 전략적 유연성이란 미국이 해외주둔미군재배치계획(GPR)에 따라 세계 어디서든 신속하게 대응할 수 있도록 해외주둔 미군을 유연하게 배치하려는 전략이다. 미국은 2000년 11월 부시(George Walker Bush)가 대통령에 당선되면서부터 해외주둔 미군을 유연하게 배치해, 세계 어디에서든 신속하게 대응할 수 있도록 하는 해외주둔미군재배치계획(GPR)을 추진하였다. 이 계획은 미국 정부가 21세기 새로운 안보환경에 맞추어 추진하는 해외주둔 미군의 전면적인 개편계획으로, 유사 시 해외에 주둔하고 있는 미군을 세계 곳곳의 분쟁지역에 신속해 파견해 전쟁임무를 수행할 수 있도록 하는 계획이다. 따라서 이 계획을 수행하기 위해서는 해외에 주둔하고 있는 미군을 언제라도 신속하게 다른 곳으로 이동시킬 수 있는 유연성이 절대적으로 필요하다. 해외주둔 미군의 유연성이 전제되지 않는 한, 미국이 추진하는 GPR는 완성되지 않는다는 것을 의미한다. 이 때문에 미국은 세계 곳곳에 배치되어 있는 해외주둔 미군뿐 아니라, 본토의 미군마저도 언제라도 전쟁에 투입할 수 있는 신속기동군 체제로 군 편제를 재편해 왔다. 이러한 재편은 주일미군과 주한미군의 역할에서도 나타나고 있는데, 주일미군의 경우 미국은 미일상호방위조약에 규정된 극동지역의 범위를 넘어 중동까지 활동 범위를 확대하려는 움직임을 보이고 있다. 주한미군의 경우에는, 전략적 유연성은 주한미군이 더 이상 북한의 남침에 대비하는 붙박이 군이 아니라, 주한미군을 동북아시아 신속기동군으로 재편해 중국과 타이완의 분쟁을 비롯한 동북아시아와 기타 분쟁지역에 투입하는 방향으로 전개되고 있다. 공식적으로 주한미군의 전략적 유연성이 처음 언급된 것은 2003년 한미연례안보회의(SCM) 공동성명에서이다. 이 성명에서 한미 양측은 주한미군의 전략적 유연성이 지속적으로 중요하다는 것을 확인하였다. 2006년 1월에 한국은 주한미군의 전략적 유연성을 존중하되 미국은 한국민의 의지와 관계없이 한국이 동북아시아지역 분쟁에 개입되는 일은 없을 것이라는 한국의 입장을 존중하는 방식으로 주한미국의 전략적 유연성에 합의하였다.

6. 전시작전통제권 전환

전시작전통제권이란 한반도에서 전쟁이 일어났을 경우 한국군의 작전을 통제할 수 있는 권리이다. 한국군의 작전권은 평시작전통제권과 전시작전통제권으로 이분되어 있다. 원래 주권국가의 작전권은 해당 국가의 군 통수권자에게 있는 것이 원칙이지만, 한국의 경우에는 6·25전쟁 발발 직후인 1950년 7월 17일 이승만 대통령이 맥아더(Douglas MacArthur) UN 사령관에게 작전지휘권(operational commands)을 위임하면서 이양되었다.

이후 1954년 11월 한미상호방위조약이 발효되면서 작전지휘권은 작전통제권(operational control)으로 명칭이 바뀌었다. 작전통제권은 관련부대를 전개하고 전술적 통제를 보유하거나 위임하는 권한으로, 작전지휘권보다는 권리가 제한된다. 1978년 11월 한미연합사령부가 창설되면서 한국군의 작전통제권은 다시 UN군 사령관으로부터 한미연합사령관으로 위임되었는데, 한미연합사의 사령관을 미군 4성장군(대장)이 맡고 있어 한국군의 작전통제권은 사실상 미국에 있는 것이나 다름없다. 그러다 1994년 12월 1일 평시작전통제권은 한국군에 환수되었으나, 전시작전통제권은 아직도 한미연합 사령관이 행사하고 있다. 실제로 전쟁이 일어나면 한국군은 수도방위사령부 예하부대를 뺀 모든 부대가 한미연합 사령관의 작전통제권 안에 들어간다. 한국과 미국은 합의를 통해 2012년까지 전시작전통제권을 한국에 전환해 주기로 하였다. 그러나 이명박 정부가 들어선 이후 남북관계 경색과 천안함 침몰 사건 이후 2015년 12월로 전환 시점을 연기하였으며, 2013년 박근혜 정부는 2020년 이후로 재연기하였다.

Ⅲ 한미동맹변환에 대한 평가

1. 서설

길게 보면 탈냉전 직후, 짧게 보면 주로 노무현 정부 이후 추진되어 온 한미동맹변환은 대부분 마무리가 되었다. 주한미군은 오산과 평택으로 이전하게 되며, 전략적 유연성이 합의됨에 따라 미국의 판단에 따라 자유롭게 한반도 밖에서 주한미군은 작전을 수행할 수 있다. 전시작전통제권 전환일정이 늦춰지기는 하였으나 전환자체에 대한 합의는 견고하게 유지되고 있으므로, 한국이 주도하는 연합방위체제가 형성될 것이다. 한미동맹의 성격 또한 포괄적 인간안보동맹, 수평동맹, 복합동맹으로 변환도 합의되었다. 그렇다면 한미동맹의 이와 같은 변환은 한국의 안보 및 다차원적 이익, 동아시아 안보질서 차원에서 긍정적인가?

2. 긍정적 측면

첫째, 이명박 정부 들어서 완료된 한미동맹변환은 대체로 한미동맹관계를 강화시킨 것으로 평가되고 있다. 강화된 한미동맹은 대북 억지력을 강화시킬 것이다. 대북정책에 있어서 한미공조체제가 강화됨으로써 북한의 오판가능성을 크게 낮출 것이기 때문이다. 둘째, 전작권의 전환은 '한국방위의 한국화'를 앞당기고 한국의 군사기술 및 군사교리를 발전시킬 것이다. 노무현 정부 시기에 전작권 전환을 추진한 이유 중 하나는 미군주도 군사작전 때문에 한국군의 대미 의존성향을 초래하여 군사기술이나 군사교리 발전이 지체되고 있다는 것이었다. 셋째, 한미동맹관계의 강화는 동맹딜레마의 한 축인 '방기(abandonment)'의 가능성을 낮출 것이다.

3. 부정적 측면

한미동맹관계 강화가 반드시 긍정적인 면만 있는 것은 아니다. 첫째, 주한미군 재배치는 중국으로 하여금 한미동맹이 '대중 봉쇄동맹'이라는 의구심을 자극하여 미중관계, 한중관계, 나아가 동북아시아안보질서에 부정적 영향을 초래할 수 있다. 오바마 정부의 대중포용정책에도 불구하고 중국은 특히 동중국해를 중심으로 하여 미국의 봉쇄에 대응하려는 움직임을 보여주고 있다. 둘째, 한국의 대북정책이 미국에 종속되는 문제가 발생할 수 있다. 특히 북미관계가 개선되는 가운데, 남북관계가 악화되는 경우 굳이 북한이 이른바 '통미봉남정책'을 구사하지 않더라도 남북관계에서 한국의 영향력은 현저히 약화될 것이다. 셋째, '방기'의 문제는 낮춰질 것이나 '연루(entrapment)'의 문제는 고조될 수 있다.

4. 검토

21세기 동북아시아 안보지형에서 한국의 안보전략의 큰 축의 하나는 한미동맹일 수밖에 없을 것이며, 동북아시아 안보상황과 미국 및 한국의 국가이익에 맞춰 한미동맹을 변환하는 것은 불가피할 것이다. 그리고 그 결과 위에서 언급한 부정적 측면 또한 대두될 가능성도 배제할 수 없다. 그러나 한미동맹의 유지·강화가 불가피하다면 결국은 한미동맹이 동북아시아 질서, 한반도질서 및 한국의 국가이익에 긍정적으로 작용하도록 외교력을 강화하는 것이 중요하다고 볼 것이다. 무엇보다 한미동맹이 대중국 봉쇄동맹이라기 보다는 동북아시아 질서의 '안정세력(stabilizer)'이라는 점을 중국 등 주변국들에게 설득하는 것이 긴요하다. 그리고 이러한 설득이 가능하기 위해서는 미국의 대중정책이 봉쇄가 아닌 포용에 기초해야 할 것이다. 또한, 한미관계에 있어서도 상호주의에 기초한 진지한 협의를 통해 한미동맹의 이익이 한국과 미국에 균점될 수 있도록 해야 할 것이다.

📑 조문 | 한미상호방위조약(1954.10.1.)

본 조약의 당사국은 모든 국민과 모든 정부와 평화적으로 생활하고자 하는 희망을 재인식하며 또한 태평양지역에 있어서의 평화기구를 공고히 할 것을 희망하고 당사국 중 어느 일방이 태평양지역에 있어서 고립하여 있다는 환각을 어떠한 잠재적 침략자도 가지지 않도록 외부로부터의 무력공격에 대하여 그들 자신을 방위하고자 하는 공통의 결의를 공공연히 또한 정식으로 선언할 것을 희망하고 또한 태평양지역에 있어서 더욱 포괄적이고 효과적인 지역적 안전보장 조직이 발전될 때까지 평화와 안전을 유지하고자 집단적 방위를 위한 노력을 공고히 할 것을 희망하여 다음과 같이 합의한다.

제1조
당사국은 관련될지도 모르는 어떠한 국제적 분쟁이라도 국제적 평화와 안전과 정의를 위태롭게 하지 않는 방법으로 평화적 수단에 의하여 해결하고 또한 국제관계에 있어서 UN의 목적이나 당사국이 UN에 대하여 부담한 의무에 배치되는 방법으로 무력에 의한 위협이나 무력의 행사를 삼가할 것을 약속한다.

제2조
당사국 중 어느 일방의 정치적 독립 또는 안정이 외부로부터의 무력침공에 의하여 위협을 받고 있다고 어느 당사국이든지 인정할 때에는 언제든지 당사국은 서로 협의한다. 당사국은 단독적으로나 공동으로나 자조와 상호원조에 의하여 무력공격을 방지하기 위한 적절한 수단을 지속하여 강화시킬 것이며, 본 조약을 실행하고 그 목적을 추진할 적절한 조치를 협의와 합의하에 취할 것이다.

제3조
각 당사국은 타 당사국의 행정관리하에 있는 영토 또한 금후 각 당사국이 타 당사국의 행정관리하에 합법적으로 들어갔다고 인정하는 영토에 있어서 타 당사국에 대한 태평양지역에 있어서의 무력공격을 자국의 평화와 안전을 위태롭게 하는 것이라고 인정하고 공통한 위험에 대처하기 위하여 각자의 헌법상의 수속에 따라 행동할 것을 선언한다.

제4조
상호합의에 의하여 결정된 바에 따라 미합중국의 육군, 해군과 공군을 대한민국의 영토 내와 그 주변에 배치하는 권리를 대한민국은 이를 호여(許與)하고 미합중국은 이를 수락한다.

제5조
본 조약은 대한민국과 미합중국에 의하여 각자의 헌법상의 절차에 따라 비준되어야 하며, 그 비준서가 양국에 의하여 워싱턴에서 교환되었을 때에 효력을 발생한다.

제6조
본 조약은 무기한으로 유효하다. 어느 당사국이든지 타 당사국에 통고한 일년 후에 본 조약을 종지시킬 수 있다.

이상의 증거로서 하기 전권위원은 본 조약에 서명하였다.
본 조약은 1953년 10월 1일 워싱턴에서 한국문과 영문의 2통으로 작성되었다.

대한민국을 위하여 변 영 태
미합중국을 위하여 존 포스터 델레스

제5절 주한미군의 전략적 유연성

Ⅰ 전략적 유연성의 의의

미국 군사 역사상 3번째로 시도되는 국방변환, 즉 "21세기 행동을 위한 국방변환(Defense Transformation for the 21st Century Act)"을 대변하는 핵심용어는 유연성이다. 미국의 군사전략에 있어서 유연성 개념이 특별히 강조되는 때는 누적된 변화에 대한 혁신적 적응을 통해 새로운 전략의 수립이 필요한 경우이다. 유연성 개념을 좀 더 구체적으로 설명하면, 유연성의 목적은 목표 달성에 초점을 맞추면서 변화에 반응하고 군사작전의 휘발성(volatility), 압박(pressure) 및 복잡성(complexities)에 적응하는 것이다. 오늘날 테러와 같은 다양한 불특정의 저강도 분쟁이 군사안보의 중심에 자리하고 있는 환경에 적용하면, 유연성은 긴급사태 혹은 돌발(surprise), 불확실성(uncertainty) 및 우연(chance)에 대응할 때 필수적 요소이다. 군사전략이나 전쟁의 방법이 유연하지 않다는 의미는 경직되어 있고 비현실적이며 단선적이고 편견에 사로잡혀 있다는 것이다.

유연성 개념은 '속도'나 '적응'과 밀접한 관계를 가진 개념이다. 탈냉전시대의 수많은 불특정 위협과 분쟁들은 빠른 시간 내에 대응하지 않으면 해결이 어렵기 때문에 21세기 미국 군대에 가장 요구되는 것은 '기민하고 유연한 위기 반응(rapid, flexible crisis response)' 체제를 갖추는 것이다.

전략적 유연성 개념은 군사전략 차원 이상의 국가안보전략까지도 포함하는 것으로 그 범위가 포괄적이다. 유연성 개념에 있어서 '전략적'이라 함은 정치, 경제, 외교, 심리 및 군사적 요소들을 포괄적으로 고려한다는 의미이며, 미국의 세계 군사전략에서 전략적 유연성 개념은 동맹국 혹은 연합국가들의 전략적 이익도 고려한다는 상호적인 것이다. 이러한 관점에서 주한미군의 전략적 유연성 역시 그 범위가 포괄적이다. 한미동맹의 장기 비전을 포함하여 주한미군의 조직, 배치, 규모 및 활동은 물론 성격과 역할, 나아가 주한미군의 주둔, 작전, 활동과 관련한 한미 양국 간 협력의 수준과 범위까지 포함될 수 있다.

Ⅱ 전략적 유연성의 성격·중요성 및 역할

1. 전략적 유연성 필요성

(1) 냉전의 종식

냉전종식 이후 미국에서 전략적 유연성이 군사 분야에서 크게 강조되는 것은 군대를 향한 변화의 압박이 어느 때보다 크게 작용했기 때문이다. 냉전시대 미국의 군사목적은 대부분 방어와 억지에 국한되어 있었기 때문에 전략적 유연성이 작동할 기회는 거의 없었다. 하지만 탈냉전 시대가 시작되자 미군의 역할은 더 안정되고 안전한 세계를 만드는 데 기여하는 군대로의 변화를 요구 받게 되었다. 주적 소련이 사라지고 강대국 간 전면전을 염려할 필요가 없는 상황에서 미국 군대는 군사력의 정치적 유용성이 회복된 것에 힘입어 공세적 전략을 펼 수 있게 된 것이다.

(2) 분쟁 양태의 다양화

미국의 군사적 수단이 정치적 목적에 더 부응할 수 있는 여건이 조성된 것과 더불어 다양한 분쟁 양태에 대해 다양한 군사적 전략과 전술 및 작전으로 대응할 필요성이 높아진 것 또한 유연성 확대의 계기를 제공했다. 즉, 미국의 군대가 대응해야 할 분쟁의 스펙트럼이 핵전쟁에서부터 강압외교까지 넓게 확대됨으로써 이들 모두에서 억지를 달성하고 승리하려면 유연성을 강화하지 않을 수 없게 된 것이다.

2. 군사작전에서 유연성의 중요성

(1) 유연성의 이중적 성격

유연성이 가지는 '독특한 이중적 성격' 때문에 유연성이 중요하다. 유연성 개념은 80여 년을 지속하고 있는 미국의 9개 전쟁원칙 가운데 하나로 공식화되어 있지 않으나 실제로는 전쟁의 원칙으로 기능하고 있다는 것이다. 즉, 유연성 개념은 전쟁원칙이 아니면서 전쟁원칙 이상으로 중요하게 기능하고 있다는 것이다. 모든 군사작전은 승리가 목적이기 때문에 9개 전쟁원칙 가운데 첫 번째 원칙인 '목적(objective)'이 가장 중요하다. 그러나 전쟁에의 군사적 승리와 동시에 전략적 성공을 달성하기 위해서는 9개의 전쟁원칙이 조화롭게 적용되어야 한다. 유연성은 이러한 다른 전쟁원칙들이 화학적으로 조화되도록 하는 데 핵심적 역할을 한다.

(2) 전쟁의 모든 수준에서의 유연성의 적용

유연성은 전쟁의 모든 수준(전술, 작전 및 전략)에서 공히 적용되어야 할 원칙이다. 전술 및 작전 수준에서 다양한 긴급 사태나 돌발 상황에 처하여 불확실하고 모호한 전투 상황을 극복하는 데 있어서 유연한 기획과 상황적 적응은 승리를 위한 필수 요건이 아닐 수 없다. 또한 전쟁 준비 단계에서도 우연, 불확실성과 마찰 등을 항상 예상하고 창조적이고 혁신적인 사고로 유연하게 전쟁을 기획하는 것이 중요하다.

(3) 전쟁 이외 군사작전에서의 중요성

유연성 개념은 정규전이 아닌 '전쟁 이외의 군사작전'에도 그 통합적 성격이 중요한 역할을 한다. 예컨대, 탈냉전 시대에 들어서 대규모로 실행되고 있는 평화유지활동에서 유연성이 요구된다. 현재 시행되고 있는 많은 평화유지활동은 그 목적이 불분명하고, 활동 참여조직 간의 조정이 쉽지 않으며, 적대 행동의 사회, 문화 및 민족주의적 근원이 복잡하고, 참여 군대의 지휘체계가 통합되어 있지 못하며, 참여하는 비정부 조직들이 각기 다른 일정과 규칙하에 움직이고 있는데, 여기에 유연성 개념은 활동의 원활한 수행을 위해 중요하다.

(4) 독트린의 도그마화 방지

유연성 개념은 독트린이 도그마로 빠지지 않게 하는 데 있어서도 중요하다. 오늘날 분쟁의 양태는 매우 다양하고 그 해결책도 무수히 많은데, 여기서 전쟁의 원칙 모두가 균등한 가치를 갖고 동일한 비중으로 적용되는 것은 아니다. 따라서 각 분쟁에 대한 다양한 대응전략을 유연하게 적용하는 것은 당연한 일이다.

Ⅲ 미국의 주한미군의 전략적 유연성 구상

1. GPR의 목표

국방변환의 일환으로 추진되는 해외미군재배치계획은 주한미군의 전략적 유연성에 관한 보다 구체적인 요구를 담고 있는데 미국이 이러한 GPR을 통해 추구하고자 하는 것은 다음과 같다. 첫째, 동맹의 역할을 강화하고, 둘째, 변화를 예측하기 어려운 미래에 대응하는 기민성을 강조함으로써 불확실성을 극복하려 하며, 셋째, 특정 지역의 위협에 초점을 맞추는 것이 아니라 전세계의 위협을 다룰 수 있도록 미군을 재배치하려는 것이다. 넷째, 해외에 전진 배치된 미군이 그 주둔지역에서 전투를 할 가능성이 줄어듦에 따라 주둔지 이외의 지역에서 분쟁에 신속히 배치될 수 있는 군대로 만들려는 것이다. 해외 주둔 미군의 신속 배치와 관련하여 더욱 중요한 것은 미군이 주둔국으로 유입 및 유출(flow-in and flow-out)과 경유를 자유롭게 할 수 있어야 한다는 점이다. 또한 지난 10여년 동안 기술과 전술의 혁신으로 군사력이 놀랄 만큼 증대하면서 이제는 병력의 수가 아니라 그 능력이 더 중요하게 되었다.

2. 주한미군 전략적 유연성 제기 배경

(1) 동북아시아 정세

GPR의 맥락에서 미국이 주한미군의 전략적 유연성을 제기한 배경과 의도는 다음과 같다. 먼저 동북아시아와 한반도 정세 변화와 관련이 있다. 2001년의 9·11테러 공격과 2002년 10월 북한의 핵무기 개발 선포는 테러 방지와 대량파괴무기 확산 저지를 세계 안보전략으로 하고 있던 부시 행정부에 '대량파괴무기 테러' 국가의 등장 우려를 일으켰다. 또한 대테러전이나 이라크전쟁 그리고 한반도 긴급 북핵 사태 등에 대비하기 위한 전략에 있어서 대규모로 주둔하는 주한미군이나 오키나와 주둔 미군이 유용한가에 대한 의문이 제기되었다.

(2) 한국군의 전력 증강

그 동안 꾸준히 지속된 한국군의 전력 증강도 주한미군의 전략적 유연성을 확대할 필요성을 제기하게 된 배경으로 작용했다. 미국 정책결정자들은 북한이 남한에 대해 전면전을 일으킬 가능성을 낮게 보고 있으며, 한국의 자주국방을 위한 군사력 현대화 노력으로 한반도는 안정적 균형을 이루는 수준에 거의 다다랐다고 평가하고 있다. 북한의 위협이 상대적으로 덜 심각해진 상황에서 주한미군의 성격과 역할을 더 유연하게 만듦으로써 미국의 세계 전략 구상에 부응하는 군대로 재편할 필요가 있다는 것이다.

3. 미국의 전략적 의도와 내용

첫째, 한국의 이익인 대북 억지와 방어도 미국이 전세계에서 공통으로 얻고자 하는 이익의 하나로 간주하고자 한다. 북한의 대남 위협도 테러의 위협과 같은 비중으로 보면서, 다만 어떤 위협이 발생하여 미국이 개입할 때 그 위협에 대처하는 데 주한미군이 가장 잘 훈련된 군대이면 주한미군의 파견을 명령할 것이라는 것이다. 이는 주한미군이 네트워크화 되어 있는 전세계 미군의 한 부분으로 기능하는 것을 말한다.

둘째, 미국이 의도하는 가장 크고 장기적인 이익은 한미동맹 관계의 구조적 변화이다. 즉, 한반도 안전만을 위한 동맹이 아니라 한미동맹도 미국의 네트워크화된 세계동맹 체제 속에서 하나의 동맹으로서 장기적으로 기능할 수 있도록 하는 것이다. 주한미군의 변화뿐만 아니라 한미동맹 관계 전반을 재점검하는 계기로 삼고자 하는 것이다.

셋째, 주한미군의 역할 확대이다. 미군은 주한미군이 '대북 억지군'의 역할을 넘어서는 전세계의 평화와 안전을 위해 신속히 기동하는 '지역 및 세계 기동군'으로서의 역할을 부여하려 한다.

넷째, 주한미군의 역할 확대를 전제로 할 때 주한미군이 한반도에 유입·유출과 경유 시 포괄적 자율권, 즉 행동의 자유를 가지고자 한다. 오늘날의 분쟁은 그 특성상 초기 개입을 통한 관리 및 해결책 강구가 최선의 방책이기 때문에 주한미군의 신속한 출입은 군사적 승리 확보에 결정적이라 할 수 있다.

다섯째, 세계 동맹의 네트워크 내에 속한 한국의 군대 역시 유연하고 적응성 있는 군대로 변환하여 한미연합군 혹은 '의지적 연대군(coalition forces)'으로서 작전을 할 수 있도록 영향을 미치고자 한다. 이를 통해 미국은 해외에서의 미국의 일방주의에 대한 비난을 줄이는 효과를 얻으려 하는 것이다.

제6절 전시작전통제권 전환

I 전작권 전환 논의 배경과 과정

1. 전작권의 이양과 환수

미군에 작전통제권이 이양된 것은 1950년 7월 14일 맥아더 UN군사령관에게 보낸 서한을 통해서였다. 6.25전쟁 이후 '한미상호방위조약(1953)'과 '한미합의의사록(1954)'을 통해 한국군에 대한 작전통제권이 UN군사령관에 귀속됨을 다시 확인했다. 최초로 작통권 환수가 공개적으로 논의된 것은 1987년 대통령 선거였다. 그 후 1989년 냉전 종식에 따라 변화된 미국의 '동아시아전략구상(EASI)'에 의해 한국군 작통권 이양에 대한 보다 구체화된 논의가 이루어졌다. 1994년 12월 1일 평시작통권이 한국 합참에 이양되었고, 전시작통권은 그대로 유지되었다. 그 이후 참여정부의 등장과 함께 전시작통권 문제가 다시금 정책적 관심대상으로 부각되었으며 한미 양국은 2012년 4월 17일 전작권의 전환에 합의하였다. 다만, 이명박 정부는 유동적인 한반도 정세를 고려하여 전환시점을 2015년으로 변경하였다.

2. 전작권 전환 논의 배경

(1) 한국

한국의 경우 2000년 이후 남북한 화해분위기 진전과 IMF의 성공적 극복으로 회복된 한국의 정치·경제적 역량을 바탕으로, 군사적 측면에서도 국력에 맞는 위상을 모색할 관심이 생겨났다. 결과적으로 역할재조정을 통해 '한국군 주도 - 미군 지원'으로의 전환을 모색하면서 전작권 전환논의가 이루어지게 되었다.

(2) 미국

미국의 경우 9·11테러 이후 반테러·비확산 안보정책 추진을 위해 신속투사력, 유연적응력, 정밀타격력, 통합성이 뛰어난 군사력을 구상하게 되었으며, 기존 해외주둔군 역시 이에 부응하도록 변화를 시도하였으며, 그 결과 주한미군의 역할과 성격의 조정을 추진하게 되었다. 결국 이러한 이해관계의 일치로 인해 공동 논의가 진행되어 왔으며 그 중 하나가 바로 전작권 전환이다.

Ⅱ 전작권 전환 이후 한미 군사협력체계

1. 전작권 전환 이후 군사협력체계

전작권 전환 이후 한미동맹의 군사협력체계는 통합형에서 병렬형으로 바뀌게 될 것이다. 현행 전시 군사협력체계는 안보협의회와 군사위원회 그리고 한미연합사령부로 이어지는 지휘체계를 갖고 있는데 한미연합사는 한미 양국 군대로 구성되어 전시에는 각 구성군과 미국 본토 증원전력을 통합해 운용하는 단일 지휘체계이다. 그러나 새롭게 합의된 한미군사협조체계는 외형은 그대로 유지하되 통제체계는 한국 주도와 미군 지원의 형태로 대체하는 것을 골자로 한다. 즉, 현재 연합사는 해체되고 평시에는 동맹 군사협조본부를 신설하여 군사위원회를 보좌하고 동맹관리, 협조체제 강화 기능을 수행하도록 할 것이다. 주한미군사령부가 현행 행정지원사령부에서 전투지원사령부로 개편되고 나면 양국 사령부 간 6개의 기능별 협조기구가 편성될 것이다.

2. 타 군사협력체계와 비교

동맹 간 지휘관계를 비교할 때 유럽의 NATO와 미일동맹이 주로 인용된다. 유럽 NATO는 통합형, 미일동맹은 병렬형의 대표적 예이다. 현행의 연합사 방식은 NATO의 통합형보다 훨씬 더 탄탄한 단일구조 지휘체계이다. 반대로 전작권 전환 이후의 한미 지휘협조체계는 병렬형이라고는 하나 현재의 미일동맹에 비해 훨씬 더 탄탄한 한국형 공동지휘체계가 될 것이다.

Ⅲ 전작권 전환의 의미와 영향

1. 군사적 측면

(1) 긍정적 측면 - 한국군의 위상제고

긍정적 측면은 전작권 전환이 한국군의 위상과 역할을 크게 제고시켜줄 것이라는 점이다. 즉, 군사력 건설과 운용에 관한 모든 제반 권한을 한국군이 갖게 되었음을 의미하는 것이다. 이는 일국 군대로서 지녀야 할 '군사적 완전성'을 모두 갖추게 될 것이다. 뿐만 아니라 군전력 구조 개편, 무기체제 구입 등 세부적 국방정책도 보다 자율적이고 합리적인 정책 수립과 집행이 가능해지게 될 것이다.

(2) 부정적 측면 – 안보 공백의 초래 가능성

부정적인 측면은 안보 공백의 초래 가능성이다. 특히 전환 과정에서 대북방어 및 억지력 확보를 철저히 하지 않으면 안보의 허점이 드러나게 될 수도 있는 것이다. 물론 현재 그런 가능성은 낮지만 안보는 항상 최악의 상황을 상정해야 하고, 아무리 주의해도 지나침이 없다는 사실을 염두에 두어야 한다. 그리고 최근 북한의 미사일 실험과 핵무기 실험 강행 등 북한의 비대칭 전력 강화 노력과 선군정치의 강조를 고려할 때 안보태세를 철저히 갖추는 것은 필수적이다.

2. 대북 정책적 측면

(1) 기회적 요소

기회적 요소로는 전작권 전환이 이루어지면 향후 대북협상에서 한국의 위상과 입지가 좀 더 높아질 전망이다. 또한 군사 분야에서 한국이 보다 적극적이고 과감한 제안을 할 수 있을 것이며, 그 결과 군사적 긴장 완화와 신뢰구축 분야에서도 대화와 협력이 보다 활성화될 수 있는 계기가 마련될 것이다. 아울러 전작권 전환은 향후 비핵화 진전과 연계하여 추진될 한반도 평화체제 구축과도 깊은 연관이 있다. 전작권 전환 시 한국이 한반도의 안정과 평화에 일차적인 책임을 갖게 되므로 평화체제 구축문제에서도 한국이 당사자로서 주체적 역할을 맡는 것에 대해 반대할 명분이나 논리가 미약해질 것이다. 즉, 보다 적극적이고 주도적으로 평화협정 체결문제에 임할 기반을 마련해 줄 것이다.

(2) 도전적 요소

도전적 요소는 주한미군의 지속적 주둔 문제이다. 하지만 법적으로 볼 때 주한미군의 주둔은 '한미상호방위조약'에 근거한 것으로 전작권 전환이나 평화협정 체결과는 무관한 사안이다. 더욱이 한국 국민 대다수도 주한미군의 중요성을 인식하고 있다는 점이다. 즉, 북한이 보다 전향적인 대남정책과 더 개방적인 대외정책을 추진하여 북한으로부터의 위협이 실질적으로 상당히 감소할 때까지는 주한미군이 지속적으로 필요하다는 데는 국민적 공감대가 형성되어 있다.

3. 외교적 요소

(1) 긍정적 측면

전작권 전환의 외교적 측면의 긍정적인 영향은 우선 한미관계의 변화에서 찾을 수 있을 것이다. 즉, 보다 '평등한 동반자 관계'로의 발전이 가능해질 것이다. 그렇다고 세계유일의 초강대국인 미국과 완전히 동등한 관계로 바뀌는 것은 아니다. 다만 보다 형평성 있고 상호 존중하는 방향으로 발전해 나갈 수 있을 것이라는 것이다. 과거 한국은 정치발전, 경제성장, 사회문화성숙 등 많은 분야에서 직·간접적으로 미국의 도움을 받아왔다. 특히 비용적 측면에서 미국의 안보우산의 혜택을 받은 것은 인정해야 한다. 물론 그렇다고 미국에 대해 무조건적인 굴종적 자세를 취할 필요는 없다. 미국에게도 한국은 대외적 이미지 제고와 동맹정책 구사에 있어 큰 자산이다. 거기다 지정학적으로도 미국의 동아시아전략에 보탬이 될 수 있는 국가이다. 요컨대 달라진 서로의 필요와 위상에 걸 맞는 대우와 존중이 양국 간 확립되어야 할 것이다.

(2) 부정적 측면

전작권 전환 등 한미 간의 형평성 제고가 단기적으로는 반드시 긍정적 효과만 있는 것은 아니다. 미국의 더 많은 동맹의무 이행 요구나 방위비 분담 요구가 더 커질 가능성이 있기 때문이다. 이 경우 한국은 경제적 부담뿐 아니라 대북 및 대주변국 관계 관리에도 더 슬기롭게 대처해야 한다. 국내적으로도 한미동맹의 발전과 지속적 필요성을 설득할 수 있는 논리의 개발이 필요하다. 무엇보다 동맹을 강화하면서 국익을 당당하고 제대로 요구할 수 있는 대미외교 역량 확보와 구사가 절실히 요구될 것이다.

Ⅳ 전작권 전환 이후 안보정책 중점

1. 군사적 측면

(1) 대북 억지력 확보

군사적 측면의 가장 중요한 요소는 충분한 억지력의 확보이다. 북의 오판으로 전쟁 발발 시 한국에 승산이 있다. 그러나 현대전의 무기와 전략 고려 시 승리 후에도 파괴와 재앙의 정도는 엄청나다. 이러한 면에서 억지력의 확보가 무엇보다 중요하다. 억지력 부문에 있어서는 현재는 물론이고 전작권 전환 이후에도 상당기간 미국에 의존할 수밖에 없는 현실이다. 이를 감안할 때 군사적으로 한국군의 억지력 증강노력을 강화하면서, 주한미군이 보유하고 있는 억지전력을 제도적으로나 운용적 차원에서 확실히 담보하는 데 중점적 노력을 쏟아야 할 것이다. 이런 이유 때문에 아직도 한국은 동맹관계에서 연루보다는 방기를 더욱더 염두에 두어야 한다.

(2) UN사 개편 문제

UN사 개편 문제는 전작권 전환과는 직접적인 관련은 없다. 역사적으로 UN 사령부는 UN 안전보장이사회의 결의에 의해 창설되었고 임무가 부여되었다. 그 후 UN 사령관이 참전 16개국을 대표하여 6·25전쟁의 정전협정 체결에 참여함으로써 정전협정의 준수 및 유지·관리임무와 유사 시 재참전을 돕는 일이라는 두 가지 임무를 다시 부여받게 되었다. 이 중 정전협정 유지임무는 전작권이 한국군으로 이양 시 임무 수행에 장애가 발생할 수 있다. 즉, 전작권 전환 이후 UN사는 해체할 필요는 없으나 일부 임무와 조직의 개편은 불가피하다. 중요한 것은 가능한 UN사의 존재를 한반도에서 전쟁재발을 방지하고 평화를 유지하려는 국제사회의 의지를 잘 대변하는 조직으로 지속·발전시키는 방안을 모색해야 한다는 것이다. 이는 전작권 전환에 따르는 안보 약화 우려를 불식시키는 또 하나의 방책이 될 수 있기 때문이다.

2. 대북 정책적 측면

전작권 전환으로 한국은 더욱 당당하고 적극적인 대북정책 추진이 가능해질 것으로 보인다. 이에 그간 미흡했던 군사 분야의 남북 대화와 협력을 보다 더 강화해나갈 필요가 있다. 여기서 핵심적인 것이 평화협정의 체결시기와 방식이다. 북한은 '선평화협정 체결·후긴장완화 및 군축'을 주장 중인 반면, 한국은 일관되게 '선화해협력·후평화협정

체결'을 주장 중이다. 게다가 휴전선을 중심으로 한 군사적 대치상태는 여전히 지속 중이다. 전작권 전환 이후 대북정책에서는 군사적 긴장 완화와 신뢰구축을 위한 보다 적극적인 노력이 경주되어야 한다.

3. 외교적 측면

외교적으로 중요한 것은 돈독한 한미협력관계의 유지와 발전이다. 오늘날 동맹은 가치와 인식의 공유를 더 강조하고, 동맹 유지방식 역시 군대의 주둔이나 조약, 기지 사용보다는 '의지의 연합'과 유연한 사안별 대처에 치중하는 경향이 크다. 따라서 제도적 결속장치가 느슨해질 것을 염려할 걱정은 없다. 오히려 동일한 세계관, 호환적 삶의 방식, 군사적 협력을 뛰어넘는 교류협력 강화, 유대 강화 등이 더 중요해질 것이다. 그렇다고 동맹의 근간인 군사적 관계를 소홀히 해서는 안 될 것이다. 이러한 특별한 관계는 결코 가볍게 무너지지도 않지만 소홀히 다루어서도 안 된다. 한미관계의 기초이자 징표는 여전히 아직도 군사동맹이란 점을 염두에 둘 필요가 있다. 한미관계를 보다 돈독히 하는 또 다른 방법은 한반도 이외 지역에서의 한미공조를 강화하는 방안을 모색하는 일이다. 물론 이는 타국과의 관계로 고려해야 한다. 아울러 미국과 직접 공조만이 아니라 다른 동맹 혹은 네트워크에 동참하거나 활용하는 지혜와 외교적 수완 발휘도 모색해볼 필요가 있을 것이다.

제7절 FTA 전략

I 서론

한국의 FTA 전략은 대외경제 전략에 있어서 최우선적 과제로 부상해 있다. 한국은 김대중 정부 들어 FTA 전략을 추진하기 시작한 이래 노무현 정부는 '동시다발적 FTA 체결'을 기조로 하여 다양한 국가들과 FTA를 성사시켰으며, 2007년에는 한미 FTA를 성사시키기도 하였다. 통상국가를 지향하는 한국으로서 FTA의 전세계적 확산흐름에 편승·적응하는 것은 사활적 국가이익이라 할 것이나, 추진과정에서 보여준 조급함과 그로 인한 심각한 국내정치·사회적 불안정은 국내적으로 신랄한 비판을 받고 있다. 따라서 한국은 FTA 확산을 지향하되 무엇보다 그로 인해 피해를 입는 국내이익집단과 소통을 강화하고 피해를 최소화할 수 있는 방안을 마련하는 것에도 중점을 두어야 할 것이다. 이로써 안정적이고 지속적인 FTA 전략을 구사해 나갈 수 있을 것이다.

II 최근 지역주의의 경향과 특징

1. 초기 자유무역주의 시대(1947년 ~ 2000년)의 지역무역주의

GATT의 출범과 함께 시작된 초기의 자유무역주의는 관세의 인하 및 철폐를 통한 세계무역의 증대를 목적으로 하였으며, 다자무역체제와 함께 지역무역협정(RTA)이 무역자유화의 확대에 상호 보완적으로 작용하였다. 1951년 발족한 유럽경제공동체(EEC)의 관세동맹과 1961년 영국의 가입 결정은 미국으로 하여금 관세 특혜대우의 효과를 상쇄하기 위하여 다자무역협상(딜런 라운드, 케네디 라운드)의 개시를 주도하게 하는 등 지역무역주의가 다자무역협상을 촉발한 측면도 있다.

다자무역협상을 통해 상호주의적인 무역자유화가 이루어졌으며 이와 동시에 주요 교역국 간 지역무역협정의 확산을 통해 상품교역에 대한 관세 철폐가 더욱 확대되면서 자유무역주의의 기조는 더욱 심화되었다. 일부 국가 간 지역무역협정의 체결은 무역전환(trade diversion) 효과를 방지하기 위한 제3국의 RTA 체결을 유도하여 지역무역협정의 도미노효과를 통해 지역무역주의가 확산된 것으로 평가되고 있다.

2. '21세기형 지역무역주의'의 등장 및 특징

여러 차례의 다자무역협상을 통해 관세가 더욱 인하되고 미국 등 선진경제국의 일방주의적 통상정책을 통해 관세장벽이 지속해서 완화되면서 2000년대 이후 자유무역주의 기조는 단순한 상품 교역이 아닌 글로벌 생산망(global value chain)의 확산 형태로 변화한다. 세계 주요 교역국은 글로벌 생산망의 형성 및 활동을 원활화하기 위하여 GVC에 참여하는 국가 간 FTA를 경쟁적으로 체결하며 새로운 형태의 'deep RTA'가 등장하게 되었다. 세계 주요 교역국은 글로벌 생산망의 형성 및 활동을 원활화하기 위하여 GVC에 참여하는 국가 간 FTA를 경쟁적으로 체결하며 새로운 형태의 'deep RTA'가 등장하게 되었다.

자유화 수준이 높은 'deep RTA'는 생산시설의 해외 이전이 가능한 선진경제국과 외국인투자(FDI)를 통한 기술 이전을 통해 경제발전을 도모하는 개도국 간에 형성되는 GVC의 구축과 밀접한 관련이 있다. GVC를 형성하고 있는 국가 간에는 'deep RTA' 체결의 가능성이 더 높다고 할 수 있으며, 동시에 'deep RTA'를 체결하고 있는 국가 간에 새로운 GVC가 형성될 가능성이 크다고 할 수 있다. GVC의 형성은 섬유·의류 등 노동집약적 산업보다는 자동차, 정보통신, 전자, 기계 등 기술집약적 산업 부문에 더 적합한 것으로 나타나며, 제도적 보호장치가 취약한 아시아 지역의 개도국은 GVC 참여를 위해 'deep RTA'에 동참하고 있는 것으로 나타난다.

GVC와 연계된 'deep RTA'는 협정 참여국뿐 아니라 비참여국에게도 무역 창출 효과가 있는 것으로 평가되고 있어, 추후 지역무역협정의 다자화(multilateralization) 작업에도 긍정적으로 기여하게 될 것으로 전망된다.

Ⅲ 한국의 FTA 로드맵과 FTA 전략의 전개

1. 한국의 FTA 로드맵

한국은 2003년 8월 FTA를 적극화하기 위한 로드맵을 공개하고, FTA 추진 대상국 선정 기준으로 경제적 타당성, 정치·외교적 함의, 한국과의 FTA 체결에 대한 적극성 및 거대 선진 경제권과의 FTA 추진에 유용한 국가들임을 밝힌 바 있다. 이러한 기준하에 다시 단기 추진 대상국과 중·장기 추진 대상국으로 분류하였는데 단기 추진 대상국으로는 일본·싱가포르·ASEAN 등을, 중·장기 추진 대상국으로는 미국·EU·중국 등 거대 경제권과 캐나다, 인도, 한·중·일 FTA 등을 선정한 바 있다. 이후 주변국의 적극적인 FTA 추진 노력이 가속화되면서 기존 중·장기 추진 대상국이던 캐나다와 인도를 단기 추진 대상국에 포함시키는 조정이 이루어졌다.

2. 추진 전략상의 특징

(1) 동시다발적으로 추진

한국의 FTA 추진 방향의 특징 중 하나는 동시다발적으로 추진한다는 것에 있다. 가속화되고 있는 FTA의 확산 추세 속에서, 상대적으로 완만하게 진행되어 왔던 FTA를 다수 국가들을 대상으로 동시에 진행시킴으로써 FTA 추진 지연에 따라 나타날 수 있는 부정적 효과를 최소화하는 한편, 동시 추진에서 기대할 수 있는 제 FTA 간 상호보완적 기능의 이점을 최대화한다는 것이다.

(2) 전략적 수단으로 활용

한국은 한일, 한중 FTA를 동아시아 경제협력과의 유기적 연관성을 상정한 바탕 위에서 추진하고, 또 동북아시아 협력도 대북정책과의 상관관계를 감안하여 추진하는 등 FTA를 추진함에 있어서 경제 외적인 요소를 포함한 전략적 고려를 해왔다. 또한 궁극적으로 거대 경제체인 미국, EU 등 선진 경제권과의 FTA 체결을 염두에 두고 인접 지역 경제, 예를 들어 멕시코 또는 유럽자유무역연합(EFTA) 등과 우선적으로 협상을 진행시키는 특징을 보여줌과 동시에 중국, 인도 등 BRICs 국가들에 대한 FTA 체결도 추진함으로써 거대시장과 신흥유망시장 등 거점지역에 대한 전략적 접근을 강화해 왔다.

(3) 무역 외 규범을 포괄

관세장벽 철폐를 통한 상품 분야에서의 교역 증대를 넘어 투자, 서비스, 지적재산권 등의 분야를 포함하는 전반적인 경제관계의 심화를 목표로 현행 WTO 규범을 넘어서는 수준의 포괄적 접근을 시도하고 있다는 점도 한국 FTA 추진방향의 또 다른 특징이라고 할 수 있다.

Ⅳ 향후 한국의 지역주의 정책 방향

1. 단순한 경제적 실리를 넘어 정치·안보적 요소를 고려하여 CPTPP 가입 결정 필요

무역협정은 단순한 경제적 요인보다는 정치적 요인의 영향을 더 많이 받으며, 특히 양자 간 무역협정이 아닌 지역 차원의 mega RTA의 경우에는 정치·안보적 함의를 고려한 정책적 결정이 필요하다. NAFTA, EU 등의 지역경제통합 사례에서도 정치적 안정(political security) 요인이 지역무역협정의 체결에 중요한 역할을 하였다. 특히 동아시아 지역에서의 정치·안보 상황의 변화는 역내국뿐 아니라 서방의 역외국에도 상당한 파급효과를 갖고 있음에도 불구하고 그동안 경제적 요소만 중요하게 다루어진 측면이 있다.

동아시아지역의 주요국들은 역내 영향력 확대를 위하여 다양한 경제협력 사업을 추진하고 있어 역내 주체들의 지정학적 전략에 기반한 활동에 민감하게 대응할 필요가 있다. 동아시아지역의 주요국들이 참가하고 있는 CPTPP는 궁극적으로 미국, 중국 간의 새로운 형태의 지정학적 권력 쟁탈전(geopolitical power game)을 상징하는 것으로 간주되고 있다.

미국이 비록 탈퇴하였지만, CPTPP의 내용은 미국을 비롯하여 일본, 호주, 캐나다 등 세계 무역규범을 주도하는 국가들이 추구하는 무역규범화의 방향과 일치하며 미국이 주도하고 있는 USMCA의 근간을 이루고 있다. 중국은 AIIB, RCEP 등 점진적 접근 방식을 통하여 아시아지역 내 영향력을 확대하고 있으며, 중국식 체제 유지에 더욱 적합한 무역자유화 수준이 낮은 규범을 역내에 확산시키고자 하고 있다.

2. 무역자유화 기조를 유지할 수 있도록 지역무역주의의 지속적 확대 필요

최근 미국과 영국 등 주요 자유민주주의 국가에서의 급격한 정책 변화로 인해 기존의 세계질서가 후퇴하고 세력균형이 변화하면서 새로운 패러다임이 등장하고 있다. 2008년 글로벌 금융위기 이후 표면화 되어온 신자유주의 패러다임의 한계(소득 양극화 및 독점자본주의, 기득권 중심의 민주주의 등)는 기존의 일극체제에서 다극체제로의 변환을 초래하고 있으며 이로 인한 세력균형의 변화는 기존 규범 질서에 변화를 예고하고 있다.

이 외에도 미국 트럼프 행정부의 '미국 우선주의'정책에 따라 기존의 규범 기반 다자무역체제가 위협을 받고 있으며, 이로 인해 글로벌 차원의 무역자유화 속도가 더욱 늦추어지고 있다.

글로벌 무역자유화의 기조를 유지할 수 있는 지역무역주의는 추후 다자화를 용이하게 하는 형태로 높은 수준에서의 규범의 조화가 가능한 'mega-FTA'인 것으로 판단된다. RCEP와 CPTPP 모두 mega-FTA에 해당하지만, 다자화에 용이한 복수국의 회원국(wide membership)과 높은 수준의 규범(deep integration)을 요건으로 모두 갖추고 있는 것은 CPTPP인 것으로 평가된다. CPTPP의 확대를 통해 무역자유화의 기조를 지속해서 유지할 필요가 있으며, CPTPP가 '개방적 지역주의(open regionalism)'의 모범 형태를 구현하게 된다면 향후 세계무역질서를 형성하는 데 기여할 신규 무역규범 수립 기능을 주도하게 될 것으로 전망된다. 한국과 같은 중견국의 입장에서는 아시아지역의 무역규범을 주도해 나갈 CPTPP에 참여하여 규범에 기반한 무역질서의 형성과 이행에 동참하고 이를 바탕으로 경쟁력 제고를 통한 국가 경제 이익의 극대화에 집중하는 대응전략을 수립하는 것이 바람직한 것으로 판단된다.

3. 한·중·일이 유일하게 모두 참여하고 있는 RCEP 협상의 전략적 활용 필요

무역자유화 수준이 높은 CPTPP와 비교하여 RCEP은 무역자유화 수준이 낮은 형태로 타결될 것으로 예상되나 아시아지역의 주요 공급망(supply chain) 국가들인 한국, 중국, 일본이 모두 참여하고 있는 유일한 무역 협상이다. RCEP은 사실상 한국, 중국, 일본이 모두 참여하고 있는 유일한 무역협정이며 향후 3국 간 무역 의제 및 지역경제 통합에 대한 대화를 지속해 나갈 수 있는 협상 프레임워크로서 기능할 수 있도록 노력을 기울일 필요가 있다.

4. 경쟁적 지역주의에 대응하여 중견 국가로서 다변화 외교 전략 추진 필요

메가 지역무역주의의 경쟁적 확산에 대응하여 수출 경합도가 높은 지역에서 벗어나 새로운 교역 상대국을 적극적으로 모색할 필요가 있다. 일본 – EU EPA의 발효로 인하여 EU 시장에서의 일본 제품과의 치열한 경쟁이 예상됨에 따라 우리 수출 주력품목의 수출 다변화전략을 재정비할 필요가 있다.

USMCA의 타결과 더불어 미국의 철강 및 자동차 수입규제조치, 대중국 고율관세 부과에 따라 미국 시장으로의 수출 통로가 더욱 좁아진 상황에서 다변화전략은 필수적이며, 아시아지역의 경제통합 가속화를 통해 역내 교역 확대를 통한 수출 돌파구를 마련하는 방안을 강구해야 한다. 또한 중앙아시아, 중동 지역 국가 중 중국 및 일본 제품에 비하여 한국 제품에 대한 우호적 인식을 갖고 있는 국가를 대상으로 적극적인 수출 확대 전략을 마련해야 한다.

V 결론

현재 목도되고 있는 지역화의 확산은 한편으로는 국제경제에 순기능적으로 작용할 것으로 기대되고 있으나, 다른 한편으로는 지역주의의 무분별한 확산을 초래함으로써 WTO의 권능을 약화시키고 세계경제가 단편화되는 악영향을 초래할 가능성을 배제할 수 없다. 대외의존형 경제 구조를 가진 한국으로서는 WTO를 중심으로 하는 다자무역체제의 유지·강화가 가장 바람직한 선택임이 분명하므로 비록 FTA 체결을 통해 지역화의 추세에 능동적으로 대응해 나가더라도, WTO의 다자무역협정의 순조로운 진척에 대한 최대한의 노력을 경주해 나가야 할 것이다.

제8절 우리나라 공적개발원조

I 우리나라 공적개발원조 현황

1. ODA 규모

한국의 ODA는 1990년대 이후 지속적으로 증가해왔다. 2010년 경제협력개발기구(OECD) 개발원조위원회(DAC)에 가입한 이후, 한국은 선진 공여국으로서 ODA를 확대해 왔으며, 최근 몇 년 동안 ODA 예산은 더욱 큰 폭으로 증가했다. 한국의 ODA 총액은 약 30억 달러(약 3조 6,000억 원)로, 이는 국내총생산(GNI)의 약 0.16%에 해당한다. 이는 OECD DAC 회원국 평균인 0.33%보다 낮은 수준이지만, 한국 정부는 이를 지속적으로 증가시켜 국제사회에서의 책임을 다하려고 노력하고 있다. 한국은 2030년까지 ODA 규모를 GNI 대비 0.3%까지 확대하겠다는 목표를 가지고 있으며, 이를 통해 개발도상국 지원과 국제사회에서의 영향력을 더욱 강화하고자 하고 있다.

2. 양자원조(Bilateral Aid)와 다자원조(Multilateral Aid)

(1) 양자원조(Bilateral Aid)

양자원조는 한국과 수원국 간의 직접적인 원조 협력이다. 한국은 양자원조에서 무상원조와 유상원조 두 가지 방식으로 원조를 제공한다. 첫째, 무상원조는 상환 의무가 없는 지원으로, 주로 한국국제협력단(KOICA)을 통해 제공된다. 무상원조는 교육, 보건, 농업, 환경 등 개발도상국의 인적 자원 및 사회 기반 시설을 지원하는 데 중점을 둔다. 둘째, 유상원조는 상환 의무가 있는 대출 형태로 제공되며, 주로 한국수출입은행의 대외경제협력기금(EDCF)을 통해 관리된다. 유상원조는 주로 개발도상국의 인프라 구축, 산업 발전 등에 사용되며, 저리로 장기 상환할 수 있는 조건으로 제공된다. 한국의 양자원조는 전체 ODA의 약 70%를 차지하고 있다. 양자원조는 수원국의 요구에 맞춘 맞춤형 원조가 가능하다는 장점이 있다.

(2) 다자원조(Multilateral Aid)

다자원조는 국제기구를 통해 이루어지는 원조로, 한국은 다양한 국제기구에 자금을 제공하여 글로벌 차원의 문제 해결에 기여하고 있다. 다자원조는 전체 ODA의 약 30%를 차지하며, 주로 다음과 같은 국제기구를 통해 이루어진다. 첫째, 한국은 유엔개발계획(UNDP), 유엔난민기구(UNHCR) 등 다양한 UN 산하 기구에 재정 지원을 하고 있으며, 이 기구들은 전 세계적으로 빈곤 퇴치, 인도적 지원, 난민 구호 활동 등을 수행하고 있다. 둘째, 한국은 세계은행과 아시아개발은행에 기금을 제공해 개발도상국의 경제 개발과 사회적 기반 구축을 지원하고 있다. 다자원조는 국제사회의 공조를 통해 글로벌 문제를 해결하는 데 기여할 수 있다는 장점이 있으며, 기후 변화 대응, 보건 위기 대응, 난민 문제 해결 등 다양한 글로벌 문제에 대응하고 있다.

3. 대상 지역 및 국가

(1) 아시아

아시아는 한국의 ODA에서 가장 큰 비중을 차지하는 지역이다. 한국은 지리적 근접성, 경제적 상호의존성, 역사적 연관성을 고려하여 아시아 지역에 대한 원조를 집중하고 있다. 베트남, 캄보디아, 인도네시아, 필리핀, 라오스 등이 한국의 주요 ODA 수원국이다. 특히, 베트남과는 긴밀한 경제 협력 관계를 바탕으로 인프라 개발, 산업 발전, 교육 분야에서 활발한 협력 관계를 유지하고 있다. 아시아 지역에서는 주로 교통, 에너지, ICT 인프라 구축 및 보건, 교육 지원이 이루어지고 있다.

(2) 아프리카

아프리카는 한국의 ODA 전략에서 점점 더 중요한 지역으로 부각되고 있다. 한국은 아프리카 국가들의 경제적 발전과 빈곤 문제 해결을 위해 다양한 지원을 제공하고 있다. 에티오피아, 케냐, 르완다, 탄자니아, 가나 등이 아프리카에서 한국의 주요 ODA 수원국이다. 아프리카에서는 농업 개발, 식량 안보, 보건, 교육, 환경 등 다양한 분야에서 지원이 이루어지고 있다. 특히, 보건 분야에서 전염병 예방 및 대응, 모자 보건 프로그램 등 인도적 지원이 중요한 비중을 차지한다.

(3) 중남미

중남미 지역 역시 한국의 ODA 대상 지역 중 하나로, 주로 경제 발전과 사회적 문제 해결을 위해 지원이 이루어진다. 콜롬비아, 페루, 볼리비아 등이 한국의 중남미 주요 수원국이다. 중남미에서는 주로 교육 및 인적 자원 개발, 재난 대비 및 환경 보호 분야에서 원조가 이루어지고 있다. 또한, 기후 변화 대응을 위한 환경 프로젝트도 중요한 역할을 한다.

4. 특정 분야별 지원

한국의 ODA는 분야별로 다양한 지원을 하고 있으며, 특히 다음과 같은 분야에서 큰 비중을 차지하고 있다. 도로, 교통, 전력 등의 물리적 인프라 구축은 한국 ODA의 핵심 분야 중 하나이다. 특히, 아시아와 아프리카 지역에서 많은 프로젝트가 이루어지고 있다. 또한, 한국은 개발도상국의 교육 및 보건 시스템 개선에 큰 관심을 두고 있으며, KOICA를 통해 교육 기회 확대, 학교 건설, 교육 커리큘럼 개선 등을 지원하고 있다. 보건 분야에서는 전염병 대응, 모자 보건, 보건 인프라 구축 등에 집중하고 있다. 그리고 한국은 기후 변화 대응과 환경 보호에도 많은 ODA 자금을 투입하고 있다. 기후 변화 대응 프로젝트, 재생 에너지 보급, 지속 가능한 농업 개발 등이 주요 분야이다.

Ⅱ 우리나라 공적개발원조 역사

1. 초기 원조 수혜국 시기(1945년 ~ 1980년대 초반)

한국의 ODA 역사는 한국이 국제사회의 원조를 받는 수혜국이었던 시기에서 시작된다. 한국전쟁 후 피폐해진 경제를 재건하기 위해 미국을 비롯한 국제사회로부터 대규모 원조를 받았다. 1945년 광복 이후부터 1960년대까지 한국은 미국으로부터 경제적·군사적 원조를 받았다. 미국의 경제원조는 한국전쟁 후 복구 사업과 경제 개발을 지원하는 데 결정적인 역할을 했다. 한국 경제는 1945년부터 1973년까지 미국의 원조 자금과 기술 지원을 바탕으로 초기 산업화의 토대를 마련했다. 한편, 우리나라는 미국뿐만 아니라 유엔, 국제개발기구, 일본 등 다양한 국가와 국제기구로부터 원조를 받았다. 이 기간 동안 한국은 개발도상국이었으며, 원조 자금이 주요 산업 프로젝트, 사회 인프라 개발, 교육 및 보건 서비스 개선에 사용되었다.

2. 공여국으로의 전환기(1980년대 후반 ~ 1990년대)

1980년대 후반부터 한국은 급속한 경제 성장을 이룩하며 국제사회의 원조 수혜국에서 공여국으로 전환하기 시작했다. 이 시기는 한국의 경제적 성과가 국제적으로 인정받기 시작한 시점이다. 한국은 1987년에 필리핀과의 경제 협력을 통해 최초로 ODA를 제공하며 공여국의 역할을 시작했다. 이는 한국이 국제사회에서 책임 있는 국가로 자리매김하려는 첫 번째 단계였다. 또한, 1991년 한국국제협력단(KOICA)이 설립되었다. KOICA는 개발도상국에 무상원조를 제공하고 개발 협력을 확대하는 정부 산하 기관으로, 교육, 보건, 농업, 공공행정 등 다양한 분야에서 개발도상국을 지원하기 시작했다. KOICA는 이후 한국의 ODA 사업을 주도하는 핵심 기관이 되었다. 한편, 1987년 한국수출입은행 내 대외경제협력기금(EDCF)이 설립되었다. EDCF는 주로 유상원조를 통해 개발도상국의 인프라 개발을 지원하며, 이를 통해 한국의 경제 발전 경험을 다른 국가와 공유하는 역할을 했다.

3. OECD DAC 가입과 국제적 공여국 도약(2000년대)

2000년대 들어 한국은 ODA 규모를 확대하며 국제사회의 책임 있는 공여국으로 성장했다. 특히, 경제협력개발기구(OECD) 개발원조위원회(DAC) 가입은 한국의 공여국으로서의 위상을 공식적으로 인정받은 상징적인 사건이다. 2000년대 초반부터 한국은 ODA 예산을 점진적으로 확대하기 시작했다. 2000년에는 유엔 밀레니엄 개발 목표(MDGs)를 지지하면서 개발도상국 지원에 대한 국제적 책임을 더욱 강화하였다. 2010년 한국은 경제협력개발기구(OECD) 개발원조위원회(DAC)에 가입했다. 이는 한국이 국제사회에서 명실상부한 선진 공여국으로 인정받았음을 의미한다. DAC 가입 이후 한국은 공적개발원조의 양적 확대와 질적 개선을 동시에 추진하며, 국제사회의 다양한 개발 목표를 달성하는 데 중요한 역할을 수행하게 되었다.

4. 글로벌 중견국으로서 ODA의 확대(2010년대 이후)

2010년대 이후 한국의 ODA는 글로벌 중견국 외교 전략의 중요한 도구로 자리 잡았다. 한국은 경제 성장과 더불어 국제사회에서 책임 있는 선진국으로서의 역할을 더욱 강화하고 있으며, 개발도상국 지원을 통해 국제사회에서의 위상을 높이고 있다. 2010년대 이후 한국의 ODA 예산은 지속적으로 증가했다. 한국 정부는 연간 ODA 예산을 늘리기 위해 장기적 계획을 수립하고 있으며, ODA 규모는 국내총생산(GNI)의 0.16%로 증가했다. 한국은 GNI 대비 ODA 비율을 2030년까지 0.3% 수준으로 확대하겠다는 목표를 설정하고 있다. 한편, 한국은 유엔의 지속 가능한 개발 목표(SDGs)를 적극 지지하며, 이 목표 달성을 위해 개발도상국에 다양한 원조 프로그램을 제공하고 있다. 한국은 특히 기후 변화 대응, 지속 가능한 경제 발전, 빈곤 감소, 교육 및 보건 향상 등에 중점을 두고 있다. 또한, 최근 코로나19 팬데믹 시기에는 개발도상국에 보건 지원과 백신 공급을 확대하며 인도적 지원을 강화했다. 한국은 개발도상국의 코로나19 대응 역량 강화를 위해 긴급 지원을 제공하며, 글로벌 보건 위기 극복에 기여했다.

Ⅲ 우리나라 역대 행정부별 공적개발원조 정책

1. 노태우 정부(1988 ~ 1993년): 공여국 전환의 초기 단계

노태우 정부 시기는 한국이 원조 공여국으로 전환을 시도한 초기 단계였다. 이 시기에 한국은 경제 성장에 따른 국제적 위상 변화와 함께, 개발도상국을 대상으로 원조를 제공하기 시작했다. 노태우 정부 이전인 1987년에 EDCF가 설립되어 개발도상국에 대한 유상원조가 본격화되었다. EDCF는 주로 인프라 개발 및 산업 프로젝트를 지원하는 대출 형태의 원조를 제공했다. 한편, 1989년 필리핀에 대한 원조를 시작으로, 한국은 본격적인 공여국의 역할을 수행하기 시작했다. 이 시기는 한국이 단순한 원조 수혜국에서 벗어나 국제적 책임을 지는 공여국으로 전환하는 중요한 단계였다.

2. 김영삼 정부(1993~1998년): ODA 제도화와 양적 성장 기반 마련

김영삼 정부 시기에는 한국의 ODA가 보다 제도화되기 시작했고, 원조 공여국으로서의 위상이 점차 확대되었다. 김영삼 정부는 원조 공여국으로서의 역할을 공식화하고 제도화하는 데 주력했다. ODA를 체계적으로 운영하기 위한 정책적 기반이 강화되었으며, KOICA(한국국제협력단) 설립을 통한 무상원조의 체계화가 이루어졌다. 이 시기부터 한국은 개발도상국과의 협력 관계를 강화하고, 원조 규모를 점진적으로 늘려갔다. 주로 아시아 지역을 중심으로 원조가 확대되었으며, 개발도상국의 인프라 개발, 농업, 교육 등에 집중하였다.

3. 김대중 정부(1998~2003년): 국제사회에서의 역할 강화

김대중 정부 시기에는 국제사회에서의 한국의 역할이 더욱 강화되었고, ODA가 다자간 협력의 중요한 수단으로 사용되기 시작했다. 김대중 정부는 아시아뿐만 아니라 아프리카와 중남미 지역으로 ODA 대상을 확대했다. 이 시기에 한국의 ODA는 주로 인도적 지원과 빈곤 퇴치, 경제 개발을 목적으로 이루어졌다. 한편, 1997년 IMF 경제위기에도 불구하고 김대중 정부는 국제사회에서의 책임을 다하기 위해 ODA 사업을 유지하였다. 이는 한국이 경제적 어려움 속에서도 국제적 공여국으로서의 책임을 포기하지 않는 모습을 보여주었다.

4. 노무현 정부(2003~2008년): ODA 정책의 확대와 다변화

노무현 정부 시기는 한국 ODA가 양적으로 확대되고 정책적으로 다변화된 시기였다. 이 시기에는 ODA가 외교 정책의 중요한 도구로 사용되었다. 노무현 정부는 ODA 예산을 대폭 확대하여 국제사회에서 한국의 역할을 강화하려 했다. 이를 통해 한국은 개발도상국의 경제 개발과 빈곤 퇴치에 적극적으로 기여할 수 있었다. 한편, 동아시아 지역의 경제적 상호 의존성에 따라, 이 지역에 대한 ODA가 더욱 확대되었다. 특히, 베트남, 필리핀, 캄보디아 등 동남아시아 국가들과의 경제 협력 및 개발 지원이 강화되었다. 노무현 정부는 ODA를 한국의 중견국 외교 전략의 핵심 도구로 사용하며, 글로벌 평화 구축 및 빈곤 퇴치에 기여하는 한편, 한국의 국제적 위상을 높이는 데 주력했다.

5. 이명박 정부(2008~2013년): 선진 공여국으로의 도약과 OECD DAC 가입

이명박 정부 시기는 한국이 선진 공여국으로 도약하고, ODA 정책이 국제적으로 인정받은 중요한 시기였다. 2010년 이명박 정부는 한국을 경제협력개발기구(OECD) 개발원조위원회(DAC)에 가입시키며, 공식적으로 국제사회에서 선진 공여국으로 인정받게 되었다. 이는 한국의 ODA 역사에서 매우 상징적인 사건으로, 원조를 받는 국가에서 주는 국가로 변모한 상징적 의미를 가진다. 이명박 정부는 기후 변화 대응과 녹색 성장을 ODA의 주요 정책 목표로 설정했다. '녹색성장 전략'을 통해 개발도상국에 지속 가능한 에너지, 환경 기술을 지원하며, 기후 변화 문제에 대한 대응력을 강화하는 데 주력했다. 이명박 정부는 아시아와 아프리카를 넘어 중남미, 중동 등 다양한 지역으로 ODA의 범위를 확대하며 글로벌 중견국으로서의 역할을 더욱 강화했다.

6. 박근혜 정부(2013~2017년): ODA의 질적 개선과 맞춤형 원조

박근혜 정부는 ODA의 질적 개선과 맞춤형 원조를 강조하며, 수원국의 요구에 맞춘 개발 협력 모델을 강화했다. 박근혜 정부는 ODA의 질적 개선에 초점을 맞추어, 단순한 금전적 지원에서 벗어나 개발도상국의 자립을 돕는 지속 가능한 원조 모델을 추구했다. 이를 위해 수원국과의 협력을 통해 맞춤형 원조 프로그램을 설계하고, 현지에서 실질적으로 도움이 될 수 있는 프로젝트에 집중했다. 박근혜 정부는 아프리카 지역을 대상으로 '코리아 에이드'(Korea Aid) 프로그램을 출범시켜 보건, 의료, 교육 분야에서 직접적인 지원을 강화했다. 이는 아프리카 국가들과의 협력 관계를 더욱 공고히 하는 중요한 계기가 되었다.

7. 문재인 정부(2017~2022년): 지속 가능한 개발 목표(SDGs)와 기후 변화 대응

문재인 정부는 국제사회가 설정한 지속 가능한 개발 목표(SDGs)를 달성하기 위한 개발 협력과 기후 변화 대응에 주력했다. 문재인 정부는 유엔의 지속 가능한 개발 목표(SDGs)를 적극적으로 지지하며, 이를 ODA 정책의 주요 목표로 삼았다. 빈곤 퇴치, 교육 기회 확대, 기후 변화 대응 등 SDGs 달성을 위한 다양한 ODA 프로그램을 개발도상국에 제공했다. 코로나19 팬데믹 시기, 문재인 정부는 개발도상국에 보건 및 방역 지원을 강화했다. 백신 및 의료 장비 제공, 방역 역량 강화를 위한 지원 프로그램을 통해 한국은 글로벌 보건 위기 극복에 기여했다. 또한, 문재인 정부는 기후 변화 대응을 ODA의 중요한 축으로 삼고, 개발도상국의 녹색성장 및 재생에너지 전환을 돕기 위한 프로젝트를 확대했다.

8. 윤석열 정부(2022년~현재): 글로벌 중견국으로서의 역할 강화

윤석열 정부는 한국의 글로벌 중견국 역할을 강화하고, ODA를 통한 국제 협력을 확대하고 있다. 윤석열 정부는 2030년까지 ODA 예산을 국내총생산(GNI)의 0.3%로 확대하는 목표를 세우고, 국제사회에서의 책임 있는 공여국으로서의 역할을 강화하고 있다. 또한, 윤석열 정부는 '자유, 평화, 번영'을 중심으로 한 국제 협력 정책을 추진하며, 이를 ODA 정책에도 반영하고 있다. 한국은 인도적 지원 및 경제 협력뿐만 아니라, 민주주의 및 인권 증진을 위한 개발 협력에도 주력하고 있다.

Ⅳ 우리나라 공적개발원조 정책의 이론적 배경

1. 중견국 외교(Middle Power Diplomacy) 측면

(1) 의의

한국은 글로벌 무대에서 주요 강대국은 아니지만, 경제적·외교적 중견국으로서 국제사회에서 중요한 역할을 하고 있다. 중견국 외교는 강대국과 개발도상국 사이에서 다리 역할을 하며, 국제 질서와 규범을 형성하는 데 기여하는 외교 전략이다. 이 관점에서 한국의 ODA는 다음과 같은 이유로 필수적이다.

(2) 국제적 책임 강화

경제적 발전을 이룬 한국은 과거 개발도상국에서 공여국으로 전환된 드문 사례로, 자신이 받은 도움을 다시 개발도상국에 환원할 책임이 있다. ODA는 한국이 국제사회에서 책임 있는 국가로서 자리매김하고, 이를 통해 국제사회의 신뢰와 지지를 얻을 수 있는 중요한 수단이다.

(3) 다자외교에서의 영향력 확대

중견국은 다자외교 무대에서 영향력을 확대해야 하며, ODA는 이러한 다자외교에서 중요한 외교 수단이다. ODA를 통해 국제기구와 협력하고, 개발도상국들과의 협력 관계를 강화함으로써 국제 규범 형성에 기여할 수 있다. 한국은 이를 통해 G20, UN 등 다양한 다자 기구에서 더 큰 역할을 수행할 수 있다.

(4) 지역 안정과 평화에 기여

한국의 ODA는 동아시아, 아프리카 등 다양한 지역에서 경제적, 정치적 안정을 촉진함으로써 지역 평화와 안보에 기여한다. 개발도상국의 경제적 발전과 안정을 통해 분쟁과 난민 문제 등을 예방하고, 이를 통해 국제사회의 안보 상황을 개선하는 데 기여할 수 있다.

2. 연성권력(Soft Power) 강화 차원

(1) 긍정적 이미지 형성

연성권력은 강압적 수단(군사력, 경제력 등)을 사용하지 않고 문화적, 외교적 매력을 통해 영향력을 행사하는 힘이다. 한국의 ODA는 연성권력을 강화하는 중요한 수단이 될 수 있다. ODA를 통해 한국은 경제 발전의 성공 사례를 다른 개발도상국에 전파하고, 국제사회에서 긍정적인 이미지를 형성할 수 있다. 개발도상국에게 도움을 제공함으로써 책임 있는 선진국으로 인식되며, 이는 한국의 글로벌 이미지를 강화하는 데 기여한다. 특히, 한국의 개발 경험과 기술력은 연성권력의 핵심 자산으로 작용할 수 있다.

(2) 문화·교육적 영향력 확대

ODA를 통해 교육, 문화 교류, 기술 이전 프로그램을 제공함으로써 개발도상국과의 인적 교류를 확대할 수 있다. 이는 한국의 문화와 가치를 전파하는 연성권력의 중요한 전략이다. 예를 들어, KOICA를 통한 교육 지원 프로그램이나 한국 대학에서의 유학생 지원은 한국에 대한 호감도를 높이고, 개발도상국 내에서 한국의 영향력을 확대할 수 있다.

(3) 국제적 연대와 협력 증진

연성권력은 국제적 연대를 통해 강화된다. 한국이 개발도상국과의 협력을 통해 그들의 경제·사회 발전을 지원하는 것은 상호 호혜적인 관계를 형성하며, 이를 통해 글로벌 협력의 네트워크를 확대할 수 있다. 연성권력의 강화를 통해 국제사회에서 한국의 역할을 보다 넓게 확장할 수 있다.

3. 경성권력(Hard Power) 강화 측면

(1) 경제적 협력 강화

한국의 ODA는 개발도상국과의 경제 협력 기반을 강화하는 데 중요한 역할을 한다. ODA를 통해 개발도상국의 인프라를 구축하고, 한국의 기업이 해당 국가에 진출할 수 있는 기회를 제공함으로써 경제적 영향력을 확대할 수 있다. 이는 한국의 무역과 투자 기회를 늘리는 데 기여하며, 한국 경제의 안정성과 확장성을 높이는 데 도움을 준다.

(2) 에너지와 자원 확보

개발도상국은 자원과 에너지 공급 측면에서 한국에 중요한 국가들이 많다. ODA를 통해 이들 국가와의 관계를 강화하고, 한국이 안정적인 에너지 및 자원 공급망을 확보할 수 있도록 지원하는 것이 필요하다. 이는 한국의 에너지 안보와 경제적 이익을 보호하는 데 중요한 역할을 한다.

(3) 지역 안보 강화

경성권력 측면에서 ODA는 군사적 충돌 예방과 지역 안보 유지에도 기여할 수 있다. 개발도상국의 경제 발전과 정치적 안정은 내전이나 테러와 같은 안보 위협을 줄일 수 있으며, 한국의 안보에도 긍정적인 영향을 미친다. 특히 북한과의 긴장이 지속되는 한반도 주변에서, ODA를 통해 인도적 지원 및 평화 구축 활동을 강화하는 것은 한반도 안보에도 기여할 수 있다.

Ⅴ 우리나라 공적개발원조의 문제점

1. ODA 규모의 한계

한국의 ODA 규모는 아직 국제 기준에 미치지 못하고 있다. 2022년 기준, 한국의 ODA 비율은 국내총생산(GNI)의 0.16%로 OECD 개발원조위원회(DAC) 회원국 평균인 0.33%에 훨씬 못 미친다. 이는 한국이 선진국으로서의 역할을 다하기 위해 더 많은 자원을 투입할 필요가 있다는 비판을 받는 주요 이유 중 하나이다. 또한 국제사회가 권고하는 목표치인 ODA/GNI 0.7%에는 여전히 크게 미달하고 있다.

2. 원조의 질적 문제

한국의 ODA는 양적 성장에 비해 질적 측면에서의 개선이 더디다. 특히, 다음과 같은 질적 문제들이 지적된다. 첫째, 한국의 일부 ODA 프로젝트는 수원국의 실질적인 요구나 상황을 충분히 반영하지 못한 경우가 있다. 이는 원조 제공자가 주도하는 프로그램 설계로 인해 발생하며, 수원국의 현지 필요와 조건을 충분히 고려하지 않은 '공급자 중심의 원조'가 될 수 있다. 둘째, ODA 프로젝트 종료 후, 해당 사업이 현지에서 지속적으로 운영되기 어렵다는 문제도 존재한다. 수원국에서 자립할 수 있는 구조를 만들지 못해 일시적인 성과에 그치는 경우가 많다.

3. 정책 일관성의 부족

ODA 정책은 여러 부처와 기관이 관여하고 있으며, 그로 인해 정책 일관성이 부족할 때가 있다. 외교부, 기획재정부, KOICA, 한국수출입은행 등 여러 기관이 ODA 사업을 관장하지만, 부처 간 협력이 원활하지 않은 경우가 있다. 이는 사업의 중복이나 비효율적인 자원 분배로 이어질 수 있다. 한편, 여러 부처가 개별적으로 사업을 추진하다 보니 종합적이고 장기적인 국가 전략에 맞춘 원조 프로그램이 부족한 상황이다. 또한 특정 국가나 지역에 집중된 원조가 비판을 받을 때도 있다.

4. 원조의 투명성과 평가 시스템 미비

ODA 사업의 성과와 효과성을 평가하고 피드백을 제공하는 시스템이 충분하지 않다는 문제도 제기된다. 일부 ODA 프로그램에서는 재정 투명성과 사업 집행의 공개성이 떨어진다는 지적을 받는다. 자금 사용의 투명성을 높이기 위한 노력이 필요하다. 또한, ODA 사업의 성과를 평가하는 시스템이 미비하여, 프로그램이 종료된 후에도 그 성과를 지속적으로 모니터링하는 체계가 부족하다. 이는 사업이 실패할 경우 이를 교정하거나 개선하기 어렵게 만든다.

5. ODA에 대한 대중 인식 부족

국내에서는 공적개발원조에 대한 대중적 관심과 인식이 상대적으로 낮다. 많은 국민이 ODA의 중요성과 국제적 의무를 충분히 인지하지 못하고 있다. 이는 ODA 확대에 대한 지지 기반이 약한 이유 중 하나다. 정부가 국제사회의 책임을 다하기 위해 ODA를 확장하려 할 때, 이러한 대중의 인식 부족은 정치적 저항으로 이어질 수 있다.

6. 원조 방식의 일방성 문제

일부 ODA 사업은 공여국의 이익을 지나치게 고려하여 진행된다는 비판을 받기도 한다. 원조 제공자가 수혜국에 대한 원조를 일방적으로 제공하는 방식이 많아, 양측이 서로 협력하며 상호 호혜적으로 발전하는 구조를 만들어내지 못하고 있다. 공여국의 이익을 지나치게 고려하는 원조 방식은 개발도상국에서 반발을 초래할 수 있다.

Ⅵ 우리나라 공적개발원조 개선 방향

1. ODA 규모 확대

한국의 ODA 규모는 국제사회에서 기대되는 수준에 미치지 못하므로, 이를 확대하는 것이 필수적이다. ODA/GNI 비율을 점진적으로 늘려 OECD 평균 수준인 0.33%를 달성하고, 궁극적으로 국제사회가 권장하는 0.7% 목표에 도달해야 한다. 이를 위해 정부는 예산을 더욱 적극적으로 할당하고, 장기적인 ODA 예산 계획을 수립해 지속 가능한 확대 방안을 마련할 필요가 있다.

2. 수원국 요구에 맞춘 맞춤형 원조

수원국의 실질적인 요구를 반영한 맞춤형 원조 프로그램을 강화해야 한다. 이를 위해서는 수원국과의 긴밀한 협력을 바탕으로 현지 상황을 정확히 파악하고, 수원국 정부 및 현지 기관과의 협의를 통해 사업을 설계하는 과정이 필요하다. 현지의 요구를 우선적으로 반영하고, 원조 프로그램이 수원국의 경제적·사회적 맥락에 적합하게 구성되도록 해야 한다. 또한, 현지 자립성을 높이는 지속 가능한 원조를 설계해야 한다. 원조 프로그램이 종료된 후에도 현지에서 지속적으로 운영될 수 있도록 기술 이전, 인재 양성, 제도 정비 등 장기적인 자립 기반을 마련해주는 것이 중요하다.

3. 정책 일관성과 부처 간 협력 강화

ODA 정책의 일관성을 높이기 위해 부처 간 협력을 강화해야 한다. 이를 위해 다음과 같은 방안을 고려할 수 있다. 첫째 외교부, 기획재정부, KOICA, 한국수출입은행 등 여러 기관의 ODA 사업을 조정하는 통합 관리 기구를 설립해 ODA 정책을 종합적으로 관리하고, 부처 간 중복된 사업을 최소화하는 것이 필요하다. 둘째, 장기적이고 종합적인 국가 ODA 전략을 수립해 특정 지역이나 분야에 과도하게 집중된 원조를 지양하고, 전략적이고 균형 잡힌 원조 계획을 수립해야 한다. 이를 통해 국제사회의 다양한 요구에 부응하는 동시에 한국의 국제적 역할을 명확히 설정할 수 있다.

4. 평가 및 모니터링 시스템 개선

ODA의 성과를 정확히 평가하고 피드백을 반영할 수 있는 평가 및 모니터링 시스템을 강화해야 한다. 이를 위해 ODA 자금 사용과 사업 진행 과정을 더욱 투명하게 공개해 대중의 신뢰를 높이고, 국제사회에서도 한국의 ODA에 대한 신뢰를 제고할 필요가 있다. 자금 사용 내역과 성과 보고서를 정기적으로 발표하고, 이를 공개하는 시스템을 구축해야 한다. 또한, 객관적인 성과 평가 지표와 시스템을 도입해 ODA 사업의 효과성을 체계적으로 분석하고, 성과가 미흡할 경우 그 원인을 파악해 개선하는 절차를 마련해야 한다. 이를 통해 성공적인 프로그램은 확장하고, 실패한 프로그램은 수정 또는 중단할 수 있는 피드백 구조를 마련할 수 있다.

5. 국내 대중 인식 개선

국내에서 ODA에 대한 대중적 인식을 높이는 것도 중요한 과제다. 대중의 이해와 지지를 얻기 위해서는 ODA의 중요성과 성과를 알리는 홍보 및 교육이 필요하다. ODA 사업에 대한 국민의 관심을 높이기 위해 다양한 프로그램을 마련해야 한다. 예를 들어, 공익 광고, ODA 성과를 소개하는 다큐멘터리 제작, 학생 대상의 교육 프로그램을 통해 ODA의 중요성을 알릴 수 있다. 또한, KOICA의 해외 봉사 프로그램이나 인턴십 기회를 확대해 청년들이 직접 ODA 현장에 참여하고 경험할 수 있도록 하여, ODA에 대한 이해를 높이는 것이 필요하다.

6. 상호 호혜적 협력 강화

ODA가 공여국의 일방적인 지원이 아닌 상호 호혜적인 협력 관계로 발전해야 한다. 이를 위해서는 원조 제공국과 수원국이 공동으로 이익을 창출하는 방식의 협력을 구축하는 것이 필요하다. 수원국과 공여국이 공동으로 프로젝트를 설계하고 실행하는 파트너십 기반의 ODA 프로그램을 늘려야 한다. 이를 통해 수원국이 원조를 수동적으로 받기보다는 주도적으로 참여하여 자국의 발전에 기여할 수 있도록 하는 구조를 마련해야 한다. 또한, 공여국과 수원국이 상호 협력하여 성취할 수 있는 공동 목표를 설정하고, 양국이 함께 사업 성과를 나누는 방식으로 ODA를 운영하는 것이 필요하다.

7. 기술 협력 및 인재 양성

단순한 재정 지원보다는 기술 협력과 인재 양성에 중점을 두는 원조 방식으로 전환해야 한다. 이를 통해 수원국이 스스로 발전할 수 있는 역량을 강화하는 것이 중요하다. 수원국이 필요로 하는 기술을 한국에서 이전하고, 해당 기술을 활용해 자국 내에서 발전할 수 있도록 지원해야 한다. 또한, KOICA 등의 프로그램을 통해 수원국의 전문가를 초청해 한국에서 교육을 제공하고, 이를 통해 개발도상국 내에서 자립적인 개발 역량을 갖출 수 있도록 해야 한다.

제9절 우리나라의 중견국 외교

I 중견국의 개념 및 특징

1. 중견국의 개념

중견국(middle power)은 국제 관계에서 강대국(superpower)과 소국(small power) 사이에 위치한 국가로, 군사적 초강대국은 아니지만 국제 문제에 대한 외교적, 경제적 영향력을 통해 중요한 역할을 하는 국가를 의미한다. 중견국은 자국의 힘을 과시하는 대신 협력과 규범을 중시하며, 다자주의적 접근을 통해 국제 평화와 안정을 도모하는 것을 특징으로 한다.

2. 중견국의 주요 특징

(1) 다자주의와 규범 강화

중견국은 국제 규범과 다자주의를 지지하며 국제 기구에서의 협력을 중시한다. 유엔(UN), G20, WTO와 같은 다자기구에서 활발히 활동하며 국제 규범을 강화하고, 강대국의 일방적 행동을 견제하는 역할을 수행한다.

(2) 평화 유지와 중재자 역할

중견국은 군사적 강대국이 아니기에 강대국들 사이의 갈등을 조정하고 평화를 유지하려는 중재자 역할을 수행한다. 예를 들어, 캐나다와 스웨덴, 노르웨이 등은 국제 분쟁 중재와 평화 유지 활동에 적극 참여하며, 강대국 간의 갈등을 완화하고 균형을 잡는 역할을 한다.

(3) 글로벌 이슈에 대한 기여

중견국은 환경, 인권, 개발 협력 등 글로벌 이슈에 적극적으로 참여하여 국제사회의 공공선을 창출하고자 한다. 기후변화 대응, 빈곤 퇴치, 여성 인권과 같은 글로벌 문제에서 책임을 다하며, 이를 통해 긍정적인 국가 이미지를 구축하고 국제사회의 신뢰를 얻는다.

(4) 경제적 협력과 상호 의존성 확대

중견국은 경제적 안정과 성장을 위해 다른 국가들과의 경제적 연계를 강화하며, 무역과 투자, 기술 교류를 촉진한다. 강대국에 비해 제한된 경제력과 자원을 보완하기 위해 다자주의적 경제 협력을 중요시한다.

Ⅱ 중견국에 관한 이론

1. 앤드루 쿠퍼(Andrew F. Cooper)

(1) 서설

앤드루 쿠퍼(Andrew F. Cooper)는 중견국을 강대국과 소국 사이에서 고유한 역할을 수행하는 국가로 정의하며, 이들이 국제사회에서 창의적이고 규범적인 리더십을 발휘한다고 본다. 그는 중견국이 전통적인 군사적, 경제적 강대국의 접근법과는 다른 방식으로, 다자주의와 협력적 외교를 통해 국제 문제 해결에 기여한다고 강조한다. 쿠퍼는 중견국의 외교 활동에서 다자주의와 협력, 규범적 리더십, 그리고 소프트 파워의 중요성을 특히 중시한다.

(2) 창의적 외교와 다자주의적 접근

쿠퍼는 중견국을 "창의적 외교국가"로 규정하며, 이들이 군사력과 경제력이 아닌 창의적 외교 전략을 통해 국제사회에서 영향력을 발휘한다고 본다. 중견국은 다자주의적 협력과 연대를 바탕으로 국제 문제에 접근하며, 이를 통해 자국의 자원 한계를 극복하고 글로벌 이슈에 의미 있는 변화를 만들어내려고 한다고 설명한다. 예를 들어, 캐나다와 스웨덴은 인권과 평화 문제에서, 한국은 한반도 평화와 경제적 연대에서 창의적 외교를 통해 중견국으로서의 역할을 수행한다고 본다.

(3) 글로벌 공공재 제공자로서의 역할

쿠퍼는 중견국이 국제사회에 "글로벌 공공재"를 제공하는 데 중요한 역할을 한다고 강조한다. 중견국은 국제 규범과 평화 유지, 개발 협력 등을 통해 공공재 창출에 기여하며, 자국의 이익뿐 아니라 공동 이익을 추구하려 한다고 본다. 그는 중견국이 국제적 책임감을 가지고 인권, 기후변화, 빈곤 퇴치 등 전 지구적 문제에 참여함으로써 강대국과 소국 사이에서 균형을 유지하고, 국제사회 질서 유지에 기여한다고 설명한다.

(4) 규범적 리더십

쿠퍼는 중견국이 국제사회에서 규범적 리더십을 발휘하며, 도덕적 기준과 보편적 가치를 중심으로 활동한다고 본다. 중견국은 인권, 민주주의, 평화와 같은 국제적 규범을 강화하려는 노력을 통해 국제사회에서 신뢰를 얻으며, 이를 통해 강대국의 실질적 권력에 도전하지 않고도 영향력을 확대할 수 있다고 주장한다. 그는 캐나다의 다문화주의, 스웨덴의 인권 외교, 노르웨이의 평화 중재 활동 등을 중견국의 규범적 리더십 사례로 제시한다.

(5) 소프트 파워와 외교적 매력

쿠퍼는 중견국이 소프트 파워를 통해 국제사회에서 긍정적 이미지를 구축하고, 이를 통해 영향력을 확대한다고 본다. 군사적, 경제적 자원이 제한적인 중견국들은 문화, 교육, 가치 공유 등을 통해 외교적 매력을 발휘하며, 이를 바탕으로 신뢰와 호감을 얻고자 한다고 설명한다. 예를 들어 한국은 K-팝과 영화 등 문화 외교를 통해, 캐나다는 다문화주의와 환경 보호 활동을 통해 소프트 파워를 발휘하며 국제사회에서 긍정적 이미지를 구축해 왔다고 설명한다.

(6) 강대국 간 갈등 속에서의 균형 유지

쿠퍼는 중견국이 강대국들 간의 경쟁 속에서도 중립적이고 균형 잡힌 입장을 유지하려는 특징을 가진다고 본다. 그는 중견국이 강대국 간 갈등을 완화하고 협력적인 환경을 조성하는 중재자 역할을 통해 국제사회의 안정에 기여한다고 본다. 중견국들은 강대국의 패권적 영향력에 도전하지 않으면서도, 다양한 글로벌 이슈에서 협력의 촉매 역할을 수행하여 소국들에도 발언권을 부여하고 국제 질서를 안정시키는 역할을 한다고 설명한다.

2. 현실주의

(1) 의의

현실주의는 국제 관계를 무정부 상태의 체제로 보며, 국가들은 자국의 생존과 안보를 최우선으로 하여 행동한다고 본다. 현실주의적 관점에서 중견국은 강대국에 비해 군사력과 경제력이 부족하기 때문에 강대국의 힘에 도전하기보다는 그들의 질서에 적응하며 자국의 이익을 지키려는 방어적 외교를 선택하는 국가로 해석된다. 중견국은 강대국의 질서에 반발하기보다는 그 안에서 협력과 타협을 통해 자국의 위치를 지키고자 한다고 해석된다. 예를 들어, 한국과 호주는 자국의 안보를 보장받기 위해 미국과의 동맹 관계를 유지하고 있으며, 이로 인해 강대국 간 갈등 속에서 자국의 안보와 이익을 보호하려고 한다고 설명된다.

(2) 연합과 동맹을 통한 힘의 확보

현실주의적 관점에서 중견국은 강대국과의 동맹을 맺거나 유사한 중견국 간 연합을 통해 힘의 균형을 맞추려는 전략을 추구한다고 본다. 중견국이 다자기구에서 활동하거나 다른 중견국들과 연합하는 것도 자국의 생존을 위해 협력을 통한 안정적 지위를 확보하려는 방편으로 해석된다.

(3) 국익을 최우선으로 하는 다자주의적 활동

현실주의는 중견국이 다자주의적 협력에 참여하는 이유도 자국의 이익을 최우선으로 하기 때문이라고 본다. 중견국이 유엔, WTO, G20과 같은 다자기구에서 적극적으로 활동하는 이유도 궁극적으로 자국의 경제적 안정과 안보를 보장하기 위한 전략적 선택으로 해석된다. 현실주의적 관점에서는 중견국 외교가 평화와 규범 강화를 목적으로 하는 것이 아니라, 자국의 생존과 경제적 이익을 보호하기 위한 방어적 전략으로 평가된다. 이는 중견국이 강대국 질서 속에서 자국의 이익을 최대한 확보하고, 위험을 최소화하기 위해 다자주의적 외교를 활용한다고 보는 해석이다.

3. 구성주의적 관점

(1) 규범적 리더십을 통한 국제적 역할 수행

구성주의는 중견국이 국제사회에서 규범적 리더십을 발휘하며 국제적 가치를 수호하려 한다고 본다. 중견국은 강대국처럼 군사적 강압이 아닌 규범과 가치를 기반으로 국제사회에서 긍정적 변화를 추구하려 한다고 설명된다. 예를 들어, 캐나다와 스웨덴은 인권 보호, 환경 보호, 다문화주의와 같은 가치를 내세워 국제사회에서 신뢰받는 국가로 자리 잡았다고 본다. 중견국은 이러한 규범적 리더십을 통해 국제사회에서 영향력을 확대하고, 긍정적인 국가 이미지를 구축하려 한다고 구성주의는 해석한다.

(2) 국제 규범 강화와 공공선 창출

구성주의적 관점에서 중견국은 자국 이익을 넘어서, 국제사회에서 공공선을 창출하고 국제 규범을 강화하려 한다고 본다. 중견국은 다자기구에서 활동하며 인권, 기후변화, 빈곤 퇴치 등 글로벌 이슈에 대한 책임 있는 역할을 수행하고자 한다. 구성주의적 시각에서는 중견국의 다자주의적 외교 활동이 단순히 자국 이익을 위해서가 아니라, 국제사회의 공동 이익을 증진하려는 행위로 평가된다. 예를 들어, 한국이 기후변화 대응을 위한 다자 협력이나 개발 원조(ODA)에서 책임 있는 역할을 하려는 모습은 국제사회의 공공선을 위한 책임감에서 비롯된 것으로 해석된다.

(3) 국제 공동체에 대한 책임과 연대

구성주의적 시각에서 중견국은 국제 공동체의 일원으로서 책임감을 가지고 규범 강화와 협력을 통해 국제사회의 발전에 기여하려 한다고 본다. 유엔이나 국제적 다자기구에서 중견국이 적극적으로 활동하는 이유도 국제사회에 대한 연대와 책임을 다하기 위해서라고 구성주의는 설명한다. 이러한 중견국 외교는 단순히 자국의 국익을 보호하려는 것이 아니라, 국제사회가 함께 발전하고 평화를 지향할 수 있도록 돕는 규범적 역할을 강조한다.

Ⅲ 중견국의 외교 사례

1. 캐나다: 다자주의와 인권 외교

캐나다는 다자주의와 인권 외교를 통해 국제사회에서 중요한 역할을 하고 있다. 캐나다는 유엔, G7, G20 등 다양한 다자기구에서 활발히 활동하며 평화와 인권 보호에 기여하고 있다. 1995년에는 '인간 안보' 개념을 외교 정책의 중심으로 삼아 분쟁과 폭력으로부터 민간인을 보호하는 데 주력했고, 2005년에는 '책임 보호' 개념을 주도하며 인권 보호와 국제 평화에 기여했다. 캐나다는 환경 문제와 기후변화 대응에서도 국제적인 리더십을 발휘하며, 글로벌 기후 정상회의(COP) 등에 적극적으로 참여하고 있다.

2. 호주: 인도-태평양 지역의 평화 유지와 경제 외교

호주는 인도-태평양 지역에서 중견국 외교를 실천하며 안보와 경제 협력을 강화하고 있다. 호주는 미국, 일본, 인도와 함께 '쿼드'(Quad) 협력체에 참여하여 지역의 안정을 도모하고 있다. 이를 통해 호주는 강대국과의 협력을 유지하면서도 인도-태평양 지역의 평화에 기여하는 역할을 하고 있다. 또한 호주는 태평양 섬나라들에 대한 개발원조와 기후변화 대응 지원을 통해 태평양 제도 포럼(PIF)에서 리더십을 발휘하며, 지역의 경제적 안정을 지원하고 있다.

3. 스웨덴: 인권 외교와 평화 중재

스웨덴은 인권 보호와 평화 구축을 목표로 하는 규범적 리더십을 강조하는 외교를 실천하고 있다. 2014년 세계 최초로 '페미니스트 외교정책'을 도입하여 여성의 권리와 평등을 증진하고 있으며, 유엔과 EU에서 여성, 평화, 안전 의제를 주도하고 있다. 스웨덴은 중립국으로서 다양한 분쟁에서 중재자 역할을 수행해 왔고, 예멘 분쟁에서는 유엔 주도의 평화협정에 참여해 중재자 역할을 맡았다. 이를 통해 스웨덴은 국제사회에서 신뢰받는 평화 중재국으로 자리 잡았다.

4. 노르웨이: 평화 중재와 인도적 지원

노르웨이는 평화 중재와 인도적 지원을 통해 국제사회에서 중요한 역할을 하고 있다. 노르웨이는 1993년 이스라엘과 팔레스타인 간 오슬로 협정을 중재하며 평화 중재국으로서의 역할을 확립했고, 이후에도 필리핀, 스리랑카 등 다양한 분쟁에서 중재자로 활동해 왔다. 노르웨이는 인도적 지원을 위한 공적개발원조(ODA) 비율이 높은 국가로, 분쟁 지역과 개발도상국에 대한 지원을 통해 국제사회의 긍정적 평가를 받고 있다.

Ⅳ 중견국 외교의 기대 이익

1. 독자적 외교 공간 확보와 국제적 영향력 강화

중견국 외교는 강대국의 틀 안에서 벗어나 독자적인 외교 공간을 확보할 수 있게 한다. 강대국 중심의 국제 질서 속에서 중견국들이 다자기구에서 연대와 협력을 통해 공동의 목소리를 내면, 국제사회에서 영향력을 확대할 수 있다. 한국은 MIKTA와 같은 중견국 협의체를 통해 강대국 간의 대립에서 벗어나 독립적 입지를 확보하고 국제사회에서 자국의 입장을 적극적으로 표명할 기회를 얻는다. 이를 통해 중견국은 강대국의 일방적 결정에 대한 견제력을 갖추고, 다양한 글로벌 이슈에서 주도적인 역할을 수행할 수 있다.

2. 경제적 기회 확대와 무역 다변화

중견국 외교는 경제적 협력과 교류를 통해 경제적 기회를 확대하는 데 기여한다. 중견국들이 다자주의적 경제 협력을 강화함으로써 무역 파트너를 다변화하고, 안정적인 경제적 성장을 도모할 수 있다. 예를 들어, 한국은 한-아세안 협력과 같은 다자적 경제 외교를 통해 다양한 국가들과의 경제적 연계를 구축하고 있다. 이러한 경제 다변화는 강대국 간의 무역 갈등이나 공급망 위험을 줄이고, 중견국의 경제적 안정성을 확보하는 데 기여한다.

3. 안보 이익 증대와 평화유지 역할 강화

중견국 외교는 다자주의와 협력을 통해 안보를 증진하고 평화 유지에 기여할 수 있는 기회를 제공한다. 중견국은 강대국 간의 갈등에서 중립적인 위치를 유지하며, 갈등 조정이나 평화 중재자로서 안보를 강화할 수 있다. 한국은 남북 관계에서 중재자 역할을 하며 한반도 평화를 위한 대화와 협력을 추진하고 있다. 또한, 중견국들은 유엔 평화유지활동(PKO)에 참여함으로써 국제사회의 평화와 안보에 기여하며, 국제사회에서 신뢰를 얻을 수 있다.

4. 글로벌 이슈에 대한 규범적 리더십 발휘와 국제 평판 증대

중견국 외교는 기후변화, 인권, 개발 협력과 같은 글로벌 이슈에서 규범적 리더십을 발휘할 기회를 제공한다. 중견국은 군사적 영향력보다 규범과 가치를 통해 국제사회에서 신뢰와 호감을 구축할 수 있다. 한국은 기후변화 대응과 지속 가능한 발전을 위해 국제기구에서 적극적으로 활동하고 있으며, 개발도상국에 대한 원조와 협력을 통해 책임 있는 글로벌 파트너로서의 입지를 다지고 있다. 이러한 규범적 리더십은 중견국이 국제사회에서 긍정적인 국가 이미지를 형성하고, 호감을 얻는 데 중요한 역할을 한다.

5. 다자주의적 협력과 국제 안정 기여

중견국 외교는 다자주의적 틀 안에서 강대국의 일방적 행동을 견제하고 국제사회의 안정과 평화에 기여할 수 있게 한다. 중견국은 유엔, G20, ASEAN 등 다자기구에서 활동하며 다자주의적 협력을 통해 국제 규범을 강화하고, 국제사회의 협력을 증진할 수 있다. 이는 중견국이 국제사회에서 협력의 필요성을 증대시키고, 안정적인 국제 질서를 유지하는 데 기여할 수 있도록 한다.

6. 자국 이미지 개선과 소프트 파워 강화

중견국 외교는 문화 외교와 규범적 리더십을 통해 자국의 소프트 파워를 강화하고, 국제사회에서 긍정적인 이미지를 구축하는 기회를 제공한다. 한국은 K-팝, 영화, 드라마와 같은 문화 콘텐츠를 통해 소프트 파워를 확산하며 국제사회에서 긍정적 이미지를 구축해왔다. 이러한 소프트 파워는 군사적, 경제적 힘이 제한된 중견국에게 중요한 외교 자산이 된다. 국제사회에서 호감과 신뢰를 얻음으로써 중견국은 다양한 국제 협력에 참여하고 더 큰 영향력을 발휘할 수 있는 기반을 마련하게 된다.

V 한국의 중견국 외교 사례

1. MIKTA

(1) 설립

MIKTA는 2013년 한국, 멕시코, 인도네시아, 터키, 호주가 창립한 중견국 협의체로, 각국의 영문 이니셜을 따서 명명되었다. MIKTA는 강대국과 소국 사이에 위치한 중견국들이 국제사회에서 공동의 입장을 표명하고, 글로벌 이슈에 대해 협력하기 위해 만들어진 비공식 협력체이다. MIKTA는 군사력이나 경제력 면에서는 강대국 수준은 아니지만, 다자주의와 규범을 통해 국제사회의 질서를 유지하고 공공선 창출에 기여하려는 중견국 외교의 대표적 사례로 평가받고 있다.

(2) 설립목적

MIKTA의 주요 목적은 중견국들이 다자주의적 접근을 통해 국제사회에서 독립적인 외교적 입지를 구축하고, 다양한 글로벌 이슈에 대한 공동 대응을 도모하는 것이다. MIKTA는 다음과 같은 목적과 목표를 가지고 활동하고 있다. 첫째, MIKTA는 국제 평화와 안정을 위해 국제 규범을 강화하고, 다자기구와의 협력을 통해 글로벌 거버넌스를 개선하는 것을 목표로 한다. 다자주의에 기반한 협력을 통해 강대국의 일방적 결정에 대한 견제를 도모하고 있다. 둘째, MIKTA는 기후변화, 인권, 빈곤, 보건 위기와 같은 다양한 글로벌 이슈에 대해 공동의 입장을 내고, 이를 해결하기 위한 공동의 노력을 기울이고 있다. 특히, 코로나19 팬데믹 동안 백신 접근성 확대와 보건 협력 강화에 대한 논의를 주도하며 보건 안보 문제에 대응하고 있다. 셋째, MIKTA 회원국들은 경제 성장 잠재력을 가진 국가들로, 무역과 투자, 경제 협력을 통해 상호 경제적 이익을 도모하고 있다. MIKTA는 지속 가능한 발전을 위한 경제 협력 방안을 모색하며, 포용적이고 지속 가능한 성장을 위해 협력하고 있다. 넷째, MIKTA는 인권 보호, 법치주의 강화, 민주주의 진전을 주요 가치로 삼고 있으며, 국제사회에서 규범적 리더십을 발휘하고 있다. 이를 통해 국제사회에서 규범을 존중하고, 강대국의 패권적 접근을 견제하는 역할을 수행하려 한다.

(3) 성과

MIKTA는 다양한 글로벌 이슈에 대해 회원국 간 회의를 통해 공동 입장을 조율하고, 국제 기구와의 협력을 통해 실질적인 영향력을 발휘하려 하고 있다. 주요 활동과 성과는 다음과 같다. 첫째, MIKTA는 유엔, G20 등 주요 국제회의에서 공동 성명을 발표하며, 회원국들이 국제적 이슈에 대해 일관된 입장을 표명하고 있다. 이를 통해 기후변화, 개발 협력, 경제 회복, 인권 등의 글로벌 이슈에 대한 중견국들의 입장을 국제사회에 전달하고 있다. 둘째, 코로나19 팬데믹 동안 MIKTA는 백신 접근성 확대와 보건 협력을 위한 논의를 주도하며, 보건 안보 문제에 공동 대응했다. 각국은 백신 공동 구매와 배포를 논의하며, 글로벌 공공재로서의 백신 공급을 중요하게 다뤘다. 이를 통해 국제사회에서 중견국들이 보건 위기에서 책임 있는 역할을 수행할 수 있음을 보여주었다. 셋째, MIKTA는 기후변화 문제에 대해 적극적으로 대응하며, 탄소중립 목표를 향한 다자 협력의 중요성을 강조하고 있다. 기후변화 정상회의에서 회원국들은 공동으로 탄소 배출 감축과 지속 가능한 발전 목표 달성을 위해 협력하겠다는 입장을 표명했다. 넷째, MIKTA는 매년 정기적인 외교장관 회의, 회원국 간 전문가 회의를 통해 중견국 외교의 방향성을 논의하고 있으며, 중견국 간의 연대와 협력을 강화하고 있다. 이러한 회의는 다자기구에서 중견국의 목소리를 높이고, 글로벌 거버넌스에서의 역할을 확대하는 데 기여하고 있다.

(4) 한국의 역할과 기여

한국은 MIKTA에서 주요 역할을 수행하며, 기후변화 대응, 개발 협력, 보건 협력 등 다양한 글로벌 이슈에서 중견국으로서의 입지를 강화하고 있다. 한국은 MIKTA 내에서 의장국을 맡아 각국의 협력 의제를 주도하고, 공동 성명 발표와 다자기구와의 협력을 통해 국제사회에서 책임 있는 중견국으로서 활동하고 있다. 특히, 한국은 기후변화 대응, 지속 가능한 발전, 코로나19 팬데믹 대응에서 중요한 기여를 하고 있다. P4G 서울 정상회의를 주최하여 지속 가능한 발전을 위한 국제 협력을 촉진하고, 백신 접근성 확대와 보건 안보 문제 해결을 위한 논의를 통해 MIKTA의 공동 대응에 기여하고 있다.

(5) 평가

MIKTA는 중견국들이 강대국 중심의 국제 질서에서 독립적이고 균형 잡힌 입장을 유지하며, 협력을 통해 국제사회에서 자국의 영향력을 확대할 수 있는 기회를 제공한다는 점에서 큰 의미를 갖는다. 다자주의적 접근을 통해 국제 규범과 가치의 중요성을 강조하고, 글로벌 이슈에 대해 독자적인 목소리를 낼 수 있게 한다. 그러나 MIKTA는 비공식 협의체로서 강력한 집행력을 가지지 못하고 있으며, 각국의 정치적, 경제적 이해관계가 상이해 특정 이슈에 대해 일관된 정책 추진이 어려운 경우가 있다. 회원국 간 외교적 우선순위와 정책적 관심사가 다르기 때문에 일부 사안에서 공동의 입장을 조율하는 데 한계가 존재한다.

2. 공적개발원조(ODA)

(1) 우리나라의 ODA 역사

한국의 공적개발원조(ODA) 역사는 한국이 원조를 받던 수원국에서 원조를 제공하는 공여국으로 전환하는 과정을 거쳐 발전해 왔다. 한국은 1950년대부터 1980년대까지 전쟁과 빈곤을 극복하기 위해 외국으로부터 원조를 받아 경제 성장을 이루었고, 이후 경제 성장을 통해 원조를 제공하는 국가로 전환했다. 1991년부터 본격적인 ODA 제공을 시작했으며, 2010년 경제협력개발기구(OECD) 개발원조위원회(DAC)에 가입하면서 국제사회에서 공식적으로 공여국으로 자리 잡았다.

(2) ODA 정책의 목표와 방향

한국의 ODA는 '지속 가능한 발전 목표(SDGs)' 달성에 기여하고, 개발도상국의 경제적 자립과 빈곤 퇴치를 지원하는 것을 목표로 한다. 한국은 이를 위해 개발도상국의 필요와 여건에 맞춘 맞춤형 지원을 강조하며, 자국의 경제 발전 경험을 바탕으로 실질적인 성과를 이루려는 전략을 추진하고 있다. 주요 정책 목표는 빈곤 감소, 인프라 구축, 질 높은 교육과 보건 서비스 제공, 기후변화 대응 능력 강화 등이다. 한국은 ODA를 통해 개발도상국의 지속 가능한 성장을 돕고 있으며, 글로벌 개발 협력에서 책임 있는 중견국으로서의 역할을 수행하고 있다. ODA 정책의 기조는 인도적 지원뿐 아니라 자립을 위한 역량 강화에 중점을 두고 있으며, 이를 위해 연수와 기술 교육, 협력 프로그램을 함께 운영한다.

(3) ODA의 형태와 분야

한국의 ODA는 양자원조와 다자원조로 나뉘며, 이를 통해 다양한 분야에서 개발

협력을 수행하고 있다. 양자원조는 개별 국가를 대상으로 하는 직접적인 지원으로, 한국국제협력단(KOICA)과 같은 기관이 담당하며, 교육, 보건, 인프라, 농업 등 다양한 분야에서 사업을 수행하고 있다. 다자원조는 국제기구를 통해 지원을 제공하며, 한국은 유엔, 세계은행(WB), 아시아개발은행(ADB) 등과 협력하여 다자간 협력을 강화하고 있다.

(4) 주요 ODA 기관과 프로그램

한국의 ODA는 주요 기관인 한국국제협력단(KOICA)과 한국수출입은행(EDCF)이 주관하고 있다. KOICA는 무상 원조를 담당하며, 개발도상국의 교육, 보건, 환경 등 다양한 분야에서 사업을 추진한다. KOICA의 주요 프로그램으로는 교육, 농업, 보건, 연수 등이 있으며, 특히 개발도상국 공무원과 전문가들을 대상으로 하는 연수 프로그램은 한국의 발전 경험을 전수하고 현지의 자립을 지원하는 데 중요한 역할을 하고 있다.

한국수출입은행의 대외경제협력기금(EDCF)은 유상 원조를 담당하며, 주로 인프라와 경제 개발을 위한 대출과 자금을 제공한다. EDCF는 아시아, 아프리카, 라틴 아메리카 등지에서 철도, 도로, 전력 등의 인프라 개발을 지원하며, 개발도상국의 경제 성장과 자립을 돕는 역할을 수행하고 있다.

(5) 한국 ODA의 특징과 성과

한국의 ODA는 한국의 경제 발전 경험을 바탕으로 실용적이고 맞춤형 지원을 제공하는 데 중점을 둔다. 한국은 개발도상국의 특성과 요구에 맞춘 프로젝트를 설계하여 자립 기반을 제공하고 있으며, 이를 통해 수원국의 지속 가능한 발전을 목표로 한다. 한국의 ODA는 특히 보건과 인프라 분야에서 실질적인 성과를 보이며, 개발도상국의 긍정적인 반응을 얻고 있다. 또한, 한국은 ODA를 통해 국제사회에서 신뢰를 쌓고 있으며, 중견국으로서 글로벌 공공재 제공자로서의 역할을 강화하고 있다. 한국의 ODA는 인도적 지원을 넘어 개발도상국의 자립을 촉진하는 데 초점을 맞추고 있으며, 이를 통해 한국은 글로벌 파트너로서의 입지를 확립하고 있다.

(6) 한국 ODA의 과제와 향후 방향

한국의 ODA는 발전을 거듭하고 있지만, 여전히 몇 가지 과제를 안고 있다. 첫째, 한국의 ODA 비율은 OECD 평균보다 낮은 편이므로, 보다 적극적인 재정 투자가 필요하다. 둘째, ODA의 투명성과 효율성을 높이기 위해 사업 평가와 관리 체계를 강화해야 한다. 마지막으로, 개발도상국의 요구와 상황에 맞춘 장기적이고 지속 가능한 협력 방안을 모색할 필요가 있다.

3. 평화유지활동

(1) 의의

한국은 국제 평화와 안보 유지를 위해 다양한 유엔 평화유지활동(Peacekeeping Operations, PKO)에 참여하며, 세계 여러 분쟁 지역에서 군사적, 인도적 지원을 통해 안정과 재건을 도모하고 있다. 한국은 1991년 유엔 가입 이후 평화유지활동에 적극적으로 참여해 왔으며, 특히 1993년 소말리아에 첫 공병부대(상록수부대)를 파견하면서 유엔 평화유지군 파견을 본격화했다. 이후 다양한 지역에서 공병,

의료 지원, 인도적 구호 활동을 통해 평화유지 활동을 수행하며 국제사회에서 신뢰받는 중견국으로서의 역할을 확대하고 있다.

(2) 사례

우리나라는 소말리아 상록수 부대를 시작으로 다양한 평화유지활동에 참여하고 있다. 몇 가지 사례를 보자. 첫째, 한국은 남수단의 분쟁 상황을 해결하고 평화 구축을 지원하기 위해 2013년 유엔 남수단 임무단(UNMISS)의 일환으로 한빛부대를 파견했다. 한빛부대는 현재까지 남수단에서 도로와 건물, 병원 등의 인프라 재건을 지원하며, 주민들에게 의료 지원과 식수 공급 등의 인도적 지원을 제공하고 있다. 특히, 남수단의 불안정한 정세와 열악한 환경 속에서도 한빛부대는 지역 사회의 안정에 크게 기여하고 있다. 둘째, 한국은 2007년부터 레바논 남부에 동명부대를 파견하여 유엔 평화유지군(UNIFIL)과 함께 지역의 안정 유지와 평화 구축에 힘쓰고 있다. 동명부대는 유엔의 요청에 따라 레바논-이스라엘 국경 지역에서 감시, 정찰, 인도적 지원을 통해 평화 유지 임무를 수행하고 있으며, 현지 주민들에게 의료 서비스와 교육 프로그램도 제공하고 있다. 동명부대는 민군 협력을 통해 지역 주민들과의 신뢰를 구축하고, 지역 사회와의 긴밀한 소통을 통해 평화 유지에 긍정적인 영향을 미치고 있다. 이 활동은 한국이 분쟁 지역의 민군 협력과 인도적 지원을 통해 평화유지활동에 기여하는 사례로 평가된다. 그 밖에도 동티모르, 앙골라, 남수단 등에서 평화유지활동을 하였다.

Ⅵ 우리나라 중견국 외교의 한계 및 보완 방안

1. 중견국 외교의 한계

(1) 강대국 간 갈등 속에서 독자성 확보 한계

한국은 지정학적으로 미국과 중국이라는 두 강대국 사이에 위치해 있으며, 두 국가와 긴밀한 경제적, 안보적 관계를 유지하고 있다. 하지만 미국과 중국 간의 경쟁이 심화될수록 한국은 외교적으로 갈림길에 서게 되며, 중립적 입장을 유지하는 데 어려움을 겪는다. 예를 들어, 사드(THAAD) 배치 문제나 반도체 공급망 이슈에서 한국은 양국의 압박을 받으며, 특정 강대국의 편에 서지 않기 위해 어려운 결정을 내려야 했다. 이러한 갈등 속에서 한국의 중견국 외교 입지는 불안정하며, 강대국 사이에서 자율적 외교를 펼치기 어려운 한계를 드러낸다.

(2) 자원과 외교 역량 부족

중견국 외교를 효과적으로 수행하려면 충분한 자원과 외교적 역량이 필요하지만, 한국은 강대국에 비해 군사적, 경제적 자원이 부족하여 모든 국제 이슈에서 강력한 영향력을 발휘하기 어렵다. 예를 들어, 공적개발원조(ODA) 비율은 선진국에 비해 낮아 개발 협력이나 인도적 지원을 확장하는 데 한계가 있다. 또한, 외교 인력의 전문성 강화와 외교관 양성에 대한 투자가 부족하여 복잡한 외교 상황에서 한국의 입장을 효과적으로 전달하기 어렵다. 이러한 자원과 역량의 한계는 중견국으로서 한국이 국제사회에서 더 큰 역할을 수행하는 데 걸림돌이 된다.

(3) 외교정책의 일관성 부족

한국의 중견국 외교는 정권 교체에 따라 외교정책이 크게 변화하는 경향을 보이며, 국제사회에서 한국 외교의 일관성이 부족하다는 평가를 받을 수 있다. 예를 들어, 대북 정책의 경우 정권에 따라 대화와 협력 강화 혹은 제재와 압박 강화 등으로 정책 방향이 크게 달라져 왔다. 이러한 정책 변화는 한국이 국제사회에서 신뢰할 수 있는 중견국으로 자리 잡는 데 어려움을 준다. 일관성 있는 외교정책을 통해 중장기적 목표를 지향하는 것이 필요하지만, 정치적 상황에 따른 잦은 변동은 국제사회에서 한국의 외교적 신뢰성을 약화시킬 수 있다.

(4) 국제사회에서 중견국 정체성 확립의 어려움

한국은 경제 규모와 문화적 영향력에 비해 외교적 정체성이 명확히 확립되지 않아, 국제사회에서 중견국으로서의 역할을 명확하게 보여주기 어렵다. 캐나다나 스웨덴은 인권 보호와 다문화주의를 외교적 정체성의 중요한 요소로 삼고 있으며, 노르웨이는 평화 중재와 개발 원조를 통해 국제사회에서 독특한 중견국 정체성을 구축하고 있다. 반면, 한국은 주로 대북문제와 관련된 외교 활동에 집중되면서 글로벌 이슈에서 일관된 정체성을 구축하지 못하고 있다. 이는 국제사회에서 중견국으로서의 독자적 역할을 확립하는 데 어려움을 준다.

(5) 글로벌 규범과 국내 정책 간의 괴리

한국은 기후변화, 인권, 사회적 포용 등의 글로벌 규범을 지지하지만, 국내 정책과의 괴리가 생기기도 한다. 한국은 탄소중립과 기후변화 대응 목표를 설정했으나, 제조업 중심의 산업 구조로 인해 탄소 배출량 감축에서 어려움을 겪고 있다. 또한, 국내의 인권 문제나 사회적 포용 정책이 국제적 기준에 미치지 못할 때, 국제사회에서 한국의 규범적 리더십이 약화될 수 있다. 글로벌 규범과 국내 정책의 일관성 부족은 한국이 국제사회에서 책임 있는 중견국으로서의 신뢰성을 유지하는 데 한계를 드러낸다.

2. 보완 방안

(1) 균형 외교 능력 향상

한국은 미국과 중국이라는 강대국 사이에서 균형을 유지할 수 있는 능력을 강화해야 한다. 이를 위해 다자주의를 강화하고, 유사한 입장의 중견국들과 연대하여 외교적 자율성을 확보하는 것이 중요하다. 한국은 MIKTA와 같은 중견국 협의체에서의 활동을 확대하고, 국제기구에서 다자주의적 협력을 통해 독립적인 외교 입지를 구축할 수 있다. 이러한 균형 외교는 특정 강대국에 의존하지 않으면서도 자국의 이익을 보호할 수 있는 유연성을 제공할 것이다.

(2) 자원과 외교 역량 강화

한국은 중견국 외교를 더욱 효과적으로 수행하기 위해 외교 자원과 역량을 강화해야 한다. 이를 위해 공적개발원조(ODA) 비율을 높이고, 개발 협력과 인도적 지원을 위한 재정적 투자를 늘려야 한다. 또한 외교관 교육과 전문성 강화를 통해 외교적 역량을 확보하고, 국제사회에서 한국의 입장을 효과적으로 전달할 수 있는 인재를 양성해야 한다. 이를 통해 한국은 국제사회에서 더 큰 역할을 수행할 수 있는 기반을 마련할 수 있다.

(3) 일관성 있는 외교정책 구축
한국은 정권이 바뀌어도 장기적이고 일관성 있는 외교 정책을 수립하고 유지해야 한다. 이를 위해 국가적 차원의 외교 비전을 마련하고, 주요 이슈에 대해 당파를 초월한 장기적 외교 전략을 세워야 한다. 특히 대북 정책, 기후변화, 인권과 같은 글로벌 의제에서 일관성을 유지하면 국제사회에서 한국의 신뢰도가 높아질 수 있다. 일관성 있는 정책은 한국이 신뢰할 수 있는 중견국으로 자리 잡는 데 중요한 요소가 될 것이다.

(4) 명확한 외교 정체성 확립
한국은 중견국으로서 독자적인 외교 정체성을 확립하고, 이를 국제사회에서 일관되게 보여줄 필요가 있다. 이를 위해 특정 분야에서 특화된 전문성을 강화하는 것이 중요하다. 예를 들어, 한국의 기술력과 IT 기반을 활용하여 디지털 협력과 사이버 보안 분야에서 리더십을 발휘하는 것은 차별화된 외교 자산이 될 수 있다. 이러한 전문성은 한국이 국제사회에서 신뢰받는 중견국으로 자리 잡는 데 기여할 것이다.

(5) 글로벌 규범과의 조화 강화
한국은 기후변화 대응, 인권 보호 등 글로벌 규범을 지지하며 국내정책과의 조화를 강화해야 한다. 탄소중립 목표를 향한 이행을 가속화하고, 인권 및 사회적 포용 정책을 국제적 기준에 맞춰 강화하는 노력이 필요하다. 글로벌 규범과 국내정책 간의 일관성을 유지하면 한국은 국제사회에서 규범적 리더십을 발휘할 수 있으며, 책임 있는 중견국으로서 신뢰를 높일 수 있다.

기출 및 예상문제

1. 외교정책은 국제정치적 환경 변화나 다른 국가와의 상호작용 등 국제정치적 요인은 물론 국내정치 역학에 영향을 받는다. 로버트 퍼트남(Robert Putnam)은 국내외 측면을 고려하여 국제협상 과정과 결과를 설명하는 양면게임(Two-Level Game)을 제시하였다. 다음 물음에 답하시오. (총 30점) [2020 국립외교원]

   (1) 양면게임의 주요 개념과 주장을 기술하고, 양면게임 협상에서의 단기적 결과와 반복게임 협상에서의 장기적 결과에 대해 논하시오. (20점)

   (2) 한미 양국 제조업과 농축산업의 로비 또는 시위가 한미 자유무역협정(Free Trade Agreement) 협상에 미치는 영향을 양면게임을 이용하여 논하시오. (10점)

2. '확산방지구상'(PSI: Proliferation Security Initiative)은 대량살상무기의 확산을 방지하기 위한 국제사회의 여러 조치 가운데 하나이다. 다음 질문에 답하시오. [2011 외시]

   (1) PSI가 대량살상무기의 확산 방지에 효과적인지 여부를 논하시오.

   (2) 한국의 PSI 참여가 남북관계에 미치는 영향과 한중관계에 미치는 영향을 각각 논하시오.

3. 김홍집(金弘集)이 전달한 황준헌(黃遵憲)의 『조선책략』(朝鮮策略)은 조선의 외교정책 형성에 중대한 영향을 미쳤다. 다음 질문에 답하시오. 2011 외시

   (1) '세력균형(balancing)'과 '편승(bandwagoning)' 가운데 『조선책략』의 권고안에 부합하는 개념을 정의하고, 이 개념으로 『조선책략』의 권고안을 설명하시오.
   (2) 영남유생은 『조선책략』(朝鮮策略)이 러시아의 침략을 초래할 수 있다는 논리로 황준헌의 권고안을 반대하였다. 동맹안보딜레마(alliance security dilemma)를 정의하고, 이 개념으로 영남유생의 반대를 설명하시오.

4. 국제관계 행위자로서의 다(초)국적기업의 역할에 관한 다음 질문에 답하시오. 2010 외시

   (1) 다(초)국적기업이 해외에 진출하는 이유를 설명하시오.
   (2) 다(초)국적기업의 활동이 국제관계에 미치는 긍정적 효과와 부정적 효과를 서술하시오.
   (3) 약소국이 다(초)국적기업의 부정적 효과를 최소화하면서 자국의 경제발전을 이룰 수 있는 방안에 대해 논하시오.

5. 19세기 제국주의시대의 청일전쟁(1894)과 21세기 세계화시대의 중국 부상이라는 국제정치적 맥락에서 한반도 통일에 대한 중국의 입장을 분석하고, 통일한국의 이익을 극대화할 수 있는 대(對) 중국정책을 국제정치이론의 관점에서 논술하시오. 2010 외시

6. 인류는 UN이 세계 평화를 위해 많은 기여를 할 것으로 기대하고 있다. 하지만 여전히 국제정치무대에서 UN의 역할은 기대에 못 미치고 있는 실정이다. 이러한 배경에서 UN의 개혁과 관련하여 다양한 의견이 제시되고 있다. 특히 세계평화를 위한 UN의 역할강화와 UN을 활용한 우리 정부의 '국제기여외교' 방안이 논의되고 있다. 2009 외시

   (1) 세계 평화의 실현과 관련하여 국제기구로서 UN이 안고 있는 한계점들을 지적하고, 그러한 한계점들을 극복하기 위한 해결방안에 대해 기술하시오.
   (2) 한국의 경제적 위상에 걸맞은 '국제기여외교'가 강화되어야 한다는 의견과 함께 구체적인 방안의 하나로 UN의 평화유지활동(PKO) 참여 확대가 대안으로 제시되고 있다. 평화유지활동 참여 확대를 한국의 국가이익의 관점에서 설명하시오.

7. 동맹은 국가 간에 체결하는 가장 대표적인 외교관계의 하나로서, 기본적으로 상호 안보 제공을 목적으로 한 국제적 약속이다. 동맹은 다양한 조건하에서 생겨나는데, 동맹을 체결하는 국가들이 가장 중요하게 생각하는 판단의 근거는 각기 상이한 것으로 알려져 있다. 2008 외시

   (1) 동맹은 주로 어떠한 조건 하에서 발생하는지 설명하시오.
   (2) 동맹의 체결로 참여 국가가 감수해야 하는 손실로는 어떤 것이 있을 수 있는지 설명하시오.
   (3) 이상의 논의를 바탕으로 2000년대 이후 진행되고 있는 한미동맹의 변화 양상을 평가하시오.

8. 19세기 말 한반도 정세는 한편으로는 주변 강대국들의 목표와 행동양식이 반영되었으며, 다른 한편으로는 약소국의 외교정책에서 지정학적 요인의 중요성을 보여주기도 하였다. 조선이 가졌던 지정학적 조건으로 인하여 발생한 대표적 사건 두 개를 예로 사용하여 다음 물음에 답하시오.

    (1) 체제이론, 세력균형이론 혹은 세력전이이론의 관점에서 주변 강대국들의 목표와 행동양식을 논하시오.
    (2) 조선의 지정학적 위치와 환경변수가 조선의 외교정책에 미친 영향을 논하시오.
    (3) 위의 논의 과정에서 도출된 외교사적 교훈에 대하여 논하시오.

9. 정부는 일반 국민들의 강한 반대에도 불구하고 칠레, 싱가포르와 자유무역협정(FTA)을 체결한 데 이어 최근 미국과도 FTA 협상을 개시했으며 일본, 중국 등과도 FTA를 추진할 계획이다. 2006 외시

    (1) FTA에 찬성하는 측과 반대하는 측의 주장을 소개하시오.
    (2) 이들 각 주장의 타당성을 이론적 근거를 들어 평가하시오.

10. 올해는 한미동맹 50주년이 되는 해다. 지난 1882년 조미수호통상조약이후 양국간에 있었던 중요한 역사적 사건들의 의미를 설명하고(20점), 그러한 역사적 사건들이 바람직한 한미관계의 발전에 대해 가지고 있는 함의를 논하시오. 2003 외시

11. 최근 중국은 급속한 경제성장과 군사력 증대를 통해 세계적 차원과 지역적 차원에서 강대국으로 부상하고 있다. 중국의 부상은 지리적 인접국인 한국에게 기회이자 위협으로 인식되고 있다. 중국의 부상 및 그 대외전략과 관련하여 다음 물음에 답하시오.

    (1) 중국의 대외전략 및 한반도 전략에 대해 설명하시오.
    (2) 중국의 부상이 한국의 안보에 미치는 영향을 긍정적 측면과 부정적 측면으로 대별해서 논의하시오.
    (3) 위의 논의에 기초하여 우리나라의 대중국 전략 방향에 대해 논하시오.

12. 한국은 2000년대 들어서 이전과는 달리 적극적이고 공세적인 FTA 체결 전략을 추진하고 있다. 한국의 FTA 전략과 관련하여 다음 물음에 답하시오.

    (1) 세계적으로 FTA를 포함한 지역무역협정의 체결이 강력한 추세로 대두된 배경을 설명하시오.
    (2) 한국의 국가이익 관점에서 FTA 체결이 필요한 이유를 설명하시오.
    (3) FTA 추진과정에서 국내 이익집단 간 갈등은 어떠한 역할을 하는지 국제정치이론적 관점에서 논의하시오.

제2장　우리나라 주변국과의 상호관계

제1절 한중관계

I. 서론

한중관계는 수교 후 지난 20년간 비약적인 발전을 이룩해 왔으며, 최근 한중관계는 다차원적으로 관계가 강화되고 있으나, 안보에 있어서는 여전히 입장차가 존재하는 것으로 평가되고 있다. 특히 양국 간 정치, 경제 및 사회문화적 교류가 증가하고 중국의 국력과 영향력이 상승함에 따라 양국 간 잠재적 갈등요인도 동시에 증가하고 있는 것이 현실이다. 따라서 한국과 중국은 상호 신뢰구축을 통해 양국 간 입장차를 해소하고, '전략적 협력동반자관계'를 내실화해 나가야 할 것이다.

II. 한중관계에 관한 정치경제적 환경

1. 한중 교류 현황

한중 양국은 경제적 상생관계를 구축하는 한편, 사회문화적 교류협력이 밀접해 지고 있으며, 정부 및 민간 차원의 협력이 다각적 차원에서 전개되고 있다. 중국은 한국의 제1교역상대국이며 한국경제는 중국경제의 변화에 직접적인 영향을 받고 있다. 양국의 사회문화적 교류도 활성화되는 가운데 과거 한국에서 중국으로 가는 일방향 형태에서 벗어나 쌍방향 교류형태로 발전하고 있다. 한국과 중국은 경제적 측면의 보완적 관계를 한층 강화시키기 위해 2013년 한중 FTA 협상 개시를 선언하였고, 2015년 발효되었다.

2. 한중 안보 현황

한국과 중국은 여러 가지 안보현안에 대한 이견을 좁히지 못하고 있다. 중국은 한미동맹 강화가 대중국 봉쇄전략의 일환으로 전개되고 있다는 의구심을 가지고 있으며, 이에 대해 불쾌감을 외교적 결례를 보이면서까지 나타내고 있다. 한편, 한국은 한반도 비핵화와 동북아시아의 핵도미노현상 방지를 위해서는 중국의 대북한 지도력과 영향력 발휘가 필수적임에도 불구하고 중국이 전략적 고려하에 이에 소극적 태도를 보이는 것에 대해 실망감을 가지고 있다. 또한 중국의 부상은 그 자체로서 한국의 안보상황에 대한 중대한 위협으로 볼 수 있으며, 이는 장차 한중관계에 지속적인 갈등요소로 작용할 가능성이 높다.

3. 동북아시아 안보환경

한중관계는 동북아시아 안보환경과도 밀접한 관계를 가질 수밖에 없다. 무엇보다 중국, 일본, 미국 등 동북아시아 강대국들이 동아시아 주도권을 놓고 경쟁을 벌이고 있으며, 앞으로 정치·군사·경제적 차원에서 더욱 치열하게 전개될 것으로 전망되고 있다. 거기다 영토분쟁이나 역사분쟁 등 전통적 갈등요소 역시 강대국 간 경쟁으로 더욱 부각될 것으로 전망된다.

4. 중국의 경제상황

중국 경제는 세계경제에 대한 중국 경제의 취약성과 국내 정치·경제적 문제로 인한 경제개혁의 곤란 등으로 저성장과 경제위기의 위험을 내포하고 있다. 중국의 국내총생산에서 대외교역이 차지하는 비율이 50.1%(2011년)를 차지하기 때문에 미국과 EU의 경제환경이 악화되는 경우 중국의 경제성장에 직접적인 타격을 줄 수 있다. 이 경우 중국경제에 대한 수출의존도가 24%(2011년)에 달하는 한국 경제 역시 타격을 받을 수 있다.

Ⅲ 한중관계에 영향을 미치는 변수

1. 중국 내 전략사고의 분화

중국의 대외전략 사고는 전통적 지정학론, 발전도상국 외교론, 신흥강대국 외교론의 세 부류로 분류할 수 있다.

구분	전통적 지정학론	발전도상국 외교론	신흥강대국 외교론
국제적 지위 인식	(전통) 강대국	발전도상국	신흥강국
미국과 관계	경쟁	협력	견제적 관여(헤징)
중국의 동북아시아 위상	전통 강국	지역 강국	세계적 강국
일본과 관계	적대적	협력 ⇨ 견제 및 대립	포용 대상
한반도 정책	영향력 회복	현상유지	현상유지원칙, 변화가능성도 내포
대한국 정책성향	비우호적	외교적 견인의 대상	적극 포용 혹은 배제
북한에 대한 인식	전통우방, 전략적 자산	문제아	전략적 자산이자 부담의 이중성
대북 정책수단	정치적 지원과 경제원조	경제적 지원과 외교적 설득	압력을 포함한 복합적 수단
급변사태 대응	군사적 개입	신중함 속 한미와 양자적 해결 모색	다자주의 선호, 기회주의적
대표 개념	순망치한(脣亡齒寒), 돌돌핍인(咄咄逼人)	도광양회(韜光養晦)	유소작위(有所作爲)

(1) 전통적 지정학론

전통적 지정학론은 미국과의 협력보다는 구조적 경쟁관계에 더 주목하면서 지정학적으로 중국의 세력권과 완충지대의 확보를 중시한다. 이들의 관점에서 북한은 중국의 전통적인 세력권이면서 미국을 견제할 완충지대로서 전략적 중요성을 갖는다.

(2) 발전도상국 외교론

발전도상국 외교론은 중국을 강대국이 아니라 발전도상국으로 자리매김하면서 이에 합당한 대외전략과 대외정책을 구사할 것을 중시한다. 도광양회(韜光養晦)론은 이러한 사고를 잘 설명한다. 이 전략사고는 중국이 적어도 중등 생활수준에 도달하기 전까지는 미국을 위시한 강대국과의 관계는 물론 주변국과의 관계를 우호적으로 유지할 것을 요구하고 있다. 이들에게 있어 북한은 동북아시아 정세를 불안정하게 하고 미국, 한국과 갈등을 불러일으키는 문제아적 성격이 강하다. 따라서 북핵문제를 다루는 데 있어 미국과 갈등보다는 대화와 타협을 통해 문제를 해결하기를 원하는 입장이다.

(3) 신흥강대국 외교론

신흥강대국 외교론은 최근 중국의 성공적인 경제발전과 국력의 신장, 이에 따른 자신감의 증대를 반영한다. 즉, 중국이 이제 성장하고 있는 신흥강대국으로서 국제무대에서 자신의 목소리를 내고 자국의 이해를 보다 적극적으로 개진해야 한다는 입장이다. 유소작위(有所作爲)론은 이러한 사고를 잘 설명한다. 이 전략사고는 미국에 대한 직접적 도전을 피하면서 다자주의나 국제기구들을 통해 보다 적극적으로 중국의 국익을 개진해 나갈 것을 요구한다. 이들에게 북한은 발전도상국 외교론과 마찬가지로 문제아적 성격이 강하다. 그러나 발전도상국 외교론과의 차이점은 중국의 전략적 이해에 따라 필요하다면 북한을 전략적 자산으로 활용할 의지를 더 강하게 지니고 있으며, 역으로 더 강력한 제재나 기존 대북전략의 변화를 고려할 수도 있다는 입장이라는 점이다.

최근까지 중국의 공식적 외교 수사는 '발전도상국 외교론'이 주류를 이루었으나 점차 '신흥강대국 외교론'적 입장과 절충하는 현상이 강화되고 있다.

2. 북한 문제

대한반도정책에 있어 중국 외교는 북한 일변도 정책에서 벗어나 균형 외교를 추구하고 있다. 북·중관계는 전통적인 특수혈맹관계로부터 정상국가관계로 전환 중에 있으며, 중장기적으로 한·중관계가 북·중관계보다 더 중요해지는 추세이다. 중국이 단기적으로는 현상 유지 정책을 펴고 북한과 긴밀한 관계를 유지하는 듯 하겠지만, 다양한 변수를 고려할 때 중국은 중·장기적으로 북한보다는 한국을 더 중시할 수밖에 없는 상황이다. 따라서 중국의 이 같은 이해를 잘 활용한 북한 관련 대중정책의 수립은 한·중관계를 더욱 진전시킬 수 있을 것이다.

3. 미중관계

미국이 현재 지니는 압도적인 군사적 우위와 경제력에도 불구하고 이제 미·중 양국은 상대국을 적으로 상정하면서 일방적인 우위를 추구하거나, 상대국에 절대적 불이익을 강요하기는 어려운 상황에 처해있다. 세계가 하나의 경제체제로 통합되어 있고, 강대국들이 상호의존성과 취약성으로 긴밀히 결합되어 있으며, 수초 이내 전세계적으로 정보 교류가 가능한 정보화를 특징으로 하는 현대 국제 정치·경제 체제에서 군사우선주의는 정치·경제적 비용이 높고 정당성의 위기를 가져오며 목표실현 가능성도 불확실하다. 즉, 미·중은 국부적으로는 여전히 갈등과 경쟁을 지속하겠지만 안보 분야에서의 절대 우위를 확보하기 위한 고비용정책을 채택하는 것은 어려운 상황이다. 따라서 장차 세계 제1의 경제대국으로 부상할 것으로 평가받고 있는 중국과의 전략적 타협과 협력은 미국에게 있어 이제 더 이상 옵션이 아니며 세계전략을 고려하는 데 있어 필수불가결한 요소가 되고 있다. 이에 2011년 1월 워싱턴에서 개최된 미·중 정상회담에서 양국 정상은 이러한 구조적 제약을 인정하고 양국 관계를 기존의 '전략적 경쟁'관계로부터 탈피하여 향후 '전략적 협력' 관계 위주로 운용할 것을 발표하였다. 이 같은 미·중관계의 발전은 한국이 미·중 간 극단적 갈등 상황에서 양자택일을 해야 하는 최악의 상황을 피할 수 있도록 해준다.

Ⅳ 제도적 수준에서 본 한중관계

1. 중국의 외교형식에서 본 한중관계

현재 중국이 채택한 외교관계의 유형은 대체로 전략적 동반자 관계, 갈등을 전제로 한 전략적 관계, 동반자 관계, 전통적 선린우호관계, (비전략적·비동반자적) 우호협력관계, 일반 수교관계로 구분할 수 있다. 형식적으로 '전략적 관계'가 중국 외교의 최상위에 놓여 있다고 볼 수 있으며 '동반자 관계'는 일반 정상적 우호협력관계를 넘어 근본적인 갈등이 존재하지 않으며, 보다 우호적인 행동을 전제한 관계이다. 한·중 양국은 이명박 대통령과 후진타오 주석이 이명박 정부가 출범한 2008년 한 해에만 세 차례나 만남을 갖는 등 적극적 협력을 모색하였고, 이에 양국 관계를 기존의 '전면적 협력 동반자'관계로부터 '전략적 협력 동반자'관계로 격상시키기로 합의함으로써 양자 간의 현안 문제를 넘어서서 다자적이고 중장기적인 이슈를 다루는 협의 파트너로서 상호 인정하였으며, 향후 국제무대에서 더욱 협력을 강화할 수 있는 제도적 틀을 마련하였다. 이는 한·중이 북한 문제를 양국의 정식 의제로 다룰 수 있는 제도적 근거를 마련하였다는 점에서 중요한 의의를 갖는다.

2. 한중 전략적 협력 동반자 관계의 수립

2008년 5월과 8월에 개최된 한·중 정상회담에서 양국 정상은 양국 관계에 있어 기존의 '전면적 협력 동반자'관계를 넘어 '전략적 협력 동반자'관계를 수립하기로 하였다. 중국은 과거 북한 변수를 의식하여 양국 관계를 '전략적' 관계로 설정하는 데 부정적이었다. 그러나 중국이 한국과의 관계를 중국 외교관계의 유형상 최정점에 있는 '전략적 협력 동반자'관계로 설정하기로 한 것은 외교안보 분야에서 한국이 차지하는 한국의 전략적 중요성에서 기인한 것으로 평가된다. 즉, 중국은 동북아시아 국제정치 구조에서 한국과의 관계를 잘 운용하는 것이 향후 동 지역 및 세계질서 형성에 중요한 영향을 미친다고 인식하고 있다. 다만, 한·중이 비록 형식적인 측면에서 '전략적 협력 동반자'관계를 수립하였지만 이는 현재진행형의 성격을 갖기 때문에 양자관계의 양상에 따라 변화될 개연성도 여전히 존재한다. 천안함·연평도 사태를 처리하는 과정에서 일부 드러난 것처럼 한·중관계에 상호 불신이 깊이 내재해 있는 것도 사실이기 때문에, 한·중관계는 사려깊고 신중히 다루지 않으면 언제든 폭발적인 갈등으로 전화될 수 있다는 것이 일반적인 인식이다.

V 최근 한중관계 현안

1. 가치와 상호존중에 대한 인식 차이

한국정부는 자유민주주의 가치를 기반으로 한 동아시아 외교를 표방하고 있으며, 한중관계에서도 '가치', '주권', '정체성', '상호존중' 등의 원칙을 강조하고 있다. 다만, 한국이 강조하고 있는 가치 개념은 한미가 천명한 '가치동맹'과 분리해서 생각하기 어렵다. 동맹은 일반적으로 공동의 위협 인식을 기반으로 하고 있다. 이러한 이유로 한중 양국은 '가치'와 '상호존중'을 해석함에 있어 인식적 차이를 보여주고 있어, 각론에 있어 이로 인한 갈등 격화 가능성을 배제할 수 없다. 한중수교 이후 지난 30년간 '경제적 이익'이 한국의 대중 정책을 구성하는 핵심 요소였다면, '가치'에 대한 해석과 이를 둘러싼 갈등이 한중 외교관계에서 쟁점으로 부각될 수 있는 것이다. 한편, 한국이 한중관계에서 제시하고 있는 '상호존중'의 원칙도 쟁점이 될 수 있다. 특히, 사드관련 '3불입장(사드 추가 배치 불가, 미국 미사일방어체계(MD) 불참, 한·미·일 군사협력 불참)'에 대한 인식차가 한중관계에 도전이 될 수 있다는 지적이 있다. 현재 중국은 '3불입장'을 한중 간 '상호존중'을 실천한 결과라고 주장하며, 한국이 사드 배치를 내정이나 주권 문제로 간주하지 말아야 한다고 강조하고 있다. 사드의 본질은 미국의 동북아 전략의 연속선상에 있다는 것이다.

2. 한국의 인도-태평양 전략

한국은 국제적 위상 제고와 인도-태평양 지역의 부상이라는 환경 변화에 능동적으로 대응하기 위해 독자적인 인도-태평양 전략('인태전략')을 수립할 계획이며, 이를 추진하기 위해 외교부 북미국에 '인태전략팀'을 신설하였다. 이와 관련 한국의 인태전략의 방향이 불투명한 상황에서 중국은 미국이 추진하는 인태전략에 한국이 주도적으로 참여할 가능성을 우려하고 있다. 미국이 상정하고 있는 '규범에 기반한 국제질서(rules based international order)'가 중국이나 러시아와 같은 권위주의 국가와 대별되는 소위 민주주의 국가군이 참여하고 지키려는 질서라는 점을 고려한다면, 인태전략에 대한 한국의 정책에 따라 대중국 관계에 영향을 미칠 수 있다. 한편, 미국의 인태전략 하에 추진되고 있는 IPEF는 가치 중심의 경제동맹을 표방하고 있는데, 이에 대한 한국의 참여 방식도 쟁점이 되고 있다. '동맹'은 두 나라 혹은 수 개국이 방위 혹은 공격을 목적으로 일종의 조약 형태를 취하는 것이 일반적인 형태다. IPEF가 경제동맹의 성격이 강할수록 한중 경제관계에 영향을 미칠 가능성도 배제하기 어렵다. 실제로 인태전략과 관련하여 미국이 우리 정부에 대해 속도감 있는 정책 수립을 요구할 가능성도 제기되고 있어 인태전략을 둘러싼 한중 간의 갈등 가능성도 더 높아지고 있다.

3. 대만문제와 북한 비핵화

한미 간 포괄적 전략 동맹 강화에 따라 한반도 비핵화 이슈에 대해 중국의 협력을 이끌어 가기가 용이하지 않을 수 있다는 분석도 있다. 특히, 한국이 대만문제를 한미동맹의 의제로 포함시킬 경우 중국의 한반도 정책에 변화가 생길 수 있다는 것이다. 미국은 양안관계와 관련하여 하나의 중국 원칙을 준수하며, 대만의 독립을 지지하지 않는다는 입장을 유지해왔다. 그러나 최근 미국이 대중국 전략 보고를 발표한 이후 이러한 미국의 '전략적 모호성(strategic ambiguity)'에 분명한 변화가 일어나고 있기도 하다. 한국은 2021년 5월 정상회담에서 처음으로 "대만해협의 평화와 안정 유지"의 중요성에 동의한 바 있다. 그러나 당시 외교부장관은 중국과 대만의 독특한 관계를 충분히 인식하고 있으며, 이러한 입장에 변화가 없다는 모호한(ambivalent) 입장을 유지한 바 있다. 그러나 2022년 5월 한미 정상회담에서 '대만해협 안정의 증진' 문제를 언급함으로써 이러한 금기가 깨지고 있다는 주장이 제기되고 있다. 이에 따라 향후에도 한국이 대만 사안과 관련하여 미국과 보조를 맞출 가능성에도 무게가 실리고 있다.

Ⅵ 결론 – 동북아시아 국제정치구도와 한국의 대응 방안

향후 수년간 동북아시아 안보 구도에 가장 큰 영향을 미치는 양자관계는 미중관계일 것이다. 이에 영향을 미칠 수 있는 양자관계는 일본, 러시아 변수일 것이다. 일본은 2010년 센카쿠 분쟁과 2011년 자연재해로 인해 당분간 동북아시아에서 강대국으로서 주요 행위자가 되는 역할에 상당히 제약 받을 것이며, 러시아는 점차 동북아시아지역에서 영향력을 확대하려는 의지를 갖고 있지만 직접 개입하기 보다는 중국과의 연계를 통해 자국의 이익을 수호하려는 정책이 위주가 될 것이다. 즉, 당분간 러시아가 동북아시아에서 주요 변수가 될 수는 없을 것으로 보인다. 또 하나의 변수는 북한인데, 북한은 정권의 정당성 및 생존과 직결된 핵개발을 쉽사리 포기하지 않을 것으로 보이며, 그렇다고 국제사회가 무력을 통해 북한의 핵을 제거하리라고 상상할 수도 없다. 결국 북핵문제는 상당 기간 동안 동북아시아지역 안보의 주요 문제로 존재할 것이다. 현 상황에서 우리의 외교적 옵션을 극대화하기 위해서는 일본과 협력을 유지하고 러시아와는 소통과 교류를 강화하는 전략이 필수적이다. 북한에 대해서는 원칙성을 전제한 포용외교가 필요하며, 이를 통해 북한의 행태가 국제정치적 보편성에서 일탈하지 않도록 관리할 수 있어야 한다. 또한 한국은 보다 능동적으로 중국과 신뢰를 구축하고 각 사안의 민감성을 충분히 감안하면서 다차원적인 협력기제를 마련할 필요가 있다. 여기서 주의할 점은 대중 협력기제의 강화가 반드시 한미동맹과 충돌한다고 전제할 필요는 없다는 것이다. 중단기적으로 한국 안보의 핵심 축은 여전히 한미동맹을 바탕으로 할 것이지만, 장기적으로 우리의 대외정책 방향은 역내 모든 국가와 모든 방면에서 협력과 신뢰를 강화하는 방향으로 추진되어야 할 것이다.

제2절 한일관계

I 서론

현재 한·일 양국은 아직 진정한 역사화해와 공동의 전략적 이해관계에 기반한 미래지향적 협력관계를 정립하지 못하고 있다. 위안부, 독도문제, 일본의 전략물자 수출통제 문제 등으로 한·일 양국의 상대국에 대한 국민감정이 악화된 가운데 한일관계는 우리나라 대외정책의 최대 과제로 부상하고 있다.

II 한일관계 전개 과정

1. 한일국교정상화(1965년)

(1) 배경

한일국교정상화는 냉전체제 형성기에 한국을 미국측으로 끌어들이려는 미국의 의도가 강하게 반영되어 성사되었다. 미국은 1951년 9월 일본과 강화조약 및 미일안보조약을 체결하고 그 연장선상에서 한일회담을 추진하여 1951년 10월 첫 번째 회담이 개최되었다. 한국이 1952년 1월 18일 '인접해양주권선언'을 하고 독도를 우리나라 해역에 포함시키자 일본이 반발하면서 2차 회담이 결렬되었다. 제3차 회담 당시 구보타는 36년간에 걸친 한국의 통치가 한국근대화에 유익한 대목도 많았다는 이른바 '구보타 망언'을 하여 회담이 결렬되었다. 5·16군사정부는 일본 자본 도입을 위해 회담에 적극적이었다. 1961년 '김종필-오히라 메모'를 통해 양국간 가장 큰 쟁점이었던 청구권 문제를 타결지었다. 1965년 6월 22일 기본조약 및 4개 협정이 정식 조인되었다.

(2) 주요 내용

〈한일기본조약〉에서는 한일 양국이 외교 및 영사관계를 개설하고, 한일병합 및 그 이전에 양국 간 체결된 모든 조약과 협정이 이미 무효임을 확인하였다. 일본은 대한민국 정부가 한반도에 있어서 유일한 합법정부임을 인정하였다. 〈청구권협정〉에서는 일본이 3억 달러의 무상자금과 2억 달러의 장기저리 정부차관 및 3억 달러 이상의 상업차관(교환공문에서 합의)을 공여하기로 하였다. 〈어업협정〉에서는 양국이 12해리의 어업전관수역을 설정하고, 어업자원의 지속적 생산성을 확보하기 위한 일정한 공동규제수역을 설정하였다. 〈재일교포의 법적 지위와 대우에 관한 협정〉은 재일한국인이 영주권을 획득할 수 있는 길을 열어 주었다. 〈문화재 및 문화협력에 관한 협정〉을 통해 일제통치기간 동안 일본으로 유출된 다수의 문화재를 반환받을 수 있게 되었다.

> **참고** 대한민국과 일본국 간의 기본관계에 관한 조약(한일기본조약)
>
> 전문 (생략)
>
> **제1조**
> 양 체약당사국 간에 외교 및 영사 관계를 수립한다. 양 체약당사국은 대사급 외교사절을 지체없이 교환한다. 양 체약당사국은 또한 양국 정부에 의하여 합의되는 장소에 영사관을 설치한다.
>
> **제2조**
> 1910년 8월 22일 및 그 이전에 대한제국과 대일본제국 간에 체결된 모든 조약 및 협정이 이미 무효임을 확인한다.
>
> **제3조**
> 대한민국 정부가 국제연합총회의 결의 제195(Ⅲ)호에 명시된 바와같이, 한반도에 있어서의 유일한 합법정부임을 확인한다.
>
> **제4조**
> (가) 양 체약당사국은 양국 상호 간의 관계에 있어서 국제연합헌장의 원칙을 지침으로 한다.
> (나) 양 체약당사국은 양국의 상호의 복지와 공통의 이익을 증진함에 있어서 국제연합헌장의 원칙에 합당하게 협력한다.
>
> **제5조**
> 양 체약당사국은 양국의 무역, 해운 및 기타 통상상의 관계를 안정되고 우호적인 기초 위에 두기 위하여 조약 또는 협정을 체결하기 위한 교섭을 실행가능한 한 조속히 시작한다.
>
> **제6조**
> 양 체약당사국은 민간 항공 운수에 관한 협정을 체결하기 위하여 실행가능한 한 조속히 교섭을 시작한다.
>
> **제7조**
> 본 조약은 비준되어야 한다. 비준서는 가능한 한 조속히 서울에서 교환한다. 본 조약은 비준서가 교환된 날로부터 효력을 발생한다.
>
> 이상의 증거로서 각 전권 위원은 본 조약에 서명 날인하였다.
> 1965년 6월 22일 도쿄에서 동등히 정본인 한국어, 일본어 및 영어로 본서 2통을 작성하였다. 해석에 상위가 있을 경우에는 영어본에 따른다.

2. 21세기 새로운 한일 파트너십 공동 선언(김대중-오부치 선언)(1998년)

1998년 10월 김대중 대통령이 일본을 공식 방문하여 오부찌 게이조(小渕 恵三) 총리와 회담을 갖고 한일관계에 관한 포괄적 합의에 도달했다. 김대중 대통령은 삐걱거리는 한일관계를 획기적으로 개선하여 미래지향적인 관계를 구축하고자 하였다. 주요 내용으로는, 첫째 양국이 과거를 직시하고 상호이해와 신뢰에 기초하여 관계를 발전시켜 나간다. 둘째, 한반도의 평화와 안정을 위해 북한이 개혁과 개방을 지향하는 동시에 대화를 통한 보다 건설적 자세를 취하는 것이 중요하다. 셋째, 초국경적 문제 해결을 위해 긴밀히 협력한다. 넷째, 양국 간 문화 인적 교류를 확충해 나간다.

Ⅲ 한일관계 특징

1. '정냉경열(政冷經熱)'의 불균등 발전

전후 한·일 간의 경제·문화·인적 교류가 비약적으로 발전하였음에도 불구하고, 정치·외교관계에서는 과거사와 독도 문제를 둘러싼 대립과 갈등이 반복되는 양상을 보이고 있다. 즉, 1965년 한·일 국교 정상화 이후 양국 간의 경제적 상호의존관계는 확대·심화되어 왔으나, 정치·외교 분야에 있어 양국은 협력과 갈등의 이중적 관계를 지속해오고 있다.

2. 구조화된 '냉탕 – 온탕 사이클'

1990년대 이후 한일관계는 우호·협력의 시기와 긴장·갈등의 시기가 반복되고 있다. 즉 김영삼, 김대중, 노무현 정부의 출범을 계기로 양국은 미래지향적 관계를 추구하였지만, 과거사 및 영토 문제를 둘러싸고 한일관계가 악화되었고, 소원해진 관계가 충분히 회복되지 못한 채 정권이 교체되는 양상이 반복되고 있다.

3. '65년 체제' 한계론 대두

한·일 간에 과거사와 영토 문제의 입장 차이를 간직한 채 안보와 경제 논리를 우선하여 타결된 이른바 '65년 체제'가 이제는 과거사와 영토 문제의 쟁점화라는 태생적 한계에 직면하고 있다는 주장이 힘을 얻고 있다.

Ⅳ 대일외교 주요 과제 및 대응방향

1. 독도 문제

독도 문제는 향후 한일관계에 있어 가장 큰 위협 요인이 될 것으로 보이는바, 영토주권 수호에 대한 국민적 공감대 형성과 정책 일관성 확보가 중요하다. 독도 대책의 핵심은 독도가 우리의 고유 영토로서 일본과의 협상 대상이 아니라는 점과, 장기적인 관점에서의 영토주권 공고화 방안이다. 일본의 독도 분쟁화 정책과 ICJ 제소 등 독도 영유권의 현상 변경을 시도하는 여하한 조치는 한일관계에 부정적 영향이 불가피한바, 한일관계의 전략적 중요성 및 한·미·일 공조의 필요성에 비추어 일본이 독도 분쟁화 정책을 포기하도록 유도해야 할 것이다.

2. 위안부 문제

(1) 양국 입장

위안부 피해자 문제에 대한 한국 정부의 입장은 당해 문제가 반인도적 불법행위에 해당하는 사안으로 청구권협정에 의해 해결된 것으로 볼 수 없고 일본 정부의 법적 책임이 존재한다는 것이다. 반면, 일본 정부는 일본군 위안부 피해자 문제는 한일청구권협정에 의해 기 해결되었다는 입장을 견지하고 있다. 다만, 1993년 8월 고노 담화 등을 통해 사죄와 반성의 뜻을 표명하였다. 1995년 일본 정부는 인도적 차원에서 민간 주도의 '아시아여성기금'을 설립하고(국가는 간접적 지원), 피해자들에게 개별적으로 1인당 500만 엔(한화 약 4,300만 원) 상당을 지원하였다.

(2) 고노담화(1993년)

1993년 8월 4일 미야자와 개조 내각의 고노 요헤이 내각관방장관이 발표한 담화이다. 주요 내용은 첫째, 일본은 구일본군이 직접 또는 간접적으로 위안소가 설치되었음을 인정한다. 둘째, 본인의 의사에 반하여 모집된 사례가 많았다. 셋째, 종군위안부로서 많은 고통을 겪고 몸과 마음에 치유하기 어려운 상처를 입은 모든 분에 대해 마음으로부터 사과와 반성의 뜻을 밝힌다. 넷째, 사죄의 마음을 우리나라로서 어떻게 나타낼 것인지에 관해서는 식견 있는 분들의 의견 등도 구하면서 앞으로도 진지하게 검토하겠다.

> **참고** 위안부 관계 조사 결과 발표에 관한 고노 내각 관방장관 담화(고노 담화, 1993년 8월 4일)
>
> 이른바 종군위안부문제에 관해서 정부는 재작년 12월부터 조사를 진행해 왔으나 이번에 그 결과가 정리되었으므로 발표하기로 하였다.
> 이번 조사 결과 장기간 그리고 광범위한 지역에 위안소가 설치되어 수많은 위안부가 존재하였다는 것이 인정되었다. 위안소는 당시의 군 당국의 요청에 따라 마련된 것이며 위안소의 설치, 관리 및 위안부의 이송에 관해서는 옛 일본군이 직접 또는 간접적으로 이에 관여하였다.
> 위안부의 모집에 관해서는 군의 요청을 받은 업자가 주로 이를 맡았으나 그런 경우에도 감언(甘言), 강압에 의하는 등 본인들의 의사에 반해 모집된 사례가 많았으며 더욱이 관헌(官憲) 등이 직접 이에 가담한 적도 있었다는 것이 밝혀졌다. 또한 위안소에서의 생활은 강제적인 상황하의 참혹한 것이었다.
> 또한 전지(戰地)에 이송된 위안부의 출신지에 관해서는 일본을 별도로 하면 한반도가 큰 비중을 차지하고 있었으나 당시의 한반도는 우리나라의 통치 아래에 있어 그 모집, 이송, 관리 등도 감언, 강압에 의하는 등 대체로 본인들의 의사에 반해 행해졌다.
> 어쨌거나 본 건은 당시 군의 관여 아래 다수 여성의 명예와 존엄에 깊은 상처를 입힌 문제다. 정부는 이번 기회에 다시 한 번 그 출신지가 어디인지를 불문하고 이른바 종군위안부로서 많은 고통을 겪고 몸과 마음에 치유하기 어려운 상처를 입은 모든 분에 대해 마음으로부터 사과와 반성의 뜻을 밝힌다. 또 그런 마음을 우리나라로서 어떻게 나타낼 것인지에 관해서는 식견 있는 분들의 의견 등도 구하면서 앞으로도 진지하게 검토해야 할 일이라고 생각한다.
> 우리는 이런 역사의 진실을 회피하는 일이 없이 오히려 이를 역사의 교훈으로 직시해 가고 싶다. 우리는 역사 연구, 역사 교육을 통해 이런 문제를 오래도록 기억하고 같은 잘못을 절대 반복하지 않겠다는 굳은 결의를 다시 한 번 표명한다.

(3) 2015년 합의

2015년 12월 28일 한국과 일본은 공동 기자회견을 개최하고 합의 사항을 발표하였다. 일본 측 발표사항은, 첫째 일본군 관여하에 발생한 위안부 문제에 대해 책임을 통감하며 아베 내각 총리 대신은 일본국 총리대신으로서 마음으로부터 사죄와 반성의 마음을 표명한다. 둘째, 한국 정부가 위안부 지원을 위한 재단을 설립하고 일본 정부 예산으로 자금을 거출하고 마음의 상처 치유를 위한 사업을 진행한다. 셋째, 위안부 문제가 최종적 불가역적으로 해결될 것을 확인하며, 유엔 등 국제사회에서 상호 비난을 자제한다. 한국 측 발표 내용은 첫째, 위안부 문제의 최종적 및 불가역적 해결을 확인한다. 둘째, 주한일본대사관 앞의 소녀상에 대해 한국 정부가 관련 단체와 협의하여 해결하도록 노력한다. 셋째, 국제사회에서 상호 비난을 자제한다.

> **참고** 위안부 문제에 대한 한국과 일본의 합의(2015년 12월 28일)
>
> 한국과 일본 정부는 위안부 문제에 대해 합의하고 다음과 같이 발표하였다.
>
> 1. **일본 측 합의문 발표 내용**
>   ① 위안부 문제는 당시 군의 관여하에 다수의 여성의 명예와 존엄에 깊은 상처를 입힌 문제로서, 이러한 관점에서 일본 정부는 책임을 통감한다. 아베 내각 총리대신은 일본국 내각

> 총리대신으로서 다시 한번 위안부로서 많은 고통을 겪고 심신에 걸쳐 치유하기 어려운 상처를 입은 모든 분들에 대해 마음으로부터 사죄와 반성의 마음을 표명한다.
> ② 일본 정부는 지금까지도 본 문제에 진지하게 임해 왔으며, 그러한 경험에 기초하여 이번에 일본 정부의 예산에 의해 모든 前 위안부분들의 마음의 상처를 치유하는 조치를 강구한다. 구체적으로는, 한국 정부가 前 위안부분들의 지원을 목적으로 하는 재단을 설립하고, 이에 일본 정부 예산으로 자금을 일괄 거출하고, 일한 양국 정부가 협력하여 모든 前 위안부분들의 명예와 존엄의 회복 및 마음의 상처 치유를 위한 사업을 행하기로 한다.
> ③ 일본 정부는 이상을 표명함과 함께, 이상 말씀드린 조치를 착실히 실시한다는 것을 전제로, 이번 발표를 통해 동 문제가 최종적 및 불가역적으로 해결될 것임을 확인한다. 또한, 일본 정부는 한국 정부와 함께 향후 UN 등 국제사회에서 동 문제에 대해 상호 비난·비판하는 것을 자제한다. 예산조치에 대해서는 대략 10억 엔 정도를 상정하고 있다.
>
> 2. 한국 측 합의문 발표 내용
> ① 한국 정부는 일본 정부의 표명과 이번 발표에 이르기까지의 조치를 평가하고, 일본 정부가 앞서 표명한 조치를 착실히 실시한다는 것을 전제로, 이번 발표를 통해 일본 정부와 함께 이 문제가 최종적 및 불가역적으로 해결될 것임을 확인한다. 한국 정부는 일본 정부가 실시하는 조치에 협력한다.
> ② 한국 정부는 일본 정부가 주한일본대사관 앞의 소녀상에 대해 공관의 안녕·위엄의 유지라는 관점에서 우려하고 있는 점을 인지하고, 한국 정부로서도 가능한 대응방향에 대해 관련 단체와의 협의 등을 통해 적절히 해결되도록 노력한다.
> ③ 한국 정부는 이번에 일본 정부가 표명한 조치가 착실히 실시된다는 것을 전제로, 일본 정부와 함께 향후 UN 등 국제사회에서 이 문제에 대해 상호 비난·비판을 자제한다.

(4) 문재인 정부의 입장(2018년 1월 9일 발표)

문재인 정부는 TF를 만들어 위안부문제를 재검토하여 다음과 같은 입장을 표명했다. 첫째, 일본 정부가 출연한 기금 10억 엔은 한국 정부 예산으로 충당하고, 이 기금의 향후 처리 방안에 대해서는 일본 정부와 협의한다. 둘째, 화해치유재단 향후 운영에 관련해서는 여러 개인 및 단체의 의견을 수렴하겠다. 셋째, 피해 당사자인 할머니들의 의사를 제대로 반영하지 않은 2015년 합의는 일본군 위안부 피해자 문제의 진정한 해결이 될 수 없다. 넷째, 2015년 합의가 양국 간의 공식 합의였다는 사실은 부인할 수 없다. 이를 감안하여 정부는 동 합의와 관련하여 일본 정부에 대해 재협상은 요구하지 않을 것이다. 한편, 2018년 11월 21일 화해치유재단 해산 방침을 발표했다.

3. 군사비밀정보의 보호에 관한 협정(GSOMIA)(2016년)

2016년 11월 23일 서울에서 서명과 동시에 발효되었다. 한일 양국은 2011년 1월 국방장관회담에서 북한의 핵·미사일 위협 고조 등을 배경으로 한일군사정보보호협정 체결 추진에 합의하였다. 한일군사정보보호협정은 정보를 교환하는 방법과 교환된 정보를 보호·관리하는 절차를 규정하는 협정이다. 정보 제공 경로 및 관계기관의 자격, 제공된 정보에 대한 보호의무, 제공된 정보에 대한 관리방법 및 파기절차 등을 내용으로 한다. 정보를 제공할 의무를 규정하는 것이 아니며, 실제 정보 공유는 각국이 사안별로 제공 필요성 여부를 면밀히 검토한 후 제공할 수 있다. 협정의 유효기간은 1년이며, 협정 종료의사를 90일 전 서면통보하지 않는 한 자동 연장된다. 양국의 상호 서면 동의에 의해 개정 가능하다.

한국은 일본과 적시성 있게 영상정보 등을 직접 공유하게 된다면 북한의 탄도미사일 발사궤적을 추적·분석하고 북한의 핵능력을 기술적으로 분석하는 데 실질적으로 큰 도움이 될 것으로 판단하고 일본과 협정을 체결하였다. GSOMIA 체결을 통해 일본이 획득한 정보를 미국을 경유하지 않고 직접 공유할 수 있어, 북핵·미사일 위협정보에 대한 신속성·정확성·신뢰도가 높아질 것으로 기대하였다. 한국은 2019년 8월 23일 일본과의 GSOMIA 종료를 통보하였고, 90일 이후 효력될 예정이었으나, 한국은 2019년 11월 22일 GSOMIA 종료 통보의 효력을 정지하였다.

4. 강제동원 피해자 문제

일제강점기 강제동원이란 일제가 아시아태평양전쟁(1931~1945년)을 수행하기 위해 국가권력에 의해 제국영역을 대상으로 실시한 인적·물적·자금 동원 정책을 의미한다. 본격적인 인력동원은 「국가총동원법」(1938년 4월 1일 공포, 5월 시행) 이후 실시되었다. 강제동원된 지역은 일본, 남사할린(당시 지명 가라후토 樺太), 식민지(조선 및 대만), 점령지·잔쟁터(중서부태평양, 중국관내, 동남아지역) 등이다. 그동안 한국은 강제동원 피해자 배상 문제는 1965년 청구권협정을 통해 해결된 것이 아니라는 입장이었으나, 일본은 일제 시대 모든 청구권은 동 협정을 통해 해결되었다는 입장이었다. 2018년 한국 대법원은 강제 동원 피해자들이 제기한 소송에서 원고승소로 최종판결하였으나, 일본정부는 이에 항의하며 판결 이행을 거부하도록 자국 기업에 지시하면서 한국에 대해 수출규제 등 제재조치를 취하며 상당기간 한일관계가 경색되었다. 그러다, 2022년 출범한 윤석열정부는 한일관계 개선을 중시하면서 2023년 3월 6일 해법을 제시했다. 한국 정부가 발표한 최종안은 2018년 대법원으로부터 배상 확정 판결을 받은 일제 강제징용 피해자들에게 국내 재단이 대신 판결금을 지급하는 '제3자 변제'를 골자로 한다. 즉, 일본 피고 기업인 미쓰비시중공업과 일본제철 대신 한국 정부 산하 재단이 한국 기업들이 출연한 기금으로 2018년 대법원 확정판결을 받은 피해자들에게 판결금을 지급하는 제3자 변제 방식이다. 대상자 15인 일부는 이러한 방식에 동의하였으나 동의하지 않은 피해자도 있어서 현재까지 논란이 되고 있다.

5. 과거사 문제

과거사 문제는 일본의 한국 제국주의 정책과 관련된 문제를 포괄하며 여기에는 강제징용문제, 위안부 문제, 역사인식 문제, 역사교과서 문제, 태평양전쟁의 성격에 대한 문제 등이 포함된다. 과거사 문제의 가장 근본적 출발점은 한국에 대한 일본인의 가해의식의 부재에서 비롯된다. 가해의식이 없는데 반성이나 사죄가 있을 수 없다. 일본의 가혹한 식민통치에 의하여 크나큰 피해를 입은 한국인으로서는 그와 같은 역사인식을 가지고 있는 일본인들과는 우호관계를 구축할 수 없다고 생각하고 있으며, 여기에서 근본적인 인식의 차이가 발생하게 되는 것이다. 일본은 1995년 무라야마 담화를 시작으로 해서 고이즈미 담화(2005년), 간나오토담화(2010년) 등을 통해 과거사문제에 대해 사죄의 뜻을 표명하였으나, 역사 수정주의자로 평가되는 아베는 2015년 담화에서 사죄 표명을 우회적으로 거부하기도 하였다.

Ⅴ 대일외교의 전개 방향

1. 단계적 접근

'단계적 접근'이 필요하다. 즉, 위안부 문제 및 독도 관련 논쟁을 단기간에 해결하겠다는 집착을 버리고 당분간 한일관계 악화 방지 및 소통 확보에 주력하면서 실현가능한 분야에서 협력을 추진하는 '미니멈 어프로치', 즉 '마이너스 관계'로 출발하되 장기적으로 한일관계를 '플러스 관계'로 전환함으로써 '온탕 – 냉탕 사이클'을 극복한다는 시나리오가 현실적인 것으로 보인다.

2. 분리대응

'분리대응의 원칙'이 필요하다. 즉, 경제 및 안보 등 양자 현안은 물론 지역 및 글로벌 현안 대응에 있어서 한·일 간 원활한 소통이 안 될 경우 양국 모두가 피해를 보는 구도인 바, 한·일 간에 과거사나 독도 관련 마찰이 발생하더라고 그 영향이 타 분야로 파급되는 것을 최소화하는 '분리대응'이 국익 극대화를 위해 중요하다.

3. 공공외교 강화

인식의 공유를 위한 공공외교의 강화가 중요하다. 즉, 위안부 문제, 독도 문제 관련 전문가, NGO, 이해당사자를 중심으로 논의의 장을 제공하여 국내적으로 사회적 합의를 유도하면서, 한편 일본 사회의 양심 세력과 연대하여 과거사 반성과 화해와 세계적 대세이며 역사왜곡이 일본의 국제적 역할 확대의 걸림돌이 되고 있음을 환기시킬 필요가 있다.

Ⅵ 한일관계 개선을 위한 구체적 전략

1. 한·일 정부 간 다층적 소통채널 확보

한·일 간 정치적 신뢰관계 회복과 소통이 급선무인 바, 한·일 정상 간 셔틀외교 재개, 각료회의 정례화, 차관급 전략대화, 실무자급 비공식 대화 등 다양한 대화채널의 확대·강화가 필요하다.

2. 대일정책의 일관성 유지 방안 강구

안정적인 한일관계를 위해서는 대일정책의 일관성 유지가 중요한 바, 국민적 공감대 형성 및 정부 내 의사결정 과정 관련 제도적 보완이 절실하다.

3. 견고한 한·미동맹의 유지

일본의 군사적 보통국가화는 북한의 핵 도발, 중국의 군사력 확충, 동아시아 해양·영토 분쟁 등과 함께 지역질서 유동화의 주요 요인인 바, 한국은 미국을 지역안정 세력으로 확보하면서 장기적으로 일본, 중국과 우호 관계를 유지하는 것이 중요하다.

제3절 한러관계

I 한러관계 전개과정

1. 조선-러시아 관계

조선과 러시아는 1884년 조러수호통상조약을 체결하여 수교하였으며, 이후 1888년 조러육로통상장정을 체결하였다. 1885년 서울에 러시아 공사관을 설치하고 베베르를 초대 공사로 파견했다. 1904년 한일의정서 체결로 조러간 모든 조약이 폐기되었다. 1905년 9월 포츠머스 조약으로 러시아는 한반도에서 영향력을 상실했다.

2. 2차 대전 이후 한국-소련 관계

1945년 2월 얄타회담에서 한반도 분단이 결정되었고, 이후 소련은 38도선 이북을 점령하고 군정을 실시하면서 김일성을 위원장으로 하는 북조선임시인민위원회를 조직하여 공산주의 체제를 수립했다. 1945년 12월 모스크바 3상회의에서 최고 5년의 신탁통치를 결정했으나 남한은 반대했다. 1948년 10월 소련은 북조선 임시인민위원회를 승인하는 한편, 남한과는 대화 창구를 폐쇄했다.

3. 한소수교

한국과 소련은 1990년 9월 30일 한-소 외무장관 회담을 개최하고 대사급 외교관계 수립에 합의했다. 한소 양국은 1990년 6월 4일 노태우-고르바초프 정상회담에서 한소수교원칙에 합의하였다. 한소수교는 노태우 정부의 북방정책과 소련의 한반도 정책이 효과적으로 맞물린 결과였다. 1991년 12월 소비에트연방이 해체된 이후 CIS가 탄생함에 따라 소비에트연방을 법적으로 승계한 러시아공화국과 한국 간 외교관계가 자동 승계되었다.

4. 수교 이후 한국-러시아 관계 주요 사례

첫째, 2008년 이명박 대통령이 방러하고 양국관계를 '전략적 협력 동반자 관계'로 격상했다. 둘째, 2017년 문재인 대통령이 방러하여 제3차 동방경제포럼에 참석하고 양국 간 실질 협력 강화를 위한 '5개 협력의 틀'과 '9개 다리 전략'을 발표했다.

II 러시아의 대한반도 정책

1. 목표

러시아의 대한반도 정책 목표는 한반도에 대한 영향력 제고 및 극동시베리아 개발을 위한 평화롭고 안정적인 한반도 안보환경을 조성하는 데 있다. 경제적 측면에서 러시아는 '유로-태평양 국가'로서 아태지역 경제권 진출을 위한 교두보를 확보하고자 하며, 한반도에서의 에너지, 교통 인프라 및 물류, 식량안보, 해양자원, 교육 및 과학기술 등의 분야에서 협력을 강화해 나가고자 한다. 또한 러시아는 남북한과 동시에 정상적 관계를 유지하는 입장을 견지해 나가고 있으며, 기본적으로 러시아의 대 남북한 균형 접근 및 등거리 정책도 변함없이 지속해 나가고 있다.

2. 최근 한반도 정세 관련 정책

첫째, 러시아는 한반도 문제를 세계질서, 동아시아 질서 재편의 연장선에서 파악하고 있다. 즉, 미일동맹 강화에 대응하는 다른 한 축으로서 중국과의 전략적 동반자관계를 심화시켜 나가고자 한다. 둘째, 역내 안보 현안의 당사자로서 배제되지 않고 참여하는 것에 주의를 기울이고 있다. 셋째, 북한의 체제 붕괴가 아닌 안정 유지에 중점을 두면서 극동 시베리아 개발을 위한 평화적이고 우호적인 환경을 확보하는 데 우선순위를 부여하고 있다. 넷째, 러시아는 남북한 균형접근, 등거리정책을 추진하는 것이 남북한을 다루는 데 유리하다고 판단하고 있다. 다섯째, 북한 핵실험의 후속조치와 관련하여 유엔 안보리에서 강력한 대북 제재에 기본적으로 찬성하나, 내용 면에서 북한 붕괴를 초래할 수 있는 사안이 포함되는 것에는 중국과 공조해 반대한다.

Ⅲ 한러관계 주요 쟁점

1. 극동 및 시베리아 지역 협력

2017년 9월 한국은 신북방정책 및 9-Bridge(철도, 가스, 전력, 북극항로, 조선, 항만, 농업, 수산업, 일자리)정책을 발표했다. 대통령 직속 북방경제협력위원회를 통해 극동 및 시베리아 지역 개발을 포함한 한러 간 경제협력 확대를 위해 노력하고 있다.

2. 북핵문제 공조

러시아는 한반도의 안정이 자국의 안보와 경제적 이익에 중요하다는 인식하에, 6자회담 당사국이자 유엔 안보리 상임이사국으로서 북한 핵문제의 평화적 해결 및 한반도의 평화 정착을 위한 국제사회의 노력을 지지하고 있다. 한러 양국은 북핵 불용 및 북핵문제의 평화적 해결이라는 공동 인식하에 한반도 문제 관련 긴밀한 소통을 지속하고 있다. 2018년 6월 22일 한러공동성명은 한반도 평화와 번영 및 통일을 위한 판문점 선언 채택을 환영하고, 한반도 문제 해결을 위한 러시아의 건설적 역할을 평가하며, 한반도 및 동북아의 항구적 평화 및 안정을 위한 공동 노력을 지속하기로 하였다.

제3장 대북정책

제1절 건국 이후 대북정책의 전개과정

I 이승만 정부

1. 통일 방안

이승만 정부는 초기에 UN 감시하에 북한지역만의 선거를 통한 통일을 주장하였으나, 한국전쟁이 발발하자 이승만 정부는 무력을 사용한 북진통일을 주장했다. 정전협정 체결 후 UN 감시하에 남북한 총선거 통일방안을 최초로 제시했다.

2. 북진통일론

1949년 이승만은 '무력 북진통일론'을 주장하기 시작하였다. 이승만이 북진통일론 주장한 배경에는 주한미군의 본격적인 철수가 있었다. 이승만은 미군 철수가 본격 이뤄지는 상황 속에서 국내적으로 정부 통일정책을 비판하는 다양한 목소리를 잠재우려 했고, 대외적으로 주한미군 철군과 관련한 대미 협상카드가 필요했다. 이승만은 북진통일론 주장을 통해 미군 철수를 늦추거나, 철군에 따른 충분한 보상과 안전을 보장받으려고 한 것이다. 그러나 이승만은 북진통일론 주장을 통해 당초 생각했던 목적을 달성하지 못하고, 오히려 한반도 긴장을 고조시켰고 미국의 견제도 강화되었다.

3. 애치슨 선언

1950년 1월 12일 미국 애치슨 국무장관은 내셔널프레스클럽 연설에서 '미국의 태평양 방어선에서 한반도와 대만을 제외'한다고 밝혔다. 애치슨의 발언은 미국 정부의 재정 지출을 삭감하려던 미 의회와 군비의 효율적 사용을 주장하는 군부의 의견을 수용한 것이었다. 애치슨은 미국 국내의 정치적 의견을 받아들임과 동시에 북진통일을 외치던 이승만과 본토수복을 외치던 장제스의 무모한 모험을 견제하려고 하였다. 애치슨의 발언은 추후 북한·중국·소련에 의해 '미국의 한국 방어 포기'로 인식되어 한국전쟁 발발에 일조했다는 평가도 있다.

4. 한국전쟁 당시 이승만 정부의 정책

한국전쟁이 발발하자, 이승만은 1950년 7월 14일 한국군의 작전지휘통제권을 UN군 사령관 맥아더에게 이양했다. 중공군 참전 이후 미국이 정전을 추진하자, 당초 이승만은 정전을 반대하는 입장이었으나 이후 '정전 불방해'로 입장을 전환했다. 이승만 정부는 정전협정 체결에 참여하지는 않겠으나, 정전 불방해의 조건으로 '한미합동방위조약' 체결과 '국군 전력 확대' 및 '대규모의 경제원조'를 요구했다.

5. 한국전쟁 당시 미국의 정책

1951년 6월 트루먼 대통령은 맥아더 후임인 리지웨이 UN군사령관에게 휴전협상을 지시했다. 1952년 11월 대통령에 당선된 아이젠하워는 한국을 방문하여 이승만에게 정전 수용을 제안했으나 이승만은 반대했다. 이승만의 정전반대가 누그러지지 않자, 테일러 주한미8군사령관은 '에버레디 계획 개요'를 기안했다. '에버레디 계획 개요'란 남한 내에서의 소요가 극심해질 경우 UN군을 철수한다는 계획을 말한다.

6. 포로송환 문제

1953년 6월 8일 판문점 휴전회담에서 포로송환협정이 체결되었다. 포로송환협정에 따라 귀향을 원하는 포로는 휴전 성립 후 60일 내에 송환하기로 하였다. 그러나 이승만은 반공포로, 즉 반공애국동포를 북송할 수 없다고 생각하여 1953년 6월 18일 0시를 기해 반공포로를 석방했다. 이승만의 반공포로 석방은 클라크 UN사령관과 사전 협의가 없었으며, 국군 헌병총사령관에게 비밀리에 명령한 것이었다. 국내 7개 수용소에 있던 37,000명의 포로 중 27,000명의 반공포로를 석방했다. 이승만의 반공포로 석방은 휴전을 낙관하던 미국에 분노를 안겼지만, 이승만의 동의 없이 휴전은 어렵다는 점을 절감하게 하였다.

7. 한미상호방위조약 체결

미국은 한국 정부가 휴전협정 체결을 용인하는 조건으로, 이승만이 요구했던 한미상호방위조약 체결에 동의했다. 또한 미국은 한국에 경제회복을 위한 원조 10억 달러 중 2억 달러를 우선 제공하였다. 미국은 한국에 해공군에 대한 지원을 포함하여, 국군을 20개 사단으로 확충할 것도 약속하였다. 이승만은 한미합동방위조약 체결과 국군 전력 확장 및 대규모 경제원조에 만족해야 했고, 미국이 이를 수용하여 정전협정이 체결되었다.

8. 한미합의의사록 체결

1954년 11월 17일 '경제 및 군사 문제에 관한 한미합의의사록'이 한미상호방위조약 정식 발효 하루 전에 체결되었다. '한미합의의사록'에서 미국은 한국에 군사 및 경제주권을 약속하고, 한국군의 작전통제권을 계속 UN군사령부 휘하에 둔다는 협약을 체결하였다. 미국은 한미상호방위조약을 통해 북한의 남진을 막게 되었고, '한미합의의사록'으로 남한의 북진을 막는 법적·제도적 장치를 완비하게 되었다.

Ⅱ 장면 정부

장면 정부는 이승만의 비현실적인 무력북진통일론을 폐기했다. 장면 정부의 통일정책은 'UN 감시하에 인구비례에 의한 자유총선거를 통한 남북통일'이다. 1960년 11월 2일 한국 민의원은 UN 총회에 보낸 '통한(통일한국)결의안'에서 '대한민국헌법 절차에 의해 UN 감시하에 인구비례에 따른 자유선거를 실시할 것'을 명확히 밝히기도 하였다. 장면은 취임 후 첫 대국민연설에서 경제제일주의를 내세우며, '선건설·후통일' 기조를 추구할 것을 선언하였다.

Ⅲ 박정희 정부

1. 개요

박정희 정부는 1960년대 전임 장면 정부의 'UN 감시하에 인구비례에 의한 남북 총선거' 통일안과 '선건설·후통일'정책을 표방했다. 그러나, 1970년대 들어서 선건설·후통일에, 선평화·후통일을 병행하는 정책기조를 확립했다. 박정희 정부는 선평화의 맥락 속에 '8·15평화통일구상선언'을 비롯, 남북적십자회담, 남북이산가족찾기운동, 7·4남북공동성명, 남북조절위 설치 및 운영, 6·23선언 등의 정책을 추진했다.

2. 1960년대 통일정책 기조

박정희 정부는 1960년대 장면 정부의 선건설·후통일 기조를 계승하고, UN 감시하에 인구비례에 의한 남북 총선거 통일방안을 지속했다. 박정희는 통일·대북정책에서 경제를 중시했다. 1960년대 박정희 정부는 북한이 각종 대남제의를 해왔음에도 불구하고 이를 묵살했는데, 이는 북한을 불승인하는 할슈타인원칙에 충실했었다는 점을 보여준다.

3. 1970년대 박정희 정부의 정책

박정희 정부는 미국을 돕기 위해 베트남에 맹호·백마 2개 보병사단과 청룡해병여단, 비둘기병참부대를 파견하고 있었다. 박정희는 미국에 대한 불신이 생기자 1972년부터 자신을 방어하기 위한 비밀 핵무기 개발을 시도하기도 하였다. 1971년 2월 6일 한미 양국은 공식적으로 주한미군 감축과 한국군 현대화계획에 합의했다. 미국의 주한미군 감축으로 안보위기가 고조되자, 박정희 정부는 한반도에서의 전쟁위기를 낮추고 평화를 증진하기 위해 8·15평화통일구상선언, 7·4남북공동성명, 6·23외교선언 등을 발표하였다. 박정희의 '선건설 후통일' 노선은 1970년대에도 계속되었으며, 여기에 선평화·후통일 기조도 병행하였다.

4. 8·15평화통일구상선언(1970년 8월 15일)

박정희는 1970년 8월 15일 '평화통일 기반 조성을 위한 접근방법에 관한 구상'(일명 8·15평화통일구상선언)을 발표하였다. 남북 사이 놓인 인위적 장벽을 단계적으로 제거해 나갈 수 있는 보다 획기적·현실적 방안을 제시할 용의가 있음을 밝히고, 북한이 남한의 민주·통일·독립과 평화를 위한 UN의 노력을 인정하고 UN의 권위·권능을 수락하면, UN에서 한국 문제를 토의하는 데 북한이 참석하는 것을 반대하지 않을 것이라고 하였다. 8·15선언은 박정희 정부가 처음으로 북한을 하나의 정치적 실체라고 암묵적으로 인정한 것으로서 현실적으로 남북이 공존하는 위에 경제성장의 자신감을 배경으로 체제경쟁을 해 보자고 제의한 것이다.

5. 7·4남북공동성명(1972년 7월 4일)

박정희 정부는 1972년 7월 4일 7·4남북공동성명을 발표했다. 공동성명에서는 자주, 평화, 민족대단결이라는 통일의 3대원칙을 천명하는 한편, 남북 간 긴장상태 완화 및 신뢰분위기 조성을 위해 상대방 중상비방 중지, 무장도발 중지, 불의의 군사적 충돌사고 방지에 합의하였다. 적십자회담 조기 개최에 합의하고, 돌발적 군사사고 방지 및 남북 간 제기되는 문제들에 대한 직접·신속·정확 처리를 위해 서울 – 평양 간 상설직통

전화 설치에 합의하였다. 제도적으로는 이후락 – 김영주 공동위원장 체제의 남북조절위원회의 구성·운영에 합의하였다.

> **조문 | 7·4남북공동성명(1972.7.4)**
>
> 최근 평양과 서울에서 남북관계를 개선하며 갈라진 조국을 통일하는 문제를 협의하기 위한 회담이 있었다.
> 서울의 이후락 중앙정보부장이 1972년 5월 2일부터 5월 5일까지 평양을 방문하여 평양의 김영주 조직지도부장과 회담을 진행하였으며, 김영주 부장을 대신한 박성철 제2부수상이 1972년 5월 29일부터 6월 1일까지 서울을 방문하여 이후락 부장과 회담을 진행하였다.
> 이 회담들에서 쌍방은 조국의 평화적 통일을 하루빨리 가져와야 한다는 공통된 염원을 안고 허심탄회하게 의견을 교환하였으며 서로의 이해를 증진시키는 데서 큰 성과를 거두었다.
> 이 과정에서 쌍방은 오랫동안 서로 만나보지 못한 결과로 생긴 남북사이의 오해와 불신을 풀고 긴장의 고조를 완화시키며 나아가서 조국통일을 촉진시키기 위하여 다음과 같은 문제들에 완전한 견해의 일치를 보았다.
>
> 1. 쌍방은 다음과 같은 조국통일원칙들에 합의를 보았다.
>   첫째, 통일은 외세에 의존하거나 외세의 간섭을 받음이 없이 자주적으로 해결하여야 한다.
>   둘째, 통일은 서로 상대방을 반대하는 무력행사에 의거하지 않고 평화적 방법으로 실현하여야 한다.
>   셋째, 사상과 이념 및 제도의 차이를 초월하여 우선 하나의 민족으로서 민족적 대단결을 도모하여야 한다.
> 2. 쌍방은 남북 사이의 긴장상태를 완화하고 신뢰의 분위기를 조성하기 위하여 서로 상대방을 중상 비방하지 않으며, 크고 작은 것을 막론하고 무장도발을 하지 않으며, 불의의 군사적 충돌사건을 방지하기 위한 적극적인 조치를 취하기로 합의하였다.
> 3. 쌍방은 끊어졌던 민족적 연계를 회복하며 서로의 이해를 증진시키고 자주적 평화통일을 촉진시키기 위하여 남북사이에 다방면적인 제반교류를 실시하기로 합의하였다.
> 4. 쌍방은 지금 온 민족의 거대한 기대속에 진행되고 있는 남북적십자회담이 하루빨리 성사되도록 적극 협조하는 데 합의하였다.
> 5. 쌍방은 돌발적 군사사고를 방지하고 남북 사이에 제기되는 문제들을 직접, 신속·정확히 처리하기 위하여 서울과 평양 사이에 상설 직통전화를 놓기로 합의하였다.
> 6. 쌍방은 이러한 합의사항을 추진시킴과 함께 남북 사이의 제반문제를 개선 해결하며 또 합의된 조국통일원칙에 기초하여 나라의 통일문제를 해결할 목적으로 이후락 부장과 김영주 부장을 공동위원장으로 하는 남북조절위원회를 구성·운영하기로 합의하였다.
> 7. 쌍방은 이상의 합의사항이 조국통일을 일일천추로 갈망하는 온 겨레의 한결같은 염원에 부합된다고 확신하면서 이 합의사항을 성실히 이행할 것을 온 민족 앞에 엄숙히 약속한다.
>
> 서로 상부의 뜻을 받들어
이 후 락 김 영 주
1972년 7월 4일

6. 6·23선언(1973년 6월 23일)

6·23선언은 남북한 UN 동시가입, 공산권 국가에 대한 문호 개방을 선언하고, 기존 우방과의 유대관계 공고화를 천명하였다. 다만, 박정희는 6·23선언에서 대북 관련 사항이 통일 성취 시까지 과도적 기간의 잠정조치이며, 북한을 결코 국가로 인정하지

않는다는 점도 강조하였다. 박정희 정부는 6·23선언을 계기로 할슈타인원칙을 공식적으로 포기하여, 북한을 국가로는 인정하지 않지만, 북한에 정부가 존재하고 있다는 현실을 인정하였다.

> **조문 | 6·23선언(1973.6.23)**
>
> 나는 이에 다음과 같은 정책을 선언하는 바입니다.
> 1. 조국의 평화적 통일은 우리 민족의 지상과업이다. 우리는 이를 성취하기 위한 모든 노력을 계속 경주한다.
> 2. 한반도의 평화는 반드시 유지되어야 하며, 남북한은 서로 내정에 간섭하지 않으며 침략을 하지 않아야 한다.
> 3. 우리는 남북공동성명의 정신에 입각한 남북대화의 구체적 성과를 위하여 성실과 인내로써 계속 노력한다.
> 4. 우리는 긴장완화와 국제협조에 도움이 된다면, 북한이 우리와 같이 국제기구에 참여하는 것을 반대하지 않는다.
> 5. UN의 다수 회원국의 뜻이라면 통일에 장애가 되지 않는다는 전제하에 우리는 북한과 함께 UN에 가입하는 것을 반대하지 않는다. 우리는 UN 가입 전이라도 대한민국 대표가 참석하는 UN 총회에서의 '한국문제' 토의에 북한 측이 같이 초청되는 것을 반대하지 않는다.
> 6. 대한민국은 호혜평등의 원칙하에 모든 국가에게 문호를 개방할 것이며, 우리와 이념과 체제를 달리하는 국가들도 우리에게 문호를 개방할 것을 촉구한다.
> 7. 대한민국의 대외정책은 평화선린에 그 기본을 두고 있으며, 우방들과의 기존 유대관계는 이를 더욱 공고히 해나갈 것임을 재천명한다.
>
> 나는 이상에서 밝힌 정책 중 대북한관계 사항은 통일이 성취될 때까지 과도적 기간 중의 잠정조치로서, 이는 결코 우리가 북한을 국가로 인정하는 것이 아님을 분명히 하여 둡니다.

IV 전두환 정부

전두환 정부는 '민족화합민주통일방안'을 천명하고 이를 북한이 수락할 것을 촉구하였다. 화합과 통일의 두 단계를 거치는 점진적인 접근에 기초한 방안이다. 전두환 정부는 '선평화·후통일'의 기본 원칙을 유지하였다. 1983년 9월 소련전투기에 의한 KAL기 격추 사건, 1983년 10월 미얀마 아웅산 폭파암살 테러 사건이 발생하기도 하였다.

V 노태우 정부

1. 노태우 정부의 대외정책 방향

1980년대의 북방정책은 노태우 대통령이 1988년에 발표한 7·7선언과 함께 시작되었다. 노태우 대통령은 이전 정부의 대공산권 및 대북 정책과 상이한 접근을 취했다. 그 내용은 ① 남·북 간 적극적 교류 추진과 해외동포의 자유왕래를 위한 문호개방, ② 이산가족의 생사 및 주소 확인, ③ 남·북 간 교역에서의 문호개방, ④ 남측 우방과 북한 간의 비군사적 물자교류 불반대, ⑤ 남·북 간 경쟁 및 대결 외교의 종식과 상호협력, ⑥ 남·북 쌍방이 상대 우방국들과의 관계 개선에 협력함 등으로 요약될 수 있다.

2. 북방정책의 개념

북방정책은 공산권 국가와의 접촉 및 관계 형성 그리고 이를 통한 남북관계 개선을 통해 한국의 정책에 유리한 환경을 조성하고, 궁극적으로 남북관계의 안정, 평화 그리고 통일을 도모하는 전략이라고 할 수 있다.

3. 북방정책의 목표

북방정책은 협의로는 한국의 소련 및 중국과의 관계 개선을 의미하고 광의로는 공산권 국가와 북한에 대한 정책을 의미한다. 북방정책의 목표는 ① 한반도의 평화정책과 평화적 통일기반 조성, ② 소련, 중국 그리고 동구권과의 관계 개선을 통한 외교 영역의 확대와 국제적 지지기반 확충, ③ 한국의 경제적 진출과 자원 공급원 확보를 통한 국가이익 추구로 요약될 수 있다.

4. 북방정책의 실행

(1) 개관

북방정책의 실행 과정을 3단계로 구분할 수 있다. 제1단계는 특정 공산권 국가와의 수교, 제2단계는 소련과 중국을 포함한 모든 공산권 국가와의 수교, 그리고 제3단계는 남북 평화통일이다. 제1단계의 성과로 헝가리, 폴란드 그리고 유고와의 수교 그리고 1988년 7·7선언 및 1989년 한민족 공동체 통일방안을 들 수 있다. 제2단계의 성과로 체코, 불가리아, 몽골, 루마니아 그리고 1990년 소련과의 수교를 들 수 있다. 이와 더불어 남북한 UN 동시가입, 남북기본합의서 체결 그리고 비핵화공동선언 발표 등의 성과가 있었다. 제3단계에서는 남북기본합의서와 비핵화공동선언이 발효했고 이를 이행하기 위한 위원회들이 구성되었다.

(2) 한소 수교

북방정책의 실행 과정에서 특히 관심을 끄는 것은 소련 및 중국과의 수교이다. 한소 수교에서 고르바초프의 페레스트로이카가 양국의 전략적 관계를 정치·경제적 관계로 전환시키는 데 결정적 역할을 했다. 1980년대 후반을 거치면서 소련은 한국의 산업과 사회발전에 주목했고, 한소 수교가 한반도의 긴장을 완화시키고 경제협력의 가능성을 증가시켜 소련의 국익에 기여할 것이라고 판단했다. 결국 소련은 북한과의 정치·전략적 관계보다 한국과의 정치·경제적 관계를 우선시했던 것이다. 한국도 소련과의 수교를 통해 많은 것을 기대했다. 한국은 소련이 북한에 대해 행사할 수 있는 각종 수단과 압력을 통해 북한의 전쟁 의도를 억제하려고 했고, 한국의 국제적 지위를 공고히 하여 통일문제에서 한국의 주도권을 확고히 하고자 했으며, 폐쇄적 노선을 고집하고 있던 북한을 변화의 길로 이끌어내려고 했다.

(3) 한중 수교

한국은 소련과의 수교에 이어 1992년 8월에 중국과도 수교했다. 중국이 한국과의 국교 정상화를 추진한 것에는 세 가지 이유가 있었다. 첫째, 중국은 국제적 고립에서 탈피하려고 했다. 중국은 1989년 천안문 사태 이후 외교적 어려움에 직면해 있었고 서방 세계는 인권 문제를 두고 중국에 제약을 가하고 있었다. 둘째, 중국은 경제발전을 가속화하기 위해 한국과의 협력관계를 도모할 필요가 있었다. 1988년 한·중 교역 규모는 양국이 미수교 상태임에도 불구하고 17억 6천만 달러에 달해 중국의 개방 첫 해인 1979년에 비해 약 80배 증가했다. 셋째, 중국은 남방 3각관계가 강화되는 것에 불안을 느끼고 있었다. 1978년 미·일방위협력지침 개정을 둘러싼 미·일 간의 합의가 시작되자 중국은 주변국과의 관계를 개선할 필요를 느끼게 되었다. 한편 한국은 중국과의 수교를 통해 경제교류의 활성화와 외교관계의 강화는 물론 대북 접근정책도 동시에 추구했다. 하지만 한중 수교 과정에서 대만과의 단교가 불가피했다는 점도 지적할 필요가 있다.

조문 | 남북기본합의서

남과 북은 분단된 조국의 평화적 통일을 염원하는 온 겨레의 뜻에 따라, 7·4남북공동성명에서 천명된 조국통일 3대원칙을 재확인하고, 정치·군사적 대결상태를 해소하여 민족적 화해를 이룩하고, 무력에 의한 침략과 충돌을 막고 긴장 완화와 평화를 보장하며, 다각적인 교류·협력을 실현하여 민족공동의 이익과 번영을 도모하며, 쌍방 사이의 관계가 나라와 나라 사이의 관계가 아닌 통일을 지향하는 과정에서 잠정적으로 형성되는 특수관계라는 것을 인정하고, 평화 통일을 성취하기 위한 공동의 노력을 경주할 것을 다짐하면서, 다음과 같이 합의하였다.

제1장 남북 화해

제1조 남과 북은 서로 상대방의 체제를 인정하고 존중한다.
제2조 남과 북은 상대방의 내부문제에 간섭하지 아니한다.
제3조 남과 북은 상대방에 대한 비방·중상을 하지 아니한다.
제4조 남과 북은 상대방을 파괴·전복하려는 일체 행위를 하지 아니한다.
제5조 남과 북은 현 정전 상태를 남북 사이의 공고한 평화상태로 전환시키기 위하여 공동으로 노력하며 이러한 평화상태가 이룩될 때까지 현 군사 정전협정을 준수한다.
제6조 남과 북은 국제무대에서 대결과 경쟁을 중지하고 서로 협력하며 민족의 존엄과 이익을 위하여 공동으로 노력한다.
제7조 남과 북은 서로의 긴밀한 연락과 협의를 위하여 이 합의서 발효 후 3개월 안에 판문점에 남북연락사무소를 설치·운영한다.
제8조 남과 북은 이 합의서 발효 후 1개월 안에 본회담 테두리 안에서 남북 정치 분과 위원회를 구성하여 남북화해에 관한 합의의 이행과 준수를 위한 구체적 대책을 협의한다.

제2장 남북 불가침

제9조 남과 북은 상대방에 대하여 무력을 사용하지 않으며 상대방을 무력으로 침략하지 아니한다.
제10조 남과 북은 의견대립과 분쟁문제들을 대화와 협상을 통하여 평화적으로 해결한다.
제11조 남과 북의 불가침 경계선과 구역은 1953년 7월 27일자 군사정전에 관한 협정에 규정된 군사분계선과 지금까지 쌍방이 관할하여 온 구역으로 한다.
제12조 남과 북은 불가침의 이행과 보장을 위하여 이 합의서 발효 후 3개월 안에 남북 군사 공동위원회를 구성·운영한다. 남북군사 공동위원회에서는 대규모 부대이동과 군사 연습의 통보 및 통제문제, 비무장지대의 평화적 이용문제, 군 인사 교류 및 정보교환 문제, 대량살상무기와 공격능력의 제거를 비롯한 단계적 군축 실현문제, 검증문제 등 군사적 신뢰조성과 군축을 실현하기 위한 문제를 협의·추진한다.

제13조 남과 북은 우발적인 무력충돌과 그 확대를 방지하기 위하여 쌍방 군사당국자 사이에 직통 전화를 설치·운영한다.

제14조 남과 북은 이 합의서 발효 후 1개월 안에 본회담 테두리 안에서 남북군사 분과위원회를 구성하여 불가침에 관한 합의의 이행과 준수 및 군사적 대결상태를 해소하기 위한 구체적 대책을 협의한다.

제3장 남북교류·협력

제15조 남과 북은 민족경제의 통일적이며 균형적인 발전과 민족전체의 복리향상을 도모하기 위하여 자원의 공동개발, 민족 내부 교류로서의 물자교류, 합작투자 등 경제교류와 협력을 실시한다.

제16조 남과 북은 과학·기술, 교육, 문화·예술, 보건, 체육, 환경과 신문, 라디오, 텔레비전 및 출판물을 비롯한 출판·보도 등 여러 분야에서 교류와 협력을 실시한다.

제17조 남과 북은 민족구성원들의 자유로운 왕래와 접촉을 실현한다.

제18조 남과 북은 흩어진 가족·친척들의 자유로운 서신거래와 왕래와 상봉 및 방문을 실시하고 자유의사에 의한 재결합을 실현하며, 기타 인도적으로 해결할 문제에 대한 대책을 강구한다.

제19조 남과 북은 끊어진 철도와 도로를 연결하고 해로, 항로를 개설한다.

제20조 남과 북은 우편과 전기통신교류에 필요한 시설을 설치·연결하며, 우편·전기통신 교류의 비밀을 보장한다.

제21조 남과 북은 국제무대에서 경제와 문화 등 여러 분야에서 서로 협력하며 대외에 공동으로 진출한다.

제22조 남과 북은 경제와 문화 등 각 분야의 교류와 협력을 실현하기 위한 합의의 이행을 위하여 이 합의서 발효 후 3개월 안에 남북 경제교류·협력 공동위원회를 비롯한 부문별 공동위원회들을 구성·운영한다.

제23조 남과 북은 이 합의서 발효 후 1개월 안에 본회담 테두리 안에서 남북교류·협력분과위원회를 구성하여 남북교류·협력에 관한 합의의 이행과 준수를 위한 구체적 대책을 협의한다.

제4장 수정 및 발효

제24조 이 합의서는 쌍방의 합의에 의하여 수정·보충할 수 있다.

제25조 이 합의서는 남과 북이 각기 발효에 필요한 절차를 거쳐 그 문본을 서로 교환한 날부터 효력을 발생한다.

1991년 12월 13일

남 북 고 위 급 회 담   북 남 고 위 급 회 담
남측 대표단 수석 대표   북측 대 표 단 단 장
대 한 민 국   조선민주주의인민공화국
국 무 총 리 정 원 식   정 무 원 총 리 연 형 묵

조문 | 한반도의 비핵화에 관한 공동선언(1992년 2월 19일 발효)

남과 북은 한반도를 비핵화함으로써 핵전쟁 위험을 제거하고 우리나라의 평화와 평화통일에 유리한 조건과 환경을 조성하며 아시아와 세계의 평화와 안전에 이바지하기 위하여 다음과 같이 선언한다.

1. 남과 북은 핵무기의 시험, 제조, 생산, 접수, 보유, 저장, 배비, 사용을 하지 아니한다.
2. 남과 북은 핵에너지를 오직 평화적 목적에만 이용한다.

3. 남과 북은 핵재처리시설과 우라늄농축시설을 보유하지 아니한다.

4. 남과 북은 한반도의 비핵화를 검증하기 위하여 상대측이 선정하고 쌍방이 합의하는 대상들에 대하여 남북핵통제공동위원회가 규정하는 절차와 방법으로 사찰을 실시한다.

5. 남과 북은 이 공동선언의 이행을 위하여 공동선언이 발효된 후 1개월 안에 남북핵통제공동위원회를 구성·운영한다.

6. 이 공동선언은 남과 북이 각기 발효에 필요한 절차를 거쳐 그 문본을 교환한 날부터 효력을 발생한다.

1992년 1월 20일

남 북 고 위 급 회 담	북 남 고 위 급 회 담
남측 대표단 수석 대표	북측 대표단 단 장
대 한 민 국	조선민주주의인민공화국
국 무 총 리 정 원 식	정무원총리 연 형 묵

> **참고** 한민족공동체통일방안(1989.9.11)
> ① 민족공동체헌장을 마련해 통일헌법에 의해 민주공화국을 건설할 때까지 남북관계를 이끌어 갈 수 있는 규칙을 마련하였다.
> ② 민족공동체헌장에 기초한 남북정상회의와 실행기구인 남북각료회의, 남북평의회 등의 과도기구를 설치한다.
> ③ 남북평의회에서 마련한 통일헌법을 바탕으로 총선거를 실시해 통일국회와 통일정부를 구성함으로써 실질적인 통일에 이른다는 구상이다.

VI 김영삼 정부

1. 김영삼 정부의 대북정책 기조

(1) 북핵위기 발발 이전

김영삼 대통령은 1993년 2월 대통령 취임사에서 한반도 평화와 통일을 위한 전향적인 대북전략과 남북 화해와 협력을 위한 적극적인 정책의지를 표명했다. 더구나 그는 "어느 동맹국도 민족보다 나을 수는 없다."고 언급하며 급변하는 국제질서에서 민족공조의 중요성을 강조하며 남북정상회담을 제안했다. 김영삼 대통령 취임 당시 전향적인 대북기조와 민족주의적 대북관은 비전향 장기수 이인모 씨의 북한 송환과 진보적 재야 민주인사로 알려진 한완상 서울대 교수의 초대 통일부총리 임명에서 잘 드러난다.

(2) 북핵위기 발발 이후

그러나 취임 당시의 전향적 대북기조는 3월 12일 북한의 NPT 탈퇴 선언으로 방향을 급선회했다. 김영삼 정부는 대화와 압력을 병행하는 대북기본전략을 마련했다. 특히 김영삼 대통령은 취임 100일 기자회견에서 "핵무기를 가진 상대와는 결코 악수할 수 없다."며 북핵문제에 대한 단호한 입장을 밝혔다. 하지만 김영삼 정부는 이후 대화와 압력을 병행하는 대북정책을 추진하면서 북한과 미국 사이에서 커다란 혼선을 보여주었다. 기본적으로 탈냉전의 새로운 세계질서 속에서 동아시아 전략을 구상하는 미국의 대북인식이 한국 정부의 시각과 일치할 수는 없었다. 클린턴 행정부는 북핵문제를 범세계적인 국가안보문제로 보고 핵물질과 핵무기의 확산을 걱정했던 반면 김영삼 정부는 북핵문제를 한반도 문제로 보고 북한의 핵개발이 한반도의 안보를 위협하고 있다고 파악하고 있었다.

2. 북핵문제와 대북정책의 추진방향

북한의 NPT 탈퇴 이후 김영삼 정부가 대화와 압박을 병행하는 전략으로 대북정책의 기조를 변경함에 따라 북한은 반발하며 남북채널을 붕괴시켰고, 이에 따라 한국은 어쩔 수 없이 북미채널에 의존해야 했다. 북한의 통미봉남정책으로 김영삼 정부는 클린턴 행정부를 통해 북한에 접촉할 수밖에 없었으며 이는 한반도 문제에 대한 한국 정부의 정치적 수단을 사실상 제한시키는 결과를 초래했다. 남북채널이 붕괴된 상황에서 한국이 북핵문제 해결과정에 배제되지 않기 위해서는 북한이 남북대화의 테이블에 나오도록 미국에게 강력한 압력을 행사하도록 요청하고 남북대화를 북미관계 개선의 전제조건으로 상정할 수밖에 없었는데, 이 과정에서 남북관계뿐만 아니라 한미관계에서도 일정한 긴장이 발생하게 되었다.

3. 제1차 북한 핵 위기와 대북정책

(1) 북한의 NPT 탈퇴와 제1차 북핵위기 발생

제1차 북한 핵 위기는 북한이 1993년 3월 NPT 탈퇴를 선언하면서 본격적으로 시작되었다. 북한은 IAEA 규정에 따라 자국의 핵 프로그램과 핵 활동을 신고했는데 이 과정에서 1990년 봄의 핵 활동을 통해 90g의 플루토늄을 확보했다고 시인했다. 하지만 IAEA는 북한이 최소한 세 차례의 신고되지 않은 핵 활동을 통해 플루토늄을 확보했을 가능성을 제기하고 두 곳의 미신고 핵시설에 대한 특별사찰을 요구했다. 북한은 이에 완강히 저항하고 NPT 탈퇴를 전격 선언했다.

(2) 김영삼 정부의 대응 – 포용정책에서 대북 강경정책으로의 선회

북한이 NPT를 탈퇴하자 김영삼 정부는 대북 포용정책의 기조와 북핵문제의 현실 사이에서 혼란을 겪었다. 김영삼 정부는 북한의 NPT 탈퇴 선언에도 불구하고 비전향 장기수 이인모 씨를 북한에 조건 없이 송환하고 남북기본합의서 이행을 논의하기 위한 남북 고위급회담을 제안했다. 그러나 취임 100일 기자회견에서 김영삼 대통령은 "핵무기를 가진 상대와는 결코 악수할 수 없다."면서 대북 강경책으로의 변화를 꾀했다. 북한은 김영삼 정부의 대북 강경책에 반발하여 남한을 배제한 채 미국만을 상대하는 통미봉남정책을 시작했는데, 이는 김영삼 정부의 대북정책이 강경기조로 선회하는 결정적 계기가 되었다.

(3) 1994년 6월 미국의 영변 핵시설 공습 계획

김영삼 정부의 가장 큰 딜레마는 북핵문제를 둘러싸고 북·미 갈등이 심화되어 한반도에 군사적 충돌 위기가 고조되는 것이었다. 6월 중순 한반도 정세가 일촉즉발의 위기 상황으로 치닫자 미국은 UN을 통한 대북 제재를 준비하는 동시에 자체 군사적 해결방안을 계획했다. 김영삼 정부는 미국이 UN 제재와 별도로 북한을 폭격할 가능성이 높다고 판단하고 미국이 폭격을 할 경우에 전쟁의 승리 여부를 떠나 한반도가 초토화될 것이라고 인식했다. 이에 김영삼 대통령은 주한 미국대사와 클린턴 대통령에게 전쟁은 불가하다는 강력한 경고를 전달했다.

(4) 카터 – 김일성 합의와 남북정상회담 제의

1994년 6월 북핵위기 해소를 위해 방북한 카터가 김일성과 핵합의를 하는 과정에서 남북정상회담을 제안했고, 이 제안을 김일성 주석과 김영삼 대통령이 모두 수용하면서 분단 이후 최초로 남북정상회담 개최가 합의되었다. 김영삼 대통령은 한반도 문제가 한국을 제외하고 북·미 간에 그것도 개인 자격으로 북한을 방문한 카터와 김일성 사이에 흥정될 것이라는 생각에 카터의 방북을 못마땅하게 생각하고 있었다. 하지만 그는 남북정상회담 제안이 갑작스러운 것이지만 받아들이는 것이 옳다고 판단하여 이를 즉시 수락했다.

(5) 제네바합의

미국과 북한은 1994년 10월 21일 마침내 '제네바합의'(Agreed Framework)에 서명했다. 제네바합의는 북한이 핵 활동을 중단하고 NPT에 잔류하여 IAEA의 핵안전조치협정을 이행하며 남북 간에 합의된 한반도비핵화 공동선언을 이행하는 대신 미국이 중심이 되어 북한에 경수로를 제공하고 북미관계를 정상화하기 위한 노력을 한다는 약속이다. 미국은 북한에 대해 핵을 사용하거나 핵으로 위협하지 않는다는 소극적 안전보장과 함께 북한의 에너지 부족 문제를 해결하기 위해 매년 50만 톤의 중유 공급을 약속했다. 또한 미국은 북한이 경수로 2기를 제공받을 수 있도록 국제적 협의를 주선하기로 했는데, 이것이 한·미·일 3국의 컨소시엄 형태로 1995년 3월에 출범한 한반도에너지개발기구(KEDO)였다.

(6) 경수로 건설 사업

제네바합의가 성립된 후 경수로 모델을 결정하고 경수로 건설에 필요한 재원을 조달하는 것이 문제가 되었다. 미국은 한국에게 경수로 건설에 필요한 재원의 대부분을 부담할 것을 요청했다. 한국은 한국형 경수로를 건설하고 건설비용을 현금이 아닌 현물로 제공한다는 것을 조건으로 건설비용의 70%를 부담하기로 약속했다. 반면 북한은 미국형 경수로나 다른 외국 모델의 경수로가 건설되어야 한다고 주장했다. 결국 오랜 협상 끝에 KEDO는 한국형 원자로를 모델로 하고 한국전력을 주계약자로 선정하는 결의문을 채택했다.

VII 김대중 정부

1. 대북정책 3원칙

김대중 대통령은 남북한의 평화적인 관계 개선을 위해 ① 일체의 무력도발 불용, ② 북한의 흡수통일 배제, 그리고 ③ 남북 간 화해협력 적극 추진이라는 대북정책 3원칙을 천명했다. 첫 번째 원칙은 북한에 대한 경고이기도 했지만 국내에서 김대중 정권이 자칫 친북으로 몰릴 수 있는 색깔 시비를 방지하기 위한 포석이었다. 두 번째 원칙은 흡수통일이 가능하지도 않으며 동서독 통일의 사례에서 나타났듯이 설사 실현된다고 하더라도 그 비용이 너무 크기 때문에 바람직하지 않다는 점을 반영했다. 세 번째 원칙은 김대중 정부가 단순히 평화적 분단관리를 넘어서 남북한의 유기적 통합을 추진하겠다는 뜻이었다.

2. 대북정책 기조

대북정책 3원칙에 입각하여 김대중 정부는 대북정책의 기조를 다음과 같이 수립했다. ① 안보와 화해협력의 병행 추진, ② 평화공존과 평화 교류의 우선적 실현, ③ 화해협력으로 북한의 변화 여건 조성, ④ 남북 간 상호 이익 도모, ⑤ 남북 당사자 해결원칙 아래 국제적 지지 확보, ⑥ 국민적 합의에 기초한 일관성 있는 대북정책 추진. 특히 첫 번째 기조인 병행전략이 햇볕정책에서 중요하였다. 김영삼 정부 시절 원활한 대북정책을 막은 '정경연계'전략에서 벗어나서 김대중 정부는 정치·군사적 이슈와 경제적 이슈를 분리하는 '정경분리'원칙을 고수하였다.

3. 제1차 남북정상회담(2000년 6월 15일)

김대중 정부는 2000년 3월 9일 있었던 베를린선언이 구체적 결실을 맺도록 하기 위해 정상회담을 추진하였다. 베를린선언에서는 남북경협을 통한 북한경제회복 지원, 냉전의 종식과 평화공존, 이산가족 상봉, 남북 당국 간 대화 상설화 등을 선언하였다. 베를린선언 이후 특사접촉을 통해 정상회담이 합의되었으며 '6·15공동선언'이 채택되었다. 공동선언 제1항은 통일문제의 자주적 해결원칙을, 제2항은 연합제안과 낮은 단계 연방제 안의 통일방안을, 제3항은 이산가족과 비전향장 기수 문제의 인도적 해결을, 제4항은 남북교류협력과 사회문화교류 활성화를, 제5항은 합의사항 실천을 위한 당국 간 대화 개최를, 마지막으로 김정일 위원장의 서울 답방을 내용으로 하고 있다.

> **참고** 베를린선언(2000.3.9.)
> ① 우리 대한민국 정부는 북한이 경제적 어려움을 극복할 수 있도록 도와줄 수 있는 준비가 되어 있다. 특히 북한의 사회간접자본의 확충과 안정된 투자환경 조성, 농업구조 개혁에 우리정부는 북한 당국의 요청이 있을 때 적극적으로 검토할 준비가 되어 있다.
> ② 현 단계에서 우리의 당면 목표는 통일보다는 냉전종식과 평화정착이다. 따라서 우리 정부는 진정한 화해와 협력의 정신으로 힘이 닿는 대로 북한을 도와주려고 한다. 북한은 우리의 참뜻을 조금도 의심하지 말고 우리의 화해와 협력 제안에 적극 호응하기를 바란다.
> ③ 북한은 무엇보다도 인도적 차원의 이산가족 문제해결에 적극 응해야 한다.
> ④ 이러한 모든 문제를 효과적으로 해결하기 위해 남북한 당국 간의 대화가 필요하다. 북한은 우리의 특사 교환 제의를 수락할 것을 촉구한다.

> **조문 | 6·15공동선언문**
> 조국의 평화적 통일을 염원하는 온 겨레의 숭고한 뜻에 따라 대한민국 김대중 대통령과 조선민주주의인민공화국 김정일 국방위원장은 2000년 6월 13일부터 6월 15일까지 평양에서 역사적인 상봉을 하였으며 정상회담을 가졌다.
> 남북정상들은 분단 역사상 처음으로 열린 이번 상봉과 회담이 서로 이해를 증진시키고 남북관계를 발전시키며 평화통일을 실현하는 데 중대한 의의를 가진다고 평가하고 다음과 같이 선언한다.

1. 남과 북은 나라의 통일문제를 그 주인인 우리 민족끼리 서로 힘을 합쳐 자주적으로 해결해 나가기로 하였다.
2. 남과 북은 나라의 통일을 위한 남측의 연합 제안과 북측의 낮은 단계의 연방제안이 서로 공통성이 있다고 인정하고 앞으로 이 방향에서 통일을 지향시켜 나가기로 하였다.
3. 남과 북은 올해 8.15에 즈음하여 흩어진 가족, 친척 방문단을 교환하며, 비전향 장기수 문제를 해결하는 등 인도적 문제를 조속히 풀어 나가기로 하였다.
4. 남과 북은 경제협력을 통하여 민족경제를 균형적으로 발전시키고, 사회, 문화, 체육, 보건, 환경 등 제반 분야의 협력과 교류를 활성화하여 서로의 신뢰를 다져 나가기로 하였다.
5. 남과 북은 이상과 같은 합의사항을 조속히 실천에 옮기기 위하여 빠른 시일 안에 당국 사이의 대화를 개최하기로 하였다.

김대중 대통령은 김정일 국방위원장이 서울을 방문하도록 정중히 초청하였으며, 김정일 국방위원장은 앞으로 적절한 시기에 서울을 방문하기로 하였다.

2000년 6월 15일

대한민국　　조선민주주의인민공화국
대　통　령　　국　방　위　원　장
김　대　중　　김　　　정　　　일

4. 민족경제공동체 형성 노력

첫째, 경의선·동해선 철도·도로를 착공하였다. 둘째, 개성공단을 설치하여 남쪽의 기술력과 자본, 북쪽의 노동력이 결합된 제품이 생산되기 시작하였다. 셋째, 임진강 수해방지 사업을 통해 남북이 함께 홍수 등 재해를 방지하고, 장기적으로 공유하천을 평화적으로 이용함으로써 군사적 긴장완화에 기여하고자 하였다. 넷째, 금강산관광사업을 시작하였다. 민족경제공동체 형성을 제도적으로 보장하기 위하여 남북은 투자보장협정, 이중과세방지협정, 상사분쟁해결절차협정, 청산결제협정 등 4개의 경제협력합의서를 체결하였다.

5. 한반도 평화와 화해 분위기 정착

김대중 정부는 적극적인 이산가족 상봉을 추진하였다. 또한, 인도적 대북지원 차원에서 식량 및 농업자재를 공급하였다. 김대중 정부는 북한에 식량, 비료 등을 지원함으로써 긴급구호와 농업생산성 향상에 중점을 두었으며, 민간 차원의 지원은 정부지원과 보완적 구도로 추진되었다.

Ⅷ 노무현 정부

1. 대외정책 목표

2002년에 다시 등장한 북핵문제가 한국의 안위와 번영을 위협하는 핵심적인 존재였던 만큼 노무현 정부는 해당 사항을 우선적으로 해결하는 것을 1차적인 외교목표로 설정하고, 해당 목표의 달성을 기반으로 하여 남북관계 발전과 한·미 동맹의 미래지향적 발전, 그리고 동북아시아의 평화와 번영을 추구하는 것으로 대외정책 목표를 설정했다. 이는 북핵문제의 근본적 해결이 전제되지 않은 한 남북관계 발전의 한계가 분명할 것이고, 한·미 동맹 역시 대북인식의 차이로 인해 취약해질 것이며, 한반도의 평화와 번영을 보장할 수 없다면 동북아시아의 평화와 번영도 제한적일 것이라는 점을 인식한 결과였다.

2. 평화번영정책

이러한 구조는 노무현 정부의 외교안보전략의 기본 골격을 구성했다. 우선 대북정책 또는 안보정책으로 대표되는 노무현 정부의 '평화번영정책'의 3단계 내용에 해당 내용들이 큰 변화 없이 적용되었다. 즉, 북핵문제의 평화적 해결이라는 기본적 과제를 1차적으로 해결함으로써 한반도 평화체제를 구축하고 나아가 남북한의 공동번영과 동북아시아 경제중심으로 도약하겠다는 3단계 평화번영정책 역시 북핵문제의 조속한 해결에 초점이 맞춰져 있었다. 그러나 1차적 정책목표인 북핵문제가 장기화되면서 노무현 정부의 외교정책 목표는 임기 5년 동안 지속되는 양상을 보였다.

3. 한·미관계

노무현 정부의 외교 전략 목표에 있어 한·미관계와 한·미동맹의 문제는 북핵문제로 인해 핵심적 위상에서 다소 소외된 듯한 양상을 보였다. 그리고 한·미관계에 대한 노무현 정부의 대외정책 목표는 상충하는 내용을 동시에 추구해야 하는 모순된 상황에 직면해 있었다. 한편으로는 한·미동맹을 강화하여 한반도의 안보를 확고히 보장해야 했지만 다른 한편으로는 미국의 변화하는 세계전략에 맞춰 한·미동맹과 한·미관계를 발전시켜야 했다. 한·미동맹과 관련하여 노무현 정부가 선택한 외교전략은 '협력적 자주국방'의 개념과 '미래지향적' 한·미동맹, 그리고 '동반자적인 한·미관계'로 요약될 수 있다. 결국 노무현 정부가 딜레마를 극복하기 위해 선택한 것은 과거의 전통적 관계로의 복귀보다는 변화할 수밖에 없는 한·미관계와 한·미동맹의 변화를 인정하고 이를 적극적으로 수용하는 대신 한·미동맹의 공고함을 과시할 수 있는 별개의 정책으로 이라크 파병과 한·미 FTA 협상 개시를 추진하는 것이었다.

4. 동북아시아 균형자론

노무현 정부의 '동북아시아 균형자론'은 모든 주변 국가와 긴밀한 관계를 유지하는 것이 필요한 동북아시아의 국제적 환경에 대한 고려에서 나왔다. 먼저 노무현 정부는 일방적인 친미정책을 선택하는 것만으로 모든 현안들이 해결되지 못하는 상황에 놓여 있었다. 미국이 한·미·일 3국의 안보적 협력관계를 강화시키려는 태도를 가지고 있었다는 점을 고려하면 독도 문제와 역사왜곡 문제 등으로 인해 불편해진 한일관계에서 한국 정부가 일본의 대외정책을 지지하는 것은 불가능했다. 다음으로, 경제적인 협력관계가 강화되어 가고 북핵문제 해결에 도움을 줄 수 있는 존재로서 중국의 존재감이 커지고 있었던 것은 사실이지만 친중국 일변도의 정책만을 선택하는 것에도 한계가 있었다. 북한이라는 적대적 행위자가 핵무기 개발 프로그램을 가동하고 있었던 만큼 한국에게는 한·미동맹이 필수적이었다. 마지막으로, 한국이 북핵문제와 무관하게 남북관계 개선에만 집중한다면 북핵문제의 우선적 해결을 강조하는 미국과의 관계가 위태로워질 것이다. 결국 노무현 정부는 불안정한 동북아시아의 국제환경에 적극적으로 대응하기 위한 수단으로서 균형자라는 개념을 제시했던 것이다.

5. 전시작전권 환수

미국의 해외 주둔 미군의 재배치전략과 세계군사전략의 변화로 인해 새로운 안보 상황에 직면하여 노무현 정부의 선택은 전시작전통제권의 환수와 협력적 자주국방이었다. 50여 년 동안 지속되어 온 한·미동맹이 한반도를 중심으로 북한의 군사력에 대응하는 성격이 강했다면 변화를 요구받고 있는 새로운 한·미동맹은 탈한반도적이며 북한에 집중하는 것이 아니라 세계적인 보편적 안보위협에 대한 대응의 성격이 강했다. 한국 정부의 선택이 주한미군의 대응이 한반도를 벗어나야 한다는 점을 전제로 할 때 한반도 내에 여전히 존재하고 있는 북한의 안보 위협을 고려한다면 최소한 한국군의 안보적 대응만큼은 한반도에 집중하는 것이 필요했고 이에 맞는 한·미동맹의 새로운 적응이 필요했던 것이다.

6. 제2차 남북정상회담

김대중 정부의 대북정책 기조를 계승한 노무현 정부는 남북대화를 통한 북핵문제 해결과 남북경제협력사업을 지속적으로 추진하였다. 그 결과 2007년 10월 2일부터 4일까지 남북정상회담이 개최되었다. 정상선언문에서는 6·15공동선언의 계승, 통일문제의 자주적 해결, 서해 공동어로수역 설정, 종전선언 추진, 서해평화협력특별지대 설치, 백두산 관광 및 백두산-서울 직항로 개설, 이산가족 상봉 등에 합의하였다.

> **조문 | 남북관계 발전과 평화번영을 위한 선언(10·4공동선언)**
>
> 대한민국 노무현 대통령과 조선민주주의인민공화국 김정일 국방위원장 사이의 합의에 따라 노무현 대통령이 2007년 10월 2일부터 4일까지 평양을 방문하였다.
> 방문기간 중 역사적인 상봉과 회담들이 있었다.
> 상봉과 회담에서는 6·15공동선언의 정신을 재확인하고 남북관계발전과 한반도 평화, 민족 공동의 번영과 통일을 실현하는 데 따른 제반 문제들을 허심탄회하게 협의하였다.
> 쌍방은 우리민족끼리 뜻과 힘을 합치면 민족번영의 시대, 자주통일의 새시대를 열어 나갈 수 있다는 확신을 표명하면서 6·15공동선언에 기초하여 남북관계를 확대·발전시켜 나가기 위하여 다음과 같이 선언한다.
>
> 1. 남과 북은 6·15공동선언을 고수하고 적극 구현해 나간다.
>   남과 북은 우리민족끼리 정신에 따라 통일문제를 자주적으로 해결해 나가며 민족의 존엄과 이익을 중시하고 모든 것을 이에 지향시켜 나가기로 하였다.
>   남과 북은 6·15공동선언을 변함없이 이행해 나가려는 의지를 반영하여 6월 15일을 기념하는 방안을 강구하기로 하였다.
>
> 2. 남과 북은 사상과 제도의 차이를 초월하여 남북관계를 상호존중과 신뢰 관계로 확고히 전환시켜 나가기로 하였다.
>   남과 북은 내부문제에 간섭하지 않으며 남북관계 문제들을 화해와 협력, 통일에 부합되게 해결해 나가기로 하였다.
>   남과 북은 남북관계를 통일 지향적으로 발전시켜 나가기 위하여 각기 법률적·제도적 장치들을 정비해 나가기로 하였다.

남과 북은 남북관계 확대와 발전을 위한 문제들을 민족의 염원에 맞게 해결하기 위해 양측 의회 등 각 분야의 대화와 접촉을 적극 추진해 나가기로 하였다.

3. 남과 북은 군사적 적대관계를 종식시키고 한반도에서 긴장완화와 평화를 보장하기 위해 긴밀히 협력하기로 하였다.

   남과 북은 서로 적대시하지 않고 군사적 긴장을 완화하며 분쟁 문제들을 대화와 협상을 통하여 해결하기로 하였다.

   남과 북은 한반도에서 어떤 전쟁도 반대하며 불가침의무를 확고히 준수하기로 하였다.

   남과 북은 서해에서의 우발적 충돌방지를 위해 공동어로수역을 지정하고 이 수역을 평화수역으로 만들기 위한 방안과 각종 협력사업에 대한 군사적 보장조치 문제 등 군사적 신뢰구축조치를 협의하기 위하여 남측 국방부 장관과 북측 인민무력부 부장간 회담을 금년 11월 중에 평양에서 개최하기로 하였다.

4. 남과 북은 현 정전체제를 종식시키고 항구적인 평화체제를 구축해 나가야 한다는 데 인식을 같이 하고 직접 관련된 3자 또는 4자 정상들이 한반도지역에서 만나 종전을 선언하는 문제를 추진하기 위해 협력해 나가기로 하였다.

   남과 북은 한반도 핵문제 해결을 위해 6자회담 「9·19공동성명」과 「2·13합의」가 순조롭게 이행되도록 공동으로 노력하기로 하였다.

5. 남과 북은 민족경제의 균형적 발전과 공동의 번영을 위해 경제협력사업을 공리공영과 유무상통의 원칙에서 적극 활성화하고 지속적으로 확대 발전시켜 나가기로 하였다.

   남과 북은 경제협력을 위한 투자를 장려하고 기반시설 확충과 자원개발을 적극 추진하며 민족내부협력사업의 특수성에 맞게 각종 우대조건과 특혜를 우선적으로 부여하기로 하였다.

   남과 북은 해주지역과 주변해역을 포괄하는 서해평화협력특별지대를 설치하고 공동어로구역과 평화수역 설정, 경제특구건설과 해주항 활용, 민간선박의 해주직항로 통과, 한강하구 공동이용 등을 적극 추진해 나가기로 하였다.

   남과 북은 개성공업지구 1단계 건설을 빠른 시일 안에 완공하고 2단계 개발에 착수하며 문산-봉동 간 철도화물수송을 시작하고, 통행·통신·통관 문제를 비롯한 제반 제도적 보장조치들을 조속히 완비해 나가기로 하였다.

   남과 북은 개성-신의주 철도와 개성-평양 고속도로를 공동으로 이용하기 위해 개보수 문제를 협의·추진해 가기로 하였다.

   남과 북은 안변과 남포에 조선협력단지를 건설하며 농업, 보건의료, 환경보호 등 여러 분야에서의 협력사업을 진행해 나가기로 하였다.

   남과 북은 남북 경제협력사업의 원활한 추진을 위해 현재의 남북경제협력추진위원회를 부총리급 남북경제협력공동위원회로 격상하기로 하였다.

6. 남과 북은 민족의 유구한 역사와 우수한 문화를 빛내기 위해 역사, 언어, 교육, 과학기술, 문화예술, 체육 등 사회문화 분야의 교류와 협력을 발전시켜 나가기로 하였다.

   남과 북은 백두산관광을 실시하며, 이를 위해 백두산-서울 직항로를 개설하기로 하였다.

   남과 북은 2008년 북경 올림픽경기대회에 남북응원단이 경의선 열차를 처음으로 이용하여 참가하기로 하였다.

7. 남과 북은 인도주의 협력사업을 적극 추진해 나가기로 하였다.

   남과 북은 흩어진 가족과 친척들의 상봉을 확대하며 영상 편지 교환사업을 추진하기로 하였다.

   이를 위해 금강산면회소가 완공되는 데 따라 쌍방 대표를 상주시키고 흩어진 가족과 친척의 상봉을 상시적으로 진행하기로 하였다.

   남과 북은 자연재해를 비롯하여 재난이 발생하는 경우 동포애와 인도주의, 상부상조의 원칙에 따라 적극 협력해 나가기로 하였다.

8. 남과 북은 국제무대에서 민족의 이익과 해외 동포들의 권리와 이익을 위한 협력을 강화해 나가기로 하였다.

남과 북은 이 선언의 이행을 위하여 남북총리회담을 개최하기로 하고, 제1차 회의를 금년 11월 중 서울에서 갖기로 하였다.

남과 북은 남북관계 발전을 위해 정상들이 수시로 만나 현안 문제들을 협의하기로 하였다.

2007년 10월 4일
평 양

대한민국　　조선민주주의인민공화국
대 통 령　　국 방 위 원 장
노 무 현　　김 정 일

IX 이명박 정부

1. 기조 – 실용주의 및 상호주의

이명박 대통령은 취임사에서 남북관계와 관련하여 이를 이념의 잣대가 아니라 실용의 잣대로 풀어갈 것임을 밝혔다. 즉, '국익 중심의 실용외교', '이념이 아닌 국익을 바탕으로 하는 실리외교', '정략적 고려가 아닌 국민적 합의에 기초한 외교'를 대북정책의 기조로 하고 있으며, 이는 지난 10년간의 대북정책이 '나라의 안보가 위협받는 상황에서 대북 유화정책에만 매달렸기 때문에 결과적으로 대북포용정책은 성공하지 못하였다'는 인식에 기초하고 있다. 또한 "비핵, 개방, 3000"에서 나타나듯 남북관계에 있어 상호주의적인 태도를 보여주고 있다.

2. 전략 – 비핵·개방 3000 – 북한의 핵 포기와 경제지원의 연계

'비핵, 개방, 3000'이란 핵문제와 경제지원을 연계시켜 북한이 핵 포기를 하면 한국은 대규모의 경제협력을 통해 북한의 1인당 국민소득을 3,000달러로 만들어준다는 구상으로, 3단계로 구분되었다. 제1단계는 북한이 핵시설을 불능화하면, 남북경제공동체 실현을 위한 협의에 착수하고, 남북 경협을 위한 법적·제도적 장치를 마련한다. 제2단계는 핵불능화 조치 이후 북한의 기존 핵무기 및 핵물질의 폐기 이행과정이 순조로울 경우 경제, 교육, 재정, 인프라, 생활향상 중 우선 시행이 가능한 내용부터 지원을 시작한다. 제3단계는 5대 개발 프로젝트를 본격 가동하고, 400억 달러의 국제협력자금을 조성한다.

3. 원칙

이명박 대통령이 대북 경협 추진 4원칙으로 제시한 ① 북핵문제의 진전, ② 경제성, ③ 재정 부담능력과 가치, ④ 국민적 합의는 대북정책의 방향을 구체화한 원칙이라고 할 수 있다.

4. 천안함 사건과 5·24조치

천안함 사건이 발생한 이후 이명박 정부는 대북조치인 5·24조치를 발표하였다. 이는 개성공단 사업을 제외한 남북 교역과 신규투자 금지, 남한 주민들의 방북 불허, 북한 선박의 남한 수역 항해 금지 등을 골자로 한다.

5. 연평도 포격 사건

2010년 11월 북한에 의해 연평도 포격 사건이 발생하였다. 이 사건은 한국전쟁 이후 최초로 북한의 공격에 의해 민간인 사망자가 발생한 사례로 기억되었으며, 사건 후 한국과 미국은 서해상에서 미국 항공모함이 참여한 가운데 사상 최대 규모의 합동 군사훈련을 실시하였다.

6. 그랜드 바겐 제안(2009년 9월)

이명박은 2009년 9월 미국을 방문하여 북핵 관련 그랜드 바겐(Grand Bargain)을 제안했다. 그랜드 바겐이란 북핵문제를 근본적으로 푸는 통합된 접근법으로, 6자회담을 통해 북핵 프로그램 핵심부분을 폐기하면서 동시에 북한에 확실한 안전보장을 제공하고 국제지원을 본격화하는 일괄타결을 추진해야 한다는 구상을 말한다.

7. 3대 공동체 통일구상 제안(2010년 8월)

이명박 대통령은 2010년 광복절 경축사에서 3대 공동체 통일구상을 제시했다. 이명박의 3대 공동체 통일구상은 주어진 분단상황의 관리를 넘어 평화통일을 목표로 한 것이다. 3대 공동체 통일구상은 기존의 민족공동체 통일방안을 계승하였다. 평화공동체, 경제공동체, 민족공동체 형성을 통해 단계적이고 안정적인 평화통일을 위한 3대 과제를 추진한다는 것이 3대 공동체 통일구상의 주 내용이다.

> **참고** 이명박 정부와 노무현 정부의 대북정책 비교
>
> 1. 정경분리
>   (1) 노무현 정부
>   김대중 정부 당시 통일부의 자료에 따르면, 정경분리원칙은 '정치로부터의 경제협력의 자율성 확보'와 '정부와 기업의 역할분리'로 요약할 수 있다. 노무현 정부는 2002년 제2차 핵위기 발발, 2005년 북한의 핵보유 선언 등의 위기고조 조치들에도 불구하고, 당국 간 대화와 3대 경제협력사업을 포함한 교류협력산업을 중단하지 않으면서 정경분리원칙을 고수했다. 이는 북핵문제 해결과 남북대화의 병행추진, 경제협력과 평화정착의 병행추진이라는 정책 기조하에서 추진되었다. 그러나 이러한 원칙은 북핵상황에서 개성공단사업의 지속 여부 등을 둘러싼 한미 간 대북정책의 불일치를 야기하는 원인으로 작용하였고, 북한의 정경연계 전술 앞에서 제대로 된 역할을 다하지 못한 측면이 존재하였다.
>   (2) 이명박 정부
>   이명박 정부는 노무현 정부의 이른바 퍼주기, 일방적 끌려다니기 정책에 대한 비판적 입장을 확고히 견지하고 있으며, 금강산 관광객 피격사건 직후 금강산관광사업 일시 중단하는 조치를 단행한 것이나, 북핵문제의 진전과 대북지원을 연계하는 등 정경연계 정책을 구사하였다.
>
> 2. 상호주의
>   코헤인은 상호주의를 동시성, 등가성, 그리고 의무부과 여부에 의해 엄격한 상호주의와 유연한 상호주의로 구분한다. 엄격한 상호주의는 Tit for tat을 의미하는 반면, 유연한 상호주의는 하나를 주고 즉시를 하나를 요구하지 않고, 상대방으로부터 우호적 반응이 없더라도 지속적으로 우호적으로 행동하여 결국에는 상대방에게서 우호적인 행동을 이끌어내는 것을 의미한다.

(1) 노무현 정부
노무현 정부의 상호주의는 유연한 상호주의에 가깝다. 비동시적이며, 남측은 매년 최소 2,600억 원에서 최대 3,800억 원에 이르는 대북 식량차관을 제공하고, 이산가족 상봉을 얻는 비등가적인 상호주의를 추진하였기 때문이다.

(2) 이명박 정부
이명박 정부의 경우에는 유연한 상호주의에 보다 가깝기는 하지만, "줄 것은 주고 받을 것은 받겠다."는 의지 표명과 통일부가 밝힌 철저한 원칙과 유연한 접근이라는 대북정책 추진원칙을 종합해보면, 교환물의 동시성과 등가성에서는 유연한 입장을 취하되, 대북경협 3원칙을 전제조건으로 하는 조건부 상호주의라고 볼 수 있다. 이러한 차이는 먼저 우호적 행동을 보였을 때 상대의 반응에 대한 기대의 차이로 발생한다. 물론 노무현 정부의 유연한 상호주의는 북한의 우호적 행동을 이끌어내지 못한 일방주의라고 비판받았으며, 이명박 정부의 조건부 상호주의는 남북관계가 신뢰와 우호적 관계에 있지 않는 경우 실제 상호주의가 작동되기 어렵다는 한계점이 있다.

3. 국제협력

한반도 문제가 가지는 국제적 성격과 북핵문제의 다자주의적 성격을 고려한다면, 대북정책은 결국 국제협력의 도움이 있어야 실질적 성과를 기대할 수 있다. 노무현 정부는 남북협력과 국제협력의 병행추진 원칙하에서 선순환 구조를 만들어야 하며, 남북 당사자원칙에 기초한 국제협력을 대북정책 추진원칙으로 내세웠으나, 이명박 정부는 남북협력과 국제협력의 조화로운 진전을 대북정책 추진원칙으로 정하였다. 그럼에도 불구하고 노무현 정부는 남북 당사자원칙을 강조하고 있는 반면, 이명박 정부는 남북협력과 국제협력을 병렬 관계로 놓으면서 국제협력을 통한 남북관계 개선의지를 분명히 하고 있다. 노무현 정부는 한반도 평화체제 구축을 추진전략으로 정하였기 때문에 그 과정에서 남북 당사자원칙의 중요성을 강조하였으나, 이명박 정부는 한반도 비핵화에 우선순위를 두었기 때문에 국제협력을 통한 북핵문제의 해결을 강조한 것이다.

X 박근혜 정부

1. 한반도 신뢰프로세스

박근혜 정부는 집권 초기부터 대북정책으로서 '한반도 신뢰프로세스'를 제시하였다. 이는 박근혜 대통령의 국정철학인 '신뢰정치(Trustpolitik)'가 대북정책에 반영된 것이다. 한반도 신뢰프로세스는 튼튼한 안보를 바탕으로 남북 간 신뢰를 형성함으로써 남북관계를 발전시키고 한반도에 평화를 정착시키며, 나아가 통일의 기반을 구축하려는 정책이다.

2. 대북정책 목표

한반도 신뢰프로세스는 남북관계 발전, 한반도 평화정착, 통일기반 구축 등 3개 목표를 추구한다.
첫째, 남북관계 발전을 통해 상식과 국제규범이 통하는 새로운 남북관계를 정립하고, 호혜적인 교류협력과 남북 간 공동이익을 확대하여 경제 및 사회문화 공동체 건설을 추구한다.
둘째, 한반도 평화정착을 통해 남북협력과 국제협력의 균형을 이루어 북한의 비핵화를 달성하고, 남북 간 정치·군사적 신뢰를 증진시켜 지속가능한 평화를 정착시키고자 한다.
셋째, 통일기반 구축은 내부적으로는 통일을 주도적으로 이끌 수 있고, 실질적으로 대비할 수 있도록 사회적 역량을 확충하고, 대외적으로는 한반도 통일과정이 국제사회와의 협력을 통해 이루어지는 것이며, 한반도와 국제사회가 모두 윈-윈하는 것임을 실감하게 한다.

3. 대북정책 추진원칙

추진원칙으로는 균형 있는 접근, 진화하는 대북정책, 국제사회와의 협력을 제시하였다.
첫째, 균형 있는 접근 원칙은 안보와 교류협력 간, 남북협력과 국제공조 간에 균형감을 갖고 추진하고, 이를 위해 유연할 때는 더 유연하게 단호할 때는 더욱 단호하게 정책의 중요 요소들을 긴밀히 조율하여 추진한다.
둘째, 진화하는 대북정책 원칙은 북한의 올바른 선택을 유도하고 남북 간 공동발전을 구현하는 방향에서 대북정책을 지속적으로 보완·발전시켜 나가고, 또한 전개되는 상황에 맞춰 대북정책을 변화시킴으로써 한반도 상황을 능동적으로 관리하고자 한다.
셋째, 국제사회와의 협력 원칙은 국제사회와의 긴밀한 협의와 협력을 통해 한반도 안보위기를 해결하고, 한반도 문제 해결과 동북아시아 평화협력 증진의 선순환을 추구하고자 한다.

4. 대북정책 추진기조

추진기조로는 튼튼한 안보에 기초한 정책 추진, 합의 이행을 통한 신뢰 쌓기, 북한의 올바른 선택 여건 조성, 국민적 신뢰와 국제사회의 신뢰에 기반을 제시하였다.
첫째, 튼튼한 안보 기조에 따라 강력한 억지력을 토대로 북한이 도발하지 못하게 하고, 만약 도발을 감행할 경우 응분의 대가를 치르도록 단호하게 대응할 것이며, 다른 한편으로는 대화와 교류협력의 창을 열어두고 남북관계를 발전시키는 노력을 지속해 나간다.
둘째, 합의이행 기조에 따라 남북 간 합의는 물론 국제사회와의 합의를 존중하고 이행하는 것으로부터 신뢰를 축적해 나갈 것이며, 실천할 수 있는 내용에 합의하고 합의된 내용은 반드시 이행함으로써 신뢰를 다져 나간다.
셋째, 북한의 선택 여건 조성 기조에 따라 북한이 핵을 포기하고, 국제규범과 의무를 준수하도록 견인하고, 또한 남북 간 신뢰에 기반한 대화와 협력을 통해 북한이 변화할 수 있는 여건을 지속적으로 조성하고자 한다.
넷째, 국민신뢰와 국제신뢰 기조에 따라 시민사회의 의견을 수렴하고 투명한 정보 공개와 정책 추진을 통해 국민적 공감대를 강화하며, 아울러 국제사회와의 긴밀한 협력을 통해 정책의 실효성과 북한의 수용성을 제고하고자 한다.

5. 대북정책 추진과제

첫째, 신뢰 형성을 통해 남북관계를 정상화하는 것이다. 이를 위해 인도적 문제의 지속적 해결 추구, 상시적 대화채널 구축과 합의정신 실천, 호혜적 교류 협력의 확대와 심화, 비전 코리아 프로젝트를 추진하는 등 다각적 노력을 경주한다.
둘째, 한반도의 지속 가능한 평화를 추구한다. 이를 위해 확고한 안보태세를 완비하고, 북핵문제 해결을 위한 다각적 노력을 기울이며, DMZ 세계평화공원 조성 및 정치·군사적 신뢰구축을 추진한다.
셋째, 통일인프라를 강화한다. 이를 위해 '민족공동체통일방안'을 발전적으로 계승하고, 국민과 함께하는 통일을 추진하고, 북한 주민의 삶의 질 개선 등을 추진한다. 넷째, 한반도 평화통일과 동북아시아 평화협력의 선순환을 모색한다. 이를 위해 통일에 대한 국제사회의 지지를 확대하고, 동북아시아 평화와 발전 추구를 통해 궁극적으로 북한 문제 해결에 기여하고, 북방 3각 협력 등을 추진한다.

6. 드레스덴 선언(Dresden Declaration)

2014년 3월 28일 박근혜 대통령이 독일을 방문하던 중 드레스덴 공과대학에서 연설한 평화통일에 대한 선언을 말한다. 평화 통일 기반 조성을 위해 북한 당국에게 세 가지를 제안했다. 첫째, 남북한 주민들의 인도적 문제 우선적 해결(Agenda for Humanity). 이산가족 상봉 정례화, 북한 주민에 대한 인도적 지원 확대, 임신부터 2세까지 북한의 산모와 유아에게 영양과 보건을 지원하는 '모자 패키지(1,000days)사업', 북한 어린이 지원 사업 등을 선언했다. 둘째, 남북한 공동번영을 위한 민생 인프라 공동 구축(Agenda for Co-prosperity). 북한 농촌 단지 조성을 위한 협력, 교통, 통신 등 인프라 건설 투자, 북한 지하자원 개발, 남북러협력 사업 계속 추진 등을 제안했다. 셋째, 남북 주민 간 동질성 회복(Agenda for Integration). 민간접촉 확대, 교육 프로그램 공동 개발, 남북교류협력 사무소 설치 등을 제안했다. 이와 함께, DMZ세계평화공원 조성, 북한의 6자회담 복귀와 비핵화, 동북아개발은행을 만들어 북한 지원, 동북아 다자안보협의체 추진, 대통령 지속 통일준비위원회 출범 등도 선언했다.

7. 개성공단 폐쇄조치

박근혜 정부는 2016년 2월 10일 개성공단 전면 폐쇄조치를 취했다. 이에 따라 남한이 자본을 대고 북한이 토지와 노동력을 제공하는 남북 경협 시범지구로 2004년 말부터 가동해 온 개성공단이 사실상 문을 닫는 수순에 들어갔다. 박근혜정부의 개성공단 전면 폐쇄조치는 북한의 4차 핵실험(2016년 1월 6일)과 장거리 미사일 발사(2016년 2월 7일)에 대한 대응조치였다.

XI 문재인 정부

1. 기조

문재인 정부 대북정책 기조는 '평화공존'과 '공동번영'이다. 평화공존은 남과 북 주민 모두가 핵과 전쟁의 공포에서 벗어나 온전한 일상이 보장되고 지속되는 것을 말한다. 공동번영은 남과 북이 호혜적 협력의 가치를 공유하고 실천해 나감으로써 함께 번영하는 한반도를 지향한다. 경제협력의 범위를 한반도에 한정하지 않고, 동북아시아 이웃국가로 확장하여 공동번영을 추구한다.

2. 3대 목표

(1) 북핵문제 해결 및 항구적 평화정착

한국의 능동적 역할과 국제사회와의 협력, 제재와 대화의 병행 등 포괄적이고 과감한 접근을 통해 북핵문제를 해결한다. 또한 평화가 실질적이고 제도적으로 보장된 한반도평화체제를 실현한다.

(2) 지속가능한 남북관계 발전

기존 남북 간 합의들을 지키고, 국민적 합의를 바탕으로 기존 합의를 법제화 한다. 이를 통해 대북정책의 일관성과 지속성을 확보한다.

(3) 한반도 신경제공동체 구현

남북이 하나의 시장을 형성하여 새로운 경제성장 동력을 창출하고 더불어 잘사는 남북 경제공동체를 만든다. 3대 경제벨트를 만든다. 3대 경제벨트는 환동해권(원산, 함흥, 단천, 나선, 러시아를 연결하는 에너지 및 자원 벨트), 환서해권(수도권, 개성, 해주, 평양, 남포, 신의주, 중국을 연결하는 교통, 물류, 산업벨트), 접경지역(DMZ, 생태평화안보관광지구, 통일경제특구를 연결하는 환경, 관광벨트)이다. 이를 통해 경제협력뿐 아니라 다자간 안보협력을 증진시키는 데도 기여한다.

3. 4대 전략

(1) 단계적·포괄적 접근

북핵문제는 제재·압박과 대화를 병행하고 단계적으로 해결한다. 핵동결에서 시작해서 핵폐기를 추진한다. 북핵문제 해결과정에서 남북 간 정치·군사적 신뢰를 구축한다. 한반도평화체제 수립 등을 통해 안보 위협을 근원적으로 해소한다.

(2) 남북관계와 북핵문제 병행 진전

남북관계가 활발할 때 북핵문제 해결에 진전이 있었다. 남북 간 대화와 교류를 통해 신뢰관계가 구축되어야 다자대화에서도 주도권을 가질 수 있다.

(3) 제도화를 통한 지속가능성 확보

'통일국민협약'을 추진한다. '남북기본협정'을 체결하여 정권이 변경되어도 약속이 지켜지는 남북관계를 정립한다. '한반도평화협정'을 체결하여 견고한 평화구조를 정착시킨다.

(4) 호혜적 협력을 통한 평화적 통일기반 조성

이산가족 문제를 우선적으로 해결한다. 북한 취약계층에 대해 인도적으로 지원한다. 남북이 공존공영하며 민족공동체를 회복하는 '과정으로서의 자연스러운 통일'을 추구한다. 비정치적 교류사업은 정치·군사적 상황과 분리해 일관성을 갖고 추진한다.

4. 5대 원칙

(1) 우리 주도

한반도 문제의 당사자로서 남북 화해협력과 한반도 평화·번영을 위한 노력을 주도한다.

(2) 강한 안보

확고한 한미동맹과 국방력을 바탕으로 군건한 안보태세를 유지함으로써 북한 도발을 억지하고 한반도 평화를 정착시킨다. '평화지키기'를 넘어 '평화만들기'를 이뤄 나간다.

(3) 상호존중

남북 간 차이를 인정하고, 북한붕괴·흡수통일·인위적 통일을 추구하지 않는다.

(4) 국민소통

국민참여와 상방향 소통을 통해 정책을 채우고 완성해 나간다.

(5) 국제협력

> **조문 | 한반도의 평화와 번영, 통일을 위한 판문점선언(2018.4.27)**
>
> 대한민국 문재인 대통령과 조선민주주의인민공화국 김정은 국무위원장은 평화와 번영, 통일을 염원하는 온 겨레의 한결같은 지향을 담아 한반도에서 역사적인 전환이 일어나고 있는 뜻 깊은 시기에 2018년 4월 27일 판문점 평화의 집에서 남북정상회담을 진행하였다.
> 양 정상은 한반도에 더 이상 전쟁은 없을 것이며 새로운 평화의 시대가 열리었음을 8천만 우리 겨레와 전세계에 엄숙히 천명하였다.
> 양 정상은 냉전의 산물인 오랜 분단과 대결을 하루 빨리 종식시키고 민족적 화해와 평화번영의 새로운 시대를 과감하게 열어나가며 남북관계를 보다 적극적으로 개선하고 발전시켜 나가야 한다는 확고한 의지를 담아 역사의 땅 판문점에서 다음과 같이 선언하였다.
>
> 1. 남과 북은 남북관계의 전면적이며 획기적인 개선과 발전을 이룩함으로써 끊어진 민족의 혈맥을 잇고 공동번영과 자주통일의 미래를 앞당겨나갈 것이다.
>   남북관계를 개선하고 발전시키는 것은 온 겨레의 한결같은 소망이며 더 이상 미룰 수 없는 시대의 절박한 요구이다.
>   ① 남과 북은 우리 민족의 운명은 우리 스스로 결정한다는 민족자주의 원칙을 확인하였으며 이미 채택된 남북 선언들과 모든 합의들을 철저히 이행함으로써 관계개선과 발전의 전환적 국면을 열어나가기로 하였다.
>   ② 남과 북은 고위급회담을 비롯한 각 분야의 대화와 협상을 빠른 시일 안에 개최하여 정상회담에서 합의된 문제들을 실천하기 위한 적극적인 대책을 세워나가기로 하였다.
>   ③ 남과 북은 당국 간 협의를 긴밀히 하고 민간교류와 협력을 원만히 보장하기 위하여 쌍방 당국자가 상주하는 남북공동연락사무소를 개성지역에 설치하기로 하였다.
>   ④ 남과 북은 민족적 화해와 단합의 분위기를 고조시켜 나가기 위하여 각계각층의 다방면적인 협력과 교류, 왕래와 접촉을 활성화하기로 하였다.
>   안으로는 6.15를 비롯하여 남과 북에 다같이 의의가 있는 날들을 계기로 당국과 국회, 정당, 지방자치단체, 민간단체 등 각계각층이 참가하는 민족공동행사를 적극 추진하여 화해와 협력의 분위기를 고조시키며, 밖으로는 2018년 아시아경기대회를 비롯한 국제경기들에 공동으로 진출하여 민족의 슬기와 재능, 단합된 모습을 전세계에 과시하기로 하였다.
>   ⑤ 남과 북은 민족 분단으로 발생된 인도적 문제를 시급히 해결하기 위하여 노력하며, 남북적십자회담을 개최하여 이산가족·친척 상봉을 비롯한 제반 문제들을 협의 해결해나가기로 하였다.
>   당면하여 오는 8.15를 계기로 이산가족·친척 상봉을 진행하기로 하였다.
>   ⑥ 남과 북은 민족경제의 균형적 발전과 공동번영을 이룩하기 위하여 10.4선언에서 합의된 사업들을 적극 추진해나가며, 1차적으로 동해선 및 경의선 철도와 도로들을 연결하고 현대화하여 활용하기 위한 실천적 대책들을 취해 나가기로 하였다.
> 2. 남과 북은 한반도에서 첨예한 군사적 긴장상태를 완화하고 전쟁 위험을 실질적으로 해소하기 위하여 공동으로 노력해갈 것이다.

한반도의 군사적 긴장상태를 완화하고 전쟁위험을 해소하는 것은 민족의 운명과 관련되는 매우 중대한 문제이며 우리 겨레의 평화롭고 안정된 삶을 보장하기 위한 관건적인 문제이다.

① 남과 북은 지상과 해상, 공중을 비롯한 모든 공간에서 군사적 긴장과 충돌의 근원으로 되는 상대방에 대한 일체의 적대행위를 전면 중지하기로 하였다.

당면하여 5월 1일부터 군사분계선 일대에서 확성기 방송과 전단살포를 비롯한 모든 적대행위들을 중지하고 그 수단을 철폐하며, 앞으로 비무장지대를 실질적인 평화지대로 만들어 나가기로 하였다.

② 남과 북은 서해 북방한계선 일대를 평화수역으로 만들어 우발적인 군사적 충돌을 방지하고 안전한 어로활동을 보장하기 위한 실제적인 대책을 세워나가기로 하였다.

③ 남과 북은 상호 협력과 교류, 왕래와 접촉이 활성화되는 데 따른 여러 가지 군사적 보장대책을 취하기로 하였다.

남과 북은 쌍방 사이에 제기되는 군사적 문제를 지체없이 협의 해결하기 위하여 국방부장관회담을 비롯한 군사당국자회담을 자주 개최하며 5월 중에 먼저 장성급 군사회담을 열기로 하였다.

3. 남과 북은 한반도의 항구적이며 공고한 평화체제 구축을 위하여 적극 협력해 나갈 것이다.

한반도에서 비정상적인 현재의 정전상태를 종식시키고 확고한 평화체제를 수립하는 것은 더 이상 미룰 수 없는 역사적 과제이다.

① 남과 북은 그 어떤 형태의 무력도 서로 사용하지 않을 데 대한 불가침 합의를 재확인하고 엄격히 준수해 나가기로 하였다.

② 남과 북은 군사적 긴장이 해소되고 서로의 군사적 신뢰가 실질적으로 구축되는 데 따라 단계적으로 군축을 실현해 나가기로 하였다.

③ 남과 북은 정전협정체결 65년이 되는 올해에 종전을 선언하고 정전협정을 평화협정으로 전환하며 항구적이고 공고한 평화체제 구축을 위한 남·북·미 3자 또는 남·북·미·중 4자회담 개최를 적극 추진해 나가기로 하였다.

④ 남과 북은 완전한 비핵화를 통해 핵 없는 한반도를 실현한다는 공동의 목표를 확인하였다.

남과 북은 북측이 취하고 있는 주동적인 조치들이 한반도 비핵화를 위해 대단히 의의 있고 중대한 조치라는 데 인식을 같이하고 앞으로 각기 자기의 책임과 역할을 다하기로 하였다.

남과 북은 한반도 비핵화를 위한 국제사회의 지지와 협력을 위해 적극 노력해나가기로 하였다.

양 정상은 정기적인 회담과 직통전화를 통하여 민족의 중대사를 수시로 진지하게 논의하고 신뢰를 굳건히 하며, 남북관계의 지속적인 발전과 한반도의 평화와 번영, 통일을 향한 좋은 흐름을 더욱 확대해 나가기 위하여 함께 노력하기로 하였다.

당면하여 문재인 대통령은 올해 가을 평양을 방문하기로 하였다.

2018년 4월 27일
판 문 점

📜 조문 | 9월 평양 공동 선언(2018.9.19)

대한민국 문재인 대통령과 조선민주주의인민공화국 김정은 국무위원장은 2018년 9월 18일부터 20일까지 평양에서 남북정상회담을 진행하였다.

양 정상은 역사적인 판문점선언 이후 남북 당국 간 긴밀한 대화와 소통, 다방면적 민간교류와 협력이 진행되고, 군사적 긴장완화를 위한 획기적인 조치들이 취해지는 등 훌륭한 성과들이 있었다고 평가하였다.

양 정상은 민족자주와 민족자결의 원칙을 재확인하고, 남북관계를 민족적 화해와 협력, 확고한 평화와 공동번영을 위해 일관되고 지속적으로 발전시켜 나가기로 하였으며, 현재의 남북관계 발전을 통일로 이어갈 것을 바라는 온 겨레의 지향과 여망을 정책적으로 실현하기 위하여 노력해 나가기로 하였다.

양 정상은 판문점선언을 철저히 이행하여 남북관계를 새로운 높은 단계로 진전시켜 나가기 위한 제반 문제들과 실천적 대책들을 허심탄회하고 심도있게 논의하였으며, 이번 평양정상회담이 중요한 역사적 전기가 될 것이라는 데 인식을 같이 하고 다음과 같이 선언하였다.

1. 남과 북은 비무장지대를 비롯한 대치지역에서의 군사적 적대관계 종식을 한반도 전 지역에서의 실질적인 전쟁위험 제거와 근본적인 적대관계 해소로 이어나가기로 하였다.
   ① 남과 북은 이번 평양정상회담을 계기로 체결한「판문점선언 군사분야 이행합의서」를 평양공동선언의 부속합의서로 채택하고 이를 철저히 준수하고 성실히 이행하며, 한반도를 항구적인 평화지대로 만들기 위한 실천적 조치들을 적극 취해나가기로 하였다.
   ② 남과 북은 남북군사공동위원회를 조속히 가동하여 군사분야 합의서의 이행실태를 점검하고 우발적 무력충돌 방지를 위한 상시적 소통과 긴밀한 협의를 진행하기로 하였다.

2. 남과 북은 상호호혜와 공리공영의 바탕위에서 교류와 협력을 더욱 증대시키고, 민족경제를 균형적으로 발전시키기 위한 실질적인 대책들을 강구해나가기로 하였다.
   ① 남과 북은 금년 내 동, 서해선 철도 및 도로 연결을 위한 착공식을 갖기로 하였다.
   ② 남과 북은 조건이 마련되는 데 따라 개성공단과 금강산관광 사업을 우선 정상화하고, 서해경제공동특구 및 동해관광공동특구를 조성하는 문제를 협의해나가기로 하였다.
   ③ 남과 북은 자연생태계의 보호 및 복원을 위한 남북 환경협력을 적극 추진하기로 하였으며, 우선적으로 현재 진행 중인 산림분야 협력의 실천적 성과를 위해 노력하기로 하였다.
   ④ 남과 북은 전염성 질병의 유입 및 확산 방지를 위한 긴급조치를 비롯한 방역 및 보건·의료 분야의 협력을 강화하기로 하였다.

3. 남과 북은 이산가족 문제를 근본적으로 해결하기 위한 인도적 협력을 더욱 강화해나가기로 하였다.
   ① 남과 북은 금강산 지역의 이산가족 상설면회소를 빠른 시일 내 개소하기로 하였으며, 이를 위해 면회소 시설을 조속히 복구하기로 하였다.
   ② 남과 북은 적십자 회담을 통해 이산가족의 화상상봉과 영상편지 교환 문제를 우선적으로 해결해나가기로 하였다.

4. 남과 북은 화해와 단합의 분위기를 고조시키고 우리 민족의 기개를 내외에 과시하기 위해 다양한 분야의 협력과 교류를 적극 추진하기로 하였다.
   ① 남과 북은 문화 및 예술분야의 교류를 더욱 증진시켜 나가기로 하였으며, 우선적으로 10월 중에 평양예술단의 서울공연을 진행하기로 하였다.
   ② 남과 북은 2020년 하계올림픽경기대회를 비롯한 국제경기들에 공동으로 적극 진출하며, 2032년 하계올림픽의 남북공동개최를 유치하는 데 협력하기로 하였다.

③ 남과 북은 10.4선언 11주년을 뜻깊게 기념하기 위한 행사들을 의의있게 개최하며, 3.1운동 100주년을 남북이 공동으로 기념하기로 하고, 그를 위한 실무적인 방안을 협의해나가기로 하였다.

5. 남과 북은 한반도를 핵무기와 핵위협이 없는 평화의 터전으로 만들어나가야 하며 이를 위해 필요한 실질적인 진전을 조속히 이루어나가야 한다는 데 인식을 같이 하였다.
   ① 북측은 동창리 엔진시험장과 미사일 발사대를 유관국 전문가들의 참관하에 우선 영구적으로 폐기하기로 하였다.
   ② 북측은 미국이 6.12북미공동성명의 정신에 따라 상응조치를 취하면 영변 핵시설의 영구적 폐기와 같은 추가적인 조치를 계속 취해나갈 용의가 있음을 표명하였다.
   ③ 남과 북은 한반도의 완전한 비핵화를 추진해나가는 과정에서 함께 긴밀히 협력해나가기로 하였다.

6. 김정은 국무위원장은 문재인 대통령의 초청에 따라 가까운 시일 내로 서울을 방문하기로 하였다.

2018년 9월 19일

대한민국　　조선민주주의인민공화국
대 통 령　　국 무 위 원 장
문 재 인　　김 　 정 　 은

제2절 대북 포용정책

I 포용정책(개입정책)의 개념

1. 포용정책의 개념적 연원

김대중 정부의 햇볕정책이 대중적으로 확산된 후 한국의 대북정책은 이른바 '포용'정책으로 공식화되었다. 이 포용정책의 개념적 연원은 미국의 탈냉전 이후 개입정책(engagement)에서 비롯된다. 탈냉전 이후 비정상 국가와의 다방면에 걸친 관계 확대를 통해 이들 국가들이 미국이 의도하는 바대로 민주주의와 시장경제 및 국제규범을 수용하도록 변화시키기 위한 정책으로 이른바 개입정책이 외교정책의 대안으로 채택된 것이다. 한마디로 개입정책은 '불량정권의 행동을 변화시키기 위한 전략'이다.

2. 개입정책의 정의

일반적으로 개입정책은 '다양한 이슈영역에서의 포괄적인 접촉 확대와 구축을 통해 대상국가의 정치적 행동에 영향을 미치려는 정책'이라고 정의될 수 있다. 즉, 비정상적인 행태를 견지하는 문제국가를 정상적인 국가로 변화시키기 위해 기존의 봉쇄나 고립이 아닌 적극적인 교류와 접촉 확대 및 관계 개선으로 정책 목표를 달성하고자 하는 것이 개입정책이다.

3. 개입정책과 유화정책 비교

개입정책이 상대국가와의 접촉면 확대를 통해 그 국가의 태도 변화를 의도하는 데 반해, 유화정책은 영토적이고 군사적인 양보를 통해 대상국가의 선의에 기반을 둔 태도 변화를 기대한다는 점에서 근본적인 차이가 있다. 따라서 영토적·군사적 양보를 수단으로 하는 유화정책의 반대 개념은 개입정책이 아니라 봉쇄정책이다. 오히려 개입정책의 반대로는 상대국가와의 접촉을 철회하고 줄여나가는 고립정책이 정확하다. 즉, 개입과 봉쇄가 병행할 수 있다.

4. 한국의 대북포용정책과 미국의 개입정책과의 차이점

한국적 포용은 분단국가의 상대방을 대상으로 한다는 점에서 항상 통일을 염두에 둬야 하고 그렇기 때문에 상대국가가 매우 민감하게 반응한다. 또한 한국의 포용정책은 궁극적으로 북한사회의 변화를 도모하는 구조적 관여를 지향하기 때문에 원칙적으로 상호주의를 강조하지만 경직된 상호주의가 아니라 유연하고 탄력적인 상호주의의 가능성을 열어놓고 있다. 한국의 포용정책은 유화정책과는 근본적으로 공존하거나 병행할 수 없다. 북한을 포용하되 북한의 무력도발이나 군사행동은 단호하게 대처한다는 포용과 억지의 병행전략이었다.

5. 대북포용정책의 특징

첫째, 다방면의 교류협력 확대와 이를 통한 상대방의 긍정적 태도 변화를 목표로 한다는 점에서 개입정책의 핵심과 맥을 같이 한다. 둘째, 한국의 포용정책은 분단의 상대방을 대상으로 한다는 점에서 통일되는 것을 두려워하는 북한의 민감하고 소극적 대응을 유발하게 된다. 셋째, 장기적으로 구조적 관여를 지향하기 때문에 탄력적 상호주의를 활용한다. 넷째, 북한의 군사적 도발과 영토적 확장에 대한 억지를 전제로 한 장기적 북한 변화 전략이라는 점에서 개념적으로 유화정책과는 아무런 관련이 없다. 다섯째, 대북 포용의 과정에서 티포태(tit-for-tat)의 보복보상전략을 사용한다는 점에서 간헐적으로 대화중단이나 지원 중단을 겪게 된다.

Ⅱ 탈냉전 이후 한국의 대북포용정책의 전개과정

1. 노태우 정부

1988년 북을 동반자로 규정한 7·7선언은 기존의 남북대결이 아닌 대북포용을 가능하게 한 첫 번째 공식 문건으로서 이후 역사상 처음으로 남북경협이 시작되었다. 1989년엔 '한민족공동체통일방안'을 통해 통일 과정에서 남북의 상호인정과 공존을 전제로 한 '남북연합' 단계를 최초로 공식화했다. 그러나 대북포용의 관점에서 화해협력의 남북관계를 처음 시작한 노태우 정부는 조성된 객관적 정세에 수동적으로 조응했으며, 결국 악화된 정세변화에 따라 남북관계도 악화되는 결과를 초래했다.

2. 김영삼 정부

김영삼 정부는 임기 초반 대북포용의 적극적 의지를 보였지만 북핵이라는 외적 변수에 휘둘려 대북강경으로 급선회하였고 그 결과 일관성 없는 오락가락의 대북정책으로 최악의 남북관계를 결과했다. 대북정책의 냉온탕식 혼선은 남한 우위의 흡수 통일을 기대하는 국가중심적 패러다임과 남북의 화해협력을 중시하는 민족 중심적 패러다임이 교차하는 대북인식의 이중성에서 비롯된 것이기도 했다.

3. 김대중 정부

김대중 정부의 대북정책은 대북포용정책의 체계화와 안정화의 토대를 마련하면서 적극적인 일관성을 견지했다는 평가를 받는다. 김대중 대통령은 취임사를 통해, '① 북한의 무력도발 불용, ② 흡수통일 반대, ③ 화해협력 적극 추진'이라는 햇볕정책의 3대 기조를 발표함으로써 대북포용의 기조를 본격화했다. 김대중 정부의 대북포용정책의 결과로 한반도의 긴장이 완화되고 냉전체제가 이완되었으며 남북 양측에 냉전적 인식이 탈각되고 정책의 일관성을 유지하면서 남북 간 교류와 경협이 확대된 점 등은 분명 성과로 평가하기에 충분하다. 그러나 무엇보다 상호주의를 선명히 지키지 못했다는 비판이 있었다. 그러나 이는 남북관계의 특성을 충분히 이해하지 못한 것으로 판단된다. 남북은 국력과 경제력 및 체제 성격 등의 차이로 인해 상호유사한 선호도를 가지고 있지 않기 때문에 일반론적인 기계적 상호주의원칙이 적용될 수 없다. 당시 김대중 정부의 대북화해협력정책은 오히려 국제정세의 구조적 변화가 제공하는 기회의 틈새를 적극 활용하여 남북관계를 주도적으로 진전시켰다.

4. 노무현 정부

노무현 정부의 평화번영정책은 김대중 정부의 햇볕정책을 계승·발전한 것으로서 대북포용의 기조를 바탕으로 정책내용에서는 화해협력을 넘어 평화번영을 지향하고 정책 대상에서는 남북을 넘어 동북아시아를 고려한 전략적 구상이었다. 그러나 북핵문제의 악화는 노무현 정부로 하여금 남북관계를 더욱 진전시키지 못하게 하였고 오랫동안 계속된 부시 행정부의 대북강경기조 또한 노무현 정부로 하여금 적극적인 남북관계를 주저하도록 하는 요인이 되었다. 노무현 정부는 어려운 상황에서도 '북핵과 남북관계의 병행론'을 추구하였다. 임기 말 북핵해결의 진전에 따라 2차 정상회담을 개최함으로써 의미 있는 남북 간 합의를 이끌어냈다.

III 대북포용정책에 대한 평가 및 향후 발전 방향

1. 평가

포용정책의 핵심을 '다방면의 교류접촉의 확대'와 '대상국가의 태도 변화'라고 한다면 양 측면에서 일정한 성과를 낸 것은 사실이다. 그러나 정치·군사 분야의 상대적 부진을 하루 빨리 해소해야 한다. 일반적인 의미의 개입정책에서도 군사 분야의 접촉확대는 빠지지 않고 포함되어 있다. 또한 포용의 핵심이라고 할 수 있는 상대국가의 변화도 아직 부족하다. 대북포용정책 이후 북한은 의미 있는 변화를 시도하고 시작했지만 아직 포용의 전략적 목표인 체제 전반의 근본적 변화에는 이르지 못하고 있다.

2. 향후 발전 방향 – 구조적 포용(structural engagement)

향후 성공적인 대북포용은 다방면의 접촉과 교류를 더욱 안정적으로 확대하고 북한의 유의미한 변화를 심도 있게 유도해내는 것이 필요하다. 그리고 이를 위해 향후 대북포용정책은 '구조적 포용(structural engagement)'으로 진화해야 한다. 구조적 포용은 지금까지 축적된 남북관계의 발전을 더욱 안정화시키고 제도화시키는 의미를 갖는다. 구조적 포용은 비가역적인 남북관계의 구조화를 의미한다. 또한 구조적 포용은 북한의 의미 있는 변화를 전략적으로 고민하는 '구조적 관여'를 염두에 두어야 한다. 구조적 관여는 장기적인 전략에 의해 상대국의 근본 변화를 도모하는 개입전략이다. 구조적 포용은 북한의 유의미한 변화를 위한 구조적 관여를 의미한다. 구조적 포용으로 북한에 시장경제의 도입과 정치적 변화를 일정하게 끌어내야 남북 간 체제의 이질성이 완화되고 사실상의 기능주의적·점진적 통합이 가능할 것이다. 그러나 이러한 구조적 포용이 성공하기 위해서는 무엇보다 미국의 대북 개입정책이 동시에 성공적으로 진행되어야 한다. 이른바 미국과의 '공동관여' 혹은 '공동포용(co-engagement)'이 진행될 때 비로소 한국의 대북포용도 소기의 목적을 달성할 수 있게 된다.

제3절 동북아시아 균형자론

I 서론

국제정치에 있어 힘의 크기에 따라 국가의 위상을 구분하는 것은 다소 작위적이라는 비판도 있으나 이러한 위상이 외적 행위에 영향을 미친다는 점도 부인할 수 없다. 중진국 외교정책은 대개 국제질서의 유지와 갈등의 조정 역할, 평화의 촉진자로서 설명된다. 대표적으로 캐나다, 스웨덴, 호주, 네덜란드 등을 들 수 있다. 한국은 경제적으로 세계 10위권의 중진국이나 외교적으로 이러한 중진국의 외교특징을 보인 경우는 많지 않다. 이는 당면한 동북아시아지역질서 특성이 군사안보 현안을 중심으로 전개되어왔기 때문이다. 광복 이후의 한국 외교는 오히려 편승외교, 즉 미국 중심적 외교의 특징을 보여왔다. 21세기에 들어서면서 한국의 국제적 위상은 괄목할 만한 수준으로 상승되었다. 이에 따라 위상에 적합한 외교행위를 요구하는 인식이 증대되어왔다. 2005년 초 노무현 대통령은 한국의 외교적 역할을 동북아시아 균형자로 선언하였으며 이는 국내에서 논쟁을 뜨겁게 달구었다. 동북아시아 균형자론은 다양한 비판에 직면하여 결국 구체적 정책으로 추진되지는 못하였으나 21세기 한국 대외정책방향으로서 검토해 볼 가치가 있다.

II 동북아시아 균형자론

1. 등장배경

동북아시아 균형자론의 등장 배경으로는 우선 독도 문제 및 교과서 문제로 격앙되어 가던 한일관계와 중일 간 외교적 대립관계가 놓여 있었다. 동북아시아 역내 국가들의 민족주의가 국내정치적 논리에 따라 배타성이 강화되고, 아울러 미국과 일본이 반중

연합 구도를 조기 현실화하는 상황에 이르면 동북아시아지역질서는 대립적 질서로 진행될 가능성이 높다. 한국의 균형자론은 이런 대립구도가 급속히 형성되는 데 대한 우려의 표현이라고 할 수 있다. 즉, 동북아시아 대립질서 형성을 제어하는 한편, 협력질서 창출을 위한 방도의 일환으로 한국의 균형자론이 대두된 것으로 볼 수 있다. 이는 동북아시아 국가들 간 상생의 협력질서 창출에 한국이 일익을 담당하겠다는 의도를 담고 있다.

2. 균형자의 의미

일반적으로 균형자는 국가 간 세력의 균형을 창출, 변경하기 위해 '무게추'의 역할을 담당하는 국가라는 의미로 해석된다. 그러나 영국과 비교할 때 국력이 미치지 못하는 한국이 동북아시아에서 균형자 역할을 수행할 수 있는가의 의문이 제기된다. 이에 대해 두 가지 비판이 존재하는데 하나는 국제관계에서 '힘'의 강약이 중요한 요소이기는 하나 국제관계의 모든 영역에서 항상 힘만이 유일한 설명요소는 아니라는 것이다. 또한 힘이란 상황에 따라 관련국의 힘의 강약과 반드시 일치하지 않을 수 있다는 힘의 '상황적' 특징에 대해서도 주목해야 한다. 또 다른 비판은 균형자론이 지역 국제정치에서 권력구조의 변동을 목표로 하는 것이 아니라 균형 외교론으로 해석할 수 있는 여지가 충분하다는 것이다. 이미 한국은 한미동맹이라는 제도적 장치를 유지하고 있으며 이를 발판으로 동북아시아의 협력질서, 공생질서의 창출을 위한 균형외교에 동북아시아 균형자론의 의미가 주어져 있다.

3. 균형자의 유형

국제정치에서 균형자의 역할을 설명할 때 네 가지 유형을 발견할 수 있는데 하나는 패권적 균형자론이다. 이는 19세기 초 영국이나 탈냉전기 미국의 역할에서 볼 수 있다. 두 번째는 오스트리아형 균형자다. 오스트리아는 국력의 약세에도 불구하고 회의외교를 성공적으로 주도해나갔다. 세 번째 유형은 비스마르크의 독일이 취했던 중재자 역할이었다. 이는 '샹들리에'적 균형자 또는 편승적 균형자라고 규정할 수 있다. 마지막 네 번째 유형은 화합적 균형자다. 이는 유럽연합의 창설 및 통합에서 건설적 역할을 담당한 네덜란드가 좋은 예이다. 한국의 균형자적 역할은 네덜란드의 화합적 균형자나 오스트리아의 다자회의 중재자적 균형자에 더 가깝다고 할 수 있다.

4. 균형자 외교의 목표

오늘날 동북아시아지역질서는 여전히 불안정의 지속, 대립과 불신의 역사적 기억, 제도적 장치의 결여 등의 문제를 내포하고 있다. 한국의 균형외교는 다음의 세 가지를 염두에 두어야 한다. 첫째, 동북아시아지역질서를 안정적으로 유지하고 확대시켜 나가는 촉진자 역할이다. 둘째, 국가 간 갈등관계를 조정할 수 있도록 주선하는 조정자 역할이 필요하다. 셋째, 협력의 지역질서 속에서 공생의 질서, 공동 번영을 도모하기 위한 국제적 아젠다를 제시하는 창안자 역할도 고려해야 한다. 이 역할을 수행하기 위해 한국외교는 평화와 협력이라는 보편적 가치위에 기반하고 있어야 한다.

Ⅲ 동북아시아 균형자론에 대한 비판과 반박

1. 균형자론에 대한 비판

참여정부의 '동북아시아 균형자론'에 대한 비판들은 보수적 입장에서 주로 제시되었지만, 진보적 입장으로부터 적극적인 지지를 얻고 있었던 것도 아니었다. 균형자론에 대한 비판들을 정리하면 다음과 같다. 첫째, 균형자라는 용어는 현실주의 국제정치의 세력균형이론의 핵심적 내용이고, 따라서 시대착오적 발상이라는 비판이다. 둘째, 국제정치에서 균형자가 갖추어야 할 힘이나 능력, 자질 등을 고려하면 한국이 그 역할을 담당하는 것은 불가능하며, 따라서 '동북아시아 균형자론'은 과대망상적인 시도라는 비판이다. 셋째, '균형자'의 전형적인 역할이나 기능을 고려하면, 한국 안보에 절대적 존재인 한미동맹과 공존하는 것이 불가능하며, 결국 한미동맹을 파기하려는 매우 불순한 의도를 가진 시도라는 비판이다. 넷째, 참여정부의 균형자론은 준비되지 않은 매우 서투른 정치적 수사에 불과하며, 모호한 개념만 갖고 있으며, 실체가 없다는 비판이다. 결과적으로 한국 정부의 준비없는 단견으로 인해, 미국은 물론이고, 중국과 일본, 북한으로부터도 외교적으로 배척당하는 결과를 초래하게 될 것이라는 우려도 지적되었다.

2. 균형자론 비판에 대한 반박

(1) 균형자의 개념

현실주의적 논의에 근거하고 있고 시대착오적이라는 비판과 관련하여, 문정인은 영국식의 전통적 세력균형의 고정관념에서 벗어나야 한다며, 갈등과 대립이 아닌 협력과 통합의 새로운 시대질서를 반영한 것으로서 예방외교적인 협력외교의 필요성을 강조하며 반박하였다. 이종석도 평화의 균형자 개념을 강조하였고, 이대근은 균형자론의 실체가 다소 모호하지만 시대적으로 결코 무의미한 것은 아니라는 점을 지적하였다.

(2) 한국의 위상

한국의 힘이나 능력의 한계성에 대한 비판과 관련하여, 이삼성은 한국의 힘을 평가절하하는 것은 근거 없는 비판에 불과하다며 반박하였다. 김기정은 힘의 소유 여부보다 정책의도에 주목할 필요가 있음을 강조하였다.

(3) 한미동맹과 관계

한미동맹과 균형자 역할의 공존이 불가능하다는 비판에 대해, 한용섭은 한국의 안보전략은 한미동맹에 근거하고 있고, 균형자론은 한국의 안보전략인 만큼 서로 모순된다는 지적은 설득력이 없다고 반박하였다. 이홍구와 이재호는 한국의 균형자론이 미국의 역외균형자 역할에 부응하는 측면에서 의미가 있다며, 한국의 '작은 균형자'론을 강조하였다.

(4) 균형자론의 대외전략적 위상

균형자론이 준비없이 제시된 정치적 수사에 불과하다는 비판과 관련하여, 이해영은 균형자론이 국가의 생존을 목적으로 하는 가장 현실적인 내용이라며 의미를 부여하였다. 정재호와 이수훈, 이장희 등은 외교적·안보적 딜레마에 놓여 있는 한국의 입장에서 선택의 가능성이 있고, 국가 전략으로서의 긍정적 측면도 있음을 지적하였다.

Ⅳ 동북아시아 균형자론을 둘러싼 논쟁적 이슈와 검토

1. 세력균형의 개념적 다양성과 대안의 모색

참여정부의 '동북아시아 균형자론'을 둘러싸고 진행된 논쟁들은 균형자(balancer)라는 용어가 현실주의 국제정치학의 대표적인 이론인 세력균형이론의 핵심적 개념이기 때문에 동북아시아 균형자론도 권력정치에 근거한 개념으로 이해된다는 비판과 그에 대한 반박에 집중되어 있었다. 그러나 세력균형이라는 용어가 현실주의적 국제정치, 권력정치를 상징하는 대표적 개념이라고 하더라도 현실적으로 사용되는 용어의 구체적 의미와 정책 목표의 내용은 결코 하나로 고정되어 있는 것이 아니라, 사용하는 자의 의도·용도·시기에 따라 매우 다양할 수밖에 없다. 특히 한국이 균형자론이 권력정치적 개념이라는 비판과 관련하여, 현실주의 국제정치학 내에서도 공세적 현실주의와 수세적 현실주의로 입장이 구분되고 있고, 수세적 현실주의는 자유주의적 입장들과 인식을 공유하는 경우들이 빈번해지고 있다는 점에서 세력균형이라는 용어를 사용한다고 해서 지나치게 획일적으로 그 내용을 규정하는 것은 무리가 있다.

2. '균형자'의 다양한 역할과 차별적 기능

균형자의 역할이 영국형만 있는 것이 아니며, 비스마르크형, 메테르니히형 등도 균형자의 역할로서 고려되어야 한다는 점을 지적하였음에도 불구하고, 그 주장들은 관심을 끌지도 못했고, 논의도 활성화되지 못했다. 한편, 세력균형론의 이론적 다양성을 고려한다면, 세력균형을 담당하는 균형자의 역할이나 기능 또한 달라질 수밖에 없다는 점을 고려해야만 했다. 강대국 중심, 유럽 중심, 18~19세기를 설명하고 있는 고전적인 세력균형 이론들이 현대적 상황에서는 더 이상 적용될 수 없고, 세계화 시대의 21세기 강대국이 담당해야 하는 균형자의 역할도 새로운 내용으로 채워져야 한다면, 지역 내 강대국들 속에서 안보적 위협을 느끼고 있는 한국이 21세기 동북아시아지역에 대한 전략적 선택의 하나로서 균형자의 역할을 수행하는 데 필요한 차별적 기능과 역할들을 모색하는 것이 완전히 어색한 것만은 아니다. 균형자의 역할의 목표가 현질서의 파괴가 아니라, 현 질서의 유지에 맞춰져 있다면, '생산적인 균형자', '평화적이고 협력적인 균형자'의 기능과 역할들을 모색하고, 적극 수행해가는 것도 적극 검토될 수 있을 것이기 때문이다.

3. 균형자로서 한국의 능력과 힘

"강대국들 사이에 놓여있는 약소국인 한국이 동북아시아에서 강대국에게 '편승'(bandwagoning)하지 않고, 왜 '견제'(balancing)라는 정책을 선택하는가?" 하는 문제에 대한 논의가 필요했다. 균형자의 기본적 역할인 견제는 강대국만의 정책적 선택이고, 약소국은 편승하는 것이 안보와 국가이익을 확보하는 데 용이한 방법이라는 전제에서 출발하고 있기 때문이다. 그러나 스테판 월트(Walt)는 강대국은 항상 견제를,

약소국은 항상 편승만을 선택하는 것이 아니며, 강대국은 이기는 자에게 편승하는 경우들이 보편적이고, 약소국들은 힘의 우위가 분명할 때에만 편승하며, 힘이 비슷할 경우에는 견제하는 것이 보편적인 행동 양태라는 점을 지적하고 있다. 한국이 편승보다는 견제를 선택하여 균형자적 역할을 담당하겠다고 선언한 것은 탈냉전 이후 동북아시아 국제정세가 매우 불안정해졌고, 지역 질서가 불확실해졌으며, 미국의 동북아시아 정책이 변화하면서 한국이 주변 국가들로부터 상당한 안보적 불안감을 가지게 된 상황하에서는 오히려 당연한 결과라고 할 수 있다.

4. 균형자론과 한미동맹의 공존 가능성

세력균형과 관련하여, 국제정치학계에서 제시하고 있는 "왜 국제사회는 미국을 견제하지 않는가?" 하는 의문에 대한 해답을 추적하는 것이 필요하다. 다양한 해석들 중에서 공통된 내용은 월트의 지적처럼 주변 국가들이 미국으로부터 안보적 위협을 느끼지 않기 때문에 견제를 하지 않는다는 점이다. 오히려 한국은 북한, 중국, 일본으로부터 직접적인 안보적 위협을 느끼고 있다. 참여정부의 균형자론이 미국을 직접적인 견제의 당사자로 설정한 것이 아니다. 따라서 참여정부가 균형자론을 제시했다고 해서 한미동맹을 포기해야만 하는 것은 아니다. 오히려 균형자론과 한미동맹은 한국의 안보적 위협요인들을 제거하기 위한 수단이라는 점에서 공통된 측면을 찾을 수 있다.

Ⅴ 동북아시아 균형자론에 대한 평가

1. 긍정적 측면

참여정부의 균형자론은 국제환경의 변화와 동북아시아지역질서의 불확실성 심화, 장기화되고 있는 북핵문제 등으로 인해 초래된 외교적 딜레마를 극복하기 위한 한국의 전략적 판단의 결과라는 측면에서는 긍정적으로 평가될 수 있다.

2. 한계

참여정부가 동북아시아 균형자론을 제시했던 2005년 당시의 상황은 전략적 선택을 내실 있게 추진하는 데 분명한 한계를 노정하고 있었다. 첫째, 균형자론에 대한 비판적 입장들뿐만 아니라, 균형자론을 제시한 참여정부 측에서도 분명한 개념정립을 위한 이론적 검토나 학술적 준비가 절대적으로 부족하였다. 둘째, 참여정부는 균형자론에 대한 자신감을 결여하고 있었다. 전략적 판단과 미래지향적 외교정책에 대한 확고한 자신감을 갖고 있지 못했던 참여정부는 생산적인 논쟁을 활성화시키기 보다는 수세적 입장에 치중하는 양상을 보였고, 결국 균형자 개념을 너무 쉽게 포기하고 말았다. 셋째, 한 국가의 외교정책기조를 설정하고 제시하는 작업이 국가 위상을 결정할 만큼 중요한 문제라는 점에 대한 인식의 부재와 함께, 외교정책에 대한 접근이 정치적 성격을 강하게 띠고 있었다. 이로 인해 한국 외교정책의 국제적 신뢰도가 크게 훼손되었다. 넷째, 결과적으로 참여정부의 외교정책은 대내외적으로 신뢰를 얻는 데 실패하였다. 주변국가들의 지지 확보에 실패하였다. 특히 미국과는 '동등한 외교관계'에 대한 강조가 반미적인 분위기로 연결되면서 양국관계가 불편해졌다.

결국 참여정부의 균형자론은 너무 준비없이 시작되었고, 너무 가볍게 포기된 듯한 양상을 보였다는 점에서 주변 국가들의 신뢰를 확보하기 어려웠고, 국내적으로도 한국의 외교적 딜레마를 극복해 갈 전략적 판단으로서 지지와 신뢰를 확보하는 데 실패하고 말았다. 참여정부의 균형자론은 외교정책상의 딜레마를 해결하기 위한 전략적 선택이었지만, 결과적으로 정책 혼선과 신뢰 약화를 초래함으로써 한국외교의 신중함에 대한 평가를 크게 훼손시켰고, 정책적 딜레마를 더욱 심화시키는 부작용만을 초래하고 말았다.

제4장 | 남북한관계 현안

제1절 남북통합

I 서설

1. 통일의 개념

통일이란 한반도에 서로 다른 두 체제가 존재한다는 것을 인정하고, 그것을 전제로 두 체제를 다시 연결시키고 통합하는 하나의 민족 공동체 형성을 의미한다. 다시 말해서 통일은 서로 다른 남과 북의 정체성 간의 차이를 뛰어 넘어 하나의 새로운 정체성을 형성하는 이행 과정으로 이해할 수 있다.

2. 통일의 세 가지 의미

(1) '민족사적 과업'으로서의 통일

통일은 분단된 민족사를 극복하고 민족구성원 모두의 자유와 복지, 인간존엄성을 구현하기 위한 민족사적 과업으로서의 의미를 갖는다.

(2) '과정'으로서의 통일

통일은 남북이 분단의 폐해를 극복해 나가면서, 민족 공동체를 회복·발전시켜 나가는 미래지향적 과정으로서의 의미를 갖는다.

(3) '창조적 개념'으로서의 통일

통일은 단순히 분단 이전의 상태로 돌아가는 것이 아니라, 21세기에 걸맞는 선진 민주 국가를 창조한다는 창조적 개념으로서의 의미를 갖는다.

II 21세기 국제질서의 변화와 통일

1. 탈냉전 이후 국제질서의 특징

(1) 국제질서의 다원화와 국제적 상호의존성의 증대

미국은 군사·경제·정보 등 모든 분야에서 패권적 지위를 향유하고 있으나, 중국·일본·EU·러시아와의 협력 없이 세계를 독단적으로 이끌어 나갈 수 없는 상황이다. 이런 측면에서 현 국제질서는 '단 – 다극 체제(uni-multipolar system)'로 평가될 수 있으며, 국제적 상호의존 역시 증대하고 있다.

(2) 무한 경쟁시대의 도래

이데올로기 중심의 냉전 체제가 종식되면서 자국 이익이 중시되는 무한 경쟁시대가 도래하였다. 이러한 경제경쟁 양상은 지역경제 블록화 추세를 심화시키고 있으며, 유럽 지역에서는 유럽연합(EU)이 경제적 통합에 뒤이어 '유럽 합중국'으로 가기 위한 정치적 통합을 적극 추구하고 있다. 동아시아에서도 한·중·일 3국이 서로 간에, 그리고 ASEAN과 FTA를 창설하기 위해 협의 중에 있다.

(3) 지역 차원의 분쟁 증가

국제질서가 다원화·개방화되면서 세계는 통합과 화해로 가고 있으나 지역 차원에서는 오히려 분쟁이 증가하는 추세이다. 민족주의 분출, 군비경쟁과 WMD 확산, 지역적·인종적 차별과 종교문제 등으로 지역 갈등이 심화되고 있기 때문이다.

(4) UN의 역할 증대

탈냉전 이후 새로운 국제질서 창출 과정에서 UN은 국제사회의 평화와 복지를 위한 노력으로 그 정통성과 효율성을 새로이 인정받고 있다. UN의 역할은 분쟁해결에 그치지 않고 군축·개발·환경·인권·마약·국제범죄 등 범세계적 문제에 대한 보편적 규범 형성, 즉 새로운 체제의 창출에서 특히 두드러진다.

2. 동북아시아 정세

동북아시아는 여전히 냉전적 요인을 완전히 탈피하지 못하고 있는 불안정한 상태이다. 이는 이 지역이 세계 어느 지역보다도 냉전적 대립과 갈등이 첨예했으며, 현재도 강대국 간의 이해관계가 복잡하게 얽혀 있는 지역이기 때문이다. 특히 동북아시아지역의 세력 관계는 미국이 주도적 역할을 하고 있는 가운데, 중국의 부상 및 미일동맹의 강화, 푸틴 집권 이후 안정적인 국내정치와 경제성장을 배경으로 한 러시아의 재등장으로 그 양상을 요약해 볼 수 있다. 주지할 것은 이러한 동북아시아의 정세 변화는 한국의 대내외 정책과 상호 영향을 미치며 한반도 통일 환경에 중요한 변수로 작용할 것이라는 점이다.

3. 주변 국가의 한반도정책

(1) 미국

미국의 한반도정책은 기본적으로 한반도에서의 전쟁 발발을 억제하고 안정을 유지하는 데 초점을 두고, 한·미 동맹과 전진배치 전략을 근간으로 추진되어 왔다. 탈냉전 이후 미국은 ① 한·미 동맹 관계가 미국의 동북아시아정책에서 근간을 이루고 있다는 점을 강조하면서 동북아시아지역에서의 한국의 역할을 중시하고 있고, ② '한미동맹의 지역동맹화'를 추진하면서 주한미군의 역할을 재조정하고 있으며, ③ 한반도에서 '비핵화정책'과 '핵우산정책'을 병행 추진하고 있다.

(2) 일본

일본의 한반도에 대한 정책목표는 '한반도의 위기 상황을 방지하는 가운데 정치·경제적 영향력을 확보하는 것'으로 요약될 수 있다. 이러한 목표에 따라 일본은 한반도에서 한국에 대한 공식 지지를 표명하면서도 북한과의 관계 개선에도 관심을 기울여 왔다. 일본은 안보차원에서, 한반도의 평화·안정이 동북아시아의 안정에 중요하며, 북한이 한국에 대해 위협요인으로 존재하는 한 일본에 대해서도 잠재적인 위협요인이 된다는 인식하에 한·일 우호협력 강화를 한반도정책 기조로 삼고 있다. 또한 경제 차원에서 한·일 FTA 추진 등 긴밀한 경제 관계를 계속 유지하고자 한다.

(3) 중국

중국의 한반도정책은 '자국 중심의 새로운 동북아시아 질서 형성'이라는 목표와 불가분의 관계를 갖는데, ① 한반도의 안정·현상 유지, ② 한국과 경제 교류·협력 강화, ③ 한반도 문제에 대한 영향력 확대, ④ 대북 지원을 통한 유리한 안보환경 조성 등을 주요한 한반도정책으로 삼고 있다. 이를 위해 중국은 한반도 문제가 남북 당사자 간 평화적인 대화·협상을 통해 해결되어야 한다는 입장이며, 그들의 표현대로 북한과의 '우호협력' 및 한국과의 '호혜협력'을 통해 남북관계의 균형을 도모하고 이를 한반도 안정의 기반으로 삼고자 하고 있다.

(4) 러시아

러시아의 한반도정책은 대체로 다음과 같은 목표를 중심으로 추진되고 있다. 즉, ① 한반도의 평화와 안정 유지, ② 한국과의 경제 교류를 통한 실익 추구, ③ 북한에 대한 영향력 복원, ④ 한반도에 대한 영향력 확보 등이다. 러시아는 국내정치 안정과 경제발전을 도모하기 위한 평화로운 주변 환경 조성을 위해 한반도의 평화와 안정을 지원하고 있으며, 한국의 자본을 유치하여 시베리아와 극동 지역의 경제발전을 도모하기 위하여 경제 교류 및 협력을 모색·추진해 왔다. 또한 러시아는 한반도를 포함한 동북아시아지역에 대한 러시아의 전통적 영향력을 회복하기 위하여 북·러 관계의 정상화와 이를 통한 남북한 균형정책을 유지하려 하고 있다.

4. 남북통합의 전략적 환경

(1) 주변 4강의 한반도 통일에 대한 소극적 입장

한반도 통일은 일차적으로 남북 간에 해결해야 할 민족 내부의 문제이지만, 한편 한반도 주변 4개 강대국의 다각적 역학관계에 영향을 받는 국제적 문제라는 이중 구조를 나타내고 있다. 국제적 요인에 있어 한반도를 둘러싼 미국, 중국, 일본, 러시아 등 주변 4개국의 한반도정책과 역학관계의 변화는 한반도의 통일 환경을 결정짓는 중요한 요인으로 작용할 것이다. 특히 최근 주변 4개국은 활발한 상호 교차 정상회담을 통해 동북아시아지역에서 안정과 평화를 기조로 한 상호 협력과 견제의 새 질서 구축을 모색하면서 한반도에 대한 자국의 영향력을 확대하려는 경향을 나타내고 있다. 주변 4개국의 한반도에 대한 전략적 구도, 즉 한반도의 안정과 평화 유지가 동북아시아의 신질서 구축과 자국의 경제적 이익 확보에 중요하다는 인식은 근본적으로 '한반도의 현상유지'를 선호하는 것으로 평가되고 있으며, 이에 따라 남북한의 궁극적인 통일에 대해서도 소극적인 입장인 것으로 분석되고 있다.

(2) 통일 추진 전략

한반도 통일에 대한 주변 4개국의 소극적 입장에도 불구하고, 한반도 통일 환경과 관련하여 무엇보다 중요한 점은 남북 간 교류·협력이 활성화되고 평화공존이 제도화될 수 있는 방향으로 주변 정세가 조성되고 있다는 점이다. 따라서 다음과 같은 방향으로 통일 전략이 추진되어야 할 것이다.

첫째, 한반도의 긴장완화와 평화정착에 긍정적인 주변 환경을 활용하여 남북정상회담을 비롯한 각급 남북대화를 계속 추진함으로써 평화공존의 틀을 마련하는 한편, 내실 있는 교류와 협력을 활성화·제도화함으로써 남북 간 실질적인 협력을 도모해 나가야 할 것이다.

둘째, 남북 간 신뢰구축 방안을 마련하고 군축회담 개최를 병행해 나감으로써, 한반도에 항구적인 평화체제가 수립될 수 있는 안보환경을 조성해 나가야 한다.

셋째, 실질적인 남북 화해와 교류·협력의 심화, 증진을 통하여 우선적으로 남북한이 공동번영할 수 있는 '사실상의 통일 상태'를 구현하고, 이는 동북아시아 평화·안정에도 기여함을 주변 4국이 인정하도록 하여 남북 당국과 주민의 적극적인 통일 의지를 바탕으로 '사실상의 통일 상태'를 궁극적으로 '정치적 통일'로 발전시켜 나가야 할 것이다.

Ⅲ 한국의 통일방안

1. 통일정책의 기조

한국의 통일정책과 방안에서 견지해 온 일관적 기조는 ① 민주적 절차에 의한 통일, ② 민족성원 모두의 자유와 인권 및 민족의 번영이 보장되는 통일 추진 등으로 요약될 수 있다.

2. 통일방안의 변천과 정책발전 과정

한국의 통일 방안은 1공화국의 '북한지역 자유총선거론', 2공화국의 'UN 감시하의 남북 자유총선거론', 3공화국의 '선 건설·후 통일론' 등으로 전개되어 오다, 1969년 닉슨 독트린과 미·중 접촉, 중·일 접촉 등으로 인한 국제정세의 변화 속에서 한국 정부는 북한에 대한 현실적 인식을 토대로 통일정책의 새로운 방향을 모색하기 시작했다. 이후의 통일정책은 다음과 같이 전개되었다.

(1) 선 평화·후 통일론(평화통일 3대 기본원칙)

1974년 8월 15일 한국은 북한에 남북 간의 평화공존과 평화통일을 위한 '3대 기본원칙'을 제시하였는데 첫째, 평화통일을 위해서 한반도의 평화 정착, 남북 대화 및 교류가 필수적이라는 것, 둘째, 남북 총선거를 위해서 남북 간의 신뢰조성과 동질화가 촉진되어야 한다는 것, 셋째, 총선거 실시는 '공정한 선거관리와 감시하'에서 이루어져야 한다는 것이다.

(2) 민족화합 민주 통일방안

제5공화국 정부가 1982년 1월 22일 대통령 국정연설을 통해 제시한 통일방안으로, 통일은 민족자결의 원칙에 의거하여 겨레 전체의 의사가 골고루 반영되는 민주적 절차와 방법에 의해 성취되어야 한다고 하였다.

(3) 한민족공동체 통일방안

제6공화국 정부는 1989년 9월 11일 대통령 국회 연설에서 남북 간의 교류와 협력을 통해 먼저 민족공동체를 회복 발전시키고, 이를 바탕으로 정치적 통일이 이루어질 수 있는 상황을 만들어나가야 한다는 요지의 한민족공동체 통일방안을 발표하였다.

(4) 민족공동체 통일방안(한민족공동체 건설을 위한 3단계 통일방안)

1994년 8월 15일 대통령의 광복절 경축사를 통해 제시된 동 방안은, 점진적·단계적으로 하나의 민족공동체를 건설하는 방향으로 통일을 이루어 나간다는 원칙을 재확인하면서 화해협력단계, 남북연합단계, 1민족 1국가의 통일완성단계로 이어지는 통일의 3단계 과정을 제시하였다.

(5) 민족통일방안의 계승과 화해협력정책

1998년 출범한 국민의 정부와 2003년 출범한 참여정부는 1989년 공식적인 통일방안으로 제시된 '한민족공동체 통일방안'과 1994년에 이를 재확인한 '민족공동체 통일방안'을 대한민국의 통일방안으로 계승하였다. 2000년 6월 15일 남북정상회담에서 발표된 '6·15남북공동선언'에서는 남측의 연합제안과 북측의 낮은 단계의 연방제안의 상호 공통성을 인정하고 이 방향에서 통일을 추진하기로 합의하였다.

3. 평가

한국의 통일방안은 우선 점진적 접근방법만이 통일을 가져올 수 있다는 전제하에 '선평화정착·후평화통일'의 입장을 체계화한 것으로서 기능주의적 시각에 기초한 통일방안이라고 평가할 수 있다. 즉 남북한이 우선 화해협력을 통해 상호 신뢰를 쌓고 민족공동체를 건설해 나가면서 그것을 바탕으로 정치통합의 기반을 조성해 나가자는 것이다.

Ⅳ 북한의 통일방안

1. 북한의 대남전략 기조

북한은 조선노동당 규약 전문에서 "조선노동당의 당면 목적은 공화국 북반부에서 사회주의의 완전한 승리를 이룩하여 전국적 범위에서 민족해방과 인민민주주의 혁명과업을 완수하는 데 있으며, 최종 목적은 온 사회의 주체사상화와 공산주의 사회를 건설하는 데 있다."라고 밝힘으로써, '하나의 조선'이라는 통일관에 기초한 '남조선 혁명'을 대남전략 기조로 하고 있다.

2. 북한의 통일방안의 변천 과정

북한의 통일방안은 6·25전쟁 이전까지의 '민주기지론'에 입각한 무력 통일방안, 1960년대 평화통일 제안과 남조선혁명의 이중적 전략, 1970년대 '남북연방제안' 등으로 이어지다가 1980년대 이후 다음과 같이 전개되었다.

(1) 고려민주연방공화국 창립방안

북한은 1980년 10월 기존의 통일방안과 제안들을 다시 정리한 '고려민주연방공화국 창립방안'을 제시하였는데, 그 내용은 자주적 평화통일을 위한 선결조건, 연방제의 구성원칙과 운영원칙, 10대 시정방침 등으로 나눌 수 있다.

(2) '1민족 1국가 2제도 2정부'에 기초한 연방제

북한은 독일의 흡수통일방식에 충격을 받아 1991년 김일성 신년사에서 '1민족 1국가 2제도 2정부'에 기초한 연방제를 제기하였는데 첫째, 통일 국가의 형태는 남북

두 정부가 동등하게 참가하는 연방국가이며, 둘째, 제도통일은 후대에 일임하자는 것이다.

(3) '6·15남북공동선언' 이후의 낮은 단계의 연방제안

동 제안은 '1민족 1국가 2제도 2정부'의 원칙에 기초하되 남북의 현 정부가 정치, 군사, 외교권을 비롯한 현재의 기능과 권한을 그대로 보유한 채 그 위에 민족통일기구를 구성하자는 것이다.

3. 평가

북한의 통일전략은 '선남조선 혁명·후공산화 통일' 노선으로 체계화하여 전개되어 왔고, 김일성 주체사상이 북한체제 내에서 유지되는 한 사회주의 체제에 의한 조국통일이라는 북한의 전략이 쉽게 변화하기는 어려울 것으로 생각된다. 북한의 통일방안은 지나치게 자기 중심적이며 일관성이 결여되어 있고, 단지 규범적 당위성에 기초한 것으로써 남북공통의 가치나 행동양식에 기반을 둔 합리적인 통일방안으로 보기는 어렵다고 평가된다.

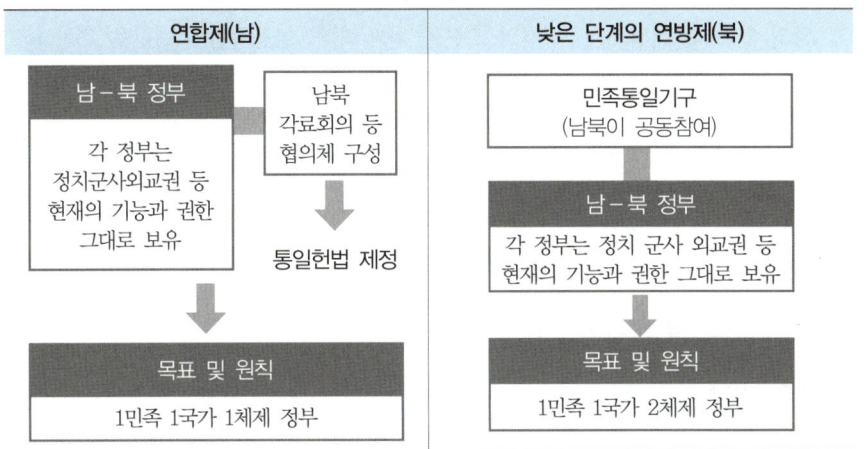

○ 남북한의 통일방안 비교

V 통일의 과정

1. 화해 협력

(1) 남북관계의 안정적 발전

우선 남북 간의 대화, 교류, 협력의 다양화·활성화, 초보적 군사적 신뢰 구축, 북핵문제의 해결방향 합의 등에 의해 남북관계가 향후 안정적으로 발전할 수 있는 여건을 조성해야 한다.

(2) 평화·협력 심화

이 단계에서는 남북 간의 대화, 교류, 협력이 심화·발전되고 군사적 신뢰 구축 조치가 본격적으로 추진되며 북핵문제에 대한 합의가 이행된다.

(3) 평화·협력 정착

이 단계에서는 남북 간의 대화, 교류, 협력이 일상화·제도화되고 평화협정 체결 및 이행, 이를 국제적으로 보장할 평화관리기구가 운영되며 북핵문제가 완전히 해결된다.

2. 남북연합헌장 채택

남북 간에 남북연합헌장이 채택되어 남북연합이 형성되는 단계로 이행된다.

3. 남북연합

(1) 연합체제 형성

남북이 각기 대외적 주권을 유지하면서 남북정상회의(최고 의결기구), 각료회의(행정), 평의회(입법) 등을 통해 남북 간 제반 문제를 협의·해결하며 단계적 군축이 추진된다.

(2) 경제·사회 공동체 실현

남북 공동시장을 형성하여 남북 간 경제력 격차를 축소하고 다방면에 걸친 대북투자의 확대 및 재정·금융정책의 조정을 통해 화폐·금융통합의 기반을 조성하고, 남북 공동생활권을 형성함으로써 '사실상의 통일' 상태를 실현하는 단계이다.

(3) 제도적 통일 준비

남북한의 상이한 체제가 점차 동질화되면서 하나의 국가로 통합될 수 있는 여건이 마련되며, 통일헌법안과 통일국가의 정부와 국회 형태, 총선거 실시 방법·시기·절차 등을 마련하고 법적·제도적인 통일을 준비하는 단계이다.

4. 총선거에 의한 통일헌법 채택

남북 총선거에 의해 통일헌법이 채택되면 한반도에 법적·제도적으로 통일국가가 나타나게 된다.

5. 통일 실현

통일정부와 통일국회를 형성하여 '1민족 1국가 1체제 1정부'를 실현하고 나아가 정치, 군사, 경제, 사회, 문화 등 각 부문별 조직과 통합을 완성하는 단계이다.

Ⅵ 남북한관계의 과제와 전망

1. 통일 필요성의 재검토

그 동안 통일은 한 민족이 한 국가를 이룬다는 근대적 단일민족국가(nation-state)의 개념적 토대 위에서 그 당위성을 확보해왔으나, 한 민족이기에 한 국가를 이루어야 한다는 명제는 21세기의 세계화 시대에 직면하여 그 설득력을 점차 잃어가고 있는 추세이다. 국가 간 교류의 폭과 상호의존도가 높아지고 다양한 비국가주체들의 역할이 강화되면서 국가 간의 경계는 과거와는 달리 고도의 복잡성과 중첩성을 나타내고 있으며, 이는 민족국가의 의미를 퇴색시키는 데 일조하고 있는 것이다.

그러나 통일의 달성은 지난 반세기 동안 지속되어 온 막대한 분단관리 비용의 지출을 종결시키는 한편 정치·경제·사회·문화 등 제반 영역에서 다양한 편익들을 새로이 창출할 것이다. 이들 비용의 절감과 새로운 편익의 창출은 우리가 왜 하루빨리 통일을 이루어야 하는지에 대한 주된 이유가 된다.

2. 통일 한국의 지향점과 현 시점에서의 과제

(1) 통일 한국의 지향점

통일 한국의 지향점은 우선 모든 민족구성원이 존엄성과 자유와 복지를 최대한 보장받는 하나의 자유민주적 정치공동체를 이룩하는 것이다. 통일 한국이 주도하는 자유민주주의의 가치와 체계는 이념적 융통성과 포용성을 최대한 발휘하는 진전된 형태를 취해야 한다. 이러한 융통성과 포용성 없이는 남북한을 유기적으로 통합하는 정치 공동체의 구성이 불가능할 것이다. 또한 국제사회에서 통일 한국은 주권국가로서의 권리만큼이나 국제사회의 일원으로서의 책무를 충실히 수행하는 모범 국가를 이룩해야 할 것이며, 결코 닫힌 민족주의의 편협함에 매몰되지 않고 세계 평화와 번영에 창조적으로 기여하는 국가를 지향해야 할 것이다.

(2) 현 시점에서 한국의 과제

통일 한국에의 여정을 단축시키기 위하여 현 시점에서 한국은 첫째, 남북 간 상호 이해의 증진에 노력해야 하며 특히 북한에 대한 우리의 이해를 제고하는 데 관심을 기울여야 한다. 둘째, 일관성 있는 통일 정책을 추진할 수 있도록 정책에 대한 국민적 합의 기반이 마련되어야 한다. 셋째, 대북 안보와 포용이라는 상호 갈등관계에 있을 수 있는 목표에 대한 균형적인 정책적 접근이 이루어져야 한다. 넷째, 통일 한국을 이루기 위해 주변국의 이해와 협조를 구하는 적극적인 외교적 노력을 수행해야 한다.

3. 전망

통일 한국의 밝은 미래상과는 별개로 통일을 성취하기 위한 여정은 결코 순탄하지 않을 것이다. 남북의 상이한 이념 체계와 반세기 넘게 심화되어온 이질적 삶의 방식을 조율하는 재통합은 결코 단시일에 이루어질 수 있는 사안이 아니다. 그러므로 통일로의 진전을 위해서는 점진적이고 단계적인 노력을 필요로 한다. 물론 통일이 우발적으로 일순간에 현실로 나타날 가능성도 배제할 수 없기 때문에 이러한 우발적 상황에 대한 대비 역시 소홀히 이루어져서는 안될 것이다. 통일에 대한 조급함은 무관심만큼이나 통일로의 진전을 저해시키는 것이므로, 통일로의 여정을 체계적으로 계획하여 특히 현 시점은 한반도 통일에 우호적인 주변 환경을 조성하는 데 적극적으로 노력해야 할 시기일 것이다.

제2절 한반도 평화체제

I 서론

1. 논의 배경

한반도 평화협정은 한국전쟁을 법적으로 종결하며 남북 간의 평화공존을 제도화하고 이를 위한 조치들을 남북한과 관련국들이 전적으로 준수하도록 하는 목적을 갖는다. 전통적으로 전쟁을 종결하는 방식은 평화협정 체결이라고 볼 수 있지만, 한반도의 경우 정전협정이 지난 반세기 넘게 준수되어 왔다. 남북 간에 이미 전쟁이 '종결'되었으나 책임이나 배상 문제를 다루는 것은 사실상 불가능한 상황이라고 볼 때, 한반도 평화 정착을 위한 제도적 틀을 마련하기 위하여 정전협정을 대체하는 새로운 평화협정이 체결되어야 할 필요성이 그간 꾸준히 제기되어 왔다.

특히 지난 2005년 중국 베이징에서 채택된 9·19공동성명 제4항에서는 '6자는 동북아시아의 항구적인 평화와 안정을 위해 공동 노력할 것'을 공약하고 이와 함께 '한반도의 항구적 평화체제에 관한 협상을 가질 것'을 밝힘으로써 6자회담의 진전 상황에 따라 적절한 시점에 한반도 평화체제 구축을 위한 논의가 시작될 것임을 예고한바 있다. 또한 2007년 2월 13일 제5차 6자회담 제3단계 회담에서 참여국들이 9·19공동성명 이행을 위한 초기조치를 '행동 대 행동 원칙'에 따라 병렬적으로 취하는 데 합의한 이른바 '2·13합의'에서는, 한반도의 항구적 평화체제 구축에 관한 협상을 개시하기로 하고 그에 따라 6자회담 내에 구성될 5개 실무그룹 중에 한반도를 비롯한 동북아시아 평화 안보 체제 논의를 본격 진행시킬 실무그룹을 포함시키고 있다. 즉, 2·13합의에서 다시 한번 9·19공동성명에서 합의한 한반도 평화체제에 관한 협상을 재확인함으로써 평화체제 구축 문제가 보다 활기를 띠게 되었다.

2. 목적

정전협정을 대체하는 평화협정 혹은 평화의정서는 ① 한반도에서의 무력갈등을 법적으로 종결시키며, ② 남북 간의 화해 공존을 제도화하고, ③ 향후 한반도 평화와 관련하여 모든 당사국들이 이를 보장하도록 구속하는 목적을 갖는다.

II 한반도 평화체제의 의의 및 평화협정과의 관계

1. 한반도 평화체제의 의미

한반도 평화체제는 현 정전 상태가 전쟁 종료의 상태로 전환되고, 남북관계 및 국제관계에서 이것이 정치적으로 확인되고 군사적으로 보장되는 상태이며, 남북 간 군사적 충돌의 가능성이 전쟁을 하지 않은 타국과의 관계에서 발견되는 일반적 수준으로 낮아진 상태를 말한다.

2. 한반도 평화체제의 세 측면

(1) '과정'으로서의 평화체제

한반도 평화체제 구축은 전쟁의 법적 종결을 넘어 남북 및 국제적 차원의 제반 긴장요인의 포괄적 해결을 통한 평화의 제도화를 정착시켜 나가는 과정, 즉 평화협정 체결을 포함한 포괄적이고 장기적인 과정이다.

(2) '한반도 문제의 국제적 사안'으로서의 평화체제

한반도 평화문제는 정치, 군사, 경제 등 다양한 분야에서 민족 내부적 요소와 북·미, 북·일 간 안보 현안 등 국제적 요소들의 상호작용에 의해 해결되어야 한다.

(3) '단계적·점진적 통일의 제도적 기반'으로서의 평화체제

한반도 평화체제는 남북 평화공존 실현과 '남북연합'으로의 진입을 위한 제도적 기반을 제공하는 과도기적 체제여야 한다. 즉, 한반도 문제의 과도한 국제화는 지양하고 통일 지향적인 평화체제를 구축해야 한다.

3. 평화체제와 평화협정의 관계

평화협정의 체결은 한반도 평화체제의 구축을 위한 법적·제도적 차원에서의 환경 조성 차원에서 추진된다. 한반도 평화협정은 '선협정·후평화체제 구축'의 방식으로서 이는 한반도 평화체제 형성을 '협정'이라는 정치적 결단을 통해 접근하자는 제안이다. 평화협정은 평화체제 구축을 위해 필수 불가결한 요소이나 평화체제가 평화협정보다는 더욱 포괄적인 개념이다. 평화체제 구축은 상당한 시간이 소요될 것이지만, 당사자간 합의만 되면 언제든지 추진할 수 있는 평화협정 체결을 통해 평화체제 구축을 앞당길 수 있다.

Ⅲ 한반도 평화체제에 대한 주변국들의 입장

1. 북한

북한은 1974년 이후 일관되게 대미(對美) 평화협정 체결을 주장하여 왔으며, 최근 2005년 7월 제4차 6자회담을 앞둔 시점에서 다시 한번 대미 평화체제 수립을 주장하였다. 본래 북한의 대미 평화협정 주장은 1973년 파리평화협정을 본따 주한미군을 철수시키기 위한 의도를 갖고 있었다는 것이 일반적 해석이다. 즉, 북한이 적화통일의 최대 장애가 주한미군이라고 보고 이를 철수시켜 대남혁명을 완수하기 위한 전략의 일환으로 대미 평화협정 체결을 주장한다는 것이다. 또한 1992년 '남북사이의 화해와 불가침 및 교류 협력에 관한 합의서' 채택 이후 북한은 소위 '3자회담' 논리에 입각, 기본합의서에 의해 남북한 불가침 협정이 체결된 이상 향후 북·미 평화협정이 체결되어야 한다는 논리를 주장하기 시작하였다. 북한은 이처럼 정전체제 수립 이후 반세기 넘도록 줄곧 주한미군 철수와 북·미 평화협정 체결을 지상목표로 삼아왔다.

이러한 맥락에서 볼 때 앞으로 '평양-워싱턴 채널'이 본격 가동된다면 평화체제 문제는 북·미 중심으로 논의될 수밖에 없다. 이 경우 '9·19공동선언'에서 공약한 '직접 관련 당사국들'인 미국, 중국, 한국, 북한 4개국들이 '적절한 별도 포럼'에서 논의할 한반도 평화체제에 관한 협상은 이미 북·미 간 양자 채널을 통해 양자 간 합의된 사항을 추인하거나 또는 '적절한 수준'에서 검토하는 것에 그칠 가능성이 높다. 이러한 구도가 형성된다면 북한이 한반도 평화와 통일 문제에 대한 정치적 이니셔티브를 가지게 된다.

결국 이와 같은 상황들을 종합적으로 고려할 때 북한정권의 입장에서 대미 평화협정 주장을 포기하고 남북 평화협정을 수용할 가능성은 상당히 낮다고 평가된다. 특히 수세적 상황에 처한 북한정권이 대미 평화협정 주장을 포기하기는 어려울 것으로 보인다. 다만 2007년 남북정상회담에서 북한은 기존의 통미배남(通美排南)정책으로부터, 미국과 한국 모두와 대화하는 통미통남(通美通南)정책으로 전환했다는 평가도 있다.

2. 한국

기본입장은 우선적으로 '당사자 해결원칙'에 입각한 남북한 간의 평화협정 체결이다. 즉, 한반도 평화문제의 본질이 남북한 관계인 이상 당연히 남북 간의 평화협정이 체결되어야 한다는 것이다. 이와 같은 당사자 해결원칙은 이미 1992년 남북 간에 합의된 기본합의서(5조)와 화해부속합의서(18, 19조)에 명백히 규정되어 북한 측도 수용한 바 있다. 남북 간의 대결구도를 해소하지 않는 평화협정은 무의미하며, 협정체결에 의미가 있기 보다는 항구적인 평화체제 구축에 중점이 있다는 입장이다. 즉, 형식적 평화보다는 실질적 평화가 목표라고 볼 수 있다. 새로운 협정은 남북관계 개선을 수반하거나 전제로 하는 것이어야 한다고 본다.

3. 미국

미국은 2005년 9·19공동선언에서 '한반도의 항구적 평화체제에 대한 협상'을 가질 것에 합의함으로써 처음으로 한반도 평화체제와 평화협정에 대한 공식적인 입장을 밝혔으며, 이듬해 하노이 APEC 정상회담에서 부시 미 대통령이 북한의 핵 포기를 조건으로, 북한과의 한국전 '종전선언' 검토 의사를 표명하였다. 즉, 종전선언에 대한 언급은 법적 전쟁상태의 종식이 북한의 핵 포기를 전제로 9·19공동선언에서 합의한 '한반도의 항구적 평화체제' 혹은 '북·미 수교'로 나아가기 위해 반드시 해결해야 할 과제라는 것이며, 이에 따라 북·미 간 전쟁상태를 청산하기 위한 평화협정 체결과 같은 대북 정책에 있어서의 변화를 예고하는 것이었다.

이 같은 미국의 한반도 평화체제 구축 논의와 대북 평화협정 제안은 미국의 주도적 역할과 함께, 평화협정의 경우 당사자 지위뿐 아니라 보장자로서의 역할과 지위를 누리는 것을 가능하게 한다. 따라서 이 때 미국은 동북아시아 질서를 미국 중심적 구도로 되돌려놓을 수 있을 뿐 아니라 특히 한국과 북한 모두를 통제할 수 있다는 계산이 깔려있다는 분석이다.

4. 중국

중국은 전통적으로 한반도 평화와 안정 유지를 대(對)한반도정책의 기본 축으로 하고 있다. 그러나 남북한과 동시에 국교를 맺고 있는 중국이 한반도에서 의미하는 평화와 안정은 소극적으로는 남북한 어느 쪽에 의해서든 무력을 사용한 충돌을 원하지 않는 것이며, 적극적으로는 북한의 급격한 붕괴와 이에 따라 한국으로 흡수 통합되는 사태를 저지하고자 하는 정책이다. 북한의 붕괴에 따른 한반도 통일은 현재 한국에 주둔하고 있는 미군과 직접 국경을 맞대게 되는 상황을 의미하는 것으로, 중국으로서는 이를 매우 경계하고 있다. 따라서 중국은 이 같은 상황이 도래하는 것을 저지하기 위해 식량난에 처한 북한에 대해 식량 원조를 지속하고 있으며, 이와 동시에 북한이 구조적인 경제난을 해소할 수 있도록 경제 개방에 대한 각종 원조 및 조언을 실시하고 있다.

중국은 한반도 평화체제 구축에 있어서 미국과 대등한 역할을 수행하고자 하며, 평화체제가 정착될 때까지는 정전협정이 유효하며 궁극적으로 주한미군이 철수해야 한다는 북한의 주장에 동조함으로써 미국의 영향력 확대를 효과적으로 차단하고자 한다. 결국 중국으로서는 한반도 평화체제 논의에 있어, 특히 의제 선정에 있어서 북한의 입장에 동조하며 이를 반영하는 입장이다.

Ⅳ 한반도 평화체제 구축의 정치·군사적 요건

1. 정치적 요건 – 정치적 신뢰구축

남북한이 평화공존을 받아들이기로 합의하기 위해서는 몇 가지 정치적 요건이 충족되어야 한다. 첫째는 정전협정의 준수 및 관련 감시기구가 재가동되고, 둘째는 남북기본합의서 관련 협의기구가 재가동되며, 남북대화가 재개되어야 할 것이다. 이미 남북기본합의서상의 합의 내용은 향후 남북한이 추구하고자 하는 화해·평화정착·공동번영이라는 정치적 목표구현을 위한 기본방향 또는 요건을 명확히 제시하고 있다. 따라서 한반도 평화체제 구축의 정치적 요건은 한마디로 '정치적 신뢰구축'이다. 남북한 간의 정치적 신뢰구축이란 북한은 대남혁명 전략을 포기하고 이를 기본합의서 정신에 입각하여 실천하는 것을 말하며, 한국은 독일식 흡수통일의지가 없음을 북한 스스로 믿게 하는 여건을 상호 조성해 가는 과정을 말한다. 남북한 간의 군사적 대결은 기본적으로 그 근저에 놓인 정치적 대결이 표출된 것이므로, 일단 정치적 신뢰가 구축되면 군사적 신뢰구축은 뒤따를 수밖에 없다.

2. 군사적 요건 – 정치적 신뢰구축 조치에 종속

그 다음은 한반도 평화체제 구축을 위한 군사적 요건을 충족시키는 일이다. 남북한이 정치적 대결을 해소하겠다는 정책전환 의지만 확고하다면 양측 간의 군사적 긴장은 쉽게 해소될 수 있다는 점에서 군사적 신뢰구축조치는 정치적 신뢰구축조치에 종속된다고 할 수 있다.

군사적 신뢰구축을 위한 선결 과제는 비인도적인 대량살상무기의 개발, 보유 또는 사용을 금지하는 일이다. 만일 남북한 중 어느 일방이 핵·화학·생물학무기를 보유하고 있거나 개발을 시도하게 되면 이는 곧 평화공존이라는 정치적 목표를 파괴하게 될 것이며, 남북한 관계 발전에 근본적인 장애가 될 것이다.

아울러 재래식 전력도 정치적 목적의 위협수단으로 활용될 수 있기 때문에, 정치적 분쟁을 유리하게 해결하기 위한 대규모 무력시위 등은 군사적 긴장을 극도로 증대시킬 수 있으므로 평화공존을 실현하기 위해서는 무력침략과 분쟁해결수단으로서의 무력사용은 반드시 포기해야 하고 이를 제도적으로 검증할 수 있어야 한다.

마지막으로 방대한 군사력이 첨예하게 대립되어 있는 남북한 간에는 우발사고에 의한 군사적 충돌위험이 상존하고 있으므로, 평화체제 구축을 위해 양측 간의 지상군, 항공기 및 함정 간에 우발적인 충돌을 야기할 수 있는 위험한 행동을 금지하는 조치와 함께 불의의 사고 시 평화적 절차에 따를 것을 합의하고 이의 이행을 국제사회가 보장하는 기구를 제도화해야 할 것이다.

Ⅴ 한반도 평화체제 관련 쟁점 사항

1. 평화협정의 명칭

정전협정을 대체하는 협정에 대해서는 '평화조약', '평화협정' 또는 '평화의정서' 등의 명칭이 붙여질 수 있다. 남북 간 양자협정이 아닌 다국 간 협정의 형식을 취할 경우 조약이나 협정이라는 용어를 쓰는 것에 문제가 없을 것이나 남북 간 양자 협정의 경우에는 명칭에 있어서 다소 문제가 있을 수 있다.

남북 간의 관계는 남북 기본합의서 서문에서 규정된 바와 같이 국가 간 관계가 아니라 '통일을 지향하는 과정에서 잠정적으로 형성되는 특수 관계'인 까닭에, 주로 국가 간의 공식적 합의의 명칭인 '협정'이나 '조약'이라는 명칭은 일반적으로 부적절하다는 인식이 있다. 이 같은 인식은 잘못된 것이라고 볼 수 있지만 기본합의서의 전례에서 보듯이 남북 양측은 남북관계에 있어서 조약이나 협정이라는 용어를 쓰는 데 부담을 느끼고 있다. 따라서 정치적 관점에서 볼 때 '평화조약'이나 '평화협정'이라는 명칭보다는 다소 비공식적 관계를 지칭하는 '평화합의문'이나 '평화의정서' 등의 명칭이 적절하다는 견해가 있다.

2. 당사자 문제

당사자 문제는 남과 북이 가장 첨예하게 대립하는 핵심적 쟁점이다. 북한은 남북 불가침 협정과 북·미 평화협정이라는 소위 3자회담 논리를 주장하였으나, 남북 기본합의서 채택 이후에는 남북 간의 불가침 문제가 해결된 이상 북·미 평화협정이 체결되어야 한다는 주장을 하고 있다. 반면 한국은 1992년 기본합의서에서 남북한이 합의한 바와 같이 평화체제의 당사자는 한국과 북한이며, 남북 평화체제가 되어야 한다는 입장이다.

당사자 문제를 엄밀하게 살펴본다면, 평화협정의 당사자는 한국전쟁의 교전국들 모두가 되어야 한다. 한국전쟁은 20여개국이 참전한 국제분쟁으로서의 성격으로 남북한 및 전쟁에 참전한 20여개국을 교전국으로 볼 수 있다. 그러나 한국전쟁의 교전국들이 모두 새로운 대체협정의 당사자가 될 필요는 없다고 여겨진다. 현재 한반도의 상황을 고려할 때 전쟁 책임이나 보상을 다루는 전통적 의미의 평화협정을 체결하는 것은 불가능하고, 무의미하며, 한반도의 새로운 대체협정은 정전상태를 법적으로 종결하는 측면도 있지만 그 중점은 남북 간의 첨예한 갈등을 푸는 관계 개선에 있기 때문이다. 그렇다면 대체협정의 당사자는 당연히 남북한이어야 할 것이다.

그러나 여전히 다음과 같은 이유에서 논란이 되고 있는데 첫째, 북한이 한국을 배제한 북·미 평화협정을 고집하고 있다는 점이다. 당사자인 북한이 남북 평화협정을 거부하는 이상 협정이 체결될 가능성은 낮을 것이다. 그러나 한편으로는 2007년 남북 정상회담의 개최로 남북 관계 개선 가능성이 고조되어, 남북 평화협정이 모색될 수 있는 여건이 조성될 수도 있다. 둘째, 미국과 중국을 배제할 수 있느냐의 문제이다. 미국과 중국은 한국전쟁의 핵심 교전국이자 정전협정의 당사자이며 남북한과 함께 한반도 평화문제의 핵심 당사자들로 볼 수 있다. 따라서 미국과 중국은 평화협정에 어떠한 형태로든 개입하기를 원할 것이며, 결국 한반도의 평화협정은 어떠한 형태로든 남북한과 함께 미·중 양국이 동등하게 참여하는 형태로 실현될 가능성이 가장 높다고 볼 수 있다.

3. 국제적 보장

새로운 협정에 의한 한반도의 평화체제에 정통성을 부여하고 그 이행을 담보하는 중요한 사항은 국제보장이다.

첫째, 강력한 국제보장의 전형으로 '로카르노 방식'을 들 수 있다. 1925년 10월 19일에 체결된 로카르노 조약에 따르면, 독일, 프랑스, 벨기에 3국 중 한 나라가 라인란트에 대한 협정을 어기고 침략을 할 경우, 침략국 및 피침국을 제외한 일국과 영국, 이탈리아 등 3개국이 즉각적으로 피침국에 대한 원조를 제공하도록 하고 있었다. 로카르노 체제의 국제보장 메커니즘은 1970년대 초 남북 간의 첨예한 갈등관계하에서 한반도 평화를 국제적으로 구축하는 한 방안으로서 미·중·일·소의 4대국 보장론의 형태로 국내외 학자들에 의해 제안된 적이 있다.

둘째, 베트남전쟁 타결을 위한 파리 평화협정에서 보듯이 국제적 보장을 위한 '국제회의'를 두는 방식이 있다. 파리 평화협정은 제19조에서 서명 30일 내 베트남에 있어서의 전쟁종결, 평화유지 등 평화협정 이행을 국제적으로 보장하는 베트남 국제회의를 소집하도록 규정하고 있다.

셋째, 관련국 내지는 국제기구가 협정의 증인자격으로 '하기 서명(post-script)'하는 방식이다. 이집트-이스라엘 협정, 보스니아 평화협정, 아일랜드 평화협정 등 최근 일련의 평화협정들은 국제보장의 형식으로 관련국들이 증인자격으로 하기 서명하는 형식을 취하고 있다. 이집트-이스라엘 평화협정은 미국이 증인 자격으로 조약에 하기 서명한 한편, 보스니아 평화협정은 미국, 러시아, 독일, 프랑스, 영국 및 EU가 조약에 하기 서명하는 방식을 취하였다. 증인 자격으로 평화협정에 하기 서명하는 방식은 국제보장 방식에 있어서 가장 국제보장의 강도가 낮은 것으로 볼 수 있다. 한반도 평화협정의 경우, 미국과 중국이 증인으로서 하기 서명하는 방식을 고려할 수 있다.

4. 평화관리 문제

평화협정이 체결된다고 하여 평화가 보장되는 것은 아니다. 상당기간 평화협정의 중요한 목적은 정전협정이 수행하여 온 남북한 간의 분단관리가 될 것이다. 평화협정이 정전협정을 대체하는 것인 만큼, 분단관리와 위기관리를 위한 다음과 같은 메커니즘이 마련되어야 한다.

첫째, 베트남전쟁을 처리한 파리 평화협정의 메커니즘을 살펴보면 군사정전위원회와 중립국 감시위원회를 둔 현 정전위원회 체제와 유사하다고 볼 수 있다.

둘째, 협정 당사자 간의 갈등 정도가 높고 평화에 대한 합의가 없는 상황에서 국제사회의 물리력에 의해 평화체제가 구축된 사례로서 '보스니아 평화포괄 협정'을 들 수 있다. 보스니아 평화협정의 평화관리 메커니즘이 한반도에 적용되기는 어려워 보이지만 강력한 국제적 물리력을 통해 평화를 보장하는 사례로서, 남북한이 한반도 평화를 주도적으로 구축하지 못할 경우 외부에 의해 강제되는 평화체제의 모델이 될 수 있음을 유의해야 할 것이다.

셋째, '이집트 - 이스라엘 평화협정'은 평화관리에 있어서 UN 감시기능을 활용한 점에서 특징이 있다. 이집트, 이스라엘 양국은 이스라엘군의 시나이 반도 철수 등 제반 조약 이행을 촉진할 목적으로 '공동위원회'를 두는 한편, 조약 이행을 감시하고 위반 방지를 위해 UN군 및 감시단(UN Forces and Observers)의 활동에 합의하였다. 남북 평화협정에 있어서도 평화협정 이행을 감시하고 분쟁을 중재하는 기능을 UN에 맡기는 방안을 고려해볼 수 있을 것이다.

넷째, 현행 정전협정의 평화관리 메카니즘을 원용하는 방법이다. 현 정전협정의 메카니즘은 평화관리를 위해 협정 당사자들이 참여하는 군사정전위원회와 평화감시 활동을 하는 중립국감독위원회를 두고 있으며, 군사분계선을 따라 비무장지대를 두는 것을 골격으로 하고 있다. 따라서 현 정전협정의 평화관리 기능을 살리면서 새로운 평화협정 상황에 맞게 조정함으로써 새로운 평화협정 체제 출범에 따른 공백과 혼선을 최소화할 수 있을 것이다.

5. UN사 및 주한미군 문제

(1) UN사 문제

UN사(UNC, United Nations Command)는 정전협정과 밀접한 관계를 갖고 있다. UN사령관은 참전 16개국과 한국을 대표하여 정전협정에 서명하였으며, 정전협정 제17조는 '본 협정의 조항과 규정을 준수하여 집행하는 책임은 본 협정을 조인한 자와 그의 후임 사령관에게 속한다.'고 하여, UN사령관에게 우리측을 대표하여 정전협정을 준수 집행할 책임을 지우고 있다. 즉, UN사는 한반도 정전체제의 중요한 역할을 담당하고 있다. 따라서 정전협정이 준수되는 한은 UN사의 유지가 필요하나 동 협정이 새로운 평화협정으로 대체되는 경우 UN사의 필요성은 없어지며 그 임무는 사실상 종료되는 것으로 볼 수 있다. 따라서 남북 평화협정이 체결될 경우, UN사 해체는 자연스러운 수순으로 볼 수 있으며 평화협정에 의거한 새로운 평화관리 기구가 그 역할을 수행하게 될 것이다.

(2) 주한미군 문제

한편 평화체제가 구축되어 주한미군의 위상에 변화가 오면 주한미군의 전략적 유연성은 어떻게 될 것인지에 대한 의문이 제기될 수 있다. 평화체제는 한반도상의 군사적 긴장이 완화되고 주변국들 간 무력 충돌의 요인이 현격히 감소된 상태를 의미하는 반면, 주한미군의 전략적 유연성은 주한미군이 미국의 세계전략에 따라 한반도 주변 지역 분쟁에 개입하고, 경우에 따라서는 현상변경 시도를 위한 주력군으로 동원될 수도 있음을 시사하고 있기 때문이다. 그렇기 때문에 평화체제가 구축된 후에도 주한미군이 전략적 유연성을 계속 고집할 경우 한·미 간 이견이 발생한 소지가 있다. 이에 대해서는 한미동맹을 유지하는 한 한국은 주한미군의 전략적 유연성을 용인하고 미국은 한국의 입장을 존중하는 선에서 타협하는 것이 불가피할 것이다. 결국 한·미 양국은 주한미군을 어떤 상황과 기준, 판단에 따라 동원할 것인지 상호간에 수락 가능한 가이드라인을 도출해야만 할 것이다.

Ⅵ 결론 – 한반도 평화협정 협상의 추진 방향

한반도 평화체제 구축을 위한 포럼에는 남·북한, 미국, 중국이 동등하게 참여할 수밖에 없을 것으로 보이며, 특히 북·미 협상과 남·북 협상이 중요하게 작용할 것이다. 북·미 협상에서는 양국 간 불가침 및 평화조약의 체결, 주한미군의 역할 등이, 남·북 협상에서는 전쟁의 법적 종결 및 남북기본합의서 이행, 평화보장관리기구의 구성 및 운영, 군비통제 문제 등이 주로 논의될 것으로 예상된다. 그러나 평화협정이 체결된다고 해서 평화체제가 자동적으로 구축되는 것은 아니기 때문에 남북한 간에는 별도로 군비통제를 지속적으로 추진해야 할 필요성이 있으며, 아울러 군사적 신뢰구축과 군축을 위한 세부적인 조치까지 포함하는 방향으로 협상을 추진해 나가야 할 것이다. 또한 9·19공동선언에 이어 2·13합의를 이끌어낸 것처럼 먼저 포괄적인 합의를 도출해내고 그 다음에 구체적인 이행방안에 대한 합의를 이끌어내는 식의 단계적인 접근 방식도 고려해 볼 만 하다.

기출 및 예상문제

1. '확산방지구상'(PSI: Proliferation Security Initiative)은 대량살상무기의 확산을 방지하기 위한 국제사회의 여러 조치 가운데 하나이다. 다음 질문에 답하시오.
   (1) PSI가 대량살상무기의 확산방지에 효과적인지 여부를 논하시오.
   (2) 한국의 PSI 참여가 남북관계에 미치는 영향과 한중관계에 미치는 영향을 각각 논하시오.

2. 탈냉전기 한국의 대북전략은 북한의 대한국전략과 맞물리면서 한반도 질서 안정에 있어서 핵심적인 변수로 평가되고 있다. 한국의 대북정책과 관련하여 다음 물음에 답하시오.
   (1) 한국의 대북정책 결정 요인에 대해 설명하시오.
   (2) 2008년 집권한 이명박 정부의 대북정책은 이전 정부의 대북정책과 근본적인 차이를 보여주었다. 이명박 정부의 대북정책 전환 요인에 대해 논하시오.

3. 2008년 이명박 정부 집권 이후 북한에 대한 인식과 정책은 상당한 변화를 겪었다. '비핵·개방 3000' 또는 '상생과 공영의 대북정책'을 일관되게 추진하였으나, 북핵 문제는 여전히 해결의 실마리를 찾지 못하는 가운데 남북관계의 구조적 긴장은 고조되었다. 이명박 정부의 대북정책과 관련하여 다음 물음에 답하시오.
   (1) 이명박 정부의 대북정책에 대해 설명하고 김대중·노무현 정부의 대북정책에 대해 비교하여 서술하시오.
   (2) 이명박 정부의 대북정책은 이전 노무현 및 김대중 정부의 대북정책과 상당한 차이를 보이고 있다. 이명박 정부의 대북정책 변화요인에 대해 외교정책결정론에 기초하여 논의하시오.
   (3) 이명박 정부의 대북정책을 국제정치이론적 관점에서 해석해 보시오.
   (4) 이명박 정부의 대북정책에 대해 국제정치패러다임을 원용하여 논평하시오.

4. 탈냉전기 한국의 대북전략에 있어서 국제체제에 대한 인식, 북한의 성격에 대한 규정 등에 따라 상이한 정책 처방이 제시될 수 있다. 이와 관련하여 다음 물음에 답하시오.

(1) 대북정책에 대한 현실주의적 접근에 대해 사례를 들어 설명하고 논평하시오.
(2) 자유주의 및 구성주의적 접근에 대해 사례를 들어 설명하고 논평하시오.
(3) 이상의 논의에 기초하여 최근 북한의 핵·미사일 문제에 대해 적절하다고 생각하는 정책처방에 대해 논하시오.

5. 한국의 대북정책과 관련하여 다음 물음에 답하시오.
    (1) 김대중 정부 이후 지속적으로 추진되어온 대북 포용정책의 목표와 전략에 대해 국제정치이론에 기초하여 설명하시오.
    (2) 대북 포용정책에 대해서는 다차원적 비판이 제기되었다. 대북 포용정책에 대한 비판론의 논거를 설명하고 평가하시오.
    (3) 대북 포용정책에 대한 찬반론에 기초하여 우리나라의 대북전략 방향에 대해 논의하시오.

6. 한반도 평화체제와 관련하여 다음 물음에 답하시오.
    (1) 한반도 평화체제의 개념 및 주요 내용을 설명하시오.
    (2) 한반도 평화체제 구축에 영향을 주는 변수들을 국제정치 이론적 관점에서 제시하고, 한반도 평화체제 구축에 핵심적인 변수가 무엇인지 제시하시오.
    (3) 한반도 평화체제 구축에 있어서 제시될 수 있는 다양한 장애요인들을 적시하시오.
    (4) 위의 장애 요인들을 극복하기 위한 한국의 전략적 방안에 대해 논의하시오.

MEMO

MEMO

해커스
이상구
5급 국제정치학 Ⅲ 이슈

개정 2판 1쇄 발행 2025년 1월 24일

지은이	이상구 편저
펴낸곳	해커스패스
펴낸이	해커스공무원 출판팀
주소	서울특별시 강남구 강남대로 428 해커스공무원
고객센터	1588-4055
교재 관련 문의	gosi@hackerspass.com
	해커스공무원 사이트(gosi.Hackers.com) 교재 Q&A 게시판
	카카오톡 플러스 친구 [해커스공무원 노량진캠퍼스]
학원 강의 및 동영상강의	gosi.Hackers.com
ISBN	979-11-7244-774-8 (13340)
Serial Number	02-01-01

저작권자 ⓒ 2025, 이상구

이 책의 모든 내용, 이미지, 디자인, 편집 형태는 저작권법에 의해 보호받고 있습니다.
서면에 의한 저자와 출판사의 허락 없이 내용의 일부 혹은 전부를 인용, 발췌하거나 복제, 배포할 수 없습니다.

공무원 교육 1위,
해커스공무원 gosi.Hackers.com

ⓣ 해커스공무원

· **해커스공무원 학원 및 인강**(교재 내 인강 할인쿠폰 수록)
· 해커스공무원 스타강사의 **공무원 국제정치학 무료 특강**

한경비즈니스 2024 한국품질만족도 교육(온·오프라인 공무원학원) 1위